T0049412

Ensayo

Historia

Paul Preston (Liverpool, 1946) es catedrático de Historia contemporánea española y director del Centro Cañada Blanch para el estudio de la España contemporánea de la London School of Economics & Political Science. Educado en Liverpool y en la Universidad de Oxford, de 1973 a 1991 fue sucesivamente profesor de Historia en la Universidad de Reading; en el Centro de Estudios Mediterráneos, en Roma; y en el Queen Mary College de la Universidad de Londres, donde ganó la cátedra de Historia contemporánea en 1985. En 1991 pasó a la London School. Analista de asuntos españoles en radio y televisión tanto en Gran Bretaña como en España, colaborador de diversos periódicos y revistas, entre sus libros destacan *España en crisis: evolución y decadencia del régimen franquista* (1978); *La destrucción de la democracia en España* (1978); *El triunfo de la democracia en España* (1986); *Franco, Caudillo de España* (1994); *La política de la venganza: el fascismo y el militarismo en la España del siglo xx* (1997); *Palomas de guerra* (2001); la edición actualizada de *La guerra civil española* (2006); *Idealistas bajo las balas* (2007); *El holocausto español* (2011); la edición actualizada de *Juan Carlos. El rey de un pueblo* (2012); *El zorro rojo. La vida de Santiago Carrillo* (2013); *El final de la guerra* (2014); *Un pueblo traicionado* (2019); *Arquitectos del terror* (2021), y *El gran manipulador* (2022). En 1986 le fue otorgada la Encomienda de la Orden del Mérito Civil, y en 2007 la Gran Cruz de la Orden de Isabel la Católica. En 1994 fue elegido miembro de la Academia Británica, y en 2006 miembro de la Academia Europea de Yuste, con la cátedra Marcel Proust. En 1998 ganó el I Premio Así Fue con su obra *Las tres Españas del 36*, que fue un gran éxito de crítica y público; y en 2006 le otorgaron el Premio Trías Fargas por el ensayo *Idealistas bajo las balas*, que trata sobre los corresponsales extranjeros durante la Guerra Civil.

Paul Preston

El holocausto español
Odio y exterminio en la Guerra Civil y después

Traducción de
Catalina Martínez Muñoz
y Eugenia Vázquez Nacarino

DEBOLS!LLO

Papel certificado por el Forest Stewardship Council®

Penguin
Random House
Grupo Editorial

Título original: *The Spanish Holocaust*

Primera edición en este formato: octubre de 2023

Printed in Spain – Impreso en España

ISBN: 978-84-663-7453-8
Depósito legal: B-13.816-2023

Compuesto en M. I. Maquetación, S. L.
Impreso en Novoprint
Sant Andreu de la Barca (Barcelona)

P 374538

*Este libro está dedicado a la memoria de tres personas
cuyo trabajo ha modificado la percepción
de muchos de los asuntos que en él se abordan:
Tomasa Cuevas, Josep Benet y Gabriel Cardona*

Índice

Primera parte

LOS ORÍGENES DEL ODIO Y DE LA VIOLENCIA

Segunda parte

CONSECUENCIAS DEL GOLPE DE ESTADO I: VIOLENCIA INSTITUCIONALIZADA EN LA ZONA REBELDE

Agradecimientos

La gestación de este libro abarca un período de muchos años. La crueldad de su contenido ha hecho que fuera muy doloroso de escribir. También su metodología ha resultado complicada, a la vista de la magnitud de tantos aspectos de la represión practicada en ambas zonas durante la guerra, y en toda España una vez terminada la contienda. Lo cierto es que no habría podido escribirlo sin el esfuerzo pionero emprendido por numerosos historiadores españoles, de cuyas publicaciones se da cuenta en las notas que acompañan al texto.

Sin embargo, además de poder acceder a los libros y artículos de todos, en muchos de los casos he tenido el placer y el privilegio de mantener una correspondencia muy fructífera con los propios historiadores, gracias a la cual he podido aprender mucho acerca de los lugares y temas en los que son expertos. Su generosa disposición a compartir conmigo tanto ideas como documentos me ha resultado muy alentadora en esta inmensa tarea. Por tanto, me gustaría dar las gracias a:

Jesús Vicente Aguirre González (Logroño)
Mercedes del Amo (Granada)
Fuensanta Escudero Andújar (Murcia)
Antonio Arizmendi (Madrid-Calahorra)
Mercè Barallat i Barés (Lleida)
Encarnación Barranquero Teixera (Málaga)
Arcángel Bedmar (Lucena, Córdoba)
Juan Bosco Trigueros Galán (Ronda)
Miguel Caballero Pérez (Granada)
Miquel Caminal Badia (Barcelona)
José Cabañas González (La Bañeza)
José Ramón Carbonell Rubio (Sagunto, Valencia)
Luis Castro Cerrojo (Burgos)
Francisco Cobo Romero (Jaén)

Manuel Delgado (Barcelona)

Francisco Eslava Rodríguez (Carmona)

José Ángel Fernández López (Miranda de Ebro)

Manuel Fernández Trinidad (Centro de Desarrollo Rural, La Serena, Badajoz)

José María García Márquez (Sevilla)

Antonio García Rodríguez ("Antonio Lería") (Carmona)

Carlos Gil Andrés (Logroño)

Gutmaro Gómez Bravo (Madrid)

Esteban C. Gómez Gómez (Jaca)

Eduardo González Calleja (Madrid)

Édgar González Ruiz (México)

Cecilio Gordillo Giraldo (Sevilla)

Jordi Guixé Coromines (Barcelona)

José Luis Gutiérrez Casalá (Badajoz)

Jesús Gutiérrez Flores (Santander)

Iván Heredia Urzáiz (Zaragoza)

Claudio Hernández Burgos (Granada)

Fernando Hernández Sánchez (Madrid)

José Hinojosa Durán (Cáceres)

Cayetano Ibarra Barroso (Fuente de Cantos)

Javier Infante (Salamanca)

Dolores Jaraquemada (Vilafranca de los Barros, Badajoz)

José María Lama (Zafra)

Mónica Lanero Táboas (Coria, Cáceres)

Carlota Leret O'Neill (Caracas)

Antonio Lería (Carmona)

Pedro López Peris (Teruel)

Antonio D. Lopez Rodríguez, (La Serena, Badajoz)

Víctor Lucea Ayala (Uncastillo, Zaragoza)

Paqui Maqueda Fernández (Carmona)

Jorge Marco (Madrid)

Isabel Marín Gómez (Murcia)

Manuel Martín Burgueño (Llerena)

Aurelio Martín Nájera (Fundación Pablo Iglesias, Madrid)

Alvaro Martínez Echevarría y García de Dueñas (Madrid)

Vicente Moga Romero (Melilla)

Juan Carlos Molano Gragera (Montijo, Badajoz)

Francisco Moreno Gómez (Córdoba)
Jesús Navarro (Novelda)
Carmen Negrín (Paris)
Encarna Nicolás (Murcia)
Jesús Núñez (Cádiz)
Pedro Oliver Olmo (Ciudad Real)
Toni Orensanz (Falset)
Miguel Ors Montenegro (Elche)
Manuel Ortiz Heras (Albacete)
Santiago de Pablo (Vitoria)
Lucía Prieto Borrego (Málaga)
Josep Recasens Llort (Tarragona)
Manuel Requena Gallego (Albacete)
Manel Risques i Corbella (Barcelona)
Ricardo Robledo (Salamanca)
Javier Rodrigo (Zaragoza)
Óscar J. Rodríguez Barreira (Almería)
José Ignacio Rodríguez Hermosell (Barcarrota, Badajoz)
Francisco Rodríguez Nodal (Carmona)
Fernando Romero Romero (Cádiz)
Olvido Salazar Alonso (Madrid)
Juan José Sánchez Arévalo (Sada)
Pepe Sánchez (Ronda)
Francisco Sánchez Montoya (Ceuta)
Glicerio Sánchez Recio (Alicante)
Luis Miguel Sánchez Tostado (Jaén)
Fernando Sígler (Cádiz)
Emilio Silva (Madrid)
Josep Maria Solé i Sabaté (Barcelona)
Xosé Manuel Suárez (Ferrol)
Josep Termes i Ardevol (Barcelona)
Maria Thomas (Madrid)
Joan Maria Thomàs (Tarragona)
Manuel Titos Martínez (Granada)
Marco Aurelio Torres H. Mantecón (Tlacopac, México D. F.)
Pablo Torres Fernández (Miguel Esteban, Toledo)
Juan Bosco Trigueros Galán (Ronda)
Alejandro Valderas Alonso (León)

Manuel Velasco Haro (Los Corrales, Sevilla)
Francisco Vigueras Roldán (Granada)
Joan Villarroya i Font (Badalona)

Para un historiador que vive en Londres, no es nada fácil estar al corriente de la avalancha de información relacionada de una u otra manera con el asunto que aquí nos ocupa. En este sentido, estoy especialmente agradecido a Javier Díaz y Sussanna Anglés i Querol, de Mas de las Matas (Teruel). Todo el que se ocupe de estudiar la represión y la memoria histórica tiene una deuda con ellos por las asombrosas actualizaciones diarias que ofrecen de las publicaciones y los acontecimientos desde La Librería de Cazarabet y su boletín *El Sueño Igualitario*.

Deseo mencionar especialmente a un grupo de amigos y colegas, con quienes he mantenido frecuentes y fructíferas conversaciones a lo largo de los años tanto en España como en Londres. A todos ellos estoy inmensamente agradecido por su ayuda y su amistad:

Fernando Arcas Cubero (Málaga)
Miguel Ángel del Arco Blanco (Granada)
Montse Armengou i Martín (Barcelona)
Nicolás Belmonte (Valencia)
Julián Casanova (Zaragoza)
Ángela Cenarro (Zaragoza)
Javier Cervera Gil (Madrid)
José Luis de la Granja Sainz (Lujua, Vizcaya,)
Alfonso Domingo (Madrid)
Carlos García Santa Cecilia (Madrid)
David Ginard i Ferón (Mallorca)
Carmen González Martínez (Murcia)
Ian Gibson (Madrid)
María Jesús González (Santander)
Angela Jackson (Marçà, Tarragona)
Emilio Majuelo (Navarra)
Josep Massot i Muntaner (Baleares)
Antonio Miguez Macho (Santiago de Compostela)
Conxita Mir (Lleida)
Ricardo Miralles (Algorta)
Enrique Moradiellos (Cáceres)

Pelai Pagès i Blanch (Barcelona)
Hilari Raguer (Barcelona)
Alberto Reig Tapia (Tarragona)
Mariano Sanz González (Madrid)
Ismael Saz (Valencia)
Sandra Souto Kustrin (Madrid)
Chon Tejedor (Oxford)
Francesc Vilanova i Vila-Abadal (Barcelona)
Ricard Vinyes i Ribas (Barcelona)
Ángel Viñas (Bruselas)
Boris Volodarsky (Viena)

Asimismo doy las gracias a mis colegas del Cañada Blanch Centre for Contemporary Studies, de la London School of Economics:

Peter Anderson
Jerry Blaney
Ana de Miguel
Susana Grau
Didac Gutiérrez Peris

Su ayuda ha permitido en muchos sentidos que este libro pudiera avanzar a la vez que cumplía con mis compromisos docentes y de gestión.

Con dos de mis amigos, el intercambio de ideas y material ha sido casi diario. He aprendido muchísimo de ellos y me gustaría agradecerles de todo corazón su amistad y su disposición para compartir conmigo su conocimiento enciclopédico:

Francisco Espinosa Maestre (Sevilla)
José Luis Ledesma (Zaragoza)

Por último, quisiera dar las gracias a Linda Palfreeman por su minuciosa lectura del texto. También estoy en deuda con Helen Graham, Lala Isla, y mi mujer, Gabrielle, por sus inteligentes comentarios a lo largo de los años que he dedicado a la elaboración de este libro. No obstante, Gabrielle es la única que conoce el coste emocional que ha supuesto la inmersión diaria en esta crónica inhumana. Sin su comprensión y su apoyo, la tarea habría resultado todavía más ardua.

Prólogo

Durante la Guerra Civil española, cerca de 200.000 hombres y mujeres fueron asesinados lejos del frente, ejecutados extrajudicialmente o tras precarios procesos legales. Murieron a raíz del golpe militar contra la Segunda República de los días 17 y 18 de julio de 1936. Por esa misma razón, al menos 300.000 hombres perdieron la vida en los frentes de batalla. Un número desconocido de hombres, mujeres y niños fueron víctimas de los bombardeos y los éxodos que siguieron a la ocupación del territorio por parte de las fuerzas militares de Franco. En el conjunto de España, tras la victoria definitiva de los rebeldes a finales de marzo de 1939, alrededor de 20.000 republicanos fueron ejecutados. Muchos más murieron de hambre y enfermedades en las prisiones y los campos de concentración donde se hacinaban en condiciones infrahumanas. Otros sucumbieron a las condiciones esclavistas de los batallones de trabajo. A más de medio millón de refugiados no les quedó más salida que el exilio, y muchos perecieron en los campos de internamiento franceses. Varios miles acabaron en los campos de exterminio nazis. Todo ello constituye lo que a mi juicio puede llamarse el «holocausto español». El propósito de este libro es mostrar, en la medida de lo posible, lo que aconteció a la población civil y desentrañar los porqués.

La represión en la retaguardia adoptó dos caras, la de la zona republicana y la de la zona rebelde. Aunque muy distintas tanto cuantitativa como cualitativamente, ambas se cobraron decenas de miles de vidas, en su mayoría de personas inocentes de cualquier delito, incluso de haber participado en forma alguna de activismo político. Los cabecillas de la rebelión, los generales Mola, Franco y Queipo de Llano, tenían al proletariado español en la misma consideración que a los marroquíes: como una raza inferior a la que había que subyugar por medio de una violencia fulminante e intransigente. Así pues, aplicaron en España el terror ejemplar que habían aprendido a impartir en el norte de África, desplegando a la Legión Extranjera española y a mercenarios marroquíes —los Regulares— del Ejército colonial.

La aprobación de la conducta macabra de sus hombres se plasma en el diario de guerra que Franco llevaba en 1922, donde describe con el mayor esmero las aldeas marroquíes destruidas y a sus defensores decapitados. Se recrea al explicar cómo su corneta, apenas un adolescente, le cortó la oreja a un prisionero.[1] El propio Franco dirigió a 12 legionarios en un ataque del que volvieron ondeando en sus bayonetas las cabezas de otros tantos harqueños a modo de trofeo.[2] Tanto la decapitación como la mutilación de prisioneros eran prácticas frecuentes. Cuando el general Primo de Rivera visitó Marruecos en 1926, todo un batallón de la Legión aguardaba la inspección con cabezas clavadas en las bayonetas.[3] Durante la Guerra Civil, el terror del Ejército africano se desplegó en la Península como instrumento de un plan fríamente urdido para respaldar un futuro régimen autoritario.

La represión orquestada por los militares insurrectos fue una operación minuciosamente planificada para, en palabras del director del golpe, el general Emilio Mola, «eliminar sin escrúpulos ni vacilación a todos los que no piensen como nosotros». Por contraste, la represión en la zona republicana fue una respuesta mucho más impulsiva. En un principio se trató de una reacción espontánea y defensiva al golpe militar, que se intensificó a medida que los refugiados traían noticias de las atrocidades del Ejército y los bombardeos rebeldes. Resulta difícil concebir que la violencia en la zona republicana hubiera existido siquiera de no haberse producido la sublevación militar, que logró acabar con todas las contenciones de una sociedad civilizada. El desmoronamiento de las estructuras de la ley y el orden a que dio lugar el golpe propició a un tiempo el estallido de una venganza ciega y secular —el resentimiento inherente tras siglos de opresión— y la criminalidad irresponsable de los presos puestos en libertad o de individuos que hallaron la ocasión para dar rienda suelta a sus instintos. Por añadidura, como en cualquier guerra, existía la necesidad militar de combatir al enemigo interior.

No cabe duda de que la hostilidad se fue recrudeciendo en ambos bandos conforme avanzaba la Guerra Civil, alimentada por la indignación y el deseo de venganza ante las noticias de lo que ocurría en el bando contrario. Sin embargo, está claro también que el odio operó desde el principio, un sentimiento que se manifestó ya plenamente en la sublevación del Ejército en el destacamento de Ceuta, en el norte de

África la noche del 17 de julio, así como en el asedio al Cuartel de la Montaña en Madrid por parte de una turba republicana el 19 de julio. Los primeros cuatro capítulos del libro buscan explicar cómo se instigaron esos odios, estudiando la polarización de los dos bandos tras los empeños de la derecha por obstaculizar las ambiciones reformistas del régimen democrático establecido en abril de 1931, la Segunda República. Se centran en el análisis del proceso por el que la obstrucción de la reforma condujo a una respuesta aún más radicalizada de la izquierda. En esos capítulos se aborda también la elaboración de las teorías teológicas y raciales que esgrimió la derecha a fin de justificar la intervención del Ejército y el exterminio de la izquierda.

En el caso de los militares rebeldes, el programa de terror y aniquilación constituía el eje central de su plan y de los preparativos para llevarlo a cabo. En los dos capítulos siguientes se describen las estrategias de su puesta en práctica, a medida que los sublevados imponían el control en áreas de muy distinta idiosincrasia. El capítulo 5 se ocupa de la conquista y la purga de la Andalucía occidental —Huelva, Sevilla, Cádiz, Málaga y Córdoba—, donde la superioridad numérica del campesinado sin tierra llevó a los conspiradores militares a imponer de inmediato el reinado del terror; una campaña que supervisó el general Queipo de Llano, quien empleó a las tropas embrutecidas en las guerras coloniales africanas y contó con el apoyo de los terratenientes locales. El capítulo 6 aborda una aplicación similar del terror en las regiones de Navarra, Galicia, León y Castilla la Vieja, todas profundamente conservadoras y en las que el golpe militar triunfó casi de inmediato. A pesar de la escasa resistencia izquierdista de la que tenemos constancia, la represión en esas zonas, bajo la jurisdicción absoluta del general Mola, alcanzó una magnitud sumamente desproporcionada, si bien menor que en el sur. También se recoge en este capítulo la represión en las islas Canarias y en Mallorca.

El afán exterminador de los rebeldes, que no su capacidad militar, halló eco en la extrema izquierda, sobre todo en el movimiento anarquista, con una retórica que abogaba por la necesidad de «purificar» una sociedad podrida. Por ello, los capítulos 7 y 8 analizan los efectos que tuvo el golpe en el bando republicano, contemplando de qué modo el odio subyacente nacido de la miseria, el hambre y la explotación desembocó en el terror que asoló también las zonas controladas por los republicanos, con especial intensidad en Barcelona y Madrid. Inevitablemente, su blanco no fueron solo los acaudalados, los banqueros, los industriales y los terratenientes, a quienes se consideraba los instrumentos de la opresión. No requiere explicación el hecho de que ese odio se vertiera también sobre la clase militar identificada con el levantamiento. También se descargó, a menudo con mayor fiereza, contra el clero, un estamento acusado de connivencia con los poderosos, así como de legitimar la injusticia mientras se dedicaba a amasar riquezas. A diferencia de la represión sistemática desatada por el bando rebelde para imponer su estrategia, la caótica violencia del otro bando tuvo lugar a pesar de las autoridades republicanas, no gracias a ellas. De hecho, los esfuerzos de los sucesivos gobiernos republicanos para restablecer el orden público lograron contener la represión por parte de la izquierda, que, en términos generales, en diciembre de 1936 ya se había extinguido.

Los capítulos que siguen, el 9 y el 10, están dedicados a dos de los episodios más sangrientos de la Guerra Civil española, que por añadidura guardan una estrecha relación entre sí, pues remiten al asedio de los rebeldes sobre Madrid y la defensa de la capital. El capítulo 9 trata de la estela de muerte que dejaron las fuerzas africanistas de Franco —la llamada «Columna de la Muerte»— en su recorrido de Sevilla a Madrid. A su paso no dejaba de anunciarse que la barbarie con que las tropas asolaban las ciudades y pueblos conquistados se repetiría en Madrid si la rendición no era inmediata. En consecuencia, después de que el gobierno republicano se trasladara a Valencia, los responsables de la defensa de la capital tomaron la decisión de evacuar a los prisioneros de derechas, en especial a los oficiales del Ejército que habían jurado unirse a las fuerzas rebeldes en cuanto les fuera posible. El capítulo 10 analiza la puesta en práctica de dicha decisión, las célebres masacres de derechistas en Paracuellos, a las afueras de Madrid.

En los dos capítulos siguientes se plantean dos ideas contrapuestas de la guerra. El capítulo 11 trata de cómo se defendió la República del enemigo interior, que no solo comprendía la pujante Quinta Columna dedicada al espionaje, a la subversión, y a contagiar el derrotismo y el abatimiento, sino también a la extrema izquierda del sindicato anarquista CNT y el POUM antiestalinista. Estos grupos radicales habían decidido hacer de la revolución su prioridad, lo que perjudicaba seriamente el esfuerzo bélico de la República. Así pues, el mismo aparato de seguridad que había puesto fin a la represión descontrolada de los primeros meses se ocupó luego de los elementos extremistas de uno y otro signo. En el capítulo 12 se analiza la deliberadamente lenta y farragosa campaña de aniquilación que Franco llevó a cabo a su paso por el País Vasco, Santander, Asturias, Aragón y Cataluña, y que demuestra cómo su estrategia bélica era una inversión en terror para facilitar el establecimiento de la posterior dictadura. Por último, el capítulo 13 analiza la maquinaria de juicios, ejecuciones, cárceles y campos de concentración con que después de la guerra se consolidó esa inversión.

La intención era asegurarse de que los intereses del antiguo régimen no volvieran a cuestionarse, como había ocurrido entre 1931 y 1936 a raíz de las reformas democráticas emprendidas por la Segunda República. Cuando los militares pusieron en práctica el llamamiento del general Mola para «eliminar sin escrúpulos ni vacilación a todos los que no piensen como nosotros» y el clero lo justificó, no fue porque estuvieran comprometidos con una cruzada intelectual o ética. La defensa de los intereses de las clases poderosas tenía que ver con el «pensamiento» solo en la medida en que las fuerzas liberales progresistas y de izquierdas cuestionaban los principios de la derecha, recogidos en el lema del principal partido católico, la CEDA: «Patria, orden, religión, familia, propiedad, jerarquía»; todos ellos elementos intocables de la vida social y económica española antes de 1931. «Patria» implicaba que los nacionalismos regionales no cuestionaran el centralismo español. «Orden» equivalía a que no se tolerara la protesta pública. «Religión» se traducía en el monopolio de la educación y la práctica religiosa por parte de la Iglesia católica. «Familia» llevaba implícitas la sumisión de las mujeres y la prohibición del divorcio. «Propiedad» significaba que la tierra debía seguir en manos de quien estaba. Y «jerarquía» velaba por el sacrosanto orden social existente. A fin de proteger los pilares de ese régimen, en las áreas ocupadas por los rebeldes las víctimas inmediatas no fueron solo los maestros de escuela, los masones, los médicos y los abogados liberales, los intelectuales y los líderes de los sindicatos, es decir, los posibles diseminadores de las ideas. La matanza se extendió también a quienes habrían podido recibir la influencia de sus ideas: los miembros de un sindicato, los que no iban a misa, los sospechosos de votar al Frente Popular, las mujeres que habían obtenido el sufragio y el derecho al divorcio...

Cómo se tradujo todo ello en cantidad de muertes es imposible de precisar con exactitud, aunque en líneas generales las cifras son claras. Así pues, en el libro aparecen con frecuencia cantidades indicativas, basadas en las profusas investigaciones que han llevado a cabo en toda España distintos historiadores autóctonos a lo largo de los últimos años. Sin embargo, a pesar de sus notables resultados, sigue sin ser posible presentar cifras definitivas del número total de las muertes provocadas tras las líneas de batalla, sobre todo en la zona rebelde. El objetivo debería ser siempre, en la medida de lo posible, basar las cifras de víctimas de los dos bandos en los fallecidos que fueron identificados. Gracias a los esfuerzos que las autoridades republicanas hicieron entonces por identificar los cadáveres, y por las investigaciones que posteriormente llevó a cabo el estado franquista, el número de rebeldes asesinados o ejecutados por los republicanos se conoce con relativa precisión. La cifra más reciente y fiable, proporcionada por el especialista más destacado en la materia, José Luis Ledesma Vera, asciende a 49.272 víctimas. No obstante, la incertidumbre acerca del alcance de los asesinatos en el Madrid republicano podría ver aumentada esa cifra.[4] Incluso en las zonas donde se llevaron a cabo estudios fidedignos, el hallazgo de nuevos datos y las exhumaciones de las fosas comunes hacen que el número deba revisarse de continuo, si bien dentro de márgenes relativamente estrechos.[5]

Por el contrario, calcular el número de los republicanos exterminados por la violencia rebelde ha entrañado un sinfín de dificultades. En 1965, los franquistas empezaron a pensar lo impensable: que el Caudillo no era inmortal y que había que mirar hacia el futuro. Sin embargo, hasta 1985 el gobierno español no emprendió actuaciones, aunque fueran tardías y titubeantes, para proteger los recursos archivísticos del país. Millones de documentos se perdieron durante esos veinte años cruciales, entre ellos los archivos del partido único, la Falange, los de los cuarteles de Policía provinciales, los de las cárceles y los de la principal autoridad local del régimen franquista, el Gobierno Civil. Caravanas de camiones se deshicieron de los registros «judiciales» de la represión. Aparte de la destrucción deliberada de archivos, hubo también pérdidas «involuntarias», cuando algunos ayuntamientos vendieron toneladas de documentos para el reciclaje del papel.[6]

No fue posible realizar una investigación en toda regla hasta después de la muerte de Franco. Al acometer la tarea, los estudiosos no solo hubieron de hacer frente a la destrucción deliberada de abundante material de archivo por parte de las autoridades franquistas, sino también al hecho de que muchas muertes se correspondieran con registros falsos o, directamente, no quedara constancia de ellas. A la ocultación de crímenes durante la dictadura se sumaban el temor que prevalecía en los posibles testigos y la obstrucción a las investigaciones, especialmente en las provincias castellanas. Con frecuencia la documentación desaparecía misteriosamente y los funcionarios locales negaban la posibilidad de consultar el registro civil.[7]

Muchas ejecuciones de los militares rebeldes recibieron un maquillaje de pseudo legalidad a través de procesos judiciales, aunque en realidad se diferenciaban poco de los asesinatos extrajudiciales. Las sentencias de muerte se obtenían tras juicios que duraban unos minutos, en los que, además, a los acusados no se les permitía defenderse.[8] Las muertes de los asesinados en lo que los rebeldes llamaban «operaciones de castigo y limpieza» obtenían una más que cuestionable justificación legal «por aplicación del bando de Guerra». Dicho bando tenía el propósito de legalizar la ejecución sumaria de quienes se resistieron al golpe militar. Las muertes colaterales de muchas personas inocentes, desarmadas y que ni siquiera opusieron resistencia, entraron también en esa categoría. Asimismo, existieron las ejecuciones «sin formación de causa», aplicadas, por ejemplo, a quienes cobijaban a un fugitivo. En estos casos, los asesinatos respondían meramente a órdenes militares. Además, se realizaron esfuerzos sistemáticos con el fin de ocultar lo ocurrido. Con tal propósito, los prisioneros eran transportados lejos de sus lugares de origen, después eran ejecutados y enterrados en fosas comunes.[9]

Por último, cabe mencionar que un número significativo de muertos nunca fue registrado de ningún modo. Fue el caso, por ejemplo, de muchos de los que huían ante la amenaza de las columnas africanas de Franco. A medida que ocupaban ciudades y pueblos, las columnas asesinaban también a los refugiados de otras procedencias, cuyos nombres o lugares de nacimiento se desconocían. Tal vez el número exacto de los asesinados en campo abierto por los escuadrones montados de falangistas y carlistas no se sepa nunca. Del mismo modo, es imposible determinar el paradero de los miles de refugiados de Andalucía occidental que murieron en el éxodo posterior a la caída de Málaga en 1937; o el de los refugiados en Barcelona, procedentes de todas las regiones de España, que perdieron la vida al huir hacia la frontera francesa en 1939; o el de los que se suicidaron tras esperar en vano a ser evacuados de los puertos del Mediterráneo.

A pesar de todo, las investigaciones exhaustivas llevadas a cabo permiten afirmar que, en términos generales, la represión de los rebeldes fue aproximadamente tres veces superior a la de la zona republicana.

Hoy por hoy, la cifra más fidedigna, aunque provisional, de muertes a manos de los militares rebeldes y sus partidarios es de 130.199. Sin embargo, es poco probable que las víctimas ascendieran a menos de 150.000, y bien pudieron ser más. En algunas zonas se han llevado a cabo estudios solo parciales; en otras, apenas se ha investigado. En varias regiones que estuvieron bajo el control de los dos bandos, y donde las cifras se conocen con cierta precisión, la diferencia entre el número de muertes por obra de los republicanos o de los rebeldes es asombrosa. Por citar algunos ejemplos, en Badajoz hubo 1.437 víctimas de la izquierda, contra las 8.914 víctimas de los rebeldes; en Sevilla, 447 víctimas de la izquierda y 12.507 de los rebeldes; en Cádiz, 97 víctimas de la izquierda y 3.071 de los rebeldes; y en Huelva, 101 víctimas de la izquierda, frente a 6.019 de los rebeldes. En lugares donde no hubo violencia republicana, las matanzas rebeldes alcanzan cifras de difícil comprensión: Navarra, 3.280; Logroño, 1.977. En la mayor parte de los lugares donde los republicanos ejercieron una represión mayor, como Alicante, Gerona o Teruel, la diferencia entre las víctimas de los dos bandos se cuenta en centenares.[10] La excepción es Madrid. Los asesinatos que se cometieron a lo largo de la guerra, mientras la capital estuvo bajo el control de los republicanos, parecen estar cerca de triplicar los producidos tras la ocupación de los rebeldes. El cálculo preciso se ve obstaculizado, no obstante, por el hecho de que la cifra más citada sobre la represión en Madrid después de la guerra, de 2.663 muertes, se basa en un estudio de los que fueron ejecutados y enterrados en un solo emplazamiento, la Almudena o cementerio del Este.[11]

Aunque superada por la violencia franquista, la represión en la zona republicana antes de que el gobierno del Frente Popular le pusiera coto alcanzó también una magnitud espantosa. Forzosamente desigual tanto en escala como en naturaleza, las cifras más elevadas se registraron en Toledo y el área al sur de Zaragoza, desde Teruel hasta el oeste de Tarragona, que estuvo bajo control anarquista.[12] En Toledo, 3.152 derechistas fueron asesinados, de los que un 10 por ciento pertenecían al clero, casi la mitad de los eclesiásticos de la provincia.[13] En Cuenca, el total de las muertes asciende a 516, de las que 36, el 7 por ciento, eran curas, casi una cuarta parte del clero de la provincia. En la Cataluña republicana, el exhaustivo estudio de Josep Maria Solé i Sabaté y Joan Vilarroyo i Font contabilizó 8.360 víctimas. Este dato se corresponde con las conclusiones a las que llegó la comisión que creó la Generalitat de Catalunya en 1937, y por ende da una muestra del celo de las autoridades republicanas para llevar a cabo un registro riguroso; dirigida por el juez Bertran de Quintana, investigó todas las muertes tras las líneas de combate, a fin de promover medidas contra los responsables de las ejecuciones extrajudiciales.[14] Semejante proceso habría sido inconcebible en el bando rebelde.

Los estudios recientes que no se limitan a Cataluña, sino que abarcan la mayor parte de la España republicana, han desautorizado radicalmente las acusaciones propagandísticas que los rebeldes hicieron en su momento. El 18 de julio de 1938, en Burgos, el propio Franco aseguró que en Cataluña habían sido asesinadas 54.000 personas. En el mismo discurso, afirmó que en Madrid había otras 70.000 víctimas, y 20.000 más en Valencia. El mismo día, declaró a un periodista que en la zona republicana se habían producido ya un total de 470.000 asesinatos.[15] Para probar ante el mundo la iniquidad del enemigo, el 26 de abril de 1940 Franco inició una ingente investigación a cargo del estado, la Causa General, «un proceso informativo, fiel y veraz» que pretendía establecer la verdadera magnitud de los crímenes cometidos por el bando republicano, y que fomentó las denuncias y las exageraciones. Aun así, Franco se llevó una tremenda decepción cuando, basándose en la información recabada, y pese a emplear una metodología que inflaba las cifras, la Causa General concluyó que el número de muertes era de 85.940. A pesar de las exageraciones y de incluir muchas duplicaciones, la cifra quedó tan por debajo de las afirmaciones de Franco, que durante más de un cuarto de siglo se omitió en las ediciones publicadas de las conclusiones de la Causa General.[16]

Una parte fundamental de la campaña represora de los rebeldes, aunque subestimada —la persecución sistemática de las mujeres—, no queda reflejada en los análisis estadísticos. El asesinato, la tortura y la violación eran castigos generalizados para las mujeres de izquierdas (no todas pero sí muchas), que habían emprendido la liberación de género durante el período republicano. Las que sobrevivieron a la cárcel padecieron de por vida graves secuelas físicas y mentales. Otras miles de mujeres fueron sometidas a violaciones y otras formas de abuso sexual, a la humillación de que les raparan la cabeza o de hacerse sus necesidades en público tras la ingesta forzosa de aceite de ricino. La mayoría de las republicanas sufrieron también graves problemas económicos y psicológicos después de que sus esposos, padres, hermanos e hijos murieran asesinados o se vieran obligados a huir, lo que a menudo provocaba que las arrestaran a ellas, a fin de que revelaran el paradero de los hombres de la familia. En cambio, esa clase de vejaciones sobre las mujeres fueron relativamente escasas en la zona republicana. No quiere decirse con ello que no se produjeran. Los abusos sexuales que padecieron aproximadamente una docena de monjas y la muerte de 296, algo más del 1,3 por ciento de todas las religiosas que había en la España de la época, aunque vergonzoso, sigue siendo de una magnitud significativamente inferior a la suerte que corrieron las mujeres en la zona rebelde. El dato no sorprende si se tiene en cuenta que el respeto hacia la mujer era uno de los pilares del programa reformista de la República.[17]

Una visión estadística del holocausto español no solo falla por su base, es incompleta y difícilmente llegará a concluirse nunca. Además, no consigue plasmar el horror que hay detrás de las cifras. El relato ofrecido a continuación incluye muchas historias individuales de hombres, mujeres y niños de los dos bandos. Presenta algunos casos concretos pero representativos de víctimas y criminales de todo un país. Con ello espera transmitir el sufrimiento que la arrogancia y la brutalidad de los oficiales que se alzaron el 17 de julio de 1936 desataron sobre sus conciudadanos. Así provocaron la guerra, una guerra innecesaria y cuyas repercusiones se dejan sentir aún hoy en España.

Innecesario es decir que esta es una obra científica y que los hechos del pasado pertenecen a la Historia. La divulgación documentada y veraz de los innumerables casos mencionados de personas responsables de actos de violencia durante la represión no puede ofender el honor de los allegados, cuyos sentimientos respetamos. La misión del historiador estriba en buscar la verdad, con independencia de los sentimientos que su trabajo pueda despertar. Todos los allegados de unos y otros cuentan con nuestro respeto y nuestra comprensión.

Primera parte

Los orígenes del odio y de la violencia

1

Los comienzos de la guerra social:
1931-1933

Un terrateniente de la provincia de Salamanca, según su propia versión, al recibir noticia del alzamiento militar en Marruecos en julio de 1936 ordenó a sus braceros que formaran en fila, seleccionó a seis de ellos y los fusiló para que los demás escarmentaran. Era Gonzalo de Aguilera y Munro, oficial retirado del Ejército, y así se lo contó al menos a dos personas en el curso de la Guerra Civil.[1] Su finca, conocida como la Dehesa del Carrascal de Sanchiricones, se encontraba entre Vecinos y Matilla de los Caños, dos localidades situadas, respectivamente, a 30 y 35 kilómetros al sudoeste de Salamanca. Si bien esta presunta atrocidad supone una excepción extrema, los sentimientos que pone de manifiesto eran bastante representativos de los odios incubados lentamente en la España rural durante los veinte años anteriores al alzamiento militar de 1936. La fría y calculada violencia de Aguilera reflejaba la creencia, muy extendida entre las clases altas del medio rural, de que los campesinos sin tierra eran una especie infrahumana. Esta idea se había generalizado entre los grandes terratenientes de los latifundios españoles desde que habían estallado los duros conflictos sociales de los años comprendidos entre 1918 y 1921, el llamado «trienio bolchevique». Las revueltas periódicas de los jornaleros en esos años fueron sofocadas por los defensores tradicionales de la oligarquía rural, la Guardia Civil y el Ejército. Hasta entonces se había vivido una calma tensa, en el curso de la cual la miseria de los campesinos sin tierra se veía aliviada de vez en cuando por la condescendencia de los amos, que hacían la vista gorda a la caza furtiva de conejos y a la recolección de los frutos caídos de los árboles, o que incluso regalaban comida. La violencia del trienio indignó a los terratenientes, que jamás perdonaron la insubordinación de los braceros, a quienes tenían por una especie inferior. Así las cosas, ese paternalismo, que paliaba en parte las brutales condiciones de vida de los peones agrícolas, concluyó sin previo aviso de la noche a la mañana.

La oligarquía agraria, en desigual asociación con la burguesía industrial y financiera, había sido la fuerza dominante tradicional del capitalismo español. El doloroso y desequilibrado proceso de industrialización empezaba a desafiar su monopolio. La prosperidad alcanzada por la España neutral mientras en Europa se libraba la Primera Guerra Mundial animó a industriales y banqueros a disputar el poder político a los grandes terratenientes, pese a lo cual, ante el peligro que representaba un proletariado industrial y militante, no tardaron en restablecer una alianza defensiva. En agosto de 1917, la débil amenaza de la izquierda fue aplastada sangrientamente por el Ejército, que en apenas tres días acabó con la huelga general revolucionaria. Desde entonces, y hasta 1923, cuando el Ejército intervino por segunda vez, el descontento social cobró visos de guerra civil no declarada. En el sur se produjeron las sublevaciones rurales del llamado «trienio bolchevique», de 1918 a 1921. En el norte, los industriales de Cataluña, el País Vasco y Asturias, que intentaron sortear con despidos y recortes salariales la recesión inmediatamente posterior a la guerra en Europa, se enfrentaron a violentas huelgas, al tiempo que Barcelona se veía sumida en una violenta espiral de provocaciones y represalias.

Este clima de incertidumbre e inquietud hizo que la clase media se mostrara receptiva a las ideas diseminadas desde antiguo por los católicos de extrema derecha, que aseguraban la existencia de una conspiración secreta entre judíos, masones y las internacionales de la clase obrera ideada con el fin de destruir la Europa cristiana y que tenía a España como principal objetivo. La noción de esta conjura diabólica concebida para la destrucción de la cristiandad se remontaba a la temprana Edad Media en la España católica. A lo largo del siglo XIX, la extrema derecha española se sirvió de dicha creencia con el propósito de desacreditar a los liberales, a quienes consideraba responsables de unos cambios sociales muy dañinos para sus intereses. Se relacionaba a los liberales con los masones (que eran relativamente pocos en España) y se los describía como instrumento de los judíos (que eran casi inexistentes). De acuerdo con esta fantasía paranoica, tan siniestra alianza tenía por objetivo instaurar la tiranía judía sobre el mundo cristiano. A medida que el siglo XIX tocaba a su fin, estas opiniones empezaron a expresarse con creciente vehemencia, como reacción a los caleidoscópicos procesos de rápido crecimiento económico, convulsión social, agitación regionalista, un movimiento reformista burgués y el surgimiento de los sindicatos y partidos de izquierdas. Tan singular y alarmante manera de explicar el desmoronamiento de las certezas relativas de una sociedad predominantemente rural, así como la desestabilización de la sociedad española, tuvo no obstante un efecto tranquilizador, al trasladar la culpa a un enemigo extranjero sin identificar. Se argumentaba que, sirviéndose de la intermediación voluntaria de los masones, los judíos controlaban la economía, la política, la prensa, la literatura y el mundo del espectáculo, que utilizaban para propagar la inmoralidad y la brutalización de las masas. Esta era la visión que fomentaba desde hacía tiempo el diario carlista *El Siglo Futuro*. En 1912, José Ignacio de Urbina, con el respaldo de 22 obispos españoles, fundó la Liga Nacional Antimasónica y Antisemita. El obispo de Almería escribió: «Todo está preparado para la batalla decisiva que ha de librarse entre los hijos de la luz y los hijos de las tinieblas, entre el catolicismo y el judaísmo, entre Cristo y Belial».[2] Una vez presentada la situación en estos términos, no se juzgó necesario ofrecer pruebas fehacientes. No podía esperarse una prueba fehaciente de un enemigo de naturaleza y poder tan formidables, puesto que se trataba del mismísimo Maligno. Era demasiado hábil para dejar rastro.

En España, como en otros países europeos, el antisemitismo se intensificó a partir de 1917. Se estableció como axioma que el socialismo era una creación judía y que la Revolución rusa se había financiado con capital judío, y la idea cobró una credibilidad espuria en razón de los orígenes judíos de destacados bolcheviques, como Trotsky, Martov y Dan. Las clases medias y altas españolas reaccionaron con indignación y espanto a los diversos estallidos revolucionarios que amenazaron sus posiciones entre 1917 y 1923. Los temores de la élite se apaciguaron temporalmente en 1923, cuando el Ejército volvió a intervenir y se instauró la dictadura del general Miguel Primo de Rivera. Como capitán general de Barcelona, Primo de Rivera era íntimo de los barones catalanes de la industria textil y comprendía que se sintieran atacados, y como procedía de una adinerada familia de terratenientes de Jerez, también comprendía los temores de los latifundistas. Era, por tanto, el guardia pretoriano ideal para la coalición reaccionaria de industriales y terratenientes que se consolidó a partir de 1917. Mientras permaneciera en el poder, Primo de Rivera ofrecería seguridad a las clases medias y altas. Aun así, y pese a cierta colaboración del régimen con el PSOE y la UGT, sus ideólogos se esforzaron con ahínco en construir la noción de que, en España, dos grupos políticos y sociales, incluso morales, estaban abocados a librar un combate a muerte, movidos por una mutua e implacable hostilidad. Concretamente, y como anticipo de la función que más tarde desempeñarían para Franco, estos propagandistas pusieron todo su empeño en advertir de los peligros que representaban judíos, masones e izquierdistas.

Esas ideas deslegitimaban en lo esencial a todo el espectro de la izquierda, desde los liberales de clase media, hasta los anarquistas y los comunistas, pasando por los socialistas y los nacionalistas. Para ello se borraron las diferencias que los separaban y se les negó el derecho a ser considerados españoles. Las denuncias contra esta «anti-España» se voceaban en los periódicos de la derecha, en el partido único del régimen, Unión Patriótica, así como en las organizaciones cívicas y en el sistema educativo. Tales iniciativas generaron gran satisfacción con la dictadura, que se convertía en un baluarte contra la supuesta amenaza bolchevique. Sobre la premisa de que el mundo se dividía en «alianzas nacionales y alianzas soviéticas», el influyente poeta de la derecha, José María Pemán, declaró: «Es tiempo de escoger definitivamente entre Jesús y Barrabás». Proclamó igualmente que las masas «o son cristianas o son anárquicas y demoledoras» y que el país se hallaba dividido entre una anti-España integrada por valores heterodoxos y extranjeros, y la España real con sus valores religiosos y monárquicos tradicionales.[3]

Otro veterano propagandista del régimen de Primo de Rivera, José Pemartín, relacionado como su primo Pemán con la extrema derecha de Sevilla, también sostenía que España estaba amenazada por una conspiración internacional urdida por la masonería, «eterna enemiga de todos los gobiernos de orden del mundo». Despreciaba a los izquierdistas, a quienes tildaba de «dogmáticos alucinados por lo que ellos creen ser las ideas modernas, democráticas y europeas: sufragio universal, Parlamento soberano, etc., etc. Estos no tienen remedio, están enfermos mentalmente por la peor de las tiranías: la ideocracia, o tiranía de ciertas ideas». El Ejército tenía el deber de defender a la nación de estos ataques.[4]

Pese al éxito temporal en su intento por anestesiar el desasosiego de las clases medias y dirigentes, la dictadura de Primo de Rivera fue relativamente breve. Su benevolente tentativa de atemperar el autoritarismo con paternalismo terminó por distanciar, sin proponérselo, a los terratenientes, los industriales, la jerarquía eclesiástica y algunos de los cuerpos de élite del Ejército. Su proyecto de reforma de los procedimientos de promoción militar propició que el Ejército se quedara al margen cuando, tras su dimisión en enero de 1930 y los breves gobiernos de Berenguer y Aznar-Cabañas, una gran coalición de socialistas y republicanos de clase media llegó al poder el 14 de abril de 1931 y se proclamó la Segunda República. Tras la salida del dictador, fue el doctor José María Albiñana, un excéntrico neurólogo valenciano y fanático admirador de Primo de Rivera, quien abanderó la defensa de los intereses de las clases privilegiadas.

Albiñana, autor de más de veinte novelas y libros sobre neurastenia, religión, historia y filosofía de la medicina, y política española, junto a algunos volúmenes sobre México de corte levemente imperialista, estaba convencido de la existencia de una alianza secreta que trabajaba en la oscuridad, fuera del país, con el propósito de destruir España. En febrero de 1930 distribuyó diez mil ejemplares de su «Manifiesto por el Honor de España», en el que declaraba: «Existe un soviet masónico encargado de deshonrar a España ante el mundo resucitando la leyenda negra y otras infamias fraguadas por los eternos y escondidos enemigos de nuestra Patria. Ese soviet, de gentes desalmadas, cuenta con la colaboración de políticos despechados que, para vengar agravios partidistas, salen al extranjero a vomitar injurias contra España». Se refería a los republicanos exiliados por la dictadura. Dos meses más tarde lanzó su Partido Nacionalista Español, que describió como «un partido exclusivamente españolista, inspirado en un nacionalismo patriótico y combativo», con el objetivo de aniquilar «a los enemigos interiores de la Patria que son aliados de sus enemigos exteriores». La imagen fascista se la proporcionaron las camisas azules y el saludo romano de sus Legionarios de España, «un voluntariado ciudadano con intervención directa, fulminante y expeditivo en todo acto atentatorio o depresivo para el prestigio de la Patria».[5]

Albiñana no fue más que uno de los primeros en señalar que la caída de la monarquía había sido el primer paso en la conjura judeomasónica y bolchevique para apoderarse de España. Estas ideas alimentaron la paranoia con que la extrema derecha recibió el advenimiento de la Segunda República. La transferencia del poder al Partido Socialista y sus aliados de las clases medias, abogados e intelectuales de distintos partidos republicanos, estremeció a la derecha española.

La coalición republicano-socialista se proponía emplear la cuota de poder inesperadamente conquistada para construir una España moderna, destruir la influencia reaccionaria de la Iglesia, erradicar el militarismo y emprender una reforma agraria con el fin de mejorar las penosas condiciones de vida de los jornaleros.

33

Fue inevitable que esta ambiciosa agenda despertara las expectativas del proletariado urbano y rural, al tiempo que generaba temor y hostilidad en la Iglesia, las Fuerzas Armadas y la oligarquía terrateniente e industrial. Los odios larvados entre 1917 y 1923, que culminaron en un estallido de violencia generalizado en 1936, formaban parte de un proceso largo y complejo que se aceleró radicalmente en la primavera de 1931. El miedo y el odio de los ricos encontraron, como siempre, su primera línea de defensa en la Guardia Civil. Sin embargo, cuando los terratenientes bloquearon los intentos de reforma, las esperanzas frustradas de los jornaleros hambrientos solo pudieron contenerse con una creciente brutalidad.

Fueron muchos los que, en la derecha, interpretaron la instauración de la República como prueba de que España era el segundo frente de batalla en la guerra contra la revolución mundial, una creencia alimentada por los frecuentes choques entre trabajadores anarcosindicalistas y las fuerzas del orden. La decidida actuación contra la extrema izquierda por parte del ministro de la Gobernación, Miguel Maura, no impidió que el periódico carlista *El Siglo Futuro* atacara al gobierno o proclamara que la legislación progresista de la República se había dictado desde el extranjero. En junio de 1931, este diario declaró que tres de los ministros más conservadores, Niceto Alcalá Zamora, el citado Miguel Maura y el ministro de Justicia, Fernando de los Ríos Urruti, eran judíos, y que la propia República era la consecuencia de una conspiración judía. La prensa católica en general aludía con frecuencia al contubernio judeomasónico y bolchevique. *El Debate*, un diario de tirada masiva y de tendencia católica más moderada, se refería a De los Ríos como «el rabino». La Editorial Católica, propietaria de un importante conglomerado de publicaciones periódicas entre las que figuraba *El Debate*, no tardó en lanzar dos revistas profundamente antisemitas y antimasónicas conocidas como *Gracia y Justicia* y *Los Hijos del Pueblo*. El director de la satírica y difamatoria *Gracia y Justicia* sería Manuel Delgado Barreto, antiguo colaborador del dictador Primo de Rivera, amigo de su hijo José Antonio y temprano patrocinador de la Falange. La revista llegó a alcanzar una tirada semanal de 200.000 ejemplares.[6]

La República iba a encontrar de partida una violenta resistencia no solo en la extrema derecha sino también en la extrema izquierda. El sindicato anarquista, la Confederación Nacional del Trabajo (CNT), reconoció que muchos de sus militantes habían votado por la coalición republicano-socialista en las elecciones municipales del 12 de abril, cuya victoria había alimentado la esperanza del pueblo. En palabras de un líder anarquista, se sentían como niños con zapatos nuevos. La CNT, que no esperaba cambios reales de la República, aspiraba a contar con mayor libertad para difundir sus objetivos revolucionarios y seguir alimentando su encarnizada rivalidad con el sindicato socialista, la Unión General de Trabajadores (UGT), al que los miembros de la CNT consideraban un sindicato esquirol por su colaboración con el régimen de Primo de Rivera. En una época de paro masivo, cuando un gran número de emigrantes regresaron de América y los obreros de la construcción perdieron el trabajo al concluir las grandes obras públicas emprendidas por la dictadura, el mercado laboral era un auténtico polvorín. La Federación Anarquista Ibérica (FAI), el ala más dura de la izquierda, supo explotar la situación al afirmar que la República, como la monarquía, era tan solo un instrumento al servicio de la burguesía. La breve luna de miel concluyó apenas dos semanas después de las elecciones, con la brutal represión policial de las manifestaciones del 1 de mayo convocadas por CNT-FAI.[7]

A finales de mayo, cerca de un millar de huelguistas del puerto de Pasajes llegaron a San Sebastián con la aparente intención de saquear los adinerados barrios comerciales. Previamente alertado, el ministro de la Gobernación, Miguel Maura, desplegó a la Guardia Civil a la entrada de la ciudad. Los enfrentamientos arrojaron un saldo de ocho muertos y numerosos heridos.

A principios de julio, la CNT convocó una huelga general en el sistema telefónico nacional, principalmente con la intención de desafiar al gobierno. Sin embargo, la huelga fracasó tanto por no recibir el apoyo de la UGT, que la consideraba una lucha estéril, como por la contundencia de las medidas policiales.

El director general de Seguridad, el atildado e imponente Ángel Galarza Gago, del Partido Radical Socialista, ordenó que se disparara a matar a todo aquel a quien se sorprendiera atacando las instalaciones de la compañía telefónica. Era comprensible que Maura y Galarza trataran de preservar la confianza de las clases medias, y fue inevitable que dicha actitud consolidara la violenta hostilidad de la CNT tanto hacia la República como hacia la UGT.[8]

Según el gabinete republicano-socialista, las actividades subversivas de la CNT constituían un acto de rebelión. Según la CNT, las huelgas y las manifestaciones legítimas se sofocaban con los mismos métodos dictatoriales empleados por la monarquía. El 21 de julio de 1931, el gobierno acordó la necesidad de «un remedio urgente y severo». Maura redactó una propuesta para desarrollar «un instrumento jurídico de represión». El ministro de Trabajo socialista, Francisco Largo Caballero, propuso un decreto para declarar ilegales las huelgas. Ambos decretos terminaron por fundirse el 22 de octubre de 1931 en la Ley de Defensa de la República, una medida que fue acogida con entusiasmo por los miembros socialistas del gobierno, sobre todo porque se percibía como directamente contraria a los intereses de sus rivales de la CNT.[9] De poco sirvió. La derecha siguió atribuyendo las acciones violentas de los anarquistas al conjunto de la izquierda, incluidos los socialistas —a pesar de que las denunciaron públicamente—, y a la propia República.

El hecho de que la República empleara el mismo aparato represivo y los mismos métodos que la monarquía no bastó para apaciguar a la derecha. Lo que esta buscaba era que la Guardia Civil y el Ejército intervinieran contra los anarquistas en defensa del orden económico vigente. Por tradición, el grueso de los oficiales del Ejército veía como una de sus principales funciones la prevención de cualquier cambio político o económico. La República trató de emprender una reforma que permitiera la adaptación de las Fuerzas Armadas, tanto en su presupuesto como en su mentalidad, a las nuevas circunstancias del país. Uno de los ejes del proyecto era la racionalización del cuerpo de oficiales, excesivamente numeroso. Los más afectados serían los duros e intransigentes oficiales de las colonias, los llamados «africanistas», que se habían beneficiado de una serie de ascensos tan vertiginosos como irregulares por sus méritos en combate. Su oposición a las reformas republicanas inauguró un proceso en virtud del cual la violencia de la reciente historia colonial española halló el camino de vuelta a la metrópoli. El rigor y los horrores de las guerras tribales en Marruecos habían endurecido a estos hombres y los habían convencido de que, tras su compromiso por combatir en defensa de la colonia, solo a ellos concernía el destino de la patria. Mucho antes de 1931 esta convicción ya había generado en los africanistas un profundo desprecio tanto por los políticos profesionales como por las masas pacifistas de la izquierda, a quienes percibían como un obstáculo para el éxito de su misión patriótica.

La acción represiva del Ejército y la Guardia Civil en el largo proceso de conflictos sociales, principalmente en las zonas rurales, se veía como una pieza central de dicho deber patriótico. Sin embargo, entre 1931 y 1936 varios factores se combinaron para ofrecer a los militares unos argumentos convincentes en favor del uso de la violencia contra la izquierda. El primero fue el intento, por parte de la República, de quebrar el poder de la Iglesia católica. El 13 de octubre de 1931, Manuel Azaña, ministro de la Guerra, y posteriormente presidente del país, afirmó que «España ha dejado de ser católica».[10] Aun suponiendo que esto fuera cierto, eran muchos los católicos devotos y sinceros. Así, la legislación anticlerical de la República proporcionó una aparente justificación para la acendrada hostilidad de quienes ya tenían abundantes motivos para buscar su destrucción. Sin pérdida de tiempo, la prensa empezó a lanzar la biliosa retórica de la conspiración judeomasónica y bolchevique. Por otro lado, la naturaleza gratuita de algunas medidas anticlericales favoreció el reclutamiento de muchos católicos de a pie para la causa de los poderosos.

La cuestión religiosa alimentó asimismo un segundo factor decisivo para estimular la violencia de la derecha, como fue el enorme éxito en la propagación de las teorías de que izquierdistas y liberales no eran españoles ni casi humanos, elementos que suponían una amenaza para la existencia de la nación y que, por tanto, debían ser exterminados. Libros que vendieron decenas de miles de ejemplares, diarios y semanarios machacaron hasta la saciedad la idea de que la Segunda República era una creación extranjera y siniestra, y había que destruirla. Este concepto, que halló un terreno abonado en el miedo de la derecha, se basaba en la opinión de que la República era fruto de una conspiración planeada y organizada por los judíos y llevada a cabo por los masones con ayuda de los lacayos de la izquierda. La creencia en esta poderosa conspiración internacional o «contubernio», una de las palabras favoritas de Franco, justificaba el uso de cualquier medio que garantizara la supervivencia nacional. Los intelectuales y sacerdotes que contribuyeron a esa propaganda lograron sintonizar con el odio a los jornaleros de los latifundistas y el miedo a los parados de la burguesía urbana. Gonzalo de Aguilera, como tantos otros militares y sacerdotes, era un lector voraz de esta clase de libros y de la prensa de derechas.[11]

Otro de los factores que fomentaron la violencia fue la reacción de los terratenientes a los diversos intentos de reforma agraria emprendidos por la Segunda República. En la provincia de Salamanca, los líderes del Bloque Agrario, Ernesto Castaño y José Lamamié de Clairac, incitaron a los terratenientes a no pagar sus impuestos ni sembrar sus tierras. La intransigencia radicalizó la postura de los jornaleros.[12] En los latifundios del sur de España las leyes agrarias se desobedecieron sistemáticamente. A pesar del decreto del 7 de mayo de 1931, que imponía el laboreo forzoso, los jornaleros sindicados se encontraron con un cierre patronal, que o bien dejaba la tierra sin cultivar, o bien les negaba el trabajo al grito de: «¡Comed República!». Y a pesar del decreto del 1 de julio de 1931, que imponía una jornada de ocho horas en el campo, los braceros trabajaban dieciséis horas, de sol a sol, sin cobrar por las horas extra. Lo cierto es que recibían salarios de miseria. Aunque los jornaleros en paro se contaban por decenas de miles, los terratenientes proclamaron que el desempleo era una invención de la República.[13] La recogida de bellotas, normalmente comidas por los cerdos, o de aceitunas caídas de los olivos, o de leña, o incluso de agua para abrevar a los animales, se denunciaron en Jaén como actos de «cleptomanía colectiva».[14] Los campesinos hambrientos a los que se sorprendía in fraganti eran brutalmente apaleados por la Guardia Civil o los guardas armados de las fincas.[15]

Con las expectativas que despertó la llegada del nuevo régimen, los campesinos sin tierra abandonaron la apatía y el fatalismo que habían marcado sus vidas hasta entonces. A medida que iban viendo cómo se frustraban sus esperanzas por las tácticas obstruccionistas de los terratenientes, la desesperación de los peones hambrientos solo pudo contenerse intensificando la represión de la Guardia Civil. Los propios guardias a menudo recurrían a las armas llevados por el pánico a ser aplastados por la muchedumbre enfurecida. La prensa de derechas daba cuenta con indignación de incidentes relacionados con la caza furtiva o el robo de cosechas, y con la misma indignación informaba la prensa de izquierdas del número de campesinos muertos. En Corral de Almaguer (Toledo), el 22 de septiembre los braceros hambrientos trataron de boicotear un cierre patronal invadiendo las fincas para trabajar la tierra. La Guardia Civil, que intervino en apoyo de los amos, mató a 5 jornaleros e hirió a otros 7. Cinco días más tarde, en Palacios Rubios, cerca de Peñaranda de Bracamonte, en la provincia de Salamanca, la Guardia Civil abrió fuego contra un grupo de hombres, mujeres y niños que celebraban el éxito de una huelga. Los guardias empezaron a disparar cuando los vecinos se pusieron a bailar delante de la casa del cura. Dos trabajadores murieron en el acto y otro dos, poco después.[16] El caso desató la ira de los trabajadores. En julio de 1933, el editor del periódico sindical *Tierra y Trabajo*, José Andrés y Mansó, presentó una denuncia en nombre de la delegación salmantina de la Federación de Trabajadores de la Tierra (de la UGT) contra un cabo de la Guardia Civil, Francisco Jiménez Cuesta, por cuatro delitos de homicidio y otros tres de lesiones. Jiménez Cuesta fue defendido con éxito por José María Gil Robles, líder del partido católico autoritario Confederación Española de Derechas Autónomas (CEDA). Andrés y Mansó fue asesinado más tarde por los falangistas, a finales de julio de 1936.[17]

En Salamanca y otros lugares se perpetraron actos violentos contra los afiliados a los sindicatos y los terratenientes: un anciano de setenta años murió apaleado a culatazos por la Guardia Civil en Burgos, y un terrateniente resultó gravemente herido en Villanueva de Córdoba. A menudo, estos incidentes, que no se limitaron al centro y sur del país, sino que proliferaron también en las tres provincias de Aragón, comenzaban con invasiones de fincas. Grupos de campesinos sin tierra acudían al señor en busca de trabajo o a veces desempeñaban por su propia iniciativa algunas tareas agrícolas y luego exigían el pago de las mismas. En la mayoría de los casos eran expulsados por la Guardia Civil o por los guardas armados de las fincas.[18]

En realidad, la actitud de los terratenientes era solo un elemento de la evidente hostilidad de las fuerzas de la derecha hacia el nuevo régimen. Ocupaban la primera línea de defensa contra las ambiciones reformistas de la República, pero había respuestas igual de vehementes a la legislación sobre la Iglesia y el Ejército. De hecho, las tres cuestiones se presentaban con frecuencia entrelazadas, pues eran muchos los militares que procedían de familias católicas y latifundistas. Todos estos elementos hallaron una forma de expresión en diferentes formaciones políticas de nuevo cuño. Entre las más extremistas y más abiertamente comprometidas con la destrucción de la República en el menor tiempo posible figuraban dos organizaciones monárquicas: la carlista Comunión Tradicionalista, y Acción Española, fundada por partidarios del exiliado Alfonso XIII como «una escuela contrarrevolucionaria de pensamiento moderno». A las pocas horas de proclamarse la República, los conspiradores monárquicos comenzaron a recaudar fondos con el fin de crear una revista que propagara la legitimidad del alzamiento contra la República, instilar en el Ejército el espíritu de rebelión y constituir un partido político legal desde el que urdir la conspiración contra el régimen y organizar el levantamiento armado. Dicha revista, *Acción Española*, alimentaría asimismo la noción de la siniestra alianza entre judíos, masones e izquierdistas. En el plazo de un mes sus fundadores lograron recaudar una suma sustancial para la proyectada sublevación. Su primera tentativa fue el golpe militar del 10 de agosto de 1932, la llamada «Sanjurjada», cuyo fracaso fortaleció la determinación de que el segundo intento estuviera mejor financiado y triunfara sin paliativos.[19] Algo más moderada era la formación monárquica conocida como Acción Nacional y posteriormente rebautizada como Acción Popular, cuyo objetivo consistía en defender los intereses de la derecha en el marco legal republicano. Extremistas o «catastrofistas» y «moderados» compartían en todo caso muchas de las mismas ideas. Sin embargo, tras el fallido golpe militar de agosto de 1932, estos grupos se separaron por sus discrepancias sobre la eficacia de la conspiración armada contra la República. Acción Española constituyó su propio partido político, Renovación Española, y otro tanto hizo Acción Popular, reuniendo a diversas formaciones de ideología afín en la CEDA.[20] Un año más tarde las filas de los «catastrofistas» crecían con la aparición de distintas organizaciones fascistas. Lo que tenían en común todas ellas era que se negaban a aceptar que la instauración de la República fuera el resultado incruento de un plebiscito democrático. Pese a su fachada en apariencia leal a la República, tanto los líderes de Acción Popular como los de la CEDA proclamaban a menudo y sin restricciones que la violencia contra el régimen republicano era completamente legítima.

Apenas tres semanas después de la proclamación del nuevo régimen, cuyo gobierno se distinguía principalmente por su timidez a la hora de afrontar los problemas sociales, Acción Nacional se constituía legalmente como «una organización de defensa social». Su creador fue Ángel Herrera Oria, editor del diario *El Debate*, una publicación de corte católico militante y hasta la fecha monárquica. Herrera, que era un estratega de notable inteligencia, fue el cerebro en la sombra del catolicismo político en los primeros años de la Segunda República. Acción Nacional aglutinó a las dos organizaciones de la derecha que habían combatido contra el creciente poder de las clases trabajadoras urbanas y rurales durante los veinte años precedentes. Su liderazgo se apoyó en la Asociación Católica Nacional de Propagandistas (ACNP), una élite de influencia jesuita integrada por cerca de 500 prominentes y talentosos católicos de derechas con influencia en la prensa, la judicatura y las profesiones liberales. Esta organización encontró un apoyo masivo en la

Confederación Nacional Católico-Agraria (CNCA), una importante formación política que proclamaba su «sumisión completa a las autoridades eclesiásticas». La CNCA gozó de un apoyo considerable entre los propietarios de pequeños minifundios del norte y el centro de España y, a semejanza de otros grupos europeos, se estableció durante la Primera Guerra Mundial como parte de una iniciativa destinada a combatir la pujanza de las organizaciones de izquierdas.[21]

El manifiesto de Acción Nacional proclamaba que «las avanzadas del comunismo soviético» ya empezaban a escalar las ruinas de la monarquía. Tachaba a los respetables políticos burgueses de la Segunda República de débiles e incapaces de controlar a las masas: «Es la masa que niega a Dios, y, por ende, los principios de la moral cristiana; que proclama, frente a la santidad de la familia, las veleidades del amor libre; que sustituye a la propiedad individual, base y motor del bienestar de cada uno y de la riqueza colectiva, por un proletariado universal a las órdenes del Estado». Señalaba igualmente la «insensatez ultranacionalista, anhelosa, sean las que fueren las cordiales palabras de ahora, de romper la unidad nacional». Acción Nacional se presentaba inequívocamente como la negación de todo aquello sobre lo que, a su juicio, se asentaba la República. Al grito de: «Religión, patria, familia, orden, trabajo y propiedad», declaró «la batalla social que se libra en nuestro tiempo para decidir el triunfo o el exterminio de esos principios imperecederos. En verdad, ello no se ha de decidir en un solo combate; es una guerra, y larga, la desencadenada en España».[22]

En 1933, cuando Acción Popular se había transformado en la CEDA, sus análisis empezaron a ser todavía menos comedidos: «Las turbas, siempre irresponsables por razón de su incoherencia, se adueñaron de los resortes de gobierno». Incluso para la organización de Herrera, leal al régimen, la República era consecuencia de la revolución desatada cuando «la locura contagiosa de los más exaltados prendió como chispas en el material combustible de los desalmados, de los perversos, de los rebeldes, de los insensatos». En ello iba implícito que los defensores de la República eran seres infrahumanos y por tanto había que eliminarlos como a bichos pestilentes. «Las cloacas abrieron sus esclusas y los detritus sociales inundaron las calles y las plazas, se agitaron y revolvieron como en epilepsia.»[23] En toda Europa, las élites amenazadas y sus masas de seguidores expresaban el temor a la izquierda mediante el uso del término «extranjero», y lo describían como una enfermedad que ponía en peligro a la nación y exigía de sus ciudadanos una profunda tarea de purificación nacional.

Tanto en ese momento como en fechas posteriores, la continua reiteración de la derecha de su propósito de aniquilar a la República se justificó por los artículos anticlericales que se incluyeron en la Constitución. Sin embargo, el enfrentamiento era muy anterior al debate sobre los apartados religiosos del borrador constitucional. La animadversión de la derecha católica por la democracia ya había quedado ampliamente demostrada en el entusiasta apoyo que prestó a la dictadura de Primo de Rivera. La derecha odiaba a la República por ser democrática mucho antes de que tuviera la oportunidad de denunciar su anticlericalismo. Además, quienes se oponían a la República por razones religiosas, lo hacían también por razones sociales, económicas y políticas, especialmente por centralismo en este último caso.[24]

De todos modos, la cuestión religiosa ofreció una buena excusa para elevar la temperatura del conflicto en el plano verbal y material. El domingo 10 de mayo de 1931, la reunión inaugural del Círculo Monárquico Independiente, en la calle de Alcalá, se clausuró con una provocativa emisión del himno nacional a través de altavoces colocados en la vía pública. La provocación indignó a las multitudes republicanas que volvían de un concierto vespertino en el madrileño parque del Retiro. Hubo disturbios, se quemaron coches y se asaltaron las oficinas del diario *ABC* en la vecina calle de Serrano. La feroz reacción popular desencadenó la famosa quema de iglesias que tuvo lugar en Madrid, Málaga, Sevilla, Cádiz y Alicante entre el 10 y el 12 de mayo. La respuesta de la muchedumbre puso de manifiesto hasta qué punto la gente identificaba a la Iglesia con la monarquía y los políticos de derechas. La prensa republicana afirmó que los incendios eran obra de provocadores de la organización esquirol antiobrera Sindicatos Libres, en un intento por desacreditar al nuevo régimen. Incluso se dijo que los jóvenes monárquicos de la Conferencia Monárquica Internacional (CMI) habían distribuido panfletos en los que se incitaba a las masas a atacar las iglesias.[25]

No obstante, eran muchos los que, en la izquierda, estaban convencidos de que la Iglesia era parte integrante de la política reaccionaria en España, y no cabe duda de que en algunos lugares los ataques contra sus sedes fueron liderados por los más exaltados de entre ellos. Para la derecha, la identidad de los verdaderos culpables carecía de importancia. La quema de las iglesias sirvió para confirmar y justificar los odios que ya existían antes de la proclamación de la República. Pese a todo, el ministro de la Gobernación, Miguel Maura, manifestó con pesar que «los católicos madrileños no consideraron ni un solo instante obligado, ni siquiera oportuno, hacer acto de presencia en la calle en defensa de lo que para ellos debía ser sagrado». Aunque hubiera agentes provocadores en los atentados contra las iglesias ocurridos entre el 10 y el 12 de mayo, es razonable suponer que estos actos fueron también demostraciones de la animosidad popular contra aquellos a quienes se percibía como enemigos de la República. En muchos pueblos se produjeron graves enfrentamientos cuando los fieles salieron a proteger las iglesias de los grupos que intentaban profanarlas. Poco después, ese mismo mes de mayo, cuando el gobierno provisional decretó el fin de la educación religiosa obligatoria, se firmaron numerosas peticiones en señal de protesta y en los pueblos más pequeños del sur del país se apedreó a los curas.[26]

Aunque la mayor parte de España seguía en calma, en los latifundios del sur y otras zonas dominadas por la CNT se percibía un clima de guerra civil no declarada desde los primeros días de la proclamación de la República. Miguel Maura declaró que, en los cinco meses transcurridos desde mediados de mayo de 1931 hasta la fecha de su dimisión, en el mes de octubre, tuvo que enfrentarse a 508 huelgas revolucionarias. La CNT lo acusó de haber causado la muerte de 108 personas con sus medidas represivas.[27] El ejemplo más gráfico fue la sangrienta y profética culminación de un período de agitación anarquista en Sevilla. Tras una serie de huelgas revolucionarias, el sindicato CNT hizo un llamamiento a la huelga general el 18 de julio de 1931. La convocatoria iba dirigida no solo a los patronos locales sino también a la UGT, el sindicato rival de la CNT en la ciudad sevillana. Hubo violentos enfrentamientos entre huelguistas anarquistas y comunistas, por un lado, y esquiroles y la Guardia Civil, por otro. En la reunión del Consejo de Ministros del 21 de julio, el ministro de Trabajo, el socialista Francisco Largo Caballero, exigió a Miguel Maura que actuara con energía para poner fin a los desórdenes, pues estaban dañando la imagen de la República. Cuando el presidente, Niceto Alcalá Zamora, preguntó si todos estaban de acuerdo en que se tomaran medidas enérgicas contra la CNT, la respuesta del gabinete fue unánime. Maura le dijo a Azaña que ordenaría la demolición, con fuego de artillería, de una casa en la que los anarquistas se habían refugiado en su huida de las fuerzas del orden.[28]

Entretanto, la noche del 22 al 23 de julio de 1931, se permitió que extremistas de derecha se aprovecharan de la situación, actuando como voluntarios en la represión de las huelgas en Sevilla. Convencido de que las fuerzas del orden no estaban en condiciones de afrontar el problema, el gobernador civil de la ciudad, José Bastos Ansart, invitó a los miembros de dos asociaciones de terratenientes, el Círculo de Labradores y la Unión Comercial, a constituir un grupo paramilitar conocido como la Guardia Cívica. Dicha invitación fue acogida con entusiasmo por los derechistas más destacados de la ciudad, Javier Parladé Ybarra, Tomás Murube Turmo, Pedro Parias González, teniente coronel de Caballería retirado y propietario de grandes fincas, y José García Carranza, el célebre torero conocido como «Pepe el Algabeño». Se recabaron armas, y la Guardia Cívica quedó al mando de un africanista brutal, el capitán Manuel Díaz Criado, conocido como «Criadillas». La noche del 22 de julio, estos grupos paramilitares asesinaron a tiros en el parque de María Luisa a cuatro prisioneros en el momento en que los trasladaban de la sede del gobernador civil a una prisión militar. La tarde del 23 de julio se destruyó con fuego de artillería, tal como Maura le prometiera a Azaña, la Casa Cornelio, un café del barrio de La Macarena donde acostumbraban a reunirse los trabajadores.

La violenta represión de los anarcosindicalistas supuso una gran victoria para la derecha sevillana. La inmediata reacción de Azaña consistió en declarar que los acontecimientos ocurridos en el parque tenían «la apariencia de una aplicación de la ley de fugas» (el pretexto que permitía disparar contra los prisioneros si estos intentaban huir), y en acusar directamente a Maura, de quien dijo que «primero dispara y después apunta». Es muy posible que estas declaraciones obedecieran a la circunstancia de que Maura había agredido a Azaña cuando este había lanzado contra él la errónea acusación de haber revelado a la prensa secretos del gabinete. En todo caso, Azaña había reconocido su error en aquella ocasión anterior. Dos semanas después, Azaña supo que la aplicación a sangre fría de la Ley de Fugas fue obra de la Guardia Cívica por orden de Díaz Criado.[29] Los asesinatos del parque de María Luisa y el lanzamiento de granadas contra Casa Cornelio fueron un anticipo de las acciones que la extrema derecha sevillana emprendería en 1936. Díaz Criado y los miembros del grupo implicados en los asesinatos terminarían por desempeñar un papel decisivo tanto en el fallido golpe militar de agosto de 1932 como en la salvaje represión que siguió al alzamiento militar en 1936. En otros puntos de la provincia, principalmente en tres pequeñas localidades situadas al sur de la capital, Coria del Río, Utrera y Dos Hermanas, la Guardia Civil reprimió con inusitada violencia diversas convocatorias de huelga. Cuando los huelguistas lanzaron piedras contra la Central Telefónica en Dos Hermanas, se envió un camión lleno de guardias civiles desde Sevilla. Las fuerzas del orden abrieron fuego en un mercado abarrotado de gente e hirieron a algunos vecinos, dos de los cuales murieron poco después. Un total de 17 personas perdieron la vida en distintos enfrentamientos a lo largo y ancho de la provincia.[30]

Los sucesos de Sevilla y la huelga telefónica revelaron que también en la España urbana había choques entre las fuerzas del orden y la CNT. En Barcelona, al conflicto en el servicio telefónico se sumó en el mes de agosto una huelga en la industria metalúrgica, en la que participaron 40.000 obreros. Buena parte de la actitud militante de los trabajadores era consecuencia de las frustraciones acumuladas durante la dictadura de Primo de Rivera y agravadas posteriormente por la intransigencia de los patronos. El odio a la UGT se debía a que, el 8 de abril de 1931, el ministro de Trabajo socialista, Francisco Largo Caballero, había establecido los jurados mixtos o comisiones arbitrales, originalmente introducidos por Primo de Rivera como instrumento legal para la resolución de los conflictos laborales. Las condiciones fijadas para el derecho a la huelga dejaron a la CNT virtualmente fuera de la ley, habida cuenta de su compromiso con la acción directa. En la crónica del movimiento anarquista se calificaba el decreto por el cual se legalizaban los jurados mixtos como «una flecha apuntada al corazón de la CNT y a sus tácticas de acción directa».[31]

Esta medida de Largo Caballero, combinada con las tácticas represivas de Miguel Maura, fomentó la hostilidad de los anarquistas contra el régimen republicano. Para empeorar las cosas, en oposición al sector de la CNT abanderado por Ángel Pestaña, que se preparaba para trabajar en el marco legal de la República, la FAI abogaba por la insurrección. El objetivo de la FAI era sustituir la República burguesa por un régimen comunista libertario. La acción paramilitar en las calles dirigida contra la Policía y la Guardia Civil se convirtió en el núcleo de lo que el destacado dirigente de la FAI Juan García Oliver definió como «gimnasia revolucionaria». Impulsadas asimismo por la progresiva hostilidad hacia la UGT, las tácticas de la FAI condujeron inevitablemente a sangrientos

45

combates con las fuerzas del orden. La violencia alcanzó especial intensidad en las ciudades donde la CNT era el sindicato más fuerte —como Barcelona, Sevilla, Valencia y Zaragoza—, pero también en Madrid, tradicional bastión de la UGT. Las acciones de los obreros de la construcción y los trabajadores portuarios afiliados a la CNT provocaron disturbios considerables en todas estas ciudades.[32]

La inquietud que las huelgas generaron en las clases medias se consolidó entre los católicos por el anticlericalismo de la República. No se hacían apenas distinciones entre la ambición de la coalición republicano-socialista de romper el monopolio de la Iglesia en el ámbito de la educación y de limitar su influencia a la esfera estrictamente religiosa, y la ferocidad anticlerical de los anarquistas iconoclastas. Las huelgas y el anticlericalismo desagradaban a muchos, pero para la extrema derecha demostraban que la República era el régimen de la chusma, de una chusma controlada por una siniestra confabulación de judíos, masones y comunistas.

Esta idea resonó con mayor insistencia conforme la derecha empezaba a movilizarse plenamente, con el apoyo del clero, tras el debate parlamentario sobre el proyecto de Constitución republicana. El texto establecía la separación entre la Iglesia y el Estado, e introducía el matrimonio civil y el divorcio. Limitaba las ayudas estatales al clero y terminaba con el monopolio religioso en el ámbito de la educación, no solo secularizando el sistema de enseñanza oficial sino también impidiendo la docencia a las órdenes religiosas. Estas iniciativas, al menos sobre el papel, suponían un revés económico de enorme magnitud. La Iglesia estaba pagando el precio por su alianza con los ricos y los poderosos, con la monarquía y la dictadura. Para los católicos, la Iglesia era el guardián de la esencia y la identidad de España, de ahí que reaccionara con indignación al decreto por el que la institución quedaba reducida a una asociación de voluntarios financiada por quienes quisieran contribuir libremente. La prensa católica calificó las reformas propuestas de impío, tiránico y ateo intento de destruir a la familia.[33] La reacción de un cura de Castellón de la Plana no fue un hecho aislado. En un sermón dijo a sus feligreses: «Hay que escupir y negar hasta el saludo a los republicanos. Debemos llegar a la guerra civil antes de consentir la separación de la Iglesia y el Estado. Las escuelas normales sin la enseñanza religiosa no forjarán hombres, sino salvajes».[34]

No cabe duda de que una parte de la legislación anticlerical de la

República fue en el mejor de los casos incauta y en el peor, irresponsable. Ciertas medidas eran la consecuencia lógica del proyecto de secularización del régimen, pero la disolución de la Compañía de Jesús y la prohibición del sistema de educación privada y religiosa suponía un ataque a las libertades básicas que casaba mal con los principios liberales de la Constitución. En todo caso, no fue difícil sortear estas medidas. En la práctica, los colegios dirigidos por congregaciones religiosas siguieron funcionando como de costumbre, limitándose a cambiar de nombre, trasladar a algunos profesores a otros centros escolares y pedir a los clérigos que adoptaran la indumentaria seglar. Muchos de estos colegios, especialmente los dirigidos por jesuitas, solo estaban al alcance de las clases altas. Pese a todo, la derecha percibía estas medidas en favor del laicismo como fruto del odio azuzado por los masones. No existía un término medio. La determinación de la izquierda de limitar el poder eclesiástico estaba motivada por la larga historia de aversión católica a la democracia y las reformas sociales. La Iglesia, resuelta a defender sus propiedades e indiferente a los problemas sociales, se alineó inevitablemente con la extrema derecha. Los republicanos creyeron que para crear una sociedad igualitaria, el nuevo régimen tenía que destruir el poder de la Iglesia en el sistema educativo y sustituirlo por escuelas laicas. Incluso en las obras de caridad del clero se veía una labor espuria de proselitismo intolerante.[35]

La derecha cosechó un importante apoyo popular en su oposición a los planes de cambio de la Segunda República durante la llamada «campaña revisionista en contra de la Constitución». El rotundo rechazo derechista a la Constitución refrendada el 13 de octubre de 1931 no se circunscribía a las propuestas relacionadas con la religión, sino que mostraba la misma intransigencia con los planes previstos para desarrollar la autonomía de Cataluña y llevar a cabo una reforma agraria.[36] Pero fue la Ley del Divorcio y la disolución de las órdenes religiosas contenida en el artículo 26 lo que desató las iras de la jerarquía católica, que atribuía estas medidas a un complot urdido por los masones. Esta afirmación sustentaba su falsa legitimidad en el hecho de que el presidente de la comisión jurídica asesora encargada de la redacción del texto constitucional, el socialista Luis Jiménez de Asúa, fuera masón.[37] En el curso del debate celebrado el 13 de octubre de 1931, el líder parlamentario de Acción Popular, José María Gil Robles, declaró ante la mayoría republicana de las Cortes: «Hoy, frente a la Constitución se coloca la España católica ... vosotros seréis los responsables de la guerra espiritual que se va a desencadenar en España». Cinco días más tarde, el 18 de octubre de 1931, en la plaza de toros de Ledesma, Gil Robles hizo un llamamiento para una cruzada contra la República.[38]

En el marco de la misma campaña, un grupo de tradicionalistas vascos constituyó la Asociación de Familiares y Amigos de Religiosos (AFAR). La AFAR cosechó importantes apoyos en Salamanca y Valladolid, ciudades que se distinguieron notablemente por la ferocidad de la represión durante la Guerra Civil. La citada AFAR publicaba un boletín antirrepublicano titulado *Defensa*, y numerosos panfletos de corte similar. Fundó asimismo una revista violentamente antimasónica y antijudía llamada *Los Hijos del Pueblo* dirigida por Francisco de Luis, quien más tarde pasó a dirigir *El Debate* en sustitución de Ángel Herrera. De Luis defendía con fervor la teoría de que la República española era un juguete en manos de una conspiración judeomasónica y bolchevique.[39] Otro de los principales colaboradores de *Los Hijos del Pueblo* fue el integrista jesuita Enrique Herrera Oria, hermano de Ángel. La amplia difusión de la revista obedecía en buena parte a la popularidad alcanzada por sus viñetas satíricas, en las que se atacaba a la Segunda República. Desde sus páginas se acusaba con regularidad a destacados políticos republicanos de ser masones y estar por tanto al servicio de una conspiración internacional contra España y el catolicismo. Fue así como entre sus numerosos lectores arraigó la creencia de que había que destruir aquel «contubernio» extranjero.[40]

La idea de que izquierdistas y liberales no eran verdaderos españoles prendió con rapidez entre las filas de la derecha. A principios de noviembre de 1931, el líder monárquico Antonio Goicoechea declaró ante un entusiasmado auditorio madrileño que la nación debía librar un combate a muerte con el socialismo. Largo Caballero protestó por la virulencia de los ataques contra su partido.[41] El 8 de noviembre, Joaquín Beunza, líder del grupo parlamentario vasco-navarro, que ni mucho menos podía contarse entre los carlistas más radicales, arengó a una multitud de 22.000 personas en Palencia:

¿Somos hombres o no? Quien no está dispuesto a darlo todo en estos momentos de persecución descarada, no merece el nombre de católico. Hay que estar dispuesto a defenderse por todos los medios, y no digo por los medios legales, porque a la hora de la defensa todos los medios son buenos ... Estamos gobernados por unos cuantos masones. Y yo digo que contra ellos todos los medios, los legales y los ilegales, son lícitos.

En ese mismo acto público, Gil Robles declaró que la persecución a la que se veía sometida la Iglesia por parte del gobierno era «el resultado de un compromiso contraído en las logias masónicas».[42] La identificación que la derecha establecía entre República y masonería se intensificó en febrero de 1932, con la apertura del debate parlamentario sobre el decreto de disolución de la Compañía de Jesús. Los jesuitas eran por tradición los principales perseguidores de la masonería. Beunza se limitó a expresar una visión ampliamente generalizada cuando afirmó que los jesuitas estaban siendo víctimas de la venganza masónica.[43]

La incitación a la violencia contra la República y sus seguidores no se limitaba a la extrema derecha. Los discursos del legalista católico Gil Robles eran tan beligerantes y provocadores como los de los monárquicos, los carlistas y, más tarde, los falangistas. En Molina de Segura (Murcia), el día de Año Nuevo de 1932, Gil Robles manifestó: «En este año de 1932 hemos de imponernos con la fuerza de nuestra razón y con otras fuerzas si no bastara. La cobardía de las derechas ha permitido que los que en las charcas nefandas se agitaban hayan sabido aprovecharlo para ponerse al frente de los destinos de nuestra patria».[44] La intransigencia de los sectores más moderados de la derecha española se plasmó en el manifiesto lanzado con motivo de la fundación de la Juventud de Acción Popular, en el que se proclamaba: «Somos hombres de derechas ... Acatamos las órdenes legítimas de la autoridad, pero no aguantaremos las imposiciones de la chusma irresponsable. No nos faltará nunca el valor para que se nos respete. Declaramos la guerra al comunismo así como a la masonería». El «comunismo», a ojos de la derecha, incluía al Partido Socialista, mientras que la masonería estaba representada por los republicanos de izquierdas.[45]

Esta furibunda e indiscriminada enemistad contra la República tenía su origen en los intentos del régimen por secularizar la sociedad. Causó malestar que, según el artículo 26 de la Constitución, se prohibiera a las autoridades municipales financiar las festividades religiosas. Cuando se celebraba alguna procesión, era frecuente que acabara tropezando con nuevas fiestas o desfiles laicos. En enero de 1932, los cementerios religiosos quedaron bajo la jurisdicción de los municipios. En lo sucesivo, el estado solo reconocía los matrimonios civiles, de tal suerte que quienes se casaban por la Iglesia estaban obligados a pasar también por el Registro Civil. Los entierros no podían tener carácter religioso, a menos que el fallecido fuera mayor de veinte años y hubiera manifestado expresamente su voluntad en este sentido, requisito que exigía numerosos y complicados trámites burocráticos.[46]

Así, proliferaron provocaciones absurdas. En mayo de 1932, el día de la festividad de San Pedro Mártir en Burbáguena (Teruel), una banda de música se puso a tocar en la plaza del pueblo para interferir deliberadamente con la música religiosa que se cantaba en la iglesia en honor del santo. En Libros (Teruel) se organizó un baile en la puerta de la parroquia mientras se celebraba una misa en honor de la Virgen del Pilar.[47] La prohibición de las procesiones en bastantes localidades también fue una provocación gratuita. En Sevilla, el miedo a una agresión llevó a más de 40 cofradías tradicionales a retirarse de la procesión de Semana Santa. Los miembros de estas hermandades eran en su mayoría militantes de Acción Popular y de Comunión Tradicionalista. Este gesto popularizó la expresión «Sevilla la mártir», a pesar de los esfuerzos de las autoridades republicanas para que las procesiones pudieran celebrarse con normalidad. El incidente se utilizó políticamente para avivar el odio a la República, creando la impresión de persecución religiosa. Las quejas más airadas procedieron de destacados miembros de las organizaciones de empresarios y terratenientes. Finalmente solo salió a la calle una cofradía, que se convirtió en blanco de los insultos y las pedradas. Unos días más tarde, el 7 de abril de 1932, se quemó y destruyó la iglesia de San Julián.[48]

Algunos ayuntamientos retiraron los crucifijos de las escuelas y las estatuas religiosas de los hospitales públicos, al tiempo que se prohibía que repicaran las campanas de las iglesias, aunque esto no era la política del gobierno, que solo exigía una autorización para llevar a cabo ceremonias públicas. Todas estas medidas se percibieron como una persecución abierta y llevaron a los católicos de a pie a considerar la República como un enemigo.

En muchos pueblos de la provincia de Salamanca hubo protestas en las calles, y los padres dejaron de llevar a sus hijos al colegio hasta que volvieran a colgarse los crucifijos. Los católicos se sintieron muy dolidos cuando, a finales de septiembre de 1932, en Béjar se prohibió tocar las campanas para llamar a misa o celebrar una boda o un funeral. No fue este el último caso. En muchas otras localidades, los alcaldes de izquierdas impusieron una tasa local por tocar las campanas, con la intención de obligar a la Iglesia, histórica aliada de la derecha, a contribuir al bienestar social.[49] En Talavera de la Reina (Toledo), el alcalde multaba a las mujeres que llevaban crucifijos. En la provincia de Badajoz, cuna de frecuentes conflictos sociales, se produjeron numerosos incidentes que contribuyeron a acrecentar los odios larvados. El alcalde de Fuente de Cantos impuso un impuesto de 10 pesetas por tocar las campanas los primeros cinco minutos y de 2 pesetas por cada minuto adicional. El alcalde de Fregenal de la Sierra prohibió por completo tocar las campanas y gravó con un impuesto los funerales católicos. Se quemaron iglesias en Peñalsordo, Campanario, Orellana de la Sierra y Casas de Don Pedro. Se prohibieron los cortejos fúnebres. En Villafranca de los Barros, la mayoría socialista del ayuntamiento aprobó en abril de 1932 la retirada de la estatua del Sagrado Corazón de la plaza del Altozano.[50]

Las fricciones religiosas, a escala tanto local como nacional, generaron un clima que los políticos de derecha supieron aprovechar rápidamente. Las procesiones se convirtieron en manifestaciones, las peregrinaciones en marchas de protesta y los sermones dominicales en mítines que a menudo provocaban reacciones anticlericales a veces violentas.[51] Solo quedaba un peldaño por subir para pasar de la retórica de la persecución y el sufrimiento a la defensa de la violencia contra las reformas republicanas, que se presentaban como obra de un siniestro complot extranjero, judeomasónico y bolchevique. José María Gil Robles declaró en las oficinas de Acción Popular el 15 de junio de 1932 que «cuando cayó la Dictadura, aprovechándose del caos generalizado, las logias masónicas, junto con la masa rencorosa e irresponsable, centraron sus ataques en la Monarquía».

En años posteriores, Gil Robles reconocería públicamente que había empujado deliberadamente a sus seguidores en la escalada del conflicto con las autoridades. El 15 de junio de 1932, por ejemplo, declaró en la sede de Acción Popular: «Al caer la Dictadura, y en vista del desconcierto existente, las logias masónicas, unidas a los despechados y a los elementos inconscientes, centraron sus ataques contra la Monarquía».[52] También lo hizo cuando la República empezaba a dar sus primeros pasos, con enorme vacilación, por la senda de una reforma agraria limitada. En abril de 1937, cuando Acción Popular se disolvió para integrarse en el partido único del nuevo Estado franquista, Gil Robles proclamó con orgullo que las reservas de beligerancia derechista que él había acumulado en los años de la República habían hecho posible la victoria de la derecha en la Guerra Civil. Veía esta «espléndida cosecha» como fruto de sus esfuerzos propagandísticos. Aún se enorgullecía de su hazaña cuando escribió sus memorias en 1968.[53]

La retórica empleada por Gil Robles durante la República reflejaba los sentimientos y los temores de sus defensores más poderosos: los latifundistas. La indignación de los terratenientes por el descaro con que sus jornaleros osaron tomar parte en las revueltas del trienio bolchevique era un claro ejemplo de sus sentimientos de superioridad social, cultural, incluso racial, frente a los que trabajaban sus tierras. La iniciativa anunciada diez años más tarde por la coalición republicano-socialista para mejorar las durísimas condiciones de los jornaleros se interpretó como una grave amenaza para las estructuras del poder rural. El profundo malestar de los terratenientes con el nuevo régimen se manifestó primero en la determinación de bloquear las reformas republicanas por todos los medios posibles, incluida la violencia sin freno. Alimentado por la retórica de la conspiración judeomasónica y bolchevique, el odio de los latifundistas hacia sus braceros encontró su más plena expresión en los primeros meses de la Guerra Civil, cuando los propietarios de las fincas apoyaron con entusiasmo a las columnas africanas de Franco que sembraron el terror en todo el sudoeste de España. En zonas como Segovia, Ávila, Soria y otras provincias castellanas, donde la amenaza de la izquierda era mínima, la represión fue igualmente feroz. El desprecio de los terratenientes por los campesinos sin tierra y sus familias era comparable al que sentían los oficiales del Ejército colonial por los indígenas, a cuya represión se dedicaban.

Los intentos de la República por racionalizar el cuerpo de oficiales del Ejército habían suscitado malestar en muchos de ellos, especialmente entre los africanistas. Uno de los más destacados fue el general José Sanjurjo, quien en su condición de director general de la Guardia Civil estaba en el eje central del descontento pretoriano con el nuevo régimen. Poco puede sorprender que Sanjurjo figurara entre los primeros militares españoles que compararon a las tribus marroquíes con la izquierda española, trasladando con ello los prejuicios raciales que facilitaron la salvaje actuación del Ejército de África al curso de la Guerra Civil. En este sentido, Sanjurjo ofreció un influyente discurso a raíz de las atrocidades cometidas en la remota y empobrecida localidad de Castilblanco, en Badajoz, cuando los vecinos asesinaron a cuatro guardias civiles en un estallido de violencia colectiva, en venganza por la prolongada y sistemática opresión que estaban padeciendo. La Federación Nacional de Trabajadores de la Tierra, el sindicato de jornaleros socialista, había convocado una huelga de cuarenta y ocho horas en la provincia, con el propósito de denunciar la aquiescencia del gobernador civil con las continuas infracciones de la legislación social republicana por parte de los terratenientes. El 31 de diciembre de 1931, por orden del alcalde de Castilblanco, la Guardia Civil abrió fuego contra una manifestación pacífica de los huelguistas, y el tiroteo se saldó con un muerto y dos heridos. Aterrados y enfurecidos por el suceso, los huelguistas se enfrentaron a los cuatro guardias y los mataron a palos. Para la izquierda, los sucesos de Castilblanco solo podían interpretarse en el contexto de la larga historia de privaciones económicas en la región. Una diputada socialista por Badajoz, la intelectual judía Margarita Nelken, atribuyó el incidente a la brutalidad de las relaciones sociales en el municipio.[54]

El general Sanjurjo se indignó al saber que por la obligación de ir a Castilblanco no podría participar en un gran acto social en Zaragoza, donde debía figurar entre los testigos de la novia en la boda de la hija del vizconde de Escoriaza.[55] El 2 de enero, cuando Sanjurjo llegó al pueblo, ocupado por un numeroso destacamento de guardias civiles, el oficial de mando señaló a los cerca de 100 prisioneros con estas palabras: «Vea usted aquí a los criminales; ¡mire usted qué cara tienen!». A lo que Sanjurjo respondió: «¿Pero no los han matado?». Trataron a los prisioneros con inconcebible brutalidad. Los tuvieron siete días y siete noches, desnudos de cintura para arriba, a una temperatura por debajo de cero grados, y los obligaron a permanecer de pie con los brazos en alto. Si caían al suelo la emprendían con ellos a culatazos. Algunos murieron de neumonía.

Al hablar con los periodistas durante el funeral de los guardias asesinados, Sanjurjo acusó de todo lo ocurrido a Margarita Nelken. Lamentó que se le hubiera permitido ser diputada parlamentaria «siendo extranjera y judía, circunstancia ésta que le daba una particular calidad como espía». A continuación comparó a los trabajadores de Castilblanco con las tribus de moros contra las que había combatido en Marruecos, y señaló: «En un rincón de la provincia de Badajoz hay un foco rifeño». Proclamó mendazmente que, desde el desastre de Anual, ocurrido en julio de 1921, en el que 9.000 soldados perdieron la vida, «ni en Monte Arruit, en la época del derrumbamiento de la Comandancia de Melilla, los cadáveres de los cristianos fueron mutilados con un salvajismo semejante».[56]

De esa idea tan descabellada y falsa se hizo eco la prensa nacional y extremeña a través de periodistas que nunca habían estado en Castilblanco ni en el Rif, y que se limitaron a airear sus prejucios. El periódico *ABC* señaló: «Los rifeños menos civilizados no hicieron más».[57] La prensa de derechas local se refirió a los campesinos de Extremadura como «estos rifeños sin Rif» o como «rifeños, cabilas, salvajes, bestias sedientas de sangre, hordas marxistas». En términos generales, las crónicas que la prensa de derechas local ofreció de los sucesos de Castilblanco reflejaban las actitudes racistas y beligerantes de la élite rural. Presentaron a los vecinos de Castilblanco, y por extensión al proletariado rural en su conjunto, como una raza inferior, como un atroz ejemplo de degeneración de la especie. Era común que se refirieran a ellos como seres infrahumanos y anormales. Estas descripciones desmesuradamente subidas de tono halagaban y reforzaban los miedos ancestrales de las clases respetables: la acusación de que una mujer había bailado encima de los cadáveres evocaba el aquelarre.[58] La conclusión a menudo explícita fue que había que disciplinar al proletariado rural con los mismos métodos empleados para derrotar al enemigo colonial en Marruecos. Así, se exigió que se reforzaran los medios de la Guardia Civil, se dotara al cuerpo de unidades de asalto motorizadas y se fortificaran sus puestos a la manera de los blocaos de la colonia marroquí.[59]

En razón de sus orígenes judíos, Margarita Nelken se convirtió en blanco de los insultos de la derecha. Nelken había participado activamente en la provincia de Badajoz como portavoz de la Federación Nacional de Trabajadores de la Tierra, pero jamás había estado en Castilblanco, un pueblo al que solo podía accederse yendo en coche hasta Herrera del Duque y continuando desde allí por una senda estrecha, a pie o en mula.[60] Otra feminista socialista, Regina García, que más tarde renegó de sus creencias y buscó la redención abrazando la causa del franquismo, quiso congraciarse con sus nuevos amos retratando a Margarita como pieza de la «conspiración judeo-bolchevique». Aseguró que Nelken, «judía de familia y de religión, sentía aversión a la Guardia Civil por no sabemos qué oscuro complejo de venalidades raciales».[61] Rafael Salazar Alonso, diputado de la derecha radical y principal oponente de Margarita Nelken en Badajoz, también la despreciaba por ser judía. Con respecto a la afirmación de que no debería habérsele permitido obtener un escaño en el Parlamento, pues a pesar de que había nacido en España y residía en este país, sus padres eran alemanes, Salazar Alonso escribió: «A mí la nacionalidad de la señora Nelken me es indiferente. Sé muy bien que por su origen racial puede tenerlas todas».[62]

La Guardia Civil desempeñó un papel esencial en la construcción del ambiente de violencia que se extendía progresivamente por España, siempre alineada en el bando de los terratenientes. La sangrienta venganza institucional que se desató la semana siguiente a los sucesos de Castilblanco causó 18 muertes. Tres días después de lo ocurrido en Castilblanco fueron 2 los muertos y 3 los heridos en Zalamea de la Serena (Badajoz). Dos días más tarde, un huelguista murió a consecuencia de un disparo y otro resultó herido en Calzada de Calatrava, al tiempo que un tercero era abatido a tiros en Puertollano (ambas localidades de Ciudad Real); otros 2 perdieron la vida en Épila (Zaragoza), donde el número de heridos se elevó a 11, y 2 más fueron asesinados en Jeresa (Valencia), donde se contaron 15 heridos, 9 de ellos graves. El 5 de enero se produjo la más escalofriante de estas acciones cuando 28 guardias civiles cargaron contra una manifestación pacífica en Arnedo, una pequeña localidad de la provincia de Logroño, en la parte norte de Castilla la Vieja.

Una de las principales fuentes de empleo de Arnedo era una fábrica de calzado, propiedad de Faustino Muro, hombre de convicciones derechistas radicales. Hacia finales de 1931, despidió a varios trabajadores porque no habían votado por los candidatos monárquicos en las elecciones del mes de abril y a otros porque pertenecían a la UGT. El caso se llevó al jurado mixto, que resolvió a favor de los trabajadores, pero Muro se negó a readmitirles en sus puestos de trabajo. Hubo una concentración de protesta frente al ayuntamiento, donde, sin motivo aparente, la intervención de la Guardia Civil causó la muerte de un trabajador y de 4 mujeres transeúntes, una de ellas embarazada, de veintiséis años, acompañada de su hijo de dos años, que también perdió la vida. Cincuenta vecinos resultaron heridos de bala, entre ellos muchas mujeres y niños, algunas con bebés en los brazos. Otros 5 heridos murieron en los días posteriores y muchos sufrieron amputaciones, como fue el caso de un niño de cinco años y una viuda con seis hijos.[63] Los vecinos de Arnedo padecieron grandes penalidades en los primeros meses de la Guerra Civil. Entre finales de julio y principios de octubre de 1936, 46 fueron asesinados y entre los muertos figuraban algunos de los heridos en 1932.[64]

Azaña consignó en su diario que la opinión pública española se encontraba dividida entre los que odiaban a la Guardia Civil y los que la veneraban como la última trinchera en la defensa del orden social. Esta situación era el reflejo de viejas actitudes de la izquierda y la derecha, pero fue la llegada de la Segunda República y sus desafíos al orden social existente lo que acrecentó más que nunca el odio en ambos bandos.[65] Tras los sucesos de Arnedo, Sanjurjo declaró que la Guardia Civil se interponía entre España y la imposición del comunismo soviético, y que las víctimas formaban parte de la chusma analfabeta engañada por agitadores malignos.[66] Sus palabras tras lo ocurrido en Castilblanco y la venganza posterior de la Guardia Civil dan una idea clara del grado de violencia social soterrada, a la vez que ponen de manifiesto hasta qué punto la crueldad y la barbarie de las guerras marroquíes se trasladaron a España y se utilizaron contra la clase trabajadora. Sin embargo, Sanjurjo no fue el primero en señalar este vínculo. El líder de los mineros asturianos, Manuel Llaneza, ya había hablado del «odio africano» con que las columnas militares asesinaron y apalearon a los trabajadores, además de destruir y saquear sus hogares, durante la represión de la huelga general revolucionaria de 1917.[67]

Para desgracia de la coalición republicano-socialista, crecía el número de españoles de clase media que consideraban que los excesos del Ejército y de la Guardia Civil quedaban justificados por los excesos de la CNT. El 18 de enero de 1932 se produjo una revuelta de mineros, que tomaron la ciudad de Fígols, al norte de Barcelona. El movimiento se extendió por toda la región del Alt Llobregat, y la CNT hizo una inmediata convocatoria a la huelga solidaria. El único punto fuera de Cataluña donde la convocatoria tuvo una respuesta significativa fue Sevilla. Allí, la CNT, con el respaldo del Partido Comunista, convocó una huelga general para los días 25 y 26 de enero. El paro tuvo un seguimiento absoluto los dos días señalados, y la Guardia Civil se ocupó de garantizar el funcionamiento de los servicios públicos. Los actos de violencia que acompañaron a la protesta convencieron a los socialistas de que había elementos subversivos en el movimiento anarquista y de que el objetivo de la huelga era demostrar que el gobierno era incapaz de mantener el orden. El 21 de enero, Azaña declaró en las Cortes que la extrema derecha también estaba manipulando a los anarquistas, y aseguró que quienes ocuparan las fábricas, asaltaran los ayuntamientos, sabotearan las líneas férreas, cortaran las líneas telefónicas o atacaran a las fuerzas del orden serían tratados como rebeldes. La respuesta del gobierno consistió en movilizar al Ejército, aplicar la Ley de Defensa de la República, prohibir la prensa anarquista y deportar a los líderes huelguistas de Cataluña y Sevilla. La enemistad de la CNT con la República y la UGT se convirtió casi en una guerra abierta.[68]

En los meses que siguieron a los sucesos de Arnedo hubo nuevas intervenciones de la Guardia Civil que provocaron muertes. En el marco de las celebraciones del 1 de mayo de 1932, se convocó en la localidad de Salvaleón (Badajoz) una reunión de la FNTT a la que asistieron miembros de Badajoz, Barcarrota, Salvaleón y otros pueblos de la provincia, en una finca cercana llamada Monte Porrino. Tras los discursos del diputado socialista por Zaragoza, Manuel Alba, y destacados representantes del grupo socialista de Badajoz, como Pedro Rubio Heredia, Margarita Nelken o Nicolás de Pablo, el coro de la casa consistorial de Barcarrota cantó «La Internacional» y «La Marsellesa». La multitud se dispersó y muchos acudieron a un baile que se había organizado en Salvaleón. Terminado el baile, y antes de regresar a Barcarrota, el coro fue a cantar al pie de la ventana del alcalde socialista de Salvaleón, Juan Vázquez, conocido como el «Tío Juan el de los pollos». Este último homenaje nocturno enfureció al cabo comandante de la Guardia Civil, cuyos hombres abrieron fuego y causaron la muerte de dos hombres y una mujer, además de algunos heridos. Después, y para justificar su acción, el cabo aseguró que alguien había disparado desde la multitud. Entre los detenidos figuraban Nicolás de Pablo y el propio Juan Vázquez, el alcalde de Salvaleón. Pedro Rubio fue asesinado en junio de 1935, Nicolás de Pablo a finales de agosto de 1936 y Juan Vázquez en octubre de 1936, en Llerena.[69]

En enero de 1932, Sanjurjo fue relevado del mando de la Guardia Civil. En su entrevista con el ministro de la Guerra, Manuel Azaña, Sanjurjo calificó a los concejales socialistas de Extremadura de unos indeseables que incitaban al desorden, aterrorizaban a los terratenientes y buscaban el enfrentamiento con la Guardia Civil. Azaña, por su parte, manifestó que el traslado de Sanjurjo al cargo de director general de los Carabineros no guardaba ninguna relación con la postura adoptada por este después de los sucesos de Castilblanco, pero tanto el cesado como otros muchos lo entendieron como un castigo.[70] Esto granjeó a Sanjurjo las simpatías de la extrema derecha y le animó a encabezar el fallido golpe militar del 10 de agosto de 1932, ya mencionado. El golpe solo triunfó brevemente en Sevilla, donde fue respaldado con entusiasmo por la derecha local. Durante la Sanjurjada, los golpistas detuvieron a los principales republicanos de Sevilla, entre ellos al alcalde, José González Fernández de Labandera, al coronel Ildefonso Puigdengola (posterior defensor de Badajoz) y a Hermenegildo Casas Jiménez, elegido alcalde de la capital sevillana el 14 de abril de 1931, cargo que no tardó en abandonar para convertirse en diputado socialista por Sevilla. Nada más enterarse del golpe, Labandera se fue directo al ayuntamiento y convocó a todos los concejales de la ciudad, junto a los dirigentes de partidos y sindicatos. Ya había constituido un Comité de Salvación Pública cuando el comandante Eleuterio Sánchez Rubio Dávila llegó a la ciudad enviado por Sanjurjo para ocupar la alcaldía. Labandera se negó a cederle el cargo y Sánchez Rubio Dávila se retiró muy perplejo. No tardó en regresar con una unidad de guardias de asalto para arrestar a Labandera. Mientras los guardias se lo llevaban, el alcalde gritó: «Último decreto de la Alcaldía: queda declarada la huelga general de todos los servicios públicos». Hubo rumores de que a Labandera lo habían matado junto al resto de los detenidos en el Cuartel del Carmen. En realidad, el decreto de la huelga general garantizó el fracaso del golpe y probablemente salvó la vida del alcalde, pero la derecha local se cobró su venganza en 1936 y Labandera fue fusilado otro 10 de agosto.

Muchos de los civiles que participaron en la sublevación ya habían formado parte de la Guardia Cívica, responsable de los asesinatos en el parque de María Luisa en julio de 1931. Algunos de ellos, junto con los cabecillas militares, también tuvieron un papel destacado en los acontecimientos del verano de 1936. Pedro Parias González (que más tarde sería nombrado por Queipo de Llano gobernador civil de Sevilla), Pepe el Algabeño (José García Carranza) y un comandante retirado, Luis Redondo García, fueron piezas fundamentales de la represión que siguió al levantamiento militar. Los tenientes coroneles José Enrique Varela Iglesias y Felipe Acedo Colunga, el comandante Alfonso Gómez Cobián y el capitán Lisardo Doval Bravo de la Guardia Civil ocuparon importantes posiciones en la trama golpista. El principal de todos ellos fue el comandante del Estado Mayor José Cuesta Moneareo, cuya participación en el golpe de 1936 resultó decisiva.[71]

El 25 de agosto, Sanjurjo fue juzgado por traición en la Sala Militar o Sala Sexta del Tribunal Supremo. El presidente en funciones del tribunal, Mariano Gómez González, no tuvo otra opción que condenarlo a muerte, aunque recomendó la conmutación de la pena capital por su expulsión del Ejército.[72] El presidente de México, Plutarco Elías Calles, envió un mensaje a Azaña por medio del embajador español, Julio Álvarez del Vayo, en el que le decía: «Si quieres evitar un derramamiento de sangre en todo el país y garantizar la supervivencia de la República, ejecuta a Sanjurjo». Sin embargo, en la reunión del gabinete ministerial, Azaña defendió con éxito la recomendación de Mariano Gómez. Anotó en su diario: «Fusilar a Sanjurjo nos obligaría a fusilar a otros seis u ocho que están incursos en el mismo delito, y también a los de Castilblanco. Serían demasiados cadáveres en el camino de la República». Así pues, Sanjurjo fue encarcelado y liberado poco después.[73] Pese a las públicas protestas y denuncias por la excesiva dureza de las penas de prisión impuestas a los golpistas, lo cierto es que la relativa levedad del castigo animó a la derecha a seguir adelante con los preparativos para una nueva y exitosa intentona.[74] El régimen carcelario no pudo ser más benigno. El hombre designado para liderar el golpe de Sanjurjo en Cádiz fue el coronel José Enrique Varela, el oficial más condecorado del Ejército. La precaria planificación del golpe hizo que Varela no llegara a intervenir de facto, si bien su participación en la trama le valió una condena en la misma cárcel donde se encontraban recluidos los principales carlistas involucrados en la sublevación, Manuel Delgado Brackembury y Luis Redondo García, líder de la exaltada milicia Requeté de la ciudad. Fueron estos dos hombres, junto con el líder carlista Manuel Fal Conde, que visitaba frecuentemente a Varela en la prisión, quienes lo embelesaron con sus planes de violencia popular organizada contra el régimen. Tras su traslado a la cárcel de Guadalajara, en compañía de Redondo, Varela se convirtió en un carlista convencido.[75]

La izquierda se equivocó ingenuamente al considerar la Sanjurjada como un fenómeno equivalente al intento de golpe militar liderado por Kapp en marzo de 1920 en Berlín. Dado que Sanjurjo, igual que Kapp, había sido derrotado por una huelga general, muchos creyeron que el fracaso de la Sanjurjada habría fortalecido la República igual que el fracaso de Kapp había fortalecido la de Weimar. Nada se hizo para reestructurar las unidades culpables. Por el contrario, del fracaso de Sanjurjo la derecha sí extrajo lecciones importantes, entre ellas la de que un golpe militar no podía triunfar sin el apoyo de la Guardia Civil y la Guardia de Asalto. A raíz del intento fallido de Sevilla, los conspiradores aprendieron una lección en particular que más tarde aplicarían en 1936: la necesidad de silenciar de inmediato a las autoridades municipales republicanas y a los líderes sindicales.

En un sentido más amplio, la derecha golpista, tanto civil como militar, comprendió que no podía fracasar de nuevo por culpa de una mala planificación. A finales de septiembre de 1932, se constituyó un comité conspirador integrado por Eugenio Vegas Latapié, el marqués de Eliseda, miembro del grupo de extrema derecha Acción Española, y el capitán del Estado Mayor, Jorge Vigón, a quienes se confiaron los preparativos para el éxito de la nueva tentativa. De la legitimidad teológica, moral y política del levantamiento contra la República se hizo cargo el periódico monárquico *Acción Española*. El grupo operaba desde la residencia en Biarritz del aviador y *playboy* carlista Juan Antonio Ansaldo. Se recaudaron importantes sumas de dinero entre los simpatizantes de la derecha con el fin de comprar armas y financiar la desestabilización política, para lo cual se contó con la colaboración a sueldo de ciertos elementos anónimos de la CNT-FAI. Asimismo, se destinó una cuantía sustancial al pago de los servicios mensuales de un inspector de policía, Santiago Martín Báguenas, que había sido un estrecho colaborador del general Mola en la época en que este ocupó el cargo de director general de Seguridad, durante los últimos meses de la monarquía. Los conspiradores contrataron a Martín Báguenas para liderar su servicio de inteligencia, y este, a su vez, contrató a otro de los compinches de Mola, un policía más corrupto si cabe llamado Julián Mauricio Carlavilla. Entre los principales objetivos del nuevo comité figuraba la creación de células subversivas en el seno del propio Ejército, tarea que se encomendó al teniente coronel del Estado Mayor Valentín Galarza Morante.[76]

Galarza Morante había participado en la Sanjurjada, pero no había pruebas de su implicación. Azaña lo tenía por uno de los conspiradores militares más peligrosos, por los conocimientos adquiridos a lo largo de los años que había pasado «mangoneando» en el Ministerio de la Guerra.[77] Galarza fue el enlace entre los conspiradores monárquicos y la asociación clandestina de oficiales del Ejército, la Unión Militar Española (UME), creada a finales de 1933 por el coronel retirado Emilio Rodríguez Tarduchy, íntimo amigo del general Sanjurjo y uno de los primeros miembros de Falange Española. Los militares de la UME fueron una pieza fundamental en la rebelión militar de 1936.[78] Tarduchy fue sustituido al poco tiempo por un capitán del Estado Mayor, Bartolomé Barba Hernández, un africanista amigo de Franco, quien le había designado profesor en la Academia Militar General de Zaragoza en 1928.[79]

La derrota de Sanjurjo no fue suficiente para aplacar el odio social en el sur, y la actuación de la Guardia Civil hizo mucho por fomentarlo. A finales de 1932, la Guardia Civil interrumpió una reunión que se celebraba en los campos cercanos a Fuente de Cantos, al sur de Badajoz, y detuvo al líder anarcosindicalista local, Julián Alarcón. Con intención de darle un escarmiento, lo enterraron hasta el cuello y allí lo dejaron hasta que sus compañeros volvieron a rescatarlo.[80] A mediados de diciembre de 1932, en Castellar de Santiago, provincia de Ciudad Real, la Guardia Civil presenció impasible los disturbios organizados por los terratenientes y sus criados. La principal fuente de empleo local era la recogida de la aceituna. Había pocas fincas de gran tamaño y los dueños de los olivares más pequeños tenían dificultades para pagar a sus jornaleros un salario digno, así que preferían contratar a mujeres, a quienes tradicionalmente se les pagaba menos, o a trabajadores de fuera de la provincia. La casa del pueblo denunció que a sus miembros se les negaba el trabajo sistemáticamente por su pertenencia a la FNTT. Habían llegado a un acuerdo con los terratenientes para que no se contratara a mujeres ni a trabajadores llegados de fuera mientras los hombres de la localidad no tuvieran trabajo. Alentados por la patronal de los terratenientes, la Asociación de Propietarios de Fincas Rústicas, los olivareros locales se unieron para hacer frente a lo que percibían como la temeridad de los braceros y pasaron por alto el acuerdo. El alcalde, presionado por los terratenientes, no hizo nada para exigir el cumplimiento de los compromisos adquiridos y se ausentó del pueblo, yéndose a Valdepeñas.

El 12 de diciembre de 1932, un grupo de jornaleros en paro detuvo el coche del alcalde y le exigió que regresara y cumpliera con sus obligaciones. Uno de sus acompañantes abrió fuego: una bala alcanzó a Aurelio Franco, el vocal contador del ayuntamiento, y comenzó una pelea. Los jornaleros lanzaron piedras y el alcalde resultó herido. Los terratenientes y sus guardias armados desataron una espiral de violencia. Irrumpieron en las casas de los trabajadores, destrozaron los muebles y amenazaron a sus mujeres y a sus hijos. A Aurelio Franco y otros dos dirigentes de la casa consistorial los sacaron de sus casas y los mataron a tiros delante de sus familias. La Guardia Civil presenció los incidentes sin intervenir. El periódico de la FNTT, *El Obrero de la Tierra*, señaló que lo ocurrido en Castellar de Santiago «representa el máximo de barbarie de una clase adinerada que se cree dueña de vidas y haciendas. La turba caciquil, desmandada, puso en su verdadero lugar a la clase que representa, porque convirtió aquella localidad en un rincón africano». Emilio

Antonio Cabrera Tova, uno de los diputados socialistas por Ciudad Real, calificó los sucesos de Castellar como «la primera intervención violenta y organizada de la clase patronal para contrarrestar las conquistas de la clase trabajadora». Se llamó a la huelga general en la provincia, y la convocatoria fue un éxito completo. Sin embargo, los terratenientes siguieron haciendo caso omiso de los acuerdos, y la Guardia Civil de Castellar no recibió ningún castigo por su negligencia en el cumplimiento del deber.[81]

Los sucesos de Castellar de Santiago eran un ejemplo claro del creciente apoyo de la Guardia Civil a los terratenientes en su determinación de socavar la legislación de la República. Alrededor de un mes más tarde tuvieron la ocasión de demostrarlo inequívocamente. El movimiento anarquista, dominado para entonces por la FAI, lanzó una apresurada sublevación el 8 de enero de 1933. La revuelta se sofocó sin dificultad en Cataluña, Zaragoza, Valencia, Sevilla y Madrid, pero en la pequeña localidad gaditana de Casas Viejas la represión fue brutal. Los vecinos de Casas Viejas vivían en situación de desempleo casi crónico, pasaban hambre y sufrían una tuberculosis endémica. Las mejores tierras del municipio se destinaban a la cría de toros de lidia, mientras los pobres enloquecían de hambre como perros callejeros, en palabras del escritor Ramón Sender. Cuando la declaración de comunismo libertario lanzada por la FAI llegó al Centro Obrero de Casas Viejas, los vecinos siguieron, no sin cierta vacilación, las órdenes de Barcelona. Estaban convencidos de que toda la provincia de Cádiz se había sumado al llamamiento revolucionario y no esperaban un baño de sangre. Incurrieron en la ingenuidad de ofrecer a los terratenientes y a la Guardia Civil la oportunidad de sumarse a su nueva empresa colectiva. Para su perplejidad, la Guardia Civil respondió al ofrecimiento abriendo fuego. Muchos huyeron del pueblo, pero algunos se refugiaron en la choza del septuagenario Curro Cruz, conocido como «Seisdedos». Con el anciano se encontraban su yerno, dos de sus hijos, su primo, su hija, su nuera y dos nietos. No contaban con más armas que escopetas de perdigones. Una compañía de guardias de asalto al mando del capitán Manuel Rojas Feijespan llegó a la choza. Tras una noche de asedio, en la que varios de los ocupantes de la vivienda perdieron la vida al atravesar la munición de las ametralladoras las paredes de barro, Rojas ordenó a la Guardia Civil y a los guardias de asalto que prendieran fuego a la choza de Seisdedos. A los que intentaron escapar los abatieron a tiros. Otros 12 vecinos fueron tiroteados a sangre fría.[82]

La reacción inmediata de la prensa de derechas fue relativamente favorable, en sintonía con su habitual elogio de la represión del proletariado rural por parte de la Guardia Civil.[83] Al comprenderse no obstante que la tragedia podía tener cierta rentabilidad política, los grupos de la derecha derramaron lágrimas de cocodrilo y se hicieron eco de la indignación de los anarquistas. Antes de que pudieran conocerse los detalles de lo ocurrido, tres ministros socialistas, con Prieto a la cabeza, ya habían dado su apoyo a Azaña respecto de la represión de la sublevación anarquista. Largo Caballero exigió medidas enérgicas en tanto se prolongaran los disturbios.[84] Pero los socialistas, a pesar de su enemistad con los anarquistas, no podían aprobar la brutalidad gratuita desplegada por las fuerzas del orden. Para colmo de males, los responsables de la matanza mintieron y alegaron que habían actuado por orden de sus superiores. El futuro líder de la Unión Militar Española les apoyó, con consecuencias devastadoras. El capitán Barba Hernández estaba de guardia la noche del 8 de enero de 1933. Al conocerse el escándalo, defendió a su amigo Rojas, principal responsable de la matanza, contando la inverosímil historia de que el propio Azaña había ordenado personalmente que dispararan «tiros a la barriga». Esta invención, en manos de la prensa de derechas, causó un daño enorme a la coalición republicano-socialista.[85] Las repercusiones que alcanzaron los sucesos de Casas Viejas hicieron que los socialistas vieran el coste de su participación en el gobierno. Se radicalizaron al comprender que su defensa de la República burguesa frente a los anarquistas estaba minando su credibilidad entre las masas socialistas.

Nuevos actos de violencia acompañaron la campaña de las elecciones municipales de abril de 1933. Las elecciones anteriores celebradas el 12 de abril de 1931, que provocaron la caída de la monarquía, se habían desarrollado al amparo de la Ley Electoral Monárquica de 1907, que entonces aún seguía en vigor. Según el artículo 29 de dicha norma, cuando en un distrito cualquiera hubiese menos candidatos que escaños, los candidatos serían elegidos sin necesidad de que se emitiera voto alguno. A la vista de lo fácil que resultaba intimidar a los candidatos de la izquierda para que no se presentaran a las elecciones, este sistema gozó de la simpatía de los caciques. El 12 de abril de 1931, 29.804 candidatos, es decir, el 37 por ciento del número total de concejales, fueron elegidos por este procedimiento, lo que dejó al 20,3 por ciento de los electores sin posibilidad de ejercer su derecho al voto. Dicha situación se concentró principalmente en las provincias conservadoras de las dos Castillas, así como en León, Aragón y Navarra. El 23 de abril de 1933 fue la fecha designada para la elección de 16.000 concejales, una pequeña parte de los cuales correspondía a pueblos del sur de España. Se celebraron elecciones en 21 municipios de la provincia de Badajoz, entre los cuales, Hornachos fue el más importante de todos.

El día de las elecciones, el alcalde de Zafra, José González Barrero, encabezó en Hornachos una manifestación a la que asistieron 300 socialistas y comunistas. Los participantes ondearon banderas rojas y entonaron cánticos revolucionarios. En un primer momento la Guardia Civil no intervino, por orden del gobernador civil, pero los miembros de la derecha local, que se presentaban a las elecciones agrupados en la Coalición Antimarxista, acudieron a Rafael Salazar Alonso, uno de los diputados provinciales del Partido Radical, que ese día se encontraba en Hornachos. Como en el pueblo no había teléfono, Salazar Alonso fue en coche a la localidad vecina de Villafranca de los Barros y desde allí telefoneó al ministro de la Gobernación para pedirle que diera permiso a la Guardia Civil para abrir fuego. Según Salazar, aún estaba en Villafranca en el momento en que esto ocurrió, pero otras fuentes insinúan que estaba presente cuando, después de que los manifestantes lanzaran piedras y se oyera un disparo, la Guardia Civil abrió fuego contra los manifestantes. Murieron 4 hombres y una mujer, y otras 14 personas resultaron heridas. Se detuvo a 40 trabajadores y algunos sufrieron brutales palizas. [86] En opinión de Margarita Nelken y otros miembros de la izquierda, Salazar Alonso fue responsable de tal actuación de la Guardia Civil en Hornachos. [87]

Según su amigo, el presidente de la República, Niceto Alcalá Zamora, el provocativo y pugnaz Salazar Alonso era un hombre dado a entusiasmos extremos quien antes de 1931 había destacado por su anticlericalismo feroz y su republicanismo, pero que dio un giro radical al caer bajo el hechizo de la aristocracia terrateniente de Badajoz. En consecuencia, según Alcalá Zamora, Salazar Alonso pasó a defender los intereses reaccionarios con el celo propio del converso. A raíz de su conversión desempeñó un papel esencial en la génesis de la violencia en el sur de España. La verdad es que Alcalá Zamora acertaba al señalar el cambio en las opiniones políticas de Salazar Alonso, pero se equivocaba en los detalles de su conversión. Según Pedro Vallina, un famoso médico de creencias anarquistas, Salazar Alonso era un hombre de ambiciones desmedidas que había abrazado la causa anticlerical como medio para medrar en el Partido Radical. Nació y se crió en Madrid. En la localidad pacense de Siruela, pueblo natal de su padre, se casó con la hija de un rico terrateniente. Inició su carrera defendiendo ideas radicales, pero, una vez que se hubo asegurado un escaño en el Parlamento, viró rápidamente a la derecha. Durante su paso fugaz por Villafranca de los Barros, el 23 de abril de 1933, conoció a una mujer casada con un terrateniente mucho mayor que ella y aún más rico que su suegro. Abandonó a su esposa y a sus hijos y comenzó una relación con esta dama, que empezó a visitarlo en Madrid. Todo esto confirmaba la creencia del austero e idealista doctor Vallina, para quien Salazar Alonso era «uno de los hombres más sinvergüenzas y cínicos que he conocido». Incluso el presidente del Partido Radical, el corrupto Alejandro Lerroux, señaló con nostalgia que Salazar Alonso «frecuentaba palacios donde yo no he estado nunca sino protocolariamente».[88] Más tarde, por causa de su relación adúltera con aquella mujer, llamada Amparo, y a pesar de la misma, Salazar Alonso abandonó la masonería y se convirtió en un católico devoto.[89]

A lo largo de la primavera y el verano de 1933 se hizo del todo patente que los jurados mixtos y las diferentes leyes sociales eran pasados por alto sistemáticamente. Se soslayaban los intercambios laborales oficiales y solo se ofrecía trabajo a quienes se avenían a romper su carnet sindical. Se dejaron de cultivar las tierras. Se multiplicaron los casos de terratenientes que abrían fuego contra grupos de trabajadores. Uno de los principales temas de debate en la larga reunión del Comité Nacional de la UGT, celebrada del 16 al 18 de junio, fue la deriva de sus miembros hacia organizaciones anarquistas y comunistas, en respuesta a los esfuerzos de los socialistas por mantener la disciplina de los obreros frente a las provocaciones.[90]

La negativa de los patronos a cumplir con la legislación social forzó a los trabajadores, especialmente en las zonas rurales, a adoptar una actitud cada vez más beligerante. Mientras los socialistas continuaban ocupando cargos en el gobierno y ofreciendo perspectivas de reformas sociales, los sindicatos llamaban a sus afiliados a la paciencia y la disciplina. Sin embargo, Alcalá Zamora llevaba algún tiempo buscando la oportunidad de desalojar del poder a la mitad socialista de la coalición. Esto obedecía en parte a su incomodidad con los socialistas y en parte a su incompatibilidad personal con Manuel Azaña. Llegado el mes de agosto, la minoría agraria, con la complicidad del Partido Radical, consiguió mutilar el Proyecto de Ley de Reforma Agraria redactado por Marcelino Domingo. Así se puso de manifiesto la falsedad de la tan cacareada preocupación de los agrarios por los pequeños propietarios de fincas.[91] A principios de septiembre, y pese al voto de confianza que el Parlamento le había otorgado a Azaña, el presidente se valió de la victoria de los conservadores en las elecciones al Tribunal de Garantías Constitucionales para justificar su decisión de encomendar la responsabilidad del gobierno al líder corrupto del Partido Radical, Alejandro Lerroux. Aunque Lerroux nombró un nuevo gabinete el 11 de septiembre, no podía enfrentarse a la cámara sin sufrir una derrota. Así las cosas, gobernó con las Cortes cerradas. Los terratenientes se mostraron encantados por la actitud complaciente de los nuevos ministros de Agricultura y Trabajo, respectivamente: Ramón Feced Gresa (miembro conservador del Partido Socialista Radical y registrador de la propiedad de profesión) y Ricardo Samper (miembro del Partido Radical de Valencia). El ministro de la Gobernación, Manuel Rico Avello, decidió nombrar gobernadores civiles a distintos reaccionarios que permitieron que se hiciera caso omiso de buena parte de la legislación social de la República. La Ley de Términos Municipales (aprobada en 1931 para impedir la contratación de mano de obra barata procedente de otros municipios mientras los trabajadores locales estuvieran en paro) quedó así neutralizada. Para ello se recurrió al ardid de aplicarla no a los municipios individuales sino a provincias enteras o, en el caso de Extremadura, a regiones enteras. La mano de obra barata que llegaba al sur de España desde Galicia dejaba sin trabajo a los trabajadores locales, y las infracciones de la ley no se castigaban.[92] La consecuencia inevitable de esta situación fue que los socialistas perdieron la fe en la democracia burguesa. Las atroces condiciones de vida en la campiña del sur de España fueron denunciadas por la famosa escritora y dramaturga María Lejárraga tras una visita a Castilla la Nueva. A su llegada a la región, comprobó que los socialistas no habían logrado encontrar una sala en la que reunirse. Tras numerosas negociaciones, consiguieron convencer a un agricultor para que les prestara su corral. Después de ahuyentar a las gallinas y a los cerdos, comenzó la reunión a la luz de una triste lamparilla de acetileno. En primera fila se sentaron las mujeres, todas ellas cargadas con uno o más hijos:

La cabeza disforme unida por el cuello ahilado al cuerpo esquelético, los vientres hinchados, las piernecillas retorcidas en curvas inverosímiles como las de los muñecos de trapo; las boquitas abiertas bebiendo con ansia el aire a falta de mejor alimento ... ¡Esta España encontramos al nacer la República! Detrás de las mujeres flacas y envejecidas —¿quién sabe nunca si una mujer del campo castellano o andaluz tiene veinticinco años o dos siglos y medio?— los hombres en pie, los más viejos apoyados para sustentar su flaqueza en las tapias del corral.[93]

Durante los dos primeros años de la República, la izquierda se mostró horrorizada por la vehemencia con que desde la oposición se atacaba lo que para la coalición gubernamental era una legislación humanitaria elemental. Sin embargo, tras las elecciones de noviembre de 1933, los débiles cimientos de una República progresista en lo social fueron destruidos sin piedad al servirse la derecha de su victoria para restablecer las relaciones de opresión anteriores a 1931.

Que la derecha tuviera la oportunidad de obrar de esta manera fue un motivo de honda desazón para los socialistas. La culpa era en buena parte suya, puesto que habían cometido el tremendo error de rechazar una alianza electoral con las fuerzas republicanas de la izquierda, perdiendo así la ventaja que el sistema electoral habría podido ofrecerles. Llegaron a creer que las elecciones carecían de validez real. Los socialistas obtuvieron 1.627.472 votos, sin duda más de lo que ninguna otra formación política en solitario habría podido obtener. Con este número de sufragios consiguieron 58 diputados, frente a los 116 que poseían en 1931, mientras que el Partido Radical, con solo 806.340 votos, obtuvo 104 escaños. Según cálculos de la Secretaría del PSOE, la derecha unida contaba con un total de 212 escaños y 3.345.504 votos, mientras que la izquierda fragmentada había obtenido 99 escaños con 3.375.432 votos.[94] Era muy difícil digerir que a la derecha le bastaran poco más de 16.000 votos para obtener un escaño en el Parlamento, mientras que a la izquierda cada escaño le costaba más de 34.000. Pero esto no alteraba el hecho de que el factor determinante del resultado fuera un error táctico de los socialistas, que no supieron aprovecharse de un sistema electoral que favorecía claramente a las coaliciones.

Aun así, los socialistas tenían razones de más peso para rechazar la validez de las elecciones. Estaban convencidos de que en el sur se había producido un fraude electoral. En los pequeños municipios, donde la única fuente de empleo estaba en manos de uno o dos hombres, era relativamente fácil obtener votos mediante promesas de trabajo o amenazas de despido. Muchos trabajadores al borde de la indigencia vendían su voto por comida o por una manta. En Almendralejo (Badajoz), el marqués de la Encomienda distribuyó pan, aceite de oliva y chorizo entre los vecinos. En numerosos pueblos de Granada y Badajoz, quienes asistían a los mítines de la izquierda eran apaleados por los guardias de las fincas bajo la mirada impasible de la Guardia Civil. Los nuevos gobernadores civiles nombrados por los radicales de Lerroux dejaban el control del «orden público» en manos de matones a sueldo de los terratenientes. A veces con la colaboración activa de la Guardia Civil, otras veces con su simple aquiescencia, lograban intimidar a la izquierda. En la provincia de Granada, la campaña de Fernando de los Ríos y otros candidatos tuvo que soportar violentas agresiones. En Huéscar fue recibido por una descarga de fusilería, mientras que en Moclín un grupo de derechistas apedreó su coche. Los caciques locales de Jerez del Marquesado contrataron a matones, los armaron y los emborracharon. Fernando de los Ríos tuvo que cancelar el mitin allí previsto al ser advertido de la existencia de un plan para atentar contra su vida. En la remota localidad de Castril, cerca de Huéscar, el acto público en el que participaban María Lejárraga y Fernando de los Ríos se vio interrumpido por el sencillo procedimiento de empujar entre los asistentes a varias mulas cargadas de leña. En Guadix, las palabras del candidato quedaron sofocadas por el persistente repique de las campanas de la iglesia. En la provincia de Córdoba, el gobernador civil disolvió el ayuntamiento de Espejo, de izquierdas. En Bujalance, la Guardia Civil arrancó los carteles de propaganda izquierdista. En Montemayor, Encinas Reales, Puente Genil y Villanueva del Rey, la Guardia Civil impidió a los candidatos socialistas y comunistas que pronunciaran sus discursos electorales. La víspera de las elecciones hubo un atentado contra el líder socialista moderado Manuel Cordero. En Quintanilla de Abajo (Valladolid), los trabajadores se manifestaron en contra de un mitin fascista; la Guardia Civil los registró y, cuando uno de ellos declaró que sus únicas armas eran sus manos, le rompieron los dos brazos a culatazos.[95]

En la provincia de Badajoz, donde la tasa de paro rozaba el 40 por ciento y muchos de sus habitantes casi se morían de hambre, fue imposible evitar que la campaña electoral estuviera marcada por la violencia. En un plazo relativamente breve, la diputada socialista Margarita Nelken había cosechado una inmensa popularidad al expresar con rotundidad su honda preocupación por los trabajadores y sus familias, lo que la convirtió en blanco de los ataques de la derecha. Sus discursos en la provincia de Badajoz, siempre apasionados y recibidos con calurosas ovaciones, eran suspendidos por la autoridad local o interrumpidos por los alborotadores. El principal oponente de Nelken, el radical Rafael Salazar Alonso, más entregado que nunca a la defensa de los intereses de los terratenientes, salpicaba de insultos sexuales los ataques a la diputada socialista. No tenía ningún pudor en arremeter contra ella, a pesar de su propia y dudosa conducta sexual o precisamente por ello. Un matón conocido como «Bocanegra» fue liberado de prisión, supuestamente a instancias de Salazar Alonso, para apalear a Nelken, a otro candidato socialista, Juan Simeón Vidarte, y a Pedro Vallina, el médico anarquista exiliado en Siruela, al norte de la provincia, y muy querido por el pueblo. Vidarte fue víctima de otros dos intentos de asesinato, uno de ellos en Fuente de Cantos y el otro en las afueras de Arroyo de San Serván (Badajoz). En Hornachuelos (Córdoba), la Guardia Civil ordenó formar a las mujeres a punta de pistola y las amenazó para que no votaran. En Zalamea de la Sierra (Badajoz), los derechistas abrieron fuego contra la casa del pueblo al grito de «¡Viva el Fascio!» y mataron a varios trabajadores.[96]

El día siguiente a las elecciones, Margarita Nelken envió un telegrama al ministro de Trabajo, Carles Pi Sunyer, en el que le decía:

> Mis presentimientos tuvieron triste confirmación. Ayer durante elección que hubo de suspenderse alcalde radical de Aljucén con varios matones agredió grupos obreros a tiros resultando un muerto dos heridos gravísimos y cuatro o seis más. La jornada electoral con la coacción de la fuerza pública atemorizó al pueblo favoreciendo con su presencia delitos electorales [que] cometían beatas, señoritos y matones alardeando de su impunidad. Constituye una gran vergüenza para República. La democracia española ha hecho quiebra definitivamente.[97]

La propia Nelken fue agredida a punta de pistola tras pronunciar un discurso en la casa consistorial de Aljucén. En los colegios electorales los guardias civiles obligaban a los trabajadores a cambiar sus papeletas de voto por otras previamente marcadas con el nombre de los candidatos de la derecha. El fraude fue significativo: votos comprados, intimidación de los votantes, votos repetidos por simpatizantes de la derecha que llegaban en camiones abarrotados, y «extravío» de urnas en las localidades favorables a la izquierda. La consecuencia fue que el PSOE solo obtuvo los tres escaños asignados al bloque minoritario en la provincia: los de Margarita Nelken y sus compañeros socialistas Pedro Rubio Heredia y Juan Simeón Vidarte.[98]

El uso de urnas de cristal, sumado a la amenazadora presencia de los matones contratados por los caciques, impidió el secreto del voto en todos los municipios del sur. En algunas provincias, principalmente en Badajoz, Málaga y Córdoba, el ajustado margen de la victoria derechista justificaba las sospechas de irregularidades en el proceso electoral. Por otro lado, en nueve pequeños municipios granadinos el triunfo de la derecha ascendió a un inverosímil ciento por ciento, mientras que en dos alcanzó el 99 por ciento y en otros veintiún pueblos, osciló entre el 84 y el 97 por ciento. El ministro de Justicia, Juan Botella Asensi, presentó su dimisión después de las elecciones en protesta por el fraude electoral.[99] Pero los terratenientes del sur lograron restablecer las relaciones de dependencia casi feudales que constituían la norma antes de 1931.

2

Los teóricos del exterminio

La actitud de los oficiales africanistas y los guardias civiles no fue sino la dimensión más violenta de la hostilidad que la derecha manifestaba hacia la Segunda República y la izquierda en general. Alentaban y justificaban esta clase de comportamiento los furibundos ataques impulsados desde una serie de revistas y periódicos. En concreto, varios individuos influyentes se servían de una retórica que instaba a la erradicación de la izquierda como deber patriótico. Insinuaban la inferioridad racial de sus enemigos de izquierdas y liberales con los mismos lugares comunes que cimentaron la teoría de la conspiración judeomasónica y bolchevique. Las leyes a favor de la laicización despertaron recelos latentes. La Ley de Congregaciones, presentada a principios de 1933, hizo efectiva la prohibición de que las órdenes religiosas gestionaran las escuelas, tal como recogía la Constitución. El 30 de enero de 1933, en una reunión en el madrileño cine Monumental, el terrateniente carlista José María Lamamié de Clairac, diputado por Salamanca, denunció la propuesta por considerarla una trama satánica de los masones para destruir la Iglesia católica.[1] La ley se aprobó el 18 de mayo. Sin embargo, el 4 de junio, Cándido Casanueva, diputado por Salamanca al igual que Lamamié, instruyó así a la Asociación Femenina de Educación Ciudadana: «Tenéis la obligación ineludible de verter todos los días una gota de odio en el corazón de vuestros hijos contra la Ley de Congregaciones y sus autores. ¡Ay de vosotros si no lo hacéis!».[2] Al día siguiente, Gil Robles declaró que «esa masonería que ha traído a España la Ley de Congregaciones es política extranjera, como lo son las sectas y las internacionales».[3]

La idea de una conspiración maléfica de origen judío para acabar con el mundo cristiano adoptó en España un giro moderno por medio de la difusión, a partir de 1932, de la obra más influyente del género: *Los protocolos de los sabios de Sión*. Inspirándose en mitos galos, germánicos y rusos, esta fantasía delirante plantea la hipótesis de un gobierno judío secreto formado por los sabios de Sión, que conspira para dominar el mundo tras aniquilar a toda la cristiandad.[4] La primera traducción española de *Los protocolos...* se había publicado en Leipzig en 1930. En 1932, una editorial jesuita de Barcelona encargó una segunda traducción y la publicó por entregas en una de sus revistas. A la difusión y el crédito que se le concedieron a *Los protocolos...* contribuyó en buena medida la enorme popularidad de la obra del sacerdote catalán Juan Tusquets Terrats (1901-1998), autor del éxito de ventas *Orígenes de la revolución española*. Tusquets nació el 31 de marzo de 1901 en el seno de una familia pudiente de Barcelona con negocios en la banca. Su padre, descendiente de banqueros judíos, fue un catalanista comprometido y amigo de Francesc Cambó. Su madre pertenecía a la familia Milà, exorbitantemente rica y mecenas de Gaudí. Tusquets también había militado en el nacionalismo catalán durante la adolescencia y, cuando se produjeron los disturbios revolucionarios de 1917, se echó a la calle con sus compañeros de colegio a corear consignas catalanistas. Cursó los estudios secundarios en un centro jesuita, y continuó su formación en la Universidad Católica de Lovaina y la Universidad Pontificia de Tarragona, donde hizo el doctorado. Se ordenó en 1926. Descrito por uno de sus mentores en el ámbito eclesiástico como «esbelto, flexible, nervioso», el joven erudito era una de las promesas más brillantes de la filosofía catalana, conocido por su piedad y su inmensa cultura. Empezó a dar clases en el seminario de la capital catalana, donde le encargaron escribir un libro acerca de las teorías teosóficas de madame Blavatsky. Tras el éxito que cosechó esta obra, Tusquets cultivó un interés obsesivo por las sociedades secretas.[5]

A pesar de sus remotos orígenes judíos, o puede que precisamente a causa de ellos, para cuando se instauró la Segunda República las investigaciones de Tusquets acerca de las sociedades secretas habían tomado un feroz sesgo antisemita y destilaban un odio aún más furibundo hacia la masonería. En una nueva muestra de rechazo hacia sus antecedentes familiares, se volvió radicalmente en contra del catalanismo y adquirió gran notoriedad al acusar falsamente al líder catalán Francesc Macià de ser masón.[6] En colaboración con Joaquim Guiu Bonastre, también sacerdote, construyó una red de lo que consideraba sus «informantes», esto es, masones que le hablaban de las reuniones en la logia. A pesar de su ostentosa devoción, Tusquets no descartaba métodos como el espionaje o incluso el robo. Una de las principales logias de Barcelona estaba ubicada en la calle de Avinyó, junto a una farmacia.

Valiéndose de que su tía vivía en la parte trasera del comercio, Tusquets y el padre Guiu espiaron a los masones desde su piso. En una ocasión entraron en otra logia, provocaron un incendio y aprovecharon la confusión resultante para sustraer una serie de documentos. Estas «investigaciones» sirvieron de base para los vehementes artículos antimasónicos que con regularidad publicaba en el periódico carlista *El Correo Catalán*, así como para su libro, *Orígenes de la revolución española*. Esta obra tan difundida destacó tanto por popularizar la idea de que la República era fruto de una conspiración judeomasónica como por publicar los nombres de quienes consideraba sus artífices más siniestros. Más adelante, Tusquets declararía que los masones habían intentado asesinarlo en dos ocasiones, en represalia por sus escritos. Por la versión que dio, no parece que lo intentaran con mucho ahínco. La primera vez burló a la muerte por el sencillo método de meterse en un taxi. La segunda, curiosamente, aseguraba que lo había salvado un escolta que le proporcionó el periódico anarcosindicalista *Solidaridad Obrera*. Tanto más curiosa la supuesta benevolencia por parte de los anarquistas si se tiene en cuenta su ferviente anticlericalismo.[7]

Tusquets utilizó *Los protocolos...* como prueba «documental» de su tesis fundamental: que los judíos pretendían la destrucción de la civilización cristiana, sirviéndose de masones y socialistas, que hacían el trabajo sucio a través de la revolución, las catástrofes económicas, la propaganda impía y pornográfica, y un liberalismo sin límites. En España, sostuvo que la Segunda República era hija de la masonería y acusó al presidente, el católico Niceto Alcalá Zamora, de ser miembro de esta secta y judío por añadidura.[8] El mensaje estaba claro: España y la Iglesia católica solo quedarían a salvo con la erradicación de judíos, masones y socialistas; en otras palabras, la izquierda del espectro político al completo. El libro publicado por Tusquets provocó una acalorada polémica nacional, que dio aún mayor difusión a sus teorías. La idea central, que la República era una dictadura en manos de «la masonería judaica» se siguió difundiendo a través de sus muchos artículos en *El Correo Catalán* y una serie de quince libros (*Las Sectas*), que tuvo una magnífica acogida popular, donde atacaba las lacras de la masonería, el comunismo y el judaísmo. El segundo volumen de *Las Sectas* incluía la traducción íntegra de *Los protocolos...* y repetía también las difamaciones sobre Macià. En el apartado titulado «Su aplicación a España», escrito por Jesús Lizárraga, se afirmaba que el ataque de los judíos a España no solo podía verse en la persecución de la religión por parte de la República, sino también en el movimiento por la reforma agraria y la redistribución de los grandes latifundios.[9] Tan grande fue el impacto de sus aportaciones, que en 1933 Tusquets fue invitado por la Asociación Antimasónica Internacional a visitar el campo de concentración de Dachau, recién creado. Comentó que «lo hicieron para enseñarnos lo que teníamos que hacer en España». Dachau se fundó con el propósito de albergar a varios grupos que los nazis deseaban poner en cuarentena: presos políticos (masones, comunistas, socialistas y liberales, católicos y monárquicos contrarios al régimen) y todos aquellos que cayeran bajo la etiqueta de «asociales» o «invertidos» (homosexuales, gitanos, vagabundos). A pesar de los comentarios favorables que hizo entonces, cincuenta años después Tusquets aseguraría que lo que allí había visto le había impactado mucho. Desde luego, la visita no contribuyó a refrenar sus vehementes publicaciones antisemitas y antimasónicas.[10]

Tusquets acabaría ejerciendo una enorme influencia dentro de la derecha española en general, y de manera específica en el general Franco, que devoraba con entusiasmo sus diatribas contra los masones y los judíos. Publicó un opúsculo sobre la masonería que se distribuyó entre los altos mandos del Ejército, y Ramón Serrano Suñer alabaría más adelante su contribución a «la formación del ambiente precursor del Alzamiento Nacional».[11] Sin embargo, Tusquets hizo algo más que desarrollar las ideas que justificaban la violencia. Estuvo implicado en la trama militar contra la República, a través de sus vínculos con los carlistas catalanes. Participó también, junto a su amigo y colega Joaquim Guiu, en las intrigas conspiradoras de la Unión Militar Española, poderosa en Barcelona. A finales de mayo de 1936, se puso en contacto con Joaquim Maria de Nadal, secretario personal del plutócrata catalán Francesc Cambó, y le pidió apoyo financiero para el golpe de Estado que pronto se produciría, envalentonado porque Cambó, amigo de su padre, le había escrito para felicitarle por el éxito de *Orígenes de la revolución española*. Al parecer, dicho apoyo no llegó a concretarse.[12]

Desde comienzos de los años treinta, con la ayuda de Joaquim Guiu, Tusquets había ido recabando listas de judíos y masones, en parte basadas en la información que le daba la red de sus «fieles y audaces informadores», como los llamaba. La búsqueda del enemigo se extendió a asociaciones nudistas, vegetarianas, espiritualistas y entusiastas del esperanto. Cuando Tusquets acabó convertido en colaborador de Franco en Burgos durante la Guerra Civil, sus informes sobre presuntos masones se convirtieron en una pieza importante de la infraestructura organizativa de la represión.[13]

El aval de *Los protocolos...* llegó también de mano del marqués de Quintanar (y también conde de Santibáñez del Río), fundador de la revista monárquica ultraderechista *Acción Española*. En una velada que dieron en su honor los miembros de la sociedad del mismo nombre en el Ritz, declaró que el desastre de la caída de la monarquía se produjo porque «la gran conspiración mundial judeo-masónica inyectó el virus de la democracia en las Monarquías autocráticas para vencerlas, después de convertirlas en Monarquías liberales».[14] Julián Cortés Cavanillas, perteneciente también al grupo de presión de *Acción Española*, citó *Los protocolos...* como prueba de que, a través de destacados masones, los judíos controlaban a las hordas anarquistas, socialistas y comunistas. La masonería era el «maléfico engendro de Israel». Que en el nuevo gobierno republicano-socialista hubiera masones, socialistas y presuntos judíos constituía para buena parte de la extrema derecha una evidencia en toda regla de que la alianza de Marx y Rothschild había establecido una cabeza de puente en España.[15] Al reseñar con total seriedad una edición francesa de *Los protocolos...* como si se tratara de una obra basada en hechos verídicos, el marqués de la Eliseda consiguió dar a entender, con una referencia velada a Margarita Nelken, que los sucesos de Castilblanco eran el resultado de la participación de los judíos, «verdaderos parásitos que explotan lo que son incapaces de producir».[16]

Entre otras figuras influyentes que publicaban en *Acción Española* estaban el teólogo laico Marcial Solana y el padre Aniceto de Castro Albarrán, canónigo magistral de la catedral de Salamanca. Ambos expusieron justificaciones teológicas del afán de la derecha por acabar con la República por medio de la violencia. En julio de 1933, Pablo León Murciego había escrito acerca del deber de resistirse a la tiranía, arguyendo que si el poder público estaba en desacuerdo con las leyes divinas y naturales (pues así ocurría con la República a ojos de los monárquicos), la resistencia no suponía sedición ni rebelión, sino un deber. Una manifestación más directa de esta idea llegó quince días después, en el primero de una serie de cuatro artículos firmados por Solana que fundaba su visión de la resistencia en Tomás de Aquino y los exégetas del Siglo de Oro. Solana esbozaba abiertamente la relevancia de sus ideas en la contemporaneidad: el tirano venía encarnado por cualquier gobierno opresivo o injusto. Puesto que en última instancia el poder residía en

Dios, una Constitución anticlerical convertía a todas luces la República en tiranía.[17]

En 1932, De Castro Albarrán, entonces rector de la Universidad Jesuita de Comillas, había escrito *El derecho a la rebeldía*. Sin embargo, la obra no vio la luz pública hasta 1934. *Acción Española* reprodujo un extracto donde se reforzaban las incitaciones de Solana a la rebelión y se atacaba de manera específica el legalismo de *El Debate*. Albarrán fue más allá, al convertirse, a través de sus artículos y sermones, en el principal defensor del alzamiento militar desde un punto de vista teológico. Más adelante agruparía sus ideas en su obra de 1938 *Guerra santa*.[18]

Tanto él como Solana y otros políticos defendían que la violencia contra la República estaba justificada porque constituía una guerra santa contra la tiranía, la anarquía y el ateísmo de inspiración moscovita. En 1932, el padre Antonio de Pildain Zapiain, diputado por Guipúzcoa y canónigo de la catedral de Vitoria, declaró en las Cortes que la doctrina católica permitía la resistencia armada a las leyes injustas. Argumentos similares sustentaron un controvertido libro publicado en 1933 por el padre José Cirera y Prat.[19]

Los textos de De Castro Albarrán y de Cirera horrorizaron a los clérigos moderados, como el cardenal Eustaquio Ilundain Esteban de Sevilla y el cardenal Vidal i Barraquer de Tarragona. Vidal no veía con buenos ojos la arrogancia con la que De Castro Albarrán presentaba como si fueran doctrina católica sus ideas radicales, que además contradecían abiertamente la política vaticana de coexistencia con la República. Vidal protestó ante el cardenal Pacelli, el secretario de Estado del Vaticano, quien ordenó la eliminación del *nihil obstat* (sello de la aprobación eclesiástica) e intentó que la obra se retirara de circulación. No obstante, el libro se reimprimió en la prensa carlista y el recién nombrado primado de toda España, el arzobispo de Toledo Isidro Gomá, expresó su aprobación ante los intelectuales que dirigían *Acción Española*.[20] El predecesor de Gomá en Toledo, el cardenal Pedro Segura y Sáenz, exiliado en Roma, fue retratado en el periódico carlista *El Siglo Futuro* como el modelo a seguir en la intransigencia católica hacia la República. Más adelante, cuando los líderes carlistas entrenaban a sus requetés para una insurrección contra la República, el cardenal Segura les animaría con gran entusiasmo.[21]

El general Franco era suscriptor de *Acción Española* y un firme creyente en el llamado «contubernio» judeomasónico y bolchevique. No deja de ser significativo que, entre otras figuras veteranas del Ejército que compartían esas opiniones, estuviera el general Emilio Mola, futuro «director» del golpe militar de 1936. Mola, alto y con gafas, tenía el aire de un erudito monacal, pero su trayectoria destacaba por el empeño en el cumplimiento del deber en las guerras africanas. Nacido en Cuba en 1887, hijo de un capitán de la Guardia Civil y conocido por saber imponer una disciplina férrea, alcanzó un lugar destacado en el Ejército sirviendo en África con los Regulares Indígenas. Lo ascendieron a general de brigada por su papel en la defensa del fuerte de Dar Akoba en septiembre de 1924. Sus memorias de la campaña, donde se regodeaba en las descripciones de cráneos machacados e intestinos desparramados, sugieren que sus experiencias en África lo habían embrutecido por completo.[22] El 13 de febrero de 1930, tras la caída de la dictadura, el general Dámaso Berenguer, sucesor de Primo de Rivera, nombró a Mola director general de Seguridad. Dicha elección fue sorprendente, puesto que Mola carecía de experiencia en el trabajo policial. Hasta el desmoronamiento de la monarquía, catorce meses después, se dedicó a aplastar la subversión obrera y estudiantil del mismo modo que lo había hecho con la rebelión tribal en Marruecos.[23] A este fin creó una brigada antidisturbios de primer orden, con personal adecuadamente entrenado y armado. A pesar de que tenía pocos contactos previos en Madrid y de que apenas conocía la capital, era eficiente y trabajaba con denuedo. Se las ingeniaba para estar siempre muy bien informado de las actividades de la oposición republicana, gracias a un complejo sistema de espionaje al que denominó Sección de Investigación Comunista, cuyo éxito radicaba en el uso de policías secretos infiltrados en grupos de izquierdas que luego actuaban como agitadores. Esa misma red seguía esencialmente intacta cuando, en 1936, Mola la utilizó para sus propias intrigas en la preparación del alzamiento militar.[24]

Mola sobreestimaba la amenaza del minúsculo Partido Comunista Español, que consideraba un instrumento de siniestras maquinaciones judeomasónicas, reflejo del crédito que concedía a los enfebrecidos informes de sus agentes, en particular a los elaborados por Santiago Martín Báguenas y el corrupto y obsesivo Julián Mauricio Carlavilla del Barrio. Las opiniones de Mola sobre los judíos, los comunistas y los masones estaban también mediatizadas por la información que recibía de la organización de las fuerzas de la Rusia Blanca en el exilio, la ROVS (Russkii Obshche-Voinskii Soiuz —Unión Militar Rusa—), con sede en París. A partir de entonces, aun después de perder su puesto, mantuvo un estrecho contacto con el líder de la ROVS, el teniente general Evgenii Karlovitch Miller. Pese a que su antisemitismo era menos virulento que el de algunos de sus colegas, el general Miller era, al igual que el ideólogo nazi Alfred Rosenberg, un alemán del Báltico. Sus opiniones sobre el comunismo mostraban que ambos atribuían a la revolución bolchevique el haber perdido a sus familias, sus propiedades, sus medios de vida y su patria. Se aferraban a la idea de que los judíos habían planeado y organizado la revolución, y debía evitarse a toda costa que hicieran lo mismo en Europa Occidental.[25]

Cuando se instauró la República, convencido de que lo arrestarían por su labor en la defensa del orden anterior, Mola pasó una semana escondido, hasta que el 21 de abril se entregó al ministro de la Guerra, Manuel Azaña. Cuatro días antes, el general Berenguer era detenido por su papel en las guerras marroquíes como primer ministro y después ministro de la Guerra durante el juicio sumario y la ejecución de dos capitanes rebeldes prorrepublicanos, Fermín Galán y Ángel García Hernández. Con estos arrestos, la derecha alimentó la idea de que la República actuaba movida por la sed de venganza.[26] Desde la perspectiva de los africanistas, la persecución a Berenguer se debía al papel que había desempeñado en una guerra donde todos ellos habían arriesgado la vida, tan solo por seguir las ordenanzas militares al formar consejo de guerra a los amotinados Galán y García Hernández. Asimismo, en Mola veían a un héroe de la guerra de África que, como director general de Seguridad, solo había cumplido con su obligación al controlar la subversión. Los africanistas se indignaron ante la persecución de oficiales a los que consideraban valerosos y competentes, mientras que los que habían conspirado contra el dictador eran recompensados. Estas detenciones sirvieron a africanistas como Luis Orgaz, Manuel Goded, Joaquín Fanjul, Mola y Franco para justificar la hostilidad instintiva que sentían hacia la República. A los oficiales ascendidos tras el cambio de régimen los tildaron de lacayos de los judíos, los masones y los comunistas, y de peleles que seguían el juego al populacho.

En espera de que lo juzgaran por reprimir una manifestación estudiantil el 25 de marzo con un uso desproporcionado de la fuerza, Mola fue encarcelado en una celda militar «húmeda y maloliente».[27] El 5 de agosto, Azaña dispuso sustituir la prisión por el arresto domiciliario, pero como era de esperar, al ver que individuos a los que hacía poco había perseguido ocupaban de repente cargos en el poder, Mola alimentó el rencor que sentía hacia la República y lo proyectó sobre todo en la persona de Azaña. Influido por los informes paranoicos que recibía de Carlavilla y los dossiers que le suministraba la ROVS, acabó por creer que el triunfo del régimen democrático era obra de judíos y masones. A finales de 1931, en el primer volumen de sus memorias explicó que había tomado conciencia de la amenaza masónica gracias a un panfleto que le llegó de Francia: «Cuando, por imperiosa obligación de mi cargo, estudié la intervención de las logias en la vida política de España, me di cuenta de la enorme fuerza que representaban, no por ellas en sí, sino por los poderosos elementos que las movían desde el extranjero, los judíos». *Acción Española* celebró la aparición del libro con una arrebatada reseña de nueve páginas que firmaba Eugenio Vegas Latapié, uno de los fundadores de la publicación y acérrimo partidario de la violencia contra la República.[28]

Cuando Mola acometió el segundo volumen de sus memorias, *Tempestad, calma, intriga y crisis*, fue más explícito en los ataques a masones y judíos. No tuvo reparos en reconocer que su odio procedía, además de los informes del general Miller, de la lectura de *Los protocolos de los sabios de Sión* difundido por el padre Tusquets.

Las conmociones de España han obedecido siempre a sugestiones exteriores, las más de las veces íntimamente ligadas a la política internacional del momento. Ésta, sin embargo, no ha tenido arte ni parte en la presente ocasión en nuestras cosas; mas ello no es óbice para que también haya existido la causa externa: el odio de una raza, transmitido a través de una organización hábilmente manejada. Me refiero concretamente a los judíos y la masonería. Ello es lo básico; todo lo demás ha sido circunstancial. Lo que acabo de decir, hace algunos años hubiera producido hilaridad; hoy es posible que se tome en serio, pues se ha escrito mucho sobre el particular, y se lee más. ¿Qué motivos racionales existen para que los españoles concitemos el odio de los descendientes de Israel? Tres fundamentales, a saber: la envidia que les produce todo pueblo con patria propia; nuestra religión, por la que sienten aborrecimiento inextinguible, ya que a ella atribuyen su dispersión por el mundo; el recuerdo de su expulsión, que no fue, como se afirma, por el capricho de un rey —hay que decirlo claro—, sino por la imposición popular. ¡He aquí los tres vértices [del] triángulo masónico de las logias españolas![29]

En diciembre de 1933, Mola acabó de redactar *El pasado, Azaña y el porvenir*, obra que generó una agria polémica y en la que se daba voz a la extendida animadversión de los militares hacia la República en general, y Azaña en particular. El antimilitarismo antipatriótico que achacaba a la izquierda le parecía deleznable y bochornoso, y lo atribuía a varias causas, sobre todo al hecho de que

> los pueblos decadentes son víctimas predilectas de la vida parasitaria de organizaciones internacionales, y éstas, a su vez, elementos utilizados por las grandes potencias en beneficio propio, aprovechándose de la circunstancia [de] que es precisamente en las naciones débiles donde la acción de tales organizaciones adquiere un desarrollo más intenso, como son las naturalezas enfermizas el campo más abonado para que crezcan y se multipliquen con la máxima virulencia los gérmenes patológicos ... Es significativo, además, que todas suelen estar mediatizadas cuando no dirigidas por los judíos ...
>
> Las organizaciones a que vengo aludiendo constituyen el más temible enemigo que tiene el sentimiento nacionalista de los pueblos ...
>
> Conocido el verdadero objeto de las organizaciones de que vengo hablando, no ha de extrañar que su acción más intensa la ejerzan contra las instituciones militares, pues consideran a éstas como constitutivas del sector social donde más arraigado puede encontrarse el ideal nacionalista. No importa a los judíos —tenaces propulsores de estas campañas— hundir un pueblo, ni diez, ni el mundo entero, porque ellos, sobre tener la excepcional habilidad de sacar provecho de las mayores catástrofes, cumplen su programa. El caso de lo ocurrido en Rusia es un ejemplo de gran actualidad, que ha tenido muy presente Hitler: el canciller alemán —nacionalista fanático— está convencido de que su pueblo no puede resurgir en tanto subsistan enquistados en la nación los judíos y las organizaciones internacionales parasitarias por ellos alentadas o dirigidas; por eso persigue a unos y otras sin darles tregua ni cuartel.[30]

Taciturno y tímido, Mola no había destacado anteriormente por su popularidad. Con este éxito de ventas se vio convertido en objeto de admiración entre los africanistas reaccionarios.[31]

Desde 1927, Mola y Franco eran lectores ávidos de una publicación contraria a la Internacional Comunista que se editaba en Ginebra, el *Bulletin de l'Entente Internationale contre la Troisième Internationale*. En calidad de director general de Seguridad, Mola pasaba información a través de su red de agentes a la Entente, con sede en Ginebra, donde se incorporaba al boletín que luego se mandaba, entre otros, a Franco. La Entente había sido fundada por el ultraderechista suizo Théodore Aubert y uno de los muchos emigrados de la Rusia zarista al país neutral, Georges Lodygensky, que dio a las publicaciones un giro marcadamente antisemita y antibolchevique, y recibía los avances del fascismo y las dictaduras militares como si se tratara de baluartes contra el comunismo. Estrechamente vinculado al Antikomintern, un organismo gestionado desde el Ministerio de Propaganda de Josef Goebbels, la Entente seleccionaba hábilmente a personas influyentes que estuvieran convencidas de la necesidad de prestarse para la lucha contra el comunismo y luego las ponía en contacto, al tiempo que ofrecía a los suscriptores de la publicación informes que supuestamente revelaban los planes de próximas ofensivas comunistas. El material del boletín de la Entente que devoraban Franco, Mola y otros altos mandos retrataba la Segunda República como un Caballo de Troya para los comunistas y los masones, decididos a lanzar las hordas impías de Moscú contra España y todas sus grandes tradiciones.[32] Para la extrema derecha española, así como para muchos de sus aliados en el exterior, la Segunda República era el puesto de avanzada de los sabios de Sión.[33]

Uno de los líderes más destacados del movimiento fascista español, Onésimo Redondo Ortega, tenía fe ciega en *Los protocolos...* Redondo, que había estudiado en Alemania, mantenía también estrechos lazos con los jesuitas. Ejerció en él mucha influencia Enrique Herrera Oria, hermano del fundador de la Asociación Católica Nacional de Propagandistas y editor de *El Debate*, Ángel Herrera. El padre Herrera había alentado a Redondo en la creencia de que el comunismo, la masonería y el judaísmo estaban conspirando para destruir la religión y a la madre patria, y le recomendó leer el tratado de Léon de Poncins, *Las fuerzas secretas de la Revolución*, donde se vertían virulentos ataques contra judíos y comunistas. Así fue como Onésimo conoció la existencia de *Los protocolos...*, de los que tradujo y publicó una edición abreviada en la vallisoletana *Libertad*, versión que más tarde reeditaría con notas donde se relacionaban de manera explícita sus acusaciones generalizadas con las circunstancias específicas de la Segunda República.[34]

La prensa de la ultraderecha en bloque consideraba *Los protocolos...* un estudio sociológico serio. Teniendo en cuenta los pocos judíos que había en España, difícilmente podía existir un «problema judío»; en cualquier caso, el antisemitismo español no apuntaba a los judíos reales, sino que era una construcción abstracta de una supuesta amenaza internacional difusa. Estas ideas eran fundamentales para el catolicismo integrista y se remontaban a la traición de Judas Iscariote a Jesucristo, así como a los mitos y temores medievales sobre asesinatos rituales de niños por parte de los judíos. Sin embargo, cobraron una relevancia candente merced al miedo a la revolución. La idea de que todos los miembros de los partidos de izquierdas eran títeres de los judíos fue avalada por las referencias a la cantidad de izquierdistas y judíos que, huyendo del nazismo, recibieron el amparo de la Segunda República. Por lo que respectaba a la prensa carlista, los judíos que llegaban eran la avanzadilla de la revolución mundial y trataban de envenenar a la sociedad española con la pornografía y la prostitución.[35] Contrarios al urbanismo y la industrialización, al liberalismo y el capitalismo, todo ello asociado a judíos y masones, los carlistas aspiraban a acabar con la República por medio de la insurrección armada e imponer una suerte de teocracia arcádica rural.[36]

Los intelectuales conservadores sostenían que, a través de varias estratagemas subversivas, los judíos habían esclavizado a la clase trabajadora española. Una consecuencia de esa presunta subyugación era que los propios trabajadores acabaron por tener cualidades orientales. La derecha radical española empezó a identificar aspectos traicioneros y bárbaros que achacaban a los judíos y los musulmanes en la clase trabajadora. El más acérrimo defensor de estos planteamientos fue el ideólogo carlista de finales del siglo XIX, Juan Vázquez de Mella, que sostenía que el capital judío había financiado las revoluciones liberales y estaba detrás de la inminente revolución comunista que, aunada al peligro amarillo y los musulmanes, se proponía destruir la civilización cristiana e imponer una tiranía judaica en el mundo entero. Incluso el rey Alfonso XIII creyó que la rebelión tribal en el Rif era «el comienzo de una sublevación general de todo el mundo musulmán por instigación de Moscú y del judaísmo internacional».[37] Los carlistas se apropiaron de tales ideas y las llevaron al extremo. Uno de sus ideólogos afirmó que «los cuatro jinetes del Apocalipsis, el judaísmo, el comunismo, la masonería y la muerte», controlaban ya Gran Bretaña, Francia y Austria, en tanto que España no tardaría en caer también bajo su dominio. Otro constató «la inferioridad —racial— de prácticamente todos los pueblos orientales de hoy en día ... Chinos, indios, árabes, abisinios y soviéticos».[38]

El coronel José Enrique Varela devoró los libros de Vázquez de Mella y de otros ideólogos carlistas durante la temporada que pasó en prisión tras los sucesos de la Sanjurjada. Al contrastar el éxito del golpe de Primo de Rivera en 1923 y el fracaso de Sanjurjo en 1932, el dinámico y valiente Varela vio claro que un alzamiento militar precisaba de un apoyo civil sustancial para llegar a buen fin y se convenció de que dicho apoyo podía encontrarse en la temible milicia carlista, el Requeté. Aunque se resistió a las llamadas para liderar un alzamiento de signo exclusivamente carlista con el argumento de que el papel le correspondía a alguien de mayor veteranía, como Franco, Varela aceptó la responsabilidad de convertir el Requeté en un ejército civil eficaz y supervisar la instrucción militar del mismo. Para sus viajes clandestinos a Navarra adoptó el alias de «don Pepe». La organización del día a día venía de la mano del inspector nacional del Requeté, el teniente coronel retirado Ricardo de Rada, que también instruiría a la milicia falangista.[39] Asimismo, en 1934, otro de los oficiales implicados en la Sanjurjada, el capitán de la Guardia Civil Lisardo Doval, entrenaría a los escuadrones paramilitares de la Juventud de Acción Popular.

Los carlistas y el general Mola se contaban entre cierto número de figuras influyentes que, a través de sus escritos y sus discursos, avivaron el clima de odio social y racial. Algo parecido podría decirse de Onésimo Redondo. Su caso merece atención porque su ciudad natal, Valladolid, experimentó un mayor grado de violencia política que otras capitales de provincia castellanas, debido en buena medida a la divulgación de sus ideas. Siendo un joven abogado, Onésimo Redondo formó parte de Acción Nacional (que más tarde pasaría a llamarse Acción Popular), el grupo político católico fundado el 26 de abril por Ángel Herrera y apoyado principalmente por campesinos castellanos. A principios de mayo de 1931, había creado el organismo provincial en Valladolid y capitaneaba la campaña de propaganda para las elecciones parlamentarias, que se celebrarían el 28 de junio del mismo año. El 13 de junio, Onésimo sacó en Valladolid el primer número de la publicación quincenal, que más tarde sería semanal, *Libertad*. Después de que la coalición republicano-socialista obtuviera una mayoría aplastante, Onésimo rechazó la democracia, cortó sus vínculos con Acción Nacional y, en agosto de 1931, fundó un partido fascista, las Juntas Castellanas de Actuación Hispánica (JCAH).[40]

El 10 de agosto de 1931, *Libertad* publicó una furibunda soflama de Onésimo Redondo donde se revelaba su compromiso apasionado con los valores rurales tradicionales de Castilla la Vieja, con la justicia social y la violencia. Escribió: «El momento histórico, jóvenes paisanos, nos obliga a tomar las armas. Sepamos usarlas en defensa de lo nuestro y no al servicio de los políticos. Salga de Castilla la voz de la sensatez racial que se imponga sobre el magno desconcierto del momento: use de su fuerza unificadora para establecer la justicia y el orden en la nueva España». Esta defensa de la violencia marcó el tono general de su partido. Para él, «el nacionalismo es un movimiento de lucha; debe llegar incluso a las actuaciones guerreras, de violencia, en servicio de España contra los traidores de dentro de ella».[41] Desde luego, Onésimo Redondo y las JCAH inyectaron un tono de confrontación brutal en una ciudad que previamente se había destacado por la tranquilidad en las relaciones laborales.[42] En uno de sus llamamientos dijo que bastaban «en cada provincia unos centenares de jóvenes guerreros, disciplinados, idealistas, para dar en polvo con ese sucio fantasma de la amenaza roja», tras lo cual sus reclutas se armaron rápidamente para emprender batallas callejeras con la clase trabajadora de Valladolid, donde predominaban los socialistas. Escribió acerca de la necesidad de «cultivar el espíritu de una moral de violencia, de choque militar». Las reuniones de las JCAH se celebraban en la práctica clandestinidad. En pocos años, el entusiasmo de Onésimo Redondo por la violencia cobró un tono cada vez más estridente.[43]

Dada la debilidad numérica de las JCAH, Onésimo se apresuró también a buscar vínculos con grupos de ideología similar. En consecuencia, se fijó en el primer grupo que se declaraba en España abiertamente fascista, la minúscula La Conquista del Estado, que encabezaba Ramiro Ledesma Ramos.[44] Oriundo de Zamora, funcionario en Madrid y divulgador entusiasta de la filosofía alemana, Ledesma Ramos había fundado su grupo en febrero de 1931, tras la reunión de diez hombres en una habitación escuálida de un edificio de oficinas en Madrid. No había electricidad y el único mobiliario era una mesa. Firmaron el manifiesto redactado por Ledesma Ramos bajo el título *La Conquista del Estado*. El 14 de marzo empezó a editarse un periódico con el mismo nombre, que se publicó a lo largo del año siguiente, a pesar de la indiferencia popular y el acoso policial.[45] En el primer número de *Libertad*, Onésimo Redondo había hecho una alusión favorable a la publicación de Ramiro Ledesma Ramos: «Nos parece bien el ardor combativo y el anhelo de *La Conquista del Estado*; pero echamos de menos la actividad antisemita que ese movimiento precisa para ser eficaz y certero. No nos cansaremos de repetírselo».[46] El antisemitismo de Redondo se derivaba más del nacionalismo castellano del siglo XV que de modelos nazis; sin embargo, cabe recordar que fue el traductor del *Mein Kampf* de Hitler y que el antisemitismo aparecería de manera recurrente en sus escritos. A finales de 1931, por ejemplo, describió las escuelas mixtas introducidas por la Segunda República como «un capítulo de la acción judía contra las naciones libres. Un delito contra la salud del pueblo, que debe penar con su cabeza a los traidores responsables».[47]

En octubre de 1931, Onésimo Redondo conoció a Ramiro Ledesma Ramos en Madrid. Fue la primera de varias reuniones celebradas entre la capital y Valladolid, y que culminarían en la fusión libre de los dos grupos para formar las Juntas de Ofensiva Nacional Sindicalista (JONS), el 30 de noviembre de 1931. La nueva formación adoptó los colores rojo y negro de la anarcosindicalista CNT y como insignia tomó el emblema de los Reyes Católicos, el yugo y las flechas. Se declaraban contrarios a la democracia e imperialistas, exigían Gibraltar, Marruecos y Argelia para España y aspiraban al «exterminio, disolución de los partidos marxistas, antinacionales». Para tratar de cumplir sus ambiciones, debían crearse milicias nacionalsindicalistas, a fin de «oponer la violencia nacionalista a la violencia roja». Sus «escuadras» llevaron a cabo actuaciones por la fuerza contra estudiantes de izquierdas y, en junio de 1933, saquearon las oficinas de la Asociación de Amigos de la Unión Soviética, en Madrid.[48] Poco después, Ledesma Ramos legitimó el uso de la violencia política y defendió la creación de milicias armadas en la línea de los *squadri* fascistas italianos. La meta debía ser la insurrección o el golpe de Estado, para lo que se requerían una instrucción y una práctica constantes.[49]

En Valladolid, Onésimo dedicaba cada vez más tiempo a formar a sus 40 o 50 seguidores como combatientes de las que había bautizado «milicias regulares anticomunistas», y que pronto se involucrarían en enfrentamientos sangrientos con estudiantes de izquierdas y obreros en la universidad y las calles de la ciudad. A pesar del enorme gasto que suponía, se adquirieron distintas armas y se dedicó un tiempo considerable a la instrucción. Ya en la primavera de 1932, Onésimo Redondo anunció una guerra civil: «La Guerra se avecina, pues; la situación de violencia es inevitable. No sirve que nos neguemos a aceptarla, porque nos la impondrán. Es necio rehuir la Guerra cuando con toda seguridad nos la han de hacer. Lo importante es prepararla, para vencer. Y, para vencer, será preciso incluso tomar la iniciativa en el ataque». La propaganda se tornó más virulenta en reacción a la propuesta del estatuto catalán de autonomía. El 3 de mayo de 1932, se libró una batalla campal con la izquierda en la plaza Mayor de Valladolid, tras la cual una veintena de personas acabaron hospitalizadas. A Onésimo lo condenaron a dos meses de prisión por los excesos de *Libertad*.[50]

El encarcelamiento no contribuyó a moderar a Onésimo Redondo. En un artículo que escribió para el boletín mensual de las JONS en mayo de 1933, reflejaba la virulencia cada vez más exacerbada de su pensamiento y se hacía eco de la identificación de la clase obrera española con los árabes que Sanjurjo había propuesto en su momento:

La traza más concreta de nuestra posición mental y combativa es, como se sabe, la oposición al marxismo, porque sólo nosotros venimos al mundo político con la tarea de aniquilarle ... El marxismo es la muerte de la civilización; toda revolución marxista es un conato de regreso a la barbarie ... El marxismo, con sus utopías mahometanas, con la verdad de su hierro dictatorial y con el lujo despiadado de sus sádicos magnates, renueva de repente el eclipse de Cultura y libertades que una moderna invasión sarracena pudiera producir ... Con el marxismo, una parte del pueblo vota por la barbarie; se quiebra la supuesta inclinación de la colectividad hacia el bien y la justicia. Muchos, en la colectividad, vuelven las espaldas con entusiasmo a la civilización y pugnan realmente por una progresiva «africanización» de la vida ... Este peligro cierto, de la africanización en nombre del Progreso, tiene en España una evidente exteriorización. Podemos asegurar que nuestros Marxistas son los más africanos de toda Europa ... Somos históricamente una «zona de frotamiento» entre lo civilizado y lo africano, entre lo ario y lo semita. Por eso las generaciones que hicieron la Patria, las que nos libraron de ser una prolongación eterna del continente oscuro, armaron su hierro, y nunca le envainaron, contra los asaltos del Sur ... Por eso la grande Isabel ordenó a los españoles mirar permanentemente al África, para vencerla siempre, y nunca dejarnos invadir de ella nuevamente. ¿Quedó la Península enteramente desafricanizada? ¿No habrá peligro de un nuevo predominio del factor africano, aquí donde tantas raíces del espíritu moro quedaron en el carácter de una raza, vanguardia de Europa? Nosotros nos hacemos serenamente esta pregunta grave, y la contrarrestamos a continuación, señalando el evidente, el redivivo peligro de la nueva africanización, el «marxismo». Si en todo el mundo es ésta la conjura judía —«semita»— contra la civilización occidental, en España presenta más delicadas y rápidas coincidencias con lo semita, con lo africano. Vedle florecer con toda su lozanía de primitivismo en las provincias del Sur, donde la sangre mora perdura en el subsuelo de la raza. Las propagandas sanguinarias y materialistas participan allí del fuego meridional de «la guerra santa». El secuaz del marxismo español, y más andaluz, toma pronto la tea incendiaria, penetra en los cortijos y en las dehesas, impelido por la subconsciencia bandolera, alentada por los semitas de Madrid; quiere el pan sin ganarlo, desea holgar y ser rico, tener placeres y ejercer venganza ... Y la victoria definitiva del marxismo sería la reafricanización de España, la victoria conjunta de los elementos semitas —judíos y moriscos, aristocráticos y plebeyos—, conservados étnica y espiritualmente en la Península y en Europa.[51]

Al sostener que el marxismo era una invención judía e insinuar la presunta «reafricanización» de España, Redondo identificaba el arquetipo de «los otros» —judíos y moros— con el nuevo enemigo de la derecha, la izquierda. Por si fuera poco, la sofistería no se circunscribía a los comunistas que guardaban lealtad a la Unión Soviética, sino a la izquierda en su sentido más amplio. Su conclusión, de la que participaban muchos correligionarios, era que hacía falta una nueva Reconquista para impedir que España cayera en manos del enemigo moderno. Sus opiniones sobre la legitimidad de la violencia estaban en sintonía con las de la extrema derecha católica, ejemplificadas en los textos de De Castro Albarrán.[52]

La mayor parte de la derecha española compartía el sentimiento antisemita. En algunos casos se trataba de una vaga animosidad, fruto de las posturas católicas tradicionales, pero en otros casos era una peligrosa justificación de la violencia contra la izquierda. Curiosamente, la virulencia de Onésimo Redondo era un caso extremo. De hecho, casi constituía una excepción dentro del incipiente movimiento fascista español. Ramiro Ledesma Ramos consideraba que el antisemitismo solo tenía relevancia en Alemania.[53] El líder de la Falange e hijo del dictador anterior, José Antonio Primo de Rivera, mostraba escaso o ningún interés en «la cuestión judía», salvo en lo tocante a la influencia judeomarxista sobre la clase trabajadora. Sin embargo, en el diario falangista *Arriba* se afirmó que «la internacional judaico-masónica es la creadora de los dos grandes males que han llegado a la humanidad, como son el capitalismo y el marxismo». Los falangistas participaron en ataques a los almacenes SEPU, propiedad de judíos, en la primavera de 1935.[54] Si bien José Antonio Primo de Rivera no era activamente antisemita, compartía con otros derechistas la idea de que el uso de la violencia era legítimo. El día 2 de abril de 1933, escribió a su amigo y compañero Julián Pemartín: «Hasta Santo Tomás, en casos extremos, admitía la rebelión contra el tirano. Así, pues, el usar la violencia contra una secta triunfante, sembradora de la discordia, negadora de la continuidad nacional y obediente a consignas extrañas (Internacional de Ámsterdam, masonería, etc.), ¿por qué va a descalificar el sistema que esa violencia implante?».[55]

La identificación de la clase trabajadora con los enemigos extranjeros se basaba en una retorcida lógica, por la cual el bolchevismo era una invención judía, y los judíos eran indistinguibles de los musulmanes, de modo que los izquierdistas se proponían someter a España al dominio de elementos africanos. Este razonamiento tenía la ventaja de presentar la hostilidad hacia la clase obrera española como un acto legítimo de patriotismo. Según otro de los miembros del grupo *Acción Española*, el otrora liberal y luego convertido en ultraderechista Ramiro de Maeztu, España era una nación que se había forjado en sus luchas contra los judíos («usureros arrogantes») y los moros («salvajes incivilizados»).[56] En uno de sus artículos, el líder monárquico José Calvo Sotelo sintetizó a la perfección la dimensión racista del discurso contra la izquierda al referirse al líder socialista Francisco Largo Caballero como «un Lenin marroquí».[57] De hecho, José Antonio Primo de Rivera compartía esta asociación de la izquierda con «los moros». En las reflexiones que escribió en prisión, interpretaba toda la historia española como una lucha interminable entre godos y bereberes. Los primeros representaban valores monárquicos, aristocráticos, religiosos y militares, en tanto que los segundos estaban encarnados por el proletariado rural. Denunciaba que la Segunda República constituía una «nueva invasión bereber», que expresaba la destrucción de la España europea.[58]

Gil Robles, aunque de manera menos explícita que Sanjurjo tras los sucesos de Castilblanco, o que la empleada luego por Onésimo Redondo, elaboró también en sus escritos la idea de que la violencia contra la izquierda era legítima dada la inferioridad racial de sus integrantes. El uso reiterado del término «reconquista», que tenía una gran carga histórica, vinculaba la animadversión hacia la izquierda de la década de 1930 con la épica esencial del nacionalismo español, la Reconquista de España durante el dominio musulmán. Coincidiendo con la campaña para las elecciones de noviembre de 1933, el 15 de octubre Gil Robles declaró en el cine Monumental de Madrid sobre el origen y la intuición de la CEDA: «Es necesario ir a la reconquista de España ... Se quería dar a España una verdadera unidad, un nuevo espíritu, una política totalitaria ... Es necesario, en el momento presente, derrotar implacablemente al socialismo ...

Para mí sólo hay una táctica por hoy; formar un frente antimarxista, y cuanto más amplio mejor». En este punto pidieron al líder de la ultraderechista Acción Española, Antonio Goicoechea, que se pusiera de pie para recibir una ovación tumultuosa. Gil Robles continuó su discurso en un lenguaje que en nada se distinguía de la derecha conspiradora: «Hay que fundar un nuevo Estado, una nación nueva, dejar la patria depurada de masones judaizantes ... Hay que ir al Estado nuevo, y para ello se imponen deberes y sacrificios. ¡Qué importa si nos cuesta hasta derramar sangre! ... Necesitamos el poder íntegro y eso es lo que pedimos ... Para realizar este ideal no vamos a detenernos en formas arcaicas. La democracia no es para nosotros un fin, sino un medio para ir a la conquista de un Estado nuevo. Llegado el momento, el Parlamento o se somete o lo hacemos desaparecer».[59] Sus palabras reflejaban las opiniones de su padre, el carlista Enrique Gil Robles que, en 1899, había advertido de que el capitalismo y el liberalismo conducirían sin remedio a una judeocracia.[60]

El discurso de Gil Robles en el cine Monumental, que en *El Socialista* se tachó de «auténtica arenga fascista», se interpretó desde la izquierda como la expresión más cristalina de la ortodoxia de la CEDA. Ciertamente, cada frase fue recibida con un clamoroso aplauso. Fernando de los Ríos, ministro de Educación y Bellas Artes desde octubre de 1931, socialista moderado y prestigioso profesor de Derecho, había suscitado una oleada considerable de improperios antisemitas a raíz de su política de tolerancia para las escuelas judías y sus expresiones de simpatía por la comunidad sefardí de Marruecos. Horrorizado, señaló que la llamada de Gil Robles a una purga de judíos y masones suponía la negación de los postulados jurídicos y políticos de la República.[61] Los carteles electorales de la CEDA declaraban la necesidad de salvar a España de «marxistas, masones, separatistas y judíos». La beligerancia implícita en esas palabras no daba lugar a confusiones. Todas las fuerzas de la izquierda —anarquistas, socialistas, comunistas, republicanos liberales, nacionalistas regionales— fueron acusadas de antiespañolas.[62] Por consiguiente, la violencia contra ellas era un acto legítimo tanto como una perentoria necesidad patriótica.

Los escritos de Onésimo Redondo estaban en consonancia con los de Francisco de Luis, que había sucedido a Ángel Herrera en la dirección de *El Debate*. De Luis era un propagador enérgico de la teoría del contubernio judeomasónico y bolchevique. Publicó su obra magna sobre la cuestión en 1935, con imprimátur eclesiástico, y en sus páginas, citando con entusiasmo a Tusquets, *Los protocolos...*, la prensa carlista y al general Mola, defendía que el propósito de la masonería era corromper la civilización cristiana con valores orientales. Su premisa era que «los judíos, padres de la masonería, puesto que no tienen patria, quieren que los demás hombres tampoco la tengan». Tras haber liberado a las masas de impulsos patrióticos y morales, los judíos podían después reclutarlas para el asalto a los valores cristianos. Según esta interpretación, los católicos se enfrentaban a una lucha a muerte, porque «en cada judío va un masón: astucia, secreto doloso, odio a Cristo y su civilización, sed de exterminio. Masones y judíos son los autores y directores del socialismo y el bolchevismo».[63]

Apenas había diferencias entre los planteamientos de Francisco de Luis u Onésimo Redondo y los que esgrimía el agente de policía, amigo y anteriormente subordinado del general Mola, Julián Mauricio Carlavilla del Barrio. Nacido el 13 de febrero de 1896 en el seno de una familia pobre de la Castilla rural, en Valparaíso de Arriba (Cuenca), el joven Carlavilla fue bracero y peón antes de pasar tres años como soldado recluta en Marruecos, «por no poder pagar cuota ni sustituto». A su regreso a España empezó a prepararse para los exámenes del Cuerpo de Policía. Después de ocho semanas de trabajo, aprobó, y el 9 de julio de 1921 se unió al Cuerpo General de Policía en Valencia, donde sirvió durante once meses, antes de que lo trasladaran a Zaragoza por petición del gobernador civil de Valencia al director general de Seguridad. Al parecer, Carlavilla había cometido actos «que desdoran el prestigio del Cuerpo». A partir de ahí, pasó en rápida sucesión por Segovia y Bilbao, antes de acabar en Madrid, en octubre de 1923. En noviembre de 1925 lo destinaron a Marruecos, donde trabó contactos con figuras del Ejército que le serían de gran utilidad en etapas posteriores de su carrera. Sin embargo, apenas había transcurrido un año cuando volvieron a trasladarlo a la Península, después de ser acusado de «inmoralidades cometidas, como son: Imposición arbitraria de multas y tolerancia de la prostitución en provecho propio». A pesar de todo, Carlavilla acabó alcanzando en 1935 el rango de comisario.[64] Inicialmente se especializó en operaciones secretas, infiltrándose en grupos de izquierda donde luego ejercía de agitador. Según él mismo afirmaba, hizo esta clase de trabajo por su cuenta y por propia iniciativa, sin informar a sus superiores. Entre otros logros se contaban la provocación y el posterior desmantelamiento de los asesinatos frustrados de Alfonso XIII y el general Miguel Primo de Rivera durante la inauguración de la Gran Exposición de Sevilla, en mayo de 1929.[65]

Cuando el general Mola fue nombrado director general de Seguridad, a principios de 1930, Carlavilla le informó de sus actividades clandestinas, que él mismo describía como «mi acción catalizadora dentro del círculo más exaltado de los revolucionarios».[66] Por orden de Mola, Carlavilla redactó un informe detallado sobre las presuntas actividades del Partido Comunista en España. Mezcla demencial de fantasía y paranoia, el informe fue enviado a la Entente Internationale contre la Troisième Internationale a finales de 1930. No sería descabellado suponer que el contenido del mismo acabó engrosando los boletines que la Entente mandaba a sus suscriptores, el general Franco entre otros. El informe sirvió como base para el primer libro de Carlavilla, *El comunismo en España*.[67]

Carlavilla participó en el golpe de Estado de Sanjurjo, con el cometido de evitar que la Policía descubriera la conspiración incipiente («se trabajó principalmente en frustrar todos los trabajos de la Policía tendentes a descubrir el Movimiento»).[68] Entre 1932 y 1936, escribió una serie de éxitos de ventas con el pseudónimo de «Mauricio Karl».[69] El primero de ellos, *El comunismo en España*, describía a los diversos elementos socialistas, anarquistas y comunistas que formaban el movimiento obrero como el enemigo de España que debían derrotar. El segundo y el tercero, *El enemigo* y *Asesinos de España*, sostenían que el conciliábulo que había organizado a los asesinos izquierdistas de España eran los judíos, pues eran quienes controlaban la masonería, «su primer ejército», así como las Internacionales Socialista y Comunista y el capitalismo mundial. La grandeza española de los siglos XVI y XVII había sido el fruto de la expulsión de los judíos, y sería precisa una nueva expulsión si se quería recuperar el esplendor. Puesto que en España prácticamente no había judíos a los que expulsar, se imponía entonces eliminar a sus lacayos, los masones y la izquierda. La única esperanza de impedir la destrucción de la civilización cristiana y el auge del imperio de Israel pasaba por unirse al nazismo alemán y al fascismo italiano para derrotar a «los sectarios de la judería masónica». Carlavilla llegó a afirmar que el general Primo de Rivera, que había muerto por causas naturales, en realidad había sido envenenado por un masón judío y que el financiero catalán Francesc Cambó era tanto judío como masón.

Cien mil ejemplares de su tercer título, *Asesinos de España*, se distribuyeron gratuitamente entre los oficiales del Ejército. El libro terminaba planteándoles un desafío provocador. Al describir a los judíos, izquierdistas y masones como buitres revoloteando sobre el cadáver de

España, decía: «El Enemigo se ríe a carcajadas mientras las naciones albaceas de Sión se juegan a los dados diplomáticos el suelo de la Muerta. Así puede ser el fin de España, que fue temida por cien naciones. Y así será, porque sus hijos ya no saben morir. Ni matar».[70] Carlavilla fue expulsado del Cuerpo de Policía en septiembre de 1935 a resultas, según su expediente oficial, de «faltas graves». Posteriormente aseguró que el despido fue en represalia por sus revelaciones contra la masonería.[71]

Además de dedicarse a actividades delictivas, Carlavilla era miembro activo del grupo conspirador Unión Militar Española. Al principio, su papel consistía básicamente en la redacción y la distribución de propaganda en apoyo de un golpe militar. En mayo de 1936, sin embargo, participó a las órdenes de la UME en un intento de asesinato de Manuel Azaña, durante los actos de celebración con motivo del aniversario de la fundación de la República, tras lo cual no le quedó más remedio que huir a Portugal. Se creyó que también había estado involucrado en atentados contra la vida de Francisco Largo Caballero y Luis Jiménez de Asúa. Se dijo que tales planes de asesinato eran obra del compinche de Mola, el comisario Santiago Martín Báguenas, que desde septiembre de 1932 trabajaba para la conspiración monárquico-militar. En esas maquinaciones frustradas participó también el capitán africanista Manuel Díaz Criado, el mismo que había instigado las ejecuciones del parque de María Luisa en Sevilla en julio de 1931. En Lisboa, Carlavilla entró en contacto con el exiliado general Sanjurjo, y se mantuvo en los márgenes de la conspiración militar. Poco después de que estallara la guerra fue a Burgos, donde pasó a formar parte del círculo de confianza del general Mola. Carlavilla trabajó un tiempo en la base de operaciones de Mola, codo con codo con el padre Juan Tusquets.[72]

De manera colectiva, las ideas de Juan Tusquets, Francisco de Luis, Enrique Herrera Oria, Onésimo Redondo, Emilio Mola, Julián Mauricio Carlavilla, la prensa carlista y todos los que creían en la existencia de un contubernio judeomasónico y bolchevique, se sumaron y desembocaron en una teoría que justificaba el exterminio de la izquierda. Tanto las reformas de la República como los violentos ataques que sobre ella vertieron los anarquistas fueron tomados indistintamente como prueba de que la izquierda era una corriente impía y antiespañola. En consecuencia, las conspiraciones militares, las actividades terroristas de los grupos fascistas y la brutalidad de la Guardia Civil al reprimir huelgas y manifestaciones se consideraron siempre esfuerzos legítimos para defender a la verdadera España.

3

La ofensiva de la derecha:
1933-1934

Tras la victoria electoral cosechada en noviembre de 1933, la derecha pasó a la ofensiva. Esto ocurría precisamente cuando el desempleo alcanzaba cotas máximas. En diciembre de 1933 había 619.000 parados en España, el 12 por ciento de la población activa. Aunque muy inferiores a las de Alemania e Italia, estas cifras implicaban unas condiciones durísimas, puesto que el país no contaba con un sistema de protección social. La salida del líder socialista Largo Caballero del Ministerio de Trabajo dejó a los trabajadores desprotegidos. En Jaén, por ejemplo, el nuevo gobernador civil, del Partido Radical, hizo caso omiso de los acuerdos previos sobre condiciones laborales negociados por los Jurados Mixtos. En el caso del turno riguroso (la estricta rotación de los parados), se dejó a los patronos plena libertad durante la recogida de la aceituna para contratar solo a los trabajadores más baratos y no sindicados, de tal modo que muchas familias acababan famélicas.[1] El agravamiento de la situación intensificó las presiones de las bases sobre los dirigentes sindicales para pasar a la acción, principalmente en la agricultura, la industria del metal y la construcción, sectores ampliamente representados en el seno de la UGT. En las zonas rurales del sur, la tasa de desempleo era muy superior a la de las zonas industriales. En Jaén, Badajoz y Córdoba, las provincias más afectadas, el porcentaje de paro superaba la media nacional en un 50 por ciento. Cuando los terratenientes empezaron a pasar por alto la legislación social y a tomar represalias por sus sinsabores durante los dos años anteriores, la situación empeoró todavía más. En abril de 1934, el desempleo afectaba a un total de 703.000 personas.[2]

A finales de 1933, Largo Caballero respondió al malestar de las bases sindicales con declaraciones revolucionarias que no pasaban de ser retóricas. Sin embargo, el hecho de que no tuviera un plan concreto para la sublevación no disminuyó los temores que sus declaraciones provocaron en las clases medias, a lo cual se sumó la creciente determinación de la CNT de recurrir a la violencia revolucionaria. Cuando el 8 de diciembre de 1933 el sindicato anarquista hizo un ingenuo llamamiento a la insurrección nacional, los socialistas no secundaron la propuesta. Finalmente, solo unas pocas regiones de tradición anarquista respondieron a la convocatoria. Los anarquistas de Asturias y la mayor parte de Andalucía se mostraron contrarios a la revuelta. Hubo, no obstante, una oleada de huelgas violentas, voladuras de trenes y asaltos a los puestos de la Guardia Civil. El movimiento tuvo un éxito breve en la entonces provincia de Logroño, pues en muchos municipios se proclamó el comunismo libertario, si bien la revuelta fue sofocada con bastante facilidad y, aunque no hubo derramamiento de sangre, el número de detenidos se contó por centenares. En Zaragoza, a pesar de que la Policía había confiscado las armas, la huelga general fue acompañada de disparos en las calles y 12 personas perdieron la vida el 9 de diciembre. La huelga concluyó el 14 de diciembre con más de 400 militantes de la CNT en prisión. En Galicia, Cataluña y Alicante tampoco fue difícil reprimir la insurrección. En algunas zonas de Andalucía se produjeron enfrentamientos aislados, y en las calles de Sevilla se quemaron varios coches. Un total de 125 personas murieron en todo el país: 16 agentes del orden, 65 insurrectos y 44 transeúntes inocentes.[3]

En la localidad cordobesa de Bujalance, el 9 de diciembre se vivió casi una réplica de los sucesos de Casas Viejas. Los ánimos estaban muy caldeados por las denuncias de la CNT contra los terratenientes que desacataban abiertamente los acuerdos sobre salarios y condiciones laborales, las llamadas «bases de trabajo». Campesinos armados asaltaron el pueblo e intentaron ocupar el ayuntamiento. La Guardia Civil respondió atacando las casas que no dejaron sus puertas abiertas. En el curso de seis horas de enfrentamientos murieron un guardia civil, dos anarquistas y cuatro civiles inocentes, entre ellos una mujer, un niño de ocho años y un anciano terrateniente. Dos presuntos cabecillas anarquistas que lograron escapar fueron detenidos en el pueblo cercano de Porcuna y abatidos a tiros por la Guardia Civil «cuando intentaban huir». El número de detenidos se elevó a 200, muchos de los cuales fueron apaleados por la Guardia Civil. El gobernador civil, Jiménez Díaz, acusó de los incidentes de Bujalance a los terratenientes que se habían negado a firmar las bases de trabajo y que se habían dedicado a acaparar armas de fuego.[4]

La magnitud del odio social acumulado en Córdoba puede deducirse del siguiente testimonio de Juan Misut, un izquierdista de Baena:

> Aquellos señores que se gastaban ochenta mil duros en comprarle un manto a la Virgen o una cruz a Jesús escatimaban a los obreros hasta el aceite de las comidas y preferían pagar cinco mil duros a un abogado antes que un real a los jornaleros, por no sentar precedente, que era tanto como «salirse con la suya». Hay casos aislados, pero que son suficientes para justificar la regla y recordarán algunos baenenses que tengan tantos o más años que yo. En Baena hubo un señorito que metió el ganado en sus siembras por no pagar las bases a los segadores ... Un cura que tenía labor, cuando venía al pueblo el zagal del cortijo a por aceite, le hacía bollos al cántaro de hojalata, para que cupiese menos aceite ... Con esta patronal teníamos que luchar para conseguir una pequeña mejora en la situación caótica de los trabajadores del campo. Ellos tenían el poder, la influencia (aun con la República) y el dinero; nosotros ... sólo teníamos dos o tres mil jornaleros a nuestras espaldas, a los que teníamos que frenar ... pues la desesperación de no poder dar de comer a sus hijos hace de los hombres fieras. Sabíamos que los patronos, bien protegidos por la fuerza pública, no lloraban porque hubiera víctimas, pues tenían funcionarios sobornados que cambiaban los papeles y hacían lo blanco negro. Además, lo deseaban, porque un escarmiento nunca está de más, para convencer a los rebeldes [de] que es peligroso salirse del buen camino. Por eso, siempre evitábamos los choques con los servidores del orden ... y aconsejábamos a los nuestros mesura y comedimiento. Y por eso, muchas veces, no aprobábamos los acuerdos de la Comarcal, porque sabíamos lo que teníamos en casa. En las pocas veces (dos o tres) que fui en comisión a discutir con la patronal, jamás se puso sobre el tapete otra cuestión que la salarial; no se hablaba nunca de la comida ni de las horas de trabajo, pues todo iba incluido en el Artículo «Usos y costumbres de la localidad», que no era otra cosa que trabajar a riñón partido de sol a sol, o ampliado por los capataces lameculos, desde que se veía hasta que no se veía. Recuerdo que en cierto debate acalorado que sostuvimos, un cacique me llamó «niñato recién salido del cascarón ... y que si mi padre supiera lo tonto que era yo, no me echaba pienso». Aquello colmó mi paciencia y me levanté de la silla y le espeté muy serio: «Reconozco, señor, que en muchas ocasiones me habría comido, no el pienso, sino los picatostes que le echa usted a sus perros, acción muy cristiana en una población donde se están muriendo de hambre los hijos de los trabajadores».[5]

La CNT participó en diversos incidentes violentos en la provincia de Cáceres, como la quema de dos iglesias en Navalmoral de la Mata.[6]

Al no sumarse a la convocatoria los socialistas de la FNTT, la provincia de Badajoz, en cambio, apenas se vio afectada por los disturbios, con la excepción de Villanueva de la Serena. Un sargento de Infantería llamado Pío Sopena Blanco, junto con otros ocho amigos anarquistas, asaltó una oficina de reclutamiento militar. En el asalto mataron a dos guardias civiles e hirieron a un tercero. Las fuerzas del orden rodearon el edificio donde se habían refugiado los asaltantes y, en lugar de esperar a que estos se rindieran, la Guardia Civil, con ayuda de la Guardia de Asalto y varias unidades del Ejército, abrió fuego con ametralladoras y artillería. Cuando entraron en la oficina de reclutamiento, Pío Sopena y dos de sus compañeros ya estaban muertos. A los otros seis rebeldes los mataron a sangre fría. A pesar de que los socialistas no estaban implicados en los hechos, el alcalde de Villanueva y los líderes de la casa consistorial fueron detenidos. Los ayuntamientos de Villanueva y de otros cinco pueblos fueron clausurados.[7]

Los disturbios provocados por la CNT desviaron la atención del creciente problema del hambre, derivado no solo de la firme determinación de los terratenientes de reducir los salarios y negar el trabajo a los miembros de los sindicatos, sino también de la importante escalada de los precios de los productos básicos. El gobierno eliminó la regulación del precio del pan, que subió entre un 25 y un 75 por ciento. Las manifestaciones de mujeres, niños y ancianos hambrientos pidiendo pan se convirtieron en una escena frecuente.[8] Así, a finales de 1933, los líderes socialistas tuvieron que enfrentarse con una ascendente oleada de activismo y descontento popular, como resultado tanto de la ofensiva de los patronos como de la amargura por lo que se percibía como una injusta derrota electoral. Desalentados por la feroz oposición gubernamental a lo que para muchos era una legislación humanitaria básica, un número creciente de afiliados sindicales, junto a la Federación de Juventudes Socialistas, llegó a la conclusión de que la democracia burguesa jamás permitiría el establecimiento de un mínimo de justicia social, y mucho menos un pleno desarrollo del socialismo. Cada vez más temeroso de perder el apoyo popular, Largo Caballero reaccionó elevando el tono revolucionario. A mediados de 1934, manifestó que para transformar la sociedad era preciso armar al pueblo y desarmar a las fuerzas del capitalismo: el Ejército, la Guardia Civil, la Guardia de Asalto, la Policía y los tribunales. «Si la clase trabajadora quiere el Poder político lo primero que tiene que hacer es prepararse en todos los terrenos. Porque eso no se arranca de las manos de la burguesía con vivas al Socialismo. No. El Estado burgués tiene en sus manos elementos de fuerza para evitarlo.»[9] Aunque esta retórica altisonante no iba acompañada de verdaderas intenciones revolucionarias, la prensa de derechas la utilizó para avivar el miedo de las clases medias. La intención que había detrás de las proclamas revolucionarias de Largo Caballero era satisfacer las aspiraciones de las bases, además de presionar a Alcalá Zamora para que convocase nuevas elecciones. Se trataba de una táctica irresponsable, pues si el presidente no respondía a estas presiones, los socialistas se verían abocados, bien a cumplir sus amenazas, bien a retroceder y perder el apoyo de sus propios militantes. Como las posibilidades que tenían de cumplir sus amenazas eran mínimas, dicha táctica solo podía beneficiar a la derecha.

El agresivo celo con que los terratenientes aprovecharon las ventajas que les ofreció la victoria electoral, combinado con el miedo al fascismo, tuvo un efecto inmediato en las bases socialistas. Según Largo Caballero, delegaciones de trabajadores acudieron a Madrid desde las provincias para pedir al Comité Ejecutivo del PSOE que organizara una contraofensiva.[10] Los socialistas empezaron a comprender que no solo peligraba la legislación republicana sino también su propia integridad física, ante la posibilidad de un golpe fascista. El 22 de noviembre, Fernando de los Ríos aportó ante el Comité Ejecutivo del PSOE pruebas que indicaban la preparación de un golpe de Estado por parte de la derecha y la detención de los líderes socialistas.[11] A lo largo de noviembre y diciembre, la prensa socialista publicó diversas informaciones que parecían indicar que Gil Robles y la CEDA albergaban ambiciones fascistas. Los documentos presentados demostraban que la CEDA tenía el plan de crear una milicia ciudadana para combatir la actividad revolucionaria de la clase trabajadora y, con la connivencia de la Policía, estaba elaborando en todo el país inmensos archivos sobre los trabajadores más activos políticamente. Las acciones de las milicias uniformadas de la Juventud de Acción Popular se interpretaron como la confirmación de que el intento de instaurar el fascismo en España no tardaría en producirse.[12]

Era inevitable que entre las Juventudes Socialistas y los afiliados más jóvenes de la UGT y con menor cualificación profesional creciera con fuerza un irresponsable entusiasmo por las tácticas revolucionarias. Largo Caballero se sumó a sus demandas. En una reunión conjunta de las ejecutivas de la UGT y el PSOE, celebrada el 25 de noviembre, la propuesta fue derrotada por los líderes más prudentes de la UGT. Un frustrado Largo Caballero protestó de esta manera: «Los mismos trabajadores reclaman una acción rápida y enérgica». Su cautela natural se había ahogado bajo la preocupación de que las bases buscaran refugio en la determinación revolucionaria de la CNT. Después de que Prieto coincidiera finalmente con Largo Caballero en la necesidad de emprender una «acción defensiva», las ejecutivas del PSOE y la UGT se avinieron a redactar una declaración en la que se instaba a los trabajadores a estar preparados para sublevarse y presentar oposición «ante el peligro de que el adueñamiento del poder por los elementos reaccionarios les sirva para rebasar los cauces constitucionales en su público designio de anular toda la obra de la República». Con el fin de elaborar esta «acción defensiva» se constituyó un comité conjunto del PSOE y la UGT.[13] La negativa socialista a respaldar la insurrección de la CNT apenas dos semanas después revelaba que, tras la nueva retórica revolucionaria, los hábitos reformistas no eran fáciles de cambiar. El apoyo de la CEDA al ataque patronal contra los trabajadores sindicados, junto con su anunciada intención de aplastar el socialismo y establecer un estado corporativista, significaron para la mayoría de la izquierda española que la nueva coalición no se distinguía en nada del Partido Fascista Italiano o el Partido Nazi Alemán de la época. Los líderes socialistas más veteranos querían evitar los errores tácticos cometidos por sus camaradas en Italia o Alemania, pero no tenían la intención real de organizar una revolución. Más bien confiaban en que la amenaza de la revolución templara las exigencias de sus bases y animara a la derecha a limitar sus ambiciones.

Ninguna organización socialista había participado en las acciones de la CNT, aunque algunos militantes sí se sumaron a título individual, convencidos de que esta era la «acción defensiva» acordada el 26 de noviembre.[14] Prieto condenó en las Cortes este «movimiento perturbador», pero reaccionó con encono cuando Goicoechea y Gil Robles ofrecieron al gobierno su apoyo entusiasta para aplastar la subversión. Le molestaba que los «enemigos de la República» solo apoyaran al régimen cuando se trataba de reprimir a la clase trabajadora. A la vista de su determinación por silenciar a las organizaciones de los trabajadores, Prieto les dijo a los diputados de la derecha: «Nos cerráis todas las salidas y nos invitáis a la contienda sangrienta».[15]

El 16 de diciembre, Lerroux formó gobierno con el apoyo parlamentario de la CEDA. Tres días más tarde, Gil Robles hacía una declaración pública en las Cortes, en la cual explicaba que, a cambio de sus votos, esperaba amnistía para los condenados a prisión por el alzamiento militar de agosto de 1932, así como una revisión en profundidad de la legislación religiosa por parte de las Cortes Constituyentes. Lo que más alarmó a la izquierda fueron sus exigencias de derogación de las reformas mejor acogidas por los campesinos sin tierra, las leyes de términos municipales y de laboreo forzoso, así como la introducción de la jornada laboral de ocho horas y la creación de los Jurados Mixtos. Gil Robles exigió asimismo la reducción de las tierras sujetas a expropiación según el Proyecto de Ley de Reforma Agraria y rechazó el concepto de entregar las tierras a los campesinos. La izquierda reaccionó con pánico al oírle manifestar su intención de llegar a ser presidente del Gobierno y cambiar la Constitución: «Que no tenemos prisa de ningún género; que deseamos que se agoten todas las soluciones para que después la experiencia diga al pueblo español que no hay más que una solución, una solución netamente de derecha». Detrás de esta expresión comedida se escondía en realidad una amenaza muy seria: que si los acontecimientos demostraban la imposibilidad de desarrollar una política de derechas, la República pagaría las consecuencias. No es de extrañar que las Juventudes Socialistas tildaran el discurso de fascista.[16] Indalecio Prieto, en su turno de réplica, dejó bien claro que la legislación que Gil Robles proponía derogar era precisamente uno de los principales logros de la República. Amenazó con que los socialistas no dudarían en defender a la República desencadenando la revolución frente a lo que llamó «ambiciones dictatoriales» de Gil Robles.[17] En este intercambio ya se observa la simiente de los violentos disturbios de octubre de 1934.

La ejecutiva del PSOE se veía sometida a crecientes presiones de sus miembros más jóvenes para adoptar una línea revolucionaria y temía una fuga de afiliados hacia las posiciones más extremas de la CNT. El abrumador dilema al que se enfrentaban los socialistas lo expuso Fernando de los Ríos cuando visitó a Azaña el 2 de enero de 1934 en busca de consejo. El relato que Azaña hace de la entrevista es sumamente revelador:

Me hizo relación de las increíbles y crueles persecuciones que las organizaciones políticas y sindicales de los obreros padecían por obra de las autoridades y de los patronos. La Guardia Civil se atrevía a lo que no se había atrevido nunca. La exasperación de las masas era incontenible. Los desbordaban. El Gobierno seguía una política de provocación, como si quisiera precipitar las cosas. ¿En qué pararía todo? En una gran desgracia, probablemente. Le argüí en el terreno político y en el personal. No desconocía la bárbara política que seguía el Gobierno ni la conducta de los propietarios con los braceros del campo, reduciéndolos al hambre. Ni los desquites y venganzas que, en otros ramos del trabajo, estaban haciéndose. Ya sé la consigna: «Comed República», o «Que os dé de comer la República». Pero todo eso, y mucho más que me contara, y las disposiciones del Gobierno, y la política de la mayoría de las Cortes, que al parecer no venía animada de otro deseo que el de deshacer la obra de las Constituyentes, no aconsejaba, ni menos bastaba a justificar que el Partido Socialista y la UGT se lanzasen a un movimiento de fuerza.

Azaña le respondió categóricamente a De los Ríos que los líderes socialistas tenían el deber, aun a riesgo de perder su popularidad, de convencer a sus seguidores de que la insurrección sería una locura, «porque no había que esperar que las derechas se estuviesen quietas, ni que se limitasen a restablecer el orden, sino que abusarían de la victoria e irían mucho más allá de lo que estaba pasando y de lo que se anunciaba». Poco después, De los Ríos dio cuenta de esta conversación al Comité Ejecutivo del PSOE. Azaña estaba en lo cierto: el discurso de los líderes socialistas era una provocación irresponsable. Sin embargo, ante la intransigencia de los patronos, cuesta entender cómo podían pedir paciencia a sus bases.[18]

De toda Andalucía y Extremadura llegaban informes de las provocaciones a los trabajadores por parte de los terratenientes y de la Guardia Civil. El nuevo gobierno designó a varios gobernadores provinciales de tendencia conservadora en el sur; la consecuencia fue un rápido incremento de la «brutalidad preventiva» de la Guardia Civil. Se burlaba la ley con la más absoluta impunidad. En otoño de 1933, en Real de la Jara, una localidad de la sierra situada al norte de la provincia de Sevilla, los propietarios de fincas se negaron a contratar mano de obra sindicada. La consiguiente huelga general se prolongó por espacio de varios meses, y cuando en el mes de diciembre la Guardia Civil sorprendió a algunos trabajadores hambrientos robando las bellotas de los cerdos de los amos, los apaleó salvajemente. El gobernador civil destituyó al alcalde de Real de la Jara cuando este protestó por los abusos ante el mando de la Guardia Civil. En Venta de Baúl (Granada), los guardias armados del cacique, que era miembro de la CEDA, molieron a palos a los líderes sindicales.[19]

En Fuente del Maestre, Fuente de Cantos, Carmonita y Alconchel

(Badajoz) era la Guardia Civil la que se encargaba de castigar a los trabajadores hambrientos cuando los sorprendían «haciendo la rebusca» de aceitunas y bellotas. En Nava de Santiago, para evitar que los trabajadores pudieran aliviar el hambre, los propietarios se llevaban los cerdos a los campos y les dejaban comerse las bellotas caídas. En otros puntos de Badajoz, concretamente cerca de Hornachos, varios yunteros que ya habían empezado la siembra de una finca abandonada fueron encarcelados. El 11 de enero, la Guardia Civil ocupó la casa del pueblo de esta localidad. En muchos otros municipios de Badajoz, Jaén y Córdoba, los terratenientes desoyeron las leyes de rotación del trabajo entre los registrados en la bolsa de empleo local. Solo contrataban a los que habían votado por la derecha, mientras que a los miembros de la FNTT les negaban sistemáticamente el empleo. En Almendralejo, y a pesar del desempleo masivo en la localidad, se trajeron de fuera 2.000 trabajadores para la recogida de la uva y de la aceituna. En Orellana la Vieja y en Olivenza, los patronos empleaban a mujeres y niños, a quienes pagaban solo una parte del salario normal de los hombres. El capitán de la Guardia Civil del municipio sevillano de Montellano era propietario de una empresa de construcción. Con el fin de aliviar el desempleo, el ayuntamiento decidió mejorar las carreteras del pueblo y le asignó la contrata. El capitán contratista se negó a dar trabajo a cualquier miembro de la FNTT.[20]

En Priego de Córdoba, una delegación de afiliados de la FNTT que llevaban cuatro meses en paro solicitó la intervención del alcalde. El regidor respondió que «él no podía dar trabajo ni obligaba a nadie a que lo diera; que el que quisiera trabajar se arrodillase delante de los señoritos». Los salarios habían caído un 60 por ciento. El hambre alimentaba la desesperación al tiempo que el odio se extendía por ambos lados de la fractura social, y el problema no era exclusivo del sur del país. Un oficial de la FNTT de Villanueva del Rebollar (Palencia) escribió: «La situación política que atravesamos motiva una reacción en los patronos que se han envalentonado y creen que nos van a poder aniquilar. Pero están equivocados, pues estamos dispuestos a defendernos como sea y contra quien sea ... Tengan cuidado con sus insensateces cuantos caciques nos rodean, que nuestra paciencia se agota». La ejecutiva de la FNTT había enviado varias peticiones al nuevo ministro de Trabajo, Ricardo Samper, para que se cumpliera la legislación social vigente. Una delegación acudió a visitarlo el 8 de diciembre. De nada sirvió.[21]

A finales de diciembre se presentó en las Cortes un proyecto de ley para la expulsión de los campesinos que habían ocupado tierras en Extremadura el año anterior. La tercera semana de enero se revocó temporalmente la Ley de Términos Municipales. La CEDA presentó varias propuestas de mutilación de la reforma agraria de 1932, en las que se reducía la cantidad de tierra susceptible de ser expropiada y se estipulaba la devolución de las propiedades confiscadas a los que habían participado en el alzamiento militar de agosto de 1932.[22] Los socialistas no ocultaban su preocupación ante la creciente evidencia de que la CEDA estaba creando archivos de trabajadores en todos los pueblos, con abundantes detalles sobre sus actividades «subversivas», es decir, sobre su afiliación a un sindicato. Los choques entre los braceros y la Guardia Civil aumentaban día a día.[23]

El 31 de diciembre se celebró una reunión del Comité Nacional de la UGT con el objetivo de resolver sus diferencias con el liderazgo del PSOE, en el curso de la cual se derrotó la propuesta de organizar un movimiento revolucionario a escala nacional que formuló Amaro del Rosal, representante de los trabajadores de la banca. En cambio, se aprobó otra moción que ratificaba la declaración conjunta emitida por las ejecutivas regionales el 25 de noviembre, en la que se amenazaba con la acción revolucionaria si la derecha traspasaba los límites de la Constitución.[24] Los intensos y airados debates entre el PSOE y la UGT en torno a la posible acción revolucionaria en defensa de la República culminaron a lo largo del mes de enero en la derrota de la línea más moderada. La presidencia de la UGT fue asumida por Largo Caballero, apoyado en su retórica «revolucionaria» por los miembros más jóvenes. Al quedar el PSOE, la FJS y ahora también la UGT en manos de quienes abogaban por la línea más dura, se constituyó de inmediato un comité conjunto destinado a organizar el movimiento revolucionario. Con enorme optimismo se difundió por todas las provincias un documento con setenta y tres instrucciones para la creación de milicias, la adquisición de armas, el establecimiento de vínculos con simpatizantes de las unidades locales del Ejército y la Guardia Civil, y la organización de brigadas de técnicos capaces de gestionar los servicios básicos. A la luz de las respuestas recibidas quedó patente que muy pocos de estos objetivos eran alcanzables y, más allá del revuelo de comunicaciones que generó el comité, no hubo apenas acciones prácticas.[25]

En todo caso, estas instrucciones fueron cualquier cosa menos clandestinas. Lo cierto es que la indiscreción de los jóvenes que se autoproclamaban «bolcheviques» ofreció a la derecha amplias oportunidades para exagerar los peligros del socialismo revolucionario. La estentórea retórica revolucionaria de los jóvenes socialistas se utilizó durante la primavera y el verano de 1934 para justificar la enérgica represión gubernamental de las huelgas, que poco tenían de revolucionarias. El escasamente secreto plan proponía lanzar el movimiento revolucionario en el caso de que se invitase a la CEDA a participar en el gobierno. No había ninguna conexión entre los difusos preparativos de revolución y las necesidades y actividades del movimiento obrero. En realidad, ni siquiera se pensó en encauzar la energía de los trabajadores organizados para la proyectada revolución. Más bien ocurrió que, llevado por las costumbres de toda una vida, Largo Caballero logró convencer a la nueva ejecutiva de la UGT, el 3 de febrero, de que no hiciera nada por impedir las huelgas.[26]

Una de las principales consecuencias del confuso giro a la izquierda de Largo Caballero recayó sobre el proletariado rural. En la reunión del Comité Nacional de la FNTT celebrada el 30 de enero de 1934, la ejecutiva moderada presentó su dimisión y fue sustituida íntegramente por jóvenes radicales liderados por el representante de Navarra, Ricardo Zabalza Elorga.[27] Zabalza, el nuevo secretario general, era un hombre de treinta y seis años, alto, apuesto, con gafas y bastante tímido, natural de Erratzu, una localidad situada al norte de Navarra. La pobreza de su familia lo había obligado a emigrar a Argentina a los quince años. Las duras condiciones de trabajo en este país lo llevaron a afiliarse a un sindicato. Zabalza, siempre comprometido con la formación personal, llegó a ser maestro de escuela, incluso a dirigir un colegio. Regresó a España en 1929 y se instaló en Jaca, donde se afilió a la UGT, dentro de la cual desarrolló una entusiasta actividad. En 1932 se trasladó a Pamplona y trabajó con ahínco para crear la Federación Nacional de Trabajadores de la Tierra.

La amplia variedad de modalidades de propiedad de la tierra en Navarra incluía los latifundios al sur de la provincia, conocidos como «corralizas». Se trataba de grandes fincas de antigua propiedad municipal que en el siglo XIX se habían vendido a particulares. La derecha navarra figuraba entre las más brutales y dominantes de España y había incumplido descaradamente la legislación social y laboral de la República. La FNTT lanzó una campaña destinada a devolver las corralizas a la propiedad comunal, como parte del proceso de reforma agraria. Al fracasar en el intento, Zabalza hizo un llamamiento a la ocupación de las fincas por parte de los campesinos sin tierra. El 7 de octubre de 1933, más de 10.000 campesinos tomaron las corralizas en cuarenta pueblos. Los ocupantes evitaron el enfrentamiento con la Guardia Civil y se limitaron a realizar una siembra simbólica. La intención de esta maniobra era presionar a las autoridades para que acelerasen la reforma agraria, y la consecuencia inmediata fue un acuerdo para el reparto de las cosechas entre propietarios y labradores. Lamentablemente, el momento fue muy poco propicio. La coalición republicano-socialista ya se había quebrado para entonces, y todo había cambiado con la victoria electoral de la derecha. Así, tal como había ocurrido en el sur del país, los dueños de la tierra negaron el trabajo a los afiliados sindicales y pasaron por alto la legislación social.[28]

Tras la llegada al gobierno del Partido Radical, impelido tanto por sus propias inclinaciones como por la necesidad de conseguir los votos de la CEDA a defender los intereses de los terratenientes, Zabalza empezó a defender la huelga general como instrumento para poner freno a la ofensiva patronal. Los miembros más veteranos de la UGT se opusieron a lo que consideraban una iniciativa apresurada que, además, podía dar al traste con las posibilidades de organizar una futura insurrección en el supuesto de que se intentara establecer un estado reaccionario y corporativo. Esas sospechas con respecto a las intenciones de la derecha se intensificaron tras la designación, a principios de marzo, de un nuevo ministro de la Gobernación, Rafael Salazar Alonso, de treinta y nueve años.

Salazar Alonso se apresuró a reunirse con sus inmediatos subordinados responsables de las fuerzas del orden. Figuraba entre ellos el general de brigada Cecilio Bedia de la Cavallería, director de la Guardia Civil, institución que en agosto de 1932 había quedado bajo el mando del Ministerio del Interior, tras el golpe fallido de Sanjurjo. Al mando de la Policía y de la Guardia de Asalto se encontraba el director general de Seguridad, el capitán José Valdivia Garci-Borrón, amigo de Alejandro Lerroux y hombre de fuertes instintos reaccionarios. Salazar Alonso esbozó sus planes para establecer lo que dio en llamar «mi organización antirrevolucionaria». Quedó muy satisfecho con los informes favorables que le ofreció Valdivia. El primero se refería al director de la Guardia de Asalto, el teniente coronel Agustín Muñoz Grandes, un africanista implacable y brutal que más tarde participó en el golpe militar de 1936 y llegó a ocupar la vicepresidencia del Gobierno a las órdenes de Franco. El segundo informe de Valdivia aludía al capitán de la Guardia Civil Vicente Santiago Hodson, acérrimo antiizquierdista, jefe del servicio de inteligencia fundado por el general Mola y colega del siniestro Julián

Mauricio Carlavilla. Tener a sus órdenes a individuos de corte tan reaccionario constituía una gran ventaja para las ambiciones represivas de Salazar Alonso.[29] En este sentido le comunicó claramente al general Bedia de la Cavallería, que acogió la noticia con entusiasmo, que la Guardia Civil no debía andarse con miramientos en sus intervenciones para combatir los conflictos sociales.[30] A nadie sorprendió que en la primavera de 1934, ante una serie de huelgas, Salazar Alonso aprovechara la ocasión para responder con contundencia. En las artes gráficas, en la construcción y en la industria siderúrgica, las huelgas en el mejor de los casos llegaron a un punto muerto, y en el peor, sufrieron una humillante derrota.

La derecha no podía estar más complacida con Salazar Alonso. El 7 de marzo declaró el estado de alarma y cerró las sedes de las Juventudes Socialistas, el Partido Comunista y la CNT. Su enérgica actuación mereció el aplauso de Gil Robles, quien manifestó que, mientras el ministro de la Gobernación siguiera defendiendo así el orden social y fortaleciendo el principio de autoridad, el gobierno tendría garantizado el apoyo de la CEDA. Diversos artículos aparecidos en *El Debate* pusieron de manifiesto que estas palabras se referían a la imposición de severas medidas contra la «subversión» de los trabajadores en protesta por los recortes salariales. Cuando la prensa de la CEDA exigió la abolición del derecho de huelga, el gobierno de Lerroux anunció una represión implacable de las huelgas que tuvieran implicaciones políticas. Para la prensa de derechas, al igual que para Salazar Alonso, todas las huelgas eran políticas. El 22 de marzo, *El Debate* calificó los paros de camareros en Sevilla y de transportistas en Valencia como «huelgas contra España», al tiempo que exigía una legislación antihuelga similar a la de la Italia fascista, la Alemania nazi, la de Portugal y la de Austria. El gobierno reforzó su arsenal represivo incrementando el número de efectivos de la Guardia Civil y la Guardia de Asalto y restableciendo la pena de muerte.[31]

Pese a la evidencia de que el gobierno estaba tomando medidas muy duras contra la violencia tanto en las ciudades como en el campo, la retórica de Onésimo Redondo se radicalizó todavía más. No parecía contentarse con que la derecha hubiera recuperado el poder en las elecciones de noviembre de 1933, y tampoco le bastaban los esfuerzos de Salazar Alonso. En 1934 escribió:

> ¡Preparad las armas! Aficionaros al chasquido de la pistola, acariciad el puñal, haceros inseparables de la estaca vindicativa. Donde haya un grupo

antimarxista con la estaca, el puñal y la pistola o con instrumentos superiores, hay una JONS. La juventud debe ejercitarse en la lucha física, debe amar por sistema la violencia, debe armarse con lo que pueda y debe decidirse ya a acabar por cualquier medio con las pocas decenas de embaucadores marxistas que no nos dejan vivir.[32]

La debilidad de las Juntas de Ofensiva Nacional Sindicalista impulsó a Onésimo Redondo y a Ramiro Ledesma Ramos a buscar aliados de mentalidad afín. Esto se tradujo, a mediados de febrero de 1934, en la fusión de las JONS con Falange Española, el pequeño partido fascista liderado por el aristócrata José Antonio Primo de Rivera.[33] Ni a Redondo ni a Ledesma Ramos les preocupó que, en agosto de 1933, dos meses antes de su presentación oficial, el 29 de octubre de 1933, Falange Española aceptara financiación de los sectores más conservadores de la vieja derecha patricia. El acuerdo conocido como el Pacto de El Escorial, alcanzado por José Antonio Primo de Rivera con los monárquicos de Renovación Española, vinculó a la Falange con grupos implicados en una conspiración militar contra la República.[34] La prontitud con que los monárquicos financiaron a la Falange obedecía a su utilidad como instrumento de desestabilización política.

De todos modos, es probable que a Redondo y a Ledesma Ramos les tranquilizara el hecho de que, al iniciarse el reclutamiento para la Falange, los nuevos militantes tuvieran que rellenar un formulario en el que se les preguntaba si tenían bicicleta —código secreto para pistola— y a continuación se les proporcionaba una porra. El entrenamiento de las milicias de Falange quedó en manos de un africanista veterano, el teniente coronel Ricardo de Rada, quien se encargaba también de la formación militar del Requeté Carlista y estaba hondamente comprometido en la conspiración contra la República.[35] José Antonio proclamó en su discurso inaugural el compromiso del nuevo partido con la violencia: «Si nuestros objetivos han de lograrse en algún caso por la violencia, no nos detengamos ante la violencia ... Bien está, sí, la dialéctica como primer instrumento de comunicación. Pero no hay más dialéctica admisible que la dialéctica de los puños y de las pistolas cuando se ofende a la justicia o a la Patria».[36]

Aunque la violencia era cada vez más común en la política española durante la década de 1930, ningún partido superó a la Falange en su retórica de «el plomo y la sangre», «la música de pistolas y el tambor bárbaro de plomo». La descripción del asesinato político como un acto de belleza y de la muerte en la lucha como un martirio glorioso fueron elementos fundamentales en las exequias fúnebres que, emulando a los *Squadristi* de la Italia fascista, se sucedieron cuando los falangistas comenzaron a participar en actos de vandalismo callejero.[37]

La fusión de la Falange y de las JONS, bajo el nombre interminable de Falange Española de las Juntas de Ofensiva Nacional Sindicalista quedó al mando de un triunvirato integrado por José Antonio Primo de Rivera, el aviador Julio Ruiz de Alda y Ramiro Ledesma Ramos. Onésimo ocupó un simple cargo en la ejecutiva, conocida como la Junta de Mando. No pareció molestarle demasiado esta degradación, pues estaba más preocupado por los preparativos revolucionarios de la izquierda.

Falange Española de las JONS se presentó en el teatro Calderón de Valladolid el 4 de marzo de 1934. Fue este el mayor acto público en la carrera política de Onésimo Redondo. Autobuses cargados de falangistas llegaron a la capital vallisoletana desde Madrid y el resto de las provincias castellanas. La izquierda local había convocado una huelga general, y la presentación de la nueva formación política se celebró en un clima de rabia a duras penas contenida. Policías a caballo custodiaban la entrada del teatro para contener la hostilidad de los trabajadores hostiles de la ciudad. En el teatro, engalanado el escenario con las banderas negras y rojas de Falange Española de las JONS, una selva de brazos extendidos y en alto recibió a los oradores con el saludo fascista. Los provocadores discursos de Onésimo Redondo y de José Antonio Primo de Rivera encendieron los ánimos de los asistentes que, terminado el acto, se lanzaron a la calle para enzarzarse en una sangrienta batalla campal con los trabajadores concentrados a las puertas del local. Se dispararon armas de fuego, y el día concluyó con muchas cabezas rotas y un falangista muerto. Los izquierdistas que pudieron ser identificados fueron posteriormente asesinados durante la Guerra Civil.[38]

El 31 de marzo, poco después de que tuvieran lugar estos sucesos en Valladolid, una delegación monárquica de alfonsinos y carlistas viajó a Roma en busca de armas y apoyo financiero en su intento de derrocar a la República. Cuatro hombres integraban esta delegación: Antonio Goicoechea, del recién constituido partido Renovación Española; el general Emilio Barrera, en representación del grupo conspirador Unión Militar Española; el reclutador de requetés Antonio Lizarza Iribarren, y Rafael Olazábal. Tras entrevistarse con Mussolini e Italo Balbo, gobernador de Libia, recibieron 1.500.000 pesetas, 20.000 rifles, 20.000 granadas de mano y 200 ametralladoras, que fueron enviados a través de Trípoli y Portugal. Se acordó asimismo que varios centenares de requetés fueran entrenados como instructores por el Ejército italiano.[39] Bajo el mando del recién elegido líder de la Comunión Tradicionalista, Manuel Fal Conde, el movimiento carlista se proponía constituir un auténtico ejército ciudadano, bien entrenado, bien armado y bien dirigido. Los jóvenes de la organización carlista Agrupación Escolar Tradicionalista, «hartos de la legalidad», veían la violencia como parte esencial del modo de vida carlista. La reorganización de la milicia Requeté liderada por Rada y el coronel José Enrique Varela permitió que, en la primavera de 1936, Comunión Tradicionalista estuviera en condiciones de ofrecer a los conspiradores militares una fuerza formada y armada de 30.000 «boinas rojas». El cuerpo Requeté, que contaba con 8.000 voluntarios en Navarra y 22.000 en Andalucía y otras provincias españolas, fue una aportación militar decisiva para el levantamiento.[40]

El 23 de abril de 1934, los jóvenes miembros de la CEDA agrupados en la Juventud de Acción Popular organizaron un mitin fascista en el monasterio de El Escorial, un emplazamiento cuya elección se interpretó como una provocación contra la República. Una multitud de 20.000 personas se congregó bajo el aguanieve en una réplica fiel de los mítines nazis. Allí juraron lealtad a Gil Robles, «nuestro jefe supremo», y corearon el «¡Jefe! ¡Jefe! ¡Jefe!», palabra equivalente a *duce* en español. Se recitaron los diecinueve puntos del programa de las JAP, con especial énfasis en el número dos: «Los jefes no se equivocan», un préstamo directo del eslogan fascista italiano: «*Il Duce sempre ha raggione*». Luciano de la Calzada, diputado de la CEDA por Valladolid, se dirigió a los asistentes en términos maniqueos idénticos a los que emplearían los franquistas en el curso de la Guerra Civil:

> España es una afirmación en el pasado y una ruta hacia el futuro. Sólo quien viva esa afirmación y camine por esa ruta puede llamarse español. Todo lo demás (judíos, heresiarcas, protestantes, comuneros, moriscos, enciclopedistas, afrancesados, masones, krausistas, liberales, marxistas) fue y es una minoría discrepante al margen de la nacionalidad, y por fuera y frente a la Patria es la anti-Patria.[41]

En abril de 1934, el aviador y *playboy* monárquico Juan Antonio Ansaldo se sumó a la Falange por invitación de José Antonio. Se le concedió el título de jefe de objetivos y se le encomendó la tarea de organizar brigadas terroristas. José Antonio tenía un interés especial en que fuera él quien dirigiera las represalias por los ataques izquierdistas contra los vendedores del periódico de la Falange, *F.E.* Sin embargo, el empeño de Ansaldo por otorgar mayor protagonismo a la llamada Falange de la Sangre gustaba aún más a los jonsistas. Ledesma Ramos escribió: «Su presencia en el partido resultaba de utilidad innegable, porque recogía ese sector activo, violento, que el espíritu reaccionario produce en todas partes, como uno de los ingredientes más fértiles para la lucha nacional armada. Recuérdese lo que grupos análogos a ésos significaron para el hitlerismo alemán, sobre todo en sus primeros pasos». El día 3 de junio, 2.000 «escuadristas» armados se concentraron en el aeródromo de Carabanchel. Una empresa de autobuses que se había negado a llevar a otros 300 vio cómo dos de sus vehículos ardían hasta quedar calcinados.[42]

La verdad es que, en esos momentos, la derecha tenía muy poca necesidad de un partido fascista violento. Los terratenientes partidarios de la CEDA cosecharon su mayor victoria práctica con la derogación definitiva de la Ley de Términos Municipales. Su posición había sido reforzada por la dimisión de Lerroux el 25 de abril de 1934 en protesta por la demora de Alcalá Zamora en firmar la amnistía para los inculpados en el golpe del 10 de agosto de 1932. A Lerroux le sorprendió que Alcalá Zamora aceptara su dimisión. Con el fin de evitar que el presidente convocara nuevas elecciones, dio permiso a Ricardo Samper para que formara gobierno a sabiendas de que Samper era bastante ineficaz, de modo que él pudiera seguir gobernando desde la sombra. En parte como resultado de esta crisis se produjo la escisión de Martínez Barrio y el ala liberal del Partido Radical, lo que debilitó al Partido Radical y lo hizo más dependiente de Gil Robles, cosa que posibilitó la citada derogación de la Ley de Términos Municipales. El éxito de la ofensiva en las Cortes se atribuyó a los dos diputados más agresivos de la CEDA, Dimas de Madariaga (Toledo) y Ramón Ruiz Alonso (Granada), ambos representantes de provincias en las que la aplicación de la ley había levantado ampollas entre los grandes propietarios de fincas. La ley fue derogada tras un debate prolongado y agrio que concluyó con la aplicación de la guillotina el 23 de mayo.[43]

En palabras del periódico del principal sindicato rural, el socialista

FNTT: «Los patronos deliberadamente están asesinando de hambre a miles de hombres y a sus familias por el solo delito de querer humanizar un poco sus vidas desgraciadas. Quien siembra vientos... A puñados, a voleo se están sembrando en España semillas de tragedia. Que nadie se extrañe, que nadie se queje, que nadie se escandalice y proteste mañana, si esos vientos provocan una tempestad de sangre».[44]

La derogación de la Ley de Términos Municipales, inmediatamente antes de la fecha prevista para iniciar la cosecha, permitió a los patronos contratar mano de obra gallega y portuguesa en detrimento de los trabajadores locales. Las defensas del proletariado rural se derrumbaban a toda velocidad ante la ofensiva de la derecha. El último vestigio de protección con que aún contaban los jornaleros de izquierdas para conservar su trabajo y su salario se lo proporcionaba la mayoría socialista en numerosos pueblos y ciudades. La única esperanza para los trabajadores del campo era que los alcaldes socialistas obligaran a los propietarios a cumplir con la legislación social o que los ayuntamientos financiaran obras públicas para generar algún puesto de trabajo. Cuando los radicales llegaron al poder en las elecciones de noviembre de 1933, se realizó el primer intento de acabar con estos alcaldes. El primer ministro de la Gobernación nombrado por Lerroux, Manuel Rico Avello, destituyó a 35 regidores socialistas. Salazar Alonso expulsó a muchos más, generalmente con pretextos tan endebles como la existencia de «irregularidades administrativas», que en muchos casos eran las deudas heredadas de sus predecesores monárquicos. En cuanto hubo tomado posesión del cargo, en respuesta a las peticiones de los caciques locales, ordenó a los gobernadores provinciales que destituyeran a los alcaldes «donde no se tuviera confianza en el alcalde para el mantenimiento del orden público», con lo que por lo común se refería a los socialistas. Invocando el artículo 7 de la Ley de Orden Público, se sustituía al alcalde legítimamente elegido por un «delegado gubernativo» designado a dedo, que solía ser un conservador local.

Las intervenciones más drásticas tuvieron lugar en Extremadura, acaso por la fascinación de Salazar Alonso con la aristocracia regional. En Granada no fueron menos contundentes. Salazar Alonso reconocía en sus memorias haber suprimido 193 alcaldías en los seis meses siguientes. Según sus cifras maquilladas, las provincias más afectadas fueron Cáceres (25), Badajoz (20), Alicante (17), Jaén (16), Granada (11) y Albacete (11). El procedimiento consistía en que, cuando se denunciaba una irregularidad, por pequeña o inverosímil que fuera, un representante del gobernador civil, esto es, el delegado gubernativo, se presentaba en el consistorio acompañado de la Guardia Civil y algunos miembros de la derecha local para expulsar al alcalde y a los concejales socialistas. La mayoría de los delegados gubernativos eran caciques o habían sido designados por estos. Se buscaba con ello poner fin a una situación en que los ayuntamientos socialistas intentaban garantizar que fuera aplicada la legislación social, principalmente en lo que concernía al turno riguroso de los trabajadores. Una vez efectuado el relevo, los nuevos alcaldes no hacían nada por proteger a los trabajadores, ni frente a las caprichosas prácticas de contratación seguidas por los caciques ni frente a los ataques de sus guardas o de la Guardia Civil.[45]

Dos casos emblemáticos de esta estrategia fueron las expulsiones de los alcaldes de Zafra y Fuente de Cantos, José González Barrero y Modesto José Lorenzana Macarro, muy apreciados en la provincia de Badajoz. González Barrero era un socialista moderado al que respetaban incluso los conservadores, propietario de un hotel en la localidad y capaz de ayudar en misa. En todas partes se lo tenía por un alcalde eficiente y tolerante. Salazar Alonso, que recordaba muy bien los sucesos de Hornachos, estaba sin embargo decidido a destituirlo. A los diez días de su designación como ministro de la Gobernación envió a Zafra a uno de sus esbirros, Regino Valencia, secretario del ayuntamiento de La Haba, un municipio cercano a Don Benito. Valencia elaboró, como era de prever, una serie de cargos para justificar el cese de González Barrero. La más grave de sus acusaciones fue la de financiación irregular para la construcción de un plan de carreteras concebido para dar trabajo a los parados. En el curso de su visita al pueblo, Regino Valencia reconoció que las acusaciones eran «sólo aparentes, sin responsabilidad real» y que Salazar Alonso lo había presionado para que fabricara las pruebas necesarias. Se defendió con el argumento de que si no lo hubiera hecho él, habrían enviado a otro, y él habría perdido su trabajo. La consecuencia fue que, el 26 de mayo, el equipo municipal en pleno fue cesado y sustituido por uno nuevo designado a dedo. La composición del nuevo consistorio puso de manifiesto los estrechos vínculos del Partido Radical con la élite terrateniente de la provincia: cuatro concejales de Acción Popular, dos del Partido Agrario y nueve radicales, entre ellos el alcalde, antiguo miembro de la Unión Patriótica de Primo de Rivera y ferviente defensor de los considerables intereses del duque de Medinaceli en Zafra.[46]

Al alcalde de Fuente de Cantos, el socialista Modesto José Lorenzana Macarro, se lo conocía por su humanidad y por los esfuerzos realizados para mejorar el municipio, principalmente en lo relativo al abastecimiento de agua. Sin embargo, se elogiaba ante todo su decisión de emplear los fondos municipales para comprar comida con que aliviar el hambre de las familias sin trabajo. En junio de 1934, esa decisión sirvió para que fuera acusado y destituido por uso indebido de fondos públicos.[47] Ambos casos revelan la intención de debilitar la protección que los ayuntamientos socialistas ofrecían a los pobres sin tierra. La vergonzosa ilegalidad del procedimiento, que despreció flagrantemente el proceso democrático, sumada a las consecuencias a largo plazo de dar rienda suelta a los terratenientes, enconó profundamente el odio en el sur del país. Modesto José Lorenzana fue asesinado en septiembre de 1936 y José González Barrero, en abril de 1939.

Mientras en las zonas rurales las tensiones crecían día a día, la derecha empleaba en la mayoría de las provincias todos los medios a su alcance para presionar a los gobernadores civiles. En el caso de Jaén, el gobierno de Lerroux había nombrado para el cargo de gobernador civil a José Aparicio Albiñana, propietario del periódico *La Voz Valenciana* y hombre de creencias conservadoras, aunque republicano y moderado. La designación de Albiñana fue muy bien acogida por los diez diputados del Partido Radical, la CEDA y los capataces agrarios de la provincia, pero no por los tres socialistas. La derecha local lo sometió a constantes presiones desde el momento de su llegada. Cuando quedó probada su determinación de ecuanimidad, la derecha no paró de protestar hasta que consiguió su traslado a Albacete.[48]

Más frecuente era que en las capitales de provincia los defensores de la derecha, bien vestidos y bien hablados, honrasen al gobernador con almuerzos y comidas, y, con la prensa de su lado, lograran alcanzar una influencia notable. Una vez que dicha influencia se convertía en consentimiento ante los drásticos recortes salariales y la discriminación de la mano de obra sindicada, los jornaleros hambrientos se veían forzados a robar aceitunas y otras cosechas, mientras los dueños de las tierras y sus representantes protestaban airadamente por la anarquía que reinaba en los campos para justificar la intervención de la Guardia Civil. Incluso *El Debate* señaló la dureza de muchos propietarios de fincas, al tiempo que seguía exigiendo que solo se diera trabajo a los afiliados a los sindicatos católicos surgidos a raíz de las elecciones. Con el fin de alcanzar el doble objetivo de tener mano de obra barata y debilitar a los sindicatos de izquierda, Acción Popular creó la Acción Obrerista en numerosos pueblos del sur, un sindicato que ofrecía empleo, con salarios muy inferiores a los establecidos en las bases de trabajo, a quienes abandonaban su afiliación a la FNTT. [49]

Esta táctica agravó los problemas y acrecentó los odios. Los campesinos hambrientos mendigaban por las calles de los pueblos de Badajoz, y el raquitismo y la tuberculosis estaban a la orden del día. El vizconde de Eza, un monárquico experto en asuntos agrarios, manifestó que, en mayo de 1934, cerca de 150.000 familias carecían de los productos más básicos. A quienes se resistían a romper el carnet del sindicato se les negaba el trabajo. El boicot de los patronos y el famoso «Comed República» o «Que os dé de comer la República» se diseñaron para restablecer las formas de control social anteriores a 1931, así como para garantizar que no volviera a repetirse la amenaza reformista del primer bienio republicano. En pueblos como Hornachos, la estrategia se plasmó en frecuentes ataques contra la casa consistorial. En Puebla de Don Fadrique, un municipio granadino cercano a Huéscar, se produjo uno de estos incidentes típicos. El alcalde socialista fue cesado y sustituido por un militar retirado resuelto a acabar con la indisciplina de los trabajadores. Rodeó la casa del pueblo con un destacamento de la Guardia Civil y esperó la salida de los trabajadores para que los guardias los apalearan con ayuda de los empleados de los terratenientes.[50]

La respuesta de la FNTT fue un ejemplo ilustrativo de cómo reaccionaban los socialistas, para entonces partidarios de la revolución, ante la creciente agresión de los patronos. El periódico de la FNTT, *El Obrero de la Tierra*, adoptó una línea revolucionaria a partir del 28 de enero, tras la dimisión de la ejecutiva moderada integrada por seguidores de Julián Besteiro. El periódico, que contaba con el respaldo de Margarita Nelken, aseguraba que la única solución para la miseria de la clase trabajadora rural era la socialización de la tierra. Entretanto, la nueva ejecutiva sindical adoptaba unas prácticas tan conciliadoras como las de sus predecesores. La FNTT envió a los ministros de Trabajo, Agricultura y Gobernación una serie de peticiones razonadas para la aplicación de la ley en lo relativo al laboreo forzoso, las bases de trabajo, la estricta rotación en el empleo y los intercambios laborales, a la vez que protestaba por el cierre sistemático de las casas consistoriales. Esto ocurría la tercera semana de marzo. Como no recibió respuesta, y a la vista de que la persecución de los trabajadores de izquierda se intensificaba ante la inminencia de la cosecha, el sindicato hizo un respetuoso llamamiento a Alcalá Zamora, que tampoco obtuvo ningún resultado. La FNTT denunció la situación de los miles de personas que morían de hambre lentamente y publicó largas listas de los pueblos donde se negaba el trabajo y se agredía físicamente a los miembros de los sindicatos. La organización calculaba que, en la provincia de Badajoz, el número de parados ascendía a 20.000, había 500 afiliados a la FNTT en prisión, 10 casas del pueblo habían sido cerradas por la fuerza y 12 ayuntamientos socialistas habían sido disueltos.[51]

En este clima de creciente rabia y desesperación, la FNTT decidió, de mala gana y con bastantes dudas, hacer un llamamiento a la huelga. La decisión no se tomó a la ligera. El primer anuncio de la posible huelga fue acompañado de una petición a las autoridades para que impusieran el respeto a las bases de trabajo y el reparto equitativo del empleo.[52] El Comité Ejecutivo de la UGT aconsejó a la FNTT que desestimara la huelga general de los campesinos por tres razones. En primer lugar, la cosecha se realizaba en distintos momentos en cada zona, de ahí que la selección de una fecha para la huelga planteara problemas de coordinación. En segundo lugar, la convocatoria de una huelga general, a diferencia de los paros limitados a las grandes fincas, podía generar dificultades a los aparceros y los pequeños agricultores que tenían sus fincas en arrendamiento y solo necesitaban contratar a uno o dos campesinos. En tercer lugar, se temía que las provocaciones de los patronos y de la Guardia Civil empujaran a los campesinos a enzarzarse en confrontaciones violentas en las que inevitablemente llevarían la peor parte. En el curso de una serie de reuniones conjuntas celebradas a lo largo de los meses de marzo y abril, la ejecutiva de la UGT trató de convencer a los líderes de la FNTT para que adoptaran una estrategia de paros parciales y escalonados. La UGT señaló que una huelga campesina de ámbito nacional sería denunciada por el gobierno como una acción revolucionaria y reprimida con brutalidad. Largo Caballero había dejado bien claro que los trabajadores industriales no se sumarían a la convocatoria.[53]

Los líderes de la FNTT se vieron atrapados entre dos fuegos. Zabalza y sus compañeros eran muy conscientes de los peligros, pero estaban sometidos a una presión extrema por parte de las bases hambrientas e incapaces de soportar por más tiempo las provocaciones de los caciques y la Guardia Civil. Así, por ejemplo, en Fuente del Maestre (Badajoz), los miembros de la casa del pueblo regresaron de celebrar el 1 de mayo en el campo, cantando «La Internacional» y lanzando consignas revolucionarias. Cuando apedrearon las casas de los terratenientes más ricos, la Guardia Civil abrió fuego, mató a 4 trabajadores e hirió a unos cuantos más. Otros 40 fueron encarcelados.[54] En la provincia de Toledo, para los afiliados de la FNTT era casi imposible conseguir trabajo, y los pocos que encontraban empleo se veían obligados a aceptar condiciones miserables. Las bases de trabajo establecían un salario de 4,50 pesetas por una jornada de ocho horas. Los patronos pagaban 2,50 pesetas por trabajar de sol a sol. En algunas zonas de Salamanca se pagaban salarios de 75 céntimos.[55]

La desesperación de los jornaleros hambrientos ante la arrogancia y la insensibilidad de los terratenientes desencadenó pequeños actos vandálicos. Llevados por la impotencia y la frustración, los campesinos lanzaron piedras contra los casinos y sus miembros en distintas localidades. A nadie extrañó que la ejecutiva de la FNTT comunicara finalmente a la UGT que no podían seguir resistiendo las presiones de sus bases, que exigían el paso a la acción. Cualquier otra cosa significaba condenar a los trabajadores a salarios de hambre, persecución política y cierre patronal. Al tiempo que *El Obrero de la Tierra* declaraba que «Toda España está siendo Casas Viejas», el 28 de abril la FNTT apelaba al ministro de Trabajo para remediar la situación, por el sencillo procedimiento de exigir el cumplimiento de las leyes en vigor. Al ver que no se hacía nada, el Comité Nacional se reunió los días 11 y 12 de mayo y convocó la huelga para el 5 de junio. La convocatoria de huelga se ajustó estrictamente a la legalidad, que exigía un plazo mínimo de diez días para el aviso de la movilización. El manifiesto aseguraba que «esta medida extrema» era la culminación de una serie de negociaciones inútiles destinadas a convencer a los ministros competentes de la necesidad de aplicar lo que quedaba de la legislación social. El Ministerio de Trabajo había desoído cientos de peticiones para que se efectuara el pago de los salarios correspondientes a las cosechas del año anterior. Las condiciones de trabajo que los Jurados Mixtos imponían en toda España eran sencillamente pasadas por alto y la Guardia Civil reprimía cualquier protesta.[56]

La preparación de la huelga fue por tanto abierta y legal, y sus diez objetivos tenían muy poco de revolucionarios. Los principios básicos eran dos: garantizar una mejora de las brutales condiciones laborales que padecían los trabajadores del campo, y proteger a los sindicatos rurales ante la determinación de destruirlos por parte de los patronos. Las diez peticiones eran: 1) aplicación de las bases de trabajo; 2) estricta rotación del empleo, con independencia de la afiliación política; 3) limitación del uso de maquinaria y de mano de obra exterior con el fin de garantizar cuarenta días de trabajo a los jornaleros de cada provincia; 4) adopción de medidas inmediatas contra el desempleo; 5) gestión temporal por parte del Instituto para la Reforma Agraria de las tierras pendientes de expropiación, de acuerdo con la Ley de Reforma Agraria, para su arrendamiento a los parados; 6) aplicación de la Ley de Arrendamiento Colectivo; 7) reconocimiento de los derechos de los trabajadores de conformidad con la Ley de Laboreo Forzoso de las tierras abandonadas; 8) entrega de las tierras disponibles a los campesinos, por parte del Instituto para la Reforma Agraria, antes del otoño; 9) creación de un fondo crediticio para favorecer el arrendamiento colectivo de las tierras, y 10) recuperación de las tierras comunales privatizadas mediante argucias legales en el siglo XIX.

Antes de que se anunciara la huelga, el ministro de Trabajo, el radical José Estadella Arnó, ya había negado que en el campo se pagaran salarios de miseria y que a los trabajadores socialistas se les privara de empleo. Ricardo Zabalza confiaba en que la amenaza de huelga bastara para obligar al gobierno a intervenir y remediar la situación de las masas hambrientas en las zonas rurales del sur del país. Lo cierto es que la perspectiva de la huelga llevó al ministro de Trabajo a hacer algunos gestos simbólicos, como convocar a los Jurados Mixtos para que redactaran los contratos laborales y a los delegados de trabajo del gobierno para que dieran cuenta de los abusos e incumplimientos de la ley por parte de los patronos. También se iniciaron negociaciones con representantes de la FNTT.[57]

Salazar Alonso, sin embargo, no quería perder la oportunidad que le ofrecía la huelga para asestar un golpe mortal a la federación más importante de la UGT.[58] En consecuencia, justo cuando las esperanzas de Zabalza empezaban a cristalizar, a raíz de las negociaciones emprendidas por la FNTT con los ministros de Agricultura y Trabajo, promulgó un decreto que criminalizaba las acciones de la FNTT, asignaba a la cosecha la naturaleza de servicio público nacional y declaraba la huelga como un «conflicto revolucionario». Todas las reuniones, las manifestaciones o los actos de propaganda relacionados con la huelga se declararon ilegales. Se estableció una férrea censura de la prensa y se cerró *El Obrero de la Tierra*, que no volvió a abrirse hasta 1936. La línea dura de Salazar

Alonso se impuso en el debate parlamentario con los votos de la CEDA, el Partido Radical y los monárquicos. Pese a todo, las cuestiones suscitadas en el curso del debate pusieron de manifiesto la trascendencia de las medidas decretadas por el ministro de la Gobernación.

José Prat García, diputado socialista por Albacete, hizo un sensato llamamiento al sentido de la justicia de las Cortes, señalando la naturaleza inconstitucional del decreto de Salazar Alonso, y reiteró que la FNTT había seguido todos los cauces legales para convocar la huelga. Aseguró que bastaba con aplicar la legislación vigente para resolver el conflicto, pero Salazar Alonso había rechazado la solución pacífica y dado al gobierno vía libre para la represión. El ministro respondió que la postura de la FNTT obligaba al gobierno a tomar medidas enérgicas y que la huelga era una acción subversiva. Cuando Salazar Alonso mintió al afirmar que el gobierno estaba tomando medidas contra los propietarios de las tierras que imponían salarios de hambre, Prat le replicó que, por el contrario, el gobierno había frustrado cualquier intento de conciliación al invalidar las negociaciones entre la FNTT y los ministros de Trabajo y Agricultura. Prat concluyó afirmando que la huelga solo se proponía defender a los trabajadores del campo y acabar con situaciones como la que se vivía en el pueblo granadino de Guadix, donde los campesinos tenían que comer hierba. José Antonio Trabal Sanz, diputado de Esquerra por Barcelona, señaló que Salazar Alonso parecía entender el interés nacional como sinónimo de los deseos de la plutocracia. Cayetano Bolívar, diputado comunista por Málaga, declaró que la provocación del gobierno estaba cerrando las puertas a la legalidad y empujando a los trabajadores a la revolución. Cuando Bolívar mencionó el hambre de los trabajadores, un diputado de la derecha le gritó que él y el resto de la mayoría también tenían hambre, y con esto concluyó el debate.[59]

Lo cierto es que, tal como anunciaban los preparativos ya realizados con Bedia y Valdivia, la conciliación no era una prioridad para Salazar Alonso. Ya había tomado medidas tan inmediatas como implacables para debilitar a la izquierda aun antes de que se produjera el conflicto. El 31 de mayo, José González Barrero, el alcalde recién apartado del cargo en Zafra, fue detenido con acusaciones falsas y condenado a cuatro años de prisión. Se detuvo también a los alcaldes de Olivenza y Llerena, junto con numerosos sindicalistas, maestros de escuela y abogados, que recibieron palizas y fueron sometidos a torturas. Cuatro diputados socialistas, acompañados por Cayetano Bolívar, fueron detenidos cuando acudieron a visitar a los prisioneros en Jaén, lo que supuso una violación de los artículos 55 y 56 de la Constitución. Cuando Salazar Alonso designó la cosecha como servicio público nacional, de hecho militarizó a los jornaleros. Por tanto, los que fueran a la huelga podían ser considerados culpables de rebelión; de ahí que el conflicto se saldara con miles de detenciones. Las cosechas se recogieron con ayuda de maquinaria y mano de obra barata llegada de Galicia y Portugal. La Guardia Civil contenía a los sindicalistas, mientras en las fincas se reforzaba la seguridad para impedir que las masas hambrientas robaran las cosechas.[60]

En la cárcel de Badajoz, con capacidad para 80 reclusos, se hacinaban 600 personas en condiciones infrahumanas. El mismo hacinamiento se vivía en las prisiones de Almendralejo, Don Benito y otros municipios de la provincia. Miles de campesinos fueron obligados a punta de pistola a subir en camiones para el ganado, deportados a cientos de kilómetros de sus hogares, abandonados a su suerte y obligados a regresar andando y sin un céntimo en el bolsillo. El 4 de julio, 200 campesinos hambrientos de Badajoz que habían sido trasladados a la cárcel de Burgos llegaron a Madrid y se concentraron en la Puerta del Sol, donde fueron violentamente dispersados por la Policía. La FNTT les pagó el viaje de vuelta a casa, donde muchos fueron detenidos al llegar.[61]

Los centros de reunión de los trabajadores se cerraron por decreto y un gran número de ayuntamientos fueron disueltos, principalmente en Cáceres y Badajoz, para ser sustituidos sus cargos electos por alcaldes y concejales designados por el gobierno. La huelga fue casi total en Jaén, Granada, Ciudad Real, Badajoz y Cáceres, y tuvo un seguimiento importante en numerosos puntos del sur. En muchos pueblos de Jaén y Badajoz se produjeron choques violentos entre los huelguistas y los «fijos y pagaos», los guardas armados de los grandes latifundios y la Guardia Civil. Pese a todo, ni allí ni en otras provincias menos conflictivas pudieron impedir los huelguistas que los propietarios, con la protección de la Guardia Civil, contrataran a trabajadores llegados principalmente de Galicia y Portugal. El Ejército participó usando máquinas recolectoras y la cosecha no sufrió interrupciones importantes. Además, la decisión de la CNT de no secundar la huelga debilitó el impacto de la convocatoria en Sevilla y Córdoba, pese a lo cual los anarquistas no se libraron de la represión. Aunque la mayoría de los trabajadores detenidos y acusados de sedición quedaron en libertad a finales de agosto, los tribunales de emergencia sentenciaron a los líderes campesinos, a cuatro o más años de prisión.[62]

Las casas del pueblo no volvieron a abrirse, y la FNTT quedó paralizada a efectos prácticos hasta 1936 tras sufrir una derrota aplastante en una batalla desigual. Los ayuntamientos socialistas que aún quedaban en algunas provincias fueron desmantelados y sustituidos por consejos municipales nombrados por los caciques. Por su parte, el gobernador civil de Granada, Mariano Muñoz Castellanos, fue destituido a instancias de los terratenientes locales debido a sus esfuerzos tras la huelga para que se cumpliera la poca legislación laboral que aún seguía en vigor.[63] Lo cierto es que, en todo el campo español, el reloj había vuelto a la década de 1920, por obra y gracia de Salazar Alonso. Se acabaron los sindicatos rurales, la legislación social o la autoridad municipal que pusiera coto a la dominación de los caciques. La CEDA no podía estar más satisfecha, al tiempo que Salazar Alonso se convertía en uno de los hombres más odiados de España.[64]

La decisión de Salazar Alonso, al calificar como revolucionaria una huelga de aspiraciones materiales tan modestas, justificaba los ataques contra los ayuntamientos socialistas. Como ya se ha señalado anteriormente, terminado el conflicto, el ministro de la Gobernación ofreció la cifra oficial de 193 consistorios sustituidos, si bien el número real era mucho más alto. Solo en Granada, durante el período en que los radicales ostentaron el poder, se desmantelaron 127 ayuntamientos, mientras que en Badajoz el número se acercaba a los 150.[65] La salvaje represión con que el ministro de la Gobernación respondió a la huelga campesina supuso un golpe durísimo al principal sindicato rural integrado en la UGT y dejó en el sur un legado de odio imposible de aplacar. Los terratenientes no tardaron en imponer una vez más unas condiciones casi feudales a los trabajadores, a quienes consideraban sus siervos, recortando drásticamente los salarios y dando trabajo solo a los «leales», es decir, los que no pertenecían a ningún sindicato.

Poco después de su llegada al Ministerio de la Gobernación, Salazar Alonso aplastó las huelgas en los sectores del metal, la construcción y la prensa, sobre la base de sus implicaciones políticas. Desoyó las súplicas de los representantes de los trabajadores, que aseguraban que todos aquellos conflictos tenían un origen económico y social y no eran huelgas revolucionarias frente a la amenaza del fascismo, y prefirió atender la retórica más exaltada.[66] Llegado el verano de 1934, Salazar Alonso había logrado derrotar la huelga en el campo y aniquilar a la FNTT. A pesar de este éxito, seguía estando muy lejos de alcanzar su objetivo a largo plazo, que era el de aniquilar cualquier elemento que, a su juicio, representara una amenaza para el gobierno.

Así se desprendía de una carta que a finales de julio le escribió a su amiga, Amparo:

> Ya te imaginas cuáles son los momentos que paso. Pudiera decirse que son los preliminares de un movimiento revolucionario de más trascendencia que los espíritus frívolos pueden suponer. Y estoy entregado, consciente de las enormes responsabilidades que pesan sobre mí, a la tarea de tratar de aplastar esos intentos. Es verdad que la campaña contra mí arrecia. Pintan por ahí letreros diciendo: «A Salazar Alonso como Dollfuss». Los periódicos extremistas me atacan, me insultan, incitan al asesinato. Yo estoy sereno como nunca. Trabajo sin descanso. Organizo. Hoy he recibido al Jefe Superior de Policía, Director de Seguridad, Jefe de Guardias de Asalto, Inspector de la Guardia Civil. Lo preparo todo concienzudamente, técnicamente como el General en Jefe de un Estado Mayor. Ni que decir tiene que no duermo. Aun acostado sigo planeando mi organización antirrevolucionaria. Las gentes confían en mí. La opinión reacciona a mi favor, vuelven a mi desmedrada figura sus ojos y me consideran un hombre providencial que ha de salvarles.[67]

Salazar Alonso se refería a sí mismo como el «Caudillo» y a Amparo como su musa. Para ella pintó el autorretrato de un brillante general dispuesto a lanzarse a la batalla contra un poderoso enemigo. La realidad era que el único preparativo revolucionario hecho por el comité conjunto del PSOE, la UGT y la FJS establecido por Largo Caballero fue la elaboración de un amplio índice con los nombres de los individuos que podrían estar preparados para «tomar las calles». La aquiescencia de Largo Caballero mientras el movimiento sindical se erosionaba en una sucesión de huelgas desastrosas demostró que no existía una coordinación central. Las Juventudes Socialistas participaron en excursiones dominicales para practicar maniobras militares en la madrileña Casa de Campo, equipadas con más entusiasmo que armas y ofreciendo a la Policía la posibilidad de controlar fácilmente sus actividades. Sus torpes incursiones en el mercado del armamento los llevaron a perder buena parte de sus escasos fondos en tratos con traficantes sin escrúpulos, de los que no sacaron más que unos pocos revólveres y fusiles. La Policía, informada de las adquisiciones por sus espías o por los propios traficantes, irrumpía a menudo en las casas del pueblo y en los hogares de los socialistas, provista de información exacta sobre las armas escondidas detrás de paredes falsas, debajo de las tablas del suelo o en pozos. El único intento por realizar una compra de armas a gran escala, llevado a cabo por Prieto, fracasó de la manera más absurda. Solo en Asturias, donde se robaron armas pequeñas en las fábricas y dinamita en las minas, los trabajadores contaban con un arsenal significativo.[68]

El 10 de junio, mientras se desarrollaban las huelgas campesinas, la Falange de Sangre de Ansaldo provocó violentos incidentes en Madrid. Un grupo de falangistas atacó a las Juventudes Socialistas, que habían salido de excursión a El Pardo, en las afueras de la capital, y un joven falangista murió en los enfrentamientos. Sin esperar la autorización de José Antonio, Ansaldo requisó el coche de Alfonso Merry del Val y salió a vengarse sin pérdida de tiempo. En el camino se cruzaron con un grupo de socialistas que regresaban a Madrid, dispararon y mataron a Juanita Rico, además de herir gravemente a otros dos.[69] El 4 de julio de 1934, Margarita Nelken acusó a Salazar Alonso de ocultar este asesinato, y el de otro socialista, a sabiendas de que los autores eran las brigadas del terror falangistas.[70] A lo largo del verano, Ansaldo planeó dinamitar la sede de los socialistas madrileños, para lo cual se robaron 50 kilos de dinamita y se cavó un túnel desde las alcantarillas hasta el sótano del edificio de la casa del pueblo. Los hombres de Ansaldo mataron a un miembro de su propia brigada, del que sospechaban que era informador de la Policía. El 10 de julio, antes de que el dispositivo estuviera listo, la Policía descubrió grandes cantidades de armas, munición, dinamita y bombas en la sede de la Falange. Ochenta militantes, en su mayoría jonsistas y hombres de Ansaldo, fueron detenidos y encarcelados durante tres semanas.[71] Aunque José Antonio expulsó a Ansaldo en el mes de julio, las brigadas continuaron sus ataques contra la izquierda con la misma frecuencia y la misma eficacia, y Ansaldo siguió trabajando con la Falange de Sangre.

La ofensiva de las milicias de Falange Española y de las JONS era irrelevante para Gil Robles y Salazar Alonso, a quienes la hueca amenaza revolucionaria de los socialistas les venía como anillo al dedo. La prontitud con que aprovecharon la retórica socialista para alterar el equilibrio de fuerzas en favor de la derecha quedó brutalmente ilustrada con motivo de las huelgas de impresores y campesinos. Gil Robles era consciente de que la dirección socialista de Largo Caballero vinculaba concretamente su amenaza de revolución a la entrada de la CEDA en el gobierno. Sabía también que, gracias a Salazar Alonso, la izquierda no estaba en posición de secundar ninguna sublevación revolucionaria. La intensa actividad policial desmanteló en el curso del verano la mayor parte de los preparativos de un comité revolucionario descoordinado y requisó la mayoría de las armas que la izquierda había logrado reunir. Gil Robles reconoció más tarde que esperaba con impaciencia su entrada en el gobierno, precisamente por la reacción de los socialistas. «Más pronto o más tarde habíamos de enfrentarnos con un golpe revolucionario. Siempre sería preferible hacerle frente desde el poder, antes de que el adversario se hallara más preparado».[72] A finales del verano de 1934, y en el marco de esta estrategia, Gil Robles amplió las milicias de la Juventud de Acción Popular bajo la enseña de Movilización Civil. El objetivo de esta sección, con las miras puestas en el futuro enfrentamiento revolucionario, era romper las huelgas mediante acciones paramilitares bien coordinadas, mientras las milicias garantizaban el funcionamiento de los servicios públicos esenciales.[73] El hombre elegido por Gil Robles para organizar la movilización y formar a las unidades paramilitares fue Lisardo Doval, el oficial de la Guardia Civil expulsado del servicio por su participación en el intento de golpe de Estado liderado por Sanjurjo en agosto de 1932.[74]

En el verano de 1934, la tensión política se intensificó a raíz de un conflicto surgido en Cataluña que Gil Robles supo manipular hábilmente para provocar a la izquierda. El 8 de junio, con gran deleite de los terratenientes, el Tribunal de Garantías Constitucionales derogó una ley aprobada por el Parlamento catalán que ampliaba las tierras en arrendamiento para los pequeños agricultores, la llamada *Llei de Contractes de Conreu*. El 12 de junio, el presidente de la Generalitat, Lluís Companys, presentó a las Cortes catalanas la ley sin modificar, y aseguró que la decisión del Tribunal era un nuevo intento centralista para reducir la autonomía de la región: «La agresión, dentro de la República, de los lacayos de la Monarquía y de las huestes fascistas monárquicas».[75]

Salazar Alonso se opuso a quienes, en el gobierno, abogaban por una solución de compromiso. Cataluña era para los republicanos de izquierdas y para muchos socialistas el último bastión de la «auténtica» República. Las consignas anticatalanas lanzadas por la CEDA dejaron muy pocas dudas del peligro que corría la autonomía catalana si la CEDA se incorporaba al gobierno de la nación. El 8 de septiembre, Gil Robles ofreció un discurso sembrado de provocaciones en una asamblea organizada en Madrid por la Federación de Terratenientes Catalanes. No sin muchas reticencias, a la vista de sus recientes derrotas, los socialistas anunciaron una nueva huelga general. El Bloque Patronal, que poco antes había manifestado su determinación de aplastar a los sindicatos, elaboró una serie de instrucciones detalladas con el fin de romper la huelga y castigar a los huelguistas. A la asamblea habían asistido representantes de los principales grupos de presión de la oligarquía rural: la Asociación General de Ganaderos, la Agrupación de Propietarios de Fincas Rústicas, la Asociación de Olivareros, la Confederación Española Patronal Agrícola, y otras muchas organizaciones regionales. La Policía se preparó para la reunión con el cierre de la casa del pueblo y la sede de la UGT en Madrid y la detención de numerosos socialistas e izquierdistas en general. La asamblea, como otras celebradas por la oligarquía agraria de la CEDA, propuso la restricción de los derechos sindicales, el fortalecimiento de la autoridad y el aplastamiento de la rebelión de la Generalitat.[76]

Al día siguiente, la Juventud de Acción Popular celebró un mitin al estilo fascista en Asturias, y eligió para el acto el emblemático escenario de Covadonga, donde en el año 732 se había librado la batalla considerada como el comienzo de la Reconquista. La asimilación simbólica de la causa de la derecha con los valores españoles tradicionales, así como la equiparación de la clase trabajadora a los moros invasores, resultó la estrategia idónea para consolidar las simpatías del Ejército. Los socialistas asturianos convocaron una huelga general y trataron de bloquear las carreteras a Covadonga, pero la intervención de la Guardia Civil garantizó que el mitin se celebrara según lo previsto. Subrayando el simbolismo del acto, el líder asturiano de Acción Popular, José María Fernández Ladreda, se refirió a la Reconquista de España. El propio Gil Robles, en un tono beligerante, señaló la necesidad de aplastar la «rebelión separatista» de los nacionalistas vascos y catalanes.[77] El astuto Gil Robles sabía muy bien que este tipo de manifestaciones, que amenazaban los logros alcanzados por la coalición republicano-socialista durante sus dos años de gobierno, 1931-1933, reforzarían la determinación de la izquierda para impedir la llegada de la CEDA al poder.

También Salazar Alonso era consciente de que la incorporación de la CEDA al gobierno sería el detonante de la acción revolucionaria en las filas socialistas y justificaría la represión que asestara al socialismo el golpe definitivo. Llevaba ya algún tiempo defendiendo este argumento en el seno del gabinete en términos cada vez más explícitos. El 11 de septiembre, cuando surgieron importantes diferencias en el Consejo de Ministros, Salazar Alonso propuso declarar el estado de guerra con el objetivo de provocar el estallido de la huelga revolucionaria. Tanto el primer ministro, Ricardo Samper, como el ministro de Agricultura, Cirilo del Río Rodríguez, se opusieron a semejante exhibición de irresponsabilidad y de cinismo. El ministro de la Guerra, Diego Hidalgo, solicitó la dimisión de Salazar Alonso. Esa noche, Salazar Alonso volvía a escribir a Amparo, dándole cuenta de lo ocurrido en la reunión ministerial. En esta carta revelaba inequívocamente el propósito de provocar a la izquierda para poder aplastarla.

> Expuse todo el plan revolucionario. Hice examen de la cuestión catalana, señalando objetiva y sinceramente todas las circunstancias, todas las posibilidades y todas las consecuencias de nuestras determinaciones. En efecto: Cataluña ha llegado a un límite inaceptable en materia de orden público. Creía yo que había llegado el momento de intervenir en su mantenimiento. Pero el hecho es grave. No podía aceptar yo ligerezas, impremeditaciones. Tenía que pensar en que para ello pudiera requerirse la declaración de Estado de Guerra y era obligatorio examinar la gravedad de esa declaración. Por eso había convocado a la Junta de Seguridad. Esperaba que [fuera] un trámite dilatorio, pero prudente. Y además, invitaba al Consejo de ministros a pensar sobre la situación política actual. El Gobierno, combatido por las izquierdas revolucionariamente, no tenía asistencia de los grupos parlamentarios que le apoyaban. El Gobierno, en una palabra, aparecía como un emplazado. ¿Era éste el Gobierno con autoridad para provocar de un modo definitivo el movimiento revolucionario?[78]

La crónica que Salazar Alonso publicó sobre su participación en estos hechos decía así: «El problema era nada menos que iniciar la ofensiva contrarrevolucionaria, para acabar con el mal». No se trataba únicamente de aplastar la inmediata tentativa revolucionaria, sino de asegurarse de que la izquierda no volviera a levantar cabeza.[79]

Poco después, Gil Robles admitió que era consciente de las intenciones de provocación de Salazar Alonso y que además las compartía. Sabía que los socialistas reaccionarían con violencia ante lo que considerarían un intento por instaurar una dictadura al estilo de Dollfuss. Y sabía, igual que Salazar Alonso, que las posibilidades de que la revolución triunfara eran muy remotas. En el mes de diciembre, en la sede de Acción Popular, recordó con complacencia:

> Yo tenía la seguridad de que la llegada nuestra al poder desencadenaría inmediatamente un movimiento revolucionario ... y en aquellos momentos en que veía la sangre que se iba a derramar me hice esta pregunta: «Yo puedo dar a España tres meses de aparente tranquilidad si no entro en el gobierno. ¡Ah!, ¿pero entrando estalla la revolución? Pues que estalle antes de que esté bien preparada, antes de que nos ahogue». Esto fue lo que hizo Acción Popular: precipitar el movimiento, salir al paso de él; imponer desde el gobierno el aplastamiento implacable de la revolución.[80]

El ministro de la Guerra, Diego Hidalgo, terminó por acercarse a la postura de Gil Robles y Salazar Alonso. A finales de septiembre desplegó maniobras militares a gran escala en León, en una zona limítrofe y de idéntica orografía a la de Asturias, donde tenía razones para sospechar que estallaría el primer foco revolucionario. No cabía la menor duda de que Hidalgo esperaba una posible insurrección izquierdista en Asturias.[81] Cuando en el Consejo de Ministros se habló de cancelar las maniobras, Hidalgo aseguró que la inminente amenaza revolucionaria las hacía necesarias. Lo cierto es que, al estallar la huelga revolucionaria en Asturias, en el mes de octubre, la asombrosa celeridad con que la Legión Extranjera se trasladó desde África al lugar del conflicto indicaba que el problema se había considerado con anterioridad. El propio Hidalgo reconoció en las Cortes, tres días después de que se iniciaran las maniobras, que había dado orden al 3.er Regimiento de Oviedo de que no participara en la operación: debía quedarse en la capital asturiana, puesto que se esperaba un estallido revolucionario.[82] En todo caso, Gil Robles contaba con información confidencial de altos mandos militares y sabía que el Ejército se hallaba en condiciones de aplastar cualquier sublevación izquierdista ante la entrada de la CEDA en el gobierno.[83]

El 26 de septiembre, Gil Robles pasó a la acción al emitir un comunicado en el que declaraba que, a la vista de la «debilidad» con que el gobierno afrontaba los problemas sociales, y con independencia de cuáles fueran las consecuencias, era preciso formar un gobierno sólido con la participación de la CEDA. En un sinuoso discurso pronunciado en las Cortes el 1 de octubre, con la pretensión retórica de estar motivado por el deseo de estabilidad nacional, Gil Robles lanzó una amenaza inconfundible: «Nosotros tenemos conciencia de nuestra fuerza, aquí y fuera de aquí». Tras la inevitable dimisión del gabinete, el presidente Alcalá Zamora confió a Lerroux la tarea de formar un nuevo gobierno y reconoció que la participación de la CEDA era ineludible, si bien confiaba en que su representación gubernamental se limitara a un solo Ministerio. Gil Robles insistió en que fueran tres, a sabiendas de la provocación que entrañaban sus exigencias.[84]

Esta maniobra estaba perfectamente calculada. El 4 de octubre hizo públicos los nombres de los elegidos: José Oriol y Anguera de Sojo (Trabajo), Rafael Aizpún (Justicia) y Manuel Giménez Fernández (Agricultura). Anguera de Sojo era un católico integrista (incluso se había propuesto la canonización de su madre en el Vaticano), además de experto en derecho canónico y abogado del monasterio benedictino de Montserrat. Había dirigido la acusación pública en cientos de confiscaciones y numerosas multas impuestas contra *El Socialista*. En su condición de antiguo miembro de la Lliga Regionalista, y alineado con el ala más radical del Instituto Agrícola Catalán de San Isidro, era asimismo un enemigo acérrimo de Esquerra Republicana de Catalunya, el partido que gobernaba la Generalitat. La implacable dureza con que ejerció el cargo de gobernador civil de Barcelona en 1931 y sus políticas intransigentes contra las huelgas aceleraron el paso de la CNT al insurreccionismo. La elección de Anguera era una ofensa consciente, toda vez que Esquerra había solicitado a Alcalá Zamora su exclusión del gabinete. Gil Robles se negó rotundamente a escuchar las sugerencias del presidente.[85] Aizpún, diputado de la CEDA por Pamplona, tenía muy poco de republicano y estaba muy próximo a los carlistas. De Giménez Fernández, diputado por Badajoz, se esperaba tanto celo en la defensa de los agresivos terratenientes de la provincia como el que había mostrado Salazar Alonso, y mayor represión que la ya ejercida contra los campesinos tras la huelga de la cosecha. Mientras que las expectativas sobre el nuevo ministro de Agricultura resultaron infundadas, pues se trataba de un democristiano moderado, la oligarquía de Badajoz cumplió las suyas: los terratenientes rechazaron en 1936 como candidato provincial a Giménez Fernández, por sus políticas relativamente liberales, y este tuvo que presentarse a las elecciones en las listas de Segovia.[86]

Los socialistas tenían sobradas razones para temer que el nuevo gabinete pudiera reforzar la determinación de Salazar Alonso de imponer un régimen reaccionario. Téngase en cuenta que durante 222 de los 315 días de gobierno radical, hasta finales de julio, el país había vivido bajo la declaración de estado de alarma, lo que implicaba la suspensión de las garantías constitucionales. De los 93 días en que hubo normalidad constitucional, 60 correspondieron al período electoral de finales de 1933. La censura, las multas y los secuestros de publicaciones, la limitación del derecho de reunión y asociación, la declaración de la mayoría de las huelgas como ilegales, la protección de las actividades fascistas y monárquicas, el recorte de los salarios y el desmantelamiento de los ayuntamientos socialistas libremente elegidos se percibieron como un «régimen de terror blanco». Tales eran las políticas que Gil Robles, en su discurso del 1 de octubre, había calificado de débiles. Resultaba imposible no colegir que su intención era imponer medidas aún más represivas.[87]

En los últimos días de septiembre, todavía con la esperanza de persuadir al presidente para que resolviera la crisis convocando elecciones, la prensa socialista recurrió a amenazas desesperadas. *El Socialista* insinuó que los preparativos de la acción revolucionaria estaban muy avanzados:

Las nubes van cargadas camino de octubre: repetimos lo que dijimos hace unos meses: ¡atención al disco rojo! El mes próximo puede ser nuestro Octubre. Nos aguardan días de prueba, jornadas duras. La responsabilidad del proletariado español y de sus cabezas puede ser enorme. Tenemos nuestro ejército a la espera de ser movilizado. Y nuestra política internacional. Y nuestros planes de socialización.[88]

A finales de mes, el editorial del periódico formulaba la siguiente pregunta retórica:

¿Será menester que digamos ahora, como si descubriéramos un Mediterráneo, que todo retroceso, que todo intento de volver a formar políticas ya superadas, encontrará inevitablemente la resistencia de los socialistas? ... Se nos habla —es cierto— de reconquistar la República para situarla de nuevo en el 14 de abril. Ninguna garantía tenemos de que puestas las cosas en su comienzo no tendrán un desarrollo idéntico al que tuvieron. No nos interesa un nuevo ensayo. Lo hicimos una vez y nos salió mal. Quienes lo frustraron son los llamados en todo caso al arrepentimiento ... Nuestras relaciones con la República no pueden tener más que un significado: el de superarla y poseerla.[89]

Julián Zugazagoitia, el ponderado editor de *El Socialista*, era muy consciente de que el movimiento socialista no estaba en absoluto preparado para una confrontación revolucionaria con el estado. Si sus editoriales no eran una irresponsabilidad sin sentido —y Zugazagoitia era un fiel defensor de la línea moderada de Prieto, no era un extremista—, deben entenderse como una última y desesperada amenaza al presidente.

Convencido de que las bravatas revolucionarias disuadirían a Alcalá Zamora de invitar a la CEDA a incorporarse al gobierno, el comité revolucionario de Largo Caballero no se preparó para tomar el poder. Las magras «milicias revolucionarias» carecían de liderazgo nacional y de organización local. Justo antes de la medianoche del 3 de octubre, cuando llegaron rumores al comité de que la CEDA se había sumado al gobierno, Largo Caballero se negó a creerlos e insistió en que no debían emprender la acción revolucionaria. Cuando la veracidad de la noticia no pudo seguir ignorándose, Largo concluyó, muy a su pesar, que debía poner en marcha la anunciada revolución.[90]

A lo largo de 1934, los líderes del PSOE y de la CEDA se habían enzarzado en una guerra táctica. Gil Robles, con el respaldo de Salazar Alonso, disfrutó de la posición más sólida y supo explotarla con habilidad y paciencia. Los socialistas, por su relativa debilidad, empezaron lanzando amenazas de revolución y terminaron abocados a llevarlas a cabo. Los resultados fueron catastróficos.

Las intenciones de los socialistas con los sucesos que comenzaron la mañana del 4 de octubre de 1934 eran limitadas y defensivas. Su objetivo era defender el concepto de República desarrollado entre 1931 y 1933 frente a lo que percibían como ambiciones corporativistas de la CEDA. La entrada de la CEDA en el gobierno fue seguida de una proclamación de República independiente en Cataluña que duró diez horas, de una desganada huelga general en Madrid y del establecimiento de una comuna obrera en Asturias. Con la excepción de la revuelta asturiana, que resistió por espacio de dos semanas los violentos combates con las Fuerzas Armadas gracias al terreno montañoso y a la pericia de los mineros, la tónica dominante del «Octubre» español fue su falta de entusiasmo. Ninguno de los hechos ocurridos a lo largo de ese mes, ni siquiera los de Asturias, indicaba que la izquierda hubiese preparado la sublevación a conciencia. Lo cierto es que, en tanto se lograba resolver la crisis, los líderes socialistas se esforzaron por contener el ardor revolucionario de sus seguidores.[91]

El 4 de octubre, con el fin de dar tiempo al presidente para cambiar de opinión, los líderes de la UGT convocaron en Madrid una huelga general pacífica con veinticuatro horas de antelación. Los ofrecimientos de movilización revolucionaria por parte de anarquistas y trotskistas fueron rechazados rotundamente. El nuevo gobierno no tuvo dificultades para detener a los líderes sindicales y a los miembros sospechosos de la Policía y del Ejército. A falta de indicaciones en sentido contrario, los socialistas y anarquistas de Madrid se limitaron a no acudir a su puesto de trabajo, sin ofrecer ninguna demostración de fuerza en las calles. El Ejército se hizo cargo de los servicios básicos —tras seleccionar a los soldados de acuerdo con sus ocupaciones en tiempo de paz—, y las panaderías, la prensa de derechas y el transporte público funcionaron casi con normalidad. Los líderes socialistas que lograron eludir las detenciones se escondieron, como Largo Caballero, o se exiliaron, como Prieto. Sus seguidores quedaron desorientados en las calles, a la espera de instrucciones, y en el plazo de una semana la huelga se había extinguido. Tanto ruido acerca de la toma del poder por parte de las milicias revolucionarias acabó en nada. Las esperanzas de colaboración de simpatizantes dentro del Ejército no se materializaron, y los pocos militantes que tomaron las armas no tardaron en abandonarlas. La guerra revolucionaria en la capital se saldó finalmente con algunos tiroteos aislados y un gran número de detenidos.[92]

En Cataluña, donde los anarquistas y otros grupos de izquierdas se unieron en la Alianza Obrera, los sucesos fueron bastante más dramáticos. Los comités locales tomaron los pueblos y aguardaron instrucciones de Barcelona, que nunca llegaron.[93]

Desprevenido y a regañadientes, Companys proclamó en Barcelona la independencia de Cataluña «dentro de la República Federal de España», en protesta por lo que veía como una traición de la República. Los motivos que subyacían a este gesto heroico eran complejos y contradictorios. Estaba ciertamente alarmado por lo ocurrido en Madrid, a la vez que recibía importantes presiones de los nacionalistas catalanes más radicales para satisfacer las exigencias populares de acción contra el gobierno central; sin embargo, quería evitar la revolución a toda costa. En consecuencia, no movilizó a las fuerzas de la Generalitat contra el general Domingo Batet, comandante de la región militar catalana, y negó las armas a los trabajadores. De esta manera, Batet, después de pasear los cañones por las calles, pudo negociar la rendición de la Generalitat tras diez horas de independencia, en la madrugada del 7 de octubre.[94] La derecha en general y Franco en particular nunca perdonaron a Batet que se abstuviera de dar un escarmiento a los catalanes con un baño de sangre.[95]

La situación fue distinta en Asturias. Cuando llegó a las cuencas mineras la noticia de la entrada de la CEDA en el gobierno, a última hora de la tarde del 4 de octubre, los trabajadores tomaron la iniciativa. En esta región la solidaridad de los mineros superaba las diferencias partidistas, y la UGT, la CNT y, en menor medida, el Partido Comunista se unieron en la Alianza Obrera. Un ejemplo de que los líderes socialistas nunca contemplaron en serio la acción revolucionaria es que, incluso en Asturias, la movilización no comenzó en Oviedo, bastión de la burocracia del partido, sino que se impuso desde la periferia: Mieres, Sama de Langreo y Pola de Lena. También en el País Vasco los trabajadores tomaron el poder, aunque solo en pequeños municipios como Eibar y Mondragón. Un destacado industrial católico, Marcelino Oreja Elósegui, fue asesinado en Mondragón junto con dos empleados de su fábrica. Oreja, amigo íntimo tanto de Ángel Herrera como de José Antonio Aguirre, era carlista y a la vez un apasionado defensor de los fueros vascos. Lo acusaron de negarse a dar trabajo a miembros de la UGT. No obstante, Mondragón fue la excepción, ya que en la capital, Bilbao, los militantes de base aguardaron en vano las instrucciones de sus líderes. El presidente del sindicato de los mineros asturianos, Amador Fernández, se quedó en Madrid mientras la sublevación se extendía por la provincia, y el 14 de octubre, sin conocimiento de sus afiliados, intentó negociar una rendición pacífica.[96]

La vacilación que demostraron los líderes socialistas contrastaba vivamente con la determinación de Gil Robles. Lo cierto es que su comportamiento, tanto mientras duró la revuelta de octubre como en fechas inmediatamente posteriores, confirmó, como él mismo reconoció más tarde, que había provocado a la izquierda deliberadamente. Cuando el 5 de octubre los socialistas propusieron un acuerdo, el nuevo gobierno radical-cedista dejó bien claro que no tenía ningún deseo de conciliación y solo buscaba aplastar a la izquierda. En una reunión que mantuvo con sus tres ministros, Gil Robles manifestó sin rodeos que no confiaba en el jefe del Estado Mayor, el general Carlos Masquelet, a quien tenía por un liberal peligroso, y tampoco en el general Eduardo López Ochoa, sobre quien pesaba la obligación de restablecer el orden en Asturias. Sin embargo, en la reunión del gabinete celebrada el 6 de octubre, los ministros de la CEDA no lograron que se aprobara su propuesta de enviar a Franco a dirigir las operaciones en Asturias, y se impuso la opinión de Alcalá Zamora, Lerroux y los miembros más liberales del gobierno.[97] No obstante, al final Franco logró desempeñar un papel que garantizó una represión brutal de la sublevación.

Gil Robles exigía la mayor dureza contra los rebeldes. El 9 de octubre tomó la palabra en las Cortes para expresar su apoyo al gobierno y hacer la conveniente propuesta de que se cerrara el Parlamento hasta que la represión hubiera concluido. De esta manera, el aplastamiento de la revolución se llevaría a cabo en silencio. No se pudieron hacer preguntas en el Parlamento y se impuso una censura total sobre la prensa de izquierdas, mientras los periódicos de derechas daban cuenta de truculentos actos —nunca confirmados— de barbarie izquierdista. El nuevo ministro de Agricultura, Manuel Giménez Fernández, uno de los pocos católicos sociales auténticos en el seno de la CEDA, puso la nota discordante el 12 de octubre, al comunicar al personal de su Ministerio: «Las alteraciones que se han producido contra el Estado no tienen origen en la acera de los revoltosos sino en la nuestra, porque muchos enemigos se los ha creado el Estado mismo por reiterada desatención de sus deberes para con todos los ciudadanos».[98] La violencia desatada por ambas partes en los sucesos de octubre y la brutal persecución de la izquierda tras su aplastante derrota ahondaron los odios sociales mucho más de lo que nadie podía imaginar.

En un primer momento, debido a la fama de africanista feroz que tenía Franco, Alcalá Zamora rechazó la propuesta de ponerlo formalmente al mando de las tropas en Asturias. Sin embargo, la insistencia del ministro de la Guerra, el radical Diego Hidalgo, terminó por imponerse. Hidalgo le entregó a Franco el control informal de las operaciones al nombrarlo asesor técnico personal, pese a que con ello marginaba a su propio Estado Mayor, y se limitó a firmar servilmente las órdenes redactadas por Franco.[99] La decisión del ministro, sumamente irregular, era de todos modos comprensible. Franco conocía Asturias a la perfección: su geografía, sus comunicaciones y su organización militar. Había estado destinado en la región y había tomado parte en la represión de la huelga general de 1917, y visitaba la zona con frecuencia desde que se había casado con una asturiana, Carmen Polo. Tal como se temía Alcalá Zamora, y para satisfacción de la derecha, Franco respondió a la rebelión de los mineros en Asturias del mismo modo que se enfrentaba a las tribus marroquíes.

Su manera de abordar la represión en Asturias respondió al convencimiento, alimentado por los boletines regulares que recibía de la Entete anticomunista de Ginebra, de que la sublevación de los obreros «había sido concienzudamente preparada por los agentes de Moscú» y de que los socialistas, «con la experiencia y dirección técnica comunista, creían [que] iban a poder instalar una dictadura».[100] Esta creencia justificaba para Franco, y para muchos en la extrema derecha, el uso del Ejército contra civiles españoles como si de un enemigo extranjero se tratara.

Con una pequeña unidad de mando establecida en la sala de telegrafía del Ministerio de la Guerra, Franco controló el movimiento de las tropas, los barcos y los trenes que se emplearían en la operación para aplastar la revuelta.[101] Ajeno a las consideraciones humanitarias que hacían vacilar a los mandos militares más liberales en cuanto al uso de las Fuerzas Armadas contra la población civil, Franco hizo frente al problema con la crueldad glacial que había sido el sostén de sus éxitos en las guerras coloniales. Una de sus primeras decisiones fue la de bombardear los barrios obreros de las ciudades mineras. Sin dejarse conmover por el simbolismo que para la derecha tenía la Reconquista, no dudó en enviar a mercenarios marroquíes a combatir en Asturias, la única zona de España que los musulmanes nunca llegaron a invadir. No veía ninguna contradicción en el hecho de recurrir a las fuerzas moras, puesto que los trabajadores de izquierdas le inspiraban el mismo desprecio que las tropas mercenarias (los Regulares) a las que había reclutado en Marruecos contra las tribus del Rif. En su visita a Oviedo, una vez sofocada la rebelión, habló con un periodista en un tono que evocaba los sentimientos de Onésimo Redondo: «La guerra de Marruecos, con los Regulares y el Tercio, tenía cierto aire romántico, un aire de reconquista. Pero esta guerra es una guerra de fronteras, y los frentes son el socialismo, el comunismo y todas cuantas formas atacan la civilización para reemplazarla por la barbarie».[102] Sin ironía aparente, a pesar del empleo de las fuerzas coloniales en el norte de España, la prensa de derechas retrató a los mineros asturianos como títeres de la conspiración judeomasónica y bolchevique.[103]

Los métodos empleados por el Ejército colonial, como había ocurrido anteriormente en Marruecos, se proponían paralizar al enemigo civil mediante el uso del terror. El Ejército africano desplegó contra los rebeldes asturianos una brutalidad más similar a sus prácticas habituales al arrasar las aldeas marroquíes que la que requería la resistencia de los mineros. Los soldados utilizaron a los izquierdistas que tomaban prisioneros como escudos humanos para cubrir su avance. Hombres, mujeres y niños inocentes fueron fusilados al azar por las unidades marroquíes al mando de uno de los principales compinches de Franco, el teniente coronel Juan Yagüe Blanco, lo que contribuyó a desmoralizar todavía más a los revolucionarios prácticamente desarmados. Más de 50 hombres y mujeres prisioneros, algunos de ellos heridos, fueron interrogados y asesinados a continuación en el patio del hospital de Oviedo, y sus cuerpos fueron incinerados en el horno crematorio. A otros los ejecutaron sin juicio alguno en el cuartel de Pelayo, a algunos los torturaron y a muchas de las mujeres las violaron. En la localidad minera de Carbayín se enterraron 20 cadáveres para ocultar las señales de tortura. Los soldados saquearon hogares y comercios, de los que se llevaban relojes, joyas y ropa, y lo que no podían saquear, lo destruían.[104]

Los abusos cometidos por las unidades coloniales provocaron serias fricciones entre el general López Ochoa, por un lado, y Franco y Yagüe, por otro. El austero López Ochoa estaba al mando de las operaciones militares en Asturias y pensaba, con razón, que era un error dejar en manos de Franco (un oficial de rango inferior al suyo) la represión de las revueltas de 1934 solo por su amistad con Diego Hidalgo. A Franco y a Yagüe, como a muchos otros en la derecha, les preocupaba que López Ochoa, por ser republicano y masón, tratara de sofocar la sublevación con el menor derramamiento de sangre posible. Sus sospechas estaban justificadas. Aunque López Ochoa consintió el uso de camiones cargados de prisioneros para cubrir el avance de las tropas, en general dirigió sus operaciones con comedimiento. Yagüe envió un emisario a Madrid para quejarse ante Franco y Gil Robles por el trato humanitario que se daba a los mineros. Los tres estaban furiosos por el pacto al que había llegado López Ochoa con el líder de los mineros, Belarmino Tomás, que permitió una rendición ordenada y pacífica a cambio de retirar a los legionarios y a los Regulares.[105] La desconfianza de Franco hacia López Ochoa era tan grande como su confianza en Yagüe y su aprobación de las ejecuciones sumarias de los detenidos en Oviedo y Gijón.[106]

En una ocasión, Yagüe amenazó a López Ochoa con una pistola.[107] Meses más tarde, López Ochoa habló con Juan-Simeón Vidarte, el vicesecretario general del PSOE, acerca de los problemas que tuvo para contener los actos criminales de la Legión:

> Una noche, los legionarios se llevaron en una camioneta a veintisiete trabajadores, sacados de la cárcel de Sama. Sólo fusilaron a tres o cuatro porque, como resonaban los tiros en la montaña, pensaron que iban a salir guerrilleros de todos aquellos parajes y ellos correrían gran peligro. Entonces procedieron más cruelmente, decapitaron o ahorcaron a los presos, y les cortaron los pies, manos, orejas, lenguas, ¡hasta los órganos genitales! A los pocos días, uno de mis oficiales, hombre de toda mi confianza, me comunicó que unos legionarios se paseaban luciendo orejas ensartadas en

alambres, a manera de collar, que serían de las víctimas de Carbayín. Inmediatamente, le mandé que detuviera y fusilase a aquellos legionarios, y él lo hizo así. Éste fue el motivo de mi altercado con Yagüe. Le ordené, además, que sacara a sus hombres de la cuenca minera y los concentrase en Oviedo, bajo mi vigilancia, y le hice responsable de cualquier crimen que pudiera ocurrir. Para juzgar a los rebeldes estaban los tribunales de justicia. También me llegaron las hazañas de los Regulares del tabor de Ceuta: violaciones, asesinatos, saqueos. Mandé fusilar a seis moros. Tuve problemas, el Ministro de la Guerra me pidió explicaciones, muy exaltado: «¿Cómo se atreve usted a mandar fusilar a nadie sin la formación de un Consejo de Guerra?». Yo le contesté: «Los he sometido al mismo Consejo al que ellos sometieron a sus víctimas».[108]

Los sucesos de octubre de 1934 agravaron las hostilidades entre la izquierda y algunos sectores del Ejército y las fuerzas del orden, particularmente la Guardia Civil. Los rebeldes asturianos sabían que para controlar las cuencas mineras tenían que derrotar a la Guardia Civil, de ahí que organizaran el asalto de algunos cuarteles para neutralizar de antemano la represión en Oviedo. Estos incidentes fueron violentos y prolongados. Los más sangrientos tuvieron lugar en Sama de Langreo y en Campomanes. En Sama, la batalla duró treinta y seis horas, y en ella perdieron la vida 38 guardias civiles. En Campomanes, 12 de los guardias civiles resultaron muertos y 7, heridos.[109] El número total de bajas en la Guardia Civil en Asturias fue de 86 muertos y 77 heridos. En la Guardia de Asalto se contaron 58 muertos y 54 heridos, mientras que el Ejército perdió a 88 hombres y el número de heridos en sus filas se elevó a 475. En otras fuerzas de seguridad las pérdidas fueron de 24 muertos y 33 heridos. Estas cifras pueden compararse con los cerca de 2.000 civiles muertos, en su mayoría de clase trabajadora.[110]

Algunos guardias civiles murieron en los enfrentamientos que estallaron en otras zonas del país. En la provincia de Albacete, tanto en Villarrobledo como en Tarazona de la Mancha, fueron asaltados los ayuntamientos y otros edificios públicos. En Villarrobledo, cuatro civiles perdieron la vida como consecuencia de la intervención de la Guardia Civil, que no sufrió ninguna baja. A principios del verano, el alcalde socialista de Tarazona de la Mancha había sido destituido del cargo por el gobernador civil de la provincia, el radical José Aparicio Albiñana. Su sucesor, Gabino Arroca, nombrado por la derecha, resultó gravemente herido en los disturbios. Aparicio Albiñana respondió enviando refuerzos a la Guardia Civil. Un guardia civil y varios policías municipales murieron en la defensa del ayuntamiento. El resto de la provincia apenas se vio afectada por el movimiento revolucionario, si bien un guardia civil resultó muerto en Caudete, una pequeña localidad limítrofe con Alicante.[111]

En Zaragoza, donde la CNT no secundó el llamamiento a la huelga general, la convocatoria fue un fracaso. Hubo, sin embargo, graves disturbios en Mallén, Ejea de los Caballeros, Tauste y Uncastillo, en la zona conocida como las Cinco Villas, una de las zonas de Aragón donde se vivieron los conflictos sociales más duros en los años de la República. Se trataba de una comarca de enormes latifundios destinada al cultivo del cereal, donde la supervivencia de los jornaleros dependía del acceso a las tierras comunales ocupadas por los terratenientes en el siglo XIX. La inquina que presidió la campaña electoral de noviembre de 1933 y la huelga de la cosecha en el mes de junio contribuyeron a intensificar los odios de clase, tal como reflejan las revueltas de los días 5 y 6 de octubre.[112] En Mallén perdieron la vida un guardia civil y un vecino del pueblo, y otro guardia civil resultó herido. En Ejea hubo un guardia civil y un vecino heridos. En Tauste un comité revolucionario tomó el pueblo y asaltó el cuartel de la Guardia Civil. Los rebeldes fueron aplastados por un regimiento del Ejército, que abrió fuego con ametralladoras y material de artillería, causando la muerte de seis vecinos.[113]

Los sucesos más violentos ocurrieron en Uncastillo, una localidad aislada de apenas 3.000 habitantes. En las primeras horas de la mañana del viernes 5 de octubre, unos emisarios de la UGT llegaron de Zaragoza con instrucciones para la huelga general revolucionaria. El alcalde socialista de Uncastillo, Antonio Plano Aznárez, un hombre de carácter afable, les señaló que aquello era una locura. Plano no era un alcalde revolucionario: más bien era un hombre cultivado con habilidad para manejar los complicados mecanismos administrativos de la reforma agraria. Se había granjeado el odio de los terratenientes por su éxito al introducir un reparto equitativo del trabajo, establecer unas bases de trabajo razonables, recuperar algunas tierras comunales arrebatadas al municipio mediante subterfugios legales en el siglo anterior y mejorar la escuela local. Las exhortaciones de los sindicalistas llegados de Zaragoza, que desoyeron su consejo, fueron acogidas con entusiasmo por muchos de los trabajadores en paro, cuyas familias se morían de hambre.

A las seis de la mañana, cuando un representante de los huelguistas exigió la rendición de la Guardia Civil, el oficial de mando, el sargento

Victorino Quiñones, se negó en redondo. El propio Plano acudió a hablar con Quiñones, quien le dijo que la casa-cuartel era leal a la República, pero no se rendiría. La conversación entre ambos transcurrió con cordialidad, y Plano, con pocas esperanzas de conseguirlo, trató de disuadir a los vecinos. En el momento en que el alcalde abandonaba la casacuartel, los huelguistas que rodeaban el edificio abrieron fuego y, en el subsiguiente tiroteo, murieron dos de los siete guardias civiles, el sargento Quiñones y otro de sus efectivos resultaron heridos, y un tercer guardia civil quedó ciego. Los dos guardias restantes resistieron hasta que llegaron los refuerzos. Antonio Plano salió de su casa con una bandera blanca y trató de hablar con ellos, pero al ver que disparaban corrió a refugiarse en los campos. En el curso de la batalla se asaltó la vivienda de Antonio Mola, uno de los terratenientes más poderosos, al negarse este a entregar sus armas a un grupo de huelguistas. En la escaramuza posterior su sobrina resultó herida y Mola abatió de un disparo a uno de los asaltantes que había quemado su garaje y destruido su coche. Los demás intentaban quemarlo vivo cuando la Guardia Civil llegó para impedirlo. Uno de los numerosos huelguistas heridos falleció el 8 de octubre.[114]

El número de guardias civiles muertos en toda España mientras combatían la insurrección de octubre de 1934 fue de 111 y el número de heridos, 182, principalmente en Asturias.[115] El recuerdo de estos sucesos sin duda influyó en el papel que más tarde desempeñaría la Guardia Civil al estallar la guerra. Su consecuencia más inmediata fue la dureza con que se castigó a los revolucionarios. Tras la rendición de los mineros asturianos, la represión quedó al mando del comandante de la Guardia Civil Lisardo Doval Bravo, un hombre de cuarenta y cuatro años con antecedentes de furibunda hostilidad a la izquierda en Asturias. De hecho, en los círculos de la Guardia Civil se lo tenía por un experto en lo relacionado con la subversión de la izquierda asturiana. Había servido en Oviedo entre 1917 y 1922 y, tras alcanzar el rango de capitán, pasó a dirigir la guarnición de Gijón entre 1926 y 1931, donde alcanzó notoriedad por la fiereza con que respondía a las huelgas y los desórdenes. El 15 de diciembre de 1930, durante la fallida huelga general con la que se pretendía derrocar la dictadura del general Berenguer, Lisardo Doval Bravo participó en un sangriento incidente en Gijón. Los huelguistas intentaron desmontar de la fachada de una iglesia jesuita una placa en honor del dictador, el general Miguel Primo de Rivera. Un trabajador resultó muerto y otro herido como consecuencia de los disparos de los jesuitas. Doval encabezó una carga de caballería contra los trabajadores y más tarde autorizó que se apaleara salvajemente a los huelguistas para identificar a los cabecillas. En abril de 1931 se defendió de un ataque de los trabajadores contra su cuartel con una batería de ametralladoras. Un hombre que lo conocía bien, el republicano conservador Antonio Oliveros, editor del periódico de Gijón, *El Noroeste*, escribió lo siguiente: «Tengo para mí que Doval es un hombre de facultades excepcionales para el servicio del Estado. Valiente hasta la temeridad, su concepto del deber le lleva a las mayores exageraciones de la función, y a eso deben obedecer las extralimitaciones que se le atribuyen con los presuntos delincuentes en la obtención de las pruebas de culpabilidad».[116]

Posteriormente, Doval participaría en el abortado golpe de Estado liderado por Sanjurjo en Sevilla, en agosto de 1932. Aunque fue suspendido por su implicación en estos hechos, se benefició de la amnistía concedida a los conspiradores el 24 de abril de 1934. Hasta el 19 de septiembre de 1934, fecha en que fue destinado a Tetuán, se ocupó del entrenamiento de la milicia de las JAP. El 1 de noviembre de 1934 fue nombrado delegado especial para el orden público del Ministerio de la Guerra en las provincias de Asturias y León. Fue Diego Hidalgo quien lo designó para el cargo por recomendación expresa de Franco, muy consciente de los métodos de Doval y de su fama de torturador. Doval y Franco se conocieron de niños en El Ferrol, y más tarde coincidieron en la Academia de Infantería de Toledo y en Asturias, en 1917.[117] Con una autorización firmada por el propio Hidalgo, Doval recibió carta blanca para sortear cualquier obstáculo judicial, burocrático o militar que limitara sus actividades en Asturias. Su fama de cruzado contra la izquierda le hizo inmensamente popular entre las clases media y alta de la región.

Tal como esperaba Franco, Doval desempeñó su tarea con una brutalidad que causó horror en la prensa internacional.[118] No tardaron en aparecer informes sobre los abusos de Doval. El director general de Seguridad, el conservador acérrimo José Valdivia Garci-Borrón, presionó para que se relevara a Doval del cargo y, el 15 de noviembre, envió a uno de sus subordinados, el inspector Adrover, con la misión de abrir una investigación. Doval lo despachó de malas maneras. A la vista de lo ocurrido, y del torrente de información sobre los excesos del delegado especial de orden público, el capitán Valdivia solicitó una reunión con el ministro de la Gobernación, el radical Eloy Vaquero, y en ella exigió la destitución de Doval. El 8 de diciembre se revocaron todos sus poderes especiales y cinco días más tarde era enviado a Tetuán.[119]

La represión también fue dura en otras regiones. En Aragón, por ejemplo, los días que siguieron a la represión de la revuelta en Uncastillo, el alcalde fugitivo, Antonio Plano, fue detenido y brutalmente apaleado por la Guardia Civil. Otros 110 vecinos sufrieron torturas antes de su traslado a Zaragoza para ser juzgados.[120] Se derogaron todas las medidas tomadas por Plano durante el tiempo que ocupó la alcaldía. Alrededor de un año más tarde, la Guardia Civil actuó en Uncastillo con extrema brutalidad. El elevado número de detenciones y de palizas, con el pretexto más nimio, llevó al nuevo alcalde de derechas a presentar una queja oficial. Nada de extraño tiene que la investigación iniciada por la Guardia Civil no hallara ninguna base para la queja. El juicio de los 110 vecinos acusados de participar en los disturbios del 5-6 de octubre se celebró en los meses de febrero y marzo de 1935. Debido a las presiones de la oligarquía local, el fallo fue favorable a la Guardia Civil y el cacique del pueblo, Antonio Mola. El objetivo de la acusación era trasladar toda la responsabilidad de los hechos al alcalde Antonio Plano, para lo cual se describió al respetado, tolerante y conciliador Plano como instigador del odio y traidor a la República. La defensa de Plano señaló que, si la Guardia Civil no había podido evitar la revuelta, era absurdo esperar que el alcalde pudiera lograrlo solo con sus manos.

Pese a todo, el 29 de marzo de 1935, el tribunal determinó que Plano había sido el cabecilla y por lo tanto era culpable de «rebelión militar». En consecuencia, fue condenado a muerte. Además, 14 vecinos, entre los que figuraba el vicealcalde, Manuel Lasilla, fueron condenados a cadena perpetua. La sentencia para los demás acusados fue de veinticinco años de prisión para 6 de ellos, veinte años de prisión para 14 de ellos, quince años para otros 10, doce años para 18 acusados, y seis meses y un día para otros 3. Los 44 restantes fueron declarados no culpables. Tras conocerse las sentencias se desencadenó una sucesión de choques cada vez más violentos entre los vecinos y la Guardia Civil. Antonio Plano y los demás condenados fueron amnistiados tras la victoria del Frente Popular en las elecciones de febrero de 1936. Plano recuperó la alcaldía, con Lasilla como vicealcalde, y juntos restablecieron todas las medidas que habían sido derogadas, con especial énfasis en la recuperación de las tierras comunales. Se negociaron unas nuevas bases de trabajo que estipulaban la jornada de ocho horas y un reparto equitativo del empleo.[121] La rabia de los caciques fue inmensa, tal como demostraría más tarde su venganza.

4

La inminencia de la guerra:
1934-1936

Las esperanzas de Gil Robles y Salazar Alonso se habían cumplido. Mientras en el norte se sucedían las acciones militares, en toda España hubo una serie de redadas para detener a los líderes obreros. Se llevaron acabo un sinfín de arrestos. El 11 de octubre, el diario de la CEDA, *El Debate*, informaba de que solo en Madrid había 2.000 detenidos. Pronto las cárceles estuvieron llenas también en zonas en las que no había existido actividad revolucionaria, pero donde los terratenientes habían tenido problemas con los jornaleros. Se cerraron los ayuntamientos de ciudades y pueblos en todos los rincones del país. La prensa socialista fue prohibida. El 8 de octubre, en Alicante, una multitud exigió la liberación de los muchos prisioneros encerrados en el castillo de Santa Bárbara. Hubo enfrentamientos con la Policía, en los que fueron arrestados José Alonso Mayor, antiguo gobernador civil de Sevilla y Asturias, y otros republicanos de primera fila. En la misma sesión del 9 de octubre en la que Gil Robles propuso el cierre del Parlamento, la CEDA votó a favor de que se incrementaran las fuerzas del orden y se restableciera la pena de muerte. Un total de 1.134 alcaldes socialistas fueron destituidos sin más y reemplazados a dedo por militantes de derechas. Entre esas alcaldías había muchas capitales de provincia, como Albacete, Málaga y Oviedo.

El caso más escandaloso fue el de Madrid, donde se cerró temporalmente el ayuntamiento y se suspendió a su alcalde republicano, Pedro Rico, acusándolo falsamente de no combatir la huelga. Fue el jefe del Partido Agrario, José Martínez de Velasco, quien en calidad de delegado del gobierno asumió el poder en un principio. La importancia que se concedía al control de la capital quedó subrayada cuando, el 19 de octubre, a Martínez de Velasco lo reemplazó en el cargo Salazar Alonso, que había salido del gobierno con la entrada de la CEDA y que asumió la alcaldía el 27 de octubre.[1] En Málaga, el hombre elegido para presidir la Comisión Gestora fue Benito Ortega Muñoz, un miembro liberal del Partido Radical. Como concejal de la ciudad, había combatido con éxito los intentos de los republicanos más extremistas de erradicar los crucifijos del cementerio municipal. Esa iniciativa, junto a la aceptación de la alcaldía designada por Madrid en octubre de 1934, conduciría a su asesinato en 1936.[2]

A pesar de la derrota de la izquierda, las actividades y declaraciones de Onésimo Redondo, Carlavilla y otros miembros de la extrema derecha daban la impresión de que eran ajenos al triunfo de un gobierno firmemente de derechas. Tal vez apremiado por ellos, o de veras alarmado por lo que a sus ojos era una represión demasiado moderada tras la insurrección de octubre, el líder de la Falange, José Antonio Primo de Rivera, ardía de impaciencia por tomar medidas antes de que la izquierda pudiera volver al poder. Así pues, la Falange se comprometió a la lucha armada para derrocar el régimen democrático.[3] A principios de 1935, José Antonio mantuvo varias reuniones con Bartolomé Barba Hernández, de la Unión Militar Española, y alcanzaron un acuerdo por el cual se establecieron también vínculos con los carlistas, a través del coronel Rada, que instruía las milicias de ambos grupos. Después de octubre de 1934, el número de afiliados a la UME había crecido de manera espectacular entre los oficiales subalternos.[4]

En una reunión de la Junta Política de Falange en el Parador de Gredos a mediados de junio de 1935, se tomó «la decisión, oficial y terminante de la organización de ir a la guerra civil y santa, para el rescate de la Patria». José Antonio dio parte a sus camaradas de los contactos que mantenía con oficiales del Ejército simpatizantes con su causa, y luego expuso un plan para una sublevación contra el gobierno que tendría lugar en Fuentes de Oñoro, en la provincia de Salamanca, cerca de la frontera portuguesa. Un general al que no se identificó, posiblemente Sanjurjo, compraría 10.000 rifles en Portugal, que posteriormente serían entregados a los militantes falangistas. Al golpe inicial lo sucedería una «marcha sobre Madrid».[5] Era un plan muy arriesgado. Con la izquierda intimidada por la represión y la mayoría de los altos mandos militares de derechas en puestos de poder, la idea no atrajo el respaldo de las figuras del Ejército más importantes, sino que cayó en saco roto, probablemente para alivio de Primo de Rivera.[6] La única consecuencia práctica de la decisión de pasar a la lucha armada fue el intento de José Antonio de obtener armas de la ultraderechista Unión Militar Española.[7]

La represión que se llevó a cabo en Asturias a partir del mes de octubre de 1934 marcó el paso del terror de Marruecos al terror que se ejerció contra la población civil republicana durante la Guerra Civil. Con Franco al mando de la situación, el teniente coronel Juan Yagüe liderando las fuerzas africanas y Doval a cargo del «orden público», Asturias asistió a la elaboración del modelo que se aplicaría en el sur de España en el verano de 1936. La derecha aplaudió las acciones de Franco contra lo que se percibía con expresiones como «las pasiones de la bestia», «la horda del pillaje» y la «canalla suelta». Además de los 111 guardias civiles asesinados, también perdieron la vida 33 clérigos, entre los cuales había 7 seminaristas.[8] Así las cosas, no sorprende que corrieran exageraciones espeluznantes en relación con los crímenes de los revolucionarios. Uno de los dirigentes de Acción Española, Honorio Maura, describió a los mineros como «escoria, podredumbre y basura», «chacales repugnantes que no merecen ser ni españoles ni seres humanos». Para hacer hincapié en su inhumanidad, aparecían retratados como asesinos, ladrones y violadores que contaban con la complicidad de «mujeres descocadas que los alentaban en sus crueldades. Algunas eran jóvenes y hermosas, aunque a sus rostros asomaba la perversión moral, mezcla de impudor y crueldad».[9]

Para la derecha, recurrir al Ejército africano para combatir a los «inhumanos» izquierdistas estaba más que justificado. Inevitablemente, el uso de las tropas marroquíes en Asturias, la cuna de la reconquista cristiana de España, recibió muchas críticas, tanto dentro del país como en el extranjero. José María Cid y Ruiz-Zorrilla, diputado parlamentario del conservador Partido Agrario en Zamora y ministro de Obras Públicas, respondió con una declaración racista por partida doble: «Para los que cometieron tantos actos de salvajismo, moros eran poco, pues merecían moros y algo más».[10] Un libro publicado por la sucursal de la Asociación Católica Nacional de Propagandistas de Ángel Herrera en Oviedo sugería, en términos similares, que los crímenes que los revolucionarios cometían contra el clero merecían ser castigados exponiéndolos a las atrocidades moriscas. En su prólogo, José María Rodríguez Villamil, fiscal jefe del Estado y miembro de dicha rama ovetense de la ACNP, esperaba que «no vuelva a ser necesario que aquellos contra quien se alzó Pelayo hace doce siglos vuelvan a España y a Asturias a librarnos de la morisma interior que renace al pie de las montañas de Covadonga».[11] En la mayoría de los escritos de raigambre católica aparecidos a razón de los sucesos de octubre de 1934, un lugar común era que la revolución era un ataque contra el catolicismo y que el sufrimiento de los religiosos era equiparable al sufrimiento de Cristo a manos de los judíos.[12]

En Cataluña, la rebelión de octubre fue sofocada sin que se desatara la barbarie gracias a la moderación y la profesionalidad de Domingo Batet Mestres, el general al mando de la IV División Orgánica, como en términos castrenses se denominaba a Cataluña, una de las ocho regiones militares de España. Las circunstancias que rodearon los sucesos en Cataluña distaban mucho de las de Asturias. El gobierno catalán, la Generalitat, se encontró atrapado entre un gobierno de derechas en Madrid decidido a rebajar su autonomía y los nacionalistas radicales, que abogaban por una Cataluña independiente. Sin la debida reflexión, el presidente catalán Lluís Companys declaró la independencia el 6 de octubre, en un intento por impedir una revolución. El general Batet reaccionó con paciencia y buen tino para restituir la autoridad del gobierno central, con lo que evitó lo que hubiera podido ser un baño de sangre. Concretamente, pasó por encima de Franco, que aconsejó a Diego Hidalgo sobre cómo debían reprimirse las sublevaciones tanto en Cataluña como en Asturias. Para enojo de Franco, Batet trató solo con el primer ministro, Alejandro Lerroux, y el ministro de la Guerra. Y como oficial de mayor antigüedad, Batet no hizo caso a la recomendación de Franco de utilizar a la Legión Extranjera para impartir el castigo a los catalanes, como hiciera Yagüe para castigar a los mineros asturianos. En lugar de ello, empleó al número relativamente pequeño de soldados de que disponía para garantizar la rendición de la Generalitat con un mínimo de bajas. Batet también logró impedir que los buques de guerra enviados por Franco bombardearan Barcelona.[13]

Cuando Batet explicó en una emisión radiofónica cómo había conducido las operaciones, lo hizo en un tono apesadumbrado y conciliador que distaba mucho del ánimo de venganza de la derecha. En el Parlamento, José Antonio Primo de Rivera despotricó de Batet y dijo que era «un general que no creía en España» y que su declaración «nos ha hecho ruborizarnos».[14] Dos años más tarde, Franco se vengaría de su moderación. En junio de 1936, Batet obtuvo el mando de la VI División Orgánica, cuyo cuartel general estaba en Burgos, uno de los ejes centrales del levantamiento del 18 de julio. Al enfrentarse a la decisión prácticamente unánime de sus oficiales de unirse a la sublevación, Batet se negó con valentía a secundarla. Su compromiso con el juramento de lealtad hacia la República garantizaba su juicio y su ejecución. Franco intervino en el proceso judicial para asegurarse de que Batet fuera condenado a muerte.[15]

Ahora, a pesar del triunfo del gobierno, había numerosos civiles y oficiales del Ejército apréstandose para destruir la República. Onésimo Redondo, por ejemplo, intentaba crear un arsenal de armas cortas. Alquiló un recinto deportivo a orillas del río Pisuerga, donde entrenaría e instruiría a la milicia local de la Falange. Los domingos encabezaba desfiles por la ciudad de Valladolid y otras localidades de la provincia. En el mes de octubre de 1934 se habían producido enfrentamientos sangrientos entre falangistas y piquetes de los trabajadores del ferrocarril, y tras los disturbios, Onésimo Redondo distribuyó un panfleto donde proponía colgar a Azaña, Largo Caballero, Prieto y Companys.[16]

Después de la huelga en el campo de junio y las insurrecciones de octubre, en el sur se alcanzó una tensión sin precedentes. El nuevo ministro de Agricultura y diputado de la CEDA por Badajoz, Manuel Giménez Fernández, esperaba paliar la situación poniendo en práctica sus creencias católicas sociales. Los indignados terratenientes de las zonas latifundistas se aseguraron de que tales aspiraciones quedaran en nada. La población rural de Extremadura había sufrido un largo proceso de proletarización; mientras que los grandes terratenientes habían logrado sobrellevar las crisis provocadas por las escasas cosechas y la sequía, los pequeños propietarios habían acabado en manos de usureros (que con frecuencia eran los dueños de grandes fincas), obligados a hipotecar sus granjas, y habían terminado por perderlas. El problema afectó particularmente a los yunteros, campesinos que poseían una yunta de mulas y arrendaban tierras. La hostilidad, gestada durante mucho tiempo, llegó a su punto crítico en noviembre de 1934.

La tensión había empezado en 1932, cuando los terratenientes locales se negaron sistemáticamente a conceder el usufructo de sus tierras a los yunteros para dedicarlas en cambio al pastoreo del ganado. Los yunteros vivían de antiguo en una incertidumbre constante, pues debían renovar cada año los contratos de arrendamiento, en caso de que se los prorrogasen, y a menudo no por la misma tierra. Este sistema fluctuante facilitó a los terratenientes el cierre patronal rural, cuyo objetivo último era obligar a los yunteros a vender sus bueyes y herramientas, para rebajarlos así al estatus de jornaleros. En Badajoz, muchos braceros cobraban los mismos jornales que a principios de siglo. Desesperados, en otoño de 1932 los yunteros pusieron en marcha una serie de invasiones de las fincas de los terratenientes más recalcitrantes. Con cierta ceremonia, banderas y música, en pandillas o por familias, entraban en las fincas al amanecer y empezaban a arar las tierras. Por parte de los yunteros hubo poca violencia contra las personas o las propiedades, pero los dueños protegían sus fincas con guardas armados y agentes de la Guardia Civil. Si llegaban a enfrentarse, los yunteros por lo general se retiraban pacíficamente, aunque se dieron casos aislados de choques violentos. Finalmente, el 1 de noviembre de 1932, el ministro de Agricultura, Marcelino Domingo, legalizó de manera temporal las ocupaciones con el decreto de intensificación de cultivos, que garantizaba la tierra para 15.500 campesinos en Cáceres y 18.500 en Badajoz. La derecha en Badajoz, Cáceres y Salamanca reaccionó con intensa hostilidad al decreto, especialmente en el caso de los terratenientes ganaderos, que se indignaron porque sus tierras tuvieran que labrarse. Hubo frecuentes encontronazos entre los guardas de las fincas y los jornaleros sin tierra, como el incidente que tuvo lugar en Hornachos el 23 de abril de 1933, cuando murieron 4 hombres y una mujer, y otras 14 personas resultaron heridas.[17]

A finales de 1934, la cuestión de qué hacer con respecto a los 34.000 yunteros alojados tras el decreto de intensificación de cultivos de noviembre de 1932 saltó a la palestra. El antecesor de Giménez Fernández en el Ministerio de Agricultura, el progresista Cirilo del Río, había ampliado el decreto de su propio predecesor facilitando que las tierras quedaran en manos de los yunteros indefinidamente. La CEDA tuvo entonces la ocasión de poner en práctica su tan cacareado objetivo de combatir la revolución con reforma social. Los yunteros de Extremadura, adiestrados agricultores que contaban con sus propios aperos y animales, eran adeptos potenciales del movimiento social católico, y fácilmente se habrían convertido en pequeños propietarios en régimen de aparcería.[18] Después de la huelga de los cosechadores que tuvo lugar en verano y que desembocó en la detención de jornaleros socialistas y el recorte drástico de los salarios, el nuevo ministro tropezó con la presión de la extrema derecha en Extremadura para la expulsión inmediata de los yunteros. Experto en derecho canónico, Giménez Fernández creía que la propiedad debía tener una función social. Ante el horror de los terratenientes de todo el país, había anunciado su intención de establecer un límite máximo de la tierra que podía poseer un individuo. También apuntó que la compensación disminuiría en función de la cantidad de tierra en manos de un propietario.[19] Tomó posesión de su cargo justo cuando expiraban los asentamientos temporales de 1932 y los terratenientes empezaban a expulsar a los yunteros. Inevitablemente, el moderado reformismo de sus planes agitaría un estallido de amarga oposición dentro de su propio partido, como para confirmar los temores de la izquierda de que en España no cabía esperar ninguna reforma por parte de las clases conservadoras salvo por la vía de la revolución.

Sin atajar la cuestión agraria de raíz, las medidas que Giménez Fernández intentó introducir entre noviembre de 1934 y marzo de 1935 constituyeron un esfuerzo por mitigar algunas de sus consecuencias más nefastas con un espíritu de justicia social. Esto le granjeó la hostilidad de la extrema derecha, del Partido Agrario, de varios miembros del Partido Radical y de la mitad de su propio partido, la CEDA, donde encontró poca solidaridad y muchos ataques personales cargados de malicia. Su Ley de Protección de Yunteros y Pequeños Labradores fue una tentativa de solucionar la cuestión de las ocupaciones provisionales de la tierra y sustituirlas por otra clase de asentamientos temporales, a fin de que los yunteros pudieran arrendar la tierra durante dos años. El empecinamiento de los terratenientes locales para terminar con esta medida quedó patente cuando, el 16 de octubre de 1934, visitó a Giménez Fernández un grupo de propietarios de Cáceres acompañados por tres diputados de la CEDA y los cuatro del Partido Radical de la provincia, así como de Adolfo Rodríguez Jurado, diputado de la CEDA por Madrid y presidente de la Agrupación de Propietarios de Fincas Rústicas, la asociación aristocrática terrateniente.

La ferocidad de sus objeciones quedó registrada en la entrada del diario que llevaba Giménez Fernández, donde afirmaba que más de uno de aquellos hombres era un «fascista dispuesto a sabotear».[20] En enero de 1935, Giménez Fernández introdujo la Ley de Acceso a la Propiedad, un contrato que daba a los arrendatarios derecho a la compra de la tierra que hubieran trabajado durante al menos doce años consecutivos. A pesar de su moderación, el proyecto provocó una coalición de diputados ultraderechistas, encabezada por un tradicionalista, José María Lamamié de Clairac (Salamanca), y cuatro integrantes de la CEDA: Mateo Azpeitia Esteban (provincia de Zaragoza), Cándido

Casanueva y Gorjón (Salamanca), Luis Alarcón de la Lastra (provincia de Sevilla) y, el más feroz de todos ellos, Adolfo Rodríguez Jurado (Madrid). *El Debate* informó con simpatía de la virulenta hostilidad de Rodríguez Jurado hacia la idea de que los campesinos tuvieran acceso a la propiedad.[21]

Luis Alarcón de la Lastra era un oficial de Artillería y combatiente de las guerras africanas que había preferido abandonar al Ejército antes que jurar lealtad a la República. Era también un aristócrata (ostentaba los títulos de conde de Gálvez y marqués de Rende) con importantes propiedades en los alrededores de Carmona, la zona de la provincia de Sevilla con una de las mayores concentraciones de latifundios. Alarcón de la Lastra era el presidente de Acción Popular en Carmona y ejerció de delegado de los terratenientes en la Junta Provincial de Reforma Agraria en 1933. Desde ese mismo año era también diputado de la CEDA por Sevilla. Tras presentarse y no obtener un escaño en las elecciones de febrero de 1936, volvió a unirse al Ejército cuando estalló la Guerra Civil española y sirvió en las columnas africanas de Yagüe al mando de la artillería que bombardeó un gran número de pueblos. En agosto de 1939 fue recompensado por Franco con la cartera de Industria y Comercio.[22]

Así pues, sesión tras sesión en las Cortes, Alarcón, Lamamié y los ultras de la CEDA fueron despojando la Ley de Arrendamientos Rústicos promulgada por Giménez Fernández de todos sus rasgos progresistas. Los arrendamientos mínimos se redujeron de seis a cuatro años, se suprimió el acceso a la propiedad, las inspecciones para garantizar arrendamientos justos se abandonaron, al tiempo que se añadían cláusulas que permitían un aluvión de desahucios. Gil Robles declaró públicamente que solo las concesiones que nacieran del espíritu cristiano podrían contener la revolución, y aun así tomó distancia y vio a su ministro insultado y derrotado por los votos de la CEDA. Giménez Fernández fue tachado de «bolchevique blanco» y «marxista disfrazado». Y por si fuera poco, Gil Robles colocó a los enemigos más furibundos de Giménez Fernández en el comité parlamentario que examinaba los esbozos de las leyes que promovía. Lamamié de Clairac demostró cuán lejos llegaba su fe católica al declarar que «como el ministro de Agricultura siga citando encíclicas papales para defender sus proyectos, yo le aseguro que terminaremos haciéndonos cismáticos griegos».[23]

En la siguiente crisis de gobierno, Gil Robles apartó discretamente a Giménez Fernández. El 3 de julio de 1935, el sucesor de Giménez Fernández, Nicasio Velayos Velayos, miembro conservador del Partido Agrario, de Ávila, presentó la que acabó por conocerse como «contrarreforma agraria». Era tan reaccionaria que incluso José Antonio Primo de Rivera la denunció, como hicieron también varios republicanos y miembros del Partido Radical. El cambio más drástico que proponía era abandonar el Inventario de la Propiedad Expropiable, lo que permitiría a los terratenientes evitar la expropiación usando testaferros. En lo sucesivo, solo quienes quisieran asegurarse de que su propiedad fuera comprada tenían que someterse a una expropiación. Además, la compensación se decidiría caso por caso en tribunales compuestos por terratenientes, que garantizarían que fuera al valor de mercado.[24] En Extremadura, los terratenientes locales empezaron a desahuciar a los yunteros. En el pueblo de Fregenal de la Sierra, en Badajoz, un solo propietario desalojó a 20 familias. El egoísmo sin límites de los terratenientes fue reconocido por parte de los derechistas más moderados como una de las principales razones para la arrasadora victoria del Frente Popular en Extremadura en febrero de 1936.[25]

La tensión en Badajoz quedó expuesta en toda su crudeza el 10 de junio de 1935, cuando el diputado socialista de la provincia, Pedro Rubio Heredia, de veintiséis años, fue asesinado en un restaurante por Regino Valencia, un empleado a las órdenes de Salazar Alonso. Cabe recordar que Regino Valencia había llevado a cabo la «inspección» que desembocó en la destitución de José González Barrero como alcalde de Zafra. Al funeral de Rubio asistieron miles de miembros de la FNTT. En el juicio a Valencia, celebrado el 27 de junio, se encargó de la defensa Manuel Baca Mateos, diputado de la CEDA por Sevilla, quien aseguró que la muerte se había producido tras una pelea. Juan-Simeón Vidarte, que representaba a la familia de la víctima, demostró ante el tribunal que el ataque no se había debido a ninguna provocación. Valencia fue condenado a doce años y un día de cárcel. Apeló luego al Tribunal Supremo, donde lo defendió el propio Rafael Salazar Alonso. Con posterioridad, Vidarte escribió: «Sabiendo yo, como toda la provincia, que él había sido el inductor del asesinato, su desfachatez me llenó de asombro e indignación». Cuando a finales de diciembre de 1935 se desestimó la apelación, hubo un gran revuelo en el momento en que Vidarte dijo que Salazar Alonso, en lugar de toga, debía llevar traje de presidiario.[26]

El destino político de Salazar Alonso había caído en picado desde que lo habían apartado del Ministerio de la Gobernación, a principios de octubre de 1934. Consciente de que la inclusión de tres ministros de la CEDA en su nuevo gobierno bastaba para enfurecer a la izquierda, Lerroux consideró que no podía mantener a Salazar Alonso. Era un gesto hacia el presidente Alcalá Zamora, para garantizar su aprobación del nuevo gabinete. En compensación, Salazar Alonso había sido nombrado, sin consulta previa con el electorado, alcalde de Madrid.[27] En el debate parlamentario donde se discutieron los sucesos revolucionarios de Asturias y Cataluña, y su posterior represión, el ex primer ministro Ricardo Samper hizo recaer la responsabilidad de lo acontecido en la figura de Salazar Alonso, que, herido en el orgullo, se levantó y abandonó su escaño.[28]

En 1935, Salazar Alonso estuvo implicado en la estafa relacionada con el juego que acabó por destruir al Partido Radical, ya que fue uno de los miembros destacados de dicha formación que aceptó sobornos para que se legalizaran las ruletas trucadas en los casinos españoles. El escándalo que siguió al fraude tomó su nombre, «estraperlo», de la combinación de los apellidos de los inventores del artefacto, Strauss y Perlowitz, así como del hijo adoptivo de Lerroux, Aurelio. A Salazar Alonso le dieron un reloj de oro y 100.000 pesetas (aproximadamente 70.000 euros en la actualidad), mientras que tanto a su subsecretario en el Ministerio de la Gobernación, Eduardo Benzo, como al director general de Seguridad, José Valdivia, les pagaron 50.000 pesetas. A pesar de autorizar el uso de esas ruletas, Salazar Alonso organizó una redada policial cuando una de ellas fue inaugurada en el casino de San Sebastián, por considerar dicha cantidad insuficiente. En la sesión parlamentaria donde se debatió el asunto, Salazar Alonso fue exonerado de culpa por 140 votos contra 137, gracias al apoyo de la CEDA. Al anunciarse el resultado, José Antonio Primo de Rivera gritó: «¡Viva el estraperlo!».[29] Aunque siguió siendo alcalde de Madrid, la carrera política de Salazar Alonso se había acabado. Durante la campaña electoral de febrero de 1936, los discursos que hizo en Badajoz quedaron interrumpidos por ocurrencias sobre ruletas y relojes de oro gritadas a viva voz. Fue derrotado, pero de inmediato aseguró que los resultados se habían falseado. Se quejó a Lerroux de tener graves problemas financieros, pese a que seguía recibiendo el sueldo vitalicio que corresponde a los ex ministros. Fue nombrado director de *Informaciones*, un periódico de derechas, en abril de 1936.[30] Cuando estalló la Guerra Civil se escondió, y cuando finalmente lo arrestaron, fue juzgado sumariamente por un tribunal popular y fue ejecutado.

Después de las derrotas del movimiento obrero en 1934, la represión trajo consigo una apariencia de calma social, aunque la violencia no estaba muy lejos de la superficie. En el sur, muy golpeado por la sequía en 1935, el desempleo alcanzó más del 40 por ciento en algunos lugares, y los pordioseros atestaban las calles de ciudades y pueblos. Dada la estrecha proximidad en que vivían, los hambrientos y las clases medias y acaudaladas se miraban con temor y resentimiento. El odio siguió ardiendo lentamente durante la campaña de la derecha para las elecciones de febrero de 1936, que profetizaba que una victoria de la izquierda supondría «saqueos descontrolados y la propiedad común de las mujeres». Aun sin semejante provocación apocalíptica, las catástrofes naturales se encargaron de intensificar la tensión social. Tras la prolongada sequía del año 1935, el comienzo de 1936 trajo consigo fuertes tormentas, que arruinaron la cosecha de la aceituna y dañaron las cosechas de trigo y cebada. Por toda Andalucía y Extremadura, durante la campaña previa a las elecciones de febrero, los terratenientes ofrecieron comida y trabajo a quienes votaran por la derecha; quienes se negaban tuvieron que hacer frente a la intimidación física y a las amenazas de no volver a trabajar. Tanto en las áreas urbanas como rurales donde abundaba el desempleo, las delegaciones de Acción Popular empezaron a abrir comedores de beneficencia y a distribuir mantas entre los pobres. En muchos lugares, la derecha se lanzó a la compra de votos.[31]

En las zonas rurales, la situación alcanzó niveles de violencia alarmantes. En la mayor parte de las provincias del sur, las casas del pueblo seguían cerradas dieciséis meses después de la revolución de octubre. En Granada, por ejemplo, la prensa republicana desaparecía misteriosamente en algún punto de la ruta entre la capital y otras ciudades y pueblos de la provincia, mientras el periódico de la CEDA, *Ideal*, llegaba puntualmente a destino. Esa misma publicación instó a los partidarios de la derecha a abandonar sus inercias suicidas y sugirió que unas cuantas palizas mantendrían a la izquierda callada, puesto que todos sus miembros eran unos cobardes. Los caciques locales pusieron en práctica este consejo contratando a matones que, a menudo con la ayuda de la Guardia Civil, evitaron la difusión de propaganda izquierdista. Los carteles republicanos se arrancaban a punta de pistola; los oradores no podían dar sus discursos porque encontraban las carreteras bloqueadas; se hizo correr el rumor de que los campesinos no podrían votar a menos que tuvieran documentación especial. Varios simpatizantes republicanos fueron objeto de arrestos ilegales y se impidió a los observadores de la izquierda cumplir con su cometido.[32]

En Badajoz, las autoridades mantenían también cerradas las casas del pueblo, contraviniendo las órdenes expresas del gobierno. Al mismo tiempo, la Guardia Civil cooperaba con los derechistas locales para entorpecer los preparativos electorales de socialistas y republicanos. En Huelva, los alcaldes de derechas prohibieron todas las reuniones del Frente Popular, como demuestran las declaraciones de muchos testigos presenciales. En Mijas (Málaga), el cacique desplegó a sus empleados y a la Guardia Civil para impedir que se difundiera cualquier propaganda de partidos de izquierdas, y tratar de evitar que sus votantes llegaran a las urnas. En Jerez, el alcalde cedista hizo detener al comité del Frente Popular en su totalidad y ordenó al cuerpo de bomberos arrancar todos los carteles de los grupos de izquierdas. El cacique de Novés (Toledo), un cedista que había intentado dominar al campesinado de la zona negándose a cultivar sus tierras, recibió la cooperación plena de la Guardia Civil en sus intentos por paralizar la campaña electoral del Frente Popular. A lo largo y ancho de la provincia de Jaén, los terratenientes amenazaron con prescindir de los trabajadores que votaran a la izquierda, mientras que la Guardia Civil los intimidaba con amenazas, palizas, detenciones y confiscaciones.[33] Desde la izquierda se aseguró además que había existido compra de votos en Salamanca.[34]

El ambiente de enconamiento se plasma a la perfección en la figura de Baldomero Díaz de Entresotos, que ejercía de registrador de la propiedad en Puebla de Alcocer, en la zona al nordeste de Badajoz que se conoce como «la Siberia Extremeña». Díaz de Entresotos, que simpatizaba sin reservas con los fascistas locales, se ofendió por el hecho de que un servicio de taxis de Castuera utilizara coches de segunda mano para trasladar a los trabajadores de la zona a precios razonables. Un terrateniente local le comentó justo antes de las elecciones que «lo que nos están sobrando son elecciones y complacencias. Muy bien que las hubiese antiguamente, cuando eran entre nosotros, por si liberales o conservadores, por si don Fulano o don Zutano; pero ahora, cuando se ventila el orden o la Revolución, toda esta monserga de Parlamento y democracia está de sobra. Aquí no hay otra solución que someter a esta gentuza, como sea; si es preciso, cortándoles la cabeza antes de que nos la corten a nosotros».

Uno de los amigos íntimos de Díaz de Entresotos era Alfonso Muñoz Lozano de Sosa, que además de ser dueño de varias fincas, era teniente de Infantería de la Guardia de Asalto. El día de las elecciones, el 16 de febrero, llegó a Puebla de Alcocer con una ametralladora. Aquel mismo día, el pueblo recibió también la visita de Ricardo Zabalza, secretario general de la Federación Nacional de Trabajadores de la Tierra, que estaba a punto de ser elegido diputado parlamentario socialista por Badajoz. Zabalza almorzó solo en la fonda, con la cabeza gacha, consciente de la hostilidad de los parroquianos de clase media que frecuentaban el establecimiento. Díaz de Entresotos estaba comiendo con el teniente Muñoz y más tarde escribió acerca del odio visceral que sentía por Zabalza, al que había visto aquella única vez y sin ni siquiera conocerle. Zabalza, hombre de aire adusto, iba siempre impecable y pulcramente vestido, pero la repugnancia paranoica de Díaz de Entresotos hacia la izquierda era tal que solo pudo abominar:

> Zabalza sí tenía pinta de lo que era. Desaliñado y repulsivo, emparejaba bien con sus actividades demoledoras. Iba por los pueblos aconsejando el motín y el saqueo. De él contaban que con ocasión de la huelga campesina del año 34 había colocado una bomba al paso de un tren. Ignoraba la certeza de este hecho, pero parecía posible viendo aquel hombre sucio y torvo que comía hundido en el plato. Cuántas veces contemplé aquel día la ametralladora de Muñoz, pensando en la delicia de dispararla sobre aquella carne asquerosa.

Cuando los resultados de las elecciones empezaron a llegar, Muñoz hizo un comentario que no presagiaba nada bueno: «Esto solo se arregla a tiros».[35] El deseo de Díaz de Entresotos y Muñoz de ver a Zabalza muerto no quedaría satisfecho hasta la noche del 24 de febrero de 1940, cuando lo ejecutó un pelotón de fusilamiento en una cárcel franquista.[36]

El escaso margen de la victoria electoral de la izquierda, que esta vez sí se presentó unida, en febrero de 1936 fue un fiel reflejo de la polarización de la sociedad española. Las políticas vengativas del Bienio Negro, y en particular las represiones tras la huelga del campo de 1934 y las rebeliones de octubre, habían dejado a la masa de los trabajadores, sobre todo en el campo, sumida en un clima que distaba mucho de ser conciliador. La clase obrera, tanto rural como urbana, exigía algún tipo de reparación y la rápida puesta en práctica de las reformas que recogía el programa del Frente Popular, lo cual debía traducirse, como mínimo, en la amnistía para los encarcelados y en que quienes habían sido despedidos recuperasen sus puestos de trabajo. La alarma corrió entre las clases medias cuando la multitud se agolpó en las cárceles de Asturias y otros lugares para liberar a los arrestados tras los sucesos de octubre de 1934, así como cuando los jornaleros acudieron en grupo a trabajar en las grandes fincas. En muchos pueblos se produjeron ataques en los casinos y algunas iglesias fueron quemadas, después de que sus púlpitos hubieran servido para justificar la represión y como centros de propaganda de la derecha durante la campaña electoral.

Manuel Azaña, el nuevo presidente del Gobierno, se horrorizó ante el clima de agitación popular, por lo que se embarcó sin dilación en un perentorio programa de pacificación. El 20 de febrero, en la primera reunión del nuevo Consejo de Ministros, se aprobó el regreso de los ayuntamientos electos, disueltos tanto por Salazar Alonso como tras la sublevación de octubre de 1934; para quienes habían sido encarcelados tras los disturbios, se decretó también amnistía. Al día siguiente, Azaña hizo una declaración a la nación que fue emitida por radio, en la que se comprometía a «sanear las heridas causadas en el cuerpo nacional en estos últimos tiempos» y a que su gobierno no actuara de manera vengativa por las injusticias cometidas durante el Bienio Negro. Confiaba en que la agitación popular fuera un fenómeno pasajero, fruto de la euforia desencadenada tras el triunfo electoral. Con vistas a apaciguar la inquietud, el 29 de febrero su gabinete hizo público un decreto que obligaba a los patrones a admitir nuevamente a los obreros despedidos por razones ideológicas o por haber participado en huelgas posteriores al 1 de enero de 1934, así como a compensarlos con su salario por un mínimo de treinta y nueve días y un máximo de seis meses. La reacción inmediata de un ingente número de organizaciones de empresarios fue una declaración que, en términos conciliadores, señalaba que esa compensación entrañaba «una verdadera catástrofe económica». En un primer momento, pareció que desde la derecha en general se confiaba tanto en Azaña, como «el enfermo en el aceite de hígado de bacalao», en palabras del dramaturgo Ramón del Valle Inclán.[37]

La cautela de la derecha, sin embargo, duró poco. Además, Azaña tuvo que hacer frente a problemas inmediatos que debilitaron su posición. A pesar de su discurso radiofónico, la agitación en el campo no cesó. Recibió con profundo abatimiento la noticia de los sucesos de Yecla, al norte de Murcia, donde se quemaron siete iglesias, seis casas y el registro de la propiedad.[38] Su capacidad para controlar la situación quedó gravemente menoscabada por la oposición de Francisco Largo Caballero a que los socialistas participaran en el gabinete. Dada su desconfianza en la moderación de los republicanos, había accedido a apoyar la coalición electoral solo para garantizar la amnistía política de las víctimas de la represión tras los sucesos de octubre. Resentido tras los continuos obstáculos que la derecha puso a las reformas entre 1931 y 1933, Largo Caballero creía que solo un gabinete formado exclusivamente por ministros socialistas sería capaz de transformar la sociedad española; en un exceso de confianza, pensaba que los republicanos de izquierdas debían seguir su propio programa hasta agotarse en el desarrollo de la fase burguesa de la revolución. En ese momento, o bien se instauraba un gabinete socialista, o bien acababan sepultados por un alzamiento fascista, que en sí mismo bastaría para desencadenar una revolución que acabaría triunfando.

Entretanto, Largo Caballero hizo bien poco para contener a sus seguidores. El 3 de abril de 1936 fue entrevistado por el periodista estadounidense Louis Fischer, a quien le dijo complaciente: «Los reaccionarios podrán volver a ocupar sus cargos sólo a través de un golpe de Estado».[39] Desde el perspicaz punto de vista de grupos genuinamente revolucionarios, como la CNT-FAI y el POUM, Largo Caballero se limitaba a repetir perogrulladas revolucionarias; pero, por desgracia, la vacuidad de su retórica no se percibió como tal entre las clases medias y altas. Sus temores a una revolución eran alimentados por la propaganda de la derecha, mientras la política de Largo Caballero impedía tanto la revolución como un gobierno fuerte. En última instancia, solo sirvió para que hubiera un gobierno republicano ineficaz en el poder mientras se gestaba la conspiración militar.

La tensión era tal que Azaña se sintió en la obligación de intervenir para calmar los ánimos. En correspondencia con su cuñado, escribió: «Las izquierdas temían cada noche un golpe militar, para cortar el paso al comunismo. Las derechas creían que el soviet estaba a la vista. No se ha visto nunca una situación de pánico semejante, ni más estúpida. Los socialistas tienen montado un espionaje mediante las porteras, las criadas y los *chauffeurs*, y recogen todas las habladurías de escaleras abajo». Con la Bolsa en caída constante y las calles desiertas, el 3 de abril Azaña pronunció el primero de sus dos discursos fundamentales ante las nuevas Cortes, en el que hizo mención de las agitaciones y los disturbios que se habían producido en el campo. Señaló que, cuando había visto que no tenía más remedio que aceptar el poder de forma prematura, a última hora de la tarde del 19 de febrero, había encontrado todo el aparato de gobierno paralizado, en particular los servicios de seguridad. Esto se debía a que su predecesor, Manuel Portela Valladares, y su gabinete habían renunciado a sus cargos, en lugar de esperar a la apertura de las Cortes, presionados en buena medida por el temor a que Franco y Gil Robles dieran un golpe militar para contener las intenciones, supuestamente revolucionarias, de las masas del Frente Popular. Por consiguiente, sin poder preparar sus propios instrumentos de gobierno, el improvisado nuevo gabinete tuvo que lidiar con lo que denominó «una úlcera nacional».

Al referirse a los excesos de las primeras seis semanas al frente del país, preguntó:

> ¿Es que se puede pedir a las muchedumbres irritadas y maltratadas, a las muchedumbres hambreadas durante dos años, a las muchedumbres saliendo del penal, que tengan la virtud que otros tenemos de que no transparezcan en nuestra conducta los agravios de que guardamos exquisita memoria? Había que contar con esto, y el Gobierno contaba con ello, y una de las cosas que hemos tenido que aceptar y devorar [al] encargarnos del poder de aquella imprevista, improvisada, manera, era la seguridad de que la primera explosión del sentimiento colérico popular se traduciría en desmanes que redundarían en mengua de la autoridad política y tal vez en perjuicio del Gobierno.

Aunque condenó los abusos violentos, denunció también a quienes trataban de sacar de ellos capital político. Reconoció que la tendencia de los españoles a resolver problemas a través de la violencia fomentaba «una presunción de la catástrofe». «Mucha gente, mucha, anda por ahí desalentada imaginando que un día de estos España va a amanecer constituida en soviet». Pese a que comprendía aquella clase de temores en individuos apolíticos, le parecía intolerable que gente con conciencia política fomentara el pánico y la incertidumbre con objeto de crear la atmósfera propicia para un golpe de Estado.

Azaña no solo intentó dar la debida medida del desorden, sino que a continuación declaró que su gobierno se proponía remediar la desigualdad que existía en el seno de la sociedad española. Reconocía, no obstante, que eso podía ir en menoscabo de los intereses de quienes se beneficiaban de «este atroz desequilibrio». Este objetivo se traducía, pues, en que su gobierno iba a apuntar «a romper toda concentración abusiva de riqueza, dondequiera que esté». Si bien no pretendía que toda una clase social se suicidara, instó a los ricos a hacer sacrificios, en lugar de terminar por enfrentarse a las consecuencias de la desesperación que provocaba el desequilibrio social. Concluyó diciendo que era la última oportunidad de la República y, por último, terminó con la profética idea, tal vez más de lo que entonces pensaba él mismo, de que si la redistribución de la riqueza que propugnaba hallaba la misma oposición que las reformas de las Cortes Constituyentes, no habría ningún camino hacia delante por la vía de la legalidad. Sorprendentemente, la reacción a su ultimátum fue de alivio generalizado, desde los comunistas a la extrema derecha. La Bolsa empezó a recuperarse y Azaña fue considerado un héroe nacional.[40]

Aunque de signo exclusivamente republicano, sin participación socialista ni comunista, el nuevo gobierno estaba decidido, tal como revelaba el discurso de Azaña, a proceder sin dilación a un cambio significativo en la cuestión agraria. La tarea se presentaba tanto más difícil al coincidir con una tasa de desempleo aún más alta, que a finales de febrero de 1936 alcanzaba la cifra de 843.872 parados, o el 17 por ciento de la población activa.[41] Poco después de que Azaña formara su gabinete, el nuevo ministro de Agricultura, Mariano Ruiz-Funes, anunció su compromiso de llevar a cabo una reforma agraria inmediata. La renacida Federación Nacional de Trabajadores de la Tierra quiso asegurarse de que cumplía su palabra. Tras la cruda represión rural de los dos años anteriores, en 1936 la FNTT empezó a expandirse a un ritmo vertiginoso. Su liderazgo militante no estaba dispuesto a tolerar retrasos por parte del gobierno u obstáculo alguno de los grandes terratenientes.

Inmediatamente después de las elecciones, Ricardo Zabalza había escrito a Ruiz-Funes urgiéndole a acelerar el regreso a sus tierras de los arrendatarios desahuciados en 1935. También pidió que se restableciera la Ley de Jurados Mixtos original y el Decreto de Laboreo Forzoso de la tierra. En una carta al ministro de Trabajo, Enrique Ramos, Zabalza solicitó la puesta en marcha de un plan de colocación de los trabajadores desempleados con los terratenientes. Una tercera carta, dirigida a Amós Salvador, ministro de la Gobernación, exigía el desarme de los caciques. Seriamente alarmados por la cantidad de armas a disposición de los terratenientes y sus empleados, así como por el hecho de que las clases altas rurales gozaban del apoyo de la Guardia Civil, la FNTT pronto recomendó a sus miembros formar milicias populares para evitar que se repitiera una persecución como la de 1934 y 1935. Antes de que se abrieran las Cortes, a mediados de marzo, hubo en toda España manifestaciones campesinas para que las peticiones de Zabalza se pusieran en práctica.[42] Las exigencias de la FNTT no eran de carácter revolucionario, pero constituían un gran desafío para el equilibrio del poder económico rural. Además, los acontecimientos de los dos años anteriores habían exacerbado el odio entre las clases rurales hasta un punto que hacía altamente improbable la introducción pacífica de la legislación social deseada. La situación económica hacía que las reformas, esenciales para aliviar la miseria de los campesinos sin tierra, supusieran una redistribución significativa de la riqueza rural. Las lluvias constantes entre diciembre de 1935 y marzo de 1936 habían dañado seriamente la cosecha de cereales y reducido los márgenes de los cultivos, tanto grandes como pequeños. El desastre natural simplemente reforzó la renuencia tanto de los terratenientes como de los trabajadores para alcanzar algún tipo de conciliación.

Anticipándose a las exigencias de la FNTT, la propaganda de la CEDA predijo que una mayoría electoral de la izquierda sería el preludio de los mayores desastres. Por consiguiente, la derrota electoral de la derecha el 16 de febrero imposibilitaría toda defensa legal de los intereses religiosos y de los terratenientes, por lo que la única alternativa sería la violencia. Los boletines de la Entente Internationale contre la Troisième Internationale habían convencido al jefe del Estado Mayor, Francisco Franco, de que la victoria de la izquierda en las urnas constituía la primera fase del plan de la Internacional Comunista para apoderarse de España. Desde primera hora de la mañana del 17 de febrero, Gil Robles había trabajado con Franco para proclamar un estado de guerra y revocar los resultados. Consiguieron que una serie de guarniciones lo hicieran, pero sus intenciones se fueron a pique cuando el director general de la Guardia Civil, Sebastián Pozas, se mantuvo leal a la República. A partir de entonces, el legalismo sería solo una máscara para las actividades de los catastrofistas. El 8 de marzo, un grupo de generales veteranos se reunió en Madrid para poner en marcha la forma más extrema de violencia, el golpe militar. Acordaron nombrar al general Emilio Mola director de la conspiración y al coronel Valentín Galarza, su oficial de enlace,[43] una decisión poco sorprendente. En mayo de 1935, cuando

Gil Robles fue nombrado ministro de la Guerra, designó a Franco jefe del Estado Mayor, y Mola se instaló en un pequeño despacho en el Ministerio de la Guerra, dedicado a preparar planes detallados para utilizar al Ejército colonial en la Península, contra la izquierda.[44] Mola fue luego nombrado general jefe en Melilla, y poco después jefe superior de las fuerzas militares de todo el protectorado de Marruecos. Franco se aseguró de colocar a reaccionarios de confianza en los puestos de mando de muchas de las unidades marroquíes y españolas. Más adelante alardearía de que aquellos oficiales fueron piezas clave en el alzamiento.[45]

En la Andalucía y la Extremadura rurales se dirimía ya un amargo conflicto, después de que los terratenientes hubieran pasado por alto completamente los acuerdos sobre los salarios y las bases de trabajo y de que se aplicaran nuevos desahucios a los yunteros. A estas alturas, los dichosos campesinos desfilaban por los pueblos, ante la mirada iracunda de los derechistas, ondeando sus pancartas sindicales y sus banderas rojas. Tales muestras de alegría popular horrorizaban a las clases medias rurales casi tanto como los ataques a los casinos frecuentados por los terratenientes. La legislación laboral empezó a reforzarse y en el sur se «alojaba» a los jornaleros en fincas sin cultivar. Los encarcelados tras la huelga del campo de junio de 1934 y los sucesos de octubre fueron puestos en libertad y volvieron a sus ciudades y pueblos, para disgusto de los guardias civiles locales que los habían arrestado. En La Rambla (Córdoba), los manifestantes despidieron con piedras a los concejales salientes de la derecha. En otro pueblo de la misma provincia, Aguilera de la Frontera, se evitó el incendio de la asociación de los terratenientes, el Círculo de Labradores, aunque solo después de que ardieran el mobiliario y gran cantidad de documentos. En la también cordobesa localidad de Palma del Río, el 20 de febrero se quemaron los muebles de las oficinas de Acción Popular.[46]

El anuncio por parte de Azaña de los decretos el 20 de febrero fue recibido con cautela. La aplicación de los mismos, en cambio, provocó una oleada de indignación. Los alcaldes de derechas impuestos en 1934 por Salazar Alonso fueron expulsados sin ceremonias de los ayuntamientos de Badajoz, al tiempo que los socialistas depuestos se reincorporaron a sus alcaldías. La legislación agraria republicana pronto quedó restablecida. Los terratenientes locales más ricos abandonaron sus mansiones en lugares como Puebla de Alcocer. En todo el sur volvieron a instaurarse los Jurados Mixtos. El laboreo forzoso de la tierra en barbecho volvió a imponerse, y se puso también en marcha una variante de la legislación de términos municipales, a fin de evitar que los propietarios trajeran mano de obra barata de fuera para boicotear la labor de los sindicatos. En muchos de los ayuntamientos restituidos se decretó que los empleados municipales recibieran el salario retrasado desde la fecha en que los habían depuesto. Los trabajadores fueron alojados en fincas, cuyos propietarios debían correr con los gastos. Las clases pudientes, huelga decirlo, se sintieron ultrajadas por medidas que a sus ojos eran injustas, así como por la impertinencia por parte de quienes se esperaba que obraran con servilismo y respeto. La tensión creció en algunos pueblos cuando los alcaldes prohibieron las procesiones religiosas tradicionales. Todo el concejo municipal de Doña Mencía, al sur de Córdoba, fue suprimido por el gobernador civil cuando se negó a autorizar entierros católicos. Rute fue otro pueblo cordobés donde los patrones más intransigentes se negaron a admitir a los trabajadores que les habían asignado.[47]

En todas partes los terratenientes se indignaron ante la evidencia de que el servilismo campesino tocaba a su fin. Su resentimiento a menudo tomaba la forma de ataques violentos sobre representantes de la izquierda. En la provincia de Cáceres, entre febrero y junio de 1936, murieron nueve hombres, bien a manos de falangistas locales, bien de la Guardia Civil.[48] La derecha dirigía la violencia contra aquellos de quien se esperaba sumisión, pero que ahora demostraban la firme determinación de que no les negara la reforma. En Salamanca, el conflicto social había adquirido un carácter endémico a lo largo de la historia, dado que la principal actividad, la cría de ganado, requería escasa mano de obra. El consiguiente problema del desempleo se exacerbó por el hecho de que buena parte de la tierra cultivable fuera reservada para cotos de caza. A pesar de que había zonas de pequeñas parcelas hacia el oeste y el sur de la provincia, en especial en los alrededores de Ledesma, Ciudad Rodrigo y Alba de Tormes, el reparto de la propiedad de las tierras estaba dominado por grandes latifundios, motivo por el cual Salamanca fue la única provincia de León o Castilla incluida en la Ley de Reforma Agraria. La ocasión que se presentaba en la primavera de 1936 para dar un nuevo empuje a la división de los grandes latifundios provocó esfuerzos desesperados de los representantes de los terratenientes por bloquear la reforma. Rápidamente, contemplaron la opción de pasar a la violencia y entraron en contacto con los conspiradores del Ejército.[49]

De los seis candidatos de la derecha que ganaron en Salamanca las elecciones de febrero, Gil Robles, Cándido Casanueva, Ernesto Castaño y José Cimas Leal de la CEDA, y los carlistas José María Lamamié de Clairac y Ramón Olleros, tres estaban implicados en la petición ilícita de los votos de los cultivadores de trigo a cambio de comprar los excedentes de la cosecha. Tras el escrutinio de los resultados en Salamanca, el comité que examinaba la validez de las elecciones, la Comisión de Actas, inhabilitó a tres de ellos, Castaño, Lamamié de Clairac y Olleros, y cedió sus escaños parlamentarios a los otros tres candidatos con mayor número de votos. Los escaños de la derecha en Granada también quedaron anulados por flagrante fraude electoral. Los diputados de la CEDA, tras declararse víctimas de una persecución, se retiraron en bloque de las Cortes; sin embargo, su valor como púlpito de propaganda hizo que volvieran con rapidez. En sus memorias, el presidente de las Cortes, el republicano conservador Diego Martínez Barrio, sugirió que la reacción de la derecha a la pérdida de los escaños ganados por medios fraudulentos había supuesto una escalada en la provocación deliberada de la violencia. Castaño, destacado terrateniente y líder del Bloque Agrario, fue a Valladolid, cuartel general de la VII División del Ejército, al que pertenecía Salamanca, para proponer un alzamiento militar contra la República.[50] Gil Robles mantenía contacto directo con el general Mola, mientras que su leal acólito, Cándido Casanueva, actuaba como el enlace de la CEDA con los generales Goded y Fanjul.[51] Gonzalo de Aguilera tal vez fuera un caso extremo, pero en modo alguno puede decirse que se tratara de una figura poco representativa de la clase terrateniente salmantina.

Otro terrateniente de la zona, Diego Martín Veloz, desempeñó un papel igualmente activo para obtener ayuda del Ejército. Había puesto mucho empeño en tratar de convencer a los oficiales de la guarnición de Salamanca de unirse al intento de golpe de Estado del general Sanjurjo, en agosto de 1932. Martín Veloz, pugnaz y de tez morena, había nacido en Cuba y, en sus tiempos de joven soldado, lo habían arrestado con frecuencia por indisciplina y violencia. Pese a todo, más adelante trabó amistad con ciertos mandos de la jerarquía militar, entre los que se contaban los generales Miguel Primo de Rivera y Gonzalo Queipo de Llano. Adquirió reputación de matón primero en Santander, donde fue juzgado por asesinato y absuelto después de que lo avalaran numerosas figuras veteranas del Ejército, y luego en Salamanca. Este personaje imponente, por no decir goliárdico, era conocido por sus voraces apetitos, tanto gastronómicos como sexuales. Devino una figura clave en los burdeles, casinos y garitos de Salamanca, Valladolid, Zamora y Palencia. Invirtió sus ganancias en propiedades y amasó una fortuna que lo convirtió en uno de los hombres más ricos de Salamanca, y también de los más manirrotos. En su finca, Cañadilla, en Villaverde de Guareña, prodigaba toda clase de atenciones a sus amigos militares, a los que invitaba a las fiestas desenfrenadas que daba en sus fincas y cuyas deudas pagaba a menudo.

Adquirió tanto renombre por su carácter pendenciero como por la generosidad que dispensaba a sus amigos. Entre sus compañeros de farra se contaban los citados Miguel Primo de Rivera y Gonzalo Queipo de Llano, y otros como Manuel Goded y Gonzalo de Aguilera. A pesar de su fama de blasfemo malhablado, muchos prelados locales acudían a su casa con frecuencia. Se lo conocía como el «amo de Salamanca», y ejercía tal influencia que en una ocasión, con total impunidad, disolvió una procesión del Corpus Christi soltando una cuadra de burros. Siendo ya un cacique poderoso, obtuvo un escaño parlamentario en 1919 y estuvo involucrado en numerosos incidentes violentos en las Cortes. Amenazó a otros diputados, entre ellos el socialista Indalecio Prieto, y una vez encañonó con una pistola a su rival en Salamanca, el católico Juan Casimiro Mirat. Cuando el gobierno liberal empezó a cerrar los casinos de los que era propietario, construyó una base política con la fundación del periódico *La Voz de Castilla* y de la Liga de Agricultores y Ganaderos, un partido agrario que cosechó un amplio apoyo en la provincia. Su colaborador más próximo, y a efectos prácticos también factótum político, fue Cándido Casanueva, el notario que lo vincularía con José María Gil Robles. Se aseguraba que Martín Veloz había comprado votos para Casanueva en Ledesma en 1923, del mismo modo que más adelante se dijo que Casanueva compró votos para Gil Robles. El marco de acción de Martín Veloz tenía su núcleo en Peñaranda de Bracamonte.[52] Después de que Primo de Rivera cerrara los casinos y los salones de juego, Martín Veloz pasó por apuros financieros considerables; se enfrentaba a la bancarrota cuando se instauró la Segunda República. Sin embargo, mantuvo el contacto con sus amigos del Ejército como probaron sus esfuerzos por promover, en vano, el levantamiento de la guarnición salmantina en la sublevación militar frustrada de agosto de 1932.

Durante la Segunda República, Martín Veloz fue uno de los fundadores del Bloque Agrario. Guardaba en su casa un arsenal considerable.

En la primavera de 1936, Casanueva y Martín Veloz se reunieron para preparar el alzamiento, y este intensificó sus contactos con los militares locales para convencerlos de que participaran en el inminente alzamiento. A Queipo, por ejemplo, lo invitó a Cañadilla a finales de mayo de 1936 y lo sometió a arengas furibundas sobre la necesidad de un golpe hasta persuadirlo. Al estallar la guerra, Martín Veloz dedicaría además un enorme empeño, igual que otros terratenientes de Salamanca, a reclutar a campesinos para las fuerzas rebeldes.[53]

En la provincia de Toledo, la violencia se mantuvo bajo control gracias al gobernador civil, Vicente Costales, que ordenó a la Guardia Civil no disparar salvo en caso de ser atacado. También dio orden de que se confiscaran todas las armas de fuego, tras lo cual se decomisaron 10.000 escopetas. Esta medida bienintencionada supuso un grave daño para el campesinado, que dependía de estas para la caza. Las armas que se guardaron en los puestos de la Guardia Civil fueron destruidas o distribuidas entre los derechistas cuando se produjo el golpe militar.[54] El 9 de marzo, en Escalona, al noroeste de Toledo, los falangistas locales fusilaron a 4 jornaleros socialistas e hirieron a otros 12. El 5 de marzo, en Quintanar de la Orden, al sur de la provincia, unos sicarios del cacique del pueblo asaltaron la casa del alcalde socialista y la emprendieron a golpe de pistola con su mujer y dos de sus hijos pequeños. Luego intentaron matar a la hija mayor del alcalde arrojándola a un pozo. Los autores de tales crímenes no fueron arrestados en ninguno de los dos casos.[55]

Bajo la presión de la FNTT, el 3 de marzo Ruiz-Funes había hecho público un decreto que permitía a los yunteros volver a ocupar la tierra que habían trabajado antes de ser desahuciados. La ejecución de un decreto de esas características prometía ser compleja, y desde luego llevaría tiempo, pero los yunteros estaban desesperados por tener acceso a la tierra y la siembra de la primavera era para ellos un asunto urgente. Justo antes de que se reunieran las nuevas Cortes, la FNTT convocó una movilización multitudinaria del campesinado el domingo 15 de marzo, a fin de recordar a los diputados del Frente Popular sus promesas electorales. Las exigencias de los manifestantes eran la entrega inmediata de tierras con crédito para los colectivos campesinos, la devolución de las tierras comunales, dar trabajo a los desempleados, el cumplimiento estricto de los salarios acordados, las bases de trabajo y turnos rigurosos, la puesta en libertad de los encarcelados que aún seguían en prisión y el desarme de la extrema derecha.[56]

Para inquietud de los reaccionarios, la convocatoria tuvo un gran seguimiento en buena parte de Castilla, el norte peninsular y toda la región sur. Largos desfiles encabezados por pancartas con estas exigencias y banderas rojas, integrados por peones que saludaban con el puño en alto y entonaban el grito de batalla de los mineros asturianos, «Uníos Hermanos Proletarios», se sucedieron en el país. Díaz de Entresotos, que presenció esta y otras manifestaciones en Mérida, expresó así su disgusto al ver cómo se volvían las tornas: «Desde las aceras la gente de orden contemplaba con ojos desolados el paso de los manifestantes y en todos los corazones se arrinconaban angustias infinitas. A mí me comía una ira sorda y desesperada. Tenía la cabeza llena de ideas homicidas y hubiese dado la vida por quitársela a aquella gentuza, cuya presencia era humillación y reto».[57]

La manifestación del 15 de marzo fue un éxito en numerosos pueblos de Cáceres, León, Zamora y Salamanca, e incluso en Navarra, Valladolid y Burgos. En Salamanca, la gente desfiló tanto en Cantalpino, Cantalapiedra y Alba de Tormes, al este de la capital, como en Villavieja de Yeltes, Cristóbal y Tejares, al oeste. En muchos lugares, estas manifestaciones provocaron la ira de la derecha local, pero concluyeron sin incidentes destacables. Sin embargo, en la aldea de Mancera de Abajo, cerca de Peñaranda de Bracamonte (Salamanca), la manifestación recibió el ataque de unos derechistas armados. Un joven comunista y un niño murieron por los disparos y, en el posterior tumulto, una terrateniente de derechas de la zona, Eleuteria Martínez Márquez, fue apuñalada de muerte. Al entierro del comunista en la capital de la provincia acudió masivamente el colectivo de la izquierda, con el alcalde de Salamanca, Casto Prieto Carrasco, de Izquierda Republicana, al frente. Para más escarnio de la derecha local, el nuevo gobernador civil, Antonio Cepas López, también de Izquierda Republicana, ante el temor de nuevos altercados prohibió las procesiones programadas para la Semana Santa. En el transcurso de los meses siguientes se produjeron varios enfrentamientos entre falangistas e izquierdistas, en los que resultaron heridos varios transeúntes inocentes.[58]

La violencia dio un salto en su escalada la madrugada del 25 de marzo de 1936. Bajo una lluvia torrencial, más de 60.000 campesinos sin tierra ocuparon en Badajoz 1.934 fincas, básicamente ganaderas, en los partidos judiciales de Jerez de los Caballeros, Llerena y Mérida, y emprendieron trabajos simbólicos en el campo. La iniciativa había sido organizada con meticulosidad por la FNTT, que había repartido equitativamente las familias entre las fincas, con la intención de iniciar un cultivo colectivo de las tierras.[59] A fin de evitar que la situación se deteriorara, el Instituto de Reforma Agraria legalizó rápidamente las ocupaciones e instaló a 50.000 familias. En Cádiz, Toledo, Salamanca y la sierra de Córdoba, los yunteros también invadieron fincas, aunque a menor escala. De hecho, Toledo fue la provincia con mayor índice de fincas expropiadas, y la tercera, por detrás de Badajoz y Cáceres, en proporción de asentamientos campesinos. Esto se reflejó en la venganza impuesta sobre el campesinado cuando llegaron las columnas franquistas al comienzo de la Guerra Civil. Cuando el Instituto de Reforma Agraria declaró las fincas ocupadas «de utilidad pública», garantizó también una compensación para el propietario de la tierra, que repercutiría sobre los posibles beneficios que se generaran. Sin embargo, frente a esta imposición espontánea de la reforma agraria, los terratenientes locales montaron en cólera y, temiendo la ocupación de las fincas dedicadas al cultivo de cereales, trataron de reimponer disciplina, sobre todo a base de cierres patronales rurales pero también, en muchos casos, mandando a empleados armados para recuperar el control de las fincas. Cuando los Jurados Mixtos impusieron a los terratenientes la obligación de aceptar a los braceros en sus propiedades, se negaron a pagar a los trabajadores alojados. La situación era sumamente conflictiva, y más si se tiene en cuenta que muchos de los pequeños granjeros afrontaban verdaderas dificultades para pagar a unos jornaleros que no necesitaban. Inevitablemente aumentaron los robos en los cultivos. Cuando faltaba muy poco para la recolección de la cosecha, los propietarios se negaron a negociar las condiciones salariales y de trabajo con las ramas locales de la FNTT. Quienes no pagaban a los trabajadores que tenían a su cargo, primero eran multados y, en algunos casos, eran arrestados tras negarse a saldar la deuda.[60]

Ante la innegable evidencia de que las reformas agrarias de la República se combatirían con violencia, la FNTT se hizo eco del llamamiento de Zabalza a la creación de milicias populares, lamentándose de que

la consigna del Gobierno, o sea el desarme de todos los ciudadanos, constituye una burla. En la realidad, eso equivale a entregarnos inermes a nuestros enemigos. Primero porque la Guardia Civil, que durante dos años ha venido desarmándonos a nosotros, deja intactos los arsenales que poseen los elementos fascistas —al hablar de fascistas nos referimos lo mismo a los

de la Falange que a los de la CEDA—. De sobra sabemos que son los cedistas y demás terratenientes quienes pagan a las centurias de Falange. De
modo, pues, que tenemos frente a nosotros, armados hasta los dientes, a
todos los señores de la tierra, a sus lacayos directos, a sus matones a sueldo,
a la clerigalla trabucaire, y, respaldando a todas esas fuerzas enemigas, a la
Guardia Civil, a los jueces de la burguesía, a los técnicos desleales y a los
chupatintas taimados [del Instituto de Reforma Agraria].[61]

Uno de los factores que más contribuyó a aumentar la tensión social
durante la primavera de 1936 fue el anticlericalismo. La animadversión
religiosa se dejó notar con más intensidad en los pueblos o aldeas donde
el clero había prestado apoyo a la CEDA y había aplaudido la represión
tras la huelga del campo y los sucesos de octubre de 1934. La venganza
a veces consistió en que los alcaldes rehabilitados en sus cargos impidieran los entierros católicos, los bautizos y las bodas, o en que cobraran
por dejar tocar las campanas. En Rute, el alcalde socialista multó al párroco por llevar el viático por las calles sin haber solicitado el correspondiente permiso. En varios lugares se destruyeron estatuas sacras y crucifijos; estos incidentes ocurrieron sobre todo en Andalucía y en Levante.
En Yecla (Murcia), a mediados de marzo, hubo sucesivas quemas de
iglesias. Se profanaron las tumbas del obispo de Teruel, Antonio Ibáñez
Galiano, y de dos monjas en la iglesia de las Franciscanas Concepcionis-
tas. En varios pueblos manchegos se interrumpieron las procesiones religiosas y los fieles fueron hostigados por jóvenes trabajadores a la salida
de misa. Lo mismo ocurrió en Linares de la Sierra, una aldea del norte de Huelva. En Santa Cruz de Mudela, al sur de Valdepeñas, en Ciudad Real, a mediados de marzo la Guardia Civil frustró un intento de
incendiar la parroquia. A lo largo de los dos meses siguientes, el alcalde
cerró dos colegios religiosos, prohibió los entierros católicos y que los
niños llevaran el traje de la primera comunión por el pueblo; incluso colgó medallas con imágenes religiosas a unos perros que soltó entre la gente
que salía de misa. En Cúllar de Baza (Granada) se dijo que en el mes de
junio el alcalde había irrumpido en la iglesia en plena noche y había
desenterrado el cuerpo del párroco, que había fallecido recientemente,
con la intención de darle sepultura en el cementerio civil. Por supuesto,
se trata de casos extremos, pues en la mayor parte de los lugares las procesiones de Semana Santa se desarrollaron sin incidencias. Sin embargo,
los enfrentamientos por motivos religiosos fueron un factor importante

en la polarización política y el fomento de la violencia. Hubo casos de curas trabucaires, por ejemplo. En Cehegín (Murcia), al ver su residencia rodeada, el párroco abrió fuego sobre los manifestantes y mató a uno de ellos. En Piñeres (Santander), un cura disparó a los aldeanos provocando un herido. El párroco de Freijo (Orense) tenía en su poder un rifle Winchester, un máuser y una rémington.[62]

La confrontación se recrudeció cuando en el mes de abril se negociaron las bases de trabajo. Los terratenientes se enfurecieron al saber que los ayuntamientos del Frente Popular pretendían imponer multas cuantiosas a quienes desacataran los acuerdos alcanzados por los Jurados Mixtos.[63] Las bases de trabajo fueron prácticamente pasadas por alto en Badajoz, Córdoba, Ciudad Real, Málaga y Toledo. En la provincia de Badajoz, los propietarios se negaron a contratar a jornaleros y utilizaron maquinaria para recoger la cosecha de noche. En Almendralejo, situado en una zona considerablemente próspera, más de 2.000 hombres se quedaron sin trabajo porque los terratenientes se negaron a emplear a los afiliados de la FNTT. Cabe reseñar, además, que la unidad de los amos de las fincas se mantuvo también gracias a que pesaban amenazas de muerte sobre cualquiera que decidiera negociar con el sindicato obrero. Pese a todo, el gobernador civil ordenó el arresto de cuatro de los mayores latifundistas. La tensión en el pueblo tomó finalmente un cariz sangriento cuando estalló la Guerra Civil.[64] El alcalde de Zafra, José González Barrero, presidió un comité mixto de terratenientes y trabajadores, que se ocupó de la colocación de los jornaleros desempleados de la zona. Cuando el 7 de agosto la columna rebelde entró en Zafra, cuatro de los cinco representantes de los trabajadores fueron asesinados.[65]

En Jaén, durante la cosecha del cereal, los propietarios trajeron mano de obra no sindicada de Galicia y otras regiones. Los esquiroles estaban protegidos por la Guardia Civil, que también estaba en connivencia con el hecho de que los dueños tuvieran guardas armados al cuidado de sus fincas. Cuando los terratenientes de Badajoz trataron de sortear a los sindicatos locales importando mano de obra barata de Portugal o con el uso de maquinaria, hubo ataques a los jornaleros inmigrantes y las máquinas fueron saboteadas. Con la cosecha al borde de la ruina, las autoridades locales dispusieron que fueran los braceros no sindicados quienes la recogieran bajo protección policial. Al considerar esta iniciativa un asalto a sus derechos de propiedad, los terratenientes denegaron los salarios que se exigían y ordenaron a sus guardas armados echar a los jornaleros de los campos. En algunos casos, los propios dueños de las fincas destruyeron las cosechas a fin de coartar a los peones. La Federación de Propietarios Rústicos llegó a afirmar que sus miembros se enfrentaban a la desaparición o al suicidio. En Carrión de los Condes, al norte de Palencia, el presidente de la casa del pueblo fue colgado por los terratenientes locales. En muchas partes de Córdoba hubo huelgas cuando las organizaciones obreras trataron de imponer el «turno forzoso», la rotación estricta de los trabajadores en las distintas fincas. En buena parte de los lugares, las huelgas se resolvieron negociando. Sin embargo, en Palma del Río, en parte por la provocativa postura de uno de los principales terratenientes, se produjo un grave conflicto. Cuando el terrateniente se negó a pagar a los trabajadores alojados en sus fincas, lo encarcelaron y le ordenaron pagar 121.500 pesetas, una pequeña fortuna por entonces. Al rehusar de nuevo, el ayuntamiento confiscó 2.450 animales de su propiedad, entre cerdos, vacas y caballos. Acto seguido, sus hijos y otros falangistas del pueblo organizaron varios disturbios. Cuando los militares rebeldes tomaron el pueblo en la guerra, su revancha fue despiadada. En Palenciana, al sur de Córdoba, un guardia llamado Manuel Sauces Jiménez interrumpió un consejo en la casa del pueblo y trató de arrestar al orador; tras la consiguiente escaramuza, fue apuñalado de muerte. Sus compañeros abrieron fuego, matando a un trabajador e hiriendo a otros tres hombres.[66]

En la provincia de Sevilla, el gobernador civil, José María Varela Rendueles, se dio cuenta de que los terratenientes llamaban a la Guardia Civil para expulsar a quienes habían invadido sus propiedades únicamente después de que hubieran recogido toda la cosecha. Así que, cuando la Guardia Civil cumplía con su trabajo, los propietarios tenían la cosecha recogida gratis.[67] El conflicto entre jornaleros alojados y patronos fue especialmente espinoso en Sevilla. Los pueblos de menos de 10.000 habitantes estaban bajo el dominio de la FNTT, mientras que los más grandes se hallaban en manos de la CNT. En uno de estos últimos, Lebrija, el 23 de abril hubo un enfrentamiento entre los jornaleros anarquistas, que protestaban por los salarios insuficientes, y el comandante del cuartel de la Guardia Civil, el teniente Francisco López Cepero. Se lanzaron piedras y, cuando el oficial cayó al suelo, la multitud lo linchó. Fue el preludio de la quema de dos iglesias, tres conventos, la sede de Acción Popular y las casas de varios terratenientes.[68] Pese a estos casos de violencia, el conflicto en el campo se caracterizaba por su absoluta falta de organización, por la inexistencia de un plan revolucionario coordinado para la toma de poder, pero eso no contribuyó a disminuir la alarma entre la burguesía y la clase alta rural.

Por desgracia, no solo hubo violencia en el campo. De hecho, es improbable que las agitaciones en el medio rural hubieran servido por sí solas de justificación para un golpe militar. Era necesario movilizar la opinión popular en las áreas urbanas, y eso solo podía conseguirse sembrando violencia en las calles. La Falange asumió la tarea. Al líder del partido, José Antonio Primo de Rivera, la idea de emplear la violencia contra la izquierda no le suponía ningún problema. Irritado por la efervescencia de una manifestación obrera que presenció en Madrid poco después de la victoria electoral del Frente Popular, le comentó a su amigo Dionisio Ridruejo: «Con un par de buenos tiradores una manifestación como ésa se disuelve en diez minutos». A José Antonio le contrariaba el hecho de que el resto de la derecha diera por sentado que a la Falange se le asignara siempre «el papel de guerrilla o tropa ligera de otros partidos más sesudos»; no obstante, estaba dispuesto a que su partido actuara como el instrumento de las clases más altas, tal como demuestran sus palabras a Ridruejo: «Esperemos que se enteren de una vez. Nosotros estamos dispuestos a poner las narices, ¿no? Pues que ellos pongan, por lo menos, el dinero».[69]

En realidad, la violencia callejera que iba debilitando cada vez más la autoridad del gobierno iba de la mano de la conspiración militar para la que a su vez ofrecía una justificación. Tras obtener un escaso 0,4 por ciento de los votos en las elecciones de febrero (unos 45.000 votos en total), quedó claro que la Falange contaba con mucho menos apoyo popular del que aseguraba tener. Tal y como demuestra el comentario a Ridruejo, José Antonio estaba dispuesto a embarcar a los activistas de su partido en una estrategia basada en un aumento de la tensión.[70] Al cabo de un mes de las elecciones, se produjeron en Madrid ataques con armas de fuego a destacados políticos de izquierdas y liberales; también hubo numerosos incidentes violentos entre falangistas e izquierdistas en las calles de la capital. El 11 de marzo, un falangista estudiante de Derecho, Juan José Olano, resultó muerto en un tiroteo. Al día siguiente, en represalia, una pequeña brigada falangista formada por tres hombres, que casi con certeza actuaban con el conocimiento de José Antonio, trataron de asesinar a Luis Jiménez de Asúa, un distinguido profesor de Derecho y diputado del PSOE en el Parlamento. Jiménez de Asúa so-

brevivió, pero falleció el policía que lo escoltaba, Jesús Gisbert. El día de
su funeral, la izquierda reaccionó incendiando dos iglesias y las oficinas
del periódico de Renovación Española, *La Nación*, que pertenecía a uno
de los patrocinadores de la Falange, Manuel Delgado Barreto. La consecuencia fue que el 14 de marzo, el director general de Seguridad, José
Alonso Mallol, ordenó el arresto de José Antonio y otros dirigentes de
la Falange Española de las JONS por tenencia ilegal de armas.[71]

A Azaña le impresionó vivamente el hecho de que las divisiones en
el seno del Partido Socialista fueran tales que Largo Caballero ni siquiera hubiera expresado preocupación alguna por Jiménez de Asúa. Sin embargo, en represalia por el arresto de José Antonio, el 16 de marzo, una
cuadrilla terrorista de la Falange prendió fuego a la casa de Largo Caballero. En un alarde de hipocresía asombroso, el 17 de marzo Gil Robles
fue a ver al ministro de la Gobernación, Amós Salvador, para protestar
por los disturbios, de los que dicho incendio era un claro síntoma. También la CEDA provocó un debate acerca del asunto en las Cortes, donde culpó al gobierno y a la izquierda.[72] A sabiendas de que el Ejército
todavía no estaba preparado para tomar el poder y consciente de que la
obstrucción plena al gobierno de Azaña solo podría desembocar en un
gobierno de signo exclusivamente socialista, Gil Robles dedicó sus
energías a cultivar un clima de temor. El objetivo era que la clase media,
aterrorizada por el espectro del desorden, acabara por dirigirse al Ejército como su único salvador.

José Antonio fue detenido por un tecnicismo legal, puesto que su
implicación en el intento de asesinato de Jiménez Asúa no pudo probarse. A pesar de ello, parece fuera de duda que dio su visto bueno al plan.
El antiguo líder de los escuadrones de la Falange, Juan Antonio Ansaldo,
lo había visitado en la cárcel Modelo de Madrid para hablar del modo
de sacar del país a los tres asesinos. Ansaldo los llevó a Francia, pero allí
fueron detenidos y extraditados de vuelta a España. El 8 de abril los
juzgaron por el asesinato de Jesús Gisbert y el intento de asesinato de
Luis Jiménez de Asúa. Al cabecilla, Alberto Ortega, lo sentenciaron a
veinticinco años de prisión, y a sus dos cómplices a seis años cada uno.
La cúpula de Falange —incluidos, por consiguiente, los dirigentes en
prisión— tomó la decisión de atentar contra el juez, Manuel Pedregal,
a modo de represalia; el 13 de abril lo asesinaron, para que sirviera de
advertencia a los jueces en futuras causas contra los falangistas.[73] El compromiso de José Antonio con la estrategia de la violencia fue matizado

por un cierto realismo. El 12 de abril, por ejemplo, suspendió un plan elaborado por la Falange de Primera Línea para acabar con la vida de Largo Caballero en el hospital donde su esposa estaba ingresada por una enfermedad terminal. Puesto que el escolta solía quedarse fuera, parecía sencillo que unos falangistas disfrazados de personal médico lo mataran en el pasillo desierto que llevaba a la habitación. José Antonio le explicó a un amigo que su cautela obedeció al convencimiento de que el contragolpe de la izquierda acabaría con la Falange. También le preocupaba el impacto que tendría en la opinión pública el asesinato de un hombre de sesenta y seis años de visita a su esposa moribunda.[74]

Dos días más tarde se produjo un incidente que parecía hecho a medida para la Falange y la Unión Militar Española. En la madrileña avenida de La Castellana se organizó un fastuoso desfile militar para conmemorar el quinto aniversario de la Segunda República. Una fuerte explosión, seguida de lo que parecieron ráfagas de ametralladora cerca de la tribuna presidencial sobresaltó a los dignatarios allí reunidos y a sus escoltas policiales. En realidad se trataba de unas potentes tracas que habían colocado los falangistas. Sin embargo, poco después, mientras desfilaba la Guardia Civil, se oyeron abucheos y cánticos propios de la izquierda, como «¡Muera la Guardia Civil!» o «Uníos, Hermanos Proletarios», en recuerdo a la brutal represión de Asturias. A continuación se oyeron disparos. En la confusión, un teniente de la Guardia Civil de paisano, Anastasio de los Reyes López, fue herido de muerte por unos asaltantes desconocidos. Posteriormente, en la prensa de izquierdas se dijo que había recibido un disparo a resultas de una «provocación fascista». Quienquiera que fuese el culpable, la derecha consiguió sacar el máximo provecho del incidente.[75]

Desde el gobierno se procuró que el entierro de Reyes se desarrollara con discreción, pero la Guardia Civil convirtió el funeral en una manifestación multitudinaria en contra de la República. Fernando Primo de Rivera, hermano de José Antonio, se reunió con varios representantes de la UME para pedir en nombre de la Falange permiso para acudir al entierro, a lo que le respondieron que se esperaba la asistencia de los falangistas, que debían ir armados. Desobedeciendo las órdenes del gobierno en sentido contrario, la Guardia Civil decidió que la procesión siguiera el mismo itinerario que el desfile militar del 14 de abril, en un gesto claramente antirrepublicano. A pesar de la ilegalidad del acto, Gil Robles y Calvo Sotelo asumieron la presidencia civil del cortejo. Al llegar a La

Castellana, hubo varios incidentes y disparos de armas de fuego. Nunca se dilucidó si los responsables fueron izquierdistas o agitadores de derechas. Los falangistas intentaron desviar el desfile para montar un ataque a las Cortes. Entre las víctimas, el falangista Andrés Sáenz de Heredia, primo de José Antonio, resultó muerto en el consiguiente enfrentamiento con los Guardias de Asalto. Poco después, el oficial al mando del destacamento de los Asaltos, el teniente José del Castillo Sáenz de Tejada, empezó a recibir amenazas de muerte.[76] En la Falange suscitó tanta satisfacción como los altercados violentos el escándalo que generó su intento de asaltar las Cortes, que finalmente fracasó. La UME vio en los sucesos del 16 de abril un espaldarazo para sumar adeptos. Prieto comentó: «Ayer se descubrió que el fascismo ha prendido, y muy fuertemente, en las organizaciones militares».[77]

Los disturbios siguieron sucediéndose durante la primavera de 1936, pero la prensa de derechas exageró hasta la saciedad el alcance de los mismos, igual que los discursos parlamentarios de Gil Robles y Calvo Sotelo, que responsabilizaba exclusivamente a la izquierda de las hostilidades. Solo dos grupos podían beneficiarse, incluso en la teoría, de la proliferación de la anarquía indiscriminada: la extrema izquierda del movimiento anarquista y la derecha «catastrofista» que respaldaba la conspiración militar. La táctica de los frentes populares impuesta por Moscú dejaba claro que los comunistas no tenían intención de asumir el poder aprovechando un desmoronamiento total de la ley y el orden. En el PSOE, tanto *El Socialista*, el periódico del ala de Prieto, como *Claridad*, la tribuna de Largo Caballero, aconsejaban a sus lectores hacer caso omiso de la provocación derechista tras la muerte de Anastasio de los Reyes.[78] Al haber ganado las elecciones, ninguno de los partidos que constituían el Frente Popular tenía la necesidad de fomentar la violencia; en cambio, la creación de un clima de agitación y desorden podía justificar que se recurriera a la fuerza para establecer una dictadura de derechas. En las luchas callejeras entre falangistas o japistas con comunistas o socialistas, costaba discernir dónde empezaba la provocación y dónde acababan las represalias, pero en todo caso es de notar que Felipe Ximénez de Sandoval, íntimo amigo de José Antonio, alardeara de que en los conflictos que siguieron al cortejo fúnebre de De los Reyes «el Depósito Judicial acogió, por cada uno de los nuestros, a diez de los contrarios».[79]

Fue también significativo que los conservadores acaudalados que anteriormente habían financiado a Gil Robles por considerar que era la defensa más eficaz de sus intereses, a partir de entonces empezaron a dar fondos a la Falange y los rompehuelgas de los Sindicatos Libres. A comienzos de marzo, *ABC* abrió una suscripción de una apenas conocida Federación Española de Trabajadores, tras la cual se discernía la figura de Ramón Sales, el agitador fascista que había alcanzado celebridad en el gangsterismo político de 1919-1923. A finales de abril se habían recolectado 350.000 pesetas, donadas por aristócratas, terratenientes, industriales, además de muchos «fascistas» y falangistas anónimos. Puesto que el dinero no se destinó nunca a fines sindicales y que un alarmante número de los arrestados por actos violentos resultaron ser miembros de los Sindicatos Libres, en la izquierda no hubo dudas de que se trataba de un fondo para financiar a los agitadores. La derecha contrataba a pistoleros profesionales, cuyas operaciones buscaban provocar la mayor repercusión posible.[80]

Evidentemente, los atentados a Jiménez de Asúa y el frustrado a Largo Caballero pretendían provocar represalias. Entre esta clase de operaciones, la más exitosa fue la que se llevó a cabo en Granada, entre el 9 y el 10 de marzo. Un escuadrón de falangistas armados abrió fuego sobre un grupo de obreros y sus familias, con lo que numerosas mujeres y varios niños resultaron heridos. Las sedes locales de la CNT, la UGT, el PCE y el Partido Sindicalista se unieron para convocar una huelga general, en el curso de la cual estalló la violencia. Prendieron fuego a las oficinas de la Falange y Acción Popular; el periódico de la ACNP, *Ideal*, fue destruido, y además se quemaron dos iglesias. A lo largo del día, pistoleros falangistas dispararon desde los tejados sobre los manifestantes, y tirotearon también a los bomberos para impedir que controlaran el fuego de los edificios en llamas. En Granada, así como en otros lugares, estos incidentes fueron provocados por desconocidos que desaparecían con la misma rapidez con que habían aparecido. Cuando los militares rebeldes tomaron el poder, al comienzo de la Guerra Civil, algunos de los anarquistas y comunistas más violentos y radicales de Granada resultaron ser agitadores falangistas. En toda España, las autoridades municipales de la izquierda pasaron apuros considerables para mantener el orden frente a los eventuales disturbios. El hecho de que los miembros conservadores de la judicatura simpatizaran con las actividades falangistas no ayudaba; los jueces que adoptaban una postura firme contra esa clase de prácticas se convertían a su vez en blanco de los saboteadores armados.[81]

El 15 de abril, Azaña presentó su programa de gobierno moderado ante las Cortes. Calvo Sotelo declaró que cualquier gobierno que dependiera de los votos del PSOE, a efectos prácticos, se hallaba bajo dominio ruso. Con más sutileza, Gil Robles dio una clase magistral de hipocresía. Admitió con condescendencia las buenas intenciones de Azaña, si bien negó que la situación de conflicto en el campo debiera algo a las políticas de la CEDA. Olvidando la humillación a la que se exponía Giménez Fernández, aseguró que su partido estaba comprometido con la erradicación de la injusticia social y la redistribución equitativa de la riqueza. A continuación, compartió la opinión de Calvo Sotelo de que el gobierno se hallaba impotente ante una oleada de disturbios que era enteramente responsabilidad de la izquierda. Achacando la violencia de los agitadores a la debilidad del gobierno, dijo que sus correligionarios ya habían optado por recurrir a la violencia en defensa propia. Declaró que pronto no le quedaría más remedio que decir a los suyos que no esperaran nada de la legalidad y se unieran a los partidos que les ofrecían «el aliciente de la venganza». En un registro apocalíptico, lanzó una grave advertencia: «La mitad de la nación no se resigna implacablemente a morir. Si no puede defenderse por un camino, se defenderá por otro. Frente a la violencia, que allí se propugna, surgirá la violencia por otro lado ... Cuando la guerra civil estalle en España, que se sepa que las armas las ha cargado la incuria de un Gobierno que no ha sabido cumplir con su deber, frente a los grupos que se han mantenido dentro de la más estricta legalidad». Concluyó con un grito de guerra rotundo: «Es preferible saber morir en la calle a ser atropellado por cobardía.»[82]

Gil Robles alertaba así, con gran efectismo, de la amenaza de una guerra si el Frente Popular no abandonaba su compromiso con una reforma exhaustiva de la estructura socioeconómica. Precisamente porque sus discursos parlamentarios no podían ser censurados, Gil Robles y Calvo Sotelo salpicaban los suyos con exageraciones sobre el desorden reinante. Sabían que, al ser reproducidos íntegramente en la prensa, sus nefastas predicciones contribuirían a alimentar el clima de terror entre amplios sectores de las clases medias y altas, que buscarían la salvación en el Ejército. Contraria a la retórica quietista de Gil Robles, la CEDA estaba organizando también grupos de asalto motorizados con ametralladoras. En paralelo a los escuadrones terroristas operados por los falangistas y financiados por los monárquicos de Acción Española, el número de jóvenes de derechas arrestados por actos de violencia en el transcurso de la primavera que resultaron ser miembros de las JAP era cada vez mayor.[83] Las intervenciones de Gil Robles en las Cortes del 15 de abril, así como la asistencia puntual a los funerales de los pistoleros falangistas, contribuyeron a que la violencia política pareciera responsabilidad exclusiva de la izquierda. En su discurso quedaba claro que el gusto por la violencia, cada vez más acentuado, en el seno de la CEDA no le preocupaba lo más mínimo.

En sus memorias, Gil Robles reconoció que la razón de ser de la CEDA era difundir propaganda en el Parlamento y servir de escudo a grupos más violentos. Citaba con aprobación la opinión de Manuel Aznar sobre los individuos de derechas que llevaron a cabo actos aislados de terrorismo en la primavera de 1936, gente «de muy subida nobleza y de gran calidad espiritual». En una entrevista concedida a *El Defensor de Cuenca*, reveló que le merecían respeto quienes dejaban la CEDA para irse «por los caminos de la violencia, creyendo honradamente que de esta manera se resuelven los problemas nacionales», mientras condenaba a quienes abandonaban porque el partido fuera del poder ya no podía ofrecer sinecuras.[84] Casi inmediatamente después de las elecciones, la mayoría de la Derecha Regional Valenciana (DRV) había rechazado la moderación de su líder, Luis Lucia, en pro de la acción directa. Bajo el liderazgo del secretario general del partido, José María Costa Serrano, la DRV empezó a hacer acopio de armas y a organizar su propia milicia clandestina. Se crearon enlaces con la Falange local, Renovación Española y los conspiradores del Ejército pertenecientes a la Unión Militar Española. Las juventudes de la DRV recibieron instrucción y realizaron prácticas de tiro. A lo largo de la primavera, al menos 15.000 miembros de las JAP se unieron a la Falange. Nada se hizo por disuadirlos, ni tuvo lugar un nuevo reclutamiento para reemplazarlos. Los que siguieron en la CEDA mantuvieron un contacto activo con grupos que comulgaban con la violencia. Calvo Sotelo gozaba de una simpatía considerable dentro de Acción Popular. Y, cuando estalló la guerra, miles de cedistas se unieron a los carlistas.[85]

A lo largo de la primavera proliferaron los temores a una conspiración militar, al tiempo que se intensificaban las confrontaciones en el campo. El 1 de mayo, Indalecio Prieto pronunció un discurso digno de un hombre de estado en Cuenca, donde había elecciones para cubrir un escaño vacante, en el que planteaba el problema en términos precisos. Había ido a Cuenca «bajo la preocupación del inmediato estallido fascista, que ya venía anunciando sin otro resultado que cosechar diatribas y desdenes». La víspera de su llegada a la ciudad se había producido un choque violento entre militantes de izquierdas y de derechas. Aún estaban calientes las cenizas tras la quema del casino de los conservadores, y se consideró prudente que lo acompañara una escolta armada que proporcionó un grupo de las juventudes socialistas conocido como La Motorizada.[86] Prieto hizo hincapié tanto en los peligros de un alzamiento militar como en la incertidumbre que provocaban los disturbios. En un discurso patriótico apasionado, esbozó las directrices de «la conquista interna de España», de la justicia social basada en un crecimiento económico planificado que solo podría poner en práctica un gobierno fuerte. Denunció las provocaciones de la derecha y las agitaciones de la izquierda, pues «lo que no soporta una nación es el desgaste de su poder público y de su propia vitalidad económica, manteniendo el desasosiego, la zozobra y la intranquilidad».[86]

La oportunidad de robustecer el gobierno se había presentado a principios de mayo, después de que, tras la impugnación de Alcalá Zamora, Manuel Azaña ocupara la presidencia de la República. El discurso de Prieto levantó las esperanzas de que la combinación de un presidente con garra y un primer ministro igual de firme pudieran defender a la República de la subversión de los militares. Sin embargo, cuando el presidente recién electo le pidió formar gobierno, Prieto cometió el error táctico de consultar en dos ocasiones al grupo parlamentario del PSOE, que encabezaba Largo Caballero. En sendas reuniones celebradas el 11 y el 12 de mayo, Largo Caballero y sus seguidores se opusieron a que aceptara la petición de Azaña, ante lo que capituló discretamente. A pesar de la oposición de Largo Caballero, Prieto podría haber formado un gobierno con el apoyo parlamentario de los partidos republicanos y aproximadamente un tercio de los diputados del PSOE. Sin embargo, no estaba dispuesto a dividir al PSOE.[87]

Desde el punto de vista de evitar una guerra civil, el momento decisivo lo marcó probablemente el fracaso del proyecto de un gobierno liderado por Prieto. Largo Caballero aniquiló la última oportunidad de evitar un alzamiento militar. Uno de los principales argumentos a favor de un golpe esgrimidos por el cuerpo de los oficiales era el riesgo de que Largo Caballero, una vez en el poder, disolviera el Ejército. Prieto se dio cuenta, al contrario de lo que al parecer le ocurrió a Largo Caballero, de que acometer un cambio social revolucionario profundo llevaría a las clases medias al fascismo y a la contrarrevolución armada. En cambio, Prieto estaba convencido de que la respuesta estribaba en restablecer el orden y acelerar la reforma. Tenía planes de apartar a los altos mandos militares que no merecieran confianza plena, reducir el poder de la Guardia Civil, designar a un oficial leal director general de Seguridad y desarmar a los escuadrones fascistas que sembraban el terror.[88] Largo Caballero frustró estas iniciativas y garantizó que la facción más fuerte del Frente Popular no pudiera participar activamente en el uso del aparato del estado para defender la República. Tras la eliminación de Prieto, Azaña recurrió a su compañero de la izquierda republicana Santiago Casares Quiroga, que carecía de estatura para acometer los problemas que tenía que afrontar. Más adelante, Prieto escribió: «Mi misión, pues, se reducía a avisar constantemente del peligro, a vocearlo y a procurar que en nuestro campo de obcecaciones ingenuas, propias de un lamentable infantilismo revolucionario, no siguieran creando ambiente propicio al fascismo, que era la única utilidad de desmanes absurdos».[89]

El 19 de mayo, Casares Quiroga, sucesor de Azaña como primer ministro, presentó su programa de gobierno ante las Cortes. Gil Robles respondió con una intervención magistral llena de ambigüedad, por no decir de hipocresía, que tuvo mucha repercusión. Al igual que sucediera el 15 de abril, su presunta llamada a la moderación era en realidad un alegato a la violencia. Sin mencionar nombres, se regodeó en el fracaso del plan de Azaña para afianzar un gobierno del Frente Popular bajo el mandato de Prieto y conseguir un apoyo amplio. Declaró entonces que, así las cosas, el gobierno republicano quedaba «reducido al triste papel, respecto a estos grupos [dijo señalando los escaños socialistas] de ser hoy su servidor, mañana su comparsa y, en definitiva, su víctima». En relación con la hostilidad manifiesta de Casares Quiroga hacia el fascismo, señaló que los disturbios daban relevancia a las soluciones fascistas. Criticaba el fascismo teórico por su procedencia extranjera, su panteísmo filosófico y sus elementos de socialismo estatal, pero por otro lado justificaba la violencia por parte de los llamados fascistas, pues no les quedaba otro camino para defender sus intereses. Nada dijo, en cambio, del modo en que la agitación política del momento se había visto fomentada por las políticas promovidas desde los gabinetes del Partido Radical y la CEDA. Tras declarar muerta la democracia, alabó el viraje hacia el fascismo, que nacía de «un sentido de amor patrio, quizás mal enfocado, pero profundamente dolorido, al ver que el ritmo de la política no lo trazan los grandes intereses nacionales, sino que lo trazáis vosotros con las órdenes de Moscú». Aprobaba así la fuga de las bases de las JAP a la Falange. Concluyó su intervención con un desafío provocador a la izquierda caballerista, al increparlos sarcásticamente con un: «Vosotros, feroces revolucionarios, que no hacéis más que hablar».[90]

Que Gil Robles denunciara la desintegración del orden público se vio desde la izquierda como un intento hipócrita de desacreditar al gobierno y justificar un posible golpe militar. Aquellos discursos atraían a los terratenientes por razones obvias, pero también alimentaban la estrategia falangista de tensión, dirigida desde la cárcel por José Antonio Primo de Rivera. Tras su arresto, el partido pasó a la clandestinidad, y el círculo vicioso de provocaciones y represalias se intensificó de forma drástica. El 7 de mayo, tres semanas después del funeral de Reyes, las repercusiones reverberaron con el asesinato de Carlos Faraudo, el capitán de Ingenieros republicano que instruía a las milicias socialistas, a manos de un escuadrón de miembros de la UME y la Falange. Al día siguiente hubo un intento de acabar con la vida del ex ministro republicano conservador, José María Álvarez Mendizábal. José Antonio le dijo a Ximénez de Sandoval: «No quiero un falangista más aquí. Con el primero que venga sin mi consentimiento, si no es por un motivo razonable como haberse cargado a Azaña o a Largo Caballero, usaré de toda mi autoridad de Jefe Nacional de la Falange para ponerle de patitas en la calle». Los disturbios posteriores sirvieron de fundamento para las llamadas de Gil Robles y Calvo Sotelo a la intervención militar.[91] La retórica revolucionaria de Largo Caballero era, en comparación con la de la Falange, completamente banal.

Dentro del aparato de gobierno, el hombre más preocupado por la relación que pudieran guardar los preparativos de un golpe de Estado y la violencia falangista era el director general de Seguridad, José Alonso Mallol. Desde que Amós Salvador lo había nombrado, en el mes de febrero, Alonso Mallol había trabajado incansablemente para combatir el terrorismo falangista y supervisar las actividades de los oficiales hostiles a la República. Una de las novedades que introdujo fue la colocación de escuchas telefónicas en los domicilios y los barracones donde se estaba urdiendo la conspiración. La correspondencia de José Antonio Primo de Rivera con los conspiradores también fue interceptada. En consecuencia, en mayo Alonso Mallol pudo dar ya al presidente Azaña y al primer ministro Santiago Casares Quiroga una lista de más de 500 implicados, con la recomendación de que se procediera a su detención inmediata. Azaña y Casares no actuaron, temerosos de las posibles reacciones, de manera que los preparativos del golpe siguieron su curso.[92]

De hecho, como constatan los alardes de José Antonio ante el destacado monárquico Antonio Goicoechea el 20 de mayo de 1936, la cárcel no fue un obstáculo para organizar el papel de la Falange en los prolegómenos de la Guerra Civil. Desde prisión, José Antonio trabó una estrecha relación con los carlistas y con Renovación Española.[93] Se había reunido con el general Mola el 8 de marzo para ofrecer los servicios de la Falange, solo unas horas después de que lo nombraran «director» del alzamiento militar en ciernes. También a principios de marzo, Ramón Serrano Suñer, amigo de José Antonio, le había puesto en contacto con otros altos mandos militares, entre ellos Yagüe, figura clave de Mola para la participación del Ejército en Marruecos.[94] El papel de la Falange consistiría en perpetrar actos terroristas a fin de provocar la reacción de la izquierda, y ambas cosas se aunarían para justificar las jeremiadas de la derecha acerca del desorden reinante. Desde la cárcel, el 20 de mayo José Antonio hizo público el primero de los tres panfletos clandestinos que agrupó bajo el título *No Importa. Boletín de los Días de Persecución.* Instando a sus seguidores a recrudecer los ataques a los izquierdistas, el 6 de junio escribió: «Mañana, cuando amanezcan más claros días, tocarán a la Falange los laureles frescos de la primacía de esta santa cruzada de violencia». En el mismo número había un llamamiento al asesinato de Ramón Enrique Cadórniga, el juez que lo había sentenciado a prisión, así como del diputado parlamentario socialista de Cáceres, Luis Romero Solano, responsable de la detención de José Luna, el cabecilla de la Falange en Extremadura.[95]

En marzo, el gobierno destinó a Mola a Navarra con el objeto de neutralizarlo. Sin embargo, puesto que contaba con la confianza de los oficiales más influyentes de Marruecos y de su red policial, mantuvo en sus manos las riendas de la futura rebelión. Las autoridades republicanas dieron por hecho que Mola, que se había granjeado reputación de militar intelectual gracias a sus libros, mantendría poco trato con los carlistas locales, profundamente reaccionarios. En realidad, tres días después de su llegada a Pamplona, el 14 de marzo, se reunió con B. Félix Maíz, un empresario de treinta y seis años, que sería su principal nexo con los carlistas navarros. Enseguida congeniaron, al descubrir que ambos compartían idéntico entusiasmo por *Los protocolos de los sabios de Sión.* Desde antes incluso de las elecciones de febrero, Maíz se había confabulado con las figuras del Ejército de la zona, que aprovecharon la oportunidad de presentarle a Mola. Maíz no cabía en sí de contento cuando Mola, que seguía recibiendo paranoicos informes de la ROVS procedentes de París, le dijo: «Vamos contra un enemigo que no es español». Maíz, en cuyas memorias se incluyen extensos pasajes de *Los protocolos...*, creía inminente una guerra a muerte entre los cristianos y los lacayos de los judíos, «la gran Bestia ... hordas compactas de brutos encerrados en el pantano del Mal». Maíz veía la situación política en términos aún más tremebundos: «Circulan ya por España equipos completos de "tipos" inyectados con el morbo de la rabia, dispuestos a clavar sus sucios colmillos en carne cristiana».[96]

Las delirantes fantasías de Maíz no eran más que una versión extrema de una ficción minuciosamente calculada, destinada a justificar el golpe y la posterior represión. Se inventaron una serie de «documentos secretos», con la intención de demostrar la existencia de una conspiración para la implantación en España de una dictadura soviética. A modo de equivalente ibérico de *Los protocolos...*, dichos «documentos» habrían de servir para generar el miedo y la indignación, entre otras cosas porque supuestamente contenían listas negras de derechistas que serían asesinados en cuanto se hubiera establecido la dictadura comunista.[97] Esta clase de elucubraciones hicieron posible presentar un golpe militar bajo la forma de un acto patriótico que salvara a España del ataque organizado y perpetrado por la oscura mano del judaísmo. Con semejante visión del enemigo, solo restaba un pequeño paso para las primeras instrucciones secretas, que Mola dio en abril a los conspiradores de aquella trama. Escribió: «Se tendrá en cuenta que la acción ha de ser en extremo violenta, para reducir lo antes posible al enemigo, que es fuerte y bien organizado. Desde luego, serán encarcelados todos los directivos de los partidos políticos, sociedades o sindicatos no afectos al Movimiento, aplicándose castigos ejemplares a dichos individuos, para estrangular los movimientos de rebeldía o huelgas».[98] Apenas sorprende que Mola, por ser un africanista curtido, pero también en su condición de antiguo jefe de la Policía, pusiera tanto énfasis en la necesidad de actuar a través del terror. Sin embargo, no era solo una cuestión de hacerse con el poder, sino también de un primer paso hacia la «purificación» de España tras limpiarla de los elementos nocivos de la izquierda.

Después de que lo trasladaran a la cárcel de Alicante la noche del

5 de junio, José Antonio mandó a Rafael Garcerán a Pamplona con la misión de reiterar ante el general Mola su compromiso con el golpe y ofrecerle 4.000 falangistas como fuerza de choque para los primeros días del alzamiento.[99] En un nuevo testimonio de los vínculos entre los militares y la violencia callejera, el político monárquico Antonio Goicoechea escribió el 14 de junio al gobierno italiano en nombre de la Falange, Renovación Española y Comunión Tradicionalista, pidiendo fondos para los escuadrones terroristas. Al comentar que el golpe estaba ya en una fase avanzada, destacó «el ambiente de violencia y la necesidad ineludible de organizarla».[100]

Pese a que crecían los enfrentamientos en la España rural, la FNTT lograba mantener la disciplina de sus miembros, incluso después de un suceso sangriento con ecos de lo sucedido en Casas Viejas, que tuvo lugar a finales de mayo cerca del pueblo de Yeste, al sur de Albacete. A resultas del largo proceso de la malversación de las tierras comunales por parte de los caciques, el campesinado de la zona vivía sumido en una pobreza desesperante. Muchos habían perdido su medio de vida tras la construcción del embalse de Fuensanta en 1931, que dejó improductiva bastante tierra fértil para el cultivo y privó a los carpinteros locales de la posibilidad de transportar la madera por los ríos Tus y Segura. En la primavera de 1936, los esfuerzos del ayuntamiento republicano-socialista, recién restituido, por colocar a los trabajadores desempleados en las tierras habían topado con una resistencia fiera. El 28 de mayo, un grupo de jornaleros en paro de la pedanía de La Graya, acompañados de sus mujeres e hijos, había talado árboles para hacer carbón y luego había empezado a arar el suelo en la finca de La Umbría. Antiguamente tierra comunal, La Umbría pertenecía entonces al cacique más poderoso de la zona, Antonio Alfaro, que hizo ir a 22 guardias civiles.

La mayoría de los aldeanos huyeron, pero 6 se quedaron. Después de pegarles, los agentes los llevaron a La Graya, donde prosiguieron los malos tratos. En la madrugada siguiente, una multitud de trabajadores de las pedanías vecinas se reunieron y, cuando se procedía al traslado de los prisioneros al pueblo de Yeste, los siguieron para impedir que se aplicara la Ley de Fugas. La multitud creció y, al llegar a Yeste, se acordó que los prisioneros fueran puestos en libertad bajo la custodia del alcalde. Cuando la multitud avanzó para dar la bienvenida a los liberados, uno de los agentes se dejó llevar por el pánico y disparó un tiro. Acto seguido, en la desbandada murió un guardia civil; sus compañeros abrieron fuego sobre los lugareños y persiguieron luego a los campesinos que escaparon hacia las montañas, matando a un total de 17 personas, entre ellas el teniente de alcalde, e hiriendo a muchas más. Ante el temor de que los guardias civiles volvieran y quemaran La Graya, los aldeanos se refugiaron en las pedanías de los alrededores. Cincuenta miembros de la FNTT fueron arrestados, entre ellos Germán González, el alcalde socialista de Yeste.[101] Enfrentamientos como este y otros similares podrían haber conducido a un derramamiento de sangre a gran escala. Sin embargo, los líderes de la FNTT pusieron todo su esfuerzo en contener la ira de las bases de su sindicato, instándolos a mantener la fe en la reforma agraria que el gobierno estaba aplicando a marchas forzadas. Esa política era un desafío a la hegemonía social que los terratenientes llevaban defendiendo desde el año 1931. Enfrentados ahora a la nueva política del Frente Popular, empezaron a mirar hacia el Ejército en busca de protección.

Cotas similares de confrontación se manifestaron en Badajoz cuando, el 20 de mayo, el gobernador civil tomó la decisión, inaudita, de cerrar la sede provincial de la Federación de Propietarios Rústicos, pues desde allí se coordinaba tanto el sabotaje de las cosechas como el cierre patronal a la mano de obra sindicada.[102] De nada sirvió, sin embargo, ya que muchos terratenientes optaron por no dar trabajo a los jornaleros de la cosecha del cereal, prefiriendo que se pudiera con tal de imponer disciplina entre los trabajadores. Así pues, los propietarios se sintieron ultrajados cuando el gobernador civil decretó que los jornaleros debían recoger la cosecha y quedarse con parte de la misma en usufructo, en lugar de recibir un salario.[103] En la provincia de Cáceres, unos falangistas bien armados se encargaron de aplicar una política de provocación sistemática. Sin embargo, entre los derechistas arrestados por atentar contra el orden público a lo largo de la primavera y el verano de 1936 había varios miembros de las JAP.[104]

En el sur, la exasperación de los jornaleros hambrientos era un pasto ideal para que prendiera el desorden. El hambre de la España rural de 1936 es hoy poco menos que inimaginable. El 21 de abril, al gobernador civil de Madrid se le comunicó que los campesinos de la provincia se veían obligados a comer lagartos y que los niños desfallecían en la escuela por no tener nada que llevarse a la boca. El gobernador civil de Ciudad Real informó de que en el sur de la provincia la gente del campo se alimentaba a base de hierbas hervidas. En Quintanar de la Orden, en Toledo, había hombres y mujeres tirados en las calles tras desmayarse por inanición. En muchos pueblos, y no solo en el sur, el hambre provocó una oleada de invasiones en las fincas, se robaban las cosechas o el ganado. Los asaltos violentos a las tiendas de alimentación no eran extraños. En Fuente de Cantos (Badajoz), en mayo de 1936, el presidente de la Agrupación Socialista, Teófilo García Rodríguez, celebró una reunión para hablar del desempleo. En respuesta a la evidente penuria de los hombres, mujeres y niños que formaban su auditorio, los animó a que lo siguieran a un lugar donde sabía que habría comida para todos. Los condujo hasta una de las fincas del mayor terrateniente de la zona, el conde de la Corte. Buena parte de la propiedad, que se conocía como Megías, estaba destinada al pastoreo de cerdos y ovejas. Los lugareños, hambrientos, se abalanzaron sobre los cerdos y, tras matarlos como pudieron, volvieron a Fuente de Cantos, manchados de sangre y con el andar vacilante bajo el peso de los animales sacrificados. Más al norte de Badajoz, en Quintana de la Serena, un nutrido grupo de jornaleros entraron en una finca para robar y matar ovejas con las que alimentar a sus familias.[105]

En la conservadora Castilla la Vieja, donde se vivía una situación muy distinta, fomentar los disturbios requería un poco más de esfuerzo. Segovia era una provincia donde predominaba una economía agraria y la clase trabajadora organizada componía un segmento minúsculo de la población; su escasa fuerza residía sobre todo en el sector ferroviario.[106] En la capital provincial, el 8 de marzo, miembros de las JAP y los pocos falangistas de la ciudad provocaron disturbios. Atacaron a los trabajadores durante una fiesta, pero encontraron una fuerte resistencia y acabaron arrestados. Cuando los obreros hicieron una marcha en protesta por el ataque, recibieron los disparos de francotiradores de las JAP. El suceso provocó el ataque de la sede de Acción Popular por parte de un grupo de izquierdistas. Este no fue más que uno de los muchos incidentes en los que estuvieron involucrados miembros armados de las JAP. Sin embargo, por lo general el conflicto no iba más allá de los insultos verbales. En el pueblo de Otero de los Herreros, al sur de Segovia, un grupo de izquierdistas que volvían de una manifestación obligaron a un falangista de la zona a besar su bandera roja. Eliseo Gómez Ingeldo, que sufrió la ofensa, más adelante encabezó la represión en el pueblo y se ocupó de que a las muchachas de izquierdas les raparan la cabeza. Entretanto, en el municipio de Cuéllar, al norte de la provincia, miembros de la UGT impidieron trabajar a los peones de la construcción que se negaran a unirse al sindicato.

Asimismo, a pesar de que se producían algunos incidentes menores contra el clero (se colocaron petardos a la puerta del convento de los Padres Carmelitas, por ejemplo), las celebraciones de Semana Santa siguieron su curso habitual la primera semana de abril en la mayoría de las iglesias de la capital de provincia. El periódico conservador de Segovia, *El Adelantado*, llegó al punto de subrayar el grado de respeto que los no católicos habían mostrado por quienes participaban de las diversas ceremonias y servicios religiosos. En junio, sin embargo, las autoridades eclesiásticas decidieron suspender la tradicional procesión del Corpus Christi y celebrar en cambio un acto solemne en el interior de la catedral. Con frecuencia, la derecha de la ciudad se ofendía por la sencilla razón de que la izquierda tuviera la desfachatez de levantar pancartas y ondear sus banderas en las manifestaciones coreando sus eslóganes. A pesar de la relativa calma, estas tensiones sirvieron luego como excusa para justificar la represión.[107] De hecho, ya en Semana Santa, los militares conspiradores de Segovia habían pedido al cabecilla de la Falange local, Dionisio Ridruejo, que tuviera a sus hombres, por pocos que fueran, a punto para participar en el golpe.[108]

La campaña para incrementar la tensión continuó el 16 de junio en las Cortes, donde Gil Robles despachó su última gran denuncia al gobierno del Frente Popular en forma de llamamiento a «la rápida adopción de las medidas necesarias para poner fin al estado de subversión en que vive España». Aunque en la superficie parecía una llamada a la moderación, su discurso, destinado a crear opinión en la clase media, en esencia constataba que no podía esperarse nada del régimen democrático. Conocedor de los avances en los preparativos del Ejército, desgranó un catálogo de los desórdenes y altercados que presuntamente se habían producido desde las elecciones. Hizo recaer en el gobierno toda la responsabilidad de aquella larga lista, que recogía 269 incidentes, entre asesinatos, palizas, robos, quemas de iglesias y huelgas (una estadística a la que el 15 de julio habría que añadir otros 61 muertos). Parte de ello era cierto, parte era invención, pero todo lo expuso con términos que helaban la sangre. No pareció contemplar que la derecha hubiera desempeñado algún papel en los sucesos que describía, ni que muchos de los muertos fueran trabajadores asesinados por la Guardia Civil u otras fuerzas del orden. En cambio, protestó por el encarcelamiento de los terroristas de la Falange y las JAP, así como por la imposición de multas a los propietarios recalcitrantes. Mientras el gobierno contara con los votos de socialistas o comunistas, bramó Gil Robles, no habría un solo minuto de paz en España. Acabó declarando que «hoy estamos presenciando los funerales de la democracia».[109]

El debate sobre la exactitud de las cifras de Gil Robles sigue vivo desde entonces. El estudio más exhaustivo hasta la fecha, de Juan Blázquez Miguel, alcanzó los 444 muertos. Tomando en consideración a los heridos, algunos de los cuales probablemente murieron después, el autor sugiere que la cifra real puede asdender a cerca de 500. Es interesante que el número más alto, 67, corresponda a Madrid, la ciudad donde los pistoleros falangistas se mantuvieron más activos. Le sigue Sevilla, con 34, y luego Santander, con 23, y Málaga, con 20. Otras provincias del sur arrojan números considerables, como Granada, 14, Murcia, 13, Córdoba, 11, los 10 de Cáceres y los 8 de Huelva; en cambio, de provincias muy conflictivas salen cifras sorprendentemente bajas, como en el caso de Jaén, con solo una víctima, Badajoz y Cádiz, con 4 víctimas mortales cada una, y Almería, con 3 fallecidos. Sin embargo, no conviene ceñirse en exclusiva al número de difuntos, por importante que sea, ya que no refleja el trasfondo más amplio de la violencia cotidiana, la miseria y el abuso social. Otro estudio, realizado por Rafael Cruz, sostiene que el 43 por ciento del total de las muertes fue causado por las fuerzas del orden, y resultaron de la reacción desmedida de dichos cuerpos en la represión de manifestaciones pacíficas. Además, las víctimas eran casi en su totalidad personas de izquierdas. Serían esas mismas fuerzas del orden las que apoyarían el alzamiento militar; lo cierto es que antes del 18 de julio ya habían abandonado la República. El número más elevado de fallecimientos corresponde a marzo, pues a partir de entonces se redujo de manera gradual.[110]

A pesar de que hubiera disturbios con cierta frecuencia, se trataba de hechos esporádicos, en absoluto generalizados. La prensa, además de los discursos de Gil Robles y otros, pintaba un cuadro de anarquía incontrolable por el sencillo método de meter en el saco de los «conflictos sociales» todas las reyertas, peleas y huelgas, por insignificantes que fueran. Los incidentes se magnificaban, así como se exageraban las estadísticas del presunto caos. En Madrid, a Claude Bowers, el embajador norteamericano, le contaron historias de muchedumbres descontroladas que masacraban a los monárquicos y alimentaban a los cerdos con sus cadáveres.[111] Se sabe que, en buena medida, el temor a la violencia y el desorden nacía de lo que se leía que pasaba en otros lugares. Personas que expresaron su disgusto ante la ruptura de la ley y el orden hablaban también con alivio de que, afortunadamente, el caos no hubiera llegado a sus ciudades.[112]

El problema entonces, al igual que ahora, era que la pura estadística carece de significado sin el contexto social del que se extraen los datos. Un incidente ocurrido en Torrevieja (Alicante) a principios de marzo es un claro ejemplo de ello. Se comunicó que unos «extremistas» habían incendiado una ermita, un hotel, el local del Partido Radical y el registro municipal. Lo que sucedió fue que una manifestación pacífica, con banda de música incluida, pasaba por delante de dicho hotel cuando se abrió fuego desde un balcón y uno de los manifestantes resultó herido; esto provocó el asalto al hotel y otros delitos. Entre los arrestados que más tarde fueron acusados del tiroteo estaban el dueño del hotel, militante del Partido Radical, el párroco y dos de sus hermanos, y un maestro de la escuela católica del pueblo.[113]

El 1 de julio, Mola reconoció el papel de la extrema derecha en la provocación deliberada de la violencia, aunque se lamentó de que no hubiera sido lo bastante enérgica: «Se ha intentado provocar una situación violenta entre dos sectores políticos opuestos, para, apoyados en ella, proceder; pero es el caso hasta este momento —no obstante la asistencia prestada por algunos elementos políticos— que no ha podido producirse, porque aún hay insensatos que creen posible la convivencia con los representantes de las masas que mediatizan al Frente Popular».[114] Las condiciones perfectas para un golpe militar tal vez no fueran de plena satisfacción para Mola, pero no puede ponerse en duda que la violencia de los pistoleros de la derecha, los discursos incendiarios de Calvo Sotelo y Gil Robles, y el barniz con que los medios conservadores revistieron los acontecimientos contribuyeron en gran medida a lanzar a las clases medias a los brazos de los conspiradores del Ejército.

Los pronunciamientos públicos de Gil Robles deberían verse a la luz de sus actividades clandestinas a favor de la conspiración militar, que en sus palabras era «un movimiento legítimo de resistencia frente a la anarquía que amenazaba la vida misma del país». Aunque más tarde negaría haberlo hecho, el 27 de febrero de 1942 mandó desde Lisboa una declaración firmada a la Causa General acerca de su papel en el golpe. En ella afirmaba haber cooperado «con el consejo, con el estímulo moral, con órdenes secretas de colaboración e incluso con auxilio económico, tomado en no despreciable cantidad de los fondos electorales del partido».

Esta última era una referencia a las 500.000 pesetas que Gil Robles entregó al general Mola, confiado de que los donantes originales habrían aprobado su acción. Parte del dinero se empleó en pagar a los falangistas y requetés que se unieron a los rebeldes militares en Pamplona el 19 de julio.[115] Gil Robles intentó también ayudar a Mola ante las dificultades de negociar los términos del papel de los carlistas en la sublevación. A principios de julio, acompañó al dueño de *ABC*, Juan Ignacio Luca de Tena, a St. Jean de Luz, en un intento infructuoso por convencer al líder carlista, Manuel Fal Conde, de no exigir que los rebeldes militares llevasen la bandera monárquica y adoptaran el himno patrio.[116]

A lo largo de los meses de junio y julio, los líderes provinciales de la CEDA recibieron instrucciones de Gil Robles. Con el comienzo de la sublevación, todos los miembros del partido debían respaldar inmediata y públicamente a los militares; los organismos del partido debían ofrecer colaboración plena, sin tratar de sacar provecho para la CEDA; los sectores juveniles debían unirse al Ejército y no formar milicias aparte; los miembros del partido no debían tomar parte en las represalias contra la izquierda; debían evitarse las luchas por el poder con otros grupos de derechas; y debía prestarse el máximo apoyo financiero a las autoridades. Únicamente la instrucción acerca de las represalias fue desoída, pues los cedistas destacaron en la represión nacionalista en muchos lugares, especialmente en Granada y las ciudades de Castilla la Vieja. El primer sector de la CEDA en unirse al alzamiento fue la Derecha Regional Valenciana. El sector cristiano demócrata de Lucia había sido marginado por el secretario general de la DRV, José María Costa Serrano, que se ocupó de los detalles operativos. Cuando el general Mola estaba ultimando la participación civil, en el mes de junio, Costa Serrano le ofreció 1.250 hombres para los momentos iniciales de la sublevación, y le prometió conseguir a otros 10.000 cinco horas después, y 50.000 transcurridos cinco días. Junto con los sectores valencianos de la Falange, Renovación Española y los carlistas, Costa Serrano puso a la DRV incondicionalmente a las órdenes de la junta militar. Al comienzo de la guerra, Lucia hizo pública su condena de la violencia y su compromiso con la legalidad republicana. Sin embargo, como político conservador que era, tuvo que esconderse de los anarquistas hasta que fue detenido y encarcelado en Barcelona, hasta 1939. Al terminar la guerra, fue juzgado y condenado a muerte por los franquistas por el supuesto delito de rebelión militar. Su pena fue conmutada por treinta años de cárcel.[117]

A ojos de la derecha, la campaña socialista para el rescate de los bienes comunales reforzaba la necesidad de una intervención militar urgente. La derecha trató de impedir que la cuestión avanzara en las Cortes, pero Ruiz-Funes manifestó su compromiso con la idea.[118] La retórica de los terratenientes, y la de la prensa afecta, generó un sentimiento apocalíptico de catástrofe absoluta. El 10 de julio, *ABC* se lamentaba de que el 80 por ciento de la tierra fuera a estar en manos de las municipalidades y auguró que habría pueblos donde la propiedad privada desaparecería por completo.[119] Los miembros más jóvenes de la clase terrateniente se unieron a la Falange. Muchos propietarios se trasladaron temerosos a las casas que tenían en las ciudades de sus provincias, a capitales como Madrid o Sevilla, o, en el caso de los muy potentados, incluso a lugares como Biarritz o París, donde contribuyeron con aportaciones financieras a la trama militar que derrocaría a la República, y aguardaron, expectantes, noticias. Tras ellos dejaron a las bandas falangistas, que ejercían la violencia contra los socialistas. Las actividades de estos grupos recibían con regularidad el apoyo y la protección de la Guardia Civil. En Don Benito, llegado el momento, la Guardia Civil ayudó a los falangistas a arrojar bombas incendiarias a la casa del pueblo.[120] Con frecuencia se oía la queja de que las víctimas de la Guardia Civil eran siempre obreros. La FNTT denunciaba con regularidad los arsenales de los terratenientes. Según *El Obrero de la Tierra*, en Puebla de Almoradiel, al sur de Toledo, la derecha local disponía de 200 escopetas, 300 pistolas y más de 50 rifles.[121] Cuando los trabajadores intentaban ir a cobrar los sueldos que les adeudaban, a menudo era la Guardia Civil la que se enfrentaba con ellos. Todos los que hicieron esa clase de reivindicaciones pasaron a engrosar la lista de víctimas cuando las columnas rebeldes pasaron por sus pueblos, en los primeros meses de la Guerra Civil.[122]

El odio entre los campesinos sin tierra y los propietarios y administradores de las fincas pasó a formar parte de la vida cotidiana en el sur. Un destacado terrateniente de Sevilla, Rafael de Medina, escribió acerca de «la incomprensión de los de arriba y la envidia de los de abajo», la distancia entre quienes caminaban en alpargatas y quienes viajaban en coche. Cuando su padre y él pasaban en su coche por delante de los jornaleros, en alguna carretera secundaria, notaban «la torva mirada, de tan profundo desprecio y tan señalado rencor que tenía la fuerza de un rayo fulminante». Tal vez al mirar atrás, Medina comprendiera la situación, pero en aquella época llevaba una pistola a las reuniones para tratar las condiciones laborales de sus peones.[123]

El gobernador civil de Sevilla, José María Varela Rendueles, explicó cabalmente el fenómeno. Muchos de los verdaderos grandes propietarios, como duques, marqueses, condes, o incluso terratenientes sin título aristocrático, vivían en París, Biarritz o Madrid. Visitaban de vez en cuando sus tierras para ir de caza y recibir a sus amigos. Su desprecio por los trabajadores se ponía de manifiesto durante el tiempo que pasaban allí y, a menudo, como hacían también los terratenientes menos potentados, entre chanzas se aprovechaban de las mujeres, hermanas e hijas de los obreros de sus fincas. Los administradores eran quienes gestionaban las propiedades, contratando y despidiendo a la gente de manera arbitraria, haciendo caso omiso de la ley. Después de los abusos del Bienio Negro, el regreso de los ayuntamientos de izquierdas tras las elecciones de febrero de 1936 trajo consigo la oportunidad de que se invirtieran las tornas. Así pues, los ánimos no eran de conciliación, sino de odio manifiesto. En palabras de Varela Rendueles, los trabajadores sin tierra querían seguir el ejemplo recibido: «No pretendían sino repetir la bárbara, la incivil lección aprendida».[124]

Tal y como advirtió Varela Rendueles, un elemento que alimentaba el odio del campesinado sin tierra hacia los ricos era el modo en que se utilizaba y se abusaba de las mujeres proletarias. Baldomero Díaz de Entresotos reveló la actitud paternalista y explotadora de las clases medias rurales hacia estas mujeres, al escribir indignado de las que trataban de liberarse de la prostitución a la que se habían visto sometidas por la fuerza. «Vosotras vivisteis siempre de las aventuras del señorito ... Aquellos señoritos, vuestros amigos de otro tiempo, vivían para vosotras, como vosotras vivíais para ellos. ¿Que robaban las arcas municipales? No lo creo, pero si fuera verdad, aquellos dineros, dineros del pueblo, volvían al pueblo representado por sus lindas proletarias. Los señoritos no sabían vivir lejos de vosotras. En las siestas acudían a vuestros prostíbulos y bajo el emparrado de los patios se quedaban en mangas de camisa y os dejaban sus billetes sobre las cajas vacías de cervezas. Ellos animaban con música y vino el tedio de vuestras noches. Eran demócratas de estirpe. ¿Cabía mayor democracia que dormir en los brazos de las hijas del pueblo? Señoritos rumbosos, flamencos, sencillos.»[125]

No todo el mundo interpretó las tensiones rurales con la inteligencia y la empatía de Varela Rendueles. En notas para una autobiografía que nunca llegó a terminar, el general Sanjurjo creía que el problema agrario ni siquiera existía. Escribió: «En realidad el problema agrario, por el que se estaban haciendo tantos disparates contra los propietarios y sobre todo contra la economía total de España, no existía sino en Madrid y, en general, en los labios de demagogos que lo utilizaban como un medio de sublevar y manejar a la población rural. El problema agrario era una invención de gentes por el estilo de Margarita Nelken».[126]

En Jaén, los miembros de la Federación Provincial de Labradores, una organización de terratenientes con mucho peso en la zona, se indignaron ante el cambio del equilibrio del poder que se había producido en el campo desde las elecciones de febrero. José Cos Serrano, el presidente de la Federación, declaró a un grupo de amigos que la única vía para tratar el problema de los elementos de izquierdas era la «violencia mediante la sublevación armada».[127] Los contactos entre la derecha y los conspiradores militares en la zona estuvieron coordinados por José Rodríguez de Cueto, un capitán de la Guardia Civil que había sido destituido en su cargo de comandante del destacamento provincial de la Guardia de Asalto por su vehemente postura antirrepublicana. Además de oficial de la Guardia Civil, era un terrateniente local sumamente rico, así como líder activo de la Federación Provincial de Labradores. Tanto él como José Cos Serrano mantenían relación con altos mandos de la Guardia Civil, que encabezaba el capitán Santiago Cortés González, un hombre con un historial de enfrentamientos violentos con los trabajadores de la tierra en la provincia, sobre todo en la localidad de Mancha Real durante los incidentes revolucionarios de octubre de 1934. Gracias a la actuación decidida de la izquierda local, el alzamiento fracasaría en Jaén, pero el capitán Cortés adquiriría celebridad por ser el cabecilla de los guardias civiles que posteriormente resistieron el asedio republicano del santuario de la Virgen de la Cabeza, en Andújar.[128]

Mola se había lamentado el 1 de julio de que la planeada espiral de provocación y represalias no hubiera convencido a la opinión pública de la legitimidad de un alzamiento militar. Menos de dos semanas más tarde, se alcanzó el objetivo. La noche del 12 de julio, unos pistoleros falangistas asesinaron al teniente de la Guardia de Asalto, José del Castillo Sáenz de Tejada.[129] Buena parte del nefasto impacto de este crimen se derivó del hecho de que, dos meses antes, el 7 de mayo, el capitán Carlos Faraudo de Miches, amigo de Castillo, había muerto abatido por un escuadrón falangista. El mismo día, el presidente del Consejo de

Ministros y ministro de la Guerra, Santiago Casares Quiroga, mostró a su ayudante, el comandante de las Fuerzas Aéreas, Ignacio Hidalgo de Cisneros, una lista negra elaborada por los reaccionarios donde figuraban 14 miembros de la Unión Militar Republicana Antifascista. Faraudo era el número uno, Castillo el número dos e Hidalgo de Cisneros el cuarto.[130]

Tras el asesinato de Faraudo, la petición de las represalias se había acallado, pero cuando mataron a Castillo, varios guardias de asalto del cuartel de Pontejos, ubicado justo detrás de la Dirección General de Seguridad, se mostraron decididos a vengar a su compañero. Los acompañó quien fuera amigo íntimo tanto de Faraudo como de Castillo, el capitán Francisco Condés García, uno de los pocos socialistas que había en el cuerpo de la Guardia Civil. El objetivo era Calvo Sotelo. A pesar de que la intención de Condés era llevar al líder monárquico a la Dirección General de Seguridad, poco después de que subiera a la camioneta, uno de los guardias de asalto le disparó. Llevaron su cuerpo al cementerio municipal, donde no sería descubierto hasta la mañana siguiente.[131] La muerte causó gran consternación entre los dirigentes republicanos y socialistas, y las autoridades emprendieron inmediatamente una investigación a fondo. Para la derecha, sin embargo, fue la oportunidad de poner en marcha los preparativos para el tanto tiempo acariciado golpe de Estado.

En el entierro de Calvo Sotelo, Antonio Goicoechea juró «imitar tu ejemplo, vengar tu muerte y salvar a España». Más beligerante aún fue el discurso que hizo ante la Diputación Permanente de las Cortes el 15 de julio el conde de Vallellano, dando voz a los carlistas y a Renovación Española. El comité se había reunido para discutir la petición del gobierno para prolongar el estado de alarma un mes más. Vallellano, refiriéndose al suceso de manera harto imprecisa como «este crimen sin precedentes en nuestra historia política», aseguró que Calvo Sotelo siempre había sido contrario a toda forma de violencia. Acusando de manera colectiva a los diputados del Frente Popular de la responsabilidad del asesinato, anunció que los monárquicos abandonaban el Parlamento. En la que sería su última intervención parlamentaria, Gil Robles expresó su consenso con Vallellano y también culpó al gobierno de la violencia de los meses anteriores. Con pleno conocimiento de los objetivos del alzamiento militar y de su inminencia, declaró que los partidos del Frente Popular serían las primeras víctimas del conflicto futuro.[132]

El caso de Eugenio Vegas Latapié, uno de los fundadores de *Acción*

Española y uno de sus teóricos más sofisticados, ilustra hasta dónde estaban dispuestos a llegar los extremistas de la derecha. Por su cuenta y riesgo, Vegas Latapié participó en los preparativos de un atentado frustrado contra la vida de Azaña y un plan de gasear las Cortes en sesión plenaria. Tras el asesinato de Calvo Sotelo, el hermano de Eugenio, Pepe, oficial del Ejército, informó de que varios oficiales del regimiento de El Pardo habían decidido «liquidar» al presidente Azaña en represalia, para lo que necesitaban una metralleta y a un coronel o general, preferiblemente de la brigada de Ingenieros, para capitanear la operación. Pepe Vegas confiaba en que Eugenio, que disponía de una red de contactos en los grupos de derechas, fuera capaz de proporcionarle a dicho general la ametralladora. Eugenio llevó, lleno de entusiasmo, a Pepe a casa del coronel africanista Ortiz de Zárate. Al llegar, encontraron a un grupo de oficiales concretando los últimos detalles del alzamiento. Hicieron su petición, a lo que Ortiz de Zárate consultó a los demás conspiradores y volvió para decirles: «Prohibido terminantemente. Todo está preparado en Madrid y eso podría echarlo a perder».

Sin dejarse desanimar, tras informar a los oficiales de El Pardo de que los altos mandos de la conspiración habían prohibido asesinar a Azaña, Vegas Latapié tuvo otra idea para salvar a su país, más patriótica y católica si cabe. Un monje que había trabajado en un hospital psiquiátrico le mencionó que, en su trabajo con los enfermos, había advertido que ciertos pacientes se excitaban de forma incontrolable ante los disparos de armas de fuego. Sugirió que podían reclutar a algunos de aquellos desventurados, armarlos con fusiles y granadas de mano, y hacerlos irrumpir en las Cortes para eliminar a la élite política. Aunque este peculiar método era a todas luces inviable, la propuesta del fanático devoto del manicomio siguió viva en la mente de Vegas Latapié. Decidió que el plan simplemente precisaba unos retoques: «Pensé en la posibilidad de entrar en el Congreso con un grupo de amigos pertrechados de gases asfixiantes para acabar allí con los diputados. Por supuesto que no íbamos a jugarnos la vida, sino a perderla. Sería algo semejante a lo que hizo Sansón cuando derribó las columnas del templo». Un oficial de Artillería a quien conocía le dijo que el gas venenoso solo podía conseguirse en la fábrica que dirigía otro de los hermanos de Eugenio, Florentino. Antes que permitir que su hermano corriera riesgos, Vegas abandonó sus propósitos criminales, pues sus planes tenían «una grave contrariedad».[133]

Segunda parte

Consecuencias del golpe de Estado I: Violencia institucionalizada en la zona rebelde

5

El terror de Queipo:
las purgas de Andalucía

A principios del mes de junio, Mola estaba muy abatido por las dificultades que presentaba el alzamiento. Creyendo que el golpe militar podía fracasar y desatar la venganza de las masas izquierdistas, contempló la posibilidad de renunciar y retirarse a Cuba. Veteranos carlistas lo convencieron de que no abandonara el barco y se comprometieron a hacer todos los esfuerzos posibles para garantizar el éxito de la sublevación.[1] Esto pasaba, en primer lugar, por emitir órdenes que garantizaran la máxima violencia, con el fin de paralizar de miedo a la izquierda. El 3 de junio, Mola tuvo un golpe de suerte que le levantó el ánimo. El director general de Seguridad, Alonso Mallol, con la sospecha de que la conspiración se estaba gestando en Navarra, irrumpió en Pamplona en busca de armas con doce camiones cargados de policías. Los conspiradores habían sido alertados previamente por el comisario de la Policía Santiago Martín Báguenas, compinche de Mola, por lo que fue imposible encontrar las armas.[2]

Dos semanas más tarde, la suerte volvió a sonreírle. Cuando fue trasladado a Pamplona desde África, donde ostentaba el cargo de jefe superior de las Fuerzas Militares de Marruecos, dejó allí al teniente coronel Yagüe al mando de la trama. Yagüe había mostrado una extraordinaria brutalidad al reprimir la revuelta en Asturias, en octubre de 1934, lo que le granjeó el odio de la izquierda. Él, por su parte, tenía sobradas razones para estar resentido con la República, tras ser degradado de teniente coronel a comandante a raíz de las reformas militares emprendidas por Azaña con el propósito de anular los rápidos ascensos obtenidos por los africanistas. A consecuencia de estas medidas, sufrió la humillación de perder ochenta y dos puestos en la lista de antigüedad y tuvo que esperar un año entero para ascender de nuevo al rango de teniente coronel.[3]

Yagüe se encontraba en Ceuta en calidad de jefe de la segunda de las dos Legiones en que se organizaba el Tercio de Extranjeros. Era indiscreto, por no decir provocador, a la hora de proclamar su hostilidad al gobierno, pero gozaba de la lealtad sin fisuras de los mercenarios tatuados que se hallaban bajo su mando.

Algunos destacados socialistas habían advertido en repetidas ocasiones al presidente y ministro de la Guerra, Santiago Casares Quiroga, del peligro que entrañaba mantener a Yagüe en el cargo. El 2 de junio, con gran preocupación de Mola, Casares Quiroga destituyó a uno de los conspiradores más cercanos a Yagüe, el teniente coronel Heli Rolando de Tella, comandante de la Primera Legión en Melilla. El día siguiente, Casares Quiroga llamó a Madrid a Yagüe, que no se presentó hasta el 12 de junio. Casares le ofreció la posibilidad de elegir un buen destino en España o el comodísimo puesto de agregado militar en Roma. Yagüe respondió secamente que antes prefería quemar su uniforme si no se le permitía servir con la Legión. Para inmenso alivio de Mola, Casares cedió a las exigencias de Yagüe y le permitió regresar a Marruecos. Al término de esta reunión, Casares le dijo a su adjunto, Ignacio Hidalgo de Cisneros: «Yagüe es un caballero, un perfecto militar, tengo la seguridad de que jamás hará traición a la República. Me ha dado su palabra de honor y su promesa de militar de que siempre la servirá con lealtad, y los hombres como Yagüe mantienen sus compromisos sin más garantía que su palabra». Fue un error político monumental.[4]

En la segunda semana de julio, durante las fiestas de San Fermín, Mola se desesperó al conocer las noticias que su hermano Ramón le llevó a Pamplona. Ramón, de treinta y nueve años, capitán de Infantería en Barcelona, era el enlace de Emilio con los conspiradores de Cataluña. Los servicios de seguridad de la Generalitat habían descubierto los planes para la sublevación, y Ramón, profundamente pesimista, rogó a su hermano que desistiera. Este replicó que era demasiado tarde y le ordenó que regresara a Barcelona. Con esta orden firmó su sentencia de muerte. Ramón se pegó un tiro al fracasar el golpe en la ciudad, tal como él mismo había vaticinado. El incidente contribuyó a exacerbar la brutalidad de Mola. No se dejó conmover, sin embargo, por el hecho de que el presidente de la Generalitat, Lluís Companys, le salvara la vida a su padre, Emilio Mola López, un anciano de ochenta y tres años y general retirado de la Guardia Civil.[5]

Las primeras órdenes secretas de Mola, emitidas en el mes de abril, reflejaban las prácticas seguidas por los africanistas con las tribus indígenas del Rif y llamaban a recurrir a una violencia extrema con el objetivo de paralizar a la izquierda. El compromiso del Ejército con la conspiración no era ni mucho menos unánime. De haberlo sido, difícilmente se habría desencadenado una guerra civil. Por eso, Mola dio órdenes terminantes sobre el procedimiento que debía seguirse con los oficiales que se mostraran reacios a participar en la sublevación. Su instrucción n.º 3 ordenaba la purga inmediata de quienes se opusieran al golpe militar, «no dejando ningún enemigo de peligro libre y procediendo con la mayor energía», así como la ejecución de los mandos que se negaran a participar. La instrucción n.º 5, del 20 de junio, establecía: «Ha de advertirse a los tímidos y vacilantes que aquel que no está con nosotros está contra nosotros, y como enemigo será tratado. Para los compañeros que no sean compañeros, el movimiento triunfante será inexorable».[6] Así, las primeras víctimas ejecutadas por los militares rebeldes fueron sus propios compañeros.

El 24 de junio, Mola envió instrucciones precisas a Yagüe. En ellas destacaba tres factores decisivos: violencia extrema, *tempo* y alta movilidad: «El movimiento ha de ser simultáneo en todas las guarniciones comprometidas, y desde luego, de una gran violencia. Las vacilaciones no conducen más que al fracaso».[7]

Seis días después, Yagüe recibió de Mola una serie de veinticinco instrucciones más detalladas sobre la manera de organizar la represión, entre las cuales figuraban las siguientes:

g) utilizar las fuerzas moras Regulares, Mehal-las, Harkas y policía indígena;

h) conferir el mando del orden público y seguridad en las ciudades a elementos de Falanges;

i) detener a las autoridades españolas que sean sospechosas; ...

q) eliminar los elementos izquierdistas: comunistas, anarquistas, sindicalistas, masones, etc.; ...

r) clausurar todos los locales de reuniones públicas, tales como centrales sindicales, logias masónicas, sedes de partidos, casas del pueblo, ateneos;

s) prohibir toda clase de manifestaciones, huelgas, reuniones públicas y privadas.[8]

Estas órdenes apuntalaron la represión tras el golpe militar en los territorios españoles en Marruecos. Bastó a Yagüe la fuerza de su personalidad para imponerse al general Agustín Gómez Morato, que ocupaba la jefatura de las Fuerzas Militares en Marruecos. Entre el 5 y el 12 de julio, cuando 20.000 efectivos militares de la Legión y el cuerpo de Regulares realizaban maniobras en el Llano Amarillo, la tienda de Yagüe se convirtió en el epicentro de la conspiración africana, y allí impartió sus instrucciones a los principales oficiales rebeldes.[9]

Llegado el día del alzamiento, el 17 de julio, el mando oriental del Protectorado, Melilla, quedó en manos del coronel Luis Solans Labedán. El general Manuel Romerales Quintero fue detenido y posteriormente fusilado debido a sus supuestas «ideas extremistas». Muy pronto se concentraron alrededor de 1.000 prisioneros en un campo de Zeluán. Cuando el general Gómez Morato tuvo noticia de la acción de Solans, cogió un avión en Larache con destino a Melilla, donde fue detenido por los rebeldes nada más aterrizar. En Tetuán, la mitad occidental del Protectorado, el coronel Eduardo Sáenz de Buruaga y el teniente coronel Carlos Asensio Cabanillas detuvieron al alto comisario interino, Arturo Álvarez Buylla, y lo ejecutaron pocos meses después. La noche del 17 al 18 de julio, los rebeldes pasaron por las armas a 225 personas en el Marruecos español.[10]

Entre los primeros en morir figuraba uno de los oficiales más brillantes de las Fuerzas Armadas españolas, el capitán Virgilio Leret Ruiz, destacado ingeniero aeronáutico y piloto, de treinta y cuatro años, comandante de la base de hidroaviones de Atalayón en Melilla, detenido y ejecutado tras un juicio sumario por haberse enfrentado a los rebeldes. Su mujer, Carlota O'Neill, feminista de izquierdas, era dramaturga y editora del periódico *Nosotras*. La detuvieron y la separaron de sus hijas, Carlota y Mariela, junto a otras muchas mujeres e hijas de republicanos capturadas, violadas y torturadas por los falangistas. Estas prácticas eran la clave del reino del terror instaurado por el coronel Solans. A finales de septiembre, un numeroso grupo de falangistas acudió a la prisión con la intención de acabar con la vida de todas las mujeres detenidas para celebrar la toma de Toledo por los rebeldes. El director del penal les reprendió, diciendo: «¡Es una barbaridad acabar con todas en montón! ¡Cuando quieran matar a mujeres, vengan a buscarlas pero de una en una!». Se llevaron a varias mujeres, de las que nunca más volvió a saberse. Tras dieciocho meses en prisión, Carlota O'Neill fue juzgada por un tribunal militar, acusada de hablar ruso, de ser subversiva y responsable de los actos de su marido, el 17 de julio de 1936. Pese a todo, la condenaron «solo» a seis años.[11]

Tras hacerse con el control de la base marroquí, los rebeldes centraron sus miras en Cádiz, una plaza crucial para el desembarco del Ejército africano. A la una de la madrugada del 18 de julio, el general de brigada José López-Pinto Berizo, jefe militar de Cádiz, le aseguró al gobernador civil, Mariano Zapico Menéndez Valdés, su lealtad a la República. Sin embargo, alrededor de las cuatro de la madrugada, se declaró a favor de los rebeldes e impuso el estado de guerra. Ordenó de inmediato la liberación del general de brigada José Enrique Varela Iglesias, detenido el día anterior por las autoridades republicanas. Durante su estancia en Cádiz, a la espera de destino, Varela había colaborado activamente con la extrema derecha local. La conspiración civil estaba liderada por un destacado terrateniente, el marqués de Tamarón (José de Mora-Figueroa y Gómez-Imaz). Mora-Figueroa era jefe provincial de la Falange; su hermano, Manuel, oficial de la Armada, era jefe provincial de Milicias. Los hermanos Mora-Figueroa se ocuparon de comprar y almacenar armas en colaboración con uno de los principales conspiradores de Sevilla, Ramón de Carranza y Gómez-Aramburu, capitán retirado de la Marina de Guerra, que además ostentaba los títulos de marqués de Soto Hermoso y conde de Montagut Alto.

Los falangistas de Mora-Figueroa no tardaron en unirse a López-Pinto y Varela. Las autoridades republicanas se refugiaron en el ayuntamiento y en la sede del gobierno civil, defendidos por varios centenares de izquierdistas precariamente armados y unos 50 guardias de asalto. López-Pinto y Varela contaban con alrededor de 300 soldados, 50 falangistas y requetés y una docena de guardias civiles. López-Pinto ordenó el bombardeo del gobierno civil, pero resistió hasta última hora de la noche del 18 de julio, para cuando llegó el destructor *Churruca* y otro buque mercante, el *Ciudad de Algeciras*, que transportaban el 1.er Tabor de Regulares de Ceuta.[12] A partir de ese momento, el éxito del golpe en la ciudad era cosa cierta.

A la mañana siguiente se produjo la rendición en cadena, y casi sin resistencia, del ayuntamiento, el gobierno civil, la central telefónica, la oficina de correos y las sedes de sindicatos y partidos de izquierda. Todos los que ocupaban los edificios fueron detenidos, y poco después se fusiló a la mayoría de los cargos municipales sin siquiera un simulacro de juicio. El alcalde, Manuel de la Pinta Leal, que estaba fuera de la ciudad cuando se produjo el golpe y, por tanto, no había podido oponerse, fue detenido en Córdoba en el mes de septiembre y trasladado a Cádiz para ser fusilado. En los días siguientes a la toma de la capital gaditana, el gobernador civil, Mariano Zapico, el presidente de la Diputación, Francisco Cossi Ochoa, y numerosos militares que se negaron a sumarse a la sublevación, entre otros el capitán de la Armada Tomás Azcárate García de Lomas, fueron acusados de rebelión militar. Insólitamente, se les permitió presentar su defensa por escrito, y en ella señalaron lo absurdo de las acusaciones, puesto que se limitaron a seguir las órdenes del gobierno legítimo y no habían empuñado las armas contra los militares sublevados. El destino del capitán Azcárate, que ya para entonces se perfilaba lúgubre, quedó sellado cuando el gobierno de Madrid lo nombró por decreto jefe de la base naval de Cádiz. Alrededor del 16 de agosto, antes de que se celebrara ningún juicio, Azcárate fue sacado de la cárcel junto a otros detenidos, como el diputado socialista Rafael Calvo Cuadrado y el abogado del ayuntamiento, Antonio Muñoz Dueñas, y fueron fusilados por orden del general Gonzalo Queipo de Llano, al mando de las fuerzas rebeldes en el sur.[13]

La aniquilación de izquierdistas menos destacados se produjo de la siguiente manera. En primer lugar, los rebeldes sellaron las Puertas de Tierra que cerraban el tómbolo que unía Cádiz con el resto de España. Grupos de falangistas, guardias civiles y regulares procedieron a continuación al registro y el saqueo de viviendas. Se produjeron detenciones en masa de liberales e izquierdistas, masones y sindicalistas. A algunos los fusilaron directamente en la calle; a otros se los llevaron a la sede de la Falange, en el casino, para someterlos a sádicas torturas. Los obligaron a beber aceite de ricino y alcohol industrial mezclado con serrín y miga de pan, y, por si el dolor abdominal no fuera suficiente, les propinaron brutales palizas. Se estableció el llamado «Tribunal de la Sangre», que cada día seleccionaba a 25 detenidos para su ejecución. En los cinco primeros meses posteriores al golpe militar se fusiló a unos 600 detenidos, y a más de 1.000 durante la Guerra Civil. Otros 300 fueron ejecutados entre el final de la guerra y 1945. Estas cifras no incluyen a los que murieron en las cárceles a consecuencia de las torturas.[14]

La conquista del resto de la provincia se llevó a cabo con la entusiasta colaboración de la oligarquía terrateniente local, muchos de cuyos miembros más jóvenes ya se habían unido a la Falange o al Requeté. En Alcalá de los Gazules, al este de Cádiz, los falangistas y la Guardia Civil se hicieron inmediatamente con el control de la ciudad, detuvieron al alcalde y a los concejales y los fusilaron junto a otros 50 vecinos. En las localidades vecinas se habían constituido comités del Frente Popular para detener a los derechistas que habían participado en el golpe o lo habían apoyado, y distribuir ganado y grano entre las familias de los campesinos sin tierra. Los terratenientes respondieron en el acto, facilitando caballos para formar una brigada con el objetivo de recuperar sus fincas. Al sudoeste de la provincia, entre Chiclana y Conil, pasando por Roche y Campano, la brigada recuperó numerosos cortijos ocupados por los campesinos. Se llevaron a los hombres, las mujeres y los niños a Alcalá de los Gazules, y a muchos los fusilaron.[15]

Tras la caída de Cádiz, José de Mora-Figueroa trasladó a sus hombres a Jerez de la Frontera, donde el alzamiento había triunfado de inmediato gracias a la acción decisiva del descendiente de otra familia de terratenientes locales, el comandante de Caballería Salvador de Arizón Mejía, marqués de Casa Arizón, director del centro ecuestre militar de cría y doma, y jefe de la guarnición local. Salvador y su hermano, el capitán Juan de Arizón Mejía, se aliaron con la derecha local y se sirvieron de los caballos de su unidad para formar columnas que se hicieron con el control de las zonas circundantes.[16] Mora-Figueroa organizó numerosos grupos a caballo, integrados por amigos y empleados suyos, y los puso a disposición de las autoridades militares de Cádiz.[17] El objetivo no era solo aplastar la oposición al alzamiento sino dominar la provincia en su totalidad y acabar con las reformas agrarias de los años anteriores.

La mayoría de los principales municipios gaditanos cayeron rápidamente. El 19 de julio, Salvador de Arizón Mejía envió tropas desde Jerez para tomar el puerto de Sanlúcar de Barrameda, al norte de la provincia. La izquierda local resistió el ataque hasta el 21 de julio, cuando los Regulares entraron en el pueblo y mataron a 12 vecinos, 9 de ellos dentro de una casa. El fusilamiento de izquierdistas comenzó de inmediato, aunque algunos lograron escapar en barcas. En el curso de los cinco meses siguientes hubo más de 80 ejecuciones.[18] En la localidad de Rota no ocurrió nada el 18 de julio. Al día siguiente, engañados por la supuesta lealtad a la República de los Carabineros y la Guardia Civil, anarquistas, socialistas y comunistas se aliaron para convocar una huelga general y constituir un comité antifascista. Cuando la Guardia Civil se puso del lado de los sublevados, el comité se rindió sin ofrecer resistencia. A pesar de que en Rota no había habido violencia izquierdista, la Falange y la Guardia Civil emprendieron la aniquilación sistemática de los pocos liberales y miembros de la izquierda local. No se les juzgó, puesto que no habían cometido ningún delito. Fueron torturados y obligados a beber aceite de ricino, y a 60 los fusilaron por la noche y les cortaron las orejas para llevárselas como trofeo.[19]

El ambiente en Jerez puede deducirse de la transmisión radiofónica que ofreció Radio Jerez el 24 de julio. El intelectual monárquico José María Pemán entonó un himno de alabanza a la guerra contra las «hordas de bárbaros invasores». En su discurso iba implícita la comparación de la clase trabajadora de izquierdas con los invasores bereberes del año 711: «La Guerra con su luz de fusilería nos ha abierto los ojos a todos. La idea de turno político ha sido sustituida para siempre por la idea de exterminio y de expulsión, única válida frente a un enemigo que está haciendo en España un destrozo como jamás en la Historia nos lo causó ninguna nación invasora».[20]

El veterano africanista Mariano Gómez de Zamalloa y Quirce, capitán del Tercer Grupo de Regulares Indígenas de Ceuta, llegó a Jerez para ponerse al frente de las columnas montadas de los terratenientes.[21] La tarea de recuperar las fincas tomadas por los izquierdistas en los alrededores de Jerez de la Frontera quedó en manos de la columna dirigida por el marqués de Casa Arizón. Manuel de Mora-Figueroa encabezó otra columna junto a representantes de la oligarquía terrateniente y los magnates del jerez, como el duque de Medina-Sidonia, José Aramburu Santaolalla y Estanislao Domecq y González. Lo que llegó a conocerse como el «Tercio Mora-Figueroa» se constituyó inicialmente con 300 jóvenes de extrema derecha, falangistas, estudiantes, hijos de los señores rurales y trabajadores afiliados a los sindicatos católicos.

Como si de una partida de caza se tratara, Mora-Figueroa y sus seguidores, acompañados de algunos requetés y guardias civiles, partieron hacia Arcos de la Frontera, donde su familia tenía importantes explotaciones agrarias. Aunque el pueblo había caído en manos de la derecha sin oponer resistencia, la salvaje represión del Tercio causó la muerte de 86 republicanos.[22] La columna atacó varios municipios situados al nordeste de la capital de la provincia que aún seguían en poder del Frente Popular y consiguió recuperar las fincas ocupadas por los trabajadores. Desde Arcos, la columna integrada por los Regulares de Gómez de Zamalloa y los hombres de Mora-Figueroa continuó su avance hasta Algodonales y Olvera para infligir un castigo feroz.[23] El 13 de agosto, el grupo de Mora-Figueroa llegó a Villamartín, bajo el control de la Guardia Civil desde el 19 de julio. Los aislados incidentes violentos protagonizados por la izquierda local se castigaron con una severidad desmedida. Los terratenientes de Villamartín estaban firmemente decididos a acabar con los principales miembros de la CNT, la UGT, el PSOE y los partidos republicanos.

Pese a las protestas del párroco del pueblo, se torturó a hombres y mujeres y se los fusiló sin juicio alguno por razones tan absurdas como haber defendido la mejora de las condiciones de trabajo («por haber sacado las bases») o haber participado en el carnaval en que se parodió un funeral de Gil Robles y se entonaron canciones que ridiculizaban a la derecha. A un joven de diecisiete años lo mataron porque su padre era socialista y a otro de dieciséis porque el suyo, anarcosindicalista, había huido. En total, cuatro adolescentes fueron asesinados. Un matrimonio de setenta y tres y sesenta y nueve años también fue fusilado porque su hijo, anarquista, se había escapado. Fusilaban a matrimonios y a los hijos pequeños los dejaban morir de hambre. A Cristóbal Alza y a su mujer los detuvieron, les raparon la cabeza y les dieron aceite de ricino. Creyéndose a salvo, decidieron quedarse en el pueblo y, cuando volvieron a detenerlos, Francisco, hermano de Cristóbal, suplicó por sus vidas al capitán de la Guardia Civil. Este le contestó que solo salvaría a uno de los dos, y que Francisco debía elegir. Francisco eligió a su hermano. Entre julio de 1936 y febrero de 1937 se ejecutó en Villamartín a 120 hombres y 9 mujeres.[24] Otras 3 mujeres perdieron la vida en Bornos, 2 en Espera, una en Puerto Serrano, una en Arcos de la Frontera, al menos 10 en Ubrique y 5 en Olvera.[25]

Estas primeras matanzas se llevaron a cabo al amparo de la proclamación del bando de guerra difundido por Queipo de Llano el 18 de julio. En todos los municipios y provincias de Andalucía occidental, con ligeras variaciones en su formulación, el bando decretaba con contundencia el fusilamiento de todo el que se opusiera a la sublevación.[26] De este modo los artífices de la matanza pudieron alegar con ligereza que se habían limitado a «aplicar el bando de guerra». En consecuencia, y sin ninguna base judicial, se llevaban a los hombres para fusilarlos y dejaban los cadáveres tirados en la cuneta, hasta que se pudrían o hasta que las autoridades municipales iban a retirarlos. Lo cierto es que Queipo de Llano carecía de autoridad para emitir este bando.[27]

El 4 de agosto, Queipo de Llano escribió a López-Pinto y le urgió a que acelerara el proceso de eliminación de la izquierda en Cádiz. Su carta dejaba traslucir la creencia de que, al haber partido ya las primeras columnas africanas de Sevilla hacia Madrid, el 2 y el 3 de agosto, la guerra terminaría rápidamente: «¡Esto se acaba! Lo más que durará son diez días. Para esa fecha es preciso que hayas acabado con todos los pistoleros y comunistas de esa [plaza]». Cuando un nuevo juez se interesó por los progresos del juicio de los republicanos más destacados de Cádiz, se le informó de que el proceso se había sobreseído «por el fallecimiento de los tres sujetos de referencia por haberles sido aplicado el bando de guerra de 18 de Julio de 1936».[28]

La carta de Queipo de Llano reflejaba un momento clave de la represión. Las ciudades y pueblos de Cádiz, Huelva, Sevilla y buena parte de Córdoba y Granada habían caído en manos de los insurgentes. La población andaluza simpatizaba mayoritariamente con los republicanos, los socialistas y los anarcosindicalistas. Había por tanto que incrementar la represión para evitar revueltas cuando las columnas avanzasen hacia el norte. Había que matar a los prisioneros. Dos días después de escribir esta carta a López-Pinto, Queipo de Llano materializó sus intenciones designando al teniente coronel retirado, Eduardo Valera Valverde, gobernador civil de la provincia de Cádiz. Valera trajo consigo el mensaje de que era preciso «obrar con más energía». Así se puso de manifiesto en Sanlúcar de Barrameda. Las fuerzas de ocupación emprendieron un proceso de ejecuciones más sistemático a partir del 8 de agosto. José María Fernández Gómez, alcalde de Puerto Real, un municipio cercano a la capital de la provincia, había impedido los disturbios anticlericales y la quema de un convento la noche del 18 de julio, pese a lo cual fue detenido al día siguiente. Era librero y republicano moderado del partido de Azaña, Izquierda Republicana. Las súplicas de la madre superiora del convento no bastaron para evitar su fusilamiento sin juicio previo el 21 de agosto. Dos meses después se confiscó su librería, que los falangistas ya se habían encargado de saquear previamente.[29]

Mientras tanto, en las localidades situadas entre Villamartín y Ubrique, como Las Huertas de Benamahoma y Benaocaz, la columna de Manuel de Mora-Figueroa detenía a los alcaldes y nombraba a dedo a los nuevos cargos municipales. Desde Olvera, donde los rebeldes establecieron su base de operaciones, continuaron hasta entrar en la provincia de Sevilla, tomaron Pruna el 18 de agosto y los pueblos de Villanueva de San Juan y Algámitas cuatro días más tarde. Aunque los terratenientes y otros derechistas, detenidos para su propia protección por las autoridades del Frente Popular, aseguraron que la llegada de las columnas les había salvado de las atrocidades que la izquierda habría podido cometer de haber tenido tiempo, era poco creíble que la izquierda hubiese esperado un mes entero antes de cometer dichas atrocidades.[30]

La represión en Las Huertas de Benamahoma corrió a cargo de una famosa banda conocida como los «Leones de Rota» e integrada por falangistas bajo el mando de Fernando Zamacola, un gallego con antecedentes por asalto y robo a mano armada. Una investigación franquista posterior sobre los crímenes cometidos por Zamacola reveló que la banda ejecutó a más de 50 personas, entre ellas mujeres, una de las cuales, Ana Gil Ruiz, fue asesinada por negarse a revelar el paradero de su marido. Al cartero del pueblo, Manuel Salguero Chacón, lo fusilaron junto a su hijo de quince años. Mientras se realizaba la investigación, el cabo Juan Vadillo Cano, al mando de la Guardia Civil de Las Huertas de Benamahoma, afirmó que los «Leones de Rota eran gente indeseable y obraban de forma arbitraria», al tiempo que uno de los Leones alegaba que el propio Vadillo había ordenado los fusilamientos para encubrir las brutales palizas que recibieron los detenidos. A los asesinatos se sumaron los robos de propiedades y los abusos sexuales de las mujeres cuyos maridos habían huido o habían sido fusilados. Las obligaban a limpiar los cuarteles de la Guardia Civil y las sedes de la Falange, y a bailar en las fiestas que organizaban los hombres de Zamacola. Les rapaban el pelo y las purgaban con aceite de ricino, y algunas fueron violadas por Vadillo y Fernando Zamacola.[31] Zamacola fue distinguido con la más alta condecoración militar, la Gran Cruz Laureada de San Fernando.[32]

Una vez establecida en la zona, la columna de Mora-Figueroa realizaba expediciones diarias de limpieza siguiendo a las tropas que conquistaron las pequeñas localidades al norte de la provincia, como Ubrique, Alcalá del Valle y Setenil. Muchos republicanos y sindicalistas se habían escondido en la sierra de Ubrique, por temor a las represalias. Sin embargo, cuando el 24 de julio un aeroplano lanzó octavillas para anunciar que quienes no se hubieran manchado las manos de sangre no tenían nada que temer, muchos de los huidos regresaron. A la mayoría de estas almas cándidas, entre ellas el alcalde, las fusilaron en el curso de las semanas siguientes. El alcalde Manuel Arenas Guerrero, miembro de Izquierda Republicana, era propietario de una próspera panadería y una almazara, y se había granjeado la enemistad de la oligarquía local por proporcionar pan barato a los pobres. Lo torturaron y obligaron a entregar cuantiosas sumas de dinero antes de ser fusilado. Al menos 149 personas fueron ejecutadas en Ubrique.[33]

La Guardia Civil no se sumó a la sublevación en Alcalá del Valle y entregó las armas al comité de Defensa que se constituyó rápidamente en la localidad. El comité confiscó las armas de los miembros de la derecha y practicó algunas detenciones, si bien los prisioneros no sufrieron daños físicos. La iglesia parroquial se requisó como sede del comité y se destruyeron el altar, las estatuas y algunas imágenes religiosas. El 25 de agosto, los falangistas de Manuel de Mora-Figueroa, acompañados por 20 guardias civiles, tomaron brevemente el pueblo. Tras la expulsión de los sublevados, una partida de milicianos llegados de Ronda se dedicó a saquear las casas de los derechistas hasta que los miembros del Comité de Defensa intervinieron para impedirlo. El 18 de septiembre, las fuerzas rebeldes volvieron a ocupar el pueblo con el Tercio Mora-Figueroa. La represión en Alcalá del Valle fue aplastante, sistemática, en línea con el propósito del alzamiento de erradicar a los elementos de izquierda, sus organizaciones y sus ideas. Muchos vecinos huyeron al saber lo que habían hecho las columnas en los pueblos vecinos. Entre los huidos figuraban los responsables de la muerte de algunos derechistas, así como los que ocupaban algún puesto en los partidos republicanos, los sindicatos o las instituciones. Las víctimas de la represión fueron, por tanto, quienes se quedaron convencidos de que no tenían nada que temer, puesto que no habían cometido ningún delito. No hubo siquiera un simulacro de juicio. Las fuerzas de ocupación detuvieron en la calle o sacaron de sus casas a 26 hombres y 4 mujeres, los torturaron y los fusilaron.[34]

Mientras las distintas organizaciones paramilitares arrasaban la provincia de Cádiz, en Sevilla se vivía una situación similar. Gonzalo Queipo de Llano atribuía a su propio arrojo e inteligencia la victoria de la derecha en Sevilla. Un año después de los acontecimientos se jactó de haber tomado la ciudad sorteando innumerables obstáculos, con espontánea valentía y la ayuda de solo 130 soldados y 15 civiles. En un discurso radiado, el 1 de febrero de 1938, exageró todavía más su hazaña al declarar que «siendo solo catorce o quince, éramos capaces en aquellos momentos de conquistar Sevilla».[35] A uno de sus biógrafos le aseguró que se había enfrentado a un contingente de 100.000 «comunistas» bien armados, cuando lo cierto es que los trabajadores derrotados solo contaban con 18 fusiles y escasa munición, muchos de ellos iban desarmados, y algunos provistos de escopetas de caza, pistolas antiguas y cuchillos.[36]

Lejos de ser un acto de heroísmo espontáneo, el golpe militar en Sevilla fue planeado meticulosamente por José Cuesta Monereo, un comandante del Estado Mayor destinado en la ciudad, y llevado a cabo por 4.000 hombres. El general al mando de la región militar de Sevilla, José de Fernández Villa-Abrille, y sus colaboradores más cercanos estaban al corriente de la trama, y a pesar de la insistencia del gobernador civil, José María Varela Rendueles, no pusieron ningún obstáculo en el camino de la sublevación.[37] Pese a ello, Queipo los detuvo a todos y más tarde los juzgó por rebelión. La gran mayoría de la guarnición de Sevilla participó en la trama golpista —unidades de Artillería, de Caballería, de Comunicaciones, de Transporte, de Intendencia, de Zapadores y de la Guardia Civil—, según se demuestra incluso en la lista de serviles alabanzas a Queipo de Llano elaborada por el periodista Enrique Vila.[38] Este amplio contingente militar tomó los centros neurálgicos de la ciudad, la central telefónica, el ayuntamiento y el gobierno civil, tras bombardear los edificios con fuego de artillería, bloquear las principales vías de acceso al centro urbano y sembrar a continuación el terror indiscriminado.[39]

El comandante Antonio Castejón Espinosa fue quien se encargó de aplastar la posterior resistencia de los trabajadores. El domingo, 19 de julio, Castejón se presentó en Sevilla con 30 de los legionarios que habían llegado a Cádiz en el destructor *Churruca*. Según el propio Castejón, con otros 20 legionarios ya en la capital, 50 requetés carlistas, 50 falangistas y otros 50 guardias civiles, sus hombres emprendieron sin tardanza la sangrienta represión en los barrios obreros de Triana, La Macarena, San Julián y San Marcos.[40] Los falangistas pertenecían en su mayoría al Círculo de Labradores, el club de terratenientes ricos. La participación civil en el alzamiento fue organizada por destacados miembros del Círculo, como Ramón de Carranza, Pedro Parias González y el torero Pepe el Algabeño (José García Carranza). Queipo de Llano recompensó sus esfuerzos nombrando a Carranza alcalde y a Parias gobernador civil de Sevilla. Pepe el Algabeño, que en marzo de 1934 había sido víctima de un intento de asesinato por parte de los anarquistas en Málaga, lideraba un grupo de toreros que se habían puesto a las órdenes de Queipo de Llano.[41] La mañana del 19 de julio, los derechistas encabezados por Ramón de Carranza hicieron gala de una notable brutalidad («un durísimo castigo») para aplastar la resistencia de los trabajadores en los barrios aledaños a la Gran Plaza, Amate y Ciudad Jardín.[42]

La clase trabajadora resistió con uñas y dientes los ataques de la artillería, hasta que, utilizando a mujeres y niños como escudos humanos, las fuerzas de Queipo rompieron las barreras y acometieron la represión a conciencia, pasando por las armas a hombres, mujeres y niños por igual. Tras la rendición de Triana, el nuevo alcalde nombrado por Queipo de Llano, Ramón de Carranza, recorrió las calles del barrio con un megáfono para ordenar que se limpiaran de las paredes todas las pintadas antifascistas y prorrepublicanas. Dio un plazo máximo de diez minutos, terminado el cual, los vecinos de todas las casas que ostentaran eslóganes serían fusilados. Mientras los padres, maridos, hermanos o hijos yacían muertos o agonizantes en las aceras, las mujeres y los niños supervivientes se afanaban en frotar las paredes con gran regocijo de los rebeldes victoriosos. Es difícil imaginar un ejemplo más gráfico de la determinación de los golpistas por dar marcha atrás al reloj.[43] El 22 de julio, cuando Queipo lanzó su ataque definitivo sobre La Macarena, se sirvió de la aviación para bombardear y arrasar el barrio. Esa misma mañana hizo pública una advertencia a través de la prensa: «Por esta orden general se comunica a los pequeños focos que aún existen que depongan su actitud arrojando las armas a la calle, colocando distintivos blancos en las puertas y ventanas en evitación de los daños que pudiesen ocasionar la Aviación y las fuerzas del Ejército».[44]

El 16 de agosto se encontraron en Triana los cuerpos de 2 falangistas muertos. En venganza por estas muertes, los rebeldes detuvieron al azar a 70 vecinos de las calles más cercanas y dos días después los fusilaron en el cementerio sin juicio alguno.[45] Cuando el actor Edmundo Barbero llegó a Sevilla en el mes de agosto, halló la ciudad (y a muchos de sus habitantes) completamente cubierta de símbolos falangistas. Los barrios de Triana, La Macarena, San Julián y San Marcos estaban cubiertos por los escombros de las casas destruidas en los bombardeos. Barbero se quedó muy impresionado al ver las caras de terror de los vecinos y comprobar que todas las mujeres iban de negro, a pesar de que Queipo había prohibido terminantemente el luto en público y la prohibición se repetía sin cesar a través de la radio y la prensa escrita. Fuera de la ciudad las patrullas de falangistas vigilaban los pueblos para asegurarse de que nadie llevaba emblemas de luto y de que los lamentos de dolor no pudieran oírse.[46]

A la matanza inmediata le siguió la represión sistemática. El 23 de julio, Queipo de Llano emitió un nuevo bando en el que anunciaba abiertamente que cualquier líder huelguista detenido sería fusilado, junto con un número igual de trabajadores en huelga elegidos a discreción de las autoridades militares y, a continuación, señalaba que quien desobedeciera los bandos sería fusilado sin juicio («sin formación de causa»). Un día después hizo público su sexto bando, en el que sentó las bases de la represión indiscriminada de esta manera: «Al comprobarse en cualquier localidad tales actos de crueldad contra las personas, serían pasadas por las armas las Directivas de las organizaciones marxistas o comunistas que en el pueblo existieran, y caso de no darse con tales directivos, serían ejecutados un número igual de afiliados, arbitrariamente elegidos, sin perjuicio, claro está, de las penas que habrían que aplicarse a los responsables materiales de los vandálicos hechos de que se trate».[47] Este bando sirvió para justificar la ejecución de un gran número de hombres, mujeres y niños inocentes de cualquier delito.

Queipo de Llano encomendó la misión a un africanista, el capitán de Infantería Manuel Díaz Criado. Díaz Criado había servido en la Legión Extranjera en la década de 1920 y en su hoja de servicios figuraban las matanzas de trabajadores en Sevilla en 1931, un intento de asesinato contra Azaña y la participación en la detención del general De Fernández Villa-Abrille. El 25 de julio, Díaz Criado recibió el título de delegado militar gubernativo de Andalucía y Extremadura, con poder sobre la vida y la muerte de los habitantes de la región. El flamante delegado militar eligió como mano derecha al sargento de la Guardia Civil José Rebollo Montiel, un hombre de implacable crueldad, a quien encomendó la supervisión de las torturas y los interrogatorios de los prisioneros. Edmundo Barbero describió a Díaz Criado como «borracho, antiguo capitán de la Legión, cruel y sádico».[48] Bajo sus órdenes se desalojó a la población masculina de los barrios obreros de Triana y La Macarena. Entre los cientos de prisioneros que se hacinaban en la cárcel provincial había niños y ancianos. A la mayoría no tardaban en sacarlos al patio para fusilarlos sin simular siquiera un procedimiento judicial. A otros los encerraron en un inmundo barco-prisión, el *Cabo Carvoeiro*.[49]

Cuando no encontraban a los líderes de la clase obrera, tomaban a sus familias como rehenes. El líder comunista de los astilleros de Sevilla, Saturnino Barneto Atienza, estuvo escondido y finalmente logró alcanzar la zona republicana. Su hermana, su mujer, su hija de muy corta edad y su suegra pasaron toda la guerra detenidas en condiciones infrahumanas. Su madre de setenta y dos años, Isabel Atienza, una mujer católica y devota, fue detenida e interrogada. El 8 de octubre la obligaron a presenciar un fusilamiento en el cementerio y, después de someterla a esta experiencia, la mataron de un disparo en una plaza cercana a su domicilio y dejaron su cadáver tirado en la calle, donde estuvo un día entero.[50]

Queipo de Llano otorgó a Díaz Criado poderes ilimitados, y no toleraba ninguna queja contra él. El propio Díaz Criado se negaba a que lo molestaran con detalles sobre la inocencia o las buenas obras de sus víctimas. El 12 de agosto se obligó a la prensa local a publicar una nota con el fin de atajar las intercesiones en favor de los detenidos. En ella se decía: «Serán considerados como enemigos beligerantes no sólo aquellos que se opongan a la causa, sino los que los amparen o recomienden».[51] Quienes tuvieron la ocasión de observarlo de cerca compartían la opinión de que Díaz Criado era un canalla y un degenerado que se servía de su posición para saciar su sed de sangre, enriquecerse y satisfacer su apetito sexual. El jefe del aparato de propaganda de Queipo, Antonio Bahamonde, que terminó renunciando al cargo tras presenciar con horror las atrocidades de Díaz Criado, escribió sobre él:

> Criado no iba al despacho hasta las cuatro de la tarde, y esto raras veces. Su hora habitual eran las seis. En una hora, y a veces en menos tiempo, despachaba los expedientes; firmaba las sentencias de muerte —unas sesenta diarias— sin tomar declaración a los detenidos la mayoría de las veces. Para acallar su conciencia, o por lo que fuere, estaba siempre borracho. Todas las madrugadas se lo veía rodeado de sus corifeos en el restaurante del Pasaje del Duque, donde invariablemente cenaba. Era el cliente habitual de los establecimientos nocturnos. En «Las siete puertas» y en la «Sacristía», se le veía rodeado de amigos aduladores, cantaores y bailaoras y mujeres tristes, en trance de parecer alegres. Él decía que, puesto en el tobogán, le daba lo mismo firmar cien sentencias que trescientas, que lo interesante era «limpiar bien a España de marxistas». Le he oído decir: «Aquí en treinta años no hay quien se mueva». No admitía visitas; sólo las mujeres jóvenes eran recibidas en su despacho. Sé de casos de mujeres que salvaron a sus deudos sometiéndose a sus exigencias.[52]

El antiguo gobernador civil de Murcia, Gonzálbez Ruiz, se expresó en términos muy similares sobre los cientos de fusilamientos ordenados por Díaz Criado: «A altas horas de la noche, rodeado de prostitutas, después de la orgía, y con un sadismo inconcebible, marcaba a voleo, con la fatídica fórmula "X2", los expedientes de los que, con este simplicísimo procedimiento, quedaban condenados a la inmediata ejecución».[53] Una de las amigas más íntimas de Díaz Criado era una prostituta conocida como «Doña Mariquita», que lo escondió en su huida tras el intento fallido de asesinar a Azaña. Eran muchos los que, sabedores de esta estrecha relación, intentaban comprar los buenos oficios de Doña Mariquita para interceder por sus seres queridos. El actor Edmundo Barbero participó en reuniones hasta altas horas de la madrugada en las que Díaz Criado, Rebollo y Doña Mariquita discutían las ofertas sexuales y económicas para salvar a los prisioneros. En una de estas ocasiones, Díaz Criado se cansó del entretenimiento y decidió llevar a sus compañeros a presenciar una ejecución al amanecer. Montó en cólera al ver que llegaban al lugar cuando los ecos de los disparos ya empezaban a apagarse, pero se aplacó cuando el jefe del pelotón de fusilamiento invitó a las mujeres de su grupo a que asestaran a los moribundos el *coup de grâce*. Un sargento de los Regulares procedió a continuación a arrancar los dientes de oro a los muertos, machacándoles la cabeza con una piedra.[54]

La frivolidad con que operaba Díaz Criado terminó inevitablemente por causar problemas. Uno de los pocos que sobrevivieron para contarlo fue el gobernador civil republicano de Sevilla, José María Varela Rendueles. Díaz Criado comenzó su interrogatorio con estas palabras: «Ante todo, lamento que hasta ahora no haya sido usted fusilado. Por mi gusto vestiría de luto su familia». Días más tarde repitió las mismas palabras a la madre de Varela, tras acusar falsamente a su hijo de haber distribuido armas entre los trabajadores. La única «prueba» con la que contaba para fundamentar su acusación era una pistola que pertenecía a Varela y que más tarde se encontró en manos de un trabajador abatido de un disparo en un enfrentamiento con los golpistas. Lo cierto es que a Varela le habían robado la pistola durante el saqueo de su despacho. Pese a todo, solo cuando el sucesor de Varela como gobernador civil, el coronel Pedro Parias González, corroboró la declaración del acusado, Díaz Criado se avino de mala gana a retirar los cargos contra él.[55]

Era previsible que, al generalizarse las matanzas, se cometieran errores muy graves. Bahamonde, cuyo testimonio es por lo general fiable, ofrece esta descripción: «En la División me enteré del siguiente hecho: un amigo del general Mola, por el que éste se había interesado vivamente, llegando incluso a tener una conferencia telefónica con Díaz Criado, fue fusilado. Como siempre despachaba los expedientes atropelladamente, no se fijó que entre los firmados aquel día estaba el del amigo de Mola».[56] Aun así, Queipo toleró los excesos de Díaz Criado hasta que, a mediados de noviembre de 1936, el propio Franco se vio en la obligación de insistir en que debían destituirlo. El detonante inmediato fue la acusación de espionaje contra el vicecónsul portugués en Sevilla, Alberto Magno Rodrigues.

La acusación era profundamente incómoda, a la luz de la ayuda que el gobierno portugués había prestado a la causa nacional, tanto más cuanto que, en ese preciso momento, las autoridades de Lisboa trabajaban con ahínco en la esfera internacional para conseguir el reconocimiento del régimen franquista. Además era absurda, puesto que Rodrigues intentaba obtener información sobre los envíos de armas alemanas e italianas para el hermano de Franco, Nicolás. Un colérico Queipo de Llano fue obligado a disculparse con Rodrigues en presencia de Nicolás Franco. El Caudillo firmó personalmente el traslado de Díaz Criado a la Legión en Talavera de la Reina, donde desfogó su temperamento brutal con los soldados que tenía bajo su mando.[57]

La sustitución de Díaz Criado por el comandante de la Guardia Civil Santiago Garrigós Bernabeu no aportó demasiado alivio a la aterrorizada población. En realidad, resultó fatal para quienes habían salvado la vida gracias a los sobornos de Doña Mariquita o la sumisión sexual al propio Díaz Criado. Francisco Gonzálbez Ruiz comentaba así la situación: «Como algunos afortunados salvaran su vida por la oportuna intervención de las amigas del señor delegado, o por haberla cotizado en buena moneda, claro está, al ser destituido, el que le sucedió se creyó en el caso de revisar los expedientes. Y como era inmoral el procedimiento seguido se fusiló a los que antes se libraron. Sin que por ello volvieran a la vida los millares de inocentes que antes cayeron».[58]

Uno de los numerosos criterios que se seguían para llevar a cabo las detenciones era la actitud adoptada por la población durante el golpe fallido de agosto de 1932. Entre las víctimas de estos procedimientos figuraba José González Fernández de Labandera, que en 1932 ocupaba la alcaldía de Sevilla. Posteriormente representó a su ciudad en las Cortes como diputado de Unión Republicana, una formación política de signo conservador. Su oposición al golpe militar de 1932 le valió que se lo señalara como cabecilla del «levantamiento» contra los golpistas. Se le acusó también de insultar al Ejército y de exigir el reparto de las tierras, imputaciones ambas profundamente inverosímiles en razón de su ideología conservadora. Otra víctima fue Hermenegildo Casas Jiménez, el primer alcalde republicano de Sevilla en abril de 1931, diputado socialista por Sevilla entre 1931 y 1933, y por Córdoba entre 1933 y 1935. Tampoco se libró Ramón González Sicilia, que ocupó brevemente el cargo de gobernador civil primero de Sevilla y después de Granada, y en el año 1936 encabezó las listas de Unión Republicana en Sevilla. Labandera fue asesinado el 10 de agosto, antes de que la causa contra él llegara a juicio, en el quinto aniversario del fracasado golpe militar; la misma noche en que eran asesinados el intelectual Blas Infante y el diputado socialista Manuel Barrios. La misma suerte corrió el liberal José Manuel Puelles de los Santos, presidente de la Diputación Provincial, un médico muy querido por todos. Lo detuvieron, saquearon su clínica, destrozaron su equipo de rayos X y lo mataron el 5 de agosto junto a José Luis Relimpio Carreño, el delegado del Ministerio de Trabajo en Sevilla. El alcalde de Sevilla, Horacio Hermoso Araujo, de tendencias moderadas y miembro de Izquierda Republicana, fue detenido de inmediato y asesinado posteriormente el 29 de septiembre. Al profesor José León Trejo lo fusilaron porque, siendo gobernador civil de Guadalajara, había ordenado la detención del arzobispo de Sevilla, el cardenal Pedro Segura, cuando este iba camino de Navarra para poner en marcha una insurrección. Un destino similar aguardaba a los dos hermanos de León Trejo y a otros muchos cargos municipales y provinciales.[59]

Con la «pacificación» de Sevilla y la situación en Cádiz bien encauzada, Queipo de Llano pasó a centrar sus preocupaciones en el destino de Huelva. La Policía, la Guardia Civil y el Ejército de la provincia estaban llenos de conspiradores infiltrados. En un primer momento el golpe había fracasado por la firme actuación de los cargos provinciales: el gobernador civil, Diego Jiménez Castellano; el alcalde, Salvador Moreno Márquez; y los mandos de la Guardia Civil, el teniente coronel Julio Orts Flor, y del Cuerpo de Carabineros, el teniente coronel Alfonso López Vicencio. Aunque se distribuyeron armas entre las organizaciones obreras, las autoridades hicieron todos los esfuerzos posibles para preservar el orden. Se detuvo a los miembros de la derecha local y se les confiscaron las armas, al tiempo que se tomaban las medidas necesarias para garantizar su seguridad. Habida cuenta del caos y del odio que suscitó el levantamiento, puede considerarse un éxito, atribuible a la actitud de las autoridades, que el número de derechistas asesinados por elementos incontrolados en la provincia de Huelva no pasara de seis.

Tal era la confianza del gobierno republicano en Madrid que, el 19 de julio, el nuevo ministro de la Gobernación, el general Sebastián Pozas Perea, envió un telegrama al gobernador, Jiménez Castellano, y al teniente coronel Orts Flor, en el que decía: «Les recomiendo movilicen a toda la población minera y empleen explosivos para aniquilar a esas bandas terroristas, confiando en la llegada de la columna militar que avanza sobre Córdoba y Sevilla en carrera triunfal y que en poco tiempo aniquilará a esos restos de facciosos traidores que se entregan al vandalismo más grosero y cruel en sus últimos aletazos de vida». En respuesta a un telegrama tan delirantemente optimista, cuyo texto sería posteriormente falsificado por los rebeldes, se decidió enviar una columna desde la ciudad para atacar a Queipo de Llano en Sevilla. La columna en cuestión estaba integrada por 60 guardias civiles, 60 carabineros y guardias de asalto, y alrededor de 350 voluntarios izquierdistas procedentes de distintas ciudades, entre los que figuraban los mineros socialistas. Acompañaban a la formación dos parlamentarios onubenses: los diputados Juan Gutiérrez Prieto y Luis Cordero Bel.

El mando de las tropas se confió al comandante de la Guardia Civil Gregorio Haro Lumbreras, un hombre muy poco de fiar. Haro había participado en el golpe de 1932 en Madrid y mantenía un estrecho contacto con José Cuesta Monereo, el organizador del golpe militar en Sevilla. Con el fin de evitar que los trabajadores de la columna frustraran sus verdaderos planes, Haro Lumbreras partió con sus hombres a Sevilla horas antes que los voluntarios civiles. A lo largo del camino se incorporaron a su grupo más guardias civiles y, cuando el destacamento llegó a Sevilla, Haro Lumbreras se unió a Queipo de Llano y volvió sobre sus pasos para tender una emboscada a las milicias que venían de Huelva. El 19 de julio, en un cruce de caminos conocido como La Pañoleta, sus hombres abrieron fuego con ametralladoras contra los mineros, con el resultado de 25 muertos y 71 prisioneros, 3 de los cuales murieron poco después a consecuencia de las heridas. Los demás voluntarios, entre ellos los diputados socialistas, lograron escapar. Las tropas de Haro no sufrieron bajas, con la excepción de un hombre que se rompió una pierna al bajar de un camión. Trasladaron a los detenidos al barco-prisión *Cabo Carvoeiro*, anclado en el Guadalquivir. A finales de agosto, los prisioneros fueron «juzgados» y considerados culpables del surrealista delito de rebelión militar contra «el único poder constituido en España de manera legítima». Dividieron a los 68 condenados en seis grupos para trasladarlos a seis zonas de Sevilla donde la resistencia de los trabajadores había sido significativa, y allí los fusilaron. Dejaron los cadáveres tirados en las calles durante horas, con el propósito de aterrorizar todavía más a una población que ya había presenciado más de 700 ejecuciones desde la victoria de Queipo de Llano.[60]

La ciudad de Huelva resistió diez días más. Entretanto, las columnas organizadas por los militares rebeldes y financiadas por voluntarios adinerados, con acceso a armamento y vehículos, fueron conquistando el territorio comprendido entre Huelva y Sevilla. Tras su participación en las matanzas de los barrios trabajadores de la capital sevillana, una columna carlista encabezada por el comandante retirado Luis Redondo García se sumó a las operaciones contra los pueblos situados al sudeste de la capital.[61] Otro destacamento quedó al mando de Ramón de Carranza, amigo de Mora-Figueroa, que había participado en los preparativos del golpe y en la represión en los barrios de Nervión, Ciudad Jardín, Triana y La Macarena. Como ya se ha dicho, Queipo lo recompensó poniéndolo al cargo de la administración municipal de Sevilla tras la detención del alcalde, Horacio Hermoso Araujo. Carranza era hijo del cacique de Cádiz, el almirante Ramón de Carranza y Fernández de la Reguera, marqués de Villapesadilla, propietario de 2.300 hectáreas en Chiclana y Los Barrios, una localidad próxima a Algeciras.[62] El 22 de julio, Carranza convenció a Queipo de la necesidad de tomar varios municipios de la provincia. Entre el 23 de julio y finales de agosto, alternó sus obligaciones administrativas con el mando de los ataques contra las poblaciones controladas por la izquierda. Su columna operó en solitario para ocupar los pueblos de la zona del Aljarafe, al oeste de Sevilla, si bien posteriormente se integró en una formación militar más numerosa.

No fue casualidad que en muchas de estas localidades se encontraran las fincas de Carranza y otros integrantes de la columna, como Rafael de Medina Vilallonga, prometido de la hija del duque de Medinaceli. El itinerario de estas columnas de terratenientes venía dictado a menudo por la localización de sus tierras. En la mayoría de los pueblos se había constituido un comité del Frente Popular en el que se hallaban representados los republicanos y los grupos de izquierda, normalmente bajo la dirección del alcalde. El comité se ocupaba de detener a los simpatizantes de los militares rebeldes y confiscar sus armas. La región contenía grandes latifundios dedicados al cultivo de trigo y aceituna, además de extensos alcornocales donde pastaban ovejas, cabras y cerdos. Los comités obreros organizaron la distribución de alimento y ganado, a la vez que colectivizaban las fincas en algunos casos. De ahí el interés de los propietarios por recuperar las tierras que ahora alimentaban a sus enemigos izquierdistas.

La columna de Carranza, que gozaba casi de plena autonomía, entró en el Aljarafe para atacar municipios como Saltares, Camas, Valencina, Bollullos y Aznalcázar. Armados con morteros y ametralladoras, apenas encontraron resistencia entre los campesinos, que solo contaban con unas pocas escopetas de caza. En Castilleja, una pequeña localidad del Aljarafe, Medina liberó las fincas de su amigo, el marqués de las Torres de la Presa. En Aznalcázar, el alcalde socialista salió al encuentro de Medina y, según el propio relato de este, le entregó el pueblo con gran dignidad y elegancia, lo que no impidió que se lo llevaran a Sevilla y lo fusilaran. En su avance entre Pilas y Villamanrique, la columna recuperó las fincas del propio Medina y de su padre. El 25 de julio habían llegado a Almonte, en la provincia de Huelva. A medida que los pueblos caían uno tras otro, Carranza destituía a las autoridades municipales con una arrogancia pasmosa, las detenía, nombraba un nuevo consistorio integrado por miembros de la derecha, cerraba las sedes de los sindicatos y cargaba a los prisioneros en camiones para trasladarlos a Sevilla, donde se llevaban a cabo las ejecuciones.[63]

El 27 de julio, la columna de Carranza llegó al municipio de Rociana, tomado por la izquierda como respuesta a la noticia del golpe militar, donde se había llevado a cabo una destrucción ritual de los símbolos del poder derechista, pero no había habido víctimas. Los vecinos habían destruido las sedes de la Asociación Patronal y dos asociaciones, una de ellas de la Falange; habían robado 25 ovejas a un ganadero rico y quemado la iglesia y la casa parroquial, si bien los socialistas salvaron al párroco de cincuenta años, Eduardo Martínez Laorden, además de a su sobrina y la hija de esta, que vivían con él, y los acogieron en casa del alcalde. El 28 de julio, el padre Martínez Laorden pronunció un discurso desde el balcón del ayuntamiento: «Ustedes creerán que por mi calidad de sacerdote voy a decir palabras de perdón y de arrepentimiento. Pues no. ¡Guerra contra ellos hasta que no quede ni la última raíz!». Los rebeldes detuvieron entonces a numerosos hombres y mujeres. A las mujeres les raparon la cabeza, y a una de ellas, conocida como la maestra Herrera, la arrastraron por el pueblo atada a un burro antes de fusilarla. En los tres meses siguientes ejecutaron a 60 vecinos. En enero de 1937, el padre Martínez Laorden presentó una queja oficial por la tibieza de la represión.[64]

Una semana después de su creación, la columna de Carranza, constituida inicialmente por unos 20 falangistas, engrosó sus filas con guardias civiles aportados por Queipo de Llano y otros voluntarios, hasta alcanzar un número de 200. El propio Queipo, en sus discursos radiofónicos nocturnos, se lamentaba en broma de que todos los falangistas sevillanos anduvieran divirtiéndose con Carranza.

El Alcalde de Sevilla, don Ramón de Carranza, hijo del marqués de Villapesadilla, Alcalde también de Cádiz, está demostrando más temple de guerrillero que de marino y de Alcalde. Con una columna compuesta por elementos de Falange Española y de la Guardia Civil, está haciendo una labor eficacísima en la pacificación de los pueblos. Es un bravo, que manda un puñado de bravos. Pero, permitidme protestar, sin embargo, de que en esta valerosa legión se me vayan todos los falangistas de Sevilla, donde los necesito, porque están prestando inapreciables servicios. El grupo que manda Carranza se componía, el primer día, de veinte o veinticinco muchachos, a los que yo agregué, por vía de protección, una sección de guardias civiles; pero todos los falangistas quieren tomar parte en la aventura, y el grupo ha ido aumentando hasta el día en que iban cerca de doscientos. Y yo los necesito aquí, para dar el obligado descanso a mis tropas.[65]

Cuando Gonzalo de Aguilera fusiló a seis braceros en Salamanca, consideraba de que se estaba vengando por anticipado. Muchos terratenientes hicieron lo mismo al adherirse o financiar las columnas mixtas compuestas de soldados, guardias civiles, requetés carlistas y falangistas, además de participar activamente en la selección de las víctimas que debían ser ejecutadas en los pueblos capturados. En un informe enviado a Lisboa a principios de agosto, el cónsul portugués en Sevilla elogiaba las actividades de estas tropas integradas por «fascistas y milicias tradicionalistas». Al igual que su homólogo italiano, había recibido del portavoz de Queipo un sanguinario relato de las indecibles atrocidades supuestamente cometidas contra mujeres y niños por izquierdistas armados hasta los dientes. En consecuencia, refería con satisfacción que «al castigar estas monstruosidades, se aplica una severa justicia militar sumaria. En estos pueblos no ha quedado vivo un solo comunista rebelde, porque los han fusilado a todos en la plaza mayor».[66] Lo cierto es que los fusilamientos no eran un acto de justicia, ni militar ni de ninguna especie, sino un ejemplo de la determinación de los latifundistas por dar marcha atrás al reloj. Así las cosas, antes de fusilar a los trabajadores, los obligaban a cavar sus propias tumbas, y los señoritos falangistas les gritaban: «¿No pedíais tierra? Pues la vais a tener; ¡y para siempre!».[67] Queipo de Llano disfrutaba con las atrocidades perpetradas por las columnas. El 23 de julio manifestó lo siguiente en uno de sus discursos radiofónicos: «Estamos decididos a aplicar la ley con firmeza inexorable: ¡Morón, Utrera, Puente Genil, Castro del Río, id preparando sepulturas! Yo os autorizo a matar como a un perro a cualquiera que se atreva a ejercer coacción ante vosotros; que si lo hiciereis así, quedaréis exentos de toda responsabilidad». En una parte del discurso que la censura consideró demasiado explícita para reproducirla textualmente, Queipo de Llano afirmaba: «Nuestros valientes Legionarios y Regulares han demostrado a los rojos cobardes lo que significa ser hombre de verdad. Y, a la vez, a sus mujeres. Esto es totalmente justificado porque estas comunistas y anarquistas predican el amor libre. Ahora por lo menos sabrán lo que son hombres de verdad y no milicianos maricones. No se van a librar por mucho que berreen y pataleen».[68]

Los discursos de Queipo de Llano estaban repletos de referencias sexuales. El 26 de julio proclamó: «¡Sevillanos! No tengo que recomendaros ánimo, porque bien conocido tengo ya vuestro valor. Para terminar os digo que a todo afeminado o invertido que lance alguna infamia o bulos alarmistas contra este movimiento nacional tan glorioso, lo matéis como a un perro».[69] Arthur Koestler lo entrevistó a primeros de septiembre de 1936: «Por espacio de diez minutos, con un discurso fluido y bien hilvanado, que por momentos cobraba un tono picante, relató cómo los marxistas rajaban a las mujeres embarazadas y apuñalaban el feto; cómo ataron a dos niñas de ocho años a las rodillas de su padre, las violaron, las rociaron con gasolina y las prendieron fuego. Así continuó contando historias que ofrecían una perfecta demostración clínica de psicopatología sexual». Koestler se refirió asimismo a los discursos de Queipo: «El burdo deleite con que el general Queipo de Llano describe escenas de violación es una incitación implícita a la repetición de dichas escenas».[70] Los comentarios de Queipo pueden contrastarse con un incidente ocurrido en Castilleja del Campo, cuando llegó al pueblo un camión cargado de prisioneros a los que iban a ejecutar, procedentes de la vecina población minera de Aznalcóllar, ocupada por los fascistas el 17 de agosto. Entre los prisioneros figuraban una madre y su hija en avanzado estado de gestación, que dio a luz mientras la fusilaban. Los que acudieron a dispararle el tiro de gracia mataron al recién nacido a culatazos.[71]

La columna que cumplió con mayor celo las directrices de Queipo estaba al mando del fornido comandante Antonio Castejón Espinosa. Tras participar en la represión de los barrios obreros de Triana y La Macarena, y antes de ponerse camino de Madrid, Castejón llevó a cabo una serie de rápidas incursiones diarias al este y al oeste de Sevilla. La columna contaba con fuego de artillería, además de la veteranía de legionarios y guardias civiles en su guerra contra los campesinos. Así, en cumplimiento de las amenazas de Queipo, conquistaron Alcalá de Guadaira, Arahal, La Puebla de Cazalla y Morón de la Frontera; llegaron a Écija y desde allí avanzaron hacia el sur, hasta Osuna, Estepa y La Roda, para terminar en la localidad cordobesa de Puente Genil. En dirección oeste, Castejón llegó hasta Palma del Condado, en la provincia de Huelva. En primer lugar bombardearon el municipio, lo que provocó el asesinato de 15 prisioneros derechistas por parte de los izquierdistas enfurecidos. El 26 de julio, el pueblo cayó bajo la acción conjunta de las columnas de Castejón y Carranza, en el curso de una operación que produjo fricciones entre ambos, toda vez que Castejón pensaba que Carranza le había robado la gloria de ser el primero. En las proximidades de Valencina de Alcor, las fuerzas de Castejón liberaron la finca de un torero rico y retirado, Emilio Torres Reina, conocido como «Bombita». El torero se sumó con entusiasmo a los combates y el posterior «castigo» de los prisioneros.[72]

Cuando las fuerzas de la Legión enviadas por Queipo de Llano tomaron finalmente la ciudad de Huelva, el 29 de julio, descubrieron que el alcalde y muchas autoridades republicanas habían logrado huir en un vapor a Casablanca. La capital se rindió tras la breve resistencia que opusieron los milicianos de izquierdas en la casa del pueblo, con un saldo de 17 vecinos abatidos por las fuerzas rebeldes. Se tomaron alrededor de 400 prisioneros, y las matanzas comenzaron de inmediato. Era frecuente encontrar cadáveres en las cunetas. Cuando aún no había terminado de saborear la gloria tras la matanza de los mineros perpetrada en La Pañoleta, el comandante Haro Lumbreras fue nombrado gobernador civil y militar de Huelva. A las autoridades republicanas tanto civiles como militares que no lograron huir —el gobernador civil y los mandos de la Guardia Civil y el Cuerpo de Carabineros—, los juzgaron el 2 de agosto, acusados de rebelión militar. Haro, el «héroe de La Pañoleta», testificó en contra de su inmediato superior, el teniente coronel Orts Flor, quien había organizado la columna de los mineros hacia Sevilla. Con el fin de acrecentar su heroísmo, aunque revelando sin darse cuenta sus propias obsesiones, Haro declaró que las órdenes recibidas del general Pozas, a través de Orts, fueron que «volase Sevilla y jodiese a las mujeres de los fascistas». Como es natural, a los acusados les declararon culpables y los condenaron a muerte. Numerosos clérigos y derechistas a quienes el gobernador civil Diego Jiménez Castellano había salvado la vida, enviaron telegramas a Sevilla el 4 de agosto, con desesperadas peticiones de clemencia para el condenado. Queipo de Llano respondió: «Lamento muchísimo no poder acceder a su petición indulto reos condenados última pena, ya que circunstancias críticas que atraviesa España obligan no entorpecer justicia, para lograr no solamente castigo culpables sino ejemplaridad». Diego Jiménez Castellano, Julio Orts Flor y Alfonso López Vicencio fueron fusilados el 4 de agosto, pasadas las seis de la tarde.[73]

Una vez tomada la ciudad de Huelva, los rebeldes pusieron en marcha el mismo proceso llevado a cabo en Cádiz y Sevilla, y las columnas avanzaron para arrasar el resto de la provincia. Las tropas de Carranza participaron en la toma de los municipios de Lepe, Isla Cristina y Ayamonte, donde buena parte de los republicanos fueron detenidos y trasladados a la capital supuestamente para ser juzgados, aunque en realidad los mataron por el camino.[74] Los rebeldes disponían de un bastión al norte de la provincia, en Encinasola, donde el alzamiento triunfó desde el primer momento. La derecha recibía además apoyo desde Barrancos, al otro lado de la frontera portuguesa.[75] De la conquista de los pueblos y ciudades situados al norte y el este de la capital, con abundante derramamiento de sangre, se ocupó la columna de carlistas sevillanos al mando de Luis Redondo. Las localidades mineras del norte resistieron con fiereza por espacio de varias semanas, a pesar de los bombardeos. Higuera de la Sierra cayó el 15 de agosto, y Zalamea la Real, una población limítrofe con el distrito minero de Riotinto, el día siguiente. Tras la toma de los pueblos se llevaron a cabo fusilamientos indiscriminados.[76]

La brutalidad aumentó cuando las columnas llegaron a Riotinto. Los vecinos habían huido de El Campillo, rebautizado como Salochea por los militantes de la CNT. Al encontrar el pueblo desierto, Redondo dio la orden de incendiarlo entero. Queipo de Llano difundió la absurda idea de que la izquierda local había quemado vivos a 22 derechistas y prendido fuego después a sus propias viviendas. El 20 de agosto se lanzó un ataque aéreo sobre Nerva en el que perdieron la vida 27 mujeres, 4 hombres, un niño de diez años y una niña de seis meses. Un vecino de derechas fue asesinado en este período, si bien el alcalde comunista impidió que la ira popular que suscitaron los bombardeos cayera sobre los 25 derechistas locales, a quienes mantuvo en custodia preventiva con el fin de garantizar su seguridad. Tras la toma de la población, los rebeldes ejecutaron a 288 personas. El 28 de agosto, cuando la columna de Redondo llegó a Aroche, donde habían matado a 10 derechistas, muchos izquierdistas habían huido a Badajoz, pese a lo cual la represión se cobró las vidas de 143 vecinos, incluidas 10 mujeres. La población femenina fue sometida a vejaciones y abusos sexuales. Al conocerse la dureza de la represión, la resistencia en otros municipios se hizo más decidida. El cerco a El Cerro de Andévalo duró alrededor de tres semanas y en él participaron tres columnas compuestas de guardias civiles, falangistas y requetés. La junta local de la CNT había protegido a las monjas en un convento, pero no pudo impedir los ataques contra las propiedades eclesiásticas. Cuando el pueblo cayó finalmente, el 22 de septiembre, la represión fue feroz. En la localidad cercana de Silos de Calañas se llevaron a las mujeres y los niños para fusilarlos con los hombres. Un gran número de refugiados se dirigieron al norte de la provincia para buscar cobijo en la pequeña zona de Badajoz que aún no había sido conquistada por los rebeldes.[77]

Mientras tanto, al sur de la provincia, en las localidades de Moguer y Palos de la Frontera, los miembros del clero y la derecha local quedaron en custodia preventiva de las autoridades republicanas. En Moguer, una muchedumbre asesinó al teniente coronel Luis Hernández-Pinzón Ganzinotto el 22 de julio, después de saquear su casa. El alcalde, Antonio Batista, consiguió evitar que hubiera más muertes. Esa misma noche se incendió la iglesia. Los crímenes se atribuyeron posteriormente a la indignación popular que provocó la noticia de la represión en Sevilla. El alcalde socialista de Palos, Eduardo Molina Martos, y el diputado del PSOE Juan Gutiérrez Prieto trataron de impedir, sin éxito, que los miembros de la CNT quemaran las iglesias y el histórico monasterio de La Rábida, pero lograron evitar que se ejecutara a los derechistas. El día 28 de julio, la Guardia Civil tomó el pueblo sin oposición de la izquierda, y el 6 de agosto, un grupo de falangistas llegados de Huelva comenzó las ejecuciones extrajudiciales. Gutiérrez Prieto, un abogado de mucho talento y un personaje muy popular en Palos, fue detenido en Huelva el 29 de julio y juzgado el 10 de agosto. Además de acusarlo de rebelión militar, se le imputaron todos los actos de violencia cometidos por la izquierda en la provincia y lo condenaron a muerte. Muchos curas y miembros de la derecha intercedieron en su favor. Con el fin de contrarrestar las súplicas de clemencia, Haro Lumbreras realizó unas declaraciones a la prensa, que volvían a reflejar sus obsesiones sexuales, como en su distorsión de las órdenes del general Pozas. A pesar de que en Palos ningún derechista había sufrido daño alguno, Haro aseguró: «El enemigo que quema vivas a familias enteras, que crucifica y quema vivo en una plaza pública al obispo de Sigüenza, que abre el vientre a mujeres embarazadas, que asesina a niños inocentes, que roba, asalta edificios, incendia, mancilla el honor de indefensas doncellas, arroja en Constantina a 250 personas a los pozos y luego les echa dinamita para rematarlas, no puede ni debe pedir clemencia a quienes serían sus primeras víctimas si la ocasión se presentase».

Gutiérrez Prieto fue fusilado el 11 de agosto. Para acallar las protestas por su ejecución, los rebeldes desencadenaron una matanza que costó la vida a 30 vecinos de Palos, incluido un tío del propio Gutiérrez Prieto, y a otros 12 de pueblos cercanos. En Moguer, los rebeldes llevaron a cabo una represión sistemática que consistió en saquear los hogares de los republicanos, violar a las mujeres y asesinar a 146 personas, entre las que había mujeres y niños de doce años. Más del 5 por ciento de la población adulta masculina, y el 2,13 por ciento del total de la población, que ascendía a 7.051 vecinos, fue asesinada.[78]

A la luz de la declaración de Haro Lumbreras vale la pena recordar que el número de víctimas de derechas contabilizado en la provincia desde el 18 de julio hasta que los rebeldes se hicieron con el control total del territorio ascendió a 44, en nueve localidades. Otros 101 derechistas perdieron la vida en enfrentamientos armados contra los defensores de la República. La represión que practicaron los sublevados tuvo una magnitud muy superior y respondió no solo a las ansias de venganza por la violencia izquierdista, sino a un plan de exterminio perfectamente diseñado. En 75 de 78 municipios onubenses se ejecutó a un total de 6.019 personas.[79] En los días que mediaron entre el golpe militar y la caída de Huelva en manos de los rebeldes, las autoridades republicanas centraron todos sus esfuerzos en proteger a los derechistas detenidos inmediatamente después del alzamiento. El gobernador civil, el alcalde Salvador Moreno Márquez y otros destacados parlamentarios de la izquierda hicieron llamamientos a la serenidad y el respeto a la ley, al tiempo que decretaban la custodia preventiva para 178 miembros de la extrema derecha local, entre quienes se contaban, además de los falangistas, los terratenientes y los industriales más odiados por la población. Todos ellos se encontraban a salvo cuando las tropas rebeldes conquistaron la ciudad. Sin embargo, el asesinato de seis personas en los once días anteriores ofreció a Haro Lumbreras el pretexto necesario para poner en marcha una sangrienta represión. Muchos de los derechistas que habían sido salvados por las autoridades republicanas protestaron por las ejecuciones sumarias al abrigo de la noche. Haro fue finalmente destituido el 6 de febrero de 1937, cuando salió a la luz que se había apropiado de donaciones en joyas y en metálico destinadas a la causa nacional. Concretamente, se supo que había utilizado estos fondos para pagar los servicios de prostitutas. Las pruebas presentadas en su contra respaldaban las acusaciones de los robos y los abusos de poder cometidos en los quince años anteriores. Cuando se fue de Huelva, su equipaje constaba de 39 baúles y maletas. Tras prestar servicio en Zaragoza, Teruel y Galicia, fue nombrado jefe de la Guardia Civil en León. El 16 de febrero de 1941 fue asesinado por uno de sus jóvenes oficiales, quien murió poco después en un tiroteo. La explicación oficial era que el joven estaba loco, pero el suceso dio pie a todo tipo de rumores.[80]

En Sevilla, al igual que en Huelva, los «desmanes» o «el terror rojo» se exageraron hasta extremos delirantes con el fin de justificar la represión. A veces no eran más que meras fabricaciones y pobres excusas. En Alcolea del Río, una localidad situada al este de Sevilla, donde ningún miembro de la derecha local había sufrido daño alguno, los ocupantes rebeldes fusilaron a 75 vecinos.[81] Los sublevados mismos se enorgullecían de la barbarie que desataron y reconocían haber aplicado las mismas prácticas que empleaban en sus ataques a las aldeas marroquíes. Alcalá de Guadaira, al sudeste de la capital, fue la primera población que tomó la columna de Castejón. Su cronista oficial, Cándido Ortiz de Villajos, describía a los soldados de la columna recién llegados de Marruecos como si «hubiesen traído consigo, además del afán de luchar por la salvación de España, el espíritu impregnado en los principios fatales, terribles y eficaces de la justicia koránica».[82] Los crímenes cometidos durante los cuatro días de «dominación roja» fueron citados para justificar la represión que llevó a cabo la columna. Uno de esos crímenes fue el asesinato de Agustín Alcalá y Henke, uno de los principales olivareros del municipio, el 17 de julio. Alcalá y Henke, que era un hombre moderado y un católico con preocupaciones sociales, tenía una antigua rivalidad con el derechista Pedro Gutiérrez Calderón, defensor del alzamiento militar. Además, otros empresarios se enfadaron cuando Alcalá y Henke los instó a satisfacer las peticiones de los huelguistas en la industria olivarera. Fue asesinado por un desconocido. Muchos pensaban que lo habían eliminado por oponerse a los intereses de los patronos o como moneda de cambio para justificar el golpe inminente. Cuando llegaron noticias de la sublevación militar, se constituyó en el pueblo un Comité Revolucionario integrado por representantes de los partidos del Frente Popular, bajo el mando del alcalde. El comité hizo un llamamiento inmediato a la calma e impidió que la población desarmara a la Guardia Civil local, que se había declarado leal a la República.[83]

A pesar de los llamamientos del comité, la CNT-FAI organizó una milicia popular. Quemaron dos iglesias, un convento y un seminario, y destruyeron imágenes religiosas. Registraron tres viviendas privadas y tres clubes de la derecha y tiraron muebles a la calle, con la ansiosa colaboración de algunos delincuentes habituales. Entre el 19 y el 21 de julio, el comité detuvo a 38 derechistas en custodia preventiva. Cuando la columna de Castejón llegó a Alcalá de Guadaira, a última hora de la tarde del 21 de julio, la Guardia Civil se pasó al bando de los rebeldes. Primero bombardearon la ciudad con fuego de artillería y, cuando por fin se hicieron con el control, fusilaron a cuatro hombres. Según el entusiasta cronista de los hechos, «todos los dirigentes comunistas quedaron muertos ... mientras Castejón castigaba —o mejor dicho, libertaba— a la villa de Alcalá». «Castigo» fue el eufemismo empleado por los africanistas para justificar la brutalidad de la represión.

Esto no es ni mucho menos exacto. Tres de las cuatro víctimas fueron ejecutadas antes de que la columna llegara al pueblo, al cruzarse en el camino de las tropas: dos eran jóvenes que venían de comprar pan en Sevilla, y el tercero un jornalero que huyó despavorido al ver a los legionarios. Al cuarto, Miguel Ángel Troncoso, jefe de la Policía Local, lo asesinó el propio Castejón en el ayuntamiento, según el testimonio del hijo de la víctima. Ninguno de ellos era ni remotamente un líder comunista. En el ayuntamiento encerraron a otros 13 hombres para llevárselos más tarde a Sevilla, donde mataron al menos a 6 de ellos. Un total de 137 hombres perdieron la vida en el curso del proceso de venganza, al quedar el pueblo en manos de la derecha local: 59 en Alcalá de Guadaira y el resto en Sevilla. Otros 350 fueron encarcelados y torturados, y muchos de ellos murieron. Además, los nuevos amos del municipio se quedaban con las pertenencias de los muertos y los detenidos.[84]

En Carmona, más al sur de la provincia, los ánimos de los terratenientes estaban muy enconados por las presiones recibidas para aplicar las bases de trabajo. Cuando llegaron noticias del golpe, el alcalde se encontraba en Madrid, en viaje oficial. La izquierda constituyó un Comité de Defensa compuesto por líderes del PSOE, el PCE, la CNT y Unión Republicana (esta última formación política estaba representada por Manuel Gómez Montes, jefe de la Policía Municipal). Con la colaboración de Gómez Montes y el mando local de la Guardia Civil, el teniente Rafael Martín Cerezo, el Comité del Frente Popular reunió todas las armas disponibles y organizó varios grupos de defensa para custodiar las carreteras que llevaban al pueblo. El convento de la Concepción fue saqueado, pero las monjas resultaron ilesas.

El 21 de julio, una compañía de Regulares acompañada por Emilio Villa Baena, miembro de la derecha local, intentó tomar el municipio. La resistencia popular obligó a los rebeldes a refugiarse en el teatro con 19 rehenes. Poco después, Villa Baena salió con 3 prisioneros para negociar una tregua. Mientras discutía con los miembros del comité, Emilio Villa Baena fue abatido de un disparo por un anarquista de Constantina. La columna se replegó a Sevilla, llevándose a 16 rehenes como escudos humanos. El Comité de Defensa ordenó el registro de las casas de los derechistas, en una de las cuales se encontraron seis cajas de pistolas. Terminado el registro, se encerró a 18 derechistas en los sótanos del ayuntamiento. Un terrateniente, Gregrorio Rodríguez Peláez, recibió un disparo en la cabeza cuando intentaba huir por los tejados. Esa noche, Queipo de Llano difundió un discurso en el que ofrecía una versión exagerada de los hechos y lanzaba la siguiente amenaza:

> Fieles a su táctica, los Regulares rechazaron la agresión con tan terrible violencia, que se calcula que, entre muertos y heridos, hicieron un centenar de bajas a sus agresores. Esta locura es suicida, pues debo garantizar que Carmona será pronto castigada como merece la traición de ese grupo de ciudadanos ... Ciertas salvajadas que se han cometido con los hombres y las mujeres de derechas ... tienen que ser severamente castigad[a]s. En Carmona se han realizado hechos que merecen ejemplares castigos, y yo he de imponerlos de tal modo que hagan época y que Carmona se acuerde por mucho tiempo de los Regulares.[85]

El día siguiente, después de tres bombardeos, dos columnas sustanciales atacaron el pueblo bajo el mando del comandante Eduardo Álvarez de Rementería, acompañado por Pepe el Algabeño. La primera, equipada con dos piezas de artillería y una sección de ametralladoras, constaba de regulares, legionarios y guardias civiles, mientras que la segunda estaba compuesta por falangistas. El fuego de los cañones y las ametralladoras dispersó a los defensores, apenas provistos de armas, y los rebeldes no tardaron en tomar el municipio. Ese mismo día, 12 vecinos perdieron la vida, según el parte oficial, por «muerte violenta». Alrededor de 200 huyeron del pueblo. El teniente Martín Cerezo fue detenido, fusilado y sustituido por el teniente Francisco González Narbona, que se dispuso sin tardanza a vengar las muertes de Emilio Villa y Gregorio Rodríguez. En los cuatro meses siguientes que ocupó el cargo hasta que fue destituido, el 18 de noviembre, González Narbona ordenó la ejecución de 201 hombres (algunos ya jubilados y otros niños de apenas diez años) y 16 mujeres. No hubo juicio para ellos, y el único barniz legal que recibieron las ejecuciones fue una referencia al bando de guerra. A los familiares de los huidos los fusilaban y, en muchos casos, después de matar al cabeza de familia, confiscaban las casas y dejaban en la calle a las mujeres y los niños. Otros 17 vecinos de Carmona murieron ejecutados en Sevilla y Málaga. Un gran número de hombres fueron obligados a alistarse en las filas rebeldes.[86]

Los caciques locales se encargaban de seleccionar a las víctimas entre los republicanos, los sindicalistas o aquellos que simplemente les habían faltado al respeto. A un vecino lo mataron por pegar carteles de la izquierda durante las elecciones de febrero de 1936. Como ocurrió en casi todos los municipios del sur, a las mujeres les rapaban la cabeza y las obligaban a beber aceite de ricino y a desfilar por las calles, acompañadas de una orquesta, para exponerlas al escarnio público.[87] Entre los autores de los abusos y los asesinatos había guardias civiles y empleados de los latifundistas que se afiliaron rápidamente a la Falange, y sus motivos abarcaban desde el placer psicótico hasta el afán de lucro, pues algunos se jactaban de recibir 15 pesetas por cada ejecución. Otros lo hacían por gratitud a los favores recibidos o por compartir las mismas creencias religiosas, y también los mismos odios y temores. Todos ellos entendían la barbarie como «servicios a la patria». Hombres, mujeres y niños fueron detenidos por los falangistas o la Guardia Civil. Unas veces los seleccionaban al azar, otras porque los matones codiciaban a sus mujeres o sus propiedades, y otras sencillamente porque se aburrían o porque estaban borrachos. Unas veces los mataban en el acto y otras veces los encarcelaban para torturarlos antes de acabar con su vida. Tras las ejecuciones, los caciques, los falangistas conversos y los jóvenes señoritos rurales se reunían en un bar y comentaban con satisfacción que los aniquilados ya no podrían presentar más demandas laborales. En una ocasión, al no encontrar a un joven que estaba escondido bajo el suelo de la choza de sus padres, quemaron la vivienda con sus tres ocupantes dentro.[88]

Cuando el párroco de Carmona protestó por los asesinatos, le dijeron que un tribunal de terratenientes locales había declarado a las víctimas culpables, y al responder el párroco que eso no era un juicio legal, lo acallaron con amenazas. En 1938, los responsables de las matanzas se sintieron lo suficientemente culpables para falsificar las circunstancias de los crímenes cometidos dos años antes. Así, se presentaron al «tribunal» falsos testimonios con los que justificar las ejecuciones. Muchos de los muertos se registraron bajo el epígrafe de «operaciones militares habidas en esta ciudad». Pese a todo, las ejecuciones se reanudaron cuando los huidos regresaron a sus casas al terminar la guerra.[89]

En la próspera localidad de Cantillana, al nordeste de Sevilla, apenas se habían registrado tensiones sociales, a pesar de las profundas desigualdades en la propiedad de las tierras (4 hombres acaparaban el 24 por ciento de las tierras, y uno solo poseía el 11 por ciento, mientras que las tres cuartas partes de los campesinos contaban con el 6 por ciento). Tras el golpe militar, la administración del municipio quedó en manos de un Comité Antifascista de Defensa, bajo el mando del alcalde socialista José Pueyo. El clima revolucionario no pasó más allá de los saludos con el puño en alto a la voz de «Salud, camarada», la confiscación de las armas a los terratenientes y las multas a quienes se negaban a dar trabajo a los campesinos en paro. Para garantizar el suministro de alimentos se requisaron el trigo y el ganado sin ninguna compensación. Los propietarios estaban furiosos, aunque por lo demás no fueron objeto de otros ataques. Ricos y pobres recibían las mismas raciones, al igual que el contingente de la Guardia Civil local, confinado en su cuartel. Solo se detuvo a un hombre bajo la sospecha de confabulación con los conspiradores militares. Los esfuerzos de las autoridades republicanas no lograron impedir que se produjeran algunos saqueos y, en casos aislados, se robaron de las iglesias los iconos religiosos. La noche del 25 de julio se prendió fuego a la iglesia, si bien el párroco, Jerónimo Ramos Feria, resultó ileso.

Una numerosa columna de legionarios, requetés y falangistas, enviada por Queipo de Llano, avanzaba sin pausa por el valle de Guadalquivir en dirección norte, tomando pueblo tras pueblo. El destacamento llegó a Cantillana a mediodía del 30 de julio. Tras el bombardeo habitual, los rebeldes tomaron el pueblo sin encontrar resistencia. Los defensores solo contaban con un puñado de escopetas, y los campos circundantes no tardaron de llenarse de vecinos en fuga. A pesar del buen trato dispensado por el Comité de Defensa local, el jefe de la Guardia Civil comenzó las primeras ejecuciones sumarias. Se produjeron numerosas detenciones y, en el curso de los meses siguientes, más de 60 personas, entre ellas 3 mujeres y el alcalde José Pueyo, fueron detenidas y trasladadas para su ejecución, casi todas ellas a Sevilla. Un testigo presencial, que calculaba que el número de ejecuciones extrajudiciales se elevaba a 200, señaló que esta brutalidad ciega «despertó entre los miles de fugitivos el instinto de conservación, la desesperación y el espíritu de rebeldía en su grado máximo, la formación de aquellas milicias de pueblo, que no quedaba otra alternativa que la de morir luchando como hombres, o dejarse matar como alimañas». Terminada la Guerra Civil, el padre Jerónimo Ramos Feria fue expulsado de su parroquia en castigo por un sermón en el que había declarado: «Si la iglesia está en mal estado, se arregla; si los santos han sido quemados, se reponen; pero el marido o el hijo muerto no se reponen jamás».[90]

En su discurso del 30 de agosto, Queipo de Llano anunció que la búsqueda de los asesinos republicanos se prolongaría por espacio de diez o veinte años, a la vez que aseguraba que en la zona rebelde no se habían cometido atrocidades. Sin ninguna voluntad de ironía, reiteró la versión típica de los rebeldes, según la cual cualquier matanza cometida de conformidad con el bando de guerra era completamente legal:

Nosotros podremos fusilar a alguno que cometiera esos crímenes; pero no puede nadie en absoluto probar que se ha cometido, en ningún pueblo, en ninguna parte, la villanía de asesinar a una sola persona. Pero cuando han cometido esos crímenes en los pueblos, que hemos ido a conquistar, y después se han reintegrado a sus casas para hacernos creer que eran buenos chicos, al comprobar nosotros que eran los autores materiales de los hechos, entonces se les ha fusilado inexorablemente. Es decir, que nosotros lo hemos hecho siguiendo las indicaciones del bando, y no por el capricho de matar como ellos, que lo hacen con la mayor crueldad, quemando seres vivos, arrojándolos en los pozos que luego dinamitan, sacándoles los ojos, cortándoles los pechos a las mujeres.[91]

Lo que se sabe de estos discursos radiofónicos de Queipo de Llano nos ha llegado a través de las crónicas que ofrecía al día siguiente la prensa escrita o de las notas que tomaban los oyentes. El cotejo de ambas fuentes, en los casos en los que resulta posible, sugiere que los textos que ofrecía la prensa eran un pálido reflejo del discurso original. Los editores de los periódicos no se atrevían a reproducir las escandalosas incitaciones a la violación y el asesinato, y lo cierto es que empezaba a cundir la preocupación, entre los rebeldes, por el hecho de que los excesos de Queipo pudieran dañar la imagen de la causa en el extranjero. En consecuencia, esta autocensura instintiva de la prensa escrita se reforzó el 7 de septiembre, cuando el comandante José Cuesta Monereo redactó una serie de instrucciones detalladas en las que se aludía a la sensibilidad internacional. La mayoría de sus catorce puntos eran rutinarios y tenían por objeto evitar la publicación de información militar delicada. Sin embargo, entre ellos se ordenaba expresamente la purga de la versión impresa de las emisiones radiofónicas: «En las charlas radiadas del General, suprimir todo concepto, frase o dicterio que, aun cuando ciertos, debido, sin duda, a una vehemencia y exaltada manifestación patriótica, no son apropiadas ni convenientes para su publicación, por razones bien conocidas de la discreción e inteligencia de nuestros periodistas que tantas pruebas vienen dando de ello al aplicar su criterio con una prudencia y tacto dignos de encomio». En esta misma línea, se prohibió ofrecer detalles de los asesinatos cometidos en los pueblos, al dar parte de la represión, y se obligó a los periodistas a emplear los siguientes eufemismos: «En las medidas represivas se procurará no revestirlas de frases o términos aterradores, expresando solamente "se cumplió la justicia", "le llevaron al castigo merecido", "se cumplió la ley"».[92]

La intención de la censura bien podía ser la de limitar la conciencia pública de la incitación al abuso sexual de las mujeres de la izquierda, pero los sucesos ocurridos en Fuentes de Andalucía, una pequeña población al este de Sevilla, revelaron hasta qué punto los rebeldes consideraban legítimos tales abusos. La población se rindió sin resistencia el 19 de julio a los guardias civiles llegados de Écija, La Luisiana y Lantejuela, que ya habían caído el día anterior. Con ayuda de los falangistas y otros miembros de la derecha se constituyó una Guardia Cívica para arrestar a los izquierdistas del pueblo. Se saquearon las viviendas de los detenidos, de donde los falangistas recién convertidos se llevaban las máquinas de coser para sus madres y sus novias. El 25 de julio fusilaron al alcalde y a tres concejales comunistas, y con ello comenzó la matanza. En el caso de una familia, apellidada los Medrano, detuvieron a los padres y mataron a los tres hijos: José, de veinte años, Mercedes, de dieciocho y Manuel de dieciséis; a continuación, quemaron la choza familiar y dejaron abandonado a su suerte al hijo menor, Juan, de ocho años. Cargaron un camión de prisioneras y las trasladaron a una finca conocida como El Aguaucho, en las afueras del pueblo de La Campana. Entre las prisioneras había cuatro muchachas de edades comprendidas entre catorce y dieciocho años. Obligaron a las mujeres a servir la comida a sus captores antes de violarlas, fusilarlas y arrojar sus cadáveres a un pozo. A su regreso a Fuentes de Andalucía, la Guardia Cívica desfiló por el pueblo blandiendo sus fusiles decorados con la ropa interior de las mujeres asesinadas.[93]

Como ya se ha señalado, el 23 de julio Queipo de Llano lanzó su incitación más explícita a la violación de las mujeres. Al día siguiente comentó en su discurso las actividades de la columna de Castejón: «Al Arahal fué enviada una columna formada por elementos del Tercio y Regulares, que han hecho allí una *razzia* espantosa, sancionando con ejemplares castigos los excesos salvajes inconcebibles que se han cometido en aquel pueblo»; y amenazó asimismo con llevar a cabo *razzias* similares en las localidades vecinas. El discurso de Queipo apenas rozaba la superficie de una situación tremendamente complicada.[94]

Cuando las noticias de la rebelión militar llegaron al Arahal, un municipio de 12.500 habitantes, 36 derechistas locales que apoyaban la sublevación fueron detenidos y encerrados en el ayuntamiento. El 22 de julio, un concejal socialista los dejó en libertad: 13 se marcharon y 23 prefirieron quedarse, por miedo a que la liberación fuera un ardid para fusilarlos. Después de que los rebeldes lanzaran una carga de artillería contra la población, un grupo de hombres armados, llegados de Sevilla, prendió fuego al ayuntamiento, con los 23 derechistas dentro; solo el cura logró escapar con vida. La columna de Castejón castigó esta atrocidad con una orgía de violencia indiscriminada. El número de vecinos asesinados oscila, según las fuentes, entre 146 y 1.600. A las jóvenes de izquierdas las violaron en repetidas ocasiones, y al alcalde socialista, Manuel Antequera Rodríguez, un zapatero de setenta y un años que había puesto todos los medios a su alcance para impedir la violencia, lo fusilaron.[95]

En Morón de la Frontera los republicanos constituyeron un Comité de Defensa en cuanto tuvieron noticia del alzamiento en Marruecos. El comité confiscó todas las armas del pueblo y encarceló a los miembros más destacados de la derecha que simpatizaban con los militares rebeldes. Como el mando de la Guardia Civil local se había declarado leal a la República, el comité permitió que los guardias continuaran desarrollando su actividad, pero sin llevar armas. La tensa calma se rompió cuando un grupo de anarquistas armados, sin ninguna relación con el comité, intentó detener a un juez y llevarlo con los demás prisioneros. El juez, que tenía una pistola, hirió a un anarquista, y este mató al juez antes de morir. La intervención de los guardias civiles, que no tenían intención de seguir las órdenes del comité, causó un muerto y un herido. Confiando en que no tardaría en llegar ayuda de Sevilla, el teniente trasladó a los prisioneros de derechas y a sus familias a su cuartel, que fue cercado inmediatamente por los izquierdistas. El teniente anunció que él y sus hombres se rendirían y entregarían las armas. Otra mentira. Salieron del cuartel utilizando a los prisioneros de derechas como escudos humanos e irrumpieron entre los asediadores con la intención de tomar el ayuntamiento y detener a los miembros del Comité de Defensa. Varios guardias civiles y derechistas perdieron la vida en los enfrentamientos posteriores. Cuando más tarde se registró el cuartel de la Guardia Civil, se encontró a dos guardias muertos y esposados, lo que quizá indicaba que los habían matado por oponerse a las acciones del teniente.[96]

Queipo de Llano describió con deleite en uno de sus discursos el impacto que tuvo la llegada de la columna de Castejón a Morón de la Frontera:

> En Morón se ha hecho un escarmiento, que supongo impresionará a los pueblos que aún tienen la estulticia de creer en el marxismo y en la esperanza de podernos resistir. Como en Arahal, hubo en Morón un grupo de hombres ciegos que han cometido salvajadas sin ejemplo, atropellando a personas de derechas que no se habían metido con ellos. Y tengo noticias de que en varios pueblos tienen los marxistas prisioneros de derechas, con los que piensan hacer parecidas barbaridades. A todos les recuerdo que, por cada persona honrada que muera, yo fusilaré, por lo menos, diez; y hay

pueblos donde hemos rebasado esta cifra. Y no esperen los dirigentes salvarse, apelando a la fuga, pues los sacaré de bajo de la tierra, si es preciso, para que se cumpla la ley.[97]

El propio Castejón explicó las tácticas que había seguido en la toma de estos pueblos: «Yo accioné a base de un estrecho movimiento envolvente que me permitiese castigar con dureza a los rojos».[98] El proletariado rural no estaba en condiciones de hacer frente a la experiencia militar de los legionarios curtidos en tantas batallas africanas. Sin embargo, según revela Castejón, la cuestión no era solo reducir a los seguidores del Frente Popular sino desatar una represión salvaje. Los refugiados de Arahal y Morón ofrecieron escalofriantes relatos de lo ocurrido en La Puebla de Cazalla tras la llegada de la columna de Castejón. El 30 de julio, un avión de las fuerzas rebeldes lanzó octavillas en las que se amenazaba con bombardear el pueblo si este no se rendía de inmediato. A la luz de la amenaza, la columna enviada por Cuesta Monereo pudo tomar la población sin ninguna resistencia, lo que no impidió una intensa represión. Los crímenes de la izquierda consistieron en saquear la iglesia y la sede de Acción Popular, además de la detención de 48 personas derechistas y la confiscación de alimentos para su distribución entre los vecinos. No hubo ningún muerto mientras el pueblo estuvo bajo control del Comité del Frente Popular. De hecho, el Comité impidió que los milicianos llegados de Málaga matasen a los prisioneros de derechas. Pese a todo, las tropas de ocupación saquearon las casas y, antes del comienzo formal de los juicios militares, ya habían muerto cerca de 100 vecinos. Alrededor de 1.000 hombres, de un total de 9.000 habitantes, fueron movilizados a la fuerza para combatir en las filas del Ejército rebelde. A las mujeres y a los ancianos los obligaron a realizar trabajos forzados, con el fin de sustituir la mano de obra ausente.[99]

Las amenazas de Queipo se cumplieron igualmente cuando la columna de Castejón llegó a la próspera localidad de Puente Genil, cruce de ferrocarriles y ciudad de mercado situada al sudoeste de Córdoba. La represión fue indiscriminada y feroz, por una vez «justificada» por los sucesos ocurridos en la localidad a raíz del golpe militar. Los efectivos de los tres cuarteles de la Guardia Civil, con el apoyo de los falangistas, los miembros de Acción Popular y los terratenientes locales se declararon a favor de la rebelión el 19 de julio, tomaron la casa del pueblo y practicaron numerosas detenciones. A ellos se enfrentaron los socialistas, comunistas y otros milicianos y fuerzas de seguridad leales a la República llegadas de Málaga. En el curso de los cuatro días siguientes se libraron encarnizados combates que se saldaron con alrededor de 300 muertos en el bando de los trabajadores, entre los que figuraban unos 50 rehenes fusilados por la Guardia Civil el 22 de julio. El número de guardias civiles muertos en los enfrentamientos ascendió a 21 y el de heridos, a 15.

El 23 de julio el alzamiento había quedado sofocado en gran medida, pese a lo cual continuaron los tiroteos esporádicos de francotiradores de la derecha, que costaron la vida a más izquierdistas y acrecentaron el odio de los vecinos.

En este clima se procedió a la ejecución de los guardias civiles que habían sobrevivido, y se desencadenó una represión brutal contra quienes respaldaron el golpe: terratenientes, prestamistas, miembros de los partidos de derechas, hijos de la burguesía local y, por supuesto, el clero. Entre las atrocidades cometidas por los opositores a la sublevación militar se contó el asesinato de un hombre de setenta años, Francisco Ortega Montilla, y su mujer, a los que quemaron vivos. A Manuel Gómez Perales, un terrateniente acaudalado que pagó 100.000 pesetas a cambio de su libertad, lo asesinaron junto a sus 4 hijos. Pese a esto, para justificar la magnitud de la venganza posterior de los rebeldes, el periódico de derechas, *La Unión*, elevó el número de víctimas a 700. Los oficiales franquistas dieron parte de 154 muertos, mientras que fuentes más modernas y rigurosas cifran en 115 el número total de víctimas. Hubo torturas y mutilaciones, y se vio a mujeres bailando con los cadáveres. Se saquearon numerosas viviendas y se quemaron 45. Se destruyeron siete iglesias y se asesinó a 10 curas, aunque 3 salvaron la vida por haber demostrado sus simpatías con la difícil situación de los trabajadores. Dos equipos vestidos con sotanas jugaron al fútbol con la cabeza de una estatua de la Virgen María. Por otra parte, se constituyó un comité revolucionario para la distribución equitativa de alimentos.[100]

Una semana más tarde, el 1 de agosto, una numerosa columna (más de 1.200 hombres según Queipo de Llano) integrada por la Legión Extranjera, tropas regulares, requetés y falangistas llegó de Sevilla bajo el mando conjunto de Castejón y el comandante Haro Lumbreras, seguida de otros destacamentos liderados por Ramón de Carranza y el comandante Rafael Corrales Romero. A pesar de la feroz resistencia que opusieron los vecinos, los rebeldes no tardaron en tomar el pueblo, con ayuda de la artillería y los refuerzos aéreos. Previamente se había lanzado el mensaje de que, por cada víctima de derechas, 100 rojos perderían la vida. Al comprenderse la magnitud de los ataques, muchos de los que defendían el pueblo trataron de huir a Málaga. La columna de Corrales se desplegó, según Castejón, «para contener la desbandada del enemigo y aumentar las proporciones del castigo». En cuanto a sus propios efectivos, dijo: «Y luego, ya dentro de la ciudad, se castigó de firme».

La matanza fue indiscriminada, a pesar de que muchas de las víctimas no tenían ninguna vinculación política y solo se limitaban a huir del terror. Sacaron a los hombres de sus casas para torturarlos y fusilarlos, y a las mujeres las violaron antes de pasarlas por las armas. El número de muertos se elevó a 501 ese primer día. Castejón regresó a Sevilla a última hora de la tarde del 1 de agosto, dejando la «operación de limpieza» en manos de Corrales. El castigo se cobró la vida de muchos que ni siquiera eran izquierdistas, entre ellos varios médicos y abogados. Al presidente de la Cruz Roja lo fusilaron «por haber dado medicinas a los rojos». Esa noche, Queipo de Llano elogió a Castejón en su discurso, diciendo: «El castigo ha sido duro, pero no todo lo duro que debiera de ser y que será». Según las investigaciones de Francisco Moreno Gómez, al menos otras 1.000 perdieron la vida en el curso de los meses siguientes. Hubo numerosas ejecuciones extrajudiciales y pequeños actos de venganza contra los trabajadores que se habían enfrentado con los patronos en los años precedentes.[101]

El 3 de agosto, Franco ordenó a Castejón que se sumara al avance de las tropas que marchaban hacia Madrid procediendo a la «limpieza» de los pueblos que encontraban en el camino. Las operaciones de limpieza adicionales en la provincia de Sevilla siguieron en manos de Ramón de Carranza y el comandante Francisco Buiza Fernández-Palacios, a cuya nueva columna se incorporaron las fuerzas de Carranza. El destacamento partió el 7 de agosto desde la capital sevillana en dirección nordeste, compuesto de legionarios, infantería, artillería e ingenieros, guardias de asalto, requetés y falangistas, hasta un total de 1.200 efectivos. Su primer objetivo era Lora del Río, una localidad relativamente tranquila donde el grueso de los trabajadores eran socialistas, y el alcalde, el moderado Pedro Sosa Trigo, pertenecía a Unión Republicana. El capitán de la Guardia Civil, Martín Calero Zurita, junto con sus hombres, el párroco local (el arcipreste Francisco Arias Rivas) y alrededor de 80 miembros de la derecha habían recibido con entusiasmo las noticias del alzamiento militar. El 19 de julio se armaron y se atrincheraron en el cuartel de la

Guardia Civil, al tiempo que la izquierda formaba un Comité de Enlace constituido por dos miembros del PSOE, dos de Izquierda Republicana y dos de Unión Republicana. El comité se ocupó de requisar los alimentos para distribuirlos entre la población. Había carne en abundancia, puesto que se autorizó el sacrificio de los toros de lidia que se criaban en las dehesas del pueblo. En los tres días siguientes, el capitán Calero Zurita recorrió el pueblo a diario, a la cabeza de un desfile de miembros de la derecha, para leer un bando en favor del alzamiento militar. Con el fin de evitar un derramamiento de sangre, el alcalde ordenó a los rebeldes que desistieran de salir a la calle, pero estos desoyeron sus advertencias, y el 22 de julio, cuando volvieron a recorrer las calles, el Comité de Enlace los estaba esperando para enfrentarse a ellos. Cuatro rebeldes heridos se atrincheraron en la casa cuartel de la Guardia Civil, para rendirse a continuación ante el asedio popular pese a las iracundas protestas de Calero Zurita, que fue fusilado en el acto. Al día siguiente se registraron las casas de las familias de derechas y se detuvo a la mayoría de sus ocupantes, se confiscaron formalmente los fondos de los bancos locales y se pusieron a buen recaudo los objetos de valor de las iglesias, pese a lo cual no fue posible impedir algunos robos flagrantes. El 1 de agosto, un numeroso grupo de miembros de la CNT llegó de Constantina y, con la oposición del Comité de Enlace, empezó a fusilar a los detenidos. En los cuatro días siguientes ejecutaron a 90 derechistas, entre los que figuraba el padre Arias Rivas, su coadjutor, 5 falangistas y 20 guardias civiles. Muchos habían respaldado activamente el alzamiento militar; otros eran solamente personas de derechas que se habían granjeado la enemistad de los trabajadores.[102]

El 7 de agosto comenzaron los bombardeos aéreos y las cargas de artillería contra el pueblo, que cayó al día siguiente sin ofrecer resistencia al ser ocupado por la columna de Buiza. Muchos vecinos huyeron. Según refiere el diario *ABC*, «las tropas salvadoras hicieron en Lora ejemplar justicia». El capitán de Caballería, el carlista Carlos Mencos López quedó a cargo de la «pacificación». Fue entonces cuando se inició el saqueo sistemático que precedió a la confiscación masiva de los bienes y las propiedades de los republicanos. Los fusilamientos en venganza por las ejecuciones llevadas a cabo por los anarquistas antes de la rendición del pueblo se realizaron inicialmente sobre la base de simples denuncias. Más tarde se celebraron algunos «juicios» con el testimonio de los familiares de las víctimas. El 10 de agosto llegó la columna de Ramón de

Carranza. Según el relato de un testigo presencial, el capitán Mencos López, sumaba a sus pretensiones nobiliarias una ignorancia y una brutalidad desmedidas. Hasta 300 trabajadores, entre ellos algunas mujeres, fueron «juzgados» sin defensa, bajo acusaciones que iban desde haber ondeado una bandera republicana en el balcón de su casa hasta haber expresado públicamente su admiración por Roosevelt. A los criados los acusaron de criticar a sus amos. Todos fueron declarados culpables. En los días siguientes, con el único camión que había en el pueblo se los llevaron al cementerio de las afueras para fusilarlos a todos. Entre las víctimas había dos muchachas embarazadas. Las primeras ejecuciones se celebraron con una orgía de alcohol proporcionado por los vinicultores de Cádiz. A las recién viudas las usaban para satisfacer «los excesos sexuales de aquella colectividad sin mujeres [los africanistas] que los señoritos conservadores iniciaban».[103]

Juan Manuel Lozano Nieto, hijo de uno de los asesinados por los militares sublevados, que no había participado en las atrocidades cometidas por la izquierda, se ordenó sacerdote más tarde. Setenta años después de lo ocurrido en Lora, Lozano Nieto escribió una crónica objetiva y mesurada de los sucesos. Su libro se propone explicar las raíces de la violencia entre aquellos que no buscaban simple venganza por la ejecución de un familiar. Muchos de los que tomaron parte en los crímenes contra la izquierda lo hicieron solo para salvarse; otros, de clase media baja, buscaban diferenciarse de los campesinos sin tierra; y tampoco faltaron los que vieron la posibilidad de enriquecerse con las propiedades de sus víctimas. Se produjeron robos en los comercios o en las fincas ganaderas de los republicanos adinerados, además del saqueo de la ropa y los enseres domésticos de los más humildes. Y hubo también simples degenerados que mataban por dinero, por alcohol o por gratificación sexual.[104] De acuerdo con la desapasionada crónica de Lozano Nieto, entre 600 y 1.000 personas fueron asesinadas en Lora, incluidos jóvenes, viejos, mujeres y niños. A algunas familias las eliminaron por completo y a otras las dejaron sin medios de subsistencia. Muchos niños quedaron huérfanos y muchas mujeres sufrieron abusos y humillaciones, como el habitual rapado de cabeza tan del gusto de los rebeldes, que solo dejaban un mechón de pelo para atar un lazo con los colores monárquicos.[105]

El 5 de agosto, la sección de Carranza incorporada a la columna de Buiza tomó el pueblo de El Pedroso, donde los crímenes de los rojos habían consistido en confiscar los alimentos, bailar con la estatua de la

Virgen María y romper una pierna del Niño Jesús.[106] Ese mismo día, los hombres de Buiza lanzaron sin éxito un desganado ataque contra Cazalla de la Sierra que provocó la matanza de 41 prisioneros de derechas.[107] El 10 de agosto, mejor preparada esta vez, la columna de Buiza salió de El Pedroso acompañada por un organillo en dirección a Constantina. Aunque solo tenían que recorrer 15 kilómetros, el avance fue lento, al encontrarse los puentes destruidos por las milicias de la izquierda local. Finalmente llegaron a su destino al amanecer del 11 de agosto y lanzaron una descarga de artillería contra la población, que se rindió sin oponer resistencia. La venganza de los rebeldes por el asesinato de 102 derechistas que habían apoyado el golpe se cobró la vida de 300 vecinos, mientras otros 3.000 abandonaban el pueblo.[108]

Antes del amanecer del 12 de agosto, la columna siguió su avance hacia el norte con la intención de lanzar un segundo ataque para tomar Cazalla de la Sierra, un municipio con una larga crónica de odios sociales que, desde el 18 de julio, se hallaba en manos de la izquierda. El Comité Revolucionario, dominado por una mayoría anarquista, se incautó de las armas que había reunido la derecha en el pueblo para secundar el alzamiento militar. El alcalde moderado de Unión Republicana, Manuel Martín de la Portilla, trató de preservar la calma con ayuda de los concejales socialistas, pero los anarquistas se impusieron, saquearon y quemaron la iglesia y, el 22 de julio, asaltaron el cuartel de la Guardia Civil: 22 guardias civiles se rindieron y fueron detenidos. Posteriormente se requisaron alimentos para distribuirlos entre la población. La noche del 18 de julio, el Comité Revolucionario había detenido a más de 100 derechistas, pero el alcalde intervino para que liberaran de inmediato a la mitad. Al resto de los prisioneros, 41 civiles y 23 guardias civiles, los fusilaron en la madrugada del 5 al 6 de agosto, en venganza por el primer ataque de Buiza.[109] En esta segunda ocasión, las tropas rebeldes bombardearon el pueblo con fuego de artillería, al tiempo que la llegada de la fuerza aérea sembraba el pánico entre los vecinos, que corrieron a refugiarse en los campos. Un tribunal compuesto por miembros de la columna y representantes de la derecha local se ocupó de juzgar a los que se tenía por responsables de los crímenes. En el curso de las semanas siguientes, 76 vecinos fueron fusilados, entre ellos varias mujeres.[110]

El desprecio casi racista de los terratenientes andaluces por sus campesinos arraigó con fuerza entre los oficiales africanistas. Las órdenes secretas de Mola ya señalaban claramente al proletariado como «enemigo» de España. La arbitrariedad y el poder que el alto mando africanista se arrogaba sobre los marroquíes no se diferenciaba mucho de las prácticas feudales que los señoritos se creían con derecho a cultivar. Una sencilla comunión de intereses permitió equiparar al proletariado con los súbditos de las colonias. Ya antes de 1936 se habían establecido paralelismos explícitos entre la izquierda española y las tribus del Rif, y ahora, los «crímenes» de los rojos al resistirse al alzamiento militar se consideraban equiparables a los de las tribus marroquíes que en 1921 masacraron a las tropas españolas en la batalla de Annual. El papel desempeñado por las columnas africanas en 1936 fue el mismo que el que desempeñaron los regulares y los legionarios para liberar Melilla en 1921.[111]

La estrecha relación que existía entre los propietarios de las tierras y sus salvadores militares se puso de manifiesto cuando Queipo de Llano solicitó a Rafael Medina que recaudara fondos para la causa rebelde. Tras largos meses de quejas desesperadas por la ruina de la agricultura, como consecuencia de las reformas republicanas, cabía esperar que los esfuerzos de Medina en este sentido no fueran fáciles. El primer día recaudó un millón de pesetas entre los exportadores de aceituna de Alcalá de Guadaira. Ese mismo día, en Dos Hermanas, un propietario le preguntó en qué se emplearía el dinero. Medina dijo que confiaban en poder comprar un avión y el terrateniente quiso saber cuánto costaría eso. Medina contestó que «sobre un millón de pesetas». El latifundista le extendió en el acto un cheque por esa cantidad.[112] En los días que siguieron al alzamiento, los señoritos rurales podían permitirse el lujo de formar y financiar sus propias milicias, como las columnas de Ramón de Carranza y de los hermanos Mora Figueroa.

Poco después, las diversas unidades se constituyeron formalmente como una especie de caballería, popularmente llamada Policía Montada de Voluntarios, compuesta por los amos y sus empleados expertos en la cría y el adiestramiento ecuestre: «Se incorporaron a ella todos los caballistas, garrochistas, rejoneadores, domadores de caballos». Estas unidades contaban con jacas de polo. Como si practicaran un deporte o salieran de cacería, desarrollaron una campaña sistemática contra la izquierda en toda Andalucía y Extremadura. En la localidad cordobesa de Lucena, con el propósito de «defender las fincas», los propietarios rurales fundaron el Escuadrón de Caballistas Aracelitanos y ayudaron a la Guardia Civil en la captura de izquierdistas escondidos en los campos. El grupo era famoso por su crueldad, sus actos de pillaje y sus numerosos delitos sexuales, de ahí que se le bautizara popularmente como el «Escuadrón de la Muerte». En septiembre de 1936, los rebeldes cruzaron el puente de hierro sobre el río Genil cerca de Encinas Reales (Córdoba) y entraron en Cuevas de San Marcos (Málaga). En ambos casos rodearon y fusilaron a los vecinos que, por puro miedo, habían huido a los campos. El escuadrón regresaba a Lucena de estas expediciones con camiones cargados de muebles, ropa de cama, máquinas de coser, libros, relojes y otros enseres domésticos.[113]

Los caciques y el Ejército podían contar con la ayuda de un numeroso grupo social para sus actividades represivas. Los ricos proporcionaban dinero y armas, y no faltaban voluntarios para hacer el trabajo sucio. Todos ellos formaban un conjunto heterogéneo, entre los que denunciaban a sus vecinos y los que salían en busca de izquierdistas para asesinar, violar, torturar e interrogar. Algunos eran los terratenientes o empresarios locales más jóvenes, algunos eran sus hijos.

Los empresarios y propietarios de fincas organizaban las bandas a las que se sumaban individuos de cualquier clase social que buscaban borrar un pasado dudoso manifestando su entusiasmo por la carnicería. Otros simplemente disfrutaban de la ocasión de matar y violar sin obstáculos, y algunos aprovechaban la oportunidad para robar o comprar por dos duros las codiciadas propiedades de sus vecinos. Había también cómplices silenciosos que observaban con deleite o con espanto. En este escenario de corrupción moral generalizada y cada vez más asfixiante, legitimado por los curas en sus sermones, se sentaron las bases del terror.

En las zonas sometidas a la jurisdicción de Queipo de Llano, la represión se intensificó sin tregua. El 18 de julio, Córdoba cayó en cuestión de unas horas en manos del mando militar de la ciudad, el coronel de Artillería Ciriaco Cascajo Ruiz, con el apoyo decisivo de la Guardia Civil.[114] A diferencia de la pauta de represión inmediata seguida en otros lugares donde la resistencia había sido escasa, el terror tardó algo más en empezar. Un grupo de falangistas cordobeses, aislados en una provincia que permanecía leal a la República, fue a Sevilla en busca de armas. Queipo de Llano preguntó al líder del grupo, Cruz Conde, a cuántos habían matado en Córdoba, y cuando este respondió que a ninguno, un Queipo iracundo vociferó: «¡Pues no habrá más armas para vosotros hasta que hayáis matado a un par de cientos!». Acto seguido, envió al comandante de la Guardia Civil Bruno Ibáñez con instrucciones de organizar el terror en la provincia cordobesa.

En menos de una semana, Ibáñez había detenido a 109 personas que figuraban en las listas facilitadas por el clero y los terratenientes, y pocos días después comenzaron los fusilamientos en los caminos y en los olivares. «El sótano de la sede de la Falange, donde se encerró a los prisioneros, estaba hinchado como un globo por la tarde y vacío por la mañana. Todos los días había ejecuciones en el cementerio y en las carreteras que salían de la ciudad.» Un joven abogado falangista, Luis Mérida, describe así la presencia de Bruno Ibáñez en una corrida de toros: «La gente se estremeció al verlo en la plaza. Se habrían incrustado en las paredes, de haber podido, con tal de apartarse de su camino. Estaban todos electrizados de terror. Don Bruno podría haber fusilado a todos los habitantes de Córdoba, puesto que llegó a la ciudad con carta blanca. Se decía que los rojos habían eliminado a toda su familia en un pueblo de La Mancha. Tanto si era cierto como si no, Ibáñez era un hombre amargado y lleno de prejuicios». Ibáñez organizó la quema de libros e impuso un programa de películas religiosas y documentales nazis en los cines.[115] Se calcula que 9.652 personas fueron asesinadas en la provincia de Córdoba durante la guerra. El ambiente que se vivió en toda la provincia puede deducirse de una nota difundida por Bruno Ibáñez el 1 de octubre de 1936, en la que decía: «Los que huyen se acusan a sí mismos».[116]

Antes de la visita de Queipo de Llano a la capital cordobesa, el 5 de agosto, el ritmo de ejecuciones diarias ordenadas por el coronel Cascajo era aproximadamente de cinco. Las autoridades municipales y los líderes republicanos que se refugiaron en la sede del gobierno civil fueron asesinados. Entre las víctimas se contaron además cinco parlamentarios —Antonio Acuña Carballar (PSOE, Málaga), Antonio Bujalance López (PSOE, Córdoba), Bautista Garcés Granell (PCE, Córdoba) y Luis Dorado Luque (PSOE, Málaga)— y el sobrino de Manuel Azaña, Gregorio Azaña Cuevas, que era fiscal de la Audiencia Provincial. Azaña Cuevas tenía previsto acudir a una reunión en la que iba a discutirse el estatuto de autonomía propuesto para Andalucía, en compañía de otro de los detenidos, Joaquín García Hidalgo Villanueva, un periodista masón que había sido diputado socialista entre 1931 y 1933. García Hidalgo, que era diabético, fue encerrado en prisión, torturado y obligado a tomar azúcar. Murió de un coma diabético el 28 de julio. Tras la visita de Queipo de Llano, el ritmo de las ejecuciones se aceleró notablemente. Los últimos republicanos que seguían refugiados en el gobierno civil eran el alcalde socialista, Manuel Sánchez Badajoz, varios concejales y un diputado socialista y médico muy querido, Vicente Martín Romera. A todos se los llevaron al amanecer del 7 de agosto y los fusilaron a la luz de los faros de los coches junto a otros 7 detenidos. En cuestión de pocos días, cuando se alcanzó la época más calurosa del verano, los cadáveres abandonados en las calles provocaron una pequeña epidemia de tifus.[117] El mismo día 7 fusilaron en Lucena a 6 jóvenes comunistas. El 19 de agosto perdieron la vida otros 25. Un total de 118 hombres y 5 mujeres fueron ejecutados en esta pequeña localidad.[118]

Inicialmente, las columnas rebeldes de cada provincia andaluza se dedicaron a ocupar los pueblos y ciudades que elegían no tanto por criterios militares como por el deseo de los terratenientes de liberar sus fincas ocupadas por la izquierda. A principios de agosto, con el objetivo de diseñar las operaciones de acuerdo con una visión más estratégica, se centralizó el control de las columnas y se encomendó al general Varela la toma de los numerosos municipios cordobeses que aún seguían en manos de los republicanos.

Poco antes los rebeldes habían cometido una de sus mayores atrocidades en Baena, una localidad encaramada en un monte al sudeste de Córdoba, camino de Granada. En la primavera de 1936, igual que en fechas anteriores, reinaba en Baena un ambiente de intensos odios sociales entre campesinos y terratenientes. Los propietarios de las fincas habían desobedecido sistemáticamente la legislación laboral republicana, contratando mano de obra barata fuera del pueblo y pagando salarios de miseria. El 10 de julio, Manuel Cubillo Jiménez, un abogado que desempeñaba las funciones de secretario de la asociación de los propietarios de fincas rústicas, el llamado Círculo de Labradores, organizó una expedición a la capital de la provincia para protestar por las bases de trabajo, acompañado por un grupo de 200 terratenientes. Entretanto, el comandante del puesto de la Guardia Civil, el teniente Pascual Sánchez Ramírez, antiguo miembro de la Legión Extranjera, se encargó de armar a los patronos y proteger a los falangistas por el procedimiento de otorgarles oficialmente el estatuto de «guardias jurados». El Círculo de Labradores ya había recaudado un importante arsenal de armas y munición en previsión del alzamiento, con la colaboración de Sánchez Ramírez y otros guardias civiles. Consciente de lo que se avecinaba, Sánchez Ramírez envió a su familia a Ceuta. La noche del 18 de julio se hizo con el control de la casa del pueblo y, a la mañana siguiente, emitió un bando de guerra para ocupar a continuación el ayuntamiento, la central telefónica y otros edificios estratégicos.

La CNT, el sindicato mayoritario en la zona, convocó una huelga y un grupo numeroso de braceros armados con hachuelas, hoces, palos y algunas escopetas avanzaron sobre la población. Un grupo de guardias civiles y voluntarios de derechas los dispersó inicialmente en un lugar llamado Coscujo, situado en las afueras del pueblo. Los enfrentamientos se saldaron con un guardia civil y 11 trabajadores muertos. Al día siguiente, 20 de julio, los trabajadores volvieron y encontraron el centro del pueblo defendido por unos 200 guardias civiles, falangistas y terratenientes estratégicamente distribuidos en los edificios desde los que se dominaba el pueblo. Parte de los rebeldes se encerraron en el ayuntamiento con un grupo de rehenes, entre los que había una mujer en avanzado estado de gestación, y amenazaron con matarlos a todos. Los trabajadores cortaron el suministro de agua, de luz y de alimentos. Tras hacerse con el control de la ciudad, los anarquistas declararon el comunismo libertario, abolieron el dinero, requisaron la comida y las joyas y dieron los primeros pasos hacia la propiedad colectiva de las tierras. Se repartieron cupones entre la población para distribuir los alimentos. El Comité Revolucionario encerró a los miembros destacados de la burguesía en el cercano asilo de San Francisco y ordenó que no se les hiciera ningún daño. Una iglesia y un convento donde se habían establecido los rebeldes sufrieron importantes destrozos en el curso de los combates, y el párroco resultó muerto. Hubo otros casos de venganzas personales por asuntos pendientes, y se estima que 11 personas de derechas fueron asesinadas antes de que el pueblo cayera en manos de los militares sublevados. Sánchez Ramírez rechazó las propuestas de tregua, por temor a que la rendición condujera a su propia muerte y a la de sus hombres.[119]

El 28 de julio, cuando los defensores se hallaban al límite de su capacidad de resistencia, una columna rebelde partió de Córdoba a las órdenes de Eduardo Sáenz de Buruaga, integrada por unidades de Infantería, guardias de asalto, guardias civiles, legionarios y regulares provistos de artillería y ametralladoras. Los trabajadores, que apenas tenían armas de fuego, no pudieron oponer resistencia, y la columna tomó Baena calle por calle, sin contabilizar más de cuatro heridos entre sus filas. Los regulares lideraron el ataque y se lanzaron a la matanza y el saqueo indiscriminados. A los supervivientes que encontraban en las calles o en las casas los rodeaban y los llevaban a la plaza del pueblo. El informe oficial que la Guardia Civil ofreció de los sucesos en Baena reconocía que «bastaba la más leve acusación por parte de un defensor para que se disparara contra el acusado». Sáenz de Buruaga se quedó tranquilamente en un café con uno de sus oficiales, Félix Moreno de la Cova, hijo de un rico terrateniente de Palma del Río, mientras Sánchez Ramírez, cegado por la ira, organizaba una masacre a la altura de su formación y sus instintos africanistas. En primer lugar, mató a los cinco rehenes varones detenidos en el ayuntamiento. A continuación, obligó a los demás prisioneros —muchos de los cuales no tenían nada que ver con la CNT y tampoco habían participado en los incidentes de la semana anterior— a tumbarse boca abajo en el suelo de la plaza. Completamente fuera de sí, él mismo se encargó de ejecutar a la mayoría mientras los columnistas, con ayuda de los miembros de la derecha local, iban trayendo a la plaza más detenidos para sustituir a los ejecutados.

El diario *ABC* se refirió a estas matanzas como «un castigo ejemplar aplicado a todos los individuos directivos» y «el rigor de la ley» aplicado a todo el que se hallara en posesión de armas. El comentario del periódico terminaba diciendo: «Es seguro que el pueblo de Baena no olvidará nunca ni el cuadro de horror con tantos asesinatos allí cometidos, ni tampoco la actuación de la fuerza llegada al mismo». A pesar de estos comentarios, las tropas de Sáenz de Buruaga no capturaron a ningún sindicalista ni vecino armado, puesto que la mayoría se habían refugiado en el asilo de San Francisco, donde tenían encerrados a los prisioneros de derechas. Los «tantos asesinatos» fueron en buena parte consecuencia de la irresponsabilidad de Sáenz de Buruaga, que se quedó tomando un refresco mientras el teniente Sánchez Ramírez dirigía la masacre.

Los numerosos izquierdistas que abarrotaban el asilo utilizaron a los rehenes como escudos humanos con la esperanza de disuadir así a los asaltantes. No lo lograron, y muchos murieron junto a las ventanas, alcanzados por las balas de los rebeldes, pues solo ellos contaban con armas de fuego. Aunque muchos anarquistas habían huido, algunos se quedaron hasta el último momento para acabar con los rehenes que quedaban con vida, en venganza por las ejecuciones en la plaza. En total asesinaron a 81 rehenes. La creencia más extendida entre la burguesía local era que los rehenes habrían sobrevivido si Sánchez Ramírez no hubiera perpetrado aquella matanza. Pese a todo, el hallazgo de los cadáveres en el asilo desencadenó otra oleada de venganza indiscriminada de la que ni siquiera escaparon algunos derechistas. Los sublevados fusilaron en masa a todos los prisioneros de izquierdas, entre ellos a un niño de ocho años.[120] El 5 de agosto, cuando la columna de Sáenz de Buruaga ya se había marchado a Córdoba, un grupo de milicianos atacó Baena sin éxito alguno. Este nuevo incidente intensificó el ritmo de las ejecuciones en el pueblo.[121]

La noche del 31 de julio, Queipo de Llano se sintió en la obligación de justificar la represión en su habitual discurso radiofónico, refiriéndose a «verdaderos horrores, crímenes monstruosos que no se pueden citar por no desprestigiar a nuestro pueblo, y produjeron, después de ser tomada Baena, el castigo que es natural cuando las tropas están poseídas de la indignación que producen esos crímenes. Baste decir que se encontraron varios niños colgados de las ventanas por los pies».[122] Dos meses más tarde, la burguesía local organizó una ceremonia en la que Sáenz de Buruaga impuso a Sánchez Ramírez la medalla militar en la plaza del pueblo, todavía manchada de sangre. Es probable que en el lapso de los cinco meses siguientes, alrededor de 700 personas fueran asesinadas por Sánchez Ramírez y Sáenz de Buruaga, bien directamente, bien por órdenes suyas o del hombre al que nombraron juez militar. Se trataba del terrateniente Manuel Cubillo Jiménez, cuya mujer y cuyos tres hijos habían muerto por los disparos de las tropas de Sáenz de Buruaga durante el ataque al asilo. Su ansia de venganza garantizó una represión implacable. Además de los que lograron escapar de la matanza, otros habían huido a la provincia de Jaén, bajo control de los republicanos. A las mujeres que quedaban en el pueblo las sometieron a diversas modalidades de humillaciones y abusos sexuales: las violaron, les afeitaron la cabeza y las obligaron a beber aceite de ricino. Alrededor de 600 niños, algunos menores de tres años, quedaron huérfanos y abandonados a su suerte.[123]

Los sucesos de Baena encajan a la perfección en la concepción global que animaba el alzamiento militar. Así lo expresó con mucha elocuencia José María Pemán: «Esta contienda magnífica que desangra España ... se realiza en un plano de absoluto sobrenaturalismo y maravilla ... Los incendios de Irún, de Guernica, de Lequeitio, de Málaga o de Baena, son como quema de rastrojos para dejar abonada la tierra de la cosecha nueva. Vamos a tener, españoles, tierra lisa y llana para llenarla alegremente de piedras imperiales».[124]

Cuando Varela asumió el control de las columnas que operaban en el frente cordobés bajo el mando de Queipo de Llano, se anunció que, con el fin de coordinar los objetivos tácticos, ningún destacamento podría en lo sucesivo actuar por su propia iniciativa, pese a lo cual las columnas continuaron desarrollando su actividad de acuerdo con los prejuicios y los intereses de los terratenientes. Uno de los primeros objetivos de Varela era la liberación de Granada, que seguía aislada y sitiada por las tropas gubernamentales. El 18 de agosto, cumplida esta misión, Varela se centró en la ocupación total de Sevilla y Cádiz antes de lanzar un ataque contra Málaga. La localidad de Ronda se convirtió así en un escalón intermedio de la máxima importancia estratégica. Entre el 6 y el 8 de agosto, los anarquistas desbarataron una primera tentativa por parte de las tropas rebeldes de tomar Castro del Río con artillería y refuerzo de la aviación.[125] Entre los hombres de Varela figuraban, significativamente, el torero y terrateniente falangista Pepe el Algabeño, el rejoneador Antonio Cañero y el latifundista Eduardo Sotomayor. Los criadores de toros bravos despreciaban profundamente a los jornaleros por reclamar los pastos para sembrar sus cosechas. Entre estos ganaderos había varios toreros retirados que, tras su éxito en el ruedo, compraron tierras y se dedicaron a la cría de toros de lidia. En general, todos ellos defendieron con entusiasmo el golpe militar, tal como hizo «Bombita» en la localidad sevillana de Valencina. Otros se incorporaron a la columna que llegó a conocerse como la Policía Montada de Andalucía, al mando de Pepe el Algabeño por designación de Queipo de Llano.[126]

El celo con que los latifundistas acometieron la brutal represión de los campesinos terminó por afectar a la capacidad productiva de las explotaciones agrarias. Las autoridades militares, preocupadas por la situación, lanzaron un llamamiento para que se dejase con vida a un número de trabajadores suficiente, a fin de garantizar la producción agrícola: «La peculiar organización de los pueblos andaluces hacía que en un pueblo de 20.000 habitantes [existieran] 20 ó 30 terratenientes, 200 ó 300 tenderos o comerciantes y 15.000 braceros sin más capital que sus brazos, todos asociados a organismos del Frente Popular. Cuando ellos dominan pueden fusilar a los dos primeros grupos y quedarse solos; en cambio los dos primeros grupos no pueden fusilar al tercero por su enorme número y por las desastrosas consecuencias que acarrearía».[127]

El 18 de agosto se habían conquistado la mayoría de las ciudades y pueblos de Cádiz. El exhaustivo informe de la franquista «Causa General» concluía que, en las zonas que quedaron en poder de los republicanos tras el golpe militar del 18 de julio, 98 personas habían perdido la vida, en su mayoría como respuesta a los actos de violencia cometidos por la derecha en otros municipios.[128] Este dato no se corresponde con la magnitud de la represión llevada a cabo por el bando nacional en la provincia. Aunque las investigaciones siguen sin ser completas, diversos trabajos realizados hasta mayo de 2005 apuntan un total de 3.012 víctimas de los insurrectos, con nombres y apellidos. Hubo ejecuciones en todos los pueblos de Cádiz, tanto si en ellos se habían producido muertes a manos de los republicanos como si no. Las ejecuciones se centraron principalmente en los que desempeñaban alguna función en las instituciones republicanas, los partidos políticos y sindicatos de izquierdas, o que simplemente simpatizaban con las ideas republicanas. Todo el que hubiera participado en alguna huelga durante los diez años anteriores era una víctima en potencia.[129]

Con Cádiz ya enteramente en manos franquistas, los hombres de Manuel de Mora-Figueroa se unieron a los de su hermano José, y la columna fusionada comenzó las incursiones en la provincia de Málaga. El Tercio Mora-Figueroa avanzó hacia la Serranía de Ronda, conquistando a su paso Cortes de la Frontera, Gaucín, Júzcar, Alpandeira, Faraján, Cartajima y Parauta antes de llegar a la propia Ronda, donde la represión de los anarquistas, liderados por un personaje conocido como «El Gitano» había sido implacable. En un primer momento, el comité de la CNT logró mantener cierto grado de orden, lo que no impidió el saqueo de iglesias y la destrucción de imágenes religiosas. Sin embargo, pronto aumentaron los asesinatos perpetrados por elementos incontrolados, tanto locales como llegados de Málaga. La afirmación de que se había asesinado a un gran número de prisioneros, arrojándolos al barranco que bordea la ciudad, carecía de todo fundamento. En cualquier caso, a muchos derechistas los fusilaron en el cementerio. Según fuentes franquistas, las víctimas del terror rojo en Ronda y en los municipios vecinos de Gaucín y Arriate se elevaron a 600. El 16 de septiembre, Varela tomó el pueblo, los defensores huyeron y las tropas de ocupación no sufrieron más de tres bajas. Sus hombres abordaron e interrogaron a todos los que se encontraban en la calle, y a muchos los fusilaron. Más de la mitad de la población huyó a Málaga.[130] Los que se quedaron para oponerse a los ocupantes fueron sometidos a una sangrienta represión y despojados de sus bienes.[131]

Mora-Figueroa estableció su cuartel general en Ronda, donde se le sumó un grupo de señoritos de Sanlúcar liderados por otro vástago de una familia vinícola, Pedro Barbadillo Rodríguez. Desde allí fueron tomando uno tras otro los pueblos de los alrededores y regresando con los prisioneros a su base de operaciones para ejecutarlos. El Tercio Mora-Figueroa, que para entonces había crecido sustancialmente, participó más tarde en los ataques a Málaga, en febrero de 1937; en la toma de las zonas de Córdoba que seguían bajo control republicano; en el asalto de La Serena, en la mitad oriental de Badajoz, y en la ocupación de Castuera.[132]

Muchos hombres, temiendo por sus vidas, huyeron de la represión en Andalucía occidental y buscaron refugio en el monte, donde subsistían robando ganado y asaltando las cosechas. Las patrullas montadas de la Guardia Civil, con ayuda de los falangistas de la columna de Mora-Figueroa, dedicaron un tiempo considerable a darles caza y abatirlos, principalmente después de la caída de Málaga.[133]

Queipo de Llano encomendó la supervisión «legal» de la represión en toda Andalucía y Extremadura al auditor militar Francisco Bohórquez Vecina. El 28 de mayo de 1937, el fiscal de la Audiencia Provincial de Cádiz, Felipe Rodríguez Franco, envió al general Varela una serie de quejas en las que retrataba crudamente el comportamiento profundamente arbitrario de Bohórquez. Rodríguez Franco fue destituido por desoír las órdenes ilegales dictadas por Bohórquez a los miembros de los Consejos de Guerra Sumarísimos de Urgencia. El fiscal alegó que Bohórquez

> sentó el principio de que todos los Apoderados e Interventores del Frente Popular en las llamadas elecciones de 1936, tenían que ser procesados, determinándose en el acto del juicio oral, por la impresión que en el Tribunal produjese la cara de los procesados, quiénes debían ser condenados y quiénes absueltos; todos los Milicianos rojos también, como regla general, debían ser procesados y fusilados ... indicó el porcentaje aproximado que debía conseguirse entre las distintas penas que dictara el Consejo, y llegó a determinar, apriorísticamente, el valor de la prueba diciendo que bastaba con un solo testigo de cargo para condenar.

Varela acusó recibo de las protestas, pero se abstuvo de intervenir.[134]

En Granada se vivía una situación muy distinta de la de Cádiz, Córdoba y Sevilla. El general Miguel Campins, comandante de la región militar, había tomado posesión del cargo el 11 de julio de 1936 y no participó en la conspiración. Permaneció leal a la República y se negó a declarar el estado de guerra, desobedeciendo así las órdenes de Queipo. Sin embargo, envió un telegrama a su amigo, el general Franco, bajo cuyo mando había sido subdirector de la Academia Militar de Zaragoza, para ponerse a sus órdenes. Campins fue detenido por oficiales rebeldes y acusado del fracaso del golpe militar en Jaén, Málaga y Almería, por su actitud vacilante. Queipo dijo de él, en uno de sus discursos, que si hubiera sido menos cobarde, se habría suicidado.[135] El 14 de agosto, Campins fue juzgado en Sevilla por «rebelión» y fusilado dos días más tarde. Al parecer Franco envió varias cartas en las que solicitaba clemencia para Campins, pero Queipo las rompió.[136]

Mientras tanto, el centro principal de la resistencia, el barrio obrero del Albaicín, se rindió tras resistir los bombardeos y el fuego de artillería. Varela llegó a Loja el 18 de agosto, y retomó el contacto con Sevilla, mientras que Granada quedaba aislada por las fuerzas leales.[137] En el consiguiente clima de inseguridad, el nuevo gobernador civil intensificó la brutalidad de la represión, mientras la fuerza republicana lanzaba tibios ataques aéreos. El comandante José Valdés Guzmán, de cuarenta y cinco años, era un africanista profundamente reaccionario, además de camisa vieja de la Falange. Las dolorosas secuelas de una herida grave que sufrió en la campaña de Marruecos, sumadas a los problemas intestinales crónicos, terminaron por fraguar su temperamento colérico. En 1931 lo destinaron a Granada en calidad de comisario de Guerra, cargo que, de hecho, lo convertía en jefe de la administración militar. Valdés albergaba un hondo desprecio por la izquierda granadina desde los sucesos ocurridos en la ciudad los días 9 y 10 de marzo. Una banda de falangistas armados habrían abierto fuego contra un grupo de trabajadores y sus familias, lo que provocó una huelga general unitaria de todos los sindicatos. La convocatoria estuvo marcada por graves incidentes violentos, como la quema de las sedes de la Falange y Acción Popular, el asalto y la destrucción de las oficinas del periódico de derechas, el *Ideal*, y el incendio de dos iglesias.[138] La derecha esperaba desde entonces el momento de cobrarse su venganza.

Con el nombramiento de Valdés proliferaron los asesinatos de médicos, abogados, escritores, artistas, maestros y, sobre todo, trabajadores. Buena parte del trabajo sucio quedó en manos de los falangistas recién reclutados o de grupos como las milicias «Españoles Patriotas» y «Defensa Armada», cuyo papel fue igualmente decisivo para la localización y la denuncia de los elementos sospechosos.[139] Una vez asegurado el control del centro de la ciudad, Valdés permitió que la facción falangista conocida como «Escuadra Negra» sembrara el pánico entre la población. Esta banda armada y liderada por destacados miembros de la derecha local se nutría de fanáticos convencidos, de matones a sueldo y de hombres ansiosos por ocultar un pasado de izquierdas, y su misión consistía en sacar a los izquierdistas de sus casas en plena noche y fusilarlos en el cementerio. Uno de sus cabecillas, el empresario Juan Luis Trescastro Medina, declaró que, cuando salía de expedición a los pueblos cercanos, iba preparado para «degollar hasta a los niños de pecho».[140] Tras la caída de Loja, Queipo envió un contingente de Regulares a distintos pueblos de la provincia que participó en las atrocidades. En el curso de la guerra, más de 5.000 civiles fueron fusilados en Granada, muchas veces en el cementerio. El guarda del cementerio se volvió loco, y el 4 de agosto lo ingresaron en un manicomio. Tres semanas más tarde, su sustituto abandonó la vivienda situada en las puertas del cementerio donde se había instalado con su familia, porque no podían soportar el llanto y los gritos de los moribundos. Muchos vecinos de los pueblos de las Alpujarras fueron enterrados en una fosa común en el barranco del Carrizal, en el municipio de Órgiva.[141]

Una de las víctimas más celebres del terror de la derecha, no solo en Granada sino en toda España, fue el poeta Federico García Lorca. En años posteriores los franquistas afirmarían que Lorca había muerto en una pelea privada de signo apolítico, relacionada con su homosexualidad. Lorca no tenía nada de apolítico. En una ciudad ultrarreaccionaria como Granada, su condición de homosexual lo llevó a desarrollar un sentimiento de aislamiento que despertó sus simpatías por los que vivían en los márgenes de la sociedad respetable. En 1934 declaró: «Yo siempre seré partidario de los que no tienen nada». Animado por una profunda conciencia social creó su compañía de teatro itinerante, La Barraca, firmó regularmente manifiestos antifascistas y colaboró con organizaciones como Ayuda Roja Internacional. Por todo ello se ganó el desprecio de la Falange y el resto de la derecha.

En su propia ciudad mantuvo una estrecha relación con los grupos de izquierda moderada. Sus ideas eran del dominio público, y los oligarcas granadinos estaban al corriente de su postura sobre la conquista católica de Granada en 1492, que Lorca calificaba de desastrosa. En abierto desacato de lo que constituía un principio esencial en el pensamiento de la derecha española, Lorca sostuvo que la conquista había destruido una civilización única para crear «una "tierra de chavico" donde se agita actualmente la peor burguesía de España». Recientes estudios han añadido otro elemento más de resentimiento hacia la figura de Lorca por el éxito de su padre, Federico García Rodríguez, que se había enriquecido comprando y vendiendo tierras en el término municipal de Asquerosa (rebautizado como Valderrubio), al noroeste de la provincia.

Con gran malestar de los demás terratenientes, Federico García Rodríguez pagaba bien a sus empleados, prestaba dinero a sus vecinos cuando corrían peligro de ver sus bienes ejecutados y hasta construía viviendas para sus trabajadores. La amistad de Fernando de los Ríos con la familia de García Lorca era otra de las razones para el resentimiento. Entre los adversarios políticos y económicos del poeta figuraban el abogado y empresario Juan Luis Trescastro Medina y el miembro de Acción Popular Horacio Roldán Quesada. Roldán Quesada quería casarse con Concha, hermana de Federico, pero ella prefirió a Manuel Fernández Montesinos, que se convirtió en alcalde de la ciudad. La hermana del propio Roldán se casó a su vez con uno de los principales colaboradores de Valdés, el capitán Antonio Fernández Sánchez.[142]

Cuando la derecha comenzó la caza de «rojos», Lorca, que había vuelto de Madrid a Granada tras el inicio de la guerra porque allí se sentía más seguro, se refugió en casa de su amigo el poeta y falangista Luis Rosales. El 16 de agosto, la Guardia Civil se presentó en casa de la familia Rosales para llevarse a Lorca, acompañada del siniestro Ramón Ruiz Alonso, antiguo diputado de la CEDA por Granada, Juan Luis Trescastro Medina y Luis García-Alix Fernández, otro miembro de Acción Popular. Ruiz Alonso se había subido al carro de la Falange y albergaba rencores contra Lorca y los hermanos Rosales.[143] Por este motivo denunció absurdamente a Lorca ante Valdés, asegurando que era un espía ruso y que se comunicaba con Moscú mediante un equipo de radio de gran potencia. Valdés envió un mensaje a Queipo de Llano para pedirle instrucciones. La respuesta fue: «Dale café, mucho café».[144] Federico García Lorca fue fusilado a las 4.45 horas de la madrugada del 18 de agosto de 1936, entre Alfacar y Víznar, al nordeste de Granada.[145]

Trescastro alardeó más tarde de haber matado personalmente al poeta y también a la humanista Agustina González Blanco. «Estábamos hartos ya de maricones en Granada. A él por maricón y a ella por puta.» Al día siguiente a la muerte del poeta, Trescastro entró en un bar y dijo: «Acabamos de matar a Federico García Lorca. Yo le metí dos tiros en el culo por maricón».[146] Junto a Lorca asesinaron a un maestro de escuela discapacitado, Dióscoro Galindo, y a dos banderilleros anarquistas,

Francisco Galadí Melgar y Joaquín Arcollas Cabezas. Antes del alzamiento militar los dos anarquistas habían estado vigilando las actividades de Valdés y posteriormente tuvieron un papel destacado en la defensa del Albaicín.[147] El cobarde asesinato de un gran poeta, igual que el del general Campins, leal a la República, no fueron más que una simple gota de agua en un océano de matanza política.

El banquero y abogado José María Bérriz Madrigal, un destacado miembro de la derecha quien apoyaba al golpe militar, escribió el 18 de agosto al director de su entidad bancaria, que se encontraba de vacaciones en Portugal: «El camino es vencer o morir matando a granujas ... El ejército quiere extirpar la raíz de la mala planta que comía a España. Y creo que lo va a conseguir». Para ello tenían que eliminar a los «granujas que no trabajaron nunca en sus empresas ... intelectuales, frescos, cursis y danzantes». El 22 de agosto escribió: «Siguen los fusilamientos, directivos de los sindicatos y dirigentes y maestros de pueblo y mediquillos de pueblos caen por docenas».[148] Al día siguiente, con mucho menos entusiasmo, la baronesa de Zglinitzki, poetisa y novelista estadounidense y firme defensora de los militares rebeldes, comentó que las ejecuciones «aumentaban a un ritmo alarmante y repugnante para cualquier persona inteligente».[149]

Entre los intelectuales a los que Bérriz se refería en su carta figuraba el brillante periodista y director de *El Defensor*, Constantino Ruiz Carnero, quien en las páginas de su periódico había satirizado a Ruiz Alonso como trabajador honorario en pijama de seda que vivía rodeado de toda clase de lujos. Ruiz Carnero había sido alcalde de Granada por un brevísimo período de dos semanas tras la victoria del Frente Popular en las elecciones de febrero de 1932.[150] Otros 7 ex alcaldes republicanos de la capital granadina, junto con el regidor en ejercicio y cuñado de Lorca, Manuel Fernández-Montesinos, fueron igualmente fusilados en 1936. La misma suerte corrieron 10 catedráticos de la universidad, 5 de ellos por protestar contra los disturbios provocados por los falangistas. Entre ellos se encontraba el antiguo rector de la universidad, el brillante arabista de treinta y dos años Salvador Vila Hernández, íntimo amigo de Unamuno. Su detención en Salamanca, el 7 de octubre, fue la gota que colmó la paciencia de Unamuno y lo llevó a pronunciar su famoso: «Venceréis pero no convenceréis». La mujer de Vila, Gerda Leimdörfer, alemana y judía, fue detenida junto a su marido y trasladada a Granada. A él lo mataron el 22 de octubre, si bien la intervención de Manuel de Falla logró salvar la vida de ella después de ser bautizada por la fuerza. A los padres de Gerda Leimdörfer, refugiados judíos, los deportaron a la Alemania nazi. Un amigo de Vila y de Lorca, el arquitecto Alfonso Rodríguez Orgaz, se escondió para evitar ser detenido. Los falangistas se llevaron a su novia, Gretel Adler, con la intención de usarla como cebo. Al no dar resultado esta estratagema, la muchacha fue asesinada.[151]

La burguesía local granadina consentía las atrocidades, por parecerle menos graves que las que, según se decía, estaban cometiendo los republicanos en otros lugares de España. Queipo de Llano se ocupaba de alimentar esta percepción con sus discursos radiofónicos. En ellos se informaba de las personas a las que se despeñaba por el barranco de Ronda; de los hombres a los que se empalaba vivos y se obligaba a presenciar cómo a sus mujeres y a sus hijas «primero las violaban y después las rociaban con gasolina y las quemaban»; de las monjas a las que se exhibía desnudas en los escaparates de los comercios de Antequera; de los sacerdotes a los que se abría en canal y se les llenaba el estómago de cal viva; de más monjas violadas y más curas torturados en las calles de Barcelona; de que en las costas de Málaga flotaban los cadáveres decapitados de todos los que no eran anarquistas; de las detenciones y los fusilamientos en Madrid de «médicos, abogados, hombres de ciencias y letras, y actores y artistas famosos». La baronesa de Zglinitzki creía en los discursos de Queipo de Llano hasta el punto de escribir que el gobierno republicano, «compuesto de anarquistas, delincuentes habituales y rusos, estaba determinado a exterminar a cualquier persona que en España tuviera un cerebro y destacara por su capacidad».[152]

Málaga, leal a la República, ofrece una rica crónica de los horrores de Queipo. Tras sufrir los continuos bombardeos de la aviación italiana y los buques de guerra de las tropas rebeldes, el lunes 8 de febrero de 1937 la ciudad fue ocupada por columnas rebeldes y tropas italianas.[153] Queipo llevaba meses amenazando en sus discursos y a través de octavillas con infligir a la ciudad un sangriento castigo por los siete meses de represión mientras la capital había estado en manos del Comité de Salud Pública, dominado por la CNT-FAI.[154] Sus amenazas confirmaban los escalofriantes relatos de los miles de refugiados llegados a la ciudad en su huida de la barbarie desatada por los Regulares y la Legión en los pueblos de Cádiz, Sevilla, Córdoba y Granada. La caída de Antequera, el 12 de agosto, y de Ronda, el 17 de septiembre, provocó una avalancha de mujeres, ancianos y niños desesperados y hambrientos en la capital malagueña. Los partidos de izquierdas organizaron un dispositivo de ayuda para alojar en la catedral y en las iglesias a los que llegaban gravemente enfermos. Esta medida humanitaria fue vista por los rebeldes como un depravado acto de profanación y de anticlericalismo feroz.[155]

Pese la escasa resistencia que al final ofreció la capital, Queipo no demostró ninguna clemencia con la población. Durante una semana se prohibió el acceso de civiles a la ciudad, mientras se fusilaba a cientos de republicanos sobre la base de simples denuncias. Muchos derechistas levantaron sus voces para decir que, si habían escapado con vida de manos de los rojos, fue solo porque «no les dio tiempo» de acabar con ellos. Un oficial de Queipo de Llano señaló sarcásticamente: «A los rojos, en siete meses, no les dio tiempo; nosotros en siete días tenemos tiempo sobrado. Decididamente son unos primos».[156]

Las detenciones se contaron por millares. Cuando los prisioneros desbordaron las prisiones, se habilitaron campos de concentración en Torremolinos y Alhaurín el Grande. Tras la acelerada masacre, la represión fue organizada por el recién designado gobernador civil, el capitán Francisco García Alted, falangista y guardia civil. La llevó a cabo el coronel Bohórquez, bajo la supervisión del general Felipe Acedo Colunga, fiscal del Ejército de Ocupación, que aplicó los Consejos de Guerra Sumarísimos de Urgencia, de carácter pseudolegal, en lugar del bando de guerra. La magnitud de la represión llevada a cabo se refleja en un informe de Bohórquez de abril de 1937. En las siete semanas que siguieron a la toma de Málaga, 3.401 personas habían sido juzgadas, de las cuales 1.574 habían sido ejecutadas. Con el fin de poder juzgar a tantísimas personas en un lapso de tiempo tan corto, fue preciso desplazar a Sevilla a un equipo de jueces militares muy numeroso. Entre ellos se encontraba el presidente del último gobierno de Franco, Carlos Arias Navarro. Su dureza guardaba relación con el hecho de que había sido prisionero en Málaga cuando la ciudad se hallaba bajo el control republicano. Los juicios, que a menudo decidían el destino de varias personas a la vez, no proporcionaban medios para defenderse a los acusados y solían durar apenas unos minutos.[157]

Antes de que los ocupantes comenzaran la carnicería, decenas de miles de refugiados huyeron despavoridos por la única vía de escape posible, los 175 kilómetros de carretera que discurrían por la costa de Almería. El éxodo fue espontáneo y los refugiados carecían de protección militar. En el camino fueron bombardeados desde el mar por la artillería naval del *Cervera* y el *Baleares*, desde el aire por la aviación italiana, y abatidos en tierra por las ametralladoras de las tropas italianas que les seguían los pasos. Solo la magnitud de la represión en la ciudad tomada podía justificar que afrontaran semejante riesgo. Aterrados, sin agua ni comida, avanzaban penosamente por la carretera sembrada de cadáveres y heridos. Se vieron escenas de madres muertas con bebés todavía mamando de sus pechos, de niños muertos y otros perdidos en mitad de la confusión, mientras sus familias los buscaban frenéticamente.[158]

Los relatos de numerosos testigos presenciales, entre los que se encontraba Lawrence Fernsworth, corresponsal de *The Times*, impidieron a los rebeldes negar las horrendas atrocidades cometidas contra los civiles republicanos. Aunque es imposible conocer el número exacto de víctimas, parece seguro que hubo más de 3.000. El médico canadiense Norman Bethune, su ayudante Hazen Size y su conductor inglés, el futuro novelista T. C. Worsley, se pasaron tres días y tres noches haciendo viajes de ida y vuelta para rescatar a todos los que pudieron. Bethune describió cómo los ancianos se rendían y se dejaban caer en la cuneta para esperar a la muerte, y «cómo los niños descalzos, con los pies hinchados hasta duplicar su tamaño normal, lloraban, indefensos, de dolor, de hambre y de cansancio». Worsley ofreció un relato desgarrador de lo que había presenciado: «La carretera seguía llena de refugiados, y cuanto más avanzábamos peor era su situación. Algunos tenían zapatos de goma, pero la mayoría llevaba los pies vendados con harapos, muchos iban descalzos y casi todos sangraban. Componían una fila de 150 kilómetros de gente desesperada, hambrienta, extenuada, como un río que no daba muestras de disminuir ... Decidimos subir a los niños al camión, y al instante nos convertimos en el centro de atención de una muchedumbre enloquecida que gritaba, rogaba y suplicaba ante tan milagrosa aparición. La escena era sobrecogedora: las mujeres vociferaban mientras sostenían en alto a los bebés desnudos, suplicando, gritando y sollozando de gratitud o decepción».[159] La llegada de los refugiados a Almería causó horror y confusión, y fue recibida con un contundente bombardeo aéreo dirigido contra el centro de la ciudad, donde se hacinaba la multitud exhausta. El bombardeo de los refugiados durante el trayecto y en las calles de Almería fue un símbolo de la «liberación» que los rebeldes se proponían llevar a cabo.

El terror de Mola: las purgas de Navarra, Galicia, Castilla la Vieja y León

Tras proclamar el estado de guerra el 19 de julio de 1936, Mola dijo en Pamplona: «El restablecimiento del principio de autoridad exige inexcusablemente que los castigos sean ejemplares, por la seriedad con que se impondrán y la rapidez con que se llevarán a cabo, sin titubeos ni vacilaciones».[1] Poco después, convocó una reunión de los alcaldes de la provincia de Navarra y les advirtió: «Hay que sembrar el terror ... hay que dar la sensación de dominio eliminando sin escrúpulos ni vacilación a todos los que no piensen como nosotros. Nada de cobardías. Si vacilamos un momento y no procedemos con la máxima energía, no ganamos la partida. Todo aquel que ampare u oculte un sujeto comunista o del Frente Popular, será pasado por las armas».[2]

Instrucciones como estas revelan la inseguridad de los conspiradores, que nacía tanto de la certeza de que el golpe debería afrontar una enorme resistencia, como de la desesperada determinación para imponer el control cuanto antes. En ese sentido, ejercer el terror cumplía con unos objetivos a corto y a largo plazo. A corto plazo, se trataba de atajar la resistencia y garantizar que el territorio fuera «seguro» para los rebeldes. Por esa razón, cerca de la mitad de las ejecuciones se llevaron a cabo en los tres meses siguientes a la toma de poder de los sublevados en cada una de las regiones. A la larga, en cambio, era el método necesario para la aniquilación de todo lo que significaba la República, ya fuera el desafío específico a los privilegios de los terratenientes, los industriales, la Iglesia católica y el Ejército, o ya fuera, en términos más generales, un modo de librarse de la subyugación de los campesinos sin tierra, los obreros urbanos y, el punto más irritante para la derecha, las mujeres. En resumen, a eso se referían Sanjurjo, Franco, Gil Robles, Onésimo Redondo y otros cuando clamaban contra la amenaza de «africanización» judeomasónica y bolchevique. Por tanto, el objetivo del golpe militar era la aniquilación de esa «amenaza». La retórica con que se insistía en la necesidad de exterminar tales ponzoñas extranjeras, esgrimida desde antiguo por sus paladines en el clero, sería adoptada enseguida por la mayor parte de la jerarquía eclesiástica. A principios de septiembre, José Álvarez Miranda, obispo de León, llamó a los fieles católicos a unirse para combatir «el laicismo judío-masónico-soviético».[3]

El 31 de julio, tras saber que según la prensa francesa se había designado a Prieto para negociar con los rebeldes, Mola despotricó: «¿Parlamentar? ¡Jamás! Esta Guerra tiene que terminar con el exterminio de los enemigos de España». El 9 de agosto, en otra prueba de su carácter, alardeó nuevamente de que su padre, gran tirador, a menudo jugaba a imitar a Guillermo Tell con su esposa. La pobre mujer tenía que aguantar en equilibrio piezas de fruta sobre la cabeza y sostener otras en la mano, como blancos para que su esposo demostrara su habilidad con el rifle. Mola le dijo a su secretario, José María Iribarren, que «una guerra de esta naturaleza ha de acabar por el dominio de uno de los dos bandos y por el exterminio absoluto y total del vencido. A mí me han matado un hermano, pero me la van a pagar».[4] En realidad, su hermano Ramón se había suicidado al creer que el alzamiento había fracasado.

Fue en las regiones de España en las que el golpe militar halló poca o nula resistencia donde las verdaderas intenciones de los rebeldes se manifestaron con toda su transparencia. La ejecución de sindicalistas, miembros de los partidos de izquierdas, oficiales municipales electos, funcionarios republicanos, maestros de escuela y masones, gente, en definitiva, que no había cometido crimen alguno, constituyó una oleada de lo que Josep Fontana ha denominado «asesinatos preventivos». O como lo definió el comandante de la Guardia Civil de Cáceres, uno de los que pusieron en marcha el proceso, una «amplia limpieza de indeseables».[5] En Navarra, Álava, las ocho provincias de Castilla la Vieja, las tres de León, las cuatro de Galicia, dos tercios de Zaragoza y la práctica totalidad de Cáceres, el golpe alcanzó el éxito en cuestión de horas, días a lo sumo. Las excusas que justificaron las matanzas en Andalucía y Badajoz —las presuntas atrocidades de la izquierda o la amenaza de una invasión comunista— no podían emplearse en áreas católicas y dominadas por la derecha. En esencia, el «crimen» de los ejecutados consistía en haber votado al Frente Popular o cuestionar su condición de subordinados, fueran trabajadores o mujeres.[6]

Las palabras que Mola dirigió a los alcaldes navarros evidenciaban que los rebeldes se proponían arrancar de raíz el conjunto de la cultura progresista de la República. La idea quedó expuesta también en una serie de anteproyectos para los decretos que Mola presentó en la Junta Suprema de la UME: «Es lección histórica, concluyentemente demostrada, la de que los pueblos caen en la decadencia, en la abyección y en su ruina cuando los sistemas de gobierno democrático-parlamentario, cuya levadura esencial son las doctrinas erróneas judeo-masónicas y anarco-marxistas, se han infiltrado en las cumbres del poder ... Serán pasados por las armas, en trámite de juicio sumarísimo, como miserables asesinos de nuestra Patria sagrada, cuantos se opongan al triunfo del Movimiento salvador de España». La destrucción de la República a través de la violencia armada se justificaba apelando a su ilegitimidad, pues aseguraban que se basaba en el fraude electoral y que sus líderes políticos eran parásitos y ladrones que no habían traído nada salvo la anarquía y el crimen.[7]

Cuando una capital provincial pasaba a estar bajo el control de los militares rebeldes, rápidamente se ponía en marcha el proceso de «pacificación» o «limpieza» del resto de la provincia. Al igual que en el sur, la mortífera tarea recaía en columnas de civiles reforzadas por guardias civiles y soldados. Los terratenientes locales aportaban vehículos y caballos, y las columnas las integraban empleados de confianza y voluntarios, que podían ser falangistas, carlistas comprometidos, o simplemente personas que trataban de ganarse el favor de los poderosos o borrar un pasado izquierdista.[8] Otros participaban por dinero, o para aprovechar la truculenta oportunidad de cometer actos sanguinarios y violaciones. Las autoridades militares podían haber detenido la violencia en cualquier momento, pero de hecho lo que hicieron fue distribuir armas ampliamente. Puesto que eran quienes arbitraban el orden público, los militares reclutaron a miles de civiles para hacer lo que uno de los líderes de la Falange describió más tarde como «el trabajo sucio». Dar rienda suelta a la represión alentó la sed de matar indiscriminadamente, los crímenes vengativos y el latrocinio bajo la máscara de imponer la justicia. Aun después de la purga de una ciudad o un pueblo, se seguía matando sobre la base de las denuncias de quienes habían estado en prisión antes, o incluso para celebrar este o aquel aniversario.[9]

La intención de instaurar una dictadura militar pronto adoptó una pátina de legalidad. Tras promulgar el primer decreto el 24 de julio de 1936, la Junta de Defensa Nacional se atribuyó «todos los poderes del

Estado», algo que se repitió en posteriores edictos. Con el decreto n.º 37, del 14 de agosto, la Junta declaró que la República estaba «en rebeldía armada contra el legítimo gobierno de la Junta». El bando de guerra del 28 de julio amplió el estado de guerra a todo el territorio en manos de los rebeldes, y situó el derecho militar por encima del derecho civil. Se unificaban así los diversos bandos que hasta entonces habían sido publicados en distintos lugares, como el del 18 de julio de 1936 en Sevilla, con el que los militares se habían arrogado de manera totalmente arbitraria el derecho a castigar con la muerte a quienes se opusieran a sus acciones («serán juzgados en juicio sumarísimo y pasados por las armas»). Se crearon varias categorías nuevas que incurrían en el delito de rebelión, entre ellas: *a*) la divulgación de rumores falsos; *b*) hallarse en posesión de armas sin permiso expreso de la nueva autoridad militar; *c*) celebrar reuniones sin autorización previa, y *d*) abandonar el lugar de trabajo. Quienes prestaran su apoyo a la República, ya fuera moral o con las armas, serían culpables de sedición y, en consecuencia, procesados por rebeldía ante tribunales militares y sometidos a la pena de muerte o a largas condenas de cárcel; todo ello justificado con el argumento de que el alzamiento obedecía a «los más altos valores morales y espirituales de Religión y Patria, puesto en trance de muerte por la atroz contumacia de unos pseudo-poderes públicos, vendidos a la triple mentira judeo-francmasónica: Liberalismo, Marxismo y Separatismo. Por ello no puede hablarse de Rebelión Militar, sino referida al campo rojo; en nosotros, de Santa Rebeldía».[10]

Hubo casos, como en Segovia, en que las autoridades militares fueron mucho más allá al hablar de «el gobierno de Madrid, que desde el 19 de Julio se levantó en armas contra el Ejército, cuando éste en vista de la marcha de los asuntos públicos se vio en la precisión de asumir la responsabilidad del poder, para evitar que el caos se adueñara del país».[11] Un decreto del 31 de agosto de 1936 permitía que a partir de entonces cualquier oficial ejerciera de juez, fiscal o defensor en un juicio. Por tanto, los oficiales quedaban obligados a combatir al enemigo, tanto en el campo de batalla como en los tribunales, aunque, en el segundo caso, el enemigo contara con menos posibilidades de defenderse, si cabe. Tan amplio era el espectro de infracciones que caían dentro de la rebeldía militar que en 1937 se publicó un manual de consulta para que los oficiales pudieran conducir los «juicios». El autor, José María Dávila y Huguet, abogado del Ejército, reconocía en el prólogo que, habiendo «aumentado considerablemente el número de procedimientos en tramitación, consecuencia de la gloriosísima gesta con que nuestro Ejército, valientemente secundado por el verdadero pueblo español, está asombrando al mundo, que son muchas las dificultades con que en su labor tropiezan cuantos intervienen en aquéllos». En consecuencia, el libro no aspiraba «sino a constituir elementalísimo manual orientador de quienes no cuentan con mejores medios para cumplir su misión judicial».[12]

El 20 de julio, Mola recibió la noticia de que en la carretera a Bilbao se había apresado un camión lleno de izquierdistas que huían de Pamplona. Sin dudarlo, por el auricular del teléfono rugió: «¡Que los fusilen inmediatamente y sobre la carretera!». Al darse cuenta del silencio sepulcral que había provocado su estallido de cólera, Mola lo pensó mejor y pidió a su ayudante que rescindiera la orden, mientras decía al resto de los reunidos en el despacho: «Para que ustedes vean que aun en estos momentos tan graves no soy tan sanguinario como me creen las izquierdas». A lo que uno de los oficiales allí presentes repuso: «General, no tengamos que arrepentirnos luego de blanduras». Tres semanas más tarde, el 14 de agosto, se oyó a Mola comentar: «Hace un año hubiese temblado de firmar un fusilamiento. No hubiera podido dormir de pesadumbre. Hoy le firmo tres o cuatro todos los días al auditor, y ¡tan tranquilo!».[13]

Fue en Navarra, de hecho, donde Mola adquirió plena confianza en el éxito del golpe. Los terratenientes ricos, cuyas corralizas habían sido ocupadas en octubre de 1933 por miles de campesinos sin tierra, tenían sed de venganza. Además, los rebeldes contaron desde el principio con el firme apoyo popular de la población local, profundamente católica. En palabras de los cronistas del Requeté, «lo que estaba amenazado no era sólo la tranquilidad de la digestión y el sueño de los poderosos», sino todo un sistema de valores.[14] Las instrucciones de Mola eran transcritas y distribuidas por Luis Martínez Erro, hijo de José Martínez Berasáin, director de la sucursal pamplonesa del Banco de Bilbao, que a su vez era el vínculo de los conspiradores con la burguesía local. Con la excepción del clero vasco, la mayoría de los curas y religiosos españoles tomaron partido por el bando rebelde. Desde sus púlpitos denunciaron a los «rojos» y adoptaron el saludo fascista. Bendecían las banderas de los regimientos nacionales por toda la España rebelde y algunos —en especial los sacerdotes navarros— no lo dudaron y partieron al frente. En Navarra, el clero había mantenido un estrecho contacto con los conspiradores militares y carlistas. Ávidos de noticias del alzamiento, los curas conspiradores, e incluso el obispo de Zamora, habían pasado muchas horas en la tienda de objetos religiosos de Luis Martínez Erro y la sastrería eclesiástica de Benito Santesteban, en Pamplona, entre hileras de sotanas, estantes de cálices y estatuas de la Virgen.

De hecho, algunos fueron de los primeros en unirse a las columnas rebeldes e instaron a sus congregaciones a hacer lo mismo. Con las cartucheras sobre las sotanas y rifle en mano, llenos de entusiasmo partieron a matar rojos. Tantos lo hicieron que los fieles se quedaron sin clérigos que dieran la misa u oyeran la confesión, y las autoridades eclesiásticas solicitaron el regreso de algunos de ellos.[15] Un voluntario británico que combatió con los Requetés habló de forma elogiosa sobre el padre Vincent, el capellán militar. «Era el más aguerrido y el más sediento de sangre que vi en España; habría sido mejor soldado que cura. "¡Hola, don Pedro! —me saludaba—. ¿Así que ha venido a matar rojos? ¡Fantástico! ¡Pues mate a montones!". Cuando no estaba atareado con sus labores espirituales, estaba en plena acción. Cumplir su papel de ministro de Cristo le provocaba tremendas frustraciones. Le señalaba objetivos a Kemp y le instaba a que los derribara a tiros. "Creo que le costaba mucho contenerse para no arrebatarme el rifle y disparar él ... Cada vez que un miliciano atrincherado corría despavorido en busca de otro refugio, yo oía la voz del buen padre invadida por la emoción: '¡Que no se escape! ¡Ah! ¡Que no se escape! ¡Dispare, hombre, dispare! Un poco más a la izquierda. ¡Sí! ¡Ya le ha dado!', exclamaba mientras el pobre hombre caía inerte.»[16] A diferencia de los que fueron al frente, Santesteban, un hombre alto de mirada torva, se quedó en Pamplona entregado, con la fiereza de una corneja especialmente rapaz, a la tarea de purgar la retaguardia de izquierdistas, liberales y masones. Tiempo después presumiría de haber matado a 15.000 rojos en Navarra, y más en San Sebastián, Bilbao y Santander. La izquierda, minoría en la provincia, se enfrentó al exterminio a manos de los fanáticos del alzamiento; el asesinato de civiles empezó inmediatamente. Los primeros meses, las ejecuciones al amanecer atraían a multitudes en Pamplona, y con ellas surgían los puestecillos de chocolate caliente con churros. Los rebeldes tomaban rehenes, a los que mataban en represalia cuando se daba parte de la muerte de un carlista.[17] A otros muchos los apresaba durante la noche el escuadrón falangista conocido como «Águila Negra», y los asesinaba luego en las afueras de Pamplona. La cifra de la que Santesteban presumió era descabellada, y se lo conocía también por salvar algunas vidas.[18] Sin embargo, a muchos de los prisioneros que acabaron en el cuartel del Requeté, en el monasterio de los Escolapios, no se los volvió a ver. En esta provincia ultraconservadora murieron asesinados 2.822 hombres y 35 mujeres. Otras 305 víctimas murieron por malos tratos o desnutrición en la cárcel. Uno de cada diez votantes del Frente Popular en Navarra falleció en las purgas.[19]

En tanto que los bombardeos aéreos o las noticias de las atrocidades que ocurrían en otras regiones provocaban con frecuencia represalias populares en la zona republicana, el terror en la zona nacional rara vez era descontrolado. Un ejemplo ilustrativo es lo que ocurrió en Pamplona el domingo 23 de agosto. El obispo de la ciudad, monseñor Marcelino Olaechea Loizaga, presidía una procesión multitudinaria en honor a la Virgen de Santa María la Real. El mismo día, el *Diario de Navarra* publicaba su alegato de la campaña bélica de los rebeldes, que describía como una cruzada. En el transcurso de la ceremonia, un grupo de falangistas y requetés sacó de la cárcel de Pamplona a 52 detenidos. En Valcaldera, una gran explotación ganadera a las afueras de la aldea de Caparroso, la mayoría de los prisioneros, entre los que se encontraba el dirigente socialista Miguel Antonio Escobar Pérez, fueron ejecutados. Uno logró escapar. Puesto que monseñor Olaechea había mandado a seis curas con el convoy de prisioneros (entre ellos el futuro obispo de Bilbao, Antonio Añoveros) para confesar y prestar consuelo espiritual a los condenados, poca duda cabe de que era consciente de lo que iba a ocurrir. Al ver que los párrocos tardaban más de lo que los falangistas estaban dispuestos a esperar, empezaron a matar a los que todavía aguardaban confesión. Los asesinos volvieron a Pamplona a tiempo de participar en los últimos actos de la ceremonia religiosa.[20]

El 21 de octubre de 1936 tuvo lugar otra masacre cerca de Monreal, un pueblecito al sudeste de Pamplona. Tres días antes, en Tafalla, después del funeral de un teniente del Requeté muerto en combate, una multitud enfurecida había ido a la cárcel decidida a linchar a los 100 hombres y 12 mujeres que permanecían allí detenidos. Cuando la Guardia Civil impidió el baño de sangre, una delegación fue a obtener una autorización por escrito de las autoridades militares. Al cabo de esos tres días, de madrugada, 65 de los prisioneros fueron trasladados a Monreal y ejecutados por un grupo de requetés. El tiro de gracia lo administraba el coadjutor de Murchante, uno de los muchos sacerdotes navarros que habían dejado a sus congregaciones para ir a la guerra.[21]

La represión en Navarra se llevó a cabo con especial ensañamiento en la zona de la Ribera del Ebro. La Federación Nacional de Trabajadores de la Tierra había tenido un peso notable en la región antes de la guerra, como reflejó la magnitud de la matanza, tal como se vio en pueblos pequeños como Sartaguda, de 1.242 habitantes, donde hubo 84 ejecuciones extrajudiciales (es decir, el 6,8 por ciento de la población); o en Peralta, de cuyos 3.830 habitantes fueron asesinados 98 (el 2,5 por ciento). En el norte de España, Sartaguda pasó a conocerse como «el pueblo de las viudas». Si se excluye a los muy jóvenes, los ancianos y a prácticamente todas las mujeres, bien puede imaginarse la escala del terror. Las cifras apuntan a que cerca del 10 por ciento de la clase trabajadora masculina fue asesinada. Las mujeres republicanas fueron sometidas a abusos y humillaciones de diversa índole. En una zona donde las familias mantenían estrechos lazos, los asesinatos tuvieron repercusiones en toda la provincia, incluso más allá de los límites de la misma.[22]

El padre Eladio Celaya, el párroco de setenta y dos años de la aldea de Cáseda, aunque originario de Peralta, destacó siempre por su preocupación por los miembros de su parroquia, hasta el punto de apoyar incluso su campaña para el retorno de las tierras comunales al pueblo. El 8 de agosto fue a Pamplona a protestar por los asesinatos en los despachos de la diócesis. Le dijeron que volviera a casa, puesto que nada podía hacerse. Sus esfuerzos por evitar la violencia culminaron con su muerte, el 14 de agosto de 1936, y su posterior decapitación. El padre Celaya no fue el único cura católico asesinado por los navarros ultrarreligiosos. El padre Santiago Lucas Aramendia era capellán castrense, además de abogado. Se sabía que era republicano, apoyaba a los socialistas y defendía la redistribución de las tierras. Se refugió en el convento del Carmen de Vitoria, pero lo apresaron los carlistas y lo llevaron a Pamplona. El 3 de septiembre de 1936, unos carlistas de su pueblo natal, Pitillas, lo asesinaron cerca de Urdiano.[23]

Con el tiempo, el encarnizamiento de la violencia acabó por impresionar incluso a monseñor Olaechea hasta el punto de dedicar al asunto el sermón que dio el 15 de noviembre. El título de su homilía, que no halló eco en ninguna otra instancia eclesiástica, era «Ni una gota más de sangre de venganza». Teniendo en cuenta la atmósfera reinante, y a pesar de justificar la guerra en curso y las ejecuciones judiciales, no dejó de ser un acto de heroísmo considerable por parte del obispo pedir el perdón para el enemigo: «¡No más sangre! No más sangre que la que quiere Dios que se vierta, intercesora, en los campos de batalla, para salvar a nuestra Patria. No más sangre que la decretada por los Tribunales de Justicia, serena, largamente pensada, escrupulosamente discutida».[24]

Sería desde Pamplona, ciudad en la que se había establecido, donde el cardenal Isidro Gomá, arzobispo de Toledo y primado del conjunto de España, hablaría desde los micrófonos de Radio Navarra el 28 de septiembre de 1936 para celebrar la liberación del Alcázar de Toledo y «la ciudad del cristianísimo imperio español». Se alegraba de que la toma de dicha ciudad por parte de los rebeldes fuera el punto culminante de una guerra en la que el país asistía al «choque de la civilización con la barbarie, del infierno contra Cristo». Bramó contra «el alma bastarda de los hijos de Moscú», por la que «judíos y masones envenenaron el alma nacional con doctrinas absurdas, con cuentos tártaros y mongoles aderezados y convertidos en sistema político y social en las sociedades tenebrosas manejadas por el internacionalismo semita».[25]

La provincia de Logroño sufrió niveles similares de represión. Era también una región marcadamente conservadora en la que subyacía una considerable tensión social, que, a pesar de todo, no era comparable con la de las provincias del sur de España. Al igual que ocurriera en Navarra, habían existido tiranteces en las áreas rurales y se habían llevado a cabo cierto número de huelgas por parte de los trabajadores del campo, aunque el fácil dominio de la derecha quedó simbolizado por lo ocurrido en Arnedo en enero de 1932. El estatus de los terratenientes de la provincia en ningún momento fue seriamente cuestionado. De hecho, la débil insurrección anarquista de enero de 1933 era lo único que había despertado tímidamente los temores de la derecha. Sin embargo, en diciembre del mismo año murieron 7 voluntariosos revolucionarios, 3 guardias civiles y un guardia de asalto en los enfrentamientos que se desencadenaron en los pueblos productores de vino de la región, entre ellos Haro, Briones, Fuenmayor y Cenicero. El alzamiento fue aplastado con rapidez y el encarcelamiento de 433 trabajadores y el cierre de todos los sindicatos justificaron la amarga condena de los socialistas a la violencia suicida de la CNT. A partir de ese momento, la elevada tasa de desempleo alimentó la tensión creciente y se produjeron enfrentamientos entre la derecha y la izquierda en Calahorra, Nájera, Alfaro y Haro. La debilidad de la izquierda garantizó que, en 1934, tanto la huelga de agricultores de junio como el movimiento revolucionario de octubre tuvieran un impacto limitado en la provincia de Logroño.[26]

A pesar de todo, la represión posterior dejó un legado de resentimiento que se manifestó en la campaña electoral de febrero de 1936, así como en la celebración de la victoria del Frente Popular en esos comicios. El 14 de marzo de 1936, la escalada de violencia en un choque entre falangistas y obreros provocó graves disturbios. En circunstancias ya de por sí complicadas, la Guardia de Asalto abrió fuego durante una manifestación, en la que murieron tres obreros y otros seis resultaron heridos. En represalia hubo ataques a varios colegios religiosos, a las oficinas del conservador *Diario de La Rioja* y a las sedes de la Falange, Comunión Tradicionalista y Acción Riojana (perteneciente a la CEDA). Unos días después hubo revueltas en el campo cuando los trabajadores en paro invadieron fincas privadas con la intención de acelerar la reforma agraria, además de una huelga del sector de la construcción en Logroño a lo largo del mes de mayo. Después de otros enfrentamientos instigados por algunos agitadores, murieron un carlista en Haro (el 16 de abril) y dos falangistas en Nájera (el 14 de junio).[27] Merece la pena plantearse si ese nivel de conflictividad social explica la represión masiva y sangrienta que sucedió al golpe militar en la provincia.

El 19 de julio, el gobernador civil, Adelardo Novo Brocas, se negó a repartir armas entre la izquierda; aunque se declaró una huelga general, el alzamiento ya había triunfado con contundencia. Una columna de 1.800 hombres al mando del coronel Francisco García Escámez viajó durante la noche en camiones, autobuses y coches desde Pamplona. Cuando cruzaron los dos puentes sobre el Ebro, una banda militar les dio la bienvenida a Logroño. El alcalde, Basilio Gurrea Cárdenas, cirujano dental, fue arrestado inmediatamente. Era un republicano moderado y amigo de Mola, que había pasado muchos años en Logroño y había sido paciente suyo. Sin embargo, cuando lo llevaron a Pamplona, Mola se negó a verlo. Gurrea fue ejecutado en Logroño el 7 de agosto.[28] Con la ayuda de la Guardia Civil, García Escámez aplastó rápidamente la débil resistencia de los izquierdistas sin armas en ciudades como Calahorra y Alfaro. Desde entonces, en los distintos pueblos la represión corrió a cargo de columnas de guardias civiles y una heterogénea mezcla de población civil. Un número notable de los falangistas y requetés que participaron en la matanza habían sido, antes de la guerra, miembros de la CNT, UGT o partidos republicanos, e incluso había quienes habían tomado parte en la insurrección anarquista de diciembre de 1933. Algunas de sus víctimas fueron ejecutadas; otras, arrojadas desde altos puentes al río.[29] También se dieron casos de republicanos que acabaron arrojados al río Ebro o al Tajo, a su paso por las provincias de Burgos y Cáceres respectivamente, lo cual provocó problemas de salud pública.[30]

Mola nombró al capitán de Artillería Emilio Bellod Gómez gobernador civil de Logroño, y le pidió que empleara «mano muy dura», a lo que este le contestó: «No pase cuidado, mi General, así lo haré». Desde el 19 de julio hasta la sustitución de Bellod, en enero de 1937, se llevó a cabo el grueso de las matanzas, cuya mayor parte fueron ejecuciones extrajudiciales. Solo tras su marcha empezarían los juicios militares con carácter formal. Hasta entonces, el destino de los izquierdistas fueron las palizas y las torturas, la prisión y la muerte. Se asesinó a mujeres, y a las esposas de los reos ejecutados las sometieron a vejaciones como afeitarles la cabeza, obligarlas a beber aceite de ricino y otras formas de humillación sexual. La cárcel provincial de Logroño se llenó pronto, así que el frontón Beti-Jai y la Escuela Industrial se reconvirtieron en cárceles anexas. También el cementerio municipal se quedó pequeño enseguida y, de manera análoga, los cadáveres de los ejecutados empezaron a enterrarse en un descampado del término municipal de Lardero, al sur de Logroño. A finales de diciembre se habían producido cerca de 2.000 ejecuciones en la provincia, incluidas las de más de 40 mujeres. En el curso de la guerra, el 1 por ciento de la población total fue ejecutada. Al igual que en Navarra, los lugares más afectados fueron los pueblos de la ribera del Ebro donde el Frente Popular había obtenido la mayor parte de los votos, tales como Logroño, con 595, Calahorra, con 504, Haro, con 309, Alfaro, con 253, y Arnedo, con 190.[31] Un aspecto destacable de la represión fue el gran apoyo que recibió de los campesinos católicos y pequeños terratenientes en las poblaciones de menor tamaño.[32]

La experiencia de los prisioneros republicanos en Logroño se conoce en buena medida gracias a que uno de ellos, Patricio Escobal, ingeniero municipal y miembro de la Izquierda Republicana liberal, sobrevivió. A pesar de que la mayoría de sus correligionarios fueron asesinados, Escobal salió con vida de los atroces malos tratos recibidos en prisión porque había sido un célebre futbolista, capitán distinguido del Real Madrid y miembro del equipo que consiguió la medalla de plata para España en las Olimpiadas de 1920. El escándalo que podía desencadenar su muerte contuvo a sus opresores, y así fue como vivió para escribir sus memorias, *Las sacas*.[33]

Hubo en la provincia de Logroño ejemplos de religiosos que trataron de contener a quienes perpetraban estas atrocidades. En 83 pueblos de la provincia no se produjeron esta clase de muertes, en parte gracias a la actuación de los curas, pero sobre todo porque existía una tolerancia previa entre la izquierda y la derecha. Claro que, en tal caso, cabe suponer cierta connivencia clerical en los 99 pueblos y ciudades donde tuvieron lugar asesinatos extrajudiciales. Intervenir para impedir los asesinatos requería una valentía considerable. El padre Antonio Bombín Hortelano, monje franciscano de Anguciana, a las afueras de Haro, murió a manos de los falangistas por haber criticado en sus sermones a los ricos y haber denunciado la injusticia social. Otros sacerdotes que fueron a entrevistarse con Bellod para pedir misericordia con los prisioneros fueron literalmente expulsados de su despacho. Por desgracia, y a pesar de recientes informaciones según las cuales Fidel García Martínez, obispo de Calahorra, fue a Logroño a protestar ante Bellod por las ejecuciones arbitrarias, no hay pruebas de que el obispo hiciera nada para poner freno a la represión.[34]

Uno de los colaboradores más próximos y leales a Mola fue el general Andrés Saliquet Zumeta, un hombre campechano que lucía un espléndido bigote. Sin destino oficial durante la República, Saliquet vivía en Madrid, aunque cultivaba estrechos vínculos con la ultraderecha de Valladolid, que alojaba la capitanía de la VII Región Militar, y donde ejerció de enlace clave entre los oficiales comprometidos con el golpe y la Falange local.[35] Valladolid fue una provincia en la que las hostilidades entre falangistas e izquierdistas eran diarias, tanto en la capital provincial como en pueblos más pequeños. La espiral de provocación y represalias creó un clima de terror. En palabras del destacado periodista vallisoletano Francisco de Cossío: «La Falange de Valladolid no descansaba un instante en la defensa, teniendo a nuestros socialistas a raya. Ni un solo desmán de éstos quedaba sin réplica. Y, así, presenciábamos diariamente un heroico Talión». A mediados de junio, unos falangistas armados con pistolas automáticas asaltaron las tabernas donde se solían congregar los militantes de izquierdas. También se colocaron artefactos explosivos en los domicilios de los miembros más destacados del Frente Popular, así como en varias casas del pueblo. La reacción izquierdista no se hizo esperar: hubo ataques a falangistas y saqueos en el Centro Tradicionalista Carlista, cosa que solo sirvió para afianzar la determinación de los conspiradores de la ciudad.[36]

En vísperas del alzamiento militar del 18 de julio de 1936, Valladolid era una ciudad que rezumaba odio. El gobernador civil republicano, Luis Lavín Gautier, hizo frente a la enorme y difícil tarea de contener los enfrentamientos callejeros entre ambos bandos. La Falange Española de las JONS practicaba cada vez más la violencia descontrolada que tanto exaltaba a Onésimo Redondo, y para ello contaba además con el respaldo de la Policía Local, la Guardia de Asalto, la Guardia Civil y unidades del Ejército, que simpatizaban con la Falange, todas ellas fuerzas que se sumaron al alzamiento, incluso antes de la llegada del general Saliquet. Esa fue una de las razones del éxito inmediato que el golpe tuvo en Valladolid. A pesar de las reivindicaciones franquistas posteriores, la resistencia de la izquierda fue mínima, pues eran pocas las posibilidades que tenía contra las tropas sublevadas. Las órdenes de Lavín de armar a los obreros fueron desobedecidas y en cambio se distribuyeron pistolas entre la Falange. La huelga general declarada por los sindicatos de izquierdas fue sofocada rápida y brutalmente. Cossío se regodeaba en haber visto a un dirigente socialista «correr como una liebre por una calle céntrica en busca de un escondite». Cientos de socialistas se refugiaron con sus familias en los sótanos de la casa del pueblo. Después de que el edificio recibiera un breve ataque de artillería, se rindieron.[37] La mayoría de las mujeres y todos los niños pudieron irse libremente, pero 448 hombres fueron arrestados. Según las cifras oficiales, se detuvo a casi un millar de republicanos, socialistas y anarcosindicalistas en la ciudad, entre los que constaban el gobernador civil, Luis Lavín, el alcalde socialista, Antonio García Quintana, y el único diputado socialista de la provincia, Federico Landrove López; los tres serían ejecutados. De los restantes, solo un número relativamente pequeño había participado en la resistencia armada al alzamiento.

Por ser la primera ciudad del interior donde triunfó el golpe militar, Valladolid se conocería a partir de entonces como «la capital del Alzamiento».[38] El domingo 19 de julio, apenas veinticuatro horas después del golpe, Onésimo Redondo, en prisión tras perpetrar un atentado con bomba en la comisaría central de policía el 19 de marzo, fue puesto en libertad en Ávila. Volvió a Valladolid y rápidamente se puso en contacto con el general Saliquet. Tras obtener el visto bueno del general para desplegar las milicias de la Falange Española de las JONS, Redondo estableció su cuartel general en la Academia de Caballería, desde donde envió escuadrones de falangistas armados a todos los rincones de la provincia para acabar con la resistencia de la izquierda. Demostró ser incansable en su reiterada vocación por llevar a la práctica la aniquilación del marxismo. En su primer discurso radiofónico, retransmitido el 19 de julio, mostró su característica intransigencia: «Estamos entregados totalmente a la guerra y ya no habrá paz mientras el triunfo no sea completo. Para nosotros todo reparo y todo freno está desechado. Ya no hay parientes. Ya no hay hijos, ni esposa, ni padres, sólo está la Patria». Habló también de la necesidad de «redimir el proletariado» a través de la justicia social. Tras declarar que la vida económica de la ciudad debía seguir como de costumbre, amenazó que «los obreros y dependientes responden con su vida de su conducta. Y los perturbadores ocultos, si alguno queda, serán cazados por los ojos vigilantes de nuestras Falanges y centurias».[39]

La firmeza de los rebeldes en la aplicación de las formas más extremas del terror se redobló con los primeros reveses que sufrieron en otros lugares. El cabecilla general del golpe, el general Sanjurjo, había muerto al estrellarse el avión que debía traerlo a España, y Mola, que llegó a Burgos el 20 de julio, asumió el mando. Franco y el Ejército africano habían quedado bloqueados en Marruecos por la flota republicana. Las fuerzas anarquistas de Barcelona avanzaban, prácticamente sin hallar oposición, hacia Zaragoza. Las tropas de Mola, que por añadidura sufrían escasez de municiones, habían sido detenidas en la sierra al norte de Madrid. El propio Mola quedó profundamente abatido por esta suma de contratiempos, pero recobró los ánimos con la visita que hizo a Zaragoza, el 21 de julio, para departir con el general Miguel Cabanellas. A instancias de Cabanellas, decidieron crear un gobierno rebelde provisional, la Junta de Defensa Nacional, cuya formación fue anunciada por Mola en Burgos el 23 de julio.[40] Ante el temor de que Francia enviara ayuda a la República, Mola contemplaba la posibilidad de renunciar. No obstante, al final canalizó su pesimismo en una mayor determinación de aterrorizar a la izquierda y someterla.[41]

Tal era la cruda realidad que sirvió de trasfondo a la represión en Valladolid. A pesar del rápido triunfo del golpe, la ciudad asistió a la arremetida implacable sobre la izquierda local. La matanza se aceleró a resultas de la muerte de Onésimo Redondo en un enfrentamiento con fuerzas republicanas en Labajos, provincia de Segovia, el 24 de julio. Cuando los falangistas llegaron al lugar de los hechos y no pudieron dar con los asesinos de su líder, mataron a un obrero y se llevaron a otros cinco hombres a Valladolid, donde los ejecutarían en septiembre. El

presidente de la casa del pueblo de Labajos murió (según se dijo, se suicidó) en la sede de la Falange vallisoletana.[42] El 25 de julio, en la catedral
de Valladolid se celebró una misa de réquiem en memoria de Onésimo
Redondo, con la pompa que normalmente se reservaba a los héroes
nacionales. El féretro, cubierto con la bandera monárquica, fue trasladado en un carruaje tirado por seis caballos blancos. Encabezaba la procesión un pelotón falangista, seguido de una banda militar y muchachas
con enormes coronas de flores. Según Francisco de Cossío, que presenció el funeral, se respiraba en el ambiente la sed de una venganza inmediata. Tras la ceremonia, una multitud emocionada «eligió» por aclama-
ción popular al hermano de Onésimo, Andrés, para el cargo de jefe
territorial de la Falange en León y Castilla la Vieja. Un destacado falangista local, el grosero José Antonio Girón de Velasco, comentó que el
recién nombrado «lo único que sabía de Falange era que llevábamos camisa azul». Eso no fue óbice, no obstante, para que Andrés Redondo mantuviera plenamente las mismas políticas violentas que su hermano. Aquel
mismo 25 de julio, por la noche, declaró en la emisora de radio local sobre
la muerte de Onésimo: «Todos los falangistas han jurado vengarla».[43]

Años después, la viuda de Onésimo Redondo, Mercedes Sanz Bachiller, declaró con total convencimiento que la muerte de su esposo
intensificó la represión posterior. De hecho, el proceso de venganza contra la izquierda en Valladolid estaba ya en marcha y fue ganando impulso durante los meses siguientes. Numerosos trabajadores socialistas de las
obras ferroviarias fueron hacinados en las naves donde se guardaban los
vagones. Quienes habían obedecido la orden sindical de hacer huelga el
sábado 18 de julio y no se habían reincorporado a sus puestos de trabajo
para el martes 21 de julio, fueron ejecutados acusados de «instigar a rebeldía». En lo que quedaba de verano y a lo largo del otoño, se arrestó
a cualquiera que hubiera ostentado un cargo en un partido de izquierdas, en un ayuntamiento o en un sindicato, y eran muchas las probabi-
lidades de acabar «paseado» (es decir, ejecutado en una cuneta tras ser
apresado por los falangistas) o sometido a un consejo de guerra sumario.
El crimen de muchos de ellos consistía únicamente en la pertenencia a
un sindicato o una organización de izquierdas o liberal. La declaración
del bando de guerra del general Saliquet, hecho público a primera hora
de la mañana del 19 de julio, supuso una contundente amenaza de
muerte contra todos los que no apoyaran activamente el alzamiento. Los
«crímenes» sujetos a un juicio sumario y la inmediata ejecución incluían

la «rebeldía», tanto en defensa de la República como, irónicamente, por no respaldar a los rebeldes, y se ampliaban a la desobediencia, la falta de respeto, el insulto o la calumnia tanto hacia los militares como a los que se habían militarizado (entre los que se contaban, por tanto, los falangistas). Se arrestó a varios hombres ante la sospecha de que sintonizaban emisoras de Madrid. Se instauraron los tribunales de guerra, y los escuadrones de fusilamiento empezaron a operar. Otros 642 hombres serían detenidos en agosto y 410 más en septiembre.[44]

A la espera de ser juzgados, los prisioneros de Valladolid, al igual que ocurría en la mayoría de provincias sublevadas, vivían en condiciones espantosas. Puesto que la cárcel de la localidad no disponía ni del espacio ni de los recursos necesarios para mantener a tantos reclusos, dos talleres donde se reparaban los carruajes del tranvía se utilizaron para alojar a los prisioneros. La masificación, la desnutrición y la carencia de las condiciones básicas de higiene provocaron muchas muertes por enfermedad. En la prisión, más de seis prisioneros se hacinaban en cada celda individual. Los obligaban a darse duchas heladas y luego, aún mojados y temblorosos, los sometían al acoso de guardias que los apaleaban con porras o a culatazos. La responsabilidad de la comida, la ropa y la lavandería corría a cargo de las familias, lo cual se convertía en una tremenda penuria para estas, dado que se las había privado de su principal sustento.[45]

Las estimaciones de la represión en la provincia de Valladolid han variado enormemente con el tiempo, y oscilan entre un máximo de 15.000 y un mínimo de 1.303. Las cifras exactas son imposibles de precisar, puesto que muchas muertes ni siquiera están documentadas. El estudio más reciente llevado a cabo en la localidad las sitúa alrededor de las 3.000.[46] Se juzgó a 1.300 hombres y mujeres entre julio y diciembre de 1936, a menudo en grupos numerosos. Tales «juicios» consistían en poco más que la lectura de los nombres de los acusados, los cargos que se les imputaban y la sentencia. Aunque la mayoría de los acusados por rebeldía contra el Ejército se exponían a la pena de muerte o hasta treinta años de prisión, no se les concedía la oportunidad de defenderse, ni siquiera se les permitía hablar. Casi todos los consejos de guerra se celebraban de lunes a viernes y rara vez duraban más de una hora. Los 448 detenidos tras la rendición de la casa del pueblo fueron juzgados en bloque, acusados de sublevarse contra el Ejército. De ellos, 40 fueron sentenciados a muerte, 362 a treinta años de prisión, 26 a veinte años, y a 19 de ellos los declararon inocentes. Los 40 ejecutados habían ocupado algún puesto de responsabilidad en las organizaciones socialistas locales, y ese fue el motivo de su condena. A la única mujer sentenciada a muerte se le conmutó la pena por treinta años de cárcel; sin embargo, al menos 16 mujeres fueron ejecutadas en Valladolid. Hubo más casos de tribunales colectivos, en los que se «juzgó» a 53, 77 y 87 personas de una sola vez. A veces el «crimen» no era otro que ser un parlamentario socialista, como le ocurrió a Federico Landrove, y también a José Maesto San José (diputado por Ciudad Real) o a Juan Lozano Ruiz (Jaén), capturados en las inmediaciones de Valladolid.[47]

A los condenados en un consejo de guerra los sacaban de la prisión de madrugada y los llevaban en camiones al Campo de San Isidro, a las afueras de la ciudad. Se convirtió en una práctica tan habitual que, como en otros lugares, se instalaron puestos de café y churros para quienes iban a mirar. Cada noche, en el casino, miembros de familias distinguidas, y católicos de clase media con educación, se recordaban unos a otros no faltar al espectáculo del día siguiente. Incluso fue necesario poner guardias para contener a las multitudes que se apiñaban para mirar y lanzar insultos a los condenados. Era una reacción tan inaudita que el recién nombrado gobernador civil de la provincia, el teniente coronel Joaquín García de Diego, publicó un comunicado en la prensa local reprendiendo a quienes hacían de las ejecuciones un pasatiempo. Tras declarar, curiosamente, que la represión debía reflejar «la nobleza de sentimientos y la generosidad para con el vencido», deploraba la presencia de niños, muchachas y mujeres casadas en los fusilamientos. El terror se convirtió en algo normal y nadie se atrevía a condenarlo por temor a que lo tacharan de «rojo».[48] Algo similar ocurrió en Segovia, donde las señoras de clase media asistían a los consejos de guerra, y celebraban con risas y vítores las condenas a muerte. Algunos convecinos elogiaron las ejecuciones como «una corrida muy buena». A los habitantes de Matabuena, un pueblecito al nordeste de Segovia, los obligaban a asistir a los fusilamientos.[49]

Al menos, las 616 ejecuciones que se llevaron a cabo en Valladolid a resultas de los juicios sumarios quedaron registradas.[50] Por el contrario, los asesinatos no oficiales a cargo de las «patrullas del amanecer» son imposibles de cuantificar. Fue una práctica más extendida, aunque menos pública. Las ejecuciones solían evidenciar una torpeza extrema. Envalentonándose con coñac, los pelotones a menudo herían a los prisioneros en lugar de matarlos y los dejaban a merced de una muerte lenta y agónica. A veces abandonaban los cadáveres en las cunetas, otras los enterraban en fosas comunes a escasa profundidad. Se dieron casos de prisioneros heridos que fueron enterrados vivos. Las sacas o paseos de prisioneros a menudo se hacían de manera harto arbitraria por falangistas que llegaban a las cocheras de carruajes o a la plaza de toros justo antes del alba. En un alarde de humor macabro, una víctima podía ser elegida simplemente porque fuera el día de su santo. Sobre la base de las ciudades y pueblos donde se pudo reconstruir lo sucedido, se ha calculado que por lo menos 928 personas murieron asesinadas por estas patrullas, aunque lo más probable es que la cifra total sea significativamente superior. Esas matanzas aleatorias crearon cierta alarma sanitaria, por temor a que la descomposición de los cadáveres afectara el suministro de agua.[51] De lo que no cabe duda, se mire como se mire, es de que la magnitud de la represión fue totalmente desproporcionada a los enfrentamientos que hubo en la ciudad el 18 y 19 de julio. Al final de la guerra todavía había 3.000 detenidos en la cárcel provincial, de los cuales 107 murieron a consecuencia de las terribles condiciones del encierro.[52]

La influencia de Onésimo Redondo fue mucho más allá de Valladolid. El 23 de julio, un grupo de sus seguidores más exaltados llevó su mensaje a Salamanca. Cuando llegaron las primeras noticias del alzamiento, el general al mando del Ejército en la zona, Manuel García Álvarez, había garantizado al gobernador civil, Antonio Cepas López, al alcalde, Casto Prieto Carrasco (ambos de Izquierda Republicana) y al diputado socialista José Andrés y Manso que las fuerzas militares de la zona se mantendrían leales a la República, así que optaron por no convocar una huelga general. Sin embargo, lo cierto es que cuando García Álvarez fue informado durante la noche del alzamiento en Valladolid, ordenó a las tropas locales apoyar el golpe militar. Antes del amanecer del 19 de julio, se colocaron puestos con ametralladoras en las principales plazas de Salamanca. Alrededor de las once de la mañana, una compañía de soldados montados entró en la plaza Mayor y el capitán José Barros Manzanares leyó el bando de guerra del general Saliquet. La plaza estaba atestada de gente, pues la lectura coincidió con la salida de misa de la iglesia de San Martín. Las últimas palabras del bando, un hipócrita «¡Viva la República!», fueron coreadas por la mayor parte de la multitud; pero de pronto alguien gritó: «¡Viva la revolución social!», y disparó un tiro que hirió a un cabo. Los soldados abrieron fuego sobre los allí congregados y mataron a cuatro hombres y una joven. Había empezado el terror.[53]

Las tropas ocuparon el ayuntamiento, las oficinas del gobernador civil, la estafeta de Correos, la centralita de teléfonos y la estación del ferrocarril. Los falangistas encarcelados fueron liberados. Prieto Carrasco y Andrés y Manso trataron de organizar la resistencia, aunque en vano. Había pocas armas disponibles, pero además los izquierdistas de la ciudad no sabían cómo utilizarlas, de manera que no sirvieron de nada y, tanto estos dirigentes como el resto de la izquierda local, relativamente minoritaria, los liberales y quienes habían apoyado la huelga fueron arrestados. Parecida suerte corrió la resistencia en otros lugares de la provincia, como Ciudad Rodrigo, Ledesma y Béjar. En Béjar, único núcleo industrial de la provincia, la Guardia Civil no se atrevió a pronunciarse a favor de la rebelión; pese a todo, el pueblo cayó el 21 de julio con la llegada de una columna de falangistas y tropas regulares. Nada menos que 400 personas fueron arrestadas; a 12 mujeres les raparon la cabeza y las hicieron desfilar por las calles. En la misma Salamanca, García Álvarez eligió a dos de sus oficiales y a uno lo nombró alcalde (el comandante Francisco del Valle Martín) y al otro, gobernador civil (el teniente coronel Rafael Santa Pau Ballester). Salvo al rector de la universidad, Miguel de Unamuno, y al cedista Miguel Íscar Peyra, al grueso de los miembros de la municipalidad los designaron los terratenientes locales o los militares rebeldes. Unamuno creyó, ingenuamente, que su presencia garantizaría el civismo por parte de los nuevos gobernantes, pero en realidad dicho concejo no era más que una apariencia de «legalidad», puesto que Del Valle se limitaría a ejercer su autoridad del mismo modo que si mandase una plaza militar.

Siguiendo las instrucciones de Mola sobre la necesidad de llevar a cabo una campaña de terror rápida y ejemplar, la izquierda fue aplastada con brutalidad. El teniente coronel Santa Pau ordenó la disolución de todos los ayuntamientos socialistas de la provincia, que debían sustituirse por «elementos patrióticos». Puesto que en Salamanca no se habían producido prácticamente incidentes violentos en los meses previos al golpe militar, la mayor parte de los liberales e izquierdistas ni siquiera trataron de huir. Fue Santa Pau, de hecho, quien abrió la veda para la caza de brujas al hacer pública la invitación «a todos los patriotas a que se presenten con urgencia en el cuartel de Infantería para ser militarizados. En los pueblos, todos los labradores, los valientes patriotas, deberán ponerse inmediatamente en contacto con la Guardia Civil, secundándola en la tarea de reducir los pequeños focos extremistas. Las fuerzas de la

Benemérita tienen orden de entregar las armas a las personas que las depositaron anteriormente. Los afiliados de Falange Española, Acción Popular, Bloque Agrario, Renovación Española y Requetés, y demás organizaciones de tipo nacional deben presentarse a secundar las decisiones de la Benemérita, acabando en horas con el poder socialista refugiado en las Gestoras».

En consonancia con estas órdenes, los derechistas crearon en la ciudad una Guardia Cívica, compuesta de escuadrones paramilitares que iniciaron una oleada de represiones prácticamente incontrolada, en la que tenían cabida las venganzas personales y la criminalidad descarnada. Los ganaderos formaron una columna montada que se bautizó como el «Tercio de Cazadores». Las columnas falangistas armadas arrasaron pueblos, llevándose a su paso a presuntos izquierdistas; patrullaban también la frontera con Portugal para impedir la huida de sus presas. Poco a poco, en toda la provincia los huelguistas fueron arrestados; luego, o iban a la cárcel, o acababan ejecutados. Algunos de ellos simplemente «desaparecían» tras los interrogatorios y las torturas, en tanto que a otros los transferían a la cárcel provincial. Muchos morían allí luego por las condiciones de insalubridad de una prisión que, diseñada para 100 reclusos, alojó hasta más de 2.000 durante la guerra, con una docena o más de ocupantes en celdas individuales o dobles. La represión indiscriminada provocó el colapso de los servicios públicos, y dejó a las escuelas sin maestros. En toda la provincia, la Guardia Civil apresó a los alcaldes que se negaban a cumplir el bando de guerra o declaraban una huelga general en contra del golpe. El 21 de julio, el general García Álvarez dejó claro que el bando se aplicaría con firmeza implacable. Y ordenó además que, en los pueblos donde no hubiera cuartel de la Guardia Civil, «las fuerzas rebeldes de cada localidad se incauten del Ayuntamiento, manteniendo el orden a todo trance».[54]

La situación empeoró drásticamente tras la llegada de los seguidores de Onésimo Redondo, acompañados de una unidad de tropas capitaneadas por el amigo de Franco, el comandante de la Guardia Civil Lisardo Doval, quien había organizado la represión en Asturias después de octubre de 1934. El 23 de julio, los falangistas pusieron pie en Salamanca en estado de euforia, tras la arenga de Onésimo en el frente de batalla. Izaron la bandera falangista en el ayuntamiento y exigieron conocer el nombre de todos los izquierdistas que se encontraban en la cárcel y poco después empezaron las sacas. Fueron arrastrados de sus celdas y los ejecutaban en los campos de los alrededores. De hecho, durante la primavera de 1936, la derecha local había elaborado listas negras de personas que, llegado el momento, habría que eliminar. Tanto el alcalde, Casto Prieto Carrasco, como el diputado socialista, José Andrés y Manso, eran moderados. Catedrático de Radiología en la Facultad de Medicina, Prieto Carrasco era un hombre afable y espiritual, que prefería el rearme moral a la lucha armada. Cuando lo nombraron gobernador civil interino en 1931, su reacción fue invitar a su predecesor monárquico a cenar. Sin embargo, la derecha católica de Salamanca lo detestaba. Siendo ya alcalde, en 1933 entregó una orden de expropiación al hospital de la Santísima Trinidad, sobre la base de que no prestaba los cuidados médicos adecuados a sus pacientes, pero siempre había actuado de modo ecuánime.[55] Andrés y Manso, inspector escolar y profesor en la Escuela Normal de Maestros, también abogado de formación, era un hombre conocido por su honestidad y rectitud. Sin embargo, no le sirvió de nada, puesto que su papel como editor de *Tierra y Trabajo*, el periódico de la FNTT en Salamanca, lo convirtió a ojos de los rebeldes en un subversivo, un «elemento perturbador» al que, como a Carrasco, había que eliminar.[56]

Ambos habían permanecido en Salamanca con la idea de que, puesto que no habían cometido crimen alguno, no tenían nada que temer. Sin embargo, los arrestaron el 19 de julio y dos días después los confinaron en la cárcel provincial. La prisión albergaba a 65 hombres cuando llegaron, y una semana más tarde estaba hasta los topes, con más de 400 reclusos.[57] El 29 de julio, Carrasco Prieto y Andrés y Manso fueron sacados de prisión por el cabecilla de la Falange local, Francisco Bravo, a quien acompañaban los recién llegados de Valladolid en busca de víctimas para vengar la muerte de Onésimo Redondo. Los cadáveres de los dos hombres aparecieron en una zanja a 37 kilómetros de Salamanca, en La Orbada, en la carretera a Valladolid. Con frecuencia se ha dicho que los asesinaron recreando el ritual de una corrida de toros.[58] Atilano Coco, pastor protestante, fue ejecutado el 9 de diciembre de 1936 porque, al igual que otros pastores detenidos, torturados y ejecutados, se presuponía que ser protestante equivalía a apoyar al Frente Popular. Por ejemplo, el 10 de septiembre, en San Fernando (Cádiz), otro pastor protestante, Miguel Blanco Ferrer, fue fusilado por negarse a ser bautizado como católico.[59] En Valladolid, las ejecuciones siguieron. Más adelante ese mismo año, los concejales socialistas Casimiro Paredes Mier y Luis Maldonado Bomatti fueron sacados de prisión y ejecutados. En junio de 1937, Manuel de Alba Ratero, un veterano concejal y líder del sindicato ferroviario, fue sentenciado a muerte por un tribunal militar y, posteriormente, ejecutado. Además, cuatro socialistas fueron asesinados por haber participado en una reunión clandestina durante los sucesos revolucionarios de octubre de 1934; otro, Manuel Fiz Fonseca, por haber sido miembro del comité de huelga.[60]

En los falsos «documentos secretos comunistas» que se difundieron para justificar el golpe militar, se decía que José Andrés y Manso había encabezado la conspiración comunista en Castilla la Vieja. El 2 de agosto aparecía en la prensa local la presunta noticia: «La noche pasada, del 31 de julio al 1 de agosto, había de comenzar a realizarse el plan ejecutando los acuerdos del pacto, o sea haciendo desaparecer muchos miles de personas de todas las capitales, para que la madrugada de hoy fuese la primera alborada, triste y trágica del comunismo español».[61] El vínculo de Andrés y Manso con un plan —por supuesto, inexistente— de matar a derechistas mientras dormían sirvió para justificar su asesinato, así como el de muchos otros.

Poco después de los sucesos en la cárcel Modelo de Madrid, a mediados de agosto, en el Ministerio de la Guerra se interceptó un mensaje radiofónico del general Mola al comandante de la Guardia Civil de Valladolid. Camino a Burgos desde Valladolid, Mola se había inquietado con el retraso de su vehículo mientras despejaban la carretera de un gran número de cadáveres. En su mensaje exigía que en adelante las ejecuciones se llevaran a cabo lejos de las carreteras principales y que los cuerpos fueran enterrados inmediatamente. Un oficial republicano escribió tiempo después: «Creí que ese mensaje merecía ser enmarcado y exhibido, e ingenuamente esperaba que me sirviera de argumento contra quienes protestaban con tanto resentimiento de que la República era incapaz de hacer cumplir la ley».[62]

El filósofo Miguel de Unamuno estaba furioso consigo mismo por haber apoyado en un primer momento el alzamiento militar. En su diario, el 25 de octubre se preguntaba: «¿Qué será de mi España cuando despierte de esta salvaje pesadilla?». Ya el 13 de agosto se había lamentado de la siguiente manera: «Las personas son llevadas por la fuerza al campo y fusiladas en las cunetas o contra las tapias. Es la forma de saldar cuentas personales y satisfacer venganzas. No se conocen las manos asesinas. Los encargados de "pasear" vienen de Valladolid, de Béjar o de cualquier otro lugar de la provincia. Ahí están las tapias del cementerio, el pinar de la Orbada, el puente de la Salud o la carretera de Zamora para recoger a los muertos». A medida que avanzaba la guerra, se mostraba cada vez más compungido. El 27 de noviembre, escribió: «Aquí en Salamanca no hay guerra, sino algo peor porque se oculta en el cinismo de una paz en estado de guerra. No hay guerra de trincheras y bayoneta calada, pero la represión que estamos sufriendo no hay forma de calificarla. Se cachea a la gente por todas partes. Los "paseos" de presos hasta los lugares de fusilamiento son constantes. Se producen desapariciones. Hay torturas, vejaciones públicas a las mujeres que van por la calle con el pelo rapado. Trabajos forzados para muchos disidentes. Aglomeración inhumana en la cárcel. Y aplicaciones diarias de la ley de fugas para justificar ciertos asesinatos».[63]

El 1 de diciembre de 1936, escribió a su amigo Quintín de Torre sobre la vida en Salamanca: «Es un estúpido régimen de terror. Aquí mismo se fusila sin formación de proceso y sin justificación alguna. A alguno porque dicen que es masón, que yo no sé qué es esto ni lo saben los bestias que fusilan por ello. Y es que nada hay peor que el maridaje de la dementalidad de cuartel con la de sacristía. Y luego la lepra espiritual de España, el resentimiento, la envidia, el odio a la inteligencia». Dos semanas más tarde, decía: «Me dice usted que esta Salamanca es más tranquila, pues aquí está el caudillo. ¿Tranquila? ¡Quiá! Aquí no hay refriegas de campo de guerra, ni se hacen prisioneros de ellas, pero hay la más bestial persecución y asesinatos sin justificación. En cuanto al caudillo —supongo que se refiere al pobre general Franco— no acaudilla nada en esto de la represión, del salvaje terror de retaguardia. Deja hacer. Esto, lo de la represión de retaguardia, corre a cargo de un monstruo de perversidad, ponzoñoso y rencoroso, que es el general Mola». Franco se había instalado en Salamanca en septiembre, ya como líder táctico del bando rebelde. Y seguía, asqueado: «Claro está que los mastines —y entre ellos algunas hienas— de esa tropa no saben ni lo que es la masonería ni lo que es lo otro. Y encarcelan e imponen multas —que son verdaderos robos— y hasta confiscaciones y luego dicen que juzgan y fusilan. También fusilan sin juicio alguno».[64] Citaba al padre Tusquets como uno de los principales adalides a la hora de justificar la violencia.[65]

En toda la provincia la Falange dio caza a los izquierdistas, denunciados por sus propios vecinos. Una de las cuadrillas represoras más temidas era la capitaneada por Diego Martín Veloz, el beligerante terrateniente y antiguo oficial del Ejército que tanto había alentado el golpe.

Poco después de que estallara la guerra, Martín Veloz telefoneó a José María Gil Robles, líder de la CEDA y diputado por Salamanca, que estaba en Portugal sirviendo de agente de los militares rebeldes. Le preguntó a Gil Robles si podía proveer armas para hacer «una limpieza a fondo». Gil Robles colgó el teléfono, asqueado; su indignante negativa sería una de las razones para que más adelante se lo considerara persona no grata en su Salamanca natal.[66] Martín Veloz se metió de lleno en el alzamiento, con ánimo incansable. Fue uno de los civiles en quien más confianza depositaron los militares. De hecho, cuando iba por la calle o aparecía en el Gran Hotel, los oficiales se cuadraban al verlo. Los primeros días de la guerra, al parecer se unió brevemente a la columna de tropas que avanzaron sobre Ávila al mando del comandante Lisardo Doval.[67]

Las actividades de Martín Veloz en Ávila duraron poco, y pronto se lo volvió a encontrar en Salamanca, donde su amigo, el general Miguel Cabanellas, lo había nombrado presidente de la Diputación Provincial el 28 de julio de 1936. Sin embargo, tras declarar que «no estaba dispuesto a continuar en el cargo por tener deberes militares que cumplir», renunció al nombramiento cuatro días después para capitanear una columna de derechistas del Bloque Agrario, Acción Popular y la Falange. Arrasaron La Armuña a su paso, reclutando fuerzas rebeldes al tiempo que se encargaban de purgar la zona de republicanos. El éxito de la primera iniciativa sin duda fue directamente proporcional a la ferocidad de la segunda. Con ecos de lo que estaba ocurriendo en las áreas latifundistas de Andalucía y Extremadura, Martín Veloz lideraba grupos de falangistas, algunos de los cuales eran conversos muy recientes, en una sanguinaria campaña de represión en La Armuña. En pueblos como El Pedroso, La Orbada, Cantalpino y Villoria, donde no se habían producido incidentes violentos reseñables antes del golpe militar, hubo hombres ejecutados y mujeres violadas. Después de raparles la cabeza, obligaban a las viudas y las hermanas de los asesinados a desfilar por las calles.[68] El primo del cabecilla de tantas tropelías, Alejandro Martín Escobar, escribió: «Tengo que dejar bien sentado que en esta primera época tan desenfrenada para algunos elementos un tanto escrupulosos, Diego tuvo mucha clemencia con los perseguidos. Quizá en los primeros días no fuera tanto pero siempre pensando en hacer justicia».[69]

Un rasgo típico de la voluble personalidad de Martín Veloz estribaba en la naturalidad con que combinaba numerosos actos de crueldad con los gestos de clemencia que tuvo con sus amigos. Buen ejemplo es lo sucedido con su amigo José Delgado Romero, republicano y médico de pueblo en El Pedroso, a quien salvó de ser ejecutado por los falangistas. Lo mismo ocurrió con Filiberto Villalobos y con el socialista Manuel Frutos.[70] Martín Veloz ayudó a algunos conocidos a llegar a la frontera portuguesa o a las líneas republicanas, al parecer disfrazándolos de mujer. Otros se escondieron en su finca, Cañadilla. Incluso se reconcilió con Miguel de Unamuno, enemigo de toda la vida, tras tres presuntas visitas en las que, según se dice, coincidió con las denuncias de las atrocidades que se estaban perpetrando en la provincia que el filósofo le planteó. Se dijo también que evitó un plan de los falangistas de la ciudad para enterrar a José Andrés y Manso en la entrada del cementerio de Salamanca, para que todo el que cruzara el umbral caminara sobre su tumba.[71] Sin embargo, la viuda de Andrés y Manso se refirió a un Veloz que iba «asolando con sus hordas falangistas los humildes hogares del campo salmantino».

La columna que capitaneaba participó en la furibunda represión que tuvo lugar en Cantalpino y El Pedroso de la Almuña. El 24 de agosto, 22 hombres y mujeres murieron asesinados en Cantalpino; se cometieron numerosas violaciones y casi un centenar de mujeres fueron obligadas a desfilar por el pueblo con las cabezas rapadas.[72] A pesar de los rumores de que Martín Veloz murió en el puerto de Somosierra con una columna falangista, en realidad falleció por enfermedad en su casa de Salamanca, el 12 de marzo de 1938.[73]

Al falangista Ángel Alcázar de Velasco le sorprendió el silencio lúgubre y ensordecedor de los campesinos que llevaban sus productos al mercado de Salamanca. «Se les advertía faltos de pan y de justicia. Aquellos lugareños de boina plasta iban casi todos de luto, sin que ninguno de tantos lutos los llevaran por caídos en los frentes.» Traían sus mercaderías a lomos de burro o cargadas a la espalda, hasta unos miserables puestecillos en los barrios pobres, lejos de las miradas jactanciosas de los terratenientes que se sentaban con los oficiales en las terrazas de los cafés de las plazas:

Los grupos concurrentes a una especie de mercadillo con el viejo estilo de zoco medioevo poniendo en el suelo la mercancía trajinaban en silencio, en el silencio del terror. Trabaja[ba]n con ese miedo que por inundar el alma del ser, el temeroso llega a la conclusión de que el producir una simple molestia para el triunfador jactante, era motivo de acusación «anti-rrégimen» (y nadie ignoraba que toda acusación aparejaba el inevitable cautiverio, algunas veces, cautiverio de «misteriosa» prolongación).[74]

En Peñaranda de Bracamonte, la noticia del golpe militar provocó una huelga general. El comandante de la Guardia Civil se pronunció a favor de los rebeldes con la lectura del bando de Saliquet, la noche del 20 de julio. Inmediatamente fueron arrestados los republicanos más destacados, los sindicalistas y los miembros de la casa del pueblo. Los lugareños de derechas denunciaron a sus convecinos, a veces a cambio de dinero. Las casas de los detenidos fueron saqueadas y sus libros quemados. Se formaron milicias derechistas, entre las que destacó por su actividad la Guardia Cívica, financiada por la Cámara de Comercio de Salamanca. Bajo las órdenes de un oficial de Artillería retirado, una columna mixta de voluntarios y guardias civiles inició un barrido de los pueblos aledaños para «erradicar» a los elementos de izquierdas. A medida que los cadáveres empezaban a amontonarse, el juez de Primera Instancia de Peñaranda decretó que no se realizaran autopsias a los fallecidos en encuentros con las fuerzas del orden, esto es, las milicias de la derecha.[75]

El posible sentimiento de culpa por parte de los asesinos en cualquier punto de la España rebelde se disipaba gracias a las justificaciones que la cúpula del clero servía en bandeja. A mediados de agosto, Aniceto de Castro Albarrán, canónigo magistral de la catedral de Salamanca, declaró a Radio Nacional: «¡Ah! Cuando se sabe cierto que al morir y al matar se hace lo que Dios quiere, ni tiembla el pulso al disparar el fusil, o la pistola, ni tiembla el corazón al encontrarse cara a la muerte. ¿Dios lo quiere? ¿Dios quiere que yo, si es preciso, muera, y si es preciso, mate? ¿Ésta es una guerra santa o una execrable militarada? Los valientes que ahora son rebeldes, son precisamente los hombres de más profundo espíritu religioso, los militares que creen en Dios y en la Patria, los jóvenes de comunión diaria. Será nuestro grito el grito de los cruzados: Dios lo quiere. ¡Viva España Católica! ¡Arriba la España de Isabel la Católica!».[76]

El obispo de Ávila dio instrucciones a sus sacerdotes diocesanos que sugieren notable connivencia con la ejecución sumaria de prisioneros: «Cuando se trate simplemente del caso (¡tan frecuente como lastimoso!) de aparecer por sorpresa en el campo el cadáver de una persona afecta (al parecer) a la revolución, pero sin que conste oficialmente ni sea notorio que ha sido condenada a muerte por la autoridad legítima, hágase constar simplemente que "apareció su cadáver en el campo ... y recibió sepultura eclesiástica", pero guárdense mucho los señores párrocos de sugerencia alguna que revele al autor o la causa de esa muerte trágica».[77] Que los curas se negaran a despachar certificados de buena conducta equivalía a informar, aunque indirectamente, acerca de sus parroquianos; quienes firmaban esos certificados para salvar a un feligrés de la muerte o de ir a prisión eran reprendidos por sus superiores. El arzobispo de Santiago de Compostela advirtió el escándalo que provocaban tales actos de caridad cristiana y ordenó a los curas de su diócesis no firmar certificado alguno a quienes habían pertenecido a «sociedades marxistas contrarias al cristianismo». Las demás solicitudes había que tratarlas «sin miramiento alguno, sin tender a consideraciones humanas de ninguna clase».[78]

El obispo de Salamanca, monseñor Enrique Pla y Deniel, equiparó en una célebre carta pastoral la rebelión militar a una cruzada religiosa. Publicada el 28 septiembre bajo el título «Las dos ciudades», basándose en la distinción agustiniana entre la ciudad de Dios y la ciudad del Demonio, tronaba así: «Los comunistas y anarquistas son los hijos de Caín, fratricidas de sus hermanos, envidiosos de los que hacen un culto de la virtud, y por ello les asesinan y les martirizan». A principios de 1942, Enrique Pla y Deniel se convirtió en arzobispo de Toledo. En su sermón de despedida de la catedral de Salamanca, dio gracias a que la ciudad que estaba a punto de abandonar no hubiera sufrido nunca el ataque a manos de «los rojos». En consecuencia, como advirtió Indalecio Prieto, las víctimas pagaron por la simple razón de ser republicanos o socialistas; en el caso de José Sánchez Gómez, que había adquirido prestigio con el sobrenombre de «El Timbalero» en la crítica taurina del periódico local, *El Adelanto*, su crimen no fue otro que ser amigo suyo.[79]

Las primeras víctimas de Salamanca fueron, como ocurrió en todas partes, los oponentes directos al golpe militar y las figuras más conocidas de la izquierda local, ya se tratara de políticos o líderes sindicales. La represión se extendió rápidamente a quienes hubieran colaborado previamente con el Frente Popular, tanto repartiendo folletos como ayudando en la logística de las reuniones. Maestros de escuela y profesores universitarios eran cabezas de turco predilectas. En algunos casos se juzgaba también a los partidarios de grupos centristas, con el argumento de que habían contribuido a quitar votos a la derecha. Por lo general, las denuncias partían de quienes codiciaban los bienes o las mujeres de los acusados, sobre todo en el caso de los propietarios de un negocio. Cuando los juicios sumarios pasaron a ser la norma, con frecuencia eran los mismos que se hacían llamar «defensores» quienes chantajeaban a sus representados, cuando estos tenían acceso a algún dinero. De hecho, rara vez ejercían la supuesta defensa, no pasaban de ser meros relatores. Aunque hubo quien, como el teniente Marciano Díez Solís, montó su propio tinglado. Si sabía que el acusado tenía dinero, le decía que le esperaba una sentencia punitiva, pero que él podía conseguir que se la redujeran a cambio de cierta suma. Al final Díez Solís fue cesado, no por extorsión, sino cuando se descubrió que era homosexual y había tratado de chantajear a sus víctimas a cambio de favores sexuales.[80]

El 7 de agosto de 1936, en el cuartel burgalés del general Mola, tuvo lugar una conversación entre el recién nombrado gobernador provincial, el teniente coronel Marcelino Gavilán Almuzarza, y el abogado republicano renegado Joaquín del Moral. Del Moral declaró que «España es el país donde la cobardía tiene vestidos más bonitos. El miedo en España se disfraza de pacificación de espíritus, de hechos diferenciales, de conllevancias, de fórmulas. Nadie se atrevió a dar la cara a los problemas fundamentales de la Patria». Gavilán respondió que «hay que echar al carajo toda esa monserga de Derechos del Hombre, Humanitarismo, Filantropía y demás tópicos masónicos». Ambos continuaron charlando animadamente de la necesidad de exterminar a los «tranviarios, policías, telegrafistas y porteros» de Madrid. Uno de los presentes sugirió que el «No pase sin hablar al portero» que se leía en las comunidades de vecinos debía cambiarse por «No pase sin matar al portero».[81]

Joaquín del Moral fue un paradigma de quienes mostraron un odio profundo hacia la izquierda a fin de encubrir su breve pasado republicano. Abogado y con antecedentes en la masonería, tras la caída de la dictadura de Primo de Rivera se unió al Partido Federal Republicano. Había escrito artículos virulentos contra la monarquía, pero nunca llegó a ocupar un cargo político, por lo que, amargado y achacando su fracaso a lo que consideraba un fraude electoral, volvió la espalda a la República y empezó a escribir diatribas envenenadas contra quienes tuvieron más éxito que él. Prieto era «el plutócrata»; Azaña, «el covachuelista», y Francesc Macià, «el avichucho paranoico». Tachó a quienes ostentaban un cargo remunerado en el gobierno de «enchufistas analfabetos». Sospechoso de complicidad en la preparación del golpe militar del general Sanjurjo, fue arrestado en Bilbao por el gobernador civil, José María Varela Rendueles, al que más tarde denunció en términos virulentos. Cuatro de los urdidores de la trama lo contrataron para su defensa. Después escribió un libro donde aplaudía el golpe de Sanjurjo, denunciaba el juicio y la puesta en prisión de los cabecillas por tratarse de una persecución sádica, y arremetía contra Azaña por sus cobardes esfuerzos para reformar el Ejército. Así fue como Del Moral trabó relación con los conspiradores de 1936; el alcance de sus vínculos se puso de manifiesto cuando la milicia conocida como «Los Linces de la República» registró su domicilio de Madrid en agosto de 1936.[82]

Al comienzo de la guerra, Del Moral, que se hallaba en Burgos, había aprovechado la ocasión para agregarse al séquito de Mola. En calidad de abogado con un conocimiento exhaustivo del movimiento republicano y socialista, asumió la tarea de seleccionar a los susceptibles de ser arrestados, así como de elaborar listas de los que serían sacados de la cárcel burgalesa y ejecutados. El falangista Maximiliano García Venero habló de su «saña inhumana» y el secretario personal de Mola lo tildó de «sanguinario». Era conocido por el deleite lascivo que le provocaban las ejecuciones. El general Cabanellas protestó ante Franco acerca de lo desagradables que le parecían esas excursiones al alba; no se hizo nada, aunque, como de costumbre, Franco informó a Del Moral de las quejas. En septiembre de 1937, Del Moral escribió a Cabanellas, en un intento por ganarse su amistad. El general le dijo a su hijo: «He contestado que lamento conocerlo, que no ha hecho más que daño, que supe con asco su afán de ver fusilamientos, que disfrutaba haciendo derramar lágrimas y que lo tenía por un miserable».[83]

A pesar del desagrado que Del Moral despertaba en los demás, fue recompensado por su celo asesino y pronto ascendió más aún en el escalafón. La Ley de Estructuración del Estado, del 1 de octubre de 1936, creó siete comisiones, la segunda de las cuales fue la Comisión de Justicia. Tres semanas después se habían creado también el Alto Tribunal de Justicia Militar y la Inspección de Presidios y Prisiones, delegada de la Junta Técnica. Joaquín del Moral y Pérez Aloe fue nombrado inspector delegado de Presidios y Prisiones.[84]

La ponzoña del alto mando del Ejército y la cúpula eclesiástica se cobró un alto precio en prácticamente toda Castilla la Vieja y en León.

La debilidad de la clase trabajadora en la mayor parte de la región facilitó un rápido exterminio de la oposición. En Soria, una provincia sumamente conservadora, cuya capital contaba con solo 10.098 habitantes, se ejecutó a 300 personas de la zona, además de otras traídas de Guadalajara. Soria no había conocido episodios violentos durante la República y no hubo resistencia al golpe militar. La llegada de los Requetés el 22 de julio desencadenó la matanza. Las mujeres de los asesinados se vieron obligadas a firmar documentos declarando que sus maridos habían desaparecido.[85] En Segovia, en el curso de la guerra, hubo 217 ejecuciones ilegales, y otras 175 en cumplimiento de las sentencias de tribunales militares. Otros 195 hombres murieron en prisión.[86]

Todas las fuerzas militares de Segovia se habían comprometido hacía tiempo con el golpe, pero el gobernador civil, Adolfo Chacón de la Mata, de la centrista Unión Republicana, sin ser consciente de ello, informó a los representantes de los partidos de la izquierda de que tenía confianza plena en las guarniciones locales. Cuando le exigieron distribuir armas a los trabajadores, se negó a hacerlo. A las diez de la mañana del 19 de julio, Chacón de la Mata fue arrestado por oficiales del Ejército y guardias civiles. Media hora después se declaró el estado de guerra. La izquierda, sin líderes ni armas y en absoluta inferioridad numérica, permaneció en una pasividad fácilmente comprensible. La oficina principal de Correos, Teléfonos y Telégrafos, el ayuntamiento y la casa del pueblo fueron ocupados por las tropas.[87]

Esporádicamente, hubo tentativas de huelga pacífica en la capital, mientras que en el resto de la provincia los paros se produjeron solo en las localidades por donde pasaba el ferrocarril. Aunque apenas disponían de más armas que las pocas escopetas de caza, los trabajadores de la zona aprovecharon que la Guardia Civil se había concentrado en la capital provincial para formar comités del Frente Popular en sus pueblos. Sin embargo, cuando la Guardia Civil volvió, acompañada ya de falangistas y japistas, se hizo con el control sin disparar un solo tiro. Los izquierdistas fueron desarmados y detenidos. Muchos hombres, entre ellos los concejales municipales y los maestros, así como individuos que no eran de marcada ideología izquierdista ni activos políticamente, fueron ejecutados sin más. En lugares como Cuéllar y Coca, a los que se mostraban poco entusiasmados ante las nuevas autoridades los obligaron a tomar aceite de ricino. En El Espinar, al sur de la provincia, se produjeron enfrentamientos desiguales entre guardias civiles y obreros pobremente armados; de los 84 implicados, 32 fueron luego juzgados y ejecutados. Según las autoridades franquistas, después reinó una tranquilidad casi absoluta en la provincia, si bien se sucedieron numerosos arrestos de liberales e izquierdistas. Muchos se quedaron en la ciudad con el convencimiento de que no les ocurriría nada, puesto que nada habían hecho.[88]

En todos los casos, el terror —actos de robo, tortura, violación y asesinato— era ejercido por los falangistas bajo la somera supervisión del gobernador civil, Joaquín España Cantos, comandante de la Guardia Civil. Las autoridades militares brindaban cierta coartada institucional al hacer la vista gorda, conceder permisos o incluso dar órdenes directas para asesinar a los defensores, fehacientes o presuntos, de la República. Se reconocía públicamente que «unos grupos móviles de Falange, bajo la inmediata dirección del gobernador civil, y con itinerario fijado por dicha autoridad y con órdenes concretas, recorren toda la provincia desarmando a los elementos marxistas», a fin de «evitar que el orden pueda perturbarse». Cuando se tomó San Rafael, al sur de la provincia, ejecutaron a un grupo de prisioneros, entre los que había dos muchachas de diecisiete años. En Segovia ciudad, el grueso de las víctimas fueron obreros y profesionales liberales conocidos por sus opiniones progresistas. Chacón de la Mata fue juzgado en Valladolid el 13 de octubre de 1936, acusado de «adhesión a la rebelión», sentenciado a muerte y ajusticiado el 5 de diciembre.[89]

Las casas del pueblo de todas las localidades fueron saqueadas y con frecuencia requisadas, aunque también las registraban minuciosamente en busca de nombres de afiliados a partidos de izquierdas o sindicatos. El descubrimiento de un nombre en las listas de afiliación podía equivaler a una sentencia de muerte. Asimismo, estos grupos falangistas ejecutaron a muchas personas simplemente porque fueron acusadas de ser republicanas, masonas, marxistas, o incluso de oponerse al golpe militar. Se obviaron los procedimientos judiciales que garantizaran la validez de las acusaciones. Una vez arrestados en un pueblo, con la excusa de llevarlos a declarar ante las autoridades judiciales, a muchos hombres los asesinaban de camino a la capital de la provincia. A otros los llevaban primero al cuartel de la Falange local, a menudo una casa del pueblo reconvertida, donde los torturaban, los obligaban a beber aceite de ricino y les propinaban palizas. Con frecuencia se hacía uso de la Ley de Fugas, que en la zona se conocía como «la carrera del galgo» o «la carrera del conejo», que consistía en que apeaban de los camiones a los hombres a quienes supuestamente trasladaban de una prisión a otra y les decían que podían irse. Cuando echaban a correr, los disparaban por la espalda. Algunos de estos asesinatos tenían un componente de delincuencia juvenil, pues solían correr a cargo de muchachos adolescentes. Hubo fusilamientos de familias enteras, y a veces mataban a los niños primero para intensificar el sufrimiento de los padres. Por lo general, los cadáveres quedaban en el mismo lugar donde se producían los ajusticiamientos, pues era parte de la estrategia del terror, aunque luego seguían entregándose en las casas de hombres que ya habían muerto ejecutados cartas amenazantes exigiendo información o que se personaran para servir en el Ejército.[90]

Cuando llegaron las columnas armadas, los terratenientes aprovecharon la nueva situación para vengarse de las reformas republicanas. Además, denunciaron con presteza a los peones considerados subversivos. Hubo un caso en Navas de Oro en que un cacique ofreció una sustanciosa suma de dinero a los matones del pueblo para que le cortaran la cabeza al alcalde, que era de izquierdas. Los hijos de los caciques, con sus flamantes uniformes falangistas, destacaron por su papel en la represión. La Falange pasó de tener apenas 30 miembros antes del 18 de julio a contar con varios centenares en cuestión de pocos meses. Al creerse que los maestros de escuela progresistas de las zonas rurales habían emponzoñado la mente de los trabajadores con ideas liberales, fueron un blanco expreso, y 17 de ellos fueron ejecutados. La campaña del terror propició las muertes de individuos de escaso peso político en varios pueblos, como en el mencionado Navas de Oro, donde los falangistas asesinaron a 5 personas prácticamente a dedo. En algunos lugares, los aldeanos evitaron el linchamiento del maestro o de algún otro republicano querido por todos. Los pocos pueblos donde los comités del Frente Popular lograron mantener el poder durante unos días, padecieron un especial ensañamiento en la represión, a pesar de que no se hubiera ejercido violencia contra los derechistas ni se los hubiera arrestado.[91]

En Palencia, una provincia tan conservadora como Segovia, donde la resistencia fue también mínima, los historiadores han estimado la cifra total de ejecuciones en torno a las 1.500, o sea, el 0,72 por ciento de la población. Entre los fusilados cabe citar al gobernador civil, Enrique Martínez Ruiz-Delgado, al alcalde, Matías Peñalba, y a los mineros y otros izquierdistas cuyo fugaz intento por oponerse al golpe en la capital de la provincia fracasó. Los acusaron de rebeldía contra el Ejército. Los mineros que lucharon por la República en el frente norte fueron las víctimas más numerosas en Palencia. Sin embargo, en localidades más al sur, como Carrión de los Condes, Astudillo y Osorno, se ejerció también una represión feroz. En todas las ciudades y pueblos de la provincia, el número de personas ejecutadas va del 1,1 al 3,3 por ciento de la población. El bando de guerra de Mola sirvió para justificar el encarnizamiento. Se anunció que quien no entregara las armas que tuviera en su poder en el plazo de dos horas sería ejecutado. Quienes obedecieron la orden también acabaron detenidos y fusilados.[92]

Apenas hubo resistencia contra el golpe en León, aunque sí un grado notable de represión, sobre todo en las regiones mineras del norte de la provincia, así como en los otros tres municipios principales, Ponferrada, cerca del límite con Orense, La Bañeza y Astorga, lindando ya con Zamora.[93] Monseñor José Álvarez Miranda, el obispo de León, a pesar del entusiasmo inicial que en él despertó el golpe, quedó tan consternado ante la magnitud de la matanza que empezó a interceder con las tropas de la región en favor de algunos de los prisioneros. Un ejemplo que ilustra bien el celo de los militares a la hora de ejercer la violencia es el caso de Manuel Santamaría Andrés, profesor de Literatura en el Instituto de León, que fue encarcelado a finales de julio en la infausta cárcel de San Marcos, simplemente por haber sido un miembro destacado de Izquierda Republicana. El 4 de septiembre, Santamaría fue condenado a muerte, junto con Emilio Francés Ortiz de Elguea, el gobernador civil, y otros 29 republicanos. Su esposa y otros parientes fueron a Burgos e intercedieron para que la pena de muerte fuera conmutada por una pena de cárcel. Lo consiguieron, pero la noticia de esa concesión llegó a León antes de que la familia regresara, y allí les aguardaba una lluvia de balas. La conmutación se revocó a raíz de las protestas por parte de las autoridades militares. Los 31 prisioneros fueron ejecutados el 21 noviembre de 1936. Al obispo le impusieron la disparatada suma de 10.000 pesetas como multa por su osadía al cuestionar un tribunal del Ejército.[94]

En Zamora, el golpe triunfó sin grandes dificultades, a pesar de que los trabajadores del ferrocarril mantuvieron un bastión de resistencia que se prolongaría hasta finales de los años cuarenta. Tanto en la capital provincial como en la segunda ciudad en importancia, Toro, las cárceles pronto estuvieron llenas hasta los topes. Las palizas, la tortura, la mutilación y las violaciones a las prisioneras eran frecuentes. Como en todas partes, el objetivo era apresar a socialistas, sindicalistas, funcionarios republicanos, maestros... Los historiadores locales calculan que más de 1.330 personas fueron asesinadas en la provincia. Entre el 31 de julio de 1936 y el 15 enero de 1937 se enterraron 875 cuerpos en el cementerio de San Atilano, en cuyo registro constaban como «hallado muerto» o «ejecutado por sentencia».[95]

Tal vez el ejemplo más llamativo del precio que pagaron las personas inocentes en la represión de Zamora, así como en tantos lugares de Castilla la Vieja y León, fue el de Amparo Barayón, la esposa del novelista Ramón J. Sender. Autor de fama mundial, con novelas traducidas a muchos idiomas, así como conocido izquierdista, Sender estaba de vacaciones con su mujer y sus dos hijos en San Rafael, Segovia, cuando empezó la guerra. Decidió volver a Madrid y le dijo a Amparo que llevara a los niños a su Zamora natal, donde creyó que estarían a salvo. Sin embargo, el 28 de agosto su esposa fue encarcelada, junto con su hija Andrea, de solo siete meses de edad, tras protestar ante el gobernador militar por el asesinato de su hermano Antonio, sucedido ese mismo día. Aquella madre de treinta y dos años, que no había cometido ningún crimen y apenas se metía en política, fue maltratada y finalmente ejecutada el 18 noviembre de 1936. Su trágico fin sin duda responde al hecho de que era una mujer moderna e independiente, despreciada por haber escapado de la apabullante intolerancia de Zamora y haber tenido hijos con un hombre a quien solo la unía un matrimonio civil.

Amparo no fue la única en soportar aquel patíbulo; encerradas a temperaturas bajo cero, sin camas, otras madres vieron morir a sus criaturas porque, privadas ellas de alimento y medicinas, no tenían leche con que amamantarlas. Uno de los policías que arrestaron a Amparo le dijo que «las rojas no tenéis derechos» y que «deberías haberlo pensado antes de tener hijos». Otra prisionera, Pilar Fidalgo Carasa, había sido arrestada en Benavente porque su esposo, José Almoína, era el secretario de la Agrupación Socialista. Apenas ocho horas antes de su detención y traslado a Zamora había dado a luz a una niña. En la cárcel, la obligaban a subir una empinada escalera varias veces al día para someterla a interrogatorio, lo que le provocó unas hemorragias que pusieron su vida en peligro. Llamaron al médico de la prisión, Pedro Almendral, que se negó a prescribir ningún tipo de remedio para Pilar o su bebé, y «se contentó con decirme que el mejor medio de sanar era morir». A muchas mujeres jóvenes las violaban antes de matarlas; tal era la suerte que solía aguardar a muchas mujeres inocentes que caían en manos de los rebeldes.[96]

Burgos, donde había existido escaso conflicto social antes de la guerra, cayó inmediatamente bajo el control de los rebeldes. En la capital provincial, las autoridades republicanas fueron detenidas ipso facto; figuraban entre ellas el gobernador civil y general al mando de la región militar, Domingo Batet Maestre. En su condición de catalán, y por haber obrado con moderación al sofocar la rebelión de la Generalitat en octubre de 1934, Batet era un hombre marcado por haber logrado en aquella ocasión evitar un baño de sangre, y la extrema derecha centralista lo despreciaba precisamente por eso, por impedir una matanza ejemplarizante que a sus ojos hubiera sido apropiada para combatir a sus enemigos. Cuando se negó a unirse al alzamiento, fue arrestado. Mola evitó su ejecución, en correspondencia a la larga amistad que los unía. Sin embargo, Franco intervino en el juicio que se le hizo posteriormente para asegurarse que fuera sentenciado a muerte y fusilado.[97]

En la ciudad de Burgos se llevaron a cabo unos 400 asesinatos extrajudiciales entre agosto y octubre de 1936, más otros 1.000 en el resto de la provincia. La excusa fue «la aplicación del bando de guerra». En conjunto, hubo en Burgos más de 1.700 personas asesinadas por los rebeldes o que murieron por los malos tratos recibidos en el hacinamiento de las prisiones. La vieja cárcel de Santa Águeda, construida para alojar a 200 hombres, llegó a albergar a casi un millar; el penal central de Burgos, pensado para 900 reclusos, llegó a albergar a 3.000. A la espera de ser ejecutados estaban varios líderes sindicalistas, oficiales republicanos, maestros y quienes habían votado por el Frente Popular. Entre ellos había niños y mujeres, algunas embarazadas, que fueron asesinadas con el argumento del «derecho de representación», que suponía ejecutarlas en lugar de sus esposos, en paradero desconocido. Otras 5.500 personas sufrieron palizas, torturas o encarcelamiento. En 2007 se habían exhumado 550 cuerpos de fosas comunes. Muchas de estas ejecuciones corrieron a cargo de los seguidores del demente doctor Albiñana, que había sido encarcelado en Madrid y moriría en la masacre de la cárcel Modelo en agosto. Al margen de los asesinatos extrajudiciales perpetrados por los seguidores de Albiñana y los falangistas, hubo otras 140 ejecuciones en cumplimiento de las sentencias de tribunales militares entre julio y diciembre de 1936, así como las 147 contabilizadas desde enero de 1937 hasta el mismo mes de 1941. Hasta 115 republicanos de Miranda de Ebro, una importante conexión ferroviaria con notable presencia socialista, fueron ejecutados.[98]

A lo ancho de Castilla la Vieja, fueron los grupos falangistas, la mayoría de muy reciente constitución, los encargados de ejercer la violencia, así como otros grupos de derechas, estudiantes e hijos y empleados de terratenientes. También participaron algunos izquierdistas en busca de una coartada, o simplemente criminales que disfrutaban con la violencia y el derramamiento de sangre. Los alentaban y a menudo los financiaban terratenientes locales, a quienes ayudaban, mediante denuncias e información, los lugareños, ya fuera por miedo o porque de algún modo se habían sentido amenazados por la legislación republicana o las autoridades republicanas locales. Las autoridades militares se ocupaban de la instrucción y con frecuencia brindaban los vehículos y las armas necesarias; escuadrones mixtos de falangistas y guardias civiles que llegaban a los pueblos y apresaban a quienes habían sido delatados por «rojos». Instados por el Ejército rebelde y legitimados por la Iglesia, estos grupos actuaban impunemente. Según la mentalidad conservadora dominante, que englobaba tanto a pequeños campesinos como a ricos terratenientes bajo el término de «labradores», los enemigos eran todos los que perturbaran la estructura tradicional: los sindicalistas que hubieran alentado a los campesinos sin tierra a luchar por una mejora de los salarios y las condiciones de trabajo, los funcionarios izquierdistas de la municipalidad que les brindaron apoyo, o los maestros de escuela que diseminaron ideas laicas. Cualquiera que se considerara portador de ideas subversivas y convenciera a los pobres de poner en duda el orden establecido. Todos los que, en mayor o menor medida, formaban la base social del republicanismo se encontraron entre los primeros objetivos de la represión.[99]

Hablando de Ávila, el historiador oficial del bando rebelde, Joaquín Arrarás, describió así a quienes tenían que ser eliminados: «Los elementos perturbadores estaban principalmente entre los funcionarios oficiales: profesores de la Normal, inspectores de Enseñanza, maestros rurales, empleados de Correos y otros burócratas que llegaban a esta provincia, con carnets de socialistas y comunistas y con diplomas de la Institución Libre de Enseñanza, y empezaban, sostenidos por el Estado al que combatían, su labor revolucionaria, para agrupar a su alrededor a todos los díscolos y los disconformes».[100]

De hecho, a pesar de que no puede decirse que Ávila fuera una provincia especialmente conflictiva y de que allí el alzamiento triunfó con rapidez, se ejerció una represión severa. Cierto es que la victoria electoral del Frente Popular había envalentonado a la izquierda a exigir la aplicación de la reforma agraria y trabajo para los desempleados. Hubo ocupaciones de fincas y varias huelgas. Los falangistas y miembros de las Juventudes de Acción Popular contestaron a lo que consideraban una desfachatez con ataques a los izquierdistas. A primera hora de la mañana del 19 de julio, la capital provincial se hallaba en manos de la Guardia Civil, que había pasado por alto las órdenes del director general, Sebastián Pozas, de distribuir armas entre los trabajadores. Con el respaldo del bando de guerra que mandó desde Valladolid el general Saliquet, las autoridades del Frente Popular fueron detenidas, y Onésimo Redondo y 18 de sus seguidores fueron liberados de la cárcel provincial.

La situación varió sensiblemente en los municipios más pequeños de la región, donde se opuso una mayor resistencia. Sin embargo, la oposición fue rápidamente aplastada en todos ellos, salvo en Navalperal, Peguerinos y Las Navas del Marqués, en dirección a la provincia de Madrid, pueblos donde la UGT era fuerte. Columnas de guardias civiles, soldados y falangistas de la capital provincial no perdieron tiempo y tomaron Navalperal el 21 de julio, y Las Navas al día siguiente, aunque una columna de milicianos de Madrid, al mando del teniente coronel Julio Mangada, recuperó ambas localidades. A lo largo de las semanas siguientes, varios pueblos cambiaron de manos, pero cuando, en el transcurso del mes de agosto, fueron ocupados definitivamente por las fuerzas rebeldes, la represión se ejerció con mano especialmente dura. Esto fue, de un modo nada desdeñable, consecuencia de la llegada desde Salamanca de la columna de Lisardo Doval, si bien una derrota temprana acabó en la disolución de la misma. La muerte de Onésimo Redondo en el pueblo segoviano de Labajos, en un enfrentamiento entre falangistas y los hombres de Mangada, sería un factor que contribuiría al encarnizamiento de la represión en Ávila. El gobernador civil, Manuel Ciges Aparicio, escritor republicano y amigo personal de Azaña, fue ejecutado el 4 de agosto. En los meses que siguieron, y durante mucho tiempo, aparecieron cadáveres en los caminos. Más de 600 personas murieron ejecutadas en la provincia.[101]

Mientras en Ávila se sucedían las operaciones, Peguerinos fue capturado el 30 de agosto por un Tabor de Regulares acompañados de falangistas. Las atrocidades que cometieron alcanzaron especial notoriedad. Dos enfermeras republicanas insistieron en quedarse para atender a los heridos alojados en un hospital de campaña improvisado en la iglesia del pueblo. El hospital fue bombardeado, los heridos rematados con bayonetas, y las enfermeras y varias mujeres más fueron violadas por las tropas moras y los falangistas. Se saquearon las casas vecinas, muchas de las cuales acabaron arrasadas por el fuego. Cuando se volvió a tomar posesión del pueblo, las dos enfermeras y una muchacha de catorce años que también había sido agredida sexualmente aparecieron en estado de colapso nervioso.[102]

En el caso de Salamanca, hubo 159 ejecuciones extrajudiciales. Asimismo, se contabilizaron 135 casos de prisioneros a los que los falangistas sacaron de la cárcel con órdenes de trasladarlos a otra prisión o de ponerlos en libertad, y que luego fueron ajusticiados en las cunetas. A otros 154 los fusilaron después de que los sentenciaran a muerte los tribunales militares. Tras la aparición de un decreto destinado a regular los procesos de los juicios sumarios, las ejecuciones, tanto judiciales como extrajudiciales, se interrumpieron durante el mes de noviembre de 1936 en Burgos, Salamanca, Valladolid y Segovia. El dato apunta a que existía una estrecha relación entre ambas, y que existía una considerable complicidad del Ejército en las ejecuciones «ilegales». De hecho, y puesto que las sacas solían requerir que los falangistas entregaran una orden escrita del gobernador militar, resulta difícil poner en duda el beneplácito del Ejército a estas acciones.[103]

Para los supervivientes, en particular las mujeres de los ejecutados o asesinados, el sufrimiento no acabó ahí. Los integrantes de esos escuadrones de la muerte, que a menudo alardeaban en público de haber matado a tal o cual persona, daban detalles truculentos de las muertes. Se regodeaban en relatar cómo los prisioneros les habían suplicado agua o que el miedo les había hecho perder el control de sus esfínteres. Con frecuencia, la familia de los izquierdistas ejecutados era sometida a multas punitivas. Un caso notable fue el de Eduardo Aparicio Fernández, que había sido director bancario en Ciudad Rodrigo y un hombre de opiniones mayoritariamente liberales. Fue arrestado el 15 de diciembre de 1936 junto a otras 7 personas. A la mañana siguiente, aún de madrugada, sacaron a los 8 presos de sus celdas con el pretexto de que había llegado una orden del comandante para su puesta en libertad. Los condujeron a una dehesa próxima, los ejecutaron y los enterraron en una zanja poco profunda. Los familiares de Eduardo Aparicio obtuvieron permiso para enterrarlo en el cementerio de Béjar el 24 de diciembre. Al terminar la guerra, veintiocho meses después de su muerte, Eduardo Aparicio fue llamado a juicio para hacer frente a supuestas responsabilidades políticas.

El juez exigió a su viuda que revelara su paradero, puesto que lo habían «soltado» de prisión el 15 de diciembre de 1936. Los cargos que le imputaban eran haber llevado una corbata roja, haber anunciado la noticia del asesinato de Calvo Sotelo en el casino de Ciudad Rodrigo y pertenecer al Partido Socialista. La falsedad de esta última acusación pudo probarse. Por las dos primeras, el difunto fue sentenciado a pagar una multa de 500 pesetas, que su esposa tuvo que afrontar.[104]

Para todas las familias, la muerte de un ser querido sin el debido entierro y funeral fue traumática; poder visitar una tumba, dejar flores o meditar contribuye a sobrellevar la pérdida, pero esos detalles esenciales les fueron negados a casi todas las familias de los asesinados en la represión. Ver arrebatada la dignidad del difunto causaba un hondo pesar. Sin embargo, en las zonas de profunda raigambre católica, como Castilla y Navarra, la experiencia se vivió aún con mayor dolor. Quienes se habían criado en esas regiones, fueran practicantes o no, creían que después de la muerte el cuerpo recibía sepultura y el alma iba al cielo, al infierno o al purgatorio. La mayoría de los católicos pensaban que sus seres queridos iban a parar al purgatorio, la morada intermedia, donde expiarían sus pecados para poder seguir su ascenso al cielo. Los amigos y parientes vivos podían acelerar este proceso por medio de la oración, poniendo velas en la iglesia o costeando una misa. En Castilla existían incluso cofradías dedicadas a rezar por los difuntos. Todo ese consuelo espiritual quedó vedado a las familias católicas de los asesinados en la represión. Para todos ellos, católicos o no, el luto y el apoyo de la comunidad fueron sustituidos por el insulto, la humillación, las amenazas y las penurias económicas.

Hasta cierto punto, se trataba meramente de una parte orgánica de la escalada del odio. En las zonas controladas por el bando rebelde, todos los gobernadores civiles y los agentes de Policía veteranos que no se comprometieron sin reservas con el alzamiento fueron apartados de sus puestos. El bando de declaración del estado de guerra, firmado el 28 de julio por el general Miguel Cabanellas, presidente de la Junta de Defensa Nacional, ratificó todas las imposiciones previas de la ley marcial. Establecía que «los funcionarios, Autoridades o Corporaciones que no presten el inmediato auxilio que por mi Autoridad o por mis subordinados sea reclamado para el restablecimiento del orden o ejecución de lo mandado en este Bando, serán suspendidos inmediatamente de sus cargos, sin perjuicio de la correspondiente responsabilidad criminal, que les será

exigida por la jurisdicción de Guerra».[105] Entre los primeros represaliados estuvieron los maestros. Muchos perdieron sus puestos de trabajo, y
buena parte de ellos acabaron encarcelados. Los cargos que les imputaron solían ser tan triviales como llevar una corbata roja en la escuela, leer
el diario republicano *Heraldo de Madrid*, o haber sido masón, ateo o antifascista.[106]

Tras ser nombrado jefe del Ejército del Norte, Mola estableció su
primer cuartel general en la División Militar de Burgos. Llevó a cabo
una serie de declaraciones radiofónicas, en todas las cuales subrayó su
intención de seguir ejerciendo una campaña de represión despiadada. El
31 de julio declaró en Radio-Pamplona: «Yo podría aprovechar nuestras circunstancias favorables para ofrecer una transacción a los enemigos; pero no quiero. Quiero derrotarlos para imponerles mi voluntad,
que es la vuestra, y para aniquilarlos. Quiero que el marxismo y la bandera roja del comunismo queden en la Historia como una pesadilla. Mas
como una pesadilla lavada con sangre de patriotas».[107] El 15 de agosto,
desde la emisora burgalesa de Radio-Castilla, declaró: «Ni rendición ni
abrazos de Vergara, ni pactos del Zanjón, ni nada que no sea victoria
aplastante y definitiva».[108] El 28 enero de 1937 habló en Radio Nacional
desde Salamanca. Tras negar en rotundo que hubiera voluntarios alemanes combatiendo con los rebeldes, siguió diciendo: «He dicho impon-
dremos la paz. Este es el momento temido por nuestros enemigos; mejor dicho, por quienes mangonean en el campo contrario. Tienen razón;
están fuera de la Ley y la Ley ha de ser inexorable con los traidores, con
los incendiarios, con los asesinos y con los salteadores de bancos».[109]

El 20 de agosto, Mola trasladó su cuartel al ayuntamiento de Valladolid, donde permanecería dos meses. Mientras mudaban el mobiliario,
fue a Salamanca a recibir la visita del teniente coronel Juan Yagüe, uno
de los africanistas más despiadados. Hubo intercambio de cumplidos por
el baño de sangre en Badajoz. Cuando llegó el momento de que Yagüe
se fuera, una pequeña multitud vitoreante se congregó alrededor de los
coches de su convoy. Mola le dedicó abrazos y alardeó de que era su
«discípulo predilecto».[110]

Aunque Yagüe no estuvo implicado, una ferocidad africanista se
desató también sobre Galicia. Incluso en comparación con las provincias
de Castilla la Vieja, la represión en tierras gallegas fue sumamente desproporcionada a la resistencia hallada, que apenas existió; puede interpretarse como un síntoma de que los rebeldes eran conscientes de su

propia ilegitimidad.[111] Desde luego, la escala de la represión en la zona es comparable a la de Navarra y la provincia de Logroño, donde la presencia del carlismo militante constituía, en cierta medida, una explicación. En Galicia, sin embargo, pese a tratarse de una región muy conservadora, la extrema derecha no destacó antes del golpe militar. En el transcurso del día 20 de julio, los rebeldes se apoderaron de la zona. Los únicos lugares donde se opuso una resistencia reseñable fueron La Coruña, Vigo y Ferrol, pero se trató de hechos esporádicos que quedaron sofocados mucho antes de que acabara el mes. En Vigo, cuando se leyó el bando de guerra, la multitud protestó y 27 personas murieron al abrir fuego las tropas. Los primeros días después del golpe hubo pocas muertes en términos relativos, pues apenas superaron el centenar.[112]

A partir de entonces, en cambio, la progresión de las ejecuciones aumentó hasta alcanzar más de 2.500 muertos desde el 1 de agosto hasta finales de diciembre. Estudios recientes sobre la cifra total de ejecuciones en Galicia la sitúan por encima de las 4.560, entre las que se cuentan 79 mujeres. De ellas, 836 se produjeron a resultas de un juicio; el resto fueron ejecuciones extrajudiciales. La peor parte de la represión se centró en La Coruña y Pontevedra, las dos provincias atlánticas donde había ganado el Frente Popular, pese a que predominaran los diputados de centro-izquierda moderados de Izquierda Republicana y Unión Republicana. La provincia de Pontevedra padeció casi 1.700 ejecuciones y La Coruña, cerca de 1.600. En Lugo, donde había ganado el partido centrista de Portela Valladares, se produjeron 418 muertes, dos tercios de las cuales fueron víctimas de ejecuciones extrajudiciales, mientras que en Orense, donde ganaron Renovación Española y la CEDA, hubo 569.[113] La experiencia de Galicia evidencia que, igual que en las provincias castellanas, el objetivo de los rebeldes no era solo derrotar a la izquierda, sino erradicar un ideal y aterrorizar a la población para someterla.

Entre febrero y julio de 1936 se había desarrollado en toda Galicia una intensa colaboración civil con los conspiradores del Ejército. En Santiago de Compostela, miembros de las JAP y la Falange recibieron instrucción en cuarteles militares, mientras que en Orense los miembros de Renovación Española mantuvieron un estrecho contacto con la Guardia Civil. En general, hubo escasos disturbios en comparación con la mayor parte de España, al margen de algunas peleas callejeras entre falangistas y socialistas, que causaron muertes en Santiago, Vigo, Orense y El Ferrol. En todas las provincias, cuando llegaron las noticias del levantamiento, las autoridades republicanas se mostraron confiadas, e incluso pecaron de ingenuas. Los sindicatos obreros, sobre todo la CNT, trató de organizar la resistencia, pero los gobernadores civiles, temiendo la revolución, se negaron a distribuir armas entre la población. El profesor de Derecho y gobernador de La Coruña, Francisco Pérez Carballo, de veintiséis años, obedeciendo las instrucciones de Madrid que instaban a mantener la calma, depositó su confianza en la Guardia de Asalto y la Guardia Civil. También lo condicionó el hecho de que el cabecilla de la VIII Región del Ejército, el general Enrique Salcedo Molinuevo, no participara en el golpe. Salcedo se negó a declarar el estado de guerra hasta recibir noticias del general Sanjurjo, amigo personal, de manera que los conspiradores lo arrestaron y luego lo ejecutaron, junto a otros altos mandos destacados como el general Rogelio Caridad Pita, gobernador militar de La Coruña, y el contraalmirante Antonio Azarola Gresillón, que controlaba el arsenal naval en Ferrol, pues ambos se mantuvieron leales a la República. El coronel Enrique Cánovas Lacruz hizo público el bando de guerra y Pérez Carballo se vio obligado a rendirse tras el bombardeo del edificio del Gobierno Civil. Los mensajes de tranquilidad de Pérez Carballo habían convencido a la mayoría de las autoridades locales de la provincia de que una huelga general bastaría para frustrar el golpe.[114]

En consecuencia, la resistencia fue mínima, en proporción inversa a la ferocidad de la represión. La lectura del bando de guerra en La Coruña dio lugar al alzamiento de las fuerzas navales en El Ferrol y al arresto del contraalmirante Azarola. El motín de los marineros en los buques de guerra *España* y *Cervera* fue atajado de raíz. El ayuntamiento y la casa del pueblo se rindieron tras ser castigados por el fuego de artillería y creer las falsas promesas de que no habría represalias. El 26 de julio empezaron las ejecuciones de los oficiales de la Marina que se habían opuesto a la sublevación. El 3 de agosto se juzgó al contraalmirante Azarola, que fue sentenciado a muerte por el delito de «abandono de destino». El capitán de la Guardia Civil, Victoriano Suances, también delegado de Orden Público, supervisó una represión especialmente salvaje y permitió que los escuadrones falangistas eliminaran a los republicanos en sus «paseos» sin ningún tipo de restricción. A principios de noviembre, los generales Caridad Pita y Salcedo Molinuevo fueron juzgados y condenados a muerte; los ejecutaron el 9 de noviembre. Franco rechazó el recurso que la viuda de Sanjurjo presentó pidiendo clemencia para Salcedo.[115]

Las columnas de tropas partieron de La Coruña y El Ferrol, primero hacia pueblos grandes como Pontedeume y Betanzos, y de Santiago hacia Santa Uxía de Ribeira, Boiro, Noia, Negreira, Rianxo y Padrón, así como a los pueblos de la Costa da Morte, Corcubión, Cee, Vimianzo, Finisterre. En Betanzos, los anarquistas en retirada quemaron el convento de San Francisco; tras esta acción, la represión se recrudeció aún más. Las quemas de iglesias fueron muy pocas en Galicia. En Curtis, al este de La Coruña, la resistencia esporádica fue aniquilada sin contemplaciones. De aquellos pueblos se pasó luego a la «pacificación» de las aldeas. A lo largo de la provincia, la Falange se halló pronto desbordada de nuevos reclutas extraídos de las filas del desempleo y la criminalidad de poca monta.[116]

Precisamente en La Coruña, el teniente coronel de la Guardia Civil, Florentino González Vallés, fue nombrado delegado de Orden Público. Mantenía estrechos vínculos con la Falange y había organizado el desfile del Cuerpo en contra de la República tras el funeral de Anastasio de los Reyes en Madrid, lo que conllevó su arresto y que finalmente lo destinaran a La Coruña, donde había desempeñado un papel fundamental en el alzamiento. A partir de entonces dirigió una campaña de represión especialmente sanguinaria, en la que la Falange, con la cascada de nuevos reclutas, llevó la batuta. Ordenó ejecutar al gobernador civil, Francisco Pérez Carballo, el 24 de julio, junto con Manuel Quesada, el comandante de la Guardia de Asalto y su número dos, el capitán Gonzalo Tejero. No hubo juicio de ninguna clase. Sin embargo, la prensa local insinuó que los tres habían sido juzgados, con lo que el acto de defender el régimen legítimo se convirtió en el crimen de haber participado en «los hechos provocados por elementos extremistas». La muerte de Pérez Carballo se registró en un principio como una ejecución, pero dado que para la prensa eso suponía la existencia de un juicio y una sentencia, más tarde se rectificó la causa de la defunción como una «hemorragia interna».[117] Tras estas muertes siguieron las de un alto número de trabajadores, así como las de algunos de los médicos, abogados, escritores y profesores universitarios de Galicia, además de muchos maestros de escuela. Los juicios al resto de las autoridades republicanas se iniciaron a principios de agosto; el crimen, por partida doble, consistía en haber respaldado la República antes del 20 de julio y en no haber prestado apoyo al alzamiento a partir de dicha fecha. Los asesinatos extrajudiciales corrían a cargo de grupos falangistas con nombres como «Los Caballeros de Santiago» o «Los Caballeros de La Coruña»; a estos últimos los capitaneaba el teniente coronel Benito de Haro, hermano de Gregorio, que dirigía la represión en Huelva. Justificó sus actividades como una forma de «colaborar con el Ejército en la represión y pacificación de las zonas de la provincia atacadas por elementos subversivos». A fin de ocultar la tortura y la desaparición de prisioneros, se utilizaba el pretexto de que los reos habían sido abatidos cuando trataban de escapar, en aplicación de la Ley de Fugas. Se escogían con cuidado los lugares donde abandonar los cadáveres, junto a cruces de caminos o cerca de los puentes, para que el terror tuviera el mayor impacto posible. Muchos cuerpos se arrojaban al mar; cuando aparecían en las redes o en las artes de los pescadores, aumentaba la sensación de miedo omnipresente.[118]

Después del arresto de Francisco Pérez Carballo, su mujer, la reputada intelectual feminista Juana María Clara Capdevielle Sanmartín, de treinta y un años, fue acusada de instigar a su marido a armar a los obreros y contribuir a organizar la resistencia. En ningún momento se presentaron pruebas que avalaran los cargos. Era una mujer que despertaba odios en la derecha local desde antiguo, pues se decía que había inoculado en su esposo opiniones peligrosas. Cuando empezó la contienda, Pérez Carballo la mandó quedarse en casa de un amigo farmacéutico, cuya familia, consciente de que estaba encinta, calló la noticia de la muerte de su marido. Un día en que se quedó sola, telefoneó a la oficina del gobernador civil para tener noticias suyas. González Vallés le dijo que estaba bien y que mandaría un coche para que pudiera reunirse con él. El coche la llevó directamente a la prisión. Al cabo de una semana la liberaron y se refugió con la familia de otro amigo en Vilaboa, a las afueras de La Coruña. El 17 de agosto, por orden de González Vallés, Juana Capdevielle fue detenida por la Guardia Civil, trasladada a La Coruña y entregada a un escuadrón falangista. Al día siguiente fue asesinada. Al parecer, sus verdugos discutieron si envenenarla para provocarle un aborto o tirarla al mar, y por último se decantaron por matarla de un tiro. Encontraron el cuerpo al este de La Coruña, en Rábade, provincia de Lugo. Le habían disparado en la cabeza y el pecho; había padecido un aborto.[119]

Corrieron abundantes rumores de que Juana Capdevielle había sido violada. En Galicia fue común someter a las mujeres republicanas a violaciones y palizas, raparles la cabeza, obligarlas a beber aceite de ricino, detenerlas y separarlas de sus hijos. María Purificación Gómez González, la alcaldesa republicana de A Cañiza, al sur de Pontevedra, la única mujer de Galicia que ocupaba una alcaldía, fue arrestada, juzgada sumariamente y condenada a muerte. Menos célebre que Juana Capdevielle, María Gómez esquivó la muerte por estar embarazada. Su ejecución se pospuso y posteriormente se le conmutó la sentencia por la prisión perpetua. Pasó siete años en la famosa cárcel de Saturrarán (Vizcaya), hasta que en 1943 le concedieron la libertad condicional.[120]

Los fusilamientos «legalizados» en La Coruña solían celebrarse a primera hora de la mañana. Aunque la presencia de espectadores era común, nada fue comparable con el espectáculo que se organizó el 23 octubre de 1936 con la ejecución de ocho jóvenes reclutas, tras ser acusados de conspirar para rebelarse contra sus superiores. Los hicieron desfilar por la ciudad a media tarde y los fusilaron ante una nutrida multitud. Sus gritos de «¡Viva la República!» antes de la ráfaga de balas deslucieron el propósito de los ejecutores.[121]

Un elemento sorprendente de la represión en Galicia fue el alto número de denuncias por parte de los curas, la Falange o convecinos hostiles. En algunos municipios rurales tal vez fuera un reflejo de las rencillas que alimenta la pobreza. Allí, como en las ciudades, informar acerca de los vecinos constituyó también un modo de dar credibilidad al hecho de haberse convertido recientemente a la Falange. Hubo casos de denuncias a rivales de profesión, como la que en La Coruña llevó al arresto y posterior asesinato del doctor Eugenio Arbones, un distinguido obstetra que había sido diputado socialista en 1931, pero que llevaba años retirado de la política. Su «crimen» era haber asistido a hombres heridos por los militares rebeldes.[122] Mayor asombro provoca el caso de José Miñones Bernárdez, abogado, banquero y empresario muy popular a quien eligieron diputado de Unión Republicana en las elecciones del Frente Popular. Ser el candidato que cosechó más votos no era algo que la derecha local pudiera olvidar fácilmente. Justo después de las elecciones, cuando hubo disturbios por el fraude de la derecha en las votaciones, era gobernador civil en funciones y, con notable valentía, evitó la quema de dos conventos y una iglesia jesuita, al tiempo que protegió a varios derechistas. En agradecimiento, la Compañía de María concedió a sus hijos y descendientes gratuidad en la educación. Desde entonces, su historial se destacó por la moderación. En respuesta al asesinato de Calvo Sotelo, pidió a los demás diputados de Unión Republicana que renunciaran a su participación en el Frente Popular. Volvió de Madrid a La Coruña el 18 de julio, convencido de no correr peligro alguno, pues siempre había dispensado un trato justo tanto a la izquierda como a la derecha, como demuestra el hecho de que el 19 de julio solicitara protección al Ejército para la compañía eléctrica que dirigía, y convenció a un convoy de obreros para que no fueran a La Coruña a combatir el golpe. A pesar de todo fue arrestado, acusado de rebeldía, condenado a pagar una multa de un millón de pesetas y ejecutado el 2 de diciembre de 1936. Tras este final subyacía una oscura historia de envidia personal en su pueblo natal, Corcubión, que implicaba al teniente de la Guardia Civil, Rodrigo Santos Otero.[123]

El Ferrol se llevaría la peor parte de la represión, ya que contaba con los trabajadores de los astilleros de UGT (el sindicato mayoritario), los estibadores de la CNT y la oficialidad de la Marina sumamente altanera.[124] Santiago fue tomado rápidamente y los juicios militares se iniciaron de inmediato, el 26 de julio. A cinco hombres los juzgaron por saludarse con el puño en alto o gritar «¡Viva Rusia!», y los condenaron a cadena perpetua. Los paseos empezaron el 14 de agosto con el asesinato de dos hombres, el doctor Sixto Aguirre, de Izquierda Republicana, y el artista Camilo Díaz Baliño, cuyo hijo, Isaac, crearía con el tiempo la editorial más importante de Galicia. A muchos de los condenados a penas de prisión los sacaron ilegalmente de la cárcel y los ejecutaron. Una de las víctimas fue Eduardo Puente Carracedo, conocido en la ciudad por su anticlericalismo recalcitrante, que nacía de la muerte temprana de una joven prima suya a la que el canónigo de la catedral había dejado embarazada y a la que obligaron a abortar (clandestinamente, huelga decirlo). A partir de entonces, Eduardo Puente se dedicó a interrumpir las procesiones religiosas, y en una ocasión llegó a interponer un burro con un crucifijo a cuestas. Si el canónigo en cuestión participaba, trataba de atacarlo. Detenido los primeros días de la guerra, el 28 de junio de 1937 lo sacaron de la cárcel local y lo mataron, arrojando luego su cuerpo bajo un puente.

En el registro se hacía constar que los asesinados habían fallecido a consecuencia de «hemorragia interna», un «paro cardíaco» o la «destrucción orgánica del cerebro». La muerte del antiguo decano de la Facultad de Farmacia, Luis Morillo Uña, se registró como una «anemia aguda provocada por hemorragia». El 19 de noviembre tuvo lugar el juicio de los 12 miembros del comité del Frente Popular que se habían opuesto al golpe, entre los que estaba el alcalde, Ángel Casal. De hecho, el comité había evitado la huelga general y puso mucho empeño en mantener la violencia bajo control. Sin embargo, acusados de «traición contra la patria», 11 de ellos fueron condenados a muerte. A 10 los ejecutaron, mientras que al restante le conmutaron la pena por cadena perpetua tras la intervención de una tía carnal, amiga de Franco.[125]

El 3 de octubre de 1936, el padre Andrés Ares Díaz, párroco de Val do Xestoso, cerca de Monfero, en la provincia de La Coruña, murió a manos de un grupo de falangistas y guardias civiles. Había sido denunciado por negarse a donar a los rebeldes los fondos de la colecta para la fiesta de Los Remedios, que se iba a celebrar el primer domingo de septiembre, pero que las autoridades militares suspendieron. Lo acusaron de pertenecer al Socorro Rojo Internacional, lo arrestaron y lo llevaron a la aldea de Barallobre, cerca de El Ferrol, donde lo obligaron a confesarse con el cura del pueblo, Antonio Casas. Se pretendía que, al ver a su compañero detenido, el padre Casas admitiera que había ayudado a varios republicanos a escapar. Los esfuerzos de Casas por frenar la represión en Barallobre habían levantado sospechas. Tras confesar, el padre Ares entregó al padre Casas 200 pesetas y su reloj. Se llevaron a Andrés Ares al cementerio y a las once de la mañana lo ejecutaron. No hubo juicio, aunque se comentó que el oficial al mando del pelotón de fusilamiento gritó: «¡Lo manda Suances!», en referencia al delegado de Orden Público de El Ferrol, Victoriano Suances. A pesar de que el padre Casas fue interrogado en diversas ocasiones, eludió el arresto y la muerte gracias a que el cardenal Gomá había protestado por la ejecución de curas vascos a manos de los rebeldes.[126]

En Lugo, el alzamiento cosechó un rápido triunfo el 20 de julio sin necesidad de emplear la violencia. La débil orden del gobernador civil, Ramón García Núñez, para que la Guardia Civil distribuyera armas entre la población fue desoída, puesto que el núcleo de la Falange local y el clero estaba muy involucrado en la conspiración. Existía un anticlericalismo profundo en municipios como Castro de Rey, Quiroga y Becerreá, al sur de la provincia, que, como era de esperar, se saldó con las represiones más duras en esos lugares. El comandante del Ejército, el coronel Alberto Caso Agüero, había declarado el estado de guerra a regañadientes, si bien no arrestó al gobernador civil, ni al alcalde, Francisco Lamas López, ni a ningún otro cargo republicano. Pronto, sin embargo, llegó una columna al mando del capitán Molina, que con brusquedad informó a Caso: «Mi coronel, se acabó la vaselina. Como no actuemos con energía, esto se nos va de las manos». Caso fue arrestado, pero no lo ejecutaron gracias a que el hermano de su mujer, el coronel Federico Montaner Canet, era miembro de la Junta de Burgos. El gobernador civil, el alcalde y la mayoría de los republicanos de primera fila de la ciudad fueron arrestados, y todos ellos juzgados a mediados de octubre y condenados a muerte a lo largo de los meses siguientes.

Se prohibió la actividad de todas las organizaciones obreras. La Guardia Civil, con la ayuda de los falangistas, aplastó la resistencia en los pocos pueblos del sur de la provincia donde hubo cierta actividad de oposición. La clase proletaria de la segunda ciudad de la provincia, Monforte, un importante nudo ferroviario, era en esencia socialista y, según un párroco del municipio, la población se caracterizaba por su «falta de subordinación». Allí, unos grupos de falangistas dieron caza a los izquierdistas.[127]

La violencia en Orense previa a la Guerra Civil fue mínima. Incluso durante los sucesos de octubre de 1934, y a pesar de la unidad que demostraron los socialistas, comunistas y anarquistas, la huelga general fue derrotada sin que hubiera derramamiento de sangre. En las elecciones de febrero de 1936, Orense registró las victorias conservadoras más destacables de Galicia, y Renovación Española y la CEDA ganaron la provincia sin que el Frente Popular obtuviera representación. El único episodio violento que tuvo lugar aquella primavera fue obra de la Falange, que mató a cuatro personas el 8 de junio. El gobernador civil, Gonzalo Martín March, se negó a armar a los trabajadores y las patrullas obreras se disolvieron por completo tras la lectura del bando de guerra. Hubo actos esporádicos de resistencia en la zona de Valdeorras, al este de la provincia, en el curso de los cuales resultó muerto un guardia civil, la única baja en el bando rebelde. A un muchacho de trece años lo mataron por criticar la brutalidad de la Guardia Civil. Los paseos y los juicios empezaron en paralelo. Se aplicaba la Ley de Fugas y los cadáveres se lanzaban al río Miño. Los falangistas eran voluntarios recientes sin compromiso ideológico, algunos simples sicarios a sueldo u hombres que trataban de ocultar un pasado de izquierdas, si bien todos quedaban a las órdenes de los militares. Una sociedad rural y conservadora era el caldo de cultivo idóneo donde hallar el respaldo para la represión.[128] A lo largo y ancho de Galicia, la rutina habitual consistía en detener a los hombres para «liberarlos» luego en las afueras de los pueblos, matarlos y abandonar sus cadáveres para que la población los viera y se difundiera así el mensaje del terror.[129]

En Pontevedra, el gobernador civil, Gonzalo Acosta Pan, se confió como tantos otros y rehusó dar armas a los trabajadores. En toda la provincia hubo un alto índice de colaboración con los represores, sobre todo en las empobrecidas comunidades rurales. De hecho, las autoridades militares publicaron el 9 de agosto de 1936 un comunicado por el cual no se tendrían en cuenta las denuncias anónimas, donde se advertía que quien hiciera acusaciones falsas sería sancionado con una multa. En Pontevedra, sin ir más lejos, existían grupos especializados en el espionaje de sus vecinos. Quizá la muerte más impactante sea la de Alexandre Bóveda Iglesias, fundador del Partido Galleguista, un católico conservador muy admirado por Calvo Sotelo. El general Carlos Bosch y Bosch, al mando de la VIII Región Militar, desoyó la petición de clemencia diciendo: «Bóveda no es comunista pero es galleguista, que es algo peor».[130] En Vigo, la complacencia de las autoridades republicanas facilitó también la toma de poder de los militares. El alcalde, Emilio Martínez Garrido, un empresario socialista moderado, dio por buenas las promesas de lealtad del comandante Felipe Sánchez y evitó que se repartieran armas entre la población. Junto con el alcalde y otras figuras republicanas, entre los juzgados y ejecutados por rebeldía hacia el Ejército consta Ignacio Seoane Fernández, diputado socialista. Llevaba un tiempo enfermo y vivía en una aldea remota desde meses antes del golpe militar, por lo que difícilmente podía acusársele de oponerse a algo de lo que ni siquiera tenía conocimiento. Allí, al igual que en Tuy, en la linde con Portugal, donde la resistencia fue mayor, la represión fue también harto más dura. Ejecutaron a siete hombres jóvenes por escuchar una emisora de radio madrileña. La campaña de violencia en la provincia fue organizada por las autoridades militares y ejecutada por la Guardia Civil y escuadrones de civiles. Bajo el amparo de las instrucciones generales que partían de las autoridades del Ejército, los caciques locales pudieron eliminar a los elementos subversivos. Cabe decir que, sin embargo, gozaron de una notable complicidad popular. Podía ejecutarse a alguien «sin formación de causa» por tener armas, por proteger a un fugitivo o simplemente por hacer un comentario desfavorable sobre los avances del bando nacional.[131] Adquirieron notoriedad dos grupos conocidos como las Brigadas del Amanecer, que actuaban al margen de la Guardia Cívica organizada por el doctor Víctor Lis Quibén, célebre derechista de la zona y diputado de Renovación Española. En el campo de prisioneros de la Illa de San Simón murieron varios cientos de personas.[132]

A la par que los rebeldes ejercían esta oleada represora en el extremo noroeste de España, horrores similares acontecían al sur y al este de la península Ibérica. En las islas Canarias, donde la sublevación había triunfado de inmediato, no hubo muertes a manos de los republicanos, y sin embargo, se ha calculado que los insurgentes mataron a más de 2.500 personas en el curso de la guerra.[133] Se han estimado más de 2.000 ejecuciones en las islas Baleares; solo en Mallorca, a pesar de contar con un movimiento obrero sumamente débil, se produjeron al menos 1.200, aunque probablemente rondaran las 2.000. El golpe inicial no halló resistencia, pero se arrestó y se encarceló a muchos trabajadores;[134] la mayor parte de ellos fueron ejecutados inmediatamente después del intento frustrado de Alberto Bayo por recuperar la isla para la República, a mediados de agosto. Entre ellos había cinco enfermeras de entre diecisiete y veinte años de edad, así como un periodista francés.[135]

El ataque fue repelido por las fuerzas italianas, capitaneadas por Arconovaldo Bonacorsi, virrey de Mussolini que se había otorgado el título de conde Rossi. Maníaco homicida, Bonacorsi instruyó a la Falange local para desencadenar una represión salvaje contra la población civil de la isla. El escritor católico francés Georges Bernanos quedó horrorizado al ver cómo se llevaban a los hombres de sus aldeas en camiones para ejecutarlos; sus contactos militares le informaron de que habían sido asesinadas más de 2.000 personas. Bernanos atribuyó la ferocidad de la represión a Bonacorsi y a la conformidad del obispo de Mallorca, Josep Miralles.[136] Una de las víctimas más importantes de la represión en Mallorca fue Alexandre Jaume i Rosselló, un intelectual distinguido de una acaudalada familia burguesa de gran tradición militar. Fue el primer parlamentario socialista de las islas Baleares. Por su «traición», en un juicio militar celebrado el 13 de febrero de 1937, lo acusaron absurdamente de intentar instaurar una dictadura soviética en Mallorca. Lo condenaron a muerte y lo fusilaron el 24 de febrero contra el muro del cementerio de Palma.[137]

Entre las víctimas hubo un cura y gran número de mujeres; una de las más célebres fue Aurora Picornell i Femenies, conocida como «La Pasionaria mallorquina» y casada con el futuro líder comunista Heriberto Quiñones. Los falangistas la asesinaron el 5 de enero de 1937 en el cementerio de Porreres, junto con otras cuatro mujeres. La víctima más famosa fue Matilde Landa, que se suicidó en Mallorca el 26 de septiembre de 1942, después de que la sometieran a una prolongada tortura psicológica.[138] El 8 de junio de 1937, el padre Jeroni Alomar Poquet fue ejecutado en el cementerio de Palma de Mallorca, por sus sonadas protestas ante el encarcelamiento de su hermano Francesc, perteneciente a Esquerra Republicana. Otro cura, el padre Antoni Rosselló i Sabater, fue sentenciado a treinta años de cárcel después de que lo acusaran de izquierdista porque su hermano era el alcalde republicano de Bunyola.[139]

Ibiza, Formentera y Menorca permanecieron en poder de la República hasta principios de febrero de 1939. Gracias al cónsul británico de Mallorca, Alan Hillgarth, la ocupación franquista de Menorca fue precedida por la evacuación de 450 republicanos en el buque de guerra *HMS Devonshire*. Sin embargo, cuando desembarcaron los Regulares y la Legión se llevaron a cabo 176 ejecuciones. Otras 130 personas fueron asesinadas en Ibiza y Formentera.[140]

A pesar de que Mola dio instrucciones de difundir un terror ejemplarizante, apenas diez días después del alzamiento le comentó a su secretario, José María Iribarren: «Toda guerra civil es ya espantosa pero ésta es de una violencia terrible».[141] El 4 de agosto, Iribarren quedó consternado al ver en Burgos a niños que jugaban a capturar a un republicano y luego disparaban al prisionero por negarse a gritar el «¡Viva España!», como dictaban las reglas del juego.[142] A finales de agosto, José María Gil Robles visitó a Mola en su cuartel general del ayuntamiento de Valladolid. Cuando Gil Robles le preguntó cómo iba todo, Mola contestó: «¡En buena nos hemos metido, Gil Robles! Daría algo bueno porque esta guerra acabara a fines de año y se liquidara con cien mil muertos».[143]

En septiembre de 1936, José María Pemán coincidió en Pamplona con el general Cabanellas. Según Pemán, Cabanellas le pidió ayuda para redactar un decreto que prohibiera vestir el luto, con la idea de matar dos pájaros de un tiro: en el caso de las desconsoladas viudas y madres de los rebeldes, no lucir duelo sería un gesto para proclamar que «la muerte del caído por la Patria no es un episodio negro, sino blanco; una alegría que debe vencer al dolor». Por otro lado, para las madres, esposas y novias de los republicanos ejecutados, con prohibir el luto «se cortaría esa especie de protesta viva y de dramático testimonio, que al conquistar cualquier pueblo, nos presentan por plazas y esquinas esas figuras negras y silenciosas que en el fondo, tanto como un dolor, son una protesta».[144] Cabanellas estaba en lo cierto al considerar que el luto republicano llevaba una protesta implícita, puesto que era un símbolo de solidaridad con el miembro de la familia fallecido. Sin embargo, un decreto indiscriminado que prohibiera el luto a todas las mujeres españolas de las zonas rurales habría carecido de sentido práctico, puesto que muchas ancianas o viudas vestían de negro por norma, y lo que se pretendía era privar a las madres, hermanas, esposas y novias de los liberales e izquierdistas de llorar su pérdida y expresar esa solidaridad. Dicho objetivo se consiguió finalmente mediante presiones sociales menos formales y a través del temor a represalias.

A veces, después de que se llevaran a un hombre durante la noche, los parientes acudían a la cárcel de la capital provincial con la esperanza de entregarle comida; despiadadamente, las autoridades les contestaban que en el lugar donde estaba ya no precisaría alimentos. La agonía de la incertidumbre se hacía con frecuencia interminable. Además, las mujeres de desaparecidos no podían volver a casarse, puesto que sin un certificado de defunción oficial legalmente no eran viudas. Tampoco tenían derecho a administrar los bienes en nombre de sus maridos. A pesar de los comentarios que le hizo a Gil Robles, cabe dudar de que a Mola le importasen —o de que fuese consciente siquiera— las consecuencias de la campaña de terror que había puesto en marcha.

Tercera parte

Consecuencias del golpe de Estado II: Violencia espontánea en la zona republicana

Lejos del frente: la represión
tras las líneas republicanas

Después de que la rebelión militar provocara el colapso de buena parte de los instrumentos del estado, en las ciudades que los rebeldes no lograron conquistar las calles quedaron bajo el control de los trabajadores armados que participaron en la derrota de la sublevación. Los comités espontáneos de partidos y sindicatos de clase crearon sus propias policías y centros de detención, conocidos como «checas». En el caos resultante de la desaparición del aparato convencional de ley y orden había, además, un elemento puramente delictivo. El ambiente se nutría del rencor acumulado durante largos años de injusticia social, pero también de los peores instintos de quienes se aprovechaban de la ausencia de los límites legales habituales. El problema se exacerbó al abrirse las prisiones y quedar en libertad los delincuentes comunes. La situación era muy incómoda para las autoridades republicanas, puesto que debilitaba sus esfuerzos para conseguir el apoyo diplomático y material de Francia y Gran Bretaña.

En ningún momento hubo una nueva autoridad revolucionaria que llegara a sustituir al gobierno republicano, si bien en los meses posteriores al alzamiento militar, tanto el gobierno central de Madrid como la Generalitat catalana no pudieron sino limitarse a ofrecer una apariencia de continuidad constitucional. Sus órdenes a menudo eran desobedecidas. La solución pasaba por convencer primero a los elementos más moderados de los sindicatos y los partidos de izquierda, y recabar su apoyo en la tarea de acabar con la violencia incontrolada, una empresa especialmente difícil en el caso del movimiento anarquista. Al mismo tiempo, era preciso dotarse de un marco legal que abarcara las actividades espontáneas y muchas veces contradictorias de los comités revolucionarios y las checas. Finalmente, buena parte de la izquierda, aunque ni mucho menos todos los anarquistas, terminó por reconocer que la dirección de una guerra moderna requería un estado central. La reconstrucción del estado trajo consigo el fin de la violencia interna.

Sin embargo, en los primeros meses la aplicación de la justicia quedó en manos de los comités y dejó de ser una función estatal. En el marco de este tumultuoso proceso de «justicia» espontánea, los comités de partidos y sindicatos, junto con trabajadores sin ninguna filiación sindical y delincuentes comunes, se entregaron por diversas razones a una oleada de matanzas impulsada por motivos muy diversos. Los principales objetivos de la violencia fueron los militares rebeldes, el clero y los elementos más prominentes de la antigua clase dirigente: terratenientes y empresarios. En Cataluña, la violencia se dirigió contra el Sindicato Libre, una organización rompehuelgas que en 1919 se había enfrentado duramente a la CNT, y contra todos los que participaron en la represión que siguió a los sucesos de octubre de 1934. La venganza por la injusticia social y la dureza de las relaciones laborales era una de las causas más comunes de los actos violentos. El caso del periodista Josep Maria Planes ilustra muy bien los dos aspectos de esta dimensión social de los crímenes. Planes fue asesinado por un grupo de anarquistas en venganza por una serie de artículos que el periodista había publicado bajo el título de «Gàngsters a Barcelona», en los que relacionaba a la FAI con el crimen organizado.[1] Otro de los motivos de la venganza era el anticlericalismo de viejo cuño. El clero, sospechoso de complicidad, o cuando menos de simpatía por la sublevación militar, se convirtió de inmediato en objetivo de la cacería.

Tanto la CNT como el antiestalinista Partido Obrero de Unificación Marxista (POUM) defendían abiertamente posiciones anticlericales. En un mitin celebrado en Barcelona a principios de agosto, Andreu Nin, el líder del POUM, aseguró que la clase trabajadora había resuelto el problema de la Iglesia por el procedimiento de no dejar una sola iglesia en pie.[2] Los anarquistas no se mostraban tan confiados y seguían viendo a la Iglesia como un enemigo muy poderoso. Sospechaban que los curas, en el mejor de los casos, convencían a sus feligresas para que votaran a la derecha, y en el peor, utilizaban el confesionario para seducirlas. El odio generado por este supuesto poder sexual del clero se puso de manifiesto en una afirmación como esta: «La Iglesia ha de desaparecer para siempre. Los templos no servirán más para favorecer alcahueterías inmundas».[3] La fe religiosa de las clases dominantes fue otro de los detonantes del anticlericalismo. Había muy poco de cristiano en la actitud de los industriales con sus trabajadores o en la de los terratenientes con sus arrendatarios o sus braceros. Fue inevitable, en esta situación, que anarquistas, socialistas y comunistas coincidieran en sospechar que, tras los continuos llamamientos de la Iglesia a la paciencia y la resignación de quienes luchaban por conseguir mejores salarios y mejores condiciones laborales, se escondía la ambición de riqueza de la jerarquía católica. Así, los anarquistas cubrieron con un barniz idealista sus ataques contra el clero y las iglesias, presentándolo como parte de la purificación necesaria para la construcción de un mundo nuevo, como si eliminar la religión fuera tan sencillo.

El 24 de julio, el periodista Pierre van Paassen entrevistó al líder anarquista Buenaventura Durruti en Barcelona, concretamente en la sede de los trabajadores del metal de la CNT. Van Paassen le señaló: «Acabarán sentados sobre un montón de escombros, aunque terminen ganando». A lo que Durruti respondió: «Llevamos toda la vida viviendo en tugurios y agujeros ... No tenemos ningún miedo a los escombros. Vamos a heredar la tierra. La burguesía puede estallar y dejar en ruinas su propio mundo antes de abandonar el escenario de la historia. Nosotros llevamos un mundo nuevo en nuestros corazones».[4] El proceso de construcción de este mundo nuevo incluía la liberación de los delincuentes comunes, a quienes se veía como víctimas de la sociedad burguesa. Al abrirse las cárceles en las ciudades donde los instrumentos para el control del orden público habían desaparecido, los reclusos, entre otros, se lanzaron a un frenesí de robos, violaciones y asesinatos bajo el disfraz de la justicia revolucionaria. Cuando por fin fue posible contener la violencia de los presos liberados, continuaron los actos de venganza por los bombardeos de la aviación nacional y las atrocidades cometidas por los rebeldes, que se difundían a través de los escalofriantes relatos de los refugiados. No tardó en aparecer también la violencia legal llevada a cabo con ayuda de los instrumentos habilitados por el estado para combatir al «enemigo interior», es decir, a los militares rebeldes partidarios del levantamiento implicados en actos de sabotaje y espionaje.

En Barcelona, en un primer momento, el presidente de la Generalitat, Lluís Companys, se negó a distribuir armas entre la población, si bien no pudo impedir que los militantes anarcosindicalistas asaltaran los arsenales. Se calcula que los milicianos anarquistas lograron reunir cerca de 50.000 armas. El 19 de julio las tropas rebeldes fueron derrotadas por una peculiar alianza de trabajadores, principalmente anarquistas, con la Guardia Civil local, cuya lealtad al gobierno legítimo resultó decisiva.

Cuando el general Manuel Goded llegó a Barcelona en un hidroavión desde las islas Baleares para ponerse a la cabeza de la rebelión, la derrota del golpe era inminente. Goded fue arrestado y obligado a difundir a través de la radio un llamamiento de rendición a sus seguidores. Las circunstancias en que se produjo la derrota de los rebeldes generaron una confusa relación entre las instituciones del estado y los sindicatos anarquistas que ostentaban de facto el poder. La consecuencia inmediata fue el colapso del orden público. Barcelona era una ciudad portuaria con un lumpen proletariado numeroso, compuesto por estibadores portuarios y trabajadores inmigrantes carentes de arraigo y sometidos a la inseguridad del trabajo ocasional. Aunque la situación se exageró tanto por parte de la prensa extranjera como por parte del cuerpo diplomático, no cabe duda de que el robo, el vandalismo y toda clase de delitos comunes proliferaron tras la fachada de los ideales revolucionarios.

El cónsul portugués en Barcelona informó de «los actos de pillaje y de barbarie cometidos por las hordas que campan a sus anchas, ajenos a las órdenes de sus respectivos jefes políticos». En términos apocalípticos refirió «la indescriptible y refinada crueldad de los ataques perpetrados por auténticos caníbales contra religiosos de ambos sexos» y aseguró que a las monjas las violaban y desmembraban, y que no quedaba en pie una sola iglesia o un solo convento en toda la región.[5] Se generalizaron los saqueos en comercios, principalmente joyerías, y en cafés, así como las extorsiones a empresarios, el vandalismo en las casas de los ricos y la profanación de iglesias. El clero y los militares fueron los principales objetivos de la furia de la izquierda.[6]

En los días inmediatamente posteriores al golpe militar, los acontecimientos que se vivieron en Cataluña atrajeron una avalancha de periodistas procedentes de todo el mundo. Algunas de sus informaciones iniciales eran gratuitamente escabrosas. Una noticia de Reuters afirmaba que los cadáveres se amontonaban en las estaciones del metro y que «las victoriosas fuerzas civiles progubernamentales, compuestas de anarquistas, comunistas y socialistas habían quemado y saqueado prácticamente todos los conventos y las iglesias de Barcelona». Continuaba: «La masa ebria de victoria desfilaba a continuación por las calles de la ciudad ataviada con las túnicas de las autoridades eclesiásticas».[7] Con el paso de los días las crónicas se volvieron cada vez más sangrientas. El reinado del terror se describía bajo este epígrafe: «Los sacerdotes mueren rezando. La turba es incontrolable y el odio de clase lo domina todo». Una crónica decía lo siguiente: «Sacan a los monjes de sus monasterios por la fuerza, con una oración en los labios, para que los pelotones de fusilamiento los ejecuten por la espalda. A algunos les arrancan la cabeza y los brazos en un último acto de venganza».[8]

Los periodistas que conocían bien España escribieron crónicas más sobrias de lo que estaba ocurriendo. Lawrence Fernsworth, el distinguido corresponsal tanto de *The New York Times* como del londinense *The Times*, escribió estas palabras: «No parece que los extranjeros corran peligro en Barcelona. Incluso los comunistas y los anarquistas se muestran respetuosos con los que llegan de fuera».[9] Fernsworth compartía la creencia popular según la cual la causa de la indignación de las masas era que los militares rebeldes, con el respaldo de sus simpatizantes civiles, habían instalado ametralladoras en muchos campanarios, desde los que disparaban contra los trabajadores. El comisario de Orden Público de la Generalitat, Federico Escofet Alsina, negó tajantemente que se hubiera llegado a tal extremo, si bien esta siguió siendo la creencia más extendida en las calles. Joan Pons Garlandí, un destacado miembro del partido catalanista de clase media, Esquerra Republicana de Catalunya (ERC), afirmó que hubo casos aislados de francotiradores apostados en los campanarios de algunas iglesias. Los días 23 y 24 de julio, el periódico *La Humanitat*, de Esquerra Republicana de Catalunya, denunció que desde las iglesias se disparaba con metralletas. Sin embargo, el hecho de que nunca llegara a celebrarse en Cataluña juicio alguno contra los sacerdotes acusados de abrir fuego desde los edificios eclesiásticos viene a confirmar la versión de Escofet. Incluso se ha afirmado que a veces los anarquistas entraban en una iglesia y, para justificar la destrucción del templo y la detención del cura, disparaban al aire fingiendo haber sido atacados.[10]

Aunque la causa de los atentados probablemente no fuera la presencia de francotiradores, muchas iglesias terminaron en llamas, si bien, como señala Fernsworth, el gobierno catalán hizo cuanto pudo por salvar el máximo número de templos, por ejemplo, la catedral. La iglesia de los capuchinos, en el passeig de Gràcia, quedó intacta gracias a la estrecha relación de los franciscanos con los pobres. En su descripción del terror, Fernsworth señala que la Generalitat no fue responsable de estos actos y subraya que trabajó sin descanso para proteger tanto la propiedad como las vidas humanas. Fernsworth describió así el empeño del gobierno para restablecer el orden público: «Algunas personas que ocupaban puestos oficiales se enfrentaron a la furia de los extremistas y arriesgaron la vida para salvar a sacerdotes, monjas, obispos y nacionales, ayudándolos a cruzar la frontera o salir del país en barco».[11]

A última hora de la tarde del 19 de julio, los últimos militares rebeldes, los del 9.º Regimiento de Caballería capitaneado por el coronel Francisco Lacasa, se refugiaron en el monasterio de los carmelitas de la Diagonal barcelonesa tras convencer al prior, Gonçal Macià Irigoyen, de que los heridos necesitaban ayuda urgente. El monasterio sirvió en un principio como hospital, si bien el coronel lo convirtió más tarde en una fortaleza donde instaló sus ametralladoras en posiciones estratégicas. Aunque había prometido rendirse a la mañana siguiente, el 20 de julio, ese día llegó al monasterio un enviado, y Lacasa dijo entonces que solo entregaría las armas a la Guardia Civil. La condición fue aceptada por el comisario de Orden Público, Federico Escofet, pero mientras tanto, una masa de ciudadanos provistos de las armas confiscadas el día anterior había rodeado el edificio. Los rebeldes, cada vez más nerviosos, abrieron fuego contra la multitud. Cuando llegó el coronel de la Guardia Civil, Antonio Escobar Huerta, por fin comenzaron a abandonar el edificio, pero la multitud le impidió supervisar la detención de los militares. Antes de que el coronel pudiera intervenir, los oficiales rebeldes y cuatro monjes obligados a darles refugio fueron asesinados. El coronel Escobar fue ejecutado por los franquistas en 1940, pese a su heroico esfuerzo por proteger la vida de los monjes y los militares.[12] Algo distinto fue el caso del convento de los carmelitas en Toledo, que dominaba la carretera hacia Madrid, ocupado por guardias civiles rebeldes con el permiso de los monjes. Uno de los monjes, el hermano Plácido, incluso se sumó a los rebeldes en el combate contra la columna del general Riquelme el 22 de julio, a la que derrotaron antes de unirse a las tropas del coronel Moscardó en el Alcázar.[13]

Escofet escribió más tarde que la presencia de miles de ciudadanos armados en las calles provocó un problema de orden público imposible de abordar.[14] Esta afirmación ilustra la diferencia de la represión en las dos zonas de guerra: en la zona republicana venía desde abajo, en la zona rebelde venía desde arriba. Escofet también afirmó que los saqueos de las casas de los ricos y los bienes eclesiásticos fueron obra de una minoría de delincuentes, y reconoció la honradez y el idealismo de muchos anarquistas, que se abstenían de tocar el dinero y las joyas.[15]

La victoria de las fuerzas de la clase trabajadora planteaba un serio problema al presidente de la Generalitat, Lluís Companys, líder del citado partido burgués ERC. Companys abordó la situación con notable habilidad. El 20 de julio de 1936, cuando acababa de producirse la derrota de los rebeldes, reunió en el Palau de la Generalitat a una delegación de la CNT integrada por Buenaventura Durruti, Juan García Oliver y Ricardo Sanz. Cuenta García Oliver que Companys dijo:

> Hoy sois los dueños de la ciudad y de Cataluña porque sólo vosotros habéis vencido a los militares fascistas y espero que no os [sepa] mal que en este momento os recuerde que no os ha faltado la ayuda de los pocos o muchos hombres leales de mi partido y de los guardias y mozos ... Habéis vencido y todo está en vuestro poder; si no me necesitáis o no me queréis como presidente de Cataluña, decídmelo ahora, que yo pasaré a ser un soldado más en la lucha. Si, por el contrario, creéis que en este puesto, que sólo muerto hubiese dejado ante el fascismo triunfante, puedo, con los hombres de mi partido, mi nombre y mi prestigio, ser útil en la lucha, que si bien termina hoy en la ciudad no sabemos cuándo y cómo terminará en el resto de España, podéis contar conmigo y con mi lealtad de hombre y de político.

Federico Escofet arroja algunas dudas sobre la exactitud de este testimonio de García Oliver. En todo caso, es evidente que con este aparente y atractivo candor, y también con un poco de exageración y astucia, Companys desarmó a la delegación anarquista. Sorprendidos y desprovistos de planes prácticos, los convocados aceptaron la permanencia de Companys.[16]

En otro salón del Palau, los representantes del resto de los partidos del Frente Popular de Cataluña aguardaban el resultado de esta reunión. Cuando Companys llegó acompañado de la delegación de la CNT-FAI, todos accedieron a constituir el Comitè Central de Milícies Antifeixistes (CCMA). Bajo la presidencia de Lluís Prunés, *conseller de Treball* de la Generalitat, su principal tarea era organizar tanto la revolución social como su defensa militar. El secretario general del comité, Jaume Miravitlles, fue el encargado de redactar una serie de normas en las que se definieran los poderes y las responsabilidades de cada departamento. Sin embargo, Miravitlles nunca lo hizo, lo que contribuyó a que el caos y los conflictos se instalaran en el seno del CCMA y a que la Generalitat recuperara finalmente todos los poderes. Lo cierto es que en el plazo de unos días, Companys ordenó al *conseller de Governació*, Josep Maria Espanya i Sirat, que tomara las medidas necesarias para restablecer el orden público en las ciudades y los pueblos de Cataluña. El 2 de agosto, Companys confió el gobierno a Joan Casanovas, presidente del Parlamento catalán, quien lamentablemente no demostró tener la energía ni la autoridad que el presidente esperaba de él para acabar con la dualidad de poder.

El mismo 20 de julio, día en que se produjeron las reuniones en el Palau de la Generalitat, la Guardia Civil y los militantes de la CNT trasladaron a los principales oficiales rebeldes detenidos en Barcelona al castillo de Montjuich. El hijo de Goded manifestó su ausencia de remordimientos al afirmar: «Estos bestias nos van a fusilar». Seis días después los llevaron al *Uruguay*, un mercante herrumbroso convertido en barco-prisión. Al principio los prisioneros recibieron un trato digno; les permitían sentarse en la cubierta y leer novelas de la biblioteca del buque. La actitud irrespetuosa de los detenidos hizo que sus captores cortaran estos privilegios. Los militares se levantaban para llamar la atención al paso de los buques de la Armada italiana, realizando el saludo fascista, mientras que sacaban la lengua o se permitían gestos más expresivos con los barcos cargados de izquierdistas que se acercaban a mirarlos o amenazarlos. Aunque se les prohibió salir a cubierta, siguieron recibiendo paquetes de comida de sus familiares y amigos. El 11 de agosto, los generales rebeldes Manuel Goded y Álvaro Fernández Burriel comparecieron ante un tribunal militar a bordo del barco. Un oficial retirado y convertido en abogado se hizo cargo de su defensa. Ambos fueron declarados culpables, condenados a muerte y ejecutados al día siguiente por un pelotón de fusilamiento en el castillo de Montjuich. Los juicios y las ejecuciones de militares rebeldes se sucedieron en los días posteriores, aunque muchos sobrevivieron, entre ellos Manuel, el hijo de Goded.[17]

Al haberse disuelto el Ejército, aunque la Guardia Civil y la Policía seguían siendo leales a la República, la creación de las milicias se convirtió en una de las principales prioridades. El departamento del CCMA responsable de las milicias quedó al mando de Diego Abad de Santillán, de la CNT, Joan Pons Garlandí, de ERC, y Josep Miret, del Partit Socialista Unificat de Catalunya (PSUC). El comandante Enric Pérez Farràs, condenado a muerte por su participación en los sucesos de octubre de 1934, figuraba entre los militares profesionales integrados en el CCMA, como asesor técnico de las milicias. El 25 de julio, una primera columna encabezada por Buenaventura Durruti se puso en marcha hacia Aragón. Inicialmente, Pérez Farràs iba como asesor técnico, pero regresó poco después a Barcelona, por desavenencias con Durruti.[18]

Incluso tras sucesivas consultas, los líderes de la CNT se alinearon con la decisión espontánea de Durruti, Sanz y García Oliver de aceptar la propuesta de Companys. Los anarcosindicalistas no estaban preparados, ni ideológica ni psicológicamente, para improvisar unas instituciones estatales capaces de organizar al mismo tiempo una revolución y una guerra. La oferta de Companys les ofrecía esencialmente un recurso para salvar las apariencias. Por el momento los trabajadores parecían tener el control, así que al principio la Generalitat dio forma legal a los deseos del CCMA, pero la falta de experiencia política de la CNT hizo que el comité se convirtiera gradualmente en un departamento de la Generalitat y terminara por desaparecer. Companys había logrado garantizar tanto la continuidad del poder estatal como la futura domesticación de las ansias revolucionarias, manipulando a la CNT para que aceptara ciertas responsabilidades inmediatas sin consolidar su poder institucional a largo plazo.[19]

Mientras tanto, a corto plazo, la CNT se encargó de preparar el terreno para la construcción del nuevo mundo. En su periódico, *Solidaridad Obrera*, se justificaba la violencia contra los capitalistas y el clero. La oleada de delincuencia que asoló Barcelona se reconocía y se racionalizaba:

> Nada hay como el olor de la pólvora para desatar todos los instintos que el hombre lleva dentro de sí. Por otra parte, estas convulsiones llegan a un momento [en] que se pierde el control sobre aquellas gentes que no tienen otra preocupación que satisfacer sus egoísmos e instintos vengativos. A éstos y solamente a éstos, se debe que durante esta semana se hayan cometido en Barcelona algunos hechos (que no son tantos como se dice), que la Confederación Nacional del Trabajo, y con ella todas cuantas organizaciones han intervenido en la revolución, hubiéramos deseado que no se realizaran. No obstante, no podemos sumarnos al coro de los lagrimosos, que al fin y al cabo son los responsables, no tan sólo por el levantamiento fascista, sino por haber mantenido el pueblo años y más años en un estado de indigestidad permanente y de una incultura más permanente aún. Forzosamente, los resultados no podían ser otros. [A] la burguesía explotadora; [a] la clerigalla obscurantista; [a] los tenderos egoístas no les ha pasado más que el tener que recoger lo que con tanta persistencia habían sembrado.[20]

Tres días más tarde, el 1 de agosto, el Comité Nacional de la CNT publicó un manifiesto en el que proclamaba: «Que no enmudezcan los fusiles en tanto exista un fascista en España».[21]

La FAI pudo continuar ejerciendo su violencia sin freno gracias a que, bajo la dirección del CCMA, el Departament d'Investigació quedó al mando de Aurelio Fernández Sánchez, un extremista de la FAI, que destituyó al eficiente Federico Escofet, comisario de Orden Público, por su intención de controlar los excesos de la FAI. En todos los municipios de Cataluña se creó un comité revolucionario antifascista dominado mayoritariamente por miembros de la CNT. Aurelio Fernández delegó el poder en los equipos de control y vigilancia conocidos como «Patrullas de Control», que en el plazo de una semana llegaron a ser 700. La composición de estas patrullas estaba influida por el hecho de que a la mayoría de los anarquistas convencidos les repugnaba la idea de actuar como policías y preferían alistarse como voluntarios para combatir en el frente. Así, las patrullas armadas se componían de una mezcla de extremistas comprometidos con la aniquilación del viejo orden burgués y delincuentes comunes recientemente liberados. Su actuación era en general arbitraria: se entregaron al registro y al saqueo domiciliario y a la detención de personas denunciadas por sus tendencias derechistas, a las que en algunos casos asesinaban. A principios de agosto, alrededor de 500 civiles habían sido ejecutados en Barcelona. Aurelio Fernández autorizó un asalto al barco-prisión *Uruguay* en el que perdieron la vida muchos prisioneros de derechas.[22]

En ocasiones, cuando los comités de defensa de determinadas localidades querían llevar a cabo una acción criminal, la dejaban en manos de las patrullas de otros pueblos. Un llamado *cotxe fantasma* llegaba de una población o un distrito vecino provisto de listas negras que solo los vecinos de la localidad en cuestión podían haber proporcionado. Esto explica la impunidad con que los asaltantes quemaban una iglesia, detenían o asesinaban, y facilitaban la matanza. Había numerosas patrullas o brigadas motorizadas que compartían con la FAI el gusto por las limusinas lujosas, dirigidas en muchos casos por hombres con antecedentes penales, generalmente por robo a mano armada, designados por Aurelio Fernández. Entre sus líderes figuraban un antiguo atracador de bancos, Joaquim Aubí, alias «el Gordo», que conducía el *cotxe fantasma* de Badalona; Josep Recasens i Oliva, alias «el Sec de la Matinada», cuyo grupo operaba en Tarragona; Jaume Martí Mestres de Mora la Nova, a la cabeza de una patrulla muy activa en los pueblos de la ribera del Ebro; o Francesc Freixenet i Alborquers, que dominaba la zona de Vic, al norte de la provincia de Barcelona. Freixenet lideraba —junto con Pere Agut Borrell y Vicenç Coma Cruells, conocido como «el Coix del Carrer de Gurb»— una flotilla de seis coches fantasmas de cuyo mantenimiento se ocupaban en el taller mecánico de su familia y cuyos gastos corrían a cargo del ayuntamiento. Su principal objetivo era el clero.[23]

Una de las patrullas itinerantes más temidas estaba dirigida por Pascual Fresquet Llopis, quien desde su base en Caspe se desplazaba en el llamado *cotxe de la calavera*. Fresquet, de veintinueve años, era conocido por su carácter violento, había estado en la cárcel a principios de la década de 1930 por robo a mano armada y se encargaba de intimidar o asesinar a los industriales recalcitrantes, siguiendo órdenes de la FAI.[24] Al empezar la guerra se sumó a una columna de Barcelona encabezada por el carismático Antonio Ortiz, ex carpintero y miembro de la FAI. Ortiz tenía su base de operaciones en Caspe, una pequeña ciudad situada al sur de Zaragoza que en un primer momento quedó en manos de los rebeldes liderados por el capitán José Negrete, con la ayuda de 40 guardias civiles. El hecho de que, al hacerlo, Negrete hubiera utilizado como escudos humanos a mujeres y niños republicanos provocó que se desencadenase una represión brutal cuando las columnas anarquistas bajo el mando de Ortiz recuperaron la plaza el 25 de julio. Antes de que concluyera el mes, 55 derechistas locales habían sido ejecutados. El importante papel desempañado por el grupo de Fresquet llevó a Ortiz a concederle el título de «brigada de investigación» y a otorgarle carta blanca para la caza de fascistas. Su *cotxe de la calavera* era en realidad un autobús negro, de 35 plazas, decorado con calaveras. Los miembros del grupo llevaban una calavera bordada en la gorra y otra de metal prendida en el pecho.[25]

A principios de agosto, Fresquet liquidó a algunos de los derechistas que quedaban en Caspe. Antes del amanecer, sus hombres lanzaron salvas de disparos y entonaron consignas rebeldes. Confiados en que la ciudad se hallaba en manos de las tropas sublevadas procedentes de Zaragoza, 4 o 5 hombres armados salieron de sus escondites blandiendo sus fusiles. Los detuvieron y los ejecutaron en el acto. Poco después, el grupo de Fresquet, conocido como la «Brigada de la Mort», sembró el terror en toda la zona del Bajo Aragón, Teruel y Tarragona. Avanzaron hacia el este y llegaron primero a Fabara, donde fusilaron a 15 derechistas; desde Fabara se dirigieron al norte, a Riba-roja d'Ebre y a Flix, en Tarragona. El 5 de septiembre acabaron con la vida de 5 personas en Riba-roja, y de otras 8 en Flix al día siguiente. Desde allí continuaron hacia el sur, en dirección a Móra d'Ebre, donde el comité local les impidió que asesinaran a los derechistas del pueblo.[26]

De Móra d'Ebre, continuaron su camino hasta Gandesa, al oeste, donde entre la noche del día 12 y la mañana del día 13 de septiembre ejecutaron a 29 derechistas. Fresquet izó la bandera roja y negra de la FAI en el ayuntamiento y desde el balcón consistorial arengó a los habitantes y proclamó el comunismo libertario. En la tarde del 13 de septiembre, la columna abandonó el pueblo para dirigirse a Falset, una localidad de Tarragona situada al pie de la comarca del Priorat, donde se vivió una idéntica secuencia de acontecimientos. Fresquet llegó en su autobús, acompañado de dos coches negros, con 45 de sus hombres, detuvo a los miembros del comité antifascista de ERC-UGT y cerró todas las carreteras que conducían al pueblo. Entre el atardecer de ese día y la mañana siguiente detuvieron y ejecutaron a 27 derechistas en el cementerio, sirviéndose para ello de las listas elaboradas por los miembros de la FAI local. A continuación, Fresquet reunió a todos los vecinos y, bajo la bandera negra y roja, pronunció un discurso desde el balcón consistorial y justificó la matanza diciendo: «Nos han llamado para hacer justicia». El comité local de la FAI le había pedido que acelerara la proclamación del comunismo libertario y comenzara de inmediato la confiscación de las tierras.[27]

El siguiente destino de la Brigada de la Mort fue la ciudad de Reus. Sin embargo, el comité antifascista local estaba advertido de su llegada. Bajo la dirección de Josep Banqué i Martí, del PSUC, los socialistas, comunistas y hasta anarquistas acordaron actuar conjuntamente. A su llegada, el propio Fresquet se dirigió a la sede del comité y le anunció a Banqué que su columna había llegado para llevar a cabo una purga de fascistas. Mientras Banqué le explicaba que sus servicios no eran necesarios, uno de los lugartenientes de Fresquet le informó de que sus hombres estaban rodeados por milicianos en la plaza mayor, la plaça de Prim. La Brigada de la Mort se tuvo que retirar y así se evitó un baño de sangre como los de Gandesa y Falset. A finales de octubre de 1936, la CNT decidió poner fin a las actividades de la brigada, ya que estaban desacreditando el buen nombre de la organización. Para entonces los asesinos de Fresquet habían ejecutado alrededor de 300 personas.[28] Tal como había señalado Josep Maria Planes en los artículos de prensa por los que fue asesinado, no era fácil distinguir entre el idealismo revolucionario y la pura delincuencia. Otros grupos en Cataluña, además de las Patrullas de Control de Barcelona, estaban mancillando el nombre de la CNT. No obstante, nada se hizo por impedirlo, puesto que sus operaciones estaban dirigidas por Aurelio Fernández, todo un veterano del movimiento anarquista.

El Comité Central de Patrullas, bajo el mando global de Aurelio

Fernández, quedó en manos de su secretario general, un miembro de la FAI llamado Josep Asens Giol. Con ayuda de Dionís Eroles i Batlle, Asens emitía las órdenes de investigación y detención, y las patrullas asumieron enteramente la responsabilidad de eliminar a los elementos prorrebeldes en la retaguardia hasta que fueron disueltas definitivamente a raíz de los sucesos de mayo de 1937. Aparte de esta función oficial, los miembros de las patrullas cometían delitos para su propio beneficio personal, por simple venganza o movidos por el odio de clase. El grupo conocido como «Els Nanos d'Eroles» alcanzó especial notoriedad por sus prácticas criminales. La organización de otras patrullas quedó bajo la tutela de distintos partidos políticos, como la del hotel Colón, dirigida por el PSUC. Había además una plétora de grupos autónomos completamente independientes que contaban con sus propias checas. Manuel Escorza del Val, quien teóricamente ocupaba el mando del servicio de contraespionaje de la CNT-FAI, se sirvió de sus unidades para eliminar a todo aquel a quien percibía como enemigo del movimiento. Fernández, Asens, Eroles y Escorza no tenían ningún reparo en recurrir a delincuentes comunes, a los que consideraban víctimas de la sociedad burguesa. De este modo terminaron dirigiendo una red de terror que se extendió por toda Cataluña. Además, se ha señalado a Fernández y a uno de sus más estrechos colaboradores, Vicente Gil «Portela», como culpables de diversos delitos sexuales.[29]

Durante el período de dominación anarquista, la Generalitat centró todos sus esfuerzos en la tarea de salvar vidas. Así, el gobierno catalán expidió salvoconductos a católicos, empresarios, derechistas, individuos de clase media y miembros del clero. Estos pasaportes permitieron embarcar en el puerto de Barcelona a más de 10.000 personas en barcos extranjeros. En los casos en que dichas personas corrían peligro si no ocultaban su verdadera identidad, los documentos se expedían con un nombre falso. En 1939, el gobierno francés reconoció haber evacuado de Barcelona, a través de su consulado y con la colaboración de la Generalitat, a 6.630 ciudadanos, 2.142 de los cuales eran curas, monjes y monjas, y 868, niños. El 24 de agosto de 1936, el cónsul de Mussolini en Barcelona, Carlo Bossi, confirmó la evacuación de 4.388 españoles en barcos italianos. Esa noche, en su habitual discurso radiofónico, Queipo de Llano proclamó que ese día se habían salvado 5.000 vidas y señaló que dicha acción quizá pudiera rebajar las responsabilidades de Companys.[30]

Franco no compartía esta visión, y en 1940 solicitó a Francia la extradición del presidente catalán y lo ejecutó a su llegada a España. Además, no todos aquellos a los que Companys había salvado la vida supieron demostrar su gratitud. Entre los evacuados figuraba el rico Miquel Mateu i Pla, quien al alcanzar la zona rebelde, se puso a las órdenes de Franco. Tras la conquista de Barcelona en 1939, y por recomendación del padre Juan Tusquets, Franco nombró a Mateu alcalde de la ciudad. Sus políticas al frente de la alcaldía parecen insinuar que esperaba el momento de vengarse de toda la población barcelonesa por las incomodidades vividas mientras fue prisionero de la FAI.[31]

Otra diferencia reseñable entre Cataluña y la zona rebelde fue el tratamiento que se daba a los cadáveres de las víctimas de la violencia extrajudicial. En Barcelona, los familiares de las víctimas pudieron localizar sus cuerpos. La Cruz Roja, los servicios municipales o el personal judicial competente se encargaban de recoger los cuerpos de las calles y trasladarlos al hospital Clínic, donde los fotografiaban y numeraban. Con el fin de evitar tales investigaciones, las patrullas de la FAI, por recomendación de Josep Solé Arumí, de Esquerra Republicana, habilitaron crematorios para deshacerse de los cuerpos, unas veces quemándolos con gasolina, otras veces disolviéndolos en cal viva, escondiéndolos en pozos o enterrándolos en lugares remotos.

Mientras las Patrullas de Control gobernaron las calles, se produjo una oleada de asesinatos de clérigos, ricos y personas a las que se creía relacionadas con la represión de la izquierda a raíz de los sucesos de octubre de 1934. Lo cierto es que en Barcelona, como en otras muchas partes, ser identificado como sacerdote, religioso, católico militante o incluso miembro de alguna obra social entrañaba peligro de muerte o de encarcelamiento, por la tradicional alianza de la Iglesia con la derecha española. No obstante, la ferocidad de la persecución del clero en Cataluña por parte de la FAI fue quizá mucho mayor que en cualquier otro lugar de España. En octubre de 1934 se registraron algunas agresiones aisladas contra sacerdotes en Barcelona. En Vilanova i la Geltrú, se saqueó y se destruyó la iglesia de la Inmaculada Concepción. En Vilafranca del Penedès solo dos iglesias se salvaron de la quema. Durante la primavera de 1936 hubo apedreamientos de sacerdotes en las calles, asaltos contra casas parroquiales e interrupciones violentas de algunas ceremonias religiosas.[32]

La magnitud de la violencia contra el clero se intensificó tras el alzamiento militar. Se generalizaron el saqueo y la quema de iglesias y, en un primer momento, se asesinaba en plena calle a los curas que vestían sotana. Poco después comenzaron las detenciones de las personas que asistían en las celebraciones religiosas, como sacristanes o administradores parroquiales. De esto se encargó principalmente la FAI, si bien algunos miembros de la Unió de Rabassaires también se destacaron en la persecución anticlerical. A los detenidos los ejecutaban en las checas, después de interrogarlos. Muchos sacerdotes huyeron o se escondieron en lugar seguro. Según un informe elaborado por la diócesis de Barcelona una vez terminada la guerra, buena parte de los abusos cometidos contra el clero y las iglesias, aunque organizados por extremistas locales, eran obra de elementos foráneos. Cuando eran los propios vecinos los que se entregaban al vandalismo, los destrozos se atribuían a inmigrantes llegados de otras provincias de España. En muchos pueblos los feligreses se enfrentaron a los asaltantes para impedir el expolio de las iglesias, aunque en ocasiones, para salvar al clero, se veían obligados a consentir, incluso a colaborar, en los incendios. También los comités locales del Frente Popular salvaron la vida de muchos sacerdotes y les facilitaron la huida. En Valls, una pequeña ciudad de Tarragona, se destruyeron los altares de la mayoría de las iglesias y se usaron los edificios como garajes o almacenes agrícolas. Un grupo de miembros de la FAI, descendientes del escultor que lo había construido, consiguió salvar un altar particularmente valioso que databa del siglo XVII. Pese a todo, 12 sacerdotes fueron asesinados en el pueblo.[33]

De acuerdo con el mismo informe diocesano, en numerosas poblaciones, como Granollers o Sitges, fue el propio comité local el responsable de los excesos anticlericales. En el caso de Vilanova i la Geltrú, como la derecha se vio sorprendida por el golpe militar y no participó en la sublevación, las represalias de la izquierda fueron menos crueles que en otros lugares. Aun así, llegaron de Barcelona camiones cargados de hombres armados que obligaron a todo el personal religioso a abandonar sus iglesias, conventos y monasterios, y a continuación saquearon los edificios religiosos, aunque no llegaron a quemarlos. De todos modos, se impidió por completo la práctica de la liturgia en público. Muchos documentos se quemaron en el asalto al Registro de la Propiedad, y el municipio quedó bajo el control de un comité de la CNT. Elementos incontrolados recorrieron el pueblo en otro *cotxe fantasma*, desvalijando viviendas y practicando detenciones sin autorización. Solo cuatro de las víctimas asesinadas por las patrullas en Vilanova i la Geltrú eran sacerdotes. Muchos de estos crímenes fueron obra de individuos llegados de fuera, aunque relacionados con la izquierda local. Por el contrario, cerca de la mitad de las víctimas registradas en Lérida en las cinco semanas que siguieron al alzamiento militar eran clérigos. El 65,8 por ciento del clero de la diócesis leridana murió asesinado a lo largo de la guerra. La estrecha asociación entre fascismo e Iglesia desde la óptica de la izquierda se vio reforzada por las declaraciones del Papa, quien afirmó que el fascismo era la mejor arma para aplastar la revolución proletaria y defender la civilización cristiana.[34]

Buena parte de la violencia anarquista se inspiraba en dos nociones, la purificación por el fuego y la limpieza del legado de toda la historia española previa, tanto republicana como monárquica y clerical. Esta noción inspiró las matanzas y la destrucción de propiedades, principalmente eclesiásticas, perpetradas por elementos idealistas, pero, como ya se ha apuntado, también sirvió para justificar la actividad de delincuentes comunes que, tras ser liberados de prisión, se sumaron a las milicias y a las checas recién creadas por la CNT-FAI. Individuos condenados por asesinato o robo a mano armada, simples delincuentes, terroristas, incluso monstruos psicópatas, fueron glorificados como héroes de la lucha social por parte de muchos anarquistas, quienes solían estar inspirados por ideales humanitarios. Un importante sector del movimiento anarquista veía la violencia como un instrumento esencial para el cambio social.[35]

Aunque estos delincuentes no hubieran salido de las cárceles, una vez levantadas las restricciones habituales habría sido imposible mantener bajo control los sentimientos antiderechistas reprimidos durante tantos años. En toda la zona republicana, con la excepción del País Vasco, se saquearon las iglesias y los conventos. Muchos edificios eclesiásticos pasaron a convertirse en prisiones, garajes o almacenes. Los actos de profanación —tales como tirotear las estatuas de Jesucristo y de los santos, destruir las obras de arte o utilizar las vestiduras sagradas en sátiras de las ceremonias religiosas— fueron generalmente simbólicos y puramente teatrales. El estudio más fiable de la persecución religiosa durante la Guerra Civil corresponde a monseñor Antonio Montero Moreno, cuyos cálculos cifran en 6.832 el número de sacerdotes o miembros de distintas órdenes religiosas asesinados o ejecutados. Muchos otros huyeron del país. El odio popular hacia la Iglesia hundía sus raíces tanto en la tradicional alianza eclesiástica con la derecha nacional como en la abierta defensa de la rebelión militar que expresó la jerarquía católica.

Entre las víctimas mortales del clero hubo alrededor de 300 monjas, si bien la propaganda que hablaba de monjas desnudas y obligadas a bailar en público, o de monjas violadas por bandas de milicianos republicanos, se inscribe en el terreno de la exageración delirante. El célebre relato posbélico publicado bajo la autoría de fray Justo Pérez de Urbel, el abad del monasterio del Valle de los Caídos, fue una pura invención del verdadero autor del libro, el periodista Carlos Luis Álvarez, que firmaba sus propios escritos con el pseudónimo de «Cándido».[36] El clero español estaba constituido por unos 115.000 miembros, de los cuales alrededor de 45.000 eran monjas, 15.000 eran monjes y el resto, sacerdotes. Los estudios más recientes elevan a 296 el número de monjas asesinadas en la guerra, lo que representa aproximadamente el 1,3 por ciento de las religiosas en la zona republicana, un porcentaje que contrasta dramáticamente con el 18 por ciento de monjes y el 30 por ciento de sacerdotes (un total de 2.365 y 4.184, respectivamente).[37]

El número de abusos sexuales comprobados fehacientemente fue muy escaso, aunque no por ello menos vergonzoso, pese a la negativa de las víctimas a denunciar las vejaciones. Tras una investigación exhaustiva, Montero Moreno concluyó que las monjas en general no sufrieron abusos sexuales, si bien en algunos casos recibieron amenazas y no se libraron de la muerte. Las religiosas que pertenecían a órdenes dedicadas a las obras sociales, como las hermanitas de los pobres, fueron las que escaparon más fácilmente a cualquier clase de represión. El archivista de la diócesis de Barcelona, el padre José Sanabre Sanromá, recopiló los datos de todas las monjas asesinadas. Según dichos datos, la inmensa mayoría murieron en los días inmediatamente posteriores al alzamiento militar. Sanabre Sanromá no refiere ningún caso de agresión sexual en la diócesis de Barcelona. Así, los incidentes ocurridos en la localidad gerundense de Riudarenes, donde cinco monjas fueron víctimas de abusos sexuales y asesinadas a continuación, pueden considerarse excepcionales.

La razón más citada para explicar la abrumadora diferencia entre el número de víctimas del clero de ambos sexos no es otra que la convicción, ampliamente extendida entre la población masculina de la época, de que las jóvenes entraban en los conventos coaccionadas o engañadas. Los monjes y sacerdotes, por el contrario, fueron objeto de torturas simbólicas y a veces brutales que a menudo incluían vejaciones sexuales. Denotaban el rencor popular por las continuas humillaciones del clero sobre la población, al amparo de sus abrumadores privilegios eclesiásticos y de su poder para controlar la vida de la gente, sobre todo de las mujeres.[38]

Aunque la magnitud de la violencia anticlerical en Cataluña fue muy superior a la que se vivió en el País Vasco, las principales personalidades de la Generalitat pusieron todo su empeño en combatirla con firmeza, pese al riesgo que esto entrañaba. Jaume Miravitlles escondió a varios grupos de sacerdotes en los vestuarios del Fútbol Club Barcelona mientras se preparaba su salida de Cataluña. Hombres como Josep Maria Espanya i Sirat, *conseller de Governació*, Joan Casanovas (que hasta finales de septiembre ocupó simultáneamente el cargo de primer ministro y presidente del Parlamento catalán) y Ventura Gassol, el *conseller de Cultura*, realizaron un esfuerzo heroico. Azaña señalaba en sus notas: «Gassols ha salvado a muchos curas. Y al arzobispo».[39] Se refería al arzobispo de Tarragona, el cardenal Francesc Vidal i Barraquer. Viendo que era imposible garantizar la seguridad del clero, las autoridades catalanas a veces custodiaban a los sacerdotes en prisión hasta que lograban sacarlos del país. El obispo de Gerona salió de la ciudad escoltado y consiguió escapar a Italia, y también salvaron la vida los obispos de Tortosa, La Seu d'Urgell y Vic. En su informe del 24 de agosto, el cónsul italiano Carlo Bossi daba cuenta de las facilidades ofrecidas por Espanya i Sirat para garantizar la evacuación de numerosas comunidades religiosas, entre ellas los monjes de la abadía de Montserrat, y señalaba que, cuando la expedición de los pasaportes quedó en manos del jefe de la Policía Local, miembro del PSUC, las cosas se complicaron notablemente. Aun así, el 11 de septiembre pudo informar de la evacuación de otros 996 religiosos en barcos italianos.[40]

El 20 de julio, el delegado de la Generalitat en Tarragona instó al cardenal Vidal i Barraquer a que abandonara urgentemente el palacio episcopal, pero el prelado se negó a seguir su consejo. Poco después, cuando las iglesias de la ciudad empezaron a arder, y presionado por el comisario de Orden Público, el cardenal consintió que el palacio y el seminario próximo se convirtieran en hospital militar. Un numeroso grupo de anarquistas armados procedente de Barcelona llegó a la ciudad en la tarde del 21 de julio. Liberaron a todos los delincuentes comunes de la cárcel municipal, saquearon e incendiaron el monasterio de Santa Clara y, acto seguido, atacaron el orfanato contiguo, dirigido por los monjes carmelitas, además del convento de los carmelitas descalzos. Ciudadanos de a pie impidieron la quema de las bibliotecas de las iglesias. Pese a todo, el cardenal Vidal i Barraquer se negó a marcharse y se mantuvo firme en su decisión hasta que le advirtieron que, si seguía retrasando su partida, nadie podría impedir el derramamiento de sangre. El 21 de julio se refugió en el monasterio de Poblet. Una patrulla anarquista de L'Hospitalet de Llobregat lo sacó de su escondite a punta de pistola y lo trasladó a la localidad vecina de Vimbodí. Allí decidieron llevarlo a L'Hospitalet para que fuera juzgado. El coche de la patrulla se quedó sin gasolina en el camino, de tal suerte que una unidad de la Guardia de Asalto pudo liberar al cardenal y trasladarlo a Barcelona, donde la Generalitat organizó con Carlo Bossi su exilio hacia Italia.[41]

Con independencia de este rescate en particular, 86 clérigos, 58 sacerdotes y 28 religiosos fueron asesinados en la capital provincial de Tarragona entre el 23 de julio y el 22 de diciembre, fecha en que por fin se pudo atajar la represión. Un tercio de las víctimas murieron en los diez primeros días, otro tercio en las siguientes tres semanas de agosto y el resto en el curso de los cuatro meses posteriores. Un total de 136 clérigos fueron asesinados en el conjunto de la provincia.[42] La Generalitat envió un coche a Tarragona para rescatar a un amigo de Vidal i Barraquer, el procurador Antoni Elias Buxad, y a su familia, a quienes ofrecieron un refugio seguro en la pequeña población de Santes Creus.[43] El 21 de agosto, un grupo de ferroviarios de la CNT capturaron al vicario general del cardenal, monseñor Salvador Rial i Lloberas, y lo juzgaron ante un tribunal espontáneo cuyo presidente lo condenó automáticamente a muerte, con el argumento de que «el proletariado había acordado exterminar a todos los Sacerdotes». Le ofrecieron salvar la vida a cambio de revelar el paradero de los fondos diocesanos. Al negarse el prisionero, lo encarcelaron sin agua ni comida en un minúsculo almacén del barco-prisión *Río Segre*, atracado en el puerto de Tarragona. Como persistió en no revelar el escondite de los fondos, monseñor Rial estaba a punto de ser fusilado cuando la creación de los Jurats Populars arrebató la jurisdicción a las milicias locales.[44]

El caso de Tarragona fue típico. En términos generales, el mayor número de asesinatos de miembros del clero en Cataluña tuvo lugar entre el 19 de julio y finales de septiembre. La posterior creación de los Tribunales Populares, que ofrecían a los acusados un mínimo de garantías judiciales, sustituyó las ejecuciones por penas de cárcel. El reaccionario obispo de Barcelona, Manuel Irurita Almandoz, no tuvo tanta suerte como el cardenal Vidal i Barraquer. El 21 de julio de 1936, cuando los milicianos registraron el palacio episcopal, Irurita se escondió en casa de Antoni Tort, un joyero y ferviente católico que asimismo había dado refugio a cuatro monjas. El 1 de diciembre, una patrulla de control de Poble Nou registró el taller del joyero y encontró al obispo Irurita. Aunque este aseguró que era un simple sacerdote vasco, los milicianos sospecharon que era un hombre importante. Se cree que lo fusilaron en Moncada, en compañía de Antoni Tort, el 4 de diciembre de 1936, pese a que circulaba el rumor de que había sido rescatado. Lo cierto es que hubo negociaciones entre el ministro de Justicia, Manuel Irujo, y el sacerdote vasco Alberto de Onaindia para salvar la vida del obispo Irurita. Muchos afirmaron que lo habían visto en Barcelona una vez terminada la guerra. Las pruebas de ADN practicadas en el año 2000 no han logrado resolver las dudas, por lo que las especulaciones continúan.[45]

Ante la ausencia de poder policial y judicial, y al socaire de una retórica de justicia revolucionaria, los actos de violencia no tuvieron al clero como único objetivo. La violencia era el reflejo de la ira popular tras el golpe militar, cuyos responsables intentaban destruir cualquier avance conseguido por la República. La venganza afectó a todos los sectores sociales favorecidos por la sublevación. El odio hacia el sistema de opresión social se expresó mediante el asesinato o la humillación de los sacerdotes que lo justificaban, de los policías y guardias civiles que lo defendían, de los empresarios y los terratenientes que lo implementaban y de los ricos que disfrutaban de aquel estado de cosas. Los actos violentos tenían en ocasiones una dimensión revolucionaria, como la quema de los registros de fincas rústicas y urbanas o la ocupación de las viviendas de los ricos en las grandes ciudades; pero hubo también simples actos criminales, asesinatos, violaciones, robos y ajustes de cuentas contra la antigua clase dirigente que, a la luz de la nueva moral, se percibían como acciones revolucionarias, como ya había sucedido en Francia, México y Rusia. Los objetivos de la «justicia revolucionaria» eran los «fascistas probados», una categoría en la que se enmarcaba a cualquier persona de derechas bajo la que recayera la sospecha de haber respaldado el alzamiento militar. En consecuencia, terratenientes, banqueros, propietarios de fábricas, comerciantes, empleados de puestos directivos, ingenieros y técnicos industriales, incluso trabajadores a los que se creía demasiado cercanos a los jefes, corrían el riesgo de ser condenados por alguno de los numerosos tribunales que proliferaron dondequiera que un sindicato o un grupo político decidía constituirlos: comités de fábrica o de barrio, comités urbanos o rurales y «grupos de investigación y vigilancia».

La rabia inicial contra los militares rebeldes, y el deseo de castigarlos por haber provocado un derramamiento de sangre, pronto se combinaron con la determinación de consolidar la revolución y eliminar a todos sus supuestos enemigos. Las malas noticias procedentes del frente y la llegada de los cadáveres de los caídos provocaron estallidos de venganza no solo en Madrid sino también en lugares muy alejados de la batalla, como fue el caso de Tarragona.[46] En otras partes los enfrentamientos obedecían a las rivalidades —a veces ideológicas, a veces personales, y más frecuentes en Barcelona que en Madrid— entre los distintos partidos políticos y grupos de milicianos. Unos intentaban reconstruir el sistema judicial para ofrecer a los adversarios políticos las debidas garantías constitucionales, mientras que otros buscaban una venganza que creían merecida y veían en la inmediata aniquilación física del enemigo, sin ningún procedimiento legal, la base de un nuevo y utópico orden revolucionario. Entre los primeros figuraban Esquerra Republicana de Catalunya y el Partit Socialista Unificat de Catalunya, y entre los segundos, los anarquistas.

En un primer momento, buena parte de los comités locales dedicaron enormes esfuerzos a confiscar los coches, las radios, las máquinas de escribir, las sedes de las organizaciones de derechas y las mansiones de los ricos, para lo cual apostaban patrullas en todas las carreteras de entrada y salida de las ciudades. La presencia de las patrullas hizo que los viajes de cierta distancia resultaran interminables, pues cada pocos kilómetros los vehículos recibían el alto y había que enseñar la documentación. Los registros domiciliarios y la confiscación de viviendas iban acompañados de robos y actos vandálicos.[47] Aunque la mayoría de los comités locales se ocuparon de imponer o administrar la colectivización de las tierras de labor y de erradicar a los elementos rebeldes, en algunos casos actuaron como simples delincuentes. Los ejemplos más típicos se vivieron en Gerona, donde los miembros del Comitè d'Orriols cometieron actos de pillaje singularmente violentos, mientras que en Riudarenes, como ya hemos visto, asesinaron a cinco monjas tras someterlas a torturas sexuales entre los días 22 y 25 de septiembre. En pueblos de la frontera como Portbou, La Jonquera y Puigcerdà, algunos miembros de la FAI se dedicaron a la extorsión sistemática de los que intentaban escapar a Francia. Muchos fueron asesinados tras haber entregado todos sus objetos de valor. Estas patrullas fronterizas facilitaban además el contrabando de los objetos robados por las patrullas de la FAI en Barcelona, unas veces para su lucro personal y otras veces para comprar armas.[48]

Entre las prioridades de los anarquistas figuraba garantizar la reparación de los daños sufridos por lo que consideraban sentencias injustas, dictadas por los tribunales monárquicos y republicanos antes del 18 de julio de 1936. El primer paso en este sentido debía ser la destrucción de los archivos judiciales. Los líderes anarquistas, incluido Abad de Santillán, uno de los principales dirigentes del Departament de Milícies del CCMA, creían firmemente que la justicia popular no necesitaba de abogados o jueces. De ahí que el 11 de agosto enviaran a un grupo de milicianos con instrucciones de tomar el Palau de Justícia en Barcelona. Pretextaron, para entrar en el edificio, que iban en busca de armas. El periodista y abogado anarquista Ángel Samblancat presenció el enfrentamiento entre los milicianos y los guardias civiles que custodiaban el Palau. El líder de la patrulla anunció que habían ido allí para detener «a todos los pillos que desde detrás de la barricada de sus expedientes y sumarios hostilizan a la revolución».

Fue entonces cuando Samblancat decidió informar a los representantes de la CNT en el CCMA, quienes le confirmaron que habían sido ellos los que habían enviado a la patrulla porque «se ha de fumigar esa madriguera de reptiles, quiera o no la Generalitat». A continuación propusieron a Samblancat que ocupara el Palau, y le dieron instrucciones de conseguir refuerzos sustanciales y regresar al edificio para expulsar a los «tunantes» que seguían en él. Samblancat obedeció las órdenes y desalojó a todos los juristas. El relato oficial que la prensa ofreció de los hechos fue que la misión de Samblancat había consistido en impedir que un grupo de elementos incontrolados destruyera los archivos judiciales. Puesto que eso distaba de ser la intención de los anarquistas, es razonable suponer que esta fue la coartada que emplearon para que el resto de los miembros del CCMA aprobaran la operación.[49] Varios jueces fueron asesinados y el 17 de agosto toda la acción quedó oficialmente legitimada al decretar la Generalitat el cese de todo el personal judicial, para habilitar un organismo revolucionario conocido como la Oficina Jurídica, brevemente dirigido por Samblancat.[50]

El 28 de agosto, Samblancat presentó su dimisión y fue sustituido por el abogado anarquista Eduardo Barriobero, quien proclamó el origen social de todos los delitos y se preció de haber destruido cientos de toneladas de expedientes judiciales anteriores al 19 de julio de 1936. Montañas de documentos ardieron en la acera del passeig de Sant Joan. Barriobero anunció públicamente que renunciaba a su salario, aunque más tarde fue acusado de utilizar su posición para amasar una fortuna considerable. El director de la Oficina Jurídica escogió como ayudantes a dos miembros del Comité Pro-presos de la FAI, José Batlle i Salvat y Antonio Devesa i Bayona, ambos con antecedentes penales y condenados a penas de cárcel de doce y catorce años respectivamente por atraco a mano armada. A raíz de este nombramiento, cuantiosas sumas de dinero depositadas en relación con las causas pendientes de resolución judicial se esfumaron como por arte de magia. Además, se expidieron certificados de fiabilidad antifascista a cambio de dinero. En la nómina de la oficina figuraban 60 milicianos anarquistas. Los detenidos y sus familias eran generalmente objeto de extorsiones. Según Pons Garlandí, Barriobero trabajaba en connivencia con Aurelio Fernández, Escorza y Eroles. Los abusos cometidos por la Oficina Jurídica llevaron al periodista Manuel Benavides a señalar: «Hay ocasiones en que el crimen y la imbecilidad parecen no tener límites».[51]

En la época en que Barriobero y sus compinches de la CNT dirigieron el sistema judicial, la Generalitat fue incapaz de mantener el orden público. La única medida efectiva que se consiguió adoptar para poner fin a la «justicia espontánea» fue la creación, el 24 de agosto, de los ya citados Jurats Populars en las cuatro provincias catalanas, constituidos por 3 magistrados y 12 jurados elegidos entre los sindicatos y los partidos de izquierdas. Estos jurados fueron en parte una reacción a la institución de los Tribunales Populares surgidos de dos decretos promulgados por el gobierno central los días 23 y 25 de agosto, a raíz de los sangrientos incidentes ocurridos en la cárcel Modelo de Madrid. La CNT aceptó la creación de los Jurats Populars por parte de la Generalitat.[52] La misión de estos jurados consistió inicialmente en la represión del fascismo, si bien no tardó en ampliarse a los delitos de rebelión y sedición. La falta de formación jurídica de sus miembros explica el funcionamiento caótico de estos órganos judiciales. Todos los participantes en el proceso —jurados, testigos, acusados, incluso el público en general— gozaban de libertad para explayarse a su antojo, por lo que las audiencias se hacían interminables. La tendencia general era de indulgencia, y aunque las sentencias solían situarse en los extremos de la absolución o la pena de muerte, esta última se conmutaba normalmente por una pena de cárcel.[53]

Hacia mediados de septiembre, a la vista de la ineficacia que entrañaban las dualidades en el ejercicio del poder, Companys y Casanovas decidieron disolver el CCMA. El miedo a las Patrullas de Control y su impopularidad entre los ciudadanos facilitó en cierto modo esta decisión. Convencido de que la iniciativa debía partir del CCMA, Companys expuso la idea en primera instancia a una delegación de la CNT-FAI integrada por Durruti, García Oliver y Aurelio Fernández. El siguiente paso fue la dimisión de Casanovas como primer ministro (*conseller en cap*) el 25 de septiembre. Un día después se constituyó un nuevo gobierno de coalición presidido por Josep Tarradellas, al que se incorporaron varios *consellers* de la CNT. Tarradellas logró mejorar la situación pero tardó en erradicar los abusos de las patrullas. De hecho, una vez que quedó demostrada la arrogancia y el sectarismo con que los anarquistas ejercían el poder, pronto se granjearon la enemistad del resto de los grupos de izquierdas. En concreto, el *conseller de Defensa*, Josep Isgleas, se ocupó personalmente de que el grueso de las armas compradas por la Generalitat acabara en manos de los anarquistas, mientras que el modo de organizar las requisas de alimentos por parte de Josep Joan i Domènech, *conseller de Proveïments*, también de la CNT, desencadenó conflictos en las zonas rurales de Cataluña y suscitó la hostilidad del PSUC.[54]

Una de las principales cuestiones que pusieron a prueba la unidad del gobierno de coalición fueron las crecientes dudas en torno a la honradez de Eduardo Barriobero. A mediados de septiembre se descubrió a siete falangistas en la residencia de Barriobero en Madrid y se insinuó que su mujer los había escondido a cambio de dinero. Entrevistado más tarde en Barcelona, Barriobero negó cualquier conocimiento de los hechos.[55] El problema se zanjó con la disolución de la Oficina Jurídica el 20 de noviembre por orden del nuevo *conseller de Justícia*, Andreu Nin, quien sacó a la luz los abusos de Barriobero. Escogido por Tarradellas como el único hombre capaz de enfrentarse a Barriobero y la CNT, Nin ordenó la detención de Barriobero, Batlle y Devesa, y los procesó por robo. Se hallaron pruebas de que habían cruzado la frontera en varias ocasiones para depositar dinero en bancos franceses. El gran logro de Nin consistió en restablecer el funcionamiento de la justicia convencional y acabar con la «justicia» arbitraria de la CNT-FAI.[56]

En el marco de su reforma del sistema judicial en Cataluña, Andreu Nin constituyó los llamados Tribunales Populares a mediados de octubre de 1936, pese a lo cual hasta bien entrado el mes de diciembre no fue posible erradicar los ataques contra la vida y la propiedad de las personas de derechas. La conexión entre la justicia popular y el estado no pudo establecerse hasta que se produjo la incorporación de la CNT al gobierno, el nombramiento de Juan García Oliver como ministro de Justicia y la creación de los Tribunales Populares por parte de Nin, momento en que el estado empezó a recuperar efectivamente la administración de la justicia.[57] Había cuatro tribunales en Barcelona y uno en cada una de las otras tres provincias catalanas: Gerona, Lérida y Tarragona. Quizá sorprenda el número relativamente bajo de sentencias de muerte dictadas por estos tribunales en comparación con las condenas que aplicaban los tribunales militares de la zona rebelde. Entre la fecha de su creación y el mes de febrero de 1937, los cuatro tribunales barceloneses dictaron 48 sentencias de muerte, de las cuales 40 se ejecutaron, mientras que las restantes se conmutaron por distintas penas de cárcel, por decisión de la Generalitat. Por otra parte, desde su creación, el 5 de noviembre de 1936, y hasta el final de ese año, el tribunal de Gerona juzgó a 37 personas, principalmente por un delito de colaboración con el golpe militar. Hubo también milicianos juzgados por su participación en diversos actos violentos. Se dictaron 20 penas de muerte, de las cuales solo 4 llegaron a ejecutarse, otras 4 se conmutaron por penas de prisión y 12 condenados fueron indultados. Entre mediados de diciembre de 1936 y mediados de febrero de 1937 se celebraron en Tarragona 102 juicios, 29 de los cuales concluyeron con penas de muerte que se conmutaron en 26 casos. El tribunal de Lérida fue el más severo, a pesar del gran número de ejecuciones registradas en la ciudad con anterioridad a su creación. Entre el 13 de octubre y el mes de abril de 1937 se dictaron 106 penas de muerte, 14 de las cuales fueron conmutadas. En total, la Generalitat anuló como mínimo 90 sentencias, sirviéndose para ello de su poder legal para conmutar las penas impuestas.[58]

Una prueba adicional del empeño de la Generalitat en combatir la violencia incontrolada fue la importante investigación emprendida por las autoridades en abril de 1937 con el fin de esclarecer los asesinatos cometidos durante los primeros meses de la guerra y localizar los cementerios clandestinos donde se enterraba a las víctimas. El presidente de la Audiencia Provincial de Barcelona, Josep Andreu i Abelló, estableció un tribunal especial presidido por Josep Bertran de Quintana. Las investigaciones llevadas a cabo en toda Cataluña permitieron localizar los cuerpos de muchos de los desaparecidos e identificar a sus asesinos. Entre los detenidos figuraba Dionís Eroles, aunque quedó en libertad bajo fianza. Aurelio Fernández también fue detenido por diversos delitos relacionados con la extorsión a los ciudadanos arrestados por las patrullas. Se celebraron numerosos juicios por robo y asesinato. Después de mayo de 1937, la CNT presentó estos procedimientos judiciales como prueba de la persecución que sufrían los anarquistas y los miembros del POUM por parte de los comunistas, aunque el proceso había comenzado un mes antes. El 2 de agosto de 1937, un grupo armado de la FAI atentó sin éxito contra la vida de Andreu i Abelló. A pesar de que las investigaciones posteriores apuntaron a que Eroles había ordenado el atentado, no fue posible demostrar su participación en los hechos. Sucedía, sin embargo, que las atrocidades cometidas por miembros del PSUC y de la Unió de Rabassaires no se perseguían con el mismo vigor empleado contra los anarquistas. Por otro lado, al comprobarse que los juicios afectaban negativamente a la moral de las tropas en el frente, se decidió dar menos publicidad a las investigaciones. Los acusados quedaban en libertad cuando las denuncias contra ellos procedían de personas que habían padecido la confiscación de sus casas o sus tierras. No obstante, todos los que fueron declarados culpables de saqueo o asesinato recibieron su castigo.[59]

Poco después de la creación del gobierno de Tarradellas surgieron graves problemas en el Ministerio de Seguridad Interna. El nuevo *conseller*, Artemi Aiguader i Miró, de ERC, heredó buena parte del personal del Departament d'Investigació del CCMA. Aurelio Fernández ocupaba entonces el cargo de secretario general de la Junta de Seguretat Interior. Dionís Eroles era jefe de los servicios de orden público y colaboraba con Manuel Escorza y Josep Asens. Vicente Gil «Portela» se encargaba de expedir los pasaportes, conjuntamente con Joan Pons Garlandí, de ERC, que trataba de poner coto a sus excesos. Pons instituyó los controles fronterizos para impedir los abusos de la FAI y el PSUC. Inevitablemente, las tensiones estuvieron a punto de estallar cuando el jefe de la Policía de Aiguader, Andreu Revertés i Llopart, de ERC, trató de controlar la acción de las patrullas. A finales de noviembre de 1936, acusado por Eroles y Aurelio Fernández de conspirar contra la Generalitat, Revertés fue encarcelado y más tarde asesinado. Aiguader eligió entonces como jefe de Policía a Eusebio Rodríguez Salas «el Manco», miembro del PSUC. Rodríguez Salas mostró el mismo entusiasmo que su predecesor en la tarea de controlar a la FAI. Aurelio Fernández lo agredió físicamente en el despacho de Aiguader y el propio *conseller* tuvo que intervenir, pistola en mano, para evitar un crimen más grave. Eroles, por su parte, intentó que detuvieran a Pons Galardí. La libertad que Eroles concedió a las patrullas de la FAI desembocó en un conflicto con la Guardia Civil.[60]

Fuera de Barcelona, el terror descontrolado fue generalizado únicamente durante un breve período. Las columnas anarquistas que partían de la ciudad en vehículos requisados dejaban un rastro de muerte y destrucción a su paso por los pueblos y ciudades en el camino de Aragón, ejecutando a todo el que consideraban fascista, es decir, a clérigos, católicos practicantes, terratenientes y comerciantes. La capital de Lérida quedó inicialmente bajo control de los militares y la Guardia Civil, ayudados por jóvenes carlistas, falangistas y miembros de las Juventudes de Acción Popular. Sin embargo, los rebeldes se rindieron el 20 de julio, bajo las presiones de una huelga general y desmoralizados por las noticias de la derrota del alzamiento en Barcelona.

El POUM, la fuerza dominante en la provincia, colaboró con la CNT y la UGT para la creación de un Comitè de Salut Pública, si bien no hizo mucho por impedir la quema de las iglesias y la oleada de asesinatos. La noche del 25 de julio sacaron de la cárcel local a 26 militares y guardias civiles, los fusilaron y, a continuación, incendiaron la catedral. Ese mismo día fueron asesinados un sacerdote claretiano, 14 seminaristas de la misma orden y 12 civiles. En su excelente estudio sobre la violencia en la retaguardia, Josep M. Solé i Sabaté y Joan Villarroya i Font sugieren que el detonante de las atrocidades cometidas en Lérida fue la llegada de la Columna Durruti ese mismo día. El POUM, que controlaba la ciudad, nombró comisario de Orden Público al zapatero Josep Rodés Bley. Cuando Aurelio Fernández envió a Francesc Tomàs Facundo con la misión de organizar las Patrullas de Control, ambos se unieron para desatar una oleada de crímenes en la capital. El 5 de agosto, cargaron en un camión a 21 detenidos, entre los que se encontraba el obispo de Lérida, el doctor Salvi Huix Miralpeix, con intención de trasladarlos a Barcelona. El vehículo sufrió una emboscada, y los prisioneros fueron ejecutados en el cementerio. Se ha insinuado que la autoría del asalto correspondió a otra columna de Barcelona todavía más violenta que la de Durruti, conocida como «Los Aguiluchos de la FAI» y capitaneada por Juan García Oliver.

La noche del 20 de agosto se fusiló en el cementerio a 73 religiosos y varios civiles. Cuando por fin logró constituirse un Tribunal Popular para atajar los actos de violencia indiscriminada, más de 250 personas habían perdido ya la vida. Esta cifra equivale a la mitad del total de asesinados en Lérida durante toda la guerra y denota un grado de terror estrechamente relacionado con el notable tráfico de columnas anarquistas que pasaban por Lérida camino del frente de Aragón. Algunas de las víctimas civiles habían participado activamente en la represión de los trabajadores tras los sucesos de octubre de 1934.[61] En otros puntos de la provincia, el

POUM se apoderó de los aperos de labranza y de las fábricas abandonadas. Quienes se atrevían a señalar la necesidad de organizar la economía eran acusados de reaccionarios. Así ocurrió concretamente en Balaguer, una localidad situada al nordeste de la capital provincial, donde, tras dar muerte a 35 personas, a 17 de ellas el 5 de agosto, el comité del POUM se entregó a la buena vida en los hogares confiscados a los ricos.[62]

La repercusión que tuvo el terrorismo revolucionario en la prensa de derechas de toda Europa, sumada a las protestas diplomáticas, llevó al gobierno de Madrid, a la Generalitat y al Comitè Central de Milícies Antifeixistes a exigir el fin del «desorden». Las responsabilidades de gobierno hicieron que el periódico de la CNT, *Solidaridad Obrera*, adoptara una línea más «colaboracionista» y prudente bajo la influencia de intelectuales anarquistas como Diego Abad de Santillán, Federica Montseny o Mariano Rodrígez Vázquez («Marianet»), el representante del sindicato de obreros de la construcción. Los comités regionales de la CNT, la FAI y la Federación Ibérica de Juventudes Libertarias se habían unido para crear un Comité de Investigación de la CNT-FAI presidido por Manuel Escorza del Val y destinado a perseguir los excesos. Dicho comité estaba integrado por Abad de Santillán, Montseny, Marianet y Fidel Miró. Escorza, a quien la parálisis obligaba a vivir confinado en una silla de ruedas, fue descrito por García Oliver como «aquel tullido lamentable, tanto de cuerpo como de alma». El secretario del CCMA y posterior jefe de Prensa de la Generalitat, Jaume Miravitlles, lo recordaba como «el implacable e incorruptible Robespierre de la FAI», mientras que el amigo de Miravitlles, Joan Pons Garlandí, lo consideraba el «jefe de los incontrolados de la FAI». Federica Montseny, por su parte, lo describía como el Felix Dzerzhinsky de la revolución española y aseguraba que la brutalidad de sus métodos provocaba en ella «cierta inquietud, por no decir angustia». Desde su despacho en la planta superior del Foment del Treball en la via Laietana, sirviéndose de su enorme fichero de datos personales, Escorza perseguía a todos los derechistas y criminales alistados en las filas del anarquismo.[63]

La formación del Comité de Investigación solo formalizaba lo que Escorza había estado haciendo desde el principio de la guerra. Un temprano ejemplo de su labor fue el caso de Josep Gardenyes Sabaté, un matón anarquista con fama de violento e incontrolable. Aunque no fue amnistiado con la llegada al poder del Frente Popular, el 19 de julio quedó en libertad como tantos otros delincuentes comunes. Se sumó a la FAI, con un grupo de amigos, y se convirtió en «expropiador», entregándose a una campaña de robos y asesinatos sin freno. El 30 de julio, la CNT-FAI difundió un comunicado en el que se amenazaba con el fusilamiento de todo el que emprendiera registros domiciliarios no autorizados y comprometiera con sus actos el nuevo orden revolucionario. El 3 de agosto, Gardenyes y varios miembros de su banda fueron detenidos y ejecutados sin juicio alguno, lo que encendió los ánimos en ciertos sectores del movimiento anarcosindicalista.[64]

Gardenyes había demostrado su valentía durante el período del pistolerismo y era una figura de culto en el seno del movimiento anarcosindicalista. Se contaba entre los principales «hombres de acción», especializado en la recaudación de fondos a través de atracos. Era un anarquista comprometido que figuraba en la lista negra de los empresarios de Barcelona. Gardenyes pasó la dictadura de Primo de Rivera exiliado en Francia y Argentina y, a su regreso a España, no tardó en ser encarcelado por atraco. En abril de 1931 quedó en libertad al decretarse la amnistía para celebrar el triunfo de la Segunda República, pero poco después volvió a reincidir. Su comportamiento resultaba excesivo incluso para algunos de sus camaradas, de ahí que a finales de junio de 1931 lo expulsaran del Ateneo y de la agrupación anarquista Faros. El 19 de julio de 1936 participó en los combates callejeros contra el golpe militar y más tarde se sumó a las Patrullas de Control. Recuperó sus viejas costumbres y al parecer robó unas joyas en el registro de una vivienda.

La ejecución de Gardenyes fue la respuesta de los líderes de la CNT-FAI a la exigencia de acabar con el terrorismo revolucionario, un mensaje que no iba dirigido solo a las bases anarquistas sino a todas las organizaciones prorrepublicanas. Un pelotón liderado personalmente por Escorza ejecutó el castigo, y el cadáver fue arrojado a las afueras de la ciudad, probablemente en la Rabassada. Se contaba que Gardenyes peleó hasta el último momento y que se dejó las uñas en el coche en el que hizo su último viaje.[65] Felipe Sandoval, un anarquista afincado en Madrid con merecida fama de asesino, visitó Barcelona por un asunto relacionado con las labores que realizaba para la policía secreta de la CNT, la Sección de Estadística Secreta del Comité Nacional, un departamento principalmente dedicado a combatir a los comunistas. Por alguna razón, Sandoval enojó a Escorza en 1938 y tuvo que huir de Barcelona temiendo por su vida. Cuando fue interrogado por los franquistas, Sandoval describió a Escorza como una «figura contrahecha, un monstruo física y moralmente, un hombre que por sus procedimientos me repugnaba».[66]

Las acciones terroristas no autorizadas causaban consternación en algunos sectores del movimiento anarcosindicalista. Por miedo a que las protestas por el desorden terminaran por generar el deseo de restablecer las viejas estructuras estatales, el Comité Regional catalán y la Federación de la CNT de Barcelona redactaron el 25 de julio una declaración conjunta en la que se afirmaba: «Manchar el triunfo con pillajes y expoliaciones, con allanamientos domiciliarios caprichosos y otras manifestaciones de arbitrariedad, es cosa innoble e indigna y, desde luego, perjudicial a los intereses de la clase laboriosa». Con ingenuidad o con hipocresía, proclamaron que la CNT y la FAI castigarían severamente a quienes fueran sorprendidos por las Patrullas de Control cometiendo esa clase de actos. A la vista de que el vandalismo no cesaba, pocos días después se hizo pública una nueva declaración todavía más increíble, en la que se declaraba que los registros domiciliarios, las detenciones arbitrarias y las ejecuciones no tenían nada que ver con la CNT-FAI y eran obra de elementos a sueldo de los fascistas. El comunicado ordenaba el cese inmediato de los registros domiciliarios y concluía con estas palabras: «¡Que la revolución no nos ahogue en sangre! ¡Justicieros conscientes, sí! ¡Asesinos, nunca!». La FAI difundió un manifiesto para desmarcarse de los actos cometidos por las bandas armadas que practicaban los registros domiciliarios.[67]

Hubo sin embargo otros que, sin ser ingenuos ni hipócritas, denunciaron incondicionalmente la violencia y la destrucción. El influyente pensador anarquista Joan Peiró estableció una diferencia clara entre la violencia revolucionaria legítima y «el derramamiento de sangre inoportuno». A finales de agosto de 1936, escribió: «Si los burgueses encarnizadamente explotadores caen exterminados por la santa ira popular, la gente neutral, el pueblo espectador, encuentra una explicación al exterminio. Lo mismo sucede si los exterminados son los caciques, los clérigos entregados a actividades políticas de naturaleza reaccionaria y ultramontana, y todos los carcas. La revolución es la revolución, y es de sentido lógico que la revolución comporte derramamiento de sangre». Y tras justificar «la santa ira popular», pasaba a denunciar a quienes malgastaban tiempo y dinero incendiando y saqueando las iglesias y las casas de vacaciones de los ricos «mientras los peces gordos, los que merecen ser colgados de las farolas de la Riera» se salían con la suya.[68]

La visión de Peiró sobre la violencia gratuita halló eco en Tarragona, pero no así en Lérida. Los miembros del Comité Antifascista de Tarragona se opusieron con éxito a las ejecuciones de presuntos fascistas, si bien el hecho de que la Guardia Civil y la Guardia de Asalto fueran enviadas al frente dificultó en un principio el control de los milicianos más sedientos de sangre. Además, las noticias de las atrocidades cometidas en la zona rebelde provocaban actos de venganza difícilmente evitables. Pese a todo, los líderes locales de Esquerra Republicana, la UGT y el POUM denunciaron el terrorismo y la criminalidad. Las barbaridades cometidas en la ciudad fueron obra de tres bandas integradas por miembros de las Juventudes Libertarias y la FAI, en unos casos delincuentes liberados de la prisión el 22 de julio y, en otros, trabajadores en paro y sin cualificación, situados en los márgenes de la sociedad. Estas bandas armadas se lanzaron al robo, la extorsión y el asesinato en nombre de la revolución. Es posible, aunque no ha podido demostrarse, que algunos milicianos de otros grupos políticos también cometieran delitos, pero parece claro que estas bandas criminales que en ocasiones actuaban por su cuenta y riesgo también seguían órdenes del comité de la FAI.[69]

Pasado el momento de «la santa ira popular», las acuciantes necesidades del esfuerzo bélico propiciaron que, a finales de agosto, el periódico *Solidaridad Obrera* hiciera un llamamiento para acabar con la violencia espontánea contra los presuntos enemigos del pueblo. Por estas mismas fechas se publicó un editorial titulado «Profilaxis social» que llevaba el siguiente subtítulo: «Castigar a quien se lo merece inexorablemente. Pero a plena luz, con responsabilidad. Que sea un tribunal del pueblo el que juzgue, el que depure y el que haga justicia».[70]

Sin embargo, el mismo *Solidaridad Obrera* publicó un artículo en el que llamaba a la eliminación de Manuel Carrasco i Formiguera, un destacado miembro del partido catalanista democristiano Unió Democràtica de Catalunya, cuya triste historia se relata con más detalle en el capítulo 12. Carrasco trabajó los primeros meses de la guerra como asesor jurídico de la Conselleria de Economia de la Generalitat, una responsabilidad que los franquistas utilizarían más tarde para justificar su ejecución. Desde este cargo se opuso a los intentos de grupos anarquistas y de otras ideologías por acceder a las cuentas bancarias de personas que habían sido asesinadas o se habían exiliado, como era el caso de Miquel Mateu i Pla, quien, sin embargo, no hizo nada por ayudarlo cuando se enfrentó a la condena de muerte.[71] Sus problemas comenzaron con la enérgica intervención de Carrasco para impedir uno de los intentos de cobro de cheques firmados bajo coacción por individuos ricos detenidos por las patrullas y para evitar el acceso fraudulento a los fondos de empresarios que habían sido confiscados. Su actitud hizo que en las páginas del periódico de esta organización, el *Diari de Barcelona*, el 15 de diciembre lo denunciaran como un asesino fascista. Dos días más tarde apareció en *Solidaridad Obrera* el artículo firmado por Jaume Balius, miembro de la FAI, además de rico y fanático separatista catalán, en el que señalaba a Carrasco por sus creencias católicas. La denuncia que hacía Balius de su pasado conservador era una auténtica invitación al asesinato. La noche siguiente a la publicación de este artículo, una patrulla de la FAI se presentó en casa de Carrasco, quien tuvo que exiliarse.[72]

Hacia noviembre de 1936, Peiró endureció sus posiciones y denunció valientemente el terrorismo y el robo que habían sumido a Cataluña en la barbarie y desacreditado la revolución.

> Aquí, durante mucho tiempo, no ha habido más ley que la ley del más fuerte. Los hombres han matado porque sí, por matar, porque podían matar impunemente. Y en medio de esta tempestad, muchos han sido asesinados no por ser fascistas ni enemigos del pueblo, ni enemigos de nuestra revolución, ni nada que se le parezca. Lo han sido caprichosamente para satisfacer a quienes deseaban ver morir a otros hombres, y muchos de los inmolados hace poco han caído por tener resentimientos y cuentas pendientes con quienes han querido liquidarlos en estas circunstancias de impunidad y revuelta. En medio de un pueblo desbordado se han introducido los amorales, los ladrones y los asesinos por profesión y por instinto. Y cuando el pueblo desbordado se ha contenido en el momento en que debía contenerse, los otros, los amorales, han seguido robando y asesinando para deshonra de la revolución y para escarnio de los que se juegan la vida en los frentes de guerra.

La indignación de Peiró por los abusos cometidos en este clima revolucionario se intensificó en el otoño de 1936. En este sentido, señaló lo siguiente:

> En las comarcas barcelonesas, y sobre todo en las de Lérida, los excesos sangrientos han sido tan espeluznantes, tan injustos y sistemáticos, que los comités antifascistas de algunos pueblos han tenido que trasladarse a otras localidades para fusilar a los comités locales. ¿Y cuántos son los comités de toda Cataluña que se han visto obligados a ordenar el fusilamiento de los

«revolucionarios» que aprovechaban la ocasión unas veces sólo para robar y otras para evitar que alguien pudiera descubrir sus robos?

Peiró creía que denunciar públicamente estos abusos beneficiaba al movimiento anarquista. En uno de sus artículos se refirió a un líder del comité antifascista de un pueblo cercano a Mataró que había quemado sus muebles para sustituirlos por piezas robadas. «Este "revolucionario" que se jacta de haber liquidado a Dios y a María Santísima, no sólo ha hecho su propia revolución para disfrutar de un mobiliario propio de un príncipe sino que además ha robado ropas, alfombras, obras de arte y una fantástica joya». La razón por la que tantos hombres combatían y morían en el frente era, para Peiró, eliminar el robo y la violencia, no fomentarlo. Era evidente que no se podía dejar a estos nuevos ladrones y asesinos la construcción de un mundo nuevo.[73]

Sin embargo, tampoco había motivos para creer que muchos de los culpables no fueran miembros de la CNT-FAI. Un caso famoso de resistencia frente a un grupo de forasteros anarquistas tuvo lugar el 23 de enero de 1937 en La Fatarella, un pueblo situado en la cima de un monte, en la comarca de la Terra Alta de Tarragona, donde se vivieron sangrientos combates. El largo conflicto entre pequeños propietarios rurales y campesinos sin tierra que había propiciado la colectivización de las tierras se intensificó con la llegada de grupos de la FAI procedentes de Barcelona. Los revolucionarios intentaron ocupar las pequeñas parcelas de los agricultores locales, que les hicieron frente y lograron expulsarlos. Los anarquistas proclamaron que la Quinta Columna se había alzado en La Fatarella y solicitaron refuerzos de Barcelona y Tarragona. Las patrullas anarquistas, armadas hasta los dientes, llegaron de estas dos ciudades junto al grupo de Joaquim Aubí, «el Gordo», afincado en Badalona. Un vecino del pueblo consiguió avisar por teléfono a la Generalitat, pero los delegados gubernamentales enviados para impedir los disturbios, o bien llegaron demasiado tarde, o bien se abstuvieron de intervenir. Uno de los enviados era Aurelio Fernández, en cuya presencia una milicia de la FAI saqueó el pueblo y asesinó a 30 pequeños propietarios que se oponían a su política de colectivización. En sus comunicados, la CNT calificó a los pequeños propietarios rurales de «rebeldes» y propagó la falsa creencia de que en el pueblo se estaba planeando un levantamiento monárquico.[74] El extremista Jaume Balius escribió lo siguiente: «La revolución ha de limpiar la retaguardia. Adolecemos de un empacho de legalismo. Quien no está con los trabajadores es un fascista y como tal se le ha de tratar. No olvidemos el caso de La Fatarella».[75]

La violencia anarquista se dirigía tanto contra los comunistas como contra el clero, la clase media o los pequeños agricultores. Los esfuerzos en general fallidos de la Generalitat por controlar los excesos de la CNT-FAI se plasmaron en la tibieza de las negociaciones emprendidas por Josep Tarradellas, que ocupaba el cargo de primer ministro desde finales de septiembre. A mediados de ese mismo mes, el presidente Companys transmitió a Ilya Ehrenburg su indignación por las barbaridades que los anarquistas estaban cometiendo contra los comunistas y manifestó su extrañeza por el hecho de que el PSUC no respondiera de la misma manera.[76] La posición de Companys se vio significativamente reforzada con la llegada del cónsul ruso, Vladimir Antonov-Ovseenko, el 1 de octubre. En su primer informe consular a Moscú daba cuenta de la gravedad del problema. Se quejaba de que la CNT estaba reclutando a sus hombres indiscriminadamente, de tal suerte que cada vez había en sus filas más provocadores derechistas y elementos criminales procedentes del lumpen proletariado. Comentaba que, a finales de julio, la CNT había aprovechado el estallido de la guerra para asesinar a 80 trabajadores con el pretexto de que eran esquiroles. Bien es verdad que entre las víctimas figuraba Ramón Sales, líder del grupo esquirol Sindicatos Libres, pero también el presidente de la UGT en el puerto de Barcelona, Desiderio Trillas Mainé, que fue fusilado el 31 de julio junto a otros dos miembros del PSUC. La excusa esgrimida para acabar con su vida fue que, teniendo capacidad para elegir a quienes trabajaban en los muelles, había favorecido a los miembros de la UGT. La verdadera razón por la que lo mataron fue que en enero de 1934 se había opuesto a una huelga portuaria convocada por la CNT.[77]

En una localidad próxima a Barbastro, en la provincia de Huesca, 25 miembros de la UGT perdieron la vida a manos de un grupo de la CNT, en un ataque por sorpresa. En Molins de Rei, un municipio próximo a Barcelona, los trabajadores de una fábrica textil se pusieron en huelga en protesta por los despidos arbitrarios que practicaba el comité de la FAI. Los delegados de los trabajadores que intentaban llevar sus quejas a Barcelona fueron obligados a bajar del tren, y los que consiguieron escapar no se atrevieron a volver a intentarlo. Un ejemplo más extremo de las actividades de la FAI fueron las extorsiones que sufrieron los hermanos maristas por parte de Aurelio Fernández. Tras haber perdido a 14 de sus miembros, los directores de la orden se reunieron con Eroles y Aurelio Fernández el 23 de septiembre de 1936 y ofrecieron el pago de un rescate para salvar a los supervivientes. En este encuentro se garantizó su traslado seguro a Francia a cambio de 200.000 francos, pagaderos en dos plazos. Recibido el primer pago, Aurelio Fernández autorizó que 117 novicios cruzaran la frontera en Puigcerdà el 4 de octubre, pero a todos los mayores de veintiún años se les impidió la salida. A 30 de los maristas los llevaron a Barcelona, supuestamente para que se reunieran con los otros 77 que aguardaban el momento de zarpar con rumbo a Marsella. En realidad encerraron a los 107 en la cárcel de Sant Elíes. Entretanto, el adjutor de la orden regresó a Barcelona con el segundo pago del rescate, pero lo detuvieron, lo encarcelaron y entregaron el dinero a Aurelio Fernández. Esa misma noche fusilaron en Sant Elíes a 44 sacerdotes. Un hermano de uno de los prisioneros convenció a Aurelio Fernández para que lo liberara, y a continuación informó a la Generalitat de la situación. El presidente Companys intervino personalmente para salvar la vida de los 62 maristas restantes. Fuentes anarquistas han afirmado que toda la operación se llevó a cabo con la complicidad de Tarradellas.[78]

La implacable hostilidad entre anarquistas y comunistas se debía en parte a la enorme cantidad de armas, incluidas ametralladoras, que los primeros atesoraron. En un informe dirigido al Comintern el 19 de septiembre, el secretario general del Partido Comunista francés, Maurice Thorez, refería que en Barcelona «los anarquistas se han apoderado prácticamente de todas las armas de Cataluña y las emplean no solo para que sus columnas puedan combatir sino que las usan también contra otros grupos de trabajadores. Desde la insurrección militar han asesinado a varios militantes comunistas y sindicalistas, y han cometido auténticas atrocidades en nombre de lo que ellos llaman comunismo libertario». En términos parecidos, el supervisor de las Brigadas Internacionales del Comintern, André Marty, señaló que la superioridad armamentística de los anarquistas obligaba a pactar a corto plazo, si bien «habría que desquitarse con ellos».[79]

La región valenciana fue el escenario de algunos de los enfrentamientos más violentos entre anarquistas y comunistas, en parte como reflejo de la brutal represión que se había vivido tanto en la capital como en los principales pueblos y ciudades de sus tres provincias. Los autoproclamados comités y patrullas eliminaron a quienes consideraban fascistas. Muchos comités del Frente Popular consintieron la confiscación de tierras, los ataques a las iglesias y el asalto y la quema de los registros de la propiedad, bien es cierto que no siempre podían controlar a los elementos aislados que, como ocurrió en Cataluña, asesinaban a los curas, terratenientes y funcionarios municipales y judiciales. No fue una excepción el caso de Liria, una localidad situada al noroeste de Valencia donde el comité moderado sufrió las amenazas de las patrullas de la FAI llegadas de la capital. Los pequeños agricultores que se negaban a colectivizar sus tierras también corrían peligro. Al igual que en Cataluña, los asesinatos eran perpetrados por forasteros, aunque es probable que existiera un acuerdo de reciprocidad entre las bandas de los distintos pueblos, por vergüenza a actuar en sus respectivos municipios de origen. La matanza de Castellón, por ejemplo, pudo ser obra tanto de los miembros de un grupo de Izquierda Republicana conocidos como «La Desesperada» como de una banda de la CNT-FAI conocida como «Los Inseparables».[80]

En la fértil campiña valenciana no había habido demasiados problemas a raíz de la ocupación por miembros de la CNT y la UGT de las tierras confiscadas a defensores de los rebeldes, muchos de los cuales perdieron la vida en la primera oleada de disturbios. Sin embargo, los pequeños propietarios rurales se opusieron a las colectivizaciones forzosas que intentaban imponer los anarquistas. Estos llegaban a un pueblo, ya fuera en Cataluña, Aragón o Valencia, y obligaban al pregonero a decretar el «comunismo libertario» y abolir el dinero y la propiedad. Las columnas de la CNT, empeñadas en imponer la colectivización de las tierras en los municipios por los que pasaban, provocaron numerosos actos violentos. Un gran número de los integrantes de estas columnas eran trabajadores urbanos que defendían la pureza de las aspiraciones anarquistas sin comprender las características de cada lugar.

Esto explica la extraordinaria situación que se vivió en la provincia de Zaragoza, donde solo 44 de sus municipios, aproximadamente un tercio del total, se hallaban en zona republicana. La Zaragoza republicana, donde el total de víctimas se elevó a 742, arrojó el mayor porcentaje de muertes per cápita, un 8,7 por ciento de la población. En 8 de los 44 municipios no hubo ninguna víctima mortal, mientras que en otros 8 el número de muertos osciló entre uno y dos. Las localidades que registraron el mayor número de muertos, como Caspe, no habían experimentado desórdenes sociales de importancia antes del 18 de julio de 1936. Todas ellas estaban ocupadas por las columnas anarquistas llegadas de Barcelona y Valencia. Y fueron los milicianos de estas columnas los que acometieron la quema de iglesias, el asesinato de clérigos y derechistas y la colectivización forzosa de las tierras, aunque para todo ello precisaron la ayuda de los izquierdistas locales. Además, el número de víctimas tendía a ser más elevado en aquellas poblaciones donde la derecha había colaborado con el golpe militar, como Caspe, o donde se habían vivido conflictos sociales antes del 18 de julio, como ocurrió en Fabara. Cuando no se daba ninguna de estas condiciones, los comités locales consiguieron evitar las muertes. Así ocurrió en Bujaraloz, Lécera, Mequinenza y Sástago, entre otros muchos pueblos pequeños. De las 742 víctimas, 152 fueron asesinadas fuera de la provincia de Zaragoza. Más de 100 de esas víctimas eran prisioneros detenidos por los anarquistas y ejecutados en Teruel, Huesca o Lérida.[81]

En Huesca se vivió la misma pauta de violencia con la llegada de las columnas anarquistas, a veces con la colaboración de los comités locales. En la zona oriental de la provincia se alcanzó uno de los índices de persecución anticlerical más elevados. En Barbastro mataron al obispo Florentino Asensio y a 105 sacerdotes, lo que representaba el 54 por ciento de un total de 195 clérigos. La capital provincial perdió a 31 de sus 198 eclesiásticos, el 16 por ciento del total. En muchos pueblos asesinaron al párroco tras hacerle presenciar una parodia de la misa, aunque primero le ofrecían seguir viviendo si renunciaba a Dios. A menudo quemaban los cadáveres de los curas tras rociarlos con gasolina.[82] Fueron muy pocas las monjas asesinadas. En los peores casos, las amenazaban y las obligaban a abandonar los conventos. Sin embargo, tres religiosas fueron violadas y asesinadas el 1 de octubre de 1936 en Peralta de la Sal, una localidad situada al este de la provincia y perteneciente a la diócesis de Lérida. De todas formas, muchos católicos laicos en Huesca, incluidas mujeres, sufrieron la actividad criminal.[83]

También en Teruel la llegada de las columnas anarquistas marcó el comienzo de la represión. Tras detener a los derechistas y a los curas identificados por los militantes locales, los líderes de la columna de Ortiz acostumbraban organizar un rudimentario juicio público. En comunidades como La Puebla de Híjar o Alcorisa, obligaron a los vecinos a concentrarse en la plaza del pueblo y fueron sacando uno por uno a los prisioneros al balcón del ayuntamiento para que los vecinos decidieran quiénes debían vivir y quiénes morir. La magnitud de la represión dependía de la voluntad y la determinación del comité antifascista local para impedir la matanza. En localidades muy pequeñas, como Azaila, Castel de Cabra y Vinaceite, el comité consiguió que no hubiera ninguna ejecución, mientras que en otros pueblos y ciudades como Alcañiz, Calanda, Albalate del Arzobispo, Calaceite, Muniesa o Mora de Rubielos, los comités denunciaron a los derechistas locales para que fueran ejecutados. En municipios como La Puebla de Valverde, que recibió la visita de la Columna de Hierro, llegada de Valencia, la decisión quedaba enteramente en manos de los ocupantes anarquistas.[84]

El 18 de agosto de 1936, en la localidad turolense de Mora de Rubielos, la famosa Columna de Hierro ofreció un ejemplo característico de sus procedimientos. Poco después de su llegada al pueblo se hizo público el siguiente bando: «Todo el personal del pueblo, hombres y mujeres, se pondrán al servicio de los camaradas delegados armados para el servicio de la Comunidad, procurando traer todo lo de utilidad al castillo. Todo aquel que precise alguna cosa será atendido. Queda abolido el dinero y proclamado el comunismo libertario en este pueblo».[85]

El anuncio de la colectivización de las tierras, motivada por principios idealistas, era recibido con entusiasmo por parte de los campesinos sin tierra, al tiempo que provocaba una resistencia feroz entre los pequeños propietarios rurales. Además, algunas columnas anarquistas fueron acusadas de saqueo, abuso de las mujeres y robo de las cosechas. En los pueblos de Valencia los agricultores recibieron unos comprobantes sin ningún valor a cambio del ganado requisado, a la vez que las columnas se apoderaban de las cosechas de trigo y naranjas para llevárselas a Valencia, donde la CNT se encargaba de su exportación. A finales de agosto se requisaron en La Puebla de Valverde, en la provincia de Teruel, decenas de miles de jamones curados «para la revolución». Los principales culpables de estos abusos eran los hombres de la Columna de Hierro.[86]

Los orígenes de esta columna se hallan en un incidente ocurrido a finales de julio en La Puebla de Valverde que puso de manifiesto el contraste entre la ingenuidad de las milicias republicanas y el realismo brutal de sus enemigos, y que explica en parte la posterior brutalidad de las fuerzas anarquistas. El 25 de julio se organizó una expedición republicana para recuperar Teruel, que había sido tomada por un pequeño grupo de rebeldes y cuya reconquista era vital. Se dio por supuesto que la operación sería sencilla, toda vez que la ciudad estaba rodeada por las provincias leales de Tarragona, Castellón, Valencia, Cuenca y Guadalajara. Participaron en el ataque dos columnas, una llegada de Valencia y formada por carabineros, guardias civiles y algunos milicianos, y otra de Castellón integrada por guardias civiles y un gran número de milicianos.

El mando conjunto de las dos columnas se confió a un hombre de cincuenta y seis años, el coronel de Carabineros Hilario Fernández Bujanda, que lideraba la columna de Valencia junto al comandante de la Guardia Civil Francisco Ríos Romero. La columna de Castellón se hallaba a las órdenes de Francisco Casas Sala, diputado de Izquierda Republicana, y de su amigo Luis Sirera Trío, un ingeniero militar retirado que había sido el impulsor de la organización de estas tropas. Unos 180 milicianos partieron de Castellón a las 8.15 horas a bordo de camiones y autobuses, seguidos poco después por dos compañías de la Guardia Civil.

Las dos columnas se reunieron en Sagunto. Los ataques anarquistas contra iglesias y propiedades de derechistas en la ciudad, ocurridos en fechas previas, debilitaron gravemente la colaboración de la Guardia Civil local. Según el testimonio de uno de los mandos, los guardias solo esperaban el momento de poder rebelarse, a sabiendas de que en una ciudad como Sagunto tal decisión era un suicidio. Las columnas partieron de la ciudad al amanecer del 27 de julio y horas más tarde llegaron a Segorbe, donde se reforzaron con más guardias civiles de la guarnición local y otros efectivos llegados de Cuenca. El pueblo estaba enteramente en manos de la CNT-FAI. El caos reinante y la evidencia de los robos que estaban cometiendo algunos milicianos aumentaron la determinación de la Guardia Civil de cambiar de bando en cuanto se presentara la primera oportunidad. Al amanecer del 28 de julio, cuando las columnas se pusieron en camino hacia Teruel, el total de las tropas era de unos 410 guardias civiles, algunos carabineros y un número indeterminado de milicianos que oscilaba, según las fuentes, entre 180 y 600. Esta imprecisión numérica se explica por el hecho de que, a la vez que se incorporaban nuevos voluntarios, otros abandonaban la formación a lo largo del camino. Con independencia de cuántos fueran, los que se sumaron en el último momento no tenían experiencia militar y en muchos casos iban desarmados. Entre ellos había varios políticos de Castellón.[87]

Las columnas se dividieron antes de su llegada a Teruel. Casas Sala se dirigió al norte, con intención de tomar Mora de Rubielos, al mando de un grupo compuesto principalmente de milicianos y un pequeño contingente de guardias civiles. Fernández Bujanda se dirigió a Teruel con el grueso de los carabineros y los guardias civiles, junto a unos 50 milicianos. Su columna se detuvo a pernoctar en la pequeña localidad de La Puebla de Valverde, al sudeste de Teruel. Fue allí donde, con el pretexto de que algunos milicianos se entregaron al saqueo, obedeciendo las órdenes del capitán José Martínez Ibáñez, los guardias civiles realizaron su esperada maniobra. El comandante Francisco Ríos Romera no pudo impedir lo que pasó a continuación. Rodearon a los milicianos mientras dormían y en apenas veinte minutos los mataron a todos, junto a los carabineros y 50 o 60 vecinos del pueblo. Cuando la noticia llegó a Mora de Rubielos, la otra columna partió apresuradamente hacia La Puebla de Valverde. Casas Sala detuvo los camiones en las afueras, convencido de que podría resolver la situación, y entró en el pueblo con el comandante Sirera, donde fueron detenidos inmediatamente, ya que sus milicianos habían huido y regresado a Castellón. El 30 de julio, los guardias civiles se llevaron a Teruel a Casas Sala, el coronel Fernández Bujanda y otros 45 prisioneros. Una vez allí, el comandante Ríos Romera protestó al jefe de la Guardia Civil de Teruel, el teniente coronel Pedro Simarro Roig, por la traición cometida en La Puebla de Valverde. Por eso, fue desarmado y puesto bajo arresto, pero al día siguiente se le devolvió el arma y se le ordenó formar en la Escuela Normal a las compañías de la Guardia Civil para recibir un homenaje por su sublevación en La Puebla de Valverde. Sin embargo, el comandante Ríos Romera gritó delante de todos: «Decidle a mi mujer que no he traicionado el juramento que hice de ser fiel al gobierno legalmente constituido», y a continuación se suicidó con un tiro en la cabeza. El día 1 de agosto, Casas, Sala, el coronel Fernández Bujanda y los otros 45 prisioneros fueron ejecutados sin juicio alguno. La causa de la muerte, según figura en el registro civil, fue una «hemorragia interna». La llegada de refuerzos a la pequeña guarnición de la Guardia Civil en Teruel permitió que los rebeldes afianzaran definitivamente sus posiciones en la ciudad.[88]

El regreso de los supervivientes con noticias de la matanza desató la indignación de la izquierda en Sagunto. El 21 de agosto, 12 personas fueron asesinadas en el puerto de Sagunto y otras 45 perdieron la vida en la propia ciudad pocos días después. Llegado el momento de que la columna se reagrupara, sus integrantes insistieron en desarmar al destacamento de la Guardia Civil para impedir su huida a Teruel, y se acordó que los guardias civiles entregaran las armas y quedaran bajo custodia del Partido Comunista, pese a lo cual el teniente que estaba al mando de la guarnición fue asesinado el 23 de septiembre.[89]

Según un artículo aparecido en la prensa republicana, antes de que la columna se pusiera en marcha el coronel Fernández Bujanda expresó su determinación de poner a prueba la lealtad de sus oficiales. Especialmente preocupado por uno de los guardias civiles, le ofreció la posibilidad de retirarse de la expedición. El oficial se negó y le suplicó que le permitiera acompañarlos a Teruel para demostrar su lealtad a la República. De acuerdo con el citado artículo, Fernández Bujanda le encomendó el mando de los guardias civiles integrados en la fuerza expedicionaria, impresionado por su insistencia. Se ha demostrado recientemente que el oficial en cuestión, aunque su nombre no se menciona en el artículo, era el capitán José Martínez Ibáñez. Fue quien dio la orden de abrir fuego contra los milicianos en La Puebla de Valverde y después el 1 de agosto tuvo el mando del pelotón de fusilamiento que ejecutó al diputado Casas Sala, el coronel Fernández Bujanda y los otros 45 prisioneros republicanos.[90]

Los supervivientes de la matanza en La Puebla de Valverde se sumaron a la Columna de Hierro, fundada por José Pellicer Gandía, un hombre que representaba la línea más dura del movimiento anarquista. Esta columna se componía principalmente de trabajadores portuarios y de la construcción de Valencia y obreros metalúrgicos de Sagunto, aunque incluía también a un número sustancial de delincuentes comunes a los que se ofreció una oportunidad de «redención social» tras ser liberados de la cárcel de San Miguel de los Reyes. Según el ministro comunista, Jesús Hernández, muchos falangistas se refugiaron en la columna, entre ellos el marqués de San Vicente. Para el teórico del POUM Juan Andrade, la Columna de Hierro era un grupo indisciplinado y heterogéneo, y entre los presos excarcelados que la integraban había tanto revolucionarios convencidos como «individuos de vivir turbio y de moral depravada» animados por los bajos instintos y el afán de venganza, en unos casos contra la sociedad que los había encarcelado, y en otros, contra los defensores de los rebeldes responsables de la matanza en La Puebla de Valverde.[91]

Así las cosas, era habitual que miembros de la columna abandonaran el frente para dirigirse a Valencia y otras ciudades de la región. Su presencia en la capital de la provincia desató una oleada de terror. Quemaron los expedientes penales del Gobierno Civil y asesinaron a varios policías. La magnitud de los robos y los actos vandálicos cometidos por la Columna de Hierro en la retaguardia valenciana llevaron al PCE y a la UGT a considerarla un enemigo comparable a la Quinta Columna. Muchos destacados afiliados de las citadas organizaciones perdieron la vida en enfrentamientos contra militantes de la Columna de Hierro. A finales de septiembre, con la excusa de recaudar fondos para comprar armas y enviarlas al frente, los miembros de la columna abandonaron sus puestos y se entregaron al robo y otros delitos en Castellón, Valencia y Gandía. En la capital de la provincia asaltaron el Banco de España, las comisarías de Policía, el Palau de Justícia y la delegación de Hacienda, y quemaron los documentos oficiales. Saquearon los comercios, principalmente las joyerías, y se llevaron de los establecimientos de hostelería el alcohol y el tabaco, además de robar a sus clientes. El 23 de septiembre fue asesinado el secretario de la UGT valenciano, Josep Pardo Aracil, de cuya muerte, según la creencia más extendida, fue responsable uno de los principales líderes de la Columna de Hierro, Tiburcio Ariza González, alias «el Chileno».

El 2 de octubre, la columna asaltó la cárcel provincial de Castellón y acabó con la vida de al menos 35 personas. El nombramiento de Ricardo Zabalza como gobernador civil de Valencia a principios del mes de octubre fue un paso decisivo hacia el restablecimiento del orden. Con apoyo de socialistas y comunistas, las autoridades republicanas crearon la Guardia Popular Antifascista (a cuyos miembros se los conocía popularmente como «los guapos») con la misión de erradicar la violencia. Ariza, que había cumplido varias condenas por tráfico de drogas, extorsión, violación, robo y por organizar redes de prostitución, fue abatido por miembros de la UGT enrolados en la GPA en el transcurso de un tiroteo cuando intentaban detenerlo por el asesinato de Pardo Aracil.[92]

El funeral de Ariza, celebrado el 30 de octubre, fue el momento decisivo del enfrentamiento entre comunistas y anarquistas en Valencia. Los líderes de la Columna de Hierro llamaron a sus milicianos y a otras columnas de la CNT a abandonar una vez más el frente en Teruel para asistir al funeral de su camarada, y exigieron que los responsables de su muerte pagaran por ese crimen. En contra de la práctica habitual en los funerales públicos, se decidió que el cortejo pasara por la plaza de Tetuán, donde se hallaban las sedes del PCE y de la Comandancia Militar. La batalla estaba servida. Los comunistas afirmaron que el camión blindado que encabezaba el cortejo fúnebre abrió fuego contra el edificio, y el ataque fue respondido por militantes del PCE y soldados de la Comandancia Militar. La Columna de Hierro, por su parte, hizo público un comunicado en el que denunciaba que les tendieron una trampa y que fueron las ametralladoras instaladas en ambos edificios las que desencadenaron el tiroteo. Esta visión ha sido respaldada por las memorias de un comunista que se encontraba presente en la plaza de Tetuán, Carlos Llorens, quien da a entender que la Guardia Popular Antifascista tendió una emboscada a los anarquistas. La Columna de Hierro huyó de la plaza y abandonó sus banderas y el cadáver de su líder. Alrededor de 30 personas perdieron la vida en este enfrentamiento, unos a consecuencia de los disparos, y otros, ahogados cuando intentaban escapar cruzando el río Turia. Los miembros de la columna prometieron una sangrienta venganza, pero los líderes de la CNT, que estaban a punto de incorporarse al gobierno de Largo Caballero, lograron convencerlos para que regresaran al frente en Teruel, impidiendo así nuevos actos de violencia. Los sucesos que se vivieron en Valencia en octubre de 1936 anticiparon en muchos sentidos lo que ocurrió más tarde en Barcelona, en mayo de 1937.[93]

Las detenciones de miembros de la derecha local en Alicante comenzó inmediatamente después de la derrota del alzamiento en la ciudad. Muchos militares detenidos quedaron confinados en el barco-prisión *Río Sil*, a bordo del cual fueron trasladados a Cartagena y ejecutados a mediados de agosto. Así, empezaron a aparecer cadáveres en las playas y en los campos. Los registros domiciliarios eran en muchos casos un mero pretexto para el robo. Grupos de milicianos, a los que se sumaron numerosos delincuentes comunes liberados al comienzo de la guerra, fueron en gran medida responsables de la oleada de asesinatos y otros delitos. Sin embargo, la muerte de varios líderes republicanos y antifascistas indicaba la presencia de sicarios falangistas que operaban camuflados en medio de la confusión reinante. En una fecha tan temprana como el 28 de julio, el gobernador civil, Francisco Valdés Casas, publicó el siguiente bando: «Se conmina con la ejecución inmediata de la máxima pena, establecida por la ley, a todo aquel que, perteneciendo o no a una entidad política, se dedique a realizar actos contra la vida o la propiedad ajena, pues tales delincuentes serán considerados como facciosos al servicio de los enemigos de la República». De poco sirvió la advertencia. A finales del mes de agosto el periódico de la CNT, *El Luchador*, se vio obligado a adoptar una postura «autoritaria y estatal» frente a la «monstruosa» ocurrencia de utilizar los registros domiciliarios para robar, detener y asesinar sobre la base de rencillas personales, y expresó su determinación de acabar con esta clase de abusos. La matanza más cruel tuvo lugar el 29 de noviembre de 1936, cuando 49 derechistas fueron ejecutados en la tapia del cementerio en represalia por un bombardeo aéreo.[94]

Un poco más al sur, en la provincia de Murcia, el número de víctimas mortales fue significativamente inferior al registrado en Valencia o

Cataluña, lo que quizá pudiera atribuirse a la menor presencia de la FAI en la región. Como en otros lugares, los sucesos más violentos se produjeron en los primeros meses de la guerra. Entre el 18 de julio y el 31 de diciembre de 1936 perdieron la vida el 84 por ciento de los derechistas asesinados en la ciudad durante toda la guerra, 622 de un total de 704. Llama la atención que el número de víctimas mortales en los días posteriores al golpe fuera relativamente bajo: 18 en la capital de Murcia, en lo que quedaba del mes de julio, y solo 2 en el puerto naval de Cartagena, la segunda ciudad de la provincia. Esto se debe a la circunstancia de que, el 21 de julio, el Comité del Frente Popular de Murcia hizo público el siguiente manifiesto: «Quienes sientan y comprendan lo que el Frente Popular es y representa en estos momentos, deben respetar escrupulosamente personas y cosas. Haciéndolo así demostrarán al pueblo español su cultura, acreditarán su condición de auténticos y entusiastas defensores del Frente Popular y merecerán bien de España y de la República». Pese a todo, las protestas por los registros domiciliarios y las detenciones practicadas por grupos de milicianos extremistas llevaron al Comité del Frente Popular de Cartagena a emitir un bando, el 13 de agosto, en el que se prohibían los registros domiciliarios, las detenciones y la confiscación no autorizada de la propiedad, y se apercibía con el fusilamiento a quienes contravinieran dicha prohibición. El 12 de septiembre, viendo que las milicias persistían en sus actos delictivos, se emitió un nuevo bando en el que se amenazaba abiertamente con ejecuciones sumarias si los registros domiciliarios no cesaban de inmediato.[95]

El número de asesinatos se disparó en el mes de agosto hasta un total aproximado de 300, siendo las víctimas en su mayoría militares que prestaban servicio en Cartagena. Los militares que se habían sublevado en Cartagena se hallaban recluidos en el barco-prisión *España n.º 3*, mientras que en el malhadado *Río Sil* se encerró a los guardias civiles que habían tomado parte en el fallido alzamiento en Albacete. La tensión aumentaba con las noticias de las matanzas en el sur, y grupos de milicianos y simpatizantes se concentraban a diario en el muelle para exigir «justicia», es decir, la ejecución de los prisioneros. La mañana del 14 de agosto, mientras se trasladaba a los detenidos a la cárcel de la ciudad, 10 guardias civiles fueron asesinados tras provocar a la multitud e intentar fugarse a continuación. Los dos barcos se hicieron a la mar con el fin de evitar nuevas muertes. La llegada a puerto del acorazado *Jaime I* alrededor de la una de la tarde desencadenó sin embargo otra secuencia de incidentes violentos. Dos días antes, el buque había perdido 3 hombres y contaba con otros 8 heridos por culpa de un ataque rebelde ocurrido en el puerto de Málaga. El comité revolucionario del *Jaime I*, dominado por los anarquistas, se alió con las milicias en el puerto para exigir venganza. Esa misma noche, la tripulación del *Río Sil* arrojó por la borda a 52 de los cerca de 400 guardias civiles recluidos. En el *España n.º 3*, 94 oficiales de Marina y 53 del Ejército de Tierra fueron ejecutados y arrojados al mar. A la mañana siguiente fusilaron a otros 5 prisioneros.[96]

Después, gracias a la operación de los Tribunales Populares en Murcia, fue disminuyendo el número de ejecuciones. Cesaron en septiembre de 1936 y se reanudaron el 18 de octubre, cuando 49 derechistas fueron seleccionados y asesinados en Cartagena en venganza por un bombardeo aéreo. El número de derechistas muertos fue de 24 en todo el año 1937, y en 1938 se redujo a 10. En los dos primeros meses de 1939 se registraron solo 5 muertos, aunque la cifra volvió a crecer como consecuencia de un motín naval que tuvo lugar en el mes de marzo en el que perdieron la vida 61 hombres. No está claro cuántos murieron en el combate y cuántos fueron ejecutados una vez sofocado el motín. En el peor mes de la guerra, agosto de 1936, se produjeron alrededor del 70 por ciento de las ejecuciones de los militares implicados en el golpe. A lo largo de 1936, el número de víctimas entre los oficiales de Marina y de Tierra se cifró en torno al 40 por ciento. En el transcurso de toda la guerra, el personal militar representó el 31 por ciento del total de las ejecuciones practicadas en la retaguardia en Murcia, y el 66 por ciento de las realizadas en Cartagena. El siguiente grupo de víctimas fueron los sacerdotes y religiosos, cerca de un 9 por ciento de los cuales perdieron la vida en los años de la guerra, seguidos por un porcentaje similar de propietarios, industriales y derechistas en general.[97]

Los bombardeos rebeldes iban seguidos frecuentemente de represalias populares en la zona republicana. En Málaga, la venganza popular era la respuesta inmediata a las bombas lanzadas frecuentemente por un hidroavión de los insurrectos. La ciudad estaba principalmente en manos del Comité de Salud Pública, dominado por la CNT-FAI. Alrededor de 500 derechistas detenidos por diversas milicias que actuaban a las órdenes del comité estaban encarcelados en la cárcel Nueva. Estas milicias, que llevaban nombres como «Patrulla de la Muerte», «Patrulla del Amanecer», «Patrulla de la Raya» y «Pancho Villa» eran en su mayoría anarquistas y contaban en sus filas con delincuentes comunes liberados a raíz del golpe militar. El 22 de agosto, una encolerizada multitud se concentró tras la matanza de 30 mujeres, ancianos y niños en una bombardeo que arrojó un saldo aún mayor de heridos. Con el fin de apaciguar a la masa, el Comité de Salud Pública sacó una lista de 65 prisioneros y los fue ejecutando uno por uno. El 30 de agosto, tras un nuevo ataque aéreo, otros 53 prisioneros corrieron la misma suerte; el 20 de septiembre fueron 42; el 21 de septiembre otros 17, y el 24 de septiembre, 97 prisioneros. El 25 por ciento (275) del total de los derechistas asesinados en la ciudad de Málaga (1.100) mientras la capital estuvo en poder de los republicanos, perdieron la vida tras estos bombardeos de la aviación rebelde.[98] Sucedió lo mismo en ciudades como Guadalajara y Santander, donde las principales atrocidades se cometieron en respuesta a ataques similares.[99]

Una de las víctimas registradas en Málaga fue Benito Ortega Muñoz, de setenta y tres años, a quien los milicianos de la FAI buscaban para vengarse por haber sido impuesto como alcalde tras la revolución de octubre de 1934. Ortega se había escondido, de ahí que los milicianos detuvieran a su hijo mayor, Bernardo, y lo ejecutaran al negarse a revelar el paradero de su padre. Finalmente, Benito fue denunciado por una criada y detenido el 11 de agosto por una patrulla de la FAI. Aunque había tratado de ser justo en el tiempo que ocupó la alcaldía, fue fusilado el 30 de agosto en compañía de otros derechistas, pese a los esfuerzos de su sucesor en el cargo, Eugenio Entrambasaguas Caracuel, de Unión Republicana. Entrambasaguas hizo cuanto pudo por poner fin a las matanzas que practicaban las distintas milicias de izquierda, pese a lo cual, cuando los franquistas tomaron Málaga, fue condenado a muerte y ejecutado.[100]

Entre las víctimas de los insurrectos en el sur figuraban inevitablemente los izquierdistas que habían participado en la enconada guerra social que marcó la primera mitad de la década, pero tampoco se libraron sus familias inocentes o personas cuyo único delito consistía en haber pertenecido a un sindicato o votado por el Frente Popular. En las zonas de Andalucía donde el golpe había fracasado, la venganza de la izquierda se cebó en terratenientes, caciques y sus empleados de confianza, como guardas y capataces, además de la burguesía rural, integrada por sacerdotes, médicos, abogados y farmacéuticos, guardias civiles, militantes de partidos de derechas y oficiales del Ejército. En Jaén, los campesinos derrotaron el golpe militar, ocuparon numerosas fincas y cometieron actos de venganza por la brutalidad de la represión diaria en los años previos. Como en muchos otros lugares, el mayor número de muertes se produjo en los cinco primeros meses de la guerra y alcanzó sus cotas máximas en agosto y septiembre de 1936. Las advertencias públicas de los sucesivos gobernadores civiles, Luis Ruiz Zunón y José Piqueras Muñoz, en las que se anunciaban severos castigos de los delitos contra las personas y contra la propiedad, no bastaron para poner freno a la violencia desatada por el odio social. En los meses de septiembre y octubre, en la localidad de Martos, situada al oeste de la capital de la provincia y próxima a la zona rebelde, fueron asesinados 159 derechistas, entre los que había 9 sacerdotes y 12 mujeres, 3 de ellas monjas, las únicas que perdieron la vida en toda la provincia. Hay pruebas de que algunos cadáveres fueron desmembrados y decapitados.[101] En cambio, en la provincia de Cuenca la represión no alcanzó cotas tan altas. En 199 de sus 329 pueblos y ciudades no se registró ninguna víctima mortal. El total de derechistas asesinados en la capital provincial ascendió a 64, y todos ellos perdieron la vida entre el 31 de julio y el 18 de diciembre de 1936.[102]

La Andalucía rural, Levante y Cataluña presentaban diferencias significativas en sus estructuras sociales, tanto entre sí como dentro de las propias regiones. La estratificación social y la tensión que se vivió en las distintas capitales de provincia —Málaga, Almería, Murcia, Alicante, Valencia, Castellón, Tarragona, Gerona, Lérida y Barcelona— denotaban diferencias igualmente profundas, pese a lo cual el origen de la represión fue el mismo en todos los casos y sus prácticas, muy similares. El grado de amargura generado por los enfrentamientos de clase anteriores a 1936 fue un factor decisivo en la magnitud que alcanzó la violencia en estas regiones. Los bombardeos aéreos y los relatos de los aterrados refugiados que llegaban de la zona rebelde tenían un impacto enorme en todas partes. Un caso revelador en este sentido fue el de Elche en la provincia de Alicante, una ciudad de alrededor de 46.000 habitantes en la que no se produjo ningún asesinato hasta el 18 de agosto de 1936, cuando llegaron noticias de la matanza en Badajoz, mientras que las 2 últimas víctimas mortales se registraron la noche del 28 de noviembre de 1936, en venganza por un bombardeo sostenido. El hecho de que la CNT contara con menos de 400 militantes en la ciudad podría explicar quizá que el total de ejecuciones extrajudiciales realizadas en Elche fuera muy bajo (62), en relación con el número de habitantes, como también fue relativamente bajo el total de clérigos asesinados: 4 sacerdotes. La mayoría de los crímenes fueron atribuidos a miembros del Partido Comunista.[103] La principal atrocidad en Alicante, que costó la vida a 36 personas en la cárcel provincial, tuvo lugar a raíz de un ataque aéreo en la noche del 28 al 29 de noviembre de 1936. El bombardeo, anunciado con antelación, fue una represalia deliberada por la muerte de José Antonio Primo de Rivera, ocurrida ocho días antes.[104]

La relación existente entre la fuerza numérica de la CNT-FAI y la naturaleza y la intensidad de la represión extrajudicial no está ni mucho menos clara. Dos ciudades alicantinas con un número de habitantes similar, en torno a 45.000, Alcoy y Orihuela, ofrecen comparaciones desconcertantes. En Alcoy, al norte de la provincia y dominada por la CNT, el número de personas asesinadas se elevó a 100, de las cuales 20 eran sacerdotes. El anticlericalismo anarquista fue la causa de que la principal iglesia de la ciudad fuera demolida piedra a piedra, en lugar de quemarla, y se emplearan sus materiales para construir una piscina olímpica. En Orihuela, una localidad situada al sur de la provincia, donde los socialistas eran la fuerza dominante, el número de víctimas mortales fue más moderado (46). Aunque la presencia de la CNT en Orihuela era marginal, como en Elche, 25 de los fallecidos fueron curas. Se identificó a los asesinos como jóvenes no afiliados a ningún partido político, aunque es probable, tal como han apuntado algunas fuentes, que actuaran al dictado del Comité Socialista de Orden Público.[105]

Los sentimientos anticlericales eran generalmente más intensos allí donde los anarquistas tenían más poder, lo que no impidió, sin embargo, que se produjeran también graves ataques contra el clero en lugares en los que el PSOE era la fuerza política dominante, como Orihuela, Castilla la Nueva y Asturias. En el sudeste de la provincia de Toledo se alcanzó uno de los índices más elevados de ejecuciones extrajudiciales por habitante, mientras que, en el centenar de pueblos situados al norte, la violencia en la retaguardia fue mínima: solo en 47 municipios se registraron disturbios, que no se saldaron con víctimas mortales; y en 53 localidades el número de muertos se situó entre 1 y 5. La diferencia se explica por la elevada tasa de analfabetismo y el alto grado de conflictividad social en el sur. Igualmente dramáticas fueron las cifras en las zonas dominadas por los anarquistas al sur de Zaragoza, comprendidas entre Teruel y las regiones de la Terra Alta y el Priorat, ya en la provincia de Tarragona.[106] En todo caso, al margen de las diferencias y las similitudes, una cosa queda clara: de no haber saltado por los aires las normas básicas de la coexistencia social a raíz del golpe militar, la violencia en la retaguardia republicana jamás habría tenido lugar.

8

Terror revolucionario en Madrid

El alzamiento militar, con el pretexto de combatir una trama revolucionaria comunista que en realidad no existía, provocó el desmoronamiento de las estructuras sobre las que descansaban la ley y el orden. En un intento de la República por recabar el apoyo de las grandes potencias, el Consejo de Ministros que se formó el 19 de julio se compuso exclusivamente de liberales de clase media. En consecuencia, el gobierno no fue respetado (al principio, ni siquiera obedecido) por los partidos y sindicatos de izquierda que habían resistido el alzamiento. La oleada de fervor revolucionario y la furia asesina que se desencadenaron demostrarían una vez más que de una sociedad tan represiva como la española salía una clase marginal completamente embrutecida. Los acontecimientos fundamentales que subyacen a la violencia republicana ulterior tuvieron lugar durante los dos días que siguieron a la sublevación. Como ya se ha dicho, la apertura de las cárceles propició la puesta en libertad de cientos de criminales, entre los cuales había sádicos y psicópatas a quienes la guerra dio carta blanca y que aprovecharon encantados el caos político como refugio de sus actividades. Asimismo, tenían sobrados motivos para sospechar del aparato jurídico y, claro está, no les faltaban ganas de vengarse de los magistrados y los jueces que los habían metido en la cárcel. De hecho, ya fuera por miedo a represalias, o por simpatizar con el golpe, muchos funcionarios de la judicatura pasaron a la clandestinidad, y más de un centenar fueron ejecutados.[1]

La distribución de armas tras el fracaso del alzamiento militar en Madrid desempeñó un papel fundamental en la oleada de violencia que vino después. El 19 de julio por la noche, el general a cargo del golpe en la capital, Joaquín Fanjul, se hizo con el control de las tropas y de los voluntarios falangistas que se habían encerrado en el Cuartel de la Montaña, cerca de la plaza de España. Sin embargo, no fue capaz de lograr que salieran del edificio, porque estaba rodeado de la enorme multitud congregada por los partidos de izquierda y los sindicatos, además de un centenar de guardias civiles y unos pocos guardias de asalto. Los hombres de Fanjul abrieron fuego con ametralladoras; los que tenían rifle respondieron al ataque. A primera hora de la mañana siguiente, se había reunido una multitud aún mayor a las puertas del cuartel, acompañada esta vez de dos piezas de artillería, a pesar de que disponían de escasa munición. Tras el fuego de los cañones y la bomba que lanzó un avión republicano, se vio aparecer una bandera blanca por una ventana; probablemente la hizo ondear uno de los muchos soldados prorrepublicanos que se oponían al alzamiento. Sin embargo, cuando avanzaron a la espera de una rendición inmediata, una ráfaga de ametralladora provocó numerosos muertos y heridos. Los asediadores retrocedieron, pero de pronto volvió a aparecer una bandera blanca; de nuevo avanzaron y volvieron a recibirlos con ráfagas de ametralladora. Finalmente, justo antes de mediodía, la multitud enfurecida irrumpió en el edificio. Se distribuyeron armas, y los soldados partidarios de la República que estaban dentro y los milicianos del exterior provocaron una masacre. Un miliciano colosal arrojaba a los sublevados por las ventanas del cuartel. Algunos oficiales se suicidaron y los falangistas que habían apoyado a los rebeldes en el encierro fueron ejecutados.[2]

Aquella resplandeciente mañana del lunes 20 de julio, la enfermera inglesa Mary Bingham de Urquidi vio que las milicias populares mataban a tiros a los soldados derrotados, mientras la muchedumbre lanzaba insultos. En su truculento relato se mencionaban también muestras de humanidad por parte de algunos milicianos; en plena carnicería, un chiquillo de diez años salió al paso y suplicó con éxito por la vida de su padre, que estaba a punto de ser ejecutado, alegando que este era republicano y que el propio chico pertenecía a un movimiento juvenil del mismo signo. Los soldados republicanos llegaron y dispersaron a la multitud, que obedeció y se marchó dejando allí los cadáveres, para sorpresa de Mary Bingham. Al parecer, no se dieron cuenta de que muchos de los fallecidos eran civiles republicanos que habían muerto en el asalto al cuartel.[3] A modo de contrapunto, el embajador de Chile, Aurelio Núñez Morgado, partidario convencido de los rebeldes, describió los sucesos de La Montaña como «la señal de comienzo de la masacre madrileña». Desde luego, muchas de las armas que se repartieron tras la victoria popular se utilizaron a lo largo de los cinco meses siguientes en la represión.[4]

Durante el día 19 de julio se quemaron varias iglesias, en algunos casos porque los partidarios de los insurrectos las habían utilizado para almacenar armas y habían disparado desde los campanarios a grupos de obreros. Otras iglesias, por el contrario, quedaron intactas, pues los párrocos abrieron sus puertas a los milicianos para que comprobaran que allí no se ocultaban fascistas; así, los tesoros artísticos de los templos pudieron salvarse.[5] Los primeros días después del golpe, la llamada «justicia popular» se ejerció de manera espontánea e indiscriminada contra cualquiera que fuese denunciado por derechista. Sin embargo, en Madrid, Barcelona y Valencia, prácticamente todos los partidos políticos y sindicatos de izquierda crearon sus propios escuadrones para eliminar a los presuntos fascistas. Por lo general, organizaron también sus propias cárceles, donde interrogaban a los detenidos en los edificios requisados en los que instalaban sus cuarteles. Las ejecuciones solían llevarse a cabo a las afueras de la ciudad. Estos escuadrones, así como sus tribunales y sus prisiones, eran las famosas «checas». En Madrid, durante las primeras semanas de la guerra se contabilizaron casi 200, si se incluyen las creadas por los criminales recién liberados. Las principales checas gestionadas por partidos y sindicatos de izquierdas sumaban alrededor de 25.[6] Con frecuencia, en las milicias de retaguardia de la CNT había presos comunes, puesto que los anarquistas les otorgaron muchas veces la categoría de «combatientes en la lucha social». Aunque lejos de tener el monopolio de los peores excesos, al parecer los anarquistas fueron los principales responsables de las matanzas de Madrid. Solían denominar a sus checas «Ateneos Libertarios». Las checas comunistas, también muy activas en la represión, se conocían como «Radios». Eran los nombres con que se conocían, respectivamente, las sedes de barrio de la CNT y de las células del PCE. Algunas veces, las checas se instalaban en los locales ya existentes, mientras que otras veces los edificios requisados iban adoptando esos nombres.

Muchos policías, guardias de asalto y guardias civiles simpatizaban con la rebelión militar, de modo que algunos cruzaron las líneas para pasarse al bando nacional y otros fueron arrestados. Incluso los que no eran partidarios de la sublevación estaban bajo sospecha. Por otra parte, los guardias de asalto y los guardias civiles que se mantuvieron leales a la República tuvieron que ser desplegados en el frente. El consiguiente debilitamiento de las diversas instituciones policiales facilitó las actividadades de todas las milicias de retaguardia. El gobierno empezó inmediatamente a dar pasos, por titubeantes que fueran, para detener los robos, torturas y asesinatos que se cometían en algunas checas, pero tardaría cinco meses en establecer algo parecido a un control pleno de la situación. El ministro de la Gobernación, el general Sebastián Pozas Perea, había sido el inspector general de la Guardia Civil hasta el 19 de julio. Había trabajado con denuedo, aunque en vano, para que la rebelión no se propagara dentro del cuerpo.[7] Una semana después de los primeros ataques de las Columnas de Mola, el general Pozas declaró que solo la fuerza policial oficial, el llamado Cuerpo de Investigación y Vigilancia, tenía autorización para llevar a cabo los registros domiciliarios. A continuación, tanto el gobierno como la UGT dieron instrucciones para que las milicias no practicaran arrestos o registros, y urgieron, con expectativas muy poco realistas, a que la población se opusiera a esa clase de actividades. Huelga decir que estos llamamientos cayeron en saco roto.[8]

El objetivo de las autoproclamadas checas y milicias no se limitó a apresar a quienes habían apoyado el golpe militar. Alguien tan fervientemente prorrepublicano como el poeta Antonio Machado fue arrestado al estallar la guerra en una cafetería de la glorieta de Chamberí porque un miliciano lo tomó por cura.[9] Como escribió posteriormente un detenido de clase media, el preso 831, muchos individuos del todo inocentes acabaron detenidos, y en ocasiones asesinados, por el simple hecho de ser propietarios de un negocio, haberse opuesto a una huelga, haber estado de acuerdo con que se sofocara la rebelión asturiana, pertenecer al clero, o por «ser antipático al novio de la criada o al chulo del portero». Los porteros de las casas de vecinos a menudo avisaban a una checa de la llegada de un visitante desconocido o un paquete inusual, o de que un inquilino nunca salía de casa, por ejemplo. No hace falta decir que muchas veces bastaba con una sospecha. Los milicianos no se molestaban en hacer verificaciones exhaustivas antes de detener a los sospechosos, y a veces ni siquiera antes de ejecutarlos.[10]

El cónsul general de Noruega, el alemán Felix Schlayer, partidario de los rebeldes, elaboró su propia lista de víctimas probablemente inocentes de las checas, casi idéntica a la del preso 831, con la adición de los terratenientes residentes en Madrid asesinados por braceros de sus fincas y de aristócratas excéntricos, demasiado ancianos para haber desempeñado algún papel en el alzamiento. Había quien, como Henry Helfant, el agregado comercial de la embajada rumana, creía que Schlayer era pronazi.[11] Es cierto que Schlayer colaboró con la Quinta Columna y facilitó información sobre los movimientos de las tropas a los rebeldes que tenían cercada la capital. Asimismo, a pesar de que, tras abandonar la España republicana, pasó algún tiempo en Salamanca, su conocimiento directo de los hechos en Madrid resulta sumamente valioso. Entre los nombres de su lista figuraba el del último descendiente de Cristóbal Colón, el duque de Veragua, cuyo asesinato conmocionó las embajadas de toda América Latina. Al igual que ocurría en la zona nacional, el motivo de las denuncias podía ser a veces el deseo de eludir una deuda o los celos pasionales. Por si fuera poco, se cometían robos y asesinatos en nombre de la justicia revolucionaria. Con frecuencia aparecían cadáveres con notas prendidas donde se leía el mensaje «Justicia del Pueblo».[12]

Hasta cierto punto, tales actos respondían al acicate de una parte significativa del liderazgo anarcosindicalista. A finales de julio, el principal diario anarquista de la capital iba encabezado con el siguiente titular: «JUSTICIA POPULAR. CAIGAN LOS ASESINOS FASCISTAS. DESTRUYAMOS AL ENEMIGO, SEA QUIEN SEA Y ESTÉ DONDE ESTÉ AGAZAPADO». El apasionado artículo que lo seguía apuntaba en la misma línea:

> El pueblo se toma la justicia por su mano. El pueblo no puede confiarse en nadie. Ni puede, ni debe, ni quiere. Ante una judicatura y una magistratura que huelen a rancio y con un espíritu y una ley puramente burguesa, el pueblo ha de tomarse la justicia por sí y ante sí. La herencia reaccionaria de la República nos hace a todos espabilados y audaces. Toda la carroña monárquica ha venido corroyendo al nuevo estado de cosas. Además, que por boca de los máximos representantes de la mesocracia española, la República era y es burguesa, estrictamente conservadora, autoritaria.
>
> Salvado este ciclo que acabamos de salvar, y en plena calle las fuerzas populares con las armas de su libérrima voluntad en las manos no hay más ley ni más autoridad que la del pueblo. La justicia es ésta: hacer lo que él quiera, lo que mande, lo que imponga. El pueblo español, pues, tiene que abatir a sus enemigos; si de los frentes, también de la retaguardia. Hemos de destruir a un adversario de milenios, que está emboscado en la administración pública, en las leyes del Estado, en los bancos, en las direcciones y gerencias, en todas partes.
>
> ¡Caigan los asesinos del pueblo! En la industria, en el comercio, en la política, en los tribunales pululan nuestros enemigos. El fascio está amagado [sic] en ellos. Eso cuando la composición y funcionamiento de semejantes organismos no sea ya una manifestación cabal del reaccionarismo

que caracteriza a la España tradicional. Recordemos a Ganivet en su «Idearium Español» cuando afirma que hay que purificar quemando ... Perfectamente. Hemos de quemar mucho, ¡Mucho!, para purificarlo todo, ¡Todo! Los antifascistas no han de tener contemplaciones con el traidor. Hay que eliminar a éste, esté donde esté, y cualquiera que sea. El humanitarismo, en este caso, nos traicionará tanto como el mismo enemigo. ¡Nada de humanitarismos! ¡Nada de sentimentalismos! ¡Ninguna caridad para los asesinos nuestros!

¿Venganzas? ¡Venganzas! ¿Pero quién va a confiar en la diosa Themis? Nosotros tenemos nuestra justicia, la echadora de cuentas: [a] Némesis y a ella confiamos nuestros amores y nuestros odios. Odios, sí. Al traidor, al bandido, al criminal, a los tiranos y verdugos; a todos los que exprimen, engañan y aprisionan a los pueblos; a esos, ¿qué les vamos a tener sino odio mortal?

¡Sepamos todos! Sepan las grandes masas populares, que en la ciudad bien escondidos en las covachas industriales, comerciales, bancarias, jurídicas, parlamentarias y estatales abunda un enemigo feroz y sanguinario. Él espera su hora. Espera la ocasión para lanzarse sobre nosotros como lobo carnicero.

¿La espera? Nos atrevemos a decir que no. ¡No! No, porque nos está destrozando ya con la misma supervivencia de todo el armatoste capitalista y despótico. Mano pues a la obra. ¡Acción y tiro certero! Estamos nada más que en el principio del fin. La revolución justiciera marcha, ¿a dónde llegaremos? Hasta llegar al final nadie, absolutamente nadie; nada, absolutamente nada detendrá a este pueblo ibérico que tan alto coloca el pabellón de la Historia.[13]

Al igual que ocurriera en Barcelona, la destrucción de las iglesias y el asesinato de los representantes del viejo orden, ya fueran clérigos, policías o terratenientes, eran para muchos anarquistas de la capital pasos hacia la creación de un mundo nuevo. El control de los grupos de la CNT, tanto en las milicias del frente como en las checas de la retaguardia, lo ejercía desde Madrid el Comité de Defensa de la CNT-FAI, cuyo secretario y principal organizador era un camarero de veintiocho años oriundo de Jaca (Huesca) llamado Eduardo Val Bescós. Manuel Salgado Moreira se ocupaba de las unidades de investigación. Cipriano Mera estaba al mando de las milicias de primera línea, que operaban desde el cine Europa, cuartel general de las principales checas. Las milicias de la CNT que controlaban las carreteras que salían de Madrid se hallaban bajo las órdenes directas de Val, que ejercía también el control de las checas anarquistas, a pesar de que Amor Nuño Pérez, secretario radical de la Federación de la CNT en Madrid, tuviera también una autoridad notable sobre las mismas.[14]

Antes de la Guerra Civil, el taimado y huidizo Val, «silencioso como una sombra», en palabras de un compañero, había dirigido desde la clandestinidad los grupos de acción de la CNT-FAI que había en Madrid, algo que desconocían la mayoría de los demás líderes anarcosindicalistas. De hecho, en opinión tanto del íntimo amigo de Durruti, Ricardo Sanz, como del cabecilla de la organización regional de la Federación de Juventudes Libertarias, Gregorio Gallego, se sabía tan poco del taciturno Val al terminar la guerra como antes de 1936. Tiempo después, Gallego escribiría acerca de Val:

> Profesionalmente era un camarero elegante, sonriente y amable. Cuando servía vestido de *smoking* en los grandes banquetes políticos del Ritz y del Palace nadie podía sospechar que tras su gentil sonrisa, ligeramente irónica, se ocultaba el hombre que movía los hilos clandestinos de los grupos calificados de terroristas. De por sí era misterioso, elusivo y poco aficionado a las confidencias. Muchos militantes le acusaban de camaleónico y no faltaban los que le atribuían inclinaciones burguesas por su estilo en el vestir y sus modales refinados. Sin embargo, apenas empezó la guerra y quedó al descubierto, se embutió en un mono y el hombre elegante transformó su fachada en un sentido haraganesco y descamisado. ¿Era una nueva máscara para seguir pasando inadvertido? ... Yo creo que sí, porque terminó la guerra sin ser apenas conocido ... Sobre este hombre fieramente antiexhibicionista, antipublicitario, de reacciones tan violentas y audaces que nadie podía sospechar cuando le veía en reposo, descansaba la seguridad de la CNT castellana.[15]

Aunque a muchos anarquistas les horrorizaban los «paseos», muchos otros creían que la eliminación inmisericorde de quienes apoyaban al enemigo era la única vía para construir un mundo nuevo y, asimismo, una parte necesaria de la contienda bélica. Para otros integrantes del Frente Popular, la aniquilación del enemigo era un imperativo central en tiempos de guerra. *Política*, el periódico de Izquierda Republicana, el partido de clase media de Azaña, se mostró indignado porque miembros del Frente Popular hubieran mediado en la liberación de derechistas. Arguyendo que ni la amistad ni los lazos familiares debían interponerse en la purga de la retaguardia, el diario amenazó con publicar los nombres de futuros implicados en casos similares.[16] Los comunistas y los anarquistas se mostraron implacables en su afán por erradicar al enemigo interno. Con el tiempo, sin embargo, un poco más tarde que en Barcelona, los comunistas acabarían considerando subversivos a los anarquistas y se volverían en su contra, con lo que se iniciaría una nueva fase de la represión.

Las incitaciones más urgentes a la violencia llegaron en forma de ataques aéreos y con las noticias de las atrocidades que se estaban cometiendo en la zona rebelde. Tanto los bombardeos como los relatos de los refugiados enturbiaban los ánimos y se propagaban como la pólvora, produciendo estallidos de furia que con frecuencia escapaban al control de las autoridades republicanas. En Madrid, la noche del 7 de agosto, tuvo lugar el asesinato de varios prisioneros derechistas en represalia por el primer ataque aéreo. En respuesta a la violencia generalizada y a las muertes, al día siguiente, el socialista moderado Indalecio Prieto dio un discurso radiofónico que tuvo una enorme repercusión. Aunque no ostentara un cargo oficial, y por más que en apariencia desde el 20 de julio hasta el 4 de septiembre solo fuera un asesor del gabinete de Giral, en realidad Prieto ejercía de presidente del Gobierno en la sombra. Desde un amplio despacho del Ministerio de la Marina, trabajó incansablemente para imponer el orden y dar un rumbo al titubeante gobierno de Giral. Así, el 8 de agosto de 1936, Prieto declaró en las ondas:

> Por muy fidedignas que sean las terribles y trágicas versiones de lo que ha ocurrido y está ocurriendo en tierras dominadas por nuestros enemigos, aunque día a día nos lleguen agrupados, en montón, los nombres de camaradas, de amigos queridos, en quienes la adscripción a un ideal bastó como condena para sufrir una muerte alevosa, no imitéis esa conducta, os lo ruego, os los suplico. Ante la crueldad ajena, la piedad vuestra; ante la sevicia ajena, vuestra clemencia; ante los excesos del enemigo, vuestra benevolencia generosa ... ¡No los imitéis! ¡No los imitéis! Superadlos en vuestra conducta moral; superadlos en vuestra generosidad. Yo no os pido, conste, que perdáis vigor en la lucha, ardor en la pelea. Pido pechos duros para el combate, duros, de acero, como se denominan algunas de las Milicias valientes —pechos de acero— pero corazones sensibles, capaces de estremecerse ante el dolor humano y de ser albergue de la piedad, tierno sentimiento, sin el cual parece que se pierde lo más esencial de la grandeza humana.[17]

En un discurso pronunciado en Chile, cerca del final de la guerra, Prieto hizo la siguiente petición, por retórica que fuera: «Pido que se me exhiba una sola palabra de piedad pronunciada por los rebeldes. Pido que se me exhiba, si no las hay de los militares sublevados, palabras de piedad de los elementos civiles que secundaron la subversión. Y, en último término, pido, con mejor razón, que se me exhiba, porque yo no la conozco, una palabra, una sola palabra, parecida a esas mías, dichas en público ante las multitudes sedientas de sangre, por algún representante de la Iglesia Católica dentro de la zona de Franco».[18] Incluso Felix Schlayer dio testimonio posteriormente de los esfuerzos de Prieto para detener la violencia.[19] De hecho, la tolerancia generalizada con el modo —de dudosa legalidad—, en que varias embajadas, entre ellas la del propio Schlayer, alquilaron inmuebles para dar refugio a quienes apoyaban a los rebeldes, subraya considerablemente el mérito de la República. Mientras tanto, los esfuerzos para permitir que los amenazados abandonaran España no tuvieron contraparte en el bando rebelde.[20] Después de la guerra, la única embajada que ofreció asilo a los republicanos derrotados fue la de Panamá; los falangistas la asaltaron y apresaron a quienes se habían refugiado allí.

El llamamiento que hizo Prieto el 8 de agosto recibió el apoyo de los socialistas y los republicanos de centroizquierda, que también expresaron su preocupación porque en las redadas de los milicianos extremistas estuvieran cayendo republicanos respetables. Sin embargo, la mayor parte de la izquierda desoyó estas advertencias;[21] fue así especialmente en el caso de los denominados «bolchevizantes», y más en concreto, de los jóvenes socialistas que se acercaban, más que nunca, al Partido Comunista. Desde 1934 atacaban a Prieto; ahora, uno de los más destacados y antiguos seguidores de Largo Caballero, Carlos Baraibar, director del periódico socialista más a la izquierda, *Claridad*, publicó un firme editorial dos días después de la intervención de Prieto con el título «Sobre un discurso. Ni hermanos ni compatriotas», en el que, aunque reconocía la generosidad y buena fe del veterano político, sostenía que a todos los que se habían alzado en armas contra la República y se dedicaban a asesinar a los obreros para someterlos al yugo de una férrea dictadura oligárquica no podía considerárselos hermanos. Tampoco podían considerarse hermanos los terratenientes feudales, el clero belicoso y contrario al cristianismo, los bárbaros militares que lideraban la campaña, los presuntos intelectuales que los justificaban, ni los banqueros que los financiaban. «No hay hermandad posible entre los verdugos y sus víctimas.» Eran los enemigos de quienes se habían comprometido a construir una nación sobre la base del trabajo, la justicia y la cultura.[22]

Ese mismo día, en el periódico del Partido Comunista, Dolores Ibárruri replicó a Prieto en términos parecidos:

¡Hay que exterminarlos! Hay que terminar en nuestra Patria con la amenaza constante del golpe de Estado, de la militarada. Es demasiada la sangre vertida, pesan como losas de plomo los crímenes horrendos, los múltiples asesinatos, cometidos fríamente, sádicamente, para que podamos perdonarlos ... No hemos de consentir que se perdone a uno solo de los culpables: y si en algún momento pudiéramos sentir alguna debilidad, que el recuerdo de nuestros compañeros quemados vivos, de los niños asesinados (y éstas no son las mentiras de Octubre, sino horrible realidad), de los hombres mutilados, sea el acicate que nos fortalezca en la dura, pero necesaria labor de liquidación de los enemigos de la democracia y de la República.

Que no fuera el momento de la revolución obrera ni de la conquista del poder por el proletariado sino de la defensa de la República no podía entenderse como una llamada a la generosidad frente al enemigo: definirlo como fascista equivalía a dirigir hacia él la única política posible, la de exterminio.[23]

Sentimientos similares nacían de la milicia comunista, el Quinto Regimiento. Bajo el titular «¿Piedad? ¿Misericordia? ¡No!», el periódico *Milicia Popular*, que le servía de tribuna, declaraba:

La lucha contra el fascismo es una lucha de exterminio. La piedad sería un aliento para los bandidos fascistas. Por donde ellos pasan siembran la muerte, el dolor, la miseria. Violan a nuestras mujeres. Incendian nuestras casas ... ¿Piedad? ¿Misericordia? No; mil veces no. Sabemos que muchas batallas se perdieron por demasiada humanidad. Traidores a la Patria, asesinos del pueblo, bandidos de fama, militares canallas, que después de haber cobrado con el dinero del pueblo, lo asesinan; para esta gente no puede haber piedad.[24]

Las autoridades republicanas centrales trataban, sin éxito, de poner freno a los elementos «descontrolados». Uno de los aliados más fieles de Prieto, Julián Zugazagoitia, director de *El Socialista*, tomó la decisión de no publicar acusaciones personales de las que, en la prensa anarquista, con frecuencia desembocaban en asesinatos. «Trabajábamos», escribió más adelante, «para calentar la confianza popular y para robustecer la autoridad del Gobierno». Marcelino Domingo, el presidente de Izquierda Republicana, fue entrevistado por *Milicia Popular*. Tras señalar que la reputación de la República en el resto del mundo se hallaba en manos de los milicianos, dijo que era preciso que las milicias se acreditasen «por su arrojo pero también por su emoción civil; por su decisión de llegar hasta el aniquilamiento del enemigo cuando está en el campo de batalla, pero también por su respeto piadoso cuando el adversario ha dejado de ser un combatiente, para ser un prisionero ... Importa que cada miliciano pueda mostrar el pecho con las insignias del heroísmo. Pero importa tanto o más que pueda andar con la frente alta y con las manos limpias». El impacto de sus palabras quedó sin duda menoscabado por el detalle con que se trataban en otros artículos del periódico las atrocidades en la zona rebelde.[25]

Tales ambigüedades no existían en el bando nacional. Las autoridades rebeldes representaban los intereses de la Iglesia, el Ejército, la clase alta y la burguesía conservadora. El objetivo era exterminar o aterrorizar a la clase obrera y la burguesía liberal hacia una pasividad casi total. En contraste, a pesar de la crisis de la autoridad estatal provocada por el golpe militar y los consiguientes abusos al margen de toda justicia, las autoridades republicanas trataban de poner coto a las atrocidades extremistas y reconstruir el estado. Las milicias de los partidos y sindicatos de izquierda más radicales estaban decididas a acabar con esos representantes de los estamentos conservadores antes citados; en otras palabras, pretendían crear una sociedad revolucionaria para combatir un estado militar o fascista. Sin embargo, la clase dirigente republicana y el grueso de los partidos socialistas y comunistas se opusieron firmemente a esa iniciativa, en parte porque creían en los genuinos valores liberales, y en parte porque se daban cuenta de que la República necesitaba el respaldo de las democracias occidentales, lo que a su vez requería que se garantizaran la ley y el orden. Por ello, trataban de reconstruir una estructura capaz de sostener una democracia plural. No obstante, el empeño de los extremistas complicó enormemente el restablecimiento de la ley y el orden.

En consecuencia, el terrorismo se extendió a lo largo de cinco meses, hasta que fue disminuyendo gradualmente durante los cuatro meses siguientes. El odio al clero se exacerbaba al constatar la riqueza exorbitante en poder de la Iglesia, así como al conocer los casos de curas que combatían en el bando rebelde.[26] Con frecuencia aparecían en la prensa republicana artículos sobre los hallazgos de bienes materiales tras el registro de monasterios, conventos y otras propiedades eclesiásticas. A principios de agosto, por ejemplo, se dijo que en el palacio del obispo de Jaén se habían encontrado 8 millones de pesetas en metálico. Al parecer, cuando la hermana del obispo, Teresa Basulto Jiménez, fue arrestada, llevaba un millón de pesetas escondido en el corsé. El 18 de agosto, por poner otro caso, se informó de que en las oficinas de la diócesis de Madrid se habían hallado casi 17 millones de pesetas en bonos del estado y un millón más en metálico y joyas. Al día siguiente, en un registro en la sucursal madrileña de Le Crédit Lyonnais, se descubrieron dos cajas de seguridad pertenecientes a las hermanas de la caridad de San Vincente de Paúl, conocidas también como las «Hermanitas de los Pobres», que contenían 1.340.000 pesetas en metálico, 60 millones de pesetas en valores saneados, las escrituras de 93 propiedades en Madrid por valor de otros 100 millones de pesetas, lingotes de oro y 3 kilos de monedas de oro, algunas de gran valor numismático. Un día después se informaba de que en un convento carmelita, en la madrileña calle de Góngora, se habían hallado obras de arte valoradas en un millón de pesetas.[27]

Noticias como estas se basaban en las declaraciones de las milicias que practicaban los registros. Todas reflejan una hostilidad previa hacia la Iglesia, y es evidente que servían para intensificar el anticlericalismo popular, puesto que sacar a relucir la enorme riqueza del clero servía para afianzar los viejos lugares comunes. Un espaldarazo similar al anticlericalismo nacía de la idea comúnmente extendida de que, los primeros días después del alzamiento, las dependencias eclesiásticas habían servido a los rebeldes para almacenar armas y también de refugio para que los francotiradores pudieran disparar a los izquierdistas. El oficial del Ejército José Martín Blázquez, republicano y moderado, declaró que seis monjes dispararon sobre una multitud desde el campanario de la iglesia del cuartel de la Montaña, y que un joven cura navarro ejerció de francotirador en la batalla del Alto de León, en la sierra al norte de Madrid.[28] El gobernador civil de Almería, Juan Ruiz Peinado Vallejo, recordaba que el 23 de julio sus oficinas recibieron disparos procedentes del cercano convento de la Compañía de María. Cuando la Guardia de Asalto registró el edificio, encontró a tres sacerdotes vestidos de calle, armados con pistolas y bien provistos de munición.[29] En general, sin embargo, al margen de Navarra, hay escasa constancia de que los curas participaran en la lucha armada.

Frente a la propaganda alarmista sobre monjas que fueron acosadas, los datos apuntan más bien a un buen número de situaciones en que fueron protegidas; la enfermera inglesa Mary Bingham, por ejemplo, relató casos en que la Guardia de Asalto veló por el bienestar de las hermanas. Muchas monjas habían sido arrestadas durante los primeros días de la guerra, cuando los milicianos entraron en los conventos. Jesús de Galíndez, que pertenecía a la delegación madrileña del Partido Nacionalista Vasco, no tuvo problemas para conseguir su puesta en libertad y encontrarles un refugio seguro. También hubo casos en que los conventos y las monjas de clausura fueron «socializados», es decir, pudieron seguir funcionando como hasta entonces salvo que, junto a la madre superiora, habría un supervisor nombrado por las autoridades, y en adelante trabajarían en la elaboración de uniformes y mantas.[30]

Un incidente ilustra la actitud de los dirigentes anarquistas. Gregorio Gallego era el secretario del cuartel de las Milicias Libertarias en El Puente de Toledo, al sur de Madrid. A su regreso del viaje para participar en el asedio al Alcázar de Toledo, trajo consigo a doce monjas, cuya superiora, una mujer severa y de agrio carácter, creyendo que las iban a matar, ordenó a las demás no hablar con los milicianos. Gallego telefoneó a varias organizaciones en busca de un cobijo para ellas; Amor Nuño sugirió que les asignaran tareas en talleres colectivizados, pero la madre superiora rechazó la idea en rotundo. El secretario de Eduardo Val propuso que trabajaran como enfermeras en hospitales de campaña, a lo que la monja accedió, porque de ese modo podrían permanecer juntas. Sin embargo, era una opción que ni siquiera podía contemplarse, puesto que las instrucciones de la CNT eran que, aunque las monjas no debían ser importunadas en ningún sentido, las comunidades de religiosas debían disolverse. Así pues, Gallego telefoneó a la Dirección General de Seguridad, donde le dijeron que el único lugar completamente seguro era la cárcel. Las monjas pudieron escoger entre trabajar como enfermeras, ingresar en prisión o irse a vivir con sus familiares. Entre ellas, tres monjas se decantaron por la primera opción y cuatro por volver con sus familias. La madre superiora y las cuatro restantes fueron alojadas en una pensión mientras se decidían. Un año después, Gallego se encontró con una de las que hizo de enfermera; era sumamente feliz y le informó de que dos de sus compañeras se habían casado, y una tercera estaba a punto de hacerlo. Añadió que la madre superiora había vuelto al convento, por entonces en zona rebelde, dos monjas más cumplían penas de prisión por quintacolumnistas y no sabía lo que había sido de las cinco restantes.[31] Cuando el cardenal Gomá volvió a Toledo, después de que la ciudad cayera en manos de los insurrectos, encontró su bodega vacía y los crucifijos rotos. Sin embargo, las monjas que seguían en el palacio episcopal le aseguraron que las habían tratado bien los dos meses que había durado la ocupación de los sedientos milicianos.[32]

El desmoronamiento del aparato del estado facilitó, inevitablemente, que se ejerciera toda clase de violencia, ya fuera en nombre de la justicia revolucionaria, ya fuera a modo de satisfacción personal. En Madrid, como en el resto de lugares, la judicatura quedó reemplazada por los Tribunales Revolucionarios, que de manera espontánea crearon los partidos políticos, los sindicatos y las milicias a título individual. Dada la frecuencia de los paseos, ya el 28 de julio José Mendes de Vasconcelos, vizconde de Riba Támega y agregado comercial portugués, informó de que los cadáveres que se abandonaban en las calles de Madrid hacían temer una epidemia.[33] Por lo general, las víctimas eran presuntos partidarios del alzamiento militar, sobre todo oficiales del Ejército, pero todos los que se consideraran pilares del viejo régimen estaban en peligro.

En los lugares donde el alzamiento había triunfado, los oficiales que respetaron el juramento de lealtad a la República fueron asesinados por sus compañeros sublevados, acusados paradójicamente de rebeldía. En la zona republicana, los rebeldes que fracasaron en el intento de sublevarse corrían también el riesgo de perder la vida, pues así se castigaba el amotinamiento. La diferencia durante esos meses estribaba, lisa y llanamente, en el proceso penal y en el hecho de que las condenas no quedaban en manos de oficiales veteranos, sino de comités revolucionarios.

Sin embargo, los militares detenidos tras el golpe fallido no eran los únicos cuya vida peligraba. La posible postura de los oficiales era investigada por el Gabinete de Información y Control, que se había creado de forma apresurada y estaba presidido por el capitán Eleuterio Díaz-Tendero Merchán. Nacido en 1882, Díaz-Tendero había empezado como soldado raso, y las regulaciones del rango militar explicaban que solo fuera capitán a la edad de cincuenta y cuatro años. Socialista, masón y un tanto amargado por su situación, fue uno de los fundadores de la Unión Militar Republicana Antifascista, que acabó presidiendo. A lo largo de la primavera de 1936 había elaborado un fichero del cuerpo de oficiales, en parte basado en una lista elaborada por los conspiradores, para decidir en qué oficiales se podía confiar. Ahora, apoyándose en esas fichas y entrevistas, el Gabinete de Información y Control clasificó a los oficiales según fueran A (antifascistas), R (republicanos), I (indiferentes) o F (fascistas). Los considerados fascistas y los indiferentes que se negaron a luchar por la República fueron arrestados.[34] En prisión, con frecuencia se les daba la oportunidad de mantener su juramento de lealtad hacia la República, retractarse de sus opiniones reaccionarias y luchar contra los sublevados. Pocos eran los que aceptaban la oportunidad y, por consiguiente, culpables de insurrección, prácticamente firmaban su sentencia de muerte.[35]

El 15 de agosto comenzó en la cárcel Modelo el juicio a la cúpula rebelde de Madrid, el general Joaquín Fanjul y el coronel Fernández de la Quintana, ante la presencia de periodistas y fotógrafos extranjeros. El juez era el distinguido jurista Mariano Gómez González, que había presidido el tribunal que juzgó al general Sanjurjo tras el golpe de agosto de 1932. De una rectitud escrupulosa, Gómez garantizó que en el juicio de Fanjul se cumplieran los procedimientos legales debidos. De hecho, Mariano Gómez estaba a punto de sustituir en el cargo al presidente del Tribunal Supremo, Diego Medina, uno de los muchos jueces que simpatizaban con los militares sublevados.[36] Fanjul, que era abogado de formación, asumió su propia defensa, luciendo una toga. Declaró haber actuado a las órdenes del general Mola. Cuando se observó que Mola no era su superior, Fanjul se vio obligado a admitir que, al obedecer sus órdenes, había reconocido el papel de Mola como cabecilla del alzamiento militar. Uno de los testigos que declararon en su contra fue Ricardo Zabalza, que había encontrado en una imprenta el bando donde se declaraba el estado de guerra firmado por Fanjul. Tanto Fanjul como Fernández de la Quintana fueron declarados culpables y sentenciados a muerte el 16 de agosto. Los ejecutaron al amanecer del día siguiente. Fanjul, viudo, se casó con su amante, Luisa Aguado Cuadrillero, poco antes de ser ejecutado. El periódico anarcosindicalista *CNT* rugió: «Se ha fusilado en los jefes traidores a toda una clase. ¡Qué lástima que esto no pase de ser una metáfora!».[37]

Una víctima de la ira popular que alimentaba esta clase de periodismo incendiario fue el general Eduardo López Ochoa. Tras la victoria electoral del Frente Popular, López Ochoa fue arrestado el 30 de marzo. Aguardaba a que lo juzgaran por la acusación de haber ejecutado sin juicio previo a 20 civiles en el cuartel de Pelayo, en Oviedo, unos cargos que nunca pudieron probarse. Lejos de ser un fascista, López Ochoa había quedado excluido de la conspiración militar tanto por su condición de masón como por el comedimiento que tuvo en los sucesos de Asturias. La derecha lo despreciaba por haberse mostrado dispuesto a negociar con los mineros asturianos a fin de evitar un baño de sangre, así como por el hecho de haber ordenado un castigo ejemplar para los miembros de la Legión Extranjera y los Regulares Indígenas hallados culpables de las atrocidades.[38]

López Ochoa había permanecido detenido en la cárcel militar de Burgos hasta que, a finales de la primavera de 1936, su esposa logró que lo trasladaran al hospital militar de Madrid. Por su papel en los sucesos de Asturias, el 11 de agosto las autoridades republicanas lo expulsaron del Ejército; la difusión de la noticia pudo ser lo que provocó su asesinato. Tras el juicio celebrado aquel mismo día a los cabecillas del golpe fallido en Barcelona, los generales Manuel Goded y Álvaro Fernández Burriel, el periódico anarquista madrileño *CNT* publicó un editorial exigiendo su ejecución. Con el titular: «LA JUSTICIA DEL PUEBLO. NO PUEDE HABER PIEDAD PARA NADIE», que bien podía ser una respuesta al llamamiento previo de Prieto, el artículo declaraba: «No es la hora de los sentimientos cristianos, que sólo se guardan para los malhechores de alto copete cómplices de la misma Iglesia, y que jamás se observaron cuando del pueblo se trataba». Y acababa reclamando: «¡Que el pelotón de ejecución ajusticie a todos los generales!».[39]

El gobierno intentó trasladar al general López Ochoa a un lugar más seguro, pero los anarquistas que rodeaban el hospital lo impidieron. Después de dos intentos fracasados, el 17 de agosto lo sacaron en un ataúd, drogado con morfina para que pareciera muerto, pero la artimaña fue descubierta. Según se dijo más tarde, el anarquista Manuel Muñoz de Molino lo sacó del ataúd; lo ejecutaron en los jardines del hospital, lo decapitaron y pasearon su cabeza clavada en una estaca por las calles, con una pancarta donde se leía: «Éste es el asesino de Asturias».[40] Cuando después de la guerra interrogaron a uno de los milicianos acusados de estar implicados, declaró haber actuado bajo las órdenes del Ministerio de la Guerra, aunque probablemente fue torturado, lo que pondría en duda su testimonio. El embajador de Chile en Madrid, Aurelio Núñez Morgado, había sido informado de que López Ochoa corría peligro; cuando llegó al hospital militar de Carabanchel, era ya demasiado tarde. Núñez Morgado también afirmó posteriormente, sin base alguna, que el general Pozas había autorizado que se entregara a López Ochoa a sus eventuales asesinos, miembros del Ateneo Libertario de Carabanchel.[41]

El mismo día de la muerte de López Ochoa se cometió una atrocidad mayor aún. En Jaén, donde la cárcel provincial estaba abarrotada, los derechistas capturados en toda la provincia estaban detenidos en la catedral. Aunque en ningún momento se superó la cifra de 800, más tarde se dijo que había 2.000 prisioneros. Sin embargo, alimentarlos se había convertido en un grave problema y los camiones de suministros recibían ataques con regularidad, por lo que tenían sobrados motivos para temer por su vida. La noche del 30 de julio, 48 derechistas habían sido linchados por una multitud armada en un asalto a la cárcel de Úbeda. Con cerca de 800 prisioneros hacinados en las diversas naves y capillas, el gobernador civil, Luis Ruiz Zunón, deseaba a toda costa impedir un baño de sangre similar en Jaén. Tras consultar con el director general de Prisiones en Madrid, Pedro Villar Gómez, también jiennense, Ruiz Zunón obtuvo el permiso del Ministerio de la Gobernación para trasladar a varios cientos de reclusos a la cárcel de Alcalá de Henares. Sin embargo, Manuel Muñoz, el recién nombrado director general de Seguridad cuando ocurrieron los hechos, afirmó cuando lo interrogaron en 1942 no haber sido informado del plan, por lo que no pudo garantizar las medidas de seguridad oportunas.

Al amanecer del 11 de agosto, una primera expedición de 322 presos de la cárcel provincial llegó en camiones al enlace ferroviario de Espelúy, al norte de la capital, donde los embarcaron en un tren. Todo hace pensar que desde Jaén se avisó a otros extremistas del paso del convoy. En cada estación del recorrido, los asediaban multitudes hostiles. Al llegar a la estación madrileña de Atocha, 11 de los prisioneros, terratenientes y figuras prominentes de la derecha política, y entre ellos, también 2 curas, fueron asesinados. Los 311 restantes llegaron a Alcalá de Henares, de los cuales una tercera parte requirió atención médica. A primera hora de la mañana siguiente, hubo una segunda expedición de 245 reclusos, procedentes de la catedral de Jaén y el pueblo recién tomado de Adamuz (al nordeste de Córdoba). Entre ellos estaba el obispo de Jaén, Manuel Basulto Jiménez, de sesenta y siete años, su hermana, Teresa, y el deán de la catedral, Félix Pérez Portela.

Cuando el tren llegó a la estación de Santa Catalina Vallecas, al sur de Madrid, fue detenido por milicianos anarquistas, que desengancharon la locomotora. Tanto el jefe de estación como el oficial al mando de la Guardia Civil hablaron por teléfono con el director general de Seguridad; le informaron de que los extremistas habían instalado tres ametralladoras en el cercano Pozo del Tío Raimundo, y que dispararían a los guardias civiles si no se marchaban. Muñoz dio permiso a los guardias civiles para retirarse porque, según explicó más tarde, la poca autoridad que aún conservaba el gobierno era una ficción que se vendría abajo si las exiguas fuerzas del orden acababan siendo arrolladas en un enfrentamiento con el pueblo armado. Cuando los agentes se retiraron, 193 prisioneros fueron ejecutados, en grupos de 25. En el transcurso de la matanza, el obispo Basulto se puso de rodillas y empezó a rezar. Su hermana Teresa gritó a uno de los milicianos: «Esto es una infamia. Yo soy una pobre mujer». «No te apures —le contestó—. A ti te matará una mujer.» La mató una miliciana llamada Josefa Coso. Dos días después, desolado por el desenlace de una iniciativa que había pretendido evitar un baño de sangre, Luis Ruiz Zunón dimitió de su cargo de gobernador civil.[42] Otros 128 prisioneros fueron sacados de la cárcel provincial de Jaén entre el 2 y el 7 de abril de 1937, en represalia por una serie de bombardeos aéreos de los rebeldes.[43]

Los asesinatos de López Ochoa y los prisioneros de Jaén revelaron la magnitud de la tarea a la que se enfrentaban las autoridades republicanas. El director general de Prisiones de Madrid, Pedro Villar Gómez, miembro moderado de Unión Republicana, quedó tan consternado como Ruiz Zunón al conocer los sucesos de «los trenes de la muerte». Sin embargo, las atrocidades que se cometían en las cárceles de Madrid le habían causado ya antes una gran conmoción y se había quejado reiteradamente de que los milicianos irrumpían en las prisiones, liberaban y armaban a presos comunes, a la par que se llevaban a los derechistas a su antojo, así que en septiembre renunció al cargo. Era propietario en Quesada, al este de Jaén, y había visto confiscadas sus propias tierras. Por añadidura, su hijo, Bernardo Villar, era capitán de Artillería y se había unido a los rebeldes en Córdoba. Abrumado por el odio de ambos bandos, Villar Gómez se exilió en Francia. Su ausencia fue solo un factor más en la escalada posterior de las tropelías que se cometieron en las cárceles de la capital española.[44]

En opinión de Juan García Oliver, el anarquista que pasaría a ser ministro de Justicia en noviembre de 1936, atrocidades como las cometidas con los prisioneros de Jaén estaban justificadas: «La sublevación militar había supuesto la rotura de todos los frenos sociales, porque fue realizada por las clases históricamente mantenedoras del orden social, los intentos de restablecer el equilibrio legal hicieron que el espíritu de justicia revirtiese a su origen más remoto y puro: *el pueblo: vox populi, suprema lex.* Y el pueblo, en tanto duró la anormalidad, creó y aplicó su ley y su procedimiento, que era el "paseo"».[45] Las represalias y las venganzas descontroladas, en respuesta tanto a ataques reales como imaginarios, no se limitaron a atrocidades tan sofisticadas como el asesinato de López Ochoa o los prisioneros del tren de Jaén. Al alba las calles aparecían sembradas de cadáveres, producto de los paseos de medianoche, que tanto podrían haber sido obra de las patrullas de milicianos como de sicarios a sueldo.

La situación era la consecuencia inevitable de la caída de las estructuras del orden público que había desencadenado el golpe militar. Tanto el general Sebastián Pozas Perea como Manuel Blasco Garzón, que el 19 de julio fueron nombrados ministro de la Gobernación y de Justicia, respectivamente, se vieron superados por la enormidad de la tarea que les aguardaba. A finales de julio dimitió el director general de Seguridad, José Alonso Mallol, frustrado ante la incapacidad del aparato estatal para impedir que los criminales descontrolados y las milicias se tomaran la justicia por su mano. Antes del 18 de julio, Mallol había hecho frente a la violencia callejera subversiva de la Falange y había trabajado duro para desmantelar el golpe militar. Tras su dimisión, el presidente José Giral lo envió al norte de África con la misión, casi imposible, de impedir que siguieran sumándose mercenarios al bando rebelde.[46]

Para sustituir a Mallol, Pozas optó por Manuel Muñoz Martínez, un comandante retirado del Ejército oriundo de Chiclana de la Frontera, en Cádiz. Muñoz se había aprovechado de los retiros generosos que aprobó Azaña con las reformas del estamento militar y había sido diputado en las Cortes por Cádiz (en 1931 y 1933 del Partido Socialista Radical, y en 1936 de Izquierda Republicana).[47] El diplomático chileno Carlos Morla Lynch lo describió como un hombre «alto y seco, muy moreno, muy duro y terco». Según la mayoría de sus conocidos, era un individuo mediocre,[48] que vivía preocupado por la integridad de su familia en Cádiz.

Cuando Muñoz fue por primera vez a la Dirección General de Seguridad, encontró el edificio completamente desierto. En su intento por restaurar la ley y el orden, Muñoz solo podría contar hasta cierto punto con la Policía, la Guardia Civil y la Guardia de Asalto. Tantos eran los guardias civiles que simpatizaban con el golpe, que el gobierno estuvo a punto de convertir ese cuerpo en una Guardia Nacional Republicana.

Los guardias de asalto de confianza eran necesarios en el frente.[49] Una señal de la impotencia resultante fue el ineficaz anuncio de Muñoz de que los porteros cargarían con la responsabilidad de los registros y arrestos que se llevaran a cabo en los edificios por parte de personal no autorizado. Dos semanas más tarde, se dio la orden de que los porteros no abrieran la puerta de su edificio por la noche.[50]

El problema fundamental de Muñoz al tratar de reconstruir el papel central de la Dirección General de Seguridad (DGS) en el orden público fue que todos los partidos y sindicatos disponían de sus propios escuadrones para llevar a cabo de manera autónoma los registros domiciliarios, los arrestos y las ejecuciones. Entre ellos, los más numerosos y los peor organizados eran los anarquistas. Mejor organizada estaba la milicia de la Agrupación Socialista Madrileña (ASM), con sede en Fuencarral, número 103, conocida como la CIEP, puesto que utilizaba el fichero de la Comisión Información Electoral Permanente de la ASM. La lideraban Julio de Mora Martínez y dos policías profesionales, también socialistas: Anselmo Burgos Gil y David Vázquez Baldominos. Julio de Mora dirigiría más tarde el Departamento de Información del Estado (DEDIDE). Burgos Gil fue luego el jefe de los guardaespaldas del embajador soviético, y en junio de 1937 Vázquez Baldominos se convirtió en el comisario general del Cuerpo de Investigación y Vigilancia.[51]

Conscientes de su propia impotencia, en un primer intento desesperado por recuperar un vestigio del control, el general Pozas y Muñoz coincidieron en la necesidad de que los partidos de izquierdas y los sindicatos se implicaran en el apoyo a la DGS, y de ahí surgió la creación, el 4 de agosto, del Comité Provincial de Investigación Pública (CPIP), con el objetivo, según declaró el propio Muñoz, de «contener los asesinatos y excesos que venían cometiéndose en Madrid a causa de la falta de autoridad y control sobre las masas armadas». La magnitud del problema se puso de manifiesto cuando, cuatro días más tarde, Enrique Castro Delgado, comandante de la milicia comunista más disciplinada de todas, el Quinto Regimiento, se vio obligado a anunciar que si se descubría que alguno de sus miembros llevaba a cabo arrestos o registros domiciliarios sin autorización, sería expulsado.[52] Quizá no era casualidad que dos batallones del Quinto Regimiento compartieran las instalaciones con una de las checas comunistas más importantes, la llamada «Radio 8» o checa de San Bernardo, cuyo cabecilla era Agapito Escanilla de Simón.[53]

Con la creación del CPIP, Muñoz parecía dejar el orden público de la capital en manos de una comisión compuesta por 30 representantes de los partidos y sindicatos de izquierdas, con predominio de la CNT-FAI, representada por Benigno Mancebo Martín y Manuel Rascón Ramírez. El representante de las JSU, Arturo García de la Rosa, tendría un papel destacado en las sacas de prisioneros tiempo después. Estos cazadores furtivos convertidos en guardabosques operaron en un principio desde el Círculo de Bellas Artes, en el número 42 de la calle de Alcalá.

En la primera reunión, Muñoz afirmó que sencillamente no podía confiar en el personal de la Dirección General de Seguridad, y que cuando se hubiera purgado debidamente a los elementos que apoyaban a los rebeldes, convertiría a miembros del CPIP en «oficiales de policía provisionales», para ocupar las vacantes. Sin embargo, su propuesta de realizar todos los arrestos en colaboración con la Policía Local fue rechazada de plano por algunos delegados, que dejaron claro que se reservaban el derecho a disparar a quien consideraran «francamente fascista y peligroso». Se dice que Muñoz respondió, con una sonrisa, que aquella interrupción era completamente ociosa.

El comité designó seis tribunales, que funcionarían día y noche, de dos en dos, por turnos de ocho horas diarias. Bajo la supervisión general de Benigno Mancebo, esos tribunales estaban compuestos por hombres sin formación ni experiencia jurídica, incluso a veces criminales, que asumieron la tarea de arrestar, juzgar y sentenciar a los sospechosos. Los grupos responsables de los arrestos podían, con documentación de la Dirección General de Seguridad, entrar en cualquier local, requisar cualquier propiedad y arrestar a todo el que consideraran sospechoso. Mancebo solía tomar decisiones basándose en las declaraciones de empleados o sirvientes domésticos de los detenidos; si decían que recibían un buen trato, hallaban clemencia. Quienes eran declarados culpables por estos tribunales fueron encarcelados, o les decían que quedaban en libertad y podían marcharse. A veces, milicianos del comité o de alguna checa independiente iban a las cárceles con una orden de liberación que llevaba el membrete de la Dirección General de Seguridad. Cuando el detenido abandonaba la checa o la cárcel, por lo general de noche o antes del amanecer, los milicianos lo recogían en un coche y se lo llevaban para ejecutarlo. Entre quienes llevaban la insignia de la DGS y papeles de identificación había delincuentes comunes, como el notorio asesino Felipe

Emilio Sandoval Cabrerizo, un anarquista de cincuenta años al que apodaban «el Doctor Muñiz», y Antonio Ariño Ramis, «el Catalán».[54]

Poco después de la creación del CPIP, Muñoz seguía tan preocupado por la oleada incesante de sacas que pidió ayuda a los dirigentes de la CNT. Le consternaba especialmente la cantidad de cadáveres que aparecían cada mañana en la Pradera de San Isidro, el parque popular al sudoeste de la ciudad. Muñoz sabía que David Antona, el secretario regional de la CNT, no aprobaba los paseos ni las actividades irregulares de los grupos de milicia. A través de Antona, mantuvo reuniones con algunos jóvenes líderes de la CNT, entre ellos Gregorio Gallego, con la esperanza de que colaboraran para poner fin a las sacas. Sin embargo, los cenetistas le dijeron que era imposible acceder a lo que pedía, pues en ese caso deberían enfrentarse a sus propios compañeros del CPIP y a las otras checas. Cuando Gallego comentó la reunión con Eduardo Val y Amor Nuño, Val condenó con firmeza la violencia descontrolada, si bien no hasta el punto de hacer algo al respecto. Nuño, por su parte, se mostró rotundamente partidario de los paseos al decir que «la justicia expeditiva robustecía la moral revolucionaria del pueblo y le comprometía en la lucha a vida o muerte que teníamos entablada».[55]

En alguna ocasión, Muñoz llegó a telefonear al Círculo de Bellas Artes para ordenar el arresto de ciertos individuos, y los anarquistas se negaron. Así pues, con sobradas razones para no confiar en los anarquistas del CPIP, Manuel Muñoz asignó a la Dirección General de Seguridad dos unidades armadas que le merecían más confianza y operarían a sus órdenes, aunque no exclusivamente. Uno de esos escuadrones, compuesto básicamente por guardias de asalto, estaba a las órdenes del capitán Juan Tomás de Estelrich, si bien en la práctica las acciones las comandaba normalmente el sargento Felipe Marcos García Redondo. Gracias a la imaginación de un periodista del *Heraldo de Madrid*, el escuadrón se conocería con el sobrenombre de «Los Linces de la República». Operaban desde el Palacio Nacional y su función, bajo las órdenes específicas de la DGS, era el arresto de individuos señalados y la confiscación de objetos de valor. Muchas de las operaciones se llevaban a cabo en ciudades pequeñas y pueblos de fuera de Madrid, en las provincias de Toledo y Ávila, donde ejecutaban a los derechistas locales. A mediados de septiembre, la unidad quedó a las órdenes de la columna del coronel Julio Mangada. Sin embargo, Estelrich filtró en la prensa crónicas falsas de sus hazañas militares y la unidad se desmembró en diciembre de

1936. Después de la guerra, varios antiguos componentes fueron acusados de asesinar a algunos de los detenidos.[56]

Distinto fue el caso de otro grupo conocido como la «Brigadilla» o «Escuadrilla del Amanecer», cuyo nombre obedece a que practicaban los arrestos y registros domiciliarios desde la una de la madrugada hasta el alba. Igual que Los Linces, se componía básicamente de guardias de asalto, aunque respondía ante el director general de Seguridad, Manuel Muñoz.[57] De hecho, operaba desde la Secretaría Técnica de la Dirección General de Seguridad. Llevó a cabo importantes detenciones, como la del gran político Melquíades Álvarez y la del doctor Albiñana, fundador del Partido Nacionalista Español. Capitaneada por Valero Serrano Tagüeña y Eloy de la Figuera, y con fama de milicia implacable, la Escuadrilla del Amanecer trabajaba a menudo en colaboración con el Comité Provincial de Investigación Pública y algunas de las checas anarquistas, incluido el grupo conducido por Felipe Sandoval en el cine Europa. Sin embargo, la existencia de grupos que operaban a las órdenes directas de la DGS llevaba en ocasiones a enfrentamientos con otros escuadrones del CPIP.[58] Después de la guerra, los miembros de la Escuadrilla del Amanecer fueron juzgados por robo, asesinato y el arresto y maltrato de varias mujeres. El caso más notorio fue el de María Dolores Chicharro y Lamamié de Clairac, la hija de diecinueve años del reaccionario Jaime Chicharro, que había sido diputado tradicionalista en las Cortes monárquicas y había muerto en abril de 1934. A pesar de la ideología de su familia, todo apunta a que el único crimen de Dolores fue su belleza. Tras ser arrestada en abril de 1937, la sometieron a violaciones en grupo y posteriormente la asesinaron en la Casa de Campo.[59]

Evidentemente, el hecho de que las fuerzas policiales (la oficial y la paralela) se solaparan brindaba muchas oportunidades para la corrupción y el abuso. Los sueldos del CPIP salían del dinero confiscado en los registros domiciliarios. Tres semanas después de su creación, el comité se vio obligado a publicar una declaración insistiendo en que no debían llevarse a cabo registros sin autorización, que solo podían confiscarse armas, documentos comprometedores y objetos de valor que fueran de utilidad a la campaña bélica, y que todo lo requisado debía entregarse en las oficinas del CPIP.[60] En consecuencia, PSOE, UGT, JSU, PCE, CNT, FAI y los partidos republicanos anunciaron conjuntamente que las detenciones o los registros domiciliarios correrían en exclusiva a cargo de agentes o milicianos con la pertinente documentación de la Dirección General de Seguridad o el Comité Provincial de Investigación Pública. Asimismo, instaron a que los ciudadanos denunciaran ante las autoridades cualquier intento de llevar a cabo esa clase de operaciones sin la autorización debida.[61]

Previsiblemente, la iniciativa no sirvió para disuadir a algunos de los grupos que asumían funciones de seguridad, ni siquiera a los vinculados con el Comité Provincial de Investigación Pública. En parte para contrarrestar la desproporcionada influencia anarquista en el seno del CPIP, el 5 de agosto el general Pozas ordenó reorganizar el llamado Cuerpo de Investigación y Vigilancia de la Policía, con la incorporación de un centenar de hombres, en su mayoría socialistas, que juraron su cargo como agentes de Policía provisionales. A recomendación del Comité Ejecutivo del PSOE, Agapito García Atadell fue nombrado jefe de una unidad aparentemente bajo la supervisión del comandante de la Brigada de Investigación Criminal, Antonio Lino, policía de profesión. García Atadell era un tipógrafo gallego de treinta y cuatro años que más tarde aseguró haber trabajado en la Secretaría del Comité Nacional del Partido Socialista y haber mantenido amistad con Indalecio Prieto, aunque tales afirmaciones distaban mucho de la verdad y no fueron las razones de que lo recomendaran para el puesto. Conocía a Prieto, ciertamente, pero por haber formado parte de su escolta armada durante la campaña electoral de febrero; por ese motivo se le consideró apto para el puesto. Sin embargo, traicionaría la confianza depositada en él y se convertiría en el ejemplo más célebre de cómo las tentaciones nefandas propiciadas por su cargo convierten a un hombre en un criminal.[62]

La brigada de García Atadell, y la que se creó en torno a la misma época bajo las órdenes de Javier Méndez, policía de carrera, operaron eficazmente por iniciativa propia, pues la autoridad que Lino ejercía sobre ambas no pasaba de ser nominal. García Atadell instaló a su grupo de 48 hombres en el palacio de los condes de Rincón, previamente confiscado, en la esquina de Martínez de la Rosa con el paseo de la Castellana.[63] Méndez, en cambio, estableció su cuartel general en la Gran Vía, sobre la cafetería Zahara. La prensa informaba con regularidad de la detención de espías, saboteadores, francotiradores, falangistas y otros insurgentes por parte de la Brigada de Méndez. García Atadell se preocupó de garantizar que se publicaran prácticamente a diario crónicas todavía más elogiosas de las hazañas de su unidad. Esas funciones legítimas de la seguridad en la retaguardia llevaban por lo común al descubrimiento de armas, grandes sumas de dinero y objetos de valor, cuya ubicación normalmente había sido revelada por denuncias de los porteros o del personal de limpieza que trabajaba en los barrios de clase alta. García Atadell entregaba a las autoridades una cantidad nada despreciable de lo requisado, pero parte del botín quedaba en sus manos y las de dos de sus colaboradores más próximos, Luis Ortuño y Pedro Penabad.[64]

El inspector Antonio Lino, que en secreto apoyaba a los rebeldes, confesó más tarde que entre los milicianos de García Atadell y Méndez había «vulgares ladrones, atracadores y asesinos». Declaró que ni él ni otros policías profesionales se atrevían apenas a salir de sus despachos, y solo lo hacían acompañados de grupos armados. Según Lino, Méndez era un corrupto, además de responsable de la muerte de numerosos agentes de Policía, aunque posiblemente lo que hacía Méndez era desenmascarar la traición de quienes respaldaban a los rebeldes dentro del cuerpo. Lino, temiendo que sus simpatías por los rebeldes quedaran también al descubierto, se refugió finalmente en la embajada de México.[65] Cuando García Atadell cayó en manos de los rebeldes, tratando de causar una impresión favorable, declaró haber ayudado a Lino en repetidas ocasiones a oponerse a las maquinaciones de Méndez, quien, según su versión, solía avisar al Comité Provincial de Investigación Pública acerca de los policías sospechosos. Alardeó también de que gracias a él la familia de Lino había obtenido refugio en la embajada mexicana, cosa harto probable si se tiene en cuenta que, a cambio de dinero, se había ocupado de entregar a varios derechistas a un agregado de dicha embajada llamado Clavet.[66]

Existían sospechas generalizadas de que algunos de los robos y abusos varios corrían a cargo de agitadores fascistas. La brigada de Atadell destapó una organización que suministraba uniformes republicanos para poder llevar a cabo ejecuciones nocturnas con impunidad. El propio García Atadell hizo público un comunicado que advertía que solo los milicianos que llevaban una tarjeta de identificación con su firma eran miembros legítimos de su unidad.[67] Resulta enormemente difícil estimar la magnitud de los crímenes cometidos por la Brigada de Investigación Criminal. Cuando fue apresado por los rebeldes, Atadell trató de congraciarse con sus interrogadores asegurando que los asesinatos habían tenido el beneplácito oficial de las autoridades republicanas, y exagerando las cifras de los mismos. Atadell admitió también que la brigada llevó a cabo muchas ejecuciones por iniciativa propia, tras los juicios nocturnos de un «comité sentenciador», integrado por el comité de control al mando de las operaciones, en el que estaban el propio García Atadell, Ángel Pedrero, Luis Ortuño y Antonio Albiach Chiralt, más la incorporación de un miliciano distinto cada día. Los prisioneros eran sentenciados a muerte, a prisión o, en otros casos, liberados. Cuando había desacuerdo, Atadell hacía valer el voto de calidad. Según la versión de Atadell, las cerca de 100 personas sentenciadas a muerte fueron trasladadas inmediatamente a las afueras de Madrid y ejecutadas. A lo largo del interrogatorio y juicio al que fue sometido el 20 de febrero de 1940, a pesar de que lo torturaron, Ángel Pedrero negó haber tenido conocimiento de dichas ejecuciones. Pese a todo, lo declararon culpable de participar en al menos una quincena de los asesinatos cometidos por la brigada de Atadell, así como por su papel en la organización de la contrainteligencia militar dentro del Servicio de Investigación Militar, cuya demarcación del Ejército del Centro presidió desde octubre de 1937 hasta el final de la guerra. Pedrero fue sentenciado a muerte por garrote vil.[68]

La mayoría de los prisioneros pasaban a disposición de la Dirección General de Seguridad, junto con los objetos de valor y las armas confiscadas. No obstante, si eran personas importantes, los retenían como rehenes en el palacio de los condes de Rincón. En algunos casos, el cautiverio se prolongaba hasta que pagaban un rescate o compraban los pasaportes que les permitían escapar a la zona rebelde. En otros, los mataban para encubrir el robo de sus bienes. También se dieron algunos casos en que encontraron la salvación, como el de la duquesa de Lerma, que en señal de gratitud viajó después de San Sebastián a Sevilla para hablar en defensa de Atadell. Este tuvo también la gentileza de amparar bajo su protección a los paisanos de su aldea natal lucense, Viveiro. La organización de la vida en el palacete permite ahondar en la retorcida mente de García Atadell; el trato exquisito que daba a algunos prisioneros aristócratas sugiere tal vez el deseo de ostentar, una impresión que confirman los arreglos de mal gusto que a sus órdenes se llevaron a cabo en la casa señorial. Por ejemplo, a menudo recibía a las visitas en batín. En la recepción trabajaban atractivas mecanógrafas que llevaban vestidos con escotes generosos y transparencias en tonos pastel; otras lucían delantales de encaje, al modo de las doncellas francesas. La verja del jardín estaba coronada con un arco de bombillas de colores en el que se leía «Brigada García Atadell».[69]

El 24 de septiembre de 1936, Atadell llevó a cabo la detención que le daría celebridad: el de la hermana de Gonzalo Queipo de Llano, Rosario, viuda de cuarenta y tres años. Prácticamente la totalidad de la prensa republicana reprodujo la anécdota de que, al parecer, cuando la mujer pidió: «Mátenme, pero no me hagan sufrir», Atadell le contestó: «Señora, nosotros no matamos ni fusilamos. Somos más humanos de [*sic*] aquellos que fusilan a los obreros en masa». El *Heraldo de Madrid* acompañaba el artículo sobre el arresto titulado «La Humanización de la Guerra» con una fotografía de Atadell y Rosario; la crónica comparaba «la hidalguía, la nobleza, la caballerosidad del jefe de las milicias populares de Investigación, la conducta innoble e inhumana» con «las bajezas, la abyección de la guerra que hacen los facciosos». Se decía que la señora le dio las gracias por «las atenciones recibidas».[70]

La prensa dio a entender que Rosario había sido localizada tras una brillante labor de investigación: «Con la diligencia tan acreditada por esta brigada, Atadell en persona hizo las gestiones hasta averiguar que la persona a quien buscaba se encontraba escondida en la casa número 9 del paseo de Recoletos». Ángel Pedrero negó que fuera así en el interrogatorio al que lo sometieron después de la guerra, y reveló que, a través de un amigo, la mujer se había puesto en contacto con la brigada en busca de protección. Así lo confirma también la declaración de la propia Rosario, al confesar que estaba cansada de vivir en la clandestinidad y, con miedo de toparse con los anarquistas «incontrolables», se entregó a Atadell con la esperanza de ser canjeada en un futuro intercambio de prisioneros, como efectivamente ocurrió.[71] Según la prensa, pasó a disposición de la Dirección General de Seguridad, que, tras procesarla, la mandó a una cárcel de mujeres. Sin embargo, García Atadell contó a sus interrogadores en Sevilla que la mantuvo alojada, con considerables comodidades, en el palacio de los condes de Rincón hasta el 20 de octubre, cuando Manuel Muñoz, cuyos tres hijos estaban en manos del general Queipo de Llano, solicitó que la transfirieran a su custodia.[72] Rosario Queipo de Llano no fue la única mujer que se entregó a Atadell con la convicción de evitar un destino peor en manos de la FAI.[73]

La riqueza de la derecha en general, y de la Iglesia católica en particular, tuvo un papel relevante en la represión. La necesidad de financiar la campaña bélica republicana obligaba a dar el visto bueno oficial a las confiscaciones, a pesar de que la codicia individual fue un factor decisivo, inevitablemente, y a veces las víctimas de los robos acababan asesinadas para ocultar el expolio. Por encima de todo, el conocimiento de que existían tales riquezas alimentaba el odio social. A finales de agosto, la Escuadrilla del Amanecer registró el domicilio del banquero Manuel Muguiro y encontró bonos, dinero en metálico y joyas por valor de 85 millones de pesetas. La checa del cine Europa, liderada por Felipe Sandoval, participó en la operación. En su defensa, Muguiro declaró que todos aquellos objetos de valor los habían dejado varias órdenes religiosas a su cuidado, para que los pusiera a buen recaudo. Un asalto en la casa del tesorero de otra orden incautó un botín más modesto de 1.800.000 pesetas.[74] Pese a todo, esas inmensas riquezas no solo se hallaron en manos del clero. Días antes, la Escuadrilla del Amanecer encontró cerca de 100 millones de pesetas en monedas de oro, billetes de banco extranjeros y joyas en casa de otro banquero; lo recaudado se depositó en el Banco de España. Los Linces de la República registraron la casa del abogado César de la Mora, en la calle de Alcalá, número 66, y encontraron relojes de pared y de pulsera, mantones de Manila, 300 kilos de plata, 3 millones de pesetas en acciones y joyas de oro por valor de 25.000 pesetas, así como una bodega de vino nada desdeñable. César era el tío de Constancia de la Mora, la futura jefa de prensa republicana. A mediados de septiembre, las fuerzas de seguridad registraron el domicilio del marqués de San Nicolás de Mora y encontraron dinero, joyas y bonos por un total de 100 millones de pesetas. Las noticias del hallazgo de fortunas similares en los hogares o cajas de seguridad bancarias propiedad de aristócratas eran frecuentes y sin duda contribuyeron a justificar la represión. Los artículos solían ir acompañados de la afirmación de que los efectos del registro se habían entregado a las autoridades. Hubo detenciones esporádicas de individuos que se dedicaban al robo disfrazados de milicianos.[75]

Uno de los grupos más activos y célebres en la represión fue el capitaneado por Felipe Sandoval, un criminal con un largo historial de robos a mano armada en su haber que había pasado largas temporadas en prisión. Una infancia dura de hijo ilegítimo en Madrid inoculó en él un amargo odio hacia la burguesía, agudizado con sus experiencias en la cárcel. Quedó desfigurado tras una brutal paliza que recibió en Nochebuena de 1919, cuando un contingente de policías, guardias civiles y soldados irrumpió en la cárcel Modelo de Barcelona para atajar un motín, dejando a su paso un número considerable de muertos y lisiados. Lo encarcelaron en 1932 por una serie de atracos con violencia. En 1935, el comunista Enrique Castro Delgado, preso político por su participación en la rebelión izquierdista de octubre de 1934, cumplía pena en la misma cárcel, y posteriormente dijo de él: «Era un ladrón profesional y hasta se decía que un asesino. Taciturno, con un mirar extraño. Y una nariz aguileña sin nada de humano. Y unas manos delgadas y pálidas que colgaban de unos brazos muy largos. Y un caminar encorvado. Y tosiendo con frecuencia; y escupiendo a cada rato». En opinión de Eduardo de Guzmán, que lo conoció en una prisión franquista después de la guerra, Sandoval era un hombre sin principios que no comulgaba con ninguna ideología: «No es un obrero que se rebela contra la injusticia; que busca las razones éticas que abonen su rebeldía y encuentra en ellas energías para soportar prisiones y martirios. No pasa de ser un estafador vulgar, un delincuente común».[76]

Sandoval estaba cumpliendo sentencia por robo a mano armada y se encontraba en la enfermería de la cárcel Modelo de Madrid, aquejado de tuberculosis, cuando tuvo lugar el alzamiento militar. En un primer momento no fue puesto en libertad, pues se le consideraba un criminal violento, pero al cabo de dos semanas lo soltaron. Se presentó ante Amor Nuño, el secretario de la federación madrileña de la CNT, que le ordenó unirse a la checa del cine Europa. Según Sandoval, Nuño era la persona más próxima a ejercer un control total de las checas anarquistas. El cine Europa, en la calle de Bravo Murillo, era también el cuartel general de las milicias de la CNT, cuya checa trabajaba en estrecha relación con el Comité Provincial de Investigación Pública. El propio Sandoval estuvo pronto al mando de un escuadrón dedicado a eliminar a los «pacos» y los saboteadores. Su grupo recorría Madrid a toda velocidad en un Rolls Royce negro apodado «el Rayo»; entre sus miembros había criminales recientemente liberados. A las órdenes de Eduardo Val, esta milicia fue responsable de numerosos asesinatos, incluidas las sacas de la cárcel de Ventas donde murieron tres funcionarios de prisiones el 14 y el 17 de septiembre, y el doctor Gabriel Rebollo, el 7 de noviembre, junto con otras víctimas que perdieron la vida a manos de Sandoval en venganza por sus experiencias en la cárcel.[77]

La checa del cine Europa fue una de las más conocidas en Madrid y, entre sus componentes, Santiago Aliques Bermúdez, de treinta y seis años, era el responsable de la ejecución de prisioneros. Junto con Bartolomé Martínez, un antiguo torero apodado «el Bartolo», Aliques dirigía el llamado «Grupo de Defensa» al que se le imputan cientos de asesinatos de hombres y mujeres, cometidos sobre todo en lugares de los alrededores de Madrid como Aravaca, La Dehesa de la Villa y Hortaleza. Aliques era un delincuente común con un dilatado historial de penas de cárcel por robos cometidos antes de la guerra. Entre las ejecuciones que su grupo llevó a cabo hubo las de numerosas mujeres, varias de las cuales fueron previamente violadas; su único crimen era ser esposas e hijas de derechistas. Un dato revelador de la actuación despiadada del Grupo de Defensa fue el asesinato de una mujer por haber criticado a los trabajadores durante una huelga de la construcción antes de la guerra. En esa misma línea, una anciana hermana de un cura fue arrestada y ejecutada por poseer medallas religiosas. Y más truculento aún fue el caso de la víctima a la que Aliques obligó a cavar su propia tumba y a quien luego mató con el mismo pico que había utilizado.[78]

A pesar de las quejas por la presencia de cadáveres tirados en las calles, la mayoría de los muertos eran identificados y registrados con relativa rapidez por parte de las autoridades republicanas, que informaban luego a los parientes. Además, prácticamente a diario, la *Gaceta de Madrid* publicaba listas de cadáveres pendientes de identificación, con una descripción física del difunto y el lugar donde había sido encontrado. Asimismo, en la Dirección General de Seguridad había un archivo de fotografías de los muertos, que las familias de los desaparecidos podían consultar.[79] Son datos sintomáticos de que las autoridades republicanas intentaban, aun con resultados desiguales, poner fin a las atrocidades. El hecho de que el gobierno no ignoraba la represión se constataba también en frecuentes condenas públicas, algo que no tenía su contrapartida en la zona rebelde.

Entre quienes trabajaban para poner freno a la represión cabe mencionar a la delegación madrileña del Partido Nacionalista Vasco. Uno de sus miembros más enérgicos fue Jesús de Galíndez, que posteriormente escribió que «sólo condenando los excesos propios se pueden condenar los del contrario, sólo exponiendo la cruda realidad se tiene derecho a enjuiciar», y que logró rescatar con éxito a un buen número de clérigos, vascos y de otras zonas, gracias a la ayuda tanto oficial como extraoficial. Las intercesiones de Galíndez y sus compañeros de partido, junto con los salvoconductos expedidos por la delegación del PNV, salvaron la vida de numerosos curas, monjas y derechistas, así como las de nacionalistas vascos.[80]

Los esfuerzos humanitarios de personas como Galíndez no fueron más que un grano de arena en el desierto. Más de 8.000 presuntos partidarios del bando nacional fueron asesinados en Madrid entre el 18 de julio y finales de diciembre de 1936. Cerca de 50.000 murieron en la zona republicana en el transcurso de la guerra. Es difícil dar una explicación simple a la magnitud de las cifras. En algunos casos, como el de los asesinados en Paracuellos del Jarama, Torrejón de Ardoz y San Fernando de Henares durante el asedio de Madrid, fueron víctimas de decisiones fundadas en la estimación del peligro potencial que entrañaban para la causa republicana. A otros los ejecutaron por apoyar al enemigo. Aunque desde el comienzo de la guerra los avances se seguían con inquietud, la preocupación se acrecentó a medida que las columnas de Franco se acercaban a Madrid y la ciudad recibía la avalancha de refugiados del sur, que traían historias espeluznantes de la masacre que la columna africana de Juan Yagüe había llevado a cabo tras la toma de Badajoz, el 14 de agosto. En muchos sentidos, lo sucedido en Badajoz se interpretó como una advertencia para Madrid del mismo modo que Guernica sería un mensaje para el pueblo de Bilbao: «Esto es lo que os pasará si no os rendís». La oleada de personas aterrorizadas en busca de refugio alimentó la sed de venganza contra los partidarios de los rebeldes encarcelados en Madrid.

La hostilidad hizo blanco en la cárcel Modelo, ubicada en el barrio madrileño de Argüelles. De un total aproximado de 5.000 detenidos, más de un millar eran oficiales del Ejército que habían participado en la sublevación fallida del cuartel de la Montaña. Había también falangistas y otros derechistas partidarios del alzamiento, y por último, delincuentes comunes y cierto número de comunistas y anarquistas que no fueron liberados al estallar la guerra por haber cometido crímenes violentos. En tanto que las demás cárceles de Madrid —San Antón, Porlier, Duque de Sesto y Ventas— estaban en manos de los milicianos, la cárcel Modelo seguía bajo la vigilancia de la Guardia de Asalto y los funcionarios de prisiones, y esa fue la razón de que se alojara allí a cierto número de personalidades políticas, algunas bajo arresto y otras por su propia voluntad, con la intención de velar por su seguridad. La cárcel constaba de cinco galerías en forma de estrella alrededor de un patio central, y todas tenían una planta baja, cuatro plantas superiores y un patio interior. Cada galería contaba con 200 celdas individuales, por lo que normalmente podía albergar a 1.000 reclusos. A finales del verano de 1936, sin embargo, la media había ascendido a casi 5 presos por celda. En la primera galería estaban los prisioneros militares; en la segunda y tercera, los falangistas; en la cuarta, los delincuentes comunes, en su mayoría por robo, y en la quinta galería, los detenidos en aplicación de la Ley de Vagos y Maleantes, así como los acusados de crímenes de sangre. Otros presos políticos ocupaban la parte central de la prisión.[81]

Los prisioneros se reunían en los patios y celebraban abiertamente los avances de las tropas rebeldes. Con pretextos varios —evitar que disfrutaran al ver un avión alemán bombardeando la ciudad, cuando se iba a ejecutar a un preso o cuando los milicianos llegaban para hacer una saca—, a menudo los dejaban «chapados» en sus celdas, sin posibilidad de bajar al patio.[82] Algunos de los falangistas más jóvenes gritaban insultos y eslóganes fascistas desde las ventanas al paso de los milicianos; esa clase de provocaciones inquietaban a reclusos como Ramón Serrano Suñer, cuñado de Franco. Elementos de la prensa republicana escribieron artículos indignados acerca de los presos de la cárcel Modelo, que atrajeron la atención del Comité Provincial de Investigación Pública; uno especialmente hiriente mencionaba a «varios curas castrenses o civiles, y como cumple a su oficio, gordos y lustrosos. Salvo rara excepción. Van vestidos abigarradamente. Muchos pijamas, algunos monos como de las Milicias, camisas de todos los colores del iris; pantalones *cotton* o *khaki*, arrugados y demasiado largos o demasiado cortos. Sin afeitar la mayoría, no se diferencian gran cosa de los presos vulgares. El aire distinguido se lo daba la ropa o el uniforme ... Hablan poco, meditan mucho y sollozan bastante ... En otras galerías ... albergan más fascistas de los comprometidos en la rebelión y otros que fueron apresados antes de que aquella estallase, como los directores falangistas Ruiz de Alda y Sánchez Mazas. Y existen, por fin, los presos políticos. Antiguos y recientes. Los más notorios de los últimos, son el Dr. Albiñana, D. Melquíades Álvarez y Martínez Velasco».[83]

Aún ahondaba más en el detalle un artículo de *El Sindicalista* que apareció luego en *Claridad*, en el que se protestaba porque muchos guardias de la cárcel Modelo simpatizaran con los rebeldes, y eso explicaba que extremistas de derechas como Manuel Delgado Barreto (editor de un periódico reaccionario y patrocinador de la Falange desde los inicios) vivieran a cuerpo de rey y se les permitiera comunicarse con quien quisieran a sus anchas. El artículo concluía con una pregunta retórica y punzante: «¿Será necesario que las Milicias populares hagan aquí lo que han hecho en Barcelona, ampliando su acción a la Cárcel Modelo? Lo que no puede ser es que las cosas sigan como hasta ahora en la Cárcel Modelo. Ni un día más. ¡Ni una hora más!».[84] Al parecer, al día siguiente dos de los guardias más reaccionarios de la prisión desaparecieron. A varios más los echaron y luego los detuvieron.[85]

El 15 de agosto, unos agentes de la Dirección General de Seguridad, acompañados por milicianos del Comité Provincial de Investigación Pública, entraron en la cárcel y registraron a los presos derechistas en busca de armas ocultas y documentos comprometedores. Los milicianos que llevaban a cabo el registro insultaron y amenazaron a los prisioneros, y muchos se apropiaron de su dinero, relojes, anillos, plumas estilográficas y otros efectos personales. En una visita posterior, unas milicianas arengaron a los delincuentes comunes con discursos para volverlos en contra de los presos políticos. Se ha dicho que actuaban a las órdenes del ministro de la Gobernación, el general Pozas, aunque es poco verosímil.[86]

Corrieron rumores de que los falangistas de la cárcel Modelo planeaban escapar. Las sospechas de un intento de fuga hicieron que el CPIC, con la autorización de Manuel Muñoz, mandara a dos grupos a la prisión, dirigidos por dos delincuentes comunes recientemente liberados como eran Sandoval y Aliques, con la misión de investigar a los oficiales del Ejército y a los políticos derechistas. Llegaron la tarde del 21 de agosto y, además de interrogar a los reclusos, robaron dinero, relojes, medallas religiosas y otros objetos de valor, e incluso, en algunos casos, zapatos y prendas de vestir.[87]

En la madrugada del 22 de agosto, los rebeldes llevaron a cabo un ataque aéreo sobre Madrid; el barrio de Argüelles, donde se ubicaba la cárcel, sufrió cuantiosos daños. Fue el preludio de un lamentable incidente en el que más de una treintena de hombres serían asesinados. Aquella misma tarde, mientras Sandoval, Aliques y sus hombres proseguían con el registro, los delincuentes comunes se amotinaron y exigieron su liberación, amenazando con matar a los presos de derechas. Entre ellos había varios anarquistas destacados y unos pocos comunistas, que seguían presos por considerarse que sus crímenes eran demasiado graves; uno de ellos era Manuel González Marín, un integrante de la FAI que más tarde sería miembro de la Junta de Defensa y, en 1939, participaría en el golpe de Casado contra la República.[88] Sandoval habló a los presos comunes y les prometió la libertad si se unían a la CNT. Algunos prendieron fuego a la leñera de la tahona, situada en el sótano de la segunda galería. Al mismo tiempo, la ráfaga de una ametralladora, que otros anarquistas habían instalado previamente en una azotea próxima, cayó sobre los internos derechistas de la primera galería: 11 resultaron heridos y 6 murieron, entre ellos, el fundador del Partido Agrario y aliado de Gil Robles, José Martínez de Velasco. Más tarde se dijo que el fuego de ametralladora desde los tejados no había sido una coincidencia, sino el fruto de una operación minuciosamente orquestada por los hombres de Sandoval. La dificultad del acceso a la leñera apunta también a cierto grado de connivencia entre los milicianos y los presos comunes.[89]

Corrió también el rumor de que el incendio en realidad había sido obra de los presos falangistas. El aviador y aventurero Julio Ruiz de Alda, uno de los fundadores de la Falange, al parecer habría sobornado a los funcionarios de la prisión para que permitieran escapar a los derechistas en medio de la confusión. Un gran número de milicianos enfurecidos entraron en la cárcel con los bomberos que acudieron a apagar el fuego. Mientras tanto, una multitud se había congregado en las calles aledañas atraída por el rumor de la fuga de fascistas. El ministro de la Gobernación, el general Sebastián Pozas, llegó acompañado de un concejal municipal, Ángel Galarza Gago (que ocuparía su cargo dos semanas después), pero se marcharon rápidamente tras intentar, en vano, detener el curso de los acontecimientos. El director general de Seguridad, Manuel Muñoz, también se personó en el lugar y, al ver que la muchedumbre pedía a gritos la liberación de los delincuentes comunes y amenazaba con invadir la prisión para hacerse con los detenidos fascistas, llamó para pedir ayuda de los partidos políticos. Después se dirigió al Ministerio de la Guerra a solicitar el permiso del presidente, José Giral, para la puesta en libertad de los presos comunes, el cual se lo concedió inmediatamente. Aunque sirvió de poco, porque cuando Muñoz volvió a la prisión, descubrió que Sandoval ya había dejado escapar a 200 de ellos. Con la misma impotencia que había sentido Pozas, Muñoz adujo que se sentía indispuesto y volvió a su despacho.

Mientras algunos de los presos recién liberados saqueaban la despensa de la cárcel, los milicianos prosiguieron con el registro y seleccionaron a una treintena de derechistas, entre los cuales había miembros destacados del Partido Liberal, conservadores, así como oficiales del Ejército y falangistas. Los llevaron a los sótanos y, tras un breve «juicio» ante un tribunal improvisado, los ejecutaron. Entre los fallecidos estaban falangistas de pro, como Ruiz de Alda; Fernando Primo de Rivera, hermano de José Antonio, el fundador del partido; el doctor José María Albiñana; dos antiguos ministros del gobierno de Lerroux, Ramón Álvarez Valdés y Manuel Rico Avello (ambos habían sido arrestados a fin de garantizar su seguridad), y Melquíades Álvarez, amigo y mentor del presidente republicano Manuel Azaña, a quien la noticia dejó hecho trizas. Entre los menos conocidos cabe mencionar a uno de los principales agentes de Mola, el policía Santiago Martín Báguenas, que había estado implicado en un atentado contra la vida de Azaña. También pusieron cuidado en elegir a 3 antiguos izquierdistas que se habían pasado a la Falange: Enrique Matorras Páez, previamente miembro destacado del Partido Comunista en Sevilla; Sinforiano Moldes, que había abandonado la CNT y había montado un sindicato esquirol en el sector de la construcción, y un ex pistolero de la CNT, un tal Ribagorza. Otro, Marciano Pedro Durruti, salvó la vida porque su hermano, Buenaventura, logró sacarle de la cárcel.[90]

En respuesta al llamamiento de Muñoz, Giral dispuso que los principales partidos mandaran a sus representantes para intentar calmar a la multitud desaforada.[91] El futuro presidente socialista, el doctor Juan Negrín, había acudido ya a toda prisa a la cárcel Modelo en un vano intento de impedir un baño de sangre. El doctor Francisco García Valdecasas, que había estudiado Fisiología con Negrín en la Universidad de Madrid en 1928, y desde entonces trabajaba en su laboratorio, escribió acerca de su valiente intervención:

> Negrín corrió a frenar la furia homicida y, al mismo tiempo, a intervenir para poner a salvo la vida del que había hecho de padre del bedel del laboratorio, persona muy apreciada por todos cuantos le tratábamos. El tío (y padre de hecho) de Elías Delgado era militar «de cuchara» al que las circunstancias del momento le habían llevado a ser uno de los detenidos recluidos en la Modelo con el consiguiente peligro de ser una de las víctimas. La enérgica intervención del doctor Negrín para impedir lo que ya era inevitable resultó inútil, pues a su llegada el padre de Elías ya había sido ejecutado. La indignación espontánea de don Juan al exteriorizar enérgicamente sus protestas contra cuanto estaba ocurriendo, le hizo correr el riesgo de perder su propia vida.[92]

Los funcionarios de la prisión habían perdido cualquier atisbo de autoridad y solo pudieron mirar con impotencia mientras los milicianos revisaban los historiales de los prisioneros en busca de más víctimas. Alrededor de las diez de la noche del 22 de agosto, el abogado del sindicato de prisiones pidió al agregado comercial británico en Madrid, George Ogilvie-Forbes, que hiciera algo para impedir que la matanza continuara. Ogilvie-Forbes fue inmediatamente al Ministerio de Asuntos Exteriores, donde se vio con el ministro Augusto Barcia Trelles. Al borde de las lágrimas, Barcia confesó la impotencia del gobierno ante la situación. Juan-Simeón Vidarte, miembro veterano del Partido Socialista, al llegar a la cárcel no pudo ocultar su consternación al ver la multitud agolpada a las puertas del recinto, enfurecida por el bombardeo aéreo y las estremecedoras historias de los refugiados del sur, clamando para que mataran a los allí retenidos, y temió que la Guardia de Asalto se viera obligada a abrir fuego sobre la masa. Fue una larga noche de tensión antes de que la violencia se extinguiera,[93] gracias a los esfuerzos coordinados de una unidad de guardias de asalto y el escuadrón socialista conocido como «Brigada Motorizada», que guardaba una estrecha relación con Prieto. Liderados por Enrique Puente, los hombres de la Motorizada tuvieron que hacer frente a la feroz resistencia de la milicia anarquista, un grupo que según Sandoval estaba capitaneado por Amor Nuño.[94]

Uno de los funcionarios de prisiones a los que *Claridad* había acusado de simpatizar con la derecha era el jefe de servicio, Juan Batista. En noviembre de 1933, Batista se había visto implicado en la fuga del contrabandista millonario Juan March, y su hermano estaba en la Falange. Se sabía que Batista ayudaba a los falangistas encarcelados.[95] En esos momentos, temiendo por la vida de los prisioneros y la de miembros de su propia familia, buscó la ayuda de un antiguo recluso de la cárcel que para entonces estaba en libertad y trataba de luchar contra la violencia indiscriminada en la zona republicana. Ese hombre era Melchor Rodríguez García, un anarquista sevillano de cuarenta y tres años, discípulo del humanista Pedro Vallina, a quien también había conocido en prisión. Melchor había sido novillero hasta que lo cornearon, y después trabajó como chapista y ebanista. Poco después, le reconocerían haber atajado la represión en la retaguardia republicana y salvado miles de vidas. Había empezado requisando el edificio del marqués de Viana, en el casco antiguo de la ciudad, a petición del administrador del marqués, en un intento por salvar así el edificio, los muchos tesoros que contenía y a los empleados que trabajaban en él. Rodríguez llegó acompañado de un grupo de amigos que, según declaró más adelante a sus interrogadores franquistas, eran apolíticos. A ese grupo lo llamó «Los Libertos de la FAI». Cuando lo juzgaron, Melchor fue acusado de convertir el palacio de Viana en una checa, si bien en realidad sirvió de refugio a muchos derechistas, religiosos, oficiales del Ejército y falangistas. De hecho, sus acciones humanitarias le valieron el apodo de «el Ángel Rojo». La noche del 22 de agosto, ante la ira de Sandoval pero con la ayuda de Enrique Puente, Melchor Rodríguez consiguió salvar la vida a Juan Batista y a 15 miembros de su familia que se habían refugiado en la cárcel. Desde entonces, Batista fue el secretario de Melchor Rodríguez.[96]

La reacción del gobierno republicano marcó un enorme contraste con la aprobación oficial de las atrocidades en la zona rebelde. Indalecio Prieto visitó la cárcel y, consternado ante las escenas dantescas que le relataron, declaró: «La brutalidad de lo que aquí acaba de ocurrir significa, nada menos, que con esto hemos perdido la guerra».[97] Durante la noche del 22 de agosto, el gobierno emprendió también pasos para poner fin a la «justicia» irregular. A sugerencia de Vidarte, y con el respaldo de Prieto, el gobierno de Giral formó en todas las provincias los denominados «Tribunales Especiales contra la rebelión, la sedición y los delitos contra la seguridad del Estado», que acabarían conociéndose como Tribunales Populares. Quedaron bajo la autoridad de Mariano Gómez, el presidente en funciones del Tribunal Supremo, quien, a pesar de sus reservas, tuvo la valentía de constituir un tribunal que empezó a funcionar en la prisión a las nueve de la mañana del 23 de agosto. Se esperaba que los nuevos tribunales apaciguaran los excesos revolucionarios, pero lo cierto es que las primeras semanas tuvieron únicamente un efecto limitado.[98]

Dos reporteros de *El Socialista*, Fernando Vázquez Ocaña y Manuel Pastor, habían conseguido acceder a la prisión la noche del 22 de agosto y la escena les hizo pensar en un matadero. Uno de los patios estaba sembrado de cadáveres, algunos de políticos conocidos. Cuando volvieron a las oficinas del periódico, temblaban de indignación. A partir de la crónica que hicieron, el director del diario, Julián Zugazagoitia, y los periodistas más veteranos redactaron una dura condena que se publicó en un lugar destacado bajo el titular «Un imperativo moral indeclinable». Zugazagoitia estaba decidido a ayudar al gobierno a salir de la terrible tesitura en la que lo habían colocado los extremistas que se tomaban la justicia por su mano, y escribió que «para juzgar a cuantos hayan delinquido disponemos de la Ley. Mientras dispongamos de ella, necesitamos acatarla. Con ella todo es lícito, sin ella nada». Ese mismo día, Izquierda Republicana condenó también el estallido de violencia en la retaguardia.[99]

Entre las amargas protestas contra lo sucedido destacó la del presidente Azaña. El 24 de agosto por la mañana, el dramaturgo Cipriano de Rivas Cherif, su cuñado, lo halló consternado, completamente fuera de sí. Aquel mazazo lo había dejado perplejo e indignado, casi incapaz de pronunciar palabra. «¡Han asesinado a Melquíades! ¡Esto no, esto no! Me asquea la sangre, estoy hasta aquí; nos ahogará a todos». Lo embargaban la «desesperación», el «horror», el «abatimiento» y la «vergüenza». Azaña, «de duelo por la República», contempló la posibilidad de dimitir.[100] En su novela, *La velada en Benicarló*, a buen seguro inspirándose en su propia experiencia, Azaña expone a uno de sus personajes a los gritos de agonía de los presos políticos ejecutados por la noche en un cementerio.[101]

La masacre fue solo una de las muchas tragedias humanas que padecieron los prisioneros, como bien ilustra el caso de Rafael Salazar Alonso. Tras su papel en la provocación de las huelgas y la dureza de las represiones posteriores cuando ocupaba la cartera de la Gobernación en 1934, Salazar Alonso era un hombre marcado. A sabiendas de que las milicias iban tras él, permanecía oculto desde el comienzo de la guerra. Al principio estuvo en la embajada de Portugal, pero cuando el vizconde de Riba Támega, agregado comercial, recibió órdenes de abandonar Madrid e ir a Alicante, Salazar se escondió en casa de un amigo llamado Cámara. Con la esperanza de obligarlas a revelar su paradero, una milicia comunista había arrestado a su hija de dieciséis años, Carmencita, y a su esposa, Cecilia, de la que estaba en proceso de divorcio. A cambio de su libertad, Cecilia les dio la dirección de Cámara, pero cuando los milicianos llegaron, Salazar Alonso ya se había marchado. Se ocultó durante un breve tiempo en el piso de una antigua amante, Irene Más, que se había refugiado con su esposo y su hijo en el palacio de Viana, propiedad de Melchor Rodríguez. A continuación, temerosa de que lo arrestaran, Irene consiguió que una vecina, Pilar Revilla López, le procurara refugio. A pesar de la ira de su marido, Irene visitaba a Salazar Alonso a diario, mientras hacía gestiones para que pudiera entregarse a alguien de confianza. Finalmente, su esposo consiguió que Salazar Alonso se rindiera ante Melchor Rodríguez y otros dos de sus «libertos», que lo arrestaron el 31 de agosto de 1936.[102]

Salazar Alonso llevó un diario durante su estancia en la cárcel, donde dejó por escrito el recuerdo de sus tres captores, Melchor Rodríguez, Celedonio Pérez y un tal Jesús: «Tres magníficos tipos. Pertenecían al grupo Liberto y son los tres, tres perfectos caballeros ... tenían un santo horror a la violencia». Pasó tres días en el palacio de Viana, donde lo alimentaron bien y recibió el trato sumamente cortés de Melchor Rodríguez. Según los documentos que se incautaron en su casa, otros anarquistas enviados por Eduardo Val interrogaron a Salazar Alonso sobre los agentes dobles que había infiltrado en la FAI en 1934. Se mostraron menos benevolentes y quisieron ejecutarlo. Para evitar mayores problemas, y a sugerencia del propio Salazar Alonso, Melchor Rodríguez habló con el ministro de Justica, Manuel Blasco Garzón, e hizo los trámites oportunos para su rendición. El 2 de septiembre, Melchor lo llevó a la cárcel Modelo, donde lo entregó ante el director nacional de Seguridad, Manuel Muñoz, y Mariano Gómez, presidente del Tribunal Supremo.[103]

Una vez trasladado a la cárcel, a Salazar Alonso le estaban permitidas visitas, aunque las únicas que recibió en una ocasión fueron las del embajador chileno, Aurelio Núñez Morgado, varios abogados y una amiga de Villafranca de los Barros, Amparo Munilla. Irene Más no fue a verlo; en cambio, Amparo acudió prácticamente todos los días, demostrando con ello una valentía y un compromiso extraordinarios. Había dado a luz a un hijo varón el 2 de agosto. Cinco días más tarde, Amparo, con el recién nacido y otra hija, fue arrestada por unos milicianos. En un libro escrito por otra de sus hijas, se dice que durante la semana que pasó detenida la violaron repetidamente aquellos hombres, capitaneados por el alcalde socialista de Villafranca de los Barros, Jesús Yuste, y el teniente de alcalde de la misma localidad, Manuel Borrego. Sin embargo, el 7 de agosto, Yuste y Borrego seguían aún en Villafranca de los Barros. Borrego sería ejecutado unos días después en Mérida a manos de los fascistas, mientras que Yuste siguió combatiendo contra las columnas de Franco en el sur. Aún más perjudicial para las acusaciones de su hija es la carta que la propia Amparo Munilla dirigió a las autoridades franquistas acerca de sus experiencias. La única alusión que hace a los malos tratos es haber sido amenazada de muerte si se negaba a revelar el lugar donde se escondían Salazar Alonso y otros amigos, a lo que se negó valientemente. Estuvo retenida en cuatro lugares distintos, incluidas la Dirección General de Seguridad y la checa de Bellas Artes, y el 14 de agosto fue puesta en libertad. Puesto que su marido también estaba en peligro, el mismo día que Salazar Alonso ingresó en la cárcel Modelo, la familia buscó refugio seguro en la legación noruega, cuyo cónsul, Felix Schlayer, como ya se ha mencionado, cobijó a muchas personas de derechas en las casas que tenía alquiladas al amparo de la embajada de su país. A pesar del enorme riesgo que corría, Amparo abandonaba con frecuencia la seguridad de la legación para ir a visitar a Salazar Alonso. Le escribía regularmente, le llevaba libros e incluso le entregó un reloj de pulsera. El diario de prisión que él llevaba, en el que no hay una sola palabra acerca de Irene Más, permite entrever la desesperación que sentía los días que no recibía visita o correspondencia de Amparo. Las entradas del diario ponen de manifiesto sus hondos sentimientos por ella. La alta estima en que ella lo tenía quedó a su vez de manifiesto cuando, poniendo en peligro su propia vida, hizo acto de presencia en el juicio contra Alonso y habló en su defensa.[104]

Mariano Gómez, que presidía el Tribunal Popular que había empezado a funcionar en la cárcel Modelo, era un magistrado republicano con una dilatada experiencia profesional. Además, estaba en contra de la pena de muerte y trabajaba en un libro sobre la cuestión cuando estalló la Guerra Civil. A pesar de las circunstancias extraordinarias de los tiempos de guerra, hizo todos los esfuerzos posibles por acabar con las decisiones judiciales que se tomaban desde la pasión y el odio, y procuró en cambio seguir siempre el debido procedimiento legal.[105] La solidez de sus principios garantizaba que la naturaleza del juicio a Salazar Alonso, así como el de muchos otros, distaría significativamente de los procesos gestionados por tribunales exclusivamente militares de la zona rebelde, donde los acusados ni siquiera tenían derecho a una defensa. Al principio, el republicano moderado Juan Botella Asensi, distinguido abogado que había sido ministro de Justicia a finales de 1933, se había ofrecido a defender a Salazar Alonso; más tarde, sin embargo, retiró el ofrecimiento. Las razones de que cambiara de opinión no se conocen, pero posiblemente tenían su origen en el hecho de que se consideraba que Salazar Alonso había roto sus juramentos masónicos.[106] Pese a ello, Salazar Alonso dispuso de los servicios de dos abogados, así como del sumario para la preparación de su defensa. Acusado de participar en el complot militar, su juicio empezó el 19 de septiembre.

El primer día hubo cuatro horas de preguntas de la fiscalía, que se concentraron sobre todo en declaraciones extraídas de su libro, *Bajo el signo de la revolución*, donde su papel a la hora de aplastar el movimiento obrero en la sublevación asturiana de octubre de 1934 quedaba claramente expuesto. Por el contrario, la acusación no pudo presentar pruebas documentales de su implicación en la conspiración militar. Después declararon testigos de la defensa. Salvo por la intervención de Amparo

Munilla, que lo conmovió visiblemente, consideró que se trataba de declaraciones interesadas, en las cuales los testigos intentaban sobre todo marcar distancias con él. Al día siguiente, él mismo abrió su defensa. Señaló que, tras los registros minuciosos de su domicilio y los de sus amigos, no se habían encontrado pruebas documentales de que guardase relación alguna con la conspiración del Ejército. El fiscal admitió que así era. En efecto, la prensa republicana había comentado el hecho de que sus amigos fascistas no le habían mantenido informado de la fecha del alzamiento. Sin embargo, Salazar Alonso fue declarado culpable y el fiscal consiguió que se le condenara a la pena capital.[107]

La decisión final debía obtener la aprobación del gobierno, constituido apenas tres semanas antes. A Azaña, en su condición de presidente, condenar con la pena de muerte a Salazar Alonso le pareció «una barbaridad». El Consejo de Ministros se mostró muy dividido. Ambos extremos quedaron retratados en las palabras de Indalecio Prieto: «Es probable que entre ustedes no haya nadie que sienta tan invencible aversión como la mía hacia Salazar Alonso, quien, luego de extremar demagógicas, sintióse atraído por halagos de las derechas y se pasó a ellas descaradamente, ofreciéndoles como mérito las sañudas persecuciones realizadas contra nosotros desde el Ministerio de la Gobernación; pero en los autos no aparece prueba plena de que haya participado en la insurrección objeto del sumario y por eso me pronuncio a favor del indulto». La intervención de Prieto influyó en el consejo, que, por siete votos contra seis, aprobó que la condena a muerte se conmutara por la cadena perpetua.

Mariano Gómez fue informado inmediatamente. Poco después, mientras se prolongaba aún el Consejo de Ministros, Gómez apareció y pidió hablar con Prieto. Le dijo que, aunque había recibido el expediente de Salazar Alonso con la decisión a la que habían llegado, aún no la había comunicado: «No he dado cuenta a nadie de esta resolución, seguro que apenas sea conocida se producirá un motín terrible que se iniciará con el fusilamiento del reo. El Gobierno, falto de medios suficientes para hacerse respetar, no podrá salvarle la vida y, al ser derrotado, su autoridad rodará por los suelos; pero no será eso lo peor. El tribunal popular, estoy segurísimo, se negará a seguir actuando y tras Salazar Alonso caerán acribillados a tiros, quizás esta misma noche, todos los presos políticos». Prieto explicó las razones de su voto. Gómez estaba completamente de acuerdo con él, pero repitió que esa decisión podía costar un centenar de vidas. Tras la conversación, Prieto volvió al consejo, explicó lo que había hablado con Gómez y anunció que cambiaba su voto. La pena capital se llevó a término el 23 de septiembre por la mañana.[108]

Salazar Alonso fue ejecutado a pesar de no ser culpable del crimen del que lo habían acusado, es decir, de estar implicado en el golpe militar. La ejecución fue un modo de hacerle pagar por haber provocado tanto la huelga de campesinos de junio de 1934 como la sublevación de octubre en Asturias. Se consideraba que, en su condición de ministro de la Gobernación, había sido el causante de un sufrimiento indecible y de un sinnúmero de muertes, así como de haber abonado el terreno para una guerra civil. Que no lo acusaran de estos cargos fue un error legal manifiesto que puso al descubierto las contradicciones existentes entre la justicia convencional y la justicia popular. Asimismo, el insólito episodio del vergonzoso cambio de opinión de Prieto en este asunto en particular ilustró también la continuada debilidad de los instrumentos de gobierno frente a las milicias armadas. Al igual que le ocurriera a Manuel Muñoz con los trenes de prisioneros de Jaén, los moderados estaban totalmente maniatados por el temor a las consecuencias de un posible enfrentamiento entre las fuerzas del orden y las milicias revolucionarias.

Sin embargo, a pesar de lo sucedido en el caso de Salazar Alonso, los tribunales recién creados funcionaron relativamente bien, y contribuyeron a que la opinión pública aceptara progresivamente la idea de que la República podía administrar justicia protegiendo los intereses del pueblo. Los Colegios de Abogados de las capitales de provincia supervisaban los trámites legales y garantizaban que los prisioneros tuvieran la defensa que les correspondía. Las sesiones de los tribunales gozaban de un nutrido público. A menudo había aplausos e incluso vítores cuando, si el acusado era declarado inocente, el presidente del tribunal hacía un discurso alabando la magnanimidad de la justicia popular. Cabe destacar, por ejemplo, lo ocurrido a mediados de septiembre en Madrid, cuando se dieron los veredictos de inocencia contra tres oficiales acusados de una infracción cometida en el frente de batalla. Dirigiéndose al jurado, el presidente del tribunal dijo: «Cada día me siento más orgulloso de presidir este tribunal del pueblo, que debe ser inexorable con los traidores de la República, pero que tiene el alma llena de justicia y de piedad para los que cumplieron con su deber». Uno de los acusados, en nombre de los tres, expresó luego su agradecimiento hacia el tribunal y el jurado al grito de: «¡Viva la República! ¡Viva el Frente Popular! ¡Viva el tribunal del pueblo!».[109]

A lo largo de septiembre y octubre se siguieron introduciendo medidas poco sistemáticas para controlar las checas y centralizar las milicias, con efectos desiguales y escasos. La imposición del control central no se daría hasta principios de noviembre, y requeriría la presencia de las fuerzas rebeldes en la periferia de la capital. Solo cuando la guerra estuvo en puertas y las milicias tuvieron otras prioridades, pudo producirse la centralización plena. La voluntad por restablecer el orden nunca había dejado de existir entre los republicanos y los socialistas moderados. Los comunistas, en cambio, impondrían una determinación inquebrantable que iba a suponer una diferencia importante. Incluso entonces, el precio de las desavenencias se cobraría la sangre de miles de prisioneros.

Entretanto, los socialistas moderados y los nacionalistas vascos encabezaban los esfuerzos por atajar los desmanes en la retaguardia. Junto con Prieto y Zugazagoitia, el doctor Juan Negrín se opuso con idéntico fervor a la represión que ambos bandos ejercían. Marcelino Pascua, amigo de Negrín, contó cómo había puesto su vida en peligro al tratar de detener los desórdenes posteriores al golpe militar. Durante el final del verano de 1936, «puso voluntad, corriendo por ello serios riesgos personales, en salvar a gentes en Madrid —y con eficacia— que por diversos motivos, entre los que se incluían venganzas de tipo personal, temblaban por sus vidas, actos de osadía que no nos sorprendían a los amigos por sernos asaz conocido ese trazo de valor individual en la naturaleza de Negrín, del que nunca blasonaba».[110] Tras ser nombrado ministro de Hacienda el 4 de septiembre de 1936 en el gobierno de Largo Caballero, Negrín no se mostró inclinado a dejar de arriesgar la propia vida en su afán por acabar con la represión. Sus esfuerzos por erradicar los paseos nocturnos indignaron a las checas anarquistas, e incluso hubo un grupo que fue al Ministerio de Hacienda y amenazó con matarlo. Tras el enfrentamiento subsiguiente, la intervención del personal de seguridad del ministerio impidió males mayores.[111]

Igual denuedo puso el Partido Nacionalista Vasco por acabar con las detenciones y las ejecuciones arbitrarias. Aparte del afán de Jesús Galíndez por rescatar a los clérigos y demás ciudadanos vascos de las checas, Manuel Irujo Olla, el piadoso católico vasco que sería ministro sin cartera en el nuevo consejo, hizo un llamamiento desesperado a mediados de octubre para que prevalecieran los valores humanos detrás de las líneas de combate. Según dijo:

> He ido uno por uno, a hospitales, a cárceles y a cementerios; he visitado y pedido al ministro de la Gobernación la adopción de ciertas medidas; me he relacionado con organizaciones extremistas, tanto políticas como sindicales, y he puesto, en una palabra, todo mi empeño en que el Gobierno de la República democrática y todos los antifascistas en general den la sensación de que es nuestro país de carácter generoso y de ideas elevadas. Tengo la seguridad de que cada atentado contra la vida ajena es mucho más pernicioso que una batalla; más se pierde con un crimen que con una derrota.

Irujo había visitado la cárcel Modelo la semana anterior y consiguió una mejora provisional de las condiciones. Los vascos destinaban sus esfuerzos principalmente a ayudar a sus conciudadanos, muchos de los cuales, si no la mayoría, eran católicos. Sin embargo, su protección se extendió también a más de 850 monjes, monjas y legos, tanto vascos como de otras procedencias.[112]

Entorpeció sumamente esos esfuerzos el hecho de que, tras los sucesos del 22 y 23 de agosto en la cárcel Modelo, el control de las prisiones quedara totalmente en manos de los milicianos del Comité Provincial de Investigación Pública. Las sacas de las cárceles y el asesinato de los detenidos a las afueras de la ciudad alcanzaron una frecuencia aún mayor a lo largo de septiembre y octubre. La liberación de los presos comunes hizo que muchos de ellos pasaran a engrosar las filas de las milicias. Armados y con documentos que les conferían la autoridad de la Dirección General de Seguridad, fue la ocasión perfecta para cobrarse los resentimientos con los funcionarios de prisiones que antes habían sido sus carceleros.[113]

A modo de respuesta, a mediados de septiembre el gobierno dio otro paso vacilante destinado a imponer el control sobre las checas. El nuevo ministro de la Gobernación, Ángel Galarza, había sido miembro del Partido Radical Socialista en 1931 y el fiscal del Estado que había puesto en marcha, un tanto a la brava, el caso de las «responsabilidades» para juzgar a los miembros de la derecha que habían servido en los gobiernos de la dictadura de Primo de Rivera. En 1933 se había afiliado al Partido Socialista, donde la violencia de su retórica en las Cortes le dio notoriedad. La mayor parte de la ejecutiva del PSOE lo consideraba un oportunista a quien en realidad le interesaba poco controlar los abusos de las checas;[114] sin embargo, el 16 de septiembre introdujo el decreto para la creación de las Milicias de Vigilancia de Retaguardia (MVR), con el aval del presidente Azaña, en cuyo preámbulo se reconocía el fracaso del Comité Provincial de Investigación Pública, constituido seis semanas antes. Se decía que las MVR se establecían por la «imperiosa necesidad de regular los servicios de orden en la retaguardia». La propuesta de dicho cambio se justificaba porque, «no siendo específica su función, no existiendo una organización coordinada entre los diferentes grupos que la realizan, era difícil evitar la filtración de enemigos del régimen, que tenían como único propósito perturbar tan importante labor y desprestigiar a las organizaciones que venían realizándola». La primera parte de esta afirmación era una fiel representación de la debilidad del Comité Provincial de Investigación Pública, y la segunda parte era un modo de dorar la píldora a las milicias, echando la culpa de las atrocidades al enemigo interior.

En consecuencia, el decreto proponía fusionar todo el espectro de las milicias gestionadas por partidos y sindicatos en un cuerpo único de carácter transitorio, encargado de colaborar con los ya existentes en el mantenimiento del orden público. Se advertía que cualquier grupo autónomo que continuara desempeñando funciones de seguridad atribuidas a las MVR sería considerado «faccioso»; dicho con otras palabras, un agente enemigo. A fin de animar a las milicias a unirse a las MVR, se anunció que quienes estuvieran a su servicio tendrían preferencia para, llegado el momento, incorporarse al cuerpo de Policía regular. Un reflejo de la fragmentación de la zona republicana fue que las MVR parecieran restringirse a Madrid y sus alrededores. Al igual que con la creación del Comité Provincial de Investigación Pública, apenas mes y medio antes, la medida supuso un paso hacia la centralización de la Policía paralela, que hasta la fecha había desempeñado funciones represoras.[115] Con el tiempo se demostraría efectiva, pero a corto plazo las cosas cambiaron poco. Sirvió para dar una pátina de legitimidad a algunos grupos de izquierdas y patrullas del CPIP, si bien otros siguieron operando al margen de las MVR.

A pesar de las medidas de Galarza, el ritmo de las represiones en Madrid estaba a punto de acelerarse; una consecuencia inevitable a medida que las columnas fascistas se acercaban y los bombardeos sobre la ciudad adquirían una frecuencia mayor. En los hechos sucesivos, el concepto de «quinta columna» acuñado por el general Mola tuvo un papel esencial: por fin el peligro tenía un nombre. En una célebre declaración, Mola dijo que había cuatro columnas listas para atacar Madrid, pero que el ataque lo iniciaría una quinta columna que ya estaba dentro de la ciudad. La fecha exacta del comentario de Mola no se conoce, pero con toda probabilidad fue en los primeros días de octubre.[116] En ese punto no existía ninguna organización del bando rebelde en la capital, aunque los francotiradores nocturnos, los saboteadores y los agitadores permanecían activos. Tal como escribió más tarde Geoffrey Cox, el corresponsal británico: «Una radio secreta, mensajeros, hombres que cruzaban las líneas bajo la protección de la noche, propiciaron que muchos de los secretos mejor guardados del gobierno fueran revelados a los rebeldes».[117]

Los políticos republicanos empezaron a hacer mención del discurso desde principios de octubre. En el habla popular tanto como en la retórica política, el término «quintacolumnista» acabó por utilizarse para hablar de cualquier partidario de los rebeldes, real o potencial, en activo o preso. Fue Dolores Ibárruri la primera en emplearlo para aumentar la alerta y levantar la pasión popular, cuando a principios de octubre escribió:

> «Cuatro columnas» dijo el traidor Mola que lanzaría sobre Madrid, pero que la «quinta» sería la que comenzaría la ofensiva. La «quinta» es la que está dentro de Madrid; la que a pesar de las medidas tomadas, se mueve en la oscuridad, se sienten sus movimientos felinos, se escucha el sonido de sus voces opacas, en el «bulo», en el rumor, en el grito de pánico descompasado. Y a este enemigo hay que aplastar inmediatamente; y aplastarle sobre la marcha, mientras que nuestras heroicas milicias luchan fuera de Madrid ... La ley de la guerra es dura, pero hay que aceptarla; sin sensiblerías, ni beligerancia, ni debilidades. Nosotros no podemos llegar al sadismo a que han llegado los facciosos; nosotros no torturaremos jamás a los prisioneros, ni escarneceremos a las mujeres de los traidores, ni asesinaremos a sus hijos. Pero vamos a hacer justicia; y justicia rápida y ejemplar, para extirpar hasta la raíz la planta de la traición; no podemos tolerar más que ocurra lo que ocurrió ayer; que en un edificio oficial se reuniese a conspirar un grupo de fascistas con la complicidad manifiesta de los empleados de este edificio.[118]

Dos días después, en la ceremonia donde la nombraron comandante de honor del Quinto Regimiento, repitió sus comentarios sobre Mola y los «emboscados y traidores ocultos que pensaban que podían actuar impunemente: pero les demostraremos que están equivocados».[119]

Hacía tiempo que el cuerpo diplomático se mostraba preocupado por la situación, pero la alarma cundió tras la aparente escalada que proponía el artículo de la Pasionaria. El ministro de Asuntos Exteriores británico, lord Halifax, se había reunido en Ginebra con el ministro de Asuntos Exteriores, Julio Álvarez del Vayo, el 28 de septiembre, y le había expresado su inquietud ante los asesinatos. El agregado británico George Ogilvie-Forbes coordinó una serie de llamamientos al Ministerio de Estado español para que se tomaran medidas respecto a las crecientes cifras de muertos y la peligrosa situación que se vivía en las cárceles. El 1 de octubre informó del asesinato de 125 personas el sábado anterior (26 de septiembre). Visitó también la cárcel de San Antón, donde lo recibieron con cortesía. Sin embargo, Ogilvie-Forbes estaba convencido de que el artículo de Dolores Ibárruri era una incitación al asesinato, puesto que las veinticuatro horas posteriores a su publicación, el sábado 3 de octubre, hubo en Madrid 200 muertos. El 5 de octubre, Ogilvie-Forbes visitó a Álvarez del Vayo y vinculó el artículo con el hecho de haber visto dos días antes en la Ciudad Universitaria los cadáveres de al menos 15 hombres y mujeres. Aunque renuente a creer que las autoridades tuvieran algo que ver con las matanzas, Ogilvie-Forbes se quejó de que eran culpables por permitirlas. Álvarez del Vayo «se sonrojó hasta los cabellos», le garantizó que el gobierno haría todo lo posible para acabar con ellas y le organizó una entrevista con el ministro de la Gobernación.

El efecto nocivo de las noticias de los asesinatos sobre el estatus internacional de la España republicana se exacerbó porque los británicos estaban convencidos, u optaron por creerlo así, de que las «ejecuciones de civiles por parte de los rebeldes habían sido relativamente pocas, y se llevaban a cabo con ciertas muestras de justicia». El 6 de octubre, Ogilvie-Forbes se reunió con Ángel Galarza. En esta ocasión, el ministro del Interior le dijo al agregado británico que las matanzas constantes y la situación en las cárceles respondían a la necesidad de emplear el grueso de la Guardia de Asalto en el frente, y ello había obligado a dejar la seguridad en manos de las milicias.[120] Sin embargo, respondió decretando el toque de queda desde las once de la noche hasta las seis de la mañana para todos los que no pertenecieran oficialmente a las MVR. Así, tres semanas después de la creación de estas, Galarza se vio en la obligación de hacer público un comunicado prohibiendo cualquier registro domiciliario al margen de los que ordenara el director general de Seguridad, retirando las tarjetas de identificación previamente concedidas por el CPIP y exigiendo a las organizaciones de izquierdas que facilitaran los nombres de los milicianos autorizados a unirse a las MVR.[121]

La distinta percepción que a nivel internacional se tuvo de la represión en los dos bandos fue uno de los problemas más difíciles a los que tuvo que hacer frente la República. En las ciudades republicanas había muchos diplomáticos y periodistas para informar de lo que estaba ocurriendo, mientras que hasta entonces la mayor parte de las atrocidades de las columnas de Franco se cometían contra campesinos anónimos. Además, los comandantes rebeldes tomaban todas las precauciones posibles para evitar la presencia de corresponsales extranjeros que no vieran su causa con simpatía. La reacción de Winston Churchill ante la situación de la España republicana fue representativa de cómo se percibían los acontecimientos en los círculos oficiales y en las clases altas. Cuando el recién nombrado embajador español, Pablo de Azcárate, llegó a Londres a principios de septiembre de 1936, su amigo lord David Cecil le presentó a Churchill. Aunque Azcárate venía precedido por una reputación intachable como funcionario de la Sociedad de Naciones, Churchill, airado y con el rostro encendido, se negó a darle la mano que le tendía y se alejó farfullando: «Sangre, sangre...». En un artículo aparecido en el *Evening Standard* el 2 de octubre de 1936 con el título «España: una perfecta demostración para los radicales», Churchill escribió:

> La masacre de los rehenes cae en una bajeza innegable, y la matanza sistemática que noche tras noche se practica con los oponentes políticos indefensos, que nada pueden hacer para escapar de la situación después de que los sacan a rastras de sus hogares y los ejecutan por el crimen de pertenecer a las clases opuestas al comunismo, mientras que han disfrutado de sus bienes y los honores al amparo de la constitución republicana, cae junto a las peores torturas y ultrajes en el abismo más hondo de la degradación humana. Aunque parece ser una práctica común de las fuerzas nacionales ejecutar a una proporción de los prisioneros tomados por las armas, no se les puede acusar de haber caído en la ignominia de cometer las atrocidades que día a día son obra de los comunistas, anarquistas y el POUM, como se llama la organización trotskista más nueva y radical. Sería faltar a la verdad y a la inteligencia que merece la opinión pública británica poner a ambos bandos al mismo nivel.[122]

Así pues, se esperaba que los dirigentes republicanos mantuvieran en Madrid relaciones sociales civilizadas, a pesar del resentimiento popular hacia quienes bombardeaban su ciudad y las actividades de francotiradores y saboteadores. A tal fin, Julián Zugazagoitia, el leal aliado de Prieto, siguió utilizando su puesto de director de *El Socialista* para hacer una campaña a favor de la disciplina en la retaguardia y el respeto por las vidas de los oponentes en el campo de batalla. Una muestra típica del tono ético de su periódico fue el editorial del 3 de octubre de 1936, titulado «La ley moral en la guerra», donde escribió: «La vida del adversario que se rinde es inatacable; ningún combatiente puede disponer libremente de ella. ¿Que no es la conducta de los insurrectos? Nada importa. La nuestra necesita serlo».[123]

Sin embargo, tales llamadas a la moderación palidecían en el contexto de desesperación que rodeaba la ciudad. El comisario político del Quinto Regimiento, el comandante Carlos Contreras (pseudónimo del comunista italiano y agente ruso Vittorio Vidali), demostró que le importaba más eliminar al enemigo de dentro que aplacar los ánimos de los diplomáticos de fuera. Cinco días después del discurso de la Pasionaria, dedicaba a quienes asumieran la responsabilidad de eliminar la Quinta Columna un análisis aún más explícito de los comentarios de Mola.

En una entrevista que tuvo el general Mola con ciertos periodistas extranjeros, parece que se permitió declarar que «las columnas que marchaban sobre Madrid eran cuatro». Al preguntarle uno de los periodistas cuál de ellas entraría primero en la capital, dicho general —que parece estar dispuesto a gastar bromas— le contestó que «la quinta». Por esta razón hablamos nosotros con tanta insistencia de la «quinta columna». El general Mola ha tenido la complacencia de indicarnos el lugar donde se encuentra el enemigo. Nuestro Gobierno, el Gobierno del Frente Popular, ha tomado ya una serie de medidas, orientadas a limpiar Madrid, de una manera enérgica y rápida, de todos los elementos dudosos y sospechosos que podrían, en un momento determinado, crear dificultades para la defensa de nuestra ciudad. Si alguien espera ver desfilar por las calles de Madrid una «quinta columna», organizada y disciplinada como un regimiento, sufrirá una desilusión. Lo que el general Mola quiere indicar al hablar de la «quinta columna» es un conglomerado de todos los elementos que hay emboscados en Madrid todavía, de gentes que simpatizan con el enemigo o que son «neutrales», en contra de los cuales nuestro Gobierno ha tomado ya medidas oportunas, que han empezado a ponerse en práctica.[124]

La intervención de Contreras confirmó el uso generalizado del término «Quinta Columna» para aludir a los partidarios de los insurrectos en zona republicana.[125] El 21 de octubre, las Juventudes Socialistas Unificadas declararon que en la definición de «Quinta Columna» cabían todos los que apoyaran a los rebeldes, tanto por activa como por pasiva, y terminaban su manifiesto asegurando: «El exterminio de la "quinta columna" será un gran paso para la defensa de Madrid».[126] Hasta qué punto el temor a una posible sublevación inquietaba a los defensores de Madrid se puso de manifiesto en un informe del general Vladimir Efimovich Gorev, al mando de la inteligencia militar rusa (GRU, o Razvedupr), que desempeñó un papel fundamental en la protección de la ciudad.[127]

Tal como Indalecio Prieto había declarado en el discurso que había pronunciado en Chile, no era de extrañar que, aterrorizados por las noticias de las atrocidades rebeldes y enfurecidos por los bombardeos, tanto la población sitiada como los líderes políticos quisieran eliminar al enemigo interior. En un editorial razonado, el periódico vespertino socialista *Informaciones* comentó sabiamente que, además de los fascistas comprometidos, la cantidad de partidarios de los rebeldes crecía entre quienes habían perdido su empleo o sus rentas, o estaban al borde de perderlos.[128]

A medida que se cerraba el cerco sobre Madrid, los ataques aéreos se recrudecieron sobre la ciudad indefensa y desencadenaron la ira popular. El 8 de octubre, el periódico comunista del Quinto Regimiento clamaba: «Es necesario limpiar la retaguardia rápida y enérgicamente de todos los elementos nocivos que de una manera encubierta, usando diferentes caretas, ayudan a nuestros enemigos. ¡En la retaguardia no debe haber neutrales! ... Hay que acabar con toda esa patulea de vagos y "chulos" de cabaret, detritus de la sociedad burguesa que se amontonan en informe haz, y que pululan por las calles de Madrid haciendo ostentación de vistosos "monos" o de trajes "última moda" y que se muestran "neutrales"». A todas luces se trataba de un llamamiento para que la población se movilizara en la defensa de la ciudad y que la moral no decayera al ver a la clase media apoltronada en las terrazas de las cafeterías. En las calles de la ciudad reinaba tal temor, sin embargo, que también sirvió para avivar el odio contra lo que se percibía como un enemigo que atacaba desde dentro.[129]

La sensación de apremio se advertía sobre todo en el afán de involucrar a toda la población en la defensa de la ciudad, pero estos esfuerzos iban a la par del recrudecimiento de las actividades de las checas en la retaguardia. Probablemente la más temida de todas fuera el Comité Provincial de Investigación Pública, popularmente conocido como la «checa de Fomento», después de que el 26 de agosto el CPIP trasladara su centro de operaciones del hacinamiento del Círculo de Bellas Artes al local más espacioso del número 9 de la calle de Fomento. A partir de ese momento y hasta que Santiago Carrillo lo disolviera el 12 de noviembre, sus actividades contra presuntos quintacolumnistas alcanzaron cotas frenéticas.[130] A mediados de septiembre, esta y otras checas se encargaron de aplicar las sacas sistemáticamente. Al principio, a pesar de su frecuencia, no solían llevarse más que a unos pocos prisioneros de la cárcel de Ventas. Antes del 7 de noviembre, en San Antón no hubo ninguna. La cárcel de Porlier estaba gestionada por un grupo de cuatro comunistas, cuyos abusos finalmente terminaron con su arresto en diciembre de 1936. No obstante, antes de noviembre hubo sacas individuales bajo su supervisión, aunque ninguna de una cantidad sustancial de prisioneros. El 29 de octubre, en cambio, se llevaron a 50 derechistas de la checa de Fomento y los ejecutaron en Boadilla del Monte. En todas las prisiones, los grupos que hacían las sacas solían presentar la autorización escrita del Comité Provincial de Investigación Pública. El 31 de octubre, unos agentes del CPIP llegaron a la cárcel de Ventas con una orden firmada por Manuel Muñoz para el traslado de 32 prisioneros a Chinchilla. Veinticuatro de ellos, incluidos el pensador de derechas Ramiro de Maeztu y el fundador de las JONS, Ramiro Ledesma Ramos, fueron fusilados en el cementerio de Aravaca. El 1 y 2 de noviembre, sacaron a más de 70 hombres de Ventas. Cerca de la mitad llegaron a Chinchilla, y la otra mitad fueron ejecutados en el mismo cementerio. Por lo menos una de las sacas corrió a cargo de milicianos de la checa del cine Europa, a las órdenes de Eduardo Val. El 4 de noviembre, otros 56 prisioneros fueron asesinados en la cárcel de Carabanchel.[131]

Paradójicamente, a medida que las sacas se aceleraban, una de las checas más célebres empezó a ralentizar el ritmo de sus actividades. La Brigada de Investigación Criminal de García Atadell había ocultado muchos actos criminales tras su muy loada lucha contra la Quinta Columna. Puesto que Atadell y muchos de sus colaboradores procedían de la socialista Asociación de Impresores, les había sido relativamente fácil colocar artículos sobre sus brillantes hazañas en la prensa republicana, sobre todo en *Informaciones*, el diario que gestionaban sus compañeros sindicalistas. En cualquier caso, alabar la lucha contra el enemigo interno se consideraba un elemento importante para levantar la moral,[132] como se deduce por ejemplo de un editorial aparecido en *El Socialista*, donde se declaraba con orgullo que García Atadell y sus hombres eran socialistas con vocación de policías luchando por una causa común. Zugazagoitia, el director del diario, no era consciente de las actividades nefandas de la brigada cuando escribió: «Mejor que su pasado —un pasado claro, diáfano, recto de socialista— Atadell debe ser enjuiciado por su presente. Su labor, sobre útil, es necesaria. Indispensable». El artículo continuaba con una oda a la preparación detallada y precisa de las redadas que practicaban antes del amanecer, y concluía con un tono muy en consonancia con las opiniones de Zugazagoitia: «La mala fe, el rencor, la envidia buscan expansiones ilegítimas que, por decoro de todos y prestigio del régimen, deben ser frustradas».[133]

De hecho, la Brigada de Investigación Criminal de García Atadell había llevado a cabo gran cantidad de actividades legítimas a diario, entre ellas el registro del domicilio de Franco en Madrid, donde se descubrieron armas, incluida una pistola automática, y correspondencia con los conspiradores. Mayor atención merece tal vez el hecho de que al grupo de García Atadell le acreditaran la disolución de círculos de espionaje, la captura de una emisora de radio clandestina, detenciones de falangistas, saboteadores y francotiradores, así como frustrar un plan para asesinar a Azaña, Largo Caballero, Prieto y la Pasionaria. La profusión de artículos de prensa que daban noticia de estos triunfos no puede tomarse como un aval de las actividades criminales de García Atadell. Las referencias a grandes cantidades de dinero y objetos de valor solían ir acompañadas de la noticia de su entrega a la Dirección General de Seguridad.[134] García Atadell reiteraría más tarde a sus interrogadores que así había sido, y aseguraría haber salvado muchas vidas. Uno de los casos más curiosos fue el «rescate» de Lourdes Bueno Méndez, la hija de un oficial republicano conservador a quien habían arrestado los comunistas de la checa conocida como «Radio Oeste» por sus presuntos vínculos con Berlín. García Atadell la localizó a finales de septiembre y la llevó a la Dirección General de Seguridad, donde permaneció retenida dos meses y medio más. Su interés en el caso probablemente estribaba en la posibilidad de que la familia pagara un rescate.[135] García Atadell declaró también haber pensado que en recompensa por sus muchos logros sería nombrado director general de Seguridad.[136]

Sin embargo, en la segunda quincena de octubre, cuando podría pensarse que sus servicios se requerían más que nunca, su grupo empezó a tener menos presencia en la opinión pública. Al parecer, iban surgiendo las dudas sobre sus actividades y el paradero de las confiscaciones. No deja de ser irónico que el 26 de octubre Ogilvie-Forbes mantuviera una charla con García Atadell y le explicara el terrible impacto que las noticias de los arrestos, los asesinatos y los robos estaban teniendo en la posición internacional de la República. Atadell, que por entonces planeaba ya huir con el dinero obtenido por medios ilícitos, coincidió con él con total vehemencia y culpó exclusivamente a los anarquistas del desaguisado.[137] Según Rosario Queipo de Llano, la cifra de detenidos que ingresaban en el cuartel general de Atadell había empezado a caer en picado hacia finales de octubre, lo que indica que estaba ya planeando su huida.[138] Al día siguiente se reunió con dos de sus compinches más próximos, Luis Ortuño y Pedro Penabad, e hizo planes para huir. Con posterioridad afirmó que su decisión había obedecido en parte a que Madrid estaba a punto de caer en manos de los rebeldes, y en parte a que los comunistas y la FAI habían amenazado con matarlo tras sus intentos por impedir las atrocidades que cometían. Entre los tres juntaron varias maletas llenas de dinero y objetos de valor y, acompañados por la esposa de García Atadell, Piedad Domínguez Díaz, una monja exclaustrada, partieron hacia Alicante. Adquirieron pasaportes falsos cubanos y se embarcaron en un buque hacia Marsella, donde compraron un pasaje a La Habana el 19 de noviembre.[139]

Sus planes fracasaron gracias a la contribución del cineasta Luis Buñuel, que trabajaba para la República en Francia desempeñando diversas funciones de carácter semioficial. En sus memorias recordó a García Atadell como un ejemplo ilustrativo de «la complejidad de las relaciones que a veces sosteníamos con los fascistas». Buñuel estaba en París trabajando para la embajada española, donde formaba parte de una red de espionaje antifascista dirigida por el artista Luis Quintanilla. Un sindicalista francés empleado en un hotel le informó sobre un español que estaba a punto de embarcarse a Centroamérica con una maleta llena de objetos de valor robados. Buñuel informó al embajador, Luis Araquistain, que a su vez lo comunicó al gobierno establecido ya en Valencia. Se pidió la extradición, pero era demasiado tarde, de manera que el gobierno autorizó a Araquistain, a través de una embajada neutral, a dar parte a los representantes del bando rebelde que había en la capital francesa. Puesto que el barco en que García Atadell y sus compinches viajarían debía hacer escala en Vigo y Santa Cruz de Tenerife, se dio por hecho que podrían arrestarlos allí.[140]

Sin embargo, desde Burgos no fue posible obtener el permiso del gobierno galo para arrestar a un pasajero a bordo de un barco francés, de manera que la embarcación zarpó de Vigo sin incidencias. Puesto que tanto en Burgos como en Valencia compartían el interés por ver a García Atadell bajo el peso de la justicia, París accedió al fin. García Atadell y Penabad fueron detenidos en Las Palmas. Tras interrogarlos inicialmente en las islas Canarias, los trasladaron a Sevilla para proseguir con el interrogatorio.[141] García Atadell pasó siete meses en el ala de máxima seguridad de la cárcel provincial de Sevilla, del 19 de diciembre hasta que lo ejecutaron a garrote vil en julio de 1937.

Mientras García Atadell escapaba de Madrid y se abocaba a su ruina definitiva, el período más infame de las actividades de las checas estaba a punto de empezar.

Cuarta parte

Madrid sitiado:
la amenaza dentro y fuera

9

El avance de la Columna de la Muerte

El 2 de agosto, antes incluso de que el grueso de las tropas africanas llegara a España, ya fuera por mar, en el llamado «Convoy de la Victoria», o transportadas por unidades de la aviación alemana e italiana, Franco envió una columna hacia el norte, en dirección a Mérida. Dicha columna se hallaba al mando del teniente coronel Carlos Asensio Cabanillas —un hombre curtido en la guerra de Marruecos, alto, canoso y de rostro enrojecido—, y constaba de dos batallones (banderas) de la Legión Extranjera y dos tabores de Regulares, las tropas moras. Las fuerzas recorrieron 80 kilómetros en los dos primeros días a bordo de los camiones facilitados por Queipo de Llano. A la columna de Asensio le siguió el 3 de agosto la de Castejón, que avanzó en paralelo un poco más al este, y una tercera columna bajo las órdenes del teniente coronel Helio Rolando de Tella se puso en camino el 7 de agosto. Castejón viajaba en la limusina del marqués de Nervión, un destacado latifundista. El objetivo final de estas tres unidades era Madrid, si bien su avance simultáneo revelaba la intención de abrir un frente muy amplio y arrasar por el camino los pueblos y ciudades que encontraran a su paso.[1]

Las órdenes implícitas estaban claras: «Propinar a las crueles turbas un mazazo rotundo y seco que las dejase inmóviles».[2] Así, en su rápido avance por el norte de la provincia de Sevilla, en los primeros días del mes de agosto, las columnas emplearon las técnicas de terror desarrolladas en África por el Ejército colonial en su combate contra la población marroquí. Tras su paso por Sierra Morena, la noticia de sus tácticas se propagó por todas partes y desató el pánico en los municipios donde se esperaba su llegada. Los trabajadores voluntarios que se enfrentaban a las tropas, inexpertos y armados únicamente con escopetas, trabucos viejos, cuchillos y hachas, apenas merecían el nombre de «milicianos». Con la ventaja de una superioridad aérea incuestionable —los Savoia-81 de la aviación italiana y los Junkers Ju-52 de la Luftwaffe— y equipadas con unidades de artillería, las tropas de choque del Ejército colonial español conquistaron muchos de los municipios de las provincias de Sevilla y Badajoz. El número de víctimas entre los campesinos republicanos superó con creces las bajas sufridas entre los soldados profesionales que integraban las columnas. No se tomaban prisioneros: a los milicianos que capturaban en el camino los fusilaban en el acto.

El Comité de Defensa del Frente Popular de Badajoz intentó desesperada e infructuosamente coordinar las acciones de las milicias que se habían organizado a toda prisa. Presidido por el gobernador civil, Miguel Granados Ruiz, el comité estaba integrado por los diputados socialistas José Sosa Hormigo, Nicolás de Pablo Hernández y Anselmo Trejo Gallardo; el diputado comunista Pedro Martínez Cartón, y el alcalde de la capital, Sinforiano Madroñero Madroñero. En la práctica, la dirección quedó en manos de Nicolás de Pablo y Sinforiano Madroñero. Sosa Hormigo, Ricardo Zabalza (el líder de la FNTT) y Martínez Cartón organizaron las milicias que, con escaso éxito, intentaban contener el avance de las columnas africanas. Zabalza acabó por encabezar una numerosa milicia (bautizada como «Columna Pedro Rubio», en memoria del diputado del PSOE asesinado en 1935) que consiguió romper las líneas rebeldes y unirse a las tropas republicanas en Madrid. Las columnas de Sosa Hormigo y Martínez Cartón no tardaron en engrosar sus filas con los hombres que huían del terror de las columnas africanas, lo cual no mejoró su eficacia militar pero sí sirvió para que desataran su sed de venganza sobre los derechistas a los que encontraban en los pueblos que los rebeldes aún no habían conquistado. Lo cierto es que muchos asesinatos de derechistas se debieron a estas y otras columnas similares.[3]

En profundo contraste con las órdenes de Mola a las columnas africanas, el gobierno republicano puso todo su empeño desde el primer momento en evitar las atrocidades. Una avalancha de telegramas enviados a partir de la noche del 19 de julio instaban ingenuamente a las organizaciones de izquierdas a confiar en la lealtad de la Guardia Civil y del Ejército. El 20 de julio, los comités del Frente Popular de las ciudades de la zona republicana recibieron instrucciones precisas del gobierno de Madrid: «El orden público no debe alterarse bajo ningún pretexto ni motivo; ni permitir que nadie, aprovechándose del natural nerviosismo de las gentes, ofenda a las personas pacíficas ni se tome la justicia por la mano». Se señaló inequívocamente que la prioridad era «dar la sensación y la prueba de que el pueblo está dentro de la ley y que tiene unidad de mando, dirigido por el Gobierno de su elección», y, con el acuerdo de la UGT, se prohibieron las huelgas. El 28 de julio, los gobernadores civiles de todas las provincias recibieron instrucciones aún más estrictas del gobierno central para las autoridades locales del Frente Popular, y un día más tarde, llegó a los alcaldes la orden terminante de no tocar las cuentas bancarias de los ciudadanos de derechas de sus municipios.[4] La comunicación se expresó en estos términos:

> En esta fecha ordeno publicación bando que dice lo siguiente — Hago saber que en telegrama de hoy el Exmo. Sr. Ministro de la Gobernación me dice lo que sigue — Queda conminado con la aplicación inmediata de la máxima pena establecida por la ley todo aquel que perteneciendo o no a una entidad política se dedique a realizar actos contra la vida o la propiedad ajenas, pues tales delincuentes serán considerados como facciosos al servicio de los enemigos.

Las columnas rebeldes actuaban sin estas restricciones. Tras entrar en la provincia de Badajoz con relativa facilidad, los franquistas tomaron El Real de la Jara, Monesterio, Llerena, Fuente de Cantos, Zafra y Los Santos de Maimona. Además de saqueos y violaciones, los hombres de Asensio, Castejón y Tella aniquilaban a todos los simpatizantes del Frente Popular, reales o supuestos, que encontraban a su paso, dejando tras de sí un reguero de sangre. No en vano Badajoz había sido la provincia donde la ocupación espontánea de las fincas en la primavera de 1936 al parecer había puesto fin a las injusticias derivadas del tradicional sistema de propiedad de las tierras. Los africanistas se referían a la ejecución de los milicianos campesinos con la jocosa expresión de «darles reforma agraria».[5]

Lo cierto es que en las zonas ocupadas por los rebeldes donde la República decretó expropiaciones a partir de 1932 o legalizó la posterior ocupación de las tierras, los terratenientes recuperaron sus propiedades con la violenta intervención de las columnas. Los campesinos normalmente habían ocupado tierras abandonadas y las habían acondicionado: retiraban laboriosamente piedras y rastrojos y limpiaban arroyos y estanques. Cuando llegaron los rebeldes, además, era el momento de la cosecha. Los campesinos no solo no recibieron ninguna compensación por haber saneado las tierras sino que tuvieron que presenciar cómo los ocupantes saqueaban las cosechas, las provisiones, las semillas, los animales y los instrumentos de labranza. De hecho, para entonces muchos habían huido, otros habían caído prisioneros de las columnas y a otros los habían matado. La represión fue especialmente cruenta con los que se habían beneficiado de la redistribución de las tierras llevada a cabo por la República, que supusieron entre un 70 y un 80 por ciento de los represaliados.[6]

El cacique de la localidad cordobesa de Palma del Río, Félix Moreno Ardanuy, ofrece un ejemplo estremecedor de la relación que existía entre las columnas y los intereses de los terratenientes. Félix Moreno se dedicaba a la cría de toros de lidia, lo que limitaba los empleos disponibles en sus tierras, y se negaba a cultivarlas profiriendo el famoso grito de «¡Comed República!». Tras la victoria electoral del Frente Popular, muchos trabajadores fueron asignados a sus fincas, pero el cacique se negaba a pagarles. Cuando estalló la guerra, mientras Félix Moreno se encontraba en su palacio de Sevilla, el comité anarquista de Palma del Río colectivizó las tierras y distribuyó los alimentos hasta que se pudieran labrar los campos y recoger las cosechas. Los vecinos mataron los toros de Moreno para alimentarse y probaron carne por primera vez en la vida. La noticia desató la ira del ganadero. El 27 de agosto, cuando una columna rebelde tomó el pueblo, Moreno siguió a las tropas en un Cadillac negro, acompañado de otros importantes latifundistas de la región. Los soldados encerraron en un corralón, como animales, a los hombres que no habían huido, y seleccionaron a 10 prisioneros por cada toro muerto. Mientras los cautivos suplicaban desesperadamente por su vida, alegando que eran ahijados o primos de Moreno o que tenían algún otro vínculo de parentesco con él, este ponía la vista al frente y decía: «No conozco a nadie». Al menos 87 hombres fueron fusilados ese mismo día, y el doble en el curso de los días siguientes.[7]

A principios de octubre de 1936, una delegación de terratenientes del sur viajó a Burgos para solicitar a la Junta Técnica del Estado que invalidara la redistribución de las tierras practicada en los años anteriores. Entre los delegados figuraban Adolfo Rodríguez Jurado, presidente de la Agrupación Nacional de Propietarios de Fincas Rústicas y ex miembro de la CEDA, y Marcial Gómez Castaño, presidente de la Federación de Sindicatos de Propietarios de Badajoz (ex miembro de Renovación Española). Los terratenientes alegaron que los campesinos de izquierdas no debían beneficiarse de la propiedad de las tierras: «Se precisa practicar la acción política y social dirigida —entre otros aspectos— a privar a las masas socialistas y comunistas de las situaciones privilegiadas que, en orden a la posesión de las tierras, les concedieron las Casas del Pueblo, ya que sería absurdo que después de la guerra siguieran esas jentes [*sic*] con la indicada posesión, que constituiría, además, un serio peligro para el porvenir». Insistieron también en que los izquierdistas no merecían ningún pago por los trabajos de acondicionamiento y mejora de las tierras. Exigieron la devolución de todas las fincas distribuidas por la República a sus propietarios originales y proclamaron a bombo y platillo su identificación con la causa de los rebeldes. Su llamamiento concluyó con estas palabras: «Los propietarios de fincas rústicas, agricultores y ganaderos estamos incondicionalmente a las órdenes del glorioso Ejército salvador de la Patria y dispuestos a pechar con todos los sacrificios que ella nos pida».[8]

En realidad, los representantes de los latifundistas solo buscaban el refrendo legal de la situación impuesta por las columnas en el mes de agosto. En la localidad de Monesterio, 9 de los 11 miembros del Frente Popular fueron fusilados. El 21 de julio se concentraron en Llerena un gran número de guardias civiles, al reforzarse la guarnición local con los efectivos llegados de Zafra y de Azuaga, al este de la provincia. El mando del puesto de Azuaga, el teniente Antonio Miranda Vega, convenció al alcalde socialista de Llerena, Rafael Matrana Galán, y al Comité del Frente Popular de que sus hombres eran leales a la República y estaban dispuestos a combatir contra las columnas que avanzaban desde el sur. La carretera que conducía a Llerena cruzaba el puente de la Ribera sobre dos profundas cañadas. El 4 de agosto, Miranda Vega se ofreció a adelantarse con una fuerza conjunta de milicianos y guardias civiles para destruir el puente e impedir así el paso de la columna de Castejón. Cuando llegaron a él, la Guardia Civil atacó a los milicianos, los cargó en camiones y se dirigió al sur para encontrarse con las tropas rebeldes. En El Ronquillo, al norte de la provincia de Sevilla, los traidores se sumaron a la columna de Castejón. Antes de reemprender su marcha hacia el norte, mataron a todos los prisioneros de Llerena.

El alcalde, Rafael Maltrana, saltó del camión en el que se llevaron a los prisioneros antes de ejecutarlos, y logró regresar a Llerena. Las tropas de Castejón no tuvieron dificultad para eliminar la esporádica oposición que encontraron por el camino. Al amanecer del día siguiente, la Columna rebelde rodeó y atacó Llerena. Mientras las tropas moras, los legionarios y la Guardia Civil avanzaban por las calles del pueblo cerrando el cerco, los defensores se replegaron en la plaza Mayor. Armados únicamente con escopetas y explosivos de fabricación casera, se refugiaron en el ayuntamiento, en una escuela y en la iglesia de Nuestra Señora de la Granada. Tras lanzar una carga de bombas de mano contra el ayuntamiento y la escuela, los rebeldes remataron a punta de bayoneta a los que aún quedaban con vida. A continuación, la artillería bombardeó la iglesia antes de prenderle fuego. El ataque costó la vida a 150 republicanos, mientras que Castejón solo perdió 2 hombres y sufrió un total de 12 heridos. Cuenta Manuel Sánchez del Arco, el periodista de derechas que acompañaba a las columnas, que los moros, impresionados por la valentía de los defensores de Llerena, hicieron el siguiente comentario: «Aquí los revolucionarios no están como hebreos», lo que sin duda reflejaba los prejuicios de sus mandos militares. Un pequeño grupo de milicianos —con Rafael Maltrana a la cabeza— logró escapar del ataque.[9]

Las calles de las ciudades principales y los pueblos circundantes aparecieron sembradas de cadáveres de izquierdistas asesinados a punta de bayoneta o de simples vecinos que tuvieron la desgracia de cruzarse con las columnas sedientas de sangre. La primera localidad a la que llegó la columna de Castejón fue Fuente de Cantos, uno de los pocos lugares donde se habían cometido atrocidades significativas contra personas de derechas. El 18 de julio, cerca de 70 derechistas fueron detenidos y, al día siguiente, varios grupos de izquierdistas enmascarados llegados de los pueblos de los alrededores y, armados con escopetas, encerraron a 56 de estos prisioneros en la iglesia del pueblo. Pese a los desesperados esfuerzos del alcalde, Modesto José Lorenzana Macarro, por contener el linchamiento, el 19 de julio los izquierdistas rociaron la iglesia con gasolina y le prendieron fuego. En el incendio murieron 12 personas. Lorenzana tuvo más éxito el 4 de agosto. Una mujer de veinte años perdió la vida al ser bombardeado el pueblo por la columna de Castejón. Cuando la muchedumbre enfurecida intentó atacar a los ya más de 90 prisioneros de derechas encerrados en la cárcel municipal, Lorenzana arriesgó su vida para impedirlo. Pistola en mano se enfrentó con los asaltantes y les dijo: «Ya ha habido suficientes muertes en este pueblo», a lo que uno de los frustrados milicianos contestó: «Pues... ten cuidao, que esos a los que tú ahora salvas la vida te tienen que matar a ti». Sin embargo, consciente de las consecuencias que tendría el incendio de la iglesia, la mayor parte de los republicanos, incluido el propio Lorenzana, huyeron del pueblo, de tal suerte que Fuente de Cantos estaba casi desierto cuando llegaron los africanistas. La columna de Castejón siguió su camino, dejando en Fuente de Cantos, por órdenes de Franco, una compañía de Regulares bajo el mando del capitán de la Guardia Civil Ernesto Navarrete Alcal, quien se ocuparía de la represión en la zona. Entre el 6 de agosto y el 30 de diciembre, por cada una de las víctimas que perdieron la vida en el incendio de la iglesia de Fuente de Cantos se fusiló a 25 supuestos izquierdistas sin juicio alguno. Entre ellos había 62 mujeres, varias embarazadas. A muchas las mataron después de violarlas.[10] Más tarde algunos miembros de la Falange local acusaron a Navarrete del robo de vehículos, obras de arte, cosechas y otros bienes. La magnitud de sus requisas alcanzó varias toneladas de grano y ocupó unos cuantos almacenes.[11]

Una gran columna compuesta de milicianos y militares profesionales partió de Badajoz con el propósito de contener el avance africanista. El 5 de agosto, en los alrededores de Los Santos de Maimona, la columna desplegó una desesperada acción defensiva, pero fue derrotada por las tropas de Asensio, infinitamente mejor entrenadas, mejor armadas y provistas de artillería y de cobertura aérea. Para empeorar las cosas todavía más, algunos militares desleales inhabilitaron la artillería republicana. Las columnas franquistas perdieron 4 hombres; los republicanos, alrededor de 250. Antes de continuar su camino hacia Zafra, en las primeras horas de la mañana del 7 de agosto, Castejón encomendó a 20 falangistas y 20 requetés carlistas la represión en Los Santos de Maimona. Ni en esta localidad ni en Zafra había habido víctimas de derechas antes de la llegada de los rebeldes. El párroco de Los Santos de Maimona, Ezequiel Fernández Santana, suplicó a los falangistas por la vida de los elegidos. De nada sirvieron sus ruegos. En los días inmediatamente posteriores a la caída del pueblo, los rebeldes fusilaron a 100 vecinos, al tiempo que a otros muchos los encarcelaron y maltrataron, además de confiscarles sus bienes.

A pesar de las grandes tensiones sociales que se vivían en Zafra, en los cinco meses que mediaron entre las elecciones de febrero y la llegada de la columna de Castejón, el alcalde, José González Barrero, trabajó con ahínco para impedir que la izquierda vengara los abusos cometidos durante el bienio negro. Hubo algunos ataques contra personas de derechas, y el regidor se vio obligado a evacuar a varias comunidades religiosas. No dudó sin embargo en arriesgar su vida para impedir un derramamiento de sangre. Tras el golpe militar, González Barrero pasó a presidir el Comité del Frente Popular que detuvo a 28 conocidos defensores del alzamiento, y en dos ocasiones evitó los intentos de eliminar a los prisioneros por parte de elementos radicales. No obstante lo anterior, cuando el 6 de agosto Zafra cayó en manos de los golpistas, la represión fue tan feroz como lo había sido en Fuente de Cantos. En el primer día de ocupación militar fusilaron a 40 personas, y el número de víctimas en los meses siguientes se elevó hasta 200. El final de la guerra sorprendió a González Barrero en Madrid. Cuando Franco anunció que quienes no se hubieran manchado las manos de sangre no tendrían nada que temer, el alcalde de Zafra, que se creía del todo inocente, emprendió el regreso a casa. Fue detenido, internado en el campo de concentración de Castuera y ejecutado a finales de abril de 1939.[12]

Al igual que en otros lugares, en Zafra las tropas de ocupación violaron a las mujeres de clase trabajadora y saquearon las viviendas de los republicanos. Los oficiales franquistas reconocieron que habían reclutado a mercenarios marroquíes con promesas de pillaje y que, cuando capturaban un pueblo, les dejaban actuar sin freno por espacio de dos horas.[13] Los legionarios y los moros que vendían radios, relojes, joyas y hasta muebles se convirtieron en una estampa común en los pueblos y ciudades del sur. También los falangistas que se ocupaban de la represión tras la retirada de las columnas saqueaban a su antojo.[14] Cuando las tropas continuaron su avance hacia el norte, el coadjutor de la iglesia de la Candelaria de Zafra, Juan Galán Bermejo, decidió sumarse a ellas como capellán castrense. En lo sucesivo, este sacerdote alto y de pelo rizado, con su enorme pistola al cinto, se distinguió por la sanguinaria ferocidad con que participaba en la represión. En cierta ocasión, al descubrir a cuatro hombres y a una mujer herida en una cueva próxima a Granja de Torre Hermosa, en la carretera de Azuaga (Badajoz) a Fuente Obejuna (Córdoba), Galán Bermejo los obligó a cavar sus propias tumbas antes de abrir fuego contra ellos y enterrarlos, algunos todavía vivos. Más tarde alardeó de haber matado personalmente a más de 100 izquierdistas.[15]

Las poblaciones que seguían a Zafra en el camino de Mérida eran Villafranca de los Barros y Almendralejo. La noche del 7 de agosto, la columna de Asensio pasó de largo por aquella y continuó en dirección a Almendralejo. Los vecinos de Villafranca, donde no se había asesinado a ningún derechista, se sentían razonablemente seguros. Sin embargo, como sucedía en todas partes, los que llegaban huyendo del terror de las columnas difundían por los pueblos noticias de las matanzas y se mostraban ansiosos por exorcizar sus miedos y vengar sus odios contra los derechistas que encontraban en las localidades aún por conquistar. La mañana del 8 de agosto, un grupo de milicianos en retirada intentó incendiar la iglesia de Villafranca de los Barros, donde había 54 derechistas encerrados. El Comité del Frente Popular les impidió hacerlo. Los vecinos del pueblo sufrieron un castigo brutal por este ataque fallido. El 9 de agosto, Asensio prescindió de un grupo de hombres en su intento de derrotar a la resistencia en Almendralejo y los envió a ocupar Villafranca. A esas alturas los izquierdistas más destacados ya habían huido, lo que no impidió que los soldados de Asensio detuvieran a varios centenares de personas y fusilaran a 56. En el curso de los tres meses siguientes ejecutaron a más de 300. Estos incidentes tuvieron consecuencias inevitables en la zona republicana. En venganza por lo ocurrido en Villafranca, dos vecinos huidos de esta localidad participaron en las matanzas de Madrid y Extremadura oriental.[16]

La columna de Asensio encontró grandes dificultades para hacerse con el control de Almendralejo, a pesar de las cargas de artillería y de los bombardeos aéreos. Los milicianos amenazaron con incendiar el edificio donde habían encerrado a los prisioneros de derechas si la columna entraba en el pueblo. Cuando lo hizo, los milicianos cumplieron su promesa y 28 personas murieron. Asensio esperó la llegada de la columna de Castejón. Hasta 40 izquierdistas se habían refugiado en la iglesia de la Purificación, a la que Asensio prendió fuego con azufre y paja húmeda confiando en que el humo los obligara a salir. Al ver que su táctica no daba resultado, bombardeó la iglesia y a continuación quemó lo que quedaba de ella. La resistencia concluyó definitivamente el 10 de agosto, con varios centenares de detenidos.[17] De acuerdo con los informes de la prensa contemporánea, más de 1.000 personas, entre ellas 100 mujeres, fueron fusiladas en «esta localidad maldita», como se referían a Almendralejo los periodistas portugueses. Los historiadores locales que investigaron la represión en el momento de la ocupación y en los tres meses siguientes han podido confirmar los nombres de unos 400 hombres y 16 mujeres, si bien concluyen que el número de víctimas de ambos sexos fue muy superior. Antes de los fusilamientos, a muchas mujeres las violaron y a otras les raparon la cabeza y las obligaron a beber aceite de ricino. A los hombres les daban a elegir: «A Rusia o a la Legión». «Rusia» significaba ejecución. Ante esta disyuntiva, normalmente optaban por la Legión. La derecha local organizó diversas patrullas montadas que se encargaban de rastrear sin tregua los montes de los alrededores en busca de izquierdistas huidos.[18]

Estos actos de salvajismo deliberado constituían lo que un historiador ha llamado «didactismo por el terror». El objetivo era enterrar de una vez por todas las aspiraciones colectivistas de los campesinos sin tierra. Con la excusa del «terror rojo», y sin tomarse la molestia de averiguar si de verdad se habían producido crímenes contra los conservadores, las columnas rebeldes provocaron un auténtico baño de sangre. En los lugares donde el Comité del Frente Popular había protegido a los derechistas se usó como pretexto de la venganza que solo la llegada de las tropas franquistas en el momento justo logró impedir las atrocidades. A los miembros de dicho Comité del Frente Popular los fusilaban en el acto o muy poco después. La misma suerte aguardaba a los sindicalistas de izquierdas y a muchos individuos, completamente apolíticos, que tuvieron la desgracia de encontrarse allí. Lo cierto es que, por lo general, los ejecutados no habían cometido ninguna tropelía. La indignación de la derecha local obedecía al hecho de que, tras las elecciones de febrero de 1936, los ayuntamientos de izquierdas, de acuerdo con las casas del pueblo, prohibieron las ceremonias religiosas y obligaron a los principales terratenientes a contratar trabajadores sindicados y a ofrecerles salarios más altos que los que se pagaban durante el bienio negro.[19] Los insultos y las impertinencias de que fueron objeto las clases media y alta en los pueblos y ciudades del sur por parte de sus inferiores durante la primavera y el verano de 1936, constituían una amenaza intolerable para su posición económica y social. Tal estado de cosas alimentó el odio con que muchos conservadores secundaron la brutalidad de las columnas africanas.[20]

El latifundio, que era el modelo dominante de propiedad de las tierras en Andalucía, Extremadura y Salamanca, permitía a los amos pensar en el bracero como un ser infrahumano, una mera propiedad y un «objeto» al que castigar o aniquilar si osaba rebelarse. Para los terratenientes, la experiencia de la Segunda República equivalía a una «rebelión» en toda regla. Tras la matanza de Almendralejo, Franco ordenó a las columnas de Asensio y Castejón que se unieran para atacar Mérida y Badajoz. La derecha local se mostraba reacia a que las tropas abandonaran la ciudad antes de haber eliminado definitivamente a todos los elementos izquierdistas, por lo que Castejón solicitó refuerzos de la Guardia Civil y falangistas o carlistas armados para que concluyeran la «limpieza».[21]

Hay que tener en cuenta que el 18 de julio de 1936 se produjo un salto cualitativo en la virulencia de las opiniones del alto mando militar.

La analogía establecida entre el enemigo moro, el enemigo judío y el enemigo izquierdista queda claramente ilustrada en el título de un libro muy popular sobre la guerra, publicado en 1937: *Guerra en España contra el Judaísmo bolchevique*, cuyo contenido ofrecía muy pocos elementos para justificar dicho título; más bien se limitaba a suponer que sus posibles lectores darían por cosa cierta la relación entre judíos y bolcheviques.[22] El terror que el Ejército de África impuso sobre la clase trabajadora en Andalucía y Extremadura revela muchas de las ideas de los mandos militares procedentes de las colonias españolas.

Franco encomendó el mando conjunto de las tres columnas a un africanista feroz, el teniente coronel Juan Yagüe Blanco.[23] Ramón Serrano Suñer lo describía como: «Corpulento, alto, con melena aleonada y mirada de animal de presa —un animal de presa miope—, era un hombre inteligente pero conducido —y a veces obnubilado— por su temperamento. Rebelde y jaque, sufría sin embargo unas depresiones cíclicas —quizás debidas a un trauma físico mal compensado— que quitaban continuidad, firmeza y coherencia a sus actitudes». Nacido en la localidad soriana de San Leonardo, el 9 de noviembre de 1891, Yagüe conoció a Franco en la Academia de Infantería de Toledo. Era un típico ejemplo de africanista que, antes de 1936, había pasado dieciocho de los veintiséis años de su carrera militar en Marruecos, donde su valentía no exenta de impulsividad lo llevó a ser herido en tres ocasiones y condecorado a menudo por sus actos de servicio, hasta alcanzar el rango de teniente coronel en 1928. Las reformas militares emprendidas por Azaña avivaron el fuego de su hostilidad contra la República. Al revisarse los ascensos, Yagüe perdió ochenta y dos posiciones en la lista de veteranía y se vio degradado al rango de comandante, aunque en un solo año logró recuperar el grado de teniente coronel. Durante la sangrienta represión de Asturias en octubre de 1934, Yagüe, con sus gafas redondas y su melena gris, se convirtió en la imagen del hombre más odiado y temido por la izquierda.[24]

Franco le ordenó que lanzara un ataque por tres flancos contra Mérida, la antigua ciudad romana situada en el camino de Cáceres e importante centro de comunicaciones entre Sevilla y Portugal. Mérida sufrió un bombardeo feroz por tierra y por aire. El mando de la unidad de Artillería de la Columna de Asensio lo ostentaba el capitán Luis Alarcón de la Lastra, un africanista que, en protesta por las reformas militares de Azaña, abandonó el Ejército y se retiró a sus fincas próximas a Carmona, en la provincia de Sevilla. Diputado de la CEDA por Sevilla y furibundo oponente de las reformas agrarias propuestas por Manuel Giménez Fernández, el 18 de julio Alarcón de Lastra, entusiasmado, se incorporó voluntariamente a las tropas africanas. Mérida cayó el 11 de agosto, con un saldo de 250 muertos entre los defensores de la ciudad frente a menos de 10 entre las tropas rebeldes. La izquierda depositó toda su confianza en un único cañón que apuntaba al puente romano sobre el río Guadiana. Los defensores de la ciudad, desmoralizados por los bombardeos y armados únicamente con rifles, no tenían ninguna posibilidad frente a las ametralladoras de los hombres de Asensio. Siguió la habitual represión sangrienta. Los izquierdistas que no pudieron escapar se refugiaron en sus viviendas o en el sótano de la casa del pueblo. Los rebeldes los obligaron a salir de uno en uno y los mataron a medida que aparecían. En el curso de los días posteriores, los ocupantes registraron la ciudad casa por casa, detuvieron y ejecutaron a los hombres y humillaron a las mujeres. La ciudad quedó a partir de entonces bajo el mando del teniente coronel Tella.[25]

La represión en Mérida se prolongó por espacio de varios meses y de ella se ocuparon los falangistas bajo la supervisión de un siniestro guardia civil, Manuel Gómez Cantos. Tras adquirir fama por su perversa brutalidad en diversos destinos del sur, principalmente en Málaga, Gómez Cantos fue destinado a Villanueva de la Serena, al noroeste de la provincial de Badajoz. El 19 de julio encabezó la sublevación del puesto de la Guardia Civil local. Concluida la sangrienta batalla en la que contó con la ayuda de los falangistas, el capitán detuvo a los miembros del ayuntamiento y la casa del pueblo junto a otros izquierdistas. Cuando las tropas republicanas se acercaban a la ciudad, Gómez Cantos se llevó a sus hombres y a los prisioneros a la localidad cacereña de Miajadas, dominada por los rebeldes, y allí asesinó a todos los rehenes. Poco después se le unieron un gran número de guardias civiles rebeldes.[26] A partir de ese momento, el capitán gozó de carta blanca para llevar a cabo la represión a su antojo, y el 11 de agosto fue ascendido a comandante. En Mérida supervisó las ejecuciones nocturnas de los hombres a los que encerraban en el casino, convertido en improvisada prisión. Uno de los prisioneros era el doctor Temprano, un republicano liberal. A diario, durante un mes entero, Gómez Cantos recorrió el centro de la ciudad en compañía del médico para tomar nota de quienes lo saludaban. De esta manera identificó a sus amigos y pudo detenerlos, tras lo cual él mismo mató al doctor Temprano. Se proponía liquidar asimismo a Antonio Oliart Ruiz, un conservador adinerado que había huido de la izquierda en Barcelona y a quien Gómez Cantos se empeñó en señalar como un espía catalán. Oliart escapó de nuevo, esta vez a Burgos.* En febrero de 1938, Queipo de Llano envió a Gómez Cantos a Badajoz en calidad de «delegado de orden público». Aunque la represión practicada por sus predecesores en el cargo había eliminado prácticamente a toda la izquierda de la ciudad, el nuevo delegado tuvo la idea de marcar con un brochazo de pintura roja en la chaqueta a todo aquel individuo sospechoso de albergar simpatías izquierdistas. En marzo de 1940 fue ascendido a teniente coronel y destinado a Pontevedra, donde ocupó el cargo de gobernador civil.[27]

Las tropas de Franco llegaron a Mérida en el plazo de una semana, tras haber recorrido 200 kilómetros. La experiencia de combate en campo abierto del Ejército africano explica el éxito fulgurante de Asensio y Castejón. Las improvisadas milicias republicanas eran capaces de luchar encarnizadamente mientras contaran con el abrigo de edificios o árboles, pero carecían del entrenamiento más elemental para desplegarse sobre el terreno y apenas sabían cargar las armas y ocuparse de su mantenimiento. Así, se agrupaban junto a los caminos, sin reparar en la mejor posición estratégica que ofrecían las laderas de los montes, y así presentaban a las columnas rebeldes un blanco relativamente fácil. El terror que acompañaba al avance de los moros y los legionarios, y que se amplificaba tras cada una de sus victorias, garantizaba la desbandada de los milicianos y el abandono de las armas en su huida ante el más leve rumor de derrota. John T. Whitaker, corresponsal de *The New York Herald Tribune*, ofreció la siguiente descripción: «Avanzaba con los moros y los veía flanquear, desplazar y aniquilar a un número de milicianos diez veces superior a sus tropas, batalla tras batalla. El heroísmo individual de estos soldados sin formación de nada sirve frente a un ejército profesional apoyado por la fuerza aérea».[28]

Franco era muy consciente de la superioridad de los rebeldes frente a las milicias precariamente armadas, y con esta circunstancia en mente planificó el desarrollo de sus operaciones junto con su jefe del Estado

---

* A finales de la década de 1970, el hijo de Antonio Oliart, Alberto Oliart Saussol, sería sucesivamente ministro de Industria, de Salud y de Defensa en los gobiernos de UCD de Adolfo Suárez y Leopoldo Calvo Sotelo.

Mayor, el coronel Francisco Martín Moreno. La intimidación y el uso del terror se especificaron en las órdenes escritas bajo el eufemismo de «castigo».[29] El coronel Martín Moreno resumía la situación en una orden del 12 de agosto, en la que señalaba:

> La calidad del enemigo que tenemos delante, sin disciplina ni preparación militar, carente de mandos ilustrados y escasos de armamentos y municiones en general por falta de Estados y organización de servicios, hace que en los combates que nos vemos obligados a sostener, las resistencias sean generalmente débiles ... Nuestra superioridad en armamento y hábil utilización del mismo nos permiten el alcanzar con contadas bajas los objetivos: La influencia moral del cañón mortero o tiro ajustado de ametralladora es enorme sobre el que no lo posee o no sabe sacarle rendimiento.[30]

El uso del terror no fue espontáneo; antes bien, respondía a un cálculo minucioso de sus efectos colaterales. Los Regulares y la Legión mutilaban a los heridos, les cortaban las orejas, la nariz, los órganos sexuales y hasta los decapitaban. Tales prácticas, en combinación con las matanzas de prisioneros y la violación sistemática de las mujeres, fueron permitidas en España por los oficiales sublevados como antes lo habían sido en Marruecos por Franco y otros mandos militares. Los sucesos que se vivieron en Asturias en 1934 pusieron de manifiesto la utilidad de estos procedimientos por razones muy diversas: satisfacían la sed de sangre de las columnas africanas, eliminaban en gran número a los posibles opositores y, sobre todo, generaban un terror que paralizaba a la población.[31] Todo parece indicar que los rebeldes eran conscientes de la barbarie de lo que hacían, y por eso tenían que ocultarlo. Alrededor del 13 de agosto, Queipo de Llano fue entrevistado en Sevilla por Harold Cardozo, el corresponsal londinense del *Daily Mail*, profundo simpatizante de la causa nacional. Queipo de Llano aseguró al periodista británico que:

> Salvo en el calor de la batalla o en la toma por asalto de una posición, ningún hombre era fusilado sin concederle el derecho a ser oído en juicio justo, en estricto cumplimiento de las leyes procesales de los tribunales militares. Las audiencias son públicas y sólo se condena a muerte a quienes han tomado parte en asesinatos u otros delitos punibles de conformidad con nuestro código militar, o a aquellos que, por su posición de autoridad, son responsables de haber permitido la comisión de tales delitos. He tomado miles de prisioneros y más de la mitad se encuentran hoy en libertad.[32]

Sin embargo, Harold Pemberton, el corresponsal del prorrebelde *Daily Express*, refirió que, tras la captura de Mérida, los legionarios les ofrecieron a él y a su fotógrafo «orejas de comunistas como recuerdo» de la masacre.[33]

Tras la ocupación de Mérida, las tropas de Yagüe se desviaron al sudoeste para tomar Badajoz, la principal ciudad extremeña, situada en las orillas del Guadiana, muy cerca de la frontera portuguesa. Si las columnas hubieran continuado su rápido avance hacia Madrid, la guarnición de Badajoz no habría podido amenazarlas seriamente desde la retaguardia. Los historiadores franquistas han insinuado que Yagüe regresó a Badajoz por su propia iniciativa. De ser así, podría haber tenido graves problemas con Franco, que a diario tomaba personalmente las decisiones importantes y dejaba su aplicación en manos de Yagüe. Franco supervisó las operaciones en Mérida y, a última hora de la tarde del 10 de agosto, recibió a Yagüe en su cuartel general con el fin de comentar tanto el ataque a Badajoz como los objetivos siguientes. La toma de Badajoz era esencial para concluir la unificación de las dos secciones de la zona rebelde y cubrir la totalidad del flanco izquierdo a lo largo del itinerario de las columnas. Además, aunque con esta demora incurrió en el error estratégico de dar más tiempo al gobierno republicano para organizar sus defensas, Franco estaba más preocupado por practicar una purga total en los territorios conquistados que por cosechar una victoria rápida, tal como tuvo ocasión de demostrar en repetidas ocasiones a lo largo de la guerra.[34]

Uno de los primeros pueblos situados entre Mérida y Badajoz era la localidad de Torremayor, donde el Comité del Frente Popular había impedido cualquier acto violento. Allí no había derechistas detenidos ni se había cometido ninguna atrocidad, así que las tropas de Yagüe pasaron de largo sin que se registrara incidente alguno.[35] A medio camino se encontraban los pueblos de Lobón, Montijo y Puebla de la Calzada. Al llegar a estos municipios la noticia del golpe militar, los representantes de sindicatos y partidos izquierdistas constituyeron los diversos Comités de Defensa que se encargaron de crear las milicias populares y de armarlas con las pocas escopetas de caza que poseían los trabajadores o que lograron confiscar a los ricos. En Puebla de la Calzada, 33 hombres integraban la milicia, mientras que la de Montijo contaba con 100. En los tres pueblos, los comités decidieron detener a los vecinos ricos que apoyaban el alzamiento militar. Entre los 66 detenidos en Puebla de la Calzada figuraban algunos terratenientes que se habían negado a pagar a los trabajadores alojados en sus fincas. Un total de 19 eran propietarios, 12 eran labradores y 4 eran dueños de pequeñas fábricas. Todos ellos recibieron un trato digno, y se permitió a sus familiares que les llevaran comida, tabaco, colchones y mantas. Los que accedieron a abonar los salarios que adeudaban a los trabajadores quedaron en libertad. Algunos miembros del comité eran partidarios de ejecutar a los prisioneros, pues estaban convencidos de que no escatimarían esfuerzos para lograr que las columnas asesinaran a los izquierdistas cuando finalmente llegaran al pueblo. El comité consiguió acallar estas voces. En Montijo encerraron a 56 derechistas en el convento de las clarisas y permitieron que los prisioneros recibieran comida de sus familias, si bien los obligaron a trabajar en los campos y algunos fueron maltratados por sus guardianes. De todos modos, cuando un grupo de milicianos de Badajoz intentó quemar el convento, el Comité de Defensa impidió que llevaran a cabo sus planes. Al amanecer del 13 de agosto, cuando la columna de Yagüe llegó a Puebla de la Calzada, los derechistas liberados declararon que sus captores habían intentado quemarlos vivos en la iglesia del pueblo.[36]

Los comités de Montijo y Puebla de la Calzada no tenían la más mínima posibilidad de enfrentarse a una columna integrada por 3.000 mercenarios curtidos en combate, de ahí que muchos izquierdistas huyeran rápidamente, unos para participar en la defensa de Badajoz, otros en dirección este, para refugiarse en Don Benito. Tras recibir la rendición de los pueblos de manos de delegaciones de izquierdas y derechas, Yagüe nombró una Gestora Municipal en cada municipio con las siguientes instrucciones: «No dejéis a ningún dirigente de izquierdas vivo». Los falangistas saquearon la casa del pueblo de Puebla de la Calzada y quemaron la mayor parte de lo que había en ella, a excepción de las listas de sus miembros. Los esfuerzos del presidente de la Gestora Municipal, Fabián Lozano Reyes, así como de otros vecinos de clase media que antes eran miembros de la CEDA y ahora se habían pasado a la Falange, no lograron impedir el fusilamiento de 29 hombres y una mujer. Antes de ser ejecutada, María Concepción Castón, que así se llamaba la víctima, fue conducida a la plaza del pueblo en compañía de otras sindicalistas y mujeres casadas con hombres de izquierdas, donde les raparon la cabeza y las obligaron a beber un bidón de aceite de ricino. A continuación, les hicieron desfilar por las calles del pueblo mientras la purga producía su efecto excretor. Además de padecer este tipo de humillaciones sistemáticas, la mayor parte de las mujeres tuvieron enormes dificultades para volver a encontrar trabajo. Como ya se ha indicado a propósito de otros lugares, para atraer a los que habían huido, las nuevas gestoras de los municipios hicieron público el falso anuncio de que quienes no hubieran cometido delitos de sangre podrían regresar a sus casas sin ningún temor. A los muchos inocentes que cayeron en la trampa los detuvieron y los fusilaron. El 28 de agosto se celebró en Montijo una importante festividad religiosa que concluyó con la pública exhibición de los líderes izquierdistas y sindicalistas de la localidad, a quienes obligaron a punta de pistola a pedir perdón por los graves pecados que habían cometido. Al amanecer del 29 de agosto fusilaron a 14 prisioneros, entre ellos el alcalde, Miguel Merino Rodríguez. Los rebeldes confiscaron sus tierras y condenaron a su mujer y a sus seis hijos a una situación de pobreza extrema. En los meses y años sucesivos, los fusilamientos se cobraron la vida de alrededor de 100 personas.[37]

El 2 de septiembre llegó a la cercana localidad de Torremayor, donde no se había registrado ningún incidente violento, un grupo de matones falangistas capitaneados por un individuo llamado Victoriano de Aguilar Salguero. Los asaltantes irrumpieron en la casa del presidente del Comité del Frente Popular, en la del maestro, que era su secretario, y en la del presidente de la casa del pueblo. Después de registrar sus viviendas y de robar el dinero y las joyas que encontraron, se los llevaron a los tres y los ejecutaron en el cementerio. La mujer del maestro, que estaba muy enferma, murió al enterarse de la noticia, dejando dos hijas huérfanas, una de veintiún meses y otra de cuatro años. El hermano de la fallecida, un destacado falangista de Sevilla, se esforzó en vano por conseguir una pensión para las niñas, que les fue negada al no estar el padre muerto oficialmente. Una investigación posterior reveló que los falangistas se llevaron a los tres hombres al puesto de la Guardia Civil, donde un «tribunal» constituido por Aguilar Salguero y dos guardias civiles los condenó a muerte. El párroco de Torremayor los acompañó entonces al cementerio, donde fueron fusilados. Con el fin de justificar los crímenes, Aguilar Salguero alegó su obediencia a las órdenes dejadas por Yagüe en Lobón, Montijo y Puebla de la Calzada «de fusilar a todos los individuos dirigentes o de marcada significación izquierdista, culpables del estado anárquico en que se encontraba España». Si bien la muerte del maestro se registró oficialmente más tarde, huelga decir que las autoridades no tomaron ninguna medida contra los falangistas.[38]

Tras la captura de Puebla de la Calzada, Montijo y Lobón, las tropas de Yagüe continuaron avanzando hacia el oeste, en dirección a Talavera la Real. También en esta localidad el Comité del Frente Popular había detenido a 82 derechistas, a los que maltrataron, insultaron y obligaron a desfilar por las calles del pueblo y a pagar los salarios que debían a los trabajadores. Encerraron a 59 de ellos en una iglesia y a los otros 23 en el almacén municipal. Cuando los hombres de Yagüe estaban a punto de entrar en el pueblo, dos izquierdistas impidieron que una banda de milicianos borrachos prendieran fuego a la iglesia. Un grupo de milicianos huyó junto a varios miembros del Comité de Defensa, llevándose consigo a 23 prisioneros. A un kilómetro de Talavera fusilaron a los rehenes, 21 de los cuales murieron. No es de extrañar que uno de los dos supervivientes participara activamente en la represión posterior. La venganza fue significativamente superior, ya que, según estimaciones locales, hubo hasta 250 ejecutados.[39]

La columna de Yagüe se dirigió a Badajoz, donde el golpe militar había fracasado en parte gracias a la decidida actuación del Comité de Defensa del Frente Popular, presidido por el gobernador civil, Miguel Granados Ruiz, el diputado socialista Nicolás de Pablo y el alcalde Sinforiano Madroñero. El comité ordenó la detención inmediata de más de 300 partidarios del golpe militar y organizó las milicias de izquierdas con el precario armamento disponible. El fracaso de la sublevación en Badajoz reflejaba asimismo la indecisión y las divisiones entre los mandos de esta plaza militar donde, a diferencia de otros lugares del sur, había un grupo de oficiales firmemente leales a la República. El 26 de julio, el gobierno de Madrid envió al coronel Ildefonso Puigdengolas Ponce de León con la misión de organizar la defensa de la ciudad. Puigdengolas, que vestía el mono azul de los milicianos y acababa de sofocar la sublevación en Guadalajara y Alcalá de Henares, fue recibido como un héroe por la izquierda pacense. Detuvo sin contemplaciones a varios oficiales sospechosos y comenzó los preparativos para la instrucción militar de las milicias.[40]

Entre el 18 de julio y la llegada de las tropas de Yagüe apenas se cometieron actos violentos contra los derechistas en Badajoz, en buena medida gracias a los esfuerzos del alcalde y el jefe de la Guardia Municipal, Eduardo Fernández Arlazón. Aunque este último fue más tarde condenado a muerte por los franquistas, se le conmutó la pena capital por la de treinta años de prisión, tras recibirse en su favor numerosos testimonios de conservadores agradecidos. Exceptuando un intento fallido de sublevación por parte de la guarnición de la Guardia Civil el día 6 de agosto, el único incidente de gravedad ocurrió el 22 de julio cuando un grupo de milicianos asesinó a Feliciano Sánchez Barriga, un terrateniente de extrema derecha que había sido el enlace entre los conspiradores militares y la falange local. El obispo de Badajoz, José María Alcaraz Alenda, fue desalojado pacíficamente de su palacio, tras permitir que se llevara el Santísimo Sacramento del Tabernáculo, y se le asignó un guardaespaldas. Hubo represalias cuando, a partir del 7 de agosto, el número de víctimas civiles empezó a crecer por los bombardeos diarios de la aviación franquista, así como en venganza por la sublevación protagonizada por la Guardia Civil el día anterior. El número de muertos alcanzó la decena: 2 oficiales del Ejército, 2 guardias civiles retirados, 2 religiosos y 4 destacados derechistas, entre ellos un hombre que había subido a un tejado para hacer señales a la aviación rebelde. La banda responsable de estos crímenes no tenía ninguna relación con el Comité de Defensa local, y muchos de sus integrantes perdieron la vida en el ataque o lograron escapar. La inmensa mayoría de los prisioneros de derechas detenidos por el comité no sufrieron ningún daño, lo que no impidió la represión posterior en venganza por el «terror rojo».[41]

La fama de las tropas de Yagüe precedió a su llegada a Badajoz. Cuando los rebeldes rodearon las murallas, la ciudad estaba inundada por los refugiados que huían de las columnas africanas, y los bombardeos diarios acrecentaban la sensación de tragedia inminente. El 13 de agosto una escuadrilla de aviones sobrevoló la ciudad para lanzar miles de octavillas que contenían una seria advertencia firmada por Franco y dirigida a «los soldados y ciudadanos resistentes en Badajoz». Su texto completo decía lo siguiente:

> Vuestra resistencia será estéril y el castigo que recibáis estará en proporción de aquélla. Si queréis evitar derramamientos inútiles de sangre, apresad a los cabecillas y entregadlos a nuestras fuerzas. El movimiento salvador español es de paz, de fraternidad entre los españoles de orden, de grandeza de la Patria, y a favor de la clase obrera y media; nuestro triunfo está asegurado y por España y su salvación destruiremos cuantos obstáculos se nos opongan. Aún es tiempo de corregir vuestros errores; mañana será tarde. ¡Viva España y los españoles patriotas!

No cabía duda de que se avecinaba la matanza.[42]

Puigdengolas había logrado reunir a unos 1.700 hombres para la defensa de Badajoz, 300 de los cuales eran soldados profesionales y el resto, milicianos escasamente armados, tanto naturales de la ciudad como refugiados procedentes de otros lugares. El reclutamiento de voluntarios comenzó el 4 de agosto, tras la caída de Llerena. Algunos contaban con rifles, pero lo cierto es que la munición escaseaba, y muchos de ellos solo tenían guadañas y escopetas de caza. La mayoría de las tropas de la guarnición de Badajoz se habían trasladado a Madrid para reforzar la defensa de la capital. Los bombardeos de la artillería y la aviación franquistas provocaron un goteo continuo de deserciones, de tal suerte que el número de defensores era muy inferior al que refieren las fuentes de la derecha. Por otro lado, entre los oficiales del Ejército republicano había hombres de dudosa lealtad que hicieron cuanto estuvo en sus manos para obstruir la defensa, escondiendo las armas o desviando intencionadamente el punto de tiro de los cañones. Incluso el coronel Puigdengolas, junto con el alcalde, el diputado Nicolás de Pablo y otros miembros del Comité de Defensa huyeron a Portugal en torno a las nueve de la mañana del 14 de agosto. Los hombres de Yagüe eran muchos más que el puñado de héroes que menciona la literatura franquista. Las columnas unidas de Castejón y Asensio sumaban 2.500 soldados, sin contar los numerosos falangistas y requetés que se fueron sumando a lo largo del camino desde Sevilla.[43]

Desde primeras horas de la mañana del 14 de agosto la ciudad sufrió un durísimo ataque por parte de la Artillería de Alarcón de la Lastra, y muchos de los oficiales al mando de la defensa desertaron tras la huida de Puigdengolas. Alrededor del mediodía, pese al valor con que los milicianos resistieron los bombardeos, las murallas de Badajoz sucumbieron a las feroces embestidas de las tropas de Castejón, ayudadas en el ataque por la pequeña Quinta Columna de oficiales formada entre los defensores de la ciudad, algunos de los cuales abandonaron sus posiciones y se concentraron en las inmediaciones de la prisión para sumarse a los reclusos de derechas que aguardaban a los «libertadores» para darles la bienvenida. Entre los liberados se encontraba Regino Valencia, amigo de Salazar Alonso y asesino del diputado del PSOE Pedro Rubio Heredia. Legionarios y regulares ocuparon el centro de la ciudad, asesinando a todo el que encontraban en su camino, incluso a los que arrojaron las armas al suelo y alzaron los brazos en señal de rendición.[44] Muchos milicianos se refugiaron en la catedral, donde murieron a punta de bayoneta en las naves o en las escaleras del altar mayor. Un hombre que se escondió en un confesionario fue abatido de un disparo por el padre Juan Galán Bermejo, el cura de Zafra que se incorporó a la Legión como capellán castrense y que, con su pelo engominado, su bastón y su pistola, empezaba a ser famoso por su crueldad.[45]

Los legionarios, regulares y falangistas se lanzaron a una orgía de saqueos en comercios y viviendas en su mayoría pertenecientes a los mismos derechistas a los que habían «liberado». Un oficial rebelde le dijo al periodista Jay Allen: «Es el impuesto bélico que se paga por la salvación». Arrasaron con todo lo que podían llevarse (joyas, relojes, radios, máquinas de escribir, ropa y rollos de tela) y cargaron con el botín por las calles sembradas de cadáveres y cubiertas de sangre. Cientos de prisioneros fueron conducidos a la plaza de toros. Al caer la noche, las bandas de soldados moros y falangistas ebrios seguían saqueando las viviendas de los trabajadores, violando a las mujeres, llevándose a los hombres a la plaza de toros o fusilándolos sobre la marcha. Muchos cadáveres aparecían con los genitales mutilados. Los rebeldes instalaron sus ametralladoras en los burladeros alrededor del ruedo, y allí emprendieron una matanza indiscriminada. A lo largo de la tarde detuvieron a 1.200 vecinos, en muchos casos civiles inocentes sin ninguna filiación política: hombres y mujeres, socialistas, anarquistas, comunistas, republicanos de clase media, simples campesinos y todo el que presentara una contusión en el hombro por el retroceso de un rifle. No se anotaron sus nombres ni se registró ningún detalle. A las siete y media de la mañana siguiente se reanudaron los disparos, y los gritos de los moribundos resonaron a mucha distancia de la plaza. El relato reciente de algunos supervivientes revela que las ejecuciones pronto quedaron en manos de pelotones de fusilamiento formados por guardias civiles.[46]

En el curso de los tres días que siguieron, cuando las columnas de Yagüe aún no habían abandonado la ciudad, los moros instalaron tenderetes en las calles para vender los relojes, las joyas y los muebles que previamente habían robado. El propio Yagüe se apropió de un espléndido coche que pertenecía a Luis Pla Álvarez, un republicano moderado, propietario, junto con su hermano Carlos, de un próspero negocio de transporte y venta de automóviles. Los hermanos Pla habían hecho uso de sus influencias para salvar las vidas de muchos derechistas y acogieron en su casa a varios religiosos que más tarde escribieron apelaciones de clemencia en su favor. El 19 de agosto, la Guardia Civil se los llevó al campo y les dijeron que eran libres de marcharse, para luego matarlos a tiros «mientras intentaban escapar», tras lo cual se apoderaron de su negocio y de sus bienes.[47] Cuando el obispo Alcaraz Alenda intercedió por ellos, Yagüe respondió: «Diga al mensajero que comunique al señor Obispo que las personas por quienes se interesa, y otras, han sido fusiladas esta mañana, para que el señor Obispo pueda vivir».[48] Tanto si guardaba relación directa con los robos como si, más previsiblemente, formaba parte de un plan de exterminio de la izquierda bien diseñado, el ritmo de la masacre no disminuyó. El segundo día los vecinos de derechas salieron a las calles para vitorear a los ocupantes e insultar a los prisioneros. Aunque no llegó a producirse un simulacro formal de corrida de toros, según refirió la prensa republicana, lo cierto es que a los prisioneros los trataron como a bestias. Moros y falangistas, bajo la complacida mirada de sus oficiales, aguijonearon a los detenidos con bayonetas. Cientos de refugiados que intentaban huir a Portugal fueron detenidos y devueltos a Badajoz gracias a la estrecha colaboración de la Policía de fronteras portuguesa con el Estado Mayor franquista.[49] Varios terratenientes portugueses presenciaron la matanza en la plaza de toros, invitados especialmente al espectáculo como recompensa por la ayuda prestada en la captura de los izquierdistas huidos.[50]

Aunque habían sido muy pocos los derechistas asesinados en Badajoz, los fusilamientos de los llamados «desafectos» (todo aquel de quien la derecha sospechara o que no despertara sus simpatías) se prolongaron durante varias semanas. Tras la partida de Yagüe, la represión quedó a cargo del nuevo gobernador civil, el coronel Eduardo Cañizares, y el teniente coronel Manuel Pereita Vela, enviado desde Sevilla por Queipo de Llano el 18 de agosto como comandante de la Guardia Civil y delegado de Orden Público. Se ha calculado que Pereita fue responsable de 2.580 muertes hasta la fecha de su relevo, el 11 de noviembre de 1936. Su sucesor, Manuel Gómez Cantos, informó de que Pereita había amasado una fortuna confiscando los bienes de sus víctimas, su ganado o sus tierras. Azuzado por su amigo Guillermo Jorge Pinto, un terrateniente y falangista de Olivenza, Pereita comenzó por ordenar la detención de ciudadanos con inclinaciones mínimamente izquierdistas o liberales, sirviéndose para ello de denuncias maliciosas o alegando las razones más extravagantes. La mayoría de los detenidos fueron fusilados sin ninguna investigación. Bajo el liderazgo del implacable Arcadio Carrasco Fernández-Blanco y de Agustín Carande Uribe, la Falange, que se nutría de los vástagos de la oligarquía terrateniente, se sumó ávida-

LAS IMÁGENES DEL HOLOCAUSTO ESPAÑOL

El *holocausto español* es una obra sobre las casi doscientas mil personas, hombres y mujeres, asesinadas extrajudicialmente o ejecutadas tras burdos procesos judiciales durante la Guerra Civil española y después. Hubo dos represiones de retaguardia, una en la zona republicana y otra en la rebelde. Aunque muy distintas, tanto cuantitativa como cualitativamente, ambas provocaron decenas de miles de muertes, en su mayoría, de personas que no habían cometido ningún crimen y que, en muchos casos, ni siquiera militaban políticamente. Pese a las diferencias en las motivaciones de los culpables y en el número de víctimas (los muertos en la zona rebelde al menos triplican los de la zona republicana), el sufrimiento de las víctimas y sus familias fue igual de terrible. Este libro busca mostrar, en la medida de lo posible, qué les pasó y por qué.

Las estadísticas del holocausto español son incompletas y es improbable que lleguen a completarse. Además, son incapaces de capturar la intensidad del horror que se oculta tras las cifras. Por ese motivo, el libro contiene muchas historias individuales, de hombres, mujeres y niños de ambos bandos. Narrar una muestra de casos representativos de víctimas y verdugos de todas las zonas del país era una manera de reflejar el sufrimiento infligido a sus conciudadanos por la arrogancia y la brutalidad de los oficiales que se rebelaron el 17 de julio de 1936.

Ahora, estas fotos pretenden contribuir a presentar un retrato más completo de la historia.

No hace falta decir que no hay fotografías de la mayoría de los horrores que tuvieron lugar. De hecho, probablemente sea bueno que no haya imágenes de tantas torturas, violaciones y asesinatos, ni de las espantosas condiciones de suciedad, hambre y abusos en las cárceles. Aun así, las fotos que siguen pueden ilustrar algunos de los horrores del holocausto español.

Siempre es más fácil seguir una historia complicada cuando se ve a los protagonistas. Resulta ilustrativo ver las caras de satisfacción de hombres, de ambos bandos, capaces de las mayores atrocidades. Vemos a un Franco muy satisfecho en Sevilla, con el coronel Yagüe, también sonriente, en vísperas de que la Columna de la Muerte emprendiera su sangrienta ruta hacia Madrid. Más iluminador si cabe es el alegre rostro de Luis Alarcón de la Lastra, el terrateniente de Carmona que pudo dar rienda suelta a su odio por la reforma agraria de la República como jefe de artillería de Yagüe. Hay algo impactante en la imagen de Queipo de Llano en una de sus arengas radiofónicas, en las que incitaba a la violación y al asesinato. También resulta fascinante poner cara a algunos de los principales personajes. Tenemos la foto del hombre que preparó el golpe en Sevilla, el comandante José Cuesta Monereo; de los líderes de la brutal purga del suroeste de Andalucía, el comandante José Castejón y el terrateniente y aristócrata Rafael de Medina Villalonga; del alcohólico capitán Manuel Díaz Criado, el sádico que organizó la represión en Sevilla; y de Antonio Vallejo-Nájera, el jefe de los servicios psiquiátricos de Franco, que dirigió experimentos sobre prisioneros republicanos en busca del «gen rojo».

Casi lo mismo se puede decir de quienes organizaron las checas y cometieron asesinatos detrás de las líneas republicanas. Así, tenemos a Eduardo Val, Felipe Sandoval y Agapito García Atadell, que fueron protagonistas de la represión en Madrid; y a sus equivalentes en Barcelona: Manuel Escorza, Aurelio Fernández y Juan García Oliver. Hay fotos únicas de los agentes de la NKVD que trabajaron en España, entre ellos Carlos Contreras (Vittorio Vidali), que participó en las matanzas de Paracuellos, y Josif Grigulevich, que probablemente fue el asesino de Andreu Nin. Entre otros destacados personajes del libro también sale José Cazorla, de quien se conservan pocas fotos, que sucedió a Santiago Carrillo como consejero de Orden Público en la Junta de Madrid. Aparece junto a otros miembros de la Junta de Defensa de Madrid, también muy difíciles de ver. Hay incluso una foto de Melchor Rodríguez, «el ángel rojo», que salvó la vida a muchos prisioneros derechistas.

Las fotos de las víctimas cuando no sabían el destino que les esperaba son especialmente emocionantes. Dentro de esta pequeña selección hay dos fotografías de Virgilio Leret, el primer oficial republicano asesinado por los rebeldes, en una de ellas con su familia en Madrid, y en otra foto en Melilla, pocos días antes de su ejecución. Su esposa, la feminista Carlota O'Neill, fue encarcelada y separada de sus hijas, Carlota y Mariela. Un caso semejante es el de Amparo Barayón, asesinada por feminista y por estar casada con el escritor izquierdista Ramón Sender. Una foto emblemática tomada en La Coruña, en el aniversario de la fundación de la Segunda República, el 14 de abril de 1936, muestra a todas las autoridades republicanas: el gobernador civil Francisco Pérez Carballo; su mujer, la feminista Juana Capdevielle Sanmartín; el jefe de la región militar gallega, el general Enrique Salcedo Molinuevo; el alcalde de la ciudad, Alfredo Suárez Ferrín; y el gobernador militar, el general Rogelio Caridad Pita, todos ellos ejecutados tres meses después por los militares rebeldes.

En otra foto, vemos a Urania Mella y María Gómez González en la cárcel de Saturrarán (Vizcaya). Urania Mella pertenecía al grupo de mujeres antifascistas y, al igual que su marido, fue acusada de organizar barricadas en el Calvario (Vigo). Su condena a muerte fue conmutada por doce años de prisión. Estuvo en Saturrarán hasta 1943 y murió en 1945, a los cuarenta y cuatro años. María Gómez, la única alcaldesa de Galicia, precisamente de A Cañiza, fue condenada a pena de muerte, una pena suspendida temporalmente por embarazo y posteriormente conmutada por la cadena perpetua. En 1943 obtuvo la libertad condicional. Otros casos paradigmáticos de alcaldes republicanos perseguidos son los de Modesto José Lorenzana Macarro y José González Barrero. Lorenzana Macarro, el alcalde de Fuente de Cantos, fue depuesto fraudulentamente en junio de 1934 y asesinado en septiembre de 1936. González Barrero, alcalde de Zafra, retratado en mayo de 1934 durante su encarcelamiento en la cárcel de Alicante por una acusación falsa, fue asesinado en abril de 1939. Un personaje muy destacado fue Ricardo Zabalza, secretario general de la FNTT y gobernador civil de Valencia durante la guerra, un hombre que hizo todo lo posible para controlar la violencia republicana. En una de las fotos se le ve trabajando y en otra, con su mujer Obdulia Bermejo, que le había presentado Margarita Nelken. Zabalza murió ejecutado en febrero de 1940.

Muchas fotos son de personas anónimas, pues anónimas fueron muchas de las víctimas. El fotógrafo Juan José Serrano Gómez acompañó a las columnas rebeldes en el sur y retrató sus acciones. Son suyas las imágenes de unas mujeres desoladas tras la purga realizada por el comandante Castejón en el barrio de Triana, en Sevilla, el 21 de julio de 1936; de los camiones que transportan al lugar de ejecución a los mineros capturados en la emboscada de La Pañoleta; y de fosas comunes hechas después de la toma de Toledo por las fuerzas rebeldes. Y especialmente interesantes son las que muestran el abundante botín que se llevaban las columnas. También se incluye una foto muy importante de Serrano: la del patio de la cárcel de El Campillo (Salvochea durante la República), pueblo de la zona minera. El comité del Frente Popular, compuesto por socialistas, había detenido a veintitrés derechistas para protegerlos, pero durante el feroz ataque de la columna de Redondo, unos izquierdistas que huyeron lanzaron unas bombas de mano a la cárcel y mataron a once de los detenidos. Como venganza, se prendió fuego al pueblo por orden de Redondo antes de seguir la marcha. Luego la represión se cobró dieciséis vidas por cada uno de los presos asesinados, más de ciento ochenta personas. Esta foto dio la vuelta al mundo como muestra de la crueldad republicana.

Tuvo un papel semejante la foto de la calle Carnicerías en Talavera de la Reina. En realidad, la imagen recoge una matanza cometida por las tropas de Franco, pero fue utilizada por su servicio de propaganda para «documentar» una masacre republicana en Talavera la Real. Las dos fotos fueron utilizadas en unos informes sobre «atrocidades comunistas» distribuidos por los servicios de propaganda franquista, por ejemplo, en un folleto franquista publicado en Inglaterra: *Preliminary Official Report on the Atrocities Committed in Southern Spain in July and Au-*

gust, 1936, By the Communist Forces of the Madrid Government (Londres, Eyre and Spottiswoode, 1936). Francisco Espinosa Maestre fue quien se propuso averiguar la verdad sobre esta fotografía, y sus investigaciones revelaron que se trataba de Talavera de la Reina y no de Talavera la Real (Francisco Espinosa Maestre, La columna de la muerte. El avance del ejército franquista de Sevilla a Badajoz, Barcelona, Crítica, 2003, pp. 434-437).

Entre las fotos menos conocidas están las de un pelotón de fusilamiento a punto de ejecutar a unos lugareños en Llerena. Van acompañadas de otras que muestran cómo la entrada en el pueblo de las fuerzas del comandante Castejón dejó las calles sembradas de cadáveres. Igualmente impactantes son las fotos de los refugiados huyendo hacia Almería de la represión de Queipo en Málaga. Fueron tomadas por Hazen Sise, el ayudante del médico canadiense Norman Bethune, cuyo equipo intentó ayudar a los refugiados. Son dramáticas estampas de la tragedia de las víctimas inocentes del golpe militar, igual que las fotos de los refugiados que salieron de Barcelona rumbo a la frontera francesa, donde fueron recibidos como apestados y recluidos en campos de concentración.

Una de las fotos más impactantes de esta colección es la de unas muchachas con el pelo rapado en Montilla (Córdoba). Difícilmente se puede exagerar la importancia de esta imagen, que es probablemente la única que se conserva de mujeres peladas en Andalucía. Para toda España, junto a esta, solo existe la foto de las mujeres peladas en Oropesa (Toledo), que aparece en la portada del libro sobre la represión de las mujeres en Andalucía de Pura Sánchez, Individuas de dudosa moral. La represión de las mujeres en Andalucía (1936-1958) (Barcelona, Crítica, 2009). A pesar de que raparlas y darles aceite de ricino fue la manera más común de humillar a las mujeres republicanas públicamente, y de que esto ocurrió en casi todos los pueblos de Andalucía, no hay documentos gráficos que lo demuestren salvo dicha fotografía. Esta estampa trágica, de principios del mes de agosto de 1936, es representada por un grupo de mujeres y niñas, muchas de ellas entre los diez y los doce años, en su mayoría familiares de izquierdistas, militantes de las JSU o componentes del grupo de canto que ensayaba en la Casa del Pueblo. Entre las adultas, había varias viudas de hombres asesinados por los golpistas el 19 de julio. Tras ser arrestadas, se les rapó la cabeza y se las forzó a ingerir aceite de ricino con sopas de pan, para que con el laxante «arrojaran el comunismo del cuerpo». Fueron acompañadas por el director de la banda de música, Joaquín Gutiérrez Luque «El Bartolo», también pelado (en el centro de la imagen). Fue obligado a tocar un bombo y encabezar el desfile de las mujeres que atravesaba el pueblo, para que todos los vecinos se asomaran y las vieran, obligadas a saludar brazo en alto, al estilo fascista, y a cantar el «Cara al sol» ante la mofa de los verdugos. Agradezco al historiador de Montilla, Arcángel Bedmar González, esta información que procede de su libro *Los puños y las pistolas. La represión en Montilla, 1936-1944* (Ayuntamiento de Montilla, 2009) y al gran historiador de Córdoba Francisco Moreno Gómez, quien proporcionó la foto.

Finalmente, queda constancia de algunas de las consecuencias de la guerra para los vencidos en las fotos de las prisiones donde se recluía a mujeres y niños además de a hombres adultos, de la llegada de los refugiados republicanos a Francia, de los trabajos forzosos de los presos en las obras de construcción del Valle de los Caídos, y de las íntimas relaciones entre Franco y el Tercer Reich, tal como muestran las fotos de la visita de Heinrich Himmler a España y el retrato espeluznante de los prisioneros acarreando rocas por la escalera del campo de exterminio de Mauthausen-Gusen. Y como colofón de la colección, se presentan los dibujos escalofriantes del artista inglés Simon Manfield, trazados durante las excavaciones en Valdediós (Asturias) en el verano de 2003. Difícilmente se podría imaginar una prueba más gráfica de la persistencia hasta hoy del holocausto español.

Paul Preston

Franco en Sevilla con el coronel Juan Yagüe, líder de la sanguinaria Columna de la Muerte, antes de su avance sobre Madrid.
(© ICAS-SAHP, Fototeca Municipal de Sevilla, Fondo Serrano)

Luis Alarcón de la Lastra, terrateniente de Carmona y jefe de artillería de Yagüe.
(EFE/jt)

Mola y Franco en Burgos el 16 de agosto de 1936.

El general Gonzalo Queipo de Llano
lanzando una de sus incendiarias
proclamas radiofónicas.
(EFE/Jalón Ángel)

El general Emilio Mola, implacable
líder del golpe militar.
(EFE/Delespro/jt)

Gonzalo de Aguilera, el terrateniente y oficial del ejército que justificaba las políticas de exterminio ante la prensa extranjera. Acabó perdiendo la cabeza y asesinando a sus hijos.
(Cortesía de Marianela de la Trinidad de Aguilera y Lodeiro, condesa de Alba de Yeltes)

El cura y exaltado propagandista incendiario Juan Tusquets.
(Col. Cañada Blanch)

Virgilio Leret, el primer oficial republicano asesinado
por los rebeldes, con su esposa, la feminista Carlota
O'Neill, que fue encarcelada y separada de sus
hijas, Carlota y Mariela.
(Cortesía de Carlota Leret-O'Neill)

La familia Leret-O'Neill en Melilla, poco antes del
asesinato del comandante Leret.
(Cortesía de Carlota Leret-O'Neill)

Amparo Barayón, asesinada por feminista y por estar casada
con el escritor izquierdista Ramón Sender.
(Cortesía de Ramón Sender Barayón)

La Coruña, aniversario de la Fundación de la Segunda República, 14 de abril de 1936. De derecha a izquierda, el gobernador civil Francisco Pérez Carballo; su mujer, la feminista Juana Capdevielle Sanmartín; el jefe de la región militar gallega, el general Enrique Salcedo Molinuevo; el alcalde de la ciudad, Alfredo Suárez Ferrín. En la segunda fila, con barba, el gobernador militar; el general Rogelio Caridad Pita. Los cinco fueron ejecutados por los militares rebeldes.

(Fondo Suárez Ferrín, Proxecto "Nomes e Voces", Santiago de Compostela)

Urania Mella y María Gómez González en la cárcel de Saturrarán (Vizcaya). Urania Mella pertenecía al grupo de mujeres antifascistas y fue acusada de organizar barricadas en el Calvario (Vigo). Su condena a muerte fue conmutada por doce años de prisión. Estuvo en Saturrarán hasta 1943. Murió en 1945, a los cuarenta y cuatro años. María Gómez, alcaldesa de A Cañiza, fue condenada a muerte. La pena fue suspendida temporalmente por embarazo y posteriormente conmutada por cadena perpetua. En 1943 obtuvo la libertad condicional.
(Fondo Solleiro Mella, Proxecto "Nomes e Voces", Santiago de Compostela)

José González Barrero, alcalde de Zafra, encarcelado en mayo de 1934 por una acusación falsa en la prisión de Alicante. Fue asesinado en abril de 1939.
(Cortesía de la familia González Barrero)

Ricardo Zabalza, secretario general de la FNTT y
gobernador civil de Valencia durante la guerra, con
su mujer Obdulia Bermejo, que le había presentado
Margarita Nelken. Zabalza fue ejecutado en febrero
de 1940.
(Cortesía de Abel Zabalza y Emilio Majuelo)

Ricardo Zabalza, trabajando.
(Cortesía de Abel Zabalza y Emilio Majuelo)

Modesto José Lorenzana Macarro,
alcalde de Fuente de Cantos, depuesto
fraudulentamente en junio de 1934 y
asesinado en septiembre de 1936.
(Cortesía de Cayetano Ibarra)

Mujeres desoladas tras la purga realizada por el comandante Castejón en el
barrio de Triana, en Sevilla, el 21 de julio de 1936.
(© ICAS-SAHP, Fototeca Municipal de Sevilla, Fondo Serrano)

Queipo de Llano, en primer plano, pasa revista a la 5.ª Bandera de la Legión en Sevilla, el 2 de agosto de 1936. De izquierda a derecha, el comandante José Cuesta Monereo (al lado del coche), que planeó el golpe en la ciudad; el comandante Antonio Castejón Espinosa (en mangas de camisa), que dirigió las columnas que purgaron brutalmente las ciudades y los pueblos de la provincia; y el capitán Manuel Díaz Criado, que organizó la represión en la ciudad.
(© ICAS-SAHP, Fototeca Municipal de Sevilla, Fondo Serrano)

El terrateniente y aristócrata Rafael de Medina Villalonga, de blanco, al frente de la columna que acaba de tomar el pueblo de Tocina, 4 de agosto de 1936.
(© ICAS-SAHP, Fototeca Municipal de Sevilla, Fondo Serrano)

Camiones transportando a los mineros capturados en la emboscada de La Pañoleta al barco-prisión Cabo Carvoeiro, anclado en el Guadalquivir. A finales de agosto, fueron «juzgados» y condenados a muerte. Los sesenta y ocho condenados fueron divididos en seis grupos trasladados a seis barrios de Sevilla donde la resistencia de los trabajadores había sido significativa, y allí los fusilaron. Dejaron los cadáveres tirados en las calles durante horas, con el propósito de aterrorizar todavía más a la población.

(© ICAS-SAHP, Fototeca Municipal de Sevilla, Fondo Serrano)

Utrera, 26 de julio de 1936. Lugareños hechos prisioneros por la columna de la Legión que tomó el pueblo.
(© ICAS-SAHP, Fototeca Municipal de Sevilla, Fondo Serrano)

Presos derechistas asesinados en la cárcel de Campillo.
(© ICAS-SAHP, Fototeca Municipal de Sevilla, Fondo Serrano)

Los enterradores de Lorca: todos prisioneros izquierdistas obligados a cavar tumbas. Entre ellos está Antonio Mendoza Lafuente (el tercero por la derecha en la segunda fila), presidente de una logia masónica en Granada.
(Cortesía de Víctor Fernández y Colección Enrique Sabater)

Un grupo de Regulares examinan su botín.

Tras la toma de un pueblo, la columna sigue adelante con máquinas de coser, enseres y animales robados.

Dos fotos de una serie en la que un pelotón de fusilamiento se dispone a ejecutar a unos lugareños en Llerena.
(Archivo Histórico Municipal de Llerena, Fondo Pacheco Pereira, legajo 1)

Cuerpos en las calles de Llerena.
(Archivo Histórico Municipal de Llerena, Fondo Pacheco Pereira, legajo 1)

La calle Carnicerías en Talavera de la Reina. Esta foto, que recoge una matanza cometida por las tropas de Franco, fue utilizada por su servicio de propaganda para documentar una masacre republicana en Talavera la Real.

Fosa común cerca de Toledo. Al parecer son víctimas de derechas del pueblo sevillano de Aznalcóllar, asesinadas el 16 de agosto de 1936 por unos lugareños que huyeron ante el avance de la columna rebelde.
(© ICAS-SAHP, Fototeca Municipal de Sevilla, Fondo Serrano)

Fosa común cerca de Toledo: se trata de un cráter producido por una mina de
las que se pusieron en el Alcázar y que luego pasó a ser fosa de republicanos.
(© ICAS-SAHP, Fototeca Municipal de Sevilla, Fondo Serrano)

Unos cadáveres esperan sepultura, fotografiados por el corresponsal
estadounidense Jay Allen, que dio la noticia de la masacre de Badajoz.
(Cortesía Michael Allen)

Los líderes de la FAI Ricardo Sanz, Juan García Oliver, Miguel García Vivancos y
Aurelio Fernández, en Barcelona al comienzo de la guerra.
(International Institute of Social History, Amsterdam, IISG-CNT)

Aurelio Fernández, jefe de las Patrulles
de Control en Barcelona.
(International Institute of Social History,
Amsterdam, IISG-CNT)

El anarquista Juan García Oliver,
ministro de Justicia en el gobierno de
Largo Caballero.
(International Institute of Social History,
Amsterdam, IISG-CNT)

El altar mayor de la iglesia de San Miguel
en Toledo, saqueada y destruida en agosto
de 1936 por milicianos republicanos. Los
cadáveres fueron sacados de los sepulcros
y colocadas en el altar mayor, haciendo
una macabra exposición con ellos.
EFE

Milicianos disfrazados con objetos sacados de una iglesia.
(EFE)

Eduardo Val, líder de las milicias anarquistas.
(Colección Cañada Blanch)

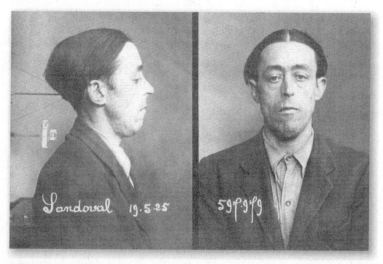

Felipe Sandoval, notorio pistolero anarquista.
(Derechos reservados)

La brigada de García Atadell en la puerta de su cuartel madrileño, la checa del Palacio de los Condes de Rincón, en la carrera de San Francisco, 4. Agapito García Atadell, en el centro con gafas; a su derecha, Ángel Pedrero. **(EFE/Díaz Casariego/jgb)**

El 20 de septiembre de 1936, en el salón del Trono de la Capitanía General de Barcelona, se reunió el Comité Central de Milicias Antifascistas de Cataluña. Se puede ver, entre otros, a Joan García Oliver (cuarto por la izquierda), Julián Gorkin (quinto por la izquierda), Mariano Rodríguez Vázquez, Marianet, Manuel Escorza del Val (con muletas) y Aurelio Fernández (primero por la derecha). **(Colección particular)**

Santiago Carrillo en un mitin en la plaza de toros de Las Ventas.
(EFE/jgb)

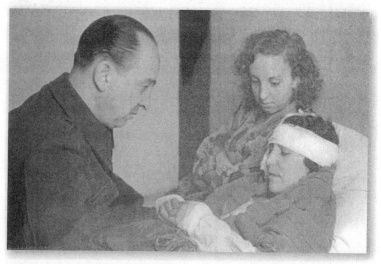

Melchor Rodríguez, el «ángel rojo» anarquista que salvó la vida de muchos prisioneros derechistas, en octubre de 1937, con su hija y su mujer, herida en un bombardeo rebelde.
(EFE/Vidal/jgb)

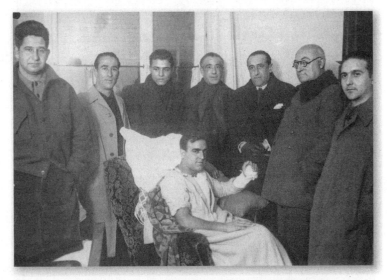

El presidente de la Junta de Defensa de Madrid, el general José Miaja (el segundo empezando por la derecha), acompañado de varios consejeros de la Junta, visita a Pablo Yagüe, consejero de Abastecimientos (sentado), convaleciente de las heridas recibidas en un atentado del que fue víctima tres días antes, el 26 de diciembre de 1936. De izquierda a derecha, de pie: José Cazorla (Consejero de Orden Público), Isidoro Diéguez (Consejero de Guerra), Máximo de Dios (secretario de la Junta), António Prexes (suplente del Consejero de Evacuación), José Carreño España (Consejero de Comunicaciones), Miaja y un personaje sin identificar.
(EFE/Vidal/jgb)

El cámara Roman Karmen y el corresponsal de *Pravda*, Mijaíl Koltsov. Ambos actuaron de mensajeros para el general Gorev durante el asedio de Madrid.
(Cortesía de Victor Alexandrovich Frandkin y la familia Koltsov)

Andreu Nin, líder del POUM (de pie, hablando), y Vladimir Antonov-Ovseenko (sentado a la izquierda, con gafas), cónsul soviético.
(Arxiu Fotogràfic de Barcelona)

De izquierda a derecha: Josif Grigulevich, agente de la NKVD, organizador de los grupos de elite de la República, las Brigadas Especiales, y probablemente asesino de Andreu Nin; el cámara Roman Karmen; y dos miembros del NKVD: Lev Vasilevsky y su jefe, Grigory Sergeievich Syroyezhkin. Madrid, octubre de 1936. (Colección Cañada Blanch)

Vittorio Vidali, alias Carlos Contreras (a la izquierda de la foto), miembro de la sección del NKVD para Operaciones Especiales (asesinatos, sabotajes y secuestros), implicado en la ejecución de prisioneros derechistas, con el periodista Claud Cockburn. (Imperial War Museum)

Refugiados huyendo hacia Almería de la represión de Queipo en Málaga.
(Fotos de Hazen Sise, reproducidas por cortesía de Jesús Majada y el Centro Andaluz de la Fotografía)

De camino a Almería, el agotamiento puede con los refugiados de Málaga.
(Foto de Hazen Sise, reproducida por cortesía de Jesús Majada y el Centro Andaluz de la
Fotografía)

Peñarroya, camino de Madrid, enero-febrero de 1937.
(© ICAS-SAHP, Fototeca Municipal de Sevilla, Fondo Serrano)

El general Queipo de Llano en la plaza de Almadén.
(© ICAS-SAHP, Fototeca Municipal de Sevilla, Fondo Serrano)

Camino de la frontera francesa, los refugiados no representan un objetivo militar. (Photos 12/Alamy)

Un grupo de mujeres y niños españoles cruzan la frontera francesa en Le Perthus. (Hulton-Deutsch Collection/CORBIS)

Recién llegadas a Argelès, las mujeres esperan ser clasificadas.
(Roger-Viollet/Rex Features)

Refugiados detenidos en Argelès. Las únicas instalaciones son las alambradas.
(Hulton-Deutsch Collection/CORBIS)

Presos trabajando en el Valle de los Caídos en 1940.
(© Agencia EFE España)

Prisioneros acarreando rocas por la escalera del campo de exterminio de Mauthausen-Gusen.
(akg-images/ullstein bild)

Antonio Vallejo-Nájera, jefe de los
servicios psiquiátricos de Franco. Dirigió
experimentos con prisioneros para
encontrar el «gen rojo».
(© Agencia EFE España)

Franco da la bienvenida a Himmler en Madrid. A la
derecha de la imagen, Ramón Serrano Suñer, de negro;
en el centro, el general Moscardó con gafas oscuras.
(EFE/Hermes Pato/jgb)

Himmler visita la checa psicotécnica de Alfonso Laurencic en Barcelona.
(Arxiu Fotogràfic de Barcelona)

Mujeres y niños en una cárcel para mujeres en Madrid, 6 de enero de 1940.
(© Agencia EFE España)

Muchachas con el pelo rapado en Montilla (Córdoba). El mechón que les quedaba servía para acentuar la humillación, como se ve en la mujer de la derecha, que oculta su rostro. El hombre en el centro de la foto tocaba un bombo seguido por las mujeres mientras atravesaban el pueblo, para que todos los vecinos se asomaran y las vieran.
(Colección de Ignacio Gallego, reproducida por cortesía de Francisco Moreno Gómez)

Galería de la cárcel Modelo de Barcelona, 1941.
(Arxiu Històric de la Ciutat)

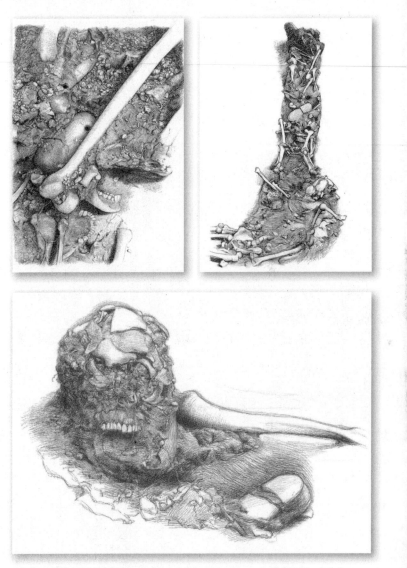

Dibujos de Simon Manfield a partir de las excavaciones en Valdediós, Asturias, en el verano de 2003.

(© Simon Manfield. Parte de la serie «Memoria Histórica», simonmanfield@hotmail.com)

mente a la carnicería. Llegaron prisioneros de otras zonas de Extremadura, puesto que la derecha aprovechó la oportunidad para acabar de raíz con la amenaza de reforma agraria. Los abusos sexuales fueron el castigo de las jóvenes que trabajaban como criadas o costureras en las casas de los ricos y que en la primavera de 1936 habían intentado agruparse en un sindicato, si bien no fueron las únicas mujeres que padecieron esos escarmientos.[51]

El martes 18 de agosto, una unidad de tropas a caballo escoltó a 400 hombres, mujeres y niños desde la localidad portuguesa de Caia hasta Badajoz. Entre los detenidos había también conservadores que habían huido de la ciudad inmediatamente después del alzamiento militar. Alrededor de 300 fueron ejecutados. Los falangistas tenían carta blanca para entrar en Portugal en busca de refugiados españoles. Jay Allen describía así la escena que se vivió en Elvas:

> Hoy mismo [23 de agosto] ha llegado un vehículo en el que ondeaba la bandera roja y gualda de los rebeldes, acompañados por un teniente portugués. Los fascistas se abrieron camino por las callejas hasta el hospital donde se encontraba el Senor Granado, [sic] gobernador civil republicano de Badajoz. Una vez allí, subieron corriendo las escaleras, avanzaron a grandes zancadas por un pasillo con las armas a punto e irrumpieron en la habitación del enfermo, que enloqueció al verlos llegar. El doctor Pabgeno, director del hospital, se abalanzó sobre el paciente indefenso para protegerlo y pidió ayuda a gritos. De esta manera salvó una vida.[52]

Entre los muchos liberales, republicanos y masones detenidos y devueltos a Badajoz se encontraban el alcalde Sinforiano Madroñero y dos diputados socialistas, Nicolás de Pablo y Anselmo Trejo. Con la ropa hecha jirones y el cuerpo lleno de heridas, los ejecutaron el 30 de agosto como culminación de una elaborada ceremonia fascista, tras una misa campestre y una procesión encabezada por una banda de música. El gobierno portugués negó que hubieran llegado a cruzar la frontera. El coronel Cañizares informó a Antonio Bahamonde, jefe de Prensa y Propaganda de Queipo de Llano, de que las ejecuciones posteriores se celebraron con el acompañamiento de una banda militar, al son de la «Marcha Real» y el himno falangista, «Cara al sol». Muchos espectadores llegaban de Portugal para aplaudir frenéticamente la matanza. Sin embargo, también hubo algunos militares portugueses que salvaron la vida de los refugiados españoles y muchas familias portuguesas que acogieron en sus casas a los llegados de Badajoz y Huelva.[53] A mediados de octubre, 1.435 refugiados fueron repatriados a la España republicana en un barco que zarpó de Lisboa rumbo a Tarragona.[54]

Las estimaciones más elevadas de la represión en Badajoz hablan de 9.000 muertos, las más bajas los cifran a «entre doscientos a seiscientos». Buena parte de los que perdieron la vida en los días posteriores a la masacre inicial eran milicianos procedentes de otros lugares venidos para defender la ciudad, así como refugiados o prisioneros de otros municipios. Los mataban sin juicio alguno y a continuación los incineraban o enterraban en fosas comunes, por lo que no hay registro del número real de víctimas. Un estudio riguroso de los hechos llevado a cabo por el historiador Francisco Espinosa Maestre ha demostrado, no obstante, que el número de muertos ascendió como mínimo a 3.800. Sus investigaciones revelan que, aun comparando solo el limitado número de muertes registradas, hubo más ejecuciones en Badajoz entre los meses de agosto y diciembre de 1936 que en Huelva y Sevilla juntas, pese a la considerable exactitud de las cifras correspondientes a estas últimas ciudades y pese al hecho de que la población de Huelva era un 12,5 por ciento superior a la de Badajoz, y la de Sevilla, más de un 600 por ciento más alta. Además, tanto en Sevilla como en Huelva podían compararse los nombres que figuraban en el registro municipal con los de los enterrados en sus respectivos cementerios. En ambos casos, además de los inscritos en el registro, los cementerios conservan listas de los cadáveres sin nombre. El número de muertos sin identificar en el caso de Huelva equivalía a cinco veces el de muertos registrados y en Sevilla era casi seis veces mayor. Tras extrapolar estos datos al caso de Badajoz, donde no había registro de los muertos anónimos enterrados en el cementerio, Espinosa Maestre calcula que el número total de víctimas en la ciudad debió de ser al menos 5,5 veces superior al de víctimas registradas.[55]

El biógrafo de Yagüe señala que los atacantes sufrieron un total de 285 bajas, entre muertos y heridos. Manuel Sánchez del Arco, el cronista de las columnas, asegura que el combate más costoso para los rebeldes fue el de la Puerta de la Trinidad, en el que participaron 90 hombres de la 16.ª Compañía de la Legión integrados en la columna de Asensio, de los cuales únicamente sobrevivieron 16. Sin duda fue esta compañía la que registró el mayor número de bajas, si bien Sánchez del Arco no menciona que muchos de los asaltantes solo resultaron heridos. La ironía es que ni siquiera estas bajas eran necesarias, toda vez que Castejón ya había entrado en la ciudad con ayuda de los miembros desleales de la guarnición republicana. Al margen de cuál fuera su utilidad, el ataque a la Puerta de la Trinidad se saldó con un total 24 muertos y 88 heridos. El periodista portugués Mario Neves relata haber visto los cadáveres de 23 legionarios. Espinosa Maestre, por su parte, ha demostrado que el número total de bajas fue de 185, repartidas entre 44 muertos y 141 heridos. La desproporción de estas cifras con las bajas contabilizadas en el bando republicano no puede ser mayor.[56]

En la canícula del verano extremeño, los montones de cadáveres constituían una grave amenaza para la salud pública. Al principio los retiraban de las calles y los trasladaban en camiones al cementerio municipal. Sin embargo, a la vista de que ni los servicios públicos ni las funerarias privadas podían abordar el problema, terminaron por rociar los cadáveres con gasolina, prenderles fuego y enterrarlos a continuación en grandes fosas comunes. El hedor de los cuerpos quemados impregnaba las noches de esos largos meses de calor. Las mujeres de izquierdas que no murieron ejecutadas fueron violadas y sometidas a toda suerte de humillaciones sistemáticas tras la toma de la ciudad. Como en otros lugares, les rapaban la cabeza y las obligaban a beber aceite de ricino porque, según los ocupantes, «tenían la lengua sucia».[57]

Inicialmente, Yagüe impidió la entrada de periodistas en Badajoz, aunque a primera hora de la mañana llegaron de Elvas varios corresponsales portugueses y dos franceses: Marcel Dany, de la agencia Havas, y Jacques Berthet, del diario parisino *Le Temps*. A su llegada vieron la columna de humo que cubría el cementerio y notaron un olor repugnante y dulzón. Presenciaron entonces lo que Mario Neves, del *Diário de Lisboa*, describió como un «espectáculo de desolación y pavor». Neves logró entrevistar a Yagüe y le preguntó si era cierto, según había oído, que esa noche habían fusilado a 2.000 hombres, a lo que Yagüe contestó: «Nao devem ser tantos». Un sacerdote que hizo de guía para Neves, Dany y Berthet llevó a los periodistas al cementerio para que vieran los montones de cadáveres en llamas. Algunos estaban completamente carbonizados, aunque aquí y allá todavía asomaban brazos y piernas que no habían sido alcanzados por el fuego. Al ver la expresión de horror de los periodistas, el sacerdote dijo: «Se lo merecían. Además es una medida de higiene imprescindible». No está claro si se refería a las matanzas o a la manera de deshacerse de los cadáveres. Otro periodista portugués, Mario Pires, del *Diário de Notícias*, quedó tan afectado por las ejecuciones que terminó

435

ingresado en el hospital mental de San José, en Lisboa. Castejón le dijo a Jorge Simões que tenía noticia de que 1.500 defensores de la ciudad habían perdido la vida en los combates y en las ejecuciones posteriores. Simões escribió que en las veinticuatro horas posteriores a la caída de Badajoz los legionarios fusilaron a 1.300 personas. Dos días más tarde, Felix Correia, el periodista más próximo a Queipo de Llano, cifraba en 1.600 el número de ejecutados. El propio Yagüe comentó el 15 de agosto: «Mañana, cuando hayamos concluido definitivamente la limpieza, todo estará listo para ampliar la operación. Ahora que ya hemos liquidado a los moscovitas, ésta vuelve a ser una ciudad española».[58]

El 17 de agosto, el cámara René Brut, del noticiario «Pathé», pudo filmar los montones de cadáveres en un acto de valentía por el que poco después fue encarcelado y amenazado de muerte por las autoridades insurgentes.[59] Unos días después, Franco envió un telegrama a Queipo de Llano con instrucciones para el estricto control de los fotógrafos, «incluidos los de los diarios nacionales», una medida con la que se proponía ocultar tanto la entrega de material bélico procedente de Alemania e Italia como las atrocidades cometidas por las columnas.[60] Comenzó así la masiva campaña conjunta de las autoridades rebeldes y sus aliados extranjeros para negar la matanza que había tenido lugar en Badajoz. No ayudó a la causa nacional el hecho de que Yagüe se jactara de sus hazañas ante el periodista John Whitaker: «Claro que los fusilamos. ¿Qué se esperaba usted? ¿Cómo iba a llevarme conmigo a cuatro mil rojos, cuando mi columna avanzaba a contrarreloj? ¿O habría debido dejarlos en libertad para que volvieran a convertir Badajoz en una capital roja?». En una ciudad de 40.000 habitantes, es posible que las matanzas alcanzaran al 10 por ciento de la población.[61]

De acuerdo con el biógrafo de Yagüe, en el «paroxismo de la guerra» era imposible distinguir entre ciudadanos pacíficos y milicianos de izquierdas, de ahí que se considerara aceptable ejecutar a los prisioneros. Otro historiador militar semioficial de la causa nacional, Luis María de Lojendio, posterior abad del monasterio del Valle de los Caídos, parecía algo incómodo con la masacre. En su relato no solo afirma que las fuerzas defensoras eran muy superiores numéricamente, sino que consigue explicar las muertes con piadosos sofismas:

La Guerra realmente criminal es aquella en la que artificios o mecanismos, químicos o materiales, destrozan inútilmente vidas humanas. Pero no fue este el caso de Badajoz. La ventaja material, la fortaleza y el parapeto, estaban de lado de los marxistas. Los hombres del teniente coronel Yagüe triunfaron por esa superioridad indudablemente espiritual que mantiene en el combate tensa la moral de vencer y extremas las virtudes del sacrificio y de la disciplina. Las calles de Badajoz quedaron sembradas de cadáveres. Es que la Guerra es un espectáculo duro y atroz.[62]

La barbarie desatada en Badajoz reflejaba tanto las tradiciones del Ejército español en Marruecos como el atroz comportamiento de las columnas africanas al encontrar una firme resistencia y sufrir por primera vez un número importante de bajas. La política de tierra quemada tenía un largo pasado colonial y se enmarcaba en el intento deliberado de paralizar al enemigo, al tiempo que se recompensaba a los hombres que integraban la columna con una orgía de robos, saqueos, violaciones, matanzas y alcohol. Asimismo, respondía en parte a un pasado de odio de los terratenientes por sus trabajadores y de la determinación de aplastar de una vez por todas las aspiraciones del proletariado rural. Y, a la vista de cómo hablaba Queipo de Llano de las actividades de las columnas en sus discursos radiofónicos, aún iba a ser también el futuro. Los sucesos de Badajoz eran además un mensaje para advertir a los ciudadanos de Madrid de lo que ocurriría cuando las columnas llegaran a la capital de España. De hecho, no solo servía para la capital: a finales de agosto, cuando las localidades vascas de Irún y Fuenterrabía fueron bombardeadas por aire y por mar, los franquistas lanzaron panfletos en los que amenazaban con tratar a la población igual que habían tratado a los habitantes de Badajoz.[63]

Las columnas africanas dejaron un buen número de pueblos y ciudades sin conquistar en su rápido avance, tanto al oeste de su itinerario como entre Badajoz y Cáceres. Fue en estos municipios donde se concentraron los refugiados desesperados. De acuerdo con la pauta seguida anteriormente en Sevilla y Huelva, antes de partir para Madrid, Yagüe organizó pequeñas unidades compuestas de derechistas, terratenientes, sus hijos y empleados fieles, falangistas, requetés y algunos guardias civiles, bajo el mando de un oficial. Estas formaciones se extendieron desde Badajoz a los pueblos circundantes para llevar a cabo una brutal represión. Tanto si había habido muertos como detenidos bajo custodia preventiva entre los miembros de la derecha local, en todos estos lugares se emprendió de inmediato el fusilamiento de hombres y mujeres sin siquiera un simulacro de juicio, con el firme propósito de purgar de izquierdistas los municipios de la retaguardia antes de la marcha de Yagüe. Entre los líderes más crueles de esta operación se encontraban varios mandos de la Guardia Civil —el capitán Ernesto Navarrete Alcal, el teniente Manuel López Verdasco y el teniente coronel Francisco Delgado Serrano—, el comandante de Regulares Mohammed ben Mizzian y el comandante de Infantería Mariano Lobo Navascués. A la limpieza se sumaron como voluntarios varios grupos de falangistas locales de reciente filiación, junto a los contingentes llegados de Vigo y las famosas Escuadras Negras de Valladolid, que ya habían demostrado sus ansias sanguinarias en sus provincias de origen.

Entre el 19 y el 29 de agosto, las operaciones se concentraron en los municipios occidentales de la provincia de Badajoz: Almendral, Torre de Miguel Sesmero, Feria, Santa Marta, Villalba, Solana, Valverde, Cheles, Corte de Peleas, Alconchel, Barcarrota, Higuera de Vargas, Villanueva del Fresno, Salvaleón y Salvatierra. En buena parte de estas localidades el Comité de Defensa había detenido a los derechistas y confiscado sus armas, y en la mayoría de los casos los prisioneros fueron insultados y obligados a pagar los salarios pendientes a los jornaleros. Diversos relatos posteriores dan cuenta de la indignación de la derecha por las humillaciones sufridas en este período. A veces ocurría que los miembros del comité insistían en que fueran las familias de los detenidos, en lugar de sus criados, quienes les sirvieran la comida. Otras veces obligaban a los prisioneros que se hallaban en buenas condiciones físicas a trabajar en el campo o reparar las carreteras. Una particular fuente de indignación fue que les hicieron limpiar su cárcel, una iglesia o un almacén, y recoger sus propios excrementos. Por otra parte, les resultó muy irritante que requisaran sus vacas, ovejas y cerdos para alimentar a los trabajadores, o que se llevaran de las casas de los ricos aceite de oliva, jamones, chorizos y otros alimentos.[64] En algunos pueblos los prisioneros sufrieron palizas y en otros fueron asesinados, aunque estos casos fueron pocos comparados con aquellos en que las autoridades republicanas impidieron que las milicias llegadas de otros lugares cometieran atrocidades en venganza por la violenta actuación de las columnas africanas.

En muchos casos, la magnitud de la represión fue completamente desproporcionada. Las ejecuciones perpetradas por las columnas franquistas en castigo por los asesinatos de derechistas fueron indiscriminadas, puesto que los autores de los crímenes generalmente habían huido. Más tarde se justificó la brutalidad de las operaciones con el argumento de que la izquierda se proponía acabar con la vida de los prisioneros, y solo la llegada de las columnas había logrado impedir la matanza. Aunque los abusos sexuales sufridos por las prisioneras de derechas se presentaron más tarde como una práctica generalizada, la mayor parte de las acusaciones concretas apuntaban a intentos que habían sido impedidos por los miembros de los Comités de Defensa. Las autoridades republicanas, a diferencia de los militares rebeldes, no tenían un plan de exterminio. En todos los pueblos y ciudades del sur, la izquierda detuvo a terratenientes, individuos que habían buscado deliberadamente la confrontación con sus trabajadores al negarles el trabajo (y en muchos casos, el salario), conocidos defensores de la Falange y del golpe militar, así como sacerdotes furibundamente derechistas. La mayoría de estos detenidos no sufrieron ningún daño.[65]

Azuaga, una localidad situada en la mitad oriental de Badajoz, fue una escalofriante excepción a esta regla general. La clase trabajadora, compuesta de mineros y jornaleros, ya estaba profundamente radicalizada antes del verano de 1936. Desde 1931, los terratenientes mantenían una actitud beligerante y se negaban a aplicar algunas de las medidas contempladas en la reforma agraria, como el decreto de fronteras municipales que protegía a los trabajadores frente a la contratación de mano de obra barata llegada del exterior. El hambre y las altas tasas de paro elevaron las tensiones sociales hasta un grado que hacía temer una repetición de los sucesos de Castilblanco o de Casas Viejas. Consciente de que el alzamiento militar era el preludio de una represión salvaje, los líderes anarquistas exigieron la distribución de armas entre los trabajadores. El 19 de julio hubo enfrentamientos con la unidad de la Guardia Civil, en los que perdieron la vida 16 civiles y un guardia. Pese a todo, dos días más tarde, el teniente Antonio Miranda, al mando del importante destacamento de la Guardia Civil en Azuaga, concluyó que estaba librando una batalla perdida de antemano, abandonó la ciudad y se llevó a sus hombres a Llerena. Allí, como ya se ha señalado anteriormente, desempeñó un papel decisivo en la toma del pueblo junto a la columna de Castejón.

La retirada de la Guardia Civil abrió la puerta a los trágicos sucesos ocurridos en Azuaga. Dos semanas después de la partida de Miranda se constituyó un Comité Revolucionario bajo cuyo mando fue posible preservar la paz en el pueblo. La situación cambió el 5 de agosto, con la caída de Llerena. Sucedió en Azuaga lo mismo que había ocurrido en lugares como los mencionados Llerena, Almendralejo o Fuente de Cantos, donde la llegada de refugiados de los pueblos cercanos provocó una oleada de indignación popular. El Comité Revolucionario ordenó la detención de los derechistas que simpatizaban con los militares rebeldes. Al amanecer del 8 de agosto se llevaron a 28 detenidos al cementerio y los fusilaron a todos. Entre las víctimas había 3 sacerdotes, 3 guardias civiles retirados, 3 abogados y la mayoría de los empresarios y terratenientes del pueblo. El 10 de agosto ejecutaron a otros dos prisioneros. Un factor que influyó en los acontecimientos de Azuaga fue la continua avalancha de refugiados procedentes de Cazalla de la Sierra y Guadalcanal (Sevilla), Granja de Torrehermosa (Badajoz) y Peñarroya (Córdoba). Los forasteros no tenían ningún reparo en dar rienda suelta a su rabia contra cualquier desconocido. Así, la llegada de un contingente de mineros de Peñarroya el 20 de agosto marcó el preludio de otros 9 asesinatos: 8 de las víctimas eran de dos familias emparentadas, los Vázquez y los Delgado, y entre ellos había 4 niños de edades comprendidas entre los dos y los cinco años.

El 31 de agosto, un pequeño grupo de milicianos que regresaron a Azuaga llenos de rencor tras un desastroso intento de recuperar Llerena cometieron una nueva atrocidad. Los bombardeos de la aviación alemana eliminaron prácticamente a todos los hombres que componían la columna, y un destacamento de falangistas se encargó de rematar a los heridos. En lugar de enterrar a los muertos, les abrieron las tripas con las bayonetas, les rociaron las entrañas con gasolina y los quemaron. Los escasos supervivientes calmaron su furia ejecutando a 33 terratenientes y empresarios. El 8 de septiembre fue asesinado otro sacerdote. Los últimos crímenes cometidos en Azuaga mientras el municipio seguía en manos de los republicanos fueron obra de una milicia capitaneada por Rafael Maltrana, el alcalde de Llerena. Controlaba una zona comprendida entre Azuaga y Fuente Obejuna donde, el 22 de septiembre, sus milicianos cargaron en siete camiones a 57 prisioneros, entre los que figuraban 5 curas seglares y 7 monjes franciscanos. Cuando llegaron a Granja de Torrehermosa, una población situada a 10 kilómetros al este de Azuaga, los seis primeros camiones se detuvieron para fusilar a 43 prisioneros, entre ellos los 5 curas seglares. El séptimo camión continuó con el resto de los prisioneros hasta Azuaga, donde los milicianos de Maltrana los mataron a todos, incluidos los monjes franciscanos.

Dos días más tarde, tras un prolongado bombardeo de la artillería, Azuaga fue tomada rápidamente por dos columnas de Regulares bajo el mando del comandante Alfonso Gómez Cobián, quien acababa de cosechar una victoria fácil sobre la llamada «Columna de los Ocho Mil», compuesta por refugiados. La represión en Azuaga fue implacable. Gómez Cobián la justificó con el argumento de que 175 derechistas habían sido asesinados a hachazos, cuando el número real de víctimas fue de 87 fusilados. Por su parte, el padre Antonio Aracil, de la orden franciscana, aportó documentación de las horrendas torturas que había padecido el clero.[66]

En la localidad de Fuente del Maestre, al oeste de la carretera por la que avanzaban las columnas africanas, el Comité de Defensa consiguió contener la ira de la izquierda y solo hubo dos muertos entre los prisioneros de derechas. El 5 de agosto, tras la caída de Los Santos de Maimona y con las columnas africanas ya muy cerca, el comité liberó a los prisioneros y huyó del pueblo. No obstante, varios centenares de izquierdistas armados llegaron de otros lugares y lograron tomar la población, volvieron a detener a los prisioneros liberados y mataron a otros 11 hombres. La llegada de una columna de Regulares liderada por el teniente coronel Francisco Delgado Serrano marcó el comienzo de la represión. Cerca de 300 personas, en su mayoría campesinos, fueron ejecutadas, entre ellas unas 20 mujeres. A unas mujeres que suponían izquierdistas las violaron, les raparon la cabeza y las obligaron a beber aceite de ricino.[67] El 25 de agosto los rebeldes tomaron Barcarrota, donde solo había habido una víctima de derechas, y fusilaron entre otros a los socialistas más destacados y a los dirigentes municipales que no lograron escapar. Entre las víctimas figuraban los hermanos del diputado José Sosa Hormigo: Joaquín y Juan. A Joaquín lo fusilaron el 24 de octubre de 1936 y a Juan, el 10 de enero de 1937, tras someterlo a terribles torturas. Al exhumar su cadáver, años más tarde, se descubrió que le habían arrancado los brazos y las piernas.[68]

El desarrollo de las operaciones de «limpieza» produjo inevitablemente un éxodo imparable de refugiados. Algunos habían huido hacia el norte para escapar de la represión en Huelva y Cádiz. El 15 de agosto, el día siguiente a la ocupación de Badajoz, una numerosa columna rebelde partió de Sevilla para conquistar los pueblos y ciudades de la Sierra de Huelva, operación que culminó dos semanas más tarde con la ocupación de la cuenca minera de Huelva y provocó la huida de muchas personas hacia el sur de la provincia de Badajoz. Otros huyeron hacia el sur desde las ciudades de Badajoz y Mérida, tras la caída de ambas ciudades; y otro grupo de personas huyó al oeste a medida que las columnas iban tomando los municipios situados en el camino de Sevilla a Badajoz. El resultado fue que una enorme multitud de refugiados desesperados terminó por concentrarse en un territorio cada vez más pequeño en la zona occidental de Badajoz, atrapados entre la carretera de Sevilla-Mérida al este, la de Mérida-Badajoz al norte, el avance de las columnas al sur, y la frontera portuguesa al oeste. A mediados de septiembre, varios miles de hombres, mujeres, ancianos y niños se hacinaban entre Jerez de los Caballeros y Fregenal de la Sierra. Muchos se instalaron en Valencia del Ventoso, donde los vecinos organizaron comedores sociales para alimentarlos.

Tras la ocupación de Fregenal el 18 de septiembre, y ante la perspectiva de caer en manos de los rebeldes, los miembros de los Comités de Defensa de diversos municipios se reunieron en Valencia del Ventoso. La iniciativa quedó en manos de los líderes sindicales y municipales, entre quienes se encontraban el diputado socialista por Badajoz José Sosa Hormigo, el alcalde de Zafra, José González Barrero, y el alcalde de Fuente de Cantos, Modesto José Lorenzana Macarro, que había escapado de su pueblo la noche anterior a su caída, el 5 de agosto.[69] Los reunidos decidieron emprender una marcha hacia las líneas republicanas, dividiendo en dos grupos a la desesperada masa humana. El primer grupo constaba de unas 2.000 personas y el segundo, de 6.000. El primero contaba con media docena de hombres armados con rifles y otros 100 con escopetas, mientras que el segundo tenía alrededor del doble. Con este exiguo armamento tenían que proteger dos largas columnas de caballos, mulas y otros animales domésticos, así como los carros donde los refugiados cargaron las escasas pertenencias que pudieron llevarse de sus casas. Niños, mujeres con bebés en los brazos, mujeres embarazadas y muchos ancianos integraban el grueso de la multitud. Es imposible saber con exactitud cuántos eran. Esta era la Columna de los Ocho Mil, aunque marchaba en dos grupos separados.

La primera columna, la menor, dirigida por José Sosa Hormigo, pudo cruzar con éxito la carretera de Sevilla a Mérida entre Los Santos de Maimona y Fuente de Cantos. Desde allí continuaron hasta Valencia de las Torres, al norte de Llerena, y lograron entrar en Castuera, en la zona republicana. La segunda columna, más numerosa y más lenta en su avance, cruzó la carretera principal entre Monesterio y Fuente de Cantos. Fue imposible evitar que este segundo grupo se dispersara y dividiera a lo largo del camino, puesto que los ancianos y las familias con niños no podían seguir el ritmo de los demás. El verano había sido especialmente caluroso, los arroyos estaban secos y no era fácil encontrar agua. Las nubes de polvo que levantaban los refugiados facilitaban a la aviación rebelde la localización de sus posiciones. Queipo de Llano recibió en su cuartel de Sevilla información precisa acerca de los movimientos de las columnas, su composición civil y su insignificante armamento. Pese a todo, los rebeldes se prepararon para el ataque como si fueran a enfrentarse a un contingente militar bien pertrechado.

Una fuerza bien armada, compuesta de 500 soldados, guardias civiles, falangistas y carlistas, bajo el mando de Gómez Cobián, planificó al detalle la emboscada entre Reina y Fuente del Arco, a unos 30 kilómetros al este de la carretera principal. Instalaron las ametralladoras entre los árboles de un monte, en un lugar conocido como el Cerro de la Alcornocosa. Cuando tuvieron a tiro a los refugiados, los rebeldes abrieron fuego. Muchos murieron por las balas o las descargas de fusilería. A más de 2.000 se los llevaron prisioneros a Llerena. Un grupo de refugiados que se había rezagado se topó con una unidad de soldados que llevaban una bandera republicana, y cuando ya se creían a salvo, resultó que habían caído en manos de unas tropas rebeldes, lideradas por el capitán Gabriel Tassara. Los llevaron con engaños a Fuente del Arco y, una vez allí, los detuvieron. A los que intentaron escapar los fusilaron en el acto, y a los demás los cargaron en un tren de mercancías para trasladarlos a Llerena.

Cuando se produjo la emboscada de Gómez Cobián, varios centenares de refugiados se escondieron en los campos circundantes. Algunas familias se separaron en ese punto y no volvieron a verse nunca. Otros pasaron semanas vagando por los montes y alimentándose como buenamente pudieron. Muchos fueron abatidos o capturados por las patrullas montadas de guardias civiles y falangistas. Otros regresaron a sus hogares, donde les aguardaba un destino incierto, y unos pocos lograron alcanzar la zona republicana. En Llerena, donde se concentró a los prisioneros capturados por Gómez Cobián y Tassara, la matanza se prolongó durante un mes entero, y cada mañana se ejecutaba a los detenidos en la plaza de toros. A veces los obligaban a cavar sus propias tumbas antes de ametrallarlos. A algunos prisioneros se los llevaron a sus pueblos de origen para fusilarlos allí. Llegaron derechistas de los pueblos cercanos, unas veces para identificar a los prisioneros, otras veces para interceder por ellos, y otras para insistir en que los mataran. Muchas mujeres fueron violadas, y como los culpables eran hombres casados de buenas familias, se hizo todo lo posible por ocultar sus crímenes. Muchos prisioneros andaluces fueron trasladados a Sevilla y encarcelados en las bodegas del buque *Cabo Carveiro*, amarrado en el Guadalquivir. Sin agua ni comida en cantidad suficiente, y sometidos al calor abrasador de los últimos días del verano, muy pocos sobrevivieron. Varios centenares de refugiados lograron cruzar finalmente las líneas republicanas.[70]

En su discurso radiado del 18 de septiembre, Queipo de Llano elogió la gran victoria militar cosechada por Gómez Cobián frente a «una concentración enemiga». Tras acusar a los refugiados de cobardes, por dejarse derrotar por un contingente de 500 soldados, pasó a referirse a los prisioneros, muchos de los cuales estaban heridos. Y concluyó con una nota siniestra: «Hay varias mujeres, algunos maestros de escuela y otros hombres de carrera».[71]

Antes de que se produjera la emboscada, cuando la columna principal de los refugiados llegó a Cantalgallo, a unos 15 kilómetros de la carretera Sevilla-Mérida, un hombre que había huido de Fuente de Cantos esperaba al alcalde, Lorenzana Macarro, para comunicarle que las fuerzas de ocupación habían detenido a su mujer y a sus cinco hijas. Ajeno a las protestas de su padre y de muchos amigos, Lorenzana abandonó la columna. A su desesperación por no haber sido capaz de impedir la matanza de derechistas en la iglesia, el 19 de julio, se sumó la angustia por la venganza que corrían peligro de sufrir su mujer y sus hijas. Confiaba en que si volvía a casa y se entregaba, quizá pudiera salvarles la vida. Tras varios días vagando por los campos, fue detenido por una patrulla montada de falangistas a la caza de todo el que hubiera escapado a la emboscada. Se llevaron a Lorenzana a Fuente de Cantos, junto a otros refugiados que habían caído igualmente en manos de la patrulla. En las afueras del pueblo lo ataron a la cola de un caballo y lo arrastraron hasta la plaza. Una vez allí, lo apalearon y lo ataron a una silla a las puertas del ayuntamiento, donde los derechistas lo patearon, le escupieron y le insultaron. Finalmente, lo fusilaron delante de la iglesia y dejaron su maltrecho cadáver toda la noche en la plaza del pueblo. Al día siguiente pasearon el cuerpo por las calles en el carro de la basura antes de llevarlo al cementerio, donde lo quemaron. A continuación, liberaron a su mujer y sus hijas.[72]

La represión continuó en toda la provincia. Uno de los ardides que se usaban para capturar a los izquierdistas era la difusión de los «bandos de perdón», en los que se anunciaba que quienes se entregaran voluntariamente no sufrirían represalias. Los ingenuos que caían en la trampa rara vez vivían para contarlo. Un caso típico ocurrió en Olivenza, cerca de la frontera portuguesa, donde se detuvo a muchos conservadores y se obligó a los terratenientes a pagar los salarios que adeudaban a sus trabajadores desde 1932. El alcalde socialista, Ignacio Rodríguez Méndez, impidió que hubiera muertes entre los prisioneros y, para evitar un baño de sangre, negoció la rendición pacífica del pueblo el 17 de agosto. Tras la toma de Olivenza, las autoridades franquistas hicieron pública una declaración en la que decretaban la vuelta a las condiciones laborales imperantes antes de la llegada al poder del Frente Popular, y en la que además anunciaban: «Todos aquellos que no tengan cuenta pendiente en la que haya corrido sangre o hayan sido elementos dirigentes de las locuras en que querían meter a los obreros, pueden volver con toda tranquilidad a sus hogares en la seguridad plena de que les esperan nuestros brazos abiertos para recibirlos». En los meses siguientes, 133 vecinos de Olivenza y de los pueblos de los alrededores fueron ejecutados.[73] En la localidad vecina de Valverde de Leganés no se habían registrado incidentes violentos antes de la llegada de los rebeldes, pese a lo cual más de 100 hombres huyeron del pueblo por temor a la represión. El 2 de enero de 1937, cinco hombres se entregaron a una patrulla montada de falangistas, que se los llevaron a un cortijo donde los fusilaron, hecho lo cual fueron a las casas de tres de las víctimas y robaron los animales domésticos de los que dependía la subsistencia de sus familias, dejando sin sustento a las viudas y los huérfanos.[74]

Hacía tiempo que las tropas de Yagüe se habían marchado en compañía de varios corresponsales extranjeros. Harold Cardozo, el entusiasta reportero del *Daily Mail* que cubría el avance de la columna de Castejón, dio cuenta del destino que aguardaba a los milicianos capturados: «Un juicio de diez minutos, un traslado en camión acompañados de un sacerdote hasta unos barracones en las afueras, una lluvia de balas y una sepultura llena de cal viva».[75] La columna de Castejón partió de Badajoz en dirección a Mérida para proseguir su marcha hasta Madrid. Desde Mérida llegó a Miajadas, en la provincia de Cáceres. Mientras la columna de Tella se dirigía a Trujillo, la de Castejón avanzó rápidamente en dirección este hacia Guadalupe, que cayó el 21 de agosto. El 27 de agosto,

Tella alcanzó el puente sobre el Tajo en Almaraz, y poco después llegaba a Navalmoral de la Mata. Castejón, Tella y Asensio fusionaron sus columnas el 27 de agosto, poco antes de llegar a la localidad toledana de Talavera de la Reina, última ciudad importante en el camino de Madrid. En dos semanas habían recorrido 300 kilómetros.[76]

Queipo de Llano se superó a sí mismo en sus comentarios misóginos el 29 de agosto al referirse a la captura de un grupo de mujeres republicanas entre Navalmoral de la Mata y Talavera de la Reina. Al tiempo que se deleitaba en la brutalidad de la represión, alimentó las sospechas generalizadas de que los rebeldes entregaban a las mujeres a bandas de mercenarios marroquíes para que las violaran en grupo, al señalar con regocijo: «Han caído en nuestro poder grandes cantidades de municiones de Artillería e Infantería, diez camiones, y otro mucho material; además de numerosos prisioneros y prisioneras. ¡Qué contentos van a ponerse los Regulares y qué envidiosa la Pasionaria!». Este último comentario sexual apareció en *ABC*, si bien otro periódico local, *La Unión*, publicó una versión más aséptica.[77] Lo cierto es que muy poco después de que se difundiera este discurso, el jefe del Estado Mayor de Queipo de Llano, el comandante José Cuesta Monereo, dio instrucciones a la prensa de no reproducir las palabras exactas de estas comunicaciones: «No son apropiadas ni convenientes para su publicación». Un periodista que tuvo acceso a las transcripciones íntegras de los discursos comentaría más tarde: «Eran nauseabundas. Las versiones que se publicaron fueron censuradas por crudeza».[78]

Los excesos verbales de Queipo se excusaban en general porque estaba ebrio, al tiempo que se intentaba insinuar que era abstemio. Gerald Brenan se refirió a su «voz de whisky». La mujer de Brenan, la escritora Gamel Woolsey, escribió:

> Me han dicho que no bebe, pero tiene la voz pastosa, y divaga con la ligereza propia del bebedor habitual. Es capaz de pasarse horas hablando tan tranquilo, aunque de vez en cuando se atasca con alguna palabra y se corrige sin el menor empacho. De pronto dice: «la canalla fascista», y se oye a su lado una voz agónica que le corrige: «No, no, mi general: marxista». «¿Qué más da?», replica el general, y prosigue con su grandilocuente perorata.[79]

Edmundo Barbero recuerda esa notoria ocasión en que reveló su desprecio por la Falange, refiriéndose a ella como «la canalla fascista», y al punto fue corregido por el nervioso susurro de uno de sus subordinados: «la canalla marxista». Cuesta Monereo reveló años más tarde que Queipo no era abstemio, pero se suponía que no debía beber, porque era alcohólico y tenía serios problemas hepáticos: «No bebía, era un enfermo de hígado. ¿En cuántas ocasiones, yo, que no bebo, le quité la copa de la mano, a punto de brindar, por saber el daño que le producía?». El día en que Toledo cayó en manos de los rebeldes, sin darse cuenta de que el micrófono aún estaba abierto, Queipo gritó al final del programa: «¡Venga vino, coño!».[80]

Las tropas rebeldes llegaron a Talavera de la Reina el 3 de septiembre.[81] John T. Whitaker, que acompañaba a las columnas africanas, se ganó la confianza de Varela, Yagüe, Castejón y otros oficiales, quienes le ayudaron a sortear los rígidos controles impuestos a la mayoría de los corresponsales de países democráticos. Solo les permitían llegar al frente una vez concluida la batalla y siempre escoltados por el personal del servicio de prensa y propaganda de Franco, limitaciones que rara vez se imponían a los periodistas de la Alemania nazi y la Italia fascista. Whitaker alquiló una habitación en Talavera y allí instaló su base de operaciones para las visitas al frente. En esta ciudad trabó amistad con José Sainz, el líder de la Falange en la provincia de Toledo. Sainz le enseñó un pulcro cuaderno en el que registraba sus actividades y le dijo: «Lo tengo todo anotado. He ejecutado personalmente a 127 prisioneros rojos». Whitaker describió así los dos meses que pasó en Talavera de la Reina:

Dormía una media de dos noches a la semana. No pasaba una noche sin que al amanecer me despertaran los disparos de los pelotones de fusilamiento en el patio del cuartel. La matanza parecía no tener fin. Al final del segundo mes seguía habiendo en Talavera tantos fusilamientos como en los primeros días. Debían de ser alrededor de treinta diarios como término medio. Veía pasar a los hombres que llevaban al cuartel. Eran simples campesinos y trabajadores, hombres abatidos y sumisos. Para morir bastaba con tener el carnet de un sindicato, haber sido masón o haber votado por la República. A los que denunciaban o seleccionaban al azar por estos delitos les concedían un juicio sumario: dos minutos de audiencia, expirados los cuales normalmente se pronunciaba la pena capital. Al que hubiera ejercido cualquier cargo público durante el período republicano lo fusilaban directamente. Las operaciones de limpieza se desarrollaban en todos los caminos. De pronto aparecían 4 campesinas amontonadas en una zanja o 34 milicianos maniatados y fusilados en un cruce de caminos. Recuerdo haber visto un bulto en la plaza de un pueblo: eran dos jóvenes miembros de la Guardia de Asalto republicana a los que maniataron con alambres, los rociaron con gasolina y los quemaron vivos.

El 21 de septiembre, las tropas de Yagüe tomaron la localidad de Santa Olalla. Whitaker se quedó horrorizado por la ejecución de 600 milicianos capturados, que tuvo lugar en la calle Mayor:

Nunca olvidaré el momento en que presencié la ejecución en masa de los prisioneros. Me encontraba en la calle Mayor de Santa Olalla cuando llegaron siete camiones cargados de milicianos. Los hicieron bajar y los amontonaron como a un rebaño. Tenían ese aspecto apático, exhausto y derrotado de los soldados que ya no pueden resistir por más tiempo el vapuleo de las bombas alemanas. La mayoría de ellos llevaba en las manos una toalla o una camisa sucias: las banderas blancas con las que señalaron su rendición. Dos oficiales de Franco les ofrecieron cigarrillos y algunos prisioneros se echaron a reír como niños acobardados al fumar su primer cigarrillo en varias semanas. De repente, un oficial me agarró del brazo y me dijo: «Es hora de marcharse de aquí». Frente a los amontonados prisioneros, unos 600 hombres, unos Regulares empezaban a montar sus ametralladoras. Los prisioneros los vieron igual que los vi yo. Temblaron al unísono cuando los que estaban en primera fila, enmudecidos por el pánico, retrocedieron, pálidos y con los ojos desorbitados, aterrorizados.[82]

La represión en Talavera fue tan brutal como lo había sido en el sur. A los trabajadores itinerantes llegados de Galicia los fusilaron junto a los milicianos. Un testigo presencial, que en ese momento era un niño, recuerda la matanza que tuvo lugar el 3 de septiembre, en una calle que llevaba el nombre profético de calle de Carnicerías. Los Regulares conducían por esa calle a un numeroso grupo de prisioneros republicanos maniatados. Cuando uno intentó escapar, los moros los fusilaron a todos. Los cadáveres estuvieron tres días en la calle, y entre los cuerpos había varios milicianos gravemente heridos. Los vecinos, horrorizados, se encerraron en sus casas, desde donde podían oír los lamentos y los gritos de agonía de los moribundos. Al final los carros de la basura se llevaron los cadáveres.[83] Tan elevado fue el número de víctimas en Talavera de la Reina que, por razones de salud, se decidió rociar con gasolina los cadáveres y quemarlos.[84] En el marco de una operación diseñada para justificar la matanza en Badajoz, Luis Bolín, el jefe del aparato de propaganda de Franco, publicó diversas fotografías de los crímenes perpetrados por los rebeldes en Talavera de la Reina y las presentó como atrocidades cometidas por la izquierda en Talavera la Real, una localidad situada entre Mérida y Badajoz. Antonio Bahamonde, jefe de Propaganda de Queipo, reconoció que los cadáveres de los hombres y las mujeres ejecutados o muertos en combate se mutilaban primero, antes de fotografiarlos, para fabricar la prueba de la barbarie republicana.[85]

El corresponsal del *Daily Express*, Noel Monks, escribió lo siguiente:

> En Talavera, donde no había gran actividad en el frente, se alimentaba a la población con una dieta diaria de propaganda sobre las atrocidades cometidas por los rojos en su repliegue hacia Madrid. Lo raro es que las tropas nacionales con las que me encontraba —legionarios, requetés y falangistas— se jactaban abiertamente de sus tropelías tras arrebatarles el poder a los rojos. Pero no eran «atrocidades». Ah, no, señor. Ni siquiera el hecho de que encerraran a una muchacha miliciana en una habitación con 20 moros. No, señor. Eso era simple diversión.[86]

Edmond Taylor, del *Chicago Tribune*, refiere que a una miliciana capturada cerca de Santa Olalla la encerraron en una habitación con 50 moros.[87]

John T. Whitaker presenció una escena camino de Madrid similar a las relatadas por Monks y Taylor, y además declaró que la violación colectiva era una práctica común:

> Estos «regeneradores» de España rara vez negaban que hubieran dado mujeres a los moros. Por el contrario, hacían circular por todo el frente la advertencia de que todas las mujeres que acompañaran a las tropas rojas debían correr la misma suerte. Los militares franquistas debatían la sabiduría de esta política en media docena de cantinas en las que tuve ocasión de almorzar con ellos. Ninguno negó jamás que fuera una política de Franco, aunque algunos aducían que una mujer, por roja que fuera, era una mujer española. El Mizzian, el único oficial marroquí del ejército franquista, tampoco negaba estas prácticas. En cierta ocasión me encontraba en un cruce de caminos de Navalcarnero en compañía de este oficial marroquí cuando trajeron a su presencia a dos muchachas que no habían cumplido los veinte años. Una de ellas había trabajado en una fábrica textil de Barcelona y llevaba en un bolsillo de la chaqueta un carnet sindical. La otra era de Valencia y dijo que era apolítica. Tras interrogarlas con el propósito de obtener información militar, El Mizzian las llevó a una escuela donde estaban descansando alrededor de 40 soldados moros, que estallaron en ala-

ridos al verlas llegar. Me quedé horrorizado, lleno de rabia y de impotencia. Cuando le manifesté a El Mizzian mi protesta, me respondió con una sonrisa: «No vivirán más de cuatro horas».[88]

La sublevación triunfó en Toledo en un primer momento. El socialista Domingo Alonso, ex diputado parlamentario y editor de *El Heraldo de Toledo*, fue fusilado, y a su mujer y su hija se las llevaron como rehenes. Muchos republicanos fueron detenidos. Sin embargo, tras la llegada de una columna armada de Madrid, el cabecilla de los rebeldes, el coronel José Moscardó, ordenó a sus hombres que se concentraran en el Alcázar, la enorme fortaleza que domina la ciudad y el río Tajo.[89] Alrededor de 1.000 guardias civiles y falangistas llegados de toda la provincia se replegaron en la impenetrable ciudadela para hacer frente al asedio. Con ellos estaban unos 600 no combatientes, principalmente sus mujeres y sus hijos, y un número desconocido de republicanos a los que habían tomado como rehenes. Muchas y encendidas han sido las ocasiones en que se ha debatido sobre cuántos rehenes había recluidos. El civil que estaba a cargo del asedio de la fortaleza, Luis Quintanilla, estima que pasaban de 500, a juzgar por los comentarios que le hizo el comandante Manuel Uribarri Barrutell. El coronel Moscardó, en el extremo opuesto, nunca admitió que fueran más de 16. En una lista numérica que recogía el número de personas presentes en el Alcázar, incluidos los heridos y los muertos durante el asedio, el historiador semioficial Manuel Aznar ofrecía la cifra de 57 «desaparecidos». Entre estos 57 no están incluidos los nombres de los que figuran en las listas oficiales, por lo que bien podría referirse al número de rehenes fusilados. El sociólogo austríaco Franz Borkenau vio las fotografías de 20 rehenes expuestas en el comedor de las tropas, mientras que los cálculos de otros historiadores elevan el número de rehenes a 50. Las fuentes franquistas no mencionan qué fue de los 16 cuya existencia sí reconocen. La única excepción fue el gobernador civil Manuel María González López, quien, según Moscardó, estaba implicado en la conspiración y entró voluntariamente en el Alcázar, por lo que no era un rehén cuya vida corriera peligro.[90]

Las condiciones eran terribles para todos: hacinados en sótanos húmedos y fríos, sin luz y con escasez de agua y comida. Otra de las razones por las que Quintanilla contabilizó a todas las mujeres y los niños como rehenes fue la rotunda negativa de Moscardó a trasladarlos a un lugar seguro.[91] Unos de buena gana, otros no tanto, le servían como escudos humanos, puesto que su presencia disuadía a los republicanos de atacar la fortaleza. Al parecer obligaban a las mujeres y los niños a quedarse junto a las ventanas. Entre los rehenes había algunas criadas jóvenes, una de las cuales logró escapar y, antes de morir a consecuencia del maltrato recibido, afirmó que ocho o nueve oficiales la habían violado en el Alcázar.[92] La correspondencia de Moscardó, recientemente descubierta, indica que liberó a un reducido número de rehenes.[93] Moscardó llegó a un acuerdo con las tropas de asedio en virtud del cual, si los republicanos le garantizaban la seguridad de las familias cercadas por las fuerzas leales a la República, él garantizaría a su vez que los legionarios y los regulares no incurrirían en los excesos que caracterizaban la toma de otras ciudades.[94] A diferencia del Ejército de África, los republicanos cumplieron la palabra dada.

Franz Borkenau comentó tras su visita a Toledo, a principios de septiembre: «La ciudad había sido siempre muy católica y antisocialista; la administración y la milicia se sentían rodeados de traiciones y resistencia pasiva».[95] La represión fue muy dura mientras la ciudad estuvo en zona republicana. Hubo 222 asesinatos, una cifra espeluznante aunque inferior a lo que cabía esperar dada la ferocidad de los combates. Curiosamente, ningún clérigo tuvo que refugiarse en el Alcázar, aunque sí había cinco monjas que ya trabajaban previamente en la enfermería de la fortaleza. Integraban el clero toledano alrededor de 1.500 sacerdotes, entre los cuales hubo muy pocos muertos aparte de los 18 carmelitas acusados de luchar del lado de la Guardia Civil. La numerosa población de monjas de la ciudad fue evacuada a Madrid sin ningún incidente. El 23 de agosto, tras un bombardeo aéreo, un grupo de milicianos anarquistas practicaron una saca de 64 prisioneros de derechas y asesinaron a 22 clérigos. Sin embargo, las mujeres y los hijos de los líderes del golpe en Toledo no sufrieron daño alguno.[96] La milicia republicana derrochó una enorme cantidad de tiempo, esfuerzo y munición en el vano empeño de tomar la fortaleza, que carecía de importancia estratégica. La resistencia de la guarnición asediada se convirtió así en símbolo del heroísmo de los rebeldes. El 21 de septiembre las columnas de Franco llegaron a Maqueda, un cruce de caminos próximo a Talavera de la Reina donde la carretera se bifurcaba al nordeste, hacia Madrid, y al sudeste, hacia Toledo. En lugar de enviar las columnas a Madrid, Franco ordenó que se desviaran hacia Toledo para aliviar el cerco del Alcázar.

Al día siguiente de tomar esta decisión trascendental, Franco recibió la visita de una delegación de sus partidarios monárquicos, que incluía a uno de los más prominentes ideólogos de la rebelión, Eugenio Vegas Latapié, y al poeta e intelectual José María Pemán. Vegas Latapié se atrevió a mostrar su preocupación por la escalada de la represión en la zona nacional. Aunque pensaba, equivocadamente, que era menor que en la zona republicana, Vegas Latapié le dijo a Franco sin ambages que era una cuestión moral, fundamental «para quienes proclamábamos estar luchando movidos por un impulso religioso». Afirmó ante el general que «era normal y hasta obligado que funcionasen tribunales sumarísimos con criterios de severidad y rigor, pero siempre que a los acusados se les permitiera una amplia y libre defensa. Proceder de otra manera, coger casi indiscriminadamente a un ciudadano cualquiera por muy adversario que fuese y pegarle cuatro tiros representaba un atentado a la moral, además de resultar el medio más seguro para desacreditarnos políticamente». Como Vegas Latapié comentaría más tarde, Franco «sabía muy bien lo que estaba ocurriendo y no le importaba lo más mínimo». Escuchó impasible, y con total indiferencia cambió de tema para hablar del inminente ataque sobre Toledo.[97]

Con la desviación de sus fuerzas hacia Toledo, Franco perdió deliberadamente una ocasión irrepetible para llegar a la capital de España antes de que la defensa republicana estuviera bien organizada. No tenía prisa por terminar la guerra sin purgar previamente los territorios conquistados, y era consciente de que una victoria emocional y un buen golpe periodístico reforzaría sus posiciones en la zona rebelde. Alrededor del 26 de septiembre las columnas franquistas llegaron a las puertas de Toledo. El cronista jesuita Alberto Risco describió así el paso de los Regulares de Ben Mizzian por los barrios periféricos: «Con el aliento de la venganza de Dios sobre las puntas de sus machetes, persiguen, destrozan, matan... Y embriagados ya con la sangre, la columna avanza...». Al día siguiente, las columnas entraron en el centro de la ciudad con «paso exterminador», en palabras de Risco. Un gran número de refugiados que intentaron huir a pie, en bicicleta, en coche o en camión fueron bombardeados por la artillería.[98]

Luis Bolín asegura que no se permitió la entrada a Toledo de ningún corresponsal en los dos días siguientes a la ocupación de la ciudad, mientras se producía el baño de sangre. El padre Risco habla con deleite de «un segundo día de exterminio y castigo». No sorprende que Bolín no quisiera que los periodistas pudieran dar cuenta de las atrocidades que se estaban cometiendo, pues, según Yagüe: «Convertimos Toledo en la ciudad más blanca de España».[99] Lo que presenciaron los corresponsales cuando finalmente se les autorizó la entrada en la ciudad, el 29 de septiembre, causó en ellos una honda impresión. Webb Miller, de la agencia de noticias United Press, vio charcos de sangre fresca que revelaban una ejecución en masa muy poco antes de la entrada de los periodistas. En muchos puntos de la ciudad había charcos de sangre coagulada, y a su lado la gorra de un miliciano. John T. Whitaker, por su parte, escribió lo siguiente: «Los hombres que mandaban a los moros nunca negaron que éstos hubieran matado a los heridos que se encontraron en el hospital republicano. Alardeaban de las granadas que lanzaron entre los 200 heridos indefensos». Whitaker se refería al hospital Tavera, instalado en el hospicio de San Juan Bautista, en las afueras de Toledo. Webb Miller también habló de lo ocurrido allí y aseguró que 200 milicianos murieron abrasados en el ataque con granadas de mano. Como ya sucediera en Badajoz, los rebeldes saquearon la mayoría de los comercios como «impuesto bélico». En la maternidad había más de 20 mujeres embarazadas a las que sacaron de las camas, cargaron en un camión y las llevaron al cementerio municipal, donde las fusilaron. A los rehenes ya los habían matado. Aun así, las escenas que presenciaron los periodistas dos días después del ataque seguían siendo profundamente perturbadoras. Webb Miller le dijo a Jay Allen que, al ver lo que habían hecho los rebeldes con los heridos, las enfermeras y los médicos del hospital de Toledo, «estuvo a punto de volverse loco».[100] El padre Risco relata que la gente, hombres y mujeres por igual, se suicidaba para no caer en manos de las columnas africanas. Sobre los detenidos que se llevaban tras los registros casa por casa, señaló: «Tenían que morir». Los reunían y los trasladaban a distintas plazas de la ciudad para fusilarlos en grupos de 20 o 30.[101] Más de 800 personas fueron ejecutadas y enterradas en una fosa común en el cementerio. Nunca más se supo de los rehenes ajusticiados junto a tantas otras víctimas.[102]

La conducta de las columnas en su marcha hacia Madrid queda bien reflejada por la extraordinaria historia de uno de sus capellanes, el padre Fernando Huidobro Polanco. Este jesuita santanderino de treinta y cuatro años pasó los años de República española cursando estudios de teología en Portugal, Alemania, Holanda y Bélgica. Consideraba la República «una pocilga» y, estando todavía en Bélgica, justificó la matanza de Badajoz como «un hecho aislado» provocado por las atrocidades cometidas por los rojos.[103] A finales de agosto, el superior general de la orden,

Wlodimiro Ledochowski, ferviente simpatizante de los rebeldes, accedió a la petición de Huidobro de regresar a España. A su llegada a Pamplona, Huidobro constató que una plétora de sacerdotes ya se había sumado a las filas rebeldes. A principios de septiembre fue a Valladolid, donde sirvió brevemente con la milicia falangista. De allí se marchó al cuartel general de los rebeldes en Cáceres, donde el mismo Franco lo recibió en audiencia y le dijo: «Una advertencia, Pater. Trabaje usted y sus compañeros lo que puedan por el bien de los soldados españoles; pero por varias razones de prudencia, absténgase de querer convertir a «"los moritos"». Huidobro quería sumarse como capellán a la Legión Extranjera, y Franco lo envió a ver a Yagüe. El 8 de septiembre, Yagüe lo destinó a la 4.ª Bandera de la Legión en Talavera de la Reina.[104] Huidobro, un hombre menudo y con gafas que había sido alumno de Heidegger, fue recibido al principio con sorna por parte de los brutales legionarios de cuyo bienestar emocional iba a ocuparse. Su valentía impresionaba a algunos, mientras que a otros les irritaba su insistencia en que se confesaran, dejaran el juego e impidieran la entrada de prostitutas en el campamento. A lo largo del camino hacia Madrid, y sobre todo en la toma de Toledo, el padre Huidobro presenció diversas atrocidades. Sus esfuerzos por evitar el fusilamiento de los prisioneros o, según lo expresa su biógrafo, por salvarlos «del justo furor de sus soldados» no le permitieron ganarse el cariño de los implacables legionarios. Más tarde justificaría lo que había visto diciendo: «Nuestro estilo es limpio. Nuestros procedimientos, otros que los suyos. Es verdad que ellos fusilan, atormentan, exterminan. Pero es que ellos son criminales. Nosotros, porque somos cristianos y caballeros, sabemos luchar». Con este espíritu absolvía de antemano a los hombres de su Bandera antes de que entraran en combate, si bien no dejaba de sentirse incómodo ante estos actos de salvajismo que dañaban la imagen de la causa en la que creía con tanto ardor. Trató de proteger a los heridos y, cuando le fue posible, atendió las necesidades espirituales de los que estaban a punto de ser fusilados.[105]

Así las cosas, en la calma que siguió a la caída de Toledo, anotó sus reflexiones en torno a esta cuestión en dos documentos dirigidos a «las autoridades militares» y al Cuerpo Jurídico Militar. Ambos escritos se enviaron a las autoridades militares el 4 de octubre. Bajo el título «Sobre la aplicación de la pena de muerte en las actuales circunstancias. Normas de conciencia», proponía que se ejerciera la «justicia» para no incurrir en excesos que mancillaran el honor del Ejército. Argumentaba en contra de «la guerra de exterminio que algunos preconizan», sobre la base de que enconaría los odios, prolongaría la guerra, impediría la reconciliación, privaría a España de la mano de obra necesaria para su reconstrucción y dañaría la imagen del país en el contexto internacional. Afirmaba que:

> Toda condenación en globo, sin discernir si hay inocentes o no en el montón de prisioneros, es hacer asesinatos, no actos de justicia ... El rematar al que arroja las armas o se rinde, es siempre un acto criminal ... Los excesos que personas subalternas hayan podido ejecutar están en contradicción manifiesta con las decisiones del Alto Mando, que ha declarado muchas veces querer el castigo de los dirigentes, y reservar a las masas seducidas para un juicio posterior, en que habrá lugar a la gracia.

En el documento enviado al Cuerpo Jurídico Militar no se mostraba mucho más circunspecto. Al tiempo que justificaba la pena de muerte para los republicanos asesinos de mujeres, sacerdotes e inocentes, y también para los comunistas o «los que desde el periódico, el libro o el folleto han excitado a las masas», señalaba que la afiliación a un sindicato de izquierdas como la CNT o la UGT no merecía la muerte, sino la prisión o el internamiento en un campo de trabajo. Denunciaba a continuación como un asesinato la ejecución de aquellos cuya culpabilidad no había podido probarse, y concluía con unas palabras que no fueron del agrado de sus lectores:

> El procedimiento que se sigue está deformando a España y haciendo que en lugar de ser pueblo caballeresco y generoso, seamos un pueblo de verdugos y soplones. Tales cosas van sucediendo que a los que hemos sido siempre españoles por encima de todo, nos va dando ya vergüenza de haber nacido en esta tierra de crueldades implacables y de odios sin fin.[106]

Hacía falta mucho valor para denunciar las prácticas salvajes de los legionarios. Envió ambos documentos a un buen número de oficiales y capellanes castrenses, de tal suerte que sus protestas llegaron a manos de Castejón y Varela. Castejón reaccionó con indignación y comentó, en presencia de otros capellanes, que los papeles de Huidobro «le sentaron como un tiro».[107] El 14 de noviembre de 1936, cuando el Ejército se encontraba en las afueras de Madrid, el padre Huidobro escribió a Varela para pedirle que no manchara su nombre glorioso con las matanzas que algunos jóvenes oficiales planeaban llevar a cabo para darles una lección a los madrileños. Si tales planes llegaban a cumplirse, Huidobro se temía que el nombre de Varela terminara por pasar a la historia «como un nombre execrable que va unido al hecho más cruel y bárbaro de los tiempos modernos». Terminada la batalla sin que sus tropas lograran tomar Madrid, Varela respondió el 3 de diciembre desde Yuncos (Toledo) para felicitar a Huidobro por sus sentimientos, a la vez que aseguraba compartirlos.[108]

El 4 de octubre, el padre Huidobro escribió al teniente coronel Carlos Díaz Varela, adjunto del general Franco, para solicitarle que hiciera entrega al Generalísimo de sus dos documentos. A la vista de que Franco tenía preocupaciones más acuciantes en ese momento, Díaz Varela entregó las reflexiones de Huidobro a Yagüe, quien ostentaba el mando de la división a la que pertenecía la 4.ª Bandera de la Legión a la que estaba adscrito el capellán. Como las atrocidades formaban parte de una política deliberada, Yagüe se abstuvo de intervenir, y el padre Huidobro, cada vez más frustrado, empezó a convertirse en un elemento molesto. Posteriormente dirigió una carta a Franco en la que llamaba su atención sobre

la precipitación con que muchas veces se procede a fusilar gente cuya culpabilidad no sólo no está probada sino que ni siquiera se investiga. Así acontece al fusilar sobre el campo de batalla todo prisionero de guerra, sin considerar si fue tal vez engañado o forzado y si tiene el discernimiento suficiente para conocer la maldad de la causa que defiende. Es ésta en muchos días una guerra sin heridos ni prisioneros. Se fusila a los prisioneros por el mero hecho de ser milicianos, sin oírlos ni preguntarles nada. Así están cayendo sin duda muchos que no merecen pena tan grave y que podrían enmendarse y ése es el convencimiento de los mejores soldados.

Era evidente que Huidobro describía, sin saberlo, las prácticas habituales del Ejército en África, de ahí que sus palabras no tuvieran ningún efecto. No obstante, y a pesar de su ingenuidad, esta carta constituyó un asombroso acto de valentía.[109]

El 10 de noviembre de 1936 se dirigió de nuevo a Díaz Varela, esta vez para calificar de «inicua y criminal» la orden general de ejecutar en el acto a todo el que se hallara en posesión de armas. Abogaba por la detención y el interrogatorio previos, y el traslado posterior de los que fueran «culpables» a un campo de castigo, y afirmaba que los «crímenes» cometidos por las columnas en su marcha hacia Madrid, «fusilamientos sin tasa en un número desconocido hasta ahora en la historia», provocaban la empecinada resistencia de los republicanos desesperados, sabedores de que su rendición era completamente inútil. Señalaba las posibles consecuencias de la reacción que produciría en Madrid la matanza practicada en Toledo tras la caída de la ciudad:

> Si han sabido que en Toledo se asesinó a los heridos de los hospitales, ¿será raro que tengan una idea exacta de nuestro bárbaro rigor? Y ya hay quien sostiene que en Madrid se debe pasar por las armas a todos los hospitalizados. Vamos recayendo en la barbarie y se va cancerando la conciencia del pueblo al ver tanta muerte con tanta ligereza. Hasta ahora no se mataba a nadie sin que antes constase de su culpa; ahora se hace con tal [de] que no conste de su inocencia.

Suplicaba después a Díaz Varela que discutiera el asunto con Franco, e incluso tuvo la temeridad de insinuar que estaba dispuesto a hacer públicas sus protestas: «Hasta ahora he advertido con prudencia y en voz baja. Ha llegado la hora de alzar la voz. No temo a las izquierdas ni a las derechas, sino sólo a Dios». Y concluía con una frase dramática: «Soy testigo de muchos crímenes, como lo somos todos, y no quisiera que el nuevo régimen naciese manchado de sangre».[110]

La respuesta de Díaz Varela llegó el 25 de noviembre de 1936. En ella describía la consternación de Franco al saber de los excesos denunciados por Huidobro y su firme determinación de castigar a los responsables. Huelga decir que no se hizo nada. Mientras convalecía en el hospital, tras haber sido herido, Huidobro supo que los fusilamientos continuaban al mismo ritmo, pese a lo cual quiso creer que Franco era sincero. Su preocupación por el futuro y su convicción en la necesidad de conseguir la reconciliación entre ambos bandos fueron en aumento con el paso de los meses. Varios oficiales le advirtieron expresamente de que, si continuaba predicando su mensaje, «a usted le fusilan». El 11 de abril de 1937, Huidobro perdió la vida en Aravaca, en las afueras de Madrid, supuestamente al ser alcanzado por un fragmento de metralla de una granada rusa. Este detalle contribuyó a que, en 1947, los jesuitas iniciaran el complicado proceso para su beatificación y canonización. Huidobro había salvado muchas vidas y había vivido como un verdadero cristiano. En el curso de la minuciosa investigación de la causa emprendida por el Vaticano, salió a la luz que Huidobro murió de un disparo por la espalda efectuado por un legionario de su propia unidad, acaso harto de los sermones del capellán. Al descubrirse que fueron los franquistas y no los rojos quienes lo habían asesinado, el Vaticano archivó la causa.[111]

10

La respuesta de una ciudad aterrada: las matanzas de Paracuellos

Franco afirmó en una ocasión que no bombardearía Madrid, pero ya en el mes de septiembre intensificó los ataques aéreos sobre la capital. Anunció, sin embargo, que el barrio de Salamanca, el más selecto de la ciudad, se libraría de los bombardeos, por lo que sus calles estaban abarrotadas y, de noche, la gente que no podía refugiarse en las estaciones del metro dormía en los grandes bulevares de Velázquez, Goya y Príncipe de Vergara. Los bombardeos en el resto de la ciudad, lejos de erosionar la moral de los madrileños, despertaron entre la población un profundo desprecio por los rebeldes y convirtieron a sus supuestos partidarios en el blanco de la ira popular. Los objetivos eran los miembros de la Quinta Columna aún por identificar y los derechistas que ya se encontraban en prisión. En el clima de paranoia que generó el asedio se percibía a todos, sin distinción, como quintacolumnistas.

El odio creció cuando un avión de las fuerzas rebeldes inundó la ciudad de octavillas en las que se comunicaba que, por cada prisionero asesinado en Madrid, diez republicanos serían fusilados. El diario republicano *La Voz* enconó los ánimos todavía más al advertir que Madrid iba a convertirse en un gigantesco campo de la muerte: «Se calcula que Madrid, si es vencido, será teatro espantoso de cien mil inmolaciones». Tras las barbaridades cometidas en el sur del país por las columnas de Yagüe y Castejón, se generalizó el temor de que todo el que hubiera sido miliciano, miembro de algún partido político o de algún grupo cercano al Frente Popular, quien hubiera ocupado un puesto en el gobierno o estuviera afiliado a algún sindicato sería ejecutado en el acto. «Luego de una orgía final de sangre, consumada la bárbara venganza de los enemigos de la libertad, asesinados en cada ciudad, pueblo o aldea los hombres más representativos de la izquierda burguesa y la izquierda proletaria, veintidós millones de españoles sufrirían la más atroz y denigrante de las esclavitudes.»[1] Otro periódico republicano, el diario *Informaciones*, se hizo eco de unas declaraciones de Queipo de Llano a un periodista británico, según las cuales la mitad de la población de Madrid sería fusilada por los rebeldes victoriosos. Otra más de las sangrientas amenazas que Queipo lanzaba periódicamente en sus discursos radiofónicos nocturnos desde Sevilla.[2]

Sin embargo, nada hizo tanto por propagar el miedo y el odio como lo que ocurrió días más tarde. El 16 de noviembre, los diplomáticos que seguían en Madrid contemplaron el cadáver atrozmente mutilado de un piloto republicano. Su avión había tenido una avería y cayó en zona rebelde, cerca de Segovia. Lo mataron de una brutal paliza y a continuación arrastraron el cuerpo por las calles de la ciudad. Sus captores se tomaron la molestia de desmembrarlo, guardar en una caja las distintas partes del cuerpo, trasladarla a Madrid en avión y lanzarla sobre el aeródromo de Barajas. La caja contenía una nota: «Este regalo es para que el jefe de las Fuerzas Aéreas de los rojos vaya tomando nota de la suerte que le espera a él y a todos sus bolcheviques».[3]

En el claustrofóbico ambiente de la ciudad sitiada, el terror había empezado a desatar desde mucho antes una ira popular que se desfogaba contra los prisioneros. Una poderosa combinación de miedo y resentimiento alimentó inevitablemente las acciones de los numerosos grupos de milicianos que operaban en la capital, ya fueran independientes u «oficiales», como las Milicias de Vigilancia de Retaguardia (MVR), creadas a mediados de septiembre, o las que todavía actuaban al dictado del Comité Provincial de Investigación Pública. La situación se manifestó con brutalidad tanto en los sucesos ocurridos en la cárcel Modelo, el 22 de agosto, como en las posteriores sacas de las prisiones. Ni los ciudadanos de a pie ni los líderes de los distintos grupos políticos establecían una diferencia clara entre la Quinta Columna activa y la posible Quinta Columna que podrían llegar a constituir los cerca de 8.000 prisioneros de derechas. En ese momento, la Quinta Columna distaba todavía mucho de ser la red organizada en que llegó a convertirse en 1937, y las acciones de francotiradores y saboteadores eran relativamente aisladas. Sin embargo, muchos de los detenidos entre los oficiales del Ejército, derechistas ricos, clérigos o individuos de firmes creencias católicas eran considerados muy peligrosos.

Así, a medida que las columnas de Franco se acercaban a la capital, un miedo mucho más concreto se sumó al odio genérico contra la derecha. Tanto los milicianos de a pie como los militares profesionales y los políticos encargados de defender la ciudad compartían una honda preocupación por la presencia, en las prisiones de Madrid, de numerosos militares de derechas que ya habían rechazado categóricamente las invitaciones individuales y colectivas a combatir en la defensa de la ciudad, como les obligaba su juramento de lealtad a la República. En este ambiente de máxima tensión, en el filo de la navaja entre la supervivencia y la aniquilación, las autoridades políticas y militares republicanas tomaron la firme decisión de impedir que estos hombres formaran la base de nuevas unidades para las columnas rebeldes. Este fue un factor decisivo para el destino de los prisioneros a lo largo del mes de noviembre.

El 1 de noviembre se discutió el problema en el curso de una encendida reunión del Comisariado de Guerra, un organismo constituido dos semanas antes bajo la presidencia, en calidad de comisario general, del ministro de Estado, el socialista Julio Álvarez del Vayo. La finalidad del Comisariado era evaluar la lealtad política del nuevo Ejército Popular creado cuando «todas las fuerzas armadas y organizadas» quedaron bajo el mando del Ministerio de la Guerra, lo que marcó el comienzo de la militarización de las milicias.[4] Al plantearse en dicha reunión la cuestión de los prisioneros, Álvarez del Vayo abandonó las deliberaciones para pedir consejo a Largo Caballero. Regresó con la noticia de que el presidente ordenaba que el ministro de la Gobernación, Ángel Galarza, se ocupara de organizar la evacuación de los presos y su traslado a un lugar lejos del frente.[5] Sin embargo, Galarza apenas hizo nada por cumplir estas órdenes en los cinco días siguientes.

El 2 de noviembre, un grupo de anarquistas se presentó en la cárcel de San Antón, habilitada en un convento situado entre la calle de Hortaleza y la calle de Santa Brígida, y se hizo con los expedientes de los 400 oficiales detenidos en esta prisión. Interrogaron a los más jóvenes y les ofrecieron la oportunidad de cumplir con su juramento de lealtad y combatir en nombre de la República. Todos se negaron, lo que constituía una rebelión militar. El 4 de noviembre cayó el pueblo de Getafe, al sur de la capital, y ese mismo día, entre 30 y 40 oficiales fueron «juzgados» por un Tribunal Popular. Tras haber vuelto a abjurar de su lealtad a la República, al alba del 5 de noviembre, los militares prisioneros fueron sacados de la cárcel y fusilados, casi con toda seguridad, en el cementerio de Rivas-Vaciamadrid. Ese mismo día ejecutaron a otros 40 en las afueras de la capital. Al día siguiente evacuaron a 173 en tres grupos. El primero y el tercero, compuestos en ambos casos de 59 prisioneros, llegaron a salvo a Alcalá de Henares. A los 55 prisioneros que integraban el segundo convoy los ejecutaron en Paracuellos. Todas estas sacas se realizaron por orden del director general de Seguridad, Manuel Muñoz, al igual que las practicadas en la cárcel de Ventas entre el 27 de octubre y el 2 de noviembre.[6]

El ritmo de las sacas se aceleró a partir de finales de octubre, como resultado de la actuación de los tribunales dirigidos por agentes del Comité Provincial de Investigación Pública. La ilegalidad de estas acciones causó un profundo malestar entre los republicanos más veteranos. Luis Zubillaga, secretario general del Colegio de Abogados, y Mariano Gómez, presidente en funciones del Tribunal Supremo, dieron un paso extraordinario al recabar la ayuda del anarquista Melchor Rodríguez. Los esfuerzos de este hombre por salvar la vida de numerosos derechistas, curas, oficiales y falangistas ya habían despertado para entonces las sospechas de sus camaradas. La incorporación al gobierno, el 4 de noviembre, de cuatro ministros anarquistas —Juan López (Comercio), Federica Montseny (Sanidad), Juan Peiró (Industria) y Juan García Oliver (Justicia)— hizo que Zubillaga y Gómez confiaran en que los esfuerzos humanitarios de Melchor Rodríguez quizá recibieran apoyo oficial. García Oliver era uno de los miembros fundadores de la FAI, junto con Durruti, Ascaso y Jover. Su historial de frecuentes ingresos en prisión por actividades terroristas convertía su elección en un acto insólito. Fue elegido precisamente con la esperanza de que lograra convencer a los líderes y militantes anarquistas de la necesidad de dejar la aplicación de la justicia en manos del estado. Zubillaga y Gómez confiaban en persuadirlo de que nombrara a Melchor Rodríguez director general de Prisiones. Lo cierto es que, ante la grave amenaza que las columnas de Franco y la heterogénea Quinta Columna representaban para Madrid, la protección de los prisioneros no era ni mucho menos prioritaria para García Oliver.

En sus memorias altamente cuestionables, dictadas cuarenta y dos años después de estos sucesos, García Oliver afirmaba que la primera visita que recibió como ministro fue la de Mariano Gómez y Melchor Rodríguez. Supuestamente, Gómez solicitó en ese encuentro su nombramiento permanente como presidente del Tribunal Supremo, mientras que Melchor Rodríguez se postuló para suceder a Clara Campoamor en la Dirección General de Prisiones. Sin embargo, Gómez no necesitaba ninguna confirmación para acceder al cargo. La presidencia del Tribunal Supremo recaía normalmente en el magistrado más veterano y, tras la jubilación forzosa de los jueces que habían respaldado el golpe militar, ese hombre era Gómez. De todos modos, su nombramiento se confirmó oficialmente el 19 de diciembre. García Oliver manifestó que no podía designar a Melchor Rodríguez sin consultar primero con los comités regional y nacional de la CNT, profundamente implicados en la represión y, por tanto, muy recelosos de Rodríguez. Posteriormente, García Oliver eligió a dos incondicionales, Juan Antonio Carnero, como director general de Prisiones, y Jaume Nebot, como inspector general de Prisiones.[7] Mientras que Melchor Rodríguez se proponía impedir las atrocidades en las cárceles, la tarea que García Oliver encomendó a Nebot consistía en localizar y destruir los expedientes judiciales de todos los miembros de la CNT y la FAI que hubieran sido encarcelados en alguna ocasión.[8]

El 6 de noviembre tuvo lugar un cambio radical en la situación de la capital como consecuencia del traslado del gobierno a Valencia y la creación de la Junta de Defensa de Madrid. A fin de coordinar la defensa de la ciudad, el 6 de octubre ya se había constituido una Junta de Defensa integrada por líderes de los sindicatos y los partidos políticos locales, bajo la presidencia del propio Largo Caballero. Sin embargo, el primer ministro no llegó a impulsar este organismo, cuyos miembros no tardaron en caer en la cuenta de que Largo Caballero ya solo pensaba en la inminente evacuación del gabinete.[9] Fue entonces cuando la nueva Junta de Defensa asumió los poderes gubernamentales en la capital. Tanto el gobierno como los numerosos funcionarios que huyeron a Valencia creían que la ciudad estaba condenada a la derrota y que la Junta se limitaría a administrar dicho desenlace inevitable. Contra todo pronóstico y bajo una presión difícilmente soportable, la Junta terminó por presidir una victoria casi milagrosa.

Asombrosamente, y pese a los innumerables problemas que planteaba la defensa de una ciudad sitiada y hambrienta, la Junta convirtió en prioridad el control de las checas y asumió la coordinación central de las fuerzas del orden y la seguridad en Madrid. Sus esfuerzos por reconstruir el aparato del estado fueron mucho más allá que las ineficaces medidas adoptadas por el general Pozas y las decisiones escasamente más enérgicas tomadas por Ángel Galarza en el mes de octubre para acabar con la existencia de las checas. No obstante, el mayor número de víctimas mortales entre los partidarios de los rebeldes en Madrid se registró bajo la presidencia de la Junta, en el período comprendido entre el 7 de noviembre y el 4 de diciembre. De hecho, el 97,6 por ciento de las matanzas perpetradas en la capital tuvieron lugar entre el 19 de julio y finales de diciembre de 1936.[10] A partir de entonces se dieron en Madrid muy pocos actos de la violencia indiscriminada que caracterizaron los primeros meses de la guerra. Las fuerzas de seguridad centraron sus miras desde ese momento en quienes creían, con razón o sin ella, que estaban minando el esfuerzo bélico, de ahí que el número de ejecuciones cayera en picado.

Tras avanzar por la Ciudad Universitaria y la Casa de Campo, el 6 de noviembre los rebeldes llegaron a menos de 200 metros de la prisión más grande de la ciudad, la cárcel Modelo del distrito de Argüelles. Los oficiales franquistas afirmaron más tarde que ese día varias unidades avanzadas de Regulares organizaron brigadas de asalto y lograron irrumpir en la prisión para rescatar a algunos prisioneros. Esas incursiones provocaron que unidades de las Brigadas Internacionales se instalaran en dicha cárcel.[11] La mayoría, si no todos, de los cerca de 2.000 militares encarcelados ya habían dado muestras de estar dispuestos, si no ansiosos, por sumarse a las tropas que asediaban la ciudad, y su determinación debió de verse fortalecida al ver que algunos de sus camaradas eran liberados con éxito por los rebeldes. De hecho, no ocultaban su alegría ante el desarrollo de la guerra cerca de la prisión, amenazaban a los carceleros y aireaban sus intenciones de sumarse a los rebeldes en cuanto se les presentara la oportunidad.[12] De haberlo conseguido, las tropas franquistas se habrían reforzado significativamente.

Fue esa misma tarde cuando Largo Caballero tomó la necesaria decisión de trasladar el gabinete a Valencia.[13] La disparidad de los testimonios no permite establecer con exactitud la cronología de los acontecimientos. Poco antes de que concluyera la reunión decisiva, probablemente entre las cuatro y las cinco de la tarde, el subsecretario de la Guerra, el general José Asensio Torrado, se reunió con sus homólogos Sebastián Pozas, jefe de operaciones del Ejército del Centro, y José Miaja, jefe de la I División Militar. Tras una larga conversación, entregó a cada uno de los generales un sobre cerrado y estampado con las palabras: «Muy reservado. Para abrirlo a las seis de la mañana». Después de que Asensio partiera para Valencia y ante la extrema urgencia de la situación, ambos generales desobedecieron la orden y descubrieron que cada sobre contenía las instrucciones dirigidas al otro. A Pozas se le ordenaba establecer un nuevo cuartel general del Ejército del Centro en Tarancón, camino de Valencia. Miaja quedaba a cargo de la defensa de la capital, con la misión de constituir una Junta de Defensa dotada de plenos poderes gubernamentales. Si hubieran obedecido la orden de no abrir los sobres hasta la mañana siguiente y hubieran regresado a sus respectivos cuarteles, a muchos kilómetros de distancia el uno del otro, las consecuencias para la defensa de la ciudad habrían sido catastróficas. Quienquiera que hubiese cerrado los sobres probablemente era simpatizante de los rebeldes.[14]

Fue así como recayó sobre Miaja la formidable tarea de constituir el gobierno de Madrid y organizar la defensa civil y militar a la vez que la propia administración de la ciudad, lo que significaba proveer de alimento y cobijo tanto a los madrileños como al enjambre de refugiados que abarrotaban las calles, y controlar al mismo tiempo la violencia de las checas y de la Quinta Columna.[15] Los consejeros de la Junta de Defensa y sus segundos serían los representantes de todos los partidos que integraban el gobierno central. Sin embargo, fue en los comunistas en quienes Miaja buscó apoyo en primera instancia. Y ellos estaban preparados y a la espera.

Esa tarde, inmediatamente después de que concluyera la reunión del gabinete ministerial, los dos ministros comunistas, Jesús Hernández y Vicente Uribe, informaron a los jefes del Partido Comunista de España (PCE) de la inminente evacuación del gobierno. Se discutieron las consecuencias que esta decisión comportaría y se empezó a elaborar un plan de acción. Sorprendentemente, entre los participantes en ese encuentro figuraban dos jóvenes líderes de las Juventudes Socialistas Unificadas (JSU), Santiago Carrillo Solares y José Cazorla Maure, quienes, al menos en teoría, no eran miembros del Partido Comunista sino del Partido Socialista. Toda vez que Carrillo y Cazorla no solicitaron formalmente su afiliación al PCE hasta el día siguiente, su presencia en esta reunión viene a demostrar que en realidad ya formaban parte de las altas esferas del partido.

Tras la citada reunión, Pedro Checa y Antonio Mije negociaron con Miaja los términos de la participación de los comunistas en la Junta de Defensa. Checa, cuyo apellido nada tiene que ver con los centros de detención de la Policía política, era el secretario de Organización del PCE. Conjuntamente con Mije, asumía la dirección del partido durante las frecuentes ausencias del secretario general José Díaz, gravemente enfermo. Un agradecido Miaja aceptó con entusiasmo la oferta de que el PCE ocupara dos «ministerios» o consejerías en la Junta de Defensa, concretamente las de Guerra y Orden Público. Miaja aceptó asimismo el nombramiento de Antonio Mije como consejero de Guerra, con Isidoro Diéguez Dueñas como viceconsejero, y el de Santiago Carrillo como consejero de Orden Público, con Cazorla como su número dos. Así las cosas, y según recordaría más tarde Carrillo, «en la misma noche del 6 yo empecé a hacerme cargo de mis responsabilidades con Mije y los compañeros citados». Mije, Carrillo y Cazorla fueron entonces a ver al presidente para pedirle que hiciera público un manifiesto en el que se explicara a la población de Madrid la partida del gobierno a Valencia. Largo Caballero negó en un principio que el gobierno fuera a abandonar la ciudad, si bien no pudo explicar la cantidad de maletas amontonadas en la puerta de su despacho. Profundamente decepcionados por las mentiras de su héroe caído, los consejeros regresaron a la sede del Comité Central del PCE.[16]

Otras fuentes han confirmado que la Consejería de Orden Público, dirigida por Carrillo, nombró subordinados, les asignó tareas y empezó a funcionar inmediatamente después de esta reunión con Miaja, a última hora de la tarde del 6 de noviembre. Bajo el mando del elegante intelectual de las JSU, Segundo Serrano Poncela, se constituyó un comité conocido como Consejo o Delegación de Orden Público, con la finalidad de administrar las funciones en Madrid de la Dirección General de Seguridad (DGS).[17] Ramón Torrecilla Guijarro, uno de sus miembros, declaró en 1939 a sus interrogadores franquistas que los nombramientos de Carrillo como consejero de Orden Público y de Segundo Serrano Poncela como delegado de Orden Público tuvieron efecto en la noche del 6 de noviembre. Torrecilla reveló además que él mismo y otros miembros de la Delegación de Orden Público se reunieron para tomar las decisiones pertinentes en las primeras horas de la mañana del 7 de noviembre. Otro de los integrantes de este comité, Arturo García de la Rosa, ha confirmado este dato a Ian Gibson.[18] El anarquista Gregorio Gallego, miembro de la Junta de Defensa saliente constituida por Largo Caballero el 6 de octubre, ha subrayado la habilidad de los comunistas para hacerse de inmediato con el control de la situación: «Comprendimos que la operación estaba demasiado bien preparada y amañada para ser una improvisación».[19]

Eran casi las nueve de la noche cuando Miaja se reunió con su ayuda de campo, el comandante Pérez Martínez, y su secretario, el capitán Antonio López, para abordar la creación de la Junta de Defensa. Mientras seguían barajando los nombres de los posibles consejeros, tras la visita de

Mije la delegación comunista ya se había quedado las consejerías de Guerra y Orden Público. Y como ya habían decidido quiénes serían sus responsables, ambas consejerías empezaron a funcionar de inmediato.

Obligado a administrar y a defender la ciudad de la mejor manera posible, Miaja dedicó el resto de la noche del 6 al 7 de noviembre a establecer el número de efectivos y armamento disponible. Cuando Miaja se presentó en el Comisariado de Guerra, a las siete de la mañana del 7 de noviembre, para establecer contacto con otros líderes políticos, comprobó que la mayoría habían huido con el gobierno a Valencia. A lo largo de la mañana consiguió reunir al resto del personal de la Junta. Según lo manifestado por varios testigos presenciales, hasta las once no fue posible completar la lista definitiva, que constaba principalmente de jóvenes representantes de los diversos partidos y organizaciones sindicales.[20]

La primera reunión oficial de la Junta de Defensa constituida con tanta precipitación no se celebró hasta última hora de la tarde del 7 de noviembre. No cabe duda, sin embargo, de que la responsabilidad del conjunto de las operaciones relativas a los prisioneros había quedado, desde la noche anterior, en manos de tres hombres: Santiago Carrillo Solares, su vicecerzeejero José Cazorla Maure y Segundo Serrano Poncela, que efectivamente fue nombrado director general de Seguridad. Las principales decisiones sobre los prisioneros se tomaron en el vacío de poder que medió entre la partida del gobierno, el 6 de noviembre, y la constitución formal de la Junta de Defensa, veinticuatro horas más tarde. No obstante, es inconcebible que tales decisiones fueran tomadas aisladamente por tres políticos tan jóvenes como Carrillo, de veintiún años, Cazorla, de treinta años, y Serrano Poncela, de veinticuatro años. La autorización de sus operaciones, como se verá más adelante, por fuerza tuvo que llegar de individuos más experimentados. Sin duda necesitaron el visto bueno de Checa y de Mije, quienes, a su vez, precisaron la autorización de Miaja y probablemente la de los asesores rusos. En la aterrorizada capital de España, la ayuda facilitada por los rusos y materializada en tanques, aviones, la presencia de las Brigadas Internacionales y experiencia técnica, significaba que los comunistas siempre buscaban su consejo y lo recibían con gratitud. Como también se verá más adelante, el desarrollo de las decisiones operativas exigía, tal como recibió oportunamente, la colaboración tanto del movimiento anarquista como de los asesores rusos en materia de seguridad.

Por tanto, la autorización, la organización y la ejecución de las decisiones relativas a la suerte de los presos fue obra de muchas personas. Ha sido inevitable, sin embargo, que se señalara a Carrillo como único responsable de las matanzas posteriores, por su posición como consejero de Orden Público y su subsiguiente nombramiento como secretario general del Partido Comunista. Aunque la acusación es absurda, no significa que Carrillo no tuviera ninguna responsabilidad en los hechos. Para calibrar exactamente cuál fue su grado de responsabilidad debemos empezar por preguntarnos por qué razón se confió a un miembro de las Juventudes Socialistas de tan solo veintiún años un cargo tan decisivo y poderoso. Lo cierto es que en ese momento Carrillo no era exactamente quien parecía ser. En la madrugada del 6 al 7 de noviembre, tras la ya citada reunión con Miaja, Carrillo se incorporó formalmente al Partido Comunista, junto con Segundo Serrano Poncela, José Cazorla y algunos otros. Su afiliación se realizó en todos los casos sin el rigor que se aplicaba a otros militantes. En una ceremonia que difícilmente puede calificarse de formal, los aspirantes se limitaron a comunicar sus deseos a José Díaz y a Pedro Checa, y su incorporación oficial al partido fue instantánea.[21]

La brevedad del trámite señala, de hecho, que Carrillo era un importante «submarino» dentro del Partido Socialista. Tras ser encarcelado a raíz de la revolución de Asturias en octubre de 1934, se convirtió en uno de los principales partidarios de la bolchevización del PSOE. Durante su etapa como secretario general de la Federación de Juventudes Socialistas comenzó a abogar por la fusión de esta organización con la Unión de Juventudes Comunistas, numéricamente inferior. Su trabajo no pasó inadvertido para los agentes del Comintern, que identificaron a Carrillo como alguien a quien deberían intentar reclutar. El agente del Comintern Vittorio Codovila organizó un viaje de Carrillo a Moscú para debatir la posible unificación de ambas organizaciones juveniles. Excarcelado tras las elecciones del 16 de febrero de 1936, Carrillo solicitó sin tardanza un pasaporte para emprender ese viaje a Rusia, una perspectiva sin duda deslumbrante para un militante joven como él. El año que había pasado en prisión junto con Largo Caballero le había llevado al convencimiento, compartido por otros destacados miembros de las Juventudes Socialistas, de que el PSOE era un partido caduco. El liderazgo socialista, encarnado por hombres de mediana edad, si no mayores, rara vez permitía a los militantes más jóvenes ocupar posiciones próximas al poder en sus rígidas estructuras. El 3 de marzo de 1936, Carrillo emprendió su viaje a Moscú como invitado de la KIM, la Internacional Comunista de la Juventud. La KIM se hallaba bajo la estrecha supervisión del Comisariado del Pueblo para Asuntos Internos (NKVD), y es muy probable que Carrillo, a quien ya se había identificado como una estrella en potencia, fuera rigurosamente investigado y adoctrinado en Moscú. Para postularse como un futuro líder del Comintern, Carrillo por fuerza tuvo que convencer a sus jefes en Moscú de que colaboraría plenamente con el Servicio Secreto soviético.

De vuelta en España, Carrillo participó en una reunión del Comité Central del Partido Comunista el 31 de marzo, en la que propuso la adhesión de las Juventudes Socialistas a la KIM, así como la unión entre PSOE y PCE y su incorporación al Comintern.[22] Es sorprendente que en 1974 alardeara de haber asistido a las reuniones del Comité Central, un privilegio normalmente reservado para los miembros más destacados del partido.[23] Más asombroso aún resulta el hecho de que, en sus memorias, reconociera que a principios de noviembre de 1936, siendo en teoría aún miembro del Partido Socialista, asistiera a las reuniones del Buró Político del PCE, lo que indicaba la importante posición que ocupaba dentro del partido.[24] Con ayuda de Codovila, en abril de 1936, consiguió un principio de acuerdo para la unificación de la Federación de Juventudes Socialistas y las Juventudes Comunistas bajo el nombre de Juventudes Socialistas Unificadas. En algunas zonas de España, aunque no en todas, la unificación fue inmediata. En el mes de septiembre, Carrillo fue nombrado secretario general del nuevo movimiento juvenil, que en determinados lugares era una organización comunista. La creación de las JSU representó un enorme avance para que los comunistas fortalecieran su influencia a expensas del Partido Socialista. Para entonces, Carrillo estaba muy cerca de ser miembro del PCE, aunque formalmente no lo fuera.

Cuando Serrano Poncela comenzó a dirigir la Delegación de Orden Público en las primeras horas de la mañana del 7 de noviembre, pudo utilizar las órdenes para la evacuación de los prisioneros dejadas por el anterior director general de Seguridad, Manuel Muñoz, antes de abandonar Madrid. Se ha insinuado, sin ningún fundamento, que Muñoz firmó estas órdenes presionado por Margarita Nelken. Esta diputada socialista, inteligente y franca, provocaba rechazo por sus políticas feministas tanto entre los líderes de su propio partido como entre los republicanos de mayor edad, de manera que es inconcebible que se le confiara semejante misión.[25] De todos modos, puesto que Muñoz ya había firmado previamente distintas órdenes de liberación de presos, no se entiende que fuera necesario presionarlo para que siguiera las directrices marcadas por su inmediato superior, Ángel Galarza. La mención a Margarita Nelken es fruto de un burdo malentendido nacido de la declaración ofrecida por Francisco Ángel Jiménez Bella, un empleado de la Dirección General de Seguridad. En su comparecencia ante la Causa General, Jiménez Bella declaró que Muñoz había firmado unas órdenes de evacuación tras recibir una visita de Margarita Nelken poco después de la medianoche del 6 de noviembre. Dichas órdenes se usaron para efectuar las sacas de los días 7 y 8 de noviembre.

Fue a raíz de esta falsa causalidad por lo que se le atribuyó a Margarita Nelken la responsabilidad de las matanzas. Manuel Muñoz confirmó en su propia declaración que Margarita Nelken se presentó en la DGS y le dijo: «El Gobierno ha abandonado Madrid y aquí no hay más autoridad que la de usted; usted es quien debe regir los destinos de todos». Muñoz interpretó que le estaba pidiendo que estableciera una dictadura. Fue una extraña interpretación por su parte, puesto que Nelken se refería únicamente a la situación de la seguridad en la capital. Sin embargo, las palabras que Muñoz pone en boca de Nelken indican claramente que ella era ajena tanto a los planes de la Junta de Defensa como a las disposiciones tomadas por el Partido Comunista para hacerse cargo de la seguridad. Esto bastaría por sí solo para aclarar que Nelken carecía por completo de autoridad para dar a Muñoz cualquier clase de instrucciones. Además, este no mencionó en ningún momento que hubiera firmado documento alguno a petición suya. Cuando Muñoz despachó las órdenes de evacuación a las que aludía Jiménez Bella, se limitó a seguir las órdenes dictadas por el gobierno antes de su partida a Valencia esa misma noche.[26]

Otra fuente contradice la idea de que Miguel Muñoz firmara las órdenes de evacuación en la madrugada del 7 de noviembre por exigencias de Margarita Nelken. El alemán Felix Schlayer aseguró que el director de la cárcel Modelo le había enseñado la orden de liberación de los prisioneros firmada por Vicente Girauta Linares, el segundo de Muñoz. Declaró además que Girauta había firmado el documento siguiendo instrucciones verbales de Muñoz. Es posible que, en lugar de firmar las órdenes, Muñoz encargara a su subalterno la elaboración del documento necesario. Schlayer afirmó asimismo, aunque esto es menos verosímil, haberse enterado más tarde de que esta acción de Muñoz fue el precio que tuvo que pagar a unos milicianos comunistas que le impedían partir a Valencia con el resto del gobierno.[27] En todo caso, las órdenes de evacuación no se pueden considerar instrucciones concretas para acabar con la vida de los prisioneros, como demuestra el hecho de que algunos llegaran sanos y salvos a sus lugares de destino.

Con independencia de quién firmara las órdenes en cuestión, parecía imposible organizar la evacuación de 8.000 prisioneros en semejante clima de colapso, pánico y caos. La tarea recayó en la nueva Consejería de Orden Público.[28] Finalmente, la evacuación se convirtió en una masacre. Este capítulo se propone aclarar, dentro de los límites de las pruebas disponibles, qué sucedió, quién tomó la decisión para que tal cosa ocurriera y quién la llevó a cabo.

Entre quienes presionaron para que se produjera la evacuación —no necesariamente la ejecución— de los prisioneros figuraban algunas autoridades republicanas, como el general Miaja y su jefe del Estado Mayor, Vicente Rojo, así como el personal ruso presente en Madrid y la jerarquía del Partido Comunista. Habida cuenta de la ayuda crucial que los rusos estaban proporcionando, y de su experiencia durante el cerco de San Petersburgo en su propia guerra civil, era natural que se buscara su consejo. Los militares rusos más experimentados eran los generales Ivan Antonovich Berzin, que ostentaba el mando global de la misión militar soviética, y Vladimir Efinovich Gorev. Berzin se marchó a Valencia con el gobierno junto al resto de los diplomáticos soviéticos, mientras que Gorev, que era oficialmente el agregado militar y también el jefe del Servicio de Inteligencia Militar soviético en Madrid (GRU), se quedó en la capital. Así, en colaboración con Vicente Rojo, Gorev desempeñó un papel decisivo en la defensa de Madrid. También estaba presente Mijaíl Koltsov, el corresponsal del diario *Pravda* y posiblemente el periodista ruso más poderoso de su época. Koltsov tenía una estrecha relación con el propio Stalin, aunque durante su estancia en Madrid, cuando no estaba ocupado en sus tareas periodísticas, al parecer actuaba bajo las órdenes de Gorev.[29]

Otras figuras influyentes en la defensa de la capital fueron dos veteranos miembros del Comintern, el argentino Vittorio Codovila y el italiano Vittorio Vidali, quien, con el pseudónimo de Carlos Contreras, tuvo un papel decisivo en la fundación del Quinto Regimiento, que más tarde se convertiría en el núcleo del Ejército Popular republicano. Vidali fue el comisario político del Quinto Regimiento, y sus numerosos artículos y discursos reflejan su obsesión por eliminar a los partidarios de los rebeldes en Madrid. Al igual que sus camaradas españoles, recibió con alarma los informes en los que se daba cuenta de la euforia de los prisioneros ante su inminente liberación y su deseo de incorporarse a las fuerzas rebeldes. Gorev, Berzin y otros asesores, entre los que también se contaba el propio Vidali, insistieron en que sería un suicidio no evacuar a los prisioneros más peligrosos, una opinión que, a la luz de la desesperada situación del asedio, fue inevitablemente compartida por Vicente Rojo y Miaja.[30]

Miaja estableció enseguida una estrecha relación con José Cazorla, uno de los principales artífices de la organización del destino de los prisioneros.[31] El taciturno Cazorla ya era entonces un comunista comprometido y obsesionado con la eliminación de los partidarios de los rebeldes en la zona republicana. Para ello, como se verá más adelante, buscó el consejo del personal de seguridad ruso. El teniente coronel Vicente Rojo, un hombre de cuarenta y dos años recién ascendido en la escala militar, compartía plenamente con Miaja la preocupación por los prisioneros. La Quinta Columna era en su opinión «una columna operativa, con fuerza y poder para actuar por la espalda sobre las tropas organizadas». Así lo reflejó por escrito:

> No se trata de simples espías o saboteadores, de agentes desmoralizadores, ni de meros agitadores, sino de una malla fuertemente tejida, que se tiende sobre todas las actividades en las cuales se pueda restringir o anular la capacidad de acción, el poderío de las Columnas combatientes o el de los Comandos. Esa Quinta Columna, que ya estaba montada en Madrid desde antes del comienzo de la guerra, según han revelado sus propios componentes, había fracasado al iniciarse el conflicto y durante los cuatro primeros meses de actividad bélica; pero ahora, cuando se trataba del asalto a Madrid, podía entrar en juego de manera decisiva, haciendo imposible que el gobierno lograra lo que aún podía conseguir: la conservación de la capital. De aquí que, sabiendo la existencia de ese poder oculto, el Mando tuviera que adoptar la decisión de hacerle frente para anularlo si entraba en acción.[32]

Estas palabras reflejan sin lugar a dudas una visión en exceso pesimista sobre la capacidad operativa de la Quinta Columna en noviembre de

1936, cuando lo cierto es que dicha unidad militar no alcanzó ese nivel de organización hasta muchos meses después. En todo caso, la visión de Rojo denota el temor que comenzaba a cobrar forma en el bando republicano, y estaba bastante justificada, a la vista de las múltiples ocasiones en que la información secreta acababa en manos rebeldes y del aumento de los francotiradores conforme las fuerzas rebeldes se acercaban a la capital por el oeste.

Se ha especulado mucho sobre el papel crucial de Mijaíl Koltsov en el destino de los prisioneros. Estas especulaciones se basan en la entrada de su diario correspondiente al 7 de noviembre, en la que refiere cómo Pedro Checa tomó la decisión de enviar a los milicianos a las prisiones, presionado por un tal «Miguel Martínez», un supuesto agente hispanoamericano del Comintern con influencia suficiente para tener acceso al más alto nivel. Ese Miguel Martínez, en opinión de muchos, no era otro que el propio Koltsov, puesto que algunas de las actividades que en su diario se atribuyen a este personaje se sabe que fueron obra de Koltsov. Además, en el curso de una reunión celebrada en Moscú en abril de 1937, Stalin se refirió jocosamente a Koltsov como «Don Miguel». Es probable, sin embargo, que Miguel Martínez fuera un personaje inventado por Koltsov e inspirado en una amalgama de individuos reales para incluir en su diario información que no podía atribuir directamente a sus informadores.

Vicente Rojo habla en sus memorias de un comunista extranjero llamado Miguel Martínez que ayudó a Contreras en la organización del Quinto Regimiento. Rojo conocía a Koltsov y no tenía ninguna razón para no llamarlo por su nombre. En este caso, está claro que Miguel Martínez era alguien distinto de Koltsov, casi con toda seguridad hispanohablante, que trabajó con Vidali en el Quinto Regimiento y era conocido como el «camarada Miguel». Dicho individuo era un agente del NKVD llamado Josif Grigulevich.[33] De los menos de diez agentes operativos que integraban la pequeña célula del NKVD en España solo algunos eran «legales», esto es, habían sido formalmente autorizados por el Ministerio de Estado español y tenían cobertura diplomática, mientras que dos o tres actuaban «ilegalmente», en la clandestinidad. Entre los primeros figuraba Lev Lazarevich Nikolsky, jefe del centro de operaciones del NKVD en Madrid, que actuaba bajo el nombre falso de Aleksandr Orlov, y entre los segundos figuraba su subordinado Josif Grigulevich. Nikolsky (Orlov) se encontraba en España para asesorar a los servicios de seguridad y eliminar a los trotskistas extranjeros. Josif Romualdovich Grigulevich era un lituano de veintitrés años que hablaba un español fluido tras haber vivido en Argentina, de donde venía el nombre de «camarada Miguel». Era miembro del Departamento de Misiones Especiales del NKVD dirigido por Yakov Isaakovich Serebryansky, y estaba entrenado en asesinatos y secuestros. En España contribuyó a establecer las unidades conocidas como «Brigadas Especiales», además de colaborar con Orlov en la eliminación de los trotskistas. Así, en el diario de Koltsov, Miguel Martínez correspondía unas veces al propio Koltsov, otras veces a Grigulevich, otras al general Gorev, y puede que incluso a alguien más.[34] Gorev se convirtió en el principal oficial ruso en Madrid tras la partida del general Berzin a Valencia en la noche del 6 de noviembre, y durante este período Koltsov en ocasiones actuaba como su mensajero. Más adelante, Gorev informó a Moscú: «Koltsov cumplía al pie de la letra todas las órdenes que yo le daba en relación con la defensa de la ciudad». Esto ha sido confirmado por Arturo Barea, a quien Koltsov puso al mando de la censura de la prensa extranjera en la capital sitiada, una decisión que no pudo haber tomado sin la autorización de Gorev.[35]

Es posible que, en el caso de la reunión con Checa, Miguel Martínez fuera Gorev, Grigulevich o el propio Koltsov. Las memorias del cámara ruso Roman Karmen sugieren que podría haber sido Koltsov. El 6 de noviembre Karmen acudió al Ministerio de la Guerra y lo encontró desierto. Tras dar una vuelta por el edificio, sorprendió reunidos en un despacho al líder comunista Antonio Mije, al general Gorev y al jefe del Estado Mayor republicano, Vicente Rojo, tres individuos muy influyentes y preocupados por el problema de los prisioneros. Después de su paso por el ministerio, Karmen se dirigió a la sede del Partido Comunista, donde Koltsov estaba reunido con Checa a puerta cerrada.[36] Este bien podría ser el mismo encuentro que Koltsov refería en su diario entre Checa y Miguel Martínez. Si esto fuera así, significaría que la fecha dada en el diario es errónea. Tendría más sentido que la reunión hubiera ocurrido la noche del día 6. Según la versión de Koltsov, Miguel Martínez habría instado a Checa a proceder a la evacuación de los prisioneros. Koltsov (Miguel Martínez) señaló que no era necesario evacuar a los 8.000 sino seleccionar a los elementos más peligrosos y enviarlos a la retaguardia en pequeños grupos.[37] Satisfecho con este argumento, Checa envió a tres hombres a «dos grandes cárceles». Aunque Koltsov no menciona el nombre de estos centros penitenciarios, sin duda tenían que ser la cárcel Modelo y la cárcel de San Antón. «Hicieron salir al patio a los fascistas; los iban llamando por lista. Esto los desconcertó y los aterrorizó. Creyeron que iban a fusilarlos. Los llevaron en dirección a Arganda.»[38]

En realidad, es inconcebible que Koltsov tuviera autoridad suficiente para llevar a cabo una intervención tan crucial como esta. Sin embargo, como emisario de Gorev, es posible que se reuniera con Checa para presionar sobre la evacuación de los prisioneros. En tal caso, quedaría establecida la conexión en el proceso de toma de decisiones entre Gorev y el Partido Comunista de España. Ahora bien, si el momento en que los comunistas españoles recibieron instrucciones de Rusia fue esa reunión entre Miguel Martínez (Koltsov) y Checa, entonces es evidente que la fecha de entrada del diario no es correcta. Habida cuenta de que el citado diario de Koltsov no era un diario como tal, sino un libro escrito posteriormente a partir de sus artículos publicados en *Pravda*, es muy probable que dicha reunión, supuestamente celebrada a primera hora del 7 de noviembre, hubiera tenido lugar poco antes o poco después de la medianoche del día 6.

No cabe duda de que, ya en las últimas horas de la tarde o en las primeras horas de la noche del 6 de noviembre, los dos hombres que dirigían el PCE le habían presentado a Miaja la nueva estructura de Orden Público bajo el mando de Santiago Carrillo. Tampoco hay duda de que la Consejería de Orden Público empezó a funcionar esa misma noche y puso en marcha el proceso de evacuación de los prisioneros. Igualmente está claro que los dos líderes del PCE estaban en contacto con los rusos, como demuestra el hecho de que Karmen presenciara una reunión entre Mije, Gorev y Vicente Rojo, y otra entre Koltsov y Pedro Checa. No se conserva registro de estos encuentros, si bien no es difícil imaginar que en ellos se abordó la cuestión de qué hacer con los prisioneros.

Enrique Castro Delgado, el comandante del Quinto Regimiento, contaba como comisario político y como colaborador más cercano con el ya mencionado Vittorio Vidali, agente del NKVD. Es indudable, como se verá a continuación, que ambos discutieron sobre la posibilidad de ejecutar a los prisioneros. El periodista Herbert Matthews escribió posteriormente sobre la matanza:

Personalmente, creo que las órdenes partieron de los agentes del Comintern en Madrid, pues sé que el siniestro Vittorio Vidali pasó la noche en una prisión interrogando brevemente a los prisioneros que llevaban a su presencia. Una vez se convencía, como siempre, de que eran quintacolumnistas, les pegaba un tiro en la nuca con su revólver. Ernest Hemingway me contó que había oído decir que Vidali disparaba tan a menudo que tenía la piel quemada en los dedos índice y pulgar de la mano derecha.[39]

Lo que Hemingway pudiera haber oído y haber contado a Matthews no puede tomarse como prueba irrefutable. Sin embargo, es un hecho que el comunista italiano Vittorio Vidali se encontraba en España enviado por el Comintern con el pseudónimo de «Carlos Contreras», y que también era agente del NKVD. Asimismo, también es cierto que Vidali (cuyo nombre en clave era MARIO) pertenecía al mismo departamento de misiones especiales del NKVD (dedicado a actos de asesinato, terror, sabotaje y secuestros) que Josif Grigulevich (cuyo nombre en clave era MAKS).[40] Además, Grigulevich asistió personalmente a Vidali en el Quinto Regimiento durante un breve período. Ambos estuvieron involucrados más tarde en el asesinato de Trotsky.

Las memorias de Castro Delgado contienen un pasaje que respalda el comentario de Matthews sobre Vidali (Contreras). Castro relata cómo, la noche del 6 de noviembre, tras debatir con Contreras, se dirigió a alguien a quien se identifica únicamente como «Tomás», jefe de una unidad especial (ITA), y le dijo:

«Comienza la masacre. Sin piedad. La Quinta Columna de que habló Mola debe ser destruida antes de que comience a moverse. ¡No te importe equivocarte! Hay veces que uno se encuentra ante veinte personas. Sabe que entre ellas está un traidor, pero no sabe quién es. Entonces surge un problema de conciencia y un problema de partido. ¿Me entiendes?» Contreras: «Sí». «Ten en cuenta, camarada, que un brote de la Quinta Columna sería mucho para ti y para todos.» Contreras: «¿Plena libertad?». «Ésta es una de las libertades que el Partido, en momentos como éstos, no puede negar a nadie. Y menos a ti.» Contreras: «De acuerdo». «Vamos a dormir unas horas. Mañana es 7 de noviembre. El día decisivo. Lo fue para los bolcheviques y lo será para nosotros. ¿Piensas igual que yo, comisario, o hay algo en que no estamos de acuerdo?» Contreras: «Estamos de acuerdo».[41]

Puesto que Vidali tenía mayor categoría, es razonable suponer que eran suyas las instrucciones que Castro transmitía al citado Tomás.

El 12 de noviembre apareció un artículo en el periódico del Quinto Regimiento en el que se insinuaba que las órdenes de Castro Delgado debían cumplirse al pie de la letra:

> Todavía quedan en nuestra ciudad restos de los cómplices de Mola, y cuando los pajarracos facciosos descargan sus bombas criminales, asesinando a mujeres y niños indefensos, los elementos fascistas de la quinta columna arrojan bombas de mano y disparan sus pistolas ... Sabemos muy bien lo que harían las hordas de moros y el Tercio si lograsen entrar en Madrid. Nosotros no podemos tener compasión con los cómplices de estos salvajes. ¡Hay que exterminar la quinta columna! Los comités de casa deben averiguar dónde se esconde el fascista, el traidor, el sospechoso, y denunciarle. En el plazo de horas ¡exterminémosles![42]

Del encuentro entre Vidali (Contreras) y Castro Delgado se podría sacar la conclusión de que determinados elementos del Quinto Regimiento participaran en la matanza de los prisioneros en el mes de noviembre, y demuestra que el NKVD estuvo implicado en la misma. En el informe de Gorev mencionado unas líneas más arriba, el general hablaba con aprecio de los «vecinos» (en alusión a los miembros del NKVD en Madrid) «dirigidos por el camarada Orlov, que tanto hizo por frustrar un levantamiento desde dentro». Este era precisamente el objetivo de la evacuación de los prisioneros: evitar la posible fuga de los militares detenidos. El informe de Gorev sugiere por tanto que Orlov participó en el proceso de eliminación de los presos, aunque no en la toma de decisiones inicial.[43]

En una reveladora entrevista ofrecida en 1986, dos años antes de su muerte, Grigulevich dio cuenta de la estrecha colaboración que mantuvo con Santiago Carrillo durante su estancia en Madrid. Concretamente, dirigía una brigada especial de militantes socialistas en la Dirección General de Seguridad que se ocupaba de hacer el trabajo «sucio» a las órdenes de Carrillo.[44] Este destacamento de élite se amplió a tres brigadas especiales en diciembre de 1936, después de la sustitución de Carrillo por Cazorla. Grigulevich creó la brigada inicial con lo que dio en llamar «elementos de confianza» reclutados entre los milicianos de las Juventudes Socialistas Unificadas que habían formado parte de las fuerzas responsables de la seguridad de la embajada soviética en Madrid a finales de agosto de 1936. La unidad se hallaba oficialmente al mando del policía socialista David Vázquez Baldominos.

Grigulevich llegó a España a finales de septiembre y trabajó para Contreras durante algunas semanas antes de empezar a colaborar con Carrillo a finales de octubre o principios de noviembre. Carrillo, Cazorla y los miembros de la brigada conocían a Grigulevich como «José Escoy», aunque para otros era «José Ocampo». La unidad actuaba a las órdenes de la Dirección General de Seguridad. La afirmación de Grigulevich se ve confirmada por las declaraciones conservadas en el archivo de la Causa General hechas por los miembros de la JSU interrogados en 1939 sobre su trabajo en las brigadas especiales. En el resumen publicado de la Causa General se afirma lo siguiente: «Unos delegados de la GPU, que se hacen llamar camaradas "Coto", "Pancho" y "Leo", secundados por un individuo que usaba el nombre de José Ocampo y varias mujeres que hacían de intérpretes, instalados todos ellos en el Hotel Gaylord de la calle de Alfonso XI ... orientan durante el año 1937 las actividades de la Policía marxista madrileña».[45]

Terminada la guerra, cuando interrogaron a Tomás Durán González, uno de los miembros de la primera brigada especial, este ofreció descripciones que, pese a no ser del todo exactas, permitieron identificar a todos estos individuos. De Coto dijo que asesoraba en cuestiones de interrogación e investigación. Durán creía que Coto era el jefe del Grupo Técnico de Investigación soviético. Lo describió como «un hombre de unos 35 años, alto, pelo moreno, peinado a raya, frente despejada y completamente afeitado y vestido de paisano». Coto rara vez visitaba Madrid, puesto que tenía establecida su base de operaciones en Barcelona. En consecuencia, cabía identificarlo con certeza como Naum Isakovich Eitingon (Leonid Aleksandrovich Kotov), quien ocupaba el cargo de *rezident* en la delegación del NKVD del consulado soviético en Barcelona.

A Pancho, otro agente del NKVD, lo describió como un hombre «de unos 45 años, alto, corpulento, de tez encendida, rubio y peinado hacia atrás, con el pelo algo ondulado, con algunas canas». Durán declaró que este individuo también había tomado parte en los interrogatorios y las torturas de los prisioneros. Esta descripción de Pancho encaja con el aspecto físico del comandante de la Seguridad del Estado Grigory Sergeievich Syroyezhkin, tal como demuestran las fotografías que de él se conservaban. En una declaración aparte, el posterior jefe de la principal brigada especial, Fernando Valentí Fernández, se refirió a Pancho como «Pancho Bollasqui». El apellido ruso, vagamente recordado, podía corresponder a Lev Vasilevsky, número dos de Syroyezhkin y compañero habitual de este, puesto que Valentí los veía juntos muy a menudo.

Durán recordaba que el hombre a quien él conocía como «Leo» era el responsable de la seguridad interna de la embajada rusa. «Era alto, fino, de unos 28 años, moreno.» De ser exacto este testimonio, es posible que Durán se estuviera refiriendo a Lev Sokolov, quien en efecto se encargaba de la seguridad dentro de la embajada, aunque había otros hombres también llamados «Leo» a los que Durán pudo haber conocido, como Lev Nikolsky (Orlov). A José Ocampo (Grigulevich) lo describe como un hombre de unos treinta y cinco años, «de un metro sesenta, grueso, ojos inyectados de sangre, de nacionalidad argentina, notándose en el acento, pelo ondulado y tez muy pálida, moreno». Desapareció de España tras el asesinato de Andreu Nin, en junio de 1937.[46]

José Cazorla confirmó a sus interrogadores franquistas en 1939, cuál había sido la función del NKVD en la creación y el funcionamiento de la brigada especial. De acuerdo con su testimonio, Lev Gaikis, el consejero político de la embajada rusa, le presentó a otro ruso llamado «Alexander», que le ofreció su ayuda y consejo, y que era casi con toda seguridad Orlov, el jefe en funciones del NKVD en España. Cazorla también confesó que él y Vázquez Baldominos colaboraron estrechamente con José Ocampo (Grigulevich) al que conoció a través de Gaikis. Ocampo y Alexander, a quien Cazorla conoció entonces como «Leo» (Lev Nikolsky/Orlov), ofreció asesoramiento técnico sobre asuntos de contraespionaje, es decir, organizó la campaña contra la Quinta Columna. Pancho (Syroyezhkin) también mantenía contacto regular con Cazorla y David Vázquez Baldominos.[47]

La principal tarea de Orlov en ese momento era la defensa de la embajada soviética, para lo cual gozaba de notable autonomía. Hay pocas dudas, por no decir ninguna, de que percibía a los prisioneros como una amenaza, de ahí que quizá no hubiera tenido ningún reparo en que Grigulevich colaborara con Carrillo y Cazorla para resolver el problema por la vía de la evacuación y la ejecución.

En el verano de 1937, Orlov le contó a Juan Negrín que «su servicio» cooperaba con el aparato de la seguridad republicana.[48] En un sentido similar, un informe de la policía republicana elaborado en octubre de 1937 aludía a las frecuentes visitas que el consejero de Orden Público, es decir, Carrillo, recibía de los técnicos rusos («técnicos de determinada nación amiga») especializados en cuestiones de seguridad y contraespionaje. El informe también indicaba que dichos técnicos «ofrecieron a la Autoridad máxima de Orden Público en Madrid su colaboración sincera y entusiasta». Ya que esta era una referencia a Miaja, las actividades de Carrillo debían de contar con su aprobación. De todas formas, Carrillo habría colaborado con los rusos, dados sus vínculos con el Partido Comunista. Según el informe, por indicación de Carrillo, la colaboración se articulaba en torno al «jefe y los funcionarios de la Brigada Especial», lo que apuntaba a David Vázquez Baldominos. Este extremo fue confirmado a los interrogadores franquistas por Fernando Valentí: «Aprovechando su experiencia y siguiendo sus orientaciones se logró la máxima perfección en una clase de actividad policial que se iniciaba en España por razón implacable de las circunstancias». El informe señalaba que «la colaboración de los repetidos técnicos fue cada vez más intensa, hasta llegarse a una compenetración de los servicios tan absoluta». En un primer momento, la ayuda se canalizó particularmente hacia la Brigada Especial.[49] Años más tarde, Grigulevich declaró que había sido «la mano derecha de Carrillo» en la Consejería de Orden Público.[50] De acuerdo con los archivos de la KGB, Carrillo llegó a establecer tal amistad con Grigulevich que años después lo eligió para que fuera el «padrino» laico de su hijo. Este último dato parece bastante inverosímil.[51]

Es evidente que Miaja, Rojo, Gorev y los principales líderes del Partido Comunista estaban ansiosos por resolver la cuestión de los prisioneros con la máxima urgencia. Esto significa que habrían aprobado la evacuación de los detenidos, pero no necesariamente las ejecuciones, aunque también es posible que lo hicieran. Lo que sí es probable es que, en el curso de las reuniones celebradas inmediatamente después de la creación de la Junta de Defensa, delegaran esta responsabilidad en los dos líderes del PCE. Ellos, que sí aprobaban la ejecución de los prisioneros, delegaron a su vez la organización de las operaciones en Carrillo, Cazorla y Serrano Poncela, quienes, para cumplir con su cometido, se sirvieron de miembros de las JSU a los que situaron en diversos puestos de la Dirección General de Seguridad. Contaban asimismo con la ayuda de Contreras (Vidali) y del Quinto Regimiento, y con la de Grigulevich y la Brigada Especial. Sin embargo, no podían hacer nada sin el beneplácito del movimiento anarquista, que controlaba las carreteras de entrada y salida de Madrid. Teniendo en cuenta que los anarquistas ya habían tomado y asesinado a varios prisioneros, no era muy probable que pusieran obstáculos ni a las evacuaciones ni a las ejecuciones. Pronto se verá que el acuerdo formal de los mandos de las milicias de la CNT no tardó en materializarse.

La sesión inaugural de la Junta de Defensa comenzó a las seis de la tarde del 7 de noviembre. Su presidente, José Miaja Menent, se dirigió a los asistentes para exponer el peligro de la situación, a la vista de la escasez de armas de la que adolecían las columnas todavía operativas y su moral hecha añicos por las continuas retiradas. Apenas había reservas, y el Ministerio de la Guerra se hallaba en una situación cercana al colapso.[52] Poco antes de que comenzara la reunión, alrededor de las cinco y media, Carrillo, que salía del despacho de Miaja en el Ministerio de la Guerra, tropezó con un representante de la Cruz Roja Internacional, el doctor Georges Henny, y con Felix Schlayer, el cónsul de Noruega. Carrillo los invitó a que se reunieran con él en su despacho en cuanto terminara la sesión plenaria. Antes de acudir a este encuentro, Schlayer y el delegado de la Cruz Roja fueron a la cárcel Modelo, donde se enteraron de que varios centenares de presos ya habían sido evacuados. De vuelta en el ministerio fueron amablemente recibidos por Carrillo, quien les aseguró que su determinación era proteger a los prisioneros e impedir cualquier asesinato. Cuando le contaron lo que acababan de saber en la cárcel Modelo, Carrillo respondió que no tenía noticia de ninguna evacuación. Schlayer reflexionó más tarde que, aun cuando esto fuera cierto, no se entiende por qué Carrillo y Miaja, tras ser informados de las evacuaciones, no hicieron nada para impedir que continuaran a lo largo de esa noche y en días sucesivos.[53]

Esa misma noche tuvo lugar una reunión entre algunos representantes no identificados de las JSU, que controlaban la recién constituida Consejería de Orden Público, y miembros de la Federación local de la CNT. En ella se discutió el problema de los prisioneros. La colaboración entre ambas formaciones políticas era necesaria, a pesar de la hostilidad que existía entre ellas, porque los comunistas dominaban la ciudad, controlaban a la Policía, las cárceles y los archivos de reclusos, mientras que los anarquistas, a través de las llamadas «Milicias de Etapas», controlaban las rutas de salida de la ciudad. La mañana del 8 de noviembre, en el curso de una reunión del Comité Nacional de la CNT, uno de los hombres que había participado en la discusión de la noche anterior, Amor Nuño Pérez, consejero de Industrias de Guerra en la Junta de

Defensa, ofreció un informe detallado de los acuerdos alcanzados con las JSU. El único registro que se conserva de este encuentro JSU-CNT es el informe de Nuño que figura en las actas del Comité Nacional de la CNT, actas que, lamentablemente, no recogen los nombres de los demás participantes en la citada reunión con representantes de las JSU. Es razonable suponer que, puesto que la reunión se celebró inmediatamente después de la sesión plenaria de la Junta de Defensa, la CNT estuviera representada por algunos de sus miembros en la Junta: Amor Nuño; su número dos, Enrique García Pérez; Mariano García Carrascales, consejero de Información, y el viceconsejero, Antonio Oñate, ambos de las Juventudes Libertarias. Es igual de razonable suponer que entre los representantes de las JSU figuraran al menos dos de los siguientes: Santiago Carrillo, José Cazorla o Segundo Serrano Poncela. La gravedad de la cuestión que allí se debatió, y los acuerdos prácticos que se alcanzaron, no permitían una representación de menor nivel. Al margen de quienes fueran los representantes de las JSU, es imposible que Carrillo, como consejero de Orden Público y secretario general de las JSU, no estuviera al corriente de la reunión.

Gregorio Gallego, que también estuvo presente en la reunión de la CNT, describió posteriormente a Amor Nuño, a quien conocía bien, con estas palabras: «Amor Nuño tenía, generalmente, más nervios y emoción que cabeza, y cuando le daba por reflexionar, cosa que ocurría raras veces, no se fiaba de sí mismo». En otra parte, Gallego escribió: «Amor Nuño, con su temperamento de ardilla, no podía permanecer quieto en ninguna parte. Lo suyo era estar al tanto de todo lo que pasaba sin comprometerse a fondo a nada».[54] El informe de Nuño afirmaba que los representantes de la CNT y las JSU acordaron, la noche del 7 de noviembre, clasificar a los prisioneros en tres grupos. El destino del primer grupo, compuesto de «fascistas y elementos peligrosos», sería la «ejecución inmediata, cubriendo la responsabilidad» (la responsabilidad tanto de quienes tomaron la decisión como de quienes la llevaron a cabo). El segundo grupo de prisioneros, a quienes se tenía por defensores del alzamiento militar, si bien por edad o profesión se consideraban menos peligrosos, sería trasladado a Chinchilla, una localidad próxima a Albacete. Los del tercer grupo, integrado por «elementos no comprometidos», serían puestos en libertad «con toda clase de garantías, sirviéndose de ellos como instrumento para demostrar a las embajadas nuestro humanitarismo». Este último comentario sugiere que quienquiera que representara a las JSU en dicha reunión estaba al corriente del encuentro previo entre Carrillo y Schlayer.[55]

La primera remesa de prisioneros ya había salido de Madrid a primera hora de la mañana del 7 de noviembre, presumiblemente siguiendo las órdenes de evacuación dadas por Pedro Checa en respuesta a la petición de Koltsov (Miguel Martínez). Así pues, los presos fueron evacuados y asesinados antes del acuerdo formal con la CNT pactado esa misma noche. No era de sorprender, pues tanto la CNT como la FAI tenían representación dentro de la Delegación de Orden Público de Serrano Poncela. A pesar de todo, el acuerdo con la CNT significaba que los siguientes convoyes no encontrarían problemas en los puestos de control instalados por los anarquistas en las carreteras de salida de la capital, a la vez que podrían contar con ayuda en la siniestra misión de ejecutar a los prisioneros. Los controles más eficaces de la CNT se encontraban en las carreteras de Valencia y Aragón, las que iban a usar los convoyes. Estas comitivas motorizadas, compuestas de autobuses de dos pisos y una flotilla de vehículos más pequeños, no habrían podido abandonar la ciudad sin la autorización, la colaboración o la connivencia de las patrullas de la CNT. Toda vez que Carrillo, Cazorla y Serrano Poncela lo sabían perfectamente, no es creíble que ordenaran la evacuación sin llegar a un acuerdo previo con la CNT-FAI, lo que desacredita plenamente la afirmación posterior de Carrillo de que los convoyes fueron secuestrados por los anarquistas. En cambio, es más que probable que los anarquistas participasen en las matanzas.

Las primeras decisiones adoptadas por Carrillo y sus colaboradores tuvieron dramáticas consecuencias. Jesús de Galíndez escribió más tarde:

> El mismo día 6 de noviembre se decide la limpieza de esta quinta columna por las nuevas autoridades que controlaban el Orden Público. La trágica limpieza fué desgraciadamente histórica; no caben paliativos a la verdad. En la noche del 6 de noviembre fueron sumariamente revisadas las fichas de unos seiscientos presos de la Cárcel Modelo y, comprobada su condición de fascistas, fueron ejecutados en el pueblecito de Paracuellos del Jarama. Dos noches después otros 400 presos eran idénticamente ejecutados; en total fueron 1.020. En días sucesivos, hasta el 4 de diciembre, la limpieza seguiría, aunque con cifras inferiores, en las demás cárceles provisionales.[56]

De hecho, lo que describía Galíndez debió de pasar después de la medianoche del 6 de noviembre y en las primeras horas de la mañana del 7. En algún momento de la mañana de ese 7 de noviembre, varios policías de la Dirección General de Seguridad y miembros de las Milicias de Vigilancia de Retaguardia se presentaron en la cárcel Modelo con órdenes para la evacuación de los prisioneros, firmadas por Manuel Muñoz. Los milicianos actuaban a las órdenes del inspector general de las MRV, Federico Manzano Govantes. Es un error, según figura en el resumen publicado de la Causa General, que estos hechos tuvieran lugar el 6 de noviembre. Ian Gibson ha demostrado que no hubo evacuaciones de prisioneros en esa fecha. Así, señala que los prisioneros que sobrevivieron a la matanza y más tarde escribieron memorias fiables de los sucesos (Antonio Caamaño Cobanela, alias «el Duende Azul», y el padre agustino Carlos Vicuña) no hacen mención a ninguna evacuación el día 6 de noviembre. En la entrada de su diario correspondiente a esta misma fecha, «el preso 831» solo se refiere a una visita de varios milicianos anarquistas que insultaron a los militares y a los curas, pero no se llevaron a nadie.[57]

Este dato ha sido confirmado por el importante testimonio de Felix Schlayer. El día 6, cuando visitó la cárcel Modelo con la intención de impedir una posible evacuación, Schlayer no vio nada. Sin embargo, la mañana del 7 de noviembre regresó a la prisión y vio en la puerta muchos autobuses que, según le explicaron, estaban allí para evacuar a los militares a Valencia.[58] Este detalle coincide con la gráfica descripción que Caamaño Cobanela, un preso de la cárcel Modelo, ofrece de los prisioneros obligados a formar a primera hora de la mañana del 7 de noviembre para ser evacuados. Caamaño refiere explícitamente que, tras ser sacados de sus celdas, los prisioneros estuvieron esperando en el patio con todas sus pertenencias, pero pasadas dos horas volvieron a encerrarlos.

Esa misma tarde, según las detalladas descripciones del padre Vicuña, Caamaño y G. Arsenio de Izaga, sacaron a muchos presos de sus celdas en dicha cárcel. Un grupo de milicianos armados acompañaba a dos hombres (¿quizá los envidados por Pedro Checa?) que llevaban las fichas amarillas de la prisión. Fueron nombrando a los presos por un altavoz, y a los que llamaban les ordenaban que recogieran sus pertenencias y esperaran abajo. No parece que la selección respondiera a una pauta calculada, pues entre los nombrados había una mezcla de oficiales, curas y civiles, tanto jóvenes como viejos. Los rumores eran inciertos: lo mismo se decía que iban a trasladarlos a prisiones externas a Madrid como que iban a asesinarlos. Cuando llegaron los autobuses, los hicieron formar en dos grupos, los ataron y los obligaron a dejar sus maletas. Además, los registraron y les requisaron los relojes, el dinero o cualquier objeto de valor.[59] A continuación, los cargaron en autobuses de dos pisos. Los convoyes, escoltados por coches y camiones en los que viajaban los milicianos, no pararon de ir y venir en los dos días siguientes.

Su destino oficial eran los centros penitenciarios situados lejos del frente, en Alcalá de Henares, Chinchilla y Valencia; sin embargo, solo 300 llegaron con vida. El convoy que transportaba al primer grupo de prisioneros, procedente de la cárcel de San Antón, fue detenido a 18 kilómetros de Madrid, en la carretera de Alcalá de Henares, en Paracuellos del Jarama. Allí sacaron violentamente a los prisioneros de los autobuses. Los milicianos, apostados al pie del monte que se alzaba sobre el pueblo, los insultaron primero y los fusilaron a continuación. A primera hora de esa noche, otra remesa de prisioneros, esta vez procedente de la cárcel Modelo, corrió la misma suerte. En la mañana del 8 de noviembre llegó un tercer grupo. El alcalde, Eusebio Aresté Fernández, se vio obligado a ordenar a todos los hombres capaces del pueblo (cuya población total era de 1.600 vecinos) a cavar enormes fosas para dar sepultura a los cerca de 800 cadáveres dejados por los milicianos. Cuando Paracuellos se vio desbordado, los convoyes se dirigieron a la localidad cercana de Torrejón de Ardoz, donde un canal de riego en desuso se utilizó para enterrar a cerca de 400 víctimas.[60] Muchos han asegurado que las fosas ya estaban preparadas.[61] El 8 de noviembre se practicaron nuevas sacas en la cárcel Modelo. Para entonces, los prisioneros ya estaban al corriente de los primeros fusilamientos en Paracuellos del Jarama y Torrejón de Ardoz.

Se sabe con certeza que a partir de las ocho de la mañana del sábado 7 de noviembre, 175 prisioneros fueron evacuados de la cárcel de San Antón, y esa misma tarde más de 900 salieron de la cárcel Modelo. Entre 185 y 200 fueron sacados de la cárcel de Porlier (entre la calle del General Porlier y la calle de Padilla, en el barrio de Salamanca). Entre 190 y 200 fueron evacuados de la cárcel de Ventas. Entre 1.450 y 1.545 prisioneros salieron ese día de las cuatro prisiones de Madrid. Hubo sacas de prisioneros los días 7, 8, 9, 18, 24, 25, 26, 27, 28, 29 y 30 de noviembre, además del 1 y el 3 de diciembre. La cárcel Modelo fue la que registró el mayor número de víctimas (970), pese a que las sacas se practicaron allí solo en los tres primeros días. El 16 de noviembre, los franquistas estaban tan cerca de Madrid que hubo que evacuar la prisión y trasladar a los presos a otras cárceles, como las de Porlier, Ventas, San Antón y Alcalá de Henares. La Modelo se usó como cuartel general de la columna de

Durruti y las Brigadas Internacionales, aunque estaba gravemente afectada por los bombardeos rebeldes. En la cárcel de Porlier hubo sacas los
días 7, 8, 9, 18, 24, 25 y 26 de noviembre, y 1 y 3 de diciembre. Un
total de 405 prisioneros de esa cárcel fueron asesinados en Paracuellos o
en Torrejón. Las sacas de San Antón, realizadas los días 7, 22, 28, 29 y 30
de noviembre, se saldaron con un total de 400 víctimas en Paracuellos o
en Torrejón. Otras cinco expediciones de prisioneros evacuados de San
Antón, dos de ellas el 7 de noviembre y otras tres los días 27, 28 y 29 del
mismo mes, llegaron a salvo a Alcalá de Henares. Las sacas de la cárcel de
Ventas, practicadas los días 27, 29, 30 de noviembre, y 1 y 3 de diciembre, concluyeron con unos 200 prisioneros asesinados en Paracuellos o
en Torrejón. Si bien no es posible calcular con absoluta exactitud el número de asesinatos cometidos en el curso de esas cuatro semanas, hay
pocas dudas de que fueron entre 2.200 y 2.500.[62]

Todas estas sacas se llevaron a cabo con documentación de la Dirección General de Seguridad en la que se indicaba que los prisioneros iban
a ser puestos en libertad o trasladados a Chinchilla. En los casos en que se
dio la orden de llevarlos a Alcalá de Henares, los prisioneros generalmente llegaron a salvo a su destino, lo que indica que «libertad» y «Chinchilla»
eran palabras en clave para ordenar su eliminación.[63] Ninguna de las órdenes específicas para la evacuación de los prisioneros fueron firmadas
por Carrillo ni por ninguno de los miembros de la Junta de Defensa.
Hasta el 22 de noviembre, dichas órdenes fueron firmadas por el número
dos de la Dirección General de Seguridad, el policía Vicente Girauta
Linares, quien poco después siguió a Manuel Muñoz hasta Valencia.
Posteriormente, de la firma se ocuparon el sucesor de Girauta, Bruno
Carreras Villanueva, o el sucesor de Muñoz en Madrid, Segundo Serrano
Poncela.[64] En la Causa General figuran varios documentos que llevan la
firma de Serrano Poncela, y en su versión publicada se reproducen dos
de ellos. El primero, fechado el 26 de noviembre de 1936, dice así: «Le
ruego a Vd. ponga en libertad a los individuos que se relacionan al dorso», y en él se incluyen 26 nombres. En el segundo, fechado el 27 de
noviembre, se solicita: «Sírvase poner en libertad los presos que se mencionan en la hoja adjunta y hoja segunda», y contiene 106 nombres.
Todos ellos fueron asesinados.[65] No se han encontrado órdenes explícitas
de ejecución, solo de «libertad» o «traslado» de prisioneros.

De acuerdo con la declaración del comunista Ramón Torrecilla
Guijarro, reclutado para trabajar en la Delegación de Orden Público la

noche del 6 de noviembre, todo el proceso fue dirigido por Segundo Serrano Poncela, supervisado por los miembros de la citada Delegación y llevado a cabo por agentes de la Dirección General de Seguridad. Estos últimos eran los policías y miembros de las Milicias de Vigilancia de Retaguardia encabezados por Federico Manzano Govantes a los que se alude en la Causa General. El propio Torrecilla Guijarro reconoció que tres miembros del Consejo, él mismo, Manuel Rascón Ramírez, de la CNT, y Manuel Ramos Martínez, de la FAI, junto con tres policías llamados Agapito Sainz, Lino Delgado y Andrés Urrésola, se presentaron en la cárcel Modelo pasadas las diez de la noche del 7 de noviembre. Serrano Poncela les había ordenado seleccionar a los presos, así que comenzaron a revisar las fichas y a dividirlos entre militares, profesionales y aristócratas, trabajadores y hombres de profesión desconocida.

En algún momento comprendido entre las tres y las cuatro de la madrugada, cuando estaban en mitad de la tarea, llegó a la cárcel su jefe, Serrano Poncela, quien, dada la urgencia de la situación, ordenó que prepararan a los que ya habían seleccionado para subirlos de inmediato a los autobuses. Al parecer dijo que esto era en cumplimiento de las órdenes que Ángel Galarza le había dado por teléfono desde Tarancón el 6 de noviembre, y acto seguido añadió que quienes se encontraran al cargo de la expedición que se estaba preparando debían saber que se trataba de una «evacuación definitiva», presumiblemente la muerte. Así, el proceso de clasificación quedó abandonado. Una vez más volvieron a atar a los presos por las muñecas, generalmente de dos en dos, y los despojaron de todos sus objetos de valor. Entre las nueve y las diez de la mañana del día siguiente, 8 de noviembre, llegaron entre siete y nueve autobuses de dos pisos y dos de un solo piso. Cargaron a los prisioneros, y el convoy partió escoltado por milicianos armados en compañía de Manuel Rascón Ramírez y los tres policías ya mencionados, Agapito Sainz, Lino Delgado y Andrés Urrésola.[66] En las declaraciones de los hombres que más tarde fueron interrogados por la Policía franquista no se menciona en ningún momento que estos u otros convoyes tuvieran dificultades para sortear los controles de las milicias anarquistas en las carreteras de Madrid, lo que sugiere que el acuerdo alcanzado la noche del 7 de noviembre entre la CNT y las JSU ya se estaba aplicando. La presencia de Rascón Ramírez con la expedición habría agilizado su paso por los controles anarquistas.[67]

Lo ocurrido esa mañana del 8 de noviembre en la cárcel Modelo fue al parecer la norma habitual en las sacas subsiguientes. A partir de ese día,

Carrillo comenzó a adoptar una serie de medidas que garantizarían el control de las fuerzas de seguridad en la capital por parte de los comunistas y acabarían con la plétora de unidades policiales paralelas. El 9 de noviembre, Carrillo emitió dos decretos que serían un paso decisivo para el control centralizado de la Policía y las fuerzas de seguridad. El primero exigía la entrega de todas las armas que se hallaran en manos no autorizadas. El segundo dejaba claro que «la vigilancia del interior de la capital» quedaría bajo responsabilidad exclusiva de la Consejería de Orden Público. Esto último significaba la disolución de todas las checas, aunque pasó bastante tiempo entre el anuncio del decreto y su implementación total.[68] En todo caso, la situación creada por el asedio rebelde permitió a la Consejería de Orden Público de Carrillo imponer por decreto de emergencia las medidas que el gobierno no había sido capaz de establecer. No obstante, se produjo un lapso considerable entre el anuncio del decreto y su implementación efectiva. Los anarquistas resistieron cuanto pudieron y los comunistas nunca llegaron a cerrar algunas de sus checas.

Poco después de tomar posesión del cargo, Carrillo convocó una reunión con los representantes del Comité Provincial de Investigación Pública para recordarles que dicho organismo, como había dicho Manuel Muñoz cuando fue creado, era una estructura temporal, en tanto se purgara la Dirección General de Seguridad, hecho lo cual algunos de sus miembros se incorporarían al Cuerpo de Policía. Carrillo anunció que ese momento había llegado.[69] Así, mediante un decreto del 9 de noviembre, los servicios de vigilancia e investigación volvían a las manos de la Policía, a la vez que se suprimían todos los demás grupos dirigidos por sindicatos y partidos políticos. El decreto supuso el fin del Comité Provincial de Investigación Pública, también conocido como «Checa de Fomento». Lo cierto es que algunos de sus miembros, como Manuel Rascón Ramírez y Manuel Ramos Martínez, ya estaban trabajando para la Delegación de Orden Público. El tesorero de la Checa de Fomento hizo entrega de 1.750.000 pesetas en metálico, una cantidad de oro por un valor aproximado de 600.000 pesetas y 460 cofres llenos de valiosos enseres, como plata, porcelana, relojes, radios, etc., confiscados a los detenidos y en los registros domiciliarios. Las joyas se habían ido entregando con regularidad a la Dirección General de Seguridad.[70]

Estas reformas incluían explícitamente «todo cuanto se relacione con el mantenimiento de detenciones y libertades, así como también con el movimiento, traslado, etc., de los detenidos». En cada una de las doce principales comisarías de Madrid se constituiría un «consejillo» formado por el comisario y otros dos policías. Los doce consejillos quedarían bajo el mando global de la Delegación de Orden Público, en el marco de la Dirección General de Seguridad. Este órgano estaba integrado por ocho delegados y presidido por Segundo Serrano Poncela, mientras que el subdirector general de Seguridad, Vicente Girauta Linares, asumió las funciones de vicepresidente y asesor técnico. Uno de sus ocho delegados, Arturo García de la Rosa, contó a Ian Gibson que la Delegación empezó a funcionar en las primeras horas de la mañana del 7 de noviembre. Así lo confirmó Ramón Torrecilla al ser interrogado en noviembre de 1939, lo que viene a respaldar lo declarado por el propio Carrillo, quien reconoció que su equipo ya estaba operativo antes de ser nombrado oficialmente por Miaja a las once de la mañana, y desde luego antes de que se celebrara la primera reunión de la Junta de Defensa, a última hora de la tarde.[71]

Dos semanas después de la creación de la Delegación de Orden Público en la DGS, Vicente Girauta siguió a Manuel Muñoz hasta Valencia y fue sustituido por Bruno Carreras Villanueva, que había sido representante del Partido Sindicalista de Ángel Pestaña en el seno del Comité Provincial de Investigación Pública. Más tarde fue aceptado como policía profesional, y no tardó en ser nombrado comisario de Buenavista, cargo que englobaba el de comisario general, con autoridad sobre el resto de los comisarios, y que de hecho lo convertía en el número dos de la Dirección General de Seguridad.[72] Todo lo anterior señala inequívocamente que Segundo Serrano Poncela era quien controlaba las funciones de la DGS, si bien debe señalarse que este, a su vez, seguía órdenes de Carrillo o de su mano derecha, José Cazorla.

La Delegación presidida por Serrano Poncela absorbió las funciones, y buena parte del personal, del Comité Provincial de Investigación Pública. La vigilancia de las carreteras de acceso a la capital quedó en manos de la Policía, la Guardia de Asalto y las MVR, coordinadas por la Delegación de Orden Público. Además de contar con un delegado en cada comisaría, la Delegación de Orden Público tenía un representante en todas las principales prisiones de Madrid. Según Carrillo, solo la CNT se opuso a estas medidas. De hecho, el cierre de la checa de Sandoval, instalada en el cine Europa, costó tiempo y esfuerzo, y finalmente requirió la intervención de la Guardia de Asalto. Las medidas adoptadas por Carrillo supusieron la institucionalización de la represión bajo el mando del Consejo en el seno de la DGS, dominado por los comunistas pese a la presencia de dos miembros de la CNT-FAI. Sin embargo, muchos antiguos miembros de los grupos que integraban el Comité Provincial de Investigación Pública pasaron a ser policías, en virtud del decreto por el que se constituían las Milicias de Vigilancia de Retaguardia.[73] De este modo el PCE pudo impulsar la reconstrucción del estado republicano, una tarea necesaria desde que el golpe militar hizo añicos el aparato gubernamental.

Las funciones de la Delegación de Serrano Poncela se repartieron entre tres comisiones. La primera se ocupaba de los interrogatorios y propuestas de libertad y estaba presidida por Manuel Rascón Ramírez, de la CNT. Una vez efectuados los interrogatorios, esta comisión formulaba sus recomendaciones a la Delegación, y Carrillo se ocupaba de tomar las decisiones finales. Este procedimiento era enteramente compatible con los acuerdos alcanzados entre las JSU y la CNT en su reunión de la noche del 7 de noviembre. La segunda comisión, presidida por el propio Serrano Poncela, se ocupaba de las cárceles, de los presos y de su traslado. De acuerdo con el testimonio de Manuel Rascón, la comisión se sirvió de la Escuadrilla del Amanecer, así como de pequeños grupos de milicianos constituidos en cada una de las prisiones, para examinar las fichas de los presos. Felipe Sandoval dirigía uno de estos grupos en la cárcel de Porlier. La tercera comisión supervisaba las actividades de la Policía y de otros grupos armados, más o menos oficiales, que actuaban en la retaguardia. Su presidencia recayó sobre otro estrecho colaborador de Cazorla y miembro de las JSU, Santiago Álvarez Santiago, y su misión era la de evaluar la fiabilidad de los miembros de la Policía, además de decidir quiénes de los integrantes de las antiguas checas podían incorporarse al cuerpo policial. Para desempeñar todas estas funciones, la nueva Delegación de Orden Público tenía a su disposición los archivos y al personal de la Sección Técnica de la DGS.[74]

Los procedimientos que se aplicarían entre el 18 de noviembre y el 6 de diciembre se establecieron el 10 de noviembre, en una reunión de la Delegación de Orden Público, también conocida como Consejo de la Dirección General de Seguridad. Serrano Poncela dividió sus objetivos en tres grupos: militares con grado de capitán o superior, falangistas y otros derechistas. Esta clasificación coincidía aproximadamente con lo acordado el 7 de noviembre entre los miembros de las JSU y la CNT-FAI, encuentro en el que casi con toda seguridad estuvo presente Serrano Poncela. Rascón Ramírez, de la CNT, y Torrecilla Guijarro, del PCE, se ocuparon de supervisar el proceso y designar a los responsables de seleccionar a los prisioneros para ser ejecutados. Rascón y Torrecilla nombraron a un «responsable» y un segundo de a bordo en cada una de las prisiones, quienes a su vez establecieron varios tribunales compuestos por tres hombres que se encargaban de la selección de los presos. Una vez que estos tribunales confeccionaban sus listas, se las llevaban a Rascón, y este las entregaba a Serrano Poncela, que firmaba las órdenes de «liberación», es decir, de ejecución. Según lo declarado por Torrecilla, los prisioneros que llegaban sanos y salvos a su destino eran los que no figuraban en las listas de ejecución elaboradas por los tribunales de los centros penitenciarios. Serrano Poncela debía dar parte diario del desarrollo del procedimiento a Carrillo en su despacho de la Junta de Defensa (con sede en el palacio de Juan March, en la calle de Núñez de Balboa, del barrio de Salamanca). También Carrillo visitaba a menudo a Serrano Poncela en el despacho de este, sito en la calle de Serrano n.º 37, muy cerca de su propia sede.[75]

La declaración de otro policía, Álvaro Marasa Barasa, ha confirmado que era Serrano Poncela quien daba las órdenes. De hecho, los tribunales establecidos a raíz de los sucesos que se vivieron el mes de agosto en la cárcel Modelo ya habían elaborado listas de candidatos a la ejecución, y algunos ya habían sido ejecutados a lo largo de los meses de septiembre y octubre. A partir de noviembre, los agentes se presentaban en las prisiones bien entrada la noche, con una orden general para la liberación de los presos firmada por Serrano Poncela, al dorso de la cual, o en hoja aparte, figuraba la lista de los elegidos. El director de la cárcel entregaba a los detenidos para que los trasladaran a dondequiera que Serrano Poncela hubiese indicado verbalmente a los agentes. La fase posterior del proceso (el transporte y la ejecución de los presos en las primeras horas de la mañana siguiente) se realizaba bajo la supervisión del inspector general de las MVR, Federico Manzano Govantes, o del hombre en quien este hubiera delegado sus funciones ese día. De la tarea se ocupaban distintos grupos de milicianos, a veces anarquistas de las milicias de retaguardia, a veces comunistas de la checa habilitada en la calle del Marqués de Riscal, y a veces hombres del Quinto Regimiento. Obligaban a los prisioneros a desprenderse de todas sus pertenencias, que eran entregadas a Santiago Álvarez Santiago. A continuación, los ataban de dos en dos y los cargaban en los autobuses. Normalmente, Manuel Rascón o Arturo García de la Rosa acompañaban a la expedición y asestaban el tiro de gracia a los prisioneros que no morían por los disparos de los milicianos.[76]

El lunes 9 de noviembre, tal como llevaba haciendo desde hacía dos meses, Jesús de Galíndez, del PNV, acudió a la cárcel Modelo en busca de algunos presos vascos cuya liberación había sido aprobada por la DGS. Ese día, sin embargo, advirtió un cambio drástico. La prisión estaba en manos de milicianos que se negaban a aceptar las órdenes de liberación que De Galíndez les mostraba. Tras una enardecida discusión, los milicianos se avinieron a cumplir las órdenes. Sin embargo, cuando Jesús de Galíndez ya se marchaba, su chófer le dijo que, mientras lo esperaba en el coche, había visto llegar un camión cargado de milicianos, a quienes uno de los centinelas había saludado diciendo: «Hoy no os quejaréis, que habéis tenido carne en abundancia». De Galíndez interpretó estas palabras como una alusión a los fusilamientos realizados el sábado, 8 de noviembre.[77]

Es inimaginable que, si De Galíndez sabía lo que estaba ocurriendo, Carrillo no lo supiera. Así se demuestra en las actas de la reunión de la Junta de Defensa celebrada la noche del 11 de noviembre de 1936. El consejero de Evacuación, Francisco Caminero Rodríguez (de las Juventudes Libertarias), preguntó si se había evacuado la cárcel Modelo. Carrillo respondió que se habían tomado las medidas necesarias para la evacuación de los presos, si bien la operación había tenido que suspenderse. A esto intervino el comunista Isidoro Diéguez Dueñas, número dos de Antonio Mije en la Consejería de Guerra: «Pide que continúe haciendo la evacuación, por ser un problema grave el número de presos que existe». Carrillo replicó que la suspensión había sido necesaria por las protestas del cuerpo diplomático, en posible alusión a su encuentro con Schlayer. Aunque el acta es muy escueta, puede deducirse de ella que Carrillo expuso las protestas diplomáticas por las matanzas de prisioneros perpetradas en las afueras de Madrid, así como los problemas encontrados con los controles anarquistas en las carreteras, ya que Diéguez, según figura en el acta, tomó la palabra a continuación: «Pide que se acabe con anormalidades tales como la vigilancia ejercida por personas sin autoridad». Insinuó que dichas «anormalidades» eran responsabilidad de la CNT. Carrillo repuso que el problema estaba casi resuelto, al ser sustituidos los milicianos de Vigilancia de Retaguardia por «agentes de la Autoridad». Y manifestó que «estaba dispuesto a proceder con toda energía para cortar abusos y arbitrariedades». Asimismo, afirmó que se estaban requisando las armas a quienes no podían justificar su posesión.[78] Estas últimas declaraciones quedaban en parte confirmadas por los decretos emitidos el día anterior; también demuestran fehacientemente que Carrillo sabía lo que se estaba haciendo con los presos, aunque solo fuera por las quejas de Schlayer. Además, aclaran la ambigua posición de Carrillo y el PCE, que eran a la vez legisladores y violadores de la ley. La centralización tenía el propósito de reconstruir las estructuras de la ley y el orden y acabar con los excesos de los anarquistas y otros grupos incontrolados. Sin embargo, una vez habilitadas estas estructuras, el PCE y las milicias anarquistas se sirvieron de ellas para combatir al enemigo interior.

Tras las ejecuciones en masa de los días 7 y 8 de noviembre, no hubo más sacas hasta el 18 de ese mismo mes, cuando se reanudaron, a menor escala, hasta el 6 de diciembre. Jesús de Galíndez, que estaba en contacto tanto con la DGS como con las distintas cárceles de la ciudad, por sus esfuerzos para conseguir la liberación de presos vascos y miembros del clero, ha descrito cómo se desarrolló el proceso. Su relato coincide ampliamente con los testimonios de Torrecilla Guijarro y Marasa Barasa. Los tribunales examinaban los antecedentes de los prisioneros para decidir si eran peligrosos: a estos los ejecutaban. Quienes contaban con alguien que intercediera por ellos quedaban en libertad. Otros continuaban en prisión. De todos modos, se cometieron errores, como demuestra el hecho de que sobrevivieran notorios enemigos de la República al tiempo que hombres del todo inocentes fueran ejecutados. Entre los supervivientes se encontraba Manuel Valdés Larrañaga, un falangista nombrado más tarde por Franco embajador en la República Dominicana; Agustín Muñoz Grandes, futuro ministro de la Guerra y vicepresidente del gobierno franquista; y Raimundo Fernández Cuesta, uno de los principales líderes falangistas. Fernández Cuesta quedó en libertad más tarde tras realizarse un canje de prisioneros, a cambio de Justino de Azcárate, y también acabó siendo ministro de Franco.[79]

Un preso recluido en la cárcel de Porlier declaró que Felipe Sandoval dirigía uno de los tribunales de la prisión, conocido como «tribunal de la muerte». Como sus miembros solían estar borrachos, sus decisiones eran siempre arbitrarias. Lo cierto es que el proceso de selección debería haberse visto facilitado por los exhaustivos archivos que se conservaban en la Sección Técnica de la Dirección General de Seguridad. En ellos se custodiaban los expedientes de todos los detenidos desde el comienzo de la guerra, con los motivos de la detención así como los detalles del destino del detenido: liberación, encarcelamiento, juicio, ejecución. La Sección también tenía los archivos de los grupos de derechas capturados por diversos grupos de milicianos y volcados posteriormente en un gran registro general de la DGS. No había demasiada documentación sobre la Falange, que logró destruir sus archivos, pero sí se conservaban casi íntegramente los archivos de Acción Popular, las organizaciones carlistas y la Unión Militar Española. Tras constituirse la Junta de Defensa, todos los archivos de la Sección Técnica fueron entregados a la Delegación de Orden Público.[80]

Las sacas y las ejecuciones, conocidas bajo el nombre genérico de «Paracuellos», constituyeron la mayor atrocidad cometida en territorio republicano durante la Guerra Civil española, y su horror puede explicarse, aunque no justificarse, por las aterradoras condiciones de la capital sitiada. A diferencia de otras sacas anteriores, desatadas por la ira popular tras los bombardeos aéreos o las noticias de la barbarie rebelde que traían consigo los refugiados, estos asesinatos fueron fruto de decisiones político-militares. Era la Consejería de Orden Público la que se encargaba de organizarlas, aunque nunca habrían podido llevarse a cabo sin la ayuda de otros elementos en las milicias de la retaguardia. Poco se supo en su momento de los sucesos ocurridos en Paracuellos y Torrejón, puesto que la prensa no ofreció ninguna información al respecto. Sin embargo, varios miembros del cuerpo diplomático emprendieron una investigación para esclarecer lo ocurrido. Sus impulsores fueron el decano del cuerpo diplomático y embajador de Chile, Aurelio Núñez Morgado; el encargado de negocios de Argentina, Edgardo Pérez Quesada; el cónsul británico, George Ogilvie-Forbes; Felix Schlayer, y el doctor Georges Henny, representante de la Cruz Roja Internacional.

El gobierno recibió un auténtico aluvión de protestas diplomáticas, sobre todo de los dos diplomáticos más abiertamente prorrebeldes, Schlayer y Aurelio Núñez Morgado. Las simpatías del embajador chileno por la causa franquista lo llevaron a cruzar las líneas republicanas en compañía de los representantes de Rumanía y Argentina para dirigirse a los rebeldes en Toledo en nombre del cuerpo diplomático.[81] La posición de Schlayer era extremadamente cuestionable, habida cuenta de su nacionalidad alemana. Ogilvie-Forbes incluso se preguntó: «¿Qué posición ocupa exactamente Schlayer, quien a veces se hace llamar embajador de Noruega?».[82] Según el testimonio ofrecido por la mujer del corresponsal de la agencia Reuters, Julio Álvarez del Vayo «se ha mostrado de lo más insultante con el noruego Schlayer y ha escrito al gobierno de Noruega para exigir su destitución».[83] A pesar de su rotunda oposición a la República, las protestas de Schlayer y Núñez Morgado motivaron

493

la intervención del representante de la Cruz Roja, Georges Henny, quien consiguió de la Junta de Defensa una lista con los nombres de los 1.600 prisioneros evacuados de la cárcel Modelo, 1.300 de los cuales nunca llegaron a Alcalá de Henares.[84]

Schlayer se desplazó a Torrejón en compañía de Henny y de Pérez Quesada, donde pudieron comprobar que la tierra estaba removida, y de ella asomaban brazos y piernas.[85] Sir Robert Vansittart, el principal asesor diplomático del Foreign Office, levantó acta del informe oficial sobre los primeros asesinatos enviado por Ogilvie-Forbes: «Se trata de un cuento macabro, interpretado por macabros gángsters, en cuyas manos el mal llamado "gobierno" ... es una broma pesada. Supongo que los del otro bando cometerán los mismos horrores».[86]

Lo cierto es que los diplomáticos británicos rara vez reconocían las atrocidades cometidas por los rebeldes y nunca veían las diferencias entre lo que ocurría en una y otra zona. Mientras que las autoridades rebeldes respaldaron activamente los actos de barbarie cometidos durante la guerra y una vez terminada esta, la firme actuación del gobierno republicano puso coto al terror tras los cinco primeros meses de la guerra. Vale la pena citar en este contexto el comentario del periodista neozelandés Geoffrey Cox: «Los focos publicitarios, dirigidos sobre estas ejecuciones no autorizadas, son, irónicamente, un claro reflejo de la oposición del gobierno español a tales acciones. Y es que buena parte de la información ha sido posible gracias a la libertad con que el Gobierno ha discutido el problema con las autoridades extranjeras y las delegaciones de visita en el país».[87]

Tras las sacas masivas de los días 7 y 8 de noviembre se produjo un breve intervalo gracias a la intervención del anarquista Melchor Rodríguez y de Mariano Sánchez Roca, subsecretario del Ministerio de Justicia. Las evacuaciones se realizaron en ausencia del ministro de Justicia, García Oliver, y de su director general de Prisiones, Juan Antonio Carnero, que se marcharon a Valencia con el resto del gabinete. Horrorizados por lo que estaba ocurriendo, el presidente del Tribunal Supremo, Mariano Gómez, y el secretario general del Colegio de Abogados, Luis Zubillaga, enviaron a García Oliver un telegrama para solicitar una vez más el nombramiento de Melchor Rodríguez como responsable de las cárceles madrileñas. Sánchez Roca consiguió convencer a García Oliver para que nombrara a Melchor Rodríguez inspector especial de Prisiones. Sánchez Roca era un abogado sindicalista que había representado a varios militantes de la CNT, incluido el propio Melchor Rodríguez. Sorprendentemente, García Oliver aceptó la propuesta. Se desconoce si esto tuvo alguna relación con las protestas diplomáticas, aunque, como se verá enseguida, otros miembros del gobierno ya tenían noticia de las sacas y estaban consternados. El 9 de noviembre, antes de que su nombramiento se anunciara formalmente, Melchor Rodríguez pasó a ocupar el cargo. Cinco días más tarde, cuando su designación se hizo pública oficialmente, Rodríguez ya había renunciado.[88]

Cuando Melchor Rodríguez asumió *de facto* el puesto de director general de Prisiones, sus poderes eran sumamente imprecisos, por no decir discutibles. Pese a todo, su primera iniciativa, tomada la noche del 9 de noviembre, resultó decisiva. Juan Batista, jefe de servicios de la cárcel Modelo, le comunicó que se estaba preparando una saca de 400 prisioneros, y Rodríguez se presentó en la cárcel a medianoche para prohibir cualquier evacuación, a la vez que mandó salir a todos los milicianos, que hasta el momento campaban a sus anchas por el recinto penitenciario. Impidió la liberación de presos entre las seis de la tarde y las ocho de la mañana, con el propósito de evitar que los mataran, e insistió en que acompañaría personalmente a los presos que fueran trasladados a otras cárceles. De este modo garantizó que no se produjera ninguna saca entre el 10 y el 17 de noviembre. Su siguiente objetivo fue sacar a los milicianos de las prisiones para que los funcionarios volvieran a ocupar sus puestos.[89] Explicó sus intenciones a Schlayer y Henny. Schlayer escribió a Melchor Rodríguez, en nombre del cuerpo diplomático, a fin de confirmar lo prometido:

> Que usted considera a los presos prisioneros de Guerra y que está decidido a evitar que sean asesinados, excepto como consecuencia de dictamen judicial; que usted va a llevar a cabo la división de los presos en tres categorías, en primer lugar la de aquellos que son considerados enemigos peligrosos y a los que tiene usted la intención de trasladarlos a otras cárceles como Alcalá, Chinchilla y Valencia; en segundo lugar los dudosos, aquellos que han sido juzgados por tribunales; y en tercer lugar los restantes que han de ser puestos inmediatamente en libertad.

La alusión a los tres tipos de prisioneros sin duda reflejaba el hecho de que Melchor Rodríguez había estado presente en la reunión de la CNT donde Amor Nuño informó del acuerdo con las JSU.[90]

Melchor Rodríguez seguía teniendo personas escondidas en el palacio de Viana, donde estableció su cuartel general. Esta circunstancia, sumada a su decisiva intervención en las cárceles de la ciudad, estaba provocando tensiones en el seno del Comité de Defensa de la CNT, singularmente implicado en la matanza de prisioneros. Amor Nuño, secretario del comité local, era uno de los líderes anarquistas más hostiles, y había llegado a un acuerdo con la Consejería de Orden Público para la evacuación y la eliminación de los detenidos. García Oliver y Carnero aparecieron inesperadamente en Madrid el 13 de noviembre. En el curso de una tensa discusión, García Oliver comunicó a Melchor que había recibido varios informes sobre sus actividades y sus enfrentamientos con el Comité de Defensa, y dejó muy claro que no aprobaba las iniciativas adoptadas para impedir el asesinato de los prisioneros. Lejos de mostrarse conciliador, Melchor exigió castigo para los responsables de las matanzas. Cuando García Oliver le pidió que fuera razonable, Melchor le lanzó a la cara su carta de dimisión. El nombramiento de Melchor se envió a *La Gaceta* oficial el 12 de noviembre, pero no se publicó hasta después del enfrentamiento con García Oliver. Las sacas se reanudaron cuando Melchor Rodríguez renunció a su cargo.[91] Hasta que volvió a ocupar el puesto a principios de diciembre, trabajó por su cuenta para impedir las ejecuciones practicadas por los milicianos anarquistas que todavía operaban desde la checa del cine Europa, en claro desafío al decreto de Carrillo del 9 de noviembre.[92]

Mientras tanto, el 10 de noviembre, Manuel Irujo, el católico vasco que había sido ministro sin cartera en el gobierno de Largo Caballero, tuvo noticia, a través de su representante en Madrid, Jesús de Galíndez, tanto de los asesinatos cometidos en los días previos como de las iniciativas de Melchor Rodríguez. Al saberlo, envió un teletipo al despacho del general Miaja desde Barcelona, donde se encontraba para reunirse con el presidente Azaña:

> He tenido noticias de haberse producido en las cárceles [en] días pasados hechos lamentables, como consecuencia de los cuales han sido fusilados gran número de detenidos, sirviéndose las milicias, para extraerlos de las cárceles, de órdenes de traslado suscritas por la Dirección General de Seguridad, y me interesa conocer el número de víctimas, las cárceles de donde hayan sido extraídos, las personas que hayan autorizado esas extracciones y las medidas de gobierno que hayan sido adoptadas con relación a tales hechos, lo cual me es preciso para informar al Jefe del Estado al que por disposición del Gobierno acompaño en su estancia en esta ciudad.

La contestación del ayudante de Miaja fue que desconocía por completo los hechos denunciados por el ministro. Al día siguiente, el 11 de noviembre, Irujo y José Giral, que era también ministro sin cartera, exigieron explicaciones al ministro de la Gobernación, Ángel Galarza. La vaguedad de su respuesta demostraba a las claras que estaba al corriente de las evacuaciones de los presos, si bien atribuía las muertes a la furia de las familias de las víctimas de los bombardeos aéreos.[93]

En los documentos de Azaña figura una anotación interesante en este sentido. Al parecer habló con Irujo sobre la situación en las cárceles de Madrid después de que Irujo y Giral escribieran a Miaja para pedirle explicaciones sobre lo que estaba ocurriendo. Azaña anotó en su libreta: «Referencias del Consejo de Ministros por Irujo: Dureza de García Oliver que hay que hacer la guerra cruel. El fusilamiento de 80 oficiales después de invitarles a servir a la República. "Y no me arrepiento de lo hecho", exclama G. según Irujo ... Que un inspector de prisiones de la FAI, había impedido nuevas "entregas" de presos».[94] Esto último era una alusión a Melchor Rodríguez.

El discurso que pronunció Santiago Carrillo el 12 de noviembre desde los micrófonos de Unión Radio cobra mayor significado si tenemos en cuenta que Azaña, Irujo, Giral y Galarza estaban al corriente de las sacas. Carrillo comenzó su alocución con una declaración un tanto curiosa y acaso innecesaria:

> Cuando comenzamos la misión encomendada por el Gobierno a la Junta de Defensa de organizar y dirigir la de Madrid, hubo quien creyó que esta Junta había de dedicarse a realizar una serie de desmanes que los enemigos de la República y de las libertades del proletariado esperaban para atacar con más saña los intereses que nosotros representamos. Los días que la Junta lleva trabajando han servido para demostrar que la Junta no ha venido para realizar atropellos ni arbitrariedades.

Esta afirmación, tan extraña como gratuita, fue seguida, y desmentida, por lo que cabe considerar como un reconocimiento de las medidas que se estaban tomando contra los prisioneros:

> La resistencia que pudiera ofrecerse desde el interior está garantizado que no se producirá, ¡que no se producirá! Porque todas las medidas, absolutamente todas, están tomadas para que no pueda suceder en Madrid ningún conflicto ni ninguna alteración que pueda favorecer los planes que el

enemigo tiene con respecto a nuestra ciudad. La «quinta columna» está camino de ser aplastada, y los restos que de ella quedan en los entresijos de la vida madrileña están siendo perseguidos y acorralados con arreglo a la ley, con arreglo a todas las disposiciones de justicia precisas; pero sobre todo con la energía necesaria para que en ningún momento esa «quinta columna» pued[a] alterar los planes del Gobierno legítimo y de la Junta de Defensa.[95]

Dos días después de esta retransmisión radiofónica, la Junta de Defensa hizo pública una declaración que llevaba por título «Para deshacer una vil campaña»:

> A la Junta de Defensa de Madrid han llegado noticias de que las emisoras facciosas han lanzado informaciones recogidas de periódicos extranjeros sobre malos tratos a los detenidos fascistas. En vista del conato de campaña que con ella se ha comenzado a realizar, se han visto obligados los consejeros a declarar ante España y ante las naciones extranjeras que cuanto se diga de este asunto es completamente falso. Ni los presos son víctimas de malos tratos, ni menos deben temer por su vida. Todos serán juzgados dentro de la legalidad de cada caso. La Junta de Defensa no ha de tomar ninguna otra medida, y no sólo no permitirá que nadie lo haga, sino que en este aspecto los que en ellos intervienen y han intervenido lo ejecutarán dentro del orden y de las normas establecidas.[96]

Tras la reanudación de las sacas, el 18 de noviembre, Henry Helfant, el agregado comercial de la embajada de Rumanía, Schlayer y Núñez Morgado presionaron al gobierno para que restituyera a Melchor Rodríguez en el cargo de delegado de Prisiones. A las presiones se sumaron Luis Zubillaga y Mariano Gómez. Finalmente, el 25 de noviembre García Oliver llamó por teléfono a Melchor Rodríguez y le pidió que se reuniera con él en Valencia. Tres días más tarde, cuando Rodríguez estaba en camino, su coche fue objeto de una emboscada por parte de un grupo de la FAI, pese a lo cual logró llegar a la cita con García Oliver. Las condiciones impuestas por Rodríguez fueron que la dirección de las distintas prisiones quedara en manos de hombres de su absoluta confianza y que se castigara a los culpables de las atrocidades. García Oliver le ofreció el cargo de delegado de Prisiones de Madrid y Alcalá de Henares. Unos días más tarde, Melchor Rodríguez tuvo una entrevista con el ministro de la Gobernación, Ángel Galarza, quien respaldó su nombramiento y lo hizo público el 1 de diciembre. De vuelta en Madrid, Rodríguez impidió nuevamente las sacas, expulsó a los milicianos de las cárceles y los sustituyó por guardias de asalto, y detuvo a algunos hombres acusados de asesinato, extorsión y chantaje. Tuvo la fortuna de contar con el apoyo pleno del subsecretario del Ministerio de Justicia, Mariano Sánchez Roca.[97]

El 1 de diciembre de 1936, la Junta de Defensa cambió su nombre por el de Junta Delegada de Defensa de Madrid, por orden de Largo Caballero, profundamente disgustado por la aureola de heroísmo que coronaba a Miaja desde que había comenzado a dirigir la resistencia de la población madrileña contra el asedio de las tropas franquistas. Largo Caballero se proponía con esta medida limitar lo que veía como excesiva independencia de la Junta y subrayar su sometimiento al gobierno en Valencia. Con el reajuste, Amor Nuño pasó al puesto de consejero delegado de Transportes.[98] Se desconoce la fecha exacta en que Serrano Poncela abandonó la Delegación de Orden Público, si bien se sabe que fue a principios de diciembre. Seguía ocupando el cargo de director general de Seguridad en Madrid cuando, el 4 de diciembre, supervisó un asalto contra la embajada finlandesa, donde se habían escondido numerosos quintacolumnistas. José Cazorla pasó a sustituirlo en sus responsabilidades cotidianas.

Al final de la guerra, Serrano Poncela ofreció a Jesús de Galíndez un relato bastante inverosímil de por qué había dejado la Delegación de Orden Público. Afirmó que no tenía la menor idea de que expresiones como «traslado a Chinchilla» o «poner en libertad», que figuraban en las órdenes que había firmado, significaran que los presos en cuestión iban a ser ejecutados. El uso de esta clave podría haber sido la manera de ocultar la responsabilidad de los culpables, tal como sugiere la frase «cubriendo la responsabilidad» que figura en el acta de la reunión celebrada la noche del 7 de noviembre. Serrano Poncela le dijo a De Galíndez que las órdenes se las daba Santiago Carrillo y que él se limitaba a firmarlas. Si decía la verdad, no se entiende por qué supervisó la saca de la cárcel Modelo los días 7 y 8 de noviembre. Serrano Poncela añadió que, en cuanto se dio cuenta de lo que estaba ocurriendo, renunció a su cargo y poco después abandonó el Partido Comunista.[99] Esto no es del todo cierto, puesto que siguió ocupando el importante puesto de secretario de Propaganda de las JSU hasta bien entrado 1938. En una asombrosa carta que envió al Comité Central, en marzo de 1939, Serrano Poncela aseguraba que no abandonó el partido hasta que se encontró en Francia, en febrero de 1939, con lo que daba a entender que si no lo hizo antes fue porque temía por su vida. En la misma misiva manifestaba el malestar que le producía su pasado en el PCE y señalaba que el partido le había impedido emigrar a México porque sabía demasiado.[100]

Posteriormente, y en venganza por haber abandonado el partido, Carrillo denunció a Serrano Poncela. En el curso de una entrevista con Ian Gibson, Carrillo aseguró que no había tenido nada que ver con las actividades de la Delegación de Orden Público que, bajo la dirección de Serrano Poncela, había pasado a desempeñar las funciones de la Dirección General de Seguridad en Madrid. Y alegó: «La única intervención que tengo es que, a los quince días, tengo la impresión de que Segundo Serrano Poncela está haciendo cosas feas. Y le destituí». Al parecer, a finales de noviembre Carrillo descubrió que «se están cometiendo arbitrariedades y que este hombre es un ladrón». Afirmó además que Serrano Poncela se hallaba en posesión de joyas robadas a los detenidos y que se contempló la posibilidad de ejecutarlo.[101] La destacada posición que Serrano Poncela siguió ocupando en el seno de las JSU desmiente rotundamente este enfoque.

Carrillo repite la misma historia en sus memorias, redactadas en 1993, en las que confunde la Delegación de Orden Público con su Subcomité de Prisiones y Presos. En ellas asevera que la clasificación de los prisioneros quedó enteramente en manos de la Delegación, bajo la dirección de Serrano Poncela, y manifiesta que la Delegación no decidía las sentencias de muerte, sino que se limitaba a dirimir quiénes eran enviados a los Tribunales Populares y quiénes quedaban en libertad. Su relato es breve, vago y equívoco, puesto que no menciona las penas de muerte e insinúa que lo peor que les sucedió a los presos considerados peligrosos fue que los enviaran a batallones de castigo y los obligaran a construir fortificaciones. La única declaración inequívoca que Carrillo ofrece en este relato es que jamás participó en ninguna reunión de la Delegación.[102] Sin embargo, puesto que Manuel Irujo y José Giral tuvieron noticia de las matanzas estando en Valencia, y que en Madrid tanto Melchor Rodríguez como el embajador de Argentina, el encargado de negocios británico y Felix Schlayer también estaban al corriente de los hechos, es increíble que Carrillo, que era la principal autoridad en materia de orden público, desconociera lo que estaba ocurriendo. A fin de cuentas, y pese a lo declarado más tarde, Carrillo recibía informes diarios de Serrano Poncela.[103]

La toma de posesión de Cazorla como director general de Seguridad de Madrid plantea la cuestión de cuáles fueron sus actividades a partir del

6 de noviembre, fecha en que fue nombrado viceconsejero de Orden Público a las órdenes de Carrillo. En el expediente de Cazorla que se recoge en la Causa General se le acusa de tener funciones tanto operativas como de supervisión de las sacas practicadas en diversas cárceles. Se alega que, en colaboración con Arturo García de la Rosa, dirigió una checa en la calle de Zurbano, y se afirma además que dio órdenes a los consejillos de todas las comisarías para que procedieran de inmediato a la ejecución de los presos sospechosos. En su propia declaración ante sus interrogadores, Cazorla confesó que tenía pleno conocimiento de las sacas y las matanzas, «siendo firmadas las órdenes ficticias de traslados o libertades por Serrano Poncela o Bruno Carreras, que eran quienes tenían facultades para ello». Carreras contó con la ayuda de Benigno Mancebo, que previamente había dirigido la Checa de Fomento.[104]

Una de las primeras medidas adoptadas por Cazorla como director general de Seguridad fue la sustitución del comisario general de Serrano Poncela, Bruno Carreras, por un hombre de su confianza. Se trataba de David Vázquez Baldominos, quien hasta ese momento había dirigido la Brigada Especial conjuntamente con Grigulevich. La sustitución de Serrano Poncela por Cazorla a principios de diciembre coincide curiosamente con el regreso de Melchor Rodríguez como delegado de Prisiones, así como con el fin de las sacas. Cazorla declaró ante sus interrogadores que, en el momento de asumir el control de la DGS, el organismo estaba sumido en el caos y las distintas milicias que desempeñaban las funciones propias de la Policía obedecían más las directrices de su partido que las de la Junta de Defensa. Por consiguiente, Cazorla se encargó de aplicar las medidas adoptadas por Carrillo. Se endureció entonces la investigación y el castigo de los sospechosos de pertenecer a la Quinta Columna. La Brigada Especial, a las órdenes de Santiago Álvarez Santiago, recibió el mandato de facilitar información completa de los detenidos que iban a ser juzgados por los Tribunales Populares. Concluyeron las sacas masivas de prisioneros y la represión pasó a centrarse en objetivos mucho más concretos. Melchor Rodríguez declaró ante sus interrogadores que las sacas anteriores habían sido ordenadas por la Dirección General de Seguridad, lo que apuntaba como responsable a Serrano Poncela. Otro hombre detenido e interrogado por la Causa General, Eloy de la Figuera González, manifestó que había oído a Manuel Rascón, miembro de la CNT, despotricar violentamente en el Consejo de Investigación de la DGS por los obstáculos que Melchor Rodríguez ponía en el camino de las sacas.[105]

La descripción ofrecida por Jesús de Galíndez del funcionamiento de los Tribunales Populares o Tribunales de Urgencia viene a confirmar esta selección más rigurosa de los quintacolumnistas. Los citados tribunales desarrollaban su misión bajo la presidencia de un juez y un jurado integrado por dos miembros de cada uno de los partidos del Frente Popular. Se asignaba al acusado un abogado de oficio y se le permitía llamar a los testigos necesarios para su defensa. La mayoría de los acusados debían responder al cargo de «desafección al régimen», lo que significaba no solo ser de derechas sino ser considerado peligroso por una u otra razón. La condena máxima era de cinco años de prisión. Los miembros de la Falange eran condenados a tres años, mientras que a los de Acción Popular generalmente se les imponía una multa, salvo que el acusado hubiera participado en actividades de agitación o comerciado en el mercado negro. Los implicados en delitos más graves, como espionaje o sabotaje, eran juzgados por el Tribunal de Traición y Espionaje o derivados a los tribunales militares.[106] El 22 de diciembre, el gobierno creó los primeros campos de trabajo para internar a los presos declarados culpables de sedición, rebelión y desafección.[107] Esta última palabra siempre estaba en boca de Cazorla.

La última intervención pública de Serrano Poncela como director general de Seguridad fue el incidente ocurrido en la delegación diplomática finlandesa el 4 de diciembre y provocado por un abuso del derecho de asilo. George Arvid Winckelman, el embajador de Finlandia, estaba acreditado tanto en Lisboa como en Madrid, si bien comprensiblemente prefirió quedarse en Portugal. En su ausencia, un empleado español de la embajada, Francisco Cachero, se autonombró cónsul. Cachero alquiló gran cantidad de casas en la ciudad en las que daba refugio a muchos quintacolumnistas a cambio de dinero. En el curso de la reunión de la Junta de Defensa celebrada el 14 de noviembre, José Carreño, el consejero de Comunicaciones, aseguró que en dichas viviendas se escondían 2.500 fascistas armados con pistolas y metralletas. El 19 de noviembre, la Junta decidió registrar la embajada finlandesa y proceder al arresto del individuo responsable de diversos incidentes. Toda vez que en el acta de la reunión no figura el nombre de dicho individuo, no está claro si se refiere a Cachero o a un francotirador.

A principios de diciembre, y aprovechando un ataque de la aviación rebelde, se lanzaron bombas de fabricación casera contra un cuartel de las milicias próximo a la embajada, a la vez que un número indeterminado de francotiradores acababa con la vida de un grupo de milicianos. El 3 de diciembre, la DGS informó a todas las embajadas de que se tomarían las medidas necesarias para impedir que tales hechos pudieran repetirse en el futuro. Sirviéndose como pretexto de la ilegalidad que constituía el improvisado ofrecimiento de asilo, al día siguiente se organizó un ataque policial sobre las casas donde se ocultaban los fascistas (no sobre la propia embajada finlandesa), ideado por José Cazorla y Serrano Poncela, de cuya ejecución se ocupó la Brigada Especial bajo el mando de David Vázquez Baldominos. Las fuerzas de seguridad republicanas fueron recibidas con disparos desde el interior de las viviendas y, cuando finalmente lograron entrar en ellas, encontraron diversos mapas en los que se señalaban los objetivos de futuros ataques, además de un arsenal de armas y granadas de mano. La Junta Delegada de Defensa de Madrid fue informada de que en el curso de la operación se había descubierto a numerosos defensores de los rebeldes armados y se había detenido a 387 hombres y mujeres. Enrique Líster, que ostentaba el mando del Quinto Regimiento, lo consignó así en sus memorias: «Fue descubierto un Batallón de 400 hombres, perfectamente armados con bombas de mano, fusiles y ametralladoras».[108] Según fuentes oficiales soviéticas, Grigulevich participó en la organización de este ataque, lo que confirma sus vínculos con la Brigada Especial.[109]

Schlayer y Helfant acudieron a Melchor Rodríguez para que impidiera las ejecuciones de los detenidos tras el registro de la delegación finlandesa. Rodríguez y Helfant se reunieron con Serrano Poncela en su despacho de la calle de Serrano n.° 86. Tras una tensa discusión, Serrano Poncela aceptó que los presos quedaran en manos de Melchor Rodríguez.[110] Con el fin de encontrar dónde alojarlos, dado que las cárceles de Madrid estaban abarrotadas, el 8 de diciembre Rodríguez fue a visitar la cárcel de Alcalá de Henares.

Por otra parte, el 6 de diciembre la cárcel de Guadalajara había sido atacada por una multitud que acabó con la vida de 282 prisioneros.[111] Entre los asaltantes había casi un centenar de milicianos que actuaban a las órdenes de Valentín González, «el Campesino». Dos días después, en Alcalá de Henares, una muchedumbre enfurecida se concentró para vengar a los muertos y los mutilados en un bombardeo aéreo. Su objetivo eran los prisioneros evacuados de la cárcel Modelo y recluidos en la prisión local. Figuraban entre los presos más famosos el líder falangista Raimundo Fernández Cuesta; el fundador de la Guardia de Asalto, el coronel Agustín Muñoz Grandes; el secretario de la CEDA, Javier Martín Artajo, y el popular locutor de radio Bobby Deglané. Melchor Rodríguez iba camino de Alcalá de Henares para comprobar si podía trasladar allí a los detenidos en la delegación finlandesa. A su llegada demostró mucho más valor que los funcionarios de la prisión, que habían huido, y se enfrentó a la multitud. Desafiando insultos, amenazas y acusaciones de fascista, argumentó que los presos no eran responsables del ataque aéreo y que asesinar a hombres indefensos solo serviría para desacreditar a la República. Ronco de tanto gritar para hacerse oír en medio del tumulto, dejó muy claro que tendrían que matarlo para entrar en las galerías, y amenazó con armar a los prisioneros. Un tal comandante Coca, que estaba al mando de las milicias del Campesino, se llevó a sus hombres, y los demás se dispersaron tras ellos. Sospechando que Coca se proponía regresar, Rodríguez se presentó en su cuartel para exigirle, en una violenta confrontación, que garantizara la seguridad de los presos. Con ello salvó cerca de 1.500 vidas.[112]

Sin embargo, a su regreso a Madrid, la noche del 8 de diciembre, Melchor Rodríguez fue llamado a comparecer ante el Comité de Defensa de la CNT-FAI y recibió duras críticas de su secretario, Eduardo Val. Finalmente logró apaciguar a sus detractores, que pese a todo se mostraron recelosos cuando les aseguró que podría llegar a un acuerdo con los rebeldes para acabar con los bombardeos sobre Madrid, a cambio de poner fin a las matanzas de presos.[113] En pocos días, a partir del 12 de diciembre, la situación dio un nuevo giro decisivo. La Junta Delegada de Defensa decretó la militarización de todas las milicias, cuyas funciones quedaron bajo el control del nuevo director general de Seguridad, José Cazorla. Con la conformidad de Cazorla se dispuso que se daría a elegir a los prisioneros más jóvenes entre su reclutamiento forzoso en el Ejército republicano o su traslado a los batallones de castigo que se ocupaban de construir fortificaciones. Posteriormente se afirmó que algunos de los «liberados» o «transferidos» terminaron en las checas controladas por Cazorla. Lo cierto es que Cazorla y Melchor Rodríguez acordaron la liberación de los detenidos sobre los que no pesaba ninguna acusación, así como la de las mujeres mayores de sesenta años. Además, Melchor Rodríguez tomó las medidas necesarias para mejorar la alimentación en las prisiones y creó una oficina de información para dar parte a las familias de los presos del paradero de sus familiares y de su estado de salud. Con ayuda de la Cruz Roja, puso en marcha un servicio hospitalario que terminó usándose como centro de los quintacolumnistas. Incluso organizó una recepción en la embajada de Rumanía para celebrar la liberación de algunos presos.[114] Pese a las sospechas posteriores sobre sus lazos con la Quinta Columna, el éxito de Melchor Rodríguez al detener las sacas arroja algunas dudas sobre Santiago Carrillo.

La propaganda nacional utilizó las atrocidades cometidas en Paracuellos para presentar a la República como un régimen criminal, dominado por los comunistas y responsable de la barbarie roja. Los franquistas han llegado a afirmar que el número de víctimas de esta matanza ascendió a 12.000.[115] Aunque Santiago Carrillo solo fue uno de los principales participantes en la toma de la decisión y en la organización de las ejecuciones, el régimen de Franco y la derecha española nunca pasaron por alto la ocasión de utilizar los sucesos de Paracuellos para denigrarlo tanto durante los casi treinta años en que ocupó la Secretaría General del Partido Comunista (1960-1982) como en fechas posteriores. El propio Carrillo, involuntariamente, ha contribuido a centrar la atención sobre su persona al empeñarse en negar todo conocimiento de los hechos y en insistir en que no tuvo responsabilidad alguna en la matanza. Sin embargo, el peso de otra prueba confirmada por algunas de sus propias revelaciones parciales demuestra que estuvo plenamente implicado.[116]

En más de una entrevista ofrecida en 1977, Carrillo afirmó que, en el momento de asumir su responsabilidad en la Consejería de Orden Público, en el marco de la Junta de Defensa, la operación de traslado de prisioneros de Madrid a Valencia «está ya en su conclusión y yo no hice más que, con el general Miaja, ordenar el traslado de los últimos presos». Es cierto que hubo sacas antes del 7 de noviembre, pero el mayor número de víctimas se produjo con posterioridad a esta fecha, durante el período en que Carrillo ocupó el puesto de consejero de Orden Público. El propio Carrillo ha reconocido que ordenó traslados de presos después del 7 de noviembre, lo que lo convierte claramente en uno de los responsables de los hechos.[117] Asimismo, ha afirmado que, tras decidir alguna evacuación, los vehículos sufrieron una emboscada y los presos fueron asesinados por individuos desconocidos, aunque ha insinuado abiertamente que los asesinos eran anarquistas.[118] Ninguna de estas excusas sirve para explicar el hecho cierto de que, en los casi diez días que siguieron al 23 de noviembre, cuando Franco suspendió los ataques contra Madrid, las sacas continuaran bajo la jurisdicción de Santiago Carrillo. Entre el 28 y el 30 de noviembre se ejecutó a 950 prisioneros.[119] Otros 800 fueron ajusticiados entre los días 3 y 4 de diciembre.[120]

Recientemente, en octubre de 2005, Carrillo se negó a hacer comentarios sobre el documento descubierto por Jorge Martínez Reverte, en el que se revelaba el acuerdo alcanzado entre las JSU y la CNT-FAI para eliminar a los detenidos. Carrillo se limitó a repetir su opinión de que los asesinatos fueron obra de elementos incontrolados:

> Lo que sí había en Madrid y fuera de la ciudad era mucho odio a los fascistas; miles de refugiados de Extremadura y Toledo que acampaban como podían a sus alrededores y que ardían en deseos de venganza. Y había también fuerzas incontroladas como la columna del Rosal o la columna de Hierro, que no se diferenciaban mucho de los que en guerras actuales son denominados «los señores de la guerra» por su total autonomía y ninguna disciplina respecto a las autoridades oficiales. Yo no puedo asumir otra responsabilidad que ésa; no haberlo podido evitar.[121]

Esta declaración resultaría ingenua en cualquier circunstancia, pero todavía más a la luz del documento aportado por Reverte.

Todos los desmentidos ofrecidos por Carrillo sobre su conocimiento de la matanza en Paracuellos a partir de 1974 quedan refutados por la satisfacción con que los hechos se acogieron en su momento. Entre los días 6 y 8 de marzo de 1937, el PCE celebró un pleno ampliado del Comité Central en Valencia, en el que Francisco Antón afirmó: «Es difícil asegurar que en Madrid está aniquilada la quinta columna, pero lo que sí es cierto es que allí se han dado los golpes más fuertes ... Y esto —hay que proclamarlo, muy alto— se debe a la preocupación del Partido y al trabajo abnegado, constante, de dos camaradas nuevos, pero tan queridos por nosotros como si fueran viejos militantes de nuestro Partido, el camarada Carrillo cuando fue consejero de Orden Público y el camarada Cazorla que lo es ahora. (Grandes aplausos)». Cuando cesaron los aplausos, Carrillo se levantó para elogiar «la gloria de que los combatientes de las JSU luchan con la garantía de una retaguardia cubierta, de una retaguardia limpia y libre de traidores. No es un crimen, no es una maniobra sino un deber exigir una tal depuración».[122]

Hay muy pocas dudas, a raíz de los diversos comentarios ofrecidos en la época y en fechas posteriores por comunistas españoles como la Pasionaria y Francisco Antón, así como por agentes del Comintern, por Gorev y por otros, de que no se establecía ninguna distinción entre prisioneros y quintacolumnistas, y todos alabaron a Carrillo por haberlos eliminado. El 30 de julio de 1937, en un informe a Georgi Dimitrov, secretario general del Comintern, el búlgaro Stoyán Mínev, alias «Boris Stepanov», que desde abril de ese año ocupaba el puesto de delegado de esa organización en España, aireaba su indignación por el hecho de que «el jesuita y fascista Irujo» había intentado detener a Carrillo después de que este diera «la orden de fusilar a varios oficiales fascistas detenidos».[123] Y en su último informe a Stalin, una vez terminada la guerra, Stepanov se refería a las declaraciones de Mola sobre sus hombres de la Quinta Columna; a continuación, Stepanov describía con orgullo cómo los comunistas advirtieron las implicaciones contenidas en tales declaraciones y «en un par de días llevaron a cabo todas las operaciones necesarias para limpiar Madrid de quintacolumnistas». Stepanov aportaba más detalles sobre la causa de su indignación contra Irujo. En julio de 1937, poco después de ser nombrado ministro de Justicia, Manuel Irujo emprendió ciertas investigaciones sobre lo ocurrido en Paracuellos, incluso llegó a abrir diligencias judiciales para aclarar cuál había sido el papel de Carrillo en los hechos.[124] Lamentablemente, no se conservan pruebas de esta investigación, por lo que cabe suponer que los documentos se destruyeron en la quema de los archivos ordenada por los servicios de seguridad, dominados por los comunistas, al final de la contienda.[125]

Tanto lo manifestado por el mismo Carrillo en su discurso difundido a través de Unión Radio como lo reflejado por Stepanov en su informe a Stalin se recogió años más tarde en la historia oficial del papel desempeñado por el Partido Comunista durante la Guerra Civil española, publicada en Moscú mientras Carrillo ocupaba el puesto de secretario general del PCE. En ella se proclama con orgullo que «el consejero Santiago Carrillo y su adjunto Cazorla tomaron las medidas necesarias para mantener el orden en la retaguardia, lo cual no era menos importante que la lucha en el frente. En dos o tres días se asestó un serio golpe a los pacos y quintacolumnistas».[126]

Lo que aquí se ha referido, como todo lo que se ha escrito sobre Paracuellos, está inevitablemente distorsionado por el desequilibrio de los materiales correspondientes a las tres fases de los sucesos: su autorización, su organización y su ejecución. Se sabe de la existencia de reuniones en las que casi con toda seguridad se discutió sobre la evacuación y la eliminación de los presos, y casi con toda seguridad se autorizó el procedimiento. Se trata de las reuniones que tuvieron lugar el 6 de noviembre entre José Miaja, Pedro Checa y Antonio Mije; Mijaíl Koltsov y Checa; y Mije, Vladimir Gorev y Vicente Rojo. Sin embargo, apenas queda registro de estas conversaciones, si es que queda. Por el contrario, en los archivos de la Causa General se conservan numerosos documentos sobre la organización administrativa de las sacas y sobre lo que sucedía en las prisiones cuando los milicianos llegaban para cargar a los prisioneros en autobuses. Tampoco hay apenas material sobre el papel específico que tuvieron en la matanza los anarquistas, el Quinto Regimiento o la Brigada Especial, creada con el asesoramiento de Orlov y algunos técnicos del NKVD, entre ellos Grigulevich. En consecuencia, es inevitable que siga existiendo un elemento de deducción, si no de pura especulación, en lo que se refiere a la responsabilidad colectiva.

Quinta parte

Dos conceptos de la guerra

11

La lucha de la República
contra el enemigo interior

A finales de 1936, la oleada de violencia espontánea de los primeros meses había sido controlada en la zona republicana. Aun así, a principios de febrero de 1937, el presidente Azaña seguía advirtiendo el disgusto del ministro de Economía, Juan Negrín, por las atrocidades.[1] El empeño de Negrín por acabar con la represión indiscriminada es corroborado por su amigo Mariano Ansó, que cuenta cómo en Valencia salía desarmado de casa por la noche para encararse con quienes llevaban a cabo los paseos. En una ocasión abordó a unos milicianos armados que habían detenido a un hombre y tenían la clara intención de matarlo por fascista. Corriendo un riesgo considerable y con la sola fuerza de su personalidad, Negrín los obligó a liberarlo.[2]

En términos generales, sin embargo, a partir de enero de 1937 la violencia tras las líneas republicanas dejó de ser tan descontrolada y espoleada por el odio como durante las primeras semanas de la guerra. Desde entonces, se trató sobre todo de la reconstrucción del propio estado republicano y, por supuesto, de su defensa. En consecuencia, los esfuerzos tomaron principalmente dos caminos, que en ocasiones convergían. Por una parte, los servicios de seguridad se centraron en combatir al enemigo interior, es decir, los saboteadores, francotiradores y espías de la Quinta Columna. Por otra parte, surgieron duras discrepancias sobre la naturaleza del esfuerzo bélico. Los comunistas, así como muchos de los socialistas y republicanos, percibían a los miembros de la izquierda libertaria y antiestalinista como elementos subversivos que se oponían a la creación de un estado fuerte, capaz de llevar a cabo una campaña bélica centralizada. Una parte sustancial de la izquierda anarquista estaba más preocupada por sus objetivos revolucionarios, mientras que solo una minoría significativa se dedicaba a actividades delictivas. Los

enfrentamientos con las fuerzas de seguridad y las facciones más orientadas a la guerra fueron inevitables. A este escenario ya crispado, se le sumaba el hecho de que los consejeros de seguridad rusos consideraban que
los antiestalinistas, tanto españoles como extranjeros, eran trotskistas que era
preciso eliminar.

Los decididos esfuerzos que el gobierno republicano de Valencia, la
Junta de Madrid y la Generalitat catalana emprendieron para centralizar
la Policía y los Servicios de Seguridad, y para desarmar a las diversas
milicias de la retaguardia, provocaron una dura pugna con los anarquistas. Los milicianos anarquistas se habían opuesto violentamente a entregar sus armas o cerrar sus puestos de control en las carreteras de entrada
y salida de Madrid. Se habían producido numerosos incidentes, como el
ocurrido en noviembre cuando impidieron a Antonio Mije, consejero
de Guerra, abandonar la ciudad en misión oficial.[3] La tradicional hostilidad entre el PCE y la CNT se vio alimentada por el asesinato por
parte de los anarquistas de dirigentes sindicales comunistas, como Andrés Rodríguez González, muerto en Málaga en el mes de junio, o
Desiderio Trillas Mainé, fallecido en Barcelona el 31 de julio. Asimismo, las detenciones e intentos de asesinato de Vittorio Vidali y Enrique
Líster en Madrid durante el mes de septiembre, por parte de los anarquistas de la checa del cine Europa, inevitablemente contribuyeron a la
sed de venganza de los comunistas.[4]

A principios de diciembre de 1936, cuando Serrano Poncela abandonó la Dirección General de Seguridad, José Cazorla, su director adjunto, asumió las responsabilidades ejecutivas. Cazorla nombró a David
Vázquez Baldominos jefe de la Policía, una de cuyas tareas sería expan-
dir la Brigada Especial creada por Carrillo y Grigulevich. Se formaron
otras dos Brigadas Especiales, a las órdenes de Santiago Álvarez Santiago
y otro militante de las JSU, José Conesa Arteaga. Bajo el mando operativo de Fernando Valentí Fernández, las tres brigadas se centrarían desde
comienzos de 1937 en la detención, interrogatorio y, a veces, eliminación de elementos sospechosos, con lo que se aludía no solo a franquistas, sino también a miembros de la CNT de Madrid, que Cazorla creía
fuera de control e infiltrada por agentes provocadores.[5]

Cazorla no era el único convencido de que el movimiento anarquista estaba infestado de quintacolumnistas. Largo Caballero dijo al vocal
del comité ejecutivo del PSOE, Juan-Simeón Vidarte, que «en la FAI
hay infiltrados numerosos agentes provocadores y esbirros de la policía,

por eso es imposible tratar con ellos».[6] Ninguno de ellos iba del todo desencaminado en sus sospechas. La facilidad con la que se podían obtener carnés de la CNT otorgaba a la Quinta Columna un acceso rápido a la información, una herramienta para organizar acciones provocadoras y una relativa libertad de movimientos. Con los carnés de la CNT, los quintacolumnistas consiguieron también identificaciones para infiltrarse en los Servicios de Seguridad republicanos.[7]

Un ejemplo de las consecuencias del conflicto entre comunistas y anarquistas tuvo lugar en Murcia. Luis Cabo Giorla, que fue gobernador civil comunista de la provincia desde mediados de octubre de 1936 hasta principios de enero de 1937, emprendió una fiera persecución contra los quintacolumnistas, algunos de los cuales poseían credenciales de la CNT desde antes de que estallara la guerra. Tras ser derrotados en Valencia, varios elementos de la Columna de Hierro se habían desplazado a Murcia y habían cometido actos de pillaje y violencia contra los campesinos que se resistían. En diciembre, Cabo Giorla nombró al también comunista Ramón Torrecilla Guijarro, uno de los hombres clave en Paracuellos, delegado provincial de la Dirección General de Seguridad. Después de que Cabo Giorla fuera reemplazado por Antonio Pretel, Torrecilla actuó sin piedad basándose en el supuesto de que cualquiera que no perteneciera al Partido Comunista podía ser quintacolumnista. Los detenidos recibieron un trato brutal, sometidos a torturas, palizas y ejecuciones simuladas. Finalmente, en abril, una campaña de la CNT respaldada por el PSOE llevó, tras una investigación oficial, al arresto de Torrecilla y sus colaboradores, así como a la dimisión de Pretel. Torrecilla pasó seis meses en prisión y, tras su liberación, se unió al cuerpo de seguridad de Cazorla, que ostentaba entonces el cargo de gobernador civil de Albacete. Allí, su obsesivo empeño por purgar la retaguardia motivó las quejas de otras fuerzas del Frente Popular en la provincia.[8]

Sintomático de cómo se alimentaban las sospechas de los comunistas fue el anuncio de Amor Nuño, en la reunión de la Junta Delegada de Defensa de Madrid el 23 de diciembre de 1936, de que dimitía de su cargo por motivos de salud y siguiendo el consejo de los médicos. Al parecer, unos días antes, una reunión de la dirección de la CNT, la FAI y la Federación de Juventudes Libertarias lo había expulsado del movimiento anarquista. Según Gregorio Gallego, Cipriano Mera había agarrado a Nuño por el cuello, lo había zarandeado y lo había empujado contra la pared, diciendo que merecía que lo mataran. Se discutió si debían ejecutarlo inmediatamente. El crimen de Nuño era desatender sus obligaciones por la relación que mantenía con la hija de un oficial rebelde. Para empeorar aún más las cosas, la había nombrado su secretaria y la había llevado con él a reuniones importantes, donde la mujer había podido escuchar discusiones secretas. Los compañeros de Nuño sospechaban que ella era una espía franquista que le había lavado el cerebro. Decidieron dejarlo con vida, pero, al considerar que ya no era de fiar, lo obligaron a dimitir de la Junta de Defensa. Asumió un cargo de menor responsabilidad en la Secretaría de la Federación Nacional de la Industria del Transporte y se trasladó a Barcelona, donde fue arrestado el 4 de mayo de 1937 por su participación en los sucesos de mayo. Al final de la guerra, Nuño fue detenido por la Policía franquista en Alicante y trasladado a Madrid, donde murió tras una brutal paliza recibida en el Ministerio de la Gobernación.[9]

A Amor Nuño lo sustituyó como consejero delegado de Transportes Manuel González Marín, a quien se recordará por su papel destacado en el motín de la cárcel Modelo, el 22 de agosto. Santiago Carrillo, que también había dimitido, fue sustituido dos días después en su cargo de consejero delegado de Orden Público por su hasta entonces subconsejero, José Cazorla Maure. Aseguró que se marchaba para dedicarse plenamente a preparar el próximo congreso, donde se sellaría la unificación de las juventudes socialistas y comunistas. Sin embargo, es muy posible que su sustitución guardara relación con un incidente ocurrido dos días antes de su renuncia.[10]

A las tres de la tarde del 23 de diciembre, el consejero de Abastecimientos, Pablo Yagüe Esteverá, fue detenido en un puesto de control anarquista cuando salía de la ciudad para atender un asunto oficial. Según el decreto promulgado por Carrillo el 9 de noviembre, la vigilancia de las carreteras de entrada y salida de la capital era responsabilidad de la Policía, la Guardia de Asalto y las Milicias de Vigilancia de Retaguardia (MVR), bajo la coordinación general de la Consejería de Orden Público. Así pues, los anarquistas que detuvieron a Yagüe carecían de autoridad para hacerlo; se negaron a reconocer las credenciales de la Junta de Defensa, diciendo que solo obedecían al Comité Regional de la CNT. Yagüe pasó el bloqueo y los guardias le dispararon, hiriéndole de gravedad. Luego se refugiaron en el Ateneo Libertario del barrio de Ventas. Carrillo ordenó su detención, pero los agentes de Policía que fueron al Ateneo se encontraron con que los hombres a quienes buscaban se hallaban bajo la protección del Comité Regional de la CNT. Carrillo envió una partida de guardias de asalto para que los apresaran. En la reunión de la Junta donde se discutió el asunto, exigió su fusilamiento.[11]

La crónica aparecida en la prensa comunista los denunciaba como elementos incontrolables al servicio del fascismo y «verdaderos enemigos del pueblo y de la revolución, como salteadores sin conciencia, como aventureros y desalmados que asesinan a sangre fría a los mejores defensores del pueblo». Los comunistas pidieron un castigo ejemplar y, para que no volvieran a repetirse esa clase de delitos, el desarme de las milicias fuera de Madrid. Sugirieron que «ciertas organizaciones» estaban llenas de infiltrados de la Quinta Columna, en clara alusión a la CNT.[12] Una acusación que no se apartaba un ápice de la verdad.[13]

La reacción inicial de los dirigentes anarcosindicalistas fue conciliatoria; hicieron hincapié en la importancia de la unidad de la izquierda, que podía peligrar con las acusaciones de que los responsables de disparar a Yagüe eran quintacolumnistas. Días después, el 25 de diciembre, tres cenetistas aparecieron muertos con los carnés del sindicato en la boca. Esos asesinatos fueron vengados por el Comité de Defensa de Eduardo Val con la muerte de tres comunistas, que también aparecieron con el carné del partido en la boca. Después, otros dos cenetistas fueron asesinados, y la prensa del PCE redobló su campaña por una purga en la CNT. En respuesta, la CNT publicó una lista de los militantes asesinados por comunistas en Málaga, Cabeza del Buey (en La Serena, al este de Badajoz), Las Herencias (Ciudad Real), Miguel Esteban y La Guardia (Toledo), así como en Perales de Tajuña y otros pueblos de Madrid.[14]

Carrillo fracasó en su demanda para que la Junta de Defensa condenara a muerte a los milicianos responsables de la agresión a Yagüe, una decisión que no les competía. Y montó en cólera cuando el caso se puso en manos de un tribunal del estado, donde un fiscal se negó a pedir la pena capital con el argumento de que Yagüe no había mostrado sus credenciales a los cenetistas. Con la prensa comunista clamando por la sangre de los milicianos, José García Pradas, el director de *CNT*, exigió en sus páginas que los liberaran, amenazando con que, en caso contrario, las fuerzas de la CNT serían retiradas del frente para liberarlos por la fuerza. Era el tipo de comentario que convencía a muchos otros de que los anarquistas eran unos irresponsables, cuando no claramente subversivos. En la práctica, *CNT* era la tribuna del Comité de Defensa que lideraban Eduardo Val, Manuel Salgado Moreira y García Pradas, todos ellos furibundos anticomunistas. Miaja ordenó la suspensión de dicha publicación, pero García Pradas se negó a obedecer. Imprimió el número siguiente, y se disponía a distribuirlo cuando Miaja rodeó las oficinas del periódico con guardias de asalto y declaró que era absurdo, después de los sacrificios que se hacían para defender Madrid, que una disputa entre anarquistas y comunistas provocara la caída de la ciudad. Su intervención evitó el derramamiento de sangre. Finalmente, para disgusto del Partido Comunista, el tribunal decidió que los milicianos que habían disparado a Yagüe habían actuado de buena fe. La reacción inmediata de ambas organizaciones fue alcanzar un acuerdo para evitar que estas hostilidades socavaran la unidad para combatir el fascismo. Pero el pacto duró poco.[15] Estas pugnas entre partidos reflejaban tanto la debilidad del estado, cada vez mayor, como la precaria lealtad que la CNT guardaba hacia la República.

El sucesor de Carrillo, José Cazorla, estaba decidido a poner fin a la existencia de distintas policías pertenecientes a facciones. Una cuestión intolerable a su juicio era que muchos informes sobre derechistas, en poder de las milicias desde julio de 1936, no hubieran sido entregados a la Dirección General de Seguridad, lo cual había permitido que los Tribunales Populares pusieran en libertad a numerosos quintacolumnistas porque no se conservaban registros de sus afiliaciones políticas. Cazorla ya había iniciado la tarea de centralizar los informes y los organismos cuando tomó el relevo de Serrano Poncela en la Dirección General de Seguridad de la capital. Creía que era el primer paso hacia su principal objetivo, la investigación y el castigo del sabotaje y la subversión en pro de la causa rebelde. El celo que puso en su empeño, sin embargo, condujo a un conflicto cada vez más duro con los anarquistas y los disidentes comunistas antiestalinistas. Los comunistas pensaban que la oposición de los anarquistas y antiestalinistas a una campaña bélica muy centralizada constituía en sí misma un acto de sabotaje y subversión. Además, estaban convencidos de que parte de la violencia era obra de agentes provocadores infiltrados en la CNT y que estaba destinada a desacreditar la República en el ámbito internacional y a desmoralizar al pueblo.

Otro factor que envenenaba las relaciones entre la CNT y los comunistas eran las sospechas acerca de Melchor Rodríguez, el delegado de Prisiones de la CNT en Madrid y Alcalá de Henares. Melchor Rodríguez conseguía la liberación de un centenar de presos cada día. La sospecha de que mantuviera vínculos con la Quinta Columna cobró fuerza cuando varios de los liberados gracias a su mediación se pasaron luego al bando rebelde, como fue el caso del destacado oficial Agustín

Muñoz Grandes, o de la estrella de la radio, el falangista Bobby Deglané. En una reunión de la Junta de Defensa celebrada el 8 enero de 1937, Cazorla lamentó las excesivas libertades que Melchor Rodríguez daba a los prisioneros, pues se les concedía la posibilidad de celebrar manifestaciones en apoyo a los rebeldes y de mantener reuniones privadas con miembros del cuerpo diplomático. Lo tachó de «protector de los presos», sugiriendo que trataba a los derechistas arrestados como si fueran los viejos presos de la CNT. El 19 de febrero, Cazorla acusó a Rodríguez de oponerse a su política de orden público. Además, despertó la ira de los dirigentes de la CNT cuando, en su campaña contra el sabotaje y el espionaje, empezó a investigar la infiltración de quintacolumnistas en los Servicios Secretos de Guerra, que dirigía el anarquista Manuel Salgado en el Ministerio de la Guerra.[16]

A la luz de estas investigaciones, la Brigada Especial dirigida por Santiago Álvarez Santiago arrestó a más de una treintena de anarquistas y socialistas a mediados de febrero. La prensa de la CNT alegó que sus militantes considerados enemigos del estado estaban siendo confinados como parte de la guerra sucia comunista contra la CNT emprendida por la Delegación de Orden Público de Cazorla.[17] El 23 de febrero hubo disparos contra un policía comunista, Santiago González Medina. Cazorla reiteró su convencimiento de que la CNT albergaba a muchos quintacolumnistas y se reafirmó en el derecho de mantener bajo detención gubernativa a personas absueltas por los tribunales.[18]

Con la idea de rebatir la acusación de Cazorla y de demostrar que sus miembros pasaban filtros muy estrictos, la CNT presentó el poco convincente caso de Miguel Abós, un militante aragonés de primera línea. Abós había estado en Zaragoza cuando triunfaron los golpistas, y había sobrevivido porque lo protegió uno de los principales militares rebeldes de la ciudad, el coronel Urrutia. En un comienzo lo hizo con la vana esperanza de que detuviera la huelga general que la CNT había convocado para parar el golpe. Aunque Urrutia estaba dispuesto a dejarle escapar, Abós se quedó para evitar que se tomaran represalias contra su familia. En enero de 1937, viendo que su situación era insostenible, finalmente tomó la decisión de huir y el coronel Urrutia lo ayudó a alcanzar territorio republicano. Una vez allí, lo acusaron falsamente de traición, estuvieron a punto de ejecutarlo y lo condenaron a trabajos forzados. De hecho, a otros militantes que cruzaron las líneas no los importunaron de esa manera, y al parecer Abós fue la víctima de un ajuste de cuentas.[19] Sin dejarse impresionar por el caso de Abós, los agentes de Cazorla siguieron arrestando a numerosos prisioneros absueltos, incluso en el momento en que salían de los tribunales.[20]

Hubo quejas, tanto de diplomáticos en nombre de derechistas, como de la CNT en representación de sus militantes, por el hecho de que se enviara a estos detenidos a batallones de castigo en zonas peligrosas del frente para trabajar en las fortificaciones del Ejército republicano.[21] Resultaba irónico que los campos de trabajo fueran idea del ministro de Justicia, el cenetista Juan García Oliver. Dos días después de asumir su cartera, en el mes de noviembre, pidió la creación de campos donde los presos fascistas construyeran defensas y carreteras estratégicas. El 31 de diciembre de 1936, acompañado de Mariano Gómez, presidente del Tribunal Supremo, explicó en Valencia su visión de la justicia, no exenta de idealismo. Los delincuentes comunes, en quienes no veía enemigos de la sociedad sino víctimas, se rehabilitarían en la cárcel gracias a las bibliotecas, el deporte y el teatro. Los presos «político-fascistas» lo harían construyendo carreteras, puentes y vías férreas, a cambio de salarios decentes. García Oliver creía que esa clase de salvación era más provechosa para los fascistas que ser sentenciados a muerte por los Tribunales Populares. Estableció el primer campo de trabajo en Totana, provincia de Murcia. En la entrada colgaba una enorme pancarta donde se leía «Trabaja y no pierdas la esperanza».[22]

El 28 de febrero de 1937, la cuestión de las detenciones preventivas suscitó un enfrentamiento abierto entre Melchor Rodríguez y José Cazorla. El subsecretario de Justicia, Mariano Sánchez Roca, pidió a Melchor que encontrara a su sobrino, Ricardo Pintado-Fe. El joven fue localizado en una checa comunista, donde llevaba más de dos meses retenido, y Melchor escribió a Cazorla para que lo liberaran. Cazorla intervino satisfactoriamente, pero Melchor Rodríguez dio más difusión a la noticia de la detención que a la de la puesta en libertad, con los dañinos efectos esperables.[23] Finalmente, Melchor Rodríguez fue cesado por García Oliver el 1 de marzo de 1937: las relaciones amistosas que mantenía con los muchos derechistas a los que había ayudado levantaban demasiadas sospechas. Lo sustituyó Julián Fernández, secretario de la Federación Local de Sindicatos de la CNT. Fernández continuó con la política instaurada por Melchor Rodríguez de evitar que se cometieran abusos con los presos, aunque a diferencia de su predecesor, no estableció con ellos vínculos que dieran lugar a controversias.[24]

Las hostilidades entre los comunistas y la CNT se recrudecieron cuando a principios de marzo de 1937 Santiago Carrillo aseguró en un discurso que en las Juventudes Libertarias había elementos trotskistas infiltrados. La CNT respondió con ira, puesto que se sabía que Carrillo y las JSU consideraban que el trotskismo estaba al servicio del imperialismo fascista.[25]

El 12 de marzo fue asesinado el anarquista Domingo Rodríguez Oterino, el segundo de a bordo del Consejo de Transportes de la Junta de Defensa, y resultaron heridos tres de sus compañeros.[26] Cuatro días después, en Villanueva de Alcardete (Toledo), unos milicianos comunistas capitaneados por el alcalde asaltaron la sede de la CNT y mataron a 9 hombres. Los acontecimientos cobraron un giro inesperado cuando el PCE accedió a que se llevara a cabo una investigación judicial. Los alcaldes de Villanueva y la vecina Villamayor fueron hallados culpables de asesinatos, violaciones y saqueos acaecidos desde el verano de 1936. El Tribunal Popular de Cuenca condenó a muerte a los cabecillas, junto a otros 3 individuos, y encarceló a 8 más. A lo largo de la primavera de 1937 hubo enfrentamientos en otras aldeas de Castilla la Nueva, Pedro Muñoz (Ciudad Real), Puebla de Almenara y Villamayor de Santiago (Cuenca), Villa de Don Fadrique y Corral de Almaguer (Toledo). Seis anarquistas fueron asesinados en Torres de la Alameda (Madrid). Sin embargo, la voluntad de la literatura anarquista de presentarse como inocentes víctimas revolucionarias de una agresión comunista refleja solo una cara de la moneda. Se libró una auténtica batalla ideológica entre los anarquistas comprometidos con la colectivización y la política comunista de apoyar a los pequeños propietarios para mejorar la producción agrícola. Además, algunos de los choques fueron fruto de la resistencia contra anarquistas de Madrid, que requisaban alimentos sin pagar por ellos.[27]

A mediados de marzo, ciertos disturbios en Vinalesa, al norte de Valencia, desencadenaron enfrentamientos entre presuntos izquierdistas y guardias de asalto. El Ministerio de la Gobernación hizo público un comunicado denunciando la infiltración de agitadores en las organizaciones progresistas, y pidió que los partidos y los sindicatos investigaran a quienes se habían alistado a sus filas con fecha posterior al 16 de julio de 1936 y que entregaran todas las armas que se hallaran en manos privadas. La prensa comunista exigió también medidas duras contra los que estaban «fuera de control» y quienes los amparaban, en términos que se hubieran ajustado más a los terroristas anarquistas de antaño: «¡Hay que aniquilar a la quinta columna! ¡Hemos de ser inexorables! ¡Con los sin control y con los que les protejan y encubran! ¡Éstos son los más peligrosos! ¡Hay que aniquilar a estos dinamiteros de última hora!».[28]

La animadversión había alcanzado tales cotas a mediados de abril que provocó la disolución de la Junta de Defensa. El 14 de abril, Cazorla anunció en *Mundo Obrero* que se había desarticulado un importante círculo de espionaje en el Ejército republicano. Reveló que uno de los arrestados era Alfonso López de Letona, un quintacolumnista que había alcanzado un alto rango en la XIV División del Ejército Popular, comandado por el anarquista Cipriano Mera. Además, Cazorla afirmó que López de Letona había entrado en los Servicios Secretos de Guerra de Manuel Salgado por recomendación del jefe del Estado Mayor, Antonio Verardini Díez de Ferreti. López de Letona había sido afiliado, en efecto, al partido monárquico radical Renovación Española, y secretario particular de su líder, Antonio Goicoechea. Los agentes de Salgado lo habían detenido y, ya con amenazas, ya con incentivos económicos, habían conseguido reclutarlo.[29]

Que existía una conexión entre López de Letona y Verardini era innegable, puesto que habían colaborado en una operación organizada por la CNT para desenmascarar quintacolumnistas. El asalto a los edificios protegidos por la embajada de Finlandia, en diciembre de 1936, había puesto en evidencia hasta qué punto se abusaba del derecho de asilo en beneficio de la Quinta Columna. En consecuencia, Eduardo Val y el Comité de Defensa de la CNT establecieron una ficticia embajada de Siam, un reino con quien España no mantenía relaciones diplomáticas. López de Letona actuó como garante con sus contactos quintacolumnistas de que la oferta de asilo era auténtica, y así lo creyeron de buena gana varios enemigos de la República. Micrófonos ocultos registraron sus conversaciones y obtuvieron información acerca de las redes de infiltrados. Cuando a principios de enero el general Miaja se enteró de que algunos de los que apoyaban a los rebeldes habían sido asesinados por los hombres de Val, ordenó el cierre de la operación, esgrimiendo que la lucha contra la Quinta Columna debía llevarse a cabo en el marco de la ley.[30] En noviembre de 1939, los franquistas condenaron a muerte a López de Letona por su participación en la operación de la embajada de Siam.[31]

El arresto de Verardini, a principios de abril, culminó una operación de la Brigada Especial dirigida por Fernando Valentí para dar caza a una red falangista fundada por Félix Ciriza Zarrandicoechea. Los principales colaboradores de Ciriza eran también falangistas, individuos juzgados por Tribunales Populares y absueltos por falta de pruebas (en marcado contraste con la situación «jurídica» por la que pasaban los republicanos apresados en zona rebelde). El grupo de Ciriza tenía largos tentáculos y sus actividades iban desde desmoralizar a la población hasta sembrar la discordia entre los partidos de izquierdas y, sobre todo, el espionaje.[32] Cuando los hombres de Valentí fueron a arrestar a una de las componentes de este círculo de espionaje, Manuela Pazos Queija, la encontraron en la cama con Verardini, un célebre donjuán. Tras registrar el apartamento, hallaron importantes documentos de los Servicios Secretos de Guerra, que supuestamente el propio Verardini había llevado allí. Así que, después de consultarlo con Miaja y Prieto, Cazorla dio órdenes a la Brigada Especial de detener a Verardini. Cipriano Mera respondió amenazando a Miaja con traer un camión de milicianos armados con metralletas y granadas de mano y sacar a Verardini de la cárcel. Miaja se impuso sobre Cazorla para que finalmente Verardini fuera puesto en libertad, aunque Cazorla siguió presionando para que lo sometieran a un consejo de guerra.[33] En la edición vespertina de *CNT*, aquel mismo día, García Pradas acusó a Cazorla de ser un provocador al servicio del fascismo.[34]

El 15 de abril, al día siguiente del anuncio de Cazorla, la que sería la última reunión de la Junta de Defensa giró completamente en torno a este amargo conflicto. Empezó a las siete y media de la tarde, y se prolongó hasta las dos y cuarto de la madrugada. Con la abstención de los concejales anarquistas, la Junta dio a Cazorla un voto de confianza, aunque se nombró un comité de los miembros republicanos y socialistas para investigar las acusaciones que ciertos anarquistas vertieron sobre posibles irregularidades que la Policía y el personal de las cárceles cometían contra ellos.[35] Por otra parte, se prohibió la edición de *CNT* durante dos días, por lo que los números correspondientes al 15 y al 16 de abril de 1937 no aparecieron.

La edición del 17 de abril, sin embargo, iba encabezada por el titular «La Confederación Nacional del Trabajo exige la destitución inmediata de José Cazorla», y reclamaba una investigación por parte de los ministros de Justicia y de la Gobernación de las acusaciones vertidas contra él. En páginas interiores había también un largo y detallado artículo donde se señalaba que una mayoría de la Junta de Defensa había considerado que la nota de Cazorla del 14 de abril acerca de López de Letona y Verardini era «improcedente». En términos sumamente insinceros, habida cuenta del historial de asesinatos extrajudiciales, actos de tortura y encarcelamientos que la propia CNT tenía en su haber, el artículo denunciaba luego las actividades de Cazorla como consejero de Orden Público en la Junta de Defensa:

> Se venían sucediendo en Madrid hechos criminales denunciados numerosas veces en la prensa confederal. Las víctimas de estos hechos eran, en unas ocasiones, los trabajadores auténticamente revolucionarios, verdaderamente antifascistas, y en otras, elementos de indudable derechismo, contra los cuales hay que actuar implacablemente, pero por medio de la ley, por medio de los organismos de la República, y nunca al margen o en oposición con aquéllas y con éstos.

El artículo acababa mencionando la comisión investigadora que se había creado el día anterior, la cual, según aseguraba el periódico, estaba ya descubriendo pruebas de

> hechos criminales que revelan la existencia en toda España de un terrorismo político «chequista», contra el cual hay que reaccionar inmediatamente, no sólo desde abajo, sino también desde arriba, también desde el Gobierno, y especialmente desde los ministerios de Gobernación y Justicia, que de ningún modo pueden admitir que dentro de su radio de acción se sucedan impunemente los asesinatos, los apaleamientos, las prisiones arbitrarias y las provocaciones mediante las cuales pueda ahogarse en sangre de hermanos la unidad que necesitamos para enfrentarnos con el enemigo.[36]

En esa misma edición había un abrasivo artículo de Melchor Rodríguez en el que denunciaba las actividades de Carrillo, Serrano Poncela y Cazorla. Citaba cartas y documentos que se habían intercambiado entre Cazorla, como delegado de Orden Público, y él mismo, como delegado especial de Prisiones,

> en relación con la orden dada por el tal Cazorla referente a sacar de las cárceles del Gobierno a los absueltos por los Tribunales Populares, tras de ser retenidos gubernativamente por él, para, valiéndose de engaños y órdenes verbales secretas, dadas a los agentes de su mando, conducirlos a cárceles clandestinas y a batallones de milicias comunistas, con objeto de llevarles a las avanzadillas para emplearlos en «fortificaciones» ... Declaro hallarme dispuesto a comparecer ante autoridades o Comités responsables, para ver-

bal y documentalmente demostrar la funesta «política» seguida desde la Consejería de Orden Público por Santiago Carrillo y Serrano Poncela, primero, y por José Cazorla últimamente.

Cuando lo juzgaron los franquistas, en 1940, Cazorla fue acusado de enviar a presos derechistas a las unidades a las órdenes de Líster y el Campesino, donde les aguardaba la ejecución, so pretexto de ir a trabajar en las fortificaciones.

Melchor Rodríguez se valía a continuación del caso de Ricardo Pintado-Fe para ilustrar lo que denominaba «atropellos cometidos por las hordas "comunistas" y "comunistoides" con placa y carnet de policía a las órdenes expresas del consejero Cazorla», y de «cómo en las "Checas" "comunistas" convertidas en cárceles clandestinas, se retienen secuestrados días, semanas y meses a hombres y mujeres por simples denuncias falsas o reales, con las cuales se cometen toda clase de atropellos personales, en pugna con la más elemental razón de las leyes, tanto escritas como humanas».[37]

El escándalo subsiguiente provocó enfrentamientos entre los ministros comunistas y socialistas. Largo Caballero, ya irritado por la popularidad de Miaja, silenció la pugna con la drástica decisión de cerrar la Junta de Defensa el 23 de abril. No se molestó en informar a Miaja, que se enteró de la noticia por los periódicos. La Junta fue sustituida por una reestructuración del ayuntamiento de Madrid.[38] A pesar de que los anarquistas reivindicaron que la comisión de investigación creada el 15 de abril estaba reuniendo pruebas irrefutables de que Cazorla dirigía una red de cárceles secretas en las que se interrogaba, a menudo se torturaba y a veces se ejecutaba a los militantes de la CNT, dicho informe no llegó a terminarse, pues la disolución de la Junta Delegada de Defensa privó a la comisión de competencia sobre los asuntos planteados. El 25 de abril, Cazorla, al dar el relevo al nuevo director general de Seguridad, Wenceslao Carrillo (padre de Santiago), dijo que recibiría con los brazos abiertos cualquier investigación que se llevara a cabo. Wenceslao Carrillo alabó el trabajo de Cazorla para que las calles de Madrid recobraran la tranquilidad. En un artículo aparecido al día siguiente, el propio Cazorla escribió que había guardado silencio a la espera de que se hicieran públicas las conclusiones de la investigación, pero que entonces se sentía ya libre de expresarse. Atacó el «terrorismo verbal de los que en privado suplican y en público atacan», en clara alusión a Melchor Rodríguez y el caso Pintado-Fe. Luego pasó a defender su trayectoria, en contra de «aquellos que, recién infiltrados en dichas organizaciones, se amparan en un carnet para ocultar sus turbios antecedentes y poder laborar mejor contra los intereses de las masas antifascistas».[39] Dos días más tarde, la prensa comunista publicó la noticia del descubrimiento de una red quintacolumnista que utilizaba carnés de la CNT.[40]

Una conclusión evidente de los enfrentamientos entre comunistas y cenetistas es el asombroso nivel de libertad de prensa que se mantuvo en los momentos más duros de la guerra. Las explícitas denuncias aparecidas en la prensa de la CNT de presuntos abusos cometidos por la Policía y en las cárceles plasman sin sombra de dudas hasta qué punto se veló por garantizar las bases democráticas. Más aún si cabe lo pusieron de manifiesto algunas de las sentencias dictadas por los Tribunales Populares. En este sentido, cabe mencionar la absolución de los milicianos anarquistas que dispararon contra Pablo Yagüe, así como la de colaboracionistas de la causa rebelde como Agustín Muñoz Grandes o Bobby Deglané. Tanto o más sorprendentes fueron las condenas a anarquistas y comunistas a los que se declaró culpables de robo o asesinato. En el bando rebelde no hubo nada equivalente, y mucho menos ejemplos de cortapisas oficiales a medidas de seguridad de emergencia, como el cierre de la operación de la embajada de Siam que llevó a cabo el general Miaja por considerarla ilegal, o la creación por parte de la Junta de Defensa de un comité para investigar las denuncias anarquistas sobre las irregularidades de la Policía, o la insistencia del gobierno republicano en que para combatir a la Quinta Columna debía obrarse dentro del marco legal. Para Cazorla, obsesionado con reforzar la retaguardia, fue una enorme frustración saber cuántos de aquellos elementos se salían con la suya gracias a la laxitud de la seguridad, tal y como él lo entendía.

A finales de 1936, la violencia indiscriminada estaba en buena medida bajo control, y el nuevo sistema de justicia popular funcionaba con relativa eficacia. Los procesos y las facilidades que se concedían para la defensa de los acusados marcaron una diferencia radical entre la justicia republicana y los juicios sumarios de la zona rebelde. Cada vez había más casos de religiosos a los que se absolvía de las acusaciones de desafección al régimen.[41] De hecho, ya desde antes de 1938, como demuestran las frecuentes absoluciones que Cazorla trató de impugnar con arrestos preventivos, los juicios a menudo erraron en su deferencia hacia los procesados. El proceso contra el capitán Ramón Robles Pazos, celebrado el día 26 de enero de 1937 en el Jurado de Urgencia, sirve como ejemplo sumamente ilustrativo. Este juicio, así como el destino paralelo que corrió el hermano mayor del capitán Robles, José, acusado de espionaje en pro de la Quinta Columna, son buena muestra tanto del funcionamiento de la judicatura republicana como de la forma en que operaban los Servicios de Seguridad y sus asesores rusos.

El capitán Ramón Robles Pazos, de treinta y siete años, era un reaccionario oficial africanista. Al comienzo de la guerra fue instructor del Estado Mayor en la Academia de Infantería del Alcázar de Toledo.[42] Estaba en Madrid cuando sus compañeros insurrectos se hicieron fuertes en el Alcázar. El 21 de julio, de camino a Toledo para unirse a ellos, fue arrestado en Getafe y retenido en una checa en el madrileño paseo de las Delicias. Juró que era leal a la República y, al cabo de solo unas horas, fue puesto en libertad con la orden de presentarse en el Ministerio de la Guerra para unirse al Ejército republicano. Sin embargo, Ramón no actuó como le habían pedido; aun así no le pasó nada hasta el 16 de octubre, cuando lo arrestaron los agentes de la comisaría de Buenavista. Lo acusaron de negarse a cumplir sus obligaciones como soldado de la República y lo encerraron en la cárcel Modelo. Por asombroso que parezca, escapó a la evacuación y posterior masacre de presos derechistas que se llevó a cabo los días 7, 8 y 9 de noviembre, lo que sugiere que contaba con la protección de alguien influyente. Cuesta creer que el hecho de que su hermano José trabajara para la embajada soviética desde finales de agosto fuera una mera coincidencia.

El 17 de noviembre, Ramón fue trasladado a la prisión próxima a la plaza de Las Ventas, donde permaneció hasta que, el 26 de enero de 1937, lo juzgaron por deslealtad. Tras volver a jurar que era completamente fiel a la República, lo dejaron en libertad provisional, a condición de que se personara el día 15 y el 30 de cada mes. Puesto que no lo hizo, el 27 de febrero de 1937 lo llamaron de nuevo a juicio. Fue entonces cuando mandó una obsequiosa carta al presidente del Tribunal de Urgencia, «que Vd. tan dignamente preside», en la que pedía al juez que informara «a los compañeros jurados» de que no le era posible acudir a su cita con el tribunal porque había recibido órdenes de unirse a las fuerzas republicanas del frente de Teruel el 24 de febrero. El tribunal decidió absolverlo, aduciendo su servicio en el frente.[43]

Sin embargo, el 28 de enero, dos días después de su primer juicio, Ramón se había refugiado en la embajada de Chile. Tres semanas más tarde se trasladó a la embajada de Francia, desde donde escribió la mencionada carta, fechada el 22 de febrero, en la que aseguraba que partía a Teruel a luchar por la República, y allí permaneció hasta enero de 1938, cuando consiguió ser evacuado a Francia. Tal vez Ramón quiso llegar en algún momento a la zona rebelde, pero al parecer lo incitaron a ocultarse en dichas embajadas por el riesgo de que se descubriera su falsa lealtad a la República. A finales de diciembre, su hermano José había sido detenido. Es posible que Ramón temiera que en un interrogatorio José revelara sus contactos. Los Servicios de Seguridad republicanos sospechaban que José no trataba de convencer a Ramón de que cumpliera con sus obligaciones militares, sino que le pasaba información de la embajada soviética para la Quinta Columna. Desde Francia, tras algunas dificultades, Ramón alcanzó la zona rebelde a mediados de mayo de 1938.

No lo sometieron a las rigurosas comprobaciones que aplicaban a la mayoría de los oficiales que cruzaban las líneas, y de hecho, el 21 de junio de 1938 se incorporó a las fuerzas nacionales con el rango de comandante, una promoción que se hacía retroactiva al 10 de diciembre de 1936, y se le puso al mando de una unidad de Fuerzas Regulares indígenas. Cuando posteriormente se investigó su papel en la República, se hallaron informes favorables de quintacolumnistas que «manifiestan conocer al mismo, constándoles es persona de ideas completamente afectas al Movimiento Nacional». Lo ascendieron a teniente coronel y lo condecoraron en varias ocasiones. En 1942 combatió en Rusia como voluntario de la División Azul. A partir de entonces, disfrutó de una carrera militar muy distinguida, como demuestran sus ascensos a general de Brigada en 1952, general de División en 1957, y el más alto rango del Ejército español, teniente general, en 1961, además de disfrutar de destinos al más alto nivel, como capitán general de la VII Región Militar (Valladolid) y la IX (Granada).[44] Los éxitos posteriores de su carrera apuntan a que los vínculos de Ramón con su hermano José perjudicaron a la República.

José había sido arrestado por la Brigada Especial de Vázquez Baldominos y Grigulevich, la fuerza del contraespionaje por antonomasia, lo que deja entrever la importancia del crimen por el que era sospechoso. Teniendo en cuenta las actividades de su hermano Ramón, es razonable suponer que se creía que José pasaba información clave del personal soviético a la Quinta Columna. La situación internacional obligaba a la Unión Soviética a minimizar la ayuda prestada a la República española, de modo que cualquier dato sobre las actividades rusas era confidencial;

José Robles, que actuaba como una especie de enlace entre Vladimir Gorev y el Estado Mayor republicano, al parecer disponía de acceso al más alto nivel.

Por Valencia corrían rumores de que Robles había sido arrestado por espionaje y ejecutado bajo custodia soviética. En las tertulias de café se comentaba que en un descuido había revelado información militar obtenida tal vez de telegramas en clave.[45] Tal cosa es improbable, y las experiencias paralelas de su hermano sugieren que se trataba de algo más que un descuido. Louis Fischer, que contaba con acceso privilegiado tanto a la jerarquía rusa instalada en España como a la cúpula del gobierno español, estaba convencido de que la ejecución de Robles no tuvo nada que ver con el gobierno republicano, y dejó ver que se trataba de una cuestión de los rusos.[46]

El novelista John Dos Passos fue informado en la embajada de Estados Unidos de que José Robles, traductor de su obra y viejo amigo, había sido visto con vida en un campo de prisioneros el 26 de marzo por el agregado militar norteamericano, el coronel Stephen Fuqua.[47] Robles fue ejecutado en una fecha sin determinar entre ese día y el 22 de abril. Esa mañana Dos Passos informó a Ernest Hemingway y Josephine Herbst de que acababa de saber que Robles había sido ejecutado tras un juicio por revelar secretos militares.[48] En 1939, Dos Passos dijo que «el entonces jefe del servicio de contraespionaje republicano» lo informó apesadumbrado de la muerte de Robles a manos de una «sección especial».[49] Esa frase apuntaría a David Vázquez Baldominos, en calidad de comisario general de Investigación y Vigilancia y comandante de las Brigadas Especiales, pero hay razones de peso para suponer que el informante fuera más bien su secretario, Pepe Quintanilla. Al igual que su hermano, el artista Luis Quintanilla, Pepe mantenía contacto con Hemingway, Herbst y Dos Passos. Teniendo en cuenta su posición, Quintanilla debía de saber de la existencia de Grigulevich y la Brigada Especial. Las fuentes de que disponemos no revelan si José Robles fue de veras juzgado o simplemente ejecutado.[50] Los destinos opuestos de los dos hermanos subrayan la diferencia entre la relativa laxitud de los Tribunales Populares y la seriedad letal de las Brigadas Especiales.

Los enfrentamientos entre Cazorla y la CNT de Madrid eran un mero reflejo de un problema mayor que se gestaba en el seno de la España republicana. Para los comunistas, una parte importante del PSOE y los partidos republicanos, la campaña bélica era una prioridad que requería la reconstrucción plena del estado. Por el contrario, a los elementos revolucionarios de la izquierda, la CNT-FAI y el POUM, les preocupaba más colectivizar la industria y la agricultura, y se oponían al control estatal de las cuestiones económicas y militares, aun después de que la debacle republicana en Málaga en febrero dejara al descubierto en toda su crudeza las debilidades del sistema de milicias. Los anarquistas, a pesar de su retórica ocasional, se oponían también a la reorganización del orden público. Por ende, a ojos de republicanos, socialistas y comunistas, las actividades de la CNT y el POUM eran lisa y llanamente irresponsables, y se hallaban en el mismo espectro subversivo que las de la Quinta Columna.

A pesar de que Madrid había vivido un intenso conflicto, lo contuvo en cierta medida el sentimiento de lucha común impuesta por el asedio. En mayo de 1937, en cambio, un enfrentamiento más dramático y definitivo tendría lugar en Barcelona, donde la lejanía del frente creaba un contexto muy distinto, y las tensiones sociales y políticas iban en aumento desde hacía meses. Ya a finales de 1936, algunos de los avances revolucionarios de los primeros momentos habían sido recortados. Poco a poco, la Generalitat iba recuperando los poderes perdidos cuando el golpe militar dejó el aparato del estado en ruinas. El presidente catalán, Lluís Companys, perteneciente al partido burgués Esquerra Republicana, y el Partit Socialista Unificat de Catalunya, de corte comunista, trataban de restablecer el control de las estructuras políticas y militares de la región. En el periódico del POUM, *La Batalla*, el líder del partido, Andreu Nin, y su principal ideólogo, Juan Andrade, denunciaban la colaboración entre el PSUC y Esquerra tachándola de contrarrevolucionaria, y urgieron a la CNT a unirse al POUM para combatirla a través de comités revolucionarios.[51]

Ya en otoño de 1936, Louis Fischer, el reputado sovietólogo, le había dicho a la esposa de Andrade, María Teresa García Banús, que el Kremlin estaba decidido a exterminar al POUM, y la urgió a advertir a sus camaradas de tomar todas las precauciones necesarias.[52] Desde finales de 1936, el taciturno y enigmático Ernö Gerö, alias «Pedro», delegado del Comintern en el PSUC, dirigía una campaña para apartar a Andreu Nin de su cargo como *conseller de Justícia* en la Generalitat.[53] El 24 de noviembre, el secretario general del PSUC, Joan Comorera, había planteado la cuestión de la incapacidad del gobierno de coalición para contribuir de una manera decisiva a la campaña bélica. El 11 de diciembre de 1936, el comité ejecutivo del Comintern mandó el siguiente telegrama a «Luis» (alias de Victorio Codovilla, delegado del PCE), «Pedro» (Ernö Gerö) y «Pepe» (José Díaz, secretario general del PCE): «Es preciso orientarse hacia la liquidación política de los trotskistas, como contrarrevolucionarios, agentes de la Gestapo —después de la campaña política: alejar de todos los órganos y [administraciones] locales y de todos los órganos, suprimir prensa, expulsar a todos los elementos extranjeros. Intentad realizar estas medidas de acuerdo con los anarquistas».[54]

Al día siguiente, 12 de diciembre, Comorera propició una crisis del gabinete al exigir el cese de Nin como *conseller de Justícia* de la Generalitat tras describir al POUM como un elemento discordante y desleal que provocaba divisiones entre la UGT y la CNT. Declaró, no sin razón, que los ataques y los insultos del POUM contra el único aliado poderoso de la República eran actos de traición.[55] El cónsul general ruso en Barcelona, Vladimir Antonov-Ovseenko, viejo amigo de Nin, cenó con Companys esa misma noche y «utilizó todos los argumentos posibles, las armas soviéticas, la situación en el exterior, las materias primas y los envíos de alimentos». Puesto que las entregas eran inminentes y se cernía la amenaza de una crisis alimentaria, Companys, que en cualquier caso se alegraba de contar con un gobierno más cohesionado, accedió a la petición. Nin quedó excluido de la remodelación del consejo, que tuvo lugar el 16 de diciembre.[56] Tras su arresto el 16 de junio, Nin dijo a sus interrogadores que cuando el primer ministro catalán, Josep Tarradellas, le explicó las razones de su exclusión, le dijo que el POUM sería perseguido y sus líderes eliminados, tanto física como políticamente.[57]

Las críticas públicas que el POUM hizo sobre el juicio y la ejecución de los veteranos bolcheviques Kamenev y Zinoviev habían provocado la animadversión de los asesores soviéticos. Alentado por Antonov-Ovseenko, el PSUC denunció a los «espías fascistas» y los «agentes trotskistas» del POUM, y pidió que se acabara con ellos.[58] Sin embargo, la hostilidad hacia la izquierda antiestalinista no se debía solo a la paranoia rusa. Entre los republicanos, socialistas, comunistas y numerosos observadores extranjeros estaba cada vez más extendida la convicción de que los anarquistas catalanes no mantenían un compromiso pleno con la campaña bélica. La CNT, obsesionada por informes secretos acerca de la cantidad de armamento de que disponían el PSUC y Esquerra Republicana de Catalunya, importaba y almacenaba armas en Barcelona, en previsión del día en que iniciara su propia revolución.[59] A mediados de marzo, varios centenares de los miembros más radicales del movimiento libertario, contrarios a la militarización de las milicias, abandonaron el frente de Gelsa (Zaragoza) y se dirigieron con sus armas hacia la capital catalana. Inspirados por el periodista separatista radical Jaume Balius Mir, su objetivo era crear una vanguardia revolucionaria que combatiera la colaboración de los dirigentes de la CNT con el gobierno central. (Cabe recordar que fue Balius quien pidió que Manuel Carrasco i Formiguera fuera asesinado; García Oliver lo consideraba un bohemio desquiciado.) El 17 de marzo formaron la Agrupación de los Amigos de Durruti y en cuestión de semanas reclutaron a 5.000 miembros de la CNT. La nueva organización recibió el apoyo de Andreu Nin.[60]

Republicanos, socialistas y comunistas, así como los asesores rusos, partían del principio unánime de que la campaña bélica debía ser disciplinada y centralizada. Una parte de la dirección de la CNT, que había accedido a formar parte del gobierno republicano, era más propensa a aceptar la necesidad de priorizar el esfuerzo bélico. Sin embargo, las bases del sindicato, sobre todo en Barcelona, se resistían a la pérdida del poder revolucionario y a la aparente connivencia de sus líderes en ese proceso. Muchos anarquistas y militantes del POUM sentían que los sacrificios que exigían los comunistas a favor de una República burguesa eran en vano, porque las potencias occidentales consideraban a Franco una apuesta más segura para el capitalismo imperante de lo que jamás podría serlo la República. En cambio, para todos aquellos comprometidos con la campaña bélica, la prioridad que muchos miembros de la CNT y el POUM daban a la revolución era un acto subversivo y de traición.

Los esfuerzos de la Generalitat para recuperar el poder conquistado por los sindicatos revolucionarios dieron lugar a tensiones que se exacerbaron aún más con los trastornos económicos y sociales que imponía la guerra. En diciembre de 1936, la población de Cataluña se había incrementado con la llegada de 300.000 refugiados, lo cual constituía un 10 por ciento de la población total de la región, y cerca del 40 por ciento de la población de Barcelona. Tras la caída de Málaga, las cifras aumentaron aún más. Las dificultades de alojar y alimentar a los recién llegados, con los problemas añadidos de la escasez y la inflación, agudizaron los conflictos existentes. Hasta diciembre de 1936 la CNT había controlado la Conselleria de Proveïments y optado por salvar las dificultades requisando los alimentos a precios artificialmente bajos, lo que provocó carencias porque los granjeros se resistieron y acapararon reservas. Después de la crisis del Consejo de Ministros a mediados de diciembre, el líder del

PSUC, Joan Comorera, había asumido la cartera de Abastecimientos y había introducido un enfoque más mercantil. Los anarquistas pusieron el grito en el cielo, pero el problema no se solucionó. Además, por más que Cataluña necesitara importar alimentos, carecía de divisa extranjera para adquirirlos. La escasez y la inflación de los precios subsiguientes provocaron disturbios en Barcelona, así como enfrentamientos armados entre la CNT-FAI y el PSUC por el control de los almacenes de comida.[61]

En paralelo al conflicto generado por la colectivización y la escasez de los víveres, la violencia era aún mayor entre las Patrulles de Control y las fuerzas del orden. En febrero, más de una treintena de miembros de la Guardia Nacional Republicana (la antigua Guardia Civil) fueron asesinados. A principios de marzo, la Generalitat disolvió el Comité de Defensa, controlado por la CNT, y asumió el poder para desintegrar todos los comités locales de la Policía y las milicias. La Guardia de Asalto y la Guardia Nacional Republicana se fusionaron en un solo cuerpo policial catalán, a cuyos integrantes no se les permitía afiliarse a ningún partido político ni sindicato. Estas medidas situaron de hecho a las patrullas obreras al margen de la ley. Diez días después, el gobierno republicano central ordenó que las organizaciones, comités y patrullas obreras, así como los trabajadores a título individual, entregaran las armas que tuvieran en su poder. El consejero de Seguridad Interior de la Generalitat, Artemí Aiguader, de Esquerra Republicana de Catalunya, intensificó el desarme de las patrullas milicianas. Al mismo tiempo, en la frontera con Francia había cada vez más escaramuzas por el control de los puestos de aduanas entre la Policía fronteriza —los Carabineros— y el Comité de Patrullas de la CNT, que desde julio de 1936 se ocupaba de dicha labor.[62]

El 24 de abril, los anarquistas atentaron contra la vida del jefe de la Policía catalana, Eusebio Rodríguez Salas, miembro del PSUC, a quien Aiguader había nombrado para el puesto. Las cosas alcanzaron su punto crítico al día siguiente, con el asesinato en Molins de Llobregat (el nombre durante la República de Molins de Rei) de Roldán Cortada, miembro del PSUC y secretario de Rafael Vidiella, consejero de Trabajo y Obras Públicas de la Generalitat. Dos días después, el gran cortejo fúnebre por las calles de Barcelona tras el féretro de Cortada se convirtió en una manifestación masiva contra la CNT-FAI. Al mismo tiempo, en La Cerdanya, en el Pirineo de Lérida, ocurría un suceso inaudito; la zona se hallaba bajo el control del activista y contrabandista de la FAI Antonio Martín Escudero, «el Cojo de Málaga». En su condición de virrey fáctico de La Cerdanya, Martín amasó una fortuna gracias al estraperlo y extorsionando a los acaudalados que trataban de cruzar la frontera; con frecuencia, sus sicarios detenían y amenazaban a políticos importantes. Los dirigentes de la CNT concedían mucha importancia al control de la frontera, tanto para exportar sin restricciones los objetos de valor requisados como para importar armas de forma ilegal, por lo que proporcionaban puntualmente a Martín Escudero la información relativa a los movimientos de los Carabineros y otras fuerzas gubernamentales que obtenían gracias a que su sindicato controlaba las comunicaciones telefónicas en Cataluña.

Los alcaldes de la zona estaban resueltos a acabar con el terror de Martín y, por fin, en el mes de abril, empezaron a recibir el apoyo de Aiguader y la Generalitat. Cuando desde Barcelona informaron a Martín de que en Bellver se estaba reuniendo un contingente para ir a detenerlo, encabezó un ataque con un nutrido grupo de milicianos sobre la población. Sin embargo, tras un tiroteo, se repelió el ataque, y Martín y algunos de sus hombres murieron.[63] La literatura anarquista convirtió al bandido en mártir; todo el episodio se reescribió para dar la impresión de que el nefando Martín no había muerto en Bellver a manos de los defensores del pueblo, sino que había caído en Puigcerdà ante fuerzas de la Generalitat. Diego Abad de Santillán, *conseller de Economia* de la Generalitat, que en dos ocasiones había tenido que acompañar a delegaciones gubernamentales para investigar las denuncias que pesaban sobre Martín, conocía perfectamente su turbio historial.[64]

Las disputas por el suministro de alimentos y los sucesos de La Cerdanya revelaban lo arraigado del conflicto entre los partidarios de la revolución y quienes preferían priorizar la campaña bélica. Así pues, carece de fundamento la idea de que la culminación del enfrentamiento en los llamados Sucesos de Mayo (*Fets de maig*) fue una conspiración estalinista cuidadosamente tramada. La chispa que desencadenó los enfrentamientos fue una doble iniciativa de la Generalitat. Por un lado, el decreto que prohibía las tradicionales concentraciones populares del 1 de mayo con el propósito de evitar los choques entre la CNT y la UGT fue interpretado como una provocación por las bases cenetistas. A continuación, el 3 de mayo, Artemí Aiguader ordenó la toma de la Central Telefónica de la plaça de Catalunya y la operación fue organizada por el beligerante inspector de Policía Rodríguez Salas, del PSUC. Aiguader seguía instrucciones de Companys, que se había visto humillado cuando un miliciano de la CNT interrumpió una llamada telefónica del presidente Azaña. Era evidente que el estado debía controlar el principal sistema de comunicación; sin embargo, cuando Companys dio la orden del asalto, el antiguo *conseller de Proveïments* y posterior *conseller de Serveis Públics*, Josep Joan Domènech, de la CNT, le advirtió de que para las bases anarquistas sería una provocación.[65] En cualquier caso, la noche anterior, cumpliendo órdenes recibidas desde Salamanca, unos agitadores del grupo de extrema derecha Estat Català habían abierto fuego sobre militantes de la CNT.

Sin duda, los anarquistas y el POUM estaban indignados por la campaña de desarme de las patrullas milicianas que la Policía había iniciado tres meses antes; su respuesta en forma de insurrección debió de requerir cierto grado de planificación. La cantidad de armas a disposición de la CNT propició una grave escalada de la crisis, pero no se puede hablar de una guerra civil a pequeña escala. Las milicias anarquistas y del POUM salieron a las calles de Barcelona y de otros municipios. Después de que el Consejo de Ministros se reuniera a debatir sobre la situación, uno de los ministros anarquistas, posiblemente García Oliver, dijo: «Esto no es más que el comienzo. El ataque va a ser a fondo y definitivo». Companys se negó a retirar las fuerzas que rodeaban la Central Telefónica, y aprovechó la oportunidad para arremeter contra las patrullas de la CNT y reafirmar así el poder del estado.[66]

En el centro de Barcelona se levantaron barricadas. Los Amigos de Durruti, junto con fuerzas de la CNT y del POUM, hicieron frente durante cuatro días a los contingentes de la Generalitat y el PSUC. El *casal* Karl Marx, sede del PSUC en el passeig de Gràcia, fue atacado por tres coches blindados, pero no pudieron tomarlo. Los barrios obreros y los suburbios industriales se hallaban en manos de las masas anarquistas, pero la falta de coordinación favoreció a Companys.[67] A pesar de que la crisis hundía sus raíces en las circunstancias que vivía Cataluña en tiempos de guerra, la Generalitat y el PSUC eran conscientes de que tenían que aprovechar la ocasión para aplastar el poder de la CNT; a la vez, el gobierno central veía en estos sucesos la oportunidad de limitar el poder de la Generalitat. García Oliver y Carlos Hernández Zancajo, de la UGT, fueron enviados a Barcelona para tratar la situación con los dirigentes de la CNT. Sufrieron la humillación de una larga espera mientras los anarquistas daban cuenta de una prolongada cena; cuando pidieron comida, les mandaron dos míseros bocadillos. Volvieron a Valencia de vacío.[68]

Por encima de todo, la situación puso al descubierto el dilema fundamental de la CNT. Los anarquistas podían ganar en Cataluña solo si emprendían una guerra a cualquier precio contra el resto de las fuerzas republicanas. El diario cenetista de Madrid, *Frente Libertario*, acusó a los revolucionarios de ser aliados de Hitler, Mussolini y Stalin. García Oliver dio un discurso radiofónico desde la Generalitat, en nombre de los ministros de la CNT del gobierno central, exigiendo a los incrédulos militantes que depusieran las armas. La mayoría de los dirigentes de la CNT en Cataluña no eran partidarios de retirar las milicias anarquistas del frente de Aragón para combatir a la Generalitat y al gobierno republicano central. El 7 de mayo, el gobierno mandó los refuerzos policiales desde Valencia, que finalmente decantaron la balanza en el conflicto; a cambio, la Generalitat tuvo que renunciar al control del Ejército de Cataluña y a la responsabilidad del orden público en la región. Varios centenares de miembros de la CNT y el POUM fueron arrestados, aunque la necesidad de poner en marcha las industrias bélicas cuanto antes limitó la escala de la represión. El telón de fondo de estos acontecimientos era el avance franquista en el País Vasco. Tal como escribió un indignado Manuel Domínguez Benavides, periodista gallego, mientras se bombardeaba Euskadi «el POUM y la FAI organizaban un sangriento carnaval revolucionario».[69]

Ángel Viñas ha demostrado que los sucesos del 3 de mayo tomaron a los rusos por sorpresa. Algunos de los asesores más importantes en materia de guerrillas se vieron inesperadamente atrapados en Barcelona por los enfrentamientos. El general Grigori Shtern, destacado asesor militar, escribió posteriormente que, lejos de despertar odios porque hubieran inspirado los acontecimientos, los rusos «podían cruzar con toda tranquilidad las barricadas de ambos bandos, y los anarquistas los recibían con el saludo del puño en alto».[70] Si los rusos y el PCE no habían planeado todo el episodio, lo cierto es que supieron aprovechar las oportunidades que la situación les brindaba. El POUM, tras alardear de haber liderado una insurrección que en realidad fue obra de elementos de la CNT, iba a ser el chivo expiatorio.[71] Andreu Nin y el resto de los dirigentes del partido habían sobrepasado con mucho a la CNT en el fervor de sus pronunciamientos revolucionarios durante la crisis. Además, puesto que los principales favorecidos por los sucesos fueron los rebeldes franquistas y sus aliados del Eje, entre los comunistas, socialistas y republicanos corría la sospecha de que existía un elemento de provocación fascista en las actividades del POUM y la CNT. Cazorla, entre otros, se quejaba con frecuencia de que la CNT era un sindicato muy permeable para las infiltraciones. El POUM internacionalista veía con muy buenos ojos el reclutamiento de voluntarios extranjeros. Concretamente, en enero de 1937, un agente del NKVD en Berlín había informado a Moscú de que había agentes alemanes infiltrados en el POUM.[72] Franco fanfarroneó ante el encargado de negocios alemán Wilhelm Faupel de que «la lucha callejera había sido iniciada por sus agentes», en referencia a los ataques sobre miembros de la CNT por parte de elementos de Estat Català. De manera análoga, Ciano se regodeó con el embajador franquista en Roma de que los agentes italianos hubieran contribuido en los disturbios. Desde luego, no faltaban italianos en las filas de la CNT, y algunos bien podían ser agentes infiltrados de OVRA (Organización para la Vigilancia y la Represión del Antifascismo).[73]

Poco después de que terminaran los enfrentamientos en Barcelona, Largo Caballero fue apartado de la presidencia del Gobierno, no solo por los errores que había cometido durante la crisis. Sin duda Azaña, que quedó sitiado en el Palau de les Corts Catalanes durante los Sucesos de Mayo, nunca perdonó a Largo la demora en organizar su evacuación. El ministro sin cartera José Giral, de Izquierda Republicana, había informado a Azaña de que los republicanos, comunistas y socialistas estaban unidos en la voluntad de promover un cambio profundo. No solo se sentían frustrados ante las ridículas pretensiones de gran estratega de Largo Caballero, sino también por su costumbre de tomar decisiones sin debatirlas en el Consejo de Ministros. Ante las quejas de que no informaba de lo que sucedía, les espetaba a los ministros que leyeran la prensa. Así pues, los tres grupos también compartían el descontento con la simpatía de Largo Caballero hacia la CNT y su fracaso a la hora de afrontar el asunto del orden público. Además, estaban decididos a conseguir la destitución del incompetente ministro de la Gobernación, Ángel Galarza.

El 14 de mayo tuvo lugar un turbulento Consejo de Ministros convocado por los ministros comunistas que, con el acuerdo previo de socialistas y republicanos, exigieron un cambio de estrategia militar y la ilegalización del POUM. Cuando el jefe de Gobierno se negó, renuente a castigar al POUM mientras la FAI y los Amigos de Durruti quedaban impunes, abandonaron el consejo en bloque. Largo Caballero trató de seguir adelante sin ellos, y su sorpresa fue mayúscula cuando el resto de los ministros se negaron.[74] Tuvo que dimitir, y el gobierno le fue ofrecido a Juan Negrín; esto marcó la victoria de las fuerzas políticas contrarias a las facciones revolucionarias. De ahí en adelante, los avances revolucionarios que marcaron las etapas iniciales de la guerra serían desmantelados uno tras otro, dejando que la contienda siguiera la dirección que dictaban los republicanos y los socialistas moderados que habían ocupado los ministerios clave del gobierno.

Las preocupaciones humanitarias que subyacían a la determinación del nuevo presidente de acabar con el terror guardaban una estrecha relación con su idea de que las atrocidades del bando republicano servían para justificar la negativa de las potencias democráticas a ayudar a la República. Entre septiembre de 1936 y mayo de 1937, como ministro de Hacienda, Negrín había hecho todo lo posible por mantener la República a flote. Durante ese período, se esforzó por garantizar que los recursos nacionales se pusieran al servicio de la campaña bélica, ya fuera con el envío de las reservas de oro al extranjero para proteger su disponibilidad para la compra de armamento, ya fuera reforzando el Cuerpo de Carabineros a fin de restablecer el control del estado sobre el comercio exterior e impedir las actividades de los muchos puestos fronterizos ilegales de la CNT en la frontera catalano-francesa. Sus empeños por acabar con la represión ilegal pasaron a un plano distinto tras ser elevado a la presidencia del Consejo de Ministros, a finales de mayo de 1937.

En el nuevo gobierno nombrado a mediados de mayo de 1937, Negrín eligió a Julián Zugazagoitia ministro de la Gobernación, por su firme compromiso con el restablecimiento de la ley y el orden. Unido a su elección de otro vasco para el Ministerio de Justicia, Manuel de Irujo, se aseguraba de que no hubiera en España juicios moscovitas, a pesar del empeño de los soviéticos por destruir al POUM. Hubo además una serie de nombramientos orientados hacia un mayor control del orden público. El socialista Juan-Simeón Vidarte fue nombrado subsecretario de Zugazagoitia, y sus primeras intervenciones consistieron en disolver un escuadrón que había llevado a cabo ejecuciones extrajudiciales a las órdenes de Ángel Galarza, y el cierre de la conocida cárcel valenciana de Santa Úrsula. Otro socialista, Paulino Gómez Sáiz, fue nombrado delegado de Orden Público en Cataluña, con objeto de recuperar cierto control en la región. El eficiente teniente coronel Ricardo Burillo pasó a ser el jefe de la Policía en Barcelona, y un policía de profesión, Teodoro Illera Martín, fue enviado también a la ciudad como delegado de la Dirección General de Seguridad. Burillo había estado al mando del cuartel de la Guardia de Asalto de la calle de Pontejos el 13 de julio de 1936, cuando fue asesinado Calvo Sotelo, un crimen en el que no participó y por el que lo ejecutarían en 1939. Era comunista, pero también leal a Negrín.[75] El único nombramiento que acabaría confirmándose nefasto fue el del coronel Antonio Ortega Gutiérrez como director general de Seguridad, el 27 de mayo. Negrín escogió a Ortega al creer que este era simplemente un soldado profesional socialista afín a Prieto. Más tarde, en sus memorias inacabadas, comentaría que nunca habría aceptado la recomendación de haber sabido que Ortega primaría su lealtad al Partido Comunista por encima de la que le debía al gobierno.[76]

Según Diego Abad de Santillán, 60.000 armas obraban en poder de los izquierdistas de Barcelona, la mayoría de los cuales eran, como es de suponer, miembros de la CNT-FAI. Poco después de llegar a Barcelona, Vidarte y Burillo empezaron a cerrar las Patrullas de Control y a confiscar sus armas, si bien tuvieron que hacer frente a una resistencia no exenta de violencia por parte de la CNT-FAI, a raíz de la cual, el 4 de junio, un sargento de Carabineros y cuatro guardias de asalto perdieron la vida. En opinión de Vidarte, Manuel Escorza del Val, que había sido jefe de Policía de la Generalitat, tuvo un papel relevante en esta resistencia. Los responsables de los asesinatos fueron arrestados, pero Negrín insistió en que no hubiera ejecuciones.[77] Illera despidió a 72 policías de la Generalitat, acusándolos de participar en robos, asesinatos y contrabando, exactamente la clase de crímenes con que se relacionaba a Antonio Martín Escudero. Inevitablemente, Illera chocó con el hombre a quien había ido a sustituir, Dionisio Eroles Batlló, de la FAI, quien hasta que Negrín tomó posesión de la presidencia del Gobierno, fue jefe de Orden Público de la Generalitat. Illera también hizo frente a la fiera oposición del líder de las Patrullas de Control de la CNT-FAI, Aurelio Fernández Sánchez, que fue encarcelado. La misma suerte corrió el abogado Eduardo Barriobero, antes director de la Oficina Jurídica de la Generalitat.[78]

Negrín estaba al corriente del empeño que había puesto Irujo en detener la violencia en la retaguardia republicana en su etapa de ministro sin cartera.[79] Ahora, al asumir el cargo de ministro de Justicia, Irujo reflejó a la perfección la actitud de Negrín hacia la represión al declarar: «Levanto mi voz para oponerme al sistema y afirmar que se han acabado los "paseos" ... Hubo días en que el Gobierno no fue dueño de los resortes del poder. Se encontraba impotente para oponerse a los desmanes sociales. Aquellos momentos han sido superados ... es preciso que el ejemplo de la brutalidad monstruosa del enemigo no sea exhibido como el lenitivo a los crímenes repugnantes cometidos en casa».[80] En consonancia con este planteamiento, la justicia revolucionaria quedó paulatinamente relegada por la justicia burguesa convencional. Los tribunales populares operaban ahora bajo la supervisión de jueces cualificados. Una de las primeras cosas que hizo Irujo fue profesionalizar el sistema penitenciario, para garantizar que no se repitieran las atrocidades de noviembre de 1936. El régimen carcelario se suavizó hasta un punto inimaginable en la zona controlada por los rebeldes. El clero católico y los prisioneros religiosos fueron liberados. La Cruz Roja disponía de pleno acceso a las prisiones.[81] A muchos presos civiles se les concedían permisos por nacimiento, matrimonio, enfermedad o muerte de familiares. A resultas de estas medidas, durante un tiempo Irujo fue acusado en la prensa anarquista de cavernícola vaticanista y reaccionario burgués, pero con el tiempo una delegación anarquista acabó felicitándolo por su trabajo. De modo análogo, en el Ministerio de la Gobernación, Zugazagoitia utilizó su posición para salvar las vidas de numerosos falangistas eminentes que estaban bajo custodia republicana.

El extraordinario caso de Amelia de Azarola sirve para ilustrar el papel que desempeñaron Negrín e Irujo. Amelia era nacionalista vasca y antifascista. Sin embargo, estaba casada y amaba profundamente a Julio Ruiz de Alda, uno de los fundadores de la Falange. Azarola fue arrestada en agosto de 1936, poco después de que su esposo fuera asesinado en la masacre de la cárcel Modelo. El 29 de marzo de 1937 fue juzgada por desafección al régimen. Tanto Irujo como Negrín testificaron en el juicio. El primero la conocía como una republicana convencida de su aldea natal en Euskadi; el segundo había estudiado con ella Medicina en la Universidad de Madrid, y mencionó sus actividades en la organización estudiantil republicana, la Federación Universitaria Española. A resultas de estos testimonios, quedó absuelta. Sin embargo, Cazorla se negó a ponerla en libertad y la mantuvo retenida de cara a un posible canje de prisioneros. Finalmente se le concedió permiso para trabajar en la cárcel de mujeres de Alacuás, a las afueras de Valencia. Después de una nueva intervención de Negrín, en otoño de 1937 la doctora Azarola fue liberada por la DGS y pudo volver a su casa de Barcelona bajo custodia. Después, a principios de 1938, fue canjeada y enviada a Navarra.[82]

El llamado «Campamento de Alacuás», donde trabajó la doctora Azarola, era una antigua residencia jesuita, reconvertida en centro penitenciario por orden de Manuel Irujo. Luminosa, ventilada, con piscina y gimnasio, la cárcel ofrecía unas condiciones relativamente cómodas. La hermana de Queipo de Llano, Rosario, llegó allí en julio de 1937 y se encontró con una distinguida lista de mujeres franquistas, entre las que se contaban las hermanas Larios, María Primo de Rivera, María Luisa Millán Astray, hermana del fundador de la Legión Extranjera, la sobrina de Franco, Pilar Jaraiz, una prima del duque de Alba y parientes de los coroneles López Pinto y Aranda.[83]

Irujo había aceptado el cargo de ministro de Justicia a condición de que se respetara la libertad de conciencia y volviera a legalizarse la práctica religiosa. Se expidieron salvoconductos y carnés de identidad a sacerdotes y religiosos, e igualmente se invirtieron esfuerzos para restablecer el derecho a practicar la liturgia. Irujo creó el Negociado de Confesiones Religiosas y se mostró infatigable hasta conseguir que se diera la primera misa pública en la Delegación de Euskadi en Valencia, el 15 de agosto de 1937, y se abriera la primera capilla en Barcelona, en la calle del Pi n.º 5, lo que le valió las estridentes críticas de la CNT. Jesús de Galíndez, que trabajó en dicho Negociado de Confesiones Religiosas, sirvió de monaguillo en aquella primera misa. Posteriormente recordó que la Quinta Columna había intentado boicotear la iniciativa extendiendo el rumor de que la iglesia estaba desconsagrada y que cualquiera que asistiera a la misa quedaría excomulgado. Se daban cuenta, lógicamente, de que con las iglesias abiertas iban a perder una de sus principales armas propagandísticas contra el gobierno republicano.[84]

Lo que Irujo y Zugazagoitia no pudieron hacer fue controlar las actividades de Lev Lazarevich Nikolsky, el jefe del NKVD en la España republicana, conocido como «Aleksandr Orlov». En teoría, Orlov se ocupaba de funciones diversas: el contraespionaje, sobre todo en el seno de las Brigadas Internacionales, la organización de actividades de guerrilla y sabotaje, y la creación de una pequeña Policía Secreta de élite para contrarrestar la oposición interna al gobierno. En la práctica, esta última era su principal actividad, fruto de la cual nacieron las Brigadas Especiales. El propósito inicial de las mismas fue combatir a la Quinta Columna, pero pronto se dedicaron a luchar contra los elementos de la izquierda española que consideraban subversivos. El 3 de mayo de 1937, Grigulevich llevó una de las Brigadas Especiales hasta Barcelona, con idea de aprovechar la turbulenta situación para eliminar a ciertos cabecillas trotskistas extranjeros vinculados al POUM.[85] Se ha sugerido que el grupo de Grigulevich pudo ser responsable del asesinato de los anarquistas italianos Camilo Berneri y Francesco Barbieri, ocurridos el 5 y el 6 de mayo. Sin embargo, Berneri era un peligro mucho mayor para Mussolini que para Stalin, por lo que es posible que los asesinatos fueran obra de la Policía Secreta italiana, la OVRA. La investigación que la propia CNT llevó a cabo concluyó que Berneri había muerto a manos de miembros de Estat Català al servicio de la OVRA.[86]

En cuanto a las exigencias de un paranoico Stalin, la principal tarea de Orlov consistía en erradicar a los comunistas extranjeros disidentes que había en España. De hecho, al personal de seguridad ruso le importaba mucho más este objetivo que emprender cualquier acción contra el POUM, pues se consideraba que ese trabajo correspondía a la Policía republicana. Muchos europeos del este fueron arrestados y encarcelados por agentes del Grup d'Informació, una unidad similar a las Brigadas Especiales de Madrid pero que operaba en Cataluña. Formaba parte del Servei Secret d'Informació, el Servicio Secreto de la Conselleria de Defensa de la Generalitat, con el que Orlov había entrado en contacto. Los trotskistas detenidos eran trasladados al convento de Santa Úrsula, en Valencia, donde eran interrogados y torturados por rusos, alemanes y europeos del este, todos miembros de los partidos comunistas de sus respectivos países.[87] Era relativamente raro que los liquidaran, y estos asesinatos selectivos se decidían desde Moscú. Uno de estos casos fue el secuestro de Brian Goold-Verschoyle, un comunista angloirlandés que trabajaba en la embajada soviética como operador de radio y ayudante de Orlov, que en abril de 1937 fue llevado a Rusia, donde murió en prisión.[88]

Otra víctima de Orlov fue Mark Rein, hijo del líder menchevique ruso Rafail Abramovich. Rein había llegado a España como corresponsal de varias publicaciones antiestalinistas, entre ellas *Social Demokraten*, de Estocolmo, y el diario judío neoyorquino *Forward*. El 9 de abril de 1937 salió del hotel Continental de Barcelona y nunca se le volvió a ver. Su desaparición fue obra de agentes del Grup d'Informació. Orlov presentó a Alfred Herz (un agente del Servicio Secreto de Inteligencia del partido comunista alemán, el KPD, *Nachrichtendienst*, quien había sido enviado a España para controlar a los brigadistas internacionales alemanes) al jefe de la unidad, el policía Mariano Gómez Emperador. Herz y Gómez Emperador, con la ayuda del informante S. S. I. n.º 29, Alfonso Laurencic, raptaron y asesinaron a Rein. Es posible que quisieran sonsacarle el nombre del «viejo bolchevique» que un año antes había publicado una crónica devastadora sobre los crímenes de Stalin en la Unión Soviética.[89]

Otro de los objetivos de Orlov fue Andreu Nin, cuya relevancia iba mucho más allá del liderazgo del POUM, ya que había sido un estrecho colaborador personal de Trotsky en el pasado. En un informe redactado a finales de febrero de 1937, Orlov había declarado que las posibilidades de victoria del gobierno republicano se veían socavadas por «los conflictos interpartidistas, en los que la energía de muchos se dedica a ganar la autoridad y el poder en el país para su propio partido, y a desacreditar a los oponentes, en lugar de combatir el fascismo». Después de ciertos comentarios displicentes acerca de Gorev y Berzin, proseguía diciendo:

En mi opinión, ha llegado el momento en que es preciso analizar la amenaza que pesa en la actualidad, presentar enérgicamente al gobierno español (y a los dirigentes de los partidos) la gravedad de la situación y proponer las medidas necesarias, si es que el gobierno español de verdad quiere nuestra ayuda: (1) imponer en el ejército y sus mandos una sana rectitud (ejecutar a los desertores, mantener la disciplina, etc.); y (2) acabar con las peleas internas en el partido. Si ante el peligro inmediato no conseguimos que el gobierno español recobre el sentido, los acontecimientos tomarán un giro catastrófico. La caída de Madrid traería consigo la desmoralización del ejército, así como rebeliones y traición por parte de algunas regiones catalanas.[90]

Después de los Sucesos de Mayo, Orlov hizo de la eliminación de Nin su principal meta, y el papel del POUM en el curso de los acontecimientos de aquellos días le allanó enormemente la tarea. Nin se convirtió en el objetivo de lo que se conocía como una operación *liter*. Un expediente *liter* («letra») era un expediente codificado que se abría cuando se programaba el asesinato de alguna persona, que siempre aparecía con un nombre en clave. En el caso de Nin, era «AYUDANTE». Al expediente se le designó la letra «A», reservada para operaciones de «medida activa» (*aktivka*, o acción directa, que equivalía a «asesinato»). Si el ministro comunista Jesús Hernández decía la verdad en sus memorias, no debió de ser una coincidencia que al día siguiente del asesinato de Nin, un telegrama enviado a Moscú contuviera el mensaje: «Asunto A. N. resuelto por procedimiento A».[91]

El plan de Orlov se basó en dos «hallazgos» escrupulosamente orquestados. El primero guardaba relación con una librería de Gerona, propiedad de un falangista llamado José Roca Falgueras. Roca formaba parte de una red quintacolumnista, que gestionaba el dueño de un pequeño hotel de la ciudad, Cosme Dalmau Mora. La Policía había descubierto su existencia, pero la mantenía bajo vigilancia hasta que se considerase oportuno desmantelarla. Un día de mayo, un hombre vestido con elegancia entró en el establecimiento de Roca, y dejó dinero y un mensaje para Dalmau. Preguntó si podía dejar también una maleta y pasar a recogerla unos días después. Al día siguiente, la Policía hizo una redada y la maleta resultó contener una comprometedora colección de documentos técnicos para fabricar bombas, además de planes de asesinato de figuras republicanas. Todo llevaba en apariencia el sello del comité militar del POUM.[92]

El segundo hallazgo, en un principio auténtico, fue amañado por Orlov para «demostrar» la colaboración del POUM con la Falange. El elemento principal era un mapa detallado de Madrid, que habían incautado las Brigadas Especiales dirigidas por David Vázquez Baldominos y Fernando Valentí Fernández en la desarticulación de una amplia red de quintacolumnistas, con la ayuda de Alberto Castilla Olavarría, un agente doble a sueldo. Castilla, vasco de derechas, vivía en la embajada de Perú, lo que le otorgó credibilidad para infiltrarse en la Quinta Columna. Se convirtió en el enlace entre los cuatro grupos falangistas que constituían la red conocida como «Organización Golfín-Corujo», gestionada por el arquitecto Francisco Javier Fernández Golfín. Cuando esta red fue desarticulada, obraba en poder de Fernández Golfín un mapa de las calles de Madrid, en el que su hermano Manuel había especificado detalles y posiciones de las instalaciones militares. Era el llamado «plano milimetrado», que formaba parte de los proyectos del grupo para facilitar la entrada de los rebeldes a la capital.[93]

Más de un centenar de falangistas fueron arrestados por las Brigadas Especiales de Vázquez Baldominos, aunque solo se juzgó a veintisiete de ellos. Sus confesiones tuvieron un papel relevante en la compleja trama que Orlov había urdido, a pesar de que no hay razón para suponer que Vázquez Baldominos fuera cómplice de los añadidos que Orlov introdujo en el documento. Esbozó su elaborado plan para sacar el máximo provecho del mapa en un informe enviado a Moscú el 23 de mayo de 1937:

Teniendo en cuenta que este caso, en relación con el que la inmensa mayoría se ha declarado culpable, ha causado una honda impresión en los círculos militares y gubernamentales, y que está sólidamente documentado y fundado en las confesiones incontrovertibles de los acusados, he decidido utilizar su significado y los hechos indisputables del caso para implicar a los dirigentes del POUM (cuyas [posibles] conexiones buscamos mientras llevamos a cabo las investigaciones). Por consiguiente, hemos elaborado el documento adjunto, que indica la cooperación de los líderes del POUM con la organización Falange Española, y a través de ello, con Franco y Alemania. Cifraremos en clave los contenidos del documento utilizando el código de Franco, del que disponemos, y lo escribiremos en el dorso del mapa, que lleva la localización de los emplazamientos de nuestra artillería en la Casa de Campo, que fue obtenida de la organización falangista. Este documento ha pasado por cinco personas: los cinco fascistas entre los que ha circulado el documento antes de despachárselo a Franco. En otro documento incautado escribiremos con tinta invisible unas líneas de contenido irrelevante. A partir de éste, en colaboración con los españoles, empezaremos a examinar el documento en busca de escritura en clave. Experimentaremos con varios métodos para abordar esta clase de documentación. Un compuesto químico especial revelará las primeras palabras o líneas, y después comprobaremos el resto de los documentos con ese revelador, y así pondremos al descubierto la carta que hemos elaborado para comprometer a la cúpula del POUM. El jefe del Departamento de Contrainteligencia español partirá de inmediato a Valencia, donde el Departamento de Codificación del Ministerio de la Guerra descifrará la carta. Dicho departamento, según nuestros datos, dispone también del código necesario, pero si por alguna razón no pueden descifrar la carta, «emplearemos un par de días» y lo haremos nosotros. Confiamos en la eficacia de este proyecto para sacar a la luz el papel del POUM en la sublevación de Barcelona. Descubrir el contacto directo entre uno de sus líderes y Franco contribuirá sin duda a que el gobierno adopte una serie de medidas administrativas contra los trotskistas españoles, y desacreditará al POUM como una organización de espías germano-franquistas.[94]

Según un informe policial de finales de octubre de 1937, el documento incautado fue examinado en primer lugar por el entonces director general de Seguridad, Wenceslao Carrillo, el general Miaja y el coronel Vicente Rojo. A esas alturas, el dorso condenatorio del documento no se había «descubierto» aún, puesto que no había sido añadido. Solo después el «descubrimiento» se atribuyó al hecho de que estaba escrito con tinta invisible.[95] En el informe policial se apreciaba la inestimable ayuda técnica de expertos extranjeros (rusos), que tuvieron acceso libre a la documentación incautada en las oficinas de la Brigada Especial, y a quienes se les concedió luego permiso para llevársela a su embajada. Orlov informó a Moscú de que la falsificación del documento auténtico fue obra de Grigulevich. Después de la guerra, Valentí dijo a sus interrogadores franquistas que Grigulevich («Ocampo») tuvo el mapa en su poder durante algún tiempo. Cuando lo devolvió a la Brigada, le sugirió a Vázquez Baldominos hacer pruebas químicas por si había mensajes escritos con tinta invisible.

Según el informe policial, los técnicos rusos proporcionaron también los reactivos necesarios y la placa eléctrica para calentar el documento. Con los efectos del calor, en el dorso del mapa apareció un mensaje en clave. En este punto, mandaron llamar a Vázquez Baldominos. Incapaz de descifrar el mensaje, acompañado por Valentí y dos de los técnicos extranjeros (¿Orlov y Grigulevich?), llevó el documento a Valencia y lo presentó ante el recién nombrado director general de Seguridad, el coronel Ortega. Se devanaron los sesos durante casi dieciocho horas en su despacho, en un vano intento por descifrar el mensaje. Finalmente, los especialistas lograron interpretar el mensaje utilizando el libro de códigos franquista. Se decidió que todos los implicados fueran a la embajada rusa de Valencia para elaborar un informe.[96]

En el «texto definitivo» se decía que uno de los miembros de la organización de Fernández Golfin se había reunido con «N., dirigente del POUM, el cual había puesto al partido a su disposición, lo que constituiría el puntal más firme para el triunfo de las armas nacionales». También había una carta a Franco, donde se esbozaban los servicios que prestaría el POUM en lo tocante a espionaje, sabotaje y provocación de disturbios antirrepublicanos. El mensaje en sí mismo era tan inverosímil como la posibilidad de que el nombre en clave de Nin fuera la inicial de su apellido. Seis meses más tarde, en enero de 1938, dos calígrafos analizaron el mensaje y dictaminaron que se trataba de una falsificación y no podía ser obra de ningún miembro de la red.[97] En esos momentos, en cambio, el informe redactado en la embajada rusa presentaba la historia de la organización de Fernández Golfin y el documento como hechos probados, y concluía con la recomendación de «extirpar» al POUM. Con fecha de 1 de junio de 1937, el Servicio de Contraespionaje de la Comisaría General de Madrid mandó sendas copias a Zugazagoitia y Ortega.[98]

Vázquez Baldominos, Valentí y los miembros de la Brigada Especial volvieron a Madrid. Seis días después, Ortega envió una orden para que Valentí y siete miembros de su Brigada Especial, entre ellos Jacinto Rosell Coloma y Andrés Urresola Ochoa, se personaran en Valencia. De acuerdo con otro de los miembros de la Brigada Especial, Javier Jiménez Martín, de las JSU, el escuadrón lo dirigía «un brasileño llamado José»: «José pensábamos que era ruso. Hablaba ruso y podías ver realmente que tenía el poder en la organización». No cabe duda de que el «brasileño llamado José» era Grigulevich.[99] En Valencia recibieron órdenes de Ortega para ir a Barcelona con el fin de arrestar a Andreu Nin. Ortega reconoció más tarde que en todo momento había seguido instrucciones de Orlov.[100] Zugazagoitia nunca había confiado en Ortega, porque era comunista y porque lo consideraba un incompetente, por lo que había nombrado inspector y subdirector general de Seguridad al gobernador civil de Almería, el socialista Gabriel Morón Díaz, con la idea de que no le quitara ojo a Ortega. Sin embargo, el día del arresto de Nin, Ortega había conseguido deshacerse de Morón mandándolo a Ciudad Real con un pretexto absurdo. El 15 de junio, Valentí y sus compañeros fueron a Barcelona, acompañados de Grigulevich. El 16 de junio de 1937, Nin y, horas después, los demás miembros de la ejecutiva del POUM fueron arrestados por la Policía Local a las órdenes del teniente coronel Burillo.[101]

El 28 de mayo ya se había prohibido la publicación de *La Batalla*, el periódico del POUM; ahora el partido pasaba a ser ilegalizado y su milicia, disuelta. En un comunicado se explicaba que la Dirección General de Seguridad había confiscado en el cuartel general del POUM «mensajes en clave, telegramas, códigos, documentos relacionados con dinero y compras de armas y contrabando, junto con documentos incriminatorios de que los dirigentes del POUM, y Andreu Nin en concreto, había[n] participado en labores de espionaje». Orlov informó a Moscú de que la Policía de Madrid consideraba el documento falsificado «absolutamente genuino en sus dobles aspectos», es decir, tanto en relación con los planes falangistas originales para la ocupación rebelde de Madrid, como a los añadidos en tinta invisible.[102] Por el contrario, tanto el presidente catalán, Lluís Companys, como su jefe de Propaganda, Jaume Miravitlles, pensaron que la idea de que Nin fuera un espía fascista era absurda, además de sumamente perjudicial para el gobierno republicano, y así lo hicieron saber en una carta a la sede gubernamental de Valencia. Cuando Ortega trató de convencer a Miravitlles mostrándole el «plano milimetrado», este estalló en carcajadas y dijo que era la primera vez en la historia que un espía firmaba con su nombre verdadero un documento que podía incriminarlo.[103]

Primero Nin fue llevado a Valencia, y luego trasladado a Madrid.[104] Allí surgió el problema de cómo obedecer la orden de Ortega de mantener a Nin aislado durante su interrogatorio y en un lugar apropiado para un prisionero de su categoría, teniendo en cuenta que los centros penitenciarios de la capital estaban ya hasta los topes de quintacolumnistas arrestados por el caso Golfín. Entonces apareció la propuesta de «un alto representante de los técnicos extranjeros» —sin duda Orlov—, que se ofreció a recluir a Nin en una casa de Alcalá de Henares. Se ha dicho que era una casa donde habían residido Constancia de la Mora e Ignacio Hidalgo de Cisneros y donde luego se habían alojado los altos mandos rusos de la brigada de carros de combate. Más recientemente se ha sugerido que se trataba de la casa de Rafael Esparza, el diputado de la CEDA que había muerto asesinado en la cárcel Modelo. Comoquiera que sea, Vázquez Baldominos aceptó la oferta de Orlov y propuso que varios de sus agentes custodiaran el edificio. Orlov desestimó la idea, con el pretexto de que podía llamar una atención indeseada, y asumió personalmente la responsabilidad de la seguridad de Nin. El 17 de junio, Vázquez Baldominos firmó la orden para trasladar a Nin a la casa, y destinó solo dos agentes para la misión. Orlov se comprometió a ocuparse de su manutención.[105]

El interrogatorio le fue confiado a Jacinto Rosell. Jesús Hernández aseguró (aunque sus testimonios a menudo eran poco fidedignos) que Nin fue torturado e interrogado por Orlov y otros durante varios días, en un intento por hacerle firmar una «confesión» de sus vínculos con la Quinta Columna. De hecho, existen registros de los cuatro interrogatorios que Rosell llevó a cabo, una a las 14.15 horas del 18 de junio, dos al día siguiente, y el último a las 15.20 horas del 21 de junio. Ni en las preguntas de Rosell ni en las respuestas de Nin se advierten indicios de que el interrogatorio se apartara de la legalidad o se le torturara. El 21 de junio, por órdenes de Ortega, Vázquez Baldominos, Rosell y otros miembros de la Brigada fueron a Valencia para recoger más miembros del POUM detenidos —Andrade entre ellos— y escoltarlos hasta Madrid.[106] En ese punto, Orlov aprovechó la ocasión para orquestar la siguiente farsa en el chalé. El 22 de junio, entre las nueve y media y las diez de la noche, en medio de una lluvia torrencial, llegaron varios hombres de uniforme, dirigidos por un capitán y un teniente que hablaban español con marcado acento extranjero. Presentaron documentos para que Nin les fuera entregado, con las firmas falsificadas de Vázquez Baldominos y Miaja. Supuestamente los agentes que custodiaban a Nin protestaron, pero fueron reducidos, y quedaron amordazados y maniatados. En el forcejeo, sin embargo, a los intrusos se les cayeron «pruebas» incriminatorias, incluidos billetes de banco de la España rebelde y documentos alemanes. Los testigos declararían más tarde que el capitán habló con Nin en tono amistoso y lo trató de «camarada». Cuando Vázquez Baldominos empezó a investigar estos hechos, no pudo establecer contacto con Orlov.[107]

Es imposible precisar si el forcejeo tuvo lugar, o sencillamente los agentes alegaron haber plantado cara a los intrusos, pues podía haber miembros de la Brigada Especial que guardaban lealtad a Orlov en lugar de a Vázquez Baldominos. Lo que es seguro, en cambio, es que llegó un coche en el que viajaban Orlov, Grigulevich, un chófer del NKVD, un agente alemán de la misma organización y dos españoles. Entre ellos podrían haber reducido a los dos guardias, apresado a Nin y desperdigado los documentos incriminatorios. No cabe duda de que a Nin se lo llevaron y lo mataron cerca de la carretera principal, a medio camino entre Alcalá de Henares y Perales de Tajuña.[108]

Tampoco cabe dudar de que el impulso para eliminar a Nin partió de los rusos, no de las autoridades republicanas. Basándose solo en las falaces declaraciones de Orlov ante el FBI, Stanley Payne llegó a la conclusión de que «Stalin mandó una orden manuscrita, que sigue en los archivos de la KGB, de matar a Nin».[109] Eso es sumamente improbable. Sin embargo, se ha visto que Nin era el objetivo de una «operación *liter*». Además, después de que Nin se negara a firmar una confesión falsa, Orlov no lo habría dejado marchar sin más, aun en el caso de que no hubiera sido torturado. Orlov hizo una críptica alusión a lo sucedido en su informe sobre la llamada «operación Nikolai», enviado a Moscú el 24 de julio de 1937. Este informe describe, «en los términos crípticos característicos que empleaba en las operaciones *liter*», la captura de Nin en la casa y su posterior asesinato. Además de revelar que Grigulevich falsificó los documentos utilizados para incriminar a Nin, subraya también la participación del propio Orlov en la operación. Las credenciales policiales de Grigulevich como miembro de la Brigada Especial facilitaron el paso por los controles de carreteras.[110]

En los archivos de Orlov hay una nota relevante, presuntamente escrita por Grigulevich. Transcrita al castellano, rezaba: «N. En la carretera de Alcalá de Henares a Perales de Tajuña. A mitad de camino, a 100 metros, en el campo. [presentes] Bom, Schwed, Juzik, dos españoles, y el chófer de Pierre, Victor». Hace referencia al lugar del crimen, donde Nin fue enterrado. Los ejecutores fueron, por tanto, Orlov (Schwed), Grigulevich (Juzik), el agente alemán del NKVD Erich Tacke (Bom), los dos españoles no identificados, y Victor Nezhinsky, también agente del NKVD. «Pierre» era Naum Eitingon, jefe de la subestación del NKVD en Barcelona, y no Ernö Gerö, como se ha sugerido.[111]

Poco después de la desaparición de Nin, Negrín recibió la visita de Orlov, que le había sido presentado muchos meses antes con el pseudónimo de «señor Blackstone». Orlov anunció que el motivo de su visita era informar de que sus hombres habían logrado determinar lo que le había sucedido a Nin. Apoyó la versión de que lo habían secuestrado unos falangistas disfrazados de brigadistas internacionales con documentos incriminatorios que supuestamente se les habían caído tanto a ellos como al propio Nin. Acto seguido, Orlov le preguntó si eran pruebas suficientes para abandonar la investigación formal, y cuando Negrín le dijo que tal decisión dependía de las autoridades judiciales, Orlov insistió en saber si personalmente le parecían convincentes; tuvo que soportar la vergüenza de que el jefe de Gobierno le dijera que la historia era tan impecable como un relato de detectives barato. Furioso, le contestó a Negrín que había insultado a la Unión Soviética, momento en el cual lo invitaron a marcharse. Horas después, Negrín recibió la visita del agregado de negocios soviético, Marchenko, que se había enterado del desagradable incidente de la mañana y venía a presentarle sus disculpas. Se ofreció a castigar a Orlov y, cuando Negrín aseguró que el incidente estaba cerrado, le comunicó que Orlov ya no formaba parte del personal de la embajada.[112]

La primera vez que Zugazagoitia le preguntó por el paradero de Nin, Ortega prácticamente se delató al decir: «No tenga usted cuidado que daremos con su paradero, muerto o vivo». Zugazagoitia respondió que el cadáver de Nin no le interesaba lo más mínimo, quería que lo encontraran vivo. Aquel mismo día, ante nuevas preguntas del ministro, Ortega dijo que Nin era agente de la Gestapo, y que se lo habían llevado unos compañeros espías para evitar que lo interrogaran los Servicios de Seguridad de la República. Zugazagoitia quiso saber de dónde había sacado esa información, y Ortega dijo que era simplemente una idea que se le había ocurrido. El ministro informó inmediatamente a Negrín de que sospechaba que Ortega tenía algo que ver con el turbio caso Nin. Negrín le dijo que consiguiera informes precisos sobre lo ocurrido. Según Fernando Valentí, Vidarte y el propio Zugazagoitia, el ministro de la Gobernación exigió un informe a David Vázquez Baldominos, que presentó dos versiones posibles. En el primer documento «oficial», examinaba tres posibilidades: que a Nin lo hubieran secuestrado los falangistas, agentes de la Gestapo o el POUM. En el segundo, un informe confidencial exclusivo para Zugazagoitia, manifestaba su opinión de que la desaparición de Nin no tenía nada que ver con la Gestapo o la Falange, sino que parecía más bien una consecuencia del conflicto entre el POUM y el PCE, fomentado por los rusos que operaban en la Dirección General de Seguridad. Probablemente Vázquez Baldominos llegó a esta conclusión tras no poder localizar a Grigulevich ni a Orlov para tratar el asunto con ellos. Grigulevich ya había vuelto a Rusia. En ese punto, Vázquez Baldominos creía que Nin aún estaba vivo.[113]

Los documentos falsificados fueron publicados en un libro firmado por un inexistente «Max Rieger», con un prólogo de José Bergamín donde se exigía la ejecución inmediata y sin derecho a juicio de los arrestados. «Max Rieger» era un pseudónimo colectivo que ocultaba al periodista comunista francés Georges Sorel, al recién llegado delegado búlgaro del Comintern Stoyán Mínev, alias «Boris Stepanov», y al intelectual comunista español Wenceslao Roces.[114] Esa versión es la que recitó de corrido Ortega cuando fue interrogado por Juan-Simeón Vidarte, subsecretario de Zugazagoitia, a lo que se dice que un incrédulo Vidarte respondió: «Oiga, coronel, o usted es idiota o cree que yo lo soy». Jesús Hernández también dijo haberse echado a reír cuando Orlov explicó su plan para incriminar a Nin. Negrín informó a Azaña de la versión de Orlov, y el presidente coincidió en que era una historia demasiado redonda. De hecho, el 29 de junio, Prieto ya había puesto a Azaña al corriente del secuestro de Nin, y le había comentado su convencimiento de que Ortega era, además de idiota, comunista.[115]

Al principio, Negrín atribuyó el comportamiento de Ortega a la incompetencia propia de un oficial de Carabineros que había ascendido por encima de sus capacidades, pero tan pronto supo de sus filiaciones comunistas, acordó con Zugazagoitia que debía ser reemplazado. A fin de minimizar los roces con los ministros comunistas por su destitución, inventaron la excusa de que se le necesitaba en el frente. Gabriel Morón, inspector y subdirector de la DGS, se puso al frente del organismo.[116] En respuesta a las protestas internacionales que empezaban a llegar por la desaparición de Nin, Negrín autorizó a Irujo la creación de un juzgado especial que investigara el caso. Al parecer, Morón dijo a Zugazagoitia: «Ya que el presidente [Negrín] está empeñado en conocer la verdad, podéis decirle que la verdad es ésta: el secuestro de Andrés Nin ha sido planeado por el italiano Codovila, el comandante Carlos, Togliatti y los directivos del partido comunista, entre ellos, Pepe Díaz. La orden de atormentarlo ha sido dada por Orlov y todos ellos han obrado conforme al gran interés que Stalin tenía en la desaparición del secretario y confidente del creador del Ejército Rojo. Dile esto a Negrín y si quiere que los detenga, los meto en la cárcel mañana mismo». Por el testimonio de Vidarte, todo apunta a que la información de Morón procedía de David Vázquez Baldominos.[117] Hubo un atentado contra Vidarte: cortaron el eje delantero de su coche, y chocó contra un olmo.[118]

Irujo dio plenos poderes al fiscal del juzgado especial, Gregorio Peces Barba del Brío, que hizo detener a Vázquez Baldominos, Fernando Valentí, Jacinto Rosell Coloma y Andrés Urresola Ochoa. Convencido de que Vázquez Baldominos no era culpable, un airado Morón acusó a Irujo de ser «un pobre lunático», e inmediatamente ordenó que los liberaran y no volvieran a arrestarlos. A pesar de que Negrín admiraba la franqueza de Morón, pensó que también había que reemplazarlo.[119] A mediados de noviembre lo sucedió Paulino Gómez Sáiz, que había obtenido grandes logros como delegado de Orden Público en Cataluña desde principios de junio.[120] Negrín, aunque apoyó la destitución de Ortega y recelaba completamente de Orlov, no pensaba permitir que las nuevas revelaciones minaran la unidad del Consejo de Ministros, por lo que tomó la difícil decisión de suspender la investigación, pues del mismo modo que se oponía a la represión fuera del marco oficial, creía también que la rebelión temeraria del POUM, que de hecho equivalía a traición, no podía tolerarse en tiempos de guerra.

Así pues, a fin de consolidar la seguridad del estado republicano en guerra, se llevó a cabo una reorganización fundamental de los Servicios de Seguridad y Contraespionaje durante el verano de 1937. El 12 de junio se disolvieron los Servicios Especiales del Estado Mayor del Ejército del Centro, hasta entonces a las órdenes del anarquista Manuel Salgado. Además de la inquietud porque desaparecieran prisioneros en circunstancias sospechosas, se vertían acusaciones de que en el personal de Salgado se habían infiltrado reaccionarios. De hecho, el secretario de Salgado era el falangista Antonio Bouthelier España. Las funciones del Departamento de Servicios Especiales se fusionaron con las correspondientes a las Brigadas Especiales y otros grupos encargados de la seguridad interna, para crear el Departamento Especial de Información del Estado (DEDIDE). Dirigido en un principio por David Vázquez Baldominos, al nuevo cuerpo se le encomendó erradicar el espionaje y el sabotaje en territorio leal. Operaría bajo las órdenes directas del ministro de la Gobernación, Julián Zugazagoitia.[121] Las actividades del DEDIDE no se dirigían en exclusiva a quienes prestaban apoyo a Franco, sino también contra los miembros de la izquierda que, como el POUM, se consideraban subversivos. Los extranjeros eran también objeto de sospecha; tanto el POUM como las Brigadas Internacionales se creían refugios potenciales para los espías, tanto si pertenecían al Eje como, desde la óptica paranoica del NKVD, a la Cuarta Internacional. Bilbao cayó el 19 de junio, y las constantes derrotas incrementaron el nerviosismo y la psicosis. Ciertamente, la República era muy vulnerable al espionaje enemigo, ya estuviera dirigido por la Gestapo, la OVRA, o la cada vez más sofisticada Quinta Columna.[122]

Menos de un mes más tarde, el 9 de agosto, Prieto creó el Servicio de Investigación Militar (SIM), una unidad de contraespionaje militar dentro del Ministerio de Defensa. Puesto que a efectos prácticos se convirtió en el órgano responsable de los servicios de inteligencia política y, por tanto, del mantenimiento del orden en la retaguardia, finalmente absorbió al DEDIDE a finales de marzo de 1938.[123] Inicialmente, el SIM estaba bajo la responsabilidad directa de Prieto, que admitió haber creado dicho órgano siguiendo el consejo de los «técnicos» soviéticos. Sin embargo, declaró también que, a la luz del *affaire* Nin, dudó en seguir ese consejo por temor a que la Policía actuara por libre, al margen del gobierno, como en el caso del comunista Antonio Ortega. Resuelto a que todos los servicios especiales republicanos quedaran directamente bajo su mando, Prieto nombró director del SIM a su amigo Ángel Díaz Baza, quien, según Orlov, era un especulador con intereses en clubes nocturnos.[124]

En un principio, el puesto clave de jefe del SIM del Ejército del Centro (Madrid) se le concedió a un oficial joven y brillante, el comandante Gustavo Durán, por recomendación de Orlov, a través de Miaja.

Prieto aceptó, aunque más tarde aseguró que sabía que Durán era comunista y que lo mantuvo vigilado nombrando a Ángel Pedrero García como su ayudante. Tras la disolución de la Brigada de García Atadell, Pedrero, el número dos de la misma, había servido brevemente en la comisaría de Chamberí antes de ser trasladado, en diciembre, al Departamento de Servicios Especiales de Salgado.[125]

En el decreto que se promulgó para crear el SIM, Prieto había estipulado que todos los agentes obtuvieran la aprobación del ministro en persona y que las credenciales llevaran su firma. Sin embargo, Gustavo Durán actuó por su cuenta y nombró a cerca de 400 agentes para el nuevo órgano de inteligencia. Prieto alegó que todos eran comunistas, lo que negaron tanto Durán como Orlov, y apartó al español del SIM tras apenas dos semanas en el puesto, con la excusa de que se le necesitaba en el frente. Orlov lo defendió, y Pedrero dijo que intervinieron también en su defensa Eitingon e Ivan Maximov (asesor del Estado Mayor del Ejército del Centro), así como otros asesores militares soviéticos, y el mismo Miaja.[126]

Díaz Baza detestaba el papel de director del SIM, así que pronto le sustituyó de manera interina su segundo, Prudencio Sayagués. En busca de un nombramiento más apropiado a largo plazo, Prieto designó al comandante, y luego coronel, Manuel Uribarri Barrutell, aunque reconocería más tarde que fue una elección nefasta. Mientras estaba en el frente de Toledo, al parecer Uribarri había sido responsable de saqueos de gran magnitud. Ahora, aunque al principio se atuvo a las instrucciones de Prieto, se fue alineando progresivamente con los comunistas.[127] Finalmente, Uribarri desertó en abril de 1938 llevándose consigo una sustanciosa cantidad de dinero y joyas. Negrín aprovechó la tesitura para purgar el SIM. Siguiendo el consejo de Zugazagoitia y Paulino Gómez, nombró director a un socialista, Santiago Garcés Arroyo, lo que limitaba la influencia de los comunistas.[128] En febrero de 1938, las Juventudes Socialistas podían presumir de que en el SIM «no trabajan más que jóvenes socialistas, a secas».[129]

La República, al igual que otras sociedades democráticas cuya existencia se ve amenazada, adoptó prácticas contrarias a la democracia, como la censura, el internamiento sin juicio previo, la suspensión de las libertades civiles, la prohibición de las huelgas en las industrias esenciales y el servicio militar obligatorio. A fin de poner al descubierto redes de la Quinta Columna y conseguir confesiones, a partir de mayo de 1938, el SIM llevó a cabo detenciones ilegales, y en ocasiones sus agentes utilizaron refinados métodos de tortura, desorientando a los prisioneros con focos, ruidos ensordecedores constantes y baños en agua helada. Los catres y los bancos se colocaban con una inclinación que dificultase el sueño o el reposo. Había ladrillos y otros bloques geométricos por el suelo, para evitar que los retenidos paseasen de un lado a otro y obligarles a quedarse mirando las paredes torcidas y llenas de mareantes dibujos de cubos y espirales, que con una iluminación engañosa daban la impresión de que la superficie se moviera. Se crearon celdas de esas características en la llamada checa de Vallmajor o «Preventorio D», un antiguo convento, así como en el «Preventorio G» de la calle de Zaragoza, ambos gestionados en Barcelona por el SIM. Los diseños psicotécnicos fueron obra del excéntrico aventurero Alfonso Laurencic, que antes de integrarse en el SIM procedía del Grup d'Informació del Servicio Secreto de la Generalitat. Laurencic, que se proclamaba pianista de *music-hall* y arquitecto, era un francés de padres austríacos y nacionalidad yugoslava, que había servido en la Legión Extranjera española. Había sido miembro indistintamente de la CNT, la UGT y el POUM, había ganado dinero vendiendo pasaportes falsos, y acabó estafando al SIM.[130]

Otro elemento del freno republicano sobre el movimiento anarquista fue la abolición del Consejo de Aragón, que se había creado a principios de octubre de 1936 en Bujaraloz, bajo la presidencia de Joaquín Ascaso, líder de los obreros de la construcción de Zaragoza y representante de la Columna Ortiz. El Consejo logró limitar hasta cierto punto los excesos de las milicias en el Aragón republicano, pero nunca logró cumplir su principal objetivo, coordinar «las necesidades de la guerra y la retaguardia», puesto que los cabecillas de las columnas anarquistas pusieron un gran celo en mantener su autonomía. Los republicanos, socialistas y comunistas veían en el Consejo la dictadura anarquista de las milicias. Aun a costa de la inevitable violencia, el gobierno central lo abolió en agosto de 1937. La tierra colectivizada se devolvió a sus propietarios, y se atajó definitivamente la represión interna en la región.[131]

La guerra clandestina de los Servicios de Seguridad rusos contra los trotskistas extranjeros, sin embargo, permaneció fuera del control de las autoridades republicanas. En septiembre de 1937, Orlov consiguió eliminar a Erwin Wolf, un estrecho colaborador personal del propio Trotsky. Wolf estaba casado con la hija de un diputado socialista noruego, con quien Trotsky se había alojado en Noruega y que acabó siendo su secretario el tiempo que estuvo allí. En 1936, Wolf desempeñó un papel fundamental al refutar las acusaciones de los Juicios de Moscú, y fue una figura de peso en el Secretariado Internacional que precedió a la Cuarta Internacional. Llegó a España para trabajar con el grupo bolchevique-leninista de Grandizo Munis. El 27 de julio de 1937 fue detenido en Barcelona por actividades subversivas y, aunque lo pusieron en libertad al día siguiente, de inmediato volvieron a arrestarlo. Oficialmente lo soltaron el 13 de septiembre, pero nunca volvieron a tenerse noticias de él.[132]

Otro trotskista de primera línea desaparecido diez días más tarde fue el austríaco Kurt Landau. Otrora colaborador de Trotsky, Landau contaba con un largo historial de militancia antiestalinista en Austria, Alemania, Francia y España. Con el pseudónimo de «Wolf Bertram», fue secretario del grupo internacional de oposición comunista *Der Funke* (la Estrella). En España trabajó en estrecha relación con Andreu Nin, y sirvió de enlace entre el POUM y los periodistas y escritores extranjeros. Asimismo, lanzó virulentas proclamas contra la militarización de las milicias y su incorporación al «Ejército Popular». Indignó a los soviéticos con un panfleto titulado «España, 1936, Alemania, 1918», publicado en diciembre de 1936, en el que comparaba la aplastante derrota de los obreros revolucionarios alemanes por parte del Freikorps en 1918 con la hostilidad de los estalinistas hacia la CNT y el POUM en España. A raíz de ese ensayo, los soviéticos lanzaron contra él una campaña calumniadora y lo acusaron de ser «el líder de una banda de terroristas» y el agente de enlace entre la Gestapo y el POUM.[133] Kurt Landau se las ingenió para seguir en libertad hasta el 23 de septiembre de 1937, cuando unos agentes soviéticos lo apresaron en su escondite. Al igual que Rein y Wolf, no volvió a ser visto.[134]

Se ha dicho que Stanislav Vaupshasov, experto en guerrilla, había construido un horno crematorio en un sótano barcelonés, del que se ocupaba con la ayuda de un agente español del NKVD, José Castelo Pacheco. Llevaban engañados hasta el edificio a los sujetos que debían ser liquidados, los mataban y eliminaban sus cuerpos en una sola operación.[135] Si ese fue el destino de Rein, Wolf, Landau y algunos otros extranjeros desaparecidos, es imposible saberlo. Manuel de Irujo garantizó que Nin fuera el último trotskista español asesinado, pero no logró detener la persecución de izquierdistas extranjeros por parte de los Servicios de Seguridad soviéticos.

Mientras los rusos seguían cometiendo este tipo de abusos clandestinos, Negrín y su gobierno no cejaban en su empeño por normalizar las funciones estatales en el mantenimiento del orden público y la justicia. A finales de junio de 1937 se creó el Tribunal Especial de Espionaje y Alta Traición, que reflejaba la firmeza de Negrín ante los desacatos a la autoridad del estado. Sin embargo, mantenía su rechazo a cualquier tipo de represión arbitraria como la que se practicaba en la zona franquista.[136] Con el visto bueno de Negrín, Irujo se aseguró de que el Tribunal de Espionaje y Alta Traición estuviera compuesto por jueces imparciales y honestos. Muchos militantes de base del POUM estaban en la cárcel, furiosos por hallarse en compañía de fascistas y saboteadores, a pesar de no estar imputados formalmente. Entre ellos había varios antiestalinistas extranjeros. Una de ellos, la esposa de Kurt Landau, Katia, había sido arrestada por una brigada especial que actuó siguiendo órdenes rusas. Su intención era hacer salir a su marido de su escondite. Tras la desaparición de Kurt, sin embargo, Katia exigió una investigación judicial. A mediados de noviembre, el nuevo director general de Seguridad de Negrín, el socialista vasco Paulino Gómez, trató sin éxito de determinar el paradero de Kurt Landau. Cuando las autoridades fueron incapaces de aclarar la suerte de su esposo, Katia encabezó una huelga de hambre que siguieron 500 reclusas en la cárcel de mujeres de Barcelona.

Además de la investigación emprendida por Paulino Gómez, una comisión internacional fue a Cataluña en noviembre de 1937 para analizar las condiciones de las cárceles republicanas e investigar las desapariciones de Andreu Nin, Erwin Wolf, Mark Rein y Kurt Landau. Dirigida por John McGovern (secretario general del Partido Laborista Independiente, el grupo de izquierda radical que se había escindido del Partido Laborista, y del cual formaba parte George Orwell) y el pacifista francés Felicien Challaye, obtuvo permiso para entrevistar a Katia en el Hospital General, donde convalecía tras la huelga de hambre.[137] Irujo la visitó mientras seguía ingresada y la convenció de que los juicios serían limpios, y causó en ella la impresión necesaria para que desconvocara la huelga. Cuando Irujo envió a abogados y jueces a cada prisión con los documentos apropiados, recibieron el aplauso de los presos, que vieron en ellos a sus garantes contra las ilegalidades estalinistas.[138] El papel de las autoridades españolas en todo lo concerniente al caso Landau, particularmente que saliera adelante la demanda de su mujer reclamando una investigación y el impacto de su huelga de hambre, marcaba un notable contraste con los procedimientos en la zona rebelde, donde a duras penas se habría podido convocar esa clase de protestas, puesto que en 1938 los presos apenas recibían alimentos que rechazar y, de haberlo hecho, a nadie le habría importado, y mucho menos a un ministro.

Poco después de tomar posesión del ministerio, Irujo encargó a Mariano Gómez, presidente del Tribunal Supremo, el anteproyecto de un decreto para juzgar los crímenes cometidos desde el comienzo de la guerra hasta ese momento. Incluía también una revisión de los casos de criminales comunes liberados bajo la amnistía de García Oliver. El hecho crucial era que el decreto abarcaría todas las muertes extrajudiciales.[139] El 30 de julio de 1937, Boris Stepanov informó a Georgi Dimitrov de que el «fascista Irujo» había intentado detener a Carrillo por su papel en Paracuellos y estaba «organizando un sistema de registros a los comunistas, socialistas y anarquistas que maltrataron a los fascistas encarcelados. En nombre de la ley, este ministro de Justicia liberó a cientos y cientos de agentes fascistas arrestados y fascistas camuflados. Junto con Zugazagoitia, Irujo hace lo posible y lo imposible para salvar a los trotskistas y sabotear los juicios contra ellos. Y hará todo lo posible para absolverlos».[140] Finalmente, el decreto de Irujo nunca llegó a aplicarse en toda regla; no es de extrañar, dadas las divisiones internas y los escándalos que habría provocado el intento de llevar ante la justicia a los responsables de las represiones de 1936.

La iniciativa de Irujo se ilustra en el caso del general José Asensio Torrado, arrestado y acusado de sabotaje tras la precipitada caída de Málaga, en febrero de 1937. Lo juzgaron en octubre de 1937, justo cuando caía el norte, y lo condenaron a una pena de cárcel. Durante su estancia en prisión, a Asensio se le permitió escribir y editar un libro en defensa de sus actividades, y mandar ejemplares firmados a varios miembros del gobierno. El libro se vendió sin trabas de ninguna clase en las librerías de Barcelona. Según Largo Caballero, el arresto y el juicio de Asensio fueron fruto de la presión comunista sobre Indalecio Prieto. De ser cierto, dice mucho de la independencia de Negrín no solo que Asensio pudiera escribir y publicar dicha obra, sino también que, tras apelar la sentencia, el caso quedara sobreseído en julio de 1938.[141]

A medida que la guerra tomaba peor cariz, el trabajo de los Tribunales Especiales fue mucho más allá de las intenciones originales de Irujo. Ser culpable de espionaje o sabotaje implicaba el riesgo de ejecución, y, sin embargo, se dictaban menos sentencias a muerte que las requeridas por la acusación, de las cuales menos aún acababan cumpliéndose. En Cataluña, donde los tribunales eran con mucho los más activos, se dictaron 173 penas de muerte entre diciembre de 1937 y diciembre de 1938, aunque solo 7 personas fueron ejecutadas después del 11 de agosto. A diferencia de los tribunales militares de la zona rebelde, los Tribunales Especiales declaraban a menudo inocente al acusado, y muchos de los culpables veían sus condenas reducidas o anuladas tras una apelación. Los sospechosos de delitos menores por colaboración con la Quinta Columna, propaganda derrotista o actividades en el mercado negro, eran recluidos en prisión o en los campos de trabajo creados por García Oliver. A medida que transcurría 1938 y la situación del Ejército republicano empeoraba, los desertores y los prófugos pasaron a engrosar también la población penitenciaria.[142]

Mientras la situación de la República tomaba un rumbo calamitoso y la Quinta Columna actuaba con mayor confianza y agresividad, el SIM empezó a ser más implacable, y varios individuos conocidos por su brutalidad salieron a escena. Ramón Torrecilla fue uno de ellos. Otro de los que trajo un inmenso descrédito al SIM fue Loreto Apellaniz Oden, antiguo funcionario de Correos que se convirtió en inspector de Policía en Valencia después de dirigir la checa de Sorní. La denominada «Brigada Apellaniz» fue célebre por sus actividades en el área de Játiva; más adelante pasó a ser el temido jefe del SIM en Valencia, desde agosto de 1937 hasta el final de la guerra. Acusado de robo, tortura y asesinato, se decía que recibía instrucciones directas de Orlov. Fue capturado por los franquistas en marzo de 1939 y ejecutado.[143]

Desde abril de 1938, el SIM puso en funcionamiento seis campos de trabajo en Cataluña, conocidos por la férrea disciplina y las duras condiciones en que vivían los internos. Hubo casos de prisioneros abatidos a tiros al tratar de escapar. Sin embargo, en marcado contraste con la zona rebelde, había actividades culturales y clases de alfabetización, y los reclusos recuperaban la libertad cuando cumplían sus sentencias.[144] El campo de prisioneros más grande de la zona republicana estaba en Albatera, provincia de Alicante. Fue inaugurado en octubre de 1937 con la misión de drenar 40.000 hectáreas de marismas y convertirlas en terreno cultivable.[145] A medida que la escasez de alimentos acuciaba cada vez más la zona republicana, las condiciones de los campos empeoraron progresivamente, aunque nunca alcanzaron los niveles de hacinamiento, malnutrición y abusos que caracterizaron los campos rebeldes.[146]

En marzo de 1938, la República se hallaba contra las cuerdas, desmoralizada y acuciada por la grave escasez de alimentos y armas. De hecho, tan funestos eran los pronósticos que el amigo y aliado de Negrín, el ministro de Defensa Nacional Indalecio Prieto, había acabado por creer, al igual que el presidente Azaña, que todo estaba perdido. Era partidario de una paz negociada que impidiese la pérdida absurda de más vidas. En tensas reuniones del Consejo de Ministros celebradas el 16 y el 29 de marzo de 1938, Prieto había apoyado a Azaña en su propuesta de pedir al gobierno francés que negociara el fin de la guerra. Negrín se había mantenido fiel a su convicción de que la guerra debía seguir adelante, precisamente porque sabía lo que le sucedería a la República derrotada a manos de los vengativos franquistas. Negrín comprobó consternado el impacto desmoralizador que tuvieron las palabras de Prieto y, decidido a que la República continuara resistiendo, cesó a Prieto del Ministerio de la Guerra el 5 de abril. Diez días después, el ejército franquista llegó al Mediterráneo.

Resistir no solo significaba combatir en el frente de batalla, sino también en la retaguardia. Los esfuerzos para garantizar los procedimientos judiciales tampoco significaban que la guerra contra los espías y saboteadores hubiera cesado. El SIM se anotó un tanto importante en abril de 1938, en Barcelona, con el descubrimiento y detención de varias redes quintacolumnistas. El personal diplomático británico y francés pidió clemencia, pero el Consejo de Ministros aprobó, por siete votos contra cinco, la ejecución a finales de junio de 10 de los detenidos. El agregado de negocios británico, John Leche, comentó: «Temo que las repercusiones en el otro bando sean graves, y he advertido seriamente al gobierno con tal efecto, pero el presidente del consejo y sus partidarios en el Gabinete no tienen piedad, y ahora muestran tan poca consideración con su gente, en manos de Franco, como la que éste tiene por sus partidarios de aquí». Los 10 prisioneros fueron ejecutados la mañana del 25 de junio de 1938.[147]

Mientras se prolongaba la encarnizada batalla del Ebro, crecía la militarización de la sociedad. El control de la retaguardia se hizo aún más implacable contra los sospechosos de subversión o espionaje, para gran inquietud de quienes sentían que los valores democráticos de la República quedaban comprometidos ante los imperativos de la guerra. Así las cosas, el 9 de agosto de 1938 se provocó una crisis de gobierno cuando Negrín forzó la aprobación de ejecutar a otros 62 quintacolumnistas al día siguiente. Irujo, por entonces ministro sin cartera, esgrimió irregularidades por parte del SIM en la investigación. Negrín perdió los nervios y lo acusó de endilgar «monsergas abogadiles». El 10 de agosto, Irujo denunció que el SIM practicaba la tortura, y Negrín se comprometió a que tales prácticas cesaran de manera inmediata. No obstante, en parte a modo de protesta ante las nuevas limitaciones impuestas sobre el poder de la Generalitat, Jaume Aiguader e Irujo dimitieron del gobierno.[148] A diferencia de lo que se hacía en la zona rebelde, la cobertura que la prensa republicana dio a esta decisión trajo consigo un escándalo considerable; el presidente Azaña estaba mortificado. Los franquistas respondieron inmediatamente ejecutando a 66 personas.[149]

En la primavera de 1938, los británicos ya habían creado una comisión de canje de prisioneros dirigida por el mariscal de campo sir Philip Chetwode. Denys Cowan, antiguo vicecónsul en La Habana, conservador y católico, sirvió como oficial de enlace con las autoridades republicanas. Llegó a Barcelona el 20 de agosto de 1938, y enseguida se reunió con Álvarez del Vayo, Giral, Negrín y Azaña. Dos días después, informó de que el gobierno republicano estaba dispuesto a llegar «casi hasta donde hiciera falta» para canjear a todos los prisioneros, «siempre y cuando el otro bando correspondiera con la misma reciprocidad».[150] De hecho, era tal la disposición de los ministros republicanos que Leche sintió la necesidad de protegerlos de sí mismos, y por ello sugirió a la Comisión Chetwode que, en vistas de la «intransigencia y de la mala fe previas de los franquistas, sería mejor que las primeras propuestas vinieran de su parte».[151]

Cowan abordó a Álvarez del Vayo con la idea de llegar a un cese de las ejecuciones que apaciguara las tensiones; este transmitió la propuesta a Negrín, y el Consejo acordó suspender las ejecuciones hasta el 30 de septiembre, a fin de crear las bases de negociación para una amnistía general por ambas partes. Por desgracia, no hubo reciprocidad por parte de Burgos. Para empezar, un comunicado radiofónico aseguró que «su sistema de justicia era tan puro [que] no tenían la necesidad de hacer una concesión similar». Sin embargo, para allanarle a Chetwode el camino, Negrín se comprometió a mantener el cese acordado en el consejo hasta el 11 de octubre. A pesar de las constantes negativas por parte de las autoridades de Burgos de corresponder a la iniciativa, Negrín le dijo a Cowan, justo antes de que acabara dicho plazo, que extendería la suspensión hasta final de mes, y que no autorizaría más ejecuciones sin informar previamente a la comisión británica.

Para complicar aún más las cosas, en la zona republicana había menos de 300 personas condenadas a muerte, mientras que en territorio rebelde se contaban por miles. Negrín sugirió que los dos bandos conmutaran todas las penas de muerte, pero Burgos se negó. Además, mientras duró el cese de las ejecuciones por parte de los republicanos, los franquistas no interrumpieron en ningún momento las suyas. Como no podía ser de otro modo, a Cowan le preocupaba que esa actitud provocara represalias en el bando republicano, por lo que se reunió con Negrín y le recordó que había declarado mantener «la clemencia indefinidamente», a lo que Negrín le dijo que recomendaría al Consejo que no hubiera represalias.[152] La moratoria de las ejecuciones se amplió nuevamente hasta finales de diciembre. En Nochebuena de 1938, Negrín pronunció un discurso radiofónico en el que, al referirse a «las normas de tolerancia y civilidad que son esencia de nuestra ley fundamental», hizo un llamamiento a Franco: «¡Poned coto a la ferocidad superflua!». Tras insistir en que la República había cesado las ejecuciones cuatro meses antes, pidió que Franco pagara con la misma moneda.[153]

En Burgos, Chetwode se reunió con el conde de Jordana, ministro de Asuntos Exteriores de Franco, que falazmente le aseguró que «en su bando sólo se ejecutaba a personas que habían cometido felonías abominables y eran convictas después de un juicio justo ante un tribunal». Para apoyar la falsedad de su declaración, Jordana hizo comparecer al jefe del Cuerpo Jurídico Militar de Franco, el teniente coronel Lorenzo Martínez Fuset, que declaró que el régimen de Burgos no había ejecutado a nadie por sus opiniones políticas, ni siquiera por tomar las armas, sino «sólo por haber cometido crímenes que en virtud de la ley común habrían merecido la pena capital». En consecuencia, dijo, Franco no podía interferir, y estaba dispuesto a afrontar el riesgo de las represalias republicanas.[154] Chetwode escribió a lord Halifax a mediados de noviembre:

Apenas tengo palabras para describir el horror que he concebido acerca de España desde que me entrevisté con Franco hace tres días. Es peor que los rojos, y no pude impedir que siga ejecutando a sus desventurados prisioneros. Y cuando logré sacar a 140 de ellos de la Embajada de Cuba en Madrid y cruzar las líneas enemigas, una vez al otro lado Franco se negó en rotundo a darme a ningún republicano a cambio, a pesar de su promesa. Cuando finalmente mandó a algunos prisioneros, casi la mitad no eran las personas que se había comprometido a liberar, sino criminales que, en la mayoría de casos, estaban en la cárcel desde antes que estallara la guerra.[155]

Una vez más, Franco incumplió el acuerdo del canje, después de que el gobierno republicano hubiera hecho posible que muchos de sus prisioneros pasaran a territorio insurgente.[156] Entretanto, a medida que la guerra se acercaba a su fin, Franco rehusó canjear a 40 o 50 oficiales de alto rango a cambio de sus partidarios refugiados en las embajadas. Según Chetwode, Franco prefirió confiar en que los republicanos fueran capaces de impedir el asesinato de los refugiados, y la jugada le salió bien.[157]

En un discurso ante la Diputación Permanente de las Cortes, seis meses después de llegar al poder, Negrín mencionó los esfuerzos que él mismo, Zugazagoitia e Irujo habían hecho para mantener la legalidad. En esencia, su discurso fue una oda a la normalidad que los sucesivos gobiernos republicanos habían logrado restablecer, a fuerza de recuperar el control sobre los instrumentos del estado.[158] Sin embargo, la tensión entre Negrín e Irujo alcanzó su punto culminante a raíz del proceso al POUM y la investigación de la muerte de Nin.[159] Cuando la ejecutiva del POUM fue procesada, en octubre de 1938, Irujo ya no era ministro de Justicia; había dimitido a finales de noviembre de 1937, al estar en desacuerdo con la propuesta de Negrín de crear Tribunales Especiales de Guardia para perseguir «el espionaje, la traición y el derrotismo». Los procesos sumarios de estos tribunales les valieron el apodo de «fotomatón». Hubo quejas de que los abogados no podían representar a sus clientes con las debidas garantías, de que se utilizaban las pruebas policiales sin que los testigos fueran identificados, o de que las únicas evidencias presentadas eran las confesiones que proporcionaba el SIM. El hecho de que tales quejas pudieran ser publicadas y oídas constituía un contraste radical con los procesos que se llevaban a cabo en la zona rebelde.[160]

Irujo fue sustituido por el republicano Mariano Ansó, amigo de Negrín, aunque siguió formando parte del Consejo como ministro sin cartera, velando para que las penas de muerte impuestas por los Tribunales Especiales fueran ratificadas por el gabinete. El juicio contra siete miembros del Comité Ejecutivo del POUM discurrió en un clima de gran tensión, coincidiendo con las últimas etapas de la decisiva batalla del Ebro. A pesar de todo, como Irujo le había prometido a Katia Landau, se respetaron todas las garantías judiciales. Irujo estaba en París en ese momento, pero volvió para testificar en el juicio, al igual que Julián Zugazagoitia. Sus declaraciones fueron un elemento crucial en la retirada de la demanda de pena de muerte por parte del fiscal. Dos de los acusados quedaron absueltos, y cuatro recibieron condenas de prisión. Todos pudieron huir de España al terminar la guerra.[161]

Tras la derrota en la batalla del Ebro, con las fuerzas de Franco entrando en Cataluña en avalancha, el grueso de los prisioneros en poder de la República fue evacuado el 23 de enero de 1939 a Gerona; se permitió que miles de ellos cruzaran la frontera. En Pont de Molins, sin embargo, Negrín ordenó el traslado de los más importantes a la zona central, donde pudieran servir en canjes de prisioneros. Uno de ellos era el obispo Anselmo Polanco, apresado cuando las fuerzas republicanas tomaron Teruel, en enero de 1938. Polanco fue encarcelado en Valencia y poco después llevado a Barcelona, donde permaneció el resto de la guerra, recluido con ciertas comodidades y la libertad de llevar a cabo sus ejercicios espirituales y dar la misa para sus compañeros reclusos. El gobierno republicano veló en todo momento por su integridad, pues deseaba a toda costa evitar un escándalo, pero Franco bloqueó categóricamente los esfuerzos que hizo Prieto, con la mediación de la Cruz Roja, para canjearlo por el hijo de catorce años del general Rojo.

Mientras los despojos del derrotado Ejército republicano ponían rumbo a un exilio incierto, hostigados por el sector de la población civil partidario de los nacionales, las órdenes de Negrín de proteger a los prisioneros fueron desoídas. Un camión con 30 soldados a las órdenes del comandante Pedro Díaz llegó a Pont de Molins y se hizo cargo de los rehenes, según dijeron, para trasladarlos al puerto de Roses. El convoy se detuvo cerca de un barranco, en un lugar llamado Can de Tretze, y los prisioneros fueron ejecutados. Rociaron sus cuerpos con gasolina y les prendieron fuego. Entre las 42 víctimas estaban los turolenses fray Anselmo Polanco, Felipe Ripoll (vicario general de la diócesis), el coronel Rey d'Harcourt (comandante rebelde), el teniente coronel José Pérez del Hoyo (comandante de la Guardia Civil) y José Coello (el jefe de la Policía). Entre los asesinados había también 21 italianos y un alemán, que habían sido apresados en Guadalajara. Este acto de venganza ciega fue utilizado para justificar buena parte de la represión franquista después de la guerra. El asesinato de Polanco se convirtió en un símbolo de la barbarie roja e hicieron de él un mártir, finalmente beatificado por el Vaticano en 1995.[162]

Después de que en enero de 1939 cayera Cataluña y huyeran cientos de miles de civiles, en la última reunión que las Cortes celebraron en Figueres, Negrín presentó un plan para terminar la guerra a cambio de que Franco respetara ciertas condiciones, el principio de las cuales era que no hubiera represalias.[163] Se expuso el plan a representantes británicos y franceses, que contestaron, según Negrín, que el gobierno de Burgos no estaba interesado en sentimientos humanitarios, en la paz o la magnanimidad, y que en cualquier caso seguían afirmando que solo castigarían los crímenes comunes. La hipocresía de ese compromiso quedó subrayada por el comentario de Negrín: «En una guerra como la nuestra, con los caracteres de una despiadada y salvaje guerra civil, delito común es todo o delito común no es nada». En consecuencia, Negrín ofreció ser él mismo la víctima expiatoria, haciendo saber que se entregaría si Franco aceptaba su ejecución simbólica a cambio de la vida de la población civil republicana inocente. Casi nadie en su gabinete supo de su ofrecimiento; Zugazagoitia estaba al corriente, pero Negrín no hizo pública esa información hasta después de la Segunda Guerra Mundial.[164]

Franco ignoró la oferta de Negrín. El gobierno permaneció en suelo español, en el castillo de Figueres, hasta que las últimas unidades del Ejército republicano cruzaron la frontera, el 9 de febrero. La noche del 8 de febrero, uno de los pocos compañeros que seguían en el país junto con Negrín, su amigo el doctor Rafael Méndez, director general de Carabineros, le dijo a Julio Álvarez del Vayo: «No sé qué estamos haciendo aquí. Mucho me temo que esta noche nos despierten los requetés a culatazos». Negrín llamó a Méndez aparte y le dijo: «No saldremos de aquí hasta que haya pasado la frontera el último soldado». Decidido a ver a estos republicanos a salvo de las represalias de Franco, estuvo observando el paso de los soldados durante dieciocho horas, hasta que el general Rojo fue a anunciarle que todas las tropas republicanas habían pasado a Francia. Solo entonces Negrín viajó a Toulouse y cogió un avión a Alicante.[165] Algunos ministros creyeron que estaba loco, pero como él mismo explicó: «Si no hubiera hecho eso entonces, hoy me moriría de vergüenza».[166] De regreso a España, trató de reorganizar las fuerzas militares del centro para plantar resistencia hasta que, o bien estallase una guerra europea, o bien una evacuación masiva minimizase en lo posible las muertes del bando republicano. El 16 de febrero de 1939 mantuvo una reunión con los altos mandos del Ejército en Albacete. Tras comprobar que el soldado de a pie conservaba la moral alta, se sorprendió ante la insistencia de los oficiales veteranos en poner fin a la guerra con la mayor brevedad. Cuando le preguntaron por qué no exigía un tratado de paz inmediato, replicó: «Porque pedir la paz es provocar una catástrofe».[167]

Como escribió posteriormente su amigo, el periodista norteamericano Louis Fischer: «Negrín y Del Vayo esperaban que, resistiendo un poco más, podrían obtener un compromiso de misericordia y clemencia de Franco, y ganar tiempo para la huida de las personas a cuya cabeza habían puesto precio».[168] La idea de conseguir que Franco garantizara que no habría represalias contra la población vencida era vana, a la luz de la Ley de Responsabilidades Políticas publicada el 13 de febrero, según la cual eran culpables del delito de rebelión militar quienes hubieran apoyado a la República, a cuya categoría pertenecían, desde la moral retorcida de Franco, todos los que no habían apoyado el golpe militar de 1936. Negrín estaba convencido de que podían luchar hasta el final, aunque Prieto lo acusara de provocar con ello «la gigantesca hecatombe». Prieto creía posible una paz negociada, y opinaba que la política de resistencia del jefe de Gobierno sería el detonante de la política de venganza franquista. De ser así, demostraba una ignorancia culposa de las razones que había tras la represión franquista. Con cierta amargura, refiriéndose a los que solo pensaban en terminar la guerra, Negrín hizo la siguiente reflexión: «¡Sin pensar en los millones de infelices que no podían salvarse!».[169] Finalmente, sus esperanzas de resistir para salvar más vidas republicanas acabarían tan frustradas por el golpe del coronel Casado como por el propio Franco. Más apesadumbrado que furioso, declaró ante el comité de las Cortes vigente: «Aún podíamos resistir y aguantar y ésa era nuestra obligación. Era obligación y necesidad el quedarse allí para salvar a los que ahora van a pasar a campos de concentración o van a ser asesinados». Dado el giro que tomaron los acontecimientos, gracias a Casado, la República acabó «en los términos de catástrofe y de vergüenza en que se ha producido».[170]

12

La larga guerra de aniquilación de Franco

En las zonas del norte donde apenas hubo resistencia al golpe militar, Galicia, Castilla, León y Navarra, la eliminación de las bases republicanas se llevó a cabo sin piedad. Entretanto, las tropas africanas de Franco y las columnas creadas por militares y terratenientes se encargaban de llevar a cabo una sangrienta purga de izquierdistas, sindicalistas y presuntos defensores de la República en las áreas rurales del sur. Eso dejaba en manos republicanas el País Vasco, Santander, Asturias, la mayor parte de Aragón y el Levante peninsular. El golpe militar había fracasado en casi toda Guipúzcoa y los partidos del Frente Popular crearon una Junta de Defensa en San Sebastián, dominada por los socialistas y comunistas, al igual que ocurría en las juntas de municipios más pequeños. La participación de los nacionalistas vascos no se dirigía tanto a la lucha militar, como a la cuestión del orden público, puesto que su prioridad era evitar ejecuciones por parte de los comunistas.[1]

La sublevación militar en una provincia tan profundamente conservadora como Álava corrió a cargo de Camilo Alonso Vega, un viejo amigo de Franco, y, salvo en el norte, halló poca resistencia. El conato de huelga general fue aplastado con rapidez y en Vitoria, la capital de la provincia, se concentraron gran número de carlistas armados y unos pocos falangistas. Cientos de miembros de la CNT fueron arrestados, algunos republicanos y nacionalistas vascos fueron tomados como «rehenes», y hubo una purga de funcionarios municipales y maestros de escuela. El día 22 de julio, un avión procedente de Vitoria bombardeó la plaza del pueblo de Otxandio, al sur de Vizcaya, y mató a 84 personas, 45 de las cuales eran niños, y mutiló a otras 113. A modo de justificación, el alto mando de Vitoria anunció que «la aviación ha infligido un duro golpe a grupos de rebeldes que se hallaban concentrados a retaguardia de la villa de Otxandio». La represión, dirigida por los militares, básicamente fue obra de carlistas y falangistas. Las ejecuciones en los pueblos y aldeas de la zona corrieron a cargo de los carlistas de las provincias vecinas de Navarra, Logroño y Burgos, que se atuvieron a las listas proporcionadas por los derechistas de la zona. La jerarquía eclesiástica sustituyó a los curas que creía simpatizantes con el nacionalismo vasco, e incluso algunos de ellos fueron encarcelados. Normalmente, en los lugares donde había un párroco carlista, poca compasión podían esperar los vecinos nacionalistas vascos o de izquierdas, aunque hubo honrosas excepciones. El resto del clero vasco hizo mucho por salvar vidas: a pesar de los esfuerzos recientes por inflar las cifras de la represión en Álava, la sólida investigación de Javier Ugarte ha determinado que hubo 170 ejecuciones en la provincia, a las que hay que sumar alrededor de 30 alaveses asesinados en las zonas vecinas. Más de la mitad de las víctimas corresponden a asesinatos extrajudiciales.[2]

En el resto del País Vasco, que seguía bajo control republicano, la violencia contra el clero se mantuvo relativamente controlada: en total murieron 69 curas a manos de los izquierdistas, la mayoría en Vizcaya. En la provincia de Guipúzcoa, por ejemplo, fueron asesinados 4 sacerdotes, significativamente menos que en muchas provincias de la zona republicana, consecuencia de la ausencia de un anticlericalismo exacerbado, de la menor influencia de la CNT y del esfuerzo de nacionalistas vascos, republicanos y socialistas moderados para evitar el derramamiento de sangre. No hubo asaltos a iglesias ni se interrumpieron las prácticas religiosas. Sin embargo, los derechistas corrían peligro. En Rentería, el municipio industrial próximo a San Sebastián, el cabecilla carlista fue arrestado y ejecutado; hubo un total de tres muertes en el pueblo. En Tolosa, al sur de la provincia, los derechistas involucrados en la conspiración militar fueron ejecutados, y 13 carlistas corrieron el mismo destino después de que los trasladaran a San Sebastián. Como en casi todas partes, se crearon comités revolucionarios que arrestaban a los veraneantes ricos y a miembros de la burguesía local. Los socialistas moderados y los nacionalistas vascos trabajaron con denuedo para impedir que los asesinaran, y en buena medida lograron su propósito. La excepción más cruenta fue la capital de la provincia, donde fueron ejecutadas 183 personas, cerca de dos tercios de las 343 asesinadas en toda Guipúzcoa mientras la zona estuvo bajo control republicano.[3]

El incidente más notable se produjo el 29 de julio, con el arresto y posterior traslado a la Diputación Provincial de 86 oficiales del Ejército y policías partidarios de los rebeldes. El presidente de la Junta de Defensa de San Sebastián se dirigió a la multitud iracunda y anunció que los prisioneros serían juzgados con las garantías correspondientes. Jesús Larrañaga, consejero de Guerra de la Junta y líder comunista local, exigió «justicia» sumaria. Los militantes comunistas asaltaron el edificio de la Diputación con la intención de apresar al gobernador civil que había encabezado el alzamiento, el coronel León Carrasco Amilibia, y ejecutarlo. El republicano católico Manuel de Irujo impidió la iniciativa, por lo que Larrañaga lo acusó de fascista. El segundo intento de hacerse con Carrasco culminó con su ejecución junto a una vía del tren aquella misma noche. A continuación, Larrañaga dio orden de ejecutar a los detenidos en la cárcel provincial de la playa de Ondarreta, entre los que había tanto oficiales rebeldes como policías responsables de la represión de las huelgas en años anteriores. Al amanecer del día siguiente, nacionalistas vascos católicos y socialistas moderados intentaron impedir la matanza; aun así, la cárcel fue asaltada y murieron 41 oficiales rebeldes y 12 civiles adeptos. Muchos de quienes perpetraron la matanza eran milicianos gallegos que querían vengarse por la violencia de la represión en La Coruña y El Ferrol.[4]

Seis días antes, el 23 de julio, ya habían entrado en Guipúzcoa tropas carlistas navarras, por Cegama y Segura. Aunque no encontraron resistencia, en esas dos poblaciones saquearon las sedes de los partidos republicanos y los *batzoki* del Partido Nacionalista Vasco. Sus principales objetivos eran los nacionalistas vascos, a los que detuvieron y maltrataron; muchos fueron ejecutados, y a otros tantos les impusieron multas arbitrarias.[5] A principios de agosto, Mola inició una campaña para aislar al País Vasco de la frontera francesa. Las tropas Requetés partieron de Navarra hacia Irún y San Sebastián a las órdenes de dos carlistas, el coronel José Solchaga Zala y el coronel y comandante de la Guardia Civil en Navarra Alfonso Beorlegui y Canet. Por lo que se dice, Beorlegui era un gigante temerario, aunque un tanto pueril. Cuando bombardearon su columna, se limitó a abrir su paraguas.[6] Irún y Fuenterrabía soportaban los bombardeos de los buques de guerra y los ataques diarios de los aviones alemanes e italianos. Los rebeldes dejaban caer panfletos en los que amenazaban con castigar a la población igual que en Badajoz. San Sebastián sufría también intensos bombardeos desde el mar, y 8 derechistas civiles y 5 oficiales del Ejército fueron ejecutados en represalia.[7] Los milicianos que defendían Irún, pobremente armados y sin preparación, lucharon con valentía, pero acabaron arrollados el 3 de septiembre. Miles de refugiados huyeron, presa del pánico, por el puente internacional que cruzaba el río Bidasoa y comunicaba con Francia. Los últimos defensores de la región, en su mayoría anarquistas enfurecidos por la falta de munición, ejecutaron en Fuenterrabía a varios prisioneros derechistas e incendiaron partes de Irún.[8]

El País Vasco, Santander y Asturias quedaron entonces aislados de Francia y del resto de la España republicana. Las tropas rebeldes y carlistas ocuparon San Sebastián el domingo 13 de septiembre de 1936, demasiado tarde para impedir el asesinato de varios destacados derechistas, como el ideólogo carlista Víctor Pradera y su hijo Javier. Era la segunda capital de provincia que conquistaban las tropas rebeldes en combate, y a finales de ese mes prácticamente toda Guipúzcoa estaba bajo el control de Mola.[9] Continuaba el éxodo de los refugiados, bien a Vizcaya por tierra, bien a Francia por mar; posiblemente la mitad de la población de la ciudad, de 80.000 habitantes, había huido. Sin embargo, el número de ejecuciones llevadas a cabo por los rebeldes en San Sebastián fue el más elevado de todo el País Vasco. Enseguida se practicaron detenciones masivas, empezando por los heridos republicanos cuya gravedad había impedido evacuarlos del Hospital Militar. Las cárceles de Ondarreta y Zapatari, las oficinas de la Falange del centro de la ciudad, el hospicio de San José y el cine Kursaal pronto estuvieron atestados de detenidos. Existen muchas dudas acerca de la cifra de ejecuciones tras la ocupación de la ciudad por las tropas de Mola. Es imposible saber cuántas personas fueron asesinadas en los paseos que organizaban los requetés o los falangistas. Entre 1936 y 1943, hubo 485 ejecuciones tras los simulacros de juicios organizados por el Ejército. De entre las víctimas, 47 eran mujeres, casi todas pertenecientes a la CNT. Según las exhaustivas investigaciones de Pedro Barruso Barés y de Mikel Aizpuru y su equipo, si se incluyen los paseos, es probable que la cifra total de los primeros meses supere ampliamente las 600.[10]

Las ejecuciones más infames del bando rebelde en Guipúzcoa fueron las de 13 curas vascos, asesinados a instancias de los carlistas. A mediados de septiembre, Manuel Fal Conde, el líder carlista, protestó ante el general Cabanellas, presidente de la Junta de Burgos, por la «debilidad» de la represión militar en Guipúzcoa, en contraste con lo acontecido en el sur de España. La preocupación del jefe carlista era que «en especial esa lenidad es grande con el clero. Los militares tienen miedo a "tropezar con la Iglesia"». Repitió estas quejas ante el cardenal Isidro Gomá, arzobispo de

Toledo y primado de España, así como ante su reaccionario predecesor, el cardenal en el exilio Pedro Segura. Instó a que se aplicara el bando de guerra a los nacionalistas vascos, incluidos los curas, aunque en su caso propuso hacerles un simulacro de Consejo de Guerra, a diferencia de la práctica militar de evitar problemas con la Iglesia a fuerza de simples ejecuciones extrajudiciales. El hecho de que Fal Conde imaginara que la jerarquía eclesiástica aprobaría por escrito la ejecución de miembros del sacerdocio da buena muestra del extremismo carlista.[11]

Los rebeldes asesinaron a un total de 16 curas en el País Vasco, y encarcelaron y torturaron a muchos más. A uno de los ejecutados, Celestino Onaindía Zuloaga, lo eligieron porque su hermano menor, Alberto, canónigo de la catedral de Valladolid, era amigo y una suerte de embajador itinerante del presidente vasco, José Antonio Aguirre. Otro, el padre Joaquín Iturricastillo, fue ejecutado el 8 de noviembre, acusado de ser un nacionalista peligroso por haber dicho que el vals agarrado iba en contra de las tradiciones vascas. En general, eran los carlistas de Pamplona quienes elaboraban las listas negras con los nombres de las víctimas. Hasta Franco llegaron las protestas del cardenal Gomá por las ejecuciones de eclesiásticos. No obstante, Gomá las justificaba ante el Vaticano achacándolas a las actividades políticas en las que los curas se habían metido. Cuando el padre Alberto Onaindía tuvo noticia del asesinato de su hermano, dijo que «si así se portaban los militares con el clero, ¡qué sería con la población civil!».[12]

El 20 de enero de 1937, el gobernador militar de Guipúzcoa, Alfonso Velarde, escribió al vicario general de Vitoria exigiendo el «castigo enérgico» de los párrocos nacionalistas. De acuerdo con cierta lógica retorcida, los consideraba responsables del asalto a las cárceles de Bilbao que se había producido en respuesta al bombardeo de dos semanas antes. La carta iba acompañada de una lista de 189 curas, a los que había dividido en tres categorías: «exaltados, nacionalistas y simpatizantes». En otra lista se enumeraba a 90 sacerdotes que presuntamente pertenecían al Partido Nacionalista Vasco. Tras algunas disputas entre las autoridades militares y eclesiásticas, se acordó una purga del clero guipuzcoano, en la que 24 curas debían ser expulsados de la provincia, 31 exiliados de España, 13 trasladados y 44 encarcelados.[13]

Las memorias de Jean Pelletier plasman el odio visceral que subyacía a la represión que los carlistas y los militares impulsaron en el País Vasco. Pelletier era un fabricante de juguetes francés que viajaba a Bilbao para regalar planeadores a los niños. El 15 de octubre de 1936 salió de Bayona en el pesquero *Galerna*, que había sido requisado por el gobierno vasco para llevar el correo a Bilbao. El barco fue apresado, probablemente con la connivencia del capitán, por seis bous con rebeldes armados procedentes de Pasajes, el puerto de San Sebastián. Los bous, aunque tripulados por pescadores vascos, iban comandados por carlistas. Puesto que Pelletier había servido como piloto en las fuerzas aéreas francesas durante la Primera Guerra Mundial y llevaba en su equipaje los planeadores de juguete, supusieron que viajaba para acordar con el gobierno vasco la entrega de aviones, por lo que lo sometieron a brutales torturas. Diecinueve de los pasajeros que viajaban con él, la mayoría ajenos al activismo político, fueron ejecutados la noche del 18 de octubre. Entre ellos, una chica de dieciocho años y un muchacho de dieciséis, varios ancianos y el escritor *Aitzol* (pseudónimo del padre José Ariztimuño), a quien antes apalearon y torturaron. En el último momento, Pelletier fue apartado del grupo que aguardaba el traslado en autobús al cementerio de Hernani, donde los fusilaron. A otros los mataron más tarde.

Cuando a mediados de noviembre se anunció en Guipúzcoa la falsa noticia de que había caído Madrid, muchos empresarios y comerciantes fueron arrestados, y les requisaron su dinero y sus bienes, por no haber dado muestras de fervor patriótico. Lo mismo les ocurrió a varios curas, a quienes por añadidura humillaron despojándolos de las sotanas. Pelletier seguía en prisión, porque las autoridades franquistas no querían que se conociera la historia de los pasajeros del *Galerna*, e intentaban además que el gobierno francés pagara por él un elevado rescate, equivalente a un cargamento de comestibles. Tras seis meses en prisión, Pelletier quedó en libertad el 22 de abril de 1937, después de que el gobierno vasco accediera a canjearlo por un piloto alemán.[14]

Mientras el asalto a Madrid constituyó la principal preocupación de los rebeldes, hasta finales de marzo de 1937, apenas hubo movimientos en el frente vasco. Aun antes de la caída de San Sebastián, Mola había entablado negociaciones clandestinas con el Partido Nacionalista Vasco. Mola esperaba la rendición pacífica de Vizcaya, a cambio de comprometerse a no destruir Bilbao y a que no habría represión. Sin embargo, a la luz de lo ocurrido tras la toma de Irún y San Sebastián, la cúpula del PNV desconfiaba de las garantías de Mola. Alberto Onaindía era el principal emisario del PNV en los tratos con el representante de Mola. En el curso de las negociaciones, se hicieron llamamientos para que Mola no bombardeara Bilbao, advirtiéndole de que tal cosa provocaría represalias contra los 2.500 derechistas encarcelados en la ciudad.[15] El 25 y 26 de septiembre, los ataques aéreos sobre Bilbao causaron decenas de muertes y mutilaciones, en muchos casos a mujeres y niños.

Como se había predicho, esto desencadenó la ira de la población hambrienta. A pesar de los esfuerzos de las fuerzas de orden público, los anarquistas asaltaron dos barcos-prisión, el *Cabo-Quilates* y el *Altuna-Mendi*, y asesinaron a 60 derechistas detenidos, entre ellos 2 curas. Los esfuerzos por impedir desmanes izquierdistas se redoblaron después de la formación de un gobierno vasco el 7 de octubre, tras la concesión de autonomía regional por la República el día anterior. Aunque los bombardeos esporádicos continuaron, nada hacía prever la escalada de violencia que vivió la ciudad el día 4 de enero, cuando en represalia se llevó a cabo una incursión aún más sanguinaria en las cuatro cárceles de la ciudad. Fueron asesinados 224 derechistas, incluidos varios sacerdotes, la mayoría carlistas pero también algunos nacionalistas vascos. Los principales culpables fueron anarquistas, pero un destacamento de milicianos de UGT enviado a detener la masacre acabó participando también en el asalto a una de las prisiones. Corriendo un riesgo considerable, miembros del gobierno vasco acudieron y consiguieron controlar la carnicería antes de que alcanzase a todos los reclusos.[16] En contraste con la represión que se ejercía en Madrid, y aún más con la de la zona rebelde, el gobierno vasco permitió que las familias de los fallecidos celebraran funerales públicos y asumió la responsabilidad de las atrocidades. Se iniciaron procesos para llevar a los culpables ante la justicia, si bien no llegaron a concluirse antes de la caída de Bilbao. Los prisioneros supervivientes recibieron un buen trato y fueron liberados sanos y salvos antes de que los nacionales ocuparan Vizcaya. El Tribunal Popular de Bilbao, que empezó a funcionar en octubre de 1936, celebró 457 juicios y dictó 156 penas de muerte, de las que 19 se cumplieron.[17]

A finales de marzo de 1937, Mola había reunido a casi 40.000 soldados para la ofensiva final sobre Vizcaya. Abrió su campaña con una amenaza, difundida tanto por radio como por medio de miles de octavillas lanzadas sobre las principales ciudades: «Si vuestra sumisión no es inmediata arrasaré Vizcaya, empezando por las industrias de Guerra. Tengo medios sobrados para ello».[18] El 31 de marzo llegó a Vitoria para dar los últimos retoques al ataque que lanzaría al día siguiente y, con la idea de seguir minando la moral del enemigo, ordenó la ejecución de 16 prisioneros. El hecho de que entre ellos hubiera varias figuras de primera línea, incluido el alcalde, Teodoro González de Zárate, levantó las protestas de la derecha local.[19] A este acto de violencia gratuita lo siguieron cuatro días de intensos bombardeos de la artillería y la aviación sobre el este de Vizcaya, en los que quedó destruido el pintoresco pueblecito rural de Durango. En el ataque murieron 127 civiles, y otros 131 perecieron poco después a consecuencia de las heridas. Entre los fallecidos había 14 monjas y 2 sacerdotes.[20] Cuatro días después del bombardeo de Durango, Franco se reunió con el embajador italiano, Roberto Cantalupo, y le explicó las razones de la barbarie. «Tal vez otros piensen que cuando mis aviones bombardean las ciudades rojas estoy haciendo una guerra como cualquier otra, pero no es así.» Al referirse a «las ciudades y las zonas rurales que ya he ocupado pero que todavía no se han redimido», declaró en tono ominoso: «Debemos llevar a cabo la tarea, por fuerza lenta, de redimir y pacificar, sin la cual, la ocupación militar sería en gran medida inútil». Siguió diciendo: «No estoy interesado en el territorio, sino en los habitantes. La reconquista del territorio es el medio, la redención de los habitantes es el fin».[21]

En las misiones aéreas, Mola contaba cada vez más con el apoyo de la Legión Cóndor alemana, cuyo jefe de Estado Mayor y luego líder era el teniente coronel Wolfram von Richthofen, que más tarde planeó y organizó la *Blitzkrieg* sobre Polonia. Durango fue el comienzo de los experimentos de Richthofen con los bombardeos del terror, destinados a abatir la moral de la población civil y destruir las comunicaciones por carretera a su paso por los núcleos urbanos. La noche del 25 de abril, al parecer siguiendo instrucciones de Mola, la emisora rebelde de Salamanca emitió la siguiente advertencia al pueblo vasco: «Franco se dispone a propinar un fuerte golpe contra el que es inútil cualquier resistencia. ¡Vascos! Rendíos ahora y se os perdonará la vida».[22] El golpe consistió en la destrucción de Guernica a lo largo de una infernal tarde de bombardeos incesantes. El día después del ataque, un testigo ocular, el padre Alberto Onaindía, escribió una sentida carta al cardenal Gomá:

> Llego de Bilbao con el alma destrozada después de haber presenciado personalmente el horrendo crimen que se ha perpetrado contra la pacífica villa de Guernica, símbolo de las tradiciones seculares del pueblo vasco ... tres horas de espanto y de escenas dantescas. Niños y madres hundidos en

las cunetas, madres que rezaban en alta voz, un pueblo creyente asesinado por criminales que no sienten el menor alarde de humanidad. Señor Cardenal, por dignidad, por honor al evangelio, por las entrañas de misericordia de Cristo no se puede cometer semejante crimen horrendo, inaudito, apocalíptico, dantesco.

Describiendo las escenas de los enfermos quemados vivos, de los heridos enterrados bajo montones de cenizas, el canónigo Onaindía pidió a Gomá que intercediera, recordándole la legislación internacional y otra ley, «una ley eterna, la de Dios, que impide matar, asesinar al inocente. Todo eso se pisoteó el lunes en Guernica. ¿Quién será el cruel personaje que en frío y en el gabinete de estudio ha planeado ese crimen espantoso de incendiar y matar a toda una población pacífica?».

La carta de Onaindía acababa con una súplica para que el cardenal tratara de evitar que se pusieran en práctica las amenazas que los rebeldes habían lanzado por radio, según las cuales después le tocaría el turno a Bilbao. La displicente respuesta de Gomá fue una constatación escalofriante del apoyo oficial de la Iglesia a la campaña de exterminio de Franco: «Lamento como el que más lo que ocurre en Vizcaya. Hace meses sufro por ello, Dios es testigo. Especialmente lamento la destrucción de sus villas, donde tuvieron su asiento otros tiempos la fe y el patriotismo más puros. Pero no se necesitaba ser profeta para predecir lo que ocurre». En una airada alusión a la lealtad del pueblo vasco al gobierno de Madrid, Gomá replicaba fulminante: «Los pueblos pagan sus pactos con el mal y su protervia en mantenerlos». A continuación, aprobaba impasible las amenazas de Mola: «Me permito responder a su angustiosa carta con un simple consejo: que se rinda Bilbao, que hoy no tiene más solución. Puede hacerlo con honor, como pudo hacerlo hace dos meses. Cualquiera que sea el bando autor de la destrucción de Guernica, es un terrible aviso para la gran ciudad».[23]

Cuando los nacionales pusieron pie en los restos calcinados de Guernica, el 29 de abril, el carlista Jaime del Burgo le preguntó a un teniente coronel del Estado Mayor de Mola: «¿Era necesario hacer esto?». A lo que el oficial le espetó: «Esto hay que hacer con toda Vizcaya y con toda Cataluña».[24] Aunque el Servicio de Propaganda del Caudillo hizo cuanto pudo por negar que Guernica había sido bombardeado, no cabe duda de que Mola y Franco compartían la responsabilidad última, y que a ambos les satisfizo el resultado.[25]

Euskadi padecería otras seis semanas de bombardeos continuados, puesto que los defensores apenas disponían de cobertura aérea. Sin embargo, la obstinada defensa en las montañas consiguió retrasar el avance del enemigo. A medida que el Ejército rebelde se apoderaba de cada vez más pueblos, ejercía una represión implacable. En Amorebieta, el 16 de mayo, el padre superior del monasterio de los Carmelitas «*aita* Román» (sobrenombre de León Urtiaga Elezburu) intentó negociar con los rebeldes para limitar la violencia de la represión. Lo fusilaron, acusándolo de nacionalista, y le robaron una sustancial suma de dinero. En la prensa, los rebeldes anunciaron que lo habían matado los rojo-separatistas, al tiempo que informaron a la Orden Carmelita de que era un espía.[26]

El terror que provocaron los bombardeos aéreos y de la artillería, así como las divisiones políticas en las filas republicanas, garantizaron el progresivo desmoronamiento de la resistencia vasca. La muerte de Mola en un accidente de avión el 3 de junio no cambió nada. El Ejército del Norte, ahora a las órdenes del general Fidel Dávila, continuó su marcha sobre Bilbao. Cuando la ciudad cayó, el 19 de junio de 1937, 200.000 personas fueron evacuadas hacia el oeste, a Santander, primero en barcos de pesca, y luego, cuando los franquistas tomaron el puerto, los refugiados huyeron en coches, camiones, carretas o a pie. La Legión Cóndor no dejó de bombardearlos y ametrallarlos en su éxodo.[27] Quince mujeres fueron asesinadas a tiros, pero sus muertes se presentaron como suicidios.[28] Hubo saqueos en los comercios, y los falangistas de Valladolid tuvieron carta blanca para campar a sus anchas. La represión se puso en práctica sobre la base pseudolegal de los «consejos de guerra sumarísimos de urgencia», que habían sustituido la aplicación del bando de guerra desde la toma de Málaga, en febrero. Cerca de 8.000 personas fueron encarceladas en castigo a sus ambiciones nacionalistas; muchas fueron a parar a batallones de trabajos forzados. Cuando en diciembre, tras los primeros juicios, empezaron las ejecuciones, hubo cientos de fusilamientos, y al menos 30 víctimas murieron por el garrote vil.[29] Sin embargo, la represión en el País Vasco fue, según el veterano fiscal militar Felipe Acedo Colunga, notablemente menos severa que en el resto del país. Dos posibles razones que lo explican son la necesidad que el bando rebelde tenía de mano de obra cualificada para mantener en funcionamiento las industrias vascas, y el hecho de que la Iglesia no necesitaba aplicar una política de venganza en una provincia mayoritariamente católica.[30] Hay cifras sumamente dispares sobre el número de ejecuciones en Vizcaya; la estimación más fidedigna hasta la fecha, del doctor Barruso Barés, asciende a 916.[31]

Sin embargo, la prensa carlista de Navarra no se cansaba de pedir el exterminio de los nacionalistas vascos. José María de Areilza, falangista vasco que acababa de ser nombrado alcalde de Bilbao, se regodeó en la victoria del Ejército rebelde en su declaración del 8 de julio de 1937: «Ha caído vencida, aniquilada para siempre esa horrible pesadilla siniestra y atroz, que se llamaba Euskadi ... Para siempre has caído tú [Aguirre], rastacueros del nacionalismo vasco, mezquino, rencoroso, torcido y ruin que jugaste a personaje durante los once meses de crimen y robo en que te encaramaste al poder, mientras los pobres gudaris cazados a lazo como cuadrúpedos en las aldeas se dejaban la piel en las montañas de Vizcaya».[32] Areilza desempeñó un papel activo en la represión, denunciando a muchos individuos que acabaron encarcelados.

El Ejército vasco se retiró hacia Santander y estabilizó el frente siguiendo la línea que iba desde Ontón, en la costa, hacia el sur. Las fuerzas rebeldes, por su parte, se afianzaron en Bilbao y no persiguieron a las tropas en retirada, perdiendo así la oportunidad de llevar a cabo una rápida conquista del norte, mientras Franco titubeaba acerca de la siguiente etapa de su campaña bélica. Finalmente optó por una incursión en Santander a través del oeste de Vizcaya, pero antes de poder lanzarla, la República hizo una maniobra de distracción con el ataque de Brunete, en el frente de Madrid, que acaparó por un tiempo la atención de los nacionales. Franco suspendió la ofensiva en el norte y mandó a la capital dos brigadas navarras, además de la Legión Cóndor y la *Aviazione Legionaria* italiana. A pesar de la relativa insignificancia estratégica de Brunete, Franco invirtió una ingente superioridad numérica y tecnológica para hacer el mayor daño posible a las tropas republicanas. En una cruenta guerra de desgaste, solo Brunete costó la vida de 20.000 de los mejores soldados de la República y una cantidad ingente de material valioso; y apenas retrasó cinco semanas la caída de Santander.[33]

La defensa de Santander se preveía ardua. El golpe militar había fracasado en la provincia por la mala planificación y la pobre puesta en práctica. Sin embargo, pese a la existencia de áreas industriales como Torrelavega, Polanco, Astillero, Reinosa y Castro Urdiales, tanto la provincia como la capital eran sumamente conservadoras.[34] Santander capital apenas había padecido las consecuencias de la guerra. Los restaurantes y las cafeterías seguían abiertos y la escasez aún no se dejaba notar.[35] Sin embargo, mientras la provincia estuvo bajo control republicano, cerca de 1.300 derechistas fueron asesinados. Buena parte de la responsabilidad fue del jefe de Policía Manuel Neila Martín, un extraño nombramiento por parte del gobernador civil, Juan Ruiz Olazarán. Neila pronto pasó a dirigir la checa más notoria de la ciudad. Anteriormente tendero y campeón de tiro, Neila fue célebre por su crueldad y sus corruptelas. Se deleitaba en la tortura de los prisioneros, a quienes robaba, por lo que acabó amasando una fortuna nada desdeñable. El 27 de diciembre de 1936, los prolongados bombardeos alemanes sobre el barrio obrero del Rey acabaron con la vida de 47 mujeres, 11 niños y 9 hombres, e hirieron de gravedad a otras 50 personas. Una multitud con sed de venganza se reunió en el puerto junto al buque-prisión *Alfonso Pérez*, en el que había retenidos 980 prisioneros derechistas. Los milicianos lanzaron granadas de mano dentro de las bodegas del barco. A continuación, bajo la supervisión de Ruiz Olazarán y Neila Martín, se celebraron juicios sumarios en la cubierta. Los que fueron identificados como oficiales del Ejército, curas o militantes de grupos de derechas, fueron ejecutados. Aquella noche murieron un total de 156 falangistas y derechistas de otros signos.[36]

La tensión ya se había apoderado de la ciudad cuando la llegada de cerca de 170.000 refugiados complicó enormemente el panorama, pues la escasez de alimentos y el hecho de ver a miles de vascos durmiendo en la calle, entre ellos soldados heridos y mutilados, generó el resentimiento de la población. Varios vascos fueron asesinados por la checa de Neila, a lo que los gudaris respondieron con ataques en represalia. Un grupo de unos 40 sacerdotes vascos se salvó de morir a manos de los anarquistas solo tras el pago de un elevado rescate. Hubo enfrentamientos entre vascos y otros republicanos de Santander. La defensa de la provincia no solo sufrió los efectos de estas divisiones, sino también la falta de compromiso en la tarea por parte de las tropas vascas y las asturianas. Por añadidura, el segundo al mando de estas fuerzas dispares, el coronel Adolfo Prada Vaquero, informó a Azaña de que el 85 por ciento de las tropas de Santander eran reclutas de dudosa lealtad. El 14 de agosto, un ejército de 60.000 soldados bien pertrechados con equipamiento y armas italianas, apoyado por la Legión Cóndor y el *Corpo di Truppe Volontarie*, empezó a rodear Santander. En un día resplandeciente, el apoyo de la aviación y la artillería, y la superioridad numérica garantizaron una victoria triunfal sobre las desorganizadas fuerzas republicanas y los restos del Ejército vasco. Prada dijo que la falta de resistencia quedó de manifiesto con el ágil avance de las fuerzas rebeldes, más rápido que de maniobras. La ciudad de Santander cayó el 26 de agosto. El general Mariano Gámir Ulibarri, al mando de las tropas del frente norte, demoró la orden de evacuación, por lo que fueron relativamente pocos los que pudieron escapar. El alcalde, que se quedó para entregar la ciudad, fue fusilado sin dilación.[37]

La represión posterior fue mucho más dura que en el País Vasco. Una de las ejecuciones más relevantes fue la del coronel José Pérez y García Argüelles, que el 18 de julio ocupaba el cargo de gobernador militar de Santander y que, por su implicación en el golpe, había sido condenado a muerte por un Tribunal Popular, aunque la sentencia se había conmutado por una pena de cárcel. Con la llegada de los rebeldes fue detenido, al considerar que su actitud vacilante entre el 18 y el 20 de julio de 1936 había contribuido a que el golpe fracasara. El 25 de octubre lo juzgaron y lo condenaron a muerte. Fue ejecutado el 18 de noviembre. En total se juzgó a más de 1.300 personas, de las que 1.267 fueron sentenciadas a muerte. Otras 739 murieron asesinadas en los paseos extrajudiciales, y por lo menos otras 389 murieron a causa de los malos tratos recibidos en prisión.[38]

Entretanto, las tropas vascas, una vez abandonada la lucha, se congregaron en Santoña, al este de Santander. El llamado Pacto de Santoña, negociado por el gobierno vasco con las fuerzas italianas, les llevó a pensar que serían evacuadas a Francia, pues confiaban en la oferta que el hermano de Franco, Nicolás, había hecho el 23 de julio, según la cual no habría represalias y se darían facilidades para la evacuación de las principales figuras si los vascos se rendían. Tras largas demoras que les hubieran permitido organizar una evacuación más temprana, los vascos finalmente accedieron a entregarse a los italianos en Santoña, el 26 de agosto. En cumplimiento del acuerdo alcanzado, 473 dirigentes políticos y militares vascos embarcaron en dos buques británicos, el *Seven Seas Spray* y el *Bobie*, bajo protección italiana. Al día siguiente, por orden de Franco, barcos de guerra del Ejército nacional bloquearon el puerto, y Dávila pidió a los italianos que desembarcaran a los refugiados. Durante cuatro días los aliados se negaron y mantuvieron retenidos a los prisioneros, hasta que el 31 de agosto Franco ordenó personalmente a los italianos que los entregaran.[39] Tras recibir garantías de que se respetarían las condiciones de la rendición, el 4 de septiembre los italianos cedieron a los cautivos. Para su consternación, se iniciaron de inmediato los juicios sumarios y se dictaron cientos de penas de muerte. Entre las víctimas estaba la cúpula militar del Ejército vasco en pleno. Los prisioneros juzgados en Santoña fueron trasladados a Bilbao en diciembre de 1937 para su ejecución.[40]

Además de las ejecuciones, la represión en el País Vasco se llevó a cabo también a base de multas y confiscaciones. Se retiró la licencia profesional a muchos médicos, abogados, arquitectos e ingenieros; al igual que en las demás regiones, los maestros fueron un objetivo prioritario. Al *lehendakari*, José Antonio Aguirre, se le impuso una multa de 20 millones de pesetas y se le requisaron las propiedades. En 1939, los rebeldes impusieron una multa de 100 millones de pesetas al magnate naviero y político nacionalista sir Ramón de la Sota, fallecido tres años antes. Su familia fue despojada de todos sus negocios y propiedades, entre las que había cuarenta barcos que se habían utilizado en la evacuación de Bilbao. Otro caso emblemático fue el de la familia Abando. El empresario Julián de Abando y Oxinaga, de setenta y siete años, fue arrestado, a pesar de sus graves problemas de salud, y castigado con una multa de más de un millón de pesetas. Dos de sus hijos acabaron detenidos también y fueron condenados a largas penas de cárcel. Uno de ellos, el distinguido ginecólogo Juan Blas de Abando y Urrexola, vio confiscada su clínica.[41]

La represión se dirigió también contra la lengua vasca. En el célebre discurso que pronunció al asumir la alcaldía de Bilbao, José María de Areilza declaró que «la gran vergüenza del clero separatista se acaba para siempre». La primera medida fue atacar la estrecha relación entre el clero vasco y el pueblo mediante la prohibición del euskera en todas las actividades eclesiásticas, ya fuera la oración colectiva, los sermones o la enseñanza del catecismo. Si bien las autoridades de la Iglesia permitían el uso del idioma autóctono, el general Severino Martínez Anido, jefe de Seguridad y Orden Público de Franco, las desautorizó, y los curas que hablaban a sus feligreses en su lengua materna fueron castigados con multas severas.[42]

Así pues, no es de extrañar que entre los prisioneros apresados en Santoña hubiera 81 sacerdotes del Cuerpo de Capellanes de la Armada Vasca, un organismo único entre las fuerzas republicanas, dedicado a administrar la misa y los sacramentos en el frente. Tres de ellos fueron condenados a muerte, aunque con posterioridad se les conmutaron las penas. A los otros les cayeron sentencias de entre seis y treinta años de cárcel. Victoriano Gondra y Muruaga, uno de los capellanes de los gudaris, era conocido con el sobrenombre de «*aita* Patxi», nombre que adoptó inspirado en Francisco de la Pasión al unirse a la Orden Pasionista. Encarcelado junto a otros gudaris en el campo de concentración de San Pedro de Cardeña, cerca de Burgos, fue condenado a trabajos forzados. Al enterarse de que Esteban Plágaro, un comunista asturiano que había sido condenado a muerte por tratar de escapar, estaba casado y era padre de cinco hijos, «*aita* Patxi» se ofreció a que lo ejecutaran en su lugar. Para poner a prueba su entereza, le dijeron que su petición había sido aceptada y lo colocaron ante el pelotón de fusilamiento; entonces le informaron de que, en vista de su requerimiento, habían indultado al asturiano. Volvió a su barracón, para enterarse al día siguiente de que Plágaro había sido ejecutado al amanecer.[43]

En Asturias, el legado de la represión tras los sucesos de octubre de 1934 garantizaba una lucha encarnizada. Al principio del conflicto, el golpe militar fracasó, salvo en los dos puestos de avanzada que los rebeldes tenían en el cuartel de Simancas, en Gijón, y en la ciudad de Oviedo, tomada a raíz de la duplicidad del coronel Antonio Aranda, que tras declararse leal a la República, llegó incluso a convencer a las autoridades locales de que estaba dispuesto a distribuir armas entre los obreros. Luego anunció que en Oviedo no había suficientes armas ni municiones, pero había conseguido nuevos suministros en León. Por tanto, el domingo 19 de julio, cerca de 3.500 mineros y obreros siderúrgicos desarmados partieron confiados hacia León, unos en tren, otros en una caravana de camiones. Una vez allí, alrededor de 300 consiguieron armas obsoletas con munición inadecuada, y el grupo continuó hacia el sur, hasta la localidad zamorana de Benavente. Mientras tanto, en Oviedo, Aranda se declaró a favor de los rebeldes, y los obreros que aguardaban las armas en la ciudad fueron masacrados. En Benavente, el 20 de julio, la expedición de milicianos tuvo noticia de la traición de Aranda y decidieron volver a Oviedo. Los que habían viajado en tren se vieron obligados a regresar por Ponferrada, una ciudad ya en manos de la Guardia Civil. La milicia luchó con arrojo a pesar de la escasez de armas, pero hubo muchas bajas y los combatientes se replegaron hacia Asturias, muchos a pie. El 21 de julio, los mineros que viajaban en camiones volvieron para sitiar Oviedo. El Comité del Frente Popular, presidido por Belarmino Tomás, estableció su cuartel general en Sama de Langreo.[44]

En Gijón, el golpe había fracasado en buena medida por la indecisión del comandante del cuartel de Simancas, el coronel Antonio Pinilla Barceló. Sitiado en el cuartel por los anarquistas, que eran mayoría en el comité local, Pinilla había supervisado por radio el cruento bombardeo de la ciudad, que se llevó a cabo desde el buque de combate rebelde *Almirante Cervera*. Solo el 14 de agosto, los ataques aéreos y la artillería naval hicieron blanco en la estación de ferrocarril y el hospital, dejando 54 muertos y 78 heridos graves. Amparados por la ira popular tras la matanza, un grupo de milicianos de la FAI, acompañados de algunos comunistas, se dirigieron a la iglesia de San José, donde permanecían retenidos 200 derechistas. Eligieron a los más prominentes y los asesinaron. Un segundo grupo de milicianos llegó más tarde y se llevó a otro puñado de prisioneros, entre los que había 26 sacerdotes y religiosos. Hubo más ejecuciones durante la noche. En total, mataron a 106 derechistas.[45] Entre el 19 y el 21 de agosto, los milicianos asaltaron el cuartel tratando de tomarlo; Pinilla, haciendo frente a la derrota, rechazó el ofrecimiento de rendirse a cambio de que se respetaran las vidas de los defensores, y pidió que el buque rebelde destruyera el edificio. Imaginando que el mensaje era una trampa, el capitán del *Almirante Cervera* rehusó abrir fuego. El cuartel fue invadido, y Pinilla y sus hombres murieron ejecutados en las ruinas.[46]

El sitio de Oviedo se prolongó otros dos meses más. Dentro de la ciudad, Aranda luchaba contra lo que consideraba su enemigo interior, pues aseguraba que la mitad de los habitantes de la ciudad eran partidarios de los republicanos; uno de sus ayudantes elevó la cifra a tres cuartas partes de la población.[47] Aranda también le dijo a Webb Miller, de United Press, que había 700 presos retenidos como rehenes.[48] Las fuentes republicanas elevaban a más de un millar el número de prisioneros; entre ellos había esposas de líderes sindicales y diputados por Asturias, de muchos de los cuales nunca más se supo. Poco después de que Aranda se hiciera con la ciudad, había lanzado un eficaz ataque contra el cuartel de Santa Clara, ocupado por la Guardia de Asalto, leal a la República. Tras el combate, 25 milicianos y 2 guardias de asalto fueron ejecutados. Se ha sugerido que la represión no alcanzó proporciones mayores por los temores de los rebeldes a represalias si la ciudad caía en manos de los sitiadores. Aunque, ciertamente, el propio Aranda guardó cierta distancia con la represión, su delegado de Orden Público, el comandante Gerardo Caballero, que había destacado en las represalias tras los sucesos de octubre de 1934, se encargó de mantener vivo el clima de terror. Por orden suya, los escuadrones falangistas salían de noche a apresar izquierdistas, y con frecuencia aparecían cadáveres en las calles. Más de 60 personas no identificadas, entre ellas 12 mujeres, acabaron en los cementerios públicos. En las acciones militares se utilizaba a los prisioneros a modo de escudos humanos.[49]

No cabía duda de que la relativa contención de la violencia cambiaría si la columna de apoyo procedente de Galicia conseguía liberar la ciudad; los 19.000 hombres de dicha columna contaban, desde finales de septiembre, con el refuerzo de una Bandera de la Legión (500 hombres) y ocho Tabores de Regulares (2.000 hombres más). Por el camino ejecutaban a todos los milicianos que caían prisioneros. Además, a medida que la columna tomaba los pueblos por los que pasaba, iba matando a gran número de maestros de escuela, mujeres incluidas, así como a otros presuntos adeptos republicanos, sin que mediara juicio alguno. Tras el paso de las tropas, escuadrones de falangistas acometían la sangrienta tarea de «limpieza», como la llamaban. Un grupo que operaba en pueblos pequeños como Luarca, Boal, Castropol y Navia, cometió numerosos asesinatos, entre otros, el de varias mujeres jóvenes. Era un escuadrón célebre por utilizar el «cangrejo», un camión militar en el que transportaban a sus víctimas a lugares remotos, donde luego las asesinaban. Además de las muchas ejecuciones extrajudiciales, celebraron rapidísimos juicios sumarios en los que sentenciaron a muerte a multitud de personas por «rebelión militar».[50]

La suerte de cientos de rehenes que permanecían retenidos en la capital asturiana quedó sellada con la llegada, el 17 de octubre de 1936, de la columna rebelde gallega, justo cuando la ciudad de Oviedo, acuciada por la falta de víveres y electricidad, estaba a punto de rendirse al sitio de los mineros. El jubiloso comentario que apareció al día siguiente en el *ABC* de Sevilla revelaba el tenor de los avances rebeldes: «Ayer entraron en Oviedo victoriosas las columnas nacionales tras de hacer una verdadera carnicería a los mineros rojos que la asediaban».[51] Hasta 370 prisioneros fueron ejecutados sin juicio alguno, muchos de ellos durante el presunto traslado a prisiones más al oeste. Dos expediciones, una con 45 prisioneros a finales de octubre, y otra con 46 en diciembre, no llegaron nunca a destino. Al mismo tiempo, continuaba la farsa de los juicios militares. Tras brevísimos procesos, las ejecuciones se llevaban a cabo de inmediato; entre ellas, las de los guardias de asalto que se habían mantenido leales a la República, la del gobernador civil Isidro Liarte Lausín, la del director del Orfanato Minero, la del líder de los mineros y diputado del PSOE Graciano Antuña, y la del rector de la universidad, Leopoldo Alas Argüelles. Este último era el hijo del novelista Leopoldo Alas «Clarín», cuya novela *La Regenta* era una disección demoledora del provincianismo y la hipocresía de la alta sociedad ovetense. Distinguido abogado, el hijo del novelista había sido subsecretario de Educación y diputado parlamentario en las Cortes Constituyentes. Tras un juicio grotesco, Leopoldo Alas, hijo, fue fusilado el 20 de febrero de 1937. En la ciudad corrió la creencia de que no lo mataron por sus políticas moderadas, sino para satisfacer el deseo de venganza de la burguesía local contra la figura de su padre.[52]

Tras la llegada de la columna de relevo gallega, las tropas republicanas trataron de reconquistar Oviedo. Aunque seguían dominando el sur y el este de la provincia, sus esfuerzos fueron en vano. Una vez cayó Santander, Asturias pasó a estar en el punto de mira de Franco y, para retrasar el ataque, el general Vicente Rojo hizo un intento feroz de tomar Zaragoza. Las fuerzas republicanas atacaron el pueblo de Belchite, pero esta vez Franco no mordió el anzuelo como en el asalto a Brunete, sino que el 2 de septiembre lanzó un gran ataque por tres flancos contra una Asturias ya rodeada. A las órdenes del general Dávila y capitaneadas en el campo de batalla por los generales Antonio Aranda y José Solchaga, las tropas avanzaron con rapidez por las montañas, barridas por el viento y la lluvia. Deseoso de poner fin a la campaña antes del invierno, Franco imbuyó al Estado Mayor de una urgencia mayor de la habitual. La acometida de los nacionales supo aprovechar el hecho de que los republicanos carecieran prácticamente de cobertura aérea. Aunque Asturias era, por sus condiciones geográficas, un reducto defensivo natural, también estaba bloqueada por la flota rebelde y fue bombardeada sin piedad desde el aire. La moral de los defensores quedó minada a medida que los alemanes perfeccionaban sus técnicas de ataque a tierra con incursiones contra los valles, utilizando una combinación de bombas incendiarias y gasolina para crear una forma rudimentaria de napalm.[53]

Después de la caída de Santander, los asturianos formaron un gobierno independiente, apartaron al general Gamir y nombraron al coronel Prada comandante de las fuerzas militares. En Gijón se había ejercido una dura represión sobre la derecha local, a menudo incurriendo en una violencia gratuita, con el cierre de pequeños negocios y la confiscación de comercios, así como el encarcelamiento de niños y adolescentes porque sus padres habían sido acusados de fascistas. Los prisioneros fueron trasladados a un barco-prisión amarrado en el puerto de El Musel, al oeste de Gijón. A medida que la campaña bélica se desintegraba, aumentaron las sacas y un número significativo de prisioneros fueron ejecutados, sobre todo cerca de Oviedo, y, con el avance de los rebeldes desde Santander, también en el este de la región, en Cangas de Onís y en la playa de La Franca, en Ribadedeva.[54] De hecho, se calcula que en el curso de la guerra fueron asesinados en Asturias cerca de 2.000 derechistas. Cuando los rebeldes ocuparon la provincia, las represalias se cobraron la vida de casi 6.000 republicanos.[55]

Tras la derrota del frente, el 21 de octubre, la población huyó en coches, autocares, camiones o a pie hasta El Musel, donde quienes pudieron se apretujaron en barcos de pesca y tomaron rumbo a Francia. Algunos bous consiguieron llegar a destino, pero otros fueron interceptados por la flota rebelde y obligados a atracar en Galicia, donde los nacionales hacinaron a los pasajeros en los campos de concentración de Rianjo, Muros de Noya, Cedeira y Camposancos. Grupos de falangistas acudieron en busca de víctimas, que trasladaban a Gijón u Oviedo para juzgarlas. Algunas fueron asesinadas allí mismo; a otras les dieron la oportunidad de alistarse en batallones de trabajo. En Camposancos se celebraron muchos juicios, si bien, como de costumbre, eran breves y el acusado tenía poca o ninguna ocasión de hablar.[56]

Volviendo a Gijón, el padre Alejandro Martínez quedó sumamente consternado ante la fiereza de la represión, que describió como «un rigor innecesario, como si una especie de humanos debiera ser liquidada. Las tropas arrasaron y saquearon Gijón como si fuera una ciudad extranjera». Los regulares y los legionarios, como de costumbre, saqueaban y violaban a su antojo y, alimentados por el odio que persistía desde 1934, lo hicieron con especial vehemencia. Los quintacolumnistas que habían permanecido escondidos durante el período de dominación republicana salieron de sus guaridas ávidos de venganza. El coronel José Franco Mussió, simpatizante de los rebeldes, se había quedado en Asturias con la esperanza de salvar a prisioneros derechistas, y había preferido quedarse en Gijón a huir a la zona republicana. Lo juzgaron inmediatamente, junto a otros siete oficiales republicanos, y lo fusilaron el 14 de noviembre. Al menos una veintena de maestros de escuela fueron ejecutados, y muchos más acabaron en la cárcel. En los valles mineros, los aldeanos padecieron palizas o fueron asesinados. Los rebeldes quemaron los almiares de las granjas para atrapar a los fugitivos. Muchas mujeres fueron víctimas de paseos, abusos sexuales e incluso mutilaciones.[57] De las muchas atrocidades cometidas, una de las más cruentas tuvo lugar en el monasterio de Valdediós, cerca de Villaviciosa. El edificio había sido requisado tras la evacuación del Hospital Psiquiátrico de Oviedo, en octubre de 1936. El 27 de octubre de 1937 llegaron al lugar tropas de las Brigadas de Navarra, que sin motivo alguno mataron a 6 hombres y 11 mujeres del personal. Fueron enterrados en una gran fosa común, una de las sesenta que existen en Asturias.[58]

La violencia institucionalizada se acusó especialmente en los valles mineros. En Pola de Lena fueron asesinadas más de 200 personas, muchas de ellas obligadas a cavar antes su propia tumba; tras la matanza, los asesinos montaron una juerga y se emborracharon. Cuando los rebeldes entraron en Sama de Langreo, metieron a los milicianos heridos en camiones, los llevaron a las trincheras que habían servido para el sitio de Oviedo, y allí mismo los mataron y los enterraron. En la pequeña localidad minera de San Martín del Rey Aurelio, en el valle de Turón, al este de Langreo, al menos 261 personas fueron ejecutadas. En ese mismo valle, 200 cadáveres fueron arrojados en el Pozo del Rincón.[59] Aplastados los sindicatos, quienes escaparon a las ejecuciones o a la cárcel fueron obligados a incorporarse en batallones penitenciarios para llevar a cabo trabajos forzados en las minas. Algunos lograron esconderse, o bien se sumaron a los grupos esporádicos de guerrilleros, uniéndose a menudo con fugitivos procedentes de Galicia, y fueron perseguidos durante años por patrullas falangistas y por la Guardia Civil.

Uno de los apresados fue Pascual López, de la localidad coruñesa de Sobrado dos Monxes, de quien no tuvieron noticias su esposa y sus seis hijos desde que huyera al estallar la guerra, hasta que en junio de 1939 un hombre que había servido en las filas franquistas volvió al pueblo y dijo haberlo visto en un campo de concentración próximo a Oviedo. La mujer de Pascual preparó un hatillo con comida y ropa, y mandó a su hijo Pascualín, de trece años, en su busca. El muchacho tardó dos semanas en llegar a pie a Oviedo, y otra semana en localizar el campo en cuestión. Aunque su padre le dijo que volviera a casa, Pascualín se quedó; de día robaba comida y de noche se colaba en el campo para dormir, al raso, junto a Pascual. A principios de octubre, un grupo de falangistas llegó y se llevó a los prisioneros gallegos para ejecutarlos en Gijón; los falangistas iban a caballo, los reos a pie. En contra de las órdenes de su padre, Pascualín siguió la expedición durante doce días, sin que lo descubrieran. Por el camino, asesinaron a los más viejos, demasiado débiles para seguir la marcha. Cuando llegaron a El Musel, los soldados pusieron a los prisioneros en una fila sobre un espigón y les dispararon. El falangista más joven, al ver que varios seguían con vida, preguntó por qué les habían ordenado apuntar a las piernas de los rojos. El cabecilla, llamándole «novato», le explicó: «Porque así tardan más tiempo en desangrarse». Pascual no estaba muerto, y su hijo consiguió sacarlo del agua y llevarlo hasta las montañas, donde le extrajo la bala de la pierna con un cuchillo. Cuando se recuperó, mandó a Pascualín de vuelta a casa y él volvió a unirse a la guerrilla; murió poco después.[60]

En Oviedo, además de los asesinatos extrajudiciales que los falangistas llevaron a cabo entre noviembre de 1937 y abril de 1938, hubo 742 personas sentenciadas a muerte. Solo en el mes de mayo de 1938, fueron 654 las personas juzgadas, y 260 las sentenciadas a muerte. Cuando en enero de 1939 los tribunales militares abandonaron Asturias para iniciar la represión en Cataluña, el juez responsable alabó a la Policía de Oviedo por la celeridad con que habían ejecutado las sentencias. En total se dictaron 1.339, y todas las víctimas fueron fusiladas, a excepción de 15 presos, a quienes se les aplicó el garrote vil. Para ser enterrado en el cementerio, se obligaba al prisionero a confesarse con un sacerdote y reconciliarse con la Iglesia. Únicamente 200 presos se confesaron, aunque otros 102 recibieron sepultura tras el pago de una cuota especial por parte de sus familias. Al margen de las ejecuciones que se llevaron a cabo después de un juicio, 257 personas más murieron en la cárcel por malos tratos o desnutrición. Aproximadamente un tercio de los fallecidos eran mineros. Tampoco se debe olvidar la represión que sufrieron las mujeres, las violaciones y las palizas para que revelaran el paradero de los hombres de su familia, las cabezas rapadas, el encarcelamiento de muchas y la ejecución de, por lo menos, nueve de ellas.[61]

Puesto que Gijón había centralizado el grueso de la Administración republicana, la dirección de los partidos y los sindicatos de izquierdas, y la cúpula militar, fue allí donde más se dejó notar la represión. La cárcel de El Coto, con capacidad para 200 presos, pronto albergó a cerca de 2.500. En doce meses a partir del 9 de noviembre de 1937, 903 prisioneros fueron juzgados y ejecutados. Hubo muchos casos de asesinados en las sacas de los falangistas de los que no existe registro. Además, las palizas y la tortura eran moneda corriente. La plaza de toros, así como las antiguas fábricas de El Cerillero y La Algodonera, sirvieron de prisiones improvisadas. Todos los que tuvieran que ver con actividades políticas o sindicales fueron eliminados. El fiscal militar de Gijón pidió tantas penas de muerte en tan poco tiempo que lo apodaron «Metralleta». Hubo 98 ejecuciones en los dos últimos meses de 1937, y otras 849 en 1938. Por añadidura, estaban los asesinatos extrajudiciales. El director del cementerio del Sucu (en Ceares) declaró que muchos días se descargaban entre 70 y 80 cadáveres. Un monumento inaugurado recientemente en El Sucu lleva los nombres de 1.882 hombres y 52 mujeres que fueron enterrados en la fosa común entre el 21 de octubre de 1937 y 1951. Entre ellos hay más de 1.245 ejecutados en El Coto tras pasar por consejos de guerra; 84 personas que murieron a causa de palizas, torturas y enfermedades provocadas por la desnutrición, el hacinamiento y las pésimas condiciones sanitarias; otros fallecidos en El Cerillero, y los paseados cuyos nombres se conocen. El 70 por ciento de los ejecutados eran obreros.[62]

Tras la conquista del norte, el 1 de octubre de 1937 se celebró en toda la España nacional el aniversario del nombramiento de Franco como jefe de Estado, consagrado a partir de entonces como «Día del Caudillo». En la localidad soriana de San Leonardo, Yagüe, vestido con la camisa azul de la Falange, pronunció un discurso que arrancó el aplauso general al hablar de la clase trabajadora en estos términos: «Ellos no son malos, los auténticos malvados son esos dirigentes que les engañaron con doradas promesas. Contra ellos hay que ir hasta exterminarlos por completo». A continuación, describió el nuevo orden falangista y provocó risas y más aplausos al declarar:

Y al que resista, ya sabéis lo que tenéis que hacer: a la cárcel o al paredón, lo mismo da. Nosotros nos hemos propuesto redimiros y os redimiremos, queráis o no queráis. Necesitaros, no os necesitamos para nada; elecciones, no volverá a haber jamás, ¿para qué queremos vuestros votos? Primero vamos a redimir los del otro lado; vamos a imponerles nuestra civilización, ya que no quieren por las buenas, por las malas, venciéndoles de la misma manera que vencimos a los moros, cuando se resistían a aceptar nuestras carreteras, nuestros médicos y nuestras vacunas, nuestra civilización, en una palabra.[63]

El discurso de Yagüe era un recordatorio, caso de que hiciera falta, de lo que ocurriría si caían en manos de los rebeldes nuevos territorios. Imaginando que la siguiente iniciativa de Franco sería atacar Madrid, el alto mando republicano decidió emprender un asalto preventivo contra Teruel, capital de la más inhóspita de las provincias aragonesas. Las líneas nacionales mantenían una resistencia débil y la ciudad estaba prácticamente rodeada por las fuerzas republicanas. Bajo un clima gélido que registró las temperaturas más bajas del siglo, una lucha salvaje puerta a puerta permitió a los republicanos capturar la plaza de los nacionales el 8 de enero. Sin embargo, dotado de una enorme superioridad de medios, Franco respondió con un contraataque feroz. Los republicanos, debilitados tras la defensa de sus posiciones, tuvieron que retirarse el 21 de febrero de 1938, antes de que Teruel fuera sitiada. Entonces, a principios de mayo, Franco lanzó una gran ofensiva hacia el este. A mediados de abril, sus tropas habían llegado al Mediterráneo, dividiendo así en dos la zona republicana y ocupando todo Aragón.

De hecho, buena parte de la región llevaba tiempo en manos de los rebeldes y había sufrido una represión brutal. El golpe militar había conquistado buena parte de la provincia de Zaragoza, salvo la franja estrecha entre Huesca y Teruel. Antes de que la ofensiva franquista conquistara ese territorio, en marzo de 1938, la represión había alcanzado elevadas cotas de violencia en la provincia.[64] Las dos primeras semanas vieron el arresto y la ejecución de unos 80 líderes sindicales, dirigentes de partidos políticos y funcionarios republicanos. Después, una oleada de terror expandió la violencia a gran escala, con 730 ejecuciones solo en el mes de agosto. Los paseos nocturnos a cargo de las «patrullas de vigilancia», capitaneadas por falangistas y carlistas, contribuían a las actividades de la Policía (más formales) en esta purga de «indeseables», ocupándose de las ejecuciones extrajudiciales. Sin embargo, las matanzas no disminuyeron cuando, a partir de septiembre, se establecieron tribunales militares, pues en los cuatro meses siguientes morían a diario un promedio de 13 personas, alcanzando un total de 2.578 muertes antes del final de 1936. La ferocidad de la represión respondía, obviamente, a un plan previo de exterminio, que en parte se intensificó a causa del temor que despertaba la presión de las columnas anarquistas en el este de la provincia. Aun así, los civiles que participaron en las matanzas de Zaragoza actuaban movidos, como en el resto de los lugares, por el mero deseo de matar, por la voluntad de ocultar un pasado izquierdista y buscar el favor del nuevo régimen, por la envidia o por resentimientos enconados.[65]

La proximidad de las columnas anarquistas tal vez explique una ejecución masiva que tuvo lugar en Zaragoza a principios del mes de octubre. A finales de agosto, la emisora rebelde de Zaragoza había anunciado el reclutamiento para formar una nueva unidad del Tercio de Extranjeros, bajo el nombre «Bandera de la Legión General Sanjurjo». En Navarra, los puestos de la Guardia Civil recibieron órdenes de obligar a los sospechosos de simpatizar con la izquierda a personarse en los banderines de enganche; cuando acudían al cuartel, se les daba a escoger entre «el Tercio o la cuneta». En la provincia de Logroño se publicaron llamamientos similares en la prensa local pero, para alcanzar el número de reclutas requerido, a los jóvenes se les ofreció también la disyuntiva entre ser paseados o unirse a la Bandera de la Legión Sanjurjo. Entre el 2 y el 10 de septiembre, varios centenares de muchachos se trasladaron a Zaragoza para recibir la instrucción. El 27 de septiembre les tomaron juramento y el 1 de octubre los mandaron al frente de Almudévar, en la zona sur de Huesca. Sin embargo, antes de entrar en acción contra las columnas anarquistas catalanas, les ordenaron volver a Zaragoza, donde los desarmaron, pues las autoridades militares sospechaban que muchos planeaban desertar. Entre el 2 y el 10 de octubre, los fueron llevando en grupos pequeños a un campo tras la Academia Militar de Zaragoza, donde los ejecutaban. Los cadáveres acabaron enterrados en una enorme fosa común del cementerio de Torrero. De los más de 300 asesinados, 218 eran navarros.[66]

Las rencillas y las animadversiones personales desempeñaron un papel mucho más crucial en Uncastillo, un pueblo situado en el extremo norte de la provincia de Zaragoza, a medio camino entre Pamplona y Huesca, donde se perpetró un acto de venganza por los sucesos de octubre de 1934 mencionados en el capítulo 3. En esa aldea remota fueron asesinadas 180 personas. Del mismo modo que ocurrió en otras zonas del Aragón rural bajo control rebelde, irrumpieron en Uncastillo varios grupos de falangistas y requetés, que, con la colaboración de los guardias civiles, entraron en las casas, se llevaron los bienes y detuvieron a los miembros de organizaciones y sindicatos de izquierdas, así como a sus amigos y familiares. Las detenciones se basaron en documentos incautados, rumores o denuncias de los derechistas locales, que a menudo nacían de rencillas personales ocasionadas por conflictos económicos o sentimentales. A las detenciones de hombres, mujeres y adolescentes, se sucedían las salvajes palizas y, con frecuencia, la muerte. Por el «crimen» de haber bordado una bandera republicana, dos hermanas, Rosario y Lourdes Malón Pueyo, de veinticuatro y veinte años, fueron violadas y luego asesinadas; los responsables quemaron sus cadáveres. En este caso, los hechos tuvieron lugar fuera de la aldea, pero muchas ejecuciones se hacían en público y se obligaba a todo el pueblo a estar presente.

Muchas veces, los arrestos y los asesinatos se llevaban a cabo por recomendación del párroco. En el caso de una joven de diecinueve años, embarazada de gemelos, el doctor del pueblo pidió que se le perdonara la vida, y la Guardia Civil aceptó su razonamiento; a regañadientes, los falangistas también accedieron; pero el cura allí presente exclamó «Muerto el animal, muerta la rabia», y finalmente fue ejecutada.[67]

La víctima más prominente fue el alcalde, Antonio Plano Aznárez, quien, cabe recordar, se había granjeado el odio de los terratenientes de la zona por haber mejorado las condiciones laborales de los jornaleros. También se le hizo responsable, aunque injustamente, de los actos revolucionarios que habían tenido lugar entre el 5 y el 6 de octubre de 1935. En un principio lo mantuvieron arrestado en Zaragoza; a partir del 30 de julio, su esposa, Benita, y sus hijos, Antonio y María, fueron encarcelados en el cuartel de la Guardia Civil.

A principios de octubre, llevaron a Antonio Plano de Zaragoza a Uncastillo para ejecutarlo en coincidencia con el segundo aniversario de los sucesos de octubre de 1934. No fue solo un acto de venganza por el pasado, sino también un escarmiento de cara al futuro. Plano representaba en la región todo lo que la República ofrecía en términos de justicia social y educación; por ello, no se conformaron con matarlo, sino que lo sometieron a la forma más brutal de humillación, tanto antes como después de su muerte. Lo sacaron del cuartel de la Guardia Civil chorreando sangre como consecuencia de las palizas recibidas. La Guardia Civil y los falangistas obligaron a los demás aldeanos a presenciar la barbarie. Le habían obligado a tomar una botella de aceite de ricino, así que cubierto de sangre y de sus propios excrementos, tuvieron que sujetarlo a un tablón de madera a fin de mantenerlo erguido. Frente a la iglesia lo fusilaron, para regocijo y aplauso de los derechistas allí presentes. A continuación, siguieron maltratando su cuerpo, hasta que uno de los falangistas lo mutiló con un hacha. Un año después de su muerte, Plano fue penalizado con una colosal multa de 25.000 pesetas, y su esposa con otra de 1.000. Para poder cobrarlas, las autoridades confiscaron el domicilio familiar y los bienes que contenía. Hubo muchos casos similares, que ponían en bandeja una excusa para robar las propiedades de los asesinados. En Uncastillo murieron en total 140 izquierdistas. Buena parte de los 110 lugareños juzgados por los sucesos de 1934 habían huido, pero 44 de los que seguían en el pueblo fueron ejecutados.[68]

En Teruel, la provincia española con menor densidad de población, la pequeñísima guarnición rebelde rápidamente se hizo con el poder. A pesar de no tratarse de una zona caracterizada por los conflictos sociales, las detenciones comenzaron de inmediato. Las primeras víctimas fueron, como en el resto del país, sindicalistas, políticos y funcionarios republicanos. Una segunda oleada de violencia se inició en marzo de 1937, con la entrada de las tropas rebeldes en los municipios del este de la provincia que habían estado bajo control republicano. Uno de los incidentes más cruentos tuvo lugar en el pueblo de Calanda, donde alrededor de 50 personas fueron asesinadas, entre ellas una mujer a la que apalearon hasta la muerte, y donde se produjeron también numerosas violaciones. Al final de la guerra, los que escaparon de la provincia de Teruel durante la toma franquista tuvieron que elegir entre el exilio o volver a casa. Creyendo que, al no haber cometido ningún crimen, no tendrían problemas, muchos regresaron a sus hogares. Quienes volvieron a Calanda fueron apresados al apearse del autocar. El jefe local de la Falange, Miguel Gascón Mas, y el secretario del ayuntamiento, José Román Rodríguez Sanz, organizaron las torturas, palizas, agresiones sexuales y asesinatos que siguieron. Tal escándalo causaron los sucesos que el gobernador civil de la provincia dio parte a las autoridades del Ejército y, a raíz de la denuncia, los que habían perpetrado las tropelías fueron juzgados y condenados a ocho años de cárcel.[69] En ninguno de estos estallidos represores se registraron formalmente todas las muertes. Sin embargo, se conocen los nombres de 1.030 personas ejecutadas en Teruel, 889 en el curso de la guerra y otras 141 después. A esta cifra cabe añadir 258 prisioneros trasladados a Zaragoza para su ejecución. Hay muchos otros que no constan en el Registro Civil o no fueron enterrados en cementerios. A sus asesinos no les interesaba que se supiera demasiado y, por consiguiente, las autoridades franquistas hicieron un esfuerzo coordinado para ocultar la magnitud de la violencia en Teruel.[70]

La escala de la represión en Teruel refleja una combinación del plan básico de exterminio de los golpistas con el miedo de las exiguas tropas rebeldes en una provincia muy vulnerable al ataque republicano. Entre los primeros arrestados tras el 20 de julio de 1936 estaban el alcalde, el secretario de la sede provincial del Partido Socialista, los directores del instituto de enseñanza media y los maestros de la escuela normal. Las esposas y los familiares de los que habían huido a la zona republicana fueron detenidos; en el caso de la mujer y la hija de diecisiete años del concejal socialista Ángel Sánchez Batea, las arrestaron y finalmente las ejecutaron. Recluyeron a todos los detenidos en el seminario de la ciudad, donde vivieron hacinados y en pésimas condiciones hasta que los mataron. Hasta el 13 de agosto, cuando empezaron las ejecuciones, hombres y mujeres hicieron trabajos forzosos arreglando las carreteras. A partir de esa fecha, los sacaban al despuntar el alba en las llamadas «camionetas del amanecer», «de la muerte» o «del medio viaje».[71]

Uno de los destinos era el pueblo de Concud, a unos 4 kilómetros de la capital. En un foso de 2 metros de ancho y más de 70 metros de profundidad, conocido como «Los Pozos de Caudé», fueron arrojados cientos de cadáveres de hombres y mujeres, entre ellos los de un buen número de adolescentes. Pocos militaban en política: su crimen consistía simplemente en haberse mostrado críticos con el golpe militar, en guardar relación con un prófugo, en tener una radio, o en haber leído la prensa liberal antes de la guerra. Durante la dictadura, nadie se acercaba al foso por miedo, aunque de vez en cuando había quien, por la noche, dejaba ramos de flores en las proximidades. En 1959 llevaron al mausoleo de Franco en el Valle de los Caídos un camión con restos mortales recuperados en el pozo. Hasta que los socialistas llegaron al poder, ya en la democracia, la gente no empezó a hacer ofrendas florales sin temor. En 1983, un campesino de la zona se presentó ante las autoridades y mostró un cuaderno donde se había dedicado a anotar el número de disparos que había oído cada noche durante la guerra, los cuales ascendían a 1.005. Entre las muertes no registradas había tanto prisioneros republicanos como habitantes de las aldeas vecinas. En 2005, las obras para la instalación de un conducto de gas subterráneo llevaron a la exhumación de los restos de 15 cadáveres. Caudé es solo uno de los lugares de la provincia con esta clase de fosas comunes.[72]

Al menos dos curas fueron ejecutados por las autoridades militares en la provincia de Teruel. José Julve Hernández era el párroco de Torralba de los Sisones; lo arrestaron el 25 de julio de 1936 y, por su parentesco con un alcalde del Frente Popular, lo llevaron a la cárcel de

Teruel y lo ejecutaron. El segundo fue Francisco Jaime-Cantín, párroco carlista de Calamocha. En agosto de 1936, un grupo de falangistas y guardias arrestó a su hermano, Castro Pedro, que fue fusilado el 27 de septiembre en la carretera a Teruel. Al conocer la noticia, el padre Jaime-Cantín fue a informarse al cuartel de la Guardia Civil, por lo que lo arrestaron, lo trasladaron a Teruel y acabó ejecutado el 12 de diciembre de 1936. Estas muertes, sin embargo, se debieron a rencillas personales. Antes de la guerra, el terrateniente Castro Pedro se había visto envuelto en una disputa con la FNTT local por tratar de expulsar a los arrendatarios de las tierras, y perdió el juicio. Tras el golpe militar, Vicente Martínez Alfambra, el juez que había llevado el caso, fue denunciado por Castro Pedro y su hermano cura, que lo acusaron de rojo peligroso, y fue fusilado el 12 de septiembre. Sin embargo, un hermano de Martínez Alfambra era oficial del bando rebelde, y al descubrir en Calamocha que el terrateniente y el cura habían utilizado pruebas falsas contra el juez, hizo ejecutar a los dos.[73]

Cuesta creer que los fusilamientos de sacerdotes no contaran con la aprobación tácita de monseñor Anselmo Polanco, obispo de la zona de Teruel-Albarracín, un clérigo pío, austero y conservador, dado a repartir limosnas entre los pobres. Antes de la guerra había establecido un fuerte vínculo con la derecha y, previamente a las elecciones de febrero de 1936, escribió una circular destinada a todos los párrocos de su región, en la que afirmaba que la lucha se dirimía entre «los defensores de la religión, de la propiedad y de la familia» y «los voceros de la impiedad, del marxismo y del amor libre»; en definitiva, entre «las dos ciudades enemigas de que habla San Agustín: los bandos opuestos del bien y del mal».[74] No era la clase de mensaje con que ganarse el cariño de los condenados de la Tierra.

Cuando empezó la Guerra Civil, Polanco se decantó abiertamente por los rebeldes, y no solo por razones religiosas. En el ámbito local, frecuentaba a las autoridades militares, a pesar de que el comandante de la región fuera el general Miguel Cabanellas, conocido republicano y masón. El 31 de julio de 1936, Polanco se refirió en su pastoral al «levantamiento de nuestro glorioso Ejército Nacional para la salvación de España». El 14 de marzo de 1937, denunciando el anticlericalismo en términos furibundos, habló de «las hordas marxistas que a mansalva cometieron toda clase de atropellos y crímenes, habiendo sido las personas y cosas sagradas el blanco principal de su furor», y apostilló: «El odio satánico de los revolucionarios ateos ha sembrado por todas partes la desolación amontonando escombros y ruinas» y «el vandalismo soviético».[75]

Denunciaba las propuestas para mediar entre los dos bandos, arguyendo que el único fin deseable de la guerra era la victoria absoluta de Franco. No es de extrañar, por tanto, que no hiciera ninguna declaración pública acerca de la represión brutal que sufrió su propia diócesis, por más que existen testimonios de su aflicción íntima ante las ejecuciones. Trató de salvar, aunque sin éxito, a algunos parroquianos del área proletaria y pobre de Teruel conocida como «El Arrabal». De hecho, cuando en una ocasión intercedió ante las autoridades militares a favor de un prisionero, un conocido falangista le dijo: «Como siga viniendo por aquí, a quien vamos a fusilar será a usted».[76]

Fueran cuales fuesen los sentimientos íntimos de Polanco, no llegaron a pesar más que el entusiasmo que mostraba en público por la causa rebelde. Entre los más de 1.000 asesinatos cometidos por los fascistas en Teruel durante la guerra, dos de los incidentes más tristemente célebres ocurrieron en la plaza del Torico. El primero tuvo lugar el 26 o 27 de agosto de 1936 cuando llegaron dos camiones, que aparcaron en la plaza. Del primero bajó una banda de música y empezó a tocar. Cuando alrededor de la orquesta se había reunido una pequeña multitud, los falangistas cerraron las salidas y sacaron a 13 prisioneros del segundo camión, entre los que había una chica de veinte años y el director de la escuela pública, José Soler. Los hicieron desfilar por la plaza, insultándolos y ridiculizándolos, y luego los ejecutaron. Una vez retirados los cadáveres, los músicos siguieron tocando, mientras los espectadores bailaban en medio de charcos de sangre: una combinación no infrecuente de fiesta y horror.[77] Al parecer, el obispo estuvo presente, pues existen pruebas de que protestó ante las autoridades por el baile.[78]

El segundo incidente guarda relación con un desfile que la Bandera Palafox —el batallón legionario perteneciente al Tercio Sanjurjo— hizo a principios de agosto de 1937. Los legionarios pasaron por delante del Palacio Episcopal exhibiendo restos humanos ensartados en sus bayonetas, pertenecientes a las 78 víctimas de la batalla por el control de la zona próxima a Campillo y Bezas, al oeste de Teruel y al sur de Albarracín. La Bandera iba encabezada por un tal comandante Peñarredonda, y la integraban los republicanos de Zaragoza que se habían alistado en la Legión para salvar la vida y habían sobrevivido a la masacre de octubre de 1936. Bezas había caído el 1 de agosto.[79] Los prisioneros fueron desnudados en la plaza del pueblo, luego ametrallados y, por último, mutilados. En el desfile había también un prisionero cargado con mantas y atado a un cabestro, como si fuera una bestia de carga. Según Indalecio Prieto, Polanco presidía el desfile. Tal vez no lo hiciera formalmente, pero poca duda cabe de que presenció el acto. El gobernador general de Aragón, José Ignacio Mantecón, habló sobre este asunto largo y tendido con Anselmo Polanco cuando las tropas republicanas lo detuvieron tras la toma de Teruel. El obispo le contó, «impasible, cómo había presenciado desde el balcón del Palacio Espiscopal el desfile del Tercio de Sanjurjo por la ciudad con los soldados llevando en la punta de sus bayonetas, orejas, testículos y otros miembros de un centenar de rojos hechos prisioneros en Bezas y que previamente dejados en pelota fueron fusilados con ametralladora en la plaza del pueblo, calificando el hecho como naturales excesos de toda guerra...».[80]

Tres curas interrogados por oficiales republicanos declararon que el obispo se había quejado ante las autoridades militares rebeldes, tanto por los sucesos de la plaza del Torico como por el obsceno espectáculo de la Legión. Los tres habían sido detenidos el 8 de enero de 1938 en el seminario de Teruel, tras la toma de la ciudad por los republicanos, con los cañones de sus fusiles todavía calientes por los disparos. El ambiente distendido del interrogatorio puede deducirse del ingenuo comentario que hicieron: «El señor Obispo no protestó del resto de los fusilamientos hechos en Teruel (unos 2.000) por considerarlo inútil y además porque el escándalo de las conciencias no era tan grave como en los celebrados públicamente».[81]

De hecho, la actitud de Polanco ante la represión se infiere también a partir de las instrucciones que mandó a los párrocos de su diócesis el 3 de agosto de 1937. En caso de que el libro de defunciones de la parroquia hubiera sido destruido o extraviado, ordenó que se obtuviera uno nuevo y que a partir de entonces las entradas se atuvieran a las cuatro categorías siguientes: «de muerte natural; asesinado por los revolucionarios; en el frente de batalla; fusilado por orden de la autoridad militar». También es digno de mención que, además de los tres sacerdotes armados con fusiles apresados en el seminario, cuatro de sus párrocos diocesanos sirvieran en el frente, con la aprobación explícita de Polanco, aunque no en calidad de capellanes, sino de combatientes.[82]

Cuando el propio Polanco fue capturado tras la caída de Teruel, el entonces ministro de Defensa, Indalecio Prieto, intervino para evitar que los milicianos lo fusilaran. El padre Alberto Onaindía fue a ver a Prieto para interceder por Polanco y le hicieron una crónica del interrogatorio del obispo. El principal cargo contra él era haber firmado la Carta Colectiva del 1 de julio de 1937, la cual se consideraba una incitación a la sublevación militar y una justificación de la misma. Al preguntarle si tenía conocimiento de dicha carta, Polanco contestó que, puesto que era uno de los firmantes, difícilmente podía negarlo. Al preguntarle luego si cambiaría alguna cosa de dicho documento, repuso: «La fecha. Debiéramos de haberla escrito antes». Ante su respuesta, el oficial puso fin al interrogatorio diciendo: «Usted, señor Obispo, es un español ejemplar. Sus palabras indican carácter y hombría. Aquí todos somos españoles, y lo triste es que Ud. se encuentra en un campo y nosotros en otro». Con permiso de Prieto, Onaindía visitó a Polanco en la cárcel y lo encontró animado, consideró que estaba tratado con respeto y, en general, bien atendido. Cuando Onaindía le habló de la represión franquista en el País Vasco, mencionando las ejecuciones de curas, Polanco escuchó impertérrito, pero a todas luces no quería saber nada de todo aquello.[83] Al fin y al cabo, como hemos visto, dos sacerdotes de su diócesis, los párrocos de Torralba de los Sisones y Calamocha, habían sido ejecutados por los rebeldes, presumiblemente con su consentimiento. Varios meses después, gracias a la intervención de Julián Zugazagoitia y Manuel Irujo, Polanco obtuvo permiso para celebrar la misa diaria, aunque él mismo optó por hacerlo solo en domingos y fiestas de guardar.[84]

A pesar de que el alzamiento militar triunfó en dos de las tres principales ciudades de Huesca, la capital y Jaca, al principio los rebeldes controlaban solo un tercio de la provincia. La sensación de vulnerabilidad ante un ataque de los republicanos garantizó, por tanto, una represión especialmente severa, que acabó rozando las 1.500 víctimas; una cifra comparable a la represión de los anarquistas en la parte de la provincia bajo control republicano. En la capital, el mando del Ejército estaba en manos del general Gregorio de Benito, estrechamente vinculado a Mola, pues había servido a sus órdenes en África. Como era de esperar, exigió la ejecución inmediata de varios masones, entre ellos el alcalde, Mariano Carderera Riva, y el arresto de los demás funcionarios republicanos. La huelga general se atajó de raíz, con la detención de miembros liberales de la clase media, en especial médicos y maestros, miembros de UGT (el sindicato mayoritario tanto en Jaca como en Huesca), y esposas y familiares de los que habían huido. Hubo 74 mujeres ejecutadas por ser esposas o madres de prófugos o ajusticiados. Después de que el general De Benito tomara el mando de Zaragoza, la represión en Huesca pasó a ser responsabilidad de otro africanista, el coronel Luis Solans Labedán.[85]

En la capital de la provincia, el Escuadrón de la Muerte llevó a cabo detenciones y se encargó también de las sacas de la cárcel y los paseos. La elección de las víctimas iba más relacionada con los resentimientos personales que con la política en sí. Tal vez la víctima más célebre fue el artista y profesor Ramón Acín Aquilué, un miembro de la CNT conocido por sus ideas pacifistas. Era amigo de Federico García Lorca y de Luis Buñuel, a quien ayudó en la realización de la película *Tierra sin pan*. Fue ejecutado el 6 de agosto, y puede decirse que en Huesca su muerte fue un equivalente local a la de Lorca. La esposa de Acín, Concha Monrás, murió ejecutada el 23 de agosto junto a otros 94 republicanos, entre los que había una mujer embarazada. En los hijos pequeños de los fusilados ni siquiera se pensaba; a lo más que podían aspirar los huérfanos era a que los acogiesen parientes o amigos de sus padres, que con ello también corrían el riesgo de que los denunciaran.[86] La purga de la izquierda en pueblos y aldeas corrió a cargo de falangistas recién reclutados, cuyas víctimas elegían con frecuencia los terratenientes locales. Además de los que acababan asesinados por razones políticas obvias, ya hemos apuntado que a menudo existían motivos de venganza personal, resentimientos o envidia.

La represión fue especialmente brutal en Jaca, bajo las órdenes del comandante Dionisio Pareja Arenilla, que desde Zaragoza había recibido instrucciones de «depurar de una vez y para siempre los elementos indeseables». Juan Villar Sanz, el corpulento obispo de Jaca, era una nulidad que dio rienda suelta a una camarilla de sacerdotes reaccionarios. Se recopilaron listas negras con la ayuda de los capitostes de Jaca y pueblos vecinos, como Sabiñánigo, Ansó, Canfranc o Biescas. No se celebraron juicios. Las columnas del Ejército, ayudadas por los falangistas, emprendieron cientos de detenciones; los fusilamientos empezaron el 27 de julio, y se prolongaron a lo largo del otoño y los meses siguientes.

Uno de los crímenes más infames tuvo lugar el 6 de agosto de 1936. Un capitán del Ejército, dos falangistas y un monje capuchino, el padre Hermenegildo de Fustiñana, sacaron de la cárcel a dos mujeres, las llevaron a campo abierto y las mataron. Una de ellas, Pilar Vizcarra, de veintiocho años y embarazada, era la esposa de un hombre al que habían ejecutado apenas una semana antes; la otra, Desideria Giménez, pertenecía a la FJS y tenía dieciséis años. El alto y adusto padre De Fustiñana presenció el crimen. Capellán de los requetés locales, iba por las calles cargando ostentosamente una escopeta. Los detenidos temían sus visitas a la cárcel, pues lo consideraban un «pajarraco agorero». Justificaba las ejecuciones y se dice que disfrutaba presenciándolas; desde luego, asistía a la mayoría de ellas, ofreciendo la confesión y la extremaunción a los reos. Después visitaba, con los zapatos cubiertos de sangre seca, a las familias de los pocos que aceptaban. Llevaba una lista de todos los ejecutados, donde anotaba los que se habían confesado.

En Jaca y los pueblos aledaños hubo más de 400 ejecuciones.[87] Entre ellas se cuentan los asesinatos de Loscorrales, al noroeste de Huesca. Uno de los fusilados fue el párroco José Pascual Duaso, el tercer sacerdote que murió en Aragón a manos de los rebeldes. Durante la República habían existido tiranteces en el pueblo entre el cura y la izquierda local. El extremista más anticlerical de todos era el alcalde, Antonio Ordás Borderías, miembro del Partido Radical Socialista, cuyos esfuerzos para imponer medidas secularizadoras con relación al toque de campanas, las bodas religiosas y los funerales, toparon con la firme oposición del sacerdote. Sin embargo, el padre Pascual era un liberal muy respetado en varios aspectos, y entre otras de sus acciones se contaban haber llevado víveres a los soldados que se ocultaban en Jaca tras el golpe republicano frustrado de 1931 y haber apoyado a los jornaleros en las disputas sobre las tierras comunales con los terratenientes ricos. Gozaba también de la amistad de muchos republicanos locales, como el secretario anarquista del ayuntamiento. Ordás perdió la alcaldía tras la victoria del Frente Popular en febrero de 1936.

En julio de 1936, Loscorrales cayó en manos de los rebeldes y arrestaron al nuevo alcalde socialista. Aunque lo liberaron después de que el padre Pascual respondiera por él, finalmente fue ejecutado en octubre. A Ordás, que para entonces se había unido a la Falange, se le restituyó la alcaldía, pero por haber pertenecido al Partido Radical Socialista y por sus actividades anticlericales, fue encarcelado en Huesca. Se salvó de la ejecución porque una prima suya estaba casada con un sargento mayor de las fuerzas del general Gustavo Urrutia Fernández, quien al parecer tenía una influencia considerable en su superior. Puesto que Urrutia era falangista, Ordás se congració con él ofreciéndole fundar una sede del partido en el pueblo; luego aprovechó la oportunidad para deshacerse de todos aquellos con los que tenía cuentas pendientes. Uno de ellos fue Félix Lacambra Ferrer, que había sido alcalde durante la dictadura de Primo de Rivera. Ordás odiaba a Lacambra porque había pedido a su hija Sacramento que lo rechazara como pretendiente. El 15 de septiembre de 1936, tras la denuncia de Ordás, Lacambra fue arrestado y fusilado dos días después.

Ordás odiaba aún más al padre Pascual, pues veía en él a un enemigo especialmente peligroso, ya que conocía su pasado izquierdista y sospechaba, erróneamente, que había intervenido en su detención. Primero en un informe dirigido a la Falange provincial, Ordás denunció al padre Pascual como subversivo, lo que llevó a pedir su traslado, aunque sin éxito, al obispo de Huesca. A continuación, en una misa celebrada a mediados de noviembre para conmemorar el nombramiento de Ordás como jefe de la Falange local, el cura no ocultó su rechazo a las atrocidades de los falangistas en la región. Puesto que las autoridades no tomaron medidas, Ordás decidió acelerar el curso de los acontecimientos. El 21 de diciembre organizó un registro en el almiar del alcalde, recientemente asesinado, y «descubrió» una pistola y un documento incriminatorio, que en realidad había escrito él mismo. Quería hacerlo pasar por un plan de la federación de campesinos socialistas para llevar a cabo una purga de la derecha. Se decía que el cura aprobaba plenamente el proyecto «para limpiar de canallas» la zona. A resultas del presunto hallazgo, las autoridades militares dictaron una orden para detener al párroco. A Ordás y dos de sus cómplices se les encomendó la tarea de detenerlo, pero en lugar de eso ejecutaron al cura en su casa, el 22 de diciembre de 1936. Se llevó a cabo una somera investigación, tras la que Ordás quedó exculpado al declarar que el padre Pascual le había atacado. El párroco del vecino pueblo de Ayerbe fue arrestado por intentar mandar un telegrama al obispo de Huesca denunciando lo ocurrido. En diciembre de 1939, sin embargo, los amigos y familiares de las víctimas de Ordás consiguieron que las autoridades militares abrieran una investigación más seria acerca de la muerte del padre Pascual. Ordás y sus dos cómplices fueron arrestados el 11 de diciembre, y permanecieron presos hasta que terminaron las indagaciones, el 14 de febrero de 1942. La Falange los respaldó y, con escasas posibilidades de que se celebrara un juicio, finalmente quedaron en libertad, si bien Ordás nunca se atrevió a volver a Loscorrales.[88]

La ofensiva rebelde dirigida por Yagüe que alcanzó el Mediterráneo en marzo de 1938 no solo conquistó el territorio aragonés en manos de los republicanos, sino que también hizo avances significativos en Cataluña. Los ataques aéreos sostenidos sobre Barcelona el 16, 17 y 18 de marzo dejaron cerca de 1.000 muertos y 3.000 heridos. Los barrios obreros donde se apiñaban los refugiados sufrieron especialmente los bombardeos, en los que murieron mujeres y niños. Según el embajador alemán, el objetivo no era tanto militar como sembrar el terror entre la población civil.[89] Sigue sin dilucidarse si estos ataques se hicieron por orden de Franco o de Mussolini; comoquiera que fuese, tras las protestas de los gobiernos británico, francés y estadounidense, así como del Vaticano, se suspendieron los bombardeos sobre la capital catalana.[90] Sin embargo, a medida que las fuerzas de Franco, muy superiores numéricamente, atravesaban las líneas de los desorganizados y desmoralizados republicanos que se replegaban hacia Cataluña, los avances rebeldes iban precedidos por intensos bombardeos de objetivos civiles por parte de la Legión Cóndor.

El 26 de marzo, 50 personas murieron en el pueblo de Fraga. Al día siguiente le tocó el turno a Lérida, abarrotada de refugiados aragoneses. La ciudad ya había sufrido numerosos bombardeos anteriormente, el peor de ellos el 2 de noviembre de 1937; pero ese día, conmemorado en una de las fotografías más famosas de la guerra (tomada por Agustí Centelles, de la esposa de Josep Pernau llorando sobre su cadáver), murieron casi 300 personas. El Liceu Escolar fue alcanzado por las bombas; de una clase de 63 niños, solo 2 sobrevivieron. Sorprendentemente no hubo represalias, gracias a la rápida intervención de las autoridades militares republicanas, donde destacó el comunicado radiofónico del comandante Sebastià Zamora Medina, una de cuyas hijas había fallecido en el ataque y otra se encontraba herida de gravedad. A lo largo de los últimos días de marzo, la Legión Cóndor continuó su campaña de *Blitzkrieg*, dirigida a provocar la huida de la población civil y facilitar el avance de las columnas de Yagüe. El domingo 27 de marzo, un bombardeo de dos horas con aviones Heinkel 51 dejó 400 muertos. Muchos cadáveres no pudieron recuperarse, dado el peligroso estado de los edificios, y el hedor dejó el centro de la ciudad inhabitable durante varios meses.[91]

Hubo más bombardeos aéreos durante los tres últimos días de marzo y los dos primeros de abril. A pesar de la valiente defensa de la 46.ª División, capitaneada por Valentín González, «el Campesino», Lérida fue ocupada al día siguiente. Las fuerzas de Franco hallaron una ciudad fantasma; de los 40.000 habitantes, apenas quedaban 2.000 para recibir a sus conquistadores. La Generalitat había organizado una evacuación masiva de refugiados y del grueso de la población. Un periódico franquista alardeó: «Sólo unos rojos que no pudieron huir se han refugiado en algunas casas, y no tardarán en quedar aniquilados». Se saquearon comercios y viviendas. Uno de los primeros actos de las fuerzas ocupantes fue eliminar los registros de los fallecidos en los bombardeos aéreos. En Lérida, Gandesa y las localidades de la ribera derecha del Ebro, Corbera, Móra d'Ebre y muchas otras, empezaron los juicios sumarios y las ejecuciones. Uno de los sentenciados a muerte en la capital de la provincia fue el director de uno de los hospitales de la ciudad; su crimen fue evacuar su centro, a pesar de que la Quinta Columna le había ordenado entregarlo a los rebeldes con todos los soldados heridos. El director de otro hospital, que obedeció la orden, fue despedido de su puesto porque estaba empleado por la Generalitat de Catalunya.[92]

El profundo sentimiento anticatalán que se había generado en el bando rebelde se reflejó, inevitablemente, en la represión posterior. La entrada de los ocupantes en cualquier ciudad o pueblo iba seguida inmediatamente por la prohibición de la lengua autóctona, a pesar de que muchos de los habitantes no hablaran otra. El veto del idioma se extendió, al igual que había ocurrido en Euskadi, a todas las actividades públicas del clero.[93] El alcance de un odio con tintes casi racistas queda ilustrado en el caso de Manuel Carrasco i Formiguera, un católico beato y miembro veterano del partido cristiano Unió Democràtica de Catalunya. Denunciado en Barcelona por la FAI a causa de sus ideas conservadoras y católicas, Carrasco se vio obligado a abandonar su amada Cataluña porque la Generalitat no podía garantizar su seguridad. Josep Tarradellas quería que siguiera trabajando en sus informes legales desde Francia, pero Carrasco prefirió trabajar para la Generalitat en el País Vasco. Tras una visita inicial a Bilbao, donde fue recibido como si fuera un embajador, volvió a Barcelona para recoger a su familia. El 2 de marzo de 1937, partió con su mujer y seis de sus ocho hijos. Tras atravesar Francia, el tramo final del viaje a Bilbao era desde Bayona por mar. El buque *Galdames*, en el que viajaban, fue atacado y luego apresado por el crucero franquista *Canarias*; toda la familia fue encarcelada y repartida en cuatro prisiones distintas.

Cinco meses después, el 28 de agosto de 1937, Carrasco i Formiguera fue juzgado, acusado de rebeldía ante el Ejército. Varios catalanes prominentes del círculo de Franco, hombres cuyas vidas y fortunas salvó en Barcelona la intervención de Carrasco, tuvieron demasiado miedo para hablar en su defensa. Ni siquiera el futuro alcalde de Barcelona, Mateu i Pla, que trabajaba en la Secretaría de Franco en Burgos, hizo nada por ayudarle. En una atmósfera vengativa, cargada de prejuicio contra el pueblo catalán, no se tuvo en cuenta ni siquiera el hecho de que hubiera defendido a la Iglesia durante los debates constitucionales de 1931. De hecho, dada la insistencia del tribunal en la celeridad del proceso, apenas hubo tiempo para su defensa. En cualquier caso, a su abogado, un capitán del cuerpo de médicos sin formación judicial, el tribunal le dijo que la sentencia de muerte se había decidido de antemano. Carrasco, que padecía graves problemas cardíacos, pasó casi siete meses y medio en una gélida celda. A pesar de los esfuerzos de José Giral y Manuel Irujo, y de destacados miembros del clero, como el cardenal arzobispo de París, que trataron a toda costa de conseguir un canje de prisioneros, Franco se mostró inamovible. Uno de los colaboradores más antiguos del Caudillo comentó: «Sé perfectamente que Carrasco es un cristiano ejemplar, pero sus políticas son criminales. ¡Tiene que morir!». Carrasco i Formiguera fue ejecutado por un pelotón de fusilamiento el 9 de abril de 1938, sábado de Pascua, acusado de ser republicano y catalanista. Franco eligió el momento en que sus tropas empezaban a ocupar Cataluña para lanzar un mensaje a la población.[94]

Los días posteriores a la ocupación de Lérida, la prensa de la zona rebelde dio rienda suelta a una clamorosa retórica, regocijándose en el aplastamiento de la «hidra separatista» por parte de las tropas africanas de Yagüe. Los prisioneros republicanos catalanes fueron ejecutados sin juicio previo; de hecho, cualquiera que hablara catalán corría un grave riesgo de acabar en la cárcel. La brutalidad arbitraria de la represión contra los catalanes alcanzó tales proporciones que el propio Franco se sintió obligado a ordenar que se evitaran errores que pudieran lamentarse en el futuro.[95] El gran número de ejecuciones que se llevaron a cabo inmediatamente después de la ocupación de la zona oriental de Lérida no quedó registrado, con lo que la cuantificación de los «desaparecidos» entre el 5 de abril y el 31 de mayo de 1938 ha sido una tarea prácticamente imposible para los historiadores. Entre las víctimas identificadas hay 18 mujeres, 2 de ellas embarazadas, y por lo menos otras 2 fueron violadas. En Almacelles, al nordeste de Lérida, el 20 de abril fueron ejecutados 17 hombres y 5 mujeres. En la aldea de Santa Linya, a mitad de camino entre la capital y Tremp, todos los hombres en edad militar fueron arrestados, 20 en total. Los interrogaron con preguntas como: «¿A cuántos curas has matado?». Se llevaron a nueve de los presuntos catalanistas, de los cuales no volvió a tenerse noticia. Al resto los metieron en un campo de concentración vallisoletano, donde tres murieron muy poco después. Un alto porcentaje de las ejecuciones tuvieron lugar durante las «evacuaciones», o en el supuesto traslado de los detenidos a la cárcel de Barbastro.[96]

El carácter salvaje y gratuito de la represión se plasmó con especial virulencia en el norte, cerca de los Pirineos, en la comarca del Pallars Sobirà. La zona fue ocupada por la 62.ª División, al mando del general Antonio Sagardía, que ubicó su cuartel general en el pueblo de Sort. Con la excusa de la proximidad del frente de batalla, Sagardía dedicó tres compañías de guardias civiles, ayudados por falangistas, al «servicio de vigilancia y limpieza» y a la evacuación de los «habitantes sospechosos»,[97] cuyas labores se cobraron la vida, entre el 15 de abril y finales de mayo, de 69 civiles de aldeas a las que prácticamente no había llegado la guerra, y a los que se ejecutó sin que mediara juicio. Las primeras víctimas pertenecían a los municipios de València d'Àneu, Borén (9 hombres), Isavarre y Llavorsí (5 hombres y una mujer). El 14 de mayo fueron ejecutados 9 habitantes de Escaló, 4 hombres y 5 mujeres, incluidas una madre y su hija. Al día siguiente se fusiló a 11 hombres de Rialb, a pesar de que el párroco y los derechistas locales respondieron por ellos; su crimen era haber pertenecido a la CNT. El 24 de mayo, 9 personas murieron en Unarre, después de que presuntamente las detuvieran para interrogarlas. Entre los 5 hombres ajusticiados había un anciano de setenta y cuatro años, al que mataron porque no pudieron dar con su hijo; ejecutaron también a un joven de dieciocho años en el lugar de su padre. Tres de las mujeres fueron asesinadas porque sus maridos habían huido. Una de ellas estaba embarazada de ocho meses. Otra era su cuñada, cuya hija de diecisiete años pidió permiso para hacerle de intérprete, puesto que no hablaba castellano; la obligaron a presenciar la ejecución de su madre y luego la violaron en grupo antes de matarla a ella también. Muchos de los prisioneros recibían palizas de muerte previas a la ejecución, y las mujeres más jóvenes fueron objeto de múltiples agresiones sexuales.[98]

Desde el sur de Cataluña, las fuerzas marroquíes del coronel Mohammed ben Mizzian capturaron Batea, Pinell de Brai y Gandesa el 2 de abril. En esos pueblos, al igual que en los que siguen la ribera derecha del Ebro y atraviesan la Terra Alta, como Arnes, Corbera, Móra d'Ebre, Ascó, Flix, Tortosa, Amposta y otros muchos, las tropas encontraron las calles desiertas y las casas cerradas a cal y canto; la mayoría de la población había huido. Sin embargo, hubo tanto ejecuciones extrajudiciales como juicios sumarios. Tras la entrada de las columnas africanas, los saqueos y las violaciones de mujeres siguieron la práctica habitual.[99]

A pesar de que Cataluña estaba a su merced, Franco ordenó a Yagüe adentrarse por la ribera del Segre, para frustración y desconcierto de buena parte del Estado Mayor. Una ofensiva contra Cataluña, donde se ubicaban los restos de la industria bélica de la República, habría precipitado el fin de la guerra; pero Franco no tenía ningún interés en la caída abrupta de las fuerzas republicanas, que habría dejado aún a cientos de miles de enemigos armados en el centro y el sur de España. Tampoco quería volverse hacia Madrid, puesto que una debacle rápida en la capital habría dejado a su vez numerosas fuerzas republicanas en Cataluña y el sudeste. Ambas opciones hubieran desembocado en un armisticio, que habría supuesto hacer ciertas concesiones a los vencidos. Franco se proponía, como ya había explicado claramente a los italianos, la aniquilación gradual pero absoluta de la República y sus defensores.[100]

Con tal fin, en julio lanzó un ataque de grandes proporciones sobre Valencia. Al igual que en ocasiones anteriores, pretendía escribir lentamente el mensaje de su invencibilidad con sangre republicana. En esta ocasión, sin embargo, tuvo que pagar un precio considerable en su propio bando. A medida que sus ejércitos avanzaban por el Maestrazgo y se adentraban en Castellón, una hábil defensa republicana hizo estragos en las tropas franquistas, a cambio de sufrir relativamente pocas bajas. No obstante, el avance de los rebeldes, aunque dolorosamente lento, fue inexorable. Castellón, Burriana y Nules fueron ocupados en julio, tras intensos bombardeos. La entrada de los rebeldes por el sur de Tarragona y la provincia de Castellón estuvo acompañada por una represión de magnitud similar. En Vinarós, por ejemplo, la iglesia de San Francisco fue requisada por los militares y convertida en prisión. El párroco interino Vicente Enrique y Tarancón, posteriormente cardenal-arzobispo, quedó consternado ante las condiciones de hacinamiento e insalubridad; más aún le horrorizó la frecuencia de las ejecuciones. Cuando comentó que a los acusados en los juicios militares no se les permitía defenderse y que su culpabilidad se daba por hecha, le dijeron que en tiempos de guerra no había tiempo para sutilezas legales.[101] Los bombardeos se extendieron a las ciudades portuarias de la costa de Levante: Valencia, Gandía, Alcoy y Alicante. El 23 de julio de 1938, con los nacionales a menos de 40 kilómetros, Valencia vivía bajo la amenaza de un ataque inminente. Si Valencia caía, a efectos prácticos la guerra habría terminado.

Cuanto más inevitable parecía la derrota, mayor ahínco mostraba el presidente del Gobierno republicano, Juan Negrín, para seguir luchando. Negrín creía que capitular simplemente abriría las puertas a una carnicería masiva. Cuando una figura veterana de la República —Azaña con toda probabilidad—, sugirió que con los rebeldes llegar a un acuerdo era de imperiosa necesidad, Negrín contestó: «¿Pactar? Pero ¿y el pobre soldado de Medellín?». En ese momento, Medellín, aldea cercana a Don Benito, era el punto más alejado del frente de Extremadura. Puesto que Franco exigía la rendición incondicional, Negrín sabía que, a lo sumo, una paz mediada garantizaría la huida de cientos, tal vez miles, de figuras políticas, pero que el Ejército y la gran mayoría de republicanos de a pie quedarían a merced de los franquistas, que serían implacables.[102] El 25 de julio de 1938, Medellín y toda la zona de La Serena, en la provincia de Badajoz, cayeron a manos de los nacionales. A lo largo de las semanas siguientes, un elevado número de personas de los pueblos aledaños fue trasladado a Medellín para su ejecución, y muchas más fueron transportadas al campo de concentración de Castuera, donde imperaba la brutalidad bajo la supervisión del infame comandante Ernesto Navarrete Alcal. Los prisioneros sufrieron el hambre, el hacinamiento, los trabajos forzados, las palizas y las sacas frecuentes.[103]

Así pues, con los nacionales a menos de 40 kilómetros de Valencia, la República organizó una distracción estratégica. En un intento por restablecer el contacto entre Cataluña y el resto de la España republicana, un poderoso ejército de 80.000 hombres cruzó el río Ebro. El avance, trazando la gran curva que sigue el Ebro desde Flix, al norte, hasta Miravet, al sur, sorprendió a las líneas nacionales, apenas protegidas. Negrín confiaba en que, si la República conseguía luchar un año más, hallara la salvación en una guerra de mayor alcance, que creía inevitable. Al cabo de una semana, los republicanos habían avanzado 40 kilómetros hasta Gandesa, pero quedaron estancados cuando Franco mandó una oleada masiva de refuerzos. Sabedor de que Franco no contemplaría la posibilidad de un armisticio, Negrín se negó a contemplar la posibilidad de una rendición incondicional. El 7 de agosto le dijo a su amigo Juan-Simeón Vidarte: «Yo no entrego indefensos a centenares de españoles, que se están batiendo heroicamente por la República, para que Franco se dé el placer de fusilarlos como ha hecho en su tierra, en Andalucía, en las Vascongadas, en cuantos pueblos ha puesto su pezuña el caballo de Atila».[104]

A pesar de la irrelevancia estratégica del territorio tomado, Franco aprovechó la oportunidad para tender una trampa a los republicanos, rodearlos y destruirlos. Podría haber contenido el avance republicano y seguido adelante luego hacia una Barcelona poco menos que indefensa. En lugar de eso, prefirió convertir la fértil Terra Alta en el cementerio del Ejército republicano. Con casi un millón de hombres en sus filas, podía permitirse malbaratar sus vidas. A medida que la campaña se le ponía de cara, el 7 de noviembre anunció al presidente de United Press, James Miller: «No habrá mediación. No habrá mediación porque los delincuentes y sus víctimas no pueden vivir juntos». Luego añadió, amenazador: «Tenemos en nuestro archivo más de dos millones de nombres catalogados con las pruebas de sus crímenes».[105] Se refería a los historiales políticos y a los documentos incautados en todos los pueblos que habían caído a manos de los insurrectos. El archivo de Salamanca, donde se guardaban todos ellos, proporcionaba un ingente fichero de los miembros de partidos políticos, sindicatos y logias masónicas, de donde a su vez saldría la información para llevar a cabo una política de terror institucionalizado.[106]

A mediados de noviembre, con un coste de cerca de 15.000 vidas y 110.000 heridos o mutilados, los franquistas lograron expulsar a los republicanos del territorio conquistado en julio. La República había perdido su Ejército; las tropas franquistas no tardarían en avanzar por el sur de Cataluña. La guerra se había prolongado en conformidad con la esperanza de Negrín de ver cómo las democracias se alzaban ante las agresivas ambiciones del Eje, pero los Acuerdos de Munich convirtieron la batalla del Ebro en una rotunda derrota. Tras una breve tregua para que sus fuerzas descansaran y se reagruparan, a finales de noviembre Franco empezó a reunir a un enorme ejército en la línea que rodeaba el resto de la Cataluña republicana desde el Mediterráneo hasta el Ebro y los Pirineos. Con cierto retraso a causa de unas lluvias torrenciales que azotaron la zona, y a pesar de los ruegos del nuncio papal para que se respetara la Navidad, el 23 de diciembre se lanzó la ofensiva final.[107] Franco contaba con equipamiento alemán nuevo en abundancia, total superioridad aérea y suficientes reservas españolas e italianas para poder relevar sus tropas cada dos días. La fuerza de ataque constaba de cinco Cuerpos del Ejército español, a los que se sumaban cuatro Divisiones italianas. Una intensa descarga de artillería precedió la acometida. El frente republicano, hecho pedazos, apenas pudo oponer una resistencia simbólica.[108]

Durante los avances, muchos de los republicanos que los nacionales apresaban a su paso morían ejecutados de inmediato. Se cometieron también incontables atrocidades contra la población civil; hubo casos de campesinos asesinados sin otra razón aparente que el simple hecho de hablar catalán. El día de Nochebuena de 1938, cuando Maials, una localidad del extremo sur de Lérida, fue capturada por los Regulares, al menos cuatro mujeres fueron violadas; una de ellas tuvo que soportarlo delante de su marido y su hijo de siete años, obligados a punta de pistola a presenciar el acto; el padre de otra de ellas fue ejecutado por protestar ante la violación de su hija. En una masía aislada, una joven que había sido violada murió apuñalada luego con una bayoneta. Quince minutos después, violaron a su madre y la mataron. En Vilella Baixa, en el Priorat, un hombre murió al tratar de evitar que violaran a una mujer. En otra masía a las afueras de Callús, en la provincia de Barcelona, un hombre que vivía con su esposa, su hija y la prima de esta, fue ejecutado por unos regulares, que violaron a las tres mujeres y luego las mataron a punta de bayoneta. En la aldea cercana de Marganell, dos mujeres fueron violadas por regulares, que las mataron después colocándoles granadas entre las piernas.[109]

Cuando el miedo a los moros hizo que las carreteras quedaran bloqueadas de refugiados, Franco anunció sus planes para los vencidos en una entrevista concedida a Manuel Aznar el 31 de diciembre de 1938. En primer lugar, hizo una distinción entre los «criminales empedernidos» y los que habían sido engañados por sus dirigentes y eran capaces de arrepentirse. No habría amnistía ni reconciliación posible para los republicanos derrotados, únicamente el castigo y el arrepentimiento abrirían el camino a la «redención». Las cárceles y los campos de trabajo serían el purgatorio necesario para los culpables de «crímenes» menores. A otros, en cambio, no les aguardaría una suerte mejor que la muerte o el exilio.[110] Buen ejemplo de lo que la redención significaba realmente para Franco pudo verse en la experiencia que sufrió Cataluña tras la ocupación de Tarragona, el 15 de enero de 1939. La ciudad quedó desierta, mientras que los refugiados desfilaban en gran número por las carreteras, hacia el norte. En la catedral se celebró una pomposa ceremonia, en la que participó una Compañía de Infantería; el sacerdote que la ofició, canónigo de la catedral de Salamanca, José Artero, se entusiasmó hasta tal punto que durante el sermón gritó: «¡Perros catalanes! No sois dignos del sol que os alumbra».[111]

En Tarragona, tras la ocupación de la ciudad, tuvieron lugar las inevitables ejecuciones. El éxodo masivo hacia el norte redujo la masacre potencial, pero aun así empezó la oleada de denuncias y se llevaron a cabo muchos arrestos. Los juicios militares formales se iniciaron el 16 de febrero de 1939. Sin embargo, siguiendo la práctica habitual de los rebeldes, eran breves, carecían de toda garantía jurídica y se celebraban en público, previo anuncio del lugar y la hora. El nuevo alcalde franquista quedó desconcertado cuando la población no reaccionó con el entusiasmo esperado a ese entretenimiento gratuito, e hizo llamamientos públicos al patriotismo a fin de conseguir que los tribunales se llenaran. Las ejecuciones se celebraron también en público; hubo muchas a lo largo de 1939: 23 ejecuciones el 22 de abril, 31 el 15 de julio, 43 el 20 de octubre y 40 el 15 de noviembre. Un médico certificaba luego las muertes por «hemorragia interna».[112] La represión en la zona del Alt Camp alcanzó cotas similares; los juicios y las posteriores ejecuciones tenían lugar en Valls. El 17 de julio fueron ejecutadas 41 personas; otras 40 el 8 de agosto, y 44 el 19 de octubre.[113]

Cuando el 23 de enero llegó a Barcelona la noticia de que los nacionales habían alcanzado el río Llobregat, apenas unos kilómetros al sur de la ciudad, dio comienzo un éxodo colosal. La noche del 25 de enero, el gobierno republicano huyó hacia el norte, a Gerona. El presidente de la Generalitat catalana, Lluís Companys, atravesó en coche por última vez el centro de una ciudad desierta, en cuyas calles revoloteaban todavía octavillas que llamaban a resistir y carnés de militancia de partidos y sindicatos.[114] A la mañana siguiente, esas mismas calles se llenaron del humo de las quemas de documentos en ministerios, sedes políticas y obreras. La joven comunista Teresa Pàmies presenció, el 26 de enero, escenas horrendas que nacían del miedo a la proximidad de los nacionales:

De la huida de Barcelona el 26 de enero de 1939 no olvidaré nunca una cosa: los heridos que salían del hospital de Vallcarca y, mutilados, vendados, casi desnudos a pesar del frío, bajaban a las carreteras pidiendo a gritos que no los dejásemos a merced de los vencedores. Todos los demás detalles de aquel día memorable se han borrado o atenuado por la visión de aquellos combatientes indefensos ... La certeza de que los republicanos salimos de Barcelona dejando a aquellos hombres nos avergonzará siempre. Los que habían perdido una pierna se arrastraban por el suelo; los mancos alzaban su único puño; lloraban de miedo los más jóvenes, enloquecían de rabia los más viejos; se aferraban a los camiones cargados de muebles, de jaulas, de colchones, de mujeres de boca cerrada, de viejos indiferentes, de niños aterrorizados; gritaban, aullaban, renegaban, maldecían a los que huíamos y los abandonábamos.

En Barcelona había alrededor de 20.000 heridos; sus lesiones y sus miembros amputados eran la prueba de que habían luchado, y garantizaban también que serían víctimas de las represalias.[115]

Un total de 450.000 personas aterrorizadas, entre ellas mujeres, niños, ancianos y soldados vencidos, emprendieron el camino hacia Francia. En cifras y sufrimiento humano, el éxodo superó incluso los horrores presenciados por Norman Bethune en la carretera que unía Málaga con Almería. Los que podían se apiñaban en cualquier medio de transporte que pueda imaginarse. A través del clima gélido y la nieve, en carreteras bombardeadas y destruidas por la aviación rebelde, muchos otros iban a pie, envueltos en mantas y aferrados a sus escasas pertenencias, algunos con criaturas a cuestas. Las mujeres parían al borde de los caminos. Hubo bebés que murieron de frío, niños arrollados por la turbamulta. Un hombre resumió así el espanto de aquella tristísima caravana: «Al lado de la carretera había un hombre colgado de un árbol. Un pie llevaba una alpargata y el otro estaba descalzo; bajo aquel hombre colgado había una maleta abierta con un crío que había muerto de frío durante la noche». No se sabe cuántos fallecieron en las carreteras camino a Francia.[116]

Quienes huían se enfrentaban a un futuro lóbrego, pero lo preferían a ser «liberados» por las fuerzas de Franco. Desde el 28 de enero, el gobierno francés permitió, aunque a regañadientes, que los miles de exiliados cruzaran la frontera. Al principio, los refugiados hambrientos durmieron en las calles de Figueres, la última población española antes de la frontera. Muchos murieron en los incesantes bombardeos que el Ejército rebelde descargó sobre la ciudad.[117] Herbert Matthews, corresponsal de *The New York Times*, fue testigo de escenas desgarradoras, en las que los enfermos y heridos atravesaban penosamente la frontera, para acabar arrojados en campos de concentración rápidamente improvisados, donde imperaban unas condiciones completamente precarias.[118] A los republicanos derrotados los recibía la *Guard Mobile* francesa, como si fueran criminales. A las mujeres, los niños y los ancianos los conducían a campos de tránsito. Los soldados fueron desarmados y escoltados a los campos de la costa, que se improvisaron rápidamente delimitando zonas de la playa con alambre de púas. Bajo la mirada impasible de los guardias senegaleses, los refugiados excavaron madrigueras en la arena mojada del campo de St. Cyprien, pocos kilómetros al sudeste de Perpiñán, en las que guarecerse.

Entretanto, los rebeldes desfilaron en su entrada formal a una Barcelona desierta, casi fantasmagórica. Presidía la formación el Cuerpo del Ejército de Navarra, al mando del general Andrés Solchaga. Según un oficial británico agregado al cuartel general de Franco, se les concedió este honor «no por haber luchado mejor, sino porque odiaban como nadie. Es decir, cuando el objeto de su odio es Cataluña o cualquier catalán».[119] Un amigo íntimo de Franco, Víctor Ruiz Albéniz («el Tebib Arrumi»), publicó un artículo comentando que muchos franquistas estaban convencidos de que Cataluña requería «un castigo bíblico (Sodoma, Gomorra) para purificar la ciudad roja, la sede del anarquismo y del separatismo … como único remedio para extirpar esos dos cánceres por el termocauterio implacable». Ninguno de los generales o falangistas que conquistaron la ciudad hicieron referencia alguna a la extinción del marxismo o el anarquismo; todo su discurso giraba en torno a la conquista española de Cataluña. Su retórica, sin embargo, fue algo más conciliadora que la del oficial que declaró a un periodista portugués que la única solución al «problema catalán» era «matar a los catalanes. Es sólo una cuestión de tiempo».[120]

Sin embargo, una de las primeras actuaciones de las fuerzas de ocupación fue prohibir el uso del catalán en público. Para Ramón Serrano Suñer, cuñado de Franco y ministro del Interior, el nacionalismo catalán era una enfermedad que debía erradicarse. Declaró al periódico nazi *Völkischer Beobachter* que en Cataluña «el pueblo está enfermo moral y políticamente». Wenceslao González Oliveros, nombrado gobernador civil de Barcelona, revirtiendo el famoso dicho de Unamuno, dijo que las fuerzas de Franco habían venido «a salvar a los buenos españoles y a vencer, pero no a convencer, a los enemigos de España»; para González Oliveros, los catalanes eran los enemigos de España. Proclamó que «España se alzó, con tanta o mayor fiereza, contra los Estatutos desmembradores, que contra el comunismo», y que la menor tolerancia de la forma más tibia de nacionalismo desembocaría una vez más en «el mismo proceso de putrefacción que acabamos de extirpar quirúrgicamente».[121]

A principios de febrero estaba ya en funcionamiento el Servicio de Información y Policía Militar. Anuncios en la prensa convocaban a reclutas, con preferencia por antiguos prisioneros del SIM republicano. Las denuncias también eran bien recibidas; largas colas de deseosos denunciantes se formaban a las puertas del Servicio de Ocupación. En consecuencia, 22.700 sospechosos fueron arrestados en los ocho meses que siguieron a la ocupación.[122] Precisamente por la huida de las figuras más relevantes de la política y el Ejército, la cifra de los asesinados a manos de los rebeldes en Cataluña fue quizá ligeramente inferior a la que se temía. Sumando los asesinados por las tropas nacionales y los que fueron juzgados y ejecutados más tarde —en fusilamientos o por el garrote vil—, hubo más de 1.700 ejecuciones en Barcelona, 750 en Lérida, 703 en Tarragona y 500 en Gerona. Estas cifras no incluyen a quienes fallecieron en prisión por malos tratos.[123]

En Cataluña, al igual que en otras partes de España ocupadas por los rebeldes, la represión adoptó muchas formas, y el mero hecho de seguir con vida devino un logro mayúsculo para muchos republicanos. Quienes no fueron ejecutados o encarcelados, o se marcharon al exilio, vivían en un clima de perpetuo terror. La vida cotidiana de los vencidos consistía en combatir el hambre, la enfermedad y el temor de ser arrestado o denunciado por un vecino o un cura. Los párrocos rurales fueron especialmente activos en delatar a sus feligreses; su contribución a exacerbar las divisiones sociales apuntaba más a un deseo de venganza que al compromiso cristiano con el perdón y la reconciliación. La miserable existencia que aguardaba a los derrotados en la España de Franco explica el aumento notable del índice de suicidios. Las mujeres fueron objeto de actos de crueldad considerable bajo el amparo de la retórica franquista de «redención»: confiscación de bienes, prisión en represalia al comportamiento de un hijo o un esposo. Las viudas y las mujeres de los prisioneros padecieron violaciones; a muchas no les quedó más remedio que vivir en la más absoluta pobreza y con frecuencia, por desesperación, cayeron en la prostitución para subsistir. El aumento de la prostitución benefició a los franquistas en un doble sentido, pues al tiempo que aplacaba su lujuria, les confirmaba que las «rojas» eran una fuente de suciedad y corrupción. Los soldados alojados en casas de familias pobres solían aprovecharse de las mujeres indefensas. Muchos curas defendían el honor de los parroquianos varones, denunciando a las mujeres violadas de ser «rojas».[124]

Incluso tras la ocupación de Cataluña, aún cerca del 30 por ciento del territorio español seguía en manos de la República. Negrín albergaba todavía un atisbo de esperanza de seguir luchando hasta que estallara la guerra en Europa y las democracias tomaran conciencia de que la batalla de la República contra el fascismo había sido también su causa. Franco no tenía ninguna prisa por reemprender la contienda: por una parte, organizar la campaña de represión era una prioridad mayor; por otra, tenía razones para creer que la República se abocaba a divisiones fundamentales que acaso le ahorraran la molestia de combatir en el centro de España. Tal era su confianza que, el 13 de febrero de 1939, hizo pública la Ley de Responsabilidades Políticas, y truncó las esperanzas de los republicanos no comunistas dispuestos a traicionar a Negrín en un intento por llegar a una paz negociada. Con efectos retroactivos a octubre de 1934, la ley declaraba a los republicanos culpables de sublevarse ante el Ejército. En diciembre de 1938 se había creado una comisión para demostrar la ilegitimidad de la República. La Ley de Responsabilidades Políticas era en esencia un mecanismo para justificar la expropiación masiva de los vencidos.[125]

El 4 de marzo, el coronel Segismundo Casado, al mando del Ejército Republicano del Centro, formó una Junta de Defensa Nacional en contra de Negrín, con la esperanza de llegar a un acuerdo con Franco, y con ello desencadenó lo que a efectos prácticos sería una segunda guerra civil dentro de la zona republicana. Aunque derrotó a las fuerzas comunistas, no hubo posibilidad de negociación con Franco. En toda la línea de combate, las tropas se rendían o volvían a casa. El 26 de marzo se lanzó una ofensiva gigantesca que abarcaba un amplio frente y que apenas halló oposición. El 27 de marzo, las fuerzas de Franco se limitaron a ocupar las posiciones desiertas y entraron en Madrid, sobre la que pesaba un silencio sobrecogedor. Decenas de miles de republicanos se encaminaron hacia la costa mediterránea, con la vana esperanza de ser evacuados. La guerra había terminado, pero no habría reconciliación. Por el contrario, en las regiones que acababan de caer bajo el control de Franco, como Valencia, Alicante, Murcia y Albacete, Almería y la Andalucía oriental, así como el este de Castilla la Nueva, la oleada de detenciones políticas, juicios, ejecuciones y encarcelamientos era inminente.

Sexta parte

La inversión en terror

13

Sin perdón: juicios, ejecuciones, cárceles

Franco había demostrado, tanto por la naturaleza de su lenta estrategia militar como por sus numerosas declaraciones en público y en privado, que estaba haciendo una inversión en terror. Así lo había puesto de manifiesto tanto con la naturaleza de su campaña bélica como en las numerosas entrevistas, públicas y privadas, en las que había expuesto ese propósito. Desde que a principios de abril de 1939 tuvo a España entera en sus manos, la guerra contra la República iba a prolongarse por otros medios; no en los frentes de batalla, sino en los tribunales militares, las cárceles, los campos de concentración, los batallones de trabajo, e incluso entre los exiliados. En un primer momento, las principales tareas consistieron en la clasificación y el castigo de los que se habían concentrado en los puertos de Alicante y Valencia, la limpieza de las provincias que acababan de caer bajo el control de los rebeldes y la organización de cientos de miles de prisioneros en batallones de trabajo. A largo plazo, para institucionalizar la victoria de Franco, el objetivo principal era perfeccionar la maquinaria del terror de Estado que iba a proteger y supervisar esa inversión original. Por esa razón, el estado de guerra declarado el 18 de julio de 1936 no se levantó hasta 1948.

Que Franco no pensaba obrar con magnanimidad y que entendía la represión como una empresa a largo plazo quedó claro en su discurso del 19 de mayo de 1939, el día en que presidió el espectacular Desfile de la Victoria: «No nos hagamos ilusiones: el espíritu judaico que permitía la alianza del gran capital con el marxismo, que sabe tanto de pactos con la revolución antiespañola, no se extirpa en un día, y aletea en el fondo de muchas conciencias».[1] La insinuación de que se había librado una guerra contra la conspiración judeomasónica y bolchevique se reiteró en su mensaje de Fin de Año, el 31 de diciembre de 1939. Franco expresó su aprobación a la legislación alemana antisemita, declarando que la política hacia los judíos adoptada en el siglo XV por los Reyes Católicos había mostrado el camino a los nazis:

> Ahora comprenderéis los motivos que han llevado a distintas naciones a combatir y alejar de sus actividades a aquellas razas en que la codicia y el interés es el estigma que les caracteriza, ya que su predominio en la sociedad es causa de perturbación y peligro para el logro de su destino histórico. Nosotros, que por la gracia de Dios y la clara visión de los Reyes Católicos hace siglos nos liberamos de tan pesada carga, no podemos permanecer indiferentes ante esta nueva floración de espíritus codiciosos y egoístas, tan apegados a los bienes terrenos, que con más gusto sacrifican los hijos que sus turbios intereses.

En el mismo discurso, rechazó cualquier consideración de amnistía o reconciliación con los vencidos.

> Es preciso liquidar los odios y pasiones de nuestra pasada guerra, pero no al estilo liberal, con sus monstruosas y suicidas amnistías, que encierran más de estafa que de perdón, sino por la redención de la pena por el trabajo, con el arrepentimiento y con la penitencia; quien otra cosa piense, o peca de inconsciencia o de traición. Son tantos los daños ocasionados a la Patria, tan graves los estragos causados en las familias y en la moral, tantas las víctimas que demandan justicia, que ningún español honrado, ningún ser consciente puede apartarse de estos penosos deberes.[2]

El sistema judicial represor que entró en vigor a partir del 1 de abril de 1939 no difería de manera significativa del que se aplicaba en el bando nacional antes de esa fecha; tanto la maquinaria administrativa como el marco pseudolegal se habían desarrollado a lo largo de la guerra. El 28 de julio de 1936, en Burgos, la Junta de Defensa Nacional había declarado el estado de guerra en todo el territorio español, estuviera o no ocupado por los rebeldes. Dicho estado de guerra seguiría en vigor hasta marzo de 1948. El decreto proclamaba la determinación de la Junta para castigar a todo aquel que, «cegado por un sectarismo incomprensible, cometiera acciones u omisiones que acusaren perjuicio a los fines que persigue este Movimiento redentor de nuestra Patria». Cualquier infracción de ese tipo sería considerada un delito de rebelión militar y, por tanto, quedaría sujeta a la justicia militar; de hecho, el texto imponía procedimientos judiciales extraordinarios, según los cuales el acusado se enfrentaría a un Consejo de Guerra Sumario. La sofistería que justificaba esta ficción legal era considerar que las autoridades militares hubieran asumido el poder legítimamente el 16 y 17 de julio (es decir, antes del alzamiento) y, por tanto, desde esta perspectiva, la defensa de la República constituía una sublevación armada. Por añadidura, todas las actividades políticas en favor de los partidos de izquierdas o los sindicatos desde comienzos de octubre de 1934 se considerarían retroactivamente actos de adhesión a la rebelión militar, por haber contribuido a los desórdenes que, según el bando vencedor, habían provocado la toma de poder por parte del Ejército.[3]

El 15 de agosto de 1936, en Burgos, el general Mola había declarado en la emisora de Radio Castilla: «Va mi palabra a los enemigos, pues es razón y es justo que vayan sabiendo a qué atenerse, siquiera para que llegada la hora de ajustar las cuentas no se acojan al principio de derecho de que "jamás debe aplicarse al delincuente castigo que no esté establecido con anterioridad a la perpetración del delito", y para ver si de una vez se enteran ellos y quienes les dirigen de cuál es nuestra postura y adónde vamos».[4] Franco, por su parte, había reiterado el dislate en una entrevista con motivo del primer aniversario del golpe militar: «El Movimiento Nacional no ha sido nunca una sublevación. Los sublevados eran, y son, ellos: los rojos».[5]

El absurdo de estas declaraciones quedó subrayado por uno de los autores de la Constitución republicana, el distinguido jurista y criminalista Luis Jiménez de Asúa, cuando describió la acusación como una «rebelión a la inversa», por cuyo «delito» el acusado recibiría «una sentencia en viceversa». El ministro de la Gobernación de Franco, Ramón Serrano Súñer, la calificaría a posteriori de ser «la justicia al revés». Jiménez de Asúa comentó: «No creemos que sea posible un viceversa más curioso, que sólo podría psicológicamente explicarse por la proyección de culpabilidad».[6]

El decreto promulgado por la Junta de Defensa Nacional el 13 de septiembre de 1936, según el cual se ilegalizaban todos los partidos políticos, sindicatos y organismos sociales que hubieran apoyado al Frente Popular y se hubieran opuesto a las fuerzas del Movimiento Nacional, contribuyó a formalizar los preceptos iniciales de la represión. El decreto ordenaba la confiscación de todos los bienes, efectos y documentos, así como edificios y otras propiedades de dichas entidades, entre las que se contaban no solo los partidos y sindicatos de izquierdas o liberales, sino también las logias masónicas, el Club Rotario y toda clase de asociaciones judías, feministas, vegetarianas, nudistas, esperantistas y homeopáticas, así como las escuelas Montessori y los clubes deportivos. Además, el decreto ordenaba una purga de los empleados públicos, funcionarios y maestros de escuela que hubieran colaborado en las instituciones republicanas. Se establecieron tribunales especiales para determinar quiénes podrían seguir ejerciendo su profesión. El coste humano de esta iniciativa fue colosal; por dar un ejemplo, cuando Cataluña fue ocupada, al final de la guerra, de los 15.860 funcionarios públicos, solo 753 conservaron su empleo.[7] La paranoia que anidaba tras la denuncia potencial de absolutamente todo lo que se apartara de los valores católicos conservadores se debía en buena medida a las campañas antirrepublicanas de la prensa derechista, nutrida con las ideas de Juan Tusquets, Mauricio Carlavilla y Onésimo Redondo. El padre Tusquets, sobre todo, había vinculado todas estas organizaciones periféricas a la conspiración judeomasónica y bolchevique.

La argucia legal según la cual la defensa de la República constituía un delito de rebeldía contra el Ejército fue la base de los Consejos de Guerra Sumarios. Salvo los casos en que los acusados eran personas de notoriedad, a los encausados normalmente se les negaba la posibilidad de defenderse. Los militares elegían al juez, el fiscal y el «abogado» defensor, que siempre era un oficial de menor rango y experiencia. En la práctica, puesto que el Cuerpo Jurídico Militar sencillamente no disponía del personal necesario para atender todas las necesidades de la nueva situación, los juicios solían correr a cargo de oficiales que carecían por completo de cualquier formación legal. Grupos de prisioneros, desconocidos entre sí y acusados de delitos dispares, eran juzgados conjuntamente. No podían acceder a la «causa» que se interponía contra ellos, que, de todos modos, consistía en la lectura en voz alta de las acusaciones, por lo general sin pruebas que las avalaran. Solo de vez en cuando, después de que la fiscalía concluyera su intervención, se permitía al acusado consultar con el oficial defensor y considerar su estrategia. Con suerte, les concedían una hora para preparar el caso, si bien no podían presentar testigos ni pruebas, en el improbable supuesto de que tuvieran alguna a mano. A menudo los acusados no podían escuchar de qué se les acusaba, fuera porque ya los habían ejecutado o porque, en los juicios sumarísimos de urgencia, ni siquiera se les leían los cargos. En ningún caso se permitían apelaciones.[8]

Cuando juzgaron a Juan Caba Guijarro, un cenetista de Manzanares, junto a otros 19 reos, el fiscal declaró:

> No me importa ni tengo que darme por enterado si sois o no inocentes de los cargos que se os hacen. Tampoco haré caso alguno de los descargos que aleguéis, porque yo he de basar mi acusación, como en todos mis anteriores Consejos de Guerra, en los expedientes ya terminados por los jueces e informados por los denunciantes. Soy el representante de la Justicia para los que se sientan hoy en el banquillo de los acusados. ¡No, yo no soy el que les condeno, son sus pueblos, sus enemigos, sus convecinos! Yo me limito a decir en voz alta lo que otros han hecho en silencio. Mi actitud es cruel y despiadada y parece que sea yo el encargado de alimentar los piquetes de ejecución para que no paren su labor de limpieza social. Pero no, aquí participamos todos los que hemos ganado la guerra y deseamos eliminar toda oposición para imponer nuestro orden. Considerando que en todas las acusaciones hay delitos de sangre, he llegado a la conclusión de que debo pedir y pido para los dieciocho primeros penados que figuran en la lista la última pena, y para los dos restantes, garrote vil. Nada más.

El abogado que defendía a los 20 acusados a la misma vez, sin haber dispuesto de tiempo ni oportunidad para preparar alguna clase de defensa, se puso en pie y dijo: «Después de oídas las graves acusaciones que pesan sobre todos mis defendidos, sólo pido para ellos clemencia. Nada más». A continuación, el juez procedió a sentenciar a los acusados.[9]

Era cierto que algunos de los encausados en los innumerables juicios militares habían cometido crímenes en las checas, aunque muchos otros culpables habían escapado, y permanecían en la clandestinidad o estaban en el exilio. La mayoría de los acusados, en cambio, eran hombres y mujeres cuyo delito consistía simplemente en no haber respaldado activamente el golpe militar. Casi todos fueron condenados sobre la base de la presunción de culpabilidad, sin pruebas. Un caso típico fue el de un ferroviario supuestamente implicado en delitos de sangre, a quien condenaron con el argumento de que, «si bien se ignora su intervención directa en saqueos, robos, detenciones y asesinatos, es de suponer haya tomado parte en tales hechos por sus convicciones». La pertenencia al

Comité del Frente Popular de un pueblo o una ciudad donde hubieran muerto derechistas por lo general era garantía de pena de muerte, aun cuando el acusado no hubiera participado en los asesinatos, no tuviera conocimiento de los mismos o incluso se hubiera opuesto a ellos. Se condenó a muerte a hombres y mujeres por participar en crímenes, no a partir de pruebas directas, sino porque la acusación extrapolaba de las convicciones republicanas, socialistas, comunistas o anarquistas de un prisionero que había tenido «forzosamente que cooperar».[10]

A medida que el territorio caía bajo el control de los rebeldes, y especialmente cuando acabó la guerra, los prisioneros iban a parar a los campos de concentración, donde recibían palizas y torturas frecuentes, destinadas a que delataran a otros republicanos. Se llevaban a cabo investigaciones en las localidades natales de los prisioneros; si el informe era negativo, los oficiales de los campos por lo general mandaban al prisionero de vuelta a su lugar de origen, donde le aguardaban nuevas acusaciones; celebrar allí los juicios garantizaba que estarían a merced de sus convecinos, que presentarían las denuncias necesarias.[11] El mero hecho de que los ciudadanos «de confianza» declararan que un sospechoso era un indeseable o profesaba convicciones izquierdistas bastaba para llevar a cabo un arresto y, con frecuencia, un juicio. Las autoridades militares contemplaban esas declaraciones, sin posteriores pesquisas, como «pruebas» fidedignas.

Las instrucciones del Ejército para restablecer la vida civil en las «áreas liberadas» invitaban a la población local del territorio ocupado a «promover denuncia sobre los actos criminales o de sangre de que hayan sido víctimas durante el tiempo de ocupación marxista».[12] Cuando Cataluña fue ocupada, se instó a que «todos los españoles de bien» informaran de cualesquiera crímenes o injusticias cometidos en el período de Companys.[13] En Los Pedroches, al nordeste de Córdoba, el 70 por ciento de los juicios partieron de denuncias de civiles, lo que apunta a que allí, al igual que en otras partes, existía un considerable apoyo social a los franquistas, superior al que razonablemente puede suponerse que existiera en 1936.[14] Esto no era sorprendente dado el terror y la propaganda antirrepublicana llevados a cabo por los vencedores. Que una denuncia fracasara o prosperara solía depender en buena medida de la postura del clero local.

Las denuncias generalizadas partían en buena medida de quienes habían perdido a un familiar en la oleada de violencia que siguió a la derrota del alzamiento militar. Su dolor y su sed de venganza los llevaban a denunciar a personas a las que metían en el mismo saco que a los verdaderos asesinos. Así pues, cualquier izquierdista podía ser tachado de pertenecer a un colectivo tan bárbaro y depravado como impreciso: la «horda roja». Coincidía que muchos de los denunciados habían pertenecido a los sindicatos y los partidos que habían amenazado los privilegios sociales, económicos y políticos de los denunciantes. Asimismo, a los empresarios y terratenientes los movía el afán de resarcirse de las pérdidas económicas que habían sufrido durante el período revolucionario. En el caso de Cataluña, muchos republicanos habían optado por no emprender el éxodo a Francia, precisamente por estar convencidos de que tenían las manos limpias y no había nada que temer. Muchos serían víctimas de acusaciones de segunda o tercera mano.[15]

Desde noviembre de 1936, un número cada vez mayor de abogados y jueces civiles, incluso estudiantes de Derecho, habían sido llamados al Cuerpo Jurídico del Ejército. El principal requisito era que pudieran demostrar simpatías por la derecha. Vigilados de cerca por las autoridades militares, y a menudo preocupados por su propia seguridad, incluso los que tenían escrúpulos por lo que estaba ocurriendo debían obrar con dureza a fin de garantizar su propia supervivencia.[16] A comienzos de 1938, el veterano fiscal militar Felipe Acedo Colunga presentó un informe sobre las actividades de la Auditoría de Guerra, creada en noviembre de 1936, cuando los rebeldes pensaron que la toma de Madrid era inminente. Este informe, titulado «Memoria del Fiscal del Ejército de Ocupación», sostenía que los tribunales militares debían trabajar sin misericordia para despejar el terreno y permitir así la creación de un nuevo estado. Acedo dejó claro que no debía permitirse la igualdad de condiciones entre la acusación y la defensa, y que las presuntas intenciones de los acusados eran tan reprensibles como sus acciones reales.[17]

El informe de Acedo Colunga da la medida de la magnitud industrial del trabajo desempeñado por la Auditoría de Guerra hasta finales de 1938. Juzgando a varios encausados a la vez, había sido posible procesar, en un total de 6.770 juicios, a 30.224 personas, de las cuales 3.189 fueron condenadas a muerte.[18] Cuando finalmente cayó la República, los tribunales militares redoblaron su actividad. Continuaron funcionando en las regiones ocupadas desde hacía tiempo, y también empezaron a hacerse cargo de los grandes números de soldados y civiles apresados en las áreas recién conquistadas, además de los que habían evitado los tribunales huyendo ante el avance de las tropas rebeldes. En Granada, por ejemplo, muchos de los que habían huido de la ciudad, tomada por los rebeldes, fueron apresados cuando cayó el este de la provincia; hubo 5.500 causas juzgadas en 1939, que resultaron en 400 penas de muerte y más de 1.000 cadenas perpetuas. Entre 1939 y 1959, 1.001 juicios sumarios en Granada acabaron en ejecución. Un decreto publicado el 8 de noviembre de 1939 multiplicó el número de Consejos de Guerra, incrementó las auditorías (tribunales provisionales) y también el tamaño del Cuerpo Jurídico del Ejército.[19]

El golpe de Estado con el que el coronel Segismundo Casado traicionó a la República, el 4 de marzo de 1939, allanó de manera significativa el camino a la represión. Casado, comandante del Ejército Republicano del Centro, con la esperanza de impedir que prosiguiera la matanza, formó un Consejo Nacional de Defensa en oposición a Negrín, apoyado por líderes anarquistas ferozmente anticomunistas como Cipriano Mera, el intelectual socialista Julián Besteiro, o Miaja. Cometieron la insensatez de creer que el golpe llevaría a un armisticio, tal como les aseguraron los quintacolumnistas. Sin embargo, la hambruna y la desmoralización generalizadas dieron a Casado un apoyo amplio e inesperado. En los enfrentamientos que siguieron, una guerra civil en miniatura contra los comunistas, murieron cerca de 2.000 personas. Para regocijo de Franco, los republicanos retiraron tropas del frente y las destinaron a esa batalla interior. Casado y Besteiro pecaron de ingenuidad e imprudencia al pensar que Franco contemplaría cualquier posibilidad de armisticio, o al creer la promesa de que los que tuvieran las manos limpias de sangre no tendrían nada que temer.[20]

Especialmente en zonas del centro como Madrid y Guadalajara, a muchos comunistas los dejaron en la cárcel, donde luego los encontraban —y ejecutaban— los franquistas. Cabe recordar que en Guadalajara había habido una matanza de 282 presos derechistas, en represalia por el bombardeo rebelde del 6 de diciembre de 1936. En parte en respuesta a aquella masacre, la represión se dejó notar allí con suma dureza. Los comunistas, a los que Mera había dejado en prisión, fueron ejecutados de inmediato. José Cazorla, el gobernador civil, había sido detenido junto con su mujer Aurora Arnaiz y su hijo de pocos meses, que murió en la cárcel. Aurora y Cazorla lograron escapar junto a Ramón Torrecilla Guijarro, su antiguo jefe de Policía pero no consiguieron embarcarse en Alicante. Aurora consiguió pasar a Francia y los dos volvieron a Madrid, donde trabajaron varios meses intentando establecer las redes clandestinas del PCE. Las fuerzas franquistas los arrestaron el 9 de agosto de 1939, y los interrogaron bajo tortura. Fueron juzgados el 16 de enero de 1940 y sentenciados a muerte. A Cazorla lo ejecutaron el 8 de abril; a Torrecilla, el 2 de julio de 1940.[21] Entretanto, en Guadalajara, una pequeña provincia con apenas 200.000 habitantes, hubo 822 ejecuciones. De un total de 6.000 prisioneros (el 3 por ciento de la población, y cerca del 10 por ciento de la población masculina adulta), 143 murieron en prisión debido a las condiciones infrahumanas de hacinamiento, enfermedad e insalubridad. La tortura y los malos tratos provocaron muchos suicidios, si bien algunos de ellos ocultaban en realidad palizas que habían ido demasiado lejos. Los niveles de malnutrición eran tales que los prisioneros que no contaran con la ayuda de su familia estaban condenados a morir de inanición.[22]

En Jaén, a cambio de que los comunistas arrestados permanecieran en la cárcel, los altos mandos franquistas acordaron con las autoridades casadistas que las tropas vencedoras entrarían a la ciudad sin derramamiento de sangre y que 200 republicanos y socialistas podrían llegar sin obstáculos a Almería. Aquellos a quienes los funcionarios de la prisión no liberaron por iniciativa propia, fueron ejecutados en el acto. Por otra parte, la caravana de republicanos y socialistas que trataban de llegar a la costa fue emboscada por los falangistas; algunos murieron en el combate, pero la mayoría fueron capturados y trasladados a Granada para su ejecución. Cuatro de los que lograron huir acabaron también detenidos, juzgados y ejecutados en Jaén. A partir de ese momento, según las exhaustivas investigaciones de Luis Miguel Sánchez Tostado, en Jaén murieron ejecutadas 1.984 personas tras pasar por un tribunal militar, 425 personas fueron asesinadas extrajudicialmente, y otras 510 personas murieron en la cárcel.[23]

Cuando el 11 de abril de 1939 Queipo de Llano visitó Almería, recientemente conquistada, declaró que la ciudad debía «hacer acto de contrición», lo que provocó el asalto a la cárcel provincial por parte de los falangistas y el asesinato de al menos 3 prisioneros. Las ejecuciones formales empezaron dos semanas más tarde, el 25 de abril. En 1939 se juzgó a 1.507 personas, a 1.412 en 1940 y a 1.717 en 1941, hasta un total de 6.269 causas entre 1939 y 1945. Sin embargo, el número de ejecutados (375) fue el más bajo de todas las provincias andaluzas; mucha gente de izquierdas había protegido a derechistas de la violencia durante la guerra y, en un gesto infrecuente, estos les correspondieron con el mismo trato. El hacinamiento de más de 6.000 prisioneros en una cárcel construida para alojar a 500 provocó inevitablemente unas insoportables condiciones de malnutrición e insalubridad. Aun así, eso solo explica en parte la cifra, notablemente alta, de 227 presos muertos, muchos de ellos jóvenes, que aparecen sospechosamente registrados como víctimas de paros cardíacos.[24]

El hacinamiento en centros penitenciarios era común. La cárcel provincial de Ciudad Real, por ejemplo, construida para albergar a 100 reclusos, alojaba en aquellos años entre 1.300 y 2.200 presos. En total, entre 1939 y 1943, pasaron por allí más de 19.000 personas. Más de 2.000 fueron ejecutadas.[25] También en Murcia hubo más de 5.000 encarcelamientos y más de 1.000 ejecuciones. Además de las privaciones habituales, muchos prisioneros recibían palizas, y los abusos sexuales contra las reclusas fue, como en todas partes, notable.[26] En la cercana ciudad de Albacete, donde 920 derechistas habían hallado la muerte mientras la provincia estuvo bajo control republicano, la venganza franquista dobló esa cifra. Entre 1939 y 1943, más de 1.000 republicanos fueron ejecutados tras pasar por un juicio, y por lo menos 573 fueron asesinados extrajudicialmente, en varios casos tras las sacas que los falangistas llevaron a cabo en la cárcel de Villarrobledo y el castillo de Yeste. Otras 291 personas murieron en las abarrotadas prisiones.[27] En las tres provincias de la Comunidad Valenciana, Castellón, Valencia y Alicante, más de 15.000 personas fueron encarceladas, de las cuales, tras los interrogatorios, 7.610 seguían todavía entre rejas a finales de 1939. En dichas prisiones murieron 1.165 presos después de la ocupación franquista. Junto con las más de 4.700 ejecuciones, estas cifras constituyen, en términos porcentuales, una represión cuya escala duplica la de Cataluña. La diferencia se explica por la huida desde Cataluña de cientos de miles de personas hacia Francia a finales de enero de 1939.[28]

Muchas de las penalidades que soportaron las áreas recién conquistadas fueron consecuencia directa del golpe de Casado. Cipriano Mera había lanzado la vana amenaza de que sus hombres seguirían combatiendo si el Consejo de Defensa Nacional no garantizaba para ellos una paz honrosa. Sin embargo, mientras los prisioneros eran entregados a los franquistas y otras personas huían hacia Levante, todos los miembros de la Junta de Casado que deseaban escapar fueron evacuados desde Gandía a bordo del destructor británico *Galatea*, a primera hora de la mañana del

30 de marzo.[29] En cambio, traicionados por el golpe de Casado, decenas de miles de hombres, mujeres y niños republicanos huyeron de Madrid el 28 de marzo de 1939, perseguidos por los falangistas. Se dirigieron a Valencia y Alicante, donde les habían prometido que habría barcos que los llevarían al exilio. En realidad, tal cosa no era posible. La naviera francesa que normalmente prestaba servicio a la República se negó a llevar a cabo las evacuaciones, con el argumento de que solo mantenía tratos con Negrín, no con Casado, y de que se le debía dinero. Además, la flota republicana ya había abandonado España y estaba atracada en Bizerta, Túnez. Por consiguiente, no había protección contra la flota rebelde que bloqueaba los puertos mediterráneos españoles, cumpliendo las órdenes de Franco de cerrar a los refugiados cualquier escapatoria.

Los últimos barcos en zarpar, organizados por la Federación Provincial Socialista de Alicante, fueron los buques de vapor británicos *Stanbrook*, *Maritime*, *Ronwyn* y *African Trader*, que, junto con algunos pesqueros, se llevaron a un total de 5.146 pasajeros. El número más elevado estaba en el *Stanbrook*, lleno hasta los topes, tanto en las cubiertas como en los camarotes, mientras que en el *Maritime* viajaron solo 32 políticos de primera línea.[30] El último barco que se marchó de Alicante fue precisamente el *Stanbrook*, donde viajaban 2.638 refugiados en condiciones precarias. La cubierta estaba ocupada hasta el último rincón, al igual que las bodegas, por lo que la línea de flotación estaba muy por debajo del agua. Milagrosamente, el capitán, Archibald Dickson, había conseguido maniobrar a través del cerco de la flota rebelde. El *Stanbrook* tocó tierra en Orán, Argelia. Durante casi un mes, las autoridades francesas le negaron el permiso para desembarcar a sus pasajeros. Con escasez de alimento y agua, en condiciones de hacinamiento extremo, los franceses solo cedieron cuando hubo riesgo de enfermedades infecciosas, y finalmente trasladaron a los refugiados a campos de internamiento.[31]

En los días sucesivos, a los que habían llegado demasiado tarde se les unieron miles de refugiados del resto del territorio republicano. Desesperados, muchos se suicidaron, o tirándose al agua o pegándose un tiro.[32] Se veían algunos barcos en la distancia, pero los capitanes, temerosos de que la armada rebelde los interceptara, se marchaban de vacío o viraban el rumbo en lugar de atracar en Valencia o Alicante. Tras haber reconocido a Franco, ni Londres ni París estaban dispuestos a que sus armadas intervinieran contra la flota rebelde. En Alicante, los refugiados esperaron en vano durante tres días y medio, sin alimento ni agua. El gobierno mexicano se ofreció a acoger a todos los refugiados, pero Franco se negó, declarando que eran prisioneros de guerra y debían hacer frente a las consecuencias. El viernes 31 de marzo, la ciudad fue ocupada por fuerzas italianas, con lo que se produjo una situación similar a la vivida por el Ejército vasco en Santoña. Los italianos se comprometieron a ocuparse de la evacuación si los miles de republicanos allí congregados entregaban sus armas. Los republicanos accedieron, pero Franco volvió a invalidar el compromiso de sus aliados. Las tropas franquistas llegaron en dos navíos y se llevaron a la mayoría de los refugiados aquel mismo día; al resto, a la mañana siguiente.[33] Las familias fueron separadas violentamente; quienes protestaban recibían golpes o eran asesinados allí mismo. A las mujeres y los niños los trasladaron a Alicante, mientras que a los hombres (entre ellos, los niños a partir de doce años) se los llevaron a un gran campo abierto a las afueras de la ciudad, conocido como «Campo de los Almendros».[34]

A medida que las últimas esperanzas de ser evacuados en un barco británico o francés se desvanecían, ante el destino que les esperaba muchos republicanos eligieron suicidarse. Cuando obligaron a los prisioneros a desfilar junto a sus cadáveres, uno de ellos comentó: «Pronto envidiaremos a los muertos». Las tropas que los custodiaban los despojaron de sus objetos de valor, de las chaquetas y abrigos decentes. Al marchar a pie hacia el improvisado campo de concentración, fueron pasando por delante de cadáveres de hombres tiroteados «cuando trataban de escapar».[35] En el Campo de los Almendros que, como su nombre indica, era un almendral, 45.000 prisioneros pasaron seis días sin apenas agua ni alimento, durmiendo al raso en el barro, expuestos al viento y la lluvia. En esos seis días les dieron de comer dos veces. La primera, tocaron a una lata de sardinas entre cuatro y un mendrugo de pan entre cinco; la segunda, compartieron una lata de lentejas entre cuatro y un mendrugo entre cinco. Los prisioneros arrancaban las almendras, todavía verdes, de los árboles, y luego recurrieron a comerse las hojas y la corteza. Únicamente el hecho de estar rodeados por puestos de ametralladoras evitó una fuga masiva.[36]

Durante su estancia allí, llegaron de toda España delegaciones de reaccionarios en busca de izquierdistas destacados de sus localidades. El 7 de abril, los prisioneros fueron divididos, y a 15.000 los repartieron entre la plaza de toros de Alicante y los castillos de San Fernando y Santa Bárbara. A los 30.000 restantes los condujeron en camiones de ganado abarrotados al campo de concentración de Albatera, construido por los republicanos al sudoeste de la provincia. Muchos murieron en el trayecto.[37] La ubicación del campo de Albatera había sido elegida precisamente para que los prisioneros pudieran trabajar en el drenaje de las inhóspitas salinas de los alrededores. Pensado en un principio para albergar a un máximo de 2.000 reclusos, durante la República no pasó de la cifra de 1.039. Desde su creación hasta el final de la guerra, habían muerto allí 5 prisioneros.[38] Ahora, en cambio, pasó a alojar a casi 30.000 prisioneros, de los que murieron varios centenares, además de los que fueron devueltos a sus lugares de origen para ser fusilados. Otros muchos murieron tiroteados por la noche al tratar de escapar.

Las primeras semanas, la comida y el agua escasearon tanto como en el Campo de los Almendros. Entre el 11 y el 27 de abril, los prisioneros recibieron alimentos solo en cuatro ocasiones (aproximadamente 65 gramos de sardinas y 60 gramos de pan el 11, 15, 20 y 27 de abril). Solo los más jóvenes y fuertes sobrevivieron, aunque convertidos en espectros de sí mismos, escuálidos y prematuramente envejecidos. Cada vez más débiles, los problemas de salud se multiplicaron, sobre todo entre los más ancianos. Además, llovió copiosamente durante las dos primeras semanas; obligados a dormir en el barro, con la ropa empapada, muchos contrajeron fiebres y murieron. Al raso, en el lodo cada vez más profundo con las lluvias, padecieron plagas de mosquitos, pulgas y otros parásitos. Puesto que las condiciones sanitarias eran inexistentes, muchos fallecieron de malaria, tifus y disentería. Había pocas letrinas, y como no se limpiaban, pronto se desbordaron. A pesar de que entre los prisioneros había muchos médicos, no tenían acceso a ninguna clase de medicina. Por añadidura a las humillaciones de la diarrea y el estreñimiento, muchos prisioneros, atormentados por el escorbuto, las chinches y otros parásitos, apenas podían soportar los rituales diarios en los que los mantenían de pie horas y horas. Dos veces al día tenían que cantar los himnos franquistas. Cualquier equivocación en la letra se castigaba con palizas. A diario también, cuando llegaban las comisiones de derechistas en busca de los enemigos de sus localidades de origen, los reclusos pasaban hasta cuatro horas de pie, soportando insultos. A menudo esas comisiones se llevaban a algunos presos y, demasiado impacientes para esperar a llegar a su destino, los mataban en las proximidades.[39] Situaciones como esta se repitieron en toda España.

Entre los que corrían un mayor riesgo ante las autoridades franquistas estaban los políticos, los comisarios políticos de las fuerzas republicanas y los periodistas, pues se los consideraba responsables de haber mantenido vivos los ideales republicanos a lo largo de la guerra. Tal vez los más odiados y perseguidos fueran los policías, en especial los agentes del SIM, aunque lo mismo les ocurría a los miembros de la judicatura o del servicio penitenciario. El otrora jefe del SIM en Madrid, Ángel Pedrero, que estuvo en el Campo de los Almendros con 200 de sus agentes, comentó proféticamente que todos ellos eran hombres marcados, puesto que conocían los entresijos de la Quinta Columna y sus traiciones internas: los alardes de los quintacolumnistas quedarían al descubierto si Pedrero vivía. Para justificar sus exiguos triunfos, habían tenido que exagerar los horribles padecimientos que supuestamente les había impuesto, así que Pedrero pagaría esos horrores ficticios con la muerte. Otras decenas de miles de personas, cuyo único «crimen» había sido respaldar la República o combatir en el Ejército, recibieron idénticos maltratos, y también sus esposas e hijos inocentes.[40] Los que intentaban escapar eran fusilados, mientras los demás prisioneros eran obligados a formar para presenciar las ejecuciones. Muy pocos intentos de fuga culminaron con éxito, y, por lo general, los prófugos eran apresados rápidamente. Uno de los que logró escapar fue Benigno Mancebo, de la CNT, que había supervisado los tribunales del Comité Provincial de Investigación Pública en Madrid. Varios meses después, sin embargo, lo atraparon en la capital y lo ejecutaron. En otras cárceles se organizaban sacas según la fecha: tres asesinados el día 3 de cada mes, siete el día 7, etcétera.[41]

Eduardo de Guzmán relató su traslado a Madrid desde Albatera a mediados de junio de 1939, con un grupo integrado también por Ricardo Zabalza, José Rodríguez Vega, secretario general de UGT, y David Antona, quien, en calidad de secretario de la CNT madrileña, trató de poner fin a las sacas y posteriormente fue gobernador civil de Ciudad Real. Los prisioneros eran trasladados a distintas comisarías, algunas de ellas improvisadas, donde los metían con otros 20 o 30 hombres en celdas construidas para dos presos. En condiciones de absoluta insalubridad, los acosaban las chinches y la sarna. Apenas les daban de comer; por la mañana recibían aguachirle de malta, y a mediodía y por la noche, un agua igual de sucia en la que flotaba algún que otro trozo de zanahoria o nabo, que hacía las veces de sopa o guiso. Para sobrevivir dependían de los paquetes de comida que les mandaban sus familias, las cuales, con los hombres de la casa muertos, prófugos o en la cárcel, se habían quedado sin medios para salir adelante. Vilipendiados por rojos, despreciados como la escoria, las oportunidades de conseguir trabajo eran mínimas, así que los parientes solo podían mandar comida a costa de pasar hambre, y a pesar de todo, lo hacían. Puesto que muchos prisioneros no tenían familia en el lugar donde los habían encarcelado, sus compañeros dividían los paquetes a partes iguales.

Esas durísimas condiciones eran el mero trasfondo de la experiencia fundamental para muchos reclusos. En la comisaría de Policía de la calle de Almagro, donde estuvo Eduardo de Guzmán, los prisioneros recibían palizas brutales y reiteradas, como parte de la estrategia para «ablandarlos». Las tundas no corrían a cargo de policías profesionales, sino de jóvenes presuntos quintacolumnistas que decían haber estado infiltrados en las checas. Iban acompañadas de rituales humillantes, como tratar que los prisioneros pelearan entre sí, o la inmersión en inodoros llenos de excrementos. Las palizas se prolongaban durante días, sin que los sometieran siquiera a interrogatorio. A veces los malos tratos iban demasiado lejos y la víctima moría. Hubo casos frecuentes de prisioneros que prefirieron el suicidio a soportar el dolor. Así evitaban el riesgo de no aguantar y acabar confesando cosas que habían hecho o que no; y, peor aún, el riesgo de convertirse en informantes. Algunos de ellos se rindieron. Y al final, casi todos los prisioneros acababan obligados a firmar «declaraciones» y confesiones, sin que se les permitiera siquiera leerlas. Así pues, a cualquiera que resultara ser un vecino de Vallecas podía achacársele haber participado en la masacre de derechistas que llegaron en los trenes de Jaén, igual que a los de Carabanchel se les culpaba del asesinato del general López Ochoa, aun cuando en esas fechas hubieran estado luchando en un frente lejano.[42]

En Madrid, Zabalza fue torturado pero no firmó ninguna confesión. Fue juzgado el 2 de febrero de 1940 y fusilado al amanecer del 24 del mismo mes. Una de las principales acusaciones contra él era haber liderado la huelga agraria, totalmente legal, del verano de 1934. Poco antes de enfrentarse al pelotón de fusilamiento, escribió a sus padres:

> Cuando leáis estas líneas ya no seré más que un recuerdo. Hombres que se dicen cristianos lo han querido así y yo que nunca hice daño a nadie a sabiendas, me someto a esta prueba con la misma tranquilidad de conciencia que presidió mi vida entera. Vosotros en vuestra sencillez religiosa no os explicaréis como un hombre que ningún crimen cometió —el propio fiscal lo reconoció así en su informe— y sobre el que no existe tampoco acusación de hecho vergonzoso alguno pueda sufrir la muerte que le espera.[43]

La confesión del asesino de la FAI, Felipe Sandoval, fue una de las más señaladas de las arrancadas mediante tortura. Aquejado de una tuberculosis avanzada, lo sometieron a varios días de palizas despiadadas. Con huesos del tórax rotos, yacía en el suelo gimiendo de agonía y escupiendo sangre, pero volvían a golpearle hasta que la limpiaba. Finalmente, tras horas de patadas y puñetazos en el pecho y el estómago, empezó a dar los nombres de compañeros prófugos y datos de dónde se les podía encontrar. Bajo la amenaza de posteriores palizas, y apenas capaz de articular palabra, lo obligaron luego a dar la cara ante los demás prisioneros. Repitió mecánicamente las acusaciones que sus torturadores le ordenaron hacer. La mayoría de los compañeros de prisión sentían ya aversión por Sandoval, la cual se tornó en odio cuando descubrieron su traición. La opinión general era que su falta de entereza probaba que, lejos de ser un combatiente en la lucha social, no era más que un ladrón y un asesino. Acordaron convencerlo para que se suicidara. Fuera en respuesta a sus argumentos o a su propio padecimiento, el 4 de julio de 1939 finalmente se tiró por una ventana y murió en el patio del edificio. Otro prisionero de Almagro, un policía republicano llamado Lebrero, murió tras una serie de palizas reiteradas. El mismo destino le esperaba a Amor Nuño, a quien interrogaron en la Dirección General de Seguridad de la Puerta del Sol. Cabe recordar que había sido el responsable del acuerdo entre la CNT y las JSU para la evacuación de presos de Madrid, que culminó en las matanzas de Paracuellos.[44]

Cuando Guzmán y otros muchos firmaron al fin sus «confesiones», los trasladaron a la cárcel. El camión en el que viajaba Guzmán visitó nueve prisiones hasta dar con una en la que admitieran a nuevos internos; acabó ingresando en Yeserías, al sur de la ciudad, cerca de Carabanchel. Los alimentos escaseaban. Después de cada comida, obligaban a los reclusos a formar en la galería durante por lo menos una hora y a cantar los himnos falangista, carlista y monárquico: el «Cara al Sol», el «Oriamendi» y la «Marcha Real», con el brazo derecho estirado, a modo de saludo fascista. La ceremonia concluía al grito de: «¡Viva Franco! ¡Viva la Falange!», y el cántico ritual de: «¡España, una, España, grande, España, libre!». Si se consideraba que alguien no ponía el entusiasmo suficiente, lo sacaban y lo castigaban rapándole la cabeza, con palizas, o a veces incluso con la muerte. El castigo más frecuente, sin embargo, era obligarlo a permanecer de pie cantando, con el brazo en alto, durante cuatro o cinco horas. Como en otros lugares, la escasez de las raciones se complementaba con los paquetes de comida que algunos presos recibían, gracias al enorme esfuerzo de sus paupérrimas familias. Prevalecía un espíritu solidario, por el que los más afortunados compartían sus alimentos con quienes no tenían familiares que pudieran prestarles ayuda. La mayoría de las noches había sacas en las que desaparecían los sentenciados a muerte para su ejecución.[45]

El juicio de Eduardo de Guzmán fue similar al de Juan Caba Guijarro. Más de 30 prisioneros, acusados de delitos diversos, fueron juzgados a la vez. Arbitrariamente, se asignó a un abogado para la defensa conjunta de todos ellos, aunque a ninguno de los acusados se le permitió hablar con él. El tribunal había decidido de antemano que todos eran culpables de los cargos; dependía, pues, de los acusados demostrar su inocencia, pero por lo general no se les permitía intervenir de ningún modo. En teoría, si los acusaban de haber matado a una víctima concreta en un lugar concreto y si no habían estado en dicho lugar en el momento de los hechos tenían una remota posibilidad de que los escucharan y probar su inocencia. Sin embargo, era común que se les acusara de numerosos asesinatos, sin que se nombrara a las víctimas ni se especificaran las fechas o los lugares de los supuestos crímenes.[46]

Los cargos se basaban en declaraciones que habían firmado tras semanas de palizas y torturas, pero que ni siquiera habían podido leer. En consecuencia, las posibilidades de que los declararan inocentes eran escasas. Una de las mujeres le explicó a Guzmán la tortura que la había llevado a firmar una confesión falsa de haber participado en los asesinatos de la checa del cine Europa. Le mostró los pechos, horriblemente deformados, después de que se los quemaran con mecheros y cerillas hasta sajarle las carnes; le habían mutilado los pezones con grapadoras.[47]

El día en que juzgaron a Eduardo de Guzmán hubo cuatro procesos multitudinarios donde se decidió la suerte de cerca de 200 hombres y 16 mujeres, y que concluyeron en menos de dos horas. En el juicio de Guzmán la causa empezó con la lectura de los cargos de los 29 acusados por parte del relator, cuya voz, mecánica y monótona, apenas era audible. Sin embargo, solo a los encausados y a sus familias les molestó la falta de inteligibilidad de los cargos (ni los jueces, ni el fiscal ni el defensor dieron muestras de interés alguno), y solo acertaron a descifrar acusaciones disparatadas, que iban desde pertenecer a una checa, hasta haber participado en la quema de una iglesia o ser comisario político, oficial o simplemente voluntario del Ejército republicano. Uno de los procesados era el poeta Miguel Hernández, a quien acusaron de ser un comisario comunista y de haber escrito poemas que injuriaban la causa rebelde. A Guzmán lo acusaron de ser redactor del periódico *La Tierra* y director de *Castilla Libre*, de insultar a los dirigentes rebeldes, de exagerar los triunfos republicanos y de ser responsable de los crímenes cometidos por los lectores de ambas publicaciones. Tras la lectura de los cargos, fue el turno de las preguntas del fiscal. Los prisioneros únicamente podían contestar «sí» o «no». No se aportaron testigos. Los miembros del tribunal levantaron la sesión e hicieron un receso. Cuando volvieron, el fiscal pronunció un discurso de veinte minutos, en el que acusó a los prisioneros de ser escoria infrahumana, cobardes, criminales, salvajes iletrados, ladrones y asesinos.

A continuación, los crímenes de todos los encausados se atribuyeron a la inspiración de Hernández y Guzmán, con el argumento de que las páginas de *La Tierra* y *Castilla Libre* habían conducido a la victoria electoral del Frente Popular en febrero de 1936, el incendio y la posterior masacre de la cárcel Modelo de Madrid en agosto de 1936 y a la resistencia de noviembre en la capital. El fiscal parecía no saber (o no le importaba) que *La Tierra* hubiera dejado de publicarse en mayo de 1935 y que *Castilla Libre* no se hubiera creado hasta febrero de 1937. El abogado de la defensa, al que no le habían permitido hablar con ninguno de los encausados, no había recibido los expedientes de los acusados hasta la noche anterior, cuando le llegaron 50 de distintos juicios, y apenas había podido echarles un vistazo. Se limitó a pedir que rebajaran a todos los acusados la sentencia que pedía el fiscal: cadena perpetua en lugar de pena de muerte, treinta años en lugar de cadena perpetua, etcétera. Cuando tocó hablar a los procesados, los interrumpieron nada más abrir la boca; Guzmán trató de señalar el error del fiscal al acusarle de publicar en periódicos inexistentes, pero le ordenaron que se sentara, diciéndole que el tribunal estaba al corriente de todo lo que pudiera explicarles.

El proceso duró en total menos de dos horas. De hecho, descontando el receso, fueron menos de noventa minutos. En ese tiempo —menos de tres minutos por acusado—, 15 de los 29 hombres fueron sentenciados a muerte, y el resto a cadena perpetua o a treinta años de cárcel. Uno de los encausados, cuyo nombre ni siquiera figuraba en la lista de acusaciones, fue sentenciado a muerte por un crimen no especificado. Uno de los compañeros de prisión de Guzmán, el comunista Narciso Julián, fue juzgado y condenado a muerte junto a otras 16 personas en un Consejo de Guerra que duró once minutos. En Tortosa, el infame Lisardo Doval presidía los juicios. El 10 de agosto de 1939, en dos juicios de 14 y 15 hombres, respectivamente, apenas permitió que el fiscal leyera los cargos. Los acusados no habían visto al abogado defensor hasta el juicio. Todo el proceso no duró ni media hora. En la Auditoría de Tarragona era habitual que se juzgara simultáneamente a 20 y 30 hombres y mujeres.[48]

Un factor que contribuyó a recrudecer la situación de terror fue la colaboración, más estrecha que nunca, entre la Dirección General de Seguridad y la Gestapo. Se había iniciado en noviembre de 1937, cuando el gabinete diplomático de la jefatura del Estado pidió al gobierno alemán una comisión de expertos para instruir a la Policía española en los métodos y procedimientos para la erradicación del comunismo. Así pues, se formó un equipo bajo las órdenes de Heinz Jost, coronel de las SS y jefe de la Oficina de Inteligencia Extranjera del *Sicherheitsdienst* (SD), un hombre que sería sentenciado a muerte en los juicios de Nüremberg por las atrocidades cometidas en Rusia. El equipo de Jost fue enviado a Valladolid a mediados de enero de 1938, donde quedó incorporado al Ministerio de Orden Público, recién creado por Franco y dirigido por el general Severiano Martínez Anido, de setenta y cinco años. Conocido por su impiedad como gobernador civil de Barcelona a principios de los años veinte, cuando se había instaurado la infame Ley de Fugas (el fusilamiento de prisioneros que «trataban de escapar»), Martínez Anido se había ganado la admiración de Franco por la implacabilidad con que había impuesto el orden público durante la dictadura del general Primo de Rivera. Puesto que el mayor afán de Martínez Anido era endurecer la purga de izquierdistas en el territorio capturado por los rebeldes, se mostró encantado de contar con la ayuda de los alemanes en la creación de los instrumentos necesarios para la represión. Jost regresó a Alemania en febrero, pero dejó en España a un equipo de tres hombres del SD, que centró sus actividades en reestructurar la Administración Policial, la Policía Política y el Cuerpo de Policía Criminal franquistas. Uno de sus legados perdurables fue la creación de un enorme almacén de información política en Salamanca, donde poder clasificar la documentación republicana incautada por los rebeldes.[49]

No está de más recordar que, desde antes de la guerra, el padre Juan Tusquets se había dedicado febrilmente a elaborar listas de presuntos judíos y masones. En 1937, en parte a instancias suyas y alentado por

Franco en persona, el Cuartel General se dedicó a recabar el material requisado en las sedes de los partidos políticos y los sindicatos, las logias masónicas y los domicilios de los izquierdistas, a medida que iba apoderándose del territorio. Estas labores se llevaban a cabo principalmente dentro de la Sección Judeomasónica del Servicio de Información Militar, bajo la dirección del padre Tusquets y el comandante Antonio Palau. Tusquets analizó a fondo la documentación con el fin de engrosar sus listas de presuntos masones. La labor se intensificó el 20 de abril de 1937 con la creación adicional de la Oficina de Investigación y Propaganda Antimarxista, de la que se ocuparían oficiales del Ejército y voluntarios. El objetivo oficial era «recoger, analizar y catalogar todo el material de propaganda de todas las clases que el comunismo y sus organizaciones adláteres hayan utilizado para sus campañas en nuestra patria, con el fin de organizar la correspondiente contrapropaganda, tanto en España como en el extranjero». En consecuencia, se hicieron esfuerzos para incautar todo el material posible en toda suerte de organizaciones izquierdistas, desde las integradas por republicanos conservadores a anarquistas, y pasando por masones, pacifistas y feministas. Se conservaba un número limitado de ejemplares del material impreso, y el resto se destruía. Más importante que el objetivo contrapropagandístico, se escrutaba la correspondencia y las listas de suscriptores para crear un gran índice de izquierdistas a los que arrestar y juzgar.

El 29 de mayo de 1937, en una iniciativa paralela, Franco había nombrado a Marcelino de Ulibarri Eguílaz jefe de la Delegación de Servicios Especiales, cuyo cometido sería «recuperar cuanta documentación relacionada con las sectas y sus actividades en España estuviese en poder de particulares, autoridades y organismos oficiales, guardándola cuidadosamente en lugar alejado de todo peligro, y en el que pudiera ordenarse y clasificarse para llegar a constituir un Archivo que nos permitiera conocer, desenmascarar y sancionar a los enemigos de la patria».[50] Ulibarri era uno de los carlistas navarros más eminentes, y había conocido a Franco en Zaragoza, siendo este director de la Academia General Militar. Ulibarri había sido también una pieza clave en promocionar la carrera política del cuñado de Franco, Ramón Serrano Suñer, en dicha ciudad. Su nombramiento fue una recompensa por contribuir a que el movimiento carlista aceptara dócilmente incorporarse al partido único de Franco, la Falange Española Tradicionalista y de las JONS, así como un reconocimiento por la obsesión contra los masones que Ulibarri compartía con Franco y, por supuesto, con el padre Tusquets. Ulibarri, admirador de Juan Tusquets desde antiguo, trabó relación con él a resultas de sus visitas frecuentes al Palacio Episcopal de Salamanca. Tan obsesivo era su odio por los masones y los judíos que Ulibarri era conocido entre sus compañeros carlistas como «el martillo de la masonería».[51]

En cuestión de semanas, Ulibarri creó la Oficina de Recuperación de Documentos. Con el País Vasco a punto de caer en manos de los franquistas, el propósito de dicho organismo era la incautación sistemática y posterior clasificación de documentos pertenecientes a los derrotados. Esta tarea fue confiada a un pequeño grupo de guardias civiles especialmente seleccionados. Muy pronto, Ulibarri pidió que su Oficina de Recuperación de Documentos se fusionara con la Oficina de Investigación y Propaganda Antimarxista. Tal fue su empeño por centralizar esa clase de actividades, de hecho, que acabaría enfrentado con Tusquets por su temperamento autoritario y dominante.

Ante la inminente caída de Santander y Asturias tras la toma del País Vasco, Ulibarri exigió que se acelerara la requisación de documentos, para extraer los mayores réditos de la represión que vendría luego. Declaró explícitamente que, tras cada victoria, debían suministrarse a la Policía «las piezas documentales inculpatorias de la culpabilidad de personas que han de ser inmediatamente juzgadas». Después de la victoria franquista en Teruel y la campaña posterior por Aragón hacia el Mediterráneo, se abría un abanico de nuevas oportunidades. La deseada fusión de ambos departamentos quedó formalizada el 26 de abril de 1938, cuando el ministro de la Gobernación, Ramón Serrano Suñer, promulgó el decreto con que se creó la Delegación del Estado para la Recuperación de Documentos (DERD), cuyo objetivo consistiría en recabar, almacenar y clasificar toda la documentación de los partidos políticos, las organizaciones y las personas «hostiles y desafectas al Movimiento Nacional», a fin de facilitar su localización y castigo.[52]

La documentación incautada por la Sección Judeomasónica del SIM fue entregada a la DERD inmediatamente después de la fusión. Sin embargo, en sus esfuerzos por centralizar toda la información relativa a los masones, Ulibarri intentó también que Tusquets le entregara su archivo personal y su fichero, que contenía todo el material recopilado bajo los auspicios del SIM. Tusquets contestó negando que él dispusiera de ningún material y afirmando que sus papeles estaban en Barcelona, aunque, al parecer, finalmente el archivo de Tusquets fue puesto a disposición de la DERD. Hasta la ocupación de Cataluña en enero de 1939, Tusquets continuó trabajando en una Sección Judeomasónica muy reducida dentro del SIM. En 1941 hubo una propuesta para recompensarle por sus servicios concediéndole la Medalla de la Campaña con distintivo de retaguardia y la Cruz Roja al Mérito Militar.[53]

Uno de los miembros más influyentes del círculo de Ulibarri era el policía Eduardo Comín Colomer. En agosto de 1938, todos los Servicios de Seguridad de la zona franquista se habían unificado bajo la Jefatura del Servicio Nacional de Seguridad, al mando del teniente coronel José Medina. Uno de sus departamentos principales era el Cuerpo de Investigación y Vigilancia, que a su vez se dividía en varias secciones. Una de ellas, Antimarxismo, se componía de tres subsecciones, Masonería, Judaísmo y Publicaciones. Comín Colomer era el jefe de las dos primeras, al tiempo que se encargaba del *Boletín de Información Antimarxista*. En enero de 1939 fue trasladado a la Delegación del Estado para la Recuperación de Documentos como ayudante de Ulibarri, donde desempeñaría un papel fundamental en la clasificación y la criba del material incautado como preparación para que la Policía Secreta le sacara el máximo partido.[54] El material que recabó mientras ocupaba ese cargo constituiría la base de su legendaria colección de libros, así como del torrente de libros y panfletos que él mismo publicaría a lo largo de los treinta y cinco años siguientes, destinados siempre a la denuncia de todos los elementos de la izquierda republicana. Durante esta etapa trabajó en colaboración con Mauricio Carlavilla.[55]

La DERD organizó equipos de investigación para seguir a las tropas de Franco en su avance por Aragón hasta Cataluña. Barcelona fue ocupada el 26 de enero de 1939 y sometida al estado de guerra el día siguiente. Los equipos de la DERD empezaron a registrar la ciudad el 28 de enero y, para cuando acabaron, el 7 de junio, habían llenado catorce edificios de documentación; 200 toneladas de documentos fueron trasladadas de Cataluña a Salamanca. En total, se reunieron 800 toneladas de lo que había quedado de la zona republicana. Con la ayuda de los especialistas alemanes, este material se convirtió en un índice colosal de 80.000 presuntos masones, a pesar del hecho de que en España, en 1936, la cifra estaba más cerca de los 5.000 que de los 10.000, y que después de 1939 quedaran menos de 1.000. Estos expedientes facilitarían las purgas que se llevaron a cabo en los años cuarenta a instancias del infame Tribunal Especial para la Represión de la Masonería y el Comunismo, introducido tras la ley del mismo nombre que entró en vigor en febrero de 1940.[56] Ulibarri fue el primero en presidir el Tribunal, el 1 de septiembre de 1940, si bien lo sustituiría poco después el general Andrés Saliquet, que había dirigido la represión en Valladolid. Este archivo devino la base de la actual sección dedicada a la Guerra Civil del Archivo Histórico Nacional que se conserva en Salamanca.[57]

El trabajo de Tusquets dio sus frutos: ser considerado masón en la España del Movimiento Nacional equivalía a ser culpable de traición, lo que con frecuencia se traducía en la ejecución sin juicio previo. Antes de que acabara el año 1936, 30 miembros de la logia Helmanti de Salamanca fueron fusilados. Un destino similar aguardaba a 30 miembros de la logia Constancia de Zaragoza; 15 masones murieron en Logroño, 7 en Burgos, 5 en Huesca, 17 en Ceuta, 24 en Algeciras, 12 en La Línea y 54 en Granada. Todos los masones de Vigo, Lugo, La Coruña, Zamora, Cádiz, Melilla, Tetuán y Las Palmas fueron ejecutados. Las exageraciones paranoicas de los expedientes de Salamanca llevaron a que en Huesca, por ejemplo, donde había 5 masones antes de que estallara la guerra, se fusilara a un centenar de hombres tras acusarlos de pertenecer a una logia. En fechas tan tardías como octubre de 1937, 80 hombres fueron fusilados en Málaga acusados de masonería.[58]

En abril de 1938, Heinrich Himmler, *Reichsführer-SS*, estableció contacto con el ministro de Orden Público, el general Martínez Anido, con vistas a ampliar el acuerdo hispano-alemán de cooperación policial. La Gestapo tenía especial interés en repatriar a los judíos, comunistas y socialistas alemanes que habían combatido en las Brigadas Internacionales y habían acabado capturados por las fuerzas de Franco. El acuerdo, firmado el 31 de julio de 1938, dio vía libre al canje de izquierdistas apresados por los Servicios de Seguridad de los respectivos países. Los brigadistas internacionales fueron entregados a los interrogadores de la Gestapo instalados en España, quienes luego los despachaban a Alemania sin siquiera tramitar procesos judiciales mínimos. Los casos individuales de repatriación solo requerían la aprobación de Franco, que nunca negó ninguno. A cambio, Paul Winzer, *Sturmbannführer-SS* y agregado de la Gestapo en la embajada de Alemania, dirigió un programa de instrucción para la Policía Política de Franco. Martínez Anido murió a finales de 1938, por lo que las funciones de su ministerio se integraron en el Ministerio de la Gobernación, a las órdenes de Ramón Serrano Suñer.

En calidad de director general de Seguridad, Serrano Suñer designó a su amigo José Finat y Escrivá de Romaní, conde de Mayalde. A sugerencia de Mayalde, a Himmler le fue concedida la más alta condecoración del régimen franquista, la Gran Cruz de la Orden Imperial del Yugo y las Flechas, en reconocimiento a sus esfuerzos en la lucha contra los enemigos de la España de Franco.[59]

Esa España de Franco obtuvo su recompensa cuando, tras el hundimiento de Francia, miles de exiliados españoles cayeron en manos de los alemanes. El mismo día, 22 de junio de 1940, en que se firmó el armisticio en Compiègne, el subsecretario del Ministerio de Asuntos Exteriores español informó al consejero de la embajada francesa en Madrid de que Azaña, Negrín y «otros líderes rojos» habían solicitado visados para abandonar Francia hacia México. Ramón Serrano Suñer pidió al embajador francés, el conde Robert Renom de la Baume, que informara al mariscal Pétain de que España aguardaba con impaciencia que Francia neutralizara a los dirigentes rojos españoles que en ese momento permanecían en el país vecino. El 24 de julio, el gobierno español pidió al conde De la Baume que impidiera la partida a México del ex jefe del Gobierno Manuel Portela Valladares, de setenta y cuatro años, y varios miembros del gobierno vasco.[60] El interés del régimen de Franco en la extradición de Portela partía del lugar destacado que ocupaba en las listas del padre Juan Tusquets.

A estas peticiones les sucedió el 27 de agosto la perentoria demanda de extradición sin demora de 636 republicanos de primera línea, a los que el gobierno de Madrid creía establecidos en la Francia de Vichy. Bajo estas exigencias subyacía la amenaza de que, si no los buscaban y los entregaban, España utilizaría su estrecha relación con la Alemania nazi para presionar en sus reivindicaciones territoriales del norte de África francés. El mariscal Pétain despreciaba a los republicanos españoles, pues consideraba que la mayoría eran comunistas; aun así, se mostró renuente a infringir el derecho de asilo y, en consecuencia, para honda irritación de Madrid, Vichy insistió en que las peticiones de extradición pasaran por los tribunales, de acuerdo con el tratado franco-español de extradición de 1877 y a una ley de 1927 que requería que cada caso se juzgara individualmente. Sin embargo, la Policía francesa de Vichy, sirviéndose de los nombres y direcciones suministradas por José Félix de Lequerica, el embajador español, emprendió, con diversos grados de diligencia, redadas contra los republicanos más prominentes, o cuando menos, mantuvo sobre ellos una estrecha vigilancia. A los franceses no les cabía duda de que entregar a estos prisioneros era mandarlos a una muerte segura. Serrano Suñer se indignó porque varios de ellos, entre otros Indalecio Prieto y Juan Negrín, hubieran conseguido escapar, con la connivencia de las autoridades francesas.[61]

El 1 de julio de 1940, no obstante, el presidente de México, Lázaro Cárdenas, informó a su ministro plenipotenciario en Francia, Luis Ignacio Rodríguez Taboada, de que su país estaba dispuesto a aceptar a todos los refugiados españoles que en ese momento había en Francia. Además, le dio órdenes de informar al gobierno francés de que, hasta que pudieran ultimarse las condiciones del transporte, todos los republicanos españoles en Francia estaban bajo la protección diplomática de México. El 8 de julio, Rodríguez Taboada fue recibido por el mariscal Pétain en Vichy. Tras advertirle de que los españoles eran indeseables, Pétain accedió en lo fundamental. Se estableció una comisión franco-mexicana para elaborar los detalles y el 23 de agosto ambos gobiernos firmaron un convenio. Muchos funcionarios de Vichy vieron este acuerdo con suspicacia. Además, Vichy y los alemanes cumplieron con las peticiones españolas para impedir que muchos individuos se marcharan de Francia. Sin embargo, la iniciativa mexicana ayudó a miles de republicanos hasta diciembre de 1942, cuando la ocupación alemana de la Francia de Vichy cortó las relaciones diplomáticas entre ambos.[62]

Si las autoridades españolas vieron sus intenciones entorpecidas por los escrúpulos judiciales del gobierno de Vichy y los empeños humanitarios de los mexicanos, no hallaron tales cortapisas en relación con los españoles en los territorios franceses ocupados por los alemanes. Los días posteriores a la toma de París, unos grupos de falangistas saquearon las sedes de varias organizaciones españolas republicanas; incautaron sus fondos y sus archivos, y los trasladaron a España. El embajador español, José Félix de Lequerica, entabló rápidamente relaciones cordiales con los alemanes y facilitó la actuación de los policías españoles en la zona ocupada. En consecuencia, las residencias de los exiliados republicanos fueron registradas, sus bienes, dinero y documentos confiscados, y ellos mismos maltratados, aun cuando no los arrestaran o extraditaran.

A finales de agosto de 1940, el conde de Mayalde visitó Berlín para tratar el destino de los refugiados republicanos apresados. Le mostraron las instalaciones y técnicas policiales más recientes, y conoció a Himmler y a otros altos cargos de la Policía y los Servicios de Seguridad alemanes, entre ellos a Reinhard Heydrich, el jefe del *Sicherheitsdienst*. Durante su encuentro, Himmler propuso que España y Alemania intercambiaran agentes de enlace, a quienes se les concedería la inmunidad diplomática y el derecho a arrestar a ciudadanos de sus respectivos países. De ese modo, Himmler podría ampliar la red de la Gestapo en España para mantener la vigilancia sobre los refugiados alemanes, a la par que los españoles obtendrían un acceso rápido a los exiliados republicanos. Mayalde dijo que debía consultarlo con su ministro, pero que tal vez a Himmler le apeteciera visitar España en persona.

Aun antes de que tuviera lugar la visita, inmediatamente después de la caída de Francia, Franco y Serrano Suñer se apresuraron a aprovechar el acuerdo anterior de Himmler con el general Martínez Anido. Unos oficiales de la Dirección General de Seguridad fueron enviados a París para completar la extradición en la Francia ocupada de un número de líderes republicanos recientemente arrestados. El agregado policial en la embajada de París, Pedro Urraca Rendueles, se encargaba de garantizar que fueran entregados y llevarlos a la frontera con España. Los alemanes procedieron a arrestar a figuras destacadas de las listas que Lequerica les proporcionaba, entre las que estaba Lluís Companys Jover, presidente de la Generalitat catalana. El 10 de julio, en Pyla-sur-Mer, cerca de Arcachon, la Policía alemana, acompañada por un agente español, había arrestado a Cipriano de Rivas Cherif, el cuñado de Azaña, junto a dos amigos íntimos del presidente exiliado, Carlos Montilla Escudero y Miguel Salvador Carreras. Al día siguiente, dos socialistas, Teodomiro Menéndez (uno de los líderes de la insurrección de mineros asturianos de octubre de 1934) y el periodista Francisco Cruz Salido, fueron arrestados por los alemanes en Burdeos. El 27 de julio de 1940, en París, la Gestapo arrestó al antiguo director de *El Socialista* y ministro de la Gobernación republicano durante la guerra, Julián Zugazagoitia Mendieta. Los prisioneros fueron entregados a la Policía española en Francia y trasladados a Madrid. No hubo procesos judiciales de ningún tipo. Según el propio Franco, los alemanes entregaron a los detenidos «espontáneamente».[63]

Companys había dejado pasar numerosas oportunidades para huir de Francia porque su hijo Lluís se hallaba gravemente enfermo en una clínica parisina. Fue arrestado en La Baule-les-Pins, cerca de Nantes, el 13 de agosto, y llevado a París, donde ingresó en la cárcel de La Santé. Sin embargo, el 26 de agosto, La Santé recibió una orden del conde de Mayalde exigiendo que Companys fuera entregado a Pedro Urraca Rendueles. Lo trasladaron a Madrid a principios de septiembre y lo encarcelaron en el sótano de la Dirección General de Seguridad. Companys pasó cinco semanas en aislamiento, sometido a torturas y palizas. Figuras veteranas del régimen visitaban su celda, lo insultaban y le arrojaban monedas o mendrugos de pan seco. El 3 de octubre, un Companys esposado y con la ropa manchada de sangre fue trasladado nuevamente al castillo de Montjuich, en Barcelona.

Acusado del delito de rebelión militar, lo sometieron a un Consejo de Guerra el 14 de octubre. Mientras el fiscal militar instruía el sumario, Companys permaneció aislado, sin oportunidad de hablar con el oficial designado para su «defensa». Al igual que otros procesados en Consejo de Guerra, no se le permitió preparar su defensa hasta que la fiscalía terminó de instruir su caso, ni tampoco pudo llamar a testigos que lo avalaran. El abogado asignado para defenderlo, el capitán de Artillería Ramón de Colubrí, señaló que Companys había salvado cientos de vidas de derechistas en Cataluña, entre ellos a varios militares rebeldes, incluido él mismo. Después de un juicio que duró menos de una hora, Companys fue sentenciado a muerte. El capitán general de la IV Región Militar, Luis Orgaz, aprobó la sentencia sin dilación. A primera hora del día siguiente, Companys, profundamente católico, oyó misa y tomó la comunión. Tras rehusar que le vendaran los ojos, fue llevado ante un pelotón de fusilamiento de guardias civiles y, al tiempo que disparaban, cayó al grito de «*Per Catalunya!*». Según el acta de defunción, murió a las seis y media de la mañana del 15 de octubre de 1940. Como causa del fallecimiento constaba una «hemorragia interna traumática», un eufemismo utilizado para encubrir la muerte violenta de miles de víctimas.[64]

Al general Orgaz le disgustó tener que firmar la sentencia de muerte; no por consideraciones morales o humanitarias, sino porque le molestaba verse obligado a hacer el trabajo sucio a instancias de los falangistas. Hasta principios de 1940, todas las sentencias de muerte requerían el visto bueno del general Franco, pero había largas demoras antes de que el Generalísimo pudiera revisar el elevado número de casos pendientes. Así pues, para acelerar el proceso, por medio de la orden del 26 de enero se decretó que la firma de Franco dejara de ser imprescindible para dichas sentencias de muerte. Además, en casos en los que los sentenciados hubieran sido ministros del gobierno, diputados parlamentarios, gobernadores civiles, o hubieran ostentado otros puestos de responsabilidad en la Administración republicana, no se permitiría la apelación a Franco en busca de clemencia.[65]

Cuatro días después de la muerte de Companys, Heinrich Himmler llegó a España. La invitación inicial del conde de Mayalde había sido reiterada por Serrano Suñer, recién nombrado ministro de Exteriores. En opinión del embajador británico, quería buscar «consejos de expertos en la liquidación de oponentes y la captura de refugiados políticos». Himmler estaba interesado en la colaboración policial, pero su principal objetivo era allanar el camino para que España entrara en la guerra del lado alemán. Llegó el 19 de octubre de 1940 por la mañana y, con una pompa magníficamente orquestada, visitó San Sebastián y Burgos, cuyas calles se habían adornado de esvásticas. El 20 de octubre lo recibieron en la estación de Madrid Serrano Suñer y la cúpula de la Falange. Se alojó en el hotel Ritz, mantuvo una reunión con el ministro en la sede de Asuntos Exteriores, el Palacio de Santa Cruz, antes de dirigirse ambos a El Pardo para encontrarse con Franco. Serrano Suñer se mostró particularmente interesado en el paradero de varios republicanos de primera línea que habían sido capturados, al igual que Himmler se interesó por los exiliados alemanes. Alcanzaron un acuerdo, en virtud del cual la Gestapo establecería una oficina en la embajada de Alemania de Madrid y el *Sicherheitsdienst* tendría despachos en los principales consulados alemanes de España. Así, los agentes alemanes operarían con total inmunidad diplomática. El mismo privilegio se le aplicaría a los agentes españoles en Alemania y, lo que era más importante, en la Francia ocupada.[66]

El conde de Mayalde, a la sazón alcalde de Madrid, organizó una corrida de toros en honor a Himmler, a pesar de que no era temporada, con la plaza de Las Ventas blasonada de esvásticas, y después lo invitó a una cacería en su finca de Toledo. En los días sucesivos, Himmler recorrió el Prado y el Museo Arqueológico de Madrid, los monumentos históricos de Toledo y El Escorial, así como el Monasterio de Montserrat, en Cataluña. Sus visitas al Museo Arqueológico y a Montserrat guardaban relación con su patrocinio de la *SS Deutsches Ahnenerbe* (la Asociación para el Estudio de la Herencia Ancestral Alemana). Himmler mantenía siempre viva la búsqueda del talismán que diera a los nazis la victoria en la guerra; inspirado en el *Parsifal* de Wagner, estaba convencido de que Montserrat era Montsalvat, la montaña donde, según Wolfram von Eschenbach y posteriormente Wagner, se conservaba el Santo Grial. En la espléndida biblioteca de Montserrat, pidió ver los archivos relacionados con la ubicación del grial. Cuando le advirtieron de su error, Himmler reivindicó con rudeza el origen germánico y pagano de todo lo que concernía a Montserrat y declaró, entre otras cosas, que Jesucristo no era judío sino ario.[67]

Entre las actividades culturales hubo también visitas a cárceles y campos de concentración. Según uno de los más estrechos colaboradores de Serrano Suñer, Ramón Garriga, a Himmler le impactó mucho lo que vio. Le pareció absurdo que cientos de miles de trabajadores permanecieran encerrados en circunstancias lamentables, muchos aguardando la sentencia de muerte, en un momento en que el país requería desesperadamente la reconstrucción de carreteras, edificios y viviendas destruidos durante la Guerra Civil. Al parecer, el trabajo de los exiliados republicanos en los batallones de trabajo franceses le había causado una grata impresión. Dijo a Franco y Serrano Suñer que se estaban desaprovechando unos recursos valiosos y que tenía más sentido incorporar a la clase obrera al nuevo régimen que exterminarlos; en su opinión, las nuevas autoridades deberían haber ejecutado a un pequeño número de los republicanos más destacados, encarcelado a algunos otros, y puesto a los demás en libertad bajo una estrecha vigilancia policial. Para Himmler, distinguir entre enemigos ideológicos y enemigos raciales era de suma importancia. En cambio, no era una distinción que pesara mucho en Franco.[68]

Con Himmler aún en España, empezó el juicio a los otros republicanos eminentes que los alemanes habían entregado a finales de julio. Cipriano de Rivas Cherif, Francisco Cruz Salido, Carlos Montilla, Miguel Salvador, Teodomiro Menéndez y Julián Zugazagoitia, acusados de rebelión ante el Ejército, fueron sometidos a un Consejo de Guerra el 21 de octubre. El fiscal reconoció que no habían cometido ningún delito y declaró que no tenía intención de citar hechos concretos o llamar a testigos. En cambio, dijo que era evidente que todos ellos habían contribuido a «inducir a la revolución», lo cual probaban sobradamente los cargos que ocupaban tanto antes como durante la guerra. Según el fiscal, cualquiera que aceptara un puesto en un gobierno que organizaba, toleraba o era impotente para evitar crímenes de sangre, se convertía por extensión en culpable de esos crímenes. El hecho de que Teodomiro

Menéndez se hubiera retirado de la política tras los sucesos de octubre de 1934 y, sobre todo, que Ramón Serrano Suñer acudiera a hablar en su defensa, le permitió eludir la pena de muerte y recibir en cambio una condena de treinta años de cárcel. A los demás, por el contrario, se les castigó con la pena capital. Varios franquistas de renombre, entre ellos el escritor Wenceslao Fernández Flórez, el falangista Rafael Sánchez Mazas, la viuda de Julio Ruiz de Alda, Amelia de Azarola, y Antonio Lizarra, líder de los Requetés carlistas, habían testificado que Zugazagoitia, lejos de participar o tolerar los crímenes de sangre, había salvado muchas vidas, en especial de monjas y sacerdotes; pero de nada sirvió. Cruz Salido y Zugazagoitia fueron ejecutados en el cementerio madrileño del Este el 9 de noviembre, junto con otros 14 republicanos. El 21 de diciembre, De Rivas Cherif, Montilla y Salvador supieron que Franco había conmutado sus sentencias por la cadena perpetua.[69]

Hubo muchas víctimas de ese mismo razonamiento envenenado: a quien no hubiera podido impedir crímenes de sangre se le consideraría culpable de los mismos, independientemente de cuáles hubieran sido sus intenciones o sus empeños. El 10 de julio de 1940, el que había sido gobernador civil de Málaga desde el principio de la guerra hasta mediados de septiembre de 1936, José Antonio Fernández Vega, fue arrestado en Francia por la Gestapo y trasladado a España junto con Companys, Zugazagoitia, Cruz Salido, Cipriano de Rivas Cherif, Teodomiro Menéndez y otros diputados. Lo juzgaron en Málaga en marzo de 1942, acusado de responsabilidad de todos los asesinatos cometidos mientras estuvo en el cargo. A pesar de la abundancia de testimonios con relación a las miles de vidas que salvó y del hecho de que no hubiera podido contener a los comités anarquistas locales, fue sentenciado a muerte y ejecutado el 18 de mayo.[70]

El procedimiento para las extradiciones de la Francia de Vichy empezaba con Blas Pérez González, el veterano fiscal general del Tribunal Supremo, que expedía las órdenes de detención. Estas pasaban primero al Ministerio de Asuntos Exteriores, desde donde se hacía la correspondiente solicitud a Vichy. En noviembre de 1940, Lequerica había entregado una lista de unos 3.000 republicanos buscados para ser juzgados en España. La respuesta oficial de Vichy fue tibia e insistió en que los expedientes se estudiarían de manera individual. La mayor parte de las solicitudes de extradición fueron infructuosas.

No es de extrañar, dado lo absurdo de las peticiones. Ventura Gassol había sido *conseller* de Cultura de la Generalitat y había salvado la vida de muchos derechistas y religiosos amenazados por la extrema izquierda, lo que le acarreó amenazas de muerte por parte de estos grupos, hasta el punto de que, en octubre de 1936, se vio obligado a exiliarse a Francia. Pese a esto, la solicitud de extradición lo acusaba de ser un delincuente común. Gassol estuvo tres meses en la cárcel antes de que su causa llegara a juicio. La petición fue denegada cuando el tribunal francés oyó el testimonio de una de las personas a las que había salvado la vida, Francesc Vidal i Barraquer, arzobispo de Tarragona, exiliado en Italia.[71] Otra de las extradiciones denegadas fue la de Federica Montseny, antigua ministra de Salud en el gobierno de Largo Caballero.[72]

Frustrado por los obstáculos legales, a veces Lequerica se tomaba la ley por su propia mano, como en el caso de la detención en Niza, el 10 de diciembre, de Mariano Ansó, que había sido ministro de Justicia en el gobierno de Negrín. La Policía Local lo arrestó a raíz de las órdenes que al parecer partían de Vichy. El equipo que lo apresó, supuestamente para llevarlo a la sede del gobierno francés, estaba formado por un amigo de Lequerica, un ruso blanco que trabajaba a su servicio, un policía de la ultraderecha francesa llamado Victor Drouillet y el agregado policial de la embajada española, Pedro Urraca Rendueles. El objetivo de este comando era llevarse al detenido ilegalmente a España. Ansó consiguió escapar y, aunque con cierta dificultad, obtuvo la protección del jefe de la Policía en Niza. Pasó un tiempo en la cárcel antes de que en la vista judicial se denegara la petición de extradición que pesaba sobre él. El mismo equipo de Drouillet, Urraca y el sicario ruso, estuvo detrás del arresto del republicano conservador Manuel Portela Valladares. Por lo general, confiscaban el dinero y los bienes de los detenidos, con el pretexto de que los habían robado de España. A Portela lo acusaron de robar artículos que en realidad le pertenecían y había podido rescatar de su casa de Barcelona. Le pegaron para que entregara sus propiedades. Viejo y gravemente enfermo, contempló la posibilidad del suicidio antes que hacer frente a la cárcel, pero sus amigos lo disuadieron. Finalmente su caso fue visto en Aix-en-Provence, el 15 de septiembre de 1941. La extradición fue denegada con el argumento de que la solicitud española no especificaba ninguna fecha, lugar o víctima de los presuntos crímenes. Puesto que Portela vivía en Francia desde el 31 de julio de 1936, el tribunal francés consideró la petición dudosa. Las autoridades españolas presentaron inmediatamente una segunda solicitud de extradición, que también fue rechazada el 25 de noviembre de 1941.[73]

Otra muestra de la desesperación de las autoridades españolas fue el intento de extraditar al subsecretario de Justicia de la Generalitat, Eduardo Ragasol i Sarrà. Distinguido abogado barcelonés, se encontraba en Madrid cuando estalló la Guerra Civil y había participado en la defensa de la capital; mientras tanto, los anarquistas desvalijaron su casa de Barcelona. Después de los sucesos de mayo de 1937, fue subsecretario del nuevo *conseller de Justícia*, el profesor Pere Bosch i Gimpera, y en ese cargo trabajó por el restablecimiento de la ley y el orden, encarcelando a muchos extremistas. Al final de la guerra, se exilió y trabajó con Nicolau d'Olwer en la Junta de Auxilio a los Republicanos Españoles, donde, además de las labores de ayuda a los refugiados, se reclutaban voluntarios para unirse a las fuerzas francesas. Fue arrestado el 7 de julio de 1940, después de que Lequerica lo acusara de estar en posesión de «tesoro republicano», en referencia a los fondos que el gobierno republicano sacó de España para auxiliar a los exiliados. A lo largo del año siguiente fue detenido varias veces por la Policía de Vichy, pero todas ellas lo dejaron en libertad. Finalmente, Blas Pérez preparó una orden de extradición en la que acusaba a Ragasol de estar al mando de una fuerza policial paralela y ser responsable de numerosos asesinatos. Fue un llamativo ejemplo de la hipocresía y el afán de venganza que sustentaban la «justicia» franquista. Blas Pérez, abogado y profesor de Derecho de la Universidad de Barcelona, conocía a Ragasol personalmente, y por si fuera poco, él mismo había podido escapar de la capital catalana gracias a la intervención de la Generalitat. A pesar del hecho de que la acusación no mencionaba nombres, fechas o lugares, ni ofrecía tampoco prueba alguna, el 2 de agosto de 1941, un tribunal francés de Vichy accedió a la petición española. Tras las enérgicas protestas del gobierno mexicano, el gobierno de Vichy decidió no entregar a Ragasol a las autoridades franquistas. Sin embargo, aunque en última instancia no fue extraditado, padeció en su persona humillaciones psicológicas y maltratos físicos considerables. Además, la amenaza de extradición y sus detenciones frecuentes causaron una gran inquietud en la comunidad de los exiliados.[74]

En noviembre de 1940, el anarcosindicalista Joan Peiró Belis, que había denunciado los excesos de la FAI en Cataluña y trabajado como ministro de Industria en el gobierno de Francisco Largo Caballero, fue arrestado en Chabris, en el Loira, por la Policía de Vichy. Pasó tres semanas en prisión por cruzar ilegalmente la línea de demarcación; a continuación lo entregaron a la Gestapo y lo llevaron a Alemania. El 19 de febrero de 1941, los alemanes lo devolvieron a España. Permaneció dos meses y medio en los sótanos de la Dirección General de Seguridad en Madrid, sometido a palizas e interrogatorios con el objeto de que revelara el paradero de los fondos que se empleaban para ayudar a los refugiados republicanos en Francia. Los informes policiales de Barcelona confirmaron que Peiró también había salvado muchas vidas durante la guerra. Sin embargo, a pesar de haber combatido a los extremistas en su Mataró natal, lo acusaron de haber cometido delitos anarquistas en dicha localidad. El 8 de abril lo trasladaron a la cárcel provincial de Valencia, donde, a lo largo del año, varios falangistas destacados le ofrecieron la libertad si se unía a los Sindicatos Verticales, la central obrera oficial del régimen. Tras negarse, el 21 de julio de 1942 lo sometieron a un Consejo de Guerra, acusado de robar millones de pesetas y de organizar las checas de Barcelona. Peiró, cosa harto inusual, contó con un abogado dedicado a su defensa, el teniente Luis Serrano Díaz. Además, muchas de las personas a quienes había salvado la vida, entre ellos, veteranos oficiales del Ejército, los directores de dos congregaciones monásticas y Francisco Ruiz Jarabo, director general de Trabajo, declararon a su favor. El fundador de la Falange en Barcelona, Luis Gutiérrez Santa Marina (conocido como Luys Santamarina), habló elocuentemente en su defensa. El juez advirtió a Serrano Díaz que, si hablaba más de treinta minutos, se exponía a un grave castigo; su parlamento duró una hora y cuarto, una defensa sin precedentes en un juicio sumario franquista. No obstante, de nada sirvió. Peiró fue declarado culpable y ejecutado tres días después.[75]

Cuando Peiró ingresó en la cárcel de Valencia, uno de sus compañeros presos era el doctor Joan Peset i Aleixandre, ilustre bacteriólogo, también abogado y rector de la Universidad de Valencia desde 1932 hasta 1934. Había sido diputado parlamentario por Izquierda Republicana, el partido de Azaña en las elecciones de febrero de 1936. Durante la guerra había trabajado como médico en hospitales militares. Cuando cayó Valencia, fue uno de los miles de republicanos cuyas esperanzas de evacuación se vieron frustradas, y acabaron ingresando primero en el infame campo de concentración de Albatera, y luego en el de Portaceli. Pese a su naturaleza afable y bondadosa, Peset había desempeñado un papel importante en la contención de los asesinatos por parte de los anarquistas. Aun así, lo juzgaron por las acusaciones de tres rivales envidiosos y, aunque ninguno de ellos pudo presentar prueba alguna de mala conducta, todos afirmaron, en términos sospechosamente similares, que por ser un republicano célebre merecía responder por todos los asesinatos de Valencia y Castellón.

Cierto número de personas, entre quienes había varias monjas y un cura, testificaron sobre los esfuerzos de Peset para impedir las detenciones, los asesinatos y la quema de iglesias por parte de elementos extremistas. En el Consejo de Guerra celebrado el 4 de marzo de 1940, sin embargo, lo hallaron culpable de «adhesión a la rebelión» y lo sentenciaron a muerte, aunque con la recomendación de conmutar la sentencia. A modo de protesta, la Falange presentó un texto académico de psicología aplicada en el que Peset había denunciado, de pasada, el alzamiento militar y hablado del deber de plantarle cara. El tribunal volvió a reunirse el 25 de marzo y reafirmó la pena de muerte, aunque esta vez sin sugerir la conmutación. Así, a Peset lo condenaron no por los crímenes cometidos, puesto que ninguno había, sino por lo que representaba en cuanto a los ideales de la Segunda República. Veintiocho personalidades, entre las que había religiosos, militares e incluso falangistas, pidieron que la sentencia fuera conmutada. Durante los catorce meses que tuvo que esperar a que Franco ratificara la pena, ejerció la medicina en la cárcel Modelo de Valencia. La confirmación llegó el 12 de mayo de 1941; doce días después, lo fusilaron en el cementerio de Paterna.[76]

Otro ejemplo del afán vengativo de la «justicia» franquista, que alcanzaba incluso a los que habían trabajado para atajar la represión en la zona republicana, fue el caso de Melchor Rodríguez, cuyos empeños y logros en salvar la vida a un buen número de derechistas en Madrid había llevado a varios de sus compañeros anarquistas a creerle sospechoso de traición. Incluso su esposa acabó convenciéndose de que, por lo menos, se había dejado utilizar ingenuamente por la Quinta Columna, y a principios de 1939 lo abandonó cuando Rodríguez se negó a reconocer tales extremos. Tras aceptar que la Junta de Casado lo nombrara alcalde de Madrid, fue quien entregó la capital a las tropas de Franco. A continuación, el 13 de abril de 1939, fue detenido, y juzgado por un tribunal militar franquista en diciembre de 1939. La enérgica defensa de Ignacio Arenillas de Chaves, un abogado del Ejército sumamente competente, hizo que lo declararan inocente, pero el auditor general de la Región Militar del Centro rechazó el veredicto e insistió en que volviera a ser juzgado.

Melchor Rodríguez fue juzgado otra vez el 11 de mayo de 1940, acusado de un crimen que había tenido lugar en Madrid en un momento en que él estaba en Valencia. Dos días antes del juicio le asignaron a un joven e inexperto abogado para su defensa, quien no pudo reunirse con su cliente ni recibió la documentación del sumario hasta que empezó la vista. El juicio estuvo plagado de falsos testimonios. El fiscal, Leopoldo Huidobro Pardo, era carlista, y además había puesto por escrito los recuerdos de sus espantosas experiencias en Madrid durante la guerra, que daban sobrada medida de su hostilidad hacia los miembros de primera línea de la CNT. Sin embargo, la posibilidad de refugiarse en la embajada de Finlandia le había salvado la vida; una iniciativa facilitada por Melchor Rodríguez. Además, el odio que Huidobro sentía por la izquierda se alimentaba del sufrimiento que le provocó la muerte de su primo, el padre Fernando Huidobro Polanco. Desconocía, claro está, que al sacerdote lo había matado un legionario por la espalda. Así pues, no es de extrañar que acusara a Melchor de pistolero sanguinario y exigiera para él la pena de muerte. Sin embargo, la farsa se vino abajo cuando el general Agustín Muñoz Grandes apareció de improviso para hablar en defensa de Melchor y presentó una lista de cerca de 2.000 derechistas a los que había salvado la vida; entre ellos, muchos aristócratas y uno de los fundadores de la Falange, Raimundo Fernández Cuesta. A diferencia de Peiró, Melchor no había sido ministro de la República, y el testigo principal que habló en su defensa era de un rango superior a cualquier otro de los presentes en la sala. La sentencia de muerte prevista fue conmutada por veinte años y un día de cárcel; el 1 de marzo de 1941 ingresó en la cárcel de El Puerto de Santa María. Después, Muñoz Grandes, en calidad de capitán general de la I Región Militar, redujo la sentencia a doce años y un día, y le concedió la posibilidad de gozar de libertad provisional.[77]

Melchor Rodríguez no fue el único cargo importante de la Junta de Casado que había permanecido en Madrid con la ingenua convicción de que, al no tener las manos manchadas de sangre, no tenía nada que temer. El más relevante fue el socialista Julián Besteiro, que había sido ministro de Asuntos Exteriores de la Junta de siete miembros. Besteiro no había hecho nada para oponerse al alzamiento militar y, en cambio, había contribuido más que la mayoría a poner fin a la resistencia republicana. Fue el único de los miembros de la Junta de Casado que se quedó en Madrid. Los demás, incluido el cerebro de las checas anarquistas de Madrid, Eduardo Val Bescós, consiguieron escapar con Casado a Inglaterra. Inevitablemente, pues, a Besteiro le tocó afrontar toda la dureza de la represión, ya que era diputado parlamentario, había presidido tanto el Partido Socialista como su movimiento sindicalista, la UGT, y también las Cortes Constituyentes.

Sin embargo, Besteiro se empeñó en ignorar la venganza que se ejercía en las zonas republicanas tomadas, y prefirió creer las garantías de sus contactos quintacolumnistas, que le aseguraban que Franco había garantizado la vida y la libertad de todos los inocentes de delitos comunes. Además, aunque el golpe de Casado había acabado ya con la posibilidad de emprender una evacuación ordenada de los que corrían peligro, Besteiro se negó a conceder recursos del gobierno a las personas que precisaban huir, aplicando el criterio de que los bienes nacionales harían falta para la reconstrucción de España al final de la guerra, y que Franco dispensaría un mejor trato a los que se quedaran en el país por haber salvaguardado así los recursos. Besteiro facilitó la entrega pacífica de la República a los vencedores franquistas, en cooperación con la Falange clandestina y la organización quintacolumnista conocida como «Servicio de Información Militar». Su contribución a acortar la guerra le llevó a creer complacientemente que los franquistas querrían utilizar sus servicios en el proceso de reconstrucción de la posguerra.

A pesar de su esperanza de que su anticomunismo le permitiría convertirse en el instrumento de reconciliación entre los dos bandos, Besteiro, de casi sesenta y nueve años, fue arrestado y sometido a un Consejo de Guerra el 8 de julio de 1939. El hecho de que su caso fuera encomendado al teniente coronel Felipe Acedo Colunga, fiscal de la Auditoría del Ejército de Ocupación, daba la medida de su importancia. Fue acusado de «adhesión a la rebelión militar». Acedo Colunga reconoció que Besteiro era inocente de cualquier delito de sangre, pero, en cualquier caso, pidió la pena de muerte.[78] Finalmente fue condenado a cadena perpetua, en un principio, que luego se le redujo a una pena de treinta años de reclusión mayor. A finales de agosto de 1939, fue enviado a la cárcel de Carmona. Con la salud minada por la falta de una alimentación y una atención médica adecuadas, lo obligaban a llevar a cabo trabajos físicos duros, como fregar suelos o limpiar letrinas, que acabaron provocándole la septicemia que, al no ser tratada, le ocasionó la muerte el 27 de septiembre de 1940.[79] Besteiro tuvo la desgracia de que los franquistas, incapaces de juzgar a Azaña, Prieto, Negrín, Largo

Caballero y el resto de la plana mayor en el exilio, descargaran su ira sobre él.[80]

Otra víctima de la sed de venganza de los franquistas fue el segundo presidente del Gobierno durante la guerra, Francisco Largo Caballero, que cruzó la frontera francesa el 29 de enero de 1939 y vivió en París hasta dos días antes de la ocupación alemana. A partir de entonces, las autoridades de Vichy lo trasladaron de un sitio a otro y lo mantuvieron siempre bajo vigilancia. Blas Pérez preparó la solicitud para su extradición a finales de mayo de 1941, acusándolo de responsabilidad directa en asesinatos, robos y saqueos. Las autoridades de Vichy tardaron cuatro meses en detenerlo; su arresto tuvo lugar el 9 de octubre de 1941. Con setenta y un años, Largo Caballero fue encarcelado en Limoges, donde soportó las duras condiciones de la prisión. La orden española llegó al tribunal el mismo día que la de Federica Montseny, y ambas fueron rechazadas. Sin embargo, si bien a ella la liberaron, Largo Caballero permaneció recluido en Nyons. Poco después de la ocupación alemana de la Francia de Vichy, el 20 de febrero de 1943, la Policía Política italiana y dos agentes de la Gestapo volvieron a detenerlo. Lo interrogaron en Lyon, antes de encarcelarlo en París. El 8 de julio de 1943 fue enviado a Berlín, y el 31 de julio ingresó en el campo de trabajo de Sachsenhausen, en Oranienburg, donde se vivían unas condiciones extremas. De haberlo extraditado a España, la presión para que lo ejecutaran habría sido inmensa, pero, tras la caída de Mussolini, Franco no quería arriesgarse a un escándalo internacional que a buen seguro alcanzaría proporciones aún mayores que la ejecución de Companys. Largo Caballero creía que las autoridades de Madrid no pedían su traslado a España porque preferían verlo morir en un campo de concentración alemán. En realidad, sobrevivió y fue liberado por las fuerzas soviéticas, aunque con la salud ya muy deteriorada; murió en marzo de 1946.[81]

Blas Pérez preparó las peticiones de extradición al gobierno de Vichy a partir del corpus de «pruebas» del que sería uno de los instrumentos fundamentales del proyecto de estado franquista. La «Causa General» había empezado a funcionar tras la conquista del norte del país en 1937, y se formalizó el 26 de abril de 1940, cuando la Fiscalía del Tribunal Supremo recibió la orden de recabar información acerca de presuntos delitos republicanos. El nombre completo del proceso era «Causa General informativa de los hechos delictivos y otros aspectos de la vida en zona roja desde el 18 de julio de 1936 hasta la liberación», un archivo colosal donde fueron a parar las transcripciones de los interrogatorios a los prisioneros, las denuncias de los testigos y los documentos incautados. De ahí se extraían las «pruebas» para enjuiciar a los procesados, al tiempo que sirvió de base para el proceso de autolegitimización del régimen. La versión publicada, para uso interno y externo, fijó la narración maniquea del significado de la Guerra Civil que subyacería a la retórica franquista hasta la muerte del dictador.

La retórica de su mensaje postulaba que los mártires cristianos y heroicos habían sacrificado sus vidas en la lucha contra las depravadas hordas antiespañolas de Moscú. Esta idea procuraba cierto solaz a los partidarios del régimen que habían perdido a seres queridos, a la par que legitimaba el propósito de que los culpables recibieran su merecido. Desde las instancias oficiales se alentó la denuncia entre la población, un factor crucial para engrosar el corpus de pruebas, hasta el punto de que no delatar invitaba a la sospecha. Como declaraba el *Diario Montañés* de Santander: «Puedes perdonar lo que te hicieron a ti; pero no eres nadie para hurtar a la justicia ningún enemigo de la patria». Cualquier denuncia, por rocambolesca que fuera, desembocaba en arrestos, interrogatorios, tortura y, a menudo, ejecuciones. A las delegaciones que se desplazaron desde muchas localidades a los campos de prisioneros en busca de presuntos criminales las acompañaban con frecuencia hombres y mujeres de luto. A veces se identificaba a los verdaderos culpables de un delito, pero también había gente dispuesta a elegir a víctimas expiatorias, señalando a algún vecino que hubiera pertenecido a un Comité del Frente Popular o a un sindicato de izquierdas. En estas actitudes se reflejaba en la práctica la homogeneización de la culpa, que era el mensaje subyacente de la Causa General: todos los vencidos eran culpables de todos y cada uno de los crímenes cometidos durante la guerra en la zona republicana.[82] Hubo casos de varios individuos ejecutados por crímenes que solo uno de ellos había cometido, y casos de personas ejecutadas por crímenes que en modo alguno podían haber cometido.[83] En general, la «justicia» franquista atribuía todas las muertes de sus partidarios a una política deliberada del gobierno republicano y la Generalitat, lo cual era sencillamente falso, y por añadidura proyectaba las intenciones asesinas de los rebeldes en los republicanos.

La represión sobre los vencidos no se limitó al encarcelamiento y las ejecuciones, sino que los sometieron también a un gran programa de extorsión auspiciado por el estado, basado en la Ley de Responsabilidades

Políticas, anunciada en Burgos el 9 de febrero de 1939, cuando la guerra tocaba ya a su fin. Aunque el concepto se había desarrollado en la zona rebelde en el transcurso de la contienda, desde el momento en que se promulgó la ley se zanjó cualquier posibilidad de llegar a una paz negociada. El primer artículo era tan abarcador como alambicada su redacción: «Se declara la responsabilidad política de las personas tanto jurídicas como físicas, que desde el 1 de octubre de 1934 y antes del 18 de julio de 1936, contribuyeron a crear o a agravar la subversión de todo orden de que se hizo víctima a España y de aquellas otras que, a partir de la segunda de dichas fechas, se hayan opuesto o se opongan al Movimiento Nacional con actos concretos o con pasividad grave».[84]

Esa noción de «pasividad grave» garantizaba que ningún republicano quedara sin castigo, al tiempo que iba a justificar la persecución «legal» de cualquier individuo que no hubiera luchado activamente en las tropas rebeldes o hubiera sido quintacolumnista en la zona republicana. Por si fuera poco, además daba vía libre al juicio y castigo de cualquiera que hubiera ejercido sus derechos políticos y sindicalistas bajo la democracia republicana, desde el 1 de octubre de 1934 hasta la ocupación de un territorio por parte de los militares rebeldes. Los castigos implicaban multas astronómicas, así como la confiscación de bienes, que podían ir desde empresas, fábricas, consultas y casas, hasta mobiliario, vajilla y cuberterías, pasando por ahorros bancarios y acciones de bolsa. Al castigo se le añadía la voluntad de que los republicanos pagaran por una guerra que se les había infligido. Esta «monstruosidad jurídica», como se la ha denominado, tenía efecto retroactivo y criminalizaba actividades —la pertenencia a un partido político o el servicio en la Administración republicana, por ejemplo— perfectamente legales en su momento.[85]

Se dictaron muchas sentencias contra personas que habían muerto ejecutadas tiempo atrás o que se encontraban en el exilio. En esos casos, las multas recaían en sus viudas u otros familiares. Al abogado exiliado Eduardo Ragasol i Sarrà, por ejemplo, se le interpuso una demanda a raíz de la denuncia de miembros del ayuntamiento de Caldes de Montbui, al norte de Barcelona. Quisieron desahuciar a su madre del domicilio familiar, y el Tribunal de Responsabilidades Políticas confiscó el patrimonio familiar en diciembre de 1939. Sin embargo, en noviembre de 1942, la madre apeló y consiguió que se le devolviera una parte de la propiedad. Recuperó el resto en 1959.[86]

Aún llama más la atención el caso de Josep Sunyol i Garriga, presidente del Fútbol Club Barcelona desde 1934, a quien habían ejecutado el 6 de agosto de 1936. Sunyol, acaudalado propietario de azucareras en Logroño, Zaragoza, Málaga y Lérida, había representado a Barcelona como diputado de Esquerra Republicana en las tres Cortes de la República. Los vestuarios del estadio de Les Corts sirvieron para ocultar a muchos religiosos mientras la Generalitat hacía las diligencias correspondientes para evacuarlos. Al principio de la guerra, Sunyol fue enviado a Madrid como enlace con el gobierno de José Giral. El 6 de agosto fue al frente de Guadarrama, al noroeste de la capital, para ver el Alto del León, desde el que la prensa republicana había anunciado por equivocación la expulsión de las tropas de Mola. Su coche se adentró en el territorio de los sublevados, y él y sus acompañantes fueron ejecutados allí mismo, en una cuneta, sin juicio previo. Todas las propiedades de Sunyol en la zona rebelde fueron confiscadas enseguida. El Tribunal de Responsabilidades regional abrió una causa en su contra el 24 de octubre de 1939, acusándolo de comunista y separatista. Puesto que Josep Sunyol no se hallaba en situación de responder por estos cargos, sentenciaron a su padre a pagar una multa de 5 millones de pesetas y la exclusión de cualquier cargo de responsabilidad en el mundo industrial o bancario.[87]

No menos extraordinario fue el caso de Camil Companys i Jover, el menor de los tres hermanos del presidente catalán. Aunque ni siquiera había emprendido una carrera política, se había exiliado por precaución cuando los rebeldes ocuparon Barcelona, sin más remedio que dejar a su mujer y su hijo de cinco años, y hacer frente a serios apuros económicos en Francia. Miembro del Partido Socialista catalán antes de la guerra y luego de Esquerra Republicana, había presidido además el comité ejecutivo del Colegio de Abogados de Barcelona. En septiembre de 1939, el Tribunal de Responsabilidades emprendió acciones legales contra él, a pesar de que las investigaciones preliminares habían arrojado el testimonio de su párroco y sus vecinos, confirmando que había protegido a numerosos religiosos durante la guerra. El proceso continuó después de que Camil se suicidara, el 20 de septiembre de 1940, tras recibir la noticia del arresto de su hermano Lluís. La viuda, Josefa Pascual, fue interrogada un mes después de la muerte de su esposo. La sentencia final, del 28 de febrero de 1941, condenó al ya fallecido Camil a quince años de exclusión de las actividades profesionales y a pagar una multa de mil pesetas, por la que tuvo que responder Josefa.[88]

Nada ilustra mejor el espíritu de la ley que el hecho de que Franco eligiera a Enrique Suñer Ordóñez para presidir el Tribunal Nacional de Responsabilidades Políticas. Durante la guerra, Suñer, antes catedrático de Pediatría de la Universidad Central, había supervisado la purga de los maestros de escuela como vicepresidente de la Comisión de Educación y Cultura de la Junta Técnica del Estado. En 1937, en un análisis sobre el derramamiento de sangre que provocaba la contienda, distinguió entre la sangre «de conscientes criminales, autores de las hecatombes que padecemos, de viles brutos, con instintos peores que las fieras», y la sangre «de hidalgos pechos españoles militares y milicianos jóvenes generosos, llenos de abnegación y de heroísmo tan inmensos, que sus heridas los elevan a la altura de los semidioses de las leyendas helénicas». A continuación, se preguntaba: «Y toda esta espantosa mortandad ¿ha de quedar sin el justo castigo? Nuestro espíritu se rebela contra una posible impunidad de los despiadados causantes de nuestra tragedia. No es posible que la Providencia y los hombres dejen sin castigar tantos asesinatos, violaciones, crueldades, saqueos y destrucciones de la riqueza artística y de los medios de trabajo. Es menester, con la más santa de las violencias, jurar ante nuestros muertos amados la ejecución de las sanciones merecidas».[89]

Así retrató Suñer a los políticos republicanos:

> Estos hombres horrendos, verdaderamente demoníacos. Sádicos y vesánicos unidos a profesionales del hurto, de la estafa, del atraco a mano armada y del homicidio con alevosía, han ocupado carteras de Ministros, Subsecretarías, Consejos, Direcciones Generales y toda clase de puestos importantes ... jabalíes y ungulados corriendo por el que fué Congreso de los Diputados, en busca de víctimas propiciatorias de sus colmilladas y de sus golpes de solípedos ... Monstruos neronianos, directores de sectas y ejecutores de las mismas, han asesinado a la máxima esperanza de la Patria: Calvo Sotelo ... Detrás de ellos quedan los masones, los socialistas, los comunistas, los azañistas, los anarquistas, todos los judíos dirigentes del negro marxismo que tiene por madre a Rusia y por lema la destrucción de la civilización europea. España ha sido y es teatro de un combate épico, ciclópeo, acción de titanes contra monstruos apocalípticos. Los programas expuestos en los «Protocolos de los Sabios de Sión» han empezado a cumplirse.[90]

El objeto de la guerra, escribió Suñer, era

la fortaleza de la raza. Para ello hay que huir de toda clase de intolerancias y de sectarismos, inspirándose solamente en la equidad y en el beneficio de todos los ciudadanos ... Para que este programa ideal pueda cumplirse, hace falta practicar una extirpación a fondo de nuestros enemigos, de esos intelectuales, en primera línea, productores de la catástrofe.[91]

Decidido a eliminar a todos los intelectuales que hubieran contribuido a la cultura liberal de la República, Suñer envió numerosas denuncias al Servicio de Información Militar. A finales de junio de 1937, por ejemplo, denunció a la familia de Ramón Menéndez Pidal, el eminente medievalista, filólogo y presidente de la Real Academia de la Lengua. Menéndez Pidal se había marchado al exilio por miedo a que sus ideas conservadoras lo hicieran víctima de la izquierda. Suñer denunció también a la esposa de Menéndez Pidal, la feminista y filóloga María Goyri, que había sido la primera mujer en España en obtener una licenciatura universitaria (1896) y, posteriormente, un doctorado (1909); Suñer aseguraba que ella había pervertido a su esposo y a sus hijos, y que era una de las personas más peligrosas de España.[92]

Pronto, toda la maquinaria del Tribunal se atascó y generó un retraso monumental, en buena medida propiciado por la abierta invitación a la denuncia. Sin embargo, a los delatores los movían con tanta frecuencia la envidia o el resentimiento personal que incluso las autoridades militares implicadas expresaron su disgusto.[93] Incapaz de hacer frente al colapso, Suñer fue sucedido en diciembre de 1940 por el que había sido el primer gobernador civil de Barcelona tras la toma de la ciudad, Wenceslao González Oliveros, un pronazi que se había distinguido por la persecución encarnizada contra la lengua y la cultura catalanas. No le fue fácil lidiar con el enorme retraso burocrático heredado de Suñer, por más que fuera un obstáculo inevitable, dada la magnitud que alcanzó la aplicación de la Ley de Responsabilidades Políticas en el conjunto de la represión. Indefectiblemente, la escasez de personal con formación jurídica dificultaba las contrataciones necesarias por parte del Tribunal, lo que, junto a la ingente cantidad de casos que debían examinarse, paralizó toda la maquinaria. Se abrieron cientos de miles de expedientes, entre ellos las causas contra Negrín, Azaña, Largo Caballero, Dolores Ibárruri y muchos otros republicanos en el exilio. Con el 9,5 por ciento de la población pendiente de juicio, el Tribunal se desmoronó bajo el peso de su propia ambición. El tribunal regional de Albacete había resuelto solo el 9,25 por ciento de los casos abiertos. El tribunal de Madrid había resuelto el 15,51 por ciento de sus casos abiertos, y once veces más estaban pendientes de juicio. En febrero de 1942 se modificó la ley para reducir el número de casos, y en abril de 1945 el régimen declaró que el Tribunal había cumplido con su cometido. No se abrieron más causas, aunque hubiera aún 42.000 pendientes. Tiempo después, en 1966, se anunció un indulto general para los delitos que se consideraban bajo la jurisdicción del Tribunal.[94]

La persecución sistemática no cesaría en prácticamente ningún ámbito de la vida cotidiana hasta bien entrada la década de los cincuenta. El grueso de la población republicana se hallaba en la miseria más absoluta. Como ya hemos apuntado, en muchas familias se habían quedado sin el sustento del hombre de la casa, por lo que numerosas mujeres se vieron abocadas a la prostitución; a los obreros no les quedaba más remedio que trabajar por sueldos irrisorios; a los maestros se les prohibió la docencia... Por añadidura, el sistema de racionamiento intensificó la división social. La peor situación era la de la población penitenciaria. El 15 de agosto de 1936, Mola ya le había dicho a su secretario, José María Iribarren: «La cárcel tiene que ser lugar de expiación».[95] Dos años y medio después de lo dicho por Mola, gracias a la férrea determinación de los franquistas de pasar por alto la Convención de Ginebra sobre prisioneros de guerra, las cárceles y los campos que alojaban a cientos de miles de republicanos se convirtieron en lo que uno de ellos denominó «cementerios para los vivos».[96] En el norte de Lugo, la cárcel provincial pronto estuvo tan llena que fue necesario improvisar una prisión en un antiguo convento, semiderruido y abandonado, que se conocería como la Prisión Habilitada de Alfoz, con cabida para más de 500 presos, que en su mayoría eran campesinos. Aunque escapar no era difícil, ni siquiera lo intentaban: debilitados por el hambre, y con la moral rota, en opinión de uno de los reclusos, no se habrían fugado ni aunque las puertas hubieran estado abiertas. A fin de cuentas, la cárcel se extendía más allá de los muros. España entera se había convertido en una enorme prisión.[97]

Las cárceles provinciales multiplicaban entre diez y quince veces la capacidad para la que habían sido concebidas; universidades y escuelas, conventos, hospitales y cuarteles se reconvirtieron en prisiones temporales. Para mayor confusión, a algunas, como el hospital de beneficencia del barrio barcelonés de Horta, se las denominó «campos de concentración», una nomenclatura caótica y errónea que el régimen aplicaba a centros de detención o clasificación en instalaciones improvisadas, a menudo repartidas en un área amplia.[98] Estas instalaciones adicionales apenas sirvieron para paliar el problema de la masificación, cuya escala puede deducirse del hecho de que muchos detenidos permanecían un año entero presos antes de un primer interrogatorio. El 6 de mayo de 1940, el coronel Máximo Cuervo Radigales, director general de Prisiones, mandó a Franco un informe quejándose del excesivo número de reclusos. Declaraba que, en números redondos, 103.000 prisioneros ya habían sido juzgados, de los que, desde el 1 de abril de 1939, 40.000 habían obtenido su sentencia en los juicios celebrados desde esa fecha. Estimaba que si seguía el ritmo de juicios y sentencias, se tardaría por los menos tres años en solventar los retrasos, y eso solo en el caso de que no se llevaran a cabo más arrestos. A continuación se lamentaba de que no hubiera en el Cuerpo Jurídico militar jueces suficientes para dar abasto, y que el personal reclutado no cumpliera los requisitos necesarios.[99]

La retórica de Franco sobre la necesidad de que los derrotados se redimieran a través del sacrificio trazó un vínculo claro entre la represión y la acumulación de capital que hizo posible el florecimiento económico de los años sesenta. La erradicación de los sindicatos y el sometimiento de la clase obrera generalizaron los sueldos de hambre entre la población, lo que permitió a los bancos, la industria y las clases terratenientes registrar un espectacular incremento de los beneficios. Poca duda cabe de hasta qué punto fue una política deliberada de Franco, si bien es absolutamente obvio en la explotación de los soldados republicanos apresados. Al principio fueron recluidos en «campos» rápidamente improvisados, como los de Castuera, en Badajoz, Nanclares de la Oca, en Álava, o Miranda de Ebro, en Burgos. Después de un rudimentario proceso de clasificación destinado a identificar oficiales y comisarios políticos, a los que se ejecutaba, el resto de los prisioneros, o bien pasaban a engrosar las tropas franquistas, o bien, como en el caso de muchos otros, seguían presos hasta que sus casos se aclarasen.[100] Los aptos para el reciclaje debían volver a prestar el servicio militar y, por lo común, luego los mandaban a hacer trabajos de fortificación, a batallones de castigo o de trabajo.[101]

El coste humano del trabajo forzoso, las muertes y el sufrimiento de los condenados y sus familias repercutió directamente en las fortunas que hacían las compañías privadas y las empresas estatales que los explotaron. Los destacamentos penales suministraron mano de obra a las minas, la construcción del ferrocarril y la reconstrucción de las llamadas «regiones devastadas». Se levantaron muros de piedra alrededor de las minas de carbón en Asturias, el País Vasco y León, para poder usar a los presos en la extracción. Muchos murieron de silicosis. Otros tantos fallecieron en las minas de mercurio de Almadén, a raíz de las peligrosas condiciones que padecieron. Antes de la guerra, a los obreros no se les permitía trabajar más de tres horas dos días a la semana; en cambio, ahora estaban obligados a pasar allí cuatro horas y media, tres días por semana. En las minas de pirita de Tharsis y Río Tinto, en Huelva, se alcanzó una productividad superior a la de 1936, aun con varios miles de obreros menos.[102]

El Servicio de Colonias Penitenciarias Militarizadas fue creado el 8 de septiembre de 1939 para llevar adelante los proyectos de obras públicas como las presas de los ríos Guadiana, Tajo, Guadalquivir y Jarama. De todos ellos, el de mayor envergadura fue el canal del Bajo Guadalquivir, cuyas obras de excavación se extendieron a lo largo de 180 kilómetros y se prolongaron durante veinte años; fue un inmenso canal de riego de regadío que se construyó en interés de los mismos latifundistas que habían respaldado el golpe militar. Empezó a construirse en enero de 1940 y pronto hubo 5.000 presos trabajando en el proyecto, entre ellos ingenieros, arquitectos, médicos y contables republicanos, así como carpinteros, electricistas, fontaneros, albañiles y peones.[103] Dos mil prisioneros trabajaron también en la construcción de las carreteras de montaña de los Pirineos en Navarra. Muchos más se emplearon en los canales de regadío, las presas y los pantanos.[104] Las grandes obras públicas lograron proyectarse como un programa de retribución, que a un tiempo perpetuaba y honraba el sacrificio de los mártires en la lucha contra la depravación republicana.

El ejemplo más extremo de la explotación de los presos republicanos fue el capricho personal de Franco, la gigantesca basílica y la imponente cruz del Valle de los Caídos. Trabajaron hasta 20.000 presos —varios murieron, muchos padecieron heridas de gravedad— en la construcción del colosal mausoleo de Franco, un monumento a su victoria cuyo fin era, en palabras del propio dictador, «que las piedras que se levanten tengan la grandeza de los monumentos antiguos, que desafíen al tiempo y al olvido».[105]

Así pues, la esclavización de los prisioneros era un modo de hacerles pagar los costes de su propio encarcelamiento y de reconstruir la España asolada por la guerra. Para mayor castigo, en los campos de trabajo y las cárceles las condiciones eran insoportables. Durante el riguroso invierno de 1940-1941, muchos prisioneros murieron de hambre y frío en las celdas. Otros muchos sucumbieron a la tuberculosis y el tifus, epidemias que hicieron estragos en España en la primavera de 1941. De hecho, entre la población penitenciaria fueron más las víctimas por enfermedad que por ejecuciones. Solo en la cárcel de Córdoba murieron 502 personas en 1941.[106] Además de utilizar a los reclusos como esclavos, gracias a la pátina teológica del jesuita José Agustín Pérez del Pulgar, nació la idea de la redención de las penas por el trabajo, que permitía a los condenados acortar sus sentencias y, al mismo tiempo, ganar algún dinero para sus familias; este concepto contribuyó también, como es de suponer, a aumentar sustancialmente los fondos del régimen.[107] En octubre de 1938 se creó el Patronato Central para la Redención de las Penas por el Trabajo; el trabajo se consideraba una manera de reparar el daño causado durante la guerra, de la que se culpaba a los prisioneros, a pesar de que en buena medida los destrozos hubieran sido obra de la artillería y los bombardeos aéreos de los rebeldes. De hecho, el Servicio Nacional de Regiones Devastadas y Reparaciones, fundado por Serrano Suñer en marzo de 1938, estaba representado en el Patronato para la Redención de las Penas y hacía pleno uso de la reserva de mano de obra.[108]

Este plan fue necesario, además, porque el sistema penitenciario se hallaba al borde del colapso. En respuesta a una comisión internacional, en 1954 el Ministerio de Justicia franquista admitió que en 1940 había más de 270.719 reclusos en sus cárceles. De hecho, estas cifras comprendían solo a los prisioneros que ya habían sido sentenciados, pero por lo menos 100.000 más seguían en aquella fecha a la espera de juicio. Tampoco incluían a los que trabajaban en las colonias penitenciarias militarizadas. Poco sorprende, por tanto, que las cárceles recibieran visitas constantes de los curas predicando las ideas de Pérez del Pulgar.[109] A veces se les ofrecía trabajar en los rudimentarios talleres que se organizaban en las propias cárceles, donde se fabricaban ropa, muebles y artículos de toda especie. Las más de las veces, no obstante, se trataba de trabajos peligrosos en minas, en la excavación de túneles ferroviarios y en otras obras públicas de ingeniería, por los que recibían salarios escandalosamente bajos. Muchos prisioneros aceptaban las atroces condiciones para poder contribuir, por poco que fuera, a la manutención de sus mujeres e hijos, y albergando la esperanza de que los trasladaran más cerca de sus familias. Cuando el salario medio diario por un trabajo manual era de diez pesetas al día, a los presos los contrataban las empresas privadas por cinco o seis, de las que el gobierno se quedaba la mitad, y el resto en teoría se les pagaba a los reclusos. Sin embargo, no recibían el dinero que les correspondía, pues se les quitaba una peseta por las pobres raciones de comida, una se colocaba en una cartilla de ahorros que el prisionero cobraría cuando fuera puesto en libertad y la tercera, supuestamente, se destinaba a la familia. En realidad, sin embargo, ese porcentaje del salario se distribuía, en caso de que así fuera, a través del ayuntamiento de la localidad donde residiera la familia, y a menudo no se entregaba. A los sentenciados a muerte, por otro lado, no se les permitía participar de este plan.[110]

En las cárceles no se permitía la entrada de periódicos, aunque las únicas publicaciones consentidas en España fueran las de la Prensa del Movimiento, sometida a un control absoluto. La prohibición, por tanto, no perseguía impedir el acceso a las noticias, que pasaban ya por la férrea mano de los censores, sino obligar a los presos a comprar el boletín semanal del Patronato, *Redención*, escrito por periodistas republicanos encarcelados y que contaba con una tirada superior al millón de ejemplares. Un ejemplar costaba lo mismo que los periódicos de distribución comercial; aunque en teoría ningún preso estaba obligado a comprarlo, con frecuencia la suscripción al boletín era una condición para acceder al régimen de visitas, de manera que se sumaba así otra carga a la precaria economía de las familias.[111]

La interpelación a una música británica a la que detuvieron bajo sospecha de espionaje ha acabado siendo la frase icónica para describir la situación que se vivía en las cárceles de mujeres. «Aquí dentro —le dijo la guardiana que le consfiscó sus objetos personales— nada te pertenece, excepto lo que has comido. Y no siempre, porque a lo mejor vomitas.»[112] Esta presa británica no pasó por sufrimientos extremos; la escala de privaciones que padecieron las republicanas vencidas, en cambio, se infiere de un dato: la tercera semana de abril de 1939, en la cárcel de mujeres de Ventas, de Madrid, pensada para albergar a 500 internas, había más de 3.500 reclusas; llegaría a alojar a cerca de 14.000, con 12 o más mujeres hacinadas en celdas individuales. Con frecuencia se detenía a las mujeres de la familia cuando las autoridades no daban con los hombres. Se les imputaban cargos tan sonrojantes como lavar ropa o freír huevos para los soldados republicanos, o haber trabajado en la limpieza de un hospital durante la República.[113] Además de las espantosas condiciones que resultaban de la masificación, la enfermedad y la malnutrición, el sufrimiento de las mujeres en las cárceles tuvo dimensiones desconocidas para la población carcelaria masculina. Entre las detenidas había embarazadas, o madres que ingresaban en prisión con sus hijos pequeños; si los hijos eran mayores de tres años no podían llevarlos con ellas, y a veces no podían dejarlos a cargo de sus familiares, puesto que estos también estaban encarcelados, o en el exilio, o habían muerto. Estas madres soportaron la enorme angustia de saber que sus hijos, de cuatro años en adelante, se quedaban solos y desamparados en la calle. A las mujeres de más edad las obligaban a ser testigos de las torturas infligidas a sus hijos, que en ocasiones terminaban en la muerte.[114]

La violación era una práctica frecuente durante los interrogatorios en las comisarías de Policía. El traslado a la cárcel o al campo de concentración no era garantía de estar a salvo; por la noche, los falangistas apresaban a las mujeres jóvenes, las sacaban y las violaban. A veces les marcaban los pechos con el símbolo de la Falange, el yugo y las flechas. Muchas quedaron encinta de sus violadores. Cuando había que ejecutar a una embarazada, a menudo se postergaba la muerte hasta que diera a luz, y su hijo era dado en adopción.[115] Sin embargo, en la cárcel de Zamora fueron fusiladas también numerosas mujeres embarazadas o madres de niños de pecho. El 11 de octubre de 1936, a la mujer de Ramón J. Sender, Amparo Barayón, le dijeron: «Las rojas no tienen derecho a alimentar a sus hijos». Luego le arrancaron de los brazos a su hija de ocho meses, Andrea, y la internaron en un orfelinato católico. Amparo fue ejecutada al día siguiente, completamente destrozada por el dolor.[116] De 1937 a 1941, el fraile franciscano capuchino Gumersindo de Estella fue el capellán de la cárcel de Torrero (Zaragoza), y recordaba la ejecución, en septiembre de 1937, de tres mujeres jóvenes, cuyo delito era haber intentado llegar a la zona republicana; le impresionaron vivamente los gritos de angustia cuando las apartaron de sus bebés. En otra ocasión, en mayo de 1938, solicitó que se suspendiera la ejecución de una muchacha de veintiún años embarazada, a lo que el juez replicó indignado: «¡Si por cada mujer que se hubiera de ajusticiar se había de estar esperando siete meses! Ya comprende Vd. que eso no es posible».[117]

Se administraban palizas brutales, a menudo también a embarazadas, pero las torturas infligidas a las mujeres solían ser más refinadas. Entre otros métodos estaban las descargas eléctricas en los pezones, los genitales y las orejas. Además del dolor y la humillación de estas torturas, la aplicación de descargas eléctricas en las orejas provocaba intensos dolores de cabeza y secuelas psicológicas que se prolongaban durante años. Entre las arrestadas, muchas jóvenes fueron sometidas a palizas, tortura y acoso sexual; además, las chicas de diecisiete y dieciocho años soportaban con frecuencia malos tratos. La madre de Juana Doña tuvo las manos incapacitadas durante dos meses por culpa de la tortura con descargas.[118] A las mujeres acusadas de adherirse a la rebelión se les imponían la pena de muerte o condenas de cárcel, pese a que no les concedieran estatus de presas políticas, sino de delincuentes comunes.[119]

El 5 de agosto de 1939, 56 prisioneros fueron ejecutados en Madrid, entre ellos un chico de catorce años y 13 mujeres, varias de ellas menores de veintiún años, y que con el tiempo se conocerían como las «Trece Rosas», un símbolo de la crueldad del régimen de Franco. Pertenecían a las JSU, cuya captura habían facilitado los casadistas en la primavera de 1939 al ceder a los franquistas las listas de afiliados. Para justificar las ejecuciones se esgrimió una trama en realidad inexistente para matar a Franco; pero la verdadera razón era, aunque ambos sucesos no guardaran relación alguna, perpetrar un acto de venganza masiva por la muerte del comandante de la Guardia Civil Isaac Gabaldón el 27 de julio, asesinado junto a su hija de dieciocho años y su chófer por miembros de la resistencia. Todos los ejecutados el 5 de agosto estaban en prisión desde antes de dichos asesinatos. Gabaldón dirigía el Archivo de Masonería y Comunismo creado por Marcelino de Ulibarri. Sin embargo, es poco probable que los hombres que lo mataron conocieran ese detalle, pues el suyo fue uno de los muchos ataques aleatorios que sufrían los vehículos que abandonaban Madrid. Fue tal el escándalo internacional provocado por el fusilamiento de las Trece Rosas que en un juicio posterior, celebrado el 9 de septiembre, donde se ejecutó a 27 personas, a otras 3 mujeres se les conmutó la pena de muerte por condenas de prisión.[120]

Otra víctima del golpe de Casado fue una mujer que acababa de dar a luz cuando su esposo, arrestado por los casadistas, fue sentenciado a muerte por los franquistas. Desahuciada de su domicilio, vivió en las calles con su hija recién nacida, durmiendo en los portales y en los escalones del metro. Cuando un abogado le dijo que la sentencia de su marido podía conmutarse si pagaba un soborno de 10.000 pesetas, empezó a robar y acabó en prisión con su bebé.[121] Un ejemplo de la brutalidad infligida sobre las mujeres fue el caso de una madre que, en el momento de ser arrestada por la Policía, llamó a su hijo, que lloraba. Al oír que el nombre del niño era Lenin, los agentes lo agarraron de las piernas y le estamparon la cabeza contra una pared.[122]

En la cárcel, las condiciones que sufrían las madres con niños de pecho eran lisa y llanamente espantosas. Sin posibilidad de aseo personal ni de lavar la ropa y los pañales de sus bebés, se veían obligadas a vivir en la inmundicia y a librar una batalla cotidiana con las ratas. En la cárcel de Ventas, el agua de los aseos y las letrinas estaba cortada. Por cada 200 mujeres solo había un inodoro, que se drenaba con el agua sucia que usaban para lavar los suelos y se recogía luego en grandes cubas. Paz Azati, una comunista de Valencia, explicó que «todos los días tú veías por el suelo de la enfermería de Ventas los cadáveres de quince o veinte niños que se habían muerto de meningitis». Otra comunista, Julia Manzanal, acababa de dar a luz a una niña cuando la arrestaron en Madrid, en la primavera de 1939; le conmutaron la pena de muerte por una condena de treinta años de cárcel. Diez meses después, su hija murió de meningitis.[123] Algunas mujeres padecieron la agonía de ver morir a sus criaturas; a otras, en cambio, se las arrancaron de los brazos.[124]

Terminada la guerra, el secuestro de los hijos de las prisioneras republicanas, no solo de aquellos que habían sido ejecutados, se convirtió en una acción sistemática. Un total de 12.000 niños fueron internados en instituciones civiles o religiosas donde se les practicó el oportuno lavado de cerebro. Tras presenciar cómo asesinaban a su marido delante de ella, una mujer fue detenida y su hija trasladada a un orfanato. La madre escribía a su hija con regularidad, hasta que un día recibió esta respuesta: «No me hables más de papá, ya sé que mi padre era un criminal, voy a tomar los hábitos». Muchos de los niños separados de sus madres e internados en orfanatos religiosos terminaron acusando a sus padres de asesinos. Andrea, la hija de Amparo Sender, se hizo monja. Pilar Fidalgo señaló que a los huérfanos los obligaban a «cantar las mismas canciones que cantaban los asesinos de su padre, a llevar el uniforme de quienes lo habían ejecutado, a maldecir al difunto y a vituperar su memoria».[125]

En el libro firmado por el capellán de la cárcel de Barcelona, el padre Martín Torrent (cuyo verdadero autor en la sombra era Luis Lucia), se manifiesta un hondo orgullo por el hecho de haber recogido en orfanatos religiosos a 7.000 niños indigentes, hijos de prisioneros. Más ufano todavía se mostraba el padre Torrent cuando afirmaba que algunos de ellos habían decidido ordenarse sacerdotes.[126]

Hubo casos de niños robados y separados de sus madres en muchas prisiones del país, principalmente en Saturrarán, un penal del País Vasco, y en las cárceles de Madrid. Más de 100 mujeres y alrededor de 50 niños murieron a causa de diversas enfermedades en Saturrarán, bajo la férrea dirección de María Aranzazu, una mujer conocida entre las prisioneras como «la pantera blanca». En Madrid, el régimen de brutalidad impuesto en las improvisadas prisiones para madres con hijos de corta edad perduró gracias a María Topete Fernández, una mujer adinerada que había estado presa en la zona republicana. El trato cruel que dispensaba tanto a las madres como a los niños tal vez fuera fruto de su resentimiento personal. Allí no había más alimento que unas gachas aguadas y mezcladas con bichos y gusanos. Si los niños las vomitaban, María Topete los obligaba a comerse sus propios vómitos. Las madres pasaban buena parte del día y la noche separadas de sus hijos, constantemente aterradas por la idea de que pudieran quitárselos. Cumplidos los tres años, separaban a los niños de sus madres por la fuerza. Hacia 1943 había en los orfanatos religiosos más de 10.000 niños.[127]

El jefe de los Servicios Psiquiátricos del Ejército rebelde, el comandante Antonio Vallejo-Nágera, ofreció una justificación a esta política. Obsesionado por la necesidad de limpieza étnica, en 1934 escribió un libro en el que abogaba por la castración de los psicópatas.[128] Había prestado servicio en Marruecos como miembro del Cuerpo de Sanidad Militar y había pasado algún tiempo en Alemania durante la Primera Guerra Mundial, visitando los campos de prisioneros. Allí conoció a psiquiatras como Ernst Kretschmer, Julius Schwalbe y Hans Walter Gruhle, cuyos trabajos dejaron una honda influencia en él. Durante la Guerra Civil fue nombrado jefe de los Servicios Psiquiátricos Militares. El 10 de agosto de 1938 escribió a Franco solicitando permiso para crear el Gabinete de Investigaciones Psicológicas, y dos semanas más tarde recibió la autorización esperada. Su propósito era patologizar las ideas de la izquierda. Los resultados de sus investigaciones proporcionaron al alto mando militar los argumentos «científicos» necesarios para justificar por qué presentaban a sus adversarios como una especie infrahumana, y Vallejo-Nágera fue ascendido a coronel.[129]

Para emprender la búsqueda de factores ambientales que pudieran favorecer la aparición del «gen rojo», así como la relación entre marxismo y deficiencia mental, sometía a los prisioneros a distintos tests psicológicos cuando estos se encontraban ya al borde del colapso físico y mental. El equipo de Vallejo-Nágera contaba con dos médicos, un criminólogo y dos asesores científicos alemanes. Seleccionaron a sus sujetos clínicos entre los miembros de las Brigadas Internacionales de San Pedro de Cardeña, y 50 republicanas recluidas en la cárcel de Málaga, 30 de las cuales se encontraban a la espera de ejecución. El estudio de las mujeres, a partir de la premisa de que eran seres degenerados y, por tanto, proclives a la delincuencia marxista, sirvió al psiquiatra para explicar la «criminalidad revolucionaria femenina» en relación con la naturaleza animal de la psique femenina y el «marcado carácter sádico» que se desataba en las hembras cuando las circunstancias políticas les permitían «satisfacer sus apetencias sexuales latentes».[130]

Estas teorías, que se emplearon para justificar el secuestro de niños republicanos, se recopilaron posteriormente en un libro titulado *Eugenesia de la hispanidad y regeneración de la raza española*.[131] Sus planteamientos, más ambientales que biológicos, postulaban que la raza era el resultado de un conjunto de valores culturales. Los valores que en España contenían los requisitos indispensables para la salud nacional eran jerárquicos, castrenses y patrióticos. Cualquier valor defendido por la República y la izquierda se consideraba hostil y había de erradicarse de inmediato. Obsesionado por lo que él llamaba «esta labor tan trascendente de higienización de nuestra raza», su modelo era la Inquisición que en el pasado había protegido a España de doctrinas envenenadas. Reclamaba «una Inquisición modernizada, con otras orientaciones, fines, medios, y organización; pero Inquisición».[132] La salud de la raza exigía separar a los niños de sus madres «rojas».

La autorización oficial para desarrollar sus teorías le llegó gracias a los contactos personales que mantenía tanto con Franco (su mujer era amiga de Carmen Polo) como con la Falange.[133] Cultivó su relación con Franco dedicándole su libro sobre la psicopatología de la guerra, al que incorporaba algunos estudios previos sobre la relación entre marxismo y deficiencia mental, «en respetuoso Homenaje de admiración al invicto Caudillo Imperial, Generalísimo de los Ejércitos Españoles de Tierra, Mar y Aire». Vallejo-Nágera mantenía además estrechos vínculos con Auxilio Social, la organización del régimen encargada de atender a los huérfanos de la guerra, a través de su amigo, el psiquiatra Jesús Ercilla Ortega. Ercilla, buen amigo a su vez de Onésimo Redondo, fue uno de los fundadores de las JONS.[134] Era además miembro del Comité Ejecutivo de Auxilio Social, en calidad de asesor médico, y el hombre de enlace con otros grupos del régimen. Terminada la guerra, Ercilla fue nombrado director médico de la clínica psiquiátrica de San José, en Ciempozuelos, un hospital oficialmente dirigido por Vallejo-Nágera.[135] Franco se mostraba entusiasmado con la obra de caridad llevada a cabo con los huérfanos republicanos por Auxilio Social, y la veía como una pieza esencial para la definitiva «redención» de los errores izquierdistas cometidos por el pueblo español.[136] En el marco de esta misión, el 14 de diciembre de 1941 se promulgó la ley que permitía el cambio de nombre de los huérfanos republicanos, de los hijos de prisioneros, que obviamente no podían hacerse cargo de sus hijos, y de los bebés separados de sus madres en las prisiones inmediatamente después de nacer. Lo cierto es que a muchos niños se los llevaron por la fuerza.[137]

Las condiciones de todos los presos empeoraron a medida que avanzaba la Segunda Guerra Mundial. En muchos casos fueron obligados a donar sangre para el Ejército alemán, a pesar de su estado de malnutrición.[138] El ejemplo quizá más llamativo de la crueldad con que los franquistas trataban a los republicanos derrotados fue el destino de los exiliados españoles capturados en Francia por los alemanes. Algunos combatían con las tropas francesas, mientras que otros seguían internados en campos de prisioneros. Unos 10.000 exiliados españoles terminaron en los campos de concentración alemanes. No cabe duda de que esto solo fue posible gracias a la aquiescencia del gobierno de Franco al recibir noticia de las capturas. En el mes de julio se enviaron numerosas cartas desde la embajada española en París al Ministerio de Asuntos Exteriores de Madrid, en las que se solicitaba una contestación al ofrecimiento, por parte de los alemanes, de enviar a los presos a España. A la vista de que la respuesta no llegaba, la propia embajada alemana en París estableció contacto con Madrid en el mes de agosto para conocer cuáles eran los deseos del gobierno español en relación con los 100.000 refugiados españoles. La única respuesta de la que se tiene constancia es la lista a la que ya se ha aludido anteriormente, con los nombres de los individuos cuya extradición solicitaban las autoridades españolas. Muchos de los demás, en ausencia de otra contestación, fueron condenados a los campos de prisioneros alemanes. Según lo declarado por el *Standartenführer* de las SS, August Eigruber, gobernador del Alto Danubio en Austria, «el propio Franco» les dijo a los alemanes que, puesto que aquellos prisioneros habían luchado para instaurar una «España soviética», no podía considerárselos españoles. El comentario es coherente con las declaraciones públicas de Franco sobre los republicanos, a quienes presentaba como criminales irredimibles. Por consiguiente, los prisioneros españoles fueron tratados como apátridas y trasladados desde los campos de prisioneros habilitados en el frente (Stalag) a diferentes campos de concentración. El primer lote, de 392 prisioneros españoles, llegó al campo de Mauthausen, en Austria.[139]

El 20 de agosto de 1940, un tren de ganado partió de Angoulême con 927 refugiados españoles a bordo, 490 de los cuales eran hombres, el resto mujeres y niños, todos ellos hacinados en grupos de 40 o 50 en los veinte vagones concebidos para alojar a ocho caballos. Los refugiados creían que los llevaban a Vichy. El viaje duró tres días con sus noches, que los refugiados pasaron de pie, sin comida ni agua. El 24 de agosto llegaron a Mauthausen. A los varones mayores de trece años los separaron de sus familias y los llevaron al campo de exterminio próximo. El comandante del campo, Franz Ziereis, los recibió con el siguiente discurso de bienvenida: «Habéis entrado por la puerta y saldréis por la chimenea del horno crematorio». De los 490 refugiados, 397 murieron en este campo de exterminio.[140] A las mujeres y los niños los enviaron de vuelta a España, los habían subido al tren para que los civiles franceses no vieran que separaban a las familias. No cabe duda de que las autoridades españolas estaban al corriente de lo que ocurría en Mauthausen. A su llegada a España interrogaron a las prisioneras y encarcelaron a las que no tenían quien intercediera por ellas. A los niños los trasladaron a distintos orfanatos, aun cuando había familias republicanas deseosas de acogerlos.[141]

Esto fue solo el principio. Los republicanos españoles conocieron toda la gama de horrores posibles en distintos campos de prisioneros nazis, como Buchenwald, Bergen-Belsen, Dachau, Ravensbrück y Sachsenhausen, en Alemania; así como Auschwitz o Treblinka, en Polonia. En Ravensbrück fueron internadas 101 españolas que habían pertenecido a la Resistencia francesa. A la mayoría de los «Combatientes por la España Roja» (*Rotspanienkämpfer*), alrededor del 90 por ciento, los encerraron en Mauthausen-Gusen, en el Alto Danubio.[142] Mauthausen era un campo de exterminio donde los prisioneros, o bien eran ejecutados a su llegada, o bien realizaban trabajos forzados hasta que morían de puro agotamiento. En las canteras de Mauthausen, una interminable procesión de prisioneros, en filas de cuatro, acarreaban piedras de entre 20 y 40 kilos por una escalera de 186 peldaños.[143] Alrededor de un 60 por ciento de los republicanos españoles internados en campos alemanes perdieron la vida en Mauthausen.[144]

La propaganda franquista presentaba las ejecuciones, las prisiones abarrotadas, los campos de concentración, los batallones de trabajos forzados y el destino de los exiliados como la escrupulosa aunque compasiva justicia administrada por un sabio y benevolente Caudillo. A mediados de julio de 1939, el conde Galeazzo Ciano, yerno de Mussolini, realizó una visita oficial a España en compañía del ministro de Asuntos Exteriores de la Italia fascista. Entre los entretenimientos concebidos para agasajarlo figuraba la exhibición de una cuadrilla de prisioneros republicanos condenados a trabajos forzados. El estado físico de los presos suscitó este amargo comentario por parte de Ciano: «No son prisioneros de guerra, son esclavos de guerra». De vuelta en Roma, el enviado ofreció la siguiente descripción de Franco a uno de sus amigos: «Ese Caudillo es un bicho de lo más raro. Lo he visto en su palacio de Ayete, rodeado de su guardia morisca, entre montañas de archivos de prisioneros condenados a muerte. A la vista de su horario de trabajo, no creo que se ocupe de más de tres expedientes al día, porque le encanta disfrutar de la siesta».[145]

Veinticinco años más tarde, Franco organizó una fastuosa celebración a escala nacional de los «Veinticinco Años de Paz» transcurridos desde el final de la Guerra Civil. Todos los pueblos y ciudades de España se cubrieron de carteles que se felicitaban por las purgas emprendidas en el país contra las hordas de ateos izquierdistas. Las celebraciones comenzaron el 1 de abril de 1964 con un *Te Deum* en la basílica del Valle de los Caídos. Tanto la misa como la entrevista ofrecida por Franco al diario *ABC* pusieron de manifiesto que lo que se celebraba no era la paz, sino la victoria.[146] Este extremo se confirmó ocho días más tarde, cuando el Caudillo afirmó ante el Consejo Nacional que los festejos habían sido «una conmemoración de los veinticinco años de la victoria». Y dio muestras de que seguía obsesionado por el contubernio judeomasónico y bolchevique cuando previno a su auditorio de las tramas sectarias que se gestaban en Europa, de «maquinaciones secretas, la acción subversiva y el poder de las fuerzas ocultas».[147] El mensaje implícito en la celebración era que los esfuerzos por consolidar la inversión en terror se habían visto recompensados con creces.

Epílogo

No parece que Franco perdiera el sueño preocupado por la suerte de sus víctimas, pero no puede decirse lo mismo de todos los que participaron en la represión. Cabe suponer que al menos algunos de los responsables de los crímenes en ambos bandos sufrieran lo que hoy se diagnosticaría como estrés postraumático. Los culpables de las atrocidades cometidas en la zona republicana generalmente fueron juzgados por la República durante la guerra, o por los franquistas en fechas posteriores. En las confesiones arrancadas por la Policía franquista, como fue el caso de Felipe Sandoval, se recogen declaraciones de arrepentimiento. Sin embargo, dada la magnitud de la represión en España tras la guerra, de la que no se libraron ni los culpables ni centenares de miles de personas que no tenían culpa de nada, y las dimensiones del exilio, no es de extrañar que los testimonios de arrepentimiento espontáneos entre el bando republicano sean más bien escasos.

Por el contrario, entre los vencedores, que pudieron disfrutar de los frutos de su trabajo durante décadas una vez terminada la guerra, parece que muchos más reflexionaron de manera consciente sobre lo ocurrido, y en algunos casos tuvieron remordimientos de conciencia. El reconocimiento más significativo por parte de un franquista de que lo que se hizo, ya desde mucho antes del golpe militar, podría haber estado mal, fue el de Ramón Serrano Suñer, quien así lo manifestó en numerosas entrevistas y en sus memorias, al describir como «la justicia al revés» los juicios que se practicaron en la zona rebelde durante la guerra y en toda España a raíz de 1939.[1]

Uno de los ejemplos de arrepentimiento más famosos fue el del poeta Dionisio Ridruejo, amigo de José Antonio Primo de Rivera y fundador, entre otros, de la Falange. A finales de la década de 1940, desencantado por la corrupción del régimen franquista, renegó de su pasado, y dos décadas más tarde comenzó a escribir sobre lo ocurrido en la Guerra Civil desde una perspectiva crítica. Fundó entonces un partido político tímidamente contrario al régimen. Uno de sus antiguos camaradas, Eugenio Montes, le dijo a Ridruejo: «Cuando como tú se ha llevado a centenares de compatriotas a la muerte y, luego, se llega a la conclusión de que aquella lucha fue un error, no cabe dedicarse a fundar un partido político: si se es creyente, hay que hacerse cartujo, y si se es agnóstico, hay que pegarse un tiro».[2]

Mucho más rápido fue el giro del padre Juan Tusquets. En el otoño de 1938, la víspera de la gran ofensiva de los insurrectos contra Cataluña, Franco y Serrano Suñer le pidieron que propusiera algunos nombres para dirigir las instituciones que establecerían las fuerzas de ocupación. A partir de las sugerencias de Tusquets se realizaron los nombramientos del futuro alcalde de Barcelona, Miquel Mateu, y otros destacados cargos públicos.[3] Tras haber llegado a ejercer tanta influencia, terminada la guerra Tusquets cambió sorprendentemente de parecer y declinó tanto la oferta de Serrano Suñer, que le brindaba el puesto de director general de Prensa y Propaganda, como la invitación de Franco para que aceptara el cargo de asesor espiritual del Consejo Superior de Investigaciones Científicas.[4] Dado el entusiasmo que en años anteriores había mostrado Tusquets por estar cerca de los centros del poder y el hecho de que había acumulado salarios sin ningún rubor, llama la atención que rechazara dos puestos tan importantes y bien remunerados.

Hay razones para sospechar que la brutalidad de la ocupación franquista en Cataluña provocó un cierto sentimiento de culpa en el padre Tusquets por haber fomentado el odio que finalmente desembocó en la contienda. Fue entonces cuando empezó a construir una versión aséptica de su papel durante la guerra. Posteriormente, afirmó que había intentado sacar de los campos de concentración a personas a las que conocía. Puede que dicha afirmación sea cierta, si bien no hay pruebas que la respalden. Sostenía, además, que había impedido que algunos de los principales tesoros catalanes, como el Archivo de la Corona de Aragón y la Biblioteca de Cataluña, sufrieran el mismo destino que tantas otras instituciones catalanas, cuyos libros, archivos y documentos fueron robados por los franquistas y trasladados a Salamanca, un proceso que el padre Tusquets había alentado personalmente.[5] Alegó que era su adláter, Joaquim Guiu, y no él, quien estaba obsesionado con la masonería.[6] Negó toda participación en la represión y declaró mendazmente que jamás había facilitado sus listas de ciudadanos a las autoridades militares.

Calificó a su colaborador durante la guerra, Mauricio Carlavilla, de «nazi acérrimo» que se había inventado su material.[7] A la vista de tantas y tan obvias falsedades, cabría especular que Tusquets quizá estaba avergonzado y horrorizado por las consecuencias prácticas de sus campañas antijudías y antimasónicas. De hecho, en lugar de aceptar un cargo oficial, regresó a la docencia religiosa.

Algunos testimonios indirectos revelan que los responsables de las atrocidades padecieron alguna enfermedad psicosomática o algún trastorno de otra naturaleza a causa de la culpa reprimida. Uno de los implicados en el asesinato de Lorca sufrió de un modo que parece traslucir cierta culpa: Juan Luis Trescastro Medina murió alcoholizado en 1954, tras una existencia atormentada por el recuerdo de las maldades que había cometido.[8] Otro caso emblemático ocurrió en Lora del Río. Uno de los tres principales asesinos del pueblo tuvo que abandonar su casa por la hostilidad de sus vecinos. Cuando murió el segundo, nadie quiso transportar su ataúd. El tercero contaba entre carcajadas cómo sus víctimas, tras recibir un disparo en el estómago, primero daban un salto y después se doblaban: murió doblado de dolor a consecuencia de un cáncer de estómago, lo que muchos vecinos interpretaron como un ejemplo de justicia divina. Lo mismo pensaron de un asesino de gatillo fácil que más tarde perdió el pulgar y el índice en un accidente industrial. De muchos asesinos se decía que, en el lecho de muerte, gritaban: «¡Ya vienen a buscarme!».[9]

Es imposible desligar estas exiguas pruebas de la mera fantasía popular. La construcción de la memoria o la mitología popular de los que padecieron la represión podría estar alimentada por el deseo de ver sufrir a los culpables con un castigo acorde con la gravedad del delito. Así, en la localidad pacense de Fuente de Cantos está muy arraigada la creencia de que un hombre que desempeñó un papel singularmente cruel en la represión murió atormentado por el recuerdo de sus actos y odiado por todos sus vecinos. Este hombre, un delator cuyas denuncias desembocaron en numerosas ejecuciones, vivió aparentemente feliz durante toda la dictadura franquista, pero cuando supo que Franco se encontraba en su lecho de muerte, obsesionado por la idea de que la izquierda se cobraría cumplida venganza, se suicidó.

Aún más dramático fue un caso registrado en Ubrique, en la provincia de Cádiz. La leyenda local refiere una aparente enfermedad psicosomática provocada por la culpa. Pocos días después del golpe militar, un grupo de falangistas asesinó a varios prisioneros republicanos en las afueras del pueblo, entre los cuales figuraba un niño de doce años, hijo de un gitano llamado Diego Flores. Uno de los asesinos se burló del sufrimiento de Flores al presenciar la muerte de su hijo, diciéndole: «¿Y ahora qué? ¿Nos vas a echar la maldición del gitano?». A lo que Flores contestó: «Sí, malnasío, te la voy a echar. No te deseo nada más que la carne se te caiga a pedazos y mueras entre atroces dolores». El asesino, que se hizo rico con las propiedades que había robado a sus víctimas, murió a finales de la década de 1970 a consecuencia de una terrible modalidad de lepra.[10]

En la localidad de Cantalpino, situada a 40 kilómetros de Salamanca, donde no se habían registrado incidentes antes de la guerra, los derechistas asesinaron a 22 hombres y a una mujer llamada Eladia Pérez, además de violar a varias muchachas. Cuando fueron a enterrar a Eladia, resultó que el cadáver no cabía en la fosa, y, en lugar de seguir cavando, el hombre que la había ejecutado le cortó la cabeza con una pala. Según los vecinos, este hombre era Anastasio González, «el Cagalubias», quien años después murió delirando y suplicando a gritos que le quitaran a Eladia de encima.[11]

Un ejemplo de arrepentimiento fue propiciado involuntariamente por un amigo de José Antonio Primo de Rivera, Francisco Bravo, quien escribió un artículo en *La Gaceta Regional* de Salamanca en conmemoración del 27.º aniversario del 18 de julio. Un par de días más tarde llegó un anónimo a la redacción del periódico:

No te acuerdas de mí, fui un camarada tuyo que picó el anzuelo de eliminar personas porque sí. Sólo fueron cinco mis paseados y no quise seguir en aquel horror. Aún los tengo presentes a esos cinco hermanos, sí, aunque te extrañe, hermanos. Eran humanos, criaturas de Dios a las que maté y aún quiero creer que no sé por qué lo hice. Yo no maté de aquella forma por Dios ni por España. Dejo a ti, si sabes ver, si tienes conciencia, si eres creyente, el calificativo, la sentencia que merecen aquellas muertes… Debieras haber ampliado ese recuerdo que escribes, registrando todo lo que sucedió nada más que en esa tierra en la que tú eras el jefe de unas milicias, no rojas. Se actuó como vencedores, y tan pronto como abandonamos la prisión. Acaso eso se te ha olvidado. Es posible que tu último suspiro sea plácido, sin remordimientos, como el de toda persona que sólo hizo el bien y no supo del odio ni de la venganza. Quieres decirme [si] tú estás entre ésos. Yo, camarada, ansío una muerte fulminante. Vivo destrozado, siguiéndome aquellos que no han podido borrar esos veintisiete años. Perdona. Dudo que nuestras víctimas nos puedan perdonar.[12]

En el municipio cordobés de Pozoblanco, la represión fue particularmente violenta. Tres de los hombres que participaron en ella se suicidaron en fechas posteriores. Juan Félix, «el Pichón» se tiró de un tren en marcha. Otro de ellos, el abogado Juan Calero Rubio, se quitó la vida abrumado por su participación en el terror. Mientras ejercía las funciones de juez militar, Calero había firmado centenares de sentencias de muerte contra los prisioneros de distintos pueblos de la comarca, además de ordenar las torturas y de participar personalmente en las brutales palizas que recibían los capturados. En 1940, al conocer que se había conmutado la pena de muerte contra el director de la oficina de Correos de Villanueva, ordenó su ejecución inmediata y más tarde afirmó que el perdón no había llegado a tiempo. Un pariente del condenado, un oficial del Ejército que había tramitado el indulto, presentó una denuncia formal contra Calero, quien, a la espera de que se señalara la fecha del juicio, se quitó la vida ingiriendo veneno, el 28 de agosto de 1940, a la edad de cincuenta y tres años. Un teniente de la Guardia Civil conocido como «Pepinillos», que también había participado en numerosas ejecuciones, se pegó un tiro en la cabeza durante un baile organizado en la localidad vecina de Espiel para celebrar el comienzo de la Guerra Civil.[13] Otro caso de suicidio supuestamente motivado por la culpa fue el de un individuo llamado Ortiz, responsable de buena parte de la represión en la localidad gaditana de San Fernando, que eligió la soga para quitarse la vida.[14]

El hermano de Fernando Zamacola, líder de la famosa banda falangista conocida como «Los Leones de Rota», responsable de numerosas atrocidades en la provincia de Cádiz, conversó con el psiquiatra Carlos Castilla del Pino en la década de 1950. Este fue su testimonio: «¿Y para esto [se refería a lo que consideraba las injusticias sociales no resueltas en la España de Franco] hemos tenido que matar? Sí, porque yo he matado, he matado a más de uno, en los fosos de Puerta de Tierra [en Cádiz] ... A bastantes, no sé a cuántos, pero he matado y he visto cómo morían, y ahora me parece que aquellas criaturas me quitan la razón y hasta sueño con ellos... ¡Cómo hemos vivido en el engaño, yo por lo menos! No sé si los demás como yo saben que hemos sido engañados, pero ya no tiene remedio, y es toda mi vida, toda mi vida así».[15]

Segundo Viloria, el hombre a quien la familia de Amparo Barayón señala como su asesino, también fue denunciado por Pilar Fidalgo como culpable de numerosos delitos sexuales contras las prisioneras. Según Miguel Ángel Mateos, el cronista oficial de Zamora, Viloria fue culpable de crímenes aterradores y su caso era digno de un estudio psiquiátrico. La familia Barayón afirmó que Viloria «murió loco en una institución mental».[16]

No podemos olvidar el caso del conde de Alba de Yeltes, Gonzalo Aguilera, el terrateniente salmantino que se jactaba de haber fusilado a seis de sus trabajadores nada más empezar la guerra. Tras la Guerra Civil abandonó el Ejército, donde ostentaba el grado de teniente coronel, y regresó a sus fincas y a sus libros. La reincorporación a la vida civil le resultó tremendamente difícil. Gonzalo Aguilera se convirtió en un «personaje» muy popular en Salamanca. Era miembro asiduo de una tertulia integrada principalmente por médicos que se reunían en el Café Novelty, en la plaza Mayor de la ciudad. La conversación del conde se tenía por fascinante, si bien su carácter irascible no favorecía ninguna clase de amistad o intimidad.[17] No supo integrarse en la vida civil y, con el paso de los años, se volvió cada vez más intratable, áspero y malhumorado. Descuidó sus tierras y su propia casa y desarrolló una manía persecutoria.

Su mujer vivía aterrada por sus arrebatos violentos, hasta tal punto que, a finales de 1963, pidió a sus dos hijos que se instalaran con ella en la Dehesa del Carrascal de Sanchiricones, en Matilla de los Caños, para protegerla con su presencia. El mayor de los dos hijos, Gonzalo Aguilera Álvarez, contaba cuarenta y siete años y era un capitán de Caballería retirado. Había combatido en la Guerra Civil, donde resultó gravemente herido. Durante su convalecencia en el hospital militar de Lugo se enamoró de la enfermera Concepción Lodeiro López. El conde reaccionó con ira al saber de la relación de su hijo con una mujer de clase social inferior, y les prohibió que se casaran. Se casaron de todos modos y se establecieron en Lugo, donde tuvieron una hija llamada Marianela. El hijo menor, Agustín Aguilera Álvarez, un agricultor de treinta y nueve años, tampoco tenía una buena relación con su padre. Pasó unos años en Zamora, donde contrajo matrimonio con Angelines Núñez. La familia se trasladó posteriormente a Jerez de la Frontera, con sus dos hijas y su hijo, el menor. Aunque conocían el mal carácter del conde, y a pesar de las molestias que el traslado entrañaba para sus familias, los dos hijos accedieron a la petición materna de pasar el mayor tiempo posible en Sanchiricones con el fin de vigilar a su padre.

Al cabo de un año la situación no había mejorado. La familia sopesó de mal grado la posibilidad de conseguir una declaración legal de incapacidad mental para ingresar al conde en una institución psiquiátrica. Sin embargo, el miedo al escándalo y el horror natural ante el hecho de aceptar que el cabeza de familia pudiera ser un demente les hizo vacilar. Finalmente, dejaron el caso en manos de un abogado de Salamanca. Como el conde tenía entonces problemas de bronquios y rara vez asistía a la tertulia del Café Novelty, fue posible idear un pretexto con el propósito de que dos de sus amigos médicos lo visitaran en casa para ofrecer un diagnóstico. Tanto el psiquiatra Prieto Aguirre como Emilio Firmat, el otro médico que lo acompañaba, llegaron a la conclusión de que Gonzalo sufría de paranoia. Se había vuelto tan intratable que sus hijos tuvieron que reorganizar la casa para ofrecerle un espacio independiente, con sus libros y su televisor. Escondieron todas las armas y los cuchillos de su padre, muy aficionado a la caza. Eso llevó al conde a convencerse de que estaba secuestrado y prisionero de su propia familia. A principios de agosto de 1964, incluso dirigió una carta a las autoridades judiciales de Salamanca para denunciar la situación. Sufría violentos ataques de ira y voceaba insultos y amenazas desde sus solitarias dependencias en la casa. De vez en cuando encontraba un arma escondida y, a mediados de agosto, sus hijos le descubrieron una navaja automática. Pese a todo, el proceso legal para su ingreso hospitalario fue lento y tortuoso.

Antes de que los trámites concluyeran, Gonzalo perdió definitivamente la razón. A las cuatro de la tarde del viernes 28 de agosto de 1964, su hijo menor, Agustín, entró en la habitación del conde en busca de unos papeles. Al quejarse el padre de que le dolían los pies, Agustín se arrodilló para darle un masaje. Don Gonzalo empezó a insultarlo, sacó un oxidado revólver Colt que tenía escondido y disparó a quemarropa. Gravemente herido en el pecho, Agustín salió tambaleándose de la habitación. Su hermano Gonzalo, que llegó corriendo alertado por los disparos, recibió un tiro en el brazo y otro en el pecho. El conde pasó entonces por encima del cadáver de su hijo mayor para ir en busca de Agustín con intención de rematarlo. Lo encontró agonizando en el suelo de la cocina y procedió a recargar tranquilamente su revólver. Su mujer, de setenta y dos años, Magdalena Álvarez, salió entonces de su habitación.

Al ver la mirada iracunda que le lanzaba su marido mientras recargaba el revólver junto al cuerpo de su hijo, la mujer se encerró en otra estancia y él fue tras ella. Los jornaleros, que habían acudido al oír los disparos, retrocedieron mudos de terror ante el amo que los amenazaba con un revólver, y Magdalena tuvo que escapar por una ventana. Los trabajadores avisaron a la Guardia Civil, que ordenó al agresor que soltara el arma y saliera con los brazos en alto. Así lo hizo, agotada su furia.

Tras rendirse, todavía en pijama, Gonzalo Aguilera pasó más de tres horas tranquilamente sentado a la puerta de su casa, esperando la llegada del juez de instrucción de Salamanca. Su mujer, presa de rabia y de dolor, le gritaba: «¡Asesino, criminal!». Y hasta que los jornaleros lograron calmarla no paró de gritarle a la Guardia Civil: «¡Matadlo, que es un salvaje!». La Guardia Civil lo trasladó a Salamanca en un coche, en compañía de un par de reporteros del diario local, *La Gaceta Regional*. Los periodistas que lo entrevistaron refirieron que, durante el trayecto, fue conversando amigablemente con el conductor, habló de varios coches que había tenido en distintas épocas, del sistema de tráfico establecido en Francia y del mal estado de las carreteras. «Hablo para no acordarme de lo sucedido», dijo. Cuando le comunicaron que lo llevaban a una clínica psiquiátrica, comentó que los psiquiatras normalmente no estaban «en sus cabales», y señaló: «A los que fueron a verme les llamé médicos de pueblo y se enfadaron conmigo».[18] Internado en el hospital psiquiátrico de Salamanca, al parecer se entretenía insultando a las monjas que lo atendían.[19] Su nuera, Concepción Lodeiro, y su nieta, Marianela de Aguilera Lodeiro, se libraron de la matanza porque habían ido a Lugo para organizar los preparativos de la boda de la muchacha. La mujer y los tres hijos de Agustín se encontraban en el sur de España. Gonzalo de Aguilera no llegó a ser juzgado y murió en el hospital ocho meses más tarde, el 15 de mayo de 1965.[20]

Notas

Prólogo

1. Comandante Franco, *Diario de una bandera*, Editorial Pueyo, Madrid, 1922, pp. 129 y 177.

2. *El Correo Gallego* (20 de abril de 1922).

3. José Martín Blázquez, *I Helped to Build an Army: Civil War Memoirs of a Spanish Staff Officer*, Secker & Warburg, Londres, 1939, p. 302; Herbert R. Southworth, *Antifalange: estudio crítico de «Falange en la guerra de España: la Unificación y Hedilla» de Maximiano García Venero*, Ruedo Ibérico, París, 1967, pp. xxi-xxii; Guillermo Cabanellas, *La guerra de los mil días*, 2 vols., Grijalbo, Buenos Aires, 1973, II, p. 792.

4. La figura más ampliamente aceptada en relación con Madrid es de 8.815 muertes. Véanse Santos Juliá *et al.*, *Víctimas de la guerra civil*, Ediciones Temas de Hoy, Madrid, 1999, p. 412; Mirta Núñez Díaz-Balart *et al.*, *La gran represión. Los años de plomo del franquismo*, Flor del Viento, Barcelona, 2009, p. 443, y José Luis Ledesma, «Una retaguardia al rojo. Las violencias en la zona republicana», en: Francisco Espinosa Maestre, ed., *Violencia roja y azul. España, 1936-1950*, Crítica, Barcelona, 2010, pp. 247 y 409. La cifra de 8.815 se basa la de 5.107 víctimas proporcionada por el general Rafael Casas de la Vega, *El terror: Madrid 1936. Investigación histórica y catálogo de víctimas identificadas*, Editorial Fénix, Madrid, 1994, pp. 247 y 311-460, a la que sin explicación se añadieron 3.708 por parte de Ángel David Martín Rubio, *Paz, piedad, perdón... y verdad. La represión en la guerra civil: Una síntesis definitiva*, Editorial Fénix, Madrid, 1997, p. 316. En la misma obra (pp. 317-319, 370 y 374) y en *Los mitos de la represión en la guerra civil* (Grafite Ediciones, Madrid, 2005, p. 82), Martín Rubio da la cifra de 14.898, nuevamente sin explicaciones.

5. Si se desean ejemplos, véanse Jesús Vicente Aguirre González, *Aquí nunca pasó nada. La Rioja 1936 2*, Editorial Ochoa, Logroño, 2010, p. 8, y Francisco Espinosa Maestre, en: Núñez Díaz-Balart, *La gran represión...*, p. 442.

6. Francisco Espinosa Maestre, *La justicia de Queipo. (Violencia selectiva y terror fascista en la II División en 1936). Sevilla, Huelva, Cádiz, Córdoba, Málaga y Badajoz*, Centro Andaluz del Libro, Sevilla, 2000, pp. 13-23.

7. Véanse los capítulos sobre Burgos (a cargo de Luis Castro) y Palencia (a cargo de Jesús Gutiérrez Flores), en: Enrique Berzal de la Rosa, coord., *Testimonio de voces olvidadas*, 2 vols., Fundación 27 de marzo, León, 2007, pp. 100-102 y 217-218.

8. Julián Casanova, Francisco Espinosa, Conxita Mir y Francisco Moreno Gó-

mez, *Morir, matar, sobrevivir. La violencia en la dictadura de Franco*, Crítica, Barcelona, 2002, p. 21.

9. Para saber cómo se categorizaban las muertes, véase el capítulo de José María García Márquez en: Antonio Leria, Francisco Eslava y José María García Márquez, *La guerra civil en Carmona*, Ayuntamiento de Carmona, Carmona, 2008, pp. 29-48; Julio Prada Rodríguez, «Golpe de Estado y represión franquista en la provincia de Ourense», en: Jesús de Juana y Julio Prada, coords., *Lo que han hecho en Galicia. Violencia política, represión y exilio (1936-1939)*, Crítica, Barcelona, 2007, pp. 120-121.

10. Espinosa Maestre, *Violencia roja y azul...*, pp. 77-78; Francisco Espinosa Maestre, en: Núñez Díaz-Balart *et al.*, *La gran represión...*, pp. 440-442.

11. Mirta Núñez Díaz-Balart y Antonio Rojas Friend, *Consejo de guerra. Los fusilamientos en el Madrid de la posguerra (1939-1945)*, Compañía Literaria, Madrid, 1997, pp. 107-114; Fernando Hernández Holgado, *Mujeres encarceladas. La prisión de Ventas: de la República al franquismo, 1931-1941*, Marcial Pons, Madrid, 2003, pp. 227-246. Actualmente se están investigando otros emplazamientos de ejecución: http://www. memoriaylibertad.org/.htm.

12. Para un análisis comparativo, véanse José Luis Ledesma Vera, *Los días de llamas de la revolución. Violencia y política en la retaguardia republicana de Zaragoza durante la guerra civil*, Institución Fernando el Católico, Zaragoza, 2003, pp. 83-84; Ledesma Vera, «Qué violencia para qué retaguardia, o la República en guerra de 1936», *Ayer. Revista de Historia Contemporánea*, n.º 76 (2009), pp. 83-114.

13. José María Ruiz Alonso, *La guerra civil en la provincia de Toledo. Utopía, conflicto y poder en el sur del Tajo (1936-1939)*, 2 vols., Almud, Ediciones de Castilla-La Mancha, Ciudad Real, 2004, I, pp. 283-294.

14. Josep Maria Solé y Joan Villarroya, *La repressió a la reraguarda de Catalunya (1936-1939)*, Publicacions de l'Abadia de Montserrat, Monasterio de Montserrat (Barcelona), *s.f.*, I, pp. 11-12; Josep Benet, prólogo, *ibid.*, pp. vi-vii.

15. Francisco Franco Bahamonde, *Palabras del Caudillo 19 de abril de 1937-7 de diciembre de 1942*, Ediciones de la Vicesecretaría de Educación Popular, Madrid, 1943, pp. 312 y 445.

16. Ramón Salas Larrazábal, *Los fusilados en Navarra en la guerra de 1936*, Comisión de Navarros en Madrid y Sevilla, Madrid, 1983, p. 13.

17. Antonio Montero Moreno, *Historia de la persecución religiosa en España 1936-1939*, Biblioteca de Autores Cristianos, Madrid, 1961, pp. 430-434 y 762; Gregorio Rodríguez Fernández, *El hábito y la cruz. Religiosas asesinadas en la guerra civil española*, EDIBESA, Madrid, 2006, pp. 594-596.

CAPÍTULO 1. LOS COMIENZOS DE LA GUERRA SOCIAL: 1931-1933

1. Esas dos personas eran el voluntario británico Peter Kemp y el corresponsal francés Jean d'Hospital. Peter Kemp, *Mine Were of Trouble*, Cassell, Londres, 1957, p. 50; Herbert Rutledge Southworth, *Guernica! Guernica! A Study of Journalism, Propaganda and History*, University of California Press, Berkeley, 1977, p. 50.

2. Gonzalo Álvarez Chillida, *El antisemitismo en España. La imagen del judío (1812-2002)*, Marcial Pons, Madrid, 2002, pp. 201-203 y 279.

3. José María Pemán, *El hecho y la idea de la Unión Patriótica*, Imprenta Artística Sáez Hermanos, Madrid, 1929, pp. 28-29, 105 y 308-309.

4. José Pemartín, *Los valores históricos en la dictadura española*, Publicaciones de la Junta de Propaganda Patriótica y Ciudadana, Madrid, 1929, 2.ª ed., pp. 103, 106-107 y 683.

5. El manifiesto del PNE está publicado en José María Albiñana, CIAP, Madrid, 1930, 2.ª ed., pp. 252-259. Véase también Ismael Saz Campos, *Mussolini contra la II República: hostilidad, conspiraciones, intervención (1931-1936)*, Edicions Alfons el Magnànim, Valencia, 1986, pp. 95-97; Manuel Pastor, *Los orígenes del fascismo en España*, Túcar Ediciones, Madrid, 1975, pp. 38-61; Herbert Rutledge Southworth, *Antifalange: estudio crítico de «Falange en la guerra de España» de Maximiano García Venero*, Ruedo Ibérico, París, 1967, pp. 29-30; Julio Gil Pecharromán, *«Sobre España inmortal, solo Dios». José María Albiñana y el Partido Nacionalista Español (1930-1937)*, Universidad Nacional de Educación a Distancia, Madrid, 2000, pp. 44-51.

6. Juan Tusquets, *Orígenes de la revolución española*, Editorial Vilamala, Barcelona, 1932, pp. 30-44 y 137-142; Francisco de Luis, *La masonería contra España*, Imprenta Aldecoa, Burgos, 1935, pp. 153-162; Martin Blinkhorn, *Carlism and Crisis in Spain 1931-1939*, Cambridge University Press, Cambridge, 1975, pp. 46 y 179; Álvarez Chillida, *El antisemitismo...*, pp. 181 y 334-338.

7. Ángeles Barrio Alonso, *Anarquismo y anarcosindicalismo en Asturias (1890-1936)*, Siglo XXI, Madrid, 1988, pp. 314-319; Enrique Montañés, *Anarcosindicalismo y cambio político: Zaragoza, 1930-1936*, Institución Fernando el Católico, Zaragoza, 1989, pp. 47-60; Enric Ucelay Da Cal, *La Catalunya populista: Imatge, cultura i política en l'etapa republicana (1931-1939)*, La Magrana, Barcelona, 1982, p. 135; Julián Casanova, *De la calle al frente. El anarcosindicalismo en España (1931-1939)*, Crítica, Barcelona, 1997, pp. 14-17.

8. Miguel Maura, *Así cayó Alfonso XIII*, Imprenta Mañez, México D. F., 1962, pp. 278-279; Santos Juliá Díaz, *Madrid, 1931-1934: de la fiesta popular a la lucha de clases*, Siglo XXI, Madrid, 1984, pp. 198-207; Casanova, *De la calle al frente...*, pp. 21-22; José Manuel Macarro Vera, *La utopía revolucionaria: Sevilla en la Segunda República*, Monte de Piedad y Caja de Ahorros, Sevilla, 1985, p. 124; Eulàlia Vega, *El Trentisme a Catalunya. Divergències ideològiques en la CNT (1930-1933)*, Curial Edicions Catalanes, Barcelona, 1980, p. 134.

9. Entrada de diario del 21 de julio de 1931, Manuel Azaña, *Obras completas*, 4 vols., Ediciones Oasis, México, 1966-1968, IV, pp. 36-37; Eulàlia Vega, *Anarquistas y sindicalistas durante la Segunda República: la CNT y los Sindicatos de Oposición en el País Valenciano*, Edicions Alfons el Magnànim, Valencia, 1987, pp. 98-101.

10. Azaña, *Obras completas*, II, pp. 49-58.

11. Arnold Lunn, *Spanish Rehearsal*, Hutchinson, Londres, 1937, p. 70; Conde de Alba de Yeltes, *Cartas a un sobrino*, s.l. s.f.

12. Ricardo Robledo y Luis Enrique Espinosa, «"¡El campo en pie!". Política y reforma agraria», en: Ricardo Robledo, ed., *Esta salvaje pesadilla. Salamanca en la Guerra Civil española*, Crítica, Barcelona, 2007, pp. 23-25.

13. Alejandro López López, *El boicot de las derechas a las reformas de la Segunda República: la minoría agraria, el rechazo constitucional y la cuestión de la tierra*, Instituto de Estudios Agrarios, Madrid, 1984, p. 254.

14. *La Mañana* (Jaén) (16 de enero de 1934).

15. *La Mañana* (Jaén) (1 de octubre de 1932; 21 y 27 de enero, 3 y 18 de febrero y 5 de abril de 1933); *El Adelanto* (Salamanca) (19 de octubre de 1932); *Región* (Cáceres) (24 de febrero de 1933); *El Obrero de la Tierra* (14 de enero y 4 de marzo de 1933; 6, 13 y 20 de enero y 17 de febrero de 1934); *El Socialista* (21 de enero, 20 de abril y 1 de julio de 1933). Véase también Paul Preston, *The Coming of the Spanish Civil War: Reform, Reaction and Revolution in the Second Spanish Republic, 1931-1936*, Routledge, Londres, 1994, 2.ª ed., pp. 101-102, 111, 134-135, 140, 148-149, 184-185. [Hay trad. cast.: *La Guerra Civil española: reacción, revolución y venganza*, trad. Francisco Rodríguez de Lecea, Nuevas Ediciones de Bolsillo, Barcelona, 2010.]

16. *ABC* (29 y 30 de septiembre, 3, 4 y 7 de octubre de 1931).

17. *ABC* (16, 18, 19 y 29 de julio de 1933).

18. *El Socialista* (29 de septiembre, y 10 y 11 de noviembre de 1931); López López, *El boicot de las derechas...*, pp. 255-257; Manuel Tuñón de Lara, *Tres claves de la Segunda República*, Alianza, Madrid, 1985, p. 52; Casanova, *De la calle al frente...*, pp. 39-43.

19. Eugenio Vegas Latapié, *El pensamiento político de Calvo Sotelo*, Cultura Española, Madrid, 1941, pp. 88-92; Eugenio Vegas Latapié, *Escritos políticos*, Cultura Española, Madrid, 1941, pp. 9-12; Eugenio Vegas Latapié, «Maeztu y Acción Española», *ABC* (2 de noviembre de 1952); Pedro Carlos González Cuevas, *Acción Española. Teología política y nacionalismo autoritario en España (1913-1936)*, Tecnos, Madrid, 1998, pp. 144-145, 165-168 y 171-175.

20. Preston, *The Coming of the Spanish Civil War...*, pp. 61-66; Preston, «Alfonsist Monarchism and the Coming of the Spanish Civil War», *Journal of Contemporary History*, vol. 7, n.º 3-4 (1972).

21. Para más información sobre ACNP, véase A. Sáez Alba, *La otra «cosa nostra»: la Asociación Católica Nacional de Propagandistas*, París, 1974, pp. ix-xxii; José María García Escudero, *Conversaciones sobre Ángel Herrera*, Madrid, 1986, pp. 16-20. Para más información sobre la CNCA, véase Antonio Monedero Martín, *La Confederación Nacional Católico-Agraria en 1920. Su espíritu, su organización, su porvenir*, V. Rico, Madrid, 1921, p. 22; Juan José Castillo, *Propietarios muy pobres: sobre la subordinación política del pequeño campesino*, Madrid, 1979; Tom Buchanan y Martin Conway, eds., *Political Catolicism in Europe 1918-1965*, Oxford University Press, Oxford, 1996, pp. 8-11.

22. *El Debate* (7 y 9 de mayo de 1931); José R. Montero, *La CEDA. El catolicismo social y político en la II República*, 2 vols., Ediciones de la Revista de Trabajo, Madrid, 1977, II, pp. 593-594.

23. José Monge Bernal, *Acción Popular (estudios de biología política)*, Imprenta Artística Sáez Hermanos, Madrid, 1936, pp. 114-115 y 122.

24. Frances Lannon, *Privilege, Persecution, and Prophecy: The Catholic Church in Spain, 1875-1975*, Clarendon Press, Oxford, 1987, pp. 188-189.

25. *La Libertad* (13 de mayo); *La Voz* (14 de mayo de 1931); Maura, *Así cayó Alfonso XIII*, 1.ª ed., pp. 240-255.

26. Leandro Álvarez Rey, *La derecha en la II República: Sevilla, 1931-1936*, Universidad de Sevilla y Ayuntamiento de Sevilla, 1993, pp. 188-198.

27. Miguel Maura, *Así cayó Alfonso XIII. De una dictadura a otra*, 2.ª ed. de Joaquín Romero Maura, Marcial Pons Historia, Madrid, 2007, pp. 365.

28. Maura, *Así cayó Alfonso XIII*, 1.ª ed., pp. 278-287; entrada de diario del 21 de julio, Azaña, *Obras completas*, IV, pp. 37-38.

29. Entradas de diario del 24 de julio y 9 de agosto de 1931, Azaña, *Obras completas*, IV, pp. 43-45 y 73. El relato que hizo Maura de su ataque contra Azaña se omitió en la primera edición de sus memorias. Sí aparece en la segunda edición de Joaquín Romero Maura, *Así cayó Alfonso XIII*, pp. 366-367.

30. Macarro Vera, *La utopía revolucionaria...*, pp. 147-160; Eduardo de Guzmán, *Sevilla la trágica, s.e.*, 1931, pp. 21 y 51-52; Francisco Espinosa Maestre, *La justicia de Queipo (Violencia selectiva y terror fascista en la II División en 1936). Sevilla, Huelva, Cádiz, Córdoba, Málaga y Badajoz*, Centro Andaluz del Libro, Sevilla, 2000, pp. 32-37; Carlos Enrique Bayo y Cipriano Damiano, «Toreros fascistas: matadores de obreros», *Interviú*, n.º 103 (3-9 de mayo de 1978), pp. 40-45; Juan-Simeón Vidarte, *Las Cortes Constituyentes de 1931-1933*, Grijalbo, Barcelona, 1976, pp. 76-78; Manuel Tuñón de Lara, *Luchas obreras y campesinas en la Andalucía del siglo XX*, Siglo XXI, Madrid, 1978, pp. 190-203; Pedro Vallina, *Mis memorias*, Libre Pensamiento/Centro Andaluz del Libro, Madrid/Sevilla, 2000, pp. 247-256.

31. José Peirats, *La CNT en la revolución española*, 3 vols., Ediciones Ruedo Ibérico, París, 1971, 2.ª ed., I, p. 52.

32. Casanova, *De la calle al frente...*, pp. 49-52; Juan García Oliver, *El eco de los pasos*, Ruedo Ibérico, Barcelona, 1978, pp. 115-136; Macarro Vera, *La utopía revolucionaria...*, p. 124; Vega, *El Trentisme a Catalunya...*, pp. 68-72 y 132-136; Vega, *Anarquistas y sindicalistas...*, pp. 57-59 y 85-97; Julià Díaz, *Madrid, 1931-1934...*, pp. 172-190; Chris Ealham, *Class, Culture and Conflict in Barcelona 1898-1937*, Routledge/Cañada Blanch Studies, Londres, 2004, pp. 90-101.

33. *El Debate* (18 y 19 de agosto de 1931); Lannon, *Privilege, Persecution, and Prophecy...*, p. 181.

34. López López, *El boicot de las derechas...*, pp. 252-253.

35. Lannon, *Privilege, Persecution, and Prophecy...*, pp. 181-185; Álvarez Rey, *La derecha...*, pp. 203-206.

36. José María Gil Robles, *No fue posible la paz*, Ariel, Barcelona, 1968, pp. 55-56.

37. *ABC* (10 de octubre de 1931).

38. Mary Vincent, *Catholicism in the Second Spanish Republic. Religion and Politics in Salamanca 1930-1936*, Clarendon Press, Oxford, 1996, p. 181.

39. Juan Tusquets, *Orígenes de la revolución española*, pp. 30-44 y 137-142; Martin Blinkhorn, *Carlism and Crisis in Spain 1931-1939*, Cambridge University Press, Cambridge, 1975, pp. 46 y 179; Álvarez Chillida, *El antisemitismo...*, pp. 181 y 334-338.

40. Vincent, *Catholicism...*, pp. 183-184; Agustín Martínez de las Heras, «El discurso antimasónico de *Los Hijos del Pueblo*», en: José Antonio Ferrer Benimeli, coord., *La masonería en la España del siglo XX*, 2 vols., Universidad de Castilla-La Mancha, Toledo, 1996, pp. 713-750.

41. *El Debate* (1 y 3 de noviembre de 1931); *El Socialista* (2 de noviembre de 1931).

42. *ABC* (10 de noviembre); *El Debate* (10 y 12 de noviembre); *El Socialista* (2 de noviembre de 1931); Gil Robles, *No fue posible la paz*, pp. 70-71.

43. *Diario de sesiones de las Cortes Constituyentes* (*DSC*), 2 de febrero de 1932.

44. *La Época* (2 de enero de 1932).

45. *La Época* (24 de febrero de 1932); José Monge Bernal, *Acción Popular...*, pp. 223-225.

46. Vincent, *Catolicismo...*, p. 186.

47. María Pilar Salomón Chéliz, *Anticlericalismo en Aragón. Protesta popular y movilización política (1900-1939)*, Prensas Universitarias de Zaragoza, Zaragoza, 2002, pp. 287-288.

48. Álvarez Rey, *La derecha...*, pp. 215-235.

49. Vincent, *Catolicismo...*, p. 185; José María Lama, *Una biografía frente al olvido: José González Barrero, Alcalde de Zafra en la II República*, Diputación de Badajoz, Badajoz, 2000, p. 46.

50. José Luis Gutiérrez Casalá, *La Segunda República en Badajoz*, Universitas Editorial, Badajoz, 1998, pp. 128-129; Amparo Cabeza de Vaca, *Bajo cielos de plomo. Unas memorias y el diario de Rafael Salazar Alonso*, Editorial Actas, Madrid, 2009, p. 30.

51. Rafael Cruz, *En el nombre del pueblo. República, rebelión y guerra en la España de 1936*, Siglo XXI, Madrid, 2006, pp. 51-58.

52. *ABC* (16 de junio de 1932).

53. Carta del 25 de abril de 1937 de Gil Robles a Luciano de la Calzada, *Sur* (Málaga) (28 de abril de 1937); Gil Robles, *No fue posible*, pp. 67-76. Véase José Gutiérrez Ravé, *Gil Robles, caudillo frustrado la paz*, ERSA, Madrid, 1967, pp. 198-199.

54. Manuel Albar, «Sobre unos sucesos. El verdadero culpable», *El Socialista* (2 de enero de 1932). Para obtener una descripción de Castilblanco, véase Juan Simeón Vidarte, *Las Cortes Constituyentes...*, pp. 306-309; Luis Jiménez Asúa, Juan-Simeón Vidarte, Antonio Rodríguez Sastre y Anselmo Trejo, *Castilblanco*, Editorial España, Madrid, 1933. Para leer la biografía de Margarita Nelken, véase Paul Preston, *Doves of War. Four Women of Spain*, HarperCollins, Londres, 2002, pp. 297-407. [Hay trad. cast.: *Palomas de guerra*, trad. Irene Gonzalo y Jorge Pérez Nistal, Nuevas Ediciones de Bolsillo, Barcelona, 2004.]

55. César González-Ruano y Emilio R. Tarduchy, *Sanjurjo (Una vida española del novecientos)*, Acción Española, Madrid, 1933, p. 177; Vidarte, *Las Cortes Constituyentes...*, pp. 600-601; Jesús Vicente Chamorro, *Año nuevo, año viejo en Castilblanco*, Ediciones Albia, Madrid, 1985, p. 80.

56. *ABC* (1, 2, 3 y 5 de enero); *El Debate* (2 de enero); *La Nación* (4 y 5 de enero); *El Sol* (3 de enero de 1932); *La Voz Extremeña* (5 de enero de 1932); González-Ruano y Tarduchy, *Sanjurjo...*, pp. 180-181. Véase también Francisco Espinosa Maestre, *La columna de la muerte. El avance del ejército franquista de Sevilla a Badajoz*, Crítica, Barcelona, 2003, p. 498.

57. *ABC* (2 de enero de 1932).

58. Francisco Valdés, «Márgenes. El Afincado», *La Voz Extremeña* (Badajoz) (10 de enero de 1932); «La tragedia de Castilblanco», *El Faro de Extremadura* (Plasencia) (9 de enero); «La tragedia de Castilblanco», *La Opinión* (Trujillo) (7 de enero de 1932); «Aún quedan tribus», *El Pueblo Manchego* (Ciudad Real) (4 de enero de 1932).

59. «La guerra contra la Guardia Civil», *ABC* (2 de enero de 1932); *El Imparcial* (2 de enero de 1932).

60. Para consultar las acusaciones de cómo Margarita Nelken agitó a los vecinos de Castilblanco, véanse *La Voz Extremeña* (2 de enero de 1932); *El Imparcial* (3 de enero de 1932). Sobre el viaje a Castilblanco, véase Vidarte, *Las Cortes Constituyentes...*, p. 308.

61. Regina García, *Yo he sido marxista. El cómo y el porqué de una conversión*, Editora Nacional, Madrid, 1952, pp. 95-96. Para consultar la lista de los trece pueblos de la provincia de Badajoz en los que Nelken pronunció sus discursos, véase Federación Nacional de Trabajadores de la Tierra, *Memoria que presenta el Comité Nacional de este organismo al examen y discusión del Congreso ordinario que ha de celebrarse en Madrid durante los días 17 y siguientes del mes de septiembre de 1932*, Gráfica Socialista, Madrid, 1932, pp. 53-55.

62. Rafael Salazar Alonso, *Bajo el signo de la revolución*, Librería de San Martín, Madrid, 1935, p. 222.

63. *El Socialista* (6 de enero de 1932); *La Rioja* (6, 8, 9, 10 y 12 de enero de 1932); *El Debate* (6 de enero de 1932); Carlos Gil Andrés, *La República en la Plaza: Los sucesos de Arnedo de 1932*, Instituto de Estudios Riojanos, Logroño, 2003, pp. 24-33 y 43-49; Edward E. Malefakis, *Agrarian Reform and Peasant Revolution in Spain: Origins of the Civil War*, Yale University Press, New Haven, 1970, pp. 310-311.

64. Gil Andrés, *La República en la Plaza...*, pp. 257-272; Jesús Vicente Aguirre González, *Aquí nunca pasó nada. La Rioja 1936*, Ed. Ochoa, Logroño, 2007, pp. 271-289.

65. Azaña, *Obras completas*, IV, pp. 294-297.

66. Gil Andrés, *La República en la Plaza...*, pp. 210-211.

67. Manuel Llaneza, *Escritos y discursos*, Fundación José Barreiros, Oviedo, 1985, pp. 206-214.

68. Vega, *El Trentisme a Catalunya...*, pp. 149-154; Macarro Vera, *La utopía revolucionaria...*, pp. 198-202; Azaña, *Obras completas*, II, pp. 139-142; Casanova, *De la calle al frente...*, p. 55.

69. Según José Luis Gutiérrez Casalá (*La Segunda República en Badajoz*, p. 153), la multitud, dirigida por Margarita Nelken, intentó atacar el cuartel de la Guardia Civil en Salvaleón y alguno de los presentes abrió fuego. La versión local de los hechos asegura que los disparos procedieron únicamente de la Guardia Civil. Doy las gracias a Francisco Espinosa Maestre, quien me facilitó el relato de un testigo presencial, el juez de paz Francisco Martín Torrado, quien negó que de la multitud procediera algún disparo. Véanse también «Los sucesos de Salvaleón», *El Obrero de la Tierra* (14 de mayo de 1932); José Ignacio Rodríguez Hermosell, *Movimiento obrero en Barcarrota: José Sosa Hormigó, diputado campesino*, Asamblea de Extremadura, Badajoz, 2005, pp. 41-42.

70. Entrada de diario del 8 de enero de 1932, Azaña, *Obras completas*, IV, pp. 299-301.

71. Espinosa Maestre, *La justicia de Queipo...*, pp. 33 y 77-79; Antonio L. Oliveros, *Asturias en el resurgimiento español. Apuntes históricos y biográficos*, Imprenta Juan Bravo, Madrid, 1935, p. 276.

72. Pedro-Pablo Miralles Sangro, *«Al servicio de la Justicia y de la República». Mariano Gómez (1883-1951) Presidente del Tribunal Supremo*, Editorial Dilex, Madrid, 2010, pp.

78-84; Pascual Marzal Rodríguez, *Una historia sin justicia. Cátedra, política y magistratura en la vida de Mariano Gómez*, Universitat de València, Valencia, 2009, pp. 153-157.

73. Julio Álvarez del Vayo, *The Last Optimist*, Putnam, Londres, 1950, p. 228; Manuel Azaña, *Diarios, 1932-1933. «Los cuadernos robados»*, Grijalbo-Mondadori, Barcelona, 1997, pp. 41-46.

74. Joaquín del Moral, *Lo del «10 de agosto» y la justicia*, CIAP, Madrid, 1933, pp. 99-108.

75. José María Pemán, *Un soldado en la historia. Vida del Capitán General Varela*, Escelicer, Cádiz, 1954, pp. 111-120 y 126-130; Francisco Javier Mariñas, *General Varela (de soldado a general)*, Editorial AHR, Barcelona, 1956, pp. 56-64.

76. Juan Antonio Ansaldo, *¿Para qué...? (de Alfonso XIII a Juan III)*, Editorial Vasca Ekin, Buenos Aires, 1951, pp. 47-51.

77. Entrada de diario del 29 de agosto de 1932, Azaña, *Diarios, 1932-1933*, p. 53.

78. Antonio Cacho Zabalza, *La Unión Militar Española*, Egasa, Alicante, 1940, pp. 14-16; Vicente Guarner, *Cataluña en la guerra de España s.e.*, Madrid, 1975, pp. 64-66; Stanley G. Payne, *Politics and the Military in Modern Spain*, Stanford University Press, Stanford (California), 1967, pp. 293-294.

79. Carlos Blanco Escolá, *La Academia General Militar de Zaragoza (1928-1931)*, Editorial Labor, Barcelona, 1989, p. 71.

80. Cayetano Ibarra, *La otra mitad de la historia que nos contaron. Fuente de Cantos, República y guerra 1931-1939*, Diputación de Badajoz, Badajoz, 2005, pp. 187-188.

81. *El Obrero de la Tierra* (17 y 24 de diciembre de 1932); María Paz Ladrón de Guevara, *Reforma agraria y conflicto campesino en la provincia de Ciudad Real (1931-1936)*, Diputación Provincial de Ciudad Real, Ciudad Real, 1993, pp. 97-115.

82. Ramón Sender, *Viaje a la aldea del crimen*, Pueyo, Madrid, 1934, pp. 33-42 y 70-130; Francisco Guerra, *Casas Viejas: apuntes de la tragedia*, Establecimiento Tipográfico «El Martillo», Jerez, 1933; Eduardo de Guzmán, *La tragedia de Casas Viejas, 1933. Quince crónicas de guerra, 1936*, Ediciones Vosa, Madrid, 2007, pp. 15-48; Gérald Brey y Jacques Maurice, *Historia y leyenda de Casas Viejas*, Editorial Zero/ZYX, Bilbao, 1976, pp. 65-75; Jerome R. Mintz, *The Anarchists of Casas Viejas*, University of Chicago Press, Chicago, 1982, pp. 189-225; Antonio Ramos Espejo, *Después de Casas Viejas*, Argos Vergara, Barcelona, 1984, pp. 11-25.

83. *El Debate* (15 de enero de 1932).

84. Entrada de diario del 13 de enero de 1933, Azaña, *Diarios, 1932-1933*, p. 136.

85. *DSCC*, 3, 23 y 24 de febrero; 2 y 3 de marzo de 1933; *El Debate* (24 de febrero de 1933). Sobre Barba Hernández y Casas Viejas, véase *DSC*, 16 de marzo de 1933; Azaña, *Obras completas*, IV, pp. 469-471; Guillermo Cabanellas, *La guerra de los mil días. Nacimiento, vida y muerte de la II República española*, 2 vols., Grijalbo, Buenos Aires, 1973, I, pp. 274 y 494-496; Gabriel Jackson, *The Spanish Republic and the Civil War*, Princeton University Press, Princeton (Nueva Jersey), 1965, p. 514.

86. Salazar Alonso, *Bajo el signo...*, pp. 36-37; José María Lama, *Una biografía frente al olvido...*, pp. 46-48. Según José Luis Gutiérrez Casalá (*La Segunda República en Badajoz*, 1998, p. 176), Salazar Alonso estaba presente.

87. *DSC*, 25 de enero de 1934. Véase también Margarita Nelken, *Por qué hicimos la revolución*, Ediciones Sociales Internacionales, Barcelona, 1936, p. 96.

88. Niceto Alcalá Zamora, *Memorias*, Planeta, Barcelona, 1977, p. 283; *DSC*, 25 de enero de 1934; Nelken, *Por qué hicimos la revolución*, p. 87; Vallina, *Mis memorias...*, pp. 226-227; Alejandro Lerroux, *La pequeña historia. Apuntes para la Historia grande vividos y redactados por el autor*, Editorial Cimera, Buenos Aires, 1945, pp. 149 y 245.

89. Sus cartas de amor, dirigidas a la mujer a la que llama simplemente Amparo, fueron robadas de su casa al principio de la Guerra Civil y publicadas en *CNT* (3 de enero de 1937). La hija de Amparo Munilla Montero de Espinosa y Francisco, Amparo Cabeza de Vaca, natural de Villafranca de los Barros, habla de la amistad de Salazar Alonso con sus padres en sus memorias (un libro cargado de esnobismo y que destila un odio de clase feroz, si bien niega categóricamente que su madre fuese amante de Salazar). Amparo Cabeza de Vaca, *Bajo cielos de plomo. Unas memorias y el diario de Rafael Salazar Alonso*, Editorial Actas, Madrid, 2009, pp. 32, 39 y 88.

90. *Boletín de la UGT (BUGT)*, agosto-septiembre de 1933; *El Obrero de la Tierra* (12 y 20 de agosto y 9 de septiembre de 1933); *El Debate* (22, 23 y 29 de agosto de 1933).

91. Edward E. Malefakis, *Agrarian Reform and Peasant Revolution in Spain*, Yale University Press, New Haven (Connecticut), 1970, pp. 268-273.

92. *El Debate* (19 de septiembre de 1933); *El Obrero de la Tierra* (16, 23 y 30 de septiembre de 1933); *BUGT*, noviembre de 1933; Mario López Martínez, *Orden público y luchas agrarias en Andalucía*, Ediciones Libertarias/Ayuntamiento de Córdoba, Madrid, 1995, p. 319.

93. María Martínez Sierra, *Una mujer por los caminos de España*, Castalia, Madrid, 1989, 2.ª ed., pp. 81-86.

94. Juan-Simeón Vidarte, *El bienio negro y la insurrección de Asturias*, Grijalbo, Barcelona, 1978, pp. 109-110; Francisco Largo Caballero, *Discursos a los trabajadores*, Gráfica Socialista, Madrid, 1934, apéndice, pp. 163-166.

95. Antonio Ramos Oliveira, *Politics, Economics and Men of Modern Spain*, Gollancz, Londres, 1946, pp. 489-491; Margarita Nelken, *Por qué hicimos la revolución*, pp. 67-69; Martínez Sierra, *Una mujer...*, pp. 133-140; Antonina Rodrigo, *María Lejárraga. Una mujer en la sombra*, Ediciones Vosa, Madrid, 1994, pp. 266-267; López Martínez, *Orden público y luchas agrarias...*, pp. 320-324; Francisco Moreno Gómez, *La República y la Guerra Civil en Córdoba*, I, Ayuntamiento de Córdoba, Córdoba, 1982, p. 230; *El Obrero de la Tierra* (31 de marzo de 1934).

96. *El Socialista* (28 y 30 de octubre de 1933); Gutiérrez Casalá, *La Segunda República en Badajoz*, pp. 153, 169, 187 y 190; Nelken, *Por qué hicimos la revolución*, pp. 69 y 96; Vidarte, *El bienio negro*, pp. 32-35. Sobre sus actividades en Badajoz, véase Vallina, *Mis memorias*, pp. 260-262.

97. Nelken a Pi Sunyer, 21 de noviembre de 1933, Arxiu Carles Pi Sunyer, Barcelona.

98. Margarita Nelken, «Las Actas de Badajoz: Con el fango hasta la boca», *El Socialista* (30 de noviembre de 1933); Nelken, *Por qué hicimos la revolución*, pp. 69-70; Vidarte, *El bienio negro*, pp. 151-152; Gutiérrez Casalá, *La Segunda República en Badajoz*, pp. 193-199.

99. Ramos Oliveira, *Politics, Economics...*, p. 490; López Martínez, *Orden público y luchas agrarias...*, pp. 326-329.

Capítulo 2. Los teóricos del exterminio

1. *ABC* (31 de enero de 1933). Muchos de los familiares de Lamamié de Clairac, entre ellos su hermano (perteneciente a la orden jesuita) y su hijo, eran curas y monjas. Véase Antonio Pérez de Olaguer, *Piedras vivas. Biografía del Capellán Requeté José María Lamamié de Clairac y Alonso*, Editorial Española, San Sebastián, 1939, pp. xvi-xviii y 30-33.

2. Antonio Rodríguez de las Heras, *Filiberto Villalobos, su obra social y política 1900-1936*, Centro de Estudios Salmantinos, Salamanca, 1985, p. 193.

3. *ABC* (6 de junio de 1933).

4. Acerca de la génesis de *Los protocolos de los sabios de Sión*, véase Norman Cohn, *Warrant for Genocide. The Myth of Jewish World Conspiracy and the Protocols of the Elders of Zion*, Pelican Books, Harmonsworth, 1970.

5. A propósito de Tusquets, véase Antoni Mora, «Joan Tusquets, en els 90 anys d'un home d'estudi i de combat», *Anuari 1990-1991 de la Societat d'Estudis d'Història Eclesiàstica Moderna i Contemporània de Catalunya*, IV, Diputació de Tarragona, Institut d'Estudis Tarraconenses Ramon Berenguer, 1992, pp. 231-242; José Antonio Ferrer Benimelli, *El contubernio judeo-masónico-comunista. Del Satanismo al escándolo del P-2*, Ediciones Istmo, Madrid, 1982, pp. 191-197; Jordi Canal, «Las campañas antisectarias de Juan Tusquets (1927-1939): Una aproximación a los orígenes del contubernio judeo-masónico-comunista en España», en: José Antonio Ferrer Benimeli, coord., *La masonería en la España del siglo XX*, 2 vols., Universidad de Castilla-La Mancha, Toledo, 1996, pp. 1.193-1.214; Javier Domínguez Arribas, «Juan Tusquets y sus ediciones antisectarias (1936-1939)», en: José Antonio Ferrer Benimeli, coord., *La masonería española en la época de Sagasti,* 2 vols., Gobierno de Aragón, Zaragoza, 2007, II, pp. 1.157-1.196.

6. Sobre las acusaciones de Tusquets en contra de Macià, véase Juan Tusquets, *Orígenes de la revolución española*, Vilamala, Barcelona, 1932, pp. 150-151; Juan Tusquets, *Masones y pacifistas*, Ediciones Antisectarias, Burgos, 1939, pp. 104-105; Hilari Raguer, *La Unió Democràtica de Catalunya i el seu temps (1931-1939)*, Publicacions de l'Abadia de Montserrat, Monasterio de Montserrat (Barcelona), 1976, pp. 279-280; Arxiu Vidal i Barraquer, *Església i Estat durant la Segona República espanyola 1931-1936*, 4 vols. en 8 partes, Publicacions de l'Abadia de Montserrat, Monasterio de Montserrat (Barcelona), 1971-1990, II, pp. 386 y 638, y III, p. 935.

7. Acerca del robo y los presuntos intentos de asesinato, véase Mora, «Joan Tusquets...», pp. 234-235.

8. Tusquets, *Orígenes...*, pp. 101 y 137. Alcalá Zamora escribió a modo de protesta al arzobispo Vidal i Barraquer, 26 de marzo de 1932, Arxiu Vidal i Barraquer, *Església i Estat...*, II, pp. 644-646.

9. Juan Tusquets, *Los poderes ocultos en España: Los Protocolos y su aplicación España —Infiltraciones masónicas en el catalanismo— ¿El señor Macià es masón?*, Vilamala, Biblioteca Las Sectas, Barcelona, 1932, pp. 35-46; Tusquets, *Orígenes...*, pp. 35-36, 41, 99 y 126-127; Canal, «Las campañas antisectarias...», pp. 1.201-1.207.

10. Joan Subirà, *Capellans en temps de Franco*, Mediterrània, Barcelona, 1996, p. 25; entrevista con Lluís Bonada, *Avui* (28 de febrero de 1990).

11. Ignasi Riera, *Los catalanes de Franco*, Plaza & Janés, Barcelona, 1998, pp. 126-127; Ramón Serrano Suñer, «Prólogo», en: Juan Tusquets, *Masonería y pacifistas*, Ediciones Antisectarias, Burgos, 1939, p. 7.

12. José del Castillo y Santiago Álvarez, *Barcelona. Objetivo cubierto*, Editorial Timón, Barcelona, 1958, p. 146; Hilari Raguer, *Salvador Rial, Vicari del Cardenal de la pau*, Publicacions de l'Abadia de Montserrat, Monasterio de Montserrat (Barcelona), 1993, p. 40; Joaquín María de Nadal, *Seis años con don Francisco Cambó (1930-1936). Memorias de un secretario político*, Editorial Alpha, Barcelona, 1957, p. 265.

13. Tusquets, *Orígenes...*, pp. 51-57, 95-96, 122-126, 170, 177 y 207-215. Acerca de la elaboración de dichas listas, véase «Declaración del testigo Francesc Casanova a la Causa General, Provincia de Barcelona, 8 de junio de 1942», Archivo Histórico Nacional.

14. *Acción Española*, tomo II, n.° 10 (1 de mayo de 1932), p. 422.

15. Julián Cortés Cavanillas, *La caída de Alfonso XIII. Causas y episodios de una revolución*, 7.ª ed., Librería de San Martín, Madrid, 1933, pp. 25 y 33-34.

16. *Acción Española*, tomo II, n.° 10 (1 de mayo de 1932), pp. 434-438.

17. «La resistencia a la tiranía», *Acción Española*, tomo VI, n.° 34 (1 de agosto de 1933), pp. 352-371; n.° 35 (16 de agosto de 1933), pp. 442-461; n.° 36 (1 de septiembre de 1933), pp. 580-590; n.° 37 (16 de septiembre de 1933), pp. 1-8.

18. «La sumisión al Poder ilegítimo», *Acción Española* (16 de octubre de 1933); Aniceto de Castro Albarrán, *El derecho a la rebeldía*, Cultura Española, Madrid, 1934; *Guerra santa, el sentido católico del Movimiento Nacional español*, Editorial Española, Burgos, 1938, pp. 77-84.

19. José Cirera y Prat, *El criterio legitimista frente al confusionismo actual*, La Hormiga de Oro, Barcelona, 1933; Frances Lannon, *Privilege, Persecution, and Prophecy: The Catholic Church in Spain 1875-1975*, Clarendon Press, Oxford, 1987, p. 187.

20. Vidal i Barraquer a Pacelli, 6 de diciembre de 1933, Arxiu Vidal i Barraquer, *Església i Estat...*, IV, 1.ª y 2.ª partes, pp. 167-171; Ramón Comas, *Isidro Gomá. Francesc Vidal i Barraquer. Dos visiones antagónicas de la Iglesia española de 1939*, Ediciones Sígueme, Salamanca, 1977, pp. 89-94; Ramón Muntanyola, *Vidal i Barraquer. Cardenal de la pau*, 2.ª ed., Publicacions de l'Abadia de Montserrat, Monasterio de Montserrat (Barcelona), 1976, pp. 318-319; Mary Vincent, *Catholicism in the Second Spanish Republic. Religion and Politics in Salamanca 1930-1936*, Clarendon Press, Oxford, 1996, pp. 217 y 248-249.

21. Santiago Martínez Sánchez, *Los papeles perdidos del cardenal Segura, 1880-1957*, Ediciones Universidad de Navarra, Pamplona, 2004, pp. 289-296.

22. Emilio Mola Vidal, *Obras completas*, Librería Santarén, Valladolid, 1940, pp. 197-198 y 200.

23. Carlos Blanco Escolá, *General Mola. El ególatra que provocó la guerra civil*, La Esfera de los Libros, Madrid, 2002, pp. 61-64.

24. *Ibid.*, pp. 79-81 y 187-188.

25. Jorge Vigón, *General Mola (el conspirador)*, Editorial AHR, Barcelona, 1957, pp. 57-58 y 63-64; B. Félix Maíz, *Mola, aquel hombre*, Planeta, Barcelona, 1976, pp. 25-28, 43-44, 84-86 y 238. Evgenii Miller había sido gobernador general y comandante del Ejército y las fuerzas políticas blancas en la región norte de Rusia (Arkángel) durante la guerra civil rusa, y luego representante del general Wrangel en París y jefe

de personal del Ejército ruso desde 1922 hasta 1924. De ahí en adelante, fue una de las figuras clave entre los militares emigrados del período de entreguerras. En 1930 pasó a presidir el organismo que formaron, el Russkii Obshche-Voinskii Soiuz, tras el secuestro (en París) de su antiguo director, el general Kutepov, por parte del OGPU. El propio Miller fue secuestrado tiempo después por el NKVD, nuevamente en París, en 1937. Fue ejecutado en Moscú en 1939 por orden de Beria. Acerca de Miller, véase Vladislav I. Goldin y John W. Long: «Resistance and Retribution: The Life and Fate of General E. K. Miller», *Revolutionary Russia*, vol. 12, n.º 2 (diciembre de 1999), pp. 19-40; Paul Robinson, *The White Russian Army in Exile 1920-1941*, Clarendon Press, Oxford, 2002, pp. 174-177, 208-210, 224-225 y 236; Marina Gorboff, *La Russie fantôme. L'Émigration russe de 1920 à 1950*, Editions L'Age d'Homme, Lausanne, 1995, pp. 135-136 y 151-158; John J. Stepan, *The Russian Fascists. Tragedy and Farce in Exile 1925-1945*, Hamish Hamilton, Londres, 1878, pp. 18-23. Mi agradecimiento a Jonathan Smele por su ayuda en lo relativo a la conexión con la Rusia Blanca.

26. Vigón, *General Mola...*, pp. 75-76; Carolyn P. Boyd, «"Responsibilities" and the Second Republic, 1931-1936» en: Martin Blinkhorn, ed., *Spain in Conflict 1931-1939: Democracy and its Enemies*, Sage Publications, Londres, 1986, pp. 14-39.

27. Mola, *Obras completas*, pp. 879-880; José María Iribarren, *Mola. Datos para una biografía y para la historia del alzamiento nacional*, Librería General, Zaragoza, 1938, pp. 39-40; Azaña, *Obras completas*, I, p. 64.

28. Emilio Mola Vidal, *Lo que yo supe. Memorias de mi paso por la Dirección General de Seguridad*, escritas en 1931, pero que no se publicaron hasta enero de 1933; Mola, *Obras completas*, p. 347. El desprecio personal de Mola hacia Azaña quedó subrayado en un programa de Radio Castilla realizado en Burgos el 15 de agosto de 1936, en el cual lo describió como un degenerado monstruoso. Mola, *Obras completas*, p. 1.178. Reseña de Vegas Latapié en *Acción Española*, VI, 31 (16 de junio de 1933).

29. Mola, *Obras completas*, pp. 574-575.

30. *Ibid.*, pp. 1.166-1.167.

31. Blanco Escolá, *General Mola...*, pp. 12-13. Acerca de su personalidad, véase Guillermo Cabanellas, *La guerra de los mil días. Nacimiento, vida y muerte de la II República española,* 2 vols., Grijalbo, Buenos Aires, 1973, I, p. 303.

32. Herbert Rutledge Southworth, *Conspiracy and the Spanish Civil War. The Brainwashing of Francisco Franco*, Routledge-Cañada Blanch Studies, Londres, 2002, pp. 128-191; Brian Crozier, *Franco: A Biographical History*, Eyre & Spottiswoode, Londres, 1967, p. 92; George Hills, *Franco: The Man and His Nation*, MacMillan, Nueva York, 1967, p. 157; Luis Suárez Fernández, *Francisco Franco y su tiempo*, 8 vols., Fundación Nacional Francisco Franco, Madrid, 1984, I, pp. 197-198. Sobre la gran cantidad de emigrantes de la Rusia Blanca en Suiza, véase Cohn, *Warrant for Genocide...*, pp. 243-255.

33. Cohn, *Warrant for Genocide...*, p. 268.

34. Enrique Herrera Oria, *Los cautivos de Vizcaya. Memorias del P. Enrique Herrera Oria, S.J., preso durante cuatro meses y medio en la cárcel de Bilbao y condenado a ocho años y un día de prisión*, Aldus S. A., Bilbao, 1938, pp. 12-13; *Los protocolos de los sabios de Sión*, Libertad/Afrodisio Aguado, Valladolid, 1934; Onésimo Redondo, «El autor y el precursor de los "Protocolos"», «El precursor de los "Protocolos"», en: *Obras com-*

pletas. Edición cronológica I, Publicaciones Españolas, Madrid, 1955, pp. 201-204 y 223-226.

35. Cohn, *Warrant for Genocide...*, p. 326; Vincent, *Catholicism...*, pp. 217-219; Álvarez Chillida, *El antisemitismo...*, pp. 302-303 y 324-325; Martin Blinkhorn, *Carlism and Crisis in Spain 1931-1939*, Cambridge University Press, Cambridge, 1975, p. 179.

36. Martin Blinkhorn, «Right-wing utopianism and harsh reality: Carlism, the Republic and the "crusade"», en: Martin Blinkhorn, ed., *Spain in Conflict 1931-1939*, pp. 183-205.

37. Álvarez Chillida, *El antisemitismo...*, pp. 286-288.

38. Blinkhorn, *Carlism...*, pp. 180-181.

39. José María Pemán, *Un soldado en la historia. Vida del Capitán General Varela*, Escelicer, Cádiz, 1954, pp. 126-135; Antonio Lizarza Iribarren, *Memorias de la conspiración*, Editorial Gómez, Pamplona, 1969, 4.ª ed., pp. 32-33, 49-51.

40. José Monge y Bernal, *Acción Popular (Estudios de biología política)*, Imprenta Saez Hermanos, Madrid, 1936, pp. 126-132; Javier Jiménez Campo, *El fascismo en la crisis de la Segunda República española*, Centro de Investigaciones Sociológicas, Madrid, 1979, pp. 129-130; José R. Montero, *La CEDA. El catolicismo social y político en la II República*, 2 tomos, Ediciones de la Revista de Trabajo, Madrid, 1977, I, pp. 98 y 385; José Luis Mínguez Goyanes, *Onésimo Redondo*, San Martín, Madrid, 1990, pp. 24-30.

41. Anónimo (Javier Martínez de Bedoya), *Onésimo Redondo, Caudillo de Castilla*, Ediciones Libertad, Valladolid, 1937, pp. 19-22; Onésimo Redondo, *El Estado Nacional*, Ediciones FE, Barcelona, 1939, pp. 42-43.

42. Ángel de Prado Moura, *El movimiento obrero en Valladolid durante la Segunda República*, Junta de Castilla y León, Valladolid, 1985, p. 135.

43. Anónimo, *Onésimo Redondo, Caudillo...*, p. 30.

44. Anónimo, *Onésimo Redondo, Caudillo...*, pp. 22-27; Tomás Borrás, *Ramiro Ledesma Ramos*, Editora Nacional, Madrid, 1971, p. 284; Mínguez Goyanes, *Onésimo Redondo*, p. 36.

45. Ramiro Ledesma Ramos, *¿Fascismo en España?*, 2.ª ed., Ariel, Barcelona, 1968, pp. 77-81; Borrás, *Ramiro Ledesma Ramos*, pp. 216 y 248-250; Herbert Rutledge Southworth, «The Falange: An Analysis of Spain's Fascist Heritage», en: Paul Preston, ed., *Spain in Crisis: The Evolution and Decline of the Franco Regime*, Harvester Press, Hassocks, 1976, p. 6. [Hay trad. cast.: *España en crisis. Evolución y decadencia del régimen de Franco*, trad. Néstor Romero Bueno, Fondo de Cultura Económica de España, Madrid, 1978.]

46. Anónimo, *Onésimo Redondo, Caudillo...*, p. 9.

47. Eduardo Álvarez Puga, *Historia de la Falange*, Dopesa, Barcelona, 1969, p. 25.

48. Ramiro Ledesma Ramos, «El "caso" Valladolid», *La Patria Libre*, n.º 6 (23 de marzo de 1935), reproducido en Ramiro Ledesma Ramos, *Escritos políticos 1935-1936*, Herederos de Ramiro Ledesma Ramos, Madrid, 1988, pp. 255-257; José María Sánchez Diana, *Ramiro Ledesma Ramos: biografía política*, Editora Nacional, Madrid, 1975, pp. 125-126; Mínguez Goyanes, *Onésimo Redondo*, p. 40; Anónimo, *Onésimo Redondo, Caudillo...*, pp. 34-35.

49. «Roberto Lanzas» (pseud. Ramiro Ledesma Ramos), «La violencia política y

las insurrecciones», *JONS*, n.º 3 (agosto de 1933), reproducido en *JONS Antología*, Editora Nacional, Barcelona, 1939, pp. 81-91.

50. Anónimo, *Onésimo Redondo, Caudillo...*, pp. 40-47 y 51-57; Mínguez Goyanes, *Onésimo Redondo*, pp. 42 y 170-173.

51. Onésimo Redondo, «El regreso de la barbarie», *JONS Antología*, pp. 154-159.

52. Eduardo González Calleja, «La violencia y sus discursos. Los límites de la "fascistización" de la derecha española durante el régimen de la II República», *Ayer. Revista de Historia contemporánea*, n.º 71 (2008), pp. 89-90.

53. Ledesma Ramos, *Escritos políticos 1935-1936*, pp. 44-46; Ledesma Ramos, *¿Fascismo en España?*, p. 302.

54. *Arriba* (18 de abril y 2 de mayo de 1935); Álvarez Chillida, *El antisemitismo...*, pp. 342-343; José Antonio Primo de Rivera, *Obras*, Sección Femenina de FET y de las JONS, Madrid, 1966, 4.ª ed., p. 192.

55. Sancho Dávila y Julián Pemartín, *Hacia la historia de la Falange: primera contribución de Sevilla*, Jerez Industrial, Madrid, 1938, pp. 24-27.

56. Ramiro de Maeztu, *Defensa de la Hispanidad*, Editorial Cultura Española, Madrid, 1941, 4.ª ed., pp. 197-199; José Luis Villacañas Berlanga, *Ramiro de Maeztu y el ideal de la burguesía en España*, Espasa Calpe, Madrid, 2000, pp. 350-378.

57. Declaró haber citado a un conocido, cuyo nombre no dio. José Calvo Sotelo, *La voz de un perseguido*, 2 vols., Librería de San Martín, Madrid, 1933, 1934, II, p. 225.

58. Miguel Primo de Rivera y Urquijo, «España: germanos contra bereberes», en: *Papeles póstumos de José Antonio*, Plaza & Janés, Barcelona, 1996, pp. 160-166.

59. *El Debate* (17 de octubre de 1933).

60. Álvarez Chillida, *El antisemitismo...*, p. 207.

61. *El Socialista* (17 y 21 de octubre de 1933).

62. *CEDA* (31 de octubre de 1933).

63. Tusquets, *Orígenes...*, pp. 30-44 y 137-142; Francisco de Luis, *La masonería contra España*, Imprenta Aldecoa, Burgos, 1935, pp. 6, 99-102, 158-160 y 191; Blinkhorn, *Carlism...*, pp. 46 y 179; Álvarez Chillida, *El antisemitismo...*, pp. 181 y 334-338.

64. Expediente 1.736, Expediente personal de Julián Mauricio Carlavilla del Barrio, Archivo General del Ministerio de Interior; Eduardo Conolly, «Mauricio Carlavilla: el encanto de la conspiración», *HIBRIS. Revista de Bibliofilia*, Alcoy, n.º 23 (septiembre-octubre de 2004), pp. 4 y ss.

65. Ofreció su propia versión en Mauricio Karl (pseud. Mauricio Carlavilla) *Asesinos de España, Marxismo, Anarquismo, Masonería*, Ediciones Bergua, Madrid, 1935. pp. 60-68 y 76-81.

66. Documento 272, expediente de depuración, 1 de febrero de 1940, Expediente 1.736, Archivo General del Ministerio de Interior. Véase también Mauricio Carlavilla, *Anti-España 1959. Autores, cómplices y encubridores del comunismo*, Editorial NOS, Madrid, 1959, pp. 18 y 434-438. En sus memorias (*Obras completas*, p. 758), el general Mola describe el trabajo de un policía secreto, cuyo nombre no facilita. Carlavilla (*Anti-España...*, p. 436) asegura que era una alusión a sus actividades.

67. Carlavilla, *Anti-España...*, p. 439.

68. Documento 272, expediente de depuración, 1 de febrero de 1940, Expediente 1.736, Archivo General del Ministerio de Interior.

69. Karl, *Asesinos de España...* Acerca de Carlavilla, véase Southworth, *Conspiracy*, pp. 207 y 212-213; Álvarez Chillida, *El antisemitismo...*, pp. 320-321. Según Ricardo de la Cierva, *Bibliografía sobre la guerra de España (1936-1939) y sus antecedentes*, Ariel, Barcelona, 1968, pp. 115, 140 y 365, su nombre era Mauricio Carlavilla de la Vega. Sin embargo, en su partida de nacimiento consta como «Julián Mauricio Carlavilla del Barrio». Además, uno de sus últimos libros, publicado cuando ya no tenía la necesidad de usar pseudónimo, está firmado por «Mauricio Carlavilla del Barrio "Mauricio Karl"», *Sodomitas*, Editorial NOS, Madrid, 1956. Mola admitía conocer bien a Carlavilla (véase Mola, *Obras completas*, p. 624).

70. Karl, *Asesinos de España...*, pp. 21-24, 85-89 y 196-207 (sobre Hitler y Mussolini), pp. 320-321 (sobre el Ejército) y pp. 74-75 (sobre Cambó); Julio Rodríguez Puértolas, *Literatura fascista española*, 2 vols., Ediciones Akal, Madrid, 1986, 1987, I, p. 309; Maximiano García Venero, *Falange en la guerra civil de España: la unificación y Hedilla*, Ruedo Ibérico, París, 1967, p. 309.

71. Carlavilla, Expediente 1.736, documento 129, 27 de septiembre de 1935.

72. Carlavilla, Expediente 1.736, documento 272, expediente de depuración, 1 de febrero de 1940; *Claridad* (4 de mayo de 1936); Joaquín Arrarás, *Historia de la Cruzada española*, 8 vols., 36 tomos, Ediciones Españolas, Madrid, 1939-1943, II, 9, p. 503; Guillermo Cabanellas, *Los cuatro generales*, 2 vols., Planeta, Barcelona, 1977, I, p. 274; Juan Ortiz Villalba, *Sevilla 1936. Del golpe militar a la guerra civil*, Diputación Provincial, Sevilla, 1997, pp. 158-159; Edmundo Barbero, *El infierno azul (Seis meses en el feudo de Queipo)*, Talleres del SUIG (CNT), Madrid, 1937, p. 39.

CAPÍTULO 3. LA OFENSIVA DE LA DERECHA: 1933-1934

1. Francisco Cobo Romero, *Labradores, campesinos y jornaleros. Protesta social y diferenciación interna del campesinado jiennense en los orígenes de la Guerra Civil (1931-1936)*, Publicaciones del Ayuntamiento de Córdoba, Córdoba, 1992, pp. 400-405.

2. *Boletín del Ministerio de Trabajo*, enero de 1935.

3. Enrique Montañés, *Anarcosindicalismo y cambio político: Zaragoza, 1930-1936*, Institución Fernando el Católico, Zaragoza, 1989, pp. 98-100; José María Azpíroz Pascual, *Poder político y conflictividad social en Huesca durante la II República*, Ayuntamiento de Huesca, Huesca, 1993, pp. 161-169; Enrique Pradas Martínez, *La Segunda República y La Rioja (1931-1936)*, Cuadernos Riojanos, Logroño, 1982, pp. 139-154; Enrique Pradas Martínez, ed., *8 de diciembre de 1933: Insurrección anarquista en La Rioja*, Cuadernos Riojanos, Logroño, 1983, *passim*; Salvador Forner Muñoz, *Industrialización y movimiento obrero: Alicante 1923-1936*, Edicions Alfons el Magnànim, Valencia, 1982, pp. 354-357; José Manuel Macarro Vera, *La utopía revolucionaria: Sevilla en la Segunda República*, Monte de Piedad y Caja de Ahorros de Sevilla, Sevilla, 1985, p. 368; Joaquín Arrarás, *Historia de la Segunda República española*, 4 vols., Editora Nacional, Madrid, 1956-1968, II, pp. 251-257; José Peirats, *La CNT en la revolución española*, 2.ª ed., 3

vols., Ediciones Ruedo Ibérico, París, 1971, I, pp. 77-80; César M. Lorenzo, *Les Anarchistes espagnols et le pouvoir*, Éditions du Seuil, París, 1969, pp. 79-80; Roberto Villa, «La CNT frente a la República. La insurrección revolucionaria de diciembre de 1933», *Historia y Política*, n.º 24 (2010).

4. Francisco Moreno Gómez, *La República y la guerra civil en Córdoba*, I, Ayuntamiento de Córdoba, Córdoba, 1982, pp. 244-248; Manuel Pérez Yruela, *La conflictividad campesina en la provincia de Córdoba 1931-1936*, Servicio de Publicaciones Agrarias, Madrid, 1979, pp. 169-172.

5. Francisco Moreno Gómez, *La guerra civil en Córdoba (1936-1939)*, Alpuerto, Madrid, 1985, p. 238.

6. Fernando Ayala Vicente, *La violencia política en la provincia de Cáceres durante la Segunda República (1931-1936)*, Muñoz Moya Editores Extremeños, Brenes, 2003, pp. 67-68.

7. Juan-Simeón Vidarte, *El bienio negro y la insurrección de Asturias*, Grijalbo, Barcelona, 1978, pp. 58-59 y 70-81.

8. Mario López Martínez, *Orden público y luchas agrarias en Andalucía*, Ediciones Libertarias/Ayuntamiento de Córdoba, Madrid, 1995, pp. 351-354.

9. Francisco Largo Caballero, *Discursos a los trabajadores*, Gráfica Socialista, Madrid, 1934, pp. 140-142.

10. Francisco Largo Caballero, *Mis recuerdos: cartas a un amigo*, Editores Unidos, México D. F., 1953, pp. 132-133.

11. Actas de la Comisión Ejecutiva del PSOE, 22 de noviembre de 1933, Fundación Pablo Iglesias, AH-20-2; Francisco Largo Caballero, *Escritos de la República*, Santos Juliá, ed., Fundación Pablo Iglesias, Madrid, 1985, pp. 40-43.

12. *El Socialista* (26, 28 y 30 de noviembre; 1, 2, 8, 19 y 21 de diciembre de 1933; 13 y 14 de enero de 1934).

13. *Boletín de la UGT* (BUGT), enero de 1934; Amaro del Rosal, *1934: el movimiento revolucionario de octubre*, Akal, Madrid, 1983, pp. 93-150.

14. *El Socialista* (12 de diciembre de 1933); Largo Caballero, *Escritos de la República*, pp. 48-50; Del Rosal, *1934: el movimiento...*, pp. 35-93.

15. *Diario de las Sesiones de Cortes* (DSC), 12 de diciembre de 1933.

16. *DSC*, 19 de diciembre de 1933; *El Debate* (22 de diciembre de 1933); *Renovación* (23 de diciembre de 1933).

17. *DSC*, 20 de diciembre de 1933.

18. Entrada de diario del 1 de julio de 1937, en: Manuel Azaña, *Obras completas*, 4 vols., Ediciones Oasis, México, 1966-1968, IV, p. 650; Vidarte, *El bienio negro...*, p. 97.

19. *El Obrero de la Tierra* (6 enero de 1934).

20. *DSC*, 25 de enero de 1934; Margarita Nelken, *Por qué hicimos la revolución*, Ediciones Sociales Internacionales, Barcelona, París, Nueva York, 1936, pp. 87-96.

21. *Renovación* (20 de enero de 1934); *El Obrero de la Tierra* (23 de diciembre de 1933; 6, 13 y 20 de enero de 1934).

22. *El Debate* (27 de diciembre de 1933; 26 de enero de 1934); *El Socialista* (23 y 25 de enero de 1934).

23. *El Debate* (27 de enero; 8 y 25 de febrero de 1934); *Renovación* (6 de enero de

1934); *El Socialista* (26 de enero; 2 de febrero de 1934); *La Mañana* (17, 19 y 20 de enero de 1934).

24. *BUGT*, enero de 1934; Del Rosal, *1934: el movimiento...*, pp. 93-150.

25. *El Socialista* (25, 26, 28 y 30 de enero de 1934); *BUGT*, febrero de 1934; Del Rosal, *1934: el movimiento...*, pp. 151-200; Largo Caballero, *Mis recuerdos...*, pp. 134-135; Gabriel Mario de Coca, *Anti-Caballero: una crítica marxista de la bolchevización del Partido Socialista Obrero Español*, Ediciones Engels, Madrid, 1936, pp. 133 y 137-142; Largo Caballero, *Escritos de la República*, pp. 64-141; Dolores Ibárruri *et al.*, *Guerra y revolución en España*, 4 vols., Editorial Progreso, Moscú, 1967-1977, I, pp. 52-57; Santos Juliá Díaz, *Historia del socialismo español (1931-1939)*, Conjunto Editorial, Barcelona, 1989, pp. 101-102.

26. Del Rosal, *1934: el movimiento...*, pp. 200-256.

27. *El Obrero de la Tierra* (3 de febrero de 1934).

28. Emilio Majuelo, *Luchas de clases en Navarra (1931-1936)*, Gobierno de Navarra, Pamplona, 1989, pp. 40-61, 206-211, 221 y ss.; Emilio Majuelo, *La generación del sacrificio. Ricardo Zabalza 1898-1940*, Editorial Txalaparta, Tafalla, 2008, pp. 237-238.

29. Acerca de Valdivia y Santiago, véase Azaña, *Obras completas*, IV, p. 569; Ministerio de la Guerra, Estado Mayor Central, *Anuario Militar de España 1936*, Imprenta y Talleres del Ministerio de la Guerra, Madrid, 1936, pp. 326 y 380. Sobre Muñoz Grandes, véase Fernando Vadillo, *Muñoz Grandes, el general de la División Azul*, Fundación Don Rodrigo, Madrid, 1999, pp. 71-78.

30. Rafael Salazar Alonso y Juan Manuel Martínez Valdueza, *Bajo el signo de la revolución: el hombre y su destino*, Akrón, Astorga, 2007, pp. 34-35.

31. *El Debate* (2, 8, 10, 11, 22 y 27 de marzo de 1934); *El Socialista* (29 de marzo de 1934); *DSC*, 8 de marzo de 1934.

32. Anónimo (Javier Martínez de Bedoya), *Onésimo Redondo, Caudillo de Castilla*, Ediciones Libertad, Valladolid, 1937, pp. 71-72 y 82-84.

33. *Ibid.*, pp. 85-90.

34. La única crónica contemporánea fiable de este acuerdo es la que ofrece Guariglia a MAE, 1 de septiembre de 1933, en: Raffaele Guariglia, *Ambasciata in Spagna e primi passi in diplomazia 1932-1934*, Edizioni Scientifiche Italiani, Nápoles, 1972; pp. 304-305; Ismael Saz Campos, *Mussolini contra la II República: hostilidad, conspiraciones, intervención (1931-1936)*, Edicions Alfons el Magnànim, Valencia, 1986, pp. 111-112; Pedro Sainz Rodríguez, *Testimonio y recuerdos*, Planeta, Barcelona, 1978, pp. 220-222; José María Gil Robles, *No fue posible la paz*, Ariel, Barcelona, 1968, pp. 442-443; Juan Antonio Ansaldo, *¿Para qué...? (de Alfonso XIII a Juan III)*, Editorial Vasca Ekin, Buenos Aires, 1951, p. 89.

35. Alejandro Corniero Suárez, *Diario de un rebelde*, Ediciones Barbarroja, Madrid, 1991, pp. 47-50 y 66-68.

36. José Antonio Primo de Rivera, «Discurso de la fundación de Falange Española», *Textos de doctrina política*, Sección Femenina, Madrid, 1966, 4.ª ed., pp. 61-69.

37. Herbert Rutledge Southworth, *Antifalange; estudio crítico de «Falange en la guerra de España» de Maximiano García Venero*, Ediciones Ruedo Ibérico, París, 1967, pp. 26-29; Felipe Ximénez de Sandoval, *«José Antonio» (Biografía apasionada)*, Editorial Juventud, Barcelona, 1941, pp. 204-205, 210-212, 316-317, 330, 358 y 437-440; Francisco

Bravo Martínez, *Historia de Falange Española de las JONS*, Editora Nacional, Madrid, 1943, 2.ª ed., pp. 213-214.

38. Bravo Martínez, *Historia de Falange...*, pp. 26-27; Domingo Pérez Morán, *¡A estos, que los fusilen al amanecer!*, G. del Toro, Madrid, 1973, pp. 208-209; Ignacio Martín Jiménez, *La guerra civil en Valladolid (1936-1939). Amaneceres ensangrentados*, Ámbito Ediciones, Valladolid, 2000, pp. 13 y 41.

39. «Colloquio del Capo del Governo con i rappresentanti de la destra spagnola», 31 de marzo de 1934, *I Documenti Diplomatici Italiani*, 7.ª serie, vol. XV (18 de marzo-27 de septiembre de 1934), Istituto Poligrafico e Zecca dello Stato/Libreria dello Stato, Roma, 1990, pp. 64-68; Antonio Lizarza Iribarren, *Memorias de la conspiración*, Editorial Gómez, Pamplona, 1969, 4.ª ed., pp. 34-41; *How Mussolini Provoked the Spanish Civil War: Documentary Evidence*, United Editorial, Londres, 1938, *passim*.

40. Javier Ugarte Telleria, *La nueva Covadonga insurgente. Orígenes sociales y culturales de la sublevación de 1936 en Navarra y el País Vasco*, Editorial Biblioteca Nueva, Madrid, 1998, pp. 74-78 y 266-271; Eduardo González Calleja, «La violencia y sus discursos. Los límites de la "fascistización" de la derecha española durante el régimen de la Segunda República», *Ayer*, n.º 71 (2008 [3]), pp. 98-102; Jordi Canal, *Banderas blancas, boinas rojas. Una historia política del carlismo, 1876-1939*, Marcial Pons, Madrid, 2006, pp. 44-46.

41. *El Debate* (22 y 24 de abril de 1934); *El Socialista* (22 y 24 de abril de 1934); José Monge Bernal, *Acción Popular (estudios de biología política)*, Imprenta Sáez Hermanos, Madrid, 1936, pp. 258-260.

42. Ansaldo, *¿Para qué...?...*, pp. 71-73; Ramiro Ledesma Ramos, *¿Fascismo en España?*, Ariel, Barcelona, 1968, 2.ª ed., pp. 161-163.

43. *DSC*, 17 y 23 de mayo de 1934; Nigel Townson, *The Crisis of Democracy in Spain. Centrist Politics under the Second Republic, 1931-1936*, Sussex Academic Press, Brighton, 2000, pp. 225-241.

44. *El Obrero de la Tierra* (24 de marzo de 1934).

45. *El Debate* (26 de mayo de 1934); *El Socialista* (24 y 25 de mayo de 1934); Salazar Alonso, *Bajo el signo...*, pp. 121-129; Cobo Romero, *Labradores...*, pp. 417-420; López Martínez, *Orden público y luchas agrarias*, pp. 330-345.

46. José María Lama, *Una biografía frente al olvido: José González Barrero*, Badajoz, 2000, pp. 35-36, 52-54 y 58; José María Lama, *La amargura de la memoria: República y guerra en Zafra (1931-1936)*, Diputación de Badajoz, Badajoz, 2004, pp. 150-160.

47. Agradezco a Cayetano Ibarra Barroso la información adicional sobre Modesto José Lorenzana Macarro, al permitirme el uso de su estudio de próxima aparición sobre Fuente de Cantos.

48. José Aparicio Albiñana, *Para qué sirve un gobernador... Impresiones ingenuas de un ciudadano que lo ha sido dos años de las provincias de Jaén y Albacete*, Imprenta La Semana Gráfica, Valencia, 1936, pp. 16-28; Cobo Romero, *Labradores...*, p. 410.

49. *El Debate* (6 y 10 de mayo de 1934); Cobo Romero, *Labradores...*, pp. 409-420.

50. *El Obrero de la Tierra* (17 de febrero de 1934).

51. *El Obrero de la Tierra* (24 de febrero; 3, 24 y 31 de marzo; 14 y 21 de abril de 1934).

52. *El Obrero de la Tierra* (31 de marzo; 7, 14 y 21 de abril de 1934).

53. Episodio basado en las conclusiones de una reunión celebrada el 31 de julio de 1934 por el Comité Nacional de la UGT, en la que se realizó una autopsia a la huelga frustrada (*BUGT*, agosto de 1934). Véase también Vidarte, *El bienio negro...*, pp. 152-154.

54. *El Sol* (2 de mayo de 1934); *ABC* (2 de mayo de 1934); *El Obrero de la Tierra* (5 de mayo de 1934); *El Socialista* (6 de mayo de 1934).

55. *El Obrero de la Tierra* (21 de abril y 5 de mayo de 1934).

56. *El Obrero de la Tierra* (19 de mayo de 1934).

57. *El Obrero de la Tierra* (26 de mayo de 1934); Vidarte, *El bienio negro...*, pp. 151-156.

58. Salazar Alonso, *Bajo el signo...*, p. 141.

59. *DSC*, 30 de mayo de 1934. Véase Vidarte, *El bienio negro...*, pp. 156-159.

60. Paul Preston, *The Coming of the Spanish Civil War. Reform, Reaction and Revolution in the Second Spanish Republic, 1931-1936*, Routledge, Londres, 1994, 2.ª ed., pp. 147-153, 245; Paul Preston, «The Agrarian War in the South», en: Paul Preston, ed., *Revolution and War in Spain 1931-1939*, Methuen, Londres, 1984, pp. 159-181; Vidarte, *El bienio negro...*, pp. 151-153.

61. Lama, *José González Barrero*, pp. 65-68; Lama, *La amargura...*, pp. 162-167; Paloma Biglino Campos, *El socialismo español y la cuestión agraria 1890-1936*, Madrid, 1986, pp. 464-467; Gabriel Jackson, *The Spanish Republic and the Civil War*, Princeton University Press, Princeton (Nueva Jersey), 1965, pp. 137-139; Manuel Tuñón de Lara, *Tres claves de la Segunda República*, Alianza Editorial, Madrid, 1985, pp. 138-139.

62. *La Mañana* (6, 8-12 de junio de 1934) señala el éxito del paro. Véase también *El Socialista* (31 de mayo; 1, 2, 3, 7, 8, 13, 28, 29 y 30 de junio de 1934); *El Debate* (30 y 31 de mayo; 6, 7 y 10 de junio de 1934); *DSC*, 7 y 14 de junio de 1934; *El Obrero de la Tierra* (13 de junio de 1936); Cobo Romero, *Labradores...*, pp. 421-434; Pérez Yruela, *La conflictividad...*, pp. 190-196; Moreno Gómez, *Córdoba...*, pp. 268-279; Macarro Vera, *La utopía...*, pp. 388-393; Fernando Pascual Cevallos, *Luchas agrarias en Sevilla durante la Segunda República*, Sevilla, 1983, pp. 91-93. Más críticos con la FNTT son los relatos ofrecidos por Eduard Malefakis, *Agrarian Reform and Peasant Revolution in Spain*, New Haven, 1970, pp. 335-340 [hay trad. cast.: *Reforma agraria y revolución campesina en la España del siglo XX*, trad. Antoni Bosch, Alfredo Pastor y Juan-Ramón Capella, Espasa-Calpe, Madrid, 2001], y Salazar Alonso, *Bajo el signo...*, pp. 141 y ss.

63. José Antonio Alarcón Caballero, *El movimiento obrero en Granada en la II República (1931-1936)*, Granada, 1990, pp. 409-412.

64. José María Gil Robles, *No fue posible la paz*, Ariel, Barcelona, 1968, p. 129.

65. Alarcón Caballero, *El movimiento obrero en Granada...*, p. 132; López Martínez, *Orden público y luchas agrarias...*, pp. 340-342; Timothy John Rees, *Agrarian Society and Politics in the Province of Badajoz under the Spanish Second Republic*, tesis doctoral inédita, 1990, p. 274.

66. *El Debate* (8 de marzo de 1934); *El Socialista* (11, 13, 14 y 15 de marzo de 1934); *ABC* (14, 15 y 16 de marzo de 1934); Salazar Alonso, *Bajo el signo...*, pp. 50-73; Torcuato Luca de Tena, *Papeles para la pequeña y la gran historia: Memorias de mi padre y mías*, Planeta, Barcelona, 1991, pp. 167-172.

67. Salazar a Amparo, 30 de julio de 1934, reimpreso en José García Pradas, «La

conversión ejemplar de un "pobre hombre" que llegó a Ministro de la República», *CNT* (17 de enero de 1937).

68. Largo Caballero, *Escritos de la República*, pp. 86-110, 115-141 y 143-149; Del Rosal, *1934: el movimiento...*, pp. 207-249; Bernardo Díaz Nosty, *La Comuna asturiana: revolución de octubre de 1934*, ZYX, Bilbao, 1974, pp. 105-107; Indalecio Prieto, «La noche del Turquesa», en: *Convulsiones de España. Pequeños detalles de grandes sucesos*, 3 vols., Ediciones Oasis, México, D. F., 1967-1969, I, pp. 109-111; Manuel Grossi, *La insurrección de Asturias (Quince días de revolución socialista)*, Gráficos Alfa, Barcelona, 1935, p. 23; Salazar Alonso, *Bajo el signo...*, pp. 226-227; Manuel Benavides, *La revolución fue así (octubre rojo y negro) reportaje*, Imprenta Industrial, Barcelona, 1935, pp. 9-20.

69. Miguel Ramos González, *La violencia en Falange Española*, Ediciones Tarfe, Oviedo, 1993, pp. 75-76; Ledesma Ramos, *¿Fascismo en España?*, pp. 163-164; Nelken, *Por qué hicimos la revolución*, pp. 118-119; David Jato, *La rebelión de los estudiantes (Apuntes para una Historia del alegre S.E.U.)*, CIES, Madrid, 1953, p. 109; Stanley G. Payne, *Falange. A History of Spanish Fascism*, Stanford University Press, Stanford, 1967, pp. 57-58.

70. FC-Tribunal Supremo, Recursos, legajo 97, 163, Archivo Histórico Nacional, Madrid.

71. Ledesma Ramos, *¿Fascismo en España?*, pp. 169-180; Ansaldo, *¿Para qué...?...*, pp. 84-86; Ximénez de Sandoval, *«José Antonio»...*, pp. 577-582.

72. *El Debate* (28 de septiembre de 1934); Gil Robles, *No fue posible...*, p. 131.

73. Monge Bernal, *Acción Popular...*, pp. 301-303.

74. Antonio L. Oliveros, *Asturias en el resurgimiento español (apuntes históricos y biográficos)*, Imprenta Juan Bravo, Madrid, 1935, p. 277.

75. Texto del discurso de Companys, en: Frederic Escofet, *Al servei de Catalunya i de la República*, 2 vols., Edicions Catalanes, París, 1973, I, pp. 199-205; Edgar Allison Peers, *Catalonia Infelix*, Methuen, Londres, 1937, pp. 222-228; Manuel Azaña, *Mi rebelión en Barcelona*, Espasa-Calpe, Madrid, 1935, pp. 28-38.

76. *El Debate* (7-9 de septiembre de 1934); *El Socialista* (7 de septiembre de 1934); Grandizo Munis, *Jalones de derrota, promesa de victoria*, Editorial Lucha Obrera, México D. F., 1948, pp. 128-129; Segundo Serrano Poncela, *El Partido Socialista y la conquista del poder*, Ediciones L'Hora, Barcelona, 1935, pp. 119-121.

77. *El Debate* (11 de septiembre de 1934); *CEDA* (15 de septiembre de 1934); Gil Robles, *No fue posible...*, pp. 127-130.

78. *CNT* (17 de enero de 1937).

79. *El Sol* (12 de septiembre de 1934); Salazar Alonso, *Bajo el signo...*, pp. 316-320.

80. *CEDA*, n.° 36-37 (diciembre de 1934).

81. Maximiano García Venero, *El general Fanjul: Madrid en el alzamiento nacional*, Ediciones Cid, Madrid, 1967, p. 196.

82. *DSC*, 4 y 7 de noviembre de 1934.

83. Ricardo de la Cierva, *Historia de la guerra civil española,* vol. I, Editorial San Martín, Madrid, 1969, pp. 302-303.

84. *El Debate* (26, 27 y 28 de septiembre de 1934); *El Socialista* (3 y 4 de octubre de 1934); Gil Robles, *Discursos...*, pp. 338-343; Gil Robles, *No fue posible...*, pp. 134-139; Niceto Alcalá Zamora, *Memorias*, Planeta, Barcelona, 1977, pp. 285-286.

85. Vidarte, *El bienio negro...*, p. 233; Coca, *Anti-Caballero...*, p. 107. Agradezco a Josep M. Ainaud de Lasarte y al padre Hilari Raguer sus aclaraciones acerca de Anguera de Sojo y su madre. Véase también Ramon Corts Blay, Joan Galtés Pujol y Albert Manent Segimon, dirs., *Diccionari d'història eclesiàstica de Catalunya*, 3 vols., Generalitat de Catalunya/Claret, Barcelona, 1998-2001, III, p. 459.

86. Javier Tusell y José Calvo, *Giménez Fernández: precursor de la democracia española*, Mondadori/Diputación de Sevilla, Sevilla, 1990, pp. 52-56.

87. *El Socialista* (1 de agosto de 1934).

88. *El Socialista* (27 de septiembre de 1934).

89. *El Socialista* (30 de septiembre de 1934).

90. Largo Caballero, *Escritos de la República*, pp. 150-158; Largo Caballero, *Mis recuerdos...*, p. 136; Del Rosal, *1934: el movimiento...*, pp. 257-261; Amaro del Rosal, *Historia de la UGT de España 1901-1939*, 2 vols., Grijalbo, Barcelona, 1977, I, pp. 387 y 401-402; Julio Álvarez del Vayo, *The Last Optimist*, Putnam, Londres, 1950, pp. 263-266.

91. Grossi, *La insurrección*, pp. 23 y 63; José Canel [José Díaz Fernández], *Octubre rojo en Asturias*, Agencia General de Librería y Artes Gráficas, Madrid, 1935, pp. 31 y 43. Vidarte, *El bienio negro...*, pp. 267-285 y 334.

92. Grandizo Munis, *Jalones...*, pp. 130-140; Joaquín Maurín, *Hacia la segunda revolución: el fracaso de la República y la insurrección de octubre*, Gráficos Alfa, Barcelona, 1935, pp. 144-167; Testimonio del secretario de la CNT de Madrid, Miguel González Inestal, al autor; Enrique Castro Delgado, *Hombres made in Moscú*, Luis de Caralt, Barcelona, 1965, pp. 176-183; Andrés Nin, *Los problemas de la revolución española*, Ruedo Ibérico, París, 1971, pp. 156-157; Santos Juliá Díaz, «Fracaso de una insurrección y derrota de una huelga: los hechos de octubre en Madrid», *Estudios de Historia Social*, n.º 31 (octubre-diciembre de 1984); Santos Juliá Díaz, *Historia del socialismo español...*, pp. 126-129.

93. Para más información sobre los sucesos revolucionarios en Lérida, Gerona y otras zonas de Cataluña donde la Alianza Obrera tenía cierta influencia, véase J. Costa i Deu y Modest Sabaté, *La veritat del 6 d'octubre*, Tipografia Emporium, Barcelona, 1936, *passim*.

94. Enric Ucelay da Cal, *La Catalunya populista. Imatge, cultura i política en l'etapa republicana (1931-1939)*, La Magrana, Barcelona, 1982, pp. 208-220; Maurín, *Hacia la segunda revolución...*, pp. 123-144; Escofet, *Al servei de Catalunya...*, vol. 1, *La desfeta 6 d'octubre 1934*, pp. 109-144; Josep Dencàs, *El 6 d'octubre des del Palau de Governació*, Curial Edicions, Barcelona, 1979, pp. 77-79. Véase Andrés Nin, «Los acontecimientos de octubre en Barcelona», *Leviatán*, n.º 18 (octubre-noviembre de 1935).

95. Hilari Raguer, *El general Batet. Franco contra Batet: Crónica de una venganza*, Península, Barcelona, 1996, pp. 155-156, 169-171 y 276-281.

96. Benavides, *La Revolución fue así...*, p. 372; Munis, *Jalones...*, p. 154; Ignotus (Manuel Villar), *El Anarquismo en la insurrección de Asturias*, Tierra y Libertad, Valencia, 1935, pp. 176-179.

97. Eduardo López de Ochoa, *Campaña militar de Asturias en octubre de 1934 (narración táctico-episódica)*, Ediciones Yunque, Madrid, 1936, pp. 26-30; Gil Robles, *No fue posible...*, pp. 140-141; Vidarte, *El bienio negro...*, pp. 358-359; César Jalón, *Memorias*

políticas: periodista, ministro, presidiario, Guadarrama, Madrid, 1973, pp. 128-131; Francisco Aguado Sánchez, *La revolución de octubre de 1934*, Editorial San Martín, Madrid, 1972, pp. 188-193.

98. Tusell y Calvo, *Giménez Fernández...*, p. 57.

99. Niceto Alcalá Zamora, *Memorias*, Planeta, Barcelona, 1977, p. 296; Vidarte, *El bienio negro...*, pp. 290-291.

100. Luis Suárez Fernández, *Francisco Franco y su tiempo*, 8 vols., Fundación Nacional Francisco Franco, Madrid, 1984, I, pp. 268-269; George Hills, *Franco: The Man and His Nation*, MacMillan, Nueva York, 1967, p. 207; Francisco Franco Bahamonde, *Apuntes personales sobre la República y la guerra civil*, Fundación Nacional Francisco Franco, Madrid, 1987, pp. 11-12.

101. Francisco Franco Salgado-Araujo, *Mi vida junto a Franco*, Planeta, Barcelona, 1977, pp. 114-116; Joaquín Arrarás, *Franco*, Librería Santarén, Valladolid, 1939, 7.ª ed., p. 189.

102. Claude Martin, *Franco, soldado y estadista*, Fermín Uriarte, Madrid, 1965, pp. 129-130.

103. Véase Sebastian Balfour, *Deadly Embrace. Morocco and the Road to the Spanish Civil War*, Oxford University Press, Oxford, 2002, pp. 252-254.

104. Bernardo Díaz Nosty, *La Comuna asturiana: revolución de octubre de 1934*, ZYX, Bilbao, 1974, pp. 355-369. La literatura de las atrocidades cometidas por el Ejército africano en Asturias es considerable. Entre los testimonios más convincentes figuran los recogidos en la época por dos individuos relativamente conservadores, Vicente Marco Miranda, un fiscal republicano, y Félix Gordón Ordás, ex ministro de Industria del Partido Radical. Ambos se ofrecen en Nelken, *Por qué hicimos la revolución*, pp. 172-255. Véase también Narcis Molins i Fábrega, *UHP: La insurrección proletaria de Asturias*, Ediciones Júcar, Gijón, 1977, 2.ª ed., pp. 169-174, 184-187 y 196-219; Leah Manning, *What I Saw in Spain*, Gollancz, Londres, 1935, pp. 167-221; Fernando Solano Palacio, *La revolución de octubre. Quince días de comunismo libertario en Asturias*, Ediciones El Luchador, Barcelona, 1936, pp. 176-182.

105. Arrarás, *Historia de la Segunda República española*, II, pp. 614 y 637-638; Joaquín Arrarás, *Historia de la cruzada española*, 8 vols., Ediciones Españolas, Madrid, 1939-1943, II, tomo 7, p. 259; López de Ochoa, *Campaña militar de Asturias...*, pp. 37 y 71-96; Franco Bahamonde, *Apuntes personales sobre la República*, p. 12; Ramón Garriga, *El general Yagüe*, Planeta, Barcelona, 1985, pp. 59-63; Juan José Calleja, *Yagüe, un corazón al rojo*, Editorial Juventud, Barcelona, 1963, pp. 63-67.

106. Sobre la represión véase *ABC* (13 de octubre de 1934); Ignacio Carral, *Por qué mataron a Luis de Sirval*, Imprenta Saez Hermanos, Madrid, 1935, pp. 37-60; Díaz Nosty, *La Comuna asturiana...*, pp. 355-372; José Martín Blázquez, *I Helped to Build an Army: Civil War Memoirs of a Spanish Staff Officer*, Secker & Warburg, Londres, 1939, pp. 12-33.

107. Garriga, *El general Yagüe*, p. 61; Calleja, *Yagüe, un corazón al rojo*, p. 66.

108. Vidarte, *El bienio negro...*, pp. 360-362.

109. Aurelio de Llano Roza de Ampudia, *Pequeños anales de 15 días. La revolución en Asturias. Octubre 1934*, Talleres Tipográficos Altamirano, Oviedo, 1935, pp. 206-207; Francisco Aguado Sánchez, *La Guardia Civil en la revolución roja de Octubre de 1934*, Servi-

cio Histórico de la Guardia Civil, Madrid, 1972, pp. 135-155, 425 y 427; Vidarte, *El bienio negro...*, pp. 268-269; Adrian Shubert, *The Road to Revolution in Spain: The Coal Miners of Asturias, 1860-1934*, University of Illinois Press, Urbana y Chicago, 1987, p. 3.

110. Aguado Sánchez, *La Guardia Civil en la revolución roja...*, pp. 425-431.

111. José Aparicio Albiñana, *Para qué sirve un gobernador...*, pp. 98-101 y 104-112.

112. Víctor Lucea Ayala, *Dispuestos a intervenir en política. Don Antonio Plano Aznárez: socialismo y republicanismo en Uncastillo (1900-1939)*, Institución Fernando el Católico, Zaragoza, 2008, pp. 214-216.

113. Lucea Ayala, *Dispuestos a intervenir...*, pp. 331-334.

114. Aguado Sánchez, *La Guardia Civil en la revolución roja...*, pp. 366-370; Lucea Ayala, *Dispuestos a intervenir...*, pp. 245-265, 318 y 322-323.

115. Aguado Sánchez, *La Guardia Civil en la revolución roja...*, pp. 425-432.

116. Oliveros, *Asturias en el resurgimiento español...*, pp. 274-279.

117. Ramón Serrano Suñer, *Entre el silencio y la propaganda, la Historia como fue. Memorias*, Planeta, Barcelona, 1977, p. 52; Aguado Sánchez, *La revolución...*, pp. 308-309.

118. Diego Hidalgo, *¿Por qué fui lanzado del Ministerio de la Guerra? Diez meses de actuación ministerial*, Espasa Calpe, Madrid, 1934, pp. 91-93; Manuel Ballbé, *Orden público y militarismo en la España Constitucional (1812-1983)*, Alianza, Madrid, 1983, pp. 372-373; Aguado Sánchez, *La revolución...*, pp. 308-309.

119. De la Cierva, *Historia de la guerra...* p. 448; Aguado Sánchez, *La revolución...*, p. 316.

120. Lucea Ayala, *Dispuestos a intervenir...*, pp. 265-290.

121. *Ibid.*, pp. 268, 290-330, 349-358 y 366-372.

CAPÍTULO 4. LA INMINENCIA DE LA GUERRA

1. *DSC*, 9 de octubre; *La Mañana* (7 y 11 de octubre); *El Debate* (11 de octubre); Pedro Luis Angosto, *José Alonso Mallol: el hombre que pudo evitar la guerra,* Instituto de Cultura Juan Gil-Albert, Alicante, 2010, pp. 191-192. Las cifras totales de los arrestos son difíciles de precisar. Las más bajas merecedoras de confianza son las de Edward E. Malefakis (*Agrarian Reform and Peasant Revolution in Spain*, Yale University Press, Connecticut, 1970, p. 342), que habla de entre 15.000 y 20.000. Jackson (*Republic*, p. 161) da la cifra de entre 30.000 y 40.000, y Henry Buckley (*Life and Death of the Spanish Republic*, Hamish Hamilton, Londres, 1940, p. 166) habla de 60.000. La suerte de los prisioneros se describe en Leah Manning, *What I Saw in Spain*, Gollancz, Londres, 1935, pp. 54-135. Véase también Ignacio Carral, *Por qué mataron a Luis de Sirval*, Imprenta Sáez Hermanos, Madrid, 1935; Respecto a los ayuntamientos, véase *ABC* (9, 27 y 28 de octubre de 1934); Rafael Salazar Alonso, *Bajo el signo de la revolución*, Librería de San Martín, Madrid, 1935, p. 129; Juan-Simeón Vidarte, *El bienio negro y la insurrección de Asturias*, Grijalbo, Barcelona, 1978, p. 397; Sandra Souto Kustrín, *«Y ¿Madrid? ¿Qué hace Madrid?» Movimiento revolucionario y acción colectiva (1933-1936)*, Siglo XXI, Madrid, 2004, pp. 243-244 y 310.

2. Agradezco a Álvaro Martínez Echevarría y García de Dueñas la información sobre el caso de su bisabuelo.

3. Francisco Bravo Martínez, *José Antonio. El hombre, el jefe, el camarada*, Ediciones Españolas, Madrid, 1939, pp. 100-102.

4. Antonio Cacho Zabalza, *La Unión Militar Española*, Egasa, Alicante, 1940, pp. 21-25; José del Castillo y Santiago Álvarez, *Barcelona. Objetivo cubierto*, Timón, Barcelona, 1958, pp. 102-104; Stanley G. Payne, *Politics and the Military in Modern Spain*, Stanford University Press, Stanford, California, 1967, pp. 300-301.

5. Bravo Martínez, *José Antonio...*, pp. 159-165; Alejandro Corniero Suárez, *Diario de un rebelde*, Ediciones Barbarroja, Madrid, 1991, p. 120; Raimundo Fernández Cuesta, *Testimonio, recuerdos y reflexiones*, Ediciones Dyrsa, Madrid, 1985, pp. 51-52; Gumersindo Montes Agudo, *Pepe Sainz: una vida en la Falange*, Ediciones Pallas de Horta, *s.l.*, [Burgos], 1939, pp. 56-57; Maximiano García Venero, *Falange en la guerra de España: la Unificación y Hedilla*, Ruedo Ibérico, París, 1967, p. 66; Rafael Ibáñez Hernández, *Estudio y acción: la Falange fundacional a la luz del Diario de Alejandro Salazar (1934-1936)*, Ediciones Barbarroja, Madrid, 1993, pp. 98-101.

6. Salazar, *Diario*, en: Ibáñez Hernández, *Estudio y acción...*, p. 36.

7. Cacho Zabalza, *La Unión Militar Española*, pp. 24-25.

8. Asociación Católica Nacional de Propagandistas (ACNP) de Oviedo, *Asturias roja: sacerdotes y religiosos perseguidos y martirizados (octubre de 1934)*, Imprenta Trufero, Oviedo, 1935, p. 12; Llano Roza de Ampudia, *Pequeños anales de 15 días. La Revolución de Asturias*, Consejo Superior de Investigaciones Científicas, Madrid, 1977, p. 26.

9. ACNP de Oviedo, *Asturias roja...*, pp. 60-61; Gil Nuño de Robledal, *¿Por qué Oviedo se convirtió en ciudad mártir?*, Talleres Tipográficos F. de la Presa, Oviedo, 1935, pp. 40-45 y 95-104; Antonio M. Calero, «Octubre visto por la derecha», en: Germán Ojeda, ed., *Octubre 1934: Cincuenta años para la reflexión*, Siglo XXI, Madrid, 1985, p. 163.

10. *El Noroeste* (Gijón) (26 de octubre de 1934), citado por Bernardo Díaz Nosty, *La Comuna asturiana: revolución de octubre de 1934*, ZYX, Bilbao, 1974, p. 359.

11. ACNP de Oviedo, *Asturias roja...*, p. 14.

12. Sarah Sánchez, *Fact and Fiction. Representations of the Asturian Revolution (1934-1938)*, Maney Publishing for the Modern Humanities Research Association, Leeds, 2003, pp. 151-152.

13. Acerca de las circunstancias peculiares que le dieron a Franco el control absoluto de la represión, véase Paul Preston, *Franco. A Biography*, HarperCollins, Londres, 1993, pp. 101-105. [Hay trad. cast.: *Franco*, trad. Teresa Camprodón y Diana Falcón, Mondadori, Barcelona, 1999.] Sobre el papel de Batet, véase Diego Hidalgo, *¿Por qué fui lanzado del Ministerio de la Guerra? Diez meses de actuación ministerial*, Espasa Calpe, Madrid, 1934, pp. 65-68; Hilari Raguer, *El general Batet. Franco contra Batet: Crónica de una venganza*, Península, Barcelona, 1996, pp. 154-186.

14. Raguer, *El general Batet...*, pp. 190-194 y 201; José Antonio Primo de Rivera, *Obras*, Sección Femenina de FET y de las JONS, Madrid, 1966, 4.ª ed., p. 306.

15. Raguer, *El general Batet...*, pp. 211-237, 239 y ss.

16. Ignacio Martín Jiménez, *La guerra civil en Valladolid (1936-1939). Amaneceres ensangrentados*, Ámbito Ediciones, Valladolid, 2000, pp. 15-16; Anónimo (Javier Martínez de Bedoya), *Onésimo Redondo, Caudillo de Castilla*, Ediciones Libertad, Valladolid, 1937, pp. 113-130.

17. Francisca Rosique Navarro, *La reforma agraria en Badajoz durante la II República*, Diputación Provincial de Badajoz, Badajoz, 1988, pp. 225-242 y 265-273; Timothy John Rees, *Agrarian Society and Politics in the Province of Badajoz under the Spanish Second Republic*, tesis doctoral oxoniense inédita, 1990, pp. 191-192; Malefakis, *Agrarian Reform...*, pp. 126-128 y 238-243; *El Obrero de la Tierra* (26 de noviembre de 1932).

18. Malefakis, *Agrarian Reform...*, pp. 343-347; Rosique Navarro, *La reforma agraria en Badajoz...*, pp. 289-291.

19. Javier Tusell y José Calvo, *Giménez Fernández, precursor de la democracia española*, Mondadori/Diputación de Sevilla, Sevilla, 1990, pp. 71-73.

20. *Ibid.*, p. 75.

21. *El Debate* (24 de noviembre; 1, 5, 7, 20 y 21 de diciembre de 1934; 1 de enero de 1935); Carlos Seco Serrano, *Historia de España. Época contemporánea*, Instituto Gallach, Barcelona, 1971, 3.ª ed., p. 130; Tusell y Calvo, *Giménez Fernández...*, pp. 76-85.

22. Acerca de Alarcón de la Lastra, véase Equipo Mundo, *Los noventa ministros de Franco*, Dopesa, Barcelona, 1970, pp. 95-96. Sobre el régimen de propiedad de la tierra en Carmona, véase Pascual Carrión, *Los latifundios en España*, Gráficas Reunidas, Madrid, 1932, pp. 220-222 y 227.

23. *El Sol* (13 de diciembre de 1934); Alfred Mendizábal, *Aux origines d'une tragédie: la politique espagnole de 1923 à 1936*, Desclée de Brouwer, París, s.f. [¿1937?], p. 231.

24. Malefakis, *Agrarian Reform...*, pp. 358-363.

25. Rosique Navarro, *La reforma agraria en Badajoz...*, p. 303.

26. *El Debate* (14 de junio de 1935); Vidarte, *El bienio negro*, pp. 383-385; José María Lama, *La amargura de la memoria: República y guerra en Zafra (1931-1936)*, Diputación de Badajoz, Badajoz, 2004, p. 156.

27. Alejandro Lerroux, *La Pequeña historia. Apuntes para la Historia grande vividos y redactados por el autor*, Cimera, Buenos Aires, 1945, p. 302; Salazar Alonso, *Bajo el signo...*, pp. 324-331.

28. *DSC*, 15 de noviembre de 1934; Octavio Ruiz Manjón, *El Partido Republicano Radical 1908-1936*, Ediciones Giner, Madrid, 1976, pp. 464-465.

29. Nigel Townson, *The Crisis of Democracy in Spain. Centrist Politics under the Second Republic 1931-1936*, Sussex Academic Press, Brighton, 2000, pp. 315-317; Ruiz Manjón, *El Partido Republicano Radical...*, pp. 519-523; *DSC*, 28 de octubre de 1935.

30. Ruiz Manjón, *El Partido Republicano Radical...*, pp. 569-570, 574-575, 578-560 y 672.

31. *El Debate* (3 de enero de 1936); *El Socialista* (30 de enero de 1936); Claude Bowers, *My Mission to Spain*, Gollancz, Londres, 1954, p. 182. [Hay trad. cast.: *Mi misión en España*, Grijalbo, Barcelona, 1978.] Buckley, *Life and Death...*, pp. 190-191; Constancia de la Mora, *In Place of Splendour*, Michael Joseph, Londres, 1940, p. 207.

32. *Ideal* (3, 14, 15, 28 y 29 de enero; 11, 12, 14 y 16 de febrero de 1936); *El Defensor* (14, 19, 22, 23 y 28 de enero; 1, 6, 11 y 15-20 de febrero; 5, 6 y 7 de marzo de 1936); *El Socialista* (7 de marzo de 1936).

33. *El Socialista* (18 de enero y 9 de febrero de 1936); Ronald Fraser, *In Hiding: The Life of Manuel Cortes*, Allen Lane, Londres, 1972, p. 116; Diego Caro Cancela, *La Segunda República en Cádiz. Elecciones y partidos políticos*, Diputación Provincial de Cádiz, Cádiz, 1987, p. 256; Arturo Barea, *La forja de un rebelde*, Losada, Buenos Aires, 1951, pp. 522-529; Francisco Cobo Romero, *Labradores, campesinos y jornaleros. Protesta social y diferenciación interna del campesinado jiennense en los orígenes de la Guerra Civil (1931-1936)*, Publicaciones del Ayuntamiento de Córdoba, Cordoba, 1992, pp. 445-446; Francisco Cobo Romero, *De campesinos a electores. Modernización agraria en Andalucía, politización campesina y derechización de los pequeños propietarios y arrendatarios. El caso de la provincia de Jaén, 1931-1936*, Biblioteca Nueva, Madrid, 2003, pp. 308-310.

34. Luis Enrique Espinosa Guerra, «De la esperanza a la frustración: La Segunda República», en: Ricardo Robledo, coord., *Historia de Salamanca V. Siglo XX*, Centro de Estudios Salmantinos, Salamanca, 2001, p. 205; José María Gil Robles, *No fue posible la paz*, Ariel, Barcelona, 1968, p. 544.

35. Baldomero Díaz de Entresotos, *Seis meses de anarquía en Extremadura*, Editorial Extremadura, Cáceres, 1937, pp. 4, 25-27, 30, 39-40 y 48-52.

36. Sobre el encarcelamiento y la ejecución de Zabalza, véase Emilio Majuelo, *La generación del sacrificio. Ricardo Zabalza 1898-1940*, Txalaparta, Tafalla, 2008, pp. 283-337.

37. *ABC* (1 de marzo de 1936); Santos Juliá Díaz, *Manuel Azaña: una biografía política*, Alianza, Madrid, 1990, pp. 459-467.

38. Azaña a De Rivas Cherif, 17 de marzo de 1936, en: Cipriano de Rivas Cherif, *Retrato de un desconocido: vida de Manuel Azaña (seguido por el epistolario de Manuel Azaña con Cipriano de Rivas Cherif de 1921 a 1937)*, Grijalbo, Barcelona, 1980, pp. 665-667.

39. Louis Fischer, *Men and Politics. An Autobiography*, Jonathan Cape, Londres, 1941, p. 309.

40. *DSC*, 3 de abril de 1936; Azaña a De Rivas Cherif, 4 de abril de 1936, en: De Rivas Cherif, *Retrato...*, pp. 674-675.

41. *Boletín del Ministerio de Trabajo*, abril de 1936.

42. *El Obrero de la Tierra* (29 de febrero; 7, 21 y 28 de marzo de 1936).

43. Preston, *Franco...*, pp. 115-118 y 122; José del Castillo y Santiago Álvarez, *Barcelona. Objetivo cubierto*, Timón, Barcelona, 1958, pp. 143-147.

44. Carlos Martínez de Campos, *Ayer 1931-1953*, Instituto de Estudios Políticos, Madrid, 1970, p. 32; José María Iribarren, *Mola. Datos para una biografía y para la historia del alzamiento nacional*, Librería General, Zaragoza, 1938, p. 44; Ricardo de la Cierva, *Francisco Franco: biografía histórica*, 6 vols., Planeta, Barcelona, 1982, II, p. 162.

45. Gil Robles, *No fue posible...*, pp. 234-243; Antonio López Fernández, *Defensa de Madrid*, A. P. Márquez, México D. F., 1945, pp. 40-43; Francisco Franco Bahamonde, *«Apuntes» personales sobre la República y la guerra civil*, Fundación Francisco Franco, Madrid, 1987, p. 15.

46. Díaz de Entresotos, *Seis meses...*, pp. 60-61; Manuel Pérez Yruela, *La conflictividad campesina en la provincia de Córdoba 1931-1936*, Servicio de Publicaciones Agrarias, Madrid, 1979, pp. 207-209; Arcángel Bedmar González, *Desaparecidos. La represión franquista en Rute (1936-1950)*, Ayuntamiento de Rute, Rute, 2007, 2.ª ed., p. 39.

47. Pérez Yruela, *La conflictividad campesina...*, pp. 204-206; Rees, *Agrarian Society...*, pp. 298-300; *El Obrero de la Tierra* (7 de marzo de 1936); Juan Carlos Molano Gragera, *Miguel Merino Rodríguez. Dirigente obrero y Alcalde de Montijo*, Diputación de Badajoz, Badajoz, 2002, p. 116; Díaz de Entresotos, *Seis meses...*, p. 52; Arcángel Bedmar González, *Desaparecidos. La represión franquista en Rute (1936-1950)*, Librería Juan de Mairena, Lucena, 2004, pp. 38-39.

48. Julián Chaves Palacios, *Violencia política y conflictividad social en Extremadura. Cáceres en 1936*, Diputación Provincial de Badajoz/Diputación Provincial de Cáceres, Badajoz/Cáceres, 2000, pp. 78-85.

49. Ricardo Robledo y Luis Enrique Espinosa, «"¡El campo en pie!" Política y reforma agraria», en: Ricardo Robledo, ed., *Esta salvaje pesadilla. Salamanca en la guerra civil española*, Crítica, Barcelona, 2007, pp. 3-8 y 41-43; Julio Aróstegui y Juan Andrés Blanco, «La República, encrucijada de cambio. Salamanca y las tensiones políticas en los años treinta», en: Ricardo Robledo Hernández, coord., *Sueños de concordia. Filiberto Villalobos y su tiempo histórico, 1900-1955*, Caja Duero, Salamanca, 2005, pp. 318-331.

50. *DSC*, 31 de marzo; 1 y 2 de abril de 1936; *ABC* (1 de abril de 1936); Diego Martínez Barrio, *Memorias*, Planeta, Barcelona, 1983, p. 314. Castaño tuvo un papel muy importante en la preparación del alzamiento militar de julio de 1936, véase Ronald Fraser, *Blood of Spain: The Experience of Civil War, 1936-1939*, Allen Lane, Londres, 1979, pp. 85-86.

51. Gil Robles, *No fue posible...*, pp. 719, 728-730 y 798. Sobre el papel que desempeñaron Casanueva y Gil Robles, véase Aróstegui y Blanco, «La República, encrucijada de cambio...», pp. 331-333.

52. José Venegas, *Andanzas y recuerdos de España*, Feria del Libro, Montevideo, 1948, pp. 74-85; Indalecio Prieto, *De mi vida: Recuerdos, estampas, siluetas, sombras*, Ediciones «El Sitio», México D. F., 1965, pp. 185-186; Javier Infante, «Sables y naipes: Diego Martín Veloz (1875-1938). De cómo un matón de casino se convirtió en caudillo rural», en Robledo, ed., *Esta salvaje pesadilla...*, pp. 425 y 428.

53. Acerca de Martín Veloz, véase Infante, «Sables y naipes...», pp. 264-279; Francisco Blanco Prieto, *Miguel de Unamuno. Diario final*, Globalia Ediciones Anatema, Salamanca, 2006, p. 607; Josefina Cuesta Bustillo, «Un republicano en la inclemencia. Filiberto Villalobos encarcelado, en la Guerra Civil española (1936-1938)», en: Robledo Hernández, coord., *Sueños de concordia*, pp. 450-451. Véase asimismo Prieto, *De mi vida...*, pp. 181-192; L. Santiago Díez Cano y Pedro Carasa Soto, «Caciques, dinero y favores. La restauración en Salamanca», en: Ricardo Robledo, ed., *Historia de Salamanca. V*, pp. 143-144.

54. José María Ruiz Alonso, *La guerra civil en la provincia de Toledo. Utopía, conflicto y poder en el sur del Tajo (1936-1939)*, 2 vols., Almud, Ediciones de Castilla-La Mancha, Ciudad Real, 2004, I, pp. 107 y 118.

55. *El Obrero de la Tierra* (28 de marzo de 1936).

56. *El Obrero de la Tierra* (7, 14, 21 y 28 de marzo de 1936).

57. Díaz de Entresotos, *Seis meses...*, p. 61.

58. Santiago López García y Severiano Delgado Cruz, «Víctimas y Nuevo Estado 1936-1940», en: Robledo, ed., *Historia de Salamanca. V*, pp. 221-223.

59. *El Obrero de la Tierra* (4 de abril de 1936). Este artículo fue prohibido por la censura y, por tanto, era sumamente difícil de encontrar. Pude consultarlo gracias a la amabilidad de Francisco Espinosa Maestre.

60. Manuel Tuñón de Lara, *Tres claves de la segunda República*, Alianza, Madrid, 1985, pp. 172-178; Molano, *Miguel Merino...*, pp. 120-123; Rosique, *La Reforma agraria en Badajoz...*, pp. 303-305; Rees, *Agrarian Society...*, pp. 300-303; Díaz de Entresotos, *Seis meses...*, pp. 65-67; Pérez Yruela, *La conflictividad campesina...*, pp. 209-210; Ruiz Alonso, *La guerra civil en la provincia de Toledo...*, I, pp. 106-110. Sobre la reocupación de las propiedades, véase Francisco Espinosa Maestre, *La Reforma Agraria del Frente Popular en Badajoz: Los Orígenes de la Guerra Civil*, tesis doctoral inédita, Universidad de Sevilla, 2006, pp. 199-200; Bedmar González, *Desaparecidos...*, pp. 38-39.

61. *El Obrero de la Tierra* (28 de marzo de 1936).

62. *La Vanguardia* (18 de marzo de 1936); Bedmar González, *Desaparecidos...*, pp. 38-39; Fernando del Rey, *Paisanos en lucha. Exclusión política y violencia en la Segunda República española*, Biblioteca Nueva, Madrid, 2008, pp. 511-520; George A. Collier, *Socialists of Rural Andalusia: Unacknowledged Revolutionaries of the Second Republic*, Stanford University Press, Stanford, California, 1987, pp. 143-144; Juan Blázquez Miguel, «Conflictividad en la España del Frente Popular (febrero–julio de 1936)», *Historia 16*, n.º 328 (2003), pp. 86-87.

63. Malefakis, *Agrarian Reform...*, pp. 364-374.

64. *El Obrero de la Tierra* (13 de junio de 1936); Manuel Rubio Díaz y Silvestre Gómez Zafra, *Almendralejo (1930-1941). Doce años intensos*, Grafisur, Los Santos de Maimona, 1987, pp. 236-240.

65. Lama, *La amargura de la memoria...*, p. 187.

66. Cobo Romero, *Labradores, campesinos y jornaleros...*, pp. 446-448; Rees, *Agrarian Society...*, pp. 304-305; Tuñón de Lara, *Tres claves...*, p. 183; Pérez Yruela, *La conflictividad campesina...*, pp. 210-213; Francisco Moreno Gómez, *La República y guerra civil en Córdoba (1)*, Ayuntamiento de Córdoba, Córdoba, 1983, p. 389; Francisco Moreno Gómez, *1936: el genocidio franquista en Córdoba*, Crítica, Barcelona, 2008, p. 29.

67. José Manuel Macarro Vera, *Socialismo, República y revolución en Andalucía (1931-1936)*, Universidad de Sevilla, Sevilla, 2000, p. 448; José María Varela Rendueles, *Rebelión en Sevilla: memorias de un Gobernador rebelde*, Servicio de Publicaciones del Ayuntamiento de Sevilla, Sevilla, 1982, pp. 65-71.

68. *ABC* (Sevilla) (25 y 26 de abril de 1936); José María García Márquez, *La UGT de Sevilla. Golpe militar, resistencia y represión (1936-1950)*, Fundación para el Desarrollo de los Pueblos de Andalucía, Córdoba, 2008, p. 18.

69. Dionisio Ridruejo, *Casi unas memorias*, Planeta, Barcelona, 1976, p. 60; *Arriba* (19 de diciembre de 1935).

70. Ismael Saz Campos, *Fascismo y franquismo*, Publicaciones de la Universitat de València, Valencia, 2004, pp. 70-72.

71. Angosto, *José Alonso Mallol...*, pp. 206-210.

72. Azaña a De Rivas Cherif, 21 de marzo de 1936, en: De Rivas Cherif, *Retrato...*, p. 669; *El Debate* (18 y 19 de marzo de 1936). Acerca de Amós Salvador, véanse Portela Valladares, *Memorias*, Alianza, Madrid, 1988, pp. 197-198; Stanley G. Payne,

Spain's First Democracy: The Second Republic, 1931-1936, s.e., Madison (Wisconsin), 1993, p. 282.

73. Felipe Ximénez de Sandoval, *«José Antonio» (Biografía apasionada)*, Juventud, Barcelona, 1941, pp. 526-527 y 546; Juan Antonio Ansaldo, *¿Para qué? De Alfonso XIII a Juan III*, Editorial Vasca Ekin, Buenos Aires, 1951, pp. 115-119; Corniero Suárez, *Diario...*, p. 150; Herbert Rutledge Southworth, *Antifalange; estudio crítico de «Falange en la guerra de España»* de Maximiano García Venero, Ruedo Ibérico, París, 1967, p. 95; Juan-Simeón Vidarte, *Todos fuimos culpables*, Fondo de Cultura Económica, México D. F., 1973, pp. 66-67; Julio Gil Pecharromán, *José Antonio Primo de Rivera. Retrato de un visionario*, Temas de Hoy, Madrid, 199, pp. 439-441 y 461.

74. Francisco Bravo Martínez, *José Antonio. El hombre, el jefe, el camarada*, Ediciones Españolas, Madrid, 1939, pp. 96-99; Corniero Suárez, *Diario...*, pp. 154-155.

75. *El Socialista* (15 de abril); *ABC* (15 de abril de 1936); Bowers, *My Mission...*, pp. 217-219; Ximénez de Sandoval, *«José Antonio»...*, pp. 546-547; Ian Gibson, *La noche en que mataron a Calvo Sotelo*, Argas Vergara, Barcelona, 1982, pp. 25-36.

76. Cacho Zabalza, *La Unión Militar Española*, pp. 24-28; Gibson, *La noche...*, pp. 36-53; Gil Robles, *No fue posible...*, pp. 674-675; Vidarte, *Todos fuimos culpables*, pp. 90-91.

77. Cacho Zabalza, *La Unión Militar Española*, p. 26; *El Liberal* (18 de abril de 1936).

78. *El Socialista* (18 y 19 de abril; 8 de mayo de 1936); *Claridad* (15, 16 y 18 de abril de 1936).

79. Ximénez de Sandoval, *«José Antonio»...*, pp. 546-547.

80. *ABC* (4, 5 y 11 de marzo; 2, 19 y 29 de abril de 1936); Ansaldo, *¿Para qué...?...*, pp. 77-78; De la Mora, *In Place of Splendour*, pp. 214-215; Buckley, *Life and Death...*, p. 129; Stanley G. Payne, *Falange: A History of Spanish Fascism*, Stanford, 1961, pp. 98-105. Sobre las inclinaciones fascistas de Sales y los Sindicatos Libres, véase Colin M. Winston, *Workers and the Right in Spain 1900-1936*, Princeton, 1985, pp. 312-322.

81. Ian Gibson, *El asesinato de García Lorca*, Plaza & Janés, Barcelona, 1996, pp. 60-63; *La Mañana* (14 de marzo de 1936); *Claridad* (14 de abril de 1936); *El Sol* (4, 11, 15, 21 y 26 de marzo; 6 de abril de 1936).

82. *El Socialista* (7, 8 y 15 de marzo de 1936); discurso de Rodolfo Llopis, *DSC*, 15 de abril de 1936.

83. Gil Robles, *No fue posible...*, pp. 573-575.

84. Payne, *Politics and the Military...*, p. 318; Payne, *Falange...*, pp. 104-105; Martin Blinkhorn, *Carlism and Crisis in Spain 1931-1939*, Cambridge University Press, Cambridge, 1975, p. 257; Rafael Valls, *La Derecha Regional Valenciana 1930-1936*, Edicions Alfons el Magnànim, Valencia, 1992, pp. 227-231; Ramón Serrano Suñer, *Entre Hendaya y Gibraltar*, Ediciones y Publicaciones Españolas, Madrid, 1947, p. 25.

85. Indalecio Prieto, *Cartas a un escultor. Pequeños detalles de grandes sucesos*, Losada, Buenos Aires, 1961, pp. 93-94.

86. Indalecio Prieto, *Discursos fundamentales*, Ediciones Turner, Madrid, 1975, pp. 255-273.

87. Vidarte, *Todos fuimos culpables*, pp. 117-127; Indalecio Prieto, *Discursos en*

América con el pensamiento puesto en España, Ediciones de la Federación de Juventudes Socialistas de España, México D. F., s.f. [1944], pp. 29-31.

88. Coronel Jesús Pérez Salas, *Guerra en España (1936 a 1939)*, Imprenta Grafos, México D. F., 1947, pp. 77-80.

89. Prieto, *Cartas a un escultor...*, p. 93; Vidarte, *Todos fuimos culpables*, pp. 93-95, 99-100 y 146-147.

90. *DSC*, 19 de mayo de 1936.

91. Francisco Bravo Martínez, *Historia de Falange Española de las JONS*, Editora Nacional, Madrid, 1943, 2.ª ed., pp. 164-168; Ximénez de Sandoval, *«José Antonio»...*, pp. 539 y 548; Southworth, *Antifalange...*, pp. 101-102.

92. Angosto, *José Alonso Mallol...*, pp. 199 y 212-214.

93. Sainz Rodríguez, *Testimonio y recuerdos*, Planeta, Barcelona, 1978, p. 222.

94. Entrevista con Ramón Serrano Suñer en *Dolor y memoria de España en el II aniversario de la muerte de José Antonio*, Ediciones Jerarquía, Barcelona, 1939, p. 205; B. Félix Maíz, *Mola, aquel hombre*, Planeta, Barcelona, 1976, p. 238.

95. Francisco Bravo Martínez, *José Antonio. El hombre, el jefe, el camarada*, Ediciones Españolas, Madrid, 1939, pp. 193-203. Véase también http://plataforma2003.org/diccionario-falange/diccionario_n.htm#no_importa.

96. B. Félix Maíz, *Alzamiento en España*, Editorial Gómez, Pamplona, 1952, 2.ª ed., pp. 23-28, 52-56, 61-63, 67 y 162.

97. Herbert Rutledge Southworth, *Conspiracy and the Spanish Civil War. The Brainwashing of Francisco Franco*, Routledge-Cañada Blanch Studies, Londres, 2002.

98. Felipe Bertrán Güell, *Preparación y desarrollo del alzamiento nacional*, Librería Santarén, Valladolid, 1939, p. 123.

99. Arrarás, *Cruzada...*, II, tomo 9, p. 511; Maíz, *Mola...*, p. 158; García Venero, *Falange en la guerra de España...*, pp. 197-198.

100. Ismael Saz Campos, *Mussolini contra la II República: hostilidad, conspiraciones, intervención (1931-1936)*, Edicions Alfons el Magnànim, Valencia, 1986, pp. 166-170.

101. *El Obrero de la Tierra* (18 de abril; 1, 16, 23 y 30 de mayo; 13, 20 y 27 de junio de 1936); *Claridad* (6, 9 y 18 de junio de 1936); Manuel Requena Gallego, *Los sucesos de Yeste (mayo 1936)*, Albacete, 1983, pp. 83-100; Manuel Ortiz Heras, *Violencia política en la II República y el primer franquismo. Albacete, 1936-1950*, Siglo XXI de España Editores, Madrid, 1996, pp. 58-63. Existe una crónica de estos acontecimientos notablemente gráfica y llena de verosimilitud en la novela de Juan Goytisolo, *Señas de identidad*, Editorial Joaquín Mortiz, México D. F., 1969, pp. 130-145. Los sucesos de Yeste del 29 de mayo se debatieron en las Cortes el 5 de junio.

102. Rees, *Agrarian Society...*, pp. 303-304.

103. *El Obrero de la Tierra* (20 de junio de 1936); Rubio Díaz y Gómez Zafra, *Almendralejo...*, p. 245.

104. Chaves Palacios, *Violencia política y conflictividad...*, pp. 98-111.

105. Souto Kustrín «Y ¿Madrid?...», p. 333; Blázquez Miguel, «Conflictividad en la España...», p. 83; Cayetano Ibarra, *La otra mitad de la historia que nos contaron. Fuente de Cantos, República y guerra 1931-1939*, Diputación de Badajoz, Badajoz, 2005, pp. 200-201; Espinosa Maestre, *La Reforma Agraria...*, pp. 173-174.

106. Bertrán Güell, *Preparación y desarrollo...*, p. 280.

107. Santiago Vega Sombría, *De la esperanza a la persecución. La represión franquista en la provincia de Segovia*, Crítica, Barcelona, 2005, pp. 11-12 y 25-29.

108. Ridruejo, *Casi unas memorias*, 1976, p. 44.

109. *DSC*, 16 de junio de 1936.

110. *DSC*, 15 de julio de 1936. Blázquez Miguel, «Conflictividad en la España...», pp. 77-95; Rafael Cruz, *En el nombre del pueblo. República, rebelión y guerra en la España de 1936*, Siglo XXI, Madrid, 2006, pp. 164-170; Stanley G. Payne, «Political Violence during the Spanish Second Republic», *Journal of Contemporary History*, vol. 25, n.° 2/3 (mayo-junio de 1990), pp. 269-288; Gabriele Ranzato, «El peso de la violencia en los orígenes de la guerra civil de 1936-1939», *Espacio, Tiempo y Forma*, serie V, n.° 20, pp. 159-182.

111. Bowers, *My Mission...*, pp. 200-210 y 224-228.

112. Sid Lowe, *Catholicism, War and the Foundation of Francoism*, Sussex Academic Press, Brighton, 2010, pp. 120-121.

113. *La Vanguardia* (5 de marzo de 1936).

114. Copias de documentos facilitados por el teniente coronel Emilio Fernández Cordón referentes a la preparación y desarrollo del Alzamiento Nacional (Instrucciones del general Mola) SHM/AGL/CGG/A.31/l.4/C.8, citado por Alberto Reig Tapia, «La justificación ideológica del "alzamiento" de 1936», en: José Luis García Delgado, ed., *La II República Española: Bienio Rectificador y Frente Popular, 1934-1936*, Siglo XXI, Madrid, 1988, p. 220.

115. Gil Robles, *No fue posible...*, pp. 719, 728-730, 789 y 798; Ricardo de la Cierva, *Historia de la guerra civil española*, vol. I, Editorial San Martín, Madrid, 1969, pp. 741-743; correspondencia entre Gil Robles y Mola, 29 de diciembre de 1936 y 1 de enero de 1937, reeditada en: Francisco Franco Salgado-Araujo, *Mi vida con Franco*, Planeta, Barcelona, 1977, pp. 202-203; Aróstegui y Blanco, «La República, encrucijada de cambio...», p. 333.

116. Juan Ignacio Luca de Tena, *Mis amigos muertos*, Planeta, Barcelona, 1971, p. 68; Payne, *Military...*, p. 335; Gil Robles, *No fue posible...*, p. 733.

117. Valls, *La Derecha Regional Valenciana...*, pp. 231-236, 241-242 y 246-248; Vicent Comés Iglesia, *En el filo de la navaja. Biografía política de Luis Lucia*, Biblioteca Nueva, Madrid, 2002; pp. 350-371 y 378; De la Cierva, *Historia de la guerra civil...*, pp. 743-744.

118. *DSC*, 1 y 2 de julio de 1936.

119. Espinosa Maestre, *La Reforma Agraria...*, pp. 248-250.

120. Baldomero Díaz de Entresotos, *Seis meses de anarquía en Extremadura*, Editorial Extremadura, Cáceres, 1937; Rees, *Agrarian Society...*, pp. 307-308; Cobo Romero, *Labradores, campesinos y jornaleros...*, pp. 447-448; Molano Gragera, *Miguel Merino...*, pp. 124-125.

121. *El Obrero de la Tierra* (21 de marzo de 1936).

122. Espinosa Maestre, *La Reforma Agraria...*, pp. 224-225.

123. Rafael de Medina Vilallonga, duque de Medinaceli, *Tiempo pasado*, Gráfica Sevillana, Sevilla, 1971, pp. 22-23.

124. Varela Rendueles, *Rebelión en Sevilla...*, pp. 65-68.

125. Díaz de Entresotos, *Seis meses...*, pp. 73-77.

126. Según una biografía reciente escrita por un familiar con acceso a sus papeles privados: Enrique Sacanell Ruiz de Apodaca, *El general Sanjurjo. Héroe y víctima. El militar que pudo evitar la dictadura franquista*, La Esfera de los Libros, Madrid, 2004, pp. 160 y 264.

127. Joaquín Arrarás, *Historia de la Cruzada española*, 8 vols., 36 tomos, Ediciones Españolas, Madrid, 1939-1943, vol. VI, tomo 25, p. 121.

128. Francisco Cobo Romero, *La guerra civil y la represión franquista en la provincia de Jaén 1936-1950*, Diputación Provincial, Jaén, 1993, pp. 9-20.

129. Ximénez de Sandoval, *«José Antonio»...*, p. 548.

130. Gibson, *La noche...*, pp. 15-23 y 54-58; Manuel Tagüeña Lacorte, *Testimonio de dos guerras*, Ediciones Oasis, México D. F., 1973, pp. 89 y 96-98; Ignacio Hidalgo de Cisneros, *Cambio de rumbo (Memorias)*, 2 vols., Colección Ebro, Bucarest, 1964, II, pp. 135-136.

131. Condés dio informes detallados a Zugazagoitia, Prieto y Vidarte. Véanse Julián Zugazagoitia, *Guerra y vicisitudes de los Españoles*, 2 vols., Librería Española, París, 1968, I, pp. 28-32; Indalecio Prieto, *Convulsiones de España. Pequeños detalles de grandes sucesos*, 3 vols., Ediciones Oasis, México D. F., 1967-1969, I, pp. 157-163; Vidarte, *Todos fuimos culpables*, pp. 213-217. Para una reconstrucción gráfica del asesinato, véase Gibson, *La noche...*, pp. 15-22.

132. *DSC*, 15 de julio de 1936.

133. Eugenio Vegas Latapié, *Memorias políticas. El suicidio de la monarquía y la Segunda República*, Planeta, Barcelona, 1983, pp. 310-311 y 315.

CAPÍTULO 5. EL TERROR DE QUEIPO: LAS PURGAS DE ANDALUCÍA

1. Emilio Esteban Infantes, *General Sanjurjo (Un laureado en el Penal del Dueso)*, Editorial AHR, Barcelona, 1958, pp. 254-256; Jorge Vigón, *General Mola (El conspirador)*, Editorial AHR, Barcelona, 1957, pp. 100-103.

2. Vigón, *General Mola...*, pp. 93-94; José María Iribarren, *Mola, datos para una biografía y para la historia del alzamiento nacional*, Librería General, Zaragoza, 1938, pp. 55-56.

3. Ramón Garriga, *El general Juan Yagüe*, Planeta, Barcelona, 1985, pp. 38-39.

4. Juan-Simeón Vidarte, *Todos fuimos culpables*, Fondo de Cultura Económica, México, D. F., 1973, p. 382; Juan José Calleja, *Yagüe, un corazón al rojo*, Juventud, Barcelona, 1963, pp. 72-78; Ignacio Hidalgo de Cisneros, *Cambio de rumbo*, 2 vols., Colección Ebro, Bucarest, 1964, 1970, II, pp. 131-135; Garriga, *El general Juan Yagüe*, pp. 76-80; Joaquín Arrarás, *Historia de la Cruzada española*, 8 vols., 36 tomos, Ediciones Españolas, Madrid, 1939-1943, II, p. 523; B. Félix Maíz, *Alzamiento en España: de un diario de la conspiración*, Editorial Gómez, Pamplona, 1952, 2.ª ed., pp. 153-134.

5. José María Iribarren, *Con el general Mola*, Librería General, Zaragoza, 1937, pp.

54-55; Hilari Raguer, *El general Batet. Franco contra Batet: Crónica de una venganza*, Península, Barcelona, 1996, p. 227.

6. Cabanellas, I, pp. 304-305.

7. Emilio Mola, «Directivas para Marruecos, 24.06.1936», reproducido en: José Manuel Martínez Bande, *La Marcha sobre Madrid*, Servicio Histórico Militar, Madrid, 1968, p. 163.

8. Mohammad Ibn Azzuz Hakim, *La actitud de los moros ante el alzamiento. Marruecos 1936*, Algazara, Málaga, 1997, pp. 100-103.

9. Julio Martínez Abad, *¡¡17 de julio!! La guarnición de Melilla inicia la salvación de España*, Artes Gráficas Postal Exprés, Melilla, s.f. [1937], pp. 117-144; Rafael Fernández de Castro y Pedrera, *El alzamiento nacional en Melilla. Hacia las rutas de la nueva España*, Artes Gráficas Postal Exprés, Melilla, 1940, pp. 83-87; Garriga, *El general Juan Yagüe*, pp. 82-83; Calleja, *Yagüe...*, pp. 80-82.

10. «Informe presentado por el Delegado del Gobierno en Melilla, sobre los sucesos del 17 de julio de 1936», anexo documental I; Carlota O'Neill, *Circe y los cerdos. Cómo fue España encuadernada. Los que no pudieron huir*, Asociación de Directores de Escena de España, Madrid, 1997, pp. 511-551, especialmente pp. 543-550; Fernández de Castro y Pedrera, *El alzamiento nacional en Melilla...*, pp. 139-187; Azzuz Hakim, *La actitud de los moros...*, pp. 25-28; Enrique Arqués, *17 de julio. La epopeya de África. Crónica de un testigo*, Imprenta África, Ceuta-Tetuán, 1938, pp. 24-29 y 36-77; Francisco Sánchez Montoya, *Ceuta y el Norte de África. República, guerra y represión 1931-1944*, Natívola, Granada, 2004, pp. 286-296; Vicente Moga Romero, *Las heridas de la historia. Testimonios de la guerra civil española en Melilla*, Edicions Bellaterra, Barcelona, 2004, pp. 87-134; Julián Casanova, Francisco Espinosa, Conxita Mir y Francisco Moreno Gómez, *Morir, matar, sobrevivir. La violencia en la dictadura de Franco*, Crítica, Barcelona, 2002, pp. 62-63 y 311.

11. Sobre su vida anterior, véase Carlota O'Neill, *Los muertos también hablan*, Populibros La Prensa, México D. F., 1973, pp. 58-68 y 101-104. Sobre sus experiencias en Melilla, véase Carlota O'Neill, *Una mexicana en la guerra de España*, Populibros La Prensa, México D. F., 1964, pp. 18-60, 70-76 y 145-157. Véase también Juan Antonio Hormigón, «Un velero blanco en la bahía. El derrotero de Carlota O'Neill», introducción a Carlota O'Neill, *Circe y los cerdos...*, pp. 42-54, 74-130 y 146-153; Moga Romero, *Las heridas...*, pp. 50-64.

12. José de Mora-Figueroa, marqués de Tamarón, *Datos para la historia de la Falange gaditana. 1934-1939*, Gráficas del Exportador, Jerez de la Frontera, 1974, pp. 49-74; Antonio de Puelles y Puelles, *Por las rutas del tercio Mora-Figueroa (Recuerdos de la campaña)*, Imprenta Gades, Cádiz, 1939, pp. 15-16; Eduardo Juliá Téllez, *Historia del movimiento liberador de España en la provincia gaditana*, Establecimientos Cerón, Cádiz, 1944, pp. 65-67 y 76-86; Alfonso Patrón de Sopranis, *Burlando el bloqueo rojo. El primer salto del Estrecho (julio del 36)*, Tip. Lit. Jerez Industrial, Jerez de la Frontera, s.f., pp. 28-29 y 52-53; Antonio Garrachón Cuesta, *De África a Cádiz y de Cádiz a la España Imperial por sendas de heroísmo, de justicia, de hermandad y de amor*, Establecimiento Cerón, Cádiz, 1938, pp. 119-129.

13. Alicia Domínguez Pérez, *El verano que trajo un largo invierno. La represión político-*

social durante el primer franquismo en Cádiz (1936-1945), 2 vols., Quórum Editores, Cádiz, 2005, I, pp. 61-72; Jesús N. Núñez Calvo, Francisco Cossi Ochoa (1898-1936). El último Presidente de la Diputación Provincial de Cádiz en la Segunda República. Una muerte sin esclarecer, Diputación de Cádiz, Cádiz, 2005, pp. 73-74; Francisco Espinosa Maestre, La justicia de Queipo (Violencia selectiva y terror fascista en la II División en 1936). Sevilla, Huelva, Cádiz, Córdoba, Málaga y Badajoz, Centro Andaluz del Libro, Sevilla, 2000, pp. 67-72.

14. ABC (Madrid) (17 de abril de 1937); Domínguez Pérez, El verano..., pp. 74-103.

15. Juliá Téllez, Historia del movimiento liberador..., pp. 88-90; Fernando Romero Romero, «La represión en la provincia de Cádiz: bibliografía y cifras», Ubi Sunt?, n.º 17 (mayo de 2005), pp. 27-30.

16. Juliá Téllez, Historia del movimiento liberador..., p. 101.

17. Jesús Núñez, «La actuación de las columnas rebeldes en las Sierras de Cádiz y Ronda», en: http://usuarios.lycos.es/historiaymilicia/html/guecicadizcolumnas.htm.

18. Eduardo Domínguez Lobato, Cien capítulos de retaguardia (alrededor de un diario), G. del Toro, Madrid, 1973, pp. 19-54, 89-115, 137, 179, 185 y 190-195.

19. Mercedes Rodríguez Izquierdo y Pedro P. Santamaría Curtido, coords., Memoria rota. República, Guerra Civil y represión en Rota, Ayuntamiento de Rota, Cádiz, 2009, pp. 128-141, 147-152 y 206-282.

20. José María Pemán, Arengas y crónicas de guerra, Establecimientos Cerón, Cádiz, 1937, pp. 12-13.

21. Hoja de Servicios del teniente general Gómez de Zamalloa, Archivo General Militar de Segovia.

22. Romero, «La represión en la provincia de Cádiz...», pp. 27-30.

23. Hoja de Servicios del teniente general Gómez de Zamalloa, Archivo General Militar de Segovia.

24. Puelles, Por las rutas del tercio Mora-Figueroa..., pp. 15-17; Mora-Figueroa, Datos para la historia de la Falange gaditana..., pp. 74 y 129-131; Fernando Romero Romero, Guerra civil y represión en Villamartín, Diputación Provincial de Cádiz, Cádiz, 1999, pp. 19-47.

25. Fernando Romero Romero, «Víctimas de la represión en la Sierra de Cádiz durante la guerra civil (1936-1939)», Almajar, n.º 2 (2005), pp. 209-240.

26. Julio de Ramón-Laca, Bajo la férula de Queipo: cómo fue gobernada Andalucía, Imprenta Comercial del Diario FE, Sevilla, 1939, pp. 15-18; Domínguez Lobato, Cien capítulos de retaguardia..., pp. 31-33; Romero Romero, Guerra civil y represión en Villamartín, pp. 54-55.

27. Joaquín Gil Honduvilla, Justicia en guerra. Bando de guerra y jurisdicción militar en el Bajo Guadalquivir, Ayuntamiento de Sevilla, Patronato del Real Alcázar, Sevilla, 2007, pp. 82-83 y 100-105.

28. Núñez Calvo, Francisco Cossi Ochoa..., pp. 75-119; Espinosa Maestre, La justicia de Queipo, pp. 59-65, carta de Queipo de Llano (subrayada en el original), p. 280.

29. Domínguez Lobato, Cien capítulos..., pp. 19-35; Espinosa Maestre, La justicia de Queipo, pp. 191-95 y 280; Jesús Núñez, «El Alcalde "desaparecido" de Puerto Real», Diario de Cádiz (21 de agosto de 2005).

30. Puelles, Por las rutas del tercio Mora-Figueroa..., pp. 17-21 y 29; Mora-Figueroa,

Datos para la historia de la Falange gaditana..., pp. 131-138; Juliá Téllez, *Historia del movimiento liberador...*, p. 89.

31. Archivo del Tribunal Militar Territorial n.º 2 (ATMT2), Sumarios, leg. 170, doc. 7.385, citado por Romero Romero, «Víctimas de la represión en la Sierra de Cádiz...», pp. 209-240; Fernando Romero Romero, «Falangistas, héroes y matones. Fernando Zamacola y los Leones de Rota», *Cuadernos para el Diálogo*, n.º 33 (septiembre de 2008), pp. 32-38.

32. Carlos Castillo del Pino, *Casa del Olivo. Autobiografía (1949-2003)*, Tusquets, Barcelona, 2004, p. 372.

33. Sobre los sucesos en Ubrique, véase Alfonso Domingo, *Retaguardia. La guerra civil tras los frentes*, Oberón, Madrid, 2004, pp. 17-33. El 21 de enero de 2005 se desveló en el cementerio municipal de Ubrique una placa conmemorativa con los nombres de los 149 muertos.

34. Fernando Romero Romero, *Alcalá del Valle. República, Guerra civil y represión 1931-1946*, Ayuntamiento de Alcalá del Valle, Cádiz, 2009, pp. 99-128 y 138-151; Juliá Téllez, *Historia del movimiento liberador...*, p. 91.

35. Versiones del general Queipo de Llano, «Cómo dominamos a Sevilla», en: *Estampas de la Guerra*, álbum n.º 5, *Frentes de Andalucía y Extremadura*, Editora Nacional, San Sebastián, 1937, pp. 28-35; y *ABC* (2 de febrero de 1938). Otras versiones similares del mismo mito figuran en Antonio Olmedo Delgado y José Cuesta Monereo, *General Queipo de Llano (Aventura y audacia)*, AHR, Barcelona, 1958; Joaquín Arrarás, *Historia de la Cruzada española*, 8 vols., 36 tomos, Ediciones Españolas, Madrid, 1939-1943. Existe una versión actualizada de Nicolás Salas, *Sevilla fue la clave. República, Alzamiento, Guerra Civil (1931-39)*, 2 vols., J. Rodríguez Castillejo, Sevilla, 1992. Para un relato que arroja dudas sobre el heroísmo de Queipo de Llano, véase Manuel Barrios, *El último virrey Queipo de Llano*, J. Rodríguez Castillejo, Sevilla, 1990, 3.ª ed. Espinosa Maestre desmonta con maestría el mito de la hazaña épica de Queipo de Llano en: *La justicia de Queipo...*, pp. 45-56. Véase también Hugh Thomas, *The Spanish Civil War*, 3.ª ed., Hamish Hamilton, Londres, 1977, pp. 210-212. [Hay trad. cast.: *La Guerra Civil española*, trad. Neri Daurella, Grijalbo, Barcelona, 1995.]

36. Luis de Armiñán, *Excmo. Sr. General Don Gonzalo Queipo de Llano y Sierra, Jefe del Ejército del Sur*, Impresora Católica, Ávila, 1937, p. 28; Juan Ortiz Villalba, *Sevilla 1936. Del golpe militar a la guerra civil*, Diputación Provincial, Sevilla, 1997, pp. 127-128.

37. José María Varela Rendueles, *Rebelión en Sevilla. Memorias de su Gobernador rebelde*, Ayuntamiento de Sevilla, Sevilla, 1982, pp. 73-80 y 95-99.

38. Espinosa Maestre, *La justicia de Queipo*, pp. 51-53. Vila publicó sus listas con el pseudónimo de «Guzmán de Alfarache», *¡18 de julio! Historia del alzamiento glorioso de Sevilla*, Editorial F. E., Sevilla, 1937, pp. 72-88, 110-115, 130-137, 153-160 y 223-269.

39. Manuel Sánchez del Arco, *El sur de España en la reconquista de Madrid*, Editorial Sevillana, Sevilla, 1937, 2.ª ed., pp. 27-35; «Guzmán de Alfarache», *¡18 de julio!...*, pp. 91-110.

40. Sánchez del Arco, *El sur de España...*, pp. 17-20 y 31; Cándido Ortiz de Villajos, *De Sevilla a Madrid, ruta libertadora de la columna Castejón*, Librería Prieto, Granada, 1937, p. 27.

41. Queipo de Llano, «Cómo dominamos a Sevilla», pp. 32-33, Carlos Enrique Bayo y Cipriano Damiano, «Toreros fascistas: matadores de obreros», *Interviú*, n.º 103 (3-9 de mayo de 1978), pp. 40-43.

42. Rafael de Medina Vilallonga, duque de Medinaceli, *Tiempo pasado*, Gráfica Sevillana, Sevilla, 1971, pp. 39-40; Ortiz Villalba, *Sevilla 1936...*, pp. 116-117.

43. De Medina Vilallonga, *Tiempo pasado*, pp. 42-43, Francisco Sánchez Ruano, *Islam y guerra civil española. Moros con Franco y con la República*, La Esfera de los Libros, Madrid, 2004, pp. 171-172.

44. *El Correo de Andalucía* (22 de julio de 1936).

45. Edmundo Barbero, *El infierno azul (Seis meses en el feudo de Queipo)*, Talleres del SUIG (CNT), Madrid, 1937, p. 28; Espinosa Maestre, *La justicia de Queipo...*, p. 281.

46. Barbero, *El infierno azul...*, pp. 25-28; Richard Barker, *El largo trauma de un pueblo andaluz. República, represión, guerra, posguerra*, Junta de Andalucía y Ayuntamiento de Castilleja del Campo, Castilleja del Campo, 2007, p. 100; Manuel Ruiz Romero y Francisco Espinosa Maestre, eds., *Ayamonte, 1936. Diario de un fugitivo. Memorias de Miguel Domínguez Soler*, Diputación de Huelva, Huelva, 2001, p. 83.

47. *ABC* (Sevilla) (24 de julio de 1936); De Ramón-Laca, *Bajo la férula...*, pp. 27-29.

48. Ortiz Villalba, *Sevilla 1936...*, pp. 158-159; Barbero, *El infierno azul...*, p. 39.

49. Espinosa Maestre, *La justicia de Queipo...*, pp. 270-277.

50. Ortiz Villalba, *Sevilla 1936...*, pp. 233-235; Barbero, *El infierno azul...*, pp. 28-29.

51. Ortiz Villalba, *Sevilla 1936...*, p. 160.

52. Antonio Bahamonde y Sánchez de Castro, *Un año con Queipo*, Ediciones Españolas, Barcelona, s.f. [1938], p. 108.

53. Francisco Gonzálbez Ruiz, *Yo he creído en Franco. Proceso de una gran desilusión (Dos meses en la cárcel de Sevilla)*, Imprimerie Coopérative Étoile, París, 1938, pp. 51-52.

54. Barbero, *El infierno azul...*, pp. 51-54. *The Times* (9 de diciembre de 1936) contiene un relato de los miembros del público invitado a asistir a las «fiestas de los fusilamientos».

55. Varela Rendueles, *Rebelión en Sevilla...*, 1982, pp. 152-153.

56. Bahamonde, *Un año con Queipo...*, pp. 108-110.

57. Memorándum del vicecónsul portugués (19 de noviembre de 1936), Pedro Teotónio Pereira, *Correspondencia de Pedro Teotónio Pereira para Oliveira Salazar, I (1931-1939)*, Presidência do Conselho de Ministros, Lisboa, 1987, pp. 228-229. Sobre la carrera posterior de Díaz Criado, véase Espinosa Maestre, *La justicia de Queipo...*, pp. 105-117.

58. Gonzálbez Ruiz, *Yo he creído en Franco...*, pp. 51-52.

59. *ABC* (Madrid) (18 de abril y 16 de junio de 1937); Ortiz Villalba, *Sevilla 1936...*, pp. 85, 102 y 343; Espinosa Maestre, *La justicia de Queipo...*, pp. 75-79 y 92-94.

60. Francisco Espinosa Maestre, *La guerra civil en Huelva*, Diputación Provincial, Huelva, 2005, 4.ª ed., pp. 85-103 y 137-154; Espinosa Maestre, *La justicia de Queipo...*, pp. 140-150.

61. P. Bernabé Copado, *Con la columna Redondo. Combates y conquistas. Crónica de guerra*, Imprenta de la Gavidia, Sevilla, 1937, pp. 29-34.

62. Ortiz Villalba, *Sevilla 1936...*, pp. 82, 95-98, 115-118, 138-143 y 165.

63. Medina, *Tiempo pasado*, pp. 45-59; Alfonso Lazo, *Retrato del fascismo rural en Sevilla*, Universidad de Sevilla, Sevilla, 1998, p. 14; Barker, *El largo trauma...*, pp. 87-88; Espinosa Maestre, *La guerra civil en Huelva*, pp. 104-118.

64. Francisco Espinosa Maestre, «Vida y muerte en retaguardia: Hinojos y Rociana. Dos historias del 36», en: *IV Encuentro de poetas y escritores del Entorno de Doñana*, Biblioteca Ligustina, Doñana, 1999, pp. 107-146; Espinosa Maestre, *La guerra civil en Huelva*, pp. 380-381.

65. *La Unión* (28 de julio de 1936).

66. António de Cértima a MNE (6 de agosto de 1936), *Dez anos de política externa (1936-1947) a nação portuguesa e a segunda guerra mundial*, vol. III, Imprensa Nacional-Casa da Moeda, Lisboa, 1964, p. 86. Para un relato italiano similar de las supuestas atrocidades cometidas por los rojos, a partir de la información facilitada por las autoridades militares de Sevilla, véase Curio Mortari, *Con gli insorti in Marocco e Spagna*, Fratelli Treves Editori, Milán, 1937, pp. 231-247.

67. Alfonso Lazo, *Retrato del fascismo rural en Sevilla*, Universidad de Sevilla, Sevilla, 1998, pp. 11-14; Margarita Nelken, *Las torres del Kremlin*, Industrial y Distribuidora, México D. F., 1943, p. 259.

68. *La Unión* (23 de julio de 1936); Ian Gibson, *Queipo de Llano. Sevilla, verano de 1936*, Grijalbo, Barcelona, 1936, p. 164; Arthur Koestler, *Spanish Testament*, Victor Gollancz, Londres, 1937, p. 34.

69. *ABC* (Sevilla) (26 de julio de 1936).

70. Koestler, *Spanish Testament*, pp. 34 y 84-88.

71. *La Unión* (18 de agosto de 1936); Barker, *El largo trauma...*, p. 116.

72. Cándido Ortiz de Villajos, *De Sevilla a Madrid, ruta libertadora de la columna Castejón*, Librería Prieto, Granada, 1937, pp. 21, 30-38, 46-47 y 51-52; Espinosa Maestre, *La guerra civil en Huelva*, pp. 122-128; Miriam B. Mandel, *Hemingway's Death in the Afternoon. The Complete Annotations*, Scarecrow Press, Lanham, Maryland, 2002, p. 82.

73. Espinosa Maestre, *La guerra civil en Huelva*, pp. 147-154; Espinosa Maestre, *La justicia de Queipo...*, pp. 129-137, 145-146 y 197-200.

74. Espinosa Maestre, *La guerra civil en Huelva*, pp. 161-162; Ruiz Romero y Espinosa Maestre, *Ayamonte, 1936...*, pp. 65-103.

75. Manuel Tapada Pérez, *Guerra y posguerra en Encinasola. Aroche, Cumbres Mayores, Cumbres de San Bartolomé y Barrancos*, ed. autor, Sevilla, 2000, pp. 44-55; Maria Dulce Antunes Simões, *Barrancos na encruzilhada da guerra civil de Espanha*, Câmara Municipal de Barrancos, Lisboa, 2007, pp. 173-183; Espinosa Maestre, *La guerra civil en Huelva*, pp. 173-174.

76. Copado, *Con la columna Redondo...*, pp. 41-60; Espinosa Maestre, *La guerra civil en Huelva*, pp. 174-227.

77. Copado, *Con la columna Redondo...*, pp. 68-94; Luciano Suero Sánchez, *Memorias de un campesino andaluz*, Queimada Ediciones, Madrid, 1982, pp. 78-87; Espinosa Maestre, *La guerra civil en Huelva*, pp. 228-258; *La Unión* (27 de agosto de 1936); Antonio Muñiz, Jesús Berrocal y Nieves Medina, *La historia silenciada. Víctimas de la represión franquista en Aroche (Huelva)*, Ayuntamiento de Aroche/Junta de Andalucía, Huelva, 2007, pp. 140-187.

78. Guillermo A. Molina Domínguez, *Víctimas y desaparecidos. La represión franquista en Palos de la Frontera (1936-1941)*, ed. autor, Huelva, 2005, pp. 76-90, 106-111, 119-140; Espinosa Maestre, *La justicia de Queipo...*, 2.ª ed., pp. 138-139 y 343-344; Antonio Orihuela, *Moguer – 1936*, La Oveja Roja, Madrid, 2010, pp. 143-205 y 211-276.

79. Espinosa Maestre, *La guerra civil en Huelva*, pp. 321-323, 715-716; Francisco Espinosa Maestre, ed., *Violencia roja y azul. España, 1936-1950*, Crítica, Barcelona, 2010, pp. 77 y 247; Orihuela, *Moguer – 1936*, p. 176.

80. Espinosa Maestre, *La guerra civil en Huelva*, pp. 137-146, 409-431; Espinosa Maestre, *La justicia de Queipo...*, pp. 127-128 y 151-159.

81. Juan Manuel Lozano Nieto, *A sangre y fuego. Los años treinta en un pueblo andaluz*, Almuzara, Córdoba, 2006, p. 166.

82. Ortiz de Villajos, *De Sevilla a Madrid...*, pp. 45-46.

83. Javier Jiménez Rodríguez, «La tragedia de todos: Odios y violencias durante la guerra civil (1936-1939)» en: VV. AA., *Alcalá de Guadaira en los siglos XIX y XX*, Ayuntamiento de Alcalá de Guadaira, Sevilla, 1995, pp. 309-312.

84. Félix J. Montero Gómez, *Alcalá de Guadaira, 21 de julio de 1936. Historia de una venganza*, Ayuntamiento de Alcalá de Guadaira y Asociación Andaluza Memoria Histórica y Justicia, Sevilla, 2007, pp. 13-14, 449-451, 675-678 y 704-710; Jiménez Rodríguez, «La tragedia de todos», pp. 313-341; Ortiz de Villajos, *De Sevilla a Madrid...*, pp. 46-47.

85. *La Unión* (22 de julio de 1936).

86. Servicio Histórico Militar (coronel José Manuel Martínez Bande), *La campaña de Andalucía*, San Martín, Madrid, 1986, 2.ª ed., p. 71. Sobre los dos muertos en Carmona, véase *Preliminary Official Report on the Atrocities Committed in Southern Spain in July and August, 1936, by the Communist Forces of the Madrid Government*, Eyre and Spottiswoode, Londres, 1936, pp. 40-42. Sobre la muerte de Villa y la represión posterior, véase Francisco Rodríguez Nodal, *Al paso alegre de la paz 1939*, ed. autor, Carmona, 2004, pp. 45-58; Antonio Leria y Francisco Eslava, *Carmona tricolor. Militancia política y afiliación sindical en la Segunda República*, Ayuntamiento de Carmona, Carmona, 2008, pp. 168-198; Antonio Lería, «Golpe de estado y Guerra Civil en Carmona», en: *La Guerra Civil en Carmona*, Ayuntamiento de Carmona, Carmona, 2008, pp. 11-26. El número final de 206 se ha extraído de las investigaciones de José García Márquez.

87. Ruiz Romero y Espinosa Maestre, *Ayamonte, 1936...*, pp. 101-102.

88. Para un testimonio de los supervivientes, véase Francisco Rodríguez Nodal, *Caínes del amanecer 1936*, ed. autor, Carmona, 2001, 3.ª ed., pp. 67-71, 81-85, 121, 133-142 y 229-236, así como el trabajo inédito de Paqui Maqueda Fernández, «Como si nunca hubiera ocurrido. Un relato por los caminos de la memoria».

89. Rodríguez Nodal, *Caínes del amanecer...*, pp. 89-102 y 185-215; Leria y Eslava, *Carmona tricolor...*, pp. 207-216.

90. *ABC* (Sevilla) (31 de julio de 1936); Ramón Barragán Reina, *Cantillana II República. La esperanza rota. La brutal represión franquista en un pueblo Sevillano*, Muñoz Moya Editores Extremeños, Brenes, 2006, pp. 86-87 y 102-152; Antonio Rosado, *Tierra y libertad. Memorias de un campesino anarcosindicalista andaluz*, Crítica, Barcelona, 1979, pp. 121-122.

91. *La Unión* (31 de agosto de 1936).

92. *Archivo General Militar* (Madrid), armario 18, legajo 6, carpeta 5. Mi agradecimiento a Ruben Serem por facilitarme una copia de este documento.

93. José Moreno Romero, *Fuentes de Andalucía. Crónicas del siglo XX*, ed. autor, Sevilla, 1999, pp. 112-119.

94. *ABC* (Sevilla) (24 de julio de 1936); Gibson, *Queipo de Llano...*, p. 174.

95. *ABC* (Sevilla) (24 y 25 de julio de 1936); para una versión del bando nacional de los sucesos en Arahal, véase *Preliminary Official Report on the Atrocities...*, pp. 31-34; Ortiz de Villajos, *De Sevilla a Madrid...*, pp. 52-55. El historiador conservador Nicolás Salas da cuenta de la posterior represión en el pueblo en: *Sevilla fue la clave. República, alzamiento, guerra civil (1931-1939)*, 2 vols., Castillejo, Sevilla, 1992, p. 623, y ofrece la cifra de 146 muertos, añadiendo a continuación (pp. 650-651) que, según los vecinos, el número de víctimas se situó entre 200 y 500. La cifra de 1.600 la ofrece Carmen Muñoz en, «Masacre fascista en Arahal (Sevilla)», *Interviú*, n.º 91 (9-15 de febrero de 1978), pp. 38-41.

96. Rosado, *Tierra y libertad...*, pp. 122-125.

97. *La Unión* (26 de julio de 1936).

98. Ortiz de Villajos, *De Sevilla a Madrid...*, pp. 55-57; José María García Márquez, «La represión franquista en la provincia de Sevilla. Estado de la cuestión», *Ebre 38. Revista Internacional de la Guerra Civil (1936-1939)*, n.º 2, Publicacions i Edicions de la Universitat de Barcelona, Barcelona (2004), p. 94.

99. José María García Márquez, *La represión militar en la Puebla de Cazalla*, Fundación Centro de Estudios Andaluces, Sevilla, 2007, pp. 9, 31-58, 66-84 y 201-204.

100. Francisco Moreno Gómez, *La guerra civil en Córdoba (1936-1939)*, Alpuerto, Madrid, 1985, pp. 110-111 y 253-261; Francisco Moreno Gómez, *1936: el genocidio franquista en Córdoba*, Crítica, Barcelona, 2008, pp. 409-422; *Preliminary Official Report on the Atrocities...*, pp. 59-61; Antonio Pérez de Olaguer, *El terror rojo en Andalucía*, Ediciones Antisectarias, Burgos, 1938, pp. 49-53.

101. Ortiz de Villajos, *De Sevilla a Madrid...*, pp. 67-70; Moreno Gómez, *La guerra civil en Córdoba*, pp. 261-278; Moreno Gómez, *1936: el genocidio franquista*, pp. 422-436; discurso de Queipo en *ABC* (Sevilla) (2 de agosto de 1936).

102. *ABC* (Sevilla) (9 de agosto de 1936); Antonio Montero Moreno, *Historia de la persecución religiosa en España 1936-1939*, Biblioteca de Autores Cristianos, Madrid, 1961, pp. 776 y 798; Lozano Nieto, *A sangre y fuego...*, pp. 132-174; Leopoldo Nunes, *La guerra en España (Dos meses de reportaje en los frentes de Andalucía y Extremadura)*, Librería Prieto, Granada, 1937, pp. 165-168.

103. *ABC* (Sevilla) (9 y 11 de agosto de 1936); Lozano Nieto, *A sangre y fuego...*, pp. 185-239. El testimonio de un ejecutor reacio se recoge anónimamente en: «El comienzo: 1936. La "liberación" de Lora del Río», *Cuadernos de Ruedo Ibérico*, París, n.º 46-48 (julio-diciembre de 1975), pp. 81-94.

104. Lozano Nieto, *A sangre y fuego...*, pp. 200-233 y 234-235.

105. *Ibid.*, pp. 215-238 y 329-340. El informe presentado en 1938 por la Guardia Civil al delegado de Orden Público recoge la cifra de 600 muertos. *Archivo Histórico Nacional*, Fondo de Expedientes Policiales, H-753, 754, 755, citado por Lozano Nieto, *A sangre y fuego...*, p. 318.

106. *ABC* (Sevilla) (11 de agosto de 1936).

107. José Iglesias Vicente, *Cazalla de la Sierra. Los sucesos del verano del 36*, ed. autor, Zafra, 2006, pp. 72-76.

108. *ABC* (Sevilla) (11 de agosto de 1936); *Heraldo de Madrid* (15 de agosto de 1936). En su informe del 17 de octubre de 1938 al delegado de Orden Público, el comandante del puesto de la Guardia Civil de Constantina ofrece la cifra de 300 muertos y 3.000 huidos. Archivo Histórico Nacional, Fondo de Expedientes Policiales, H-754. Mi agradecimiento a José María García Márquez por esta información.

109. Iglesias Vicente, *Cazalla de la Sierra...*, pp. 39-78.

110. *ABC* (Sevilla) (13, 14 y 15 de agosto de 1936); *La Unión* (14 y 15 de agosto de 1936); Iglesias Vicente, *Cazalla de la Sierra...*, pp. 79-83, 111-117 y 131-135.

111. Manuel Sánchez del Arco, *El sur de España en la reconquista de Madrid*, Editorial Sevillana, Sevilla, 1937, 2.ª ed., pp. 18-20.

112. Medina, *Tiempo pasado,* pp. 61-62 y 80-81.

113. Chaves Nogales, *A sangre y fuego...*, Espasa Calpe, Madrid, 2006, pp. 47-72; Arcángel Bedmar González, *República, guerra y represión. Lucena 1931-1939*, Ayuntamiento de Lucena, Lucena, 2000, pp. 118-119 y 190-191; testimonio de Juan Manuel Moyano Terrón (Cuevas de San Marcos); José María Pemán, *Mis encuentros con Franco*, Dopesa, Barcelona, 1976, p. 90.

114. Moreno Gómez, *1936: el genocidio franquista*, pp. 55-79.

115. Ronald Fraser, *Blood of Spain: The Experience of Civil War 1936-1939*, Allen Lane, Londres, 1979, pp. 161-164. «El jefe de Orden Público de Córdoba está dispuesto a terminar con la blasfemia, considerándola como un vicio pernicioso, que hay que desterrar», *ABC* (12 de octubre de 1936).

116. *ABC* (3 de octubre de 1936).

117. Francisco Moreno Gómez, *La guerra civil en Córdoba (1936-1939)*, Alpuerto, Madrid, 1985, pp. 288-298; Barbero, *El infierno azul...*, pp. 9-10, 13 y 16-17; Espinosa Maestre, *La justicia de Queipo...*, pp. 121-124.

118. Arcángel Bedmar González, *Lucena: de la Segunda República a la Guerra Civil*, Imprenta Vistalegre, Córdoba, 1998, pp. 134-135; Bedmar González, *República, guerra y represión...*, pp. 167-178.

119. Fernando Rivas Gómez, «La defensa de Baena – Episodios de la Guardia Civil», *Revista de Estudios Históricos de la Guardia Civil*, año V, n.º 9 (1972), pp. 63-85; Moreno Gómez, *La guerra civil en Córdoba...*, pp. 214-223; Moreno Gómez, *1936: el genocidio franquista*, pp. 363-376; Arcángel Bedmar González, *Baena roja y negra. Guerra civil y represión (1936-1943)*, Librería Juan de Mairena, Lucena, 2008, pp. 21-37.

120. *ABC* (Sevilla) (30 de julio de 1936); Moreno Gómez, *La guerra civil en Córdoba...*, pp. 225-239; Rivas Gómez, «La defensa de Baena...», pp. 85-88; Moreno Gómez, *1936: el genocidio franquista*, pp. 377-397; Bedmar González, *Baena roja y negra...*, pp. 39-70; Félix Moreno de la Cova, *Mi vida y mi tiempo. La guerra que yo viví*, Gráficas Mirte, Sevilla, 1988, p. 23.

121. Rivas Gómez, «La defensa de Baena...», pp. 88-89; Moreno Gómez, *1936: el genocidio franquista*, pp. 397-398.

122. *ABC* (Sevilla) (1 de agosto de 1936).

123. Moreno Gómez, *1936: el genocidio franquista*, pp. 385 y 397-400; Bedmar González, *Baena roja y negra...*, pp. 70-155.

124. José María Pemán, *¡Atención...! ¡Atención...! Arengas y crónicas de Guerra*, Establecimientos Cerón, Cádiz, 1937, pp. 94-95.

125. Moreno Gómez, *La guerra civil en Córdoba...*, pp. 210-212; Barbero, *El infierno azul...*, pp. 14 y 19-20.

126. Miriam B. Mandel, *Hemingway's Death in the Afternoon. The Complete Annotations*, Scarecrow Press, Lanham (Maryland), 2002, pp. 163-164 y 167-169; Bayo y Damiano, «Toreros fascistas...», p. 42-43.

127. Servicio Histórico Militar, Cuartel General del Generalísimo, legajo 273, carp. 6, citado por Espinosa Maestre, *La justicia de Queipo...*, p. 287.

128. Ángel David Martín Rubio, *Paz, piedad, perdón... y verdad. La represión en la guerra civil: Una síntesis definitiva*, Fénix, Madrid, 1997, pp. 211-216; Fernando Romero Romero, «Víctimas de la represión en la Sierra de Cádiz durante la guerra civil (1936-1939)» *Almajar*, n.º 2, Villamartín (2005), pp. 209-240.

129. Romero Romero, «La represión en la provincia de Cádiz...», pp. 27-30.

130. José María Pemán, *Un soldado en la historia. Vida del Capitán General Varela*, Escelicer, Cádiz, 1954, pp. 179-182; Gerald Brenan, *Personal Record 1920-1972*, Jonathan Cape, Londres, 1974, pp. 310-311; J. R. Corbin, *The Anarchist Passion. Class Conflict in Southern Spain 1810-1965*, Avebury Publishing Co., Aldershot, 1993, pp. 43-44; *Second & Third Reports on the Communist Atrocities Committed in Southern Spain from July to October, 1936, By the Communist Forces of the Madrid Government*, Eyre and Spottiswoode, Londres, 1937, pp. xxii y 58-61; Carlos G. Mauriño Longoria, *Memorias*, ed. familia, Ronda, s.f. [1937], pp. 38-59, 66-77 y 95-115; Salvador Fernández Álvarez y José María Gutiérrez Ballesteros, *De la gesta española (Breviario de la conquista de Ronda)*, Establecimientos Cerón y Librería Cervantes, Cádiz, 1939, pp. 24 y 39-47; Gil Gómez Bajuelo, *Málaga bajo el dominio rojo*, Establecimientos Cerón, Cádiz, 1937, pp. 33-45; Lucía Prieto Borrego y Encarnación Barranquero Texeira, «Población civil y guerra. Málaga, de la retaguardia al éxodo», en: Fernando Arcas Cubero, recop., *Málaga 1937 nunca más. Historia y memoria. Guerra civil y franquismo en Málaga*, Ateneo de Málaga, Málaga, 2006, n.º especial de *Ateneo del Nuevo Siglo*, n.º 9 (diciembre de 2006), pp. 9-14.

131. Espinosa Maestre, *La justicia de Queipo...*, pp. 223-231.

132. Pueyes y Puelles, *Por las rutas del tercio Mora-Figueroa...*, pp. 17-21, 65-67 y 101-102; Mora-Figueroa, *Datos para la historia*, pp. 138-144; Juliá Téllez, *Historia del movimiento liberador...*, p. 89; Domínguez Lobato, *Cien capítulos de retaguardia...*, p. 318.

133. Informe del gobernador militar de Cádiz, citado en Martín Rubio, *Paz, piedad, perdón... y verdad...*, pp. 214-216.

134. Espinosa Maestre, *La justicia de Queipo...*, p. 50.

135. *La Unión* (22 de julio de 1936); Bérriz a Rodríguez-Acosta, 13 de agosto de 1936, en: Manuel Titos Martínez, *Verano del 36 en Granada. Un testimonio sobre el comienzo de la guerra civil y la muerte de García Lorca*, Atrio, Granada, 2005, p. 80.

136. Francisco Franco Salgado-Araujo, *Mi vida junto a Franco*, Planeta, Barcelona, 1977, pp. 185-188 y 348-353.

137. Ángel Gollonet Megías y José Morales López, *Rojo y azul en Granada*, Librería Prieto, Granada, 1937, 2.ª ed., pp. 111-125; José Manuel Martínez Bande, *La campaña de Andalucía*, San Martín, Madrid, 1986, 2.ª ed., pp. 99-112.

138. Gollonet y Morales, *Rojo y azul...*, pp. 79-96; Ian Gibson, *El asesinato de García Lorca*, Plaza & Janés, Barcelona, 1996, pp. 60-63 y 69-74.

139. Gollonet Mejías y Morales López, *Rojo y azul...*, pp. 165-169; Gibson, *El asesinato de García Lorca*, pp. 106-119.

140. Bérriz a Rodríguez-Acosta, 18 de agosto de 1936, en: Titos Martínez, *Verano del 36...*, p. 117.

141. Gibson, *El asesinato de García Lorca*, pp. 129-142; Helen Nicholson, *Death in the Morning*, Lovat Dickson, Londres, 1937, pp. 33-34. [Hay trad. cast.: *Muerte en la madrugada: granada: julio-agosto de 1936*, trad. José Ruíz Mas, Atrio, Granada, 2006.] Rafael Gil Bracero y María Isabel Brenes, *Jaque a la República. (Granada, 1936-1939)*, Ediciones Osuna, Granada, 2009, pp. 225-231 y 295-300.

142. Gibson, *El asesinato de García Lorca*, pp. 15-36 y 265-266; Miguel Caballero Pérez y Pilar Góngora Ayala, *La verdad sobre el asesinato de García Lorca. Historia de una familia*, Ibersaf Editores, Madrid, 2007, pp. 154-155, 168-169, 299 y 301-309; Ian Gibson, *El hombre que detuvo a García Lorca. Ramón Ruiz Alonso y la muerte del poeta*, Aguilar, Madrid, 2007, pp. 99-100 y 143.

143. Gibson, *El hombre que detuvo a García Lorca...*, pp. 11-39 y 89-90; Ian Gibson, ed., *Agustín Penón. Diario de una búsqueda lorquiana (1955-1956)*, Plaza & Janés, Barcelona, 1990, pp. 190-197 y 206-219.

144. Eduardo Molina Fajardo, *Los últimos días de García Lorca*, Plaza & Janés, Barcelona, 1983, pp. 40-50.

145. La fecha exacta del asesinato de Lorca fue objeto de amplia controversia hasta que Manuel Titos la estableció definitivamente en 2005. Véase José Luis Vila-San-Juan, *García Lorca asesinado: toda la verdad*, Planeta, Barcelona, 1975, pp. 160-163; Eduardo Molina Fajardo, *Los últimos días de García Lorca*, Plaza & Janés, Barcelona, 1983, pp. 67-70 y 194; Marta Osorio, *Miedo, olvido y fantasía. Agustín Peñón. Crónica de su investigación sobre Federico García Lorca (1955-1956)*, Comares, Granada, 2001, pp. 295-307, 344-348, 355, 407-409 y 667-669; Titos Martínez, *Verano del 36...*, pp. 45-64 y 122; Gibson, *El hombre que detuvo a García Lorca...*, pp. 141-142.

146. Gibson, *El asesinato de García Lorca*, pp. 265-266; Ian Gibson, *El hombre que detuvo a García Lorca...*, pp. 99-100 y 143.

147. Francisco Vigueras Roldán, *Los «paseados» con Lorca. El maestro cojo y los dos banderilleros*, Comunicación Social Ediciones, Sevilla-Zamora, 2007, pp. 28-29, 37-50, 64-66 y 133-148; Gibson, *El asesinato de García Lorca*, p. 236; Gollonet Megías y Morales López, *Rojo y azul...*, pp. 101-102.

148. Bérriz a Rodríguez-Acosta, 18 de agosto 1936, en: Titos Martínez, *Verano del 36...*, pp. 117-119 y 133.

149. Nicholson, *Death in the Morning*, pp. 81-82. Su novela sobre la Guardia Civil, *The Painted Bed*, revela sus simpatías por los franquistas.

150. Gibson, *El hombre que detuvo a García Lorca...*, pp. 53, 78-80, 83-88; Francisco Vigueras, *Granada 1936. Muerte de un periodista. Constantino Ruiz Carnero (1887-1936)*, Comares, Granada, 1998, pp. 179-189 y 227-240.

151. Mercedes del Amo, *Salvador Vila. El rector fusilado en Víznar*, Universidad de Granada, Granada, 2005, pp. 123-125, 135-157 y 163-169; Molina Fajardo, *Los últimos días...*, pp. 286 y 423.

152. Nicholson, *Death in the Morning*, pp. 82, 72-73 y 99.

153. Martínez Bande, *La campaña de Andalucía*, pp. 169-210.

154. Edward Norton, *Muerte en Málaga. Testimonio de un americano sobre la guerra civil española*, Universidad de Málaga, Málaga, 2004, pp. 170-187, 193-208 y 225-242; Juan Antonio Ramos Hitos, *Guerra civil en Málaga 1936-1937. Revisión Histórica*, Algazara, Málaga, 2004, 2.ª ed., pp. 217-235, 244-272 y 283-285; Ángel Gollonet Megías y José Morales López, *Sangre y fuego: Málaga*, Librería Prieto, Granada, 1937; Gómez Bajuelo, *Málaga bajo el dominio rojo*, pp. 81-84; padre Tomás López, *Treinta semanas en poder de los rojos en Málaga de julio a febrero*, Imprenta de San Antonio, Sevilla, 1938, pp. 61-66 y 93-101; Francisco García Alonso, *Flores del heroísmo*, Imprenta de la Gavidia, Sevilla, 1939, pp. 76-79, 90-103 y 129-136.

155. Encarnación Barranquero Texeira y Lucía Prieto Borrego, *Población y guerra civil en Málaga: Caída, éxodo y refugio*, Centro de Ediciones de la Diputación de Málaga, Málaga, 2007, pp. 21-99, Encarnación Barranquero Texeira, *Málaga entre la guerra y la posguerra: el franquismo*, Arguval, Málaga, 1994, p. 202; Bahamonde, *Un año con Queipo...*, pp. 125-129.

156. Bahamonde, *Un año con Queipo...*, pp. 132-135.

157. *ABC* (Sevilla) (11 y 12 de marzo de 1937); José María García Márquez, *La represión militar en La Puebla de Cazalla*, Fundación Centro de Estudios Andaluces, Sevilla, 2007, pp. 126-130; Francisco Espinosa Maestre, *Contra el olvido*, Crítica, Barcelona, 2006, pp. 79-93; Fernando Arcas Cubero, recop., *Málaga 1937 nunca más. Historia y memoria. Guerra civil y franquismo en Málaga*, Ateneo de Málaga, Málaga, 2006, n.º especial de *Ateneo del Nuevo Siglo*, n.º 9 (diciembre de 2006), *passim*; Barranquero Texeira, *Málaga entre la guerra y la posguerra...*, pp. 215-239; Antonio Nadal, *Guerra civil en Málaga*, Arguval, Málaga, 1984, pp. 190-192 y 217-232; Ramos Hitos, *Guerra civil en Málaga*, pp. 309-336.

158. Barranquero y Prieto, *Población y guerra civil...*, pp. 180-209.

159. Norman Bethune, *The Crime on the Road Malaga-Almeria*, Publicaciones Iberia, s.l., 1937, pp. 8-9; T. C. Worsley, *Behind the Battle*, Robert Hale, Londres, 1939, pp. 185-188 y 197-201; *The Times* (17 y 24 de febrero; 3 de marzo de 1937).

CAPÍTULO 6. EL TERROR DE MOLA: LAS PURGAS DE NAVARRA, GALICIA, CASTILLA LA VIEJA Y LEÓN

1. Emilio Mola Vidal, *Obras completas*, Librería Santarén, Valladolid, 1940, p. 1.173.

2. Juan de Iturralde, *La guerra de Franco, los vascos y la Iglesia*, 2 vols., Publicaciones del Clero Vasco, San Sebastián, 1978, I, p. 433. Véase también Hugh Thomas, *The*

Spanish Civil War, Hamish Hamilton, Londres, 1977, 3.ª ed., p. 260. [Hay trad. cast.: *La guerra civil española*, trad. Neri Daurella, Grijalbo, Barcelona, 1995.]

3. Alfonso Álvarez Bolado, *Para ganar la guerra, para ganar la paz. Iglesia y guerra civil 1936-1939*, Universidad Pontificia de Comillas, Madrid, 1995, p. 52.

4. José María Irribarren, *Con el general Mola: escenas y aspectos de la guerra civil*, Librería General, Zaragoza, 1937, pp. 168-169 y 222-223.

5. Josep Fontana, «Julio de 1936», *Público* (29 de junio de 2010); Julián Chaves Palacios, *La represión en la provincia de Cáceres durante la guerra civil (1936-1939)*, Universidad de Extremadura, Cáceres, 1995, p. 101.

6. Fernando Mikelarena Peña, «La intensidad de la limpieza política franquista en 1936 en la Ribera de Navarra», *Hispania Nova. Revista de Historia Contemporánea*, n.º 9 (2009), p. 5.

7. José del Castillo y Santiago Álvarez, *Barcelona. Objetivo cubierto*, Timón, Barcelona, 1958, pp. 153-157 y 165-169.

8. Julio Prada, «*Ya somos todos uno*. La unificación de las milicias en la retaguardia franquista: el caso ourensano», Segon Congrés Recerques, *Enfrontaments civils: Postguerres i reconstruccions*, 2 vols., Associació Recerques y Pagés Editors, Lérida, 2002, II, pp. 1.102-1.103; Joan Maria Tomàs i Andreu, *Lo que fue la Falange*, Plaza & Janés, Barcelona, 1999, pp. 164-165; Alfonso Lazo, *Retrato del Fascismo rural en Sevilla*, Universidad de Sevilla, Secretariado de Publicaciones, Sevilla, 1998, pp. 32-40.

9. Raimundo Fernández Cuesta, «Los falangistas realizamos el trabajo sucio: fusilar», en: Justino Sinova, ed., *Historia del Franquismo. Franco, su régimen y la oposición*, 2 vols., Información y Prensa, Madrid, 1985, I, p. 23; Ángela Cenarro, «Matar, vigilar, delatar: la quiebra de la sociedad civil durante la guerra y la posguerra en España (1936-1948)», *Historia Social*, n.º 44 (2002), pp. 65-86. Acerca de la distribución de armamento, véase Chaves Palacios, *La represión en la provincia de Cáceres...*, p. 102.

10. I. Berdugo, J. Cuesta, M. de la Calle, y M. Lanero, «El Ministerio de Justicia en la España "Nacional"», en: Archivo Histórico Nacional, *Justicia en Guerra. Jornadas sobre la administración de Justicia durante la Guerra Civil española: Instituciones y fuentes documentales*, Ministerio de Cultura, Madrid, 1990, pp. 249-253.

11. Santiago Vega Sombría, *De la esperanza a la persecución. La represión franquista en la provincia de Segovia*, Crítica, Barcelona, 2005, p. 110.

12. José María Dávila y Huguet, *Código de Justicia Militar. Con notas aclaratorias y formularios*, Imprenta Aldecoa, Burgos, 1937, p. 5.

13. Iribarren, *Con el general Mola...*, pp. 94 y 245.

14. General Luis Redondo y comandante Juan de Zavala, *El Requeté (La tradición no muere)*, AHR, Barcelona, 1957, pp. 78-81.

15. Julián Casanova, *La Iglesia de Franco*, Crítica, Barcelona, 2005, 2.ª ed., pp. 63-65; De Iturralde, *La guerra de Franco...*, I, pp. 417-423.

16. Peter Kemp, *Mine Were of Trouble*, s.e., 1957, pp. 76 y 80.

17. Javier Ugarte Tellería, *La nueva Covadonga insurgente. Orígenes sociales y culturales de la sublevación de 1936 en Navarra y el País Vasco*, Biblioteca Nueva, Madrid, 1998, pp. 86-89; Marino Ayerra Redín, *No me avergoncé del evangelio (desde mi parroquia)*, Pe-

riplo, Buenos Aires, 1959, 2.ª, ed., pp. 27-31; De Iturralde, *La guerra de Franco...*, I, pp. 435-440.

18. Galo Vierge, *Los culpables. Pamplona 1936*, Pamiela, Pamplona, 2009, pp. 148-157.

19. Altaffaylla, *Navarra. De la esperanza al terror*, Altaffaylla, Tafalla, 2004, 8.ª ed., pp. 718-719; Mikelarena Peña, «La intensidad de la limpieza política...», p. 5.

20. Álvarez Bolado, *Para ganar la guerra...*, p. 42; Vierge, *Los culpables...*, pp. 33-48; De Iturralde, *La guerra de Franco...*, I, p. 422; Altaffaylla, *Navarra...*, pp. 492-494 y 784-790. Estas fuentes presentan discrepancias menores (Vierge, 52; Iturralde, 56; Altaffaylla, 52) en cuanto al número exacto de asesinados; sin embargo, está fuera de dudas que tuvo lugar una masacre.

21. Altaffaylla, *Navarra...*, pp. 588-590.

22. Mikelarena Peña, «La intensidad de la limpieza política...», p. 24; Altaffaylla, *Navarra...*, pp. 497-508.

23. Josefina Campos Oruña, *Los fusilados de Peralta, la vuelta a casa (1936-1978). Operación retorno*, Pamiela, Pamplona, 2008, pp. 296-302; Altaffaylla, *Navarra...*, p. 508.

24. Hilari Raguer, *La pólvora y el incienso. La Iglesia y la guerra civil española*, Península, Barcelona, 2001, pp. 163-164; Ayerra Redín, *No me avergoncé del evangelio...*, pp. 136-139.

25. Cardenal Gomá, *Por Dios y por España 1936-1939*, Casulleras, Barcelona, 1940, pp. 306-315.

26. Carlos Gil Andrés, *Echarse a la calle. Amotinados, huelguistas y revolucionarios (La Rioja, 1890-1936)*, Prensas Universitarias de Zaragoza, Zaragoza, 2000, pp. 209-243; Carlos Gil Andrés, *Lejos del frente. La guerra civil en La Rioja alta*, Crítica, Barcelona, 2006, pp. 3-79; Enrique Pradas Martínez, ed., *8 de diciembre de 1933: Insurrección anarquista en La Rioja*, Cuadernos Riojanos, Logroño, 1983, *passim*; Enrique Pradas Martínez, *La Segunda República y La Rioja (1931-1936)*, Cuadernos Riojanos, Logroño, 1982, pp. 139-154; Jesús Vicente Aguirre González, *Aquí nunca pasó nada. La Rioja 1936*, Ochoa, Logroño, 2007, p. 906.

27. Gil Andrés, *Echarse a la calle...*, pp. 248-259; María Cristina Rivero Noval, *La ruptura de la paz civil: represión en La Rioja (1936-1939)*, Instituto de Estudios Riojanos, Logroño, 1992, pp. 32-35; Aguirre González, *Aquí nunca pasó nada...*, pp. 583 y 907.

28. Joaquín Arrarás, *Historia de la Cruzada española*, 8 vols., 36 tomos, Ediciones Españolas, Madrid, 1939-1943, vol. III, tomo 13, pp. 498-504; Aguirre González, *Aquí nunca pasó nada...*, pp. 55, 63, 66-67, 74 y 111-113.

29. Antonio Hernández García, *La represión en La Rioja durante la guerra civil*, 3 vols., ed. del autor, Logroño, 1982, I, pp. 25-31; Rivero Noval, *La ruptura de la paz civil*, pp. 45-51; Gil Andrés, *Lejos del frente...*, pp. 86-92 y 130-135.

30. Antonio Sánchez-Marín Enciso, *Plasencia en llamas (1931-1939)*, Raíces, Madrid, 2009, pp. 255-256; Chaves Palacios, *La represión en la provincia de Cáceres...*, p. 103.

31. Francisco Bermejo Martín, *La IIª República en Logroño*, Ediciones del Instituto de Estudios Riojanos, Logroño, 1984, pp. 385-390; Patricio Escobal, *Las sacas (Memorias)*, Edicios do Castro, Sada-La Coruña, 2005, pp. 83-86; Hernández García, *La represión en La Rioja*, I, pp. 47-60; II, pp. 23-130 y 141-173; III, pp. 57-63 y 101-137;

Rivero Noval, *La ruptura de la paz civil*, pp. 69-79; Gil Andrés, *Lejos del frente...*, pp. 107, 212-220 y 252; Carlos Gil Andrés, *La República en la Plaza: Los sucesos de Arnedo de 1932*, Instituto de Estudios Riojanos, Logroño, 2003, pp. 258-279; Aguirre González, *Aquí nunca pasó nada...*, pp. 966-970.

32. Carlos Gil Andrés, «La zona gris de la España azul. La violencia de los sublevados en la Guerra Civil», *Ayer*, n.º 76 (2009), pp. 115-141.

33. Se han hecho varias ediciones de este libro. La primera fue Patricio Escobal, *Death Row. Spain 1936*, Bobbs Merrill, Nueva York, 1968. La más reciente y definitiva es *Las sacas (Memorias)*, Edicios do Castro, Sada-La Coruña, 2005.

34. Aguirre González, *Aquí nunca pasó nada...*, pp. 254-256, 349-350, 891 y 936-939; Hernández García, *La represión en La Rioja...*, I, p. 48; Antonio Arizmendi y Patricio de Blas, *Conspiración contra el Obispo de Calahorra. Denuncia y crónica de una canallada*, EDAF, Madrid, 2008, pp. 10, 164-167 y 177.

35. B. Félix Maíz, *Mola, aquel hombre*, Planeta, Barcelona, 1976, pp. 92-93; José María Gil Robles, *No fue posible la paz*, Ariel, Barcelona, 1968, pp. 727 y 775.

36. Arrarás, *Historia de la Cruzada...*, III, 12, p. 308; Vicente Gay, *Estampas rojas y caballeros blancos*, Hijos de Santiago Rodríguez Editores, Burgos, 1937, pp. 47-52; Francisco de Cossío, *Hacia una nueva España. De la revolución de octubre a la revolución de Julio 1934-1936*, Castilla, Valladolid, 1936, pp. 326-327; Ignacio Martín Jiménez, *La guerra civil en Valladolid (1936-1939). Amaneceres ensangrentados*, Ámbito, Valladolid, 2000, pp. 24-29 y 34; Bertrán Güell, *Preparación y desarrollo del alzamiento nacional*, Librería Santarén, Valladolid, 1939, pp. 202-218.

37. Cossío, *Hacia una nueva España...*, pp. 328-331; Gay, *Estampas...*, pp. 115-130; Arrarás, *Historia de la Cruzada...* vol. III, tomo 12, pp. 310-321; Francisco J. de Raymundo, *Cómo se inició el glorioso Movimiento Nacional en Valladolid y la Gesta heroica del Alto del León*, Imprenta Católica, Valladolid, 1936, pp. 6-39; Francisco de Cossío, *Guerra de salvación. Del frente de Madrid al de Vizcaya*, Librería Santarén, Valladolid, 1937, pp. 224-229; Domingo Pérez Morán, *¡A estos, que los fusilen al amanecer!*, G. del Toro, Madrid, 1973, pp. 26-32.

38. Jesús María Palomares Ibáñez, *La guerra civil en la ciudad de Valladolid. Entusiasmo y represión en la «capital del alzamiento»*, Ayuntamiento de Valladolid, Valladolid, 2001, p. 22.

39. *Diario Regional* (Valladolid) (21 de julio de 1936); Raymundo, *Cómo se inició...*, pp. 44-46; *Onésimo Redondo, Caudillo*, pp. 203-208; Arrarás, *Historia de la Cruzada...*, vol. III, tomo, 12, p. 321-322; Martín Jiménez, *Amaneceres ensangrentados...*, pp. 95 y 181.

40. José Ignacio Escobar, *Así empezó...*, G. del Toro, Madrid, 1974, pp. 56-57; Guillermo Cabanellas, *La guerra de los mil días. Nacimiento, vida y muerte de la II República española*, 2 vols., Grijalbo, Buenos Aires, 1973, I, pp. 631-635.

41. José María Iribarren, *Mola. Datos para una biografía y para la historia del Alzamiento nacional*, Librería General, Zaragoza, 1938, pp. 130-133; Iribarren, *Con el general Mola...*, pp. 135-138.

42. Santiago Vega Sombría, *De la esperanza a la persecución. La represión franquista en la provincia de Segovia*, Crítica, Barcelona, 2005, pp. 56-57.

43. Entrevista del autor con Mercedes Sanz Bachiller; *Diario Regional*, Valladolid (26 de julio de 1936); Cossío, *Hacia la nueva España...*, p. 97; José Antonio Girón de Velasco, *Si la memoria no me falla*, Planeta, Barcelona, 1994, p. 42; José Luis Mínguez Goyanes, *Onésimo Redondo*, San Martín, Madrid, 1990, pp. 101-102; Martín Jiménez, *Amaneceres ensangrentados...*, pp. 380-382; Julián Casanova, *La Iglesia de Franco*, Temas de Hoy, Madrid, 2001, p. 65; Tomàs, *Lo que fue la Falange...*, pp. 295-296.

44. Martín Jiménez, *Amaneceres ensangrentados...*, pp. 32-40, 47-65, 76-89 y 182-183; Palomares Ibáñez, *La guerra civil en la ciudad...*, pp. 133-159.

45. Martín Jiménez, *Amaneceres ensangrentados...*, pp. 195-199; Palomares Ibáñez, *La guerra civil en la ciudad...*, pp. 151-155.

46. Es Gabriel Jackson quien habla de 15.000 víctimas mortales, véase *The Spanish Republic and the Civil War*, Princeton University Press, Princeton (New Jersey), 1965, p. 535. Una cifra más modesta, 9.000, la comparten César M. Lorenzo, *Les anarchistes espagnols et le pouvoir*, Éditions du Seuil, París, 1969, p. 204, y un «diputado católico» en conversación con el diplomático británico, Bernard Malley, citado por Thomas, *The Spanish Civil War...*, p. 265. Un número más razonable, entorno a 1.600, se extrae de un testimonio contemporáneo citado por «Juan de Iturralde» (pseudónimo del padre Juan José Usabiaga Irazustabarrena), *La guerra de Franco...*, I, p. 448. La cifra semioficial que elevó a 1.303 las víctimas se extrae de Ramón Salas Larrazábal, *Pérdidas de la Guerra*, Planeta, Barcelona, 1971, p. 371, y las 3.000, de Enrique Berzal de la Rosa, coord., *Testimonio de voces olvidadas*, 2 vols., Fundación 27 de marzo, León, 2007, I, p. 18; II, pp. 178-179.

47. Martín Jiménez, *Amaneceres ensangrentados...*, pp. 199-208; Palomares Ibáñez, *La guerra civil en la ciudad...*, pp. 145-147. El nombre de las mujeres asesinadas figura en las listas de las pp. 161-185.

48. Ronald Fraser, *Blood of Spain. The Experience of Civil War 1936-1939*, Allen Lane, Londres, 1979, pp. 167-168; *El Norte de Castilla* (25 de septiembre de 1937), reproducido en Rafael Abella, *La vida cotidiana durante la guerra civil. La España Nacional*, Planeta, Barcelona, 1973, pp. 77 y 81-82; De Iturralde, *La guerra de Franco...*, pp. 447-449; Martín Jiménez, *Amaneceres ensangrentados...*, pp. 220-225; Palomares Ibáñez, *La guerra civil en la ciudad...*, p. 139; Dionisio Ridruejo, *Casi unas memorias*, Planeta, Barcelona, 1976, pp. 69-70.

49. Vega Sombría, *De la esperanza a la persecución...*, pp. 114 y 240-241.

50. Palomares Ibáñez, *La guerra civil en la ciudad....*, pp. 161-185.

51. Martín Jiménez, *Amaneceres ensangrentados...*, pp. 226-251; De Iturralde, *La guerra de Franco...*, I, p. 448.

52. Martín Jiménez, *Amaneceres ensangrentados...*, pp. 122, 134, 181-182 y 199-218; Palomares Ibáñez, *Valladolid...*, pp. 136-151 y 161-185; Jesús María Palomares Ibáñez, *El primer franquismo en Valladolid*, Universidad de Valladolid, Valladolid, 2002, pp. 105-113.

53. Arrarás, *Historia de la Cruzada...*, vol. III, tomo 12, pp. 429-430.

54. *Ibid.*, pp. 430-431; Santiago López García y Severiano Delgado Cruz, «Víctimas y Nuevo Estado 1936-1940», y Enrique de Sena, «Guerra, censura y urbanismo: Recuerdos de un periodista», en: Ricardo Robledo, ed., *Historia de Salamanca, V. Siglo XX*,

Centro de Estudios Salmantinos, Salamanca, 2001, pp. 227-237 y 325-328; Santiago López García y Severiano Delgado Cruz, «Que no se olvide el castigo: la represión en Salamanca durante la guerra civil», en: Robledo, ed., *Esta salvaje pesadilla...*, pp. 106-107 y 110-117; Luciano González Egido, *Agonizar en Salamanca: Unamuno, julio-diciembre 1936*, Alianza, Madrid, 1986, pp. 48-50; Mary Vincent, *Catholicism in the Second Spanish Republic. Religion and Politics in Salamanca 1930-1936*, Clarendon Press, Oxford, 1996, p. 244; Adoración Martín Barrio, María de los Ángeles Sampedro Talabán y María Jesús Velasco Marcos, «Dos formas de violencia durante la guerra civil. La represión en Salamanca y la resistencia armada en Zamora», en: Julio Aróstegui, coord., *Historia y memoria de la guerra civil*, Junta de Castilla y León, Valladolid, 1988, 3 vols., II, pp. 367-412.

55. Vincent, *Catholicism in the Second Spanish Republic...*, pp. 56-57; Manuel Sánchez, *Maurín, gran enigma de la guerra y otros recuerdos*, Edicusa, Madrid, 1976, pp. 46-47 y 79-80.

56. Arrarás, *Historia de la Cruzada...*, vol., III, tomo, 12, p. 426; Severiano Delgado Cruz y Javier Infante Miguel-Mota, «Nadie preguntaba por ellos. Guerra y represión en Salamanca», en: Berzal de la Rosa, coord., *Testimonio de voces olvidadas*, I, pp. 300-317.

57. Ricardo Robledo, ed., *Esta salvaje pesadilla. Salamanca en la guerra civil española*, Crítica, Barcelona, 2007, pp. xxiii y 286.

58. Lawrence A. Fernsworth, «Terrorism in Barcelona Today», *Washington Post* (10 de junio de 1937); Jaime de Armiñán, *La dulce España. Memorias de un niño partido en dos*, Tusquets, Barcelona, 2000, p. 169; Sánchez, *Maurín...*, p. 93.

59. Juan Bautista Vilar, «La persecución religiosa en la zona nacionalista: el caso de los protestantes españoles», en: Miguel Carlos Gómez Oliver, coord., *Los nuevos historiadores ante la guerra civil española*, 2 vols., Diputación de Granada, Granada, 2002, 2, pp. 169-188.

60. De Armiñán, *La dulce España...*, p. 169; Sánchez, *Maurín...*, p. 93; Martín Barrio *et al.*, «Dos formas de violencia...», pp. 399-402; López García y Delgado Cruz, «Que no se olvide el castigo», pp. 107-108 y 389-392.

61. *La Gaceta Regional* (2 de agosto de 1936).

62. José Martín Blázquez, *I Helped to Build an Army: Civil War Memories of a Spanish Staff Officer*, trad. F. Borkenau y Eric Mosbacher, Secker & Warburg, Londres, 1939, pp. 163-164.

63. Francisco Blanco Prieto, *Miguel de Unamuno. Diario final*, Globalia Ediciones Anatema, Salamanca, 2006, pp. 612, 672 y 701.

64. Miguel de Unamuno, *Epistolario inédito II (1915-1936)*, Espasa-Calpe, Madrid, 1991, pp. 350-355.

65. Miguel de Unamuno, *El resentimiento trágico de la vida. Notas sobre la revolución y guerra civil españolas*, Alianza, Madrid, 1991, p. 57.

66. Gil Robles, *No fue posible...*, p. 796.

67. Armiñán, *La dulce España...*, pp. 164-165; Arrarás, *Historia de la Cruzada...*, vol., III, tomo, 12, p. 432.

68. Ángel Montoto, «Salamanca. Así fue el terrorismo falangista», *Interviú*, n.° 177 (4-18 de octubre de 1979), pp. 44-47, «Salamanca. "Así me fusilaron los falangistas"», *Interviú*, n.° 180 (25 de octubre de 1979), pp. 77-78.

69. Agustín Salgado Calvo, *La grama*, Alcayuela, Salamanca, 2001, p. 291; Martín Escobar, citado por Javier Infante, «Sables y naipes: Diego Martín Veloz (1875-1938). De cómo un matón de casino se convirtió en caudillo rural», en: Robledo, ed., *Esta salvaje pesadilla*, pp. 265-266 y 279.

70. Salgado Calvo, *La grama*, pp. 236, 252, 275, 283 y 291; Infante, «Sables y naipes...», p. 424; Armiñán, *La dulce España*, pp. 168-169.

71. Armiñán, *La dulce España...*, pp. 164; Emilio Salcedo, *Vida de Don Miguel Unamuno en su tiempo, en su España, en su Salamanca. Un hombre en lucha con su leyenda*, Anaya, Salamanca, 1964, p. 413; Blanco Prieto, *Miguel de Unamuno...*, pp. 602, 673, 691 y 721.

72. Montoto, «Salamanca. Así fue el terrorismo...»; Infante, «Sables y naipes...», p. 266 y 423; Salgado Calvo, *La grama...*, pp. 323-326.

73. La idea de que murió en acto de combate, en Venegas, *Andanzas y recuerdos*, p. 103; Prieto, *De mi vida...*, p. 192. Pruebas acerca de su muerte pacífica en: Infante, «Sables y naipes...», p. 423.

74. Ángel Alcázar de Velasco, *Siete días de Salamanca*, G. del Toro, Madrid, 1976, pp. 132-133.

75. Manuel Corral Baciero, *Vía dolorosa. Represión y guerra civil en Peñaranda de Bracamonte*, ed. del autor, Madrid, 2007, pp. 76-82; Delgado Cruz e Infante Miguel-Mota, «Nadie preguntaba por ellos...», pp. 335-342.

76. Ricardo Robledo, «"¡Dios se ha hecho generalísimo nuestro!". Dichos y hechos de Castro Albarrán, magistral de Salamanca (1896-1981)», en: Ricardo Robledo, ed., *Esta salvaje pesadilla. Salamanca en la guerra civil española*, Crítica, Barcelona, 2007, p. 332.

77. Alfonso Álvarez Bolado, *Para ganar la guerra, para ganar la paz. Iglesia y guerra civil 1936-1939*, Universidad Pontificia de Comillas, Madrid, 1995, pp. 80-81.

78. *Ibid.*, pp. 78-79.

79. Indalecio Prieto, *Palabras al viento*, Oasis, México D. F., 1969, 2.ª ed., pp. 247-248.

80. López García y Delgado Cruz, «Víctimas y Nuevo Estado», pp. 241-244 y 250-255.

81. Iribarren, *Con el general Mola...*, pp. 210-211.

82. Joaquín del Moral, *Lo del «10 de agosto» y la justicia*, C.I.A.P., Madrid, 1933, pp. 9-14 y 17-23; Joaquín del Moral, *Oligarquía y «enchufismo»*, Imprenta Galo Sáez, Madrid, 1933, *passim*; *Informaciones* (27 de agosto de 1936).

83. Maximiano García Venero, *Falange en la guerra de España: la Unificación y Hedilla*, Ruedo Ibérico, París, 1967, pp. 232-233; Guillermo Cabanellas, *La guerra de los mil días. Nacimiento, vida y muerte de la II República española*, 2 vols., Grijalbo, Buenos Aires, 1973, II, pp. 849-850.

84. Bergudo *et al.*, «El Ministerio de Justicia en la España "Nacional"», pp. 257-258.

85. Gregorio Herrero Balsa y Antonio Hernández García, *La represión en Soria durante la guerra civil*, 2 vols., ed. de los autores, Soria, 1982, I, pp. 8-9; II, pp. 193-194; Antonio Hernández García, «Guerra y represión en Soria (1936-1939)», en: Berzal de la Rosa, coord., *Testimonio de voces olvidadas*, II, pp. 105-111 y 155-162.

86. Santiago Vega Sombría, *De la esperanza a la persecución. La represión franquista en la provincia de Segovia*, Crítica, Barcelona, 2005, pp. 351-392; Santiago Vega Sombría, *Tras las rejas franquistas. Homenaje a los segovianos presos*, Foro por la Memoria de Segovia, Segovia, 2009, pp. 334-347.

87. Santiago Vega Sombría, *De la esperanza a la persecución...*, pp. 36-41; Felipe Güell, *Preparación y desarrollo...*, pp. 280-281.

88. Vega, *De la esperanza a la persecución...*, pp. 41-56 y 69; Güell, *Preparación y desarrollo...*, pp. 281-282.

89. J. Cifuentes y P. Maluenda, «De las urnas a los cuarteles: la destrucción de las bases sociales de la República en Zaragoza», en: J. Casanova *et al.*, *El pasado oculto. Fascismo y violencia en Aragón (1936-1939)*, Siglo XXI de España Editores, Madrid, 1992, pp. 29-78; Vega, *De la esperanza a la persecución...*, p. 88.

90. Vega, *De la esperanza a la persecución...*, pp. 88-89, 96-99 y 105-106.

91. *Ibid.*, pp. 69-81, 86 y 463; Vicente Gay, *Estampas rojas y caballeros blancos*, Hijos de Santiago Rodríguez, Burgos, 1937, p. 153. Acerca del alcalde de Navas de Oro, véase Jesús Torbado y Manuel Leguineche, *Los topos*, Librería Editorial Argos, Barcelona, 1977, pp. 138-139.

92. Jesús María Palomares Ibáñez, *La guerra civil en Palencia. La eliminación de los contrarios*, Cálamo, Palencia, 2002, pp. 121-144; Jesús Gutiérrez Flores, «Guerra y represión en Palencia (136-1939)», en: Berzal de la Rosa, coord., *Testimonio de voces olvidadas*, I, pp. 217-222, 227-238 y 256-257.

93. Javier Rodríguez González, «Guerra y represión en León», en: Berzal de la Rosa, coord., *Testimonio de voces olvidadas*, I, pp. 160-205; José Cabañas González, *La Bañeza 1936. La vorágine de julio. Golpe y represión en la comarca Bañezana*, vol. 1, Lobo Sapiens, León, 2010, pp. 93-120.

94. Rodríguez González, «Guerra y represión en León», pp. 166-167; José Enrique Martínez Fernández y Isabel Cantón Mayo, *Penumbra vital, literaria y educativa de Manuel Santamaría*, Universidad de León, 1997, pp. 59-84. Estoy en deuda con Alejandro Valderas Alonso por hablarme de este caso.

95. Adoración Martín Barrio, María de los Ángeles Sampedro Talabán y María Jesús Velasco Marcos, «Dos formas de violencia durante la guerra civil. La represión en Salamanca y la resistencia armada en Zamora», en: Julio Aróstegui, coord., *Historia y memoria de la guerra civil*, 3 vols., Junta de Castilla y León, Valladolid, 1988, II, pp. 413-437; Cándido Ruiz González y Juan Andrés Blanco Rodríguez, «La represión en la provincia de Zamora durante la guerra civil y el franquismo», en: Berzal de la Rosa, coord., *Testimonio de voces olvidadas*, II, pp. 244-252 y 255-285; Ángel Espías Bermúdez, «Memorias, Año 1936. Hechos acaecidos en Zamora y provincia», *Ebre 38. Revista Internacional de la guerra civil*, n.º 2 (2003), pp. 62-84. Véase también Pilar de la Granja Fernández, *Represión durante la guerra civil y la posguerra en la provincia de Zamora*, Instituto de Estudios Zamoranos Florián de Ocampo, Zamora, 2002.

96. Pilar Fidalgo, *A Young Mother in Franco's Prisons*, United Editorial, Londres, 1939, pp. 5-10 y 15-25; Ramón Sender Barayón, *A Death in Zamora*, University of New Mexico Press, Albuquerque, 1989, pp. 127-146; *La Opinión. El Correo de Zamora*

(17 de febrero; 29 de marzo; 3, 4, 5, 6, 7, 8 y 24 de abril de 2005); Francisco Espinosa Maestre, «Amparo Barayón. Historia de una Calumnia», en: *Callar al mensajero. La represión franquista entre la libertad de información y el derecho al honor*, Península, Barcelona, 2009, pp. 97-136.

97. Hilari Raguer, *El general Batet. Franco contra Batet: Crónica de una venganza*, Península, Barcelona, 1996, pp. 216-286.

98. Antonio Ruiz Vilaplana, *Doy fe... un año de actuación en la España nacionalista*, Éditions Imprimerie Coopérative Étoile, París, s.f. [1938], pp. 30-48, 61-80 y 95-98; Luis Castro, *Capital de la Cruzada. Burgos durante la guerra civil*, Crítica, Barcelona, 2006, pp. 4-7 y 211-222; Castro, «Burgos», en: Berzal de la Rosa, coord., *Testimonio de voces olvidadas*, pp. 101-103 y 124-140; Isaac Rilova Pérez, *Guerra civil y violencia política en Burgos (1936-1943)*, Dossoles, Burgos, 2001, pp. 79-98, 251-265 y 383-410; Fernando Cardero Azofra y Fernando Cardero Elso, *La guerra civil en Burgos. Fusilados, detenidos y represaliados en 1936*, Olivares Libros Antiguos, Burgos, 2009, pp. 33-37 y 51-56; Isaac Rilova Pérez, *La guerra civil en Miranda de Ebro (1936-1939). A la luz de la documentación histórica*, Fundación Cultural Profesor Cantera Burgos, Miranda de Ebro, 2008, pp. 175-213.

99. López García y Delgado Cruz, «Que no se olvide el castigo», pp. 121-126.

100. Arrarás, *Historia de la Cruzada...*, vol. III, tomo 12, p. 382.

101. María del Mar González de la Peña, «Guerra y represión en Ávila (1936-1939)», en: Berzal de la Rosa, coord., *Testimonio de voces olvidadas*, pp. 25-54.

102. Margarita Nelken, *Las torres del Kremlin*, Industrial y Distribuidora, México D. F., 1943, pp. 320-321; Henry Buckley, *Life and Death of the Spanish Republic*, Hamish Hamilton, Londres, 1940, p. 235; Aurora Arnaiz, *Retrato hablado de Luisa Julián*, Compañía Literaria, Madrid, 1996, pp. 40-41; Manuel Tagüeña Lacorte, *Testimonio de dos guerras*, Ediciones Oasis, México D. F., 1973, pp. 124-127.

103. López García y Delgado Cruz, «Que no se olvide el castigo», pp. 126-129 404-407.

104. *Ibid.*, pp. 134-135.

105. Alberto Reig Tapia, *Franco «Caudillo». Mito y realidad*, Tecnos, Madrid, 1995, pp. 222-223.

106. Palomares Ibáñez, *La guerra civil en la ciudad...*, p. 127.

107. Julio González Soto, *Esbozo de una síntesis del ideario de Mola en relación con el Movimiento Nacional*, Hijos de Santiago Rodríguez, Burgos, 1937, p. 31.

108. Mola, *Obras...*, p. 1.179.

109. *Ibid.*, p. 1.188; González Soto, *Esbozo de una síntesis...*, p. 32.

110. Iribarren, *Con el general Mola...*, pp. 297-301; Palomares Ibáñez, *La guerra civil en la ciudad...*, p. 54.

111. Ramón Villares, «Galicia mártir», en: Jesús de Juana y Julio Prada, coords., *Lo que han hecho en Galicia. Violencia política, represión y exilio (1936-1939)*, Crítica, Barcelona, 2007, p. viii; Antonio Miguez Macho, *Xenocidio e represión franquista en Galicia. A violencia de retagarda en Galicia na Guerra Civil (1936-1939)*, Edicións Lóstrego, Santiago de Compostela, 2009, pp. 54-59.

112. De Juana y Prada, *Lo que han hecho en Galicia...*, p. 143. La cifra de 27 muer-

tos se basa en las investigaciones que Antonio Miguez Macho llevó a cabo en el Registro Civil de Vigo, y que generosamente compartió conmigo.

113. Carlos Fernández Santander, *Alzamiento y guerra civil en Galicia (1936-1939)*, 2 tomos, Ediciós do Castro, Sada-La Coruña, 2000, I, pp. 13 y 85-101. Las cifras más fidedignas de la represión, que además se actualizan regularmente, de Lourenzo Fernández Prieto *et al.*, *Vítimas da represión en Galicia (1936-1939)*, Universidade de Santiago y Xunta de Galicia, Santiago de Compostela, 2009, pp. 11-23. En cuanto a Lugo, se han presentado cifras más elevadas en María Jesús Souto Blanco, «Golpe de Estado y represión franquista en la provincia de Lugo», en: De Juana y Prada, *Lo que han hecho en Galicia...*, pp. 90-96.

114. Anónimo, *Lo que han hecho en Galicia. Episodios del terror blanco en las provincias gallegas contados por quienes los han vivido*, Editorial España, París, s.f. [1938], pp. 161-174; Carlos Fernández Santander, *El alzamiento de 1936 en Galicia*, Ediciós do Castro, Sada-La Coruña, 1982, 2.ª ed., pp. 67-83; Isabel Ríos, *Testimonio de la guerra civil*, Ediciós do Castro, Sada-La Coruña, 1990, pp. 67-68; Fernández Santander, *Alzamiento y guerra civil*, I, pp. 77-84; Emilio Grandío Seoane, «Golpe de Estado y represión franquista en A Coruña», en: De Juana y Prada, *Lo que han hecho en Galicia...*, pp. 25-38.

115. Xosé Manuel Suárez, *Guerra civil e represión en Ferrol e comarca*, Concello de Ferrol, El Ferrol, 2002, pp. 69-73; Fernández Santander, *Alzamiento y guerra civil*, I, pp. 171-203.

116. Grandío Seoane, «Golpe de Estado...», pp. 39-42; Fernández Santander, *Alzamiento y guerra civil*, I, pp. 107-112, 118-121 y 130-131; Ríos, *Testimonio...*, pp. 69-75; X. Amancio Liñares Giraut, *Negreira na guerra do 36*, Ediciós do Castro, Sada-La Coruña, 1993, pp. 105-109; V. Luis Lamela García, *Crónica de una represión en la «Costa da Morte»*, Ediciós do Castro, Sada-La Coruña, 1995, pp. 69-76, 154-160, 206-214, 242-257 y 271-286.

117. Rafael Torres, *Nuestra señora de la cuneta. Vida y muerte de la intelectual republicana Juana Capdevielle y de su amor, Francisco Pérez Carballo, gobernador civil de La Coruña*, Ediciòns Nigra Trea, Vigo, 2009, p. 49; *La Voz de Galicia* (26 de julio de 1936).

118. Grandío Seone, «Golpe de Estado...», pp. 46-57; Emilio Grandío Seoane, *Vixiancia e represión na Galicia da guerra civil. O «Informe Brandariz» (A Coruña, 1937)*, Ediciós do Castro, Sada-La Coruña, 2001, pp. 64-73; Anónimo, *Lo que han hecho en Galicia...*, pp. 200-201.

119. Carmen Blanco, «Vida e morte de Juana Capdevielle», *Unión Libre. Cadernos de vida e culturas*, n.º 11 (2006), pp. 13-21; Torres, *Nuestra señora de la cuneta...*, pp. 15-31, 46-47 y 111-122. Mi gratitud hacia Antonio Miguel Macho por compartir conmigo sus hallazgos en el Registro Civil de Rábade. Véanse también Luis Lamela García, *Estampas de injusticia. la guerra civil del 36 en A Coruña y los documentos originados en la represión*, Ediciós do Castro, Sada-La Coruña, 1998, pp. 71, 83 y 106; Fernández Santander, *Alzamiento y guerra civil...*, I, pp. 94 y 156; Manuel D. Benavides, *La escuadra la mandan los cabos*, Roca, México D. F., 1976, 2.ª ed., p. 144.

120. Mi agradecimiento hacia Antonio Míguez Macho por darme detalles de la

causa 432/36 que se celebró en Vigo contra la alcaldesa y otros habitantes de A Cañiza. Véase también Ángel Rodríguez Gallardo, *Memoria e silencio na Galiza contemporánea*, Edicións Alén Miño, Ponteareas, 2008, pp. 18-19.

121. Luis Lamela García, *A Coruña, 1936. Memoria convulsa de una represión*, Ediciós do Castro, Sada-La Coruña, 2002, pp. 118-121; Anónimo, *Lo que han hecho en Galicia...*, pp. 211-212.

122. Anónimo, *Lo que han hecho en Galicia...*, pp. 39-43; Lamela García, *A Coruña, 1936...*, pp. 189-192.

123. V. Luis Lamela García, *Pepe Miñones: Un crimen en la leyenda (1900-1936)*, Ediciós do Castro, Sada-La Coruña, 1991, pp. 293-309, 337, 340-342, 435-438, 461-463 y 469-555; Lamela García, *A Coruña, 1936...*, pp. 97-102.

124. Benavides, *La escuadra la mandan los cabos*, pp. 144-154.

125. José Antonio Tojo Ramallo, *Testimonios de una represión. Santiago de Compostela, julio de 1936-marzo de 1937*, Ediciós do Castro, Sada-La Coruña, 1990, pp. 15-70; Fernández Santander, *Alzamiento y guerra civil...*, I, pp. 219-229.

126. Maria Xesus Arias y Henrique Sanfiz, *Barallobre no pasado*, Concello de Fene, Fene, 1996, pp. 70-73; *La Opinión* (La Coruña) (4 de noviembre de 2007); Xosé Manuel Suárez, *Guerra civil e represión en Ferrol e comarca*, Concello de Ferrol, El Ferrol, 2002, pp. 191-192 y 264.

127. María Jesús Souto Blanco, *La represión franquista en la provincia de Lugo (1936-1940)*, Ediciós do Castro, Sada-La Coruña, 1998, pp. 222-228, 243-272 y 361-423; María Jesús Souto Blanco, «Golpe de Estado y represión franquista en la provincia de Lugo», en: De Juana y Prada, *Lo que han hecho en Galicia...*, pp. 61-96; Fernández Santander, *Alzamiento y guerra civil...*, I, pp. 233-256; Alfonso Santos Alfonso, *La guerra civil en Lugo, años 1937, 1938 y 1939*, Ediciós do Castro, Sada-La Coruña, 1993, pp. 17-74.

128. Julio Prada Rodríguez, *Ourense, 1936-1939. Alzamiento, guerra e represión*, Ediciós do Castro, Sada-La Coruña, 2004, pp. 21-51, 83-95 y 153-199; Julio Prada Rodríguez, «Golpe de Estado y represión franquista en la provincia de Ourense», en: De Juana y Prada, *Lo que han hecho en Galicia...*, pp. 104-108 y 112-120; Fernández Santander, *Alzamiento y guerra civil...*, I, pp. 257-274; Julio Prada Rodríguez, *De la agitación republicana a la represión franquista. Ourense, 1934-1939*, Ariel, Barcelona, 2006, pp. 64-134 y ss. El destino del muchacho se cuenta en A. Domínguez Almansa, «De los relatos de terror al protagonismo de la memoria: el golpe de Estado de 1936 y la larga sombra de la represión», *Historia, antropología y fuentes orales*, 40, 2008, pp. 37-74.

129. Antonio Miguez Macho, *O que fixemos en Galicia. Ensaio sobre o concepto de práctica xenocida*, Difusora de Letras, Artes e Ideas, Orense, 2009, pp. 59-62.

130. Dionisio Pereira, «A represión franquista na provincia de Pontevedra (1936-1950)», *Unión Libre. Cadernos de Vida e Culturas*, n.º 9 (2004), pp. 34-39; Ángel Rodríguez Gallardo, «Golpe de Estado y represión franquista en la provincia de Pontevedra», en: De Juana y Prada, *Lo que han hecho en Galicia...*, pp. 139-164; Fernández Santander, *Alzamiento y guerra civil*, I, pp. 278-311; V. Luis Lamela García, *Inmolados gallegos. Alexandro Bóveda, Víctor Casas, Telmo Bernárdez, Adrio Barreiro...*, Ediciós do Castro, Sada-La Coruña, 1993, pp. 79-96 y 224-299.

131. Anónimo, *Lo que han hecho en Galicia...*, pp. 11-36; Fernández Santander, *Alzamiento y guerra civil...*, I, pp. 324-336.

132. Anónimo, *Lo que han hecho en Galicia...*, pp. 51-52 y 110; Gonzalo Amoedo López y Roberto Gil Moure, *Episodios de terror durante a guerra civil na provincia de Pontevedra. A illa de San Simón*, Edicións Xerais de Galicia, Vigo, 2006, pp. 135-153.

133. Francisco Espinosa Maestre, ed., *Violencia roja y azul. España, 1936-1950*, Crítica, Barcelona, 2010, pp. 77-78; Francisco Espinosa Maestre, en: Mirta Núñez Díaz-Balart *et al.*, *La gran represión. Los años de plomo del franquismo*, Flor del Viento, Barcelona, 2009, pp. 440-441, sugiere, a partir de la investigación inédita de Pedro Medina Sanabria, que la cifra se eleva a 2.600. Para ver casos concretos, véase Ricardo García Luis, *La justicia de los rebeldes. Los fusilados en Santa Cruz de Tenerife-1936-1940*, Vacaguaré/Baile del Sol, Canarias, 1994, pp. 9-10, 13, 81 y 167-169; Alfredo Mederos, *República y represión franquista en La Palma*, Centro de la Cultura Popular Canaria, Santa Cruz de Tenerife, 2005, pp. 47-51, 57-66, 70-144 y 179-205; Ricardo García Luis y Juan Manuel Torres Vera, *Vallehermoso «El Fogueo». Toma de conciencia popular, resistencia y represión (1930-1942)*, Baile del Sol, Tenerife, 2000, 2.ª ed., pp. 181-214, 224-262, 284-296; Miguel Ángel Cabrera Acosta, ed., *La Guerra Civil en Canarias*, Francisco Lemus, La Laguna, 2000, pp. 28-35, 55-64, 74-77, 103-108, 122-132.

134. Véase la lista de los ejecutados en Mallorca, en: Llorenç Capellà, *Diccionari vermell*, Moll, Palma de Mallorca, 1989, pp. 19-184. El cálculo reciente más fidedigno es el que ofrece David Ginard i Féron, «Les repressions de 1936-1939: una anàlisi comparativa», en: Pelai Pagès i Blanch, *La guerra civil als Països Catalans*, Publicacions de la Universitat de València, Valencia, 2007, pp. 256-296. Véase también Lawrence Dundas, *Behind the Spanish Mask*, Robert Hale, Londres, 1943, pp. 64-79; Jean A. Schalekamp, *De una isla no se puede escapar. Mallorca '36*, Prensa Universitaria, Palma de Mallorca, 1987, pp. 49-72, 105-107 y 113-117; Bartomeu Garí Salleras, Porreres. *Desfilades de dia, afusellaments de nit*, Edicions Documenta Balear, Palma de Mallorca, 2007, pp. 195-252; Antoni Tugores, *La guerra civil a Manacor. La guerra a casa*, Edicions Documenta Balear, Palma de Mallorca, 2006, pp. 109-115, 179-191 y 204-230.

135. Alberto Bayo, *Mi desembarco en Mallorca (de la guerra civil española)*, Miquel Font, Palma de Mallorca, 1987, pp. 105-106; Josep Massot i Muntaner, *El desembarcament de Bayo a Mallorca, Agost–Setembre de 1936*, Publicacions de l'Abadia de Montserrat, Monasterio de Montserrat (Barcelona), 1987, pp. 334-341.

136. Georges Bernanos, *A Diary of My Times*, Boriswood, Londres, 1938, pp. 66-67, 76, 142-147, 186 y 218-224; Josep Massot i Muntaner, *Georges Bernanos i la guerra civil*, Publicacions de l'Abadia de Montserrat, Barcelona, 1989, pp. 156-217; Josep Massot i Muntaner, Vida i miracles del «Conde Rossi»: Mallorca, agost-decembre 1936, Málaga, gener-febrer 1937, Publicacions de l'Abadia de Montserrat, Barcelona, 1989, pp. 104-122; Josep Massot i Muntaner, Guerra civil i represió a Mallorca, Publicacions de l'Abadia de Montserrat, Monasterio de Montserrat (Barcelona), 1997, pp. 210-213; Josep Massot i Muntaner, *El Bisbe Josep Miralles i l'Església de Mallorca*, Publicacions de l'Abadia de Montserrat, Monasterio de Montserrat (Barcelona), 1991, pp. 123-165.

137. Josep Massot i Muntaner, *Els escriptors i la guerra civil a les Illes Balears*, Publica-

cions de l'Abadia de Montserrat, Monasterio de Montserrat (Barcelona), 1990, pp. 325-367. Para consultar la biografía completa, véase Alexandre Font, *Alexandre Jaume Rosselló (1879-1937)*, Lleonard Muntaner, Palma, 2011.

138. David Ginard i Ferón, *L'Esquerra mallorquina i el franquisme*, Edicions Documenta Balear, Palma de Mallorca, 1994, pp. 113, 144-164, 169-17 y 188-189; David Ginard i Ferón, *Matilde Landa. De la Institución Libre de Enseñanza a las prisiones franquistas*, Flor de Viento, Barcelona, 2005, pp. 132-134 y 185-204; Capellà, *Diccionari vermell*, pp. 131-133; David Ginard i Ferón, *Heriberto Quiñones y el movimiento comunista en España (1931-1942)*, Documenta Balear/Compañía Literaria, Palma de Mallorca/Madrid, 2000, pp. 47-52.

139. Nicolau Pons i Llinàs, *Jeroni Alomar Poquet. El capellà mallorquí afusellat pels feixistes el 1937*, Lleonard Muntaner, Palma de Mallorca, 1995, pp. 62-75; Massot i Muntaner, *El Bisbe Josep Miralles...*, pp. 184-197.

140. Andreu Murillo i Tudurí, *La guerra civil a Menorca (1936-1939)*, Edicions Documenta Balear, Palma de Mallorca, 1997, p. 41; Josep Massot i Muntaner, *Menorca dins el domini mediterrani (1936-1939)*, Publicacions de l'Abadia de Montserrat, Monasterio de Montserrat (Barcelona), 2009, pp. 63-70; Josep Massot i Muntaner, *El cònsol Alan Hillgarth i les Illes Balears (1936-1939)*, Publicacions de l'Abadia de Montserrat, Monasterio de Montserrat (Barcelona), 1995, pp. 240-255.

141. Iribarren, *Con el general Mola...*, p. 155.

142. *Ibid.*, p. 191.

143. Gil Robles, *No fue posible...*, p. 721.

144. José María Pemán, *Mis almuerzos con gente importante*, Dopesa, Barcelona, 1970, pp. 152-153.

CAPÍTULO 7. LEJOS DEL FRENTE: LA REPRESIÓN TRAS LAS LÍNEAS REPUBLICANAS

1. Xavier Diez, *Venjança de classe. Causes profundes de la violència revolucionaria a Catalunya el 1936*, Virus, Barcelona, 2010, pp. 28-30.

2. *La Vanguardia* (2 de agosto de 1936).

3. *Solidaridad Obrera* (15 de agosto de 1936).

4. *Toronto Daily Star* (18 de agosto de 1936), reproducción facsímil en Carlos García Santa Cecilia, ed., *Corresponsales en la guerra de España*, Fundación Pablo Iglesias/Instituto Cervantes, Madrid, 2006, pp. 104-105. *Ibid.*, pp. 170-171, en traducción al castellano. El lugar y la hora de la entrevista figura en Abel Paz, *Durruti en la revolución española*, Fundación Anselmo Lorenzo, Madrid, 1996, pp. 529-531.

5. Casanova a Lisbon, 3 de agosto de 1936, en: *Dez anos de política externa (1936-1947) a nação portuguesa e a segunda guerra mundial*, Imprenta Nacional-Casa da Moeda, Lisboa, vol. III, pp. 69-70.

6. Francisco Gutiérrez Latorre, *La República del crimen. Cataluña, prisionera 1936-1939*, Mare Nostrum, Barcelona, 1989, pp. 18-20.

7. *Daily Express* (22 de julio de 1936).

8. *Daily Express* (27 de julio de 1936).

9. *The Times* (23 y 24 de julio de 1936).

10. Albert Manent i Segimon, y Josep Raventós i Giralt, *L'Església clandestina a Catalunya durant la guerra civil (1936-1939)*, Publicacions de l'Abadia de Montserrat, Monasterio de Montserrat (Barcelona), 1984, pp. 34-38; Joan Pons Garlandí, *Un republicà enmig de Feixistes*, Edicions 62, Barcelona, 2008, p. 61; Luis Carreras, *The Glory of Martyred Spain. Notes on the Religious Persecution*, Burns, Oates & Washbourne, Londres, 1939, pp. 19-26.

11. Lawrence A. Fernsworth, «Terrorism in Barcelona Today», *Washington Post* (10 de junio de 1937); Lawrence Fernsworth, «Revolution on the Ramblas», en: Frank C. Hanighen, ed., *Nothing but Danger*, National Travel Club, Nueva York, 1939, pp. 28-29 y 34-35; Lawrence Fernsworth, *Spain's Struggle for Freedom*, Beacon Press, Boston, 1957, pp. 192-220; Frederic Escofet, *Al servei de Catalunya i de la República*, 2 vols., Edicions Catalanes, París, 1973, II, p. 383.

12. Relato de Macià Irigoye en: Albert Manent i Segimon, *De 1936 a 1975. Estudis sobre la guerra civil i el franquisme*, Publicacions de l'Abadia de Montserrat, Monasterio de Montserrat (Barcelona), 1999, pp. 16-22; Escofet, *Al servei...*, II, pp. 381-384; Vicente Guarner, *Cataluña en la guerra de España*, G. del Toro, Madrid, 1975, pp. 124-125; Josep M. Solé i Sabaté, y Joan Villarroya i Font, *La repressió a la reraguarda de Catalunya (1936-1939)*, 2 vols., Publicacions de l'Abadia de Montserrat, Monasterio de Montserrat (Barcelona), 1989, I, pp. 82-83; Jordi Albertí, *El silenci de les campanes. De l'anticlericalisme del segle XIX a la persecució religiosa durant la guerra civil a Catalunya*, Proa, Barcelona, 2007, pp. 195-196; Hilari Raguer, *La pólvora y el incienso. La Iglesia y la guerra civil española*, Península, Barcelona, 2001, p. 178.

13. José María Ruiz Alonso, *La guerra civil en la provincia de Toledo. Utopía, conflicto y poder en el sur del Tajo (1936-1939)*, 2 vols., Almud, Ediciones de Castilla-La Mancha, Ciudad Real, 2004, I, pp. 289-291.

14. Escofet, *Al servei...*, II, pp. 371-372 y 382.

15. *Ibid.*, pp. 397-398.

16. José Peirats, *La CNT en la revolución española*, 3 vols., Ruedo Ibérico, París, 1971, 2.ª ed., I, pp. 159-160; Juan García Oliver, *El eco de los pasos*, Ruedo Ibérico, Barcelona, 1978, pp. 176-177; Ángel Ossorio y Gallardo, *Vida y sacrificio de Companys*, Losada, Buenos Aires, 1943, pp. 170-171; Escofet, *Al servei...*, II, pp. 406-408.

17. Hugh Thomas, *The Spanish Civil War*, Penguin Books, Londres, 2003, 4.ª ed., p. 390. [Hay trad. cast.: *La Guerra Civil española*, trad. Neri Daurella, Grijalbo, Barcelona, 1995.]. Manuel Goded, *Un «faccioso» cien por cien*, Librería General, Zaragoza, 1939, pp. 77-96.

18. Pons Garlandí, *Un republicà...*, pp. 60-68.

19. Diego Abad de Santillán, *Por qué perdimos la guerra. Una contribución a la historia de la tragedia española*, G. del Toro, Madrid, 1975, 2.ª ed., pp. 62-70; Peirats, *La CNT...*, I, pp. 157-172.

20. «Más nobleza que pillaje», *Solidaridad Obrera* (29 de julio de 1936).

21. *Solidaridad Obrera* (1 de agosto de 1936).

22. García Oliver, *El eco de los pasos*, pp. 181-182, 209-212 y 231-233. Abad de Santillán, *Por qué perdimos la guerra...*, pp. 80-81 y 93; Pons Garlandí, *Un republicà...*, p. 145; Francisco Lacruz, *El alzamiento, la revolución y el terror en Barcelona*, Librería Arysel,

Barcelona, 1943, pp. 118-121 y 130-131; Solé i Sabaté y Villarroya i Font, *La repressió a la reraguarda...*, I, pp. 94-100; Gregorio Rodríguez Fernández, *El hábito y la cruz. Religiosas asesinadas en la guerra civil española*, EDIBESA, Madrid, 2006, pp. 298-311; Gutiérrez Latorre, *La República del crimen...*, pp. 36-37 y 44-47.

23. Joan Villarroya i Font, *Revolució i guerra civil a Badalona 1936-1939*, Mascaró de Proa, Badalona, 1986, pp. 33-38; Josep M. Cuyàs Tolosa, *Diari de guerra. Badalona, 1936-1939*, 2 vols., Museu de Badalona, Badalona, 2006, I, pp. 144, 206 y 249; II, pp. 12-14, 37-38, 57, 82 y 353; Solé i Sabaté y Villarroya i Font, *La repressió a la reraguarda...*, I, pp. 8 y 72-78; Toni Orensanz, *L'Òmnibus de la mort: Parada Falset*, Ara Llibres, Barcelona, 2008, pp. 135-140 y 266-269; Pons Garlandí, *Un republicà...*, pp. 88-92; Jordi Piqué i Padró, *La crisi de la reraguarda. Revolució i guerra civil a Tarragona (1936-1939)*, Publicacions de l'Abadia de Montserrat, Monasterio de Montserrat (Barcelona), 1998, pp. 147-154; Isidre Cunill, *Los sicarios de la retaguardia (1936-1939). In odium fidei: La verdad del genocidio contra el clero en Catalunya*, Styria, Barcelona, 2010, pp. 111-124.

24. Miguel Íñiguez, *Enciclopedia histórica del anarquismo español*, Asociación Isaac Puente, Vitoria, 2008, 3 vols., I, p. 649; Orensanz, *L'Òmnibus...*, pp. 171-175. Juan Giménez Arenas, *De la Unión a Banat: Itinerario de una rebeldía*, Fundación de Estudios Libertarios Anselmo Lorenzo, Madrid, 1996, pp. 64-66, refiere cómo Fresquet se incorporó más tarde a una unidad militar.

25. Sebastián Cirac Estopañán, *Los héroes y mártires de Caspe*, Imprenta Octavio y Félez, Barcelona, 1939, pp. 23-35, 37-58 y 134-136; Fermín Morales Cortés, *Caspe combatiente, cautivo y mutilado. Estampas de la revolución*, La Tipográfica, Caspe, 1940, pp. 23-39, 43-50, 57-70, 73-76 y 81-89; José Luis Ledesma Vera, *Los días de llamas de la revolución. Violencia y política en la retaguardia republicana de Zaragoza durante la guerra civil*, Institución Fernando el Católico, Zaragoza, 2003, pp. 45-46, 53-59, 74-77 y 82; Julián Casanova, *Caspe, 1936-1938. Conflictos políticos y transformaciones sociales durante la guerra civil*, Institución Fernando el Católico, Zaragoza, 1984, pp. 35-40; José Luis Ledesma Vera, «Qué violencia para qué retaguardia, o la República en guerra de 1936», *Ayer. Revista de Historia Contemporánea*, n.º 76 (2009), p. 106; José Manuel Márquez Rodríguez y Juan José Gallardo Romero, *Ortiz. General sin Dios ni amo*, Hacer, Barcelona, 1999, pp. 110-113; Orensanz, *L'Òmnibus...*, pp. 65-66, 129-131 y 191-192.

26. Ledesma Vera, *Los días de llamas...*, pp. 141-143; Solé i Sabaté y Villarroya i Font, *La repressió a la reraguarda...*, II, pp. 320-321 y 324-325; Orensanz, *L'Òmnibus...*, pp. 17-19 y 100-106.

27. Orensanz, *L'Òmnibus...*, pp. 35-37, 41-47, 74-79, 86-90, 112-115, 128 y 145-149; Solé i Sabaté y Villarroya i Font, *La repressió a la reraguarda...*, II, pp. 314-315 y 349-350.

28. Orensanz, *L'Òmnibus...*, pp. 177-179, 190-191, 197-198 y 259-263; Josep Banqué i Martí, *Comunistes i catalans*, Associació d'Estudis Reusencs, Reus, 2004, pp. 116-117.

29. Pons Garlandí, *Un republicà...*, pp. 68-70, 84-86, 90-91, 104-105 y 114-116; Solé i Sabaté y Villarroya i Font, *La repressió a la reraguarda...*, I, pp. 95-103; César M. Lorenzo, *Los anarquistas españoles y el poder 1868-1969*, Ruedo Ibérico, París, 1972, pp. 92-93; Carlos Semprún-Maura, *Revolución y contrarrevolución en Cataluña (1936-1937)*, Tusquets, Barcelona, 1978, pp. 59-65.

30. Pons Garlandí, *Un republicà...*, pp. 76-84; Hilari Raguer, *Salvador Rial, Vicari del Cardenal de la pau*, Publicacions de l'Abadia de Montserrat, Monasterio de Montserrat (Barcelona), 1993, pp. 32-34; Solé i Sabaté y Villarroya i Font, *La repressió a la reraguarda...*, I, pp. 179-182; Raguer, *La pólvora y el incienso...*, pp. 201-203; Ian Gibson, *Queipo de Llano. Sevilla, verano de 1936*, Grijalbo, Barcelona, 1936, p. 405.

31. Ignasi Riera, *Los catalanes de Franco*, Plaza & Janés, Barcelona, 1998, pp. 127 y 172-173.

32. Josep M. Martí Bonet, *El martiri dels temples a la diòcesi de Barcelona (1936-1939)*, Arxiu Diocesà de Barcelona, Barcelona, 2008, pp. 37-38 y 42-49.

33. Raguer, *La pólvora y el incienso...*, pp. 175-179; Ferran Casas Mercadé, *Valls: La guerra civil (quan no hi havia pau ni treva) 1936-1939*, Institut d'Estudis Vallencs, Valls, 1983, pp. 163-172; Martí Bonet, *El martiri dels temples...*, pp. 50-54; José Sanabre Sanromá, *Martirologio de la Iglesia en la Diócesis de Barcelona durante la persecución religiosa 1936-1939*, Librería Religiosa, Barcelona, 1943, pp. 29-35.

34. Martí Bonet, *El martiri dels temples...*, pp. 54-55; Francesc Xavier Puig Rovira, *Vilanova i la Geltrú 1936-1939. Guerra civil, revolució i ordre social*, Publicacions de l'Abadia de Montserrat, Monasterio de Montserrat (Barcelona), 2005, pp. 65-67 y 445-447; Jaume Barrull Pelegrí, *Violència popular i justícia revolucionària. El Tribunal Popular de Lleida (1936-1937)*, Edicions de l'Universitat de Lleida, Lérida, 1995, pp. 36-41.

35. Gregorio Gallego, *Madrid, corazón que se desangra*, G. del Toro, Madrid, 1976, pp. 136-137; Julián Casanova, *De la calle al frente. El anarcosindicalismo en España (1931-1939)*, Crítica, Barcelona, 1997, pp. 155-159.

36. Fray Justo Pérez de Urbel, *Los mártires de la Iglesia (Testigos de su fe)*, AHR, Barcelona, 1956, pp. 182-188; Cándido, *Memorias prohibidas*, Ediciones B, Barcelona, 1995, pp. 147-151.

37. Antonio Montero Moreno, *Historia de la persecución religiosa en España 1936-1939*, Biblioteca de Autores Cristianos, Madrid, 1961, pp. 430 y 762; Rodríguez Fernández, *El hábito y la cruz...*, pp. 594-596.

38. El estudio definitivo es de Rodríguez Fernández, *El hábito y la cruz...* Véase también Montero Moreno, *Historia de la persecución religiosa...*, pp. 433-434; Sanabre Sanromá, *Martirologio...*, pp. 183-211 y 470-471; Julián Casanova, *La Iglesia de Franco*, Crítica, Barcelona, 2005, 2.ª ed., pp. 188-192; Frances Lannon, «Los cuerpos de las mujeres y el cuerpo político católico: autoridades e identidades en conflicto en España durante las décadas de 1920 y 1930», *Historia Social*, n.º 35 (1999), pp. 65-80; Mary Vincent, «"The keys to the kingdom": religious violence in the Spanish Civil War, July-August 1936», en: Chris Ealham y Michael Richards, *The Splintering of Spain: Cultural History and the Spanish Civil War, 1936-1939*, Cambridge, 2005, pp. 86-87.

39. Solé i Sabaté y Villarroya i Font, *La repressió a la reraguarda...*, I, pp. 179-186; Raguer, *Salvador Rial...*, pp. 34-35; Manuel Azaña, *Apuntes de memoria inéditos y cartas 1938-1939-1940*, Pre-Textos, Valencia, 1990, pp. 128-129; Enrique de Rivas, *Comentarios y notas a «Apuntes de memoria» de Manuel Azaña*, Pre-Textos, Valencia, 1990, p. 83.

40. Manent i Segimon y Raventós i Giralt, *L'Església clandestina...*, pp. 46-48; Raguer, *Salvador Rial...*, pp. 33-34 y 211-214.

41. Ramón Muntanyola, *Vidal i Barraquer. Cardenal de la pau*, Publicacions de

l'Abadia de Montserrat, Monasterio de Montserrat (Barcelona), 1976, 2.ª ed., pp. 353-385 y 401-415; Josep María Tarragona, *Vidal i Barraquer. De la República al franquismo*, Columna Assaig, Barcelona, 1998, pp. 188-201; Piqué i Padró, *La crisi de la reraguarda...*, pp. 125-128; Raguer, *Salvador Rial...*, pp. 207-212.

42. Piqué i Padró, *La crisi de la reraguarda...*, pp. 132-148. La cifra de 136 la ofrece Martí Bonet, *El martiri dels temples...*, p. 56. Otras cifras con diferencias marginales, correspondientes al conjunto de las diócesis catalanas, figuran en Montero Moreno, *Historia de la persecución religiosa...*, pp. 763-764.

43. Piqué i Padró, *La crisi de la reraguarda...*, p. 156.

44. Raguer, *Salvador Rial...*, pp. 23-27.

45. Sanabre Sanromá, *Martirologio...*, pp. 421-423; Montero Moreno, *Historia de la persecución religiosa...*, pp. 416-421; Alberto Onaindia, *Hombre de paz en la guerra*, Editorial Vasca Ekin, Buenos Aires, 1973, pp. 427-429; Martí Bonet, *El martiri dels temples...*, pp. 61-63; Vicente Cárcel Ortí, *Caídos, víctimas y mártires. La Iglesia y la hecatombe de 1936*, Espasa-Calpe, Madrid, 2008, pp. 447-450 y 489; Solé i Sabaté y Villarroya i Font, *La repressió a la reraguarda...*, pp. 176-177; Antonio Sospedra Buyé, CP, CR, *La misteriosa muerte del Santo Mártir Obispo de Barcelona Doctor Manuel Irurita y Almandoz*, EGS, Barcelona, 2008, pp. 278-295.

46. Piqué i Padró, *La crisi de la reraguarda...*, p. 138.

47. Casas Mercadé, *Valls: La guerra civil...*, pp. 159-162.

48. Solé i Sabaté y Villarroya i Font, *La repressió a la reraguarda...*, I, pp. 79-81; Rodríguez Fernández, *El hábito y la cruz...*, pp. 298-311; Montero Moreno, *Historia de la persecución religiosa...*, pp. 526-529; Pons Garlandí, *Un republicà...*, pp. 68-70, 86-89 y 95.

49. Abad de Santillán, *Por qué perdimos la guerra...*, pp. 92-93. La versión de Samblancat figura en Peirats, *La CNT...*, II, pp. 77-81; *Solidaridad Obrera* (11 y 12 de agosto); *La Vanguardia* (12 de agosto de 1936).

50. Eduardo Barriobero y Herrán, *Un tribunal revolucionario. Cuenta rendida por el que fue su presidente*, Imprenta y Librería Aviñó, Barcelona, 1937, pp. 39-51 y 141-149; Lorenzo, *Los anarquistas españoles...*, p. 93; Solé i Sabaté y Villarroya i Font, *La repressió a la reraguarda...*, I, pp. 114-116; Lacruz, *El alzamiento...*, pp. 151-159.

51. Barriobero y Herrán, *Un tribunal revolucionario...*, pp. 40-47; Solé i Sabaté y Villarroya i Font, *La repressió a la reraguarda...*, I, pp. 66 y 116-121; Pons Garlandí, *Un republicà...*, pp. 92 y 144; Manuel Benavides, *Guerra y revolución en Cataluña*, Ediciones Roca, México D. F., 1978, 2.ª ed., pp. 197-201.

52. *Solidaridad Obrera* (30 de agosto de 1936).

53. Benavides, *Guerra y revolución...*, pp. 196-197.

54. Pons Garlandí, *Un republicà...*, pp. 72-74 y 117-119; Semprún-Maura, *Revolución y contrarrevolución...*, pp. 53-58; Joaquín Almendros, *Situaciones españolas: 1936-1939. El PSUC en la guerra civil española*, Dopesa, Barcelona, 1976, pp. 100-101; Pelai Pagès i Blanch, *Cataluña en guerra y en revolución 1936-1939*, Espuela de Plata, Sevilla, 2007, pp. 170-171.

55. *Informaciones* (16 y 18 de septiembre de 1936).

56. Eduard Masjuan Bracons, «Eduardo Barriobero y Herrán i la justícia revolucionària a la Barcelona de 1936», Segon Congrés Recerques, *Enfrontaments civils: Post-*

guerres i reconstruccions, 2 vols., Associació Recerques y Pagés Editors, Lérida, 2002, II, pp. 1.024-1.035. El propio Barriobero logró montar una sólida aunque algo falsa defensa de sus actividades con ayuda del editor de *Solidaridad Obrera*, Jacinto Toryho. Véanse Barriobero y Herrán, *Un tribunal revolucionario...*, pp. 119-120, 147-156, 178-192 y 195-205, y Jacinto Toryho, *No éramos tan malos*, G. del Toro, Madrid, 1975, pp. 199-257. Sobre la función de Nin, véanse Francesc Bonamusa, *Andreu Nin y el movimiento comunista en España (1930-1937)*, Anagrama, Barcelona, 1977, pp. 293, 309 y 426-429, y Pelai Pagès i Blanch, *Andreu Nin. Una vida al servei de la classe obrera*, Laertes, Barcelona, 2009, pp. 225-227.

57. Glicerio Sánchez Recio, *Justicia y guerra en España. Los tribunales populares (1936-1939)*, Instituto de Cultura «Juan Gil-Albert», Alicante, 1994, pp. 13-16.

58. Pagès i Blanch, *Andreu Nin...*, pp. 227-244; Pelai Pagès i Blanch, «La administración de justicia en Cataluña durante la guerra civil española», *Justicia en guerra: jornadas sobre la administración de justicia durante la guerra civil española*, Archivo Histórico Nacional, Ministerio de Cultura, Madrid, 1990, pp. 47-63; Pelai Pagès i Blanch, «La justícia revolucionària i popular a Catalunya» (1936-1939), *EBRE 38. Revista Internacional de Guerra Civil*, n.º 2 (diciembre de 2004), pp. 35-48; Solé i Sabaté y Villarroya i Font, *La repressió a la reraguarda...*, I, pp. 122-145; Piqué i Padró, *La crisi de la reraguarda...*, pp. 275-282.

59. Solé i Sabaté y Villarroya i Font, *La repressió a la reraguarda...*, pp. 12 y 217-239; Pons Garlandí, *Un republicà...*, pp. 93-95 y 169-170; Peirats, *La CNT...*, II, pp. 263-264.

60. Pons Garlandí, *Un republicà...*, pp. 129-157; Josep Sánchez Cervelló, *¿Por qué hemos sido derrotados? Las divergencias republicanas y otras cuestiones*, Flor del Viento, Barcelona, 2006, pp. 111-114; Enric Ucelay da Cal, «El complot nacionalista contra Companys», en: Josep Maria Solé i Sabaté, ed., *La guerra civil a Catalunya. 3 Catalunya, centre neuràlgic de la guerra*, Edicions 62, Barcelona, 2004, pp. 209-212.

61. Escofet, *Al servei...*, II, p. 376; Barrull Pelegrí, *Violència popular i justícia revolucionària...*, pp. 19-33; Jaume Barrull Pelegrí y Conxita Mir Curcó, coords., *Violència política i ruptura social a Espanya 1936-1945*, Edicions de l'Universitat de Lleida, Lérida, 1994, pp. 67-79; Solé i Sabaté y Villarroya i Font, *La repressió a la reraguarda...*, I, pp. 87-88, II, pp. 467-484; Montero Moreno, *Historia de la persecución religiosa...*, pp. 369-373; Pons Garlandí, *Un republicà...*, pp. 80-83 y 89.

62. Tomàs Pàmies y Teresa Pàmies, *Testament a Praga*, Destino, Barcelona, 1971, pp. 128-131 y 135-139; Solé i Sabaté y Villarroya i Font, *La repressió a la reraguarda...*, II, pp. 447-449.

63. García Oliver, *El eco de los pasos...*, pp. 229-230; Jaume Miravitlles, *Episodis de la guerra civil espanyola*, Pòrtic, Barcelona, 1972, p. 128; Federica Montseny, *Mis primeros cuarenta años*, Plaza & Janés, Barcelona, 1987, p. 95; Solé i Sabaté y Villarroya i Font, *La repressió a la reraguarda...*, pp. 110-113.

64. *Solidaridad Obrera* (30 de julio de 1936); Baltasar Porcel, *La revuelta permanente*, Planeta, Barcelona, 1978, pp. 126-130; Solé i Sabaté y Villarroya i Font, *La repressió a la reraguarda...*, II, p. 91.

65. García Oliver, *El eco de los pasos*, pp. 230-231; Chris Ealham, *Class, Culture and Conflict in Barcelona 1898-1937*, Routledge Cañada Blanch, Londres, 2004, p. 176;

Porcel, *La revuelta permanente*, pp. 126-129. Estoy inmensamente agradecido a Chris Ealham por la información relativa a la muerte de Gardenyes.

66. Sandoval, «Informe de mi actuación», AHN, CG, pp. 150-151 y 211-212.

67. Peirats, *La CNT...*, I, pp. 173-175.

68. Joan Peiró, *Perill a la reraguarda*, Edicions Llibertat, Mataró, 1936, pp. 39-40.

69. Piqué i Padró, *La crisi de la reraguarda...*, pp. 149-159.

70. *Solidaridad Obrera* (30 de agosto de 1936).

71. Raguer, *Divendres de passió...*, pp. 258-278, 334-346 y 373-390; Onaindia, *Hombre de paz...*, pp. 128-129 y 427-429; Benet, *Manuel Carrasco...*, pp. 84-85. Véase también la correspondencia de Carrasco con su mujer, escrita desde prisión, en: Manuel Carrasco i Formiguera, *Cartes de la presó*, Hilari Raguer, ed., Publicacions de l'Abadia de Montserrat, Monasterio de Montserrat (Barcelona), 1988.

72. *Solidaridad Obrera* (17 de diciembre de 1936); Hilari Raguer, *Divendres de passió. Vida i mort de Manuel Carrasco i Hormiguera*, Publicacions de l'Abadia de Montserrat, Monasterio de Montserrat (Barcelona), 1984, pp. 250-258; Josep Benet, *Manuel Carrasco i Formiguera, afusellat*, Edicions 62, Barcelona, 2009, pp. 23-28. Sobre Balius, véase Miguel Íñiguez, *Enciclopedia histórica del anarquismo español*, 3 vols., Asociación Isaac Puente, Vitoria, 2008, I, pp. 159-160.

73. Peiró, *Perill a la reraguarda*, pp. 131-132.

74. Josep Termes, *Misèria contra pobresa. Els fets de la Fatarella del gener de 1937: un exemple de la resistència pagesa contra la col·lectivització agrària durant la guerra civil*, Afers, Catarroja, Valencia, 2005, pp. 53-74 y 81-107; Carles Gerhard, *Comissari de la Generalitat a Montserrat (1936-1939)*, Publicacions de la l'Abadia de Montserrat, Monasterio de Montserrat (Barcelona), 1982, pp. 487-490; Peirats, *La CNT...*, II, pp. 128-129, Pons Garlandí, *Un republicà...*, pp. 105-108; Villarroya i Font, *Revolució i guerra a Badalona...*, p. 37.

75. Solé i Sabaté y Villarroya i Font, *La repressió a la reraguarda...*, I, p. 68.

76. Ehrenburg a Rosenberg, 18 de septiembre de 1936, en: Ronald Radosh, Mary R. Habeck y Grigory Sevostianov, eds., *Spain Betrayed. The Soviet Union in the Spanish Civil War*, Yale University Press, New Haven (Connecticut), 2001, p. 28.

77. *La Vanguardia* (1 y 2 de agosto de 1936); Peirats, *La CNT...*, I, pp. 176.

78. Solé i Sabaté y Villarroya i Font, *La repressió a la reraguarda...*, pp. 103-104; Albertí, *El silenci de les campanes...*, pp. 260-261; Raguer, *La pólvora y el incienso...*, p. 219; García Oliver, *El eco de los pasos*, pp. 467-471; Miquel Mir, *El preu de la traïció. La FAI, Tarradellas i l'assassinat de 172 Maristes*, Pòrtic Visions, Barcelona, 2010, pp. 55-140 y 222-226. Sobre este asunto hay un informe inexacto de Antonov-Ovseenko, 14 de octubre de 1936, en: Radosh, Habeck y Sevostianov, eds., *Spain Betrayed...*, pp. 76-77, y otro sumamente tendencioso de García Oliver, *El eco de los pasos*, pp. 467-471.

79. Informe de Maurice Thorez a la Secretaría del Comintern, 19 de septiembre de 1936, en: Carlos Serrano, *L'enjeu espagnol: PCF et guerre d'Espagne*, Messidor/Éditions Sociales, París, 1987, pp. 182-215; Informe de André Marty a la Secretaría del Comintern, 10 de octubre de 1936, en: Radosh, Habeck y Sevostianov, eds., *Spain Betrayed...*, pp. 46 y 55.

80. Vicent Gabarda Cebellán, *La represión en la retaguardia republicana. País Valenciano (1936-1939)*, Edicions Alfons el Magnànim, Valencia, 1996, pp. 25-33; J. Daniel Simeón Riera, *Entre la rebeldia i la tradició (Llíria durant la República i la guerra civil 1931-1939)*, Diputació de València, Valencia, 1993, pp. 201-210; Vicente Cárcel Ortí, *La persecución religiosa en España durante la segunda República (1931-1939)*, Rialp, Madrid, 1990, pp. 211-214.

81. Ledesma Vera, *Los días de llamas...*, pp. 9 y 83-123.

82. José María Azpiroz Pascual, *La voz del olvido. La guerra civil en Huesca y la Hoya*, Diputación Provincial de Huesca, Huesca, 2007, pp. 441-449; Luisa Marco Sola, *Sangre de Cruzada. El catolicismo oscense frente a la guerra civil (1936-1939)*, Instituto de Estudios Altoaragoneses/Diputación Provincial de Huesca, Huesca, 2009, pp. 114-119; María Pilar Salomón Chéliz, *Anticlericalismo en Aragón. Protesta popular y movilización política (1900-1939)*, Prensas Universitarias de Zaragoza, Zaragoza, 2002, p. 292.

83. Marco Sola, *Sangre de Cruzada...*, pp. 120-121; Montero Moreno, *Historia de la persecución religiosa...*, p. 525; Rodríguez Fernández, *El hábito y la cruz...*, pp. 316-320.

84. Ester Casanova Nuez, *La violencia política en la retaguardia republicana de Teruel durante la guerra civil*, Instituto de Estudios Turolenses-Diputación de Teruel, Teruel, 2007, pp. 37-49 y 169-177.

85. Abel Paz, *Crónica de la Columna de Hierro*, Virus Editorial, Barcelona, 2001, pp. 50-52.

86. Jesús Hernández, *Negro y rojo. Los anarquistas en la revolución española*, La España Contemporánea, México D. F., 1946, pp. 227-241; Miquel Siguan, «Els anarquistes valencians al front de Llevant», *Estudis d'Història del País Valencià*, n.º 7 (1982), pp. 273-276; Paz, *Crónica de la Columna de Hierro*, pp. 49-52; Aurora Bosch Sánchez, *Colectivistas (1936-1939)*, Almudín, Valencia, 1980, pp. ix-xxxii; Aurora Bosch Sánchez, *Ugetistas y libertarios. Guerra civil y revolución en el País Valenciano, 1936-1939*, Institució Alfons el Magnànim, Valencia, 1983, pp. 43-57; Eladi Mainar Cabanes, *De milicians a soldats. Les columnes valencianes en la guerra civil espanyola (1936-1937)*, Universitat de València, Valencia, 1998, pp. 49-50 y 54-56.

87. José Ramón Carbonell Rubio, «La traición de la Puebla. Milicianos saguntinos en la columna Fernández Bujanda», *Braçal* (Sagunto), n.º 34 (2006), pp. 69-92; Juan Bautista Mari Clérigues, «La Guardia Civil en el Alzamiento Nacional. La columna de La Puebla de Valverde», *Revista de Estudios Históricos de la Guardia Civil*, n.º 2 (1968), pp. 120-121.

88. *La Vanguardia* (1, 14 y 21 de agosto de 1936); Clerigues, «La Guardia Civil en el Alzamiento...», n.º 2 (1968), pp. 107-126 y n.º 3 (1969), pp. 99-118; Joaquín Arrarás, *Historia de la Cruzada española*, 8 vols., 36 tomos, Ediciones Españolas, Madrid, 1939-1943, vol. IV, tomo 15, pp. 240-242; Ramón Salas Larrazábal, *Historia del Ejército popular de la República*, 4 vols., Editora Nacional, Madrid, 1973, I, pp. 307-308; Servicio Histórico Militar (coronel José Manuel Martínez Bande), *La invasión de Aragón y el desembarco en Mallorca*, San Martín, Madrid, 1989, pp. 89-91; Ángela Cenarro Lagunas, *El fin de la esperanza: Fascismo y guerra civil en la provincia de Teruel (1936-1939)*, Instituto de Estudios Turolenses, Teruel, 1996, pp. 52-55; Dolores Ibárruri *et al.*,

Guerra y revolución en España 1936-39, 4 vols., Progreso, Moscú, 1966-1977, I, pp. 171-172; José María Maldonado Moya, *El frente de Aragón. La guerra civil en Aragón (1936-1938)*, Mira Editores, Barcelona, 2007, p. 64; José Luis Ledesma y José María Maldonado Moya, dirs., *La Guerra Civil en Aragón*, 14 vols., Ciro Ediciones/El Periódico de Aragón, Barcelona, 2006, II, p. 82.

89. Manuel Girona Rubio, *Una miliciana en la Columna de Hierro. María «La jabalina»*, Universitat de València, Valencia, 2007, pp. 35-37; Carlos Llorens Castillo, *La primera década: Una aportación al proceso político e ideológico del franquismo y a la historia del Partido Comunista de España*, Fernando Torres, Valencia, 1983.

90. *La Vanguardia* (11 y 14 de agosto de 1936); Carbonell Rubio, «La traición de la Puebla...», p. 85; Mainar Cabanes, *De milicians a soldats...*, pp. 19-20; Ministerio de la Guerra, Estado Mayor Central, *Anuario Militar de España 1936*, Imprenta y Talleres del Ministerio de la Guerra, Madrid, 1936, p. 322.

91. Mainar Cabanes, *De milicians a soldats...*, pp. 49-50 y 57-58; Siguan, «Els anarquistes valencians...», pp. 276-281; Hernández, *Negro y rojo...*, p. 222; Juan Andrade, «La Columna de Hierro», *La Batalla* (13 de marzo de 1937), reproducido en Juan Andrade, *La revolución española día a día*, Nueva Era & Publicaciones Trazo, Barcelona, 1979, pp. 187-188; Paz, *Crónica de la Columna de Hierro*, p. 39; Gabriel Araceli, *Valencia 1936*, El Noticiero, Zaragoza, 1939, pp. 111-115.

92. Gabarda Cebellán, *La represión...*, p. 30; Siguan, «Els anarquistes valencians...», pp. 282-284; Mainar Cabanes, *De milicians a soldats...*, pp. 72-80; Hernández, *Negro y rojo...*, pp. 242-244; Terence M. Smyth, *La CNT al País Valencià, 1936-1937*, Eliseu Climent, Valencia, 1977, pp. 53-57; Paz, *Crónica de la Columna de Hierro*, pp. 70-76; Adolfo Bueso, *Recuerdos de un cenetista. II. De la Segunda República al final de la guerra civil*, Ariel, Barcelona, 1978, p. 220.

93. Mainar Cabanes, *De milicians a soldats...*, pp. 80-83; Smyth, *La CNT al País Valencià...*, pp. 57-58; Paz, *Crónica de la Columna de Hierro*, pp. 85-89; Carlos Llorens, *La guerra en Valencia y en el frente de Teruel. Recuerdos y comentarios*, Fernando Torres, Valencia, 1978, pp. 50-51; Hernández, *Negro y rojo...*, pp. 244-248.

94. Vicente Ramos, *La guerra civil (1936-1939) en la provincia de Alicante*, 3 vols., Biblioteca Alicantina, Alicante, 1973, I, pp. 133-139; Arrarás, *Historia de la Cruzada española*, vol. 5, tomo 23, pp. 548-560; José Luis Ledesma, «La "santa ira popular" del 36. La violencia en la guerra civil y revolución, entre cultura y política», en: Javier Muñoz Soro, José Luis Ledesma y Javier Rodrigo, *Culturas y políticas de la violencia. España siglo XX*, Siete Mares, Madrid, 2005, pp. 156-157.

95. Juan Martínez Leal, *República y guerra civil en Cartagena (1931-1939)*, Universidad de Murcia/Ayuntamiento de Cartagena, Murcia, 1993, pp. 196-201; Carmen González Martínez, *Guerra civil en Murcia. Un análisis sobre el Poder y los comportamientos colectivos*, Universidad de Murcia, Murcia, 1999, pp. 158-159.

96. González Martínez, *Guerra civil en Murcia...*, pp. 159-161; Martínez Leal, *República y guerra civil en Cartagena...*, pp. 203-211.

97. González Martínez, *Guerra civil en Murcia...*, pp. 161-211; Martínez Leal, *República y guerra civil en Cartagena...*, pp. 200-202 y 211-212.

98. Arrarás, *Historia de la Cruzada española*, vol. VI, tomo 24, p. 97; Edward Nor-

ton, *Muerte en Málaga. Testimonio de un americano sobre la guerra civil española*, Universidad de Málaga, Málaga, 2004, pp. 170-187, 193-208 y 225-242; Antonio Nadal, *Guerra civil en Málaga*, Arguval, Málaga, 1984, pp. 166-167, 170-172 y 180-185; Juan Antonio Ramos Hitos, *Guerra civil en Málaga 1936-1937. Revisión Histórica*, Algazara, Málaga, 2004, 2.ª ed., pp. 222-262.

99. Ledesma, «La "santa ira popular" del 36...», p. 157.

100. Ramos Hitos, *Guerra civil en Málaga...*, p. 251.

101. Francisco Cobo Romero, *Conflicto rural y violencia política. El largo camino hacia la dictadura (JAÉN, 1917-1950)*, Publicaciones de la Universidad de Jaén, Jaén, 1999, pp. 267-278; Luis Miguel Sánchez Tostado, *La guerra civil en Jaén. Historia de un horror inolvidable*, Junta de Andalucía/Colección Memoria Histórica, Jaén, 2005, pp. 79-80, 86-87, 97 y 133.

102. Ana Belén Rodríguez Patiño, *La guerra civil en Cuenca (1936-1939)*, 2 vols., Universidad Complutense, Madrid, 2004, II, pp. 122-147.

103. Eulàlia Vega, *Anarquistas y sindicalistas durante la segunda República: la CNT y los Sindicatos de Oposición en el País Valenciano*, Edicions Alfons el Magnànim, Valencia, 1987, p. 283; Miguel Ors Montenegro, *Elche, una ciudad en guerra (1936-1939)*, Llibreria Ali i Truc, Elche, 2008, pp. 107-111, 120-123, 128-129 y 143-145; Montero Moreno, *Historia de la persecución religiosa...*, pp. 787, 780, 858 y 873.

104. Miguel Ors Montenegro, *La represión de guerra y posguerra en Alicante, 1936-1939*, tesis doctoral, Universitat d'Alacant, Alicante, 1993, pp. 51 y 67-69.

105. *Ibid.*, pp. 130-133, 337 y 342-343. Mi agradecimiento a Miguel Ors Montenegro por la anécdota sobre la suerte que corrió la iglesia de Alcoy.

106. Para un análisis comparativo, véase Ledesma Vera, *Los días de llamas...*, pp. 83-84; Ledesma Vera, «Qué violencia para qué retaguardia...», pp. 83-114. Sobre Toledo, véase Ruiz Alonso, *La guerra civil en la Provincia de Toledo...*, I, pp. 285-289; sobre la Terra Alta, véase Solé i Sabaté y Villarroya i Font, *La repressió a la reraguarda...*, I, pp. 431-433.

Capítulo 8. Terror revolucionario en Madrid

1. Aurelio Núñez Morgado, *Los sucesos de España vistos por un diplomático*, Talleres Rosso, Buenos Aires, 1941, p. 155; Luis Enrique Délano, *Cuatro meses de guerra civil en Madrid*, Panorama, Santiago de Chile, 1937, pp. 25-26; Glicerio Sánchez Recio, *Justicia y guerra en España. Los tribunales populares (1936-1939)*, Instituto de Cultura «Juan Gil-Albert», Alicante, 1994, pp. 25-27 y 36-41.

2. Maximiano García Venero, *El general Fanjul: Madrid en el alzamiento nacional*, Ediciones Cid, Madrid, 1967, pp. 338-344; Arturo Barea, *The Forging of a Rebel*, Davis-Poynter, Londres, 1972, pp. 528-532. [Original cast.: *La forja de un rebelde*, Debate, Barcelona, 2000 (1972).] Délano, *Cuatro meses de guerra civil...*, pp. 12-13; Joaquín Arrarás, *Historia de la Cruzada española*, 8 vols., 36 tomos, Ediciones Españolas, Madrid, 1939-1943, vol. IV, tomo 17, pp. 403-409 y 434-468; José Martín Blázquez, *I Helped to Build an Army. Civil War Memoirs of a Spanish Staff Officer*, Secker & Warburg, Lon-

dres, 1939, pp. 111-117; Julian Zugazagoitia, *Guerra y vicisitudes de los españoles*, 2 vols., Librería Española, París, 1968, 2.ª ed., pp. 69-71; Eduardo de Guzmán, *La muerte de la esperanza*, G. del Toro, Madrid, 1973, pp. 133-173; Luis Romero, *Tres días de julio (18, 19 y 20 de 1936)*, Ariel, Barcelona, 1968, pp. 414-416, 432-435, 457-462, 469-491 y 543-558.

3. Mary Bingham de Urquidi, *Mercy in Madrid. Nursing and Humanitarian Protection during the Spanish Civil War, 1936-1937*, Ediciones del Sur, Córdoba, Argentina, 2004, pp. 21-22.

4. Núñez Morgado, *Los sucesos de España...*, p. 155.

5. Barea, *The Forging of a Rebel*, pp. 525-528.

6. Causa General, *La dominación roja en España*, Ministerio de Justicia, Madrid, 1945, pp. 83-92; Javier Cervera Gil, *Madrid en guerra. La ciudad clandestina 1936-1939*, Alianza, Madrid, 2006, 2.ª ed., pp. 64-72; Rafael Casas de la Vega, *El terror: Madrid 1936. Investigación histórica y catálogo de víctimas identificadas*, Fénix, Madrid, 1994, pp. 80-91.

7. De Guzmán, *La muerte de la esperanza*, pp. 60 y 101-103.

8. *El Liberal* (25 de julio y 1 de agosto de 1936).

9. Andrés Trapiello, *Las armas y las letras. Literatura y guerra civil (1936-1939)*, Planeta, Barcelona, 1994, p. 83.

10. Zugazagoitia, *Guerra y vicisitudes...*, pp. 79-82; Jesús de Galíndez, *Los vascos en el Madrid sitiado. Memoria del Partido Nacionalista Vasco*, Editorial Vasca Ekin, Buenos Aires, 1945, pp. 16-18; Cervera Gil, *Madrid en guerra...*, pp. 59-61; El preso 831, *Del Madrid Rojo. Últimos días de la Cárcel Modelo*, Establecimientos Cerón, Madrid, 1937, p. 10; David Jato Miranda, *Madrid, capital republicana. Del 18 de julio al 6 de noviembre de 1936*, Acervo, Barcelona, 1976, pp. 320-321.

11. Henry Helfant, *The Trujillo Doctrine of the Humanitarian Diplomatic Asylum*, Offset Continente, México D. F., 1947, pp. 63, 173 y 206; Javier Cervera Gil, «La radio: un arma más de la Guerra Civil en Madrid», *Historia y Comunicación Social*, n.º 3 (1998), p. 282; Schlayer, *Diplomático en el Madrid rojo*, Espuela de Plata, Sevilla, 2008, p.42.

12. Felix Schlayer, *Diplomático en el Madrid rojo*, pp. 61-63.

13. *CNT* (31 de julio de 1936).

14. Acerca de Val, véase Juan García Oliver, *El eco de los pasos*, Ruedo Ibérico, Barcelona, 1978, pp. 306, 317-320, 323-324 y 526. Acerca de Nuño, véase Declaración de Manuel Rascón Ramírez, AHN, CG, 1.530, exp. 4, pp. 124 y 127; Sandoval, «Informe de mi actuación», AHN-CG, 1.530-1, exp.1, p. 222. Acerca del cine Europa, véase la declaración de Santiago Aliques Bermúdez, AHN-CG, 1.530-2, pp. 82 y ss.

15. De Guzmán, *La muerte de la esperanza*, p. 27; Ricardo Sanz, *Los que fuimos a Madrid. Columna Durruti 26 División*, Imprimerie Dulaurier, Toulouse, 1969, p. 107; Gregorio Gallego, *Madrid, corazón que se desangra*, G. del Toro, Madrid, 1976, pp. 151-153.

16. *Política* (6 de agosto de 1936).

17. *El Socialista* (9 de agosto de 1936); *Heraldo de Madrid* (10 de agosto de 1936).

18. Indalecio Prieto, *La tragedia de España. Discursos pronunciados en América del Sur*, Fundación Indalecio Prieto / Sitesa, México D. F., 1995, pp. 38-39.

19. Schlayer, *Diplomático...*, pp. 65 y 112-113.

20. Ángel Viñas, *La soledad de la República. El abandono de las democracias y el viraje hacia la Unión Soviética*, Crítica, Barcelona, 2006, pp. 183-184.

21. *Informaciones* (10 de agosto); *El Liberal* (14 de agosto de 1936).

22. *Claridad* (10 de agosto de 1936).

23. *Mundo Obrero* (10 de agosto de 1936).

24. *Milicia Popular* (12 de agosto de 1936).

25. Zugazagoitia, *Guerra y vicisitudes...*, p. 79; *Milicia Popular* (12 de agosto de 1936).

26. José Antonio Balbontín, «¿Qué dice la Iglesia?», *Heraldo de Madrid* (17 de agosto de 1936).

27. *Claridad* (3, 18, 19 y 20 de agosto de 1936); *Heraldo de Madrid* (18 de agosto de 1936).

28. Martín Blázquez, *I Helped to Build an Army...*, pp. 115 y 157.

29. Juan Ruiz Peinado Vallejo, *Cuando la muerte no quiere*, Imprenta Azteca, México D. F., 1967, pp. 188-189.

30. Bingham de Urquidi, *Mercy in Madrid...*, p. 27; De Galíndez, *Los vascos en el Madrid sitiado...*, pp. 112-117...; Antonio Montero Moreno, *Historia de la persecución religiosa en España, 1936-1939*, Biblioteca de Autores Cristianos, Madrid, 1961, pp. 444-447.

31. Gallego, *Madrid, corazón que se desangra*, pp. 109-113.

32. Gomá a De Despujol, 6 de octubre de 1936, Archivo Gomá, *Documentos de la guerra civil, 1 julio-diciembre*, José Andrés-Gallego y Antón M. Pazos, eds., Consejo Superior de Investigaciones Científicas, Madrid, 2001, pp. 182-184.

33. Declaración de Teodoro Illera Martín, AHN, FC-Causa General, 1505, exp. 2, pp. 16-17; Riba Tâmega a Lisboa, 28 de julio de 1936, en: *Dez anos de política externa (1936-1947) a nação portuguesa e a segunda guerra mundial*, Imprenta Nacional-Casa da Moeda, Lisboa, 1964, vol. III, p. 40.

34. Martín Blázquez, *I Helped to Build an Army...*, pp. 121-122 y 134; Antonio Cordón, *Trayectoria (Recuerdos de un artillero)*, Espuela de Plata, Sevilla, 2008, pp. 410-411, 429, 454-455, 470 y 479-480; Michael Alpert, *El Ejército popular de la República 1936-1939*, Crítica, Barcelona, 2007, pp. 18 y 126-127.

35. El preso 831, *Del Madrid rojo...*, p. 99; Ian Gibson, *Paracuellos: cómo fue*, Argos Vergara, Barcelona, 1983, pp. 166-167 y 171.

36. Pedro-Pablo Miralles Sangro, *«Al servicio de la Justicia y de la República», Mariano Gómez (1883-1951). Presidente del Tribunal Supremo*, Dílex, Madrid, 2010, pp. 94-95; Pascual Marzal Rodríguez, *Una historia sin justicia. Cátedra, política y magistratura en la vida de Mariano Gómez*, Universitat de València, Valencia, 2009, pp. 167-170.

37. *Claridad* (15 y 17 de agosto de 1936); Juan-Simeón Vidarte, *Todos fuimos culpables*, Fondo de Cultura Económica, México D. F., 1973, pp. 393-395; García Venero, *El general Fanjul...*, pp. 361-387; Jato Miranda, *Madrid, capital republicana...*, pp. 313-317.

38. Eugenio Vegas Latapié, *Memorias políticas: el suicidio de la monarquía y la Segunda República*, Planeta, Barcelona, 1983, pp. 223-224 y 276.

39. *CNT* (12 de agosto de 1936).

40. Casa del pueblo de Carabanchel, AHN, FC-Causa General, 1.535, ramo separado 87, pp. 1-3; Hospital Militar de Carabanchel, AHN, FC-Causa General, 1.535, ramo separado 111, pp. 1-17; Entrevista del autor con Libertad López Ochoa, en la primavera de 2005; Jato Miranda, *Madrid, capital republicana...*, pp. 317-319; Pablo Gil Vico, «Derecho y ficción: la represión judicial militar», en: Francisco Espinosa Maestre, ed., *Violencia roja y azul. España, 1936-1950*, Crítica, Barcelona, 2010, pp. 251-257.

41. Declaración de José Rocamora Bernabeu, AHN, FC-Causa General, 1.535, ramo separado 87, pp. 9-10; Núñez Morgado, *Los sucesos de España...*, pp. 325-326; Causa General, *La dominación roja...*, p. 59.

42. Declaración de Manuel Muñoz, AHN, FC-Causa General, 1.530-1, exp. 1, p. 302; padre Carlos Vicuña, *Mártires Agustinos de El Escorial* (OSA), Imprenta del Monasterio de El Escorial, El Escorial, 1943, pp. 114-115; Montero Moreno, *Historia de la persecución religiosa...*, pp. 390-395; capitán Antonio de Reparaz y Tresgallo de Souza (pseudónimo de Maximiano García Venero), *Desde el Cuartel General de Miaja al Santuario de la Virgen de la Cabeza*, Afrodisio Aguado, Valladolid, 1937, p. 97; Francisco Cobo Romero, *La guerra civil y la represión franquista en la provincia de Jaén 1936-1950*, Diputación Provincial, Jaén, 1993, pp. 139-144 (trenes), 149-150 (Úbeda); Luis Miguel Sánchez Tostado, *La guerra civil en Jaén. Historia de un horror inolvidable*, Junta de Andalucía / Colección Memoria Histórica, Jaén, 2005, pp. 89-90 (Úbeda), pp. 136-137 (cárcel), pp. 141-154 (trenes); Arrarás, *Historia de la Cruzada española*, vol. 6, tomo 25, pp. 132-136; Núñez Morgado, *Los sucesos de España...*, pp. 201-202.

43. Sánchez Tostado, *La guerra civil en Jaén*, pp. 203-211.

44. *Ibid.*, pp. 156-160.

45. García Oliver, *El eco de los pasos*, p. 347.

46. Pedro L. Angosto, *José Alonso Mallol. El hombre que pudo evitar la guerra*, Instituto Juan Gil-Albert, Alicante, 2006, pp. 230-235.

47. Declaración de Manuel Muñoz Martínez, AHN, FC-Causa General, 1.530-1, exp. 1, p. 293; *Heraldo de Madrid* (30 de julio); *Política* (31 de julio de 1936); Jesús Lozano, *La segunda República: imágenes, cronología y documentos*, Acervo, Barcelona, 1973, p. 455.

48. Entrada del diario con fecha 24 de septiembre de 1936, Carlos Morla Lynch, *España sufre. Diarios de guerra en el Madrid republicano*, Renacimiento, Sevilla, 2008, p. 77.

49. Declaración de Manuel Muñoz Martínez, AHN, FC-Causa General, 1.530-1, exp. 1, pp. 294-295.

50. *Política* (2 y 15 de agosto de 1936); *Heraldo de Madrid* (17 de agosto de 1936).

51. AHN, FC-Causa General, 1.504, exp. 5, p. 38; *Heraldo de Madrid* (15 de septiembre de 1936); *Gaceta de la República* (13 de junio de 1937); *ABC* (11 de marzo de 1944); Causa General, *La dominación roja...*, pp. 155-156.

52. Declaración de Manuel Muñoz Martínez, AHN, FC-Causa General, 1.530-1, exp. 1, p. 295; *Heraldo de Madrid* (8 de agosto de 1936); *Política* (8 de agosto de 1936).

53. Cervera Gil, *Madrid en guerra...*, p. 66.

54. Declaración de Manuel Rascón Ramírez, AHN, CG, 1.530, exp. 4, pp. 127-139; G. Arsenio de Izaga, *Los presos de Madrid. Recuerdos e impresiones de un cautivo en la*

España roja, Imprenta Martosa, Madrid, 1939, pp. 69-71; Causa General, *La dominación roja...*, pp. 99-104; Casas de la Vega, *El terror...*, pp. 105-113; AHN, FC-Causa General, 1520-1, p. 34; Gallego, *Madrid, corazón que se desangra*, pp. 126-127.

55. Gallego, *Madrid, corazón que se desangra*, pp. 87-99.

56. «Checas: "Linces de la República"», AHN, FC-Causa General, 1.532-1, pp. 1-39 y 48-74; declaración de Felipe Marcos García Redondo, AHN, FC-Causa General, 1.532-1, pp. 40-47; declaración de Manuel Muñoz Martínez, AHN, FC-Causa General, 1.530-1, exp. 1, p. 296. *Heraldo de Madrid* (31 de agosto; 9, 11, 17 y 18 de septiembre de 1936); *El Liberal* (1 y 16 de septiembre de 1936); *Informaciones* (31 de agosto; 8, 15, 16 y 17 de septiembre de 1936); Causa General, *La dominación roja...*, pp. 139-141.

57. Declaración de Teodoro Illera Martín, AHN, FC-Causa General, 1.505, exp. 2, pp. 17-20. *La Voz* (10 de agosto de 1936) da los nombres de once de sus entonces doce miembros. Véanse también *Heraldo de Madrid* (31 de agosto; 9, 12, 14, 15, 18, 23 y 24 de septiembre de 1936); *El Liberal* (16 de septiembre de 1936); *Informaciones* (31 de agosto; 8, 9, 16 y 23 de septiembre de 1936). En ocasiones, la Brigada de Investigación Criminal de García Atadell se ha confundido con la Brigada o Escuadrilla del Amanecer. Véanse, por ejemplo, José María Varela Rendueles, *Rebelión en Sevilla: memorias de un Gobernador rebelde*, Servicio de Publicaciones del Ayuntamiento de Sevilla, Sevilla, 1982, p. 186, o Román Gubern y Paul Hammond, *Los años rojos de Luis Buñuel*, Cátedra, Madrid, 2009, p. 350. Ángel Pedrero dijo a sus interrogadores que la brigada de García Atadell no guardaba relación alguna con la Escuadrilla del Amanecer, AHN, FC-Causa General, 1.520-1, p. 118.

58. «Checas: "Brigadilla del Amanecer"», AHN, FC-Causa General, 1.534-1, pp. 5-10 y 52-74; declaración de Manuel Rascón Ramírez, AHN, CG, 1.530, exp. 4, pp. 133, 135 y 138.

59. Declaración de Carmelo Olmedo Marín, AHN, FC-Causa General, 1.534-1, pp. 3-4 y 23-32.

60. Declaración de Manuel Ramírez, AHN, CG, 1.530, exp. 4, pp. 136; *Informaciones* (24 de agosto de 1936); *La Voz* (11 de septiembre de 1936).

61. *La Voz* (7 de septiembre de 1936); *Informaciones* (8 de septiembre de 1936); *Milicia Popular* (10 de septiembre de 1936).

62. Julius Ruiz, «Defending the Republic: The García Atadell Brigade in Madrid, 1936», *Journal of Contemporary History*, vol. 42, n.º 1, pp. 97-115; Jato Miranda, *Madrid, capital republicana...*, pp. 321-322.

63. AHN, FC-Causa General, 1.532-2, pp. 11-15; 1.520-1, pp. 7-8, 18 y 50; declaración de Manuel Muñoz, AHN, CG, 1.530-1, exp. 1, p. 301; *Gaceta de Madrid* (7 de agosto de 1936); *Informaciones* (6 de agosto de 1936); *Heraldo de Madrid* (19 de agosto de 1936).

64. *Informaciones* (2, 7, 8, 10, 11, 15, 17 y 22 de septiembre de 1936), *El Socialista* (27 de septiembre; 1 de octubre de 1936); *Heraldo de Madrid* (10 de septiembre de 1936); *El Liberal* (23 de agosto; 16 de septiembre de 1936); *La Voz* (29 de septiembre de 1936); AHN, FC-Causa General, 1.520-1, pp. 47-48, 64, 120 y 136; Cervera Gil, *Madrid en guerra...*, pp. 71-72.

65. ˙Declaración de Teodoro Illera Martín, AHN, FC-Causa General, 1.505, exp. 2, p. 15. Las memorias inacabadas de Antonio Lino aparecen reproducidas en Julio de Antón, *Policía y Guardia Civil en la España republicana*, Edibeso Wells, Madrid, 2001, pp. 323-325, y la carta de Lino se reproduce en Julio de Antón, «Las checas policiales», 11 de febrero de 2008, accesible en http://historianovel.blogspot.com/2008/02/las-checas-policiales-segn-julio-de.html.

66. AHN, FC-Causa General, 1.520-1, pp. 45-47; Ministerio de la Gobernación, *Apéndice I al Dictamen de la Comisión sobre ilegitimidad de poderes actuantes en 18 de julio de 1936*, Editora Nacional, Barcelona, 1939, pp. 179-81.

67. *La Voz* (17 de septiembre); *Heraldo de Madrid* (17 y 19 de septiembre; 2 de octubre de 1936).

68. AHN, FC-Causa General, 1.532-2, pp. 8-15 y 24-30; también citado en la declaración de Pedrero, AHN, FC-Causa General, 1.520-1, pp. 18-19. La negativa de Pedrero, AHN, FC-Causa General, 1.520-1, pp. 118-119 y 148-150.

69. José Ignacio Escobar, *Así empezó*, G. del Toro, Madrid, 1974, pp. 300-309; declaración de Emilia Donapetri López, AHN, FC-Causa General, 1.532-2, pp. 3-5; declaración de Pedro Penabad, AHN, FC-Causa General, 1.532-2, pp. 29-32.

70. *Política* (24 de septiembre de 1936); *La Voz* (25 de septiembre de 1936); *Heraldo de Madrid* (25 y 28 de septiembre de 1936); *Informaciones* (25 de septiembre de 1936).

71. El trabajo de investigación de Atadell, *Heraldo de Madrid* (25 de septiembre de 1936); la declaración de Pedrero, AHN, FC-Causa General, 1.520-1, p. 119; Rosario Queipo de Llano, *De la cheka de Atadell a la prisión de Alacuas*, Librería Santarén, Valladolid, 1939, pp. 37-44.

72. Declaración de García Atadell, AHN, FC-Causa General, 1.520-1, p. 20.

73. Declaración de Emilia Donapetri López, AHN, FC-Causa General, 1.532-2, p. 3.

74. Sandoval, «Informe de mi actuación», pp. 206-207; *Heraldo de Madrid* (31 de agosto; 24 de septiembre de 1936); *Informaciones* (31 de agosto de 1936); *El Liberal* (1 de septiembre de 1936).

75. *Política* (8 de agosto de 1936); *Heraldo de Madrid* (13, 22 y 26 de agosto de 1936); *Informaciones* (14, 15 y 18 de septiembre; 16 de octubre de 1936).

76. Acerca de los sucesos que tuvieron lugar en la cárcel en 1919, véase García Oliver, *El eco de los pasos*, pp. 31-34. Sobre la estancia de Sandoval en prisión en 1935, véase Enrique Castro Delgado, *Hombres made in Moscú*, Luis de Caralt, Barcelona, 1965, pp. 214-215, y para la época pasada en 1939, véase Eduardo de Guzmán, *Nosotros, los asesinos. Memorias de la guerra de España*, G. del Toro, Madrid, 1976, pp. 84-85. Hay una fascinante biografía de Sandoval obra de Carlos García Alix, *El honor de las injurias. Busca y captura de Felipe Sandoval*, T Ediciones/No Hay Penas, Madrid, 2007. También existe en formato cinematográfico: Carlos García Alix, *El honor de las injurias*, No Hay Penas, Madrid, 2007.

77. Sandoval, «Informe de mi actuación», pp. 201-206, 216 y 222. Véanse también AHN, CG, 1.530-2, pp. 44, 71, 85 y 111; Causa General, *La dominación roja...*, p. 221, y Cervera Gil, *Madrid en guerra...*, p. 67.

78. AHN-CG, 1.530-2, pp. 12, 18-19, 20-37, 44-45, 58 y 84. Acerca de este episodio y la posterior captura, véase *ibid.*, pp. 47-49. Para las denuncias por parte de

parientes a individuos arrestados y asesinados por los milicianos del cine Europa, véase *ibid.*, pp. 87-110, 113-114 y 120.

79. Zugazagoitia, *Guerra y vicisitudes...*, pp. 78-79; Nora Allwork, diario inédito, p. 61; Cervera Gil, *Madrid en guerra...*, p. 66.

80. De Galíndez, *Los vascos en el Madrid sitiado...*, pp. 11, 33-43, 69-72 y 108-117.

81. De Izaga, *Los presos de Madrid...*, pp. 41-44 y 76; Ramón Serrano Suñer, *Entre el silencio y la propaganda, la Historia como fue. Memorias*, Planeta, Barcelona, 1977, pp. 128-129; Casas de la Vega, *El terror...*, pp. 123-126; Causa General, *La dominación roja...*, p. 220.

82. De Izaga, *Los presos de Madrid...*, pp. 55-56 y 60-68.

83. *Política* (8 de agosto de 1936); *Heraldo de Madrid* (10 de agosto de 1936).

84. *Claridad* (14 de agosto de 1936); De Izaga, *Los presos de Madrid...*, pp. 76-78; Serrano Suñer, *Entre el silencio...*, p. 133.

85. *Claridad* (21 de agosto de 1936).

86. Causa General, *La dominación roja...*, p. 221; Serrano Suñer, *Entre el silencio...*, p. 133.

87. Sandoval, «Informe de mi actuación», pp. 202-204; denuncia de Emilio Arenillas Caballero, AHN-CG, 1.526-1, exp. 1, pp. 125-131; declaración de Santiago Aliques Bermúdez, AHN-CG, 1.530-2, p. 85; Vicuña, *Mártires...*, pp. 117-121; Casas de la Vega, *El terror...*, pp. 126-127; Cervera Gil, *Madrid en guerra...*, pp. 66-67; Alfonso Domingo, *El ángel rojo. La historia de Melchor Rodríguez, el anarquista que detuvo la represión en el Madrid republicano*, Almuzara, Córdoba, 2009, p. 146.

88. Gallego, *Madrid, corazón que se desangra*, pp. 122-124.

89. Sandoval, «Informe de mi actuación», pp. 203; 1.526, exp. 1, p. 9; *Heraldo de Madrid* (24 de agosto de 1936); Vicuña, *Mártires...*, pp. 121-126; De Izaga, *Los presos de Madrid...*, pp. 91-100; Casas de la Vega, *El terror...*, pp. 127-131.

90. Declaración de Manuel Muñoz, AHN, FC-Causa General, 1.530-1, exp. 1, pp. 299-300; Causa General, *La dominación roja...*, pp. 222-225; Casas de la Vega, *El terror...*, pp. 131-134; Cervera Gil, *Madrid en guerra*, pp. 86-88; Vicuña, *Mártires...*, pp. 126-135; De Izaga, *Los presos de Madrid...*, pp. 100-112; Serrano Suñer, *Entre el silencio...*, pp. 133-138; Manuel Valdés Larrañaga, *De la Falange al Movimiento (1936-1952)*, Fundación Nacional Francisco Franco, Madrid, 1994, pp. 27-33; Gallego, *Madrid, corazón que se desangra*, pp. 128-129.

91. Mijail Koltsov, *Diario de la guerra de España*, Ruedo Ibérico, París, 1963, pp. 49-50; Vidarte, *Todos fuimos culpables*, pp. 419-420.

92. Testimonio de Francisco García Valdecasas en Joan Llarch, *Negrín. ¡Resistir es vencer!*, Planeta, Barcelona, 1985, p. 41.

93. Schlayer comentó la maniobra de Ogilvie-Forbes, *Diplomático...*, p. 103; Ogilvie-Forbes a FO, 23 de agosto de 1936, *Documents on British Foreign Policy*, HMSO, Londres, 1979, 2.ª serie, vol. XVII, pp. 148-149; Zugazagoitia, *Guerra y vicisitudes...*, pp. 129-131; Vidarte, *Todos fuimos culpables*, pp. 422-425.

94. Sandoval, «Informe de mi actuación», p. 216; declaración de Manuel Muñoz, AHN, FC-Causa General, 1.530-1, exp. 1, p. 300.

95. Cervera Gil, *Madrid en guerra...*, p. 105; Valdés Larrañaga, *De la Falange al Movimiento...*, p. 71.

96. AHN, FC-Causa General, caja 1.530-2, p. 4 (Melchor Rodríguez), p. 24 (Salvador Urieta Urieta); Cervera Gil, *Madrid en guerra...*, p. 108; Domingo, *El ángel rojo...*, pp. 135-151; sobre la relación con el doctor Vallina, véase *ibid.*, pp. 39-41.

97. Serrano Suñer, *Entre el silencio...*, p. 138.

98. *Gaceta de Madrid* (24 y 26 de agosto de 1936); *El Liberal* (23 de agosto de 1936); *Claridad* (24 y 28 de agosto de 1936); Vidarte, *Todos fuimos culpables*, pp. 425-426; Marzal Rodríguez, *Una historia sin justicia...*, pp. 170-175; Miralles Sangro, «Al servicio de la justicia y de la República...», pp. 102-111; Manuel Azaña, *Obras completas*, 4 vols., Ediciones Oasis, México D. F., 1966-1968, IV, pp. 850-851; Guillermo Cabanellas, *La guerra de los mil días. Nacimiento, vida y muerte de la II República española*, 2 vols., Grijalbo, Buenos Aires, II, p. 816; Sánchez Recio, *Justicia y guerra...*, pp. 15-16; Franz Borkenau, *The Spanish Cockpit*, Faber & Faber, Londres, 1937, pp. 125-126; Ronald Fraser, *Blood of Spain: The Experience of Civil War 1936-1939*, Allen Lane, Londres, 1979, pp. 175-176.

99. Zugazagoitia, *Guerra y vicisitudes...*, pp. 129-130; *El Socialista* (23 de agosto de 1936); *Política* (23 de agosto de 1936).

100. Azaña, *Obras completas*, IV, pp. 625-626 y 851; Manuel Azaña, *Apuntes de memoria inéditos y cartas 1938-1939-1940*, Enrique de Rivas, ed., Pre-Textos, Valencia, 1990, pp. 113-115; Cipriano de Rivas Cherif, *Retrato de un desconocido: vida de Manuel Azaña (seguido por el epistolario de Manuel Azaña con Cipriano de Rivas Cherif de 1921 a 1937)*, Grijalbo, Barcelona, 1980, pp. 344-347; Santos Martínez Saura, *Memorias del secretario de Azaña*, Planeta, Barcelona, 1999, pp. 610-613.

101. Azaña, *Obras completas*, III, p. 395.

102. Monteiro a Riba Tâmega (20 y 22 de agosto de 1936), *Dez anos de política externa...*, III, pp. 167 y 182-183; entrada del diario con fecha 22 de septiembre de 1936, Carlos Morla Lynch, *España sufre. Diarios de guerra en el Madrid republicano*, Renacimiento, Sevilla, 2008, p. 76. Sobre la entrega de Salazar a Melchor Rodríguez, véase declaración de Pilar Revilla López en AHN, FC-Causa General, caja 1.530-2, pp. 38-39; Domingo, *El ángel rojo...*, pp. 153-155.

103. AHN, FC-Causa General, 1.530-2, pp. 42-43; *ABC* (2 de septiembre de 1936); Domingo, *El ángel rojo...*, pp. 156-158.

104. Schlayer, *Diplomático...*, p. 75; Amparo Cabeza de Vaca, *Bajo cielos de plomo. Unas memorias y el diario de Rafael Salazar Alonso*, Actas, Madrid, 2009, pp. 72-73, 82-87 y 235 (milicianos); Salazar Alonso, diario de prisión, entradas correspondientes al 8, 9, 12, 14, 16, 18, 20 y 2 de septiembre, *ibid.*, pp. 123-155. La carta de Amparo Munilla al Juzgado Militar de Sevilla en la causa «Contra el Teniente Coronel Arturo Dalias Chartres, por injurias al Jefe del Estado y estafa». Tanto en relación con la carta como por la información sobre Yuste y Borrego, mi gratitud hacia Francisco Espinosa Maestre.

105. Miralles Sangro, *Una historia sin justicia...*, pp. 93 y 112; Indalecio Prieto, *Convulsiones de España. Pequeños detalles de grandes sucesos*, 3 vols., Oasis, México D. F., 1967-1969, III, p. 314.

106. Las fuentes franquistas negaron que en el juicio a Salazar hubiera un elemento de venganza masónica subyacente. De Izaga, *Los presos de Madrid...*, pp. 128 y 131;

Causa General, *La dominación roja...*, p. 340. La acusación se repite en Cabeza de Vaca, *Bajo cielos de plomo...*, pp. 161-162, y en la carta de Salazar Alonso a Amparo en la que le explica su ruptura con la masonería, *ibid.*, p. 169.

107. Salazar Alonso, diario de cárcel, entradas del 18 al 22 de septiembre, «Notas sobre su propia defensa», pp. 337-350; Cabeza de Vaca, *Bajo cielos de plomo...*, pp. 131 y 143-159; *ABC* (20 de septiembre de 1936); Núñez Morgado, *Los sucesos de España...*, pp. 176-179; *Heraldo de Madrid* (28 de agosto de 1936).

108. Azaña, *Obras completas*, IV, pp. 877-878; Prieto, *Convulsiones de España...*, III, pp. 315-316; Miralles Sangro, *Una historia sin justicia...*, pp. 112-115; Cabeza de Vaca, *Bajo cielos de plomo...*, p. 159.

109. Sánchez Recio, *Justicia y guerra...*, pp. 20-21; *El Socialista* (18 de septiembre de 1936).

110. Santiago Álvarez, *Negrín, personalidad histórica. Documentos*, Ediciones de la Torre, Madrid, 1994, p. 280; Enrique Moradiellos, *Don Juan Negrín López*, Península, Barcelona, 2006, pp. 177-180.

111. AHN, FC-Causa General, 1.520-1, pp. 44-45; Anónimo, *García Atadell. Hombre símbolo*, Editora Nacional, Bilbao, s.f., p. 17.

112. *Heraldo de Madrid* (17 de octubre de 1936); De Galíndez, *Los vascos en el Madrid sitiado...*, pp. 20-22, 27-29 y 34-37; El preso 831, *Del Madrid rojo...*, pp. 93-94.

113. Cervera Gil, *Madrid en guerra...*, pp. 88-89.

114. Vidarte, *Todos fuimos culpables*, p. 655.

115. *Heraldo de Madrid* (16 y 22 de septiembre de 1936); *Gaceta de Madrid* (17 de septiembre de 1936); *Política* (18 de septiembre de 1936); declaración de Manuel Ramírez, AHN, CG, 1.530, Exp. 4, p. 137.

116. Cervera Gil, *Madrid en guerra...*, pp. 145-146; Cabanellas, *La guerra de los mil días...*, II, p. 685, fecha la emisión en el 7 de agosto. Mola no habló por radio en esas fechas; sí lo hizo el 15 de agosto y nuevamente el 13 de septiembre. Véase José María Iribarren, *Con el general Mola: Escenas y aspectos inéditos de la guerra civil*, Librería General, Zaragoza, 1937, pp. 251-252 y 358. Para consultar estos dos discursos en libro impreso, véase Emilio Mola Vidal, *Obras completas*, Librería Santarén, Valladolid, 1940, pp. 1.177-1.184. El periodista Noel Monks (*Eyewitness*, Frederick Muller, Londres, 1955, p. 71), alude a una conferencia de prensa celebrada el 7 de noviembre, pero no puede ser más que un error. Según Carlos Contreras (*Milicia Popular*, 10 de octubre de 1936), la conferencia de prensa de Mola tuvo lugar días antes, lo cual apunta a que se tratara del 7 de octubre.

117. Geoffrey Cox, *Defence of Madrid*, Victor Gollancz, Londres, 1937, p. 175.

118. *Mundo Obrero* (3 de octubre de 1936).

119. *Mundo Obrero* (5 de octubre de 1936).

120. Edmond (Ginebra) a FO, 29 de septiembre; Ogilvie-Forbes a FO, 1, 6 y 8 de octubre, «Memorandum on the execution of civilians and prisoners of war by adherents of either party in Spain», 13 de octubre de 1936, *DBFP*, 2.ª serie, vol. XVII, pp. 336-337, 348, 366 y 406-408; Ángel Viñas, *El escudo de la República. El oro de España, la apuesta soviética y los hechos de mayo de 1937*, Crítica, Barcelona, 2007, pp. 35-37.

121. *La Voz* (6 de octubre de 1936); *Informaciones* (6 y 10 de octubre de 1936);

Gaceta de Madrid (7 y 9 de octubre de 1936); *Heraldo de Madrid* (7 de octubre de 1936); *ABC* (9 de octubre de 1936).

122. Pablo de Azcárate, *Mi embajada en Londres durante la guerra civil española*, Ariel, Barcelona, 1976, pp. 26-27; Winston S. Churchill, *Step by Step*, Odhams Press, Londres, 1939, pp. 54-57.

123. *El Socialista* (3 de octubre de 1936).

124. Carlos Contreras, «En defensa de Madrid. La quinta columna», *Milicia Popular* (10 de octubre de 1936).

125. *El Liberal* (10 y 16 de octubre de 1936).

126. *Heraldo de Madrid* (21 de octubre de 1936).

127. Frank Schauff, *La victoria frustrada. La Unión Soviética, la Internacional Comunista y la guerra civil española*, Debate, Barcelona, 2008, p. 231.

128. Discurso en Santiago de Chile, 28 de diciembre de 1938, Indalecio Prieto, *La tragedia de España. Discursos pronunciados en América del Sur*, Fundación Indalecio Prieto/Sitesa, México D. F., 1995, pp. 35-36.

129. *Milicia Popular* (8 de octubre de 1936).

130. Casas de la Vega, *El terror...*, p. 114.

131. Declaración de Manuel Rascón Ramírez, AHN, FC-Causa General, 1.530, exp. 4, p. 142; declaración de Manuel Muñoz, AHN, CG, 1.530-1, exp. 4, p. 298; declaración de Santiago Magariños, AHN, 1.526-1, exp. 2, p. 102; declaración de Santiago Aliques Bermúdez, AHN, CG, 1.530-2, p. 83. Para hallar ejemplos, véanse las reproducciones que aparecen en *La dominación roja...*, anexo IV, a partir de la p. 108; Casas de la Vega, *El terror...*, pp. 137-142, 155-158 y 163-167; Gibson, *Paracuellos...*, pp. 136-137, 151-152 y 166-169; Domingo, *El ángel rojo...*, p. 170.

132. De Rivas Cherif, *Retrato...*, p. 344; Jato Miranda, *Madrid, capital republicana...*, pp. 320 y ss.

133. *El Socialista* (27 de septiembre de 1936).

134. *Informaciones* (14, 17, 21, 24, 27, 28 y 31 de agosto; 2, 7, 8, 9, 10, 11, 14, 15, 16, 17 y 23 de septiembre de 1936); *Política* (15 de agosto; 3, 13, 17, 18, 20 y 24 de septiembre de 1936); *Heraldo de Madrid* (8 de agosto; 2, 3, 4, 5, 8, 12 y 14 de septiembre de 1936); *La Voz* (3, 8 y 15 de septiembre de 1936); *El Liberal* (13 de septiembre de 1936). Ruiz, «Defending the Republic...», pp. 100-102, sugiere que las actividades de Atadell pueden cifrarse con datos conocidos. Cervera Gil, *Madrid en guerra...*, pp. 71-72, sugiere que no.

135. Declaración de Lourdes Bueno Méndez, AHN, FC-Causa General, 1.532-2, p. 112; *Heraldo de Madrid* (29 de septiembre de 1936); *Mundo Obrero* (30 de septiembre de 1936); *La Voz* (1 de octubre de 1936).

136. AHN, FC-Causa General, 1.520-1, pp. 21-23.

137. Viñas, *El escudo...*, p. 41. Archivo en FO371/20545.

138. Queipo de Llano, *De la cheka de Atadell...*, p. 68.

139. AHN, FC-Causa General, 1.520-1, 1.532-2, pp. 16-19 y 23-27; declaración de Emilia Donapetri López, AHN, FC-Causa General, 1.532-2, pp. 5-6.

140. Luis Buñuel, *Mi último suspiro. Memorias*, Plaza & Janés, Barcelona, 1982, p. 164; Luis Quintanilla, *«Pasatiempo». La vida de un pintor (Memorias)*, Ediciós do Castro, Sada-A Coruña, 2004, p. 403; Román Gubern y Paul Hammond, *Los años rojos de Luis*

Buñuel, Cátedra, Madrid, 2009, pp. 350-351. Buñuel dio una versión ligeramente distinta a Ricardo Muñoz Suay en 1961, al decirle que él en persona había mandado un telegrama anónimo a las autoridades franquistas denunciando a García Atadell. Véase «Conversaciones de Max Aub con Muñoz Suay, Fundación Max Aub», Segorbe, Archivo, Fondo A. D. U., caja 19-2/1, pp. 6-7. Sobre los intentos de extradición, véanse *Heraldo de Madrid* (14 de noviembre de 1936) e *Informaciones* (26 noviembre de 1936).

141. Varela Rendueles, *Rebelión en Sevilla...*, p. 187.

CAPÍTULO 9. EL AVANCE DE LA COLUMNA DE LA MUERTE

1. Carlos Asensio Cabanillas, «El avance sobre Madrid y operaciones en el frente del centro», *La guerra de liberación nacional*, Universidad de Zaragoza, Zaragoza, 1961, pp. 160-162; José Manuel Martínez Bande, *La marcha sobre Madrid*, Editorial San Martín, Madrid, 1968, pp. 24-30; Manuel Sánchez del Arco, *El sur de España en la reconquista de Madrid*, Editorial Sevillana, Sevilla, 1937, 2.ª ed., pp. 61-64.

2. Juan José Calleja, *Yagüe, un corazón al rojo*, Juventud, Barcelona, 1963, pp. 90-91.

3. José Ignacio Rodríguez Hermosell, *Movimiento obrero en Barcarrota: José Sosa Hormigo, diputado campesino*, Asamblea de Extremadura, Badajoz, 2005, pp. 130-131; María de la Luz Mejías Correa, *Memorias de una miliciana extremeña*, Manuel Pulido Mendoza, ed., Badajoz, 2003, pp. 40-41; Ramón Salas Larrazábal, *Historia del Ejército popular de la República*, 4 vols., Editora Nacional, Madrid, 1973, I, pp. 252-253; Francisco Espinosa Maestre, *La columna de la muerte. El avance del ejército franquista de Sevilla a Badajoz*, Crítica, Barcelona, 2003, pp. 15-16, 34, 43, 161 y 187.

4. Gobernador Civil de Badajoz al ayuntamiento de Barcarrota, 19, 20, 28 y 29 de julio de 1936, en: Archivo Municipal de Barcarrota, Secretaría-Registro, caja 53. Estoy en deuda con José Ignacio Rodríguez Hermosell por facilitarme las copias de estos telegramas. Véase también Rodríguez Hermosell, *Movimiento obrero en Bancarrota...*, pp. 131-132.

5. Francisco Moreno Gómez, «La represión en la España campesina», en: *El primer franquismo: España durante la segunda guerra mundial*, José Luis García Delgado, ed., Siglo XXI, Madrid, 1989, p. 192. La conexión entre la reforma agraria y la represión posterior fue establecida por la Federación Socialista de Badajoz en un panfleto publicado en Madrid en 1938, *El fascismo sobre Extremadura*, reimpreso en 1997, edición a la que pertenecen las referencias de las páginas: *El fascismo sobre Extremadura,* Federación Socialista de Badajoz, Badajoz, 1997, pp. 29-30 y 47-49.

6. Carlos Barciela, Ramón Garrabou y José Ignacio Jiménez Blanco, *Historia agraria de la España contemporánea*, 3 vols., Crítica, Barcelona, 1986, III, pp. 298-405; Juan Martínez Alier, *La estabilidad del latifundismo*, Ruedo Ibérico, París, 1968, pp. 52-54; Francisco Espinosa Maestre, *La reforma agraria del Frente Popular en Badajoz: Los orígenes de la guerra civil*, tesis doctoral inédita, Universidad de Sevilla, Sevilla, 2006, pp. 283-239 y 304-321.

7. Francisco Moreno Gómez, *La guerra civil en Córdoba (1936-1939)*, Alpuerto, Madrid, 1985, pp. 375-382; Larry Collins y Dominique Lapierre, *Or I'll Dress You in*

Mourning, Weidenfeld & Nicolson, Londres, 1968, pp. 62-69 y 82-99; Félix Moreno de la Cova, *Mi vida y mi tiempo. La guerra que yo viví*, Gráficas Mirte, Sevilla, 1988.

8. Espinosa Maestre, *La reforma agraria...*, pp. 308-310.

9. Julia Vela Alburquerque, Manuel Martín Burgueño y Julián González Ruiz, *Diego Vela González*. *Biografía*, Tipografía Grandizo, Llerena, 2009, pp. 28-39; Juan-Simeón Vidarte, *Todos fuimos culpables*, Fondo de Cultura Económica, México D. F., 1973, pp. 363-367; Sánchez del Arco, *El sur de España...*, pp. 66-69; Cándido Ortiz de Villajos, *De Sevilla a Madrid, ruta libertadora de la columna Castejón*, Librería Prieto, Granada, 1937, pp. 76-81; Espinosa Maestre, *La columna...*, pp. 12-15.

10. Espinosa Maestre, *La columna...*, pp. 17-19; Sánchez del Arco, *El sur de España...*, pp. 70-72; José Luis Gutiérrez Casalá, *La guerra civil en la provincia de Badajoz. Represión republicano-franquista*, Universitas Editorial, Badajoz, 2004, pp. 99-106. Mi profundo agradecimiento a Cayetano Ibarra Barroso por proporcionarme información acerca de los sucesos de Fuente de Cantos. Cayetano Ibarra, *La otra mitad de la historia que nos contaron. Fuente de Cantos, República y guerra 1931-1939*, Diputación de Badajoz, Badajoz, 2005, pp. 294-304 y 322-351. Para consultar los nombres de los asesinados, véanse pp. 527-541, 553-556 y 571-573.

11. Ibarra, *La otra mitad de la historia...*, pp. 304-307. Espinosa Maestre, *La reforma agraria...*, pp. 292-294.

12. *Diário de Notícias* (10 y 14 de agosto de 1936); Francisco Pilo Ortiz, *Ellos lo vivieron. Sucesos en Badajoz durante los meses de julio y agosto de 1936 narrados por personas que los presenciaron,* ed. del autor, Badajoz, 2001, pp. 42-44; José María Lama, *Una biografía frente al olvido: José González Barrero, Alcalde de Zafra en la Segunda República*, Diputación de Badajoz, Badajoz, 2000, pp. 83-126 y 136-138; Ortiz de Villajos, *De Sevilla a Madrid...*, pp. 82-83; Espinosa Maestre, *La columna...*, pp. 21-23 y 29-31.

13. Francisco Sánchez Ruano, *Islam y guerra civil española. Moros con Franco y con la República*, La Esfera de los Libros, Madrid, 2004, pp. 165-167 y 185; María Rosa de Madariaga, *Los moros que trajo Franco. La intervención de tropas coloniales en la guerra civil*, Martínez Roca, Barcelona, 2002, pp. 296-299. Para un ejemplo, véase Manuel Velasco Haro, *Los Corrales. Referencias históricas de un pueblo andaluz*, 2 tomos, Manuel Velasco Haro/Imprenta Gracia, El Saucejo, Sevilla, 2000, II, pp. 611-612.

14. Antonio Bahamonde y Sánchez de Castro, *Un año con Queipo*, Ediciones Españolas, Barcelona, s.f. [1938], p. 96; Antonio Bahamonde, *Memoirs of a Spanish Nationalist*, United Editorial, Londres, 1939, pp. 91-92; Manuel Rubio Díaz y Silvestre Gómez Zafra, *Almendralejo (1930-1941). Doce años intensos*, Grafisur, Los Santos de Maimona, 1987, p. 276.

15. Bahamonde, *Un año con Queipo*, pp. 66-68; José María Lama, *La amargura de la memoria: República y guerra en Zafra (1931-1936)*, Diputación de Badajoz, Badajoz, 2004, pp. 487-492; Vidarte, *Todos fuimos culpables*, pp. 370-371.

16. Martínez Bande, *La marcha sobre Madrid*, p. 32; Espinosa Maestre, *La columna...*, pp. 31-33 y 420-423. Sobre la venganza, véase Espinosa Maestre, *La reforma agraria...*, p. 270.

17. Asensio Cabanillas, «El avance sobre Madrid...», pp. 162-164; Leopoldo Nunes, *La guerra en España (Dos meses de reportaje en los frentes de Extremadura y Andalucía)*, Librería Prieto, Granada, 1937, pp. 183-190; Espinosa Maestre, *La columna...*, pp. 33-

34; Juan Carlos Molano Gragera, *Miguel Merino Rodríguez. Dirigente obrero y Alcalde de Montijo (1893-1936)*, Diputación de Badajoz, Badajoz, 2002, p. 136.

18. *Diário de Notícias* (14 de agosto de 1936); *The Washington Post* (15 de agosto de 1936); *O Seculo* (14, 17 y 18 de agosto de 1936); Rubio Díaz y Gómez Zafra, *Almendralejo...*, pp. 253-283, 272, 288 y 400; Espinosa Maestre, *La columna...*, pp. 332-336.

19. Bernal, «Resignación de los campesinos andaluces», p. 148; Espinosa Maestre, *La columna...*, pp. 39-44.

20. Alberto Oliart, *Contra el olvido*, Tusquets, Barcelona, 1998, p. 137.

21. Espinosa Maestre, *La columna...*, p. 38.

22. Jorge Villarín, *Guerra en España contra el Judaísmo bolchevique. Crónicas del frente*, Establecimientos Cerón, Cádiz, 1937.

23. Archivo General Militar, Ávila, ZN, armario 6, legajo 337, carpeta 17.

24. Sobre la carrera anterior de Yagüe, véase Ramón Garriga, *El general Yagüe*, Planeta, Barcelona, 1985, pp. 7-42; Calleja, *Yagüe...*, pp. 19-58. Ramón Serrano Suñer, *Entre el silencio y la propaganda, la Historia como fue. Memorias*, Planeta, Barcelona, 1977, p. 232.

25. Calleja, *Yagüe...*, pp. 94-96; Sánchez del Arco, *El sur de España...*, pp. 74-77; Ortiz de Villajos, *De Sevilla a Madrid...*, pp. 86-90.

26. Pilo Ortiz, *Ellos lo vivieron...*, pp. 33-36; Jacinta Gallardo Moreno, *La guerra civil en La Serena*, Diputación Provincial, Badajoz, 1994, pp. 67-68 y 150. Sobre Gómez Cantos, véase Francisco Espinosa Maestre, *La justicia de Queipo. Violencia selectiva y terror fascista en la II División en 1936. (Sevilla, Huelva, Cádiz, Córdoba, Málaga y Badajoz)*, Centro Andaluz del Libro, Sevilla, 2000, pp. 167-172; Jesús Mendoza, «Gómez Cantos, el exterminador», en *La Aventura de la Historia*, n.º 11, 1999, pp. 22-31.

27. Oliart, *Contra el olvido*, pp. 81-82, 127-128 y 134-135; Espinosa Maestre, *La columna...*, p. 460; Espinosa Maestre, «Francisco Marín Torrado. Vida y muerte de vencidos», *Cuadernos para el Diálogo*, n.º 40 (abril de 2009), pp. 81-83.

28. Harold G. Cardozo, *The March of a Nation: My Year of Spain's Civil War*, The Right Book Club, Londres, 1937, pp. 160-162; John T. Whitaker, *We Cannot Escape History*, MacMillan, Nueva York, 1943, p. 100.

29. Servicio Histórico Militar (José Manuel Martínez Bande), *La marcha sobre Madrid*, Editorial San Martín, Madrid, 1968, pp. 165-170.

30. Espinosa Maestre, *La columna...*, p. 56.

31. Comandante Franco, *Diario de una bandera*, Editorial Pueyo, Madrid, 1922, pp. 197-198. Véase también Madariaga, *Los moros...*, pp. 133-134, 296-299 y 305-318; Gustau Nerín, *La guerra que vino de África*, Crítica, Barcelona, 2005, pp. 285-288; Sebastian Balfour, *Deadly Embrace. Morocco and the Road to the Spanish Civil War*, Oxford University Press, Oxford, 2002, pp. 253-256; Sánchez Ruano, *Islam y guerra civil...*, pp. 357-363 y 373-375.

32. Cardozo, *The March...*, p. 56.

33. *Daily Express* (28 de agosto de 1936).

34. Joaquín Arrarás, *Historia de la Cruzada española*, 8 vols., 36 tomos, Ediciones Españolas, Madrid, 1939, VII, pp. 24-26; Manuel Aznar, *Historia militar de la guerra de España (1936-1939)*, Idea, Madrid, 1940, p. 103; Martínez Bande, *La marcha sobre Ma-*

drid, pp. 34-35; todos ellos atribuyen la decisión a Yagüe. Calleja, *Yagüe...*, p. 97, aclara que lo consultó todo con Franco.

35. Espinosa Maestre, *La justicia de Queipo...*, p. 236.

36. Juan Carlos Molano Gragera, *La izquierda en Puebla de la Calzada desde mediados del siglo XIX hasta mediados del siglo XX*, ed. del autor, Montijo, 2004, pp. 77-82; Molano Gragera, *Miguel Merino Rodríguez...*, pp. 130-136; Espinosa Maestre, *La columna...*, p. 62.

37. Molano Gragera, *La izquierda en Puebla de la Calzada...*, pp. 82-95 y 99-100; Molano Gragera, *Miguel Merino Rodríguez...*, pp. 136-150.

38. Espinosa Maestre, *La justicia de Queipo*, pp. 231-236.

39. Espinosa Maestre, *La columna...*, pp. 59-62; Pilo Ortiz, *Ellos lo vivieron...*, pp. 42 y 72-81.

40. Espinosa Maestre, *La columna...*, pp. 62-73; Rodríguez Hermosell, *Movimiento obrero en Bancarrota...*, pp. 130-131; Calleja, *Yagüe...*, pp. 100-101.

41. Espinosa Maestre, *La columna...*, pp. 78-84; Pilo Ortiz, *Ellos lo vivieron...*, pp. 32-33 y 51-70; Francisco Pilo Ortiz, *La represión en Badajoz (14-31 de agosto de 1936)*, ed. del autor, Badajoz, 2001, pp. 12-15. Sobre los bombardeos, véase Mario Neves, *La matanza de Badajoz*, Editora Regional de Extremadura, Badajoz, 1986, pp. 24, 28-29 y 34-35.

42. Alberto Reig Tapia, *Memoria de la guerra civil. Los mitos de la tribu*, Alianza, Madrid, 1999, pp. 146-147.

43. Espinosa Maestre, *La columna...*, pp. 76-77 y 85-89; Pilo Ortiz, *Ellos lo vivieron...*, pp. 40-41; Neves, *La matanza...*, pp. 33-37. Calleja, *Yagüe...*, p. 101, habla de 5.000 «superiormente armadas»; Hugh Thomas, *The Spanish Civil War*, Hamish Hamilton, Londres, 1977, 3.ª ed., p. 372, ofrece la cifra de 8.000; Nunes, *La guerra en España...*, p. 204, la eleva a 12.000. Sánchez del Arco, *El sur de España...*, p. 90, refiere que el ataque principal lo llevaron a cabo 90 hombres.

44. *Diário de la Manhã* (16 de agosto de 1936); Espinosa Maestre, *La columna...*, pp. 89-94; Neves, *La matanza...*, pp. 39-41; Sánchez del Arco, *El sur de España...*, pp. 82-92; Calleja, *Yagüe...*, pp. 101-106; Ortiz de Villajos, *De Sevilla a Madrid...*, pp. 93-98; Pilo Ortiz, *Ellos lo vivieron...*, pp. 92-98.

45. Hipólito Escolar Sobrino, *No pudimos escapar*, Gredos, Madrid, 1996, pp. 201-202. Bahamonde, *Un año con Queipo*, p. 67. Véase también Pilo Ortiz, *Ellos lo vivieron...*, p. 134.

46. *Diário de Notícias* (16 de agosto de 1936); Neves, *La matanza...*, pp. 13, 43-45 y 50-51; Jay Allen, «Slaughter of 4,000 at Badajoz, City of Horrors», *Chicago Daily Tribune* (30 de agosto de 1936); *El fascismo sobre Extremadura*, pp. 63-69; Espinosa Maestre, *La columna...*, pp. 95-97; Pilo Ortiz, *Ellos lo vivieron...*, pp. 138-144 y 149; Julián Márquez Villafaina, *Aquellos días de agosto*, Diputación de Badajoz, Badajoz, 1999, pp. 197-221; Justo Vila Izquierdo, *Extremadura: la guerra civil*, Universitas Editorial, Badajoz, 1983, pp. 54-56; Pilo Ortiz, *La represión...*, pp. 38-42. Gutiérrez Casalá, *La guerra civil en la provincia de Badajoz...*, pp. 493-496, afirma que no hubo tiroteos en el ruedo. Se ha argumentado que buena parte de los saqueos fueron obra de civiles, véase Pilo Ortiz, *La represión...*, pp. 32-33.

47. Sobre los hermanos Pla, véase el testimonio de Luis Pla de Urbina, hijo de

Luis, sobrino de Carlos, en *El fascismo sobre Extremadura*, pp. 94-100; Pilo Ortiz, *La represión...*, pp. 67-74; Espinosa Maestre, *La columna...*, pp. 216-217; Gutiérrez Casalá, *La guerra civil en la provincia de Badajoz...*, p. 501, cita la absurda afirmación de un guardia civil, Manuel Carracedo, quien aseguró que las ejecuciones se llevaron a cabo con plenas garantías legales.

48. *Diário de Lisboa* (21 de agosto de 1936). Para dos versiones ligeramente distintas de este incidente, véase Pilo Ortiz, *La represión...*, p. 71; y Francisco Pilo, Moisés Domínguez y Fernando de la Iglesia, *La matanza de Badajoz ante los muros de la propaganda*, Libros Libres, Madrid, 2010, p. 165.

49. *Diário de Notícias* (15 de agosto de 1936); Iva Delgado, *Portugal e a guerra civil de Espanha*, Publicações Europa-América, Lisboa, s.f., pp. 95-96; Espinosa Maestre, *La columna...*, pp. 109-124; Vila Izquierdo, *Extremadura: la guerra civil*, pp. 56-58; Escolar Sobrino, *No pudimos escapar*, pp. 196-197.

50. Espinosa Maestre, *La reforma agraria...*, p. 322.

51. Gutiérrez Casalá, *La guerra civil en la provincia de Badajoz...*, pp. 490, 494, 500, 730-731 y 764; *El fascismo sobre Extremadura*, pp. 78-79 y 94-95. El informe de Gómez Cantos sobre Pereita se incluye en Espinosa Maestre, *La justicia de Queipo...*, pp. 167-168. Aunque Gutiérrez Casalá sitúa la partida de Pereita el 11 de noviembre, Espinosa Maestre (*La justicia de Queipo...*, p. 177) todavía lo muestra firmando documentos en fechas posteriores como comandante de la Guardia Civil de Badajoz.

52. Jay Allen, «Slaughter of 4,000 at Badajoz...».

53. César Oliveira, *Salazar e a guerra civil de Espanha*, O Jornal, Lisboa, 1987, pp. 169-170; Informe de Ministro dos Negócios Estrangeiros, Armindo Monteiro, al Comité de No Intervención, 22 de octubre de 1936, en: *Dez anos de política externa*, vol. III, pp. 463-484; *El fascismo sobre Extremadura*, pp. 73-75; Vila Izquierdo, *Extremadura: la guerra civil*, pp. 58-59; Bahamonde, *Un año con Queipo*, pp. 117-118; Espinosa Maestre, *La columna...*, p. 211; Pilo Ortiz, *La represión...*, pp. 78-81; Manuel Tapada Pérez, *Guerra y posguerra en Encinasola*, ed. del autor, Sevilla, 2000, pp. 314 y 327-328; Manuel Ruiz Romero y Francisco Espinosa Maestre, eds., *Ayamonte, 1936. Diario de un fugitivo. Memorias de Miguel Domínguez Soler*, Diputación de Huelva, Huelva, 2001, pp. 131-145.

54. Francisco Espinosa Maestre, «Barrancos, 1936; El caso del Teniente Seixas y la aventura del *Niassa*», en: Maria Dulce Antunes Simões, *Barrancos en la encrucijada de la guerra civil española*, Editorial Regional de Extremadura, Mérida, 2008, pp. 127-153.

55. Para un excelente resumen de la matanza y sus implicaciones, véase Reig Tapia, *Memoria de la guerra civil...*, pp. 138-147. La cifra de 9.000 se ofrece en Vila Izquierdo, *Extremadura: la guerra civil*, p. 58; la de entre 200 y 600, en Pío Moa Rodríguez, *Los mitos de la guerra civil*, La Esfera de los Libros, Madrid, 2003, p. 283; el análisis de Espinosa Maestre se incluye en *La columna...*, pp. 228-234 y *La justicia de Queipo...*, pp. 172-180. El esfuerzo más reciente por rebajar el número de víctimas corresponde a Pilo, Domínguez y De la Iglesia, *La matanza de Badajoz*, pp. 183-194.

56. Calleja, *Yagüe...*, p. 106; Neves, *La matanza...*, pp. 46 y 61; Sánchez del Arco, *El sur de España...*, p. 90, Espinosa Maestre, *La columna...*, pp. 101-104; Pilo Ortiz, *Ellos lo vivieron...*, pp. 123-129.

57. Pilo Ortiz, *Ellos lo vivieron...*, pp. 150-154; Márquez Villafaina, *Aquellos días...*, p. 218.

58. *O Seculo*; *Diário de Notícias*; *Diário de la Manhã* (16 de agosto de 1936); *Diário de Lisboa* (16 y 18 de agosto de 1936); Nunes, *La guerra en España...*, p. 203; Neves, *La matanza...*, pp. 43, 47 y 60. Sobre Pires, véase el informe del embajador español en Portugal, Claudio Sánchez Albornoz, 18 de agosto de 1936, en: José Luis Martín, ed., *Claudio Sánchez Albornoz. Embajador de España en Portugal, mayo-octubre 1936*, Fundación Sánchez Albornoz, Ávila, 1995, pp. 157-160; Alberto Pena Rodríguez, *El gran aliado de Franco. Portugal y la guerra civil española: prensa, radio, cine y propaganda*, Ediciós do Castro, Sada-A Coruña, 1998, pp. 285-286.

59. Sobre los esfuerzos por negar la masacre, véase Herbert Rutledge Southworth, *El mito de la cruzada de Franco*, Ruedo Ibérico, París, 1963, pp. 217-229; «A Journalist», en: *Foreign Journalists under Franco's Terror*, United Editorial, Londres, 1937, pp. 6 y 17-18.

60. Archivo General Militar (Madrid), armario 18, legajo 6, carpeta 2.

61. John Whitaker, «Prelude to World War. A Witness from Spain» en: *Foreign Affairs*, vol. 21 (1-4 de octubre de 1942-julio de 1943), pp. 104-106; Calleja, *Yagüe...*, pp. 99-109.

62. Martínez Bande, *La marcha sobre Madrid*, pp. 35-41; Sánchez del Arco, *El sur de España...*, p. 82-91; Calleja, *Yagüe...*, p. 105; Luis María de Lojendio, *Operaciones militares de la guerra de España*, Barcelona, 1940, pp. 141-144. Sobre la campaña de propaganda franquista para negar lo ocurrido en Badajoz, véase Herbert Rutledge Southworth, *El mito de la cruzada de Franco*, pp. 217-231.

63. *The Times* (29 y 31 de agosto; 1, 2, 4 y 5 de septiembre de 1936).

64. Espinosa, *La reforma agraria...*, pp. 274-277.

65. Márquez Villafaina, *Aquellos días...*, pp. 219-220; Espinosa Maestre, *La columna...*, pp. 136-139, 161-176, 181 y 253.

66. Manuel Martín Burgueño, «La guerra civil española en la comarca de Llerena (1) Azuaga», en: *Torre Túrdula*, n.º 5, (Llerena) (julio de 2002), pp. 31-35; José Fernando Mota Muñoz, «Documentos sobre la guerra civil en Llerena», en: *Torre Túrdula*, n.º 6, (Llerena) (enero de 2003), pp. 19-21; Bahamonde, *Un año con Queipo*, p. 118. Sobre la matanza de las sibilinas, sacerdotes y monjes de Fuente Obejuna, véase Antonio Montero Moreno, *Historia de la persecución religiosa en España 1936-1939*, Biblioteca de Autores Cristianos, Madrid, 1961, pp. 290-295.

67. Espinosa Maestre, *La columna...*, pp. 154-158.

68. Rodríguez Hermosell, *Movimiento obrero en Bancarrota...*, p. 141.

69. *Ibid.*, p. 136; Lama, *La amargura de la memoria*, p. 432.

70. La suerte de la Columna de los Ocho Mil se conoce gracias a los estudios pioneros de Francisco Espinosa y José María Lama. Sus hallazgos iniciales se recogen en «La columna de los ocho mil», *Revista de Fiestas de Reina* (Badajoz) (agosto de 2001). Véase también Espinosa Maestre, *La columna...*, pp. 195-199; Lama, *Una biografía frente al olvido...*, pp. 128-130; Ibarra, *La otra mitad de la historia...*, pp. 281-293. Este relato se basa principalmente en el trabajo de ambos, además de la obra de Cayetano Ibarra, si bien el final de la historia presenta algunas variaciones en lo que atañe a las funciones de Gómez Cobián y de Tassara, como resultado de las declaraciones de testigos presen-

ciales recogidas en el notable documental titulado *La columna de los ocho mil* y realizado en 2004 por la Asociación Cultural Mórrimer, según consta en el artículo publicado por uno de sus productores, Ángel Hernández García, «La columna de los ocho mil: una tragedia olvidada», en *Revista de Fiestas de Reina*, n.º 7 (agosto de 2005), pp. 103-108. Recientemente los fascinantes testimonios de varios testigos oculares han sido recogidos en Ángel Olmedo Alonso, *Llerena 1936. Fuentes orales para la recuperación de la memoria histórica*, Diputación de Badajoz, Badajoz, 2010, pp. 168-182. Tassara ofreció una versión inflada de su heroica hazaña a Rafael Medina, *Tiempo pasado*, pp. 88-90.

71. *ABC* (Sevilla) (19 de septiembre de 1936).

72. Ibarra, *La otra mitad de la historia...*, pp. 351-358. Véase también Eduardo Pons Prades, *Guerrillas españolas, 1936-1960*, Planeta, Barcelona, 1977, pp. 317-319.

73. *Correio Elvense*, n.º 308 (30 de agosto de 1936), reimpreso en Luis Alfonso Limpo Píriz, ed., *Olivenza. Antología esencial*, Editora Regional de Extremadura, Mérida, 1994, pp. 251-255; Espinosa Maestre, *La columna...*, pp. 149-150 y 404-406.

74. Espinosa Maestre, *La justicia de Queipo...*, pp. 180-184.

75. *Daily Mail* (22 de agosto de 1936).

76. Martínez Bande, *La marcha sobre Madrid*, pp. 45-48; Calleja, *Yagüe...*, pp. 111-112; Sánchez del Arco, *El sur de España...*, pp. 94-114; Julián Chaves Palacios, *La guerra civil en Extremadura. Operaciones militares (1936-1939)*, Editora Regional de Extremadura, Mérida, 1997, pp. 123-137 y 153-182.

77. *ABC* (Sevilla) y *La Unión* (ambos: 30 de agosto de 1936).

78. Archivo General Militar (Madrid), armario 18, legajo 6, carpeta 5; Eduardo Haro Tecglen, *Arde Madrid*, Temas de Hoy, Madrid, 2000, pp. 159 y 163-164.

79. Gerald Brenan, *Personal Record 1920-1972*, Jonathan Cape, Londres, 1974, p. 297; Gamel Woolsey, *Death's Other Kingdom*, Longmans, Green, Londres, 1939, pp. 34-35.

80. José Cuesta Monereo, *Una figura para la historia. El general Queipo de Llano*, Jefatura Provincial del Movimiento de Sevilla, Sevilla, 1969, pp. 11 y 25; Edmundo Barbero, *El infierno azul. Seis meses en el feudo de Queipo*, Talleres del SUIG (CNT), Madrid, 1937, pp. 44 y 47.

81. Martínez Bande, *La marcha sobre Madrid*, pp. 55-57.

82. Whitaker, *We Cannot Escape History*, pp. 111-112; Whitaker, «Prelude to World War: A Witness from Spain», *Foreign Affairs*, vol. 21, n.º 1 (octubre de 1942), pp. 105-106.

83. Memorias de Miguel Navazo Taboada, citado en Espinosa Maestre, *La columna...*, pp. 435-437.

84. Pena Rodríguez, *El gran aliado...*, p. 271.

85. Fotografía n.º 3, *Preliminary Official Report on the Atrocities Committed in Southern Spain in July and August, 1936, by the Communist Forces of the Madrid Government*, Eyre and Spottiswoode, Londres, 1936, p. 73 y ss. Bahamonde y Sánchez de Castro, *Un año con Queipo*, pp. 142-143.

86. Noel Monks, *Eyewitness*, Frederick Muller, Londres, 1955, pp. 78-79.

87. Edmond Taylor, «Assignment in Hell», en: Frank C. Hanighen, *Nothing but Danger*, Harrap, Londres, 1940, pp. 68-69.

88. Whitaker, «Prelude to World War», *Foreign Affairs*, vol. 21, n.º 1 (octubre de 1942); Whitaker, *We Cannot Escape History*, pp. 113-114.

89. José María Ruiz Alonso, *La guerra civil en la provincia de Toledo. Utopía, conflicto y poder en el sur del Tajo (1936-1939)*, 2 vols., Almud, Ediciones de Castilla-La Mancha, Ciudad Real, 2004, I, pp. 161-178; Rafael Casas de la Vega, *El Alcázar*, G. del Toro, Madrid, 1976, pp. 33-77; Antonio Vilanova Fuentes, *La defensa del Alcázar de Toledo (epopeya o mito)*, Editores Mexicanos Unidos, México D. F., 1963, pp. 189-192; Luis Quintanilla, *Los rehenes del Alcázar de Toledo*, Ruedo Ibérico, París, 1967, pp. 82-88.

90. Manuel Aznar, *Historia militar de la guerra de España (1936-1939)*, Idea, Madrid, 1940, p. 212; Franz Borkenau, *The Spanish Cockpit*, Faber & Faber, Londres, 1937, p. 145; Ruiz Alonso, *La guerra civil en la provincia de Toledo...*, I, pp. 184-188; Herbert Rutledge Southworth, *El mito de la cruzada de Franco*, Random House Mondadori, Barcelona, 2008, 3.ª ed. pp. 196-201; Vilanova Fuentes, *La defensa...*, pp. 197-199; Sánchez Ruano, *Islam y guerra civil...*, p. 203. Las listas de nombres se incluyen en Comandante Alfredo Martínez Leal, *El asedio del Alcázar de Toledo: memorias de un testigo*, Editorial Católica Toledana, Toledo, 1937, pp. 57 y 229-241; Joaquín Arrarás y Luis Jordana de Pozas, *El sitio del Alcázar de Toledo*, Heraldo de Aragón, Zaragoza, 1937, pp. 315-349. Alfonso Bullón de Mendoza, Gómez de Valugera y Luis Eugenio Togores Sánchez, *El Alcázar de Toledo. Final de una polémica*, Actas, Madrid, 1996, p. 109, citan una carta del gobernador civil a Moscardó en la que se indica claramente que él, su mujer y su familia no fueron detenidos, sino que entraron voluntariamente en el Alcázar. Declaración del general Moscardó a la Causa General, *La dominación roja en España*, Ministerio de Justicia, Madrid, 1945, p. 316.

91. Para otras versiones prorrepublicanas, véase Quintanilla, *Los rehenes...*, pp. 75, 85, 99-100, 183-185 y 223-232; Vilanova Fuentes, *La defensa...*, pp. 180, 191 y 197; Isabelo Herreros, *Mitología de la Cruzada de Franco: El Alcázar de Toledo*, Vosa, Madrid, 1995, pp. 21-23. Las fuentes franquistas recogen numerosas referencias a los rehenes. Véase General Moscardó, *Diario del Alcázar*, Atlas, Madrid, 1943, pp. 29, 34, 83, 107 y 152; «Declaración del General Moscardó», Causa General, *La dominación roja...*, p. 318; Alberto Risco S. J., *La epopeya del Alcázar de Toledo*, Editorial Española, Burgos, 1937, 2.ª ed., pp. 27 y 213-214; D. Muro Zegri, *La epopeya del Alcázar*, Librería Santarén, Valladolid, 1937, pp. 33, 69 y 134-135; Martínez Leal, *El asedio...*, p. 58. Manuel Aznar, *El Alcázar no se rinde*, Ograma, Madrid, 1957, 2.ª ed., pp. 36-37, ofrece una declaración facsímil de un miliciano que sospechaba que se había producido un intercambio de rehenes para salvar al hijo de Moscardó. Otras dos interesantes fuentes prorrebeldes de reciente aparición en las que se ofrece la cifra de 16 rehenes son: Casas de la Vega, *El Alcázar...*, pp. 61-64; Bullón de Mendoza, Gómez de Valugera y Togores Sánchez, *El Alcázar...*, pp. 81-113.

92. Francisco Largo Caballero, *Mis recuerdos: cartas a un amigo*, Editores Unidos, México D. F., 1954, pp. 185-186; Southworth, *El mito...*, pp. 201-206; Vilanova Fuentes, *La defensa...*, p. 198. Sobre el destino de esta muchacha, véase Arthur Koestler, *Spanish Testament*, Victor Gollancz, Londres, 1937, p. 159.

93. Bullón de Mendoza, Gómez de Valugera y Togores Sánchez, *El Alcázar...*, pp. 125-126 y 128.

94. Moscardó, *Diario...*, p. 107; Vilanova Fuentes, *La defensa...*, pp. 194-195.

95. Borkenau, *The Spanish Cockpit*, p. 145.

96. Ruiz Alonso, *La guerra civil en Toledo*, I, pp. 207-209, 225-226 y 279-294; Vilanova Fuentes, *La defensa...*, pp. 175-180; Montero Moreno, *Historia de la persecución religiosa...*, pp. 307-310. Herreros, *Mitología...*, pp. 22-23 y 37-38.

97. Eugenio Vegas Latapié, *Los caminos del desengaño. Memorias políticas (II) 1936-1938*, Tebas, Madrid, 1987, pp. 74-75; Ronald Fraser, *Blood of Spain. The experience of Civil War 1936-1939*, Allen Lane, Londres, 1979, p. 168.

98. Risco, *La epopeya...*, pp. 216-218.

99. H. R. Knickerbocker, *The Seige of Alcazar: A War-Log of the Spanish Revolution*, Hutchinson, Londres, s.f. [1937], pp. 172-173; Webb Miller, *I Found No Peace*, The Book Club, Londres, 1937, pp. 329-330; Herbert L. Matthews, *The Yoke and the Arrows: A Report on Spain*, Heinemann, Londres, 1958, p. 176.

100. Miller, *I Found No Peace*, pp. 335-337; Allen a Southworth, 17 de enero de 1964, 7 de agosto de 1967, Southworth Papers, Museo de Guernica.

101. Risco, *La epopeya...*, pp. 225-226.

102. Herreros, *Mitología...*, pp. 77-79 y 95; Sánchez Ruano, *Islam y guerra civil...*, pp. 204-206.

103. Rafael María Sanz de Diego, S.J., «Actitud del P. Huidobro, S.J., ante la ejecución de prisioneros en la guerra civil. Nuevos datos», *Estudios Eclesiásticos*, n.º 60 (1985), p. 445.

104. Rafael Valdés S.J., *Fernando Huidobro. Intelectual y Héroe*, Apostolado de la Prensa, Madrid, 2.ª ed., 1966, pp. 292-316; Carlos Iniesta Cano, *Memorias y recuerdos*, Planeta, Barcelona, 1984, pp. 85-88.

105. Valdés, *Huidobro...*, pp. 316-340 y 496-504; Hilari Raguer, *La pólvora y el incienso. La Iglesia y la guerra civil española*, Península, Barcelona, 2001, pp. 88; Iniesta Cano, *Memorias y recuerdos*, pp. 97 y 99; Sanz de Diego, S.J., «Actitud del P. Huidobro, S.J...», pp. 447-449.

106. Sanz de Diego, S.J., «Actitud del P. Huidobro, S.J...», apéndice documental (en adelante Documentos de Huidobro) pp. 464-468 y 481-484; Valdés, *Huidobro...*, pp. 510-521 y 542-552; Raguer, *La pólvora...*, pp. 191-193.

107. Sanz de Diego, S.J., «Actitud del P. Huidobro, S.J...», p. 459.

108. Huidobro a Varela, 14 de noviembre; Varela a Huidobro, 3 de diciembre de 1936, Documentos de Huidobro, pp. 477-478.

109. Huidobro a Díaz Varela, 4 de octubre de 1936; Huidobro a Franco, sin fecha, Documentos de Huidobro, pp. 469-471.

110. Huidobro a Díaz Varela, 10 de noviembre de 1936, Documentos de Huidobro, pp. 472-473.

111. Díaz Varela a Huidobro, 25 de noviembre; Huidobro a Díaz Varela, 1 de diciembre de 1936, Documentos de Huidobro, pp. 475-476. Estoy en deuda con Hilari Raguer por facilitarme la información sobre el proceso de beatificación de Huidobro contenida en los Archivos de la Compañía de Jesús. El relato de la Legión sobre la muerte de Huidobro figura en Iniesta Cano, *Memorias y recuerdos*, pp. 108-110.

CAPÍTULO 10. LA RESPUESTA DE UNA CIUDAD ATERRADA:
LAS MATANZAS DE PARACUELLOS

1. *La Voz* (31 de octubre; 3 y 5 de noviembre de 1936).

2. *Informaciones* (10 de noviembre de 1936); *ABC* (Sevilla) (14 y 17 de noviembre de 1936).

3. *ABC* (17 de noviembre de 1936); Mijail Koltsov, *Diario de la guerra de España*, Ruedo Ibérico, París, 1963, p. 233; Ignacio Hidalgo de Cisneros, *Cambio de rumbo. Memorias*, 2 vols., Colección Ebro, Bucarest, 1964, II, p. 187.

4. «Por resolución del gobierno y orden del ministro de la Guerra se ha creado el cuerpo de comisarios del ejército, con un comisariado de guerra en cabeza. El comisario general es Julio Álvarez del Vayo. Los subcomisarios son Crescenciano Bilbao (socialista), Antonio Mije (comunista), Ángel Pestaña (sindicalista), Roldán (anarquista) y Pretel (socialista, segundo secretario de la Unión General de Trabajadores). Objetivo del comisariado: "Se crea un Comisariado General de Guerra, cuya principal misión consistirá en ejercer un control de índole político-social sobre los soldados, milicianos y demás fuerzas armadas al servicio de la República, y lograr una coordinación entre los mandos militares y las masas combatientes encaminada al mejor aprovechamiento de la eficiencia de las citadas fuerzas".» *Gaceta de Madrid* (16 de octubre de 1936); *La Vanguardia* (17 de octubre de 1936); *Milicia Popular* (18 de octubre de 1936); Koltsov, *Diario...*, p. 142.

5. Koltsov, *Diario...*, p. 168.

6. Declaración de Antonio Viqueira Hinojosa, AHN, FC-Causa General, 1.526-1, exp. 2, pp. 179-182; Ian Gibson, *Paracuellos: cómo fue*, Argos Vergara, Barcelona, 1983, pp. 136-141; Felix Schlayer, *Diplomático en el Madrid rojo*, Espuela de Plata, Sevilla, 2008, p. 145; Adelardo Fernández Arias (El Duende de la Colegiata), *Madrid bajo el «terror» 1936-1937 (Impresiones de un evadido, que estuvo a punto de ser fusilado)*, Librería General, Zaragoza, 1937, pp. 201-203.

7. AHN, FC-Causa General, caja 1.526, exp. 5, p. 230; caja 1.530, exp. 12, p. 5; *ABC* (9 de noviembre de 1936); Juan García Oliver, *El eco de los pasos*, Ruedo Ibérico, París, 1978, pp. 308-309; Pascual Marzal Rodríguez, *Una historia sin justicia. Cátedra, política y magistratura en la vida de Mariano Gómez*, Universitat de València, Valencia, 2009, pp. 177-186. Ángel Viñas, *El escudo de la República. El oro de España, la apuesta soviética y los hechos de mayo de 1937*, Crítica, Barcelona, 2007, p. 49; Lluís Alegret, *Joan García Oliver. Retrat d'un revolucionari anarcosindicalista*, Pòrtic, Barcelona, 2008, pp. 168-175.

8. Miguel Íñiguez, *Enciclopedia histórica del anarquismo español*, 3 vols., Asociación Isaac Puente, Vitoria, 2008, II, p. 1.202.

9. *ABC* (8 de octubre de 1936); Gregorio Gallego, *Madrid, corazón que se desangra*, G. del Toro, Madrid, 1976, pp. 173-180.

10. Javier Cervera Gil, *Madrid en guerra: la ciudad clandestina, 1936-1939*, Alianza, Madrid, 2006, 2.ª ed., pp. 72-74.

11. Rafael Casas de la Vega, *El terror: Madrid 1936. Investigación histórica y catálogo de víctimas identificadas*, Fénix, Madrid, 1994, p. 205; padre Carlos Vicuña, *Mártires Agustinos de El Escorial*, (OSA), Imprenta del Monasterio de El Escorial, El Escorial, 1943, pp. 159-161.

12. Vicuña, *Mártires...*, p. 149; G. Arsenio de Izaga, *Los presos de Madrid. Recuerdos e impresiones de un cautivo en la España roja*, Imprenta Martosa, Madrid, 1940, pp. 159-163; David Jato Miranda, *Madrid, capital republicana. Del 18 de julio al 6 de noviembre de 1936*, Acervo, Barcelona, 1976, p. 655; Causa General, *La dominación roja en España*, Ministerio de Justicia, Madrid, 1945, p. 239.

13. Julio Aróstegui y Jesús A. Martínez, *La Junta de Defensa de Madrid*, Comunidad de Madrid, Madrid, 1984, pp. 54-61; Antonio López Fernández, *Defensa de Madrid. Relato histórico*, Editorial A. P. Márquez, México D. F., 1945, pp. 82-84.

14. López Fernández, *Defensa de Madrid...*, pp. 84-89; Koltsov, *Diario...*, p. 189.

15. Helen Graham, *The Spanish Republic at War 1936-1939*, Cambridge University Press, Cambridge, 2002, pp. 168-169 [hay trad. cast.: *La República española en guerra, 1936-1939*, trad. Sandra Isabel Souto, Debate, Barcelona, 2006]; general Vicente Rojo, *Así fue la defensa de Madrid*, Ediciones Era, México D. F., 1967, pp. 32-36.

16. Aróstegui y Martínez, *La Junta de Defensa...*, pp. 62-63; Dolores Ibárruri *et al.*, *Guerra y revolución en España 1936-1939*, 4 vols., Progreso, Moscú, 1966-1977, II, p. 142; Santiago Carrillo, *Memorias*, Planeta, Barcelona, 1993, pp. 189-190; Gibson, *Paracuellos...*, p. 192.

17. Para una descripción de Serrano Poncela, véase Aurora Arnaiz, *Retrato hablado de Luisa Julián*, Compañía Literaria, Madrid, 1996, pp. 142-143.

18. Declaración de Ramón Torrecilla Guijarro, AHN, FC–Causa General, 1.526-3, exp. 5, p. 25. Véase también Gibson, *Paracuellos...*, pp. 260-266. Declaración de García de la Rosa en Gibson, *Paracuellos...*, p.45.

19. Gallego, *Madrid, corazón que se desangra*, p. 222.

20. López Fernández, *Defensa de Madrid...*, pp. 113-125; Rojo, *Así fue la defensa de Madrid*, pp. 32-35 y 247; Koltsov, *Diario...*, pp. 185-190.

21. Carrillo, *Memorias*, pp. 186-187. Enrique Castro Delgado ofrece un relato de lo más extravagante en *Hombres made in Moscú*, Luis de Caralt, Barcelona, 1965, p. 390.

22. Según una conversación por radio entre Madrid y Moscú interceptada por el Servicio de Inteligencia británico, TNA, HW-26, 5631/Sp., 31 de marzo de 1936. Mi agradecimiento a Fernando Hernández Sánchez por llamar mi atención sobre este documento.

23. Max Gallo y Régis Debray, *Demain l'Espagne*, Éditions du Seuil, París, 1974, pp. 48-49. Véase también pp. 42 y ss.

24. Carrillo, *Memorias*, p. 186.

25. Más absurda todavía es la acusación que figura en las poco fiables memorias de Juan García Oliver, cuando afirma que, el 6 de noviembre, el secretario del Comité de Defensa de la CNT-FAI, Eduardo Val, le comunicó que Nelken estaba dirigiendo la represión en la ciudad sitiada. Resulta extraordinario, de ser cierto que Val hiciera efectivamente este comentario, que la acusación procediera del hombre que controlaba las brigadas del terror de la CNT. Juan García Oliver, *El eco de los pasos*, Planeta, Barcelona, 2008, pp. 306-311 y 346. Que tal cosa es imposible ha quedado claramente demostrada tanto por Rojo (*Así fue la defensa de Madrid*, p. 29), como por Carrillo (*Memorias*, p. 213), así como por las numerosas conversaciones del autor con Santiago Carrillo.

26. Declaración de Manuel Muñoz, AHN, FC-Causa General, 1.530-1, exp. 1, p. 305. Causa General, *La dominación roja...*, p. 239; Casas de la Vega, *El terror...*, pp. 175, 193-194, 205-206 y 234; Carlos Fernández, *Paracuellos del Jarama: ¿Carrillo culpable?*, Argos Vergara, Barcelona, 1983, p. 102.

27. Schlayer, *Diplomático en el Madrid rojo*, pp. 143-144.

28. Graham, *The Spanish Republic...*, p. 189.

29. Rojo, *Así fue la defensa de Madrid*, p. 31; Roman Malinovsky en *Bajo la bandera de la España Republicana*, citado en Jato Miranda, *Madrid, capital republicana...*, pp. 664-665.

30. En este sentido, véase Jorge M. Reverte, «Paracuellos, 7 de noviembre de 1936. Agentes de Stalin indujeron la matanza de presos sacados de las cárceles de Madrid», *El País* (5 de noviembre de 2006).

31. Arnaiz, *Retrato hablado...*, p. 35.

32. Rojo, *Así fue la defensa de Madrid*, pp. 43-45.

33. *Ibid.*, p. 214. Mi agradecimiento a Ángel Viñas por llamar mi atención sobre esta referencia.

34. Gracias a Boris Volodarsky por su asesoramiento sobre esta cuestión. Véase también Viñas, *El escudo...*, pp. 63-68; Paul Preston, *We Saw Spain Die. Foreign Correspondents in the Spanish Civil War*, Constable, Londres, 2008, pp. 178-183. [Hay trad. cast.: *Idealistas bajo las balas*, trad. de Beatriz Anson y Ricardo García Pérez, Debate, Barcelona, 2007.]

35. Informe de Gorev en Frank Schauff, *La victoria frustrada. La Unión Soviética, la Internacional Comunista y la guerra civil española*, Debate, Barcelona, 2008, p. 231; relato de Barea en Arturo Barea, *The Forging of a Rebel*, Davis-Poynter, Londres, 1972, pp. 596-597. [Original cast.: *La forja de un rebelde*, Debate, Barcelona, 2000.]

36. Roman Karmen, *¡No pasarán!*, Progreso, Moscú, 1976, pp. 276-278.

37. Koltsov, *Diario...*, pp. 191-192.

38. «El Duende Azul» (Caamaño Cobanela), *Emocionario íntimo de un cautivo. Los cuatro meses de la Modelo*, Gráfica Administrativa, Madrid, 1939, p. 225; Gibson, *Paracuellos...*, p. 83.

39. Herbert L. Matthews, *Half of Spain Died. A Reappraisal of the Spanish Civil War*, Charles Scribner's Sons, Nueva York, 1973, pp. 120-121.

40. Artículo de Contreras en *Milicia Popular*; Viñas, *El escudo...*, pp. 61-62; Alexander I. Kolpakidi y Dmitri P. Projorov, *KGB. Vsyo o vneshnei razvedke*, Olimp, Moscú, 2002, p. 168, citado en Boris Volodarsky, *Soviet Intelligence Services in the Spanish Civil War, 1936-1939*, tesis doctoral, London School of Economics, Londres, 2010, cap. 3.

41. Castro Delgado, *Hombres...*, pp. 390-391.

42. *Milicia Popular* (12 de noviembre de 1936).

43. Schauff, *La victoria frustrada...*, p. 231. Estoy en deuda con Frank Schauff por enviarme su transcripción del documento ruso original, y con Boris Volodarsky por haberlo retraducido y permitirme compartir sus conocimientos enciclopédicos sobre Orlov y Grigulevich.

44. «V Madride ya rukovodil gruppoi, kotoroi polzovalsya dlya samykh raznykh del», Grigulevich entrevistado por Shatunovskaya, *Latinskaya Amerika*, n.° 3

(1993), pp. 63-69, citado en Volodarsky, *Soviet Intelligence Services...*, cap. 3. Véase también Viñas, *El escudo...*

45. Causa General, *La dominación roja...*, pp. 279-280.

46. Las descripciones de los tres rusos, según la declaración de Tomás Durán González, figuran en el Procedimiento Militar contra José Cazorla Maure, AHN, FC-Causa General, 1.525-1, pp. 25-27. La función de «Pancho», según la declaración de Antonio Gutiérrez Mantecón, figura en el Procedimiento Militar contra José Cazorla Maure, AHN, FC-Causa General, 1.525-1, pp. 27-28. El apellido «Bollasqui» de Pancho, según la declaración de Fernando Valentí Fernández, figura en el Procedimiento Militar contra José Cazorla Maure, AHN, FC-Causa General, 1.525-1, pp. 28-29. Estoy en deuda con Boris Volodarsky por ayudarme a identificarlos.

47. Procedimiento Militar contra José Cazorla Maure, AHN, FC-Causa General, 1.525-1, pp. 4-5, 11-14, 25 y 31-32.

48. Juan Negrín, «Apuntes Barcelona del 1 al 40», AFJN, carpeta n.º 2, Fundación Juan Negrín, pp. 23-24.

49. «Informe sobre la actuación de la policía en el servicio que permitió el descubrimiento en los meses de abril, mayo y junio de la organización de espionaje de cuyas derivaciones surgieron las detenciones y diligencias instruidas contra elementos destacados del POUM», 28 de octubre de 1937, FPI, AH-71-6; Declaración de Fernando Valentí Fernández en el Procedimiento Militar contra José Cazorla Maure, AHN, FC-Causa General, 1.525-1, pp. 28-29. Mi agradecimiento a Ángel Viñas por llamar mi atención sobre este informe; y a Aurelio Martín Nájera, de la Fundación Pablo Iglesias, por facilitarme una copia del mismo. Véase también Viñas, *El escudo...*, pp. 75-76.

50. «V Madride ya rukovodil gruppoi, kotoroi polzovalsya dlya samykh raznykh del», Grigulevich entrevistado por Shatunovskaya, *Latinskaya Amerika*, n.º 3 (1993), pp. 63-69, citado en Volodarsky, *Soviet Intelligence Services...*, cap. 3.

51. Christopher Andrew y Vasili Mitrokhin, *The Sword and the Shield: The Mitrokhin Archive and the Secret History of the KGB*, Basic Books, Nueva York, 1999, p. 300.

52. Aróstegui y Martínez, *La Junta de Defensa...*, pp. 75-76 y 292.

53. Schlayer, *Diplomático en el Madrid rojo*, pp. 138-140.

54. Gallego, *Madrid, corazón que se desangra*, pp. 165 y 193.

55. El documento original figura en los Archivos del Instituto Internacional de Historia Social de Amsterdam. Jorge Martínez Reverte, *La Batalla de Madrid*, Crítica, Barcelona, 2004, pp. 226-227; Gibson, *Paracuellos...*, p. 12.

56. Jesús de Galíndez, *Los vascos en el Madrid sitiado. Memoria del Partido Nacionalista Vasco*, Editorial Vasca Ekin, Buenos Aires, 1945, p. 66.

57. El preso 831, *Del Madrid Rojo. Últimos días de la Cárcel Modelo*, Establecimientos Cerón, Cádiz, 1937, pp. 257-258; Causa General, *La dominación roja...*, p. 239; Gibson, *Paracuellos...*, pp. 77-84.

58. Schlayer, *Diplomático en el Madrid rojo*, pp. 133-134.

59. Vicuña, *Mártires...*, pp. 168-169; «El Duende Azul», *Emocionario íntimo...*, pp. 256-257; De Izaga, *Los presos de Madrid...*, pp. 174-184; Gibson, *Paracuellos...*, pp. 84-90.

60. Fernández Arias, *Madrid bajo el «terror»...*, pp. 249-252; Gibson, *Paracuellos...*, 1983, pp. 11-17.

61. Ricardo de la Cierva, *Carrillo miente. 156 documentos contra 103 falsedades*, Fénix, Madrid, 1994, p. 205.

62. Se ha debatido mucho sobre la cifra exacta de víctimas, véase Carlos Fernández Santander, *Paracuellos de Jarama: ¿Carrillo culpable?*, Argos Vergara, Barcelona, 1983, p. 47; Adelardo Fernández Arias (El Duende de la Colegiata), *La agonía de Madrid 1936-1937 (Diario de un superviviente)*, Librería General, Zaragoza, 1938, p. 64. Para una cifra global, véase Gibson, *Paracuellos...*, pp. 184-191; Cervera Gil, *Madrid en guerra...*, pp. 91-93.

63. Declaración de Antonio Viqueira Hinojosa, AHN, FC-Causa General, 1.526-1, exp. 2, pp. 183-186; Gibson, *Paracuellos...*, pp. 184-191; Cervera Gil, *Madrid en guerra...*, pp. 88-93; Casas de la Vega, *El terror...*, pp. 299-303 y 311-395; Fernández Arias, *Madrid bajo el «terror»...*, pp. 248-252.

64. Declaración de José Cazorla Maure, AHN, FC-Causa General, 1.525-1, pp. 9-10; declaración de Ramón Torrecilla Guijarro, AHN, FC-Causa General, 1.526-3, exp. 5, p. 25; Gibson, *Paracuellos...*, pp. 48, 52 y 172.

65. Reproducido en Causa General, *La dominación roja...*, pp. 51-53. Gibson, *Paracuellos...*, pp. 144-150.

66. Declaración de Ramón Torrecilla Guijarro, AHN, FC-Causa General, 1.526-3, exp. 5, pp. 26-27; Vicuña, *Mártires...*, pp. 169-170; «El Duende Azul», *Emocionario íntimo...*, pp. 261-262; De Izaga, *Los presos de Madrid...*, pp. 184-190; El preso 831, *Del Madrid rojo...*, pp. 265-268; Gibson, *Paracuellos...*, pp. 91-96.

67. Martínez Reverte, *La Batalla de Madrid*, p. 246.

68. *Heraldo de Madrid* (10 de noviembre de 1936); *La Voz* (12 de noviembre de 1936); Rojo, *Así fue la defensa de Madrid*, p. 35; Gibson, *Paracuellos...*, pp. 36-38.

69. Declaración de Manuel Rascón Ramírez, AHN, FC-Causa General, 1.526, exp. 5, pp. 196-197.

70. Declaración de Teodoro Illera Martín, AHN, FC-Causa General, 1.505, exp. 2, pp. 21-22; Casas de la Vega, *El terror...*, pp. 114-115; Causa General, *La dominación roja...*, pp. 104-105.

71. Declaración de Ramón Torrecilla Guijarro, AHN, FC-Causa General, 1.526-3, exp. 5, p. 25; Gibson, *Paracuellos...*, p. 48.

72. Declaración de Ramón Torrecilla Guijarro, AHN, FC-Causa General, 1.526-3, exp. 5, p. 25. Véase también Gibson, *Paracuellos...*, pp. 260-266. Testimonio de García de la Rosa en: Gibson, *Paracuellos...*, p. 45.

73. *La Voz* (1 y 11 de noviembre de 1936); *Informaciones* (10, 11 y 12 de noviembre de 1936); Gibson, *Paracuellos...*, pp. 38-45, 49 y 52-53. Acerca del cine Europa, véase Martínez Reverte, *La Batalla de Madrid*, p. 211.

74. Declaración de Manuel Rascón Ramírez, AHN, FC-Causa General, 1.530, exp. 4, p. 145; 1.526, exp. 5, pp. 196-197; Gibson, *Paracuellos...*, p. 49. Sobre la Sección Técnica, véase De Galíndez, *Los vascos en el Madrid sitiado...*, pp. 58-59 y 66-67.

75. Declaración de Ramón Torrecilla Guijarro, AHN, FC-Causa General, 1.526-3, exp. 5, pp. 27-28.

76. Declaración de Álvaro Marasa Barasa, AHN, FC-Causa General, 1.526-3, exp. 5, pp. 16-17, 38-40 y 124-125; Gibson, *Paracuellos...*, pp. 256-259.

77. De Galíndez, *Los vascos en el Madrid sitiado...*, p. 64.

78. Libro de Actas de la Junta de Defensa de Madrid, Aróstegui y Martínez, *La Junta de Defensa...*, pp. 295 y ss.

79. De Galíndez, *Los vascos en el Madrid sitiado...*, pp. 69 y 159-160; Manuel Valdés Larrañaga, *De la Falange al Movimiento (1936-1952)*, Fundación Nacional Francisco Franco, Madrid, 1994, pp, 49-52; Raimundo Fernández Cuesta, *Testimonio, recuerdos y reflexiones*, Ediciones Dyrsa, Madrid, 1985, pp. 93-94.

80. Declaración de Luis Martín Buitrago, AHN, FC-Causa General, 1.526-2, exp. 4, p. 21; De Galíndez, *Los vascos en el Madrid sitiado...*, pp. 58-59 y 66-67. Las fichas se rellenaban durante el camino, *Informaciones* (10 de octubre de 1936).

81. Informe de Ogilvie-Forbes, 15 de septiembre de 1936, NA: FO371/20.539, W11.376; Aurelio Núñez Morgado, *Los sucesos de España vistos por un diplomático*, Talleres Rosso, Buenos Aires, 1941, pp. 214-222.

82. Informe de Ogilvie-Forbes, 23 de noviembre de 1936, NA: FO371/20.551, W17.035/16.926.

83. Nora Allwork, diario inédito, p. 53.

84. De Galíndez, *Los vascos en el Madrid sitiado...*, pp. 69-70; Gibson, *Paracuellos...*, p. 121; Fernández Arias, *La agonía de Madrid...*, pp. 63-64.

85. «Asesinato de 1.000 prisioneros custodiados por el Gobierno español, 15 de noviembre de 1936», FO 371/20.545 & 20.547, citado en Viñas, *El escudo...*, pp. 41-42; Schlayer, *Diplomático en el Madrid rojo*, pp. 145-150.

86. Citado en Tom Buchanan, «Edge of Darkness: British "Front-line" Diplomacy in the Spanish Civil War, 1936-1937», *Contemporary European History*, vol. 12, n.º 3 (2003), p. 300. Sobre Pérez Quesada, véase Joe Robert Juárez, «Argentine Neutrality, Mediation, and Asylum during the Spanish Civil War», en *The Americas*, vol. 19, n.º 4 (abril de 1963), pp. 383-403.

87. Geoffrey Cox, *Defence of Madrid*, Victor Gollancz, Londres, 1937, p. 183.

88. AHN, CG, caja 1.530, exp. 12, p. 5; Cervera Gil, *Madrid en guerra...*, pp. 105-106.

89. Declaración del testigo Melchor Rodríguez García, AHN, CG, caja 1.530-2, p. 6; declaración de Gabriel Callejón Molina, AHN, CG, caja 1.530-2, p. 32; Alfonso Domingo, *El ángel rojo. La historia de Melchor Rodríguez, el anarquista que detuvo la represión en el Madrid republicano*, Almuzara, Córdoba, 2009, pp. 172-183; Cervera Gil, *Madrid en guerra...*, p. 89.

90. Schlayer, *Diplomático en el Madrid rojo*, pp. 161-162; Domingo, *El ángel rojo...*, pp. 183-187.

91. AHN, CG, caja 1.530-2/5, pp. 6-7; García Oliver, *El eco de los pasos*, p. 306; Schlayer, *Diplomático en el Madrid rojo*, p. 163; Domingo, *El ángel rojo...*, pp. 187-189.

92. Declaraciones de Carlos Mendoza Sáenz de Argandoña, José Luis Mendoza Jimeno, Santiago Aliques Bermúdez, AHN, FC-Causa General, 1.530-2, pp. 67, 69 y 84.

93. Gibson, *Paracuellos...*, pp. 122-126; Cervera Gil, *Madrid en guerra...*, pp. 105-106; De la Cierva, *Carrillo miente...*, pp. 212-214.

94. Manuel Azaña, *Apuntes de memoria inéditos y cartas 1938-1939-1940*, Pre-Textos, Valencia, 1990, pp. 153-155.

95. *La Voz* (13 de noviembre de 1936); *Informaciones* (13 de noviembre de 1936); *ABC* (13 de noviembre de 1936); *Heraldo de Madrid* (14 de noviembre de 1936).

96. *ABC* (14 de noviembre de 1936).

97. AHN, CG, caja 1.530-2, pp. 7-8; caja 1.526, exp. 5, pp. 201-203; Eduardo de Guzmán, *El año de la victoria*, G. del Toro, Madrid, 1974, pp. 276-277; Domingo, *El ángel rojo...*, pp. 191-196 y 201-202; Graham, *The Spanish Republic...*, p. 194.

98. Aróstegui y Martínez, *La Junta de Defensa...*, pp. 90-94; Francisco Largo Caballero, *Mis recuerdos: cartas a un amigo*, Editores Unidos, México D. F., 1954, pp. 191-192.

99. De Galíndez, *Los vascos en el Madrid sitiado...*, p. 68.

100. Serrano Poncela al Comité Central del PCE, Fundación Pablo Iglesias, AH 63-52, pp. 2-5. En agosto de 1939, escribió a Fidel Miró, de las Juventudes Libertarias, y le dijo que no podía regresar al PSOE, para no dañar la imagen del movimiento. Serrano Poncela a Miró, 13 de agosto de 1939, FPI, AH, 26-28, pp. 4-7. Estoy profundamente agradecido a Sandra Souto por llamar mi atención sobre estas cartas.

101. Gibson, *Paracuellos...*, pp. 198-209.

102. Carrillo, *Memorias*, p. 211.

103. Declaración de Ramón Torrecilla Guijarro, AHN, FC-Causa General, 1.526-3, exp. 5, p. 28.

104. AHN, CG, 1.525-1, pp. 3-4; Causa General, *La dominación roja...*, p. 159.

105. AHN, FC-CG, caja 1.530-2, p. 8 (Melchor Rodríguez), p. 16 (Eloy de la Figuera); AHN, FC-CG, caja 1.526-3, exp. 5, p. 201 (Cazorla); AHN, CG, caja 1.526-3, exp. 5, p. 198 (Rascón).

106. De Galíndez, *Los vascos en el Madrid sitiado...*, pp. 132-135.

107. *Informaciones* (22 de diciembre de 1936).

108. *Informaciones* (4 y 5 de diciembre de 1936); *ABC* (5 y 6 de diciembre de 1936); Javier Rubio, *Asilos y canjes durante la guerra civil española. Aspectos humanitarios de una contienda fratricida*, Planeta, Barcelona, 1979, pp. 79-82; Aróstegui y Martínez, *La Junta de Defensa...*, pp. 232-233, 303 y 319; De Galíndez, *Los vascos en el Madrid sitiado...*, p. 115; Schlayer, *Diplomático en el Madrid rojo*, pp. 182-183; Enrique Líster, *Nuestra guerra*, Colección Ebro, París, 1966, p. 87.

109. Sobre el papel de Vázquez Baldominos, véase AHN, FC-Causa General, 1.525-1, p. 13. Sobre el papel de Grigulevich, véase Evgeny Vorobyov, «Nachalo boevogo puti Maksa», en: Evgeny M. Primakov, Vadim A. Kirpichenko *et al.*, eds., *Ocherki istorii Rossiiskoy vneshnei razvedki (Moskva: Mezhdunarodnye otnosheniya, 2003-2006)*, 6 vols., cap. 12, vol. 3, pp. 152-153, citado en Volodarsky, *Societ Intelligence Services...*, cap. 3.

110. Domingo, *El ángel rojo...*, pp. 197-200.

111. P. Carlos Paramio Roca, Pedro A. García Bilbao y Xulio García Bilbao, *La represión franquista en Guadalajara*, Foro por la Memoria de Guadalajara, Guadalajara, 2010, pp. 32-35.

112. AHN, CG, caja 1.530-2, p. 8; Núñez Morgado, *Los sucesos de España...*, pp. 285-288; De Galíndez, *Los vascos en el Madrid sitiado...*, p. 66; Guillermo Cabanellas, *La guerra de los mil días. Nacimiento, vida y muerte de la II República española*, 2 vols., Grijalbo, Buenos Aires, 1973, II, pp. 823-826; Gibson, *Paracuellos...*, pp. 178-180; Domingo, *El*

ángel rojo..., pp. 11-27; César Rufino, «¿Conoces al Ángel rojo?», *El Correo de Andalucía* (26 de abril de 2008).

113. Domingo, *El ángel rojo...*, pp. 25-27 y 214.

114. AHN, CG, caja 1.526-3, exp. 5, pp. 202-205 (Fernando Valentí); Domingo, *El ángel rojo...*, pp. 202-203 y 215-222.

115. *El Alcázar* (4 de enero de 1977).

116. La cuestión se reavivó en 1977, cuando la derecha española intentaba impedir la legalización del Partido Comunista. Varios ministros del gobierno de Adolfo Suárez exigieron una investigación sobre Paracuellos, que debió de realizarse con suma superficialidad, puesto que no se halló ninguna prueba documental de la culpabilidad de Carrillo. Joaquín Bardavío, *Sábado santo rojo*, Ediciones UVE, Madrid, 1980, pp. 130-136.

117. «No fui responsable», *Cambio 16* (16 de enero de 1977), pp. 12-14; Bardavío, *Sábado santo rojo*, p. 133.

118. Entrevista con Ian Gibson, *Paracuellos...*, pp. 196-197.

119. Luis María de Lojendio, *Operaciones militares de la guerra de España*, Montaner y Simón, Barcelona, 1940, pp. 173-176; Manuel Aznar, *Historia militar de la guerra de España (1936-1939)*, Idea, Madrid, 1940, pp. 285-289.

120. Fernández Santander, *Paracuellos de Jarama...*, pp. 61, 67-68 y 93-94.

121. *El País* (28 de octubre de 2005).

122. Citado en De la Cierva, *Carrillo miente...*, pp. 232-233.

123. Antonio Elorza y Marta Bizcarrondo, *Queridos Camaradas. La Internacional Comunista y España, 1919-1939*, Planeta, Barcelona, 1999, p. 379; Ronald Radosh, Mary R. Habeck y Grigory Sevostianov, eds., *Spain Betrayed. The Soviet Union in the Spanish Civil War*, Yale University Press, New Haven (Connecticut), 2001, p. 223. En las pp. 219-233 se ofrece una versión completa de este informe, absurdamente atribuido a Dimitrov, quien por entonces se encontraba en Moscú. En la p. 529 se confunde a Santiago Carrillo con su padre, Wenceslao.

124. Stoyán Mínev (Stepanov), *Las causas de la derrota de la República española*, Ángel L. Encinas Moral, ed., Miraguano Ediciones, Madrid, 2003, pp. 93 y 111-112.

125. La mujer de Cazorla se refiere a esto en Arnaiz, *Retrato hablado...*, p. 113.

126. Ibárruri *et al.*, *Guerra y revolución en España...*, II, p. 187.

CAPÍTULO 11. LA LUCHA DE LA REPÚBLICA CONTRA EL ENEMIGO INTERIOR

1. Manuel Azaña, *Apuntes de memoria inéditos y cartas 1938-1939-1940*, Pre-Textos, Valencia, 1990, pp. 166-167.

2. Mariano Ansó, *Yo fui ministro de Negrín*, Planeta, Barcelona, 1976, pp. 165-166.

3. Julio Aróstegui y Jesús A. Martínez, *La Junta de Defensa de Madrid*, Comunidad de Madrid, Madrid, 1984, p. 234; Santiago Carrillo, *Memorias*, Planeta, Barcelona, 1993, p. 210.

4. Acerca de Andrés Rodríguez, véase Antonio Nadal, *Guerra civil en Málaga*, Arguval, Málaga, 1984, pp. 90-97; Sergio José Brenes, «Andrés Rodríguez, concejal comunista en Málaga», *Revista Jábega*, n.º 88 (2001), pp. 71-81. El asesinato de Rodríguez

había llevado a una encarnizada guerra de bandas. Acerca de Trilla, véase *La Vanguardia* (1 y 2 de agosto 1936). Sobre Líster y Vidali, véase el informe de André Marty a la Secretaría del Comintern, 10 de octubre de 1936, en: Ronald Radosh, Mary R. Habeck y Grigori Sevostianov, eds., *Spain Betrayed. The Soviet Union in the Spanish Civil War*, Yale University Press, New Haven (Connecticut), 2001, p. 55.

5. Procedimiento Militar contra José Cazorla Maure, AHN, FC-Causa General, 1.525-1, pp. 4-5, 11-14, 25 y 31-32; AHN, FC-CG, caja 1.526-3, exp. 5, p. 201. Conesa fue ejecutado por la Junta de Casado: *ABC* (15 y 24 de marzo de 1939); Luis Español Bouché, *Madrid 1939. Del golpe de Casado al final de la guerra civil*, Almena Ediciones, Madrid, 2004, pp. 55, 57 y 141.

6. Juan-Simeón Vidarte, *Todos fuimos culpables*, Fondo de Cultura Económica, México D. F., 1973, p. 392.

7. Manuel Tarín-Iglesias, *Los años rojos*, Planeta, Barcelona, 1985, pp. 92-93.

8. Carmen González Martínez, *Guerra civil en Murcia. Un análisis sobre el Poder y los comportamientos colectivos*, Universidad de Murcia, Murcia, 1999, pp. 174-179; José Peirats, *La CNT en la revolución española*, 3 vols., Ruedo Ibérico, París, 1971, 2.ª ed., II, pp. 73-77; Jesús Hernández, *Negro y rojo. Los anarquistas en la revolución española*, La España Contemporánea, México D. F., 1946, pp. 246-248.

9. La crónica publicada de Gallego es menos tajante, aunque coherente con lo que le dijo a Reverte. Véanse Jorge Martínez Reverte, *La Batalla de Madrid*, Crítica, Barcelona, 2004, pp. 457-458, y Gregorio Gallego, *Madrid, corazón que se desangra*, G. del Toro, Madrid, 1976, pp. 275-276. Véanse también Miguel Iñíguez, *Esbozo de una enciclopedia histórica del anarquismo español*, Fundación de Estudios Libertarios Anselmo Lorenzo, Madrid, 2001, p. 438, y Eduardo de Guzmán, *Nosotros, los asesinos*, G. del Toro, Madrid, 1976, pp. 101-102.

10. La esposa de Cazorla recordaba que aquella decisión se basó en la necesidad de Carrillo de organizar la conferencia de las JSU. Aurora Arnaiz, *Retrato hablado de Luisa Julián*, Compañía Literaria, Madrid, 1996, p. 35.

11. Aróstegui y Martínez, *La Junta de Defensa...*, pp. 343-345; Gallego, *Madrid, corazón que se desangra*, pp. 272-275.

12. *Mundo Obrero* (23, 24 y 25 de diciembre de 1936); *La Voz* (24 de diciembre de 1936); *El Socialista* (24 de diciembre de 1936); *Claridad* (25 de diciembre de 1936); *Heraldo de Madrid* (25 de diciembre de 1936).

13. Javier Cervera Gil, *Madrid en guerra. La ciudad clandestina 1936-1939*, Alianza, Madrid, 2006, 2.ª ed., pp. 305-306.

14. *CNT* (24 y 25 de diciembre de 1936); Gallego, *Madrid, corazón que se desangra*, pp. 276-277; Peirats, *La CNT...*, pp. 63-66. Sobre los cenetistas falsos en La Mancha, véase Pablo Torres, *Los años oscuros en Miguel Esteban. Represión y fascismo en Castilla-La Mancha. República, Guerra civil y primer franquismo. 1931-1952*, Almarabú, Madrid, 2008, pp.132-143.

15. *Mundo Obrero* (26, 27, 29 y 31 de diciembre de 1936; 2 de enero de 1937); *CNT* (29 de diciembre de 1936; 1 de enero de 1937); Aróstegui y Martínez, *La Junta de Defensa...*, pp. 92-93, 252, 228, 233 y 236-238; Julián Zugazagoitia, *Guerra y vicisitudes de los españoles*, 2 vols., Librería Española, París, 1968, 2.ª ed., I, pp. 219-221; Gallego, *Madrid, corazón que se desangra*, pp. 211-212.

16. Aróstegui y Martínez, *La Junta de Defensa...*, pp. 240, 359 y 410-416; Procedimiento Militar Sumarísimo contra José Cazorla Maure, AHN, Causa General, 1.525-1, pp. 6 y 14-16; Gallego, *Madrid, corazón que se desangra*, pp. 342-343; Alfonso Domingo, *El ángel rojo. La historia de Melchor Rodríguez, el anarquista que detuvo la represión en el Madrid republicano*, Almuzara, Córdoba, 2009, pp. 217-218.

17. *Frente Libertario* (18 y 23 de febrero de 1937); *CNT* (22 de febrero de 1937).

18. *Ahora* (24 de febrero de 1937); *CNT* (24 y 27 de febrero de 1937); *Mundo Obrero* (24 de febrero y 8 de marzo de 1937).

19. *CNT* (26 de febrero de 1937). Para el caso de Miguel Abós, véanse José Borrás, *Aragón en la revolución española*, César Viguera, ed., Barcelona, 1983, pp. 278-287 y Julián Casanova, *Anarquismo y revolución en la sociedad rural aragonesa 1936-1938*, Siglo XXI, Madrid, 1985, pp. 313-314.

20. Jesús de Galíndez, *Los vascos en el Madrid sitiado. Memoria del Partido Nacionalista Vasco*, Editorial Vasca Ekin, Buenos Aires, 1945, pp. 158-159; Helen Graham, *The Spanish Republic at War 1936-1939*, Cambridge University Press, Cambridge, 2002, p. 195. [Hay trad. cast.: *República española en guerra (1936-1939)*, trad. Sandra Isabel Souto, Debate, Barcelona, 2006.]

21. *CNT* (28 de febrero de 1937). Aurelio Núñez Morgado, *Los sucesos de España vistos por un diplomático*, Talleres Gráficos Argentinos, Buenos Aires, 1941, pp. 165-168.

22. *ABC* (2 de enero de 1937); Glicerio Sánchez Recio, *Justicia y guerra en España. Los tribunales populares (1936-1939)*, Instituto de Cultura «Juan Gil-Albert», Alicante, 1994, pp. 176-179; Juan García Oliver, *El eco de los pasos*, Ruedo Ibérico, Barcelona, 1978, pp. 393-394 y 451-452.

23. *CNT* (17 de abril de 1937); Procedimiento Militar Sumarísimo contra José Cazorla Maure, AHN, Causa General, 1.525-1, pp. 5 y 18.

24. Aróstegui y Martínez, *La Junta de Defensa...*, pp. 240-241; Gallego, *Madrid, ciudad que se desangra*, p. 343; Domingo, *El ángel rojo...*, pp. 224-226. Acerca de Julián Fernández, véase Eduardo de Guzmán, *El año de la Victoria*, G. del Toro, Madrid, 1974, p. 273.

25. *CNT* (5 de marzo de 1937).

26. *CNT* (12 de marzo de 1937).

27. *Mundo Obrero* (9 de abril de 1937); Peirats, *La CNT...*, II, pp. 69-70; José María Ruiz Alonso, *La guerra civil en la provincia de Toledo. Utopía, conflicto y poder en el sur del Tajo (1936-1939)*, 2 vols., Almud, Ediciones de Castilla-La Mancha, Ciudad Real, 2004, I, pp. 293-294; Francisco Alía Miranda, *La guerra civil en la retaguardia. Conflicto y revolución en la provincia de Ciudad Real (1936-1939)*, Diputación Provincial, Ciudad Real, 1994, pp. 121-131 y 141-142; Ana Belén Rodríguez Patiño, *La guerra civil en Cuenca (1936-1939) I. Del 18 de julio a la columna del Rosal*, Universidad Complutense, Madrid, 2003, pp. 182-184; Felix Morrow, *Revolution and Counter-Revolution in Spain*, New Park Publications, Londres, 1963, p. 75.

28. *Mundo Obrero* (13 de marzo de 1937).

29. *Mundo Obrero* (14 de abril de 1937); intervención de Cazorla en la Junta de Defensa en Aróstegui y Martínez, *La Junta de Defensa...*, pp. 445-447. Acerca de López de Letona, véase Cervera Gil, *Madrid en guerra...*, pp. 324, 371-373 y 451.

30. Acerca de López de Letona y «la embajada de Siam», véase el Procedimiento Militar Sumarísimo contra José Cazorla Maure, AHN, Causa General, 1.525-1, pp. 17-18; Cervera Gil, *Madrid en guerra...*, pp. 324, 371 y 373-374. Sobre Verardini, véase Ricardo de la Cierva, *1939 Agonía y victoria (El protocolo 277)*, Planeta, Barcelona, 1989, p. 103.

31. Julius Ruiz, *Franco's Justice. Repression in Madrid after the Spanish Civil War*, Clarendon Press, Oxford, 2005, p. 103.

32. Cervera Gil, *Madrid en guerra...*, pp. 312-316.

33. AHN, Causa General, 1.525-1, p. 17; Aróstegui y Martínez, *La Junta de Defensa...*, pp. 234-235; Cipriano Mera, *Guerra, exilio y cárcel de un anarcosindicalista*, Ruedo Ibérico, París, 1976, pp. 131-133.

34. *CNT* (14 de abril de 1937); AHN, CG, 1.525-1, pp. 5 y 18.

35. *ABC* (16 de abril de 1937); AHN, CG, 1.525-1, p. 18; Aróstegui y Martínez, *La Junta de Defensa...*, pp. 440-454.

36. «Una explicación obligada a todo el pueblo antifascista», *CNT* (17 de abril de 1937).

37. «El ex delegado especial de la Dirección General de Prisiones, compañero Melchor Rodríguez, da cuenta de dos cartas cruzadas entre él y Cazorla», *CNT* (17 de abril de 1937), p. 4. Procedimiento Militar contra José Cazorla Maure, AHN, Causa General, 1.525-1, pp. 31-38.

38. *CNT* (24 de abril de 1937); diario de Manuel Azaña, 20 de mayo de 1937, en: *Obras completas*, 4 vols., Ediciones Oasis, México D. F., 1966-1968, IV, p. 589.

39. *Mundo Obrero* (26 de abril de 1937).

40. *Mundo Obrero* (28 y 30 de abril; 14 y 15 de mayo de 1937).

41. Sánchez Recio, *Justicia y guerra...*, p. 21.

42. Ministerio de la Guerra, Estado Mayor Central, *Anuario Militar de España 1936*, Imprenta y Talleres del Ministerio de la Guerra, Madrid, 1936, p. 181.

43. Secretaría General de los Tribunales y Jurados Populares, Registro General n.º 3.264, 20 de enero de 1937, en: AHN, Causa General, 322-3, exp. 58, pp. 1-24.

44. Hoja de servicios del general Ramón Robles Pazos, Archivo Militar General, Segovia; *ABC* (Sevilla) (8 de septiembre de 1962 y 18 de julio de 1964).

45. Para una crónica detallada del caso Robles, véase Paul Preston, *We Saw Spain Die. Foreign Correspondents in the Spanish Civil War*, Constable, Londres, 2008, pp. 62-92 [hay trad. cast.: *Idealistas bajo las balas*, Debate, Barcelona, 2007], e Ignacio Martínez de Pisón, *Enterrar a los muertos*, Seix Barral, Barcelona, 2005, *passim*. Sobre las cárceles extraterritoriales gestionadas por el NKVD, véase Stanley G. Payne, *The Spanish Civil War, the Soviet Union, and Communism*, Yale University Press, New Haven, 2004, p. 205; Martínez de Pisón, *Enterrar a los muertos*, p. 80.

46. Louis Fischer, *Men and Politics. An Autobiography*, Jonathan Cape, Londres, 1941, p. 406.

47. Coindreau a Lancaster, 1 de junio de 1937, documentos de Robles, MS 47; Dos Passos a Bowers, 21 de julio de 1937, documentos de Bowers.

48. Josephine Herbst, diario inédito, «Journal Spain», pp. 11-12; Herbst a Bruce Bliven, 30 de junio de 1939, Za Herbst Collection, Beinecke Library, Yale University. El diario contemporáneo a los hechos es mucho más preciso que su crónica posterior,

The Starched Blue Sky of Spain and Other Memoirs, HarperCollins, Nueva York, 1991. Sin embargo, esta fuente posterior deja claro (pp. 154-155) que fue Pepe Quintanilla quien informó a Dos Passos acerca de Robles.

49. John Dos Passos, carta a los directores de *New Republic*, julio de 1939, en: *The Fourteenth Chronicle. Letters and Diaries*, Gambit Incorporated, Boston, 1973, p. 527; John Dos Passos «The Fiesta at the Fifteenth Brigade», en: *Journeys Between Wars*, Harcourt, Brace, Nueva York, 1938, pp. 375-381 [hay trad. cast.: *Viajes de entreguerras*, trad. Gabriel Vásques, Península, Barcelona, 2005]; John Dos Passos, *Century's Ebb: The Thirteenth Chronicle*, Gambit, Boston, 1975, pp. 90-94.

50. El papel de Quintanilla se trata en *Claridad* (19 de abril de 1937).

51. Artículos de *La Batalla* se reproducen en Juan Andrade, *La revolución española día a día*, Nueva Era y Publicaciones Trazo, Barcelona, 1979, pp. 41-44, para los correspondientes al 10 y 12 de diciembre de 1936.

52. La advertencia de Fischer aparece en Juan Andrade, *Notas sobre la guerra civil. Actuación del POUM*, Ediciones Libertarias, Madrid, 1986, p. 13. Fechado en julio, pero Fischer no llegó a España hasta mediados de septiembre.

53. Acerca de Gerö, véanse Carles Gerhard, *Comissari de la Generalitat a Montserrat (1936-1939)*, Publicacions de la l'Abadia de Montserrat, Monasterio de Montserrat (Barcelona), 1982, pp. xxvi, 570-572 y 573-579; Jaume Miravitlles, *Episodis de la guerra civil espanyola*, Pòrtic, Barcelona, 1972, p. 207.

54. Antonio Elorza y Marta Bizcarrondo, *Queridos Camaradas. La Internacional Comunista y España, 1919-1939*, Planeta, Barcelona, 1999, p. 364. Un texto similar, aunque no idéntico («Pase lo que pase, debe lograrse la destrucción final de los trotskistas, dejándolos en evidencia ante las masas como un servicio secreto fascista que lleva a cabo provocaciones al servicio de Hitler y el general Franco, en un intento por dividir el Frente Popular, dirigiendo una campaña calumniosa contra la Unión Soviética, un servicio secreto que ayuda activamente al fascismo en España») se reproduce en Jonathan Haslam, *The Soviet Union and the Struggle for Collective Security 1933-39*, MacMillan, Londres, 1984, pp. 116, n. 53 y p. 264.

55. Miquel Caminal, *Joan Comorera. II Guerra i revolució (1936-1939)*, Empúries, Barcelona, 1984, pp. 62-72.

56. Burnett Bolloten, *The Spanish Civil War: Revolution and Counterrevolution*, Harvester Wheatsheaf, Hemel Hempstead, 1991, p. 411, basado en una entrevista con Miguel Serra Pàmies, dirigente del PSUC. Véanse también David T. Cattell, *Communism and the Spanish Civil War*, University of California Press, Berkeley (California), 1955, p. 109; Rudolf Rocker, *Extranjeros en España*, Ediciones Imán, Buenos Aires, 1938, p. 91.

57. Víctor Alba y Marisa Ardevol, eds., *El proceso del POUM. Documentos judiciales y policiales*, Lerna, Barcelona, 1989, p. 21.

58. Ángel Viñas, *El escudo de la República. El oro de España, la apuesta soviética y los hechos de mayo de 1937*, Crítica, Barcelona, 2007, pp. 488-493; se reproducen informes de la inteligencia rusa en Radosh, Habeck y Sevostianov, eds., *Spain Betrayed...*, pp. 131-133 y 178-184.

59. Josep Sánchez Cervelló, *¿Por qué hemos sido derrotados? Las divergencias republicanas y otras cuestiones*, Flor del Viento, Barcelona, 2006, pp. 119-132.

60. Agustín Guillamón, *The Friends of Durruti Group: 1937-1939*, AK Press, Edimburgo, 1996, pp. 22-45 y 57-58; Agustín Guillamón, *Barricadas en Barcelona. La CNT de la victoria de julio de 1936 a la necesaria derrota de mayo de 1937*, Ediciones Espartaco Internacional, Barcelona, 2007, pp. 139-148; García Oliver, *El eco de los pasos*, pp. 420 y 443.

61. Josep María Bricall, *Política econòmica de la Generalitat (1936-1939). Evolució i formes de la producció industrial*, Edicions 62, Barcelona, 1970, pp. 93-104; Graham, *The Spanish Republic...*, pp. 254-256; Pelai Pagès i Blanch, *Cataluña en guerra y en revolución 1936-1939*, Espuela de Plata, Sevilla, 2007, pp. 189-194.

62. Sánchez Cervelló, *¿Por qué hemos sido derrotados?...*, pp. 115-117; Ferran Gallego, *Barcelona, mayo de 1937*, Debate, Barcelona, 2007, pp. 340-349; Josep M. Solé i Sabaté y Joan Villarroya i Font, *La repressió a la reraguarda de Catalunya (1936-1939)*, 2 vols., Publicacions de l'Abadia de Montserrat, Monasterio de Montserrat (Barcelona), 1989, I, pp. 108-109; Graham, *The Spanish Republic...*, pp. 261-262; Pierre Broué y Emile Témime, *The Revolution and the Civil War in Spain*, Faber & Faber, Londres, 1972, pp. 281-282.

63. Ricardo Sanz, *El sindicalismo y la política: los «Solidarios» y «Nosotros»*, Imprimerie Dulaurier, Toulouse, 1966, pp. 103-104; Joan Pons i Porta y Josep Maria Solé i Sabaté, *Anarquia i República a la Cerdanya (1936-1939). El «Cojo de Málaga» i els fets de Bellver*, Edicions de l'Abadia de Montserrat, Monasterio de Montserrat (Barcelona), 1991, pp. 33-46, 133-141 y 154-176; Manuel Benavides, *Guerra y revolución en Cataluña*, Ediciones Roca, México D. F., 1978, pp. 344, 351-362 y 371; Joan Pons Garlandí, *Un republicà enmig de feixistes*, Edicions 62, Barcelona, 2008, pp. 86-89 y 150-154; Miquel Berga, *John Langdon-Davies (1897-1971). Una biografia anglo-catalana*, Pòrtic, Barcelona, 1991, pp. 146-147.

64. Pons i Porta y Solé i Sabaté, *Anarquía y República a la Cerdanya...*, pp. 142-154; Gerhard, *Comissari de la Generalitat...*, pp. 490-491; Peirats, *La CNT...*, II, p. 138; César M. Lorenzo, *Los anarquistas españoles y el poder*, Ruedo Ibérico, París, 1972, pp. 90 y 215; Grandizo Munis, *Jalones de derrota, promesa de victoria [España 1930-1939]*, Lucha Obrera, México D. F., 1948, p. 298.

65. Miquel Caminal, *Joan Comorera. II Guerra i revolució (1936-1939)*, Empúries, Barcelona, 1984, p. 120; Gallego, *Barcelona, mayo de 1937*, pp. 379, 413 y 430-449. Viñas, *El escudo...*, pp. 494-495. Benavides, *Guerra y revolución...*, pp. 370-375.

66. Zugazagoitia, *Guerra y vicisitudes...*, I, pp. 268 y 270-272; Peirats, *La CNT...*, II, pp. 138-143; Julio Aróstegui, *Por qué el 18 de julio... y después*, Flor del Viento, Barcelona, 2006, pp. 487-492.

67. Viñas, *El escudo...*, pp. 496-500; Guillamón, *Barricadas en Barcelona...*, pp. 148-170; Lorenzo, *Los anarquistas españoles...*, pp. 217-219.

68. Zugazagoitia, *Guerra y vicisitudes...*, I, p. 268.

69. Vidarte, *Todos fuimos culpables*, pp. 658-659; Lorenzo, *Los anarquistas españoles...*, pp. 215-217; Pagès i Blanch, *Cataluña en guerra...*, pp. 202-209; Benavides, *Guerra y revolución...*, p. 370.

70. Viñas, *El escudo...*, pp. 527-533 y 537-541; coronel I. G. Starinov, *Over the Abyss. My Life in Soviet Special Operations*, Ballantine Books, Nueva York, 1995, pp.

131-132; informe sobre Shtern en Yuri Rybalkin, *Stalin y España. La ayuda militar soviética a la República*, Marcial Pons Historia, Madrid, 2007, pp. 222-224.

71. Manuel Cruells, *Mayo sangriento. Barcelona 1937*, Editorial Juventud, Barcelona, 1970, pp. 45-48; Zugazagoitia, *Guerra y vicisitudes...*, I, pp. 271-274.

72. Zugazagoitia, *Guerra y vicisitudes...*, I, p. 271; Viñas, *El escudo...*, pp. 524-529; John Costello y Oleg Tsarev, *Deadly Illusions*, Crown Publishers, Nueva York, 1993, p. 281.

73. Faupel a Wilhelmstrasse, 11 de mayo de 1937, *Documents on German Foreign Policy*, serie C, vol. III, HMSO, Londres, 1959, p. 286; Morten Heiberg y Manuel Ros Agudo, *La trama oculta de la guerra civil. Los servicios secretos de Franco 1936-1945*, Crítica, Barcelona, 2006, pp. 136-139.

74. Diario de Azaña, 20 de mayo de 1937, en: *Obras*, IV, pp. 575-588 y 591-592; Vidarte, *Todos fuimos culpables*, pp. 660-663; Enrique Moradiellos, *Don Juan Negrín López*, Península, Barcelona, 2006, pp. 244-247; Graham, *The Spanish Republic...*, pp. 298-305; Viñas, *El escudo...*, pp. 551-556.

75. *Gaceta de la República* (4 de junio de 1937); *La Vanguardia* (6, 8, 9, 10 y 12 de junio de 1937); Vidarte, *Todos fuimos culpables*, pp. 670, 675-676, 679-680 y 686-688. Acerca de Santa Úrsula, véase Katia Landau, *Le Stalinisme bourreau de la révolution espagnole*, Spartacus, París, 1938, pp. 23-27, reproducido en Marcel Ollivier y Katia Landau, *Espagne. Les fossoyeurs de la révolution sociale*, Spartacus René Lefeuvre, París, 1975, pp. 12-48. Respecto a Burillo, véanse los comentarios que hizo en la víspera de su ejecución a Rafael Sánchez Guerra, *Mis prisiones. Memorias de un condenado por Franco*, Claridad, Buenos Aires, 1946, pp. 115-116.

76. *Gaceta de la República* (28 de mayo de 1937). Diario de Azaña, 29 de junio de 1937, en: *Obras*, IV, p. 638; Juan Negrín, «Apuntes Barcelona del 1 al 40», AFJN, carpeta n.º 2, Fundación Juan Negrín, pp. 21-28; Viñas, *El escudo...*, pp. 594.

77. Comité Peninsular de la FAI, «Informe al Pleno de Regionales del Movimiento Libertario sobre la dirección de la guerra y las rectificaciones a que obliga la experiencia», Barcelona, 1938; Diego Abad de Santillán, *Por qué perdimos la guerra. Una contribución a la historia de la tragedia española*, G. del Toro, Madrid, 1975, 2.ª ed., p. 90.

78. Declaración de Teodoro Illera Martín, AHN, FC-Causa General, 1.505, exp. 2, pp. 25-27; Peirats, *La CNT...*, II, p. 175; Pagès i Blanch, *Cataluña en guerra...*, pp. 218-219.

79. A. de Lizarra, *Los vascos y la República española. Contribución a la historia de la guerra civil*, Editorial Vasca Ekin, Buenos Aires, 1944, pp. 102-107.

80. Juan de Iturralde, *La guerra de Franco: los vascos y la Iglesia*, 2 vols., Publicaciones «Clero Vasco», San Sebastián, 1978, II, p. 314.

81. Manuel de Irujo, *Un vasco en el Ministerio de Justicia. Memorias*, 3 tomos, Editorial Vasca Ekin, Buenos Aires, 1976-1979, I, *passim*; Hilari Raguer, *La pólvora y el incienso. La Iglesia y la guerra civil española*, Península, Barcelona, 2001, pp. 329-331.

82. De Galíndez, *Los vascos en el Madrid sitiado...*, pp. 114, 135-136 y 157-159; Zugazagoitia, *Guerra y vicisitudes...*, p. 129; De Lizarra, *Los vascos y la República española...*, pp. 160-163; Rafael Méndez, *Caminos inversos. Vivencias de ciencia y guerra*, Fondo de Cultura Económica, México D. F., 1987, p. 92.

83. Rosario Queipo de Llano, *De la cheka de Atadell a la prisión de Alacuas*, Librería Santarén, Valladolid, 1939, pp. 37-42 y 135-137; Pilar Jaraiz Franco, *Historia de una*

disidencia, Planeta, Barcelona, 1981, pp. 128-132; De Lizarra, *Los vascos y la República española...*, pp. 160-163; Fernando Hernández Holgado, «Carceleras encarceladas. La depuración franquista de las funcionarias de Prisiones de la Segunda República», *Cuadernos de Historia Contemporánea*, vol. 27 (2005), pp. 271-290.

84. Raguer, *La pólvora y el incienso...*, pp. 171 y 178-179; De Galíndez, *Los vascos en el Madrid sitiado...*, pp. 32-33.

85. Costello y Tsarev, *Deadly Illusions...*, p. 267; Evgeny M. Primakov, Vadim A. Kirpichenko *et al.*, eds., *Studies in the History of Russian Foreign Intelligence*, Mezhdunarodnye otnosheniya, Moscú, 2003-2006, 6 vols., vol. 3, cap. 12, p. 153, citado por Boris Volodarsky, *Soviet Intelligence Services in the Spanish Civil War, 1936-1939*, tesis doctoral, London School of Economics, Londres, 2010, p. 147.

86. Carlos M. Rama, «Camilo Berneri y la revolución española», prólogo a Camilo Berneri, *Guerra de clases en España, 1936-1937*, Tusquets, Barcelona, 1977, pp. 31-35; Claudio Venza, «Prefazione» a Camilo Berneri, *Mussolini alla conquista delle Baleari*, Galzerano Editore, Salerno, 2002, pp. 13-14; Viñas, *El escudo...*, p. 546; Heiberg y Ros Agudo, *La trama oculta...*, pp. 136-138; Graham, *The Spanish Republic...*, pp. 294-296; Bolloten, *The Spanish Civil War...*, pp. 453 y 875-877; Agustín Souchy *et al.*, *The May Days, Barcelona 1937*, Freedom Press, Londres, 1987, pp. 40-42; Peirats, *La CNT...*, pp. 148-500.

87. Landau, *Le Stalinisme...*, pp. 28-44.

88. Barry McLoughlin, *Left to the Wolves: Irish Victims of Stalinist Terror*, Irish Academic Press, Dublín, 2007, pp. 168-177; Volodarsky, *Soviet Intelligence Services...*, pp. 199-202.

89. Landau, *Le Stalinisme...*, pp. 44-45; Christopher Andrew y Vasili Mitrokhin, *The Sword and the Shield: The Mitrokhin Archive and the Secret History of the KGB*, Basic Books, Nueva York, 1999, p. 441; Volodarsky, *Soviet Intelligence Services...*, pp. 202-218. La información de *Letter of an Old Bolshevik* fue recabada por el emigrado menchevique Boris Nikolayevsky a partir de las conversaciones con Bujarin, Stephen P. Cohen, *Bukharin and the Bolshevik Revolution*, Oxford University Press, Oxford, 1980, p. 366.

90. Orlov al Centro de Moscú, 27 de febrero de 1937, citado por Costello y Tsarev, *Deadly Illusions...*, pp. 265-266 y 466.

91. Jesús Hernández, *Yo fui un ministro de Stalin*, G. del Toro, Madrid, 1974, pp. 182-183. Mi agradecimiento para con Boris Volodarsky por explicarme los procedimientos relativos a las operaciones *liter*.

92. Max Rieger, *Espionaje en España*, Ediciones Unidad, Madrid, 1938, pp. 73-131; Georges Soria, *Trotskyism in the Service of Franco. Facts and Documents on the Activities of POUM*, International Publishers, Nueva York, 1938, pp. 5 y 12-23.

93. Cervera Gil, *Madrid en guerra...*, pp. 250-251 y 303-309; Soria, *Trotskyism in the Service of Franco...*, pp. 8-11. Acerca de Castilla, véase «Andrés Nin. El trotskista que se fue al frío», entrevista con Javier Jimenéz *Cambio16*, n.º 305 (16 de octubre de 1977), p. 26.

94. Orlov al Centro de Moscú, 23 de mayo de 1937, citado por Costello y Tsarev, *Deadly Illusions...*, pp. 288-289. Véase también el documental de Maria Dolors

Genovès, «Especial Andreu Nin: Operació Nikolai», retransmitido por el canal TV3 el 6 de noviembre de 1992.

95. «Informe sobre la actuación de la policía en el servicio que permitió el descubrimiento en los meses de abril, mayo y junio de la organización de espionaje de cuyas derivaciones surgieron las detenciones y diligencias instruidas contra elementos destacados del POUM», 28 de octubre de 1937, FPI AH -71-6. El informe fue descubierto por Viñas, *El escudo...*, pp. 609-610.

96. Declaración de Fernando Valentí Fernández en el Procedimiento Militar contra José Cazorla Maure, AHN, Causa General, 1.525-1, pp. 28-30; «Informe sobre la actuación de la policía...», pp. 3-5.

97. Acerca de la red de Fernández Golfín y el uso que hizo de ella en la trama contra Nin, véase Cervera Gil, *Madrid en guerra...*, pp. 304-310.

98. Informe a la DGS y al ministro de la Gobernación, «Informe sobre la actuación de la policía...», pp. 6-8, reproducido por Viñas, *El escudo...*, pp. 690-693.

99. «Andrés Nin. El trotskista que se fue al frío», entrevista con Javier Jiménez, *Cambio16*, n.º 305 (16 de octubre de 1977), p. 26. Javier Jiménez elaboró algunos de estos puntos cuando fue entrevistado por Maria Dolors Genovès para su documental (citado en nota 94).

100. «Informe sobre la actuación de la policía...», pp. 8-9. Sobre este particular, Hernández (*Yo fui un ministro de Stalin*, pp. 140-141), a buen seguro está en lo cierto. Acerca de las razones por las que suele ser poco fidedigno, véase Herbert Rutledge Southworth, «"The Grand Camouflage": Julián Gorkin, Burnett Bolloten and the Spanish Civil War», en: Paul Preston y Ann Mackenzie, eds., *The Republic Besieged: Civil War in Spain 1936-1939*, Edinburgh University Press, Edimburgo, 1996, pp. 260-310, especialmente pp. 267-268; Julián Gorkin, *El proceso de Moscú en Barcelona. El sacrificio de Andrés Nin*, Aymá, Barcelona, 1973, pp. 13-14.

101. Gabriel Morón, *Política de ayer y política de mañana (Los socialistas ante el problema español)*, Talleres Numancia, México D. F., 1942, pp. 95-98; Vidarte, *Todos fuimos culpables*, p. 732.

102. Orlov al Centro de Moscú, 25 de septiembre de 1937, citado por Costello y Tsarev, *Deadly Illusions...*, pp. 289 y 470.

103. Miravitlles, *Episodis de la guerra civil...*, pp. 189-190; Andrés Suárez (pseudónimo de Ignacio Iglesias), *El proceso contra el POUM. Un episodio de la revolución española*, Ruedo Ibérico, París, 1974, p. 172.

104. *ABC* (18 de junio de 1937); Gorkin, *El proceso de Moscú en Barcelona...*, pp. 106-120. En Valencia, Nin coincidió con el falangista Raimundo Fernández Cuesta; véase Manuel Valdés Larrañaga, *De la Falange al Movimiento (1936-1952)*, Fundación Nacional Francisco Franco, Madrid, 1994, p. 69.

105. «Informe sobre la actuación de la policía...», pp. 10-11; las órdenes de Vázquez Baldominos se reproducen en: Alba y Ardevol, *El proceso...*, pp. 28-33. Véanse también Viñas, *El escudo...*, pp. 610-613; Pelai Pagès i Blanch, «El asesinato de Andreu Nin. Más datos para la polémica», en: *Ebre 38. Revista Internacional de la Guerra Civil 1936-1939*, n.º 4 (2010), pp. 57-76.

106. Las declaraciones firmadas por Nin después de sus interrogatorios se repro-

ducen en: Alba y Ardevol, *El proceso...*, pp. 18-28; Pelai Pagès i Blanch, *Andreu Nin. Una vida al servei de la classe obrera*, Laertes, Barcelona, 2009, pp. 307-308.

107. «Informe sobre la actuación de la policía...», pp. 11-13; declaración de Fernando Valentí Fernández en el Procedimiento Militar contra José Cazorla Maure, AHN, Causa General, 1.525-1, p. 29; declaraciones de los testigos reproducidas en: Alba y Ardevol, *El proceso...*, pp. 36-39. Véase también Viñas, *El escudo...*, pp. 613-617.

108. Hernández, *Yo fui un ministro de Stalin*, pp. 177-182.

109. Payne, *The Spanish Civil War, the Soviet Union...*, p. 228.

110. Orlov al Centro de Moscú, 24 de julio de 1937, citado por Costello y Tsarev, *Deadly Illusions...*, pp. 291 y 470.

111. Costello y Tsarev, *Deadly Illusions...*, p. 292. Este documento sirve de fuente tanto en: Genovès, «Especial Andreu Nin...», donde se atribuye a Grigulevich, y Pierre se identifica erróneamente como Ernö Gerö, como en: Borja de Riquer i Permanyer, ed., *Història política, Societat i Cultura dels Països Catalans. Volum 9. De la gran esperança a la gran ensulsiada 1930-1939*, Enciclopèdia Catalana, Barcelona, 1999, pp. 305-307. Para las identificaciones de Bom, Victor y Pierre, véase Volodarsky, *Soviet Intelligence Services...*, pp. 149-153.

112. Juan Negrín, «Apuntes Barcelona», AFJN, carpeta n.º 2, pp. 28 y 35-41.

113. Declaración de Fernando Valentí Fernández en el Procedimiento Militar contra José Cazorla Maure, AHN, Causa General, 1.525-1, p. 29; Zugazagoitia, *Guerra y vicisitudes...*, I, pp. 291-294; Vidarte, *Todos fuimos culpables*, pp. 727-729; Viñas, *El escudo...*, pp. 597-600.

114. Rieger, *Espionaje en España*, pp. 39-44. A propósito de la autoría, véase Hernández, *Yo fui un ministro de Stalin*, p. 183.

115. Vidarte, *Todos fuimos culpables*, pp. 689-690; diario personal de Azaña, 29 de junio y 22 de julio de 1937, *Obras*, IV, pp. 638-639 y 692; Viñas, *El escudo...*, pp. 595-597; Hernández, *Yo fui un ministro de Stalin*, pp. 128-134.

116. Negrín, «Apuntes», pp. 13-14; *ABC* (20 de julio de 1937); Morón, *Política de ayer...*, p. 94.

117. Morón, *Política de ayer...*, pp. 99-101; Vidarte, *Todos fuimos culpables*, pp. 732-733.

118. Vidarte, *Todos fuimos culpables*, p. 750.

119. Morón, *Política de ayer...*, pp. 102-104; Gregorio Peces-Barba del Brío, «Las confesiones de un fiscal», *Cuadernos para el Diálogo* (19 noviembre de 1977), pp. 28-29; Causa General, *La dominación roja en España*, Ministerio de Justicia, Madrid, 1945, p. 283; Viñas, *El escudo...*, pp. 601-603 y 619-624.

120. Gómez Sáiz designado representante del gobierno en Cataluña, *Gaceta* (4 de junio de 1937). Morón dimite como subdirector general de Seguridad, 13 de noviembre de 1937, *Gaceta de la República* (14 noviembre de 1937).

121. *La Vanguardia* (13 de junio de 1937); *Gaceta de la República* (13 de junio de 1937).

122. Diario personal de Azaña, 28 de junio de 1937, en: *Obras*, IV, p. 636; Graham, *The Spanish Republic...*, pp. 342-343; Viñas, *El escudo...*, p. 591.

123. *Gaceta de la República* (28 de marzo de 1938).

124. *Gaceta de la República* (7 de agosto de 1937); Indalecio Prieto, *Cómo y por qué*

salí del Ministerio de Defensa Nacional. *Intrigas de los rusos en España (Texto taquigráfico del informe pronunciado el 9 de agosto de 1938 ante el Comité Nacional del Partido Socialista Obrero Español)*, Impresos y Papeles, S. de R. L., México D. F., 1940, pp. 76-77; Graham, *The Spanish Republic...*, pp. 344-345.

125. Gustavo Durán, *Una enseñanza de la Guerra Española. Glorias y miserias de la improvisación de un ejército*, Ediciones Júcar, Madrid, 1980, pp. 95-101; Alexander Orlov, *The March of Time. Reminiscences*, St. Ermin's Press, Londres, 2004, pp. 326-330; declaración de Pedrero, AHN, FC-Causa General, caja 1.532, exp. 30, pp. 8 y 39.

126. Prieto, *Cómo y por qué...*, pp. 78-79; declaración de Pedrero, AHN, FC-Causa General, caja 1.520-1, pp. 9, 53-57, 65-70 y 87; caja 1.532, p. 40.

127. Enrique Líster, *Nuestra guerra*, Colección Ebro, París, 1966, p. 125; Hugh Thomas, *The Spanish Civil War*, Eyre y Spottiswoode, Londres, 1961, p. 778. [Hay trad. cast.: *La Guerra Civil española*, trad. Neri Daurella, Grijalbo, Barcelona, 1995.]

128. José Ramón Soler Fuensanta y Francisco Javier López-Brea Espiau, *Soldados sin rostro: Los servicios de información, espionaje y criptografía en la Guerra Civil española*, Inèdita Editores, Barcelona, 2008, pp. 60-61.

129. Acta de la reunión de la Comisión Nacional de Educación del Soldado de la JSU, el 17 de febrero de 1938, CDMH, PS Madrid 2.434, leg. 4.365. Mi gratitud hacia la doctora Sandra Souto Kustrín por esta referencia.

130. R. L. Chacón, *Por qué hice las chekas de Barcelona. Laurencic ante el consejo de guerra*, Solidaridad Nacional, Barcelona, 1939, pp. 10-11 y 19-33; Félix Ros, *Preventorio D. Ocho meses en la cheka*, Prensa Española, Madrid, 1974, 2.ª ed., *passim*; Miguel Sabater, *Estampas del cautiverio rojo. Memorias de un preso del S.I.M.*, Librería Religiosa, Barcelona, 1940, pp. 39-51; Francisco Gutiérrez Latorre, *La República del crimen. Cataluña, prisionera 1936-1939*, Mare Nostrum, Barcelona, 1989, pp. 119-124 y fotografías entre pp. 176-177; Cèsar Alcalà, *Les presons de la República. Les txeques a Catalunya*, Base, Barcelona, 2009, pp. 30-32, 61-62, 75-76 y 189-204.

131. Casanova, *Anarquismo y revolución...*, pp. 151-263; Joaquín Ascaso, *Memorias (1936-1938). Hacia un Nuevo Aragón*, Prensas Universitarias de Zaragoza, Zaragoza, 2006, pp. 24-32 y 85-157; Julián Casanova, *De la calle al frente. El anarcosindicalismo en España (1931-1939)*, Crítica, Barcelona, 1997, pp. 193-194 y 232-233.

132. Landau, *Le Stalinisme...*, pp. 59-61; Pierre Broué, «Quelques proches collaborateurs de Trotsky», *Cahiers Léon Trotsky*, n.º 1 (enero de 1979).

133. La principal biografía de Landau es obra de Hans Schafranek, *Das Kurze Leben des Kurt Landau: Ein Österreichischer Kommunist als Opfer der stalinistischen Geheimpolizei*, Verlag fur Gesellschaftskritik, Viena, 1988.

134. Los detalles de los arrestos de los Landau se relatan en: Landau, *Le Stalinisme...*, pp. 32-44. Véase también Volodarsky, *Soviet Intelligence Service...*, pp. 232-233.

135. Andrew y Mitrokhin, *The Sword and the Shield...*, p. 74.

136. *La Vanguardia* (28 de abril de 1938).

137. John McGovern, *Terror in Spain*, Independent Labour Party, Londres, 1938, p. 10.

138. Landau, *Le Stalinisme*, pp. 49-50; De Irujo, *Un vasco...*, I, pp. 20-24, 48-50 y 67-70; De Lizarra, *Los vascos y la República española...*, pp. 111-115 y 144-148.

139. Lluís Alegret, *Joan García Oliver. Retrat d'un revolucionari anarcosindicalista*, Pòrtic, Barcelona, 2008, pp. 220-222.

140. Elorza y Bizcarrondo, *Queridos Camaradas...*, p. 379; Radosh, Habeck y sevostianov, eds., *Spain Betrayed...*, p. 223; Valdés Larrañaga, *De la Falange al Movimiento...*, pp. 67-68.

141. Nadal, *Guerra civil en Málaga*, pp. 417-418 y 442-446; José Asensio Torrado, *El general Asensio. Su lealtad a la República*, Artes Gráficas CNT, Barcelona, *s.f.*; Louis Fischer, «Spain Won't Surrender», *The Nation* (30 de abril de 1938); telegrama a *The Nation*, Nueva York (29 de abril de 1938); documentos de Louis Fischer, Seeley G. Mudd Manuscript Library, Princeton University, caja 36, MC 024 (de ahora en adelante, los documentos de Fischer); Francisco Largo Caballero, *Mis recuerdos: cartas a un amigo*, Editores Unidos, México D. F., 1954, pp. 243-245.

142. François Godicheau, «La légende noire du Service d'Information Militaire de la République dans la guerre civile espagnole, et l'idée de contrôle politique», *Le Mouvement Social*, n.° 201, vol. 4 (2002), pp. 29-52; Solé i Sabaté y Villarroya i Font, *La repressió a la reraguarda...*, I, pp. 246-262 y 272; Pelai Pagès i Blanch, *La presó model de Barcelona. Història d'un centre penitenciari en temps de guerra (1936-1939)*, Publicacions de l'Abadia de Montserrat, Monasterio de Montserrat (Barcelona), 1996, pp. 38-61 y 269-302; Sánchez Recio, *Justicia y guerra...*, pp. 166-175.

143. AHN, FC-Causa General, legajo 1.366, caja 2, exp. 4, pp. 46 y 174-175; caja 3, exp. 6, p. 151; legajo 1.378, caja 1, exp. 1, pp. 325, 365, 430-435, 464 y 521; Justo Martínez Amutio, *Chantaje a un Pueblo*, G. del Toro, Madrid, 1974, pp. 211 y ss., 228-230.

144. Francesc Badia, *El camps de treball a Catalunya durant la guerra civil (1936-1939)*, Publicacions de l'Abadia de Montserrat, Monasterio de Montserrat (Barcelona), 2001, pp. 113-128; Pagès i Blanch, *La presó model de Barcelona...*, pp. 80-90; Sabater, *Estampas del cautiverio rojo...*, pp. 190-192; Gutiérrez Latorre, *La República del crimen...*, pp. 143-153.

145. Sánchez Recio, *Justicia y guerra...*, pp. 181-193.

146. Julius Ruiz, «"Work and Don't Lose Hope": Republican Forced Labour Camps during the Spanish Civil War», *Contemporary European History*, vol. 18, n.° 4 (2009), pp. 419–441.

147. Tarín-Iglesias, *Los años rojos*, pp. 106-110; Leche a Halifax, 28 de junio de 1938, FO 371, 22.619, W 9.149.

148. De Irujo, *Un vasco...*, I, pp. 89-91 y 250-273. Jaume Aiguader renunció a formar parte del gabinete en protesta por las sucesivas limitaciones de los poderes de la Generalitat, e Irujo renunció para cumplir con el acuerdo de solidaridad existente entre la Generalitat y el gobierno vasco en el exilio.

149. Leche al Ministerio de Asuntos Exteriores británico, 24 de agosto de 1938, FO 22.612, citado por Peter Anderson, «The Chetwode Commission and British Diplomatic Responses to Violence Behind the Lines in the Spanish Civil War», de próxima aparición, *European History Quarterly* (diciembre de 2011); diario de Azaña, 12 de agosto de 1938, en: *Obras*, IV, p. 888; Tarín-Iglesias, *Los años rojos*, pp. 159 y 165-169; Solé i Sabaté y Villarroya i Font, *La repressió a la reraguarda...*, I, pp. xvi-xviii, 8 y 274-276.

150. Cowan al Ministerio de Asuntos Exteriores británico, 22 de agosto de 1938,

FO 22.612, W 1.161. Acerca del trabajo de la comisión, véase Anderson, «The Chetwode Commission...».

151. FO 22.612, W 11.426.

152. Notas de Cowan, 8 noviembre de 1938, FO 371, 22.615, W 16.172.

153. Juan Negrín, «Jornada de Generosidad y Confianza», *La Vanguardia* (25 de diciembre de 1938).

154. FO 371, 22.613, W 12.638; FO 371, 22.613, W 1.263. Mi agradecimiento hacia Peter Anderson por darme a conocer estos documentos.

155. Chetwode a Halifax, 14 noviembre de 1938, documentos privados de Halifax, PRO FO800/323.

156. *Times* (14 de febrero de 1939); John Hope Simpson, *Refugees. A Review of the Situation since September 1938*, Londres, agosto de 1939, p. 56, citado por Anderson, «Chetwode Commission...».

157. Chetwode a Halifax, 17 de abril de 1939, FO, 425/416, W 6.162/72/41, citado por Anderson, «Chetwode Commission...».

158. *Sesiones de la Diputación Permanente de Cortes. Congreso de los Diputados*, 16 de noviembre de 1937, p.4.

159. Elorza y Bizcarrondo, *Queridos Camaradas...*, pp. 379-383; Azaña, *Obras completas*, IV, p. 692 y 828; Morón, *Política de ayer...*, pp. 102-104.

160. *Gaceta de la República* (1 de diciembre de 1937); Solé i Sabaté y Villarroya i Font, *La repressió a la reraguarda...*, I, pp. 268-273; Cèsar Alcalá, *Las Checas del terror. La desmemoria histórica al descubierto*, Libros Libres, Madrid, 2007, pp. 44-46.

161. Alba y Ardevol, eds., *El proceso del POUM...*, pp. 357-362 y 402-409; De Lizarra, *Los vascos y la República española...*, pp. 149-154.

162. Gaudioso J. Sánchez Brun, *Instituciones turolenses en el franquismo 1936-1961. Personal y mensaje políticos*, Instituto de Estudios Turolenses, Teruel, 2002, pp. 326-327; Amador del Fueyo Tuñón, *Héroes de la epopeya. El Obispo de Teruel*, Amaltea, Barcelona, 1940, pp. 210-222; De Lizarra, *Los vascos y la República española*, pp. 246-247; Indalecio Prieto, *Palabras al viento*, Oasis, México D. F., 1969, 2.ª ed., pp. 220-221; Antonio Montero Moreno, *Historia de la persecución religiosa en España 1936-1939*, Biblioteca de Autores Cristianos, Madrid, 1961, pp. 421-427; Jorge Martínez Reverte, *La caída de Cataluña*, Crítica, Barcelona, 2006, pp. 437-438.

163. Vidarte, *Todos fuimos culpables*, p. 912.

164. Juan Negrín et al., *Documentos políticos para la historia de la República Española*, Colección Málaga, México D. F., 1945, pp. 25-26; Julián Zugazagoitia, *Guerra y vicisitudes...*, II, pp. 241-242.

165. Rafael Méndez, *Caminos inversos. Vivencias de ciencia y guerra*, Fondo de Cultura Económica, México D. F., 1987, pp. 104-106; Indalecio Prieto y Juan Negrín, *Epistolario Prieto y Negrín. Puntos de vista sobre el desarrollo y consecuencias de la guerra civil española*, Imprimerie Nouvelle, París, 1939, p. 37.

166. Negrín et al., *Documentos políticos...*, pp. 26-27.

167. Enrique Moradiellos, *Juan Negrín López 1892-1956*, Parlamento de Canarias, Santa Cruz de Tenerife, 2005, pp. 131-133; *Actas de la Diputación Permanente. Congreso de los Diputados*, 31 de marzo de 1939, p. 9.

168. Fischer, *Men and Politics*..., p. 559.

169. Prieto y Negrín, *Epistolario Prieto y Negrín*..., pp. 17, 37 y 44-45.

170. *Actas del Congreso de los Diputados, Diputación Permanente*, 31 de marzo de 1939, pp. 6, 7 y 13.

CAPÍTULO 12. LA LARGA GUERRA DE ANIQUILACIÓN DE FRANCO

1. José Manuel Martínez Bande, *Nueve meses de guerra en el norte*, San Martín, Madrid, 1980, 2.ª ed., pp. 41-50; Pedro Barruso Barés, *Verano y revolución*. *La Guerra Civil en Gipuzkoa (julio-septiembre de 1936)*, RyB Editores, San Sebastián, 1996, pp. 85-132.

2. Javier Ugarte, «Represión como instrumento de acción política del Nuevo Estado (Álava, 1936-1939)», *Historia Contemporánea*, n.º 35 (2007), pp. 249-271; Marisol Martínez y David Mendaza, *1936. Guerra civil en Euskal Herria. III. La guerra en Araba. El levantamiento militar en Bizkaia*, Aralar Liburuak, Pamplona, 1999, pp. 48-55, 71-84, 209-211 y 234-249; Iñaki Egaña, *Los crímenes de Franco en Euskal Herria 1936-1940*, Txalaparta, Tafalla, 2009, pp. 69-70 y 249.

3. Pedro Barruso Barés, *Violencia política y represión en Guipúzcoa durante la guerra civil y el primer franquismo*, Hiria Liburuak, San Sebastián, 2005, pp. 50-57 y 143-146; Iñaki Egaña, *1936. Guerra civil en Euskal Herria. V. El Estatuto de Autonomía*, Aralar Liburuak, Pamplona, 1998, pp. 194-195.

4. Barruso Barés, *Violencia política y represión*..., pp. 40-111 y 153-170, especialmente, pp. 58-62.

5. El Clero Vasco, *El pueblo vasco frente a la cruzada franquista*, Editorial Egi-Indarra, Toulouse, 1966, pp. 259-272.

6. Jaime del Burgo, *Conspiración y guerra civil*, Alfaguara, Madrid, 1970, pp. 204-206.

7. Pedro Barruso Barés, «La represión en las zonas republicana y franquista del País Vasco durante la Guerra Civil», *Historia Contemporánea*, n.º 35 (2007), pp. 654-656.

8. *The Times* (29 y 31 de agosto; 1, 2, 4 y 5 de septiembre de 1936); Martínez Bande, *Nueve meses de guerra en el norte*, pp. 64-86.

9. Barruso Barés, *Verano y revolución*..., pp. 243-256.

10. Barruso Barés, *Violencia política y represión*..., pp. 120-143 y 232-240; Mikel Aizpuru, Urko Apaolaza, Jesús Mari Gómez y Jon Ogdriozola, *El otoño de 1936 en Guipúzcoa. Los fusilamientos de Hernani*, Alberdania, Irún, 2007, pp. 91-104 y 151-183; Iñaki Egaña, *1936. Guerra civil en Euskal Herria. IV. La guerra en Gipuzkoa*, Aralar Liburuak, Pamplona, 1998, pp. 198-261; Francisco Espinosa Maestre, «Sobre la represión franquista en el País Vasco», Dialnet, Universidad de la Rioja, disponible en: http://dialnet.unirioja.es/servlet/articulo?codigo=2914416, p. 5, nota 11; Barruso Barés, «La represión...», pp. 667-669.

11. Jean Pelletier, *Seis meses en las prisiones de Franco. Crónica de hechos vividos*, Ediciones Españolas, Madrid-Valencia, 1937, p. 97; Santiago Martínez Sánchez, *Los papeles perdidos del cardenal Segura, 1880-1957*, Ediciones Universidad de Navarra, Pamplona, 2004, pp. 374-393; Barruso Barés, *Violencia política y represión*..., pp. 143-153.

12. Alberto Onaindía, *Hombre de paz en la guerra*, Editorial Vasca Ekin, Buenos

Aires, 1973, pp. 103-112; Barruso Barés, *Violencia política y represión...*, pp. 159-169; Juan de Iturralde (pseudónimo de Juan José Usabiaga Irazustabarrena), *La guerra de Franco: los vascos y la Iglesia*, 2 vols., Publicaciones «Clero Vasco», San Sebastián, 1978, II, pp. 357-380; Aizpuru *et al.*, *El otoño de 1936...*, pp. 200-222.

13. Barruso Barés, *Violencia política y represión...*, pp. 171-179.

14. Pelletier, *Seis meses...*, pp. 5-26, 34-39, 44-45, 58-71, 94-95 y 111-112; Barruso Barés, *Violencia política y represión...*, pp. 160-161; Aizpuru *et al.*, *El otoño de 1936...*, pp. 187-199; De Iturralde, *La guerra de Franco...*, II, pp. 343-355; Egaña, *1936. Guerra civil en Euskal Herria. V*, pp. 190-193.

15. Onaindía, *Hombre de paz...*, pp. 172-181.

16. José Luis de la Granja Sainz, *El oasis vasco. El nacimiento de Euskadi en la República y guerra civil*, Tecnos, Madrid, 2007, pp. 421-433; José Luis de la Granja Sainz, *República y guerra civil en Euskadi (Del Pacto de San Sebastián al de Santoña)*, Instituto Vasco de Administración Pública, Bilbao, 1990, pp. 301-305; Fernando de Meer, *El Partido Nacionalista Vasco ante la guerra de España (1936-1937)*, Ediciones de la Universidad de Navarra, Pamplona, 1992, pp. 163-165 y 263-281; Onaindía, *Hombre de paz...*, pp. 131-138; Xuan Cándano, *El pacto de Santoña (1937). La rendición del nacionalismo vasco al fascismo*, La Esfera de los Libros, Madrid, 2006, pp. 45-46.

17. De la Granja Sainz, *República y guerra civil en Euskadi...*, pp. 296-301; José Antonio Aguirre y Lecube, *Veinte años de gestión del Gobierno Vasco (1936-1956)*, Leopoldo Zugaza, Durango, 1978, pp. 86-89; George L. Steer, *The Tree of Gernika: A Field Study of Modern War*, Hodder & Stoughton, Londres, 1938, pp. 110-122.

18. Steer, *The Tree of Gernika...*, p. 159; Bowers a Hull, 30 de abril de 1937, *Foreign Relations of the United States 1937*, United States Government Printing Office, Washington, 1954, I, p. 291. Véase el recorte de prensa reproducido en Martínez y Mendaza, *1936. Guerra civil en Euskal Herria. III*, p. 211.

19. Ugarte, «Represión como instrumento...», p. 259.

20. Steer, *The Tree of Gernika...*, pp. 160-170; Herbert Rutledge Southworth, *Guernica! Guernica!: A Study of Journalism, Propaganda and History*, University of California Press, Berkeley, 1977, pp. 368-369; Jesús Salas Larrazábal, *La guerra de España desde el aire*, Ariel, Barcelona, 1972, 2.ª ed., pp. 187-188.

21. Roberto Cantalupo, *Fu la Spagna. Ambasciata presso Franco. Febbraio-Aprile 1937*, Mondadori, Milán, 1948, pp. 231-232.

22. Gordon Thomas y Max Morgan-Witts, *The Day Guernica Died*, Hodder & Stoughton, Londres, 1975, pp. 144 y 296; Claude Bowers, *My Mission to Spain*, Victor Gollancz, Londres, 1954, p. 343.

23. Onaindía a Gomá, 28 de abril de 1937, Gomá a Onaindía, 5 de mayo de 1937, Archivo Gomá, *Documentos de la guerra civil. 5: Abril-Mayo de 1937*, José Andrés-Gallego y Antón M. Pazos, eds., Consejo Superior de Investigaciones Científicas, Madrid, 2003, pp. 282-284 y 357.

24. Del Burgo, *Conspiración...*, p. 862.

25. Paul Preston, *Franco. A Biography*, HarperCollins, Londres, 1993, pp. 239-247. [Hay trad. cast.: *Franco*, trad. Teresa Camprodón y Diana Falcón, Mondadori, Barcelona, 1999.]

26. De Iturralde, *La guerra de Franco...*, II, pp. 372-376; Aizpuru *et al.*, *El otoño de 1936...*, p. 221; Francisco Javier Pérez Esteban, «Represión contra los curas vascos durante la ofensiva de Vizcaya», en: Joaquín Rodero, Juan Moreno y Jesús Castrillo, eds., *Represión franquista en el frente norte*, Eneida, Madrid, 2008, p. 158.

27. *The Times* (1, 3, 4, 7, 10, 12, 15, 17, 18, 19, 20, 21, 22, 26 y 27 de mayo; 1, 4, 7, 12, 14, 15 y 16 de junio de 1937); Steer, *The Tree of Gernika...*, pp. 265-316, 322-324, 328-331 y 354; Steer a Noel-Baker, 31 de mayo de 1937, CAC, NBKR, 4x/118; Gilbert a Hull, 29 de mayo de 1937, *Foreign Relations...*, pp. 305-306.

28. Iñaki Egaña, *1936. Guerra civil en Euskal Herria. VII. Vascos en la guerra fuera de Euskal Herria. Represión en Bizkaia*, Aralar Liburuak, Pamplona, 1999, pp. 205-206; Egaña, *Los crímenes de Franco...*, pp. 237-240 y 248.

29. Barruso Barés, «La represión...», pp. 669-670; Santos Juliá *et al.*, *Víctimas de la guerra civil*, Temas de Hoy, Madrid, 1999, pp. 206-208. Egaña, *1936. Guerra civil en Euskal Herria. VII*, pp. 205-206; Egaña, *Los crímenes de Franco...*, pp. 237-240 y 248.

30. Felipe Acedo Colunga, *Memoria del Fiscal del Ejército de Ocupación*, Zaragoza, 15 de enero de 1939 (Archivo del Tribunal Militar Territorial Segundo de Sevilla, doc. sin clasificar, p. 24), citado por Espinosa Maestre, «Sobre la represión franquista...», pp. 17-20.

31. Ángel David Martín Rubio, *Paz, piedad, perdón... y verdad. La represión en la guerra civil: Una síntesis definitiva*, Fénix, Madrid, 1997, p. 372, sugiere la cifra de 1.778. Egaña, *1936. Guerra civil en Euskal Herria. VII...*, pp. 214-221 y 338-352, sugiere 903. Barruso Barés, «La represión...», pp. 669-670. Véanse también Egaña, *Los crímenes de Franco...*, p. 66; De Iturralde, *La guerra de Franco...*, II, pp. 285-299.

32. José María Areilza, *Discurso pronunciado por el Alcalde de Bilbao, Sr. D. José María Areilza el día 8 de julio de 1937, en el Coliseo Albia, en función de homenaje al glorioso ejército y milicias nacionales*, s.e., s.l., 1937; Egaña, *1936. Guerra civil en Euskal Herria. VII...*, pp. 194-195.

33. Emilio Faldella, *Venti mesi di guerra in Spagna (luglio 1936-febbraio 1938)*, Felice Le Monnier, Florencia, 1939, p. 357; general Vicente Rojo, *España heroica: diez bocetos de la guerra española*, Ariel, Barcelona, 1975, 3.ª ed., pp. 91-101; Ramón Salas Larrazábal, *Historia del Ejército popular de la República*, 4 vols., Editora Nacional, Madrid, 1973, II, pp. 1.215-1.264; Manuel Aznar, *Historia militar de la guerra de España (1936-1939)*, Ediciones Idea, Madrid, 1940, pp. 430-463; Luis María de Lojendio, *Operaciones militares de la guerra de España*, Montaner y Simón, Barcelona, 1940, pp. 331-344; José Manuel Martínez Bande, *Vizcaya*, San Martín, Madrid, 1971, pp. 197-204.

34. Jesús Gutiérrez Flores, *Guerra Civil en Cantabria y pueblos de Castilla*, 2 vols., Librosenred, Buenos Aires, 2006, pp. 23-26.

35. Juan Antonio Cabezas, *Asturias: Catorce meses de guerra civil*, G. del Toro, Madrid, 1975, p. 63; Manuel Azaña, *Obras completas*, 4 vols., Oasis, México D. F., 1966-1968, IV, p. 846.

36. Gutiérrez Flores, *Guerra Civil en Cantabria*, pp. 28-29 y 36-43; José Luis Ledesma, «Una retaguardia al rojo. Las violencias en la zona republicana», en: Francisco Espinosa Maestre, ed., *Violencia roja y azul. España, 1936-1950*, Crítica, Barcelona, 2010, pp. 217-218.

37. Azaña, *Obras completas*, IV, pp. 782, 784 y 846-847; Cándano, *El pacto de Santoña...*, pp. 176-182 y 196-205; José Manuel Martínez Bande, *El final del frente norte*, San Martín, Madrid, 1972, pp. 41-89; De Lojendio, *Operaciones militares...*, pp. 290-303; Aznar, *Historia militar*, pp. 465-483.

38. Gutiérrez Flores, *Guerra Civil en Cantabria...*, pp. 24-25, 113 y 244 (Pérez y García Argüelles); pp. 126-134 y 151-174 (ejecuciones); Espinosa Maestre, ed., *Violencia roja y azul...*, p. 77.

39. Cándano, *El pacto de Santoña...*, pp. 240-253; Alberto Onaindía, *El «Pacto» de Santoña, antecedentes y desenlace*, Laiz, Bilbao, 1983, pp. 108-164; Steer, *The Tree of Gernika...*, pp. 386-394; Egaña, *1936. Guerra civil en Euskal Herria. VII...*, pp. 57-87; Martínez Bande, *El final del frente norte*, pp. 89-98; John F. Coverdale, *Italian Intervention in the Spanish Civil War*, Princeton University Press, Princeton, 1975, pp. 291-294; P. M. Heaton, *Welsh Blockade Runners in the Spanish Civil War*, Starling Press, Newport (Gwent), 1985, pp. 68 y 101-102; De Iturralde, *La guerra de Franco...*, II, pp. 301-310.

40. Bowers a Hull, 23 de octubre y 13 de diciembre de 1937, en: *FRUS 1937*, I, pp. 433 y 465-466. Una lista de los prisioneros entregados aparece en Egaña, *1936. Guerra civil en Euskal Herria. VII...*, pp. 236-243. Véase también Juliá *et al.*, *Víctimas...*, pp. 205-207.

41. Barruso Barés, «La represión...», pp. 674-681; manuscrito inédito de Balasi Abando de Ereño.

42. Josep Benet, *L'intent franquista de genocidi cultural contra Catalunya*, Publicacions de l'Abadia de Montserrat, Monasterio de Montserrat (Barcelona), 1995, pp. 212-217.

43. Cándano, *El pacto de Santoña...*, pp. 55-58; Barruso Barés, «La represión...», p. 673; Hilari Raguer, *Aita Patxi. Prisionero con los gudaris*, Claret, Barcelona, 2006, pp. 139-150; Pérez Esteban, «Represión contra los curas vascos...», pp. 164-168.

44. Óscar Pérez Solís, *Sitio y defensa de Oviedo*, Afrodisio Aguardo, Valladolid, 1938, 2.ª ed., pp. 5-28; Julián Zugazagoitia, *Guerra y vicisitudes de los españoles*, 2 vols., Librería Española, París, 1968, 2.ª ed., I, pp. 50-54; Matilde de la Torre, *Mares en la sombra. Estampas de Asturias*, Ediciós do Castro, Sada-A Coruña, 2007, 2.ª ed., pp. 80-97; Cabezas, *Asturias...*, pp. 29-31; Guillermo García Martínez, *Los defensores del cerco de Oviedo (19-7-36/17-10-36)*, Autor/Gráficas Careaga, 1994, Oviedo, pp. 25-49; Joaquín Arrarás, *Historia de la Cruzada española*, 8 vols., 36 tomos, Ediciones Españolas, Madrid, 1939-1943, IV, pp. 141-143.

45. Ledesma, «Una retaguardia al rojo...», pp. 172-173; Cabezas, *Asturias...*, pp. 35-36; Miguel Ángel González Muñiz, Javier R. Muñoz *et al.*, *La guerra civil en Asturias*, 2 tomos, Ediciones Júcar, Gijón/Madrid, 1986, I, pp. 94-99 y 117-127; Ramón Álvarez, *Rebelión militar y revolución en Asturias. Un protagonista libertario*, Autor/Artes Gráficas NOEGA, Gijón, 1995, pp. 86-90.

46. Arrarás, *Historia de la Cruzada...*, VI, pp. 361-303; Joaquín A. Bonet, *¡Simancas! Epopeya de los cuarteles de Gijón*, Tipografía Flores, Gijón, 1939, pp. 181-199; José Manuel Martínez Bande, *Los asedios*, San Martín, Madrid, 1983, pp. 292-300.

47. Luis de Armiñán, *D. Antonio Aranda Mata General en Jefe de la División de Asturias*, Impresora Católica, Ávila, 1937, p. 31; Pérez Solís, *Sitio y defensa...*, pp. 31 y 97-99.

48. Webb Miller, *I Found No Peace. The Journal of A Foreign Correspondent*, The Book Club, Londres, 1937, p. 340.

49. Cabezas, *Asturias...*, pp. 31-34; Martínez Bande, *Los asedios*, p. 234; Carmen García García, «Aproximación al estudio de la represión franquista en Asturias: "paseos" y ejecuciones en Oviedo (1936-1952)», *El Basilisco* (Oviedo), n.º 6 (julio-agosto de 1990), pp. 70-71; Juan Ambou, *Los comunistas en la resistencia nacional republicana (La guerra en Asturias, el País Vasco y Santander)*, Editorial Hispamericana, Madrid, 1978, pp. 333-340; Irene Díaz Martínez, «La represión franquista en Asturias durante la guerra civil», en: Rodero, Moreno, Castrillo, eds., *Represión franquista en el frente norte*, pp. 181-186; González Muñiz *et al.*, *La guerra civil en Asturias*, I, pp. 108-111.

50. González Muñiz *et al.*, *La guerra civil en Asturias*, I, pp. 193-198 y 205-208; Díaz Martínez, «La represión franquista en Asturias...», pp. 188-195 y 211-214.

51. *ABC* (Sevilla) (18 de octubre de 1936); García Martínez, *Los defensores...*, pp. 192-209; Martínez Bande, *Nueve meses de guerra en el norte*, pp. 110-142.

52. García García, «Aproximación...», pp. 71-74; Díaz Martínez, «La represión franquista en Asturias...», pp. 195-200 y 214-215; Cabezas, *Asturias...*, pp. 99-102.

53. Ángel Viñas, *Guerra, dinero, dictadura: ayuda fascista y autarquía en la España de Franco*, Crítica, Barcelona, 1984, p. 147; Martínez Bande, *El final del frente norte*, pp. 109-175; Salas Larrazábal, *Historia del Ejército popular...*, II, pp. 1.470-1.499; De Lojendio, *Operaciones militares...*, pp. 303-326; Aznar, *Historia militar...*, pp. 517-529; Hugh Thomas, *The Spanish Civil War*, Hamish Hamilton, Londres, 1977, 3.ª ed., pp. 728-731. [Hay trad. cast.: *La Guerra Civil española*, trad. Neri Daurella, Grijalbo, Barcelona, 1995.]

54. Azaña, *Obras completas*, IV, pp. 834 y 847-848; Juan Antonio Sacaluga, *La resistencia socialista en Asturias 1937-1962*, Editorial Pablo Iglesias, Madrid, 1986, p. 6.

55. Espinosa Maestre, *Violencia roja y azul...*, pp. 77 y 246.

56. Cabezas, *Asturias...*, pp. 159-186, 196-197 y 206-212; Marcelino Laruelo Roa, *La libertad es un bien muy preciado. Consejos de Guerra celebrados en Gijón y Camposantos por el ejército nacionalista al ocupar Asturias en 1937. Testimonios y condenas*, En la Estela de Aldebarán, Gijón, 1999, pp. 185-195 y 453-455; Xesús Comoxo, Xesús Costa y Xesús Santos, *Rianxo na guerra civil; Campo de concentración de prisioneiros de guerra 1937-1939*, Concello de Rianxo, Rianxo, 2003, pp. 32-38.

57. Manuel Suárez Cortina, *El fascismo en Asturias (1931-1937)*, Silverio Cañada, Gijón, 1981, p. 200; Sacaluga, *La resistencia socialista...*, pp. 5-6; Ronald Fraser, *Blood of Spain: The Experience of Civil War 1936-1939*, Allen Lane, Londres, 1979, pp. 424-426; Luis Miguel Piñera, *Posguerra incivil. Vencidos y vencedores en Gijón entre 1937 y 1940*, Ayuntamiento de Gijón/KRK Ediciones, Oviedo, 2008, pp. 140-152; Leonardo Borque López, *La represión violenta contra los maestros republicanos en Asturias*, KRK Ediciones, Oviedo, 2010, pp. 165-242; Rubén Vega García y Begoña Serrano Ortega, *Clandestinidad, represión y lucha política. El movimiento obrero en Gijón bajo el franquismo (1937-1962)*, Ayuntamiento de Gijón, Gijón, 1998, pp. 17-21.

58. Marta Capín Rodríguez, *El Valle de Dios*, Ediciones MS-CTC, Madrid, 2004, pp. 177-182 y 235-254; *La Voz de Asturias* (7 de julio de 2005); Piñera, *Posguerra incivil...*, pp. 138-139.

59. García García, «Aproximación...», pp. 74-75; Nicanor Rozada, *Relatos de una lucha. La guerrilla y la represión en Asturias*, Imprenta Gofer, Oviedo, 1993, pp. 252-253.

60. Eduardo Pons Prades, *Las guerras de los niños republicanos (1936-1939)*, Compañía Literaria, Madrid, 1997, pp. 126-129.

61. García García, «Aproximación...», pp. 76-80.

62. *El Comercio Digital* (15 de abril de 2010); María Enriqueta Ortega Valcárcel, *La represión en Asturias. Ejecutados y fallecidos en la cárcel del coto de Gijón*, Azucel, Avilés, 1994, pp. 9-19 y 23-49; Laruelo Roa, *La libertad...*, pp. 51-66, 197-203 y 209-211; Sacaluga, *La resistencia socialista...*, pp. 7-8; García García, «Aproximación...», pp. 81-82.

63. *Diario de Burgos* (8 de octubre de 1937). Mi agradecimiento a Luis Castro por darme a conocer este discurso.

64. Ángela Cenarro Lagunas, *Cruzados y camisas azules. Los orígenes del franquismo en Aragón, 1936-1945*, Prensas Universitarias de Zaragoza, Zaragoza, 1997, pp. 43-49.

65. Julia Cifuentes Chueca y Pilar Maluenda Pons, *El asalto a la República: los orígenes del franquismo en Zaragoza (1936-1939)*, Institución Fernando el Católico, Zaragoza, 1995, pp. 45-61 y 171-176; Julián Casanova, Ángela Cenarro, Julita Cifuentes, Maria Pilar Maluenda y María Pilar Salomón, *El pasado oculto: fascismo y violencia en Aragón (1936-1939)*, Mira Editores, Zaragoza, 2001, 3.ª ed., pp. 48-65 y 243-417 (lista de las víctimas de Zaragoza).

66. Cifuentes Chueca y Maluenda Pons, *El asalto...*, pp. 121-122; Altaffaylla Kultur Taldea, *Navarra 1936. De la esperanza al terror*, Altaffaylla, Tafalla, 2004, 8.ª ed., pp. 690-694; Jesús Vicente Aguirre González, *Aquí nunca pasó nada. La Rioja 1936*, Ochoa, Logroño, 2007, pp. 926-931; Antonio Hernández García, *La represión en La Rioja durante la guerra civil*, 3 vols., ed. del autor, Logroño, 1982, II, pp. 71 y 207-212; Martínez y Mendaza, *1936. Guerra civil en Euskal Herria. II...*, pp. 94-95.

67. *El Siglo* (6 de abril de 1938).

68. Víctor Lucea Ayala, *Dispuestos a intervenir en política. Don Antonio Plano Aznárez: socialismo y republicanismo en Uncastillo (1900-1939)*, Institución Fernando el Católico, Zaragoza, 2008, pp. 372-398; Jesús Pueyo Maisterra, *Del infierno al Paraíso*, memorias inéditas.

69. Ángela Cenarro, «La lógica de la guerra, la lógica de la venganza: violencia y fractura social en una comunidad bajoaragonesa, 1939-1940», en: Conxita Mir, Jordi Catalán y David Ginard, coords., *Enfrontaments civils: Postguerres i reconstruccions. II. Guerra civil de 1936 i franquisme*, Associació Recerques i Pagès Editors, Lérida, 2002, pp. 703-715.

70. Ángela Cenarro Lagunas, *El fin de la esperanza: Fascismo y guerra civil en la provincia de Teruel (1936-1939)*, Instituto de Estudios Turolenses, Teruel, 1996, pp. 67-91; Casanova *et al.*, *El pasado oculto...*, pp. 183-184 y 187-188.

71. Cenarro Lagunas, *El fin de la esperanza...*, pp. 71-73 y 79-82; Casanova *et al.*, *El pasado oculto...*, pp. 175-185.

72. David Alonso Císter, *Verano del 36. La fosa común de la guerra civil de los Llanos de Caudé (Teruel)*, Mira Editores, Zaragoza, 2008, pp. 13-16 y 31-155; Emilio Silva y Santiago Macías, *Las fosas de Franco. Los republicanos que el dictador dejó en las cunetas*, Temas de Hoy, Madrid, 2003, pp. 151-163; Casanova *et al.*, *El pasado oculto...*, p. 185.

73. Mantecón a Bergamín, 8 de febrero de 1938; Édgar González Ruiz, *Los otros cristeros y su presencia en Puebla*, Benemérita Universidad Autónoma de Puebla, Puebla, 2004, p. 374; Casanova *et al.*, *El pasado oculto...*, pp. 185-186, 466 y 481. Agradezco a Marco Aurelio Torres H. Mantecón y Édgar González Ruiz el haberme facilitado una copia de la carta de Mantecón a Serafín Aldecoa por sus comentarios acerca de ambos casos.

74. Amador del Fueyo, *Héroes de la epopeya. El Obispo de Teruel*, Amaltea, Barcelona, 1940, pp. 86-87.

75. Gaudioso J. Sánchez Brun, *Instituciones turolenses en el franquismo, 1936-1961. Personal y mensajes políticos*, Instituto de Estudios Turolenses, Teruel, 2002, pp. 336-338; Del Fueyo, *Héroes de la epopeya...*, pp. 110-117.

76. Sánchez Brun, *Instituciones turolenses...*, pp. 332-334 y 339; Cenarro Lagunas, *El fin de la esperanza...*, pp. 150-151.

77. Casanova *et al.*, *El pasado oculto...*, p. 182; Cenarro Lagunas, *El fin de la esperanza...*, p. 75.

78. «Notas informativas sobre la batalla de Teruel», reunidas por el capitán Rogelio Martínez, comisario del Ejército del Este y enviadas a José Bergamín desde Lérida el 7 de febrero de 1938. Mi inmensa gratitud hacia Édgar González Ruiz por su amabilidad al facilitarme una copia de estos documentos. Véase también González Ruiz, *Los otros cristeros...*, p. 375.

79. Vicente García, *Aragón, baluarte de España*, Librería General, Zaragoza, 1938, pp. 188-189; José María Maldonado Moya, *El frente de Aragón. La guerra civil en Aragón (1936-1938)*, Mira Editores, Zaragoza, 2007, pp. 196-200; José Manuel Martínez Bande, *La gran ofensiva sobre Zaragoza*, San Martín, Madrid, 1973, pp. 57-74.

80. Indalecio Prieto, *La tragedia de España. Discursos pronunciados en América del Sur*, Fundación Indalecio Prieto/Sitesa, México D. F., 1995, pp. 42-43; Marco Aurelio Torres H. Mantecón, *José Ignacio Mantecón. Vida y obra de un aragonés en el destierro*, Institución Fernando el Católico, Zaragoza, 2005, p. 102; «Notas informativas sobre la batalla de Teruel»; González Ruiz, *Los otros cristeros...*, p. 375. Mi enorme gratitud hacia el doctor Pedro López Peris por su ayuda en la reconstrucción de estos acontecimientos.

81. «Notas informativas sobre la batalla de Teruel».

82. Cenarro Lagunas, *El fin de la esperanza...*, pp. 151-154.

83. Onaindía, *Hombre de paz...*, pp. 344-348 y 351-372; Prieto, *La tragedia de España...*, pp. 42-43; Del Fueyo, *Héroes de la epopeya*, pp. 162-164; Hilari Raguer, *La pólvora y el incienso. La Iglesia y la guerra civil española*, Península, Barcelona, 2001, p. 171.

84. Véanse las cartas reproducidas en Onaindía, *Hombre de paz...*, pp. 373-397.

85. Casanova *et al.*, *El pasado oculto...*, pp. 135-150; José María Azpiroz Pascual, *La voz del olvido. La guerra civil en Huesca y la Hoya*, Diputación Provincial de Huesca, Huesca, 2007, pp. 21-26 y 30-32; Espinosa Maestre, *Violencia roja y azul...*, p. 247.

86. Emilio Casanova y Jesús Lou, *Ramón Acín. La línea sentida*, Gobierno de Aragón, Zaragoza, 2004, pp. 55-62; Azpiroz Pascual, *La voz del olvido...*, pp. 128-203.

87. Azpiroz Pascual, *La voz del olvido...*, pp. 233-365; Esteban C. Gómez Gómez, *El eco de las descargas. Adiós a la esperanza republicana*, Escega, Barcelona, 2002, pp. 143-

159, 197-202, 208, 256-260 y 491-504; Jeanne Maurín, *Cómo se salvó Joaquín Maurín. Recuerdos y testimonios*, Ediciones Júcar, Madrid, 1981, pp. 74-87. Acerca de Faustiñana, véanse Gómez Gómez, *El eco...*, pp. 159, 186-187, 194, 209-210, 261-264, 283, 323, 361 y 370; Maurín, *Cómo se salvó...*, p. 78.

88. Víctor Pardo Lancina, *Tiempo destruido*, Gobierno de Aragón, Huesca, 2009, pp. 136-191; Azpiroz Pascual, *La voz del olvido*, pp. 264-266; Luisa Marco Sola, *Sangre de Cruzada. El catolicismo oscense frente a la guerra civil (1936-1939)*, Instituto de Estudios Altoaragoneses/Diputación Provincial de Huesca, Huesca, 2009, pp. 185-188; Casanova *et al.*, *El pasado oculto...*, p. 441.

89. Joan Villarroya i Font, *Els bombardeigs de Barcelona durant la guerra civil (1936-1939)*, Publicacions de l'Abadia de Montserrat, Monasterio de Montserrat (Barcelona), 1999, 2.ª ed., pp. 79-101 y 123-133; Stohrer a Wilhelmstrasse, 23 de marzo de 1938, *Documents on German Foreign Policy. Germany and the Spanish Civil War, 1936-1939*, serie C, vol. III, HMSO, Londres, 1959, pp. 624-626.

90. Preston, *Franco...*, pp. 302-303.

91. Josep M. Solé i Sabaté y Joan Villarroya i Font, *España en llamas. La guerra civil desde el aire*, Temas de Hoy, Madrid, 2003, pp. 162-166; Montse Armengou y Ricard Belis, *Ramon Perera. L'home dels refugis*, La Rosa dels Vents, Barcelona, 2008, pp. 83-90 y 121-126; Mercè Barallat i Barés, *La repressió a la postguerra civil a Lleida (1938-1945)*, Publicacions de l'Abadia de Montserrat, Monasterio de Montserrat (Barcelona), 1991, pp. 39-43 y 47-51.

92. Josep Maria Solé i Sabaté, *La repressió franquista a Catalunya 1938-1953*, Edicions 62, Barcelona, 1985, pp. 35-37; Barallat i Barés, *La repressió a la postguerra civil...*, pp. 52-55.

93. Benet, *L'intent franquista de genocidi...*, pp. 208-212 y 217-222; José María Fontana, *Los catalanes en la guerra de España*, Acervo, Barcelona, 1977, 2.ª ed., p. 322.

94. Hilari Raguer, *Divendres de passió. Vida i mort de Manuel Carrasco Formiguera*, Publicacions de l'Abadia de Montserrat, Monasterio de Montserrat (Barcelona), 1984, pp. 250-278, 334-346 y 373-390; Josep Benet, *Manuel Carrasco i Formiguera, afusellat*, Edicions 62, Barcelona, 2009, pp. 84-89 y 96-108; Onaindía, *Hombre de paz...*, pp. 128-129 y 427-429. Véase también la correspondencia de Carrasco con su esposa escrita deasde la cárcel, Manuel Carrasco i Formiguera, *Cartes de la presó*, Hilari Raguer, ed., Edicions de l'Abadia de Montserrat, Monasterio de Montserrat (Barcelona), 1988.

95. José Manuel Martínez Bande, *La llegada al mar*, San Martín, Madrid, 1975, pp. 112-113; Benet, *L'intent franquista de genocidi...*, pp. 189-199.

96. Barallat i Barés, *La repressió a la postguerra civil...*, pp. 69-67; Josep M. Solé i Sabaté y Joan Villarroya i Font, *L'ocupació militar de Catalunya, març 1938-febrer 1939*, L'Avenç, Barcelona, 1987, pp. 55-59.

97. General Sagardía, *Del Alto Ebro a las Fuentes del Llobregat. Treinta y dos meses de guerra de la 62.ª División*, Editora Nacional, Barcelona, 1940, pp. 161-169.

98. Manuel Gimeno, *Revolució, guerra i repressió al Pallars (1936-1939)*, Publicacions de l'Abadia de Montserrat, Monasterio de Montserrat (Barcelona), 1989, pp. 58-77; Solé i Sabaté y Villarroya i Font, *L'ocupació militar...*, pp. 63-83.

99. Solé i Sabaté y Villarroya i Font, *L'ocupació militar...*, pp. 87-90; Francisco

Sánchez Ruano, *Islam y guerra civil española. Moros con Franco y con la República*, La Esfera de los Libros, Madrid, 2004, pp. 336-340.

100. Preston, *Franco...*, pp. 303-305.

101. Solé i Sabaté, *La repressió franquista...*, pp. 36-37; Vicent Gabarda Cebellán, *Els afusellaments al Pais Valencià (1938-1956)*, Edicions Alfons el Magnànim, Valencia, 1993, p. 74; Vicente Enrique y Tarancón, *Recuerdos de juventud*, Grijalbo, Barcelona, 1984, pp. 262-272; Teresa Armengot, Joan Lluís Porcar y Ricard Camil Torres, *La repressió franquista al País Valencià. Borriana i Manises*, Tres i Quatre, Valencia, 2008, pp. 23-41; Joan Lluís Porcar y Teresa Armengot, «Mort i repressió franquista a Borriana (1938-1950)», en: Pelai Pagès i Blanch, dir., *La repressió franquista al País Valencià. Primera trobada d'investigadors de la Comissió de la veritat*, Tres i Quatre, Valencia, 2009, pp. 511-522.

102. Fernando Vázquez Ocaña, *Pasión y muerte de la segunda República española*, Editorial Norte, París, 1940, pp. 61-62.

103. Antonio D. López Rodríguez, *Cruz, bandera y caudillo. El campo de concentración de Castuera*, CEDER-La Serena, Badajoz, 2007, pp. 90-107 y 226-269; Silva y Macías, *Las fosas de Franco...*, pp. 265-269.

104. Juan-Simeón Vidarte, *Todos fuimos culpables*, Fondo de Cultura Económica, México D. F., 1973, pp. 855-857.

105. Francisco Franco Bahamonde, *Palabras del Caudillo, 19 abril 1937-7 diciembre 1942*, Ediciones de la Vicesecretaría de Educación Popular, Madrid, 1943, p. 476.

106. Paul Preston, *Botxins i repressors. Els crims de Franco i dels franquistes*, Editorial Base, Barcelona, 2006, pp. l01-113; Josep Cruanyes, *El papers de Salamanca. L'espoliació del patrimoni documental de Catalunya*, Edicions 62, Barcelona, 2003, pp. 16-21 y 34-35.

107. José Manuel Martínez Bande, *La campaña de Cataluña*, San Martín, Madrid, 1979, pp. 41-60; Benet, *L'intent franquista de genocidi...*, p. 228.

108. *FRUS 1939*, II, pp. 722-723; Martínez Bande, *La campaña de Cataluña*, pp. 60-92.

109. Sánchez Ruano, *Islam y guerra civil...*, pp. 357-363; Solé i Sabaté y Villarroya i Font, *L'ocupació militar...*, pp. 93-108; Núria Bonet Baqué, Amanda Cardona Alcaide y Gerard Corbella López, *Tàrrega 1936-61. Aproximació a la repressió, l'exili i la vida quotidiana*, Ajuntament de Tàrrega, Tárrega, 2008, pp. 14 y 76-77.

110. Franco Bahamonde, *Palabras del Caudillo...*, pp. 501-503.

111. Fontana, *Los catalanes en la guerra...*, p. 335; Raguer, *La pólvora y el incienso...*, p. 375.

112. Josep Recasens Llort, *La repressió franquista a Tarragona*, Publicacions del Cercle d'Estudis Històrics i Socials Guillem Oliver del Camp de Tarragona, Tarragona, 2005, pp. 47-49.

113. Josep Recasens Llort, *La repressió franquista a la comarca de l'Alt Camp (1939-1950)*, Consell Comarcal de l'Alt Camp y Pagès Editors, Valls, 2006, pp. 27-33; Albert Manent i Segimon, *La guerra civil i la repressió del 1939 a 62 pobles del Camp de Tarragona*, Cossetània Edicions, Valls, 2006, *passim*.

114. Ronald Fraser, *Blood of Spain: The Experience of Civil War 1936-1939*, Allen Lane, Londres, 1979, pp. 481-482.

115. Teresa Pàmies, *Quan érem capitans. Memòries d'aquella guerra*, Dopesa, Barcelona, 1974, pp. 149-150.

116. Relatado por Theodor Garriga, entrevista radiofónica en la serie de Catalunya Ràdio, *Veus del exili*.

117. Herbert Matthews, «Figueras, Capital of Loyalist Spain», «Conflict to Go On», «Toll of 500 feared in Figueras Raids», *The New York Times* (28 de enero; 4 y 6 de febrero de 1939).

118. Herbert Matthews, «130,000 Refugees Enter France», *The New York Times* (7 de febrero de 1939).

119. Michael Richards, *A Time of Silence: Civil War and the Culture of Repression in Franco's Spain, 1936-1945*, Cambridge University Press, Cambridge, 1998, p. 45.

120. Benet, *L'intent franquista de genocidi...*, pp. 129 y 235-249 .

121. *Ibid.*, pp. 266-267 y 339-340.

122. Aram Monfort, *Barcelona 1939. El camp de concentració d'Horta*, L'Avenç, Barcelona, 2008, pp. 28-34; Enric Canals, *Delators. La justícia de Franco*, L'Esfera dels Llibres, Barcelona, 2007, pp. 31-33 y 155-157; Julián Casanova, Francisco Espinosa, Conxita Mir y Francisco Moreno Gómez, *Morir, matar, sobrevivir. La violencia en la dictadura de Franco*, Crítica, Barcelona, 2002, pp. 29-30 y 173-179; Joan Sagués, «Repressió, control i supervivència», en: Conxita Mir, Carme Agustí y Josep Gelanch, eds., *Violència i repressió a Catalunya durant el franquisme. Balanç historiogràfic i perspectives*, Edicions de l'Universitat de Lleida, Lérida, 2001, pp. 87-88.

123. Solé i Sabaté, *La repressió franquista...*, pp. 62-67 y 95-187; Solé i Sabaté y Villarroya i Font, *L'ocupació militar...*, pp. 75-82 y 117-130.

124. Casanova *et al.*, *Morir, matar, sobrevivir...*, pp. 131-137 y 159-172; Conxita Mir, *Vivir es sobrevivir. Justicia, orden y marginación en la Cataluña rural de posguerra*, Milenio, Lérida, 2000, pp. 37-58, 128-150, 164-187 y 195-202.

125. Estado español, Ministerio de la Gobernación, *Dictamen de la comisión sobre ilegitimidad de poderes actuantes el 18 de julio de 1936*, Barcelona, 1939, pp. 9-13; Manuel Álvaro Dueñas, *«Por ministerio de la ley y voluntad del Caudillo». La Jurisdicción Especial de Responsabilidades Políticas (1939-1945)*, Centro de Estudios Políticos y Constitucionales, Madrid, 2006, pp. 84-121.

CAPÍTULO 13. SIN PERDÓN: JUICIOS, EJECUCIONES, CÁRCELES

1. Francisco Franco Bahamonde, *Palabras del Caudillo, 19 de abril de 1937–7 de diciembre de 1942*, Ediciones de la Vicesecretaría de Educación Popular, Madrid, 1943, p. 102.

2. *ABC* (1 de enero de 1940). Omitido en compilaciones posteriores de los discursos de Franco, el texto íntegro se publicó entonces con el título *Mensaje del Caudillo a los españoles: discurso pronunciado por S. E. el Jefe del Estado la noche del 31 de diciembre de 1939*, Madrid, *s.f.* [1940], pp. 16 y 19-20.

3. Mónica Lanero Táboas, *Una milicia de la justicia. La política judicial del franquismo (1936-1945)*, Centro de Estudios Constitucionales, Madrid, 1996, pp. 318-319; Ma-

nuel Ballbé, *Orden público y militarismo en la España constitucional (1812-1983)*, Alianza, Madrid, 1983, pp. 402-409.

4. Emilio Mola Vidal, *Obras completas*, Librería Santarén, Valladolid, 1940, p. 1.177.

5. Francisco Franco Bahamonde, *Palabras del Caudillo, 19 de abril de 1937-31 de diciembre de 1938*, Ediciones Fe, Barcelona, 1939, p. 165.

6. Ballbé, *Orden público y militarismo...*, p. 404; Ramón Serrano Suñer, *Entre el silencio y la propaganda, la Historia como fue. Memorias*, Planeta, Barcelona, 1977, pp. 244-248.

7. Josep Cruanyes, *Els papers de Salamanca. L'espoliació del patrimoni documental de Catalunya*, Edicions 62, Barcelona, 2003, pp. 16-21 y 34-35.

8. Lanero Táboas, *Una milicia de la justicia...*, pp. 320-321; Pablo Gil, *La noche de los generales. Militares y represión en el régimen de Franco*, Ediciones B, Barcelona, 2004, pp. 143-145; Peter Anderson, *The Francoist Military Trials. Terror and Complicity, 1939-1945*, Routledge/Cañada Blanch, Nueva York, 2010, p. 53.

9. Juan Caba Guijarro, *Por los caminos del mundo*, Talleres CNT-AIT, Móstoles, 1984, p. 15, citado por José Manuel Sabín, «Control y represión», en: Manuel Requena Gallego, coord., *Castilla-La Mancha en el franquismo*, Biblioteca Añil, Ciudad Real, 2003, p. 25.

10. Gil, *La noche de los generales...*, pp. 131-138; Pablo Gil Vico, «Derecho y ficción: la represión judicial militar», en: Francisco Espinosa Maestre, ed., *Violencia roja y azul. España, 1936-1950*, Crítica, Barcelona, 2010, pp. 284-285.

11. Francisco Moreno Gómez, *Córdoba en la posguerra (La represión y la guerrilla, 1939-1950)*, Francisco Baena, ed., Córdoba, 1987, pp. 47-48.

12. Ignacio Arenillas de Chaves, *El Proceso de Besteiro*, Revista de Occidente, Madrid, 1976, pp. 402-403.

13. *La Vanguardia Española* (8 de febrero de 1939).

14. Peter Anderson, «Singling Out Victims: Denunciation and Collusion in the Post-Civil-War Francoist Repression in Spain, 1939–1945», *European History Quarterly*, vol. 39, n.° 1 (2009), pp. 18-19.

15. Anderson, *The Francoist Military Trials...*, pp. 57-59; Francisco Cobo Romero, *Revolución campesina y contrarrevolución franquista en Andalucía. Conflictividad social, violencia política y represión franquista en el mundo rural andaluz 1931-1950*, Universidad de Córdoba/Universidad de Granada, Granada, 2004, pp. 318-319; Julio Prada Rodríguez, *La España masacrada. La represión franquista de guerra y posguerra*, Alianza, Madrid, 2010, pp. 199-206; Peter Anderson, «In the Interests of Justice? Grass-roots Prosecution and Collaboration in Francoist Military Trials, 1939–1945», *Contemporary European History*, vol. 18, n.° 1 (2009), pp. 25-44; Enric Canals, *Delators. La justícia de Franco*, L'Esfera dels Llibres, Barcelona, 2007, pp. 29-33.

16. Antonio Ruiz Vilaplana, *Burgos Justice. A Year's Experience of Nationalist Spain*, Constable and Co., Londres, 1938, pp. 151-153.

17. Felipe Acedo Colunga, *Memoria del Fiscal del Ejército de Ocupación*, Zaragoza, 15 de enero de 1939 (Archivo del Tribunal Militar Territorial Segundo de Sevilla, doc. sin clasificar) analizado por Francisco Espinosa Maestre, *Contra el olvido. Historia y memoria de la guerra civil*, Crítica, Barcelona, 2006, pp. 79-91.

18. Francisco Espinosa Maestre, «Julio de 1936. Golpe militar y plan de exterminio», en: Julián Casanova, Francisco Espinosa, Conxita Mir y Francisco Moreno Gómez, *Morir, matar, sobrevivir. La violencia en la dictadura de Franco*, Crítica, Barcelona, 2002, pp. 96-102; Espinosa Maestre, *Contra el olvido...*, p. 92.

19. Lanero Táboas, *Una milicia de la justicia...*, p. 322, 360-362; Rafael Gil Bracero y María Isabel Brenes, *Jaque a la República. (Granada, 1936-1939)*, Ediciones Osuna, Granada, 2009, pp. 225-230 y 295-299; Rafael Gil Bracero, «La justicia nacional y el Tribunal de Responsabilidades Políticas de Granada. Las fuentes y primeras conclusiones», en: Archivo Histórico Nacional, *Justicia en Guerra. Jornadas sobre la administración de Justicia durante la Guerra Civil española: Instituciones y fuentes documentales*, Ministerio de Cultura, Madrid, 1990, pp. 605-606; María Isabel Brenes Sánchez, *La represión franquista y la oposición antifranquista en Andalucía Oriental de posguerra. Granada 1939-1959*, tesis doctoral, Universidad de Granada, 2005, pp. vii-x.

20. Según Wenceslao Carrillo, ministro del Interior en el Consejo de Defensa Nacional. Véase el informe inédito de Eustaquio Cañas, «Marzo de 1939. El último mes», en: Fundación Pablo Iglesias, ARLF-172-30, p. 28.

21. AHN, CG 1.525-1, pp. 2-3, 5-6 y 19-25. *ABC* (16 de febrero de 1940) informó del arresto de Torrecilla, Marasa Barasa, Agapito Sainz y un nutrido grupo de los implicados en Paracuellos. Sin embargo, la declaración de Torrecilla en la Causa General está fechada el 11 de noviembre de 1939.

22. P. Carlos Paramio Roca, Pedro A. García Bilbao, Xulio García Bilbao, *La represión franquista en Guadalajara*, Foro por la Memoria de Guadalajara, Guadalajara, 2010, pp. 32-35, 53-56, 77-79 y 89-90.

23. Luis Miguel Sánchez Tostado, *La guerra civil en Jaén. Historia de un horror inolvidable*, Junta de Andalucía/Colección Memoria Histórica, Jaén, 2005, pp. 325-330, 519-523 y 535-662; Asociación para la Recuperación de la Memoria Histórica de Jaén, ARMH, Jaén, 2005, pp. 55-91 y 93-128; Cobo Romero, *Revolución campesina y contrarrevolución franquista...*, pp. 318-323.

24. Óscar J. Rodríguez Barreira, *Migas con miedo. Prácticas de resistencia al primer franquismo. Almería, 1939-1953*, Universidad de Almería, Almería, 2008, pp. 71-77; Eusebio Rodríguez Padilla, *La represión franquista en Almería, 1939-1945*, Arráez Editores, Mojácar, 2007, pp. 90-97, 185-186, 198-248, 345 y 356-360; Rafael Quirosa-Cheyrouze y Muñoz, *Política y guerra civil en Almería*, Cajal, Almería, 1986, pp. 244-246 y 315-326.

25. Francisco Alía Miranda, *La guerra civil en la retaguardia. Conflicto y revolución en la provincia de Ciudad Real (1936-1939)*, Diputación Provincial, Ciudad Real, 1994, pp. 381-392; Espinosa Maestre, ed., *Violencia roja y azul...*, p. 77.

26. María Encarna Nicolás Marín, *Instituciones murcianas en el franquismo (1939–1962)*, Editora Regional de Murcia, Murcia, 1982, pp. 505-507; Fuensanta Escudero Andújar, *Dictadura y oposición al franquismo en Murcia. De las cárceles de posguerra a las primeras elecciones*, Universidad de Murcia, Murcia, 2007, pp. 25-33; Fuensanta Escudero Andújar, *Lo cuentan como lo han vivido. República, guerra y represión en Murcia*, Universidad de Murcia, Murcia, 2000, pp. 123-146 y 155-163; Espinosa Maestre, ed., *Violencia roja y azul...*, p. 77.

27. Manuel Ortiz Heras, *Violencia política en la II República y el primer franquismo*. *Albacete, 1936-1950*, Siglo XXI, Madrid, 1996, pp. 250-266.

28. Vicent Gabarda Cebellán, *Els afusellaments al País Valencià (1938-1956)*, Edicions Alfons el Magnànim, Valencia, 1993, pp. 10, 53, 69-81 y 201-213; Miguel Ors Montenegro, *La represión de guerra y posguerra en Alicante 1926-1939*, tesis doctoral, Universitat d'Alacant, Alicante, 1993, p. 48. Véase también el magnífico simposio editado por Pelai Pagès i Blanch, *La repressió franquista al País Valencià. Primera trobada d'investigadors de la Comissió de la veritat*, Tres i Quatre, Valencia, 2009.

29. Eladi Mainer Cabanes, «L'exili del coronel Casado amb el Consell de Defensa pel port de Gandia després de la cerca infructuosa d'una pau pactada», en: José Miguel Santacreu Soler, ed., *Una presó amb visites al mar. El drama del port d'Alacant, març de 1939*, Tres i Quatre, Valencia, 2008, pp. 115-156; Michael Alpert, *La guerra civil española en el mar*, Siglo XX, Madrid, 1987, pp. 353 y 360-362.

30. Juan Martínez Leal, «El *Stanbrook*. Un barco mítico en la memoria de los exiliados españoles», *Pasado y Memoria. Revista de Historia Contemporánea*, 4 (2005), pp. 66-67.

31. *Ibid.*, pp. 67-81; José Miguel Santacreu Soler, «El bloqueig naval franquista i la sort dels darrers vaixells de l'exili del port d'Alacant», en: Santacreu Soler, ed., *Una presó amb visites al mar...*, pp. 203-233; Francisco Escudero Galante, *Pasajero 2058. La odisea del Stanbrook*, Editorial Club Universitario, Alicante, 2002, pp. 65-71.

32. La trágica historia del vuelo de Madrid a la costa de Levante está narra de forma estremecedora en Eduardo de Guzmán, *La muerte de la esperanza*, G. del Toro, Madrid, 1973, pp. 196 y ss. La huida de Casado aparece en Mainer Cabanes, «L'exili del coronel Casado...»; Alpert, *La guerra civil española...*, pp. 353 y 360-362.

33. Eladi Mainer Cabanes, José Miguel Santacreu Soler y Ricard Camil Torres Fabra, «El parany dels darrers dies de la guerra al port d'Alacant», en: Santacreu Soler, ed., *Una presó amb visites al mar...*, pp. 157-195; Ronald Fraser, *Blood of Spain: The Experience of Civil War 1936-1939*, Allen Lane, Londres, 1979, pp. 502-507.

34. Eduardo de Guzmán, *El año de la victoria*, G. del Toro, Madrid, 1974, pp. 19-23; Juan Caba Guijarro, *Mil gritos tuvo el dolor en el campo de «Albatera»*, Imprenta Angama, Ciudad Real, 1983, pp. 3-9.

35. Gabarda Cebellán, *Els afusellaments al País Valencià...*, pp. 37-41; Guzmán, *La muerte de la esperanza*, pp. 387-394; Caba Guijarro, *Mil gritos...*, pp. 9-13.

36. Guzmán, *El año de la victoria*, pp. 31 y 43-46; Javier Navarro Navarro, «El terror com a epíleg a una guerra. La repressió franquista al País Valencià: dos testimonis», en: Pagès i Blanch, *La repressió franquista al País Valencià*, pp. 307-317.

37. Caba Guijarro, *Mil gritos...*, pp. 13-16; Guzmán, *El año de la victoria*, pp. 155-182.

38. Julius Ruiz, «"Work and Don't Lose Hope": Republican Forced Labour Camps during the Spanish Civil War», *Contemporary European History*, vol. 18, n.º 4 (2009), pp. 424 y 433-435; Juan Martínez Leal y Miguel Ors Montenegro, «De cárceles y campos de concentración», en: «Dossier. La represión en Alicante (1939-1945)», *Revista Canelobre* (Alicante), n.º 31-32 (1995), pp. 32-45.

39. Gabarda Cebellán, *Els afusellaments al País Valencià...*, pp. 42-44; Guzmán, *El año de la victoria*, pp. 184-189, 195-197, 209-217, 233-234 y 249-55; Guzmán, *Nosotros los asesinos...*, pp. 22-24; Caba Guijarro, *Mil gritos...*, pp. 17-19.

40. Guzmán, *El año de la victoria*, pp. 54-55 y 102-103; Guzmán, *Nosotros los asesinos...*, pp. 21-22.

41. Juan M. Molina, *Noche sobre España*, Ediciones de la CNT de España, México D. F., 1958, pp. 30-31; Guzmán, *El año de la victoria*, pp. 66-67 y 330.

42. A. V. Phillips, *Spain Under Franco*, United Editorial, Londres, 1940, pp. 8-9 y 24-25; Gil Vico, «Derecho y ficción...», pp. 251-257; Guzmán, *Nosotros los asesinos...*, pp. 14-20, 28-42, 120, 140 y 151.

43. *A la memoria de Ricardo Zabalza*, Federación Española de Trabajadores de la Tierra, México D. F., 1944, p. 11; Emilio Majuelo, *La generación del sacrificio. Ricardo Zabalza 1898-1940*, Txalaparta, Tafalla, 2008, pp. 283-337; Guzmán, *Nosotros los asesinos...*, pp. 332-334.

44. Sandoval, «Informe de mi actuación», AHN-CG, 1.530-1, exp. 1; Guzmán, *Nosotros los asesinos...*, pp. 43, 52, 56-57, 66-67 y 79-96; Carlos García Alix, *El honor de las Injurias. Busca y captura de Felipe Sandoval*, T Ediciones/No Hay Penas, Madrid, 2007, p. 140.

45. Guzmán, *Nosotros los asesinos...*, pp. 170-171,184-187, 208 y 217.

46. *Ibid.*, pp. 270-271.

47. *Ibid.*, pp. 293-295.

48. *Ibid.*, pp. 285, 292 y 299-310; Diego San José, *De cárcel en cárcel*, Ediciós do Castro, Sada-A Coruña, 1988, pp. 65-83; Phillips, *Spain Under Franco*, pp. 12-13; Fraser, *Blood of Spain*, p. 508; Josep Subirats Piñana, *Pilatos 1939-1941. Prisión de Tarragona*, Editorial Pablo Iglesias, Madrid, 1993, pp. 8-20 y 186-243.

49. Sumario del MI5 (Servicio de Inteligencia Militar británico) sobre los interrogatorios de Jost, Archivos Nacionales, 9 de julio de 1945, NA KV2/104 C396.445; Rafael García Pérez, *Franquismo y Tercer Reich. Las relaciones económicas hispano-alemanas durante la segunda guerra mundial*, Centro de Estudios Constitucionales, Madrid, 1994, p. 88; Manuel Ros Agudo, *La guerra secreta de Franco*, Crítica, Barcelona, 2002, pp. 180-181; Ingrid Schulze Schneider, «La cooperación de la Alemania Nazi en la lucha franquista contra la masonería», en: J. A. Ferrer Benimeli, coord., *La masonería en la España del siglo XX*, 2 vols., Universidad de Castilla-La Mancha, Toledo, 1996, pp. 1.179-1.180. Jost no fue ejecutado, sino que cumplió una pena de cárcel solo hasta 1951. Véase Helmut Krausnick, Hans Buchheim, Martin Broszat y Hans-Adolf Jacobsen, *Anatomy of the SS State*, Collins, Londres, 1968, pp. 174 y 587.

50. Cruanyes, *Els papers de Salamanca...*, pp. 42-47; Santiago López García y Severiano Delgado Cruz, «Víctimas y Nuevo Estado 1936-1940», en: Ricardo Robledo, ed., *Historia de Salamanca. V. Siglo Veinte*, Centro de Estudios Salmantinos, Salamanca, 2001, p. 263.

51. Jaime del Burgo, *Conspiración y guerra civil*, Alfaguara, Madrid, 1970, pp. 260, 552, 631 y 703-706; Ramón Serrano Suñer, *Entre el silencio y la propaganda...*, p. 34; Pedro Sainz Rodríguez, *Testimonio y recuerdos*, Planeta, Barcelona, 1978, pp. 329-330.

52. Cruanyes, *Els papers de Salamanca...*, pp. 15-16 y 47-56; López García y Severiano Delgado Cruz, «Víctimas y Nuevo Estado», p. 264.

53. Acerca del enfrentamiento de Ulibarri con Tusquets, véanse Javier Domínguez Arribas, «Juan Tusquets y sus ediciones antisectarias (1936-1939)», en: José Anto-

nio Ferrer Benimeli, coord., *La masonería española en la época de Sagasti*, 2 vols., Gobierno de Aragón, Zaragoza, 2007, II, pp. 1.167-1.169; Josep Cruanyes, *Els papers de Salamanca...*, pp. 234-235.

54. José Luis Rodríguez Jiménez, «Una aproximación al trasfondo ideológico de la represión. Teoría de la conspiración y policía política franquista», en: Jaume Sobrequés, Carme Molinero y Margarida Sala, eds., *Els camps de concentració i el món penitenciari a Espanya durant la guerra civil i el franquisme*, Museu d'Història de Catalunya/Crítica, Barcelona, 2003, pp. 416-418.

55. Las principales obras, entre muchas otras, son: Eduardo Comín Colomer, *La masonería en España. Apuntes para una interpretación masónica de la Historia Patria*, Editora Nacional, Madrid, 1944; *La personalidad masónico-comunista de André Marty, «el carnicero de Albacete»*, Asmer, Madrid, 1944; *Ensayo crítico de la doctrina comunista*, Ediciones de la Subsecretaría de Educación Popular, Madrid, 1945; *La República en el exilio*, Editorial AHR, Barcelona, 1957; *Historia secreta de la Segunda República*, Editorial AHR, Barcelona, 1959; *Un siglo de atentados políticos en España*, Publicaciones Españolas, Madrid, 1959; *Historia del Partido Comunista de España*, 3 vols., Editora Nacional, Madrid, 1967; *El 5.° Regimiento de Milicias Populares*, San Martín, Madrid, 1973. Además, escribió numerosos panfletos en la serie *Temas Españoles*.

56. A propósito de la ley, véase I. Bergudo, J. Cuesta, M. de la Calle y M. Lanero, «El Ministerio de Justicia en la España "Nacional"», en: Archivo Histórico Nacional, *Justicia en Guerra. Jornadas sobre la administración de Justicia durante la Guerra Civil española: Instituciones y fuentes documentales*, Ministerio de Cultura, Madrid, 1990, pp. 273-275.

57. José A. Ferrer Benimelli, «Franco contra la masonería», *Historia 16*, año II, n.° 15 (julio de 1977), pp. 37-51; Suárez Fernández, *Franco*, III, pp. 92-100; Cruanyes, *Els papers de Salamanca...*, pp. 234-235 y 295.

58. José A. Ferrer Benimelli, «Franco y la masonería», en: Josep Fontana, ed., *España bajo el franquismo*, Crítica, Barcelona, 1986, pp. 260-261; José A. Ferrer Benimelli, *El contubernio judeo-masónico-comunista*, Ediciones Istmo, Madrid, 1982, pp. 297-300.

59. Klaus-Jörg Ruhl, *Franco, Falange y III Reich*, Akal, Madrid, 1986, pp. 54-55; García Pérez, *Franquismo y Tercer Reich*, p. 88; Ros Agudo, *La guerra secreta de Franco*, pp. 181-183.

60. Mattieu Séguéla, *Pétain-Franco: les secrets d'une alliance*, París, Albin Michel, 1992, pp. 254-255.

61. Marc Ferro, *Pétain*, Fayard, París, 1987, pp. 236-237; Jaume Miravitlles, *Gent que he conegut*, Destino, Barcelona, 1980, pp. 128-129; Séguéla, *Pétain-Franco...*, pp. 254-256; Santos Juliá, «Prólogo», en: Julián Zugazagoitia, *Guerra y vicisitudes de los españoles*, 3.ª ed., Tusquets, Barcelona, 2001, p. xxiii.

62. Rafael Segovia y Fernando Serrano, eds., *Misión de Luis I. Rodríguez en Francia. La protección de los refugiados españoles julio a diciembre de 1940*, Colegio de México, Secretaría de Relaciones Exteriores y Consejo Nacional de Ciencia y Tecnología, México D. F., 2000, pp. xiv-xv y 9-40; Geneviève Dreyfus-Armand, *El exilio de los republicanos españoles en Francia. De la guerra civil a la muerte de Franco*, Crítica, Barcelona, 2001, pp. 140-141.

63. Cipriano de Rivas Cherif, *Retrato de un desconocido*, Grijalbo, Barcelona, 1979, pp. 496-497; Francisco Franco Salgado-Araujo, *Mis conversaciones privadas con Franco*, Planeta, Barcelona, 1976, p. 504.

64. Ángel Ossorio y Gallardo, *Vida y sacrificio de Companys*, Losada, Buenos Aires, 1943, pp. 261-271; Josep Maria Solé i Sabaté, «Introducció», en: *Consell de guerra i condemna a mort de Lluís Companys, President de la Generalitat de Catalunya (octubre de 1940)*, Generalitat de Catalunya, Barcelona, 1999, pp. xix-xxxv; Josep Benet, *La mort del President Companys*, Edicions 62, Barcelona, 1998, pp. 324-350; Josep M. Figueres, *El Consell de guerra a Lluís Companys President de la Generalitat de Catalunya*, Edicions Proa, Barcelona, 1997, pp. 147-158; Manuel Tarín-Iglesias, *Los años rojos*, Planeta, Barcelona, 1985, pp. 221-242.

65. Tarín-Iglesias, *Los años rojos*, pp. 221-222; Benet, *La mort...*, pp. 326-327; Solé i Sabaté, «Introducció», *Consell de guerra*, p. xxxiii.

66. Naciones Unidas, Consejo de Seguridad, Informes oficiales, primer año: segunda serie, suplemento especial *Report of the Sub-Committee on the Spanish Question*, Nueva York, junio de 1946, p. 14; Ros Agudo, *La guerra secreta de Franco*, pp. 183-187; Sir Samuel Hoare, *Ambassador on Special Mission*, Collins, Londres, 1946, p. 76; Heleno Saña, *El franquismo sin mitos: conversaciones con Serrano Suñer*, Grijalbo, Barcelona, 1982, p. 118.

67. Hilari Raguer, «Himmler en Montserrat», *Historia y Vida*, n.º 158 (1981), pp. 78-85; Jordi Finestres i Queralt Solé, «1940 Nazis a Montserrat», *Sàpiens*, n.º 3 (enero de 2003), pp. 22-27.

68. Ros Agudo, *La guerra secreta de Franco*, pp. 187-191; Ramón Garriga, *La España de Franco: las relaciones con Hitler*, Cajica, Puebla, 1970, 2.ª ed., pp. 208-209.

69. De Rivas Cherif, *Retrato...*, pp. 498-500; Juliá, «Prólogo», en: Zugazagoitia, *Guerra y vicisitudes...*, pp. xxvii-xxxi.

70. Ramos Hitos, *Guerra civil en Málaga*, pp. 336-342.

71. Benet, *La mort...*, pp. 158-164.

72. Federica Montseny, *Mis primeros cuarenta años*, Plaza & Janés, Barcelona, 1987, pp. 224-239.

73. Séguéla, *Pétain-Franco...*, p. 257; Mariano Ansó, *Yo fui ministro de Negrín*, Planeta, Barcelona, 1976, pp. 272-279; Portela Valladares, *Dietario*, pp. 178, 185 y 195-198.

74. Benet, *La mort...*, pp. 165-75; Indalecio Prieto, *Palabras al viento*, Ediciones Oasis, México D. F., 1969, 2.ª ed., pp. 179-184.

75. Josep Benet, *Joan Peiró, afusellat*, Edicions 62, Barcelona, 2008, pp. 60-95 y 115-157; José Peiró, «Presentación», en: Juan Peiró, *Trayectoria de la CNT*, Ediciones Júcar, Gijón, 1979, pp. 35-37; Miravitlles, *Gent...*, p. 129.

76. Marc Baldó y María Fernanda Mancebo, «Vida y muerte de Juan Peset», y Salvador Albiñana, «Historia de un proceso», en: Pedro Ruiz Torres, ed., *Proceso a Juan Peset Aleixandre*, Universitat de València, Valencia, 2001, pp. 31-63; Benet, *Joan Peiró, afusellat*, pp. 207-240. Todos los registros penitenciarios de los campos de concentración y los juicios de Peset se publicaron en facsímil a modo de apéndice al volumen editado por Pedro Ruiz. El discurso utilizado para condenar a Peset fue «Las individualidades y la situación en las conductas actuales».

77. Alfonso Domingo, *El ángel rojo. La historia de Melchor Rodríguez, el anarquista que detuvo la represión en el Madrid republicano*, Almuzara, Córdoba, 2009, pp. 29-31 y 311-346; Raimundo Fernández Cuesta, *Testimonio, recuerdos y reflexiones*, Ediciones Dyrsa, Madrid, 1985, pp. 95-96; Leopoldo Huidobro, *Memorias de un finlandés*, Ediciones Españolas, Madrid, 1939, pp. 212-213. Estoy particularmente agradecido a Alfonso Domingo por compartir conmigo sus investigaciones acerca del juicio.

78. Emilio Lamo de Espinosa y Manuel Contreras, *Filosofía y política en Julián Besteiro*, Sistema, Madrid, 1990, 2.ª ed., pp. 115-134; Ignacio Arenillas de Chaves, *El Proceso de Besteiro*, Revista de Occidente, Madrid, 1976, pp. 193-195; Enrique Tierno Galván, *Cabos sueltos*, Bruguera, Barcelona, 1981, pp. 26-27 y 34; Gabriel Morón, *Política de ayer y política de mañana. Los socialistas ante el problema español*, Talleres Numancia, México D. F., 1942, pp. 142-143; Paul Preston, *¡Comrades! Portraits from the Spanish Civil War*, HarperCollins, Londres, 1999, pp. 176-192.

79. Sobre el encarcelamiento y la muerte de Besteiro, véanse «Notas de Dolores Cebrián», en: Julián Besteiro, *Cartas desde la prisión*, Alianza, Madrid, 1988, pp. 177-202; Andrés Saborit, *Julián Besteiro*, Losada, Buenos Aires, 1967, pp. 301-315.

80. Indalecio Prieto, *Convulsiones de España. Pequeños detalles de grandes sucesos*, 3 vols., Ediciones Oasis, México D. F., 1967-1969, III, pp. 334-337.

81. Francisco Largo Caballero, *Mis recuerdos: cartas a un amigo*, Editores Unidos, México D. F., 1954, pp. 253-256 y 267-288; Julio Aróstegui, *Francisco Largo Caballero en el exilio: la última etapa de un líder obrero*, Fundación Largo Caballero, Madrid, 1990, pp. 29 y 66-74.

82. Pablo Gil Vico, «Ideología y represión: La Causa General. Evolución histórica de un mecanismo jurídico político del régimen franquista», *Revista de Estudios Políticos*, n.º 101 (julio-septiembre de 1998), pp. 159-180. Véanse también Isidro Sánchez, Manuel Ortiz y David Ruiz, recops., *España franquista. Causa general y actitudes sociales ante la dictadura*, Universidad de Castilla-La Mancha, Albacete, 1993, pp. 11-12; Martínez Leal y Miguel Ors Montenegro, «De cárceles y campos de concentración», p. 36.

83. Gil Vico, «Derecho y ficción», en: Espinosa Maestre, ed., *Violencia roja y azul...*, pp. 251-261.

84. *ABC* (12 de febrero de 1939): «La justicia de la España Imperial. Una Ley plena de serenidad. Ha sido firmada la ley de Responsabilidades políticas». El texto íntegro en *ABC* (17 y 19 de febrero de 1939). Véanse también Sánchez, Ortiz y Ruiz, recops., *España franquista...*, pp. 16-17; I. Bergudo, J. Cuesta, M. de la Calle y M. Lanero, «El Ministerio de Justicia en la España "Nacional"», en: Archivo Histórico Nacional, *Justicia en Guerra. Jornadas sobre la administración de Justicia durante la Guerra Civil española: Instituciones y fuentes documentales*, Ministerio de Cultura, Madrid, 1990, pp. 272-273; Juan Carlos Berlinches Balbucid, *La rendición de la memoria. 200 casos de represión franquista en Guadalajara*, Ediciones Bornova, Guadalajara, 2004, pp. 46-62.

85. Manuel Álvaro Dueñas, *«Por ministerio de la ley y voluntad del Caudillo». La Jurisdicción Especial de Responsabilidades Políticas (1939-1945)*, Centro de Estudios Políticos y Constitucionales, Madrid, 2006, pp. 68-80 y 97-110; Ortiz Heras, *Violencia política...*, pp. 393-409; Julián Chaves Palacios, *La represión en la provincia de Cáceres durante la guerra civil (1936-1939)*, Universidad de Extremadura, Cáceres, 1995, pp. 87-91;

Elena Franco Lanao, *Denuncias y represión en años de posguerra. El Tribunal de Responsabilidades Políticas en Huesca*, Instituto de Estudios Altoaragoneses, Huesca, 2005, pp. 43-52 y 98-119; Vega Sombría, *De la esperanza a la persecución*, pp. 179-196; Glicerio Sánchez Recio, *Las responsabilidades políticas en la posguerra española. El partido judicial de Monóvar*, Universidad de Alicante, Alicante, 1984, pp. 6-40; Conxita Mir, Fabià Corretgé, Judit Farré y Joan Sagués, *Repressió econòmica i franquisme. L'actuació del Tribunal de Responsabilitats Polítiques a la provincia de Lleida*, Publicacions de l'Abadia de Montserrat, Monasterio de Montserrat (Barcelona), 1997, pp. 63-80; Mercè Barallat i Barés, *La repressió a la postguerra civil a Lleida (1938-1945)*, Publicacions de l'Abadia de Montserrat, Monasterio de Montserrat (Barcelona), 1991, pp. 347-356; Rodríguez Barreira, *Migas con miedo*, pp. 81-101; Berlinches Balbucid, *La rendición...*, pp. 97-128; Julius Ruiz, *Franco's Justice. Repression in Madrid after the Spanish Civil War*, Clarendon Press, Oxford, 2005, pp. 131-164.

86. Francesc Vilanova i Vila-Abadal, *Repressió política i coacció econòmica. Les responsabilitats polítiques de republicans i conservadors catalans a la postguerra (1939-1942)*, Publicacions de l'Abadia de Montserrat, Monasterio de Montserrat (Barcelona), 1999, pp. 44-51.

87. Josep M. Solé i Sabaté, Carles Llorens y Antoni Strubell, *Sunyol, l'altre president afusellat*, Pagès Editors, Lérida, 1996, pp. 17-23, 80-91, 103-135 y 143-147; Vilanova i Vila-Abadal, *Repressió política...*, pp. 201-208.

88. Vilanova i Vila-Abadal, *Repressió política...*, pp. 75-82.

89. Enrique Suñer, *Los intelectuales y la tragedia española*, Editorial Española, San Sebastián, 1938, 2.ª ed., pp. 5-6, 166-167 y 171.

90. Suñer, *Los intelectuales...*, pp. 166-167.

91. *Ibid.*, p. 171.

92. Diego Catalán, *El archivo del romancero: historia documentada de un siglo de historia*, 2 tomos, Fundación Ramón Menéndez Pidal, Madrid, 2001.

93. Franco Lanao, *Denuncias y represión...*, pp. 71-72; Mir *et al.*, *Repressió econòmica...*, pp. 101-119; Vega Sombría, *De la esperanza a la persecución*, p. 183.

94. Álvaro Dueñas, «Por ministerio de la ley...», pp. 127-158; Julio Prada Rodríguez, *La España masacrada. La represión franquista de guerra y posguerra*, Alianza, Madrid, 2010, pp. 288-311; Mirta Núñez Díaz-Balart, Manuel Alvaro Dueñas, Francisco Espinosa Maestre, José María García Márquez, *La gran represión. Los años de plomo del franquismo*, Flor del Viento, Barcelona, 2009, pp. 124-126 y 263-276.

95. José María Iribarren, *Con el general Mola. Escenas y aspectos inéditos de la guerra civil*, Librería General, Zaragoza, 1937, p. 253.

96. Un prisionero andaluz entrevistado en el documental de la CGT *Prisioneros del Silencio*.

97. Joaquín Maurín, *En las prisiones de Franco*, B. Costa ACIC, ed., México D. F., 1974, pp. 47-48; Carme Molinero, Margarida Sala y Jaume Sobrequés, eds., *Una inmensa prisión. Los campos de concentración y las prisiones durante la guerra civil y el franquismo*, Crítica, Barcelona, 2003, pp. xiii-xxi.

98. Gutmaro Gómez Bravo, *El exilio interior. Cárcel y represión en la España franquista 1939-1950*, Taurus, Madrid, 2009, pp. 25-33; Aram Monfort, *Barcelona 1939. El camp de concentració d'Horta*, L'Avenç, Barcelona, 2008, pp. 109-117.

99. Fundación Nacional Francisco Franco, *Documentos inéditos para la historia del Generalísimo Franco*, Madrid, 1992, tomo II.1, pp. 176-179. Alía Miranda, *La guerra civil en la retaguardia*, pp. 385-386; Ortiz Heras, *Violencia política...*, pp. 311-312; Isabel Marín Gómez, *El laurel y la retama: tiempo de posguerra en Murcia, 1939-1952*, Editum. Ediciones de la Universidad de Murcia, Murcia, 2004, pp. 82-85; Escudero Andújar, *Lo cuentan como lo han vivido...*, pp. 125-126; Escudero Andújar, *Dictadura y oposición...*

100. Javier Rodrigo, *Cautivos. Campos de concentración en la España Franquista, 1936-1947*, Crítica, Barcelona, 2005, pp. 26-34, 40-46, 95-107 y 193-211; Antonio D. López Rodríguez, *Cruz, bandera y caudillo. El campo de concentración de Castuela*, CEDER-La Serena, Badajoz, 2007, pp. 93-167 y 207-224; José Ángel Fernández López, *Historia del campo de concentración de Miranda de Ebro (1937-1947)*, ed. del autor, Miranda de Ebro, 2003, pp. 33-41 y 59-67; Juan José Monago Escobedo, *El campo de concentración de Nanclares de la Oca 1940-1947*, Gobierno Vasco, Vitoria, 1998, pp. 39-45; Monfort, *Barcelona 1939*, pp. 118-143.

101. Monfort, *Barcelona 1939*, pp. 149-153; Marín Gómez, *El laurel y la retama*, pp. 90-91; Guzmán, *Nosotros los asesinos...*, pp. 285-286; Subirats Piñana, *Pilatos 1939-1941*, p. 1.

102. Isaías Lafuente, *Esclavos por la patria. La explotación de los presos bajo el franquismo*, Temas de Hoy, Madrid, 2002, pp. 57-63, 121-129 y 135-170; Rafael Torres, *Los esclavos de Franco*, Oberón, Madrid, 2000, pp. 134-145; Javier Rodrigo, *Hasta la raíz. Violencia durante la guerra civil y la dictadura franquista*, Alianza, Madrid, 2008, pp. 138-157.

103. José Luis Gutiérrez Molina, «Los presos del canal. El Servicio de Colonias Penitenciarias Militarizadas y el Canal del Bajo Guadalquivir (1940-1967)», en: Molinero, Sala y Sobrequés, *Una inmensa prisión...*, pp. 62-71; Gonzalo Acosta Bono, José Luis Gutiérrez Molina, Lola Martínez Macías, y Ángel del Río Sánchez, *El canal de los presos (1940-1962). Trabajos forzados: de la represión política a la explotación económica*, Crítica, Barcelona, 2004, pp. 181-199; José Luis Gutiérrez Casalá, *Colonias penitenciarias militarizadas de Montijo. Represión franquista en el partido judicial de Mérida*, Editorial Regional de Extremadura, Mérida, 2003, pp. 15-17 y 21-42.

104. Fernando Mendiola Gonzalo y Edurne Beaumont Esandi, *Esclavos del franquismo en el Pirineo. La carretera Igal-Vidángoz-Roncal (1939-1941)*, Txalaparta, Tafalla, 2007; Francisco Alía Miranda, *La guerra civil en la retaguardia. Conflicto y revolución en la provincia de Ciudad Real (1936-1939)*, Diputación Provincial, Ciudad Real, 1994, pp. 388-389.

105. *ABC* (1 de abril de 1940); Fernando Olmeda, *El Valle de los Caídos*, Península, Barcelona, 2009, pp. 25, 43 y 54-69; Daniel Sueiro, *El Valle de los Caídos: los secretos de la cripta franquista*, Argos Vergara, Barcelona, 1983, 2.ª ed., pp. 8-24, 44-73, 118-143 y 184-205.

106. José Manuel Sabín, *Prisión y muerte en la España de postguerra*, Anaya y Mario Muchnik, Madrid, 1996, pp. 224-231; Guzmán, *Nosotros los asesinos...*, pp. 414-422.

107. José Agustín Pérez del Pulgar, *La solución que España da al problema de sus presos políticos*, Librería Santaren, Valladolid, 1939; Martín Torrent, *¿Qué me dice usted de los presos?*, Imp. Talleres Penitenciarios, Alcalá de Henares, 1942, pp. 98-105; Michael Richards, *A Time of Silence: Civil War and the Culture of Repression in Franco's*

Spain, 1936-1945, Cambridge University Press, Cambridge, 1998, pp. 80-84; Gutmaro Gómez Bravo, *La redención de penas. La formación del sistema penitenciario franquista*, Los Libros de la Catarata, Madrid, 2007, pp. 69-97 y 147-166; Eugenia Afinoguénova, «El Nuevo Estado y la propaganda de la Redención de las Penas por el Trabajo en Raza. Anecdotario para el guión de una película de Francisco Franco», en: *Bulletin of Spanish Studies*, vol. LXXXIV, n.º 7 (2007), pp. 889-903.

108. Martín Torrent, *¿Qué me dice usted de los presos?*, pp. 103-121; Ángela Cenarro, «La institucionalización del universo penitenciario franquista», en: Molinero, Sala y Sobrequés, *Una inmensa prisión...*, pp. 135-140; Gómez Bravo, *El exilio interior*, pp. 83-86; Sabín, *Prisión y muerte*, pp. 169 y 197.

109. Commission International contre le Régime Concentrationaire, *Livre blanc sur le système pénitentiaire espagnol*, Le Pavois, París, 1953, pp. 43-47 y 205-206. Para un análisis brillante sobre el trabajo de la Comisión, véase Ricard Vinyes, «Territoris de càstig (les presons franquistes, 1939-1959)», en: Associació Catalana d'Ex-presos polítics, *Notícia de la negra nit. Vides i veus a les presons franquistes (1939-1959)*, Diputació de Barcelona, Barcelona, 2001, pp. 43-61. Véanse también Ricard Vinyes, «El universo penitenciario durante el franquismo», en: Molinero, Sala y Sobrequés, *Una inmensa prisión...*, pp. 160-162; Gómez Bravo, *El exilio interior*, pp. 24 y 76-80; Gómez Bravo, *La redención de penas*, pp. 125-127; Miguel Núñez, *La revolución y el deseo. Memorias*, Península, Barcelona, 2002, pp. 79-80.

110. Acosta Bono *et al.*, *El canal de los presos*, pp. 214-223; Marín Gómez, *El laurel y la retama*, pp. 99-103; Guzmán, *Nosotros los asesinos...*, pp. 388-389; Molina, *Noche sobre España*, pp. 163-168.

111. Eduardo Ruiz Bautista, «Prisioneros del libro: leer y penar en las cárceles de Franco», en: Antonio Castillo y Feliciano Montero, coords., *Franquismo y memoria popular. Escrituras, voces y representaciones*, Siete Mares, Madrid, 2003, pp. 118-119; Cenarro, «La institucionalización», pp. 143-145; Gómez Bravo, *La redención de penas*, pp. 167-175; Juan Antonio Cabezas, *Asturias: Catorce meses de guerra civil*, G. del Toro, Madrid, 1975, pp. 234-248.

112. Mavis Bacca Dowden, *Spy-jacked! A Tale of Spain*, Gramercy, Horscham, 1991, pp. 142-143.

113. Cuevas Gutiérrez, *Cárcel de mujeres*, II, p. 66; Tomasa Cuevas Gutiérrez, *Mujeres de la resistencia*, Sirocco Books, Barcelona, 1986, pp. 127-128; Fernando Hernández Holgado, *Mujeres encarceladas. La prisión de Ventas: de la República al franquismo, 1931-1941*, Marcial Pons, Madrid, 2003, pp. 113-120 y 138-147.

114. Hernández Holgado, *Mujeres encarceladas*, pp. 158-165; Cuevas Gutiérrez, *Cárcel de mujeres*, II, p. 28; Ángeles García Madrid, *Réquiem por la libertad*, Alianza Hispánica, Madrid, 2003, pp. 62-63.

115. García Madrid, *Réquiem*, p. 61; Vinyes, «El universo penitenciario», pp. 164-169; Ricard Vinyes, Montse Armengou y Ricard Belis, *Los niños perdidos del franquismo*, Plaza & Janés, Barcelona, 2002, pp. 68-69 y 131; Marín Gómez, *El laurel y la retama*, pp. 181-191; Escudero Andújar, *Lo cuentan como lo han vivido...*, pp. 133, 139-140 y 154; Escudero Andújar, *Dictadura y oposición*, pp. 58-61; Margarita Nelken, *Las torres del Kremlin*, Industrial y Distribuidora, México D. F., 1943, pp. 79 y 320-321.

116. Pilar Fidalgo, *A Young Mother in Franco's Prisons*, United Editorial, Londres, 1939, pp. 9-10 y 28; Ramón Sender Barayón, *A Death in Zamora*, University of New Mexico Press, Albuquerque, 1989, pp. 134-135 y 146-147.

117. Gumersindo de Estella, *Fusilados en Zaragoza 1936-1939. Tres años de asistencia espiritual a los reos*, Mira Editores, Zaragoza, 2003, pp. 62-66, 80-88 y 119-121.

118. Cuevas Gutiérrez, *Cárcel de mujeres*, I, pp. 112 y 118-121; II, pp. 65, 101 y 260-261; García Madrid, *Réquiem...*, pp. 32-41 y 80-81; Rodríguez Chaos, *24 años en la cárcel*, pp. 65-66; Vinyes, Armengou y Belis, *Los niños perdidos...*, pp. 91-92; Hernández Holgado, *Mujeres encarceladas*, pp. 145, 149-153 y 246-255.

119. Pura Sánchez, *Individuas de dudosa moral. La represión de las mujeres en Andalucía (1936-1958)*, Crítica, Barcelona, 2009, pp. 148-149.

120. Hartmut Heine, *La oposición política al franquismo* Crítica, Barcelona, 1983, pp. 64-66; Cuevas Gutiérrez, *Cárcel de mujeres*, II, pp. 63-65; García Madrid, *Réquiem*, pp. 81-89; Hernández Holgado, *Mujeres encarceladas*, pp. 230-246; Carlos Fonseca, *Trece rosas rojas. La historia más conmovedora de la guerra civil española*, Temas de Hoy, Madrid, 2004, pp. 103-119 y 209-234; Di Febo, *Resistencia...*, pp. 99-100.

121. Vinyes, Armengou y Belis, *Los niños perdidos...*, pp. 67-71 y 90-91; Mercedes Núñez, *Cárcel de Ventas*, Colección Ebro, París, 1967, pp. 83-84.

122. Vinyes, Armengou y Belis, *Los niños perdidos...*, pp. 121-131; Cuevas Gutiérrez, *Cárcel de mujeres*, II, pp. 61-62.

123. Cuevas Gutiérrez, *Cárcel de mujeres*, II, pp. 15-17, 64-66 y 92-93; Núñez, *Cárcel de Ventas*, pp. 22-24; García Madrid, *Réquiem*, pp. 90-92; Escudero Andújar, *Lo cuentan como lo han vivido...*, pp. 127, 135-138 y 140-143; Consuelo García, *Las cárceles de Soledad Real. Una vida*, Alfaguara, Madrid, 1983, pp. 101-102; Giuliana Di Febo, *Resistencia y movimiento de mujeres en España 1936-1976*, Icaria, Barcelona, 1979, pp. 33-38; Justo Calcerrada Bravo y Antonio Ortiz Mateos, *Julia Manzanal «Comisario Chico»*, Fundación Domingo Malagón, Madrid, pp. 84-99.

124. Núñez, *Cárcel de Ventas*, pp. 64-66.

125. Pilar Fidalgo, *A Young Mother in Franco's Prisons*, United Editorial, Londres, 1939, p. 31; García, *Las cárceles de Soledad Real*, pp. 127-128; Di Febo, *Resistencia...*, p. 36; Santiago Vega Sombría, *De la esperanza a la persecución. La represión franquista en la provincia de Segovia*, Crítica, Barcelona, 2005, p. 241.

126. Martín Torrent, *¿Qué me dice usted de los presos?*, pp. 126-132; Ángeles Malonda, *Aquello sucedió así. Memorias*, Asociación de Cooperativas Farmacéuticas, Madrid, 1983, p. 103; Ricard Vinyes, *Irredentas. Las presas políticas y sus hijos en las cárceles franquistas*, Temas de Hoy, Madrid, 2002, pp. 88-89.

127. Vinyes, «Territoris de càstig», pp. 60-61; Vinyes, *Irredentas...*, pp. 74-78; «Defunciones Cárcel de Mujeres de Saturrarán», http://www.asturiasrepublicana. com/.

128. Antonio Vallejo-Nágera, *Higiene de la Raza. La asexualización de los psicópatas*, Ediciones Medicina, Madrid, 1934.

129. Vinyes, *Irredentas...*, pp. 49-57.

130. Antonio Nadal Sánchez, «Experiencias psíquicas sobre mujeres marxistas malagueñas», en: *Las mujeres y la guerra civil española*, Ministerio de Cultura, Madrid, 1991,

pp. 340-350; Michael Richards, «Morality and Biology in the Spanish Civil War: Psychiatrists, Revolution and Women Prisoners in Málaga», *Contemporary European History*, vol. 10, n.º 3, 2001, pp. 395-421; Rodrigo, *Cautivos*, pp. 141-146; Carl Geiser, *Prisoners of the Good Fight: Americans Against Franco Fascism*, Lawrence Hill, Westport (Connecticut), 1986, p. 154; Antonio Vallejo-Nágera, *La locura y la guerra. Psicopatología de la Guerra española*, Librería Santarén, Valladolid, 1939, pp. 222-223; Antonio Vallejo y Eduardo Martínez, «Psiquismo del Fanatismo Marxista. Investigaciones Psicológicas en Marxistas Femeninas Delincuentes», *Revista Española de Medicina y Cirugía de Guerra*, n.º 9, pp. 398-413; Vinyes, *Irredentas...*, pp. 62-70.

131. Antonio Vallejo-Nágera, *Eugenesia de la hispanidad y regeneración de la raza española*, Talleres Gráficos El Noticiero, Burgos, 1937, p. 114; Vinyes, *Irredentas...*, pp. 58-61.

132. Antonio Vallejo-Nágera, *Divagaciones intranscendentes*, Talleres Tipográficos «Cuesta», Valladolid, 1938, pp. 15-18; Vinyes, Armengou y Belis, *Los niños perdidos...*, pp. 36-43; Michael Richards, *A Time of Silence: Civil War and the Culture of Repression in Franco's Spain, 1936-1945*, Cambridge University Press, Cambridge, 1998, pp. 57-59.

133. Carlos Castilla del Pino, *Pretérito imperfecto. Autobiografía*, Tusquets, Barcelona, 1997, p. 301.

134. José Luis Mínguez Goyanes, *Onésimo Redondo 1905-1936. Precursor sindicalista*, San Martín, Madrid, 1990, pp. 28-32, 37-38 y 150-151; Javier Martínez de Bedoya, *Memorias desde mi aldea*, Ámbito Ediciones, Valladolid, 1996, p. 67; Ángela Cenarro Lagunas, *La sonrisa de la Falange. Auxilio Social en la guerra civil y en la posguerra*, Crítica, Barcelona, 2005, p. 39.

135. Martínez de Bedoya, *Memorias*, p. 112; Cenarro Lagunas, *La sonrisa de la Falange*, pp. 140-143.

136. Entrada del 29 de septiembre de 1937 en el diario de Javier Martínez de Bedoya; Mercedes Sanz Bachiller, «Notas sobre mi trayectoria», notas inéditas escritas en 1972 (ambas en el Archivo Mercedes Sanz Bachiller); Cenarro Lagunas, *La sonrisa de la Falange*, pp. 82-83.

137. Vinyes, Armengou y Belis, *Los niños perdidos...*, pp. 63-77; Vinyes, *Irredentas...*, pp. 79-89.

138. Bacca Dowden, *Spy-jacked!...*, pp. 185-186.

139. Montse Armengou y Ricard Belis, *El convoy de los 927*, Plaza & Janés, Barcelona, 2005, pp. 251-266 y 329-362 (donde se reproduce la correspondencia); David Wingeate Pike, *Españoles en el holocausto. Vida y muerte de los republicanos en Mauthausen*, Mondadori, Barcelona, 2003, pp. 42-43; Montserrat Roig, *Noche y niebla. Los catalanes en los campos nazis*, Península, Barcelona, 1978, p. 26-30; Benito Bermejo, *Francisco Boix, el fotógrafo de Mauthausen*, RBA Libros, Barcelona, 2002, pp. 54-59.

140. Armengou y Belis, *El convoy de los 927*, pp. 101-112, 118-129 y 138-165; Pike, *Españoles en el holocausto...*, pp. 87-95; Mariano Constante, *Yo fui ordenanza de los SS*, Pirineo, Zaragoza, 2000, pp. 125-136.

141. Armengou y Belis, *El convoy de los 927*, pp. 181-188, 198-210 y 263-266.

142. Neus Català, *De la resistencia y la deportación. 50 Testimonios de mujeres espa-*

ñolas, Península, Barcelona, 2000, pp. 19-67; Montse Armengou y Ricard Belis, *Ravensbrück. L'infern de les dones*, Angle, Barcelona, 2007, pp. 47-55; Roig, *Noche y niebla...*, pp. 57-77; Pike, *Españoles en el holocausto...*, pp. 43-47; Eduardo Pons Prades y Mariano Constante, *Los cerdos del comandante. Españoles en los campos de exterminio nazis*, Argos Vergara, Barcelona, 1978, pp. 39-44, 57-58, 73-76, 97-99, 116-117, 335-336 y 347-349.

143. Lope Massaguer, *Mauthausen, fin de trayecto. Un anarquista en los campos de la muerte*, Fundación Anselmo Lorenzo, Madrid, 1997, pp. 81-86; Prisciliano García Gaitero, *Mi vida en los campos de la muerte nazis*, Edilesa, León, 2005, pp. 62-70. Para los documentos fotográficos del trabajo en la cantera, véanse Rosa Toran y Margarida Sala, *Mauthausen. Crónica gráfica de un campo de concentración*, Museu d'Història de Catalunya/ Viena Edicions, Barcelona, 2002, pp. 198-205; Bermejo, *Francisco Boix*, pp. 186-188 y 207; Sandra Checa, Ángel del Río y Ricardo Martín, *Andaluces en los campos de Mauthausen*, Centro de Estudios Andaluces, Sevilla, 2007, pp. 30-32, 98-99; García Gaitero, *Mi vida...*, p. 62.

144. Pike, *Españoles en el holocausto...*, pp. 44-45; Antonio Vilanova, *Los olvidados: los exiliados españoles en la segunda guerra mundial*, Ruedo Ibérico, París, 1969, pp. 200-201; Checa, Del Río y Martín, *Andaluces en los campos de Mauthausen*, pp. 51-57 y 222-257; Paramio Roca y García Bilbao, *La represión franquista en Guadalajara*, pp. 131-132; Sánchez Tostado, *La guerra civil en Jaén*, pp. 665-672; Escudero Andújar, *Dictadura y oposición*, pp. 73-75.

145. Duilio Susmel, *Vita sbagliata di Galeazzo Ciano*, Aldo Palazzi Editore, Milán, 1962, p. 158.

146. *ABC* (1 de abril de 1964).

147. Francisco Franco, *Discursos y mensajes del Jefe del Estado 1964-1967*, Madrid, 1968, pp. 19-40.

EPÍLOGO

1. Ramón Serrano Suñer, *Entre el silencio y la propaganda, la Historia como fue. Memorias*, Planeta, Barcelona, 1977, pp. 244-248.

2. Carlos Castillo del Pino, *Casa del olivo. Autobiografía (1949-2003)*, Tusquets, Barcelona, 2004, p. 381.

3. Juan Tusquets, *Masones y pacifistas*, Ediciones Antisectarias, Burgos, 1939, p. 257; Antoni Mora, «Joan Tusquets, en els 90 anys d'un home d'estudi i de combat», Institut d'Estudis Tarraconenses Ramón Berenguer IV, *Anuari 1990-1991 de la Societat d'Estudis d'Història Eclesiàstica Moderna i Contemporània de Catalunya*, Diputació de Tarragona, Tarragona, 1992, pp. 238-239; Ignasi Riera, *Los catalanes de Franco*, Plaza & Janés, Barcelona, 1998, p. 127; Jordi Canal, «Las campañas antisectarias de Juan Tusquets (1927-1939): Una aproximación a los orígenes del contubernio judeo-masónico-comunista en España», en: José Antonio Ferrer Benimeli, coord., *La masonería en la España del siglo XX*, 2 vols., Universidad de Castilla-La Mancha, Toledo, 1996, pp. 1.208-1.209.

4. Mora, «Joan Tusquets...», pp. 238-239; Riera, *Los catalanes de Franco*, p. 127; Canal, «Las campañas antisectarias de Juan Tusquets...», pp. 1.208-1.209.

5. Entrevistas con Lluís Bonada, *Avui* (28 de febrero de 1990), con Mora, «Joan Tusquets...», p. 239, y con Joan Subirà, *Capellans en temps de Franco*, Mediterrània, Barcelona, 1996, p. 36.

6. Esther Tusquets Guillén, *Habíamos ganado la guerra*, pp. 153-156 y 158-161; Mora, «Joan Tusquets...», p. 234.

7. Archivo Vidal i Barraquer, *Església i Estat durant la Segona República espanyola 1931/1936*, 4 vols. en 8 partes, Publicacions de l'Abadia de Montserrat, Monasterio de Montserrat (Barcelona), 1971-1990, II, pp. 386, 638 y 644-646; III, p. 935; Subirà, *Capellans...*, p. 21.

8. Ian Gibson, *El hombre que detuvo a García Lorca. Ramón Ruiz Alonso y la muerte del poeta*, Aguilar, Madrid, 2007, p. 143; Miguel Caballero y Pilar Góngora Ayala, *La verdad sobre el asesinato de García Lorca. Historia de una familia*, Ibersaf Editores, Madrid, 2007, p. 309.

9. Juan Manuel Lozano Nieto, *A sangre y fuego. Los años treinta en un pueblo andaluz*, Almuzara, Córdoba, 2006, pp. 202 y 206-207.

10. Alfonso Domingo, *Retaguardia. La guerra civil tras los frentes*, Oberón, Madrid, 2004, pp. 19 y 24-25.

11. Ángel Montoto, «Salamanca. Así fue el terrorismo falangista», *Interviú*, n.º 177 (4-18 de octubre de 1979), pp. 44-47.

12. Carta reproducida en Enrique de Sena, «Guerra, censura y urbanismo: Recuerdos de un periodista», en Ricardo Robledo, ed., *Historia de Salamanca. V. Siglo Veinte*, Centro de Estudios Salmantinos, Salamanca, 2001, p. 329. Se han corregido los errores mecanográficos.

13. Gabriel García de Consuegra Muñoz, Ángel López López y Fernando López López, *La represión en Pozoblanco (Guerra Civil y posguerra)*, Francisco Baena, Córdoba, 1989, pp. 132 y 136; Francisco Moreno Gómez, *Córdoba en la posguerra (La represión y la guerrilla, 1939-1950)*, Francisco Baena Editor, Córdoba, 1987, p. 96; Francisco Moreno, «La represión en la posguerra», en: *Víctimas de la guerra civil*, pp. 332-333.

14. José Casado Montado, *Trigo tronzado. Crónicas silenciadas y comentarios*, ed. del autor, San Fernando, 1992, p. 16.

15. Castillo del Pino, *Casa del olivo...*, p. 373.

16. Miguel Ángel Mateos, «Muerte en Zamora», la tragedia de Amparo Barayón, publicado por entregas en *La Opinión. El Correo de Zamora* (3, 4, 5, 6, 7, 8 y 24 de abril de 2005); Pilar Fidalgo, *A Young Mother in Franco's Prisons*, United Editorial, Londres, 1939, p. 22; Ramón Sender Barayón, *A Death in Zamora*, University of New Mexico Press, Albuquerque, 1989, p. 110 y 164-165.

17. *El Caso* (5 de septiembre de 1964).

18. Documentación sobre Gonzalo de Aguilera y Munro, remitida a su viuda, legajo 416, Archivo General Militar de Segovia; *El Adelanto* (Salamanca) (29 y 30 de agosto; 1 de septiembre de 1964); *El Caso* (5 de septiembre de 1964); *La Gaceta Regional* (30 de agosto; 1 de septiembre de 1964).

19. Testimonio ofrecido al autor el 30 de julio de 1999 por el cronista de

la Ciudad de Salamanca, el doctor Salvador Llopis Llopis, biógrafo de Inés Luna Terrero.

20. Entrevista de Mariano Sanz González con el director del hospital, el doctor Desiderio López, 27 de octubre de 1999.

Apéndice gráfico

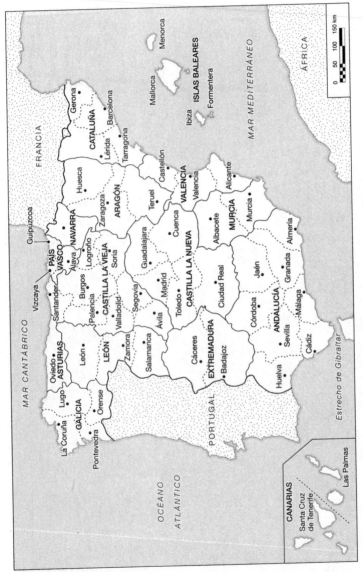

Regiones y provincias españolas en 1936

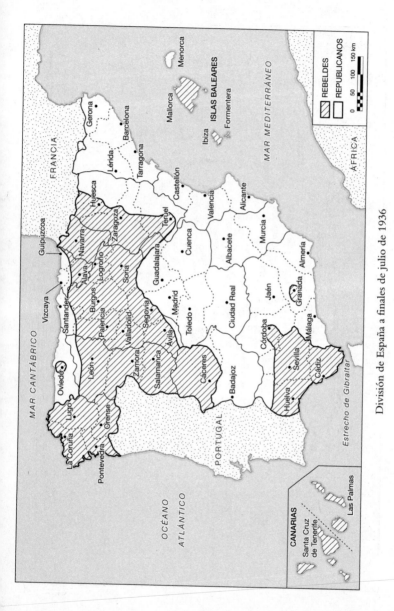

División de España a finales de julio de 1936

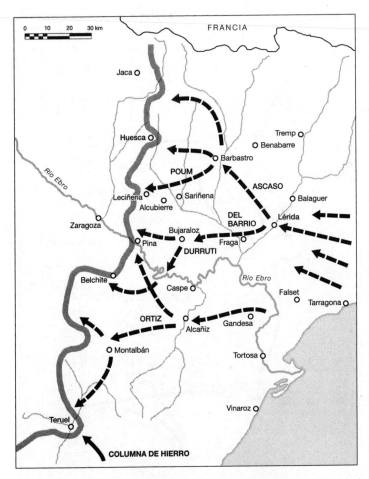

La «invasión» catalana de Aragón durante
los meses de julio y agosto de 1936

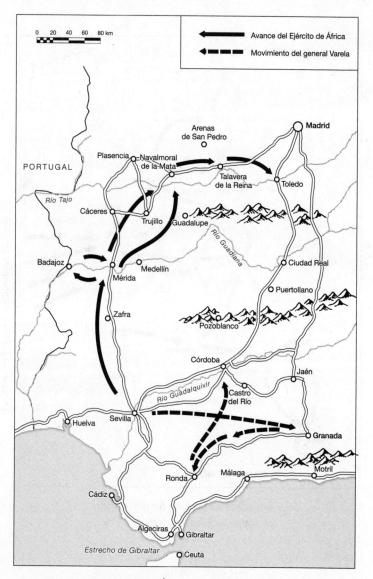

El avance del Ejército de África entre agosto y octubre de 1936

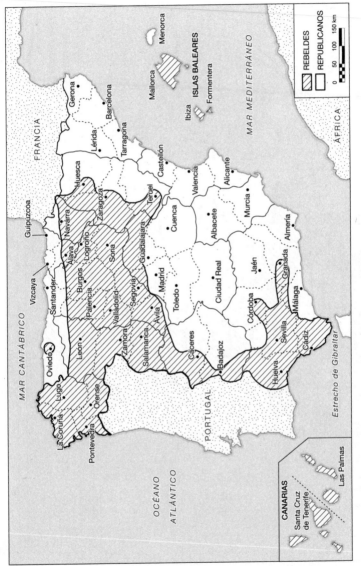

División de España en septiembre de 1936

División de España en marzo de 1937

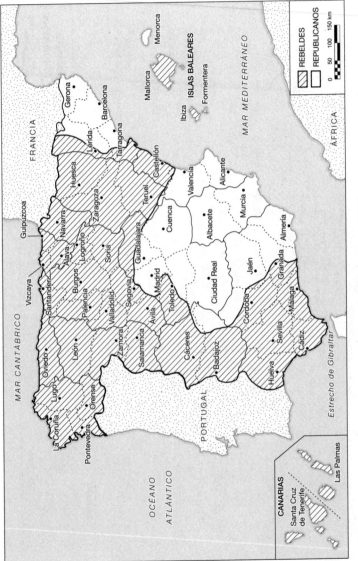

División de España en julio de 1938

División de España en febrero de 1939

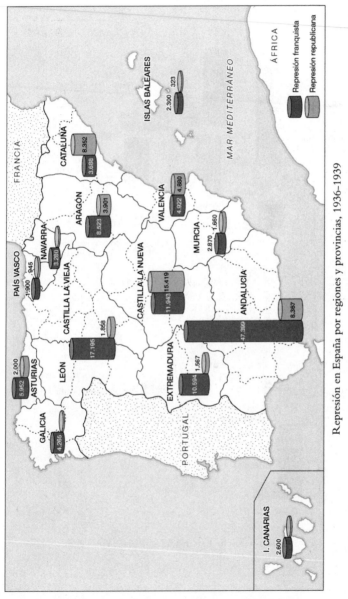

Represión en España por regiones y provincias, 1936–1939

PAÍS VASCO 1.900 / 945
NAVARRA 3.280
ARAGÓN 8.523 / 3.901
CATALUÑA 3.686 / 8.352
ISLAS BALEARES 2.300 / 323
VALENCIA 4.922 / 4.880
MURCIA 2.870 / 1.660
CASTILLA LA VIEJA 17.195 / 1.868
CASTILLA LA NUEVA 11.943 / 15.419
ASTURIAS 5.952 / 2.000
GALICIA 4.265
LEÓN
EXTREMADURA 10.594 / 1.567
ANDALUCÍA 47.399 / 8.367
I. CANARIAS 2.600

FRANCIA
PORTUGAL
MAR MEDITERRÁNEO
ÁFRICA

Represión franquista
Represión republicana

Nota: Las regiones utilizadas en el mapa corresponden a la estructura territorial durante la Guerra Civil. El total de represaliados en las regiones de Castilla la Vieja y León incluye datos de las provincias que pertenecen actualmente a las comunidades de Castilla y León, La Rioja (desde 1980) y Cantabria (desde 1982).

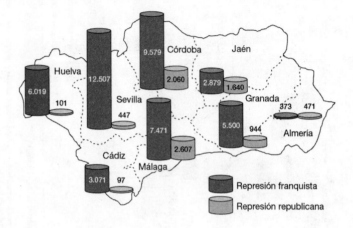

Represión en Andalucía, 1936-1939

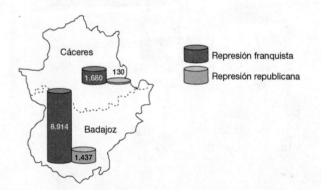

Represión en Extremadura, 1936-1939

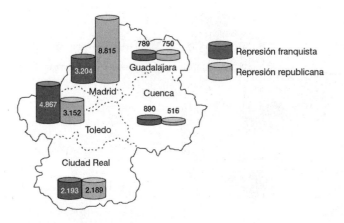

Represión en Castilla la Nueva, 1936-1939

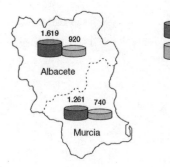

Represión en Murcia, 1936-1939

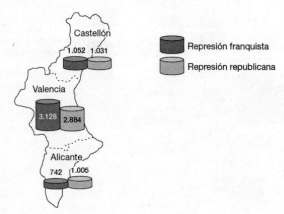

Castellón
1.052 1.031

Represión franquista
Represión republicana

Valencia
3.128 2.884

Alicante
742 1.005

Represión en Valencia, 1936-1939

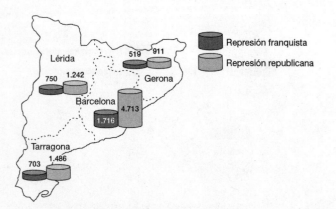

Lérida
750 1.242

519 911

Represión franquista
Represión republicana

Gerona

Barcelona
1.716 4.713

Tarragona
703 1.486

Represión en Cataluña, 1936-1939

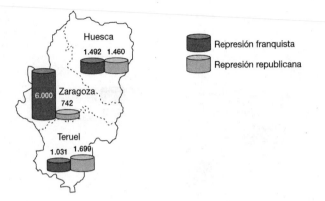

Represión en Aragón, 1936-1939

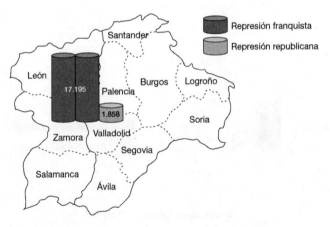

Represión en Castilla la Vieja y en León, 1936-1939

Nota: Los datos existentes sobre la represión en las antiguas regiones de Castilla la Vieja y León se dan en cómputos totales (sin demarcación provincial).
El número de represaliados en dichas regiones incluye los datos relativos a las provincias que pertenecen hoy en día a las comunidades de Castilla y León, La Rioja (desde 1980) y Cantabria (desde 1982).

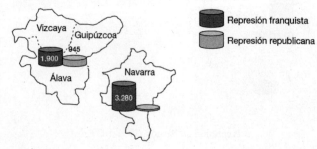

Represión en el País Vasco y en Navarra, 1936-1939

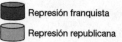

Represión en Asturias, 1936-1939

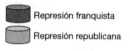

Represión en Galicia, 1936–1939

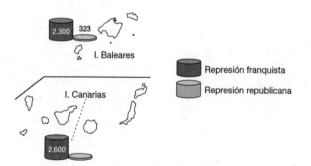

Represión en las islas Baleares y en las islas Canarias, 1936–1939

Índice alfabético

Albatera (Alicante), campo de prisioneros en, 557, 626, 647

Albiach Chiralt, Antonio, 380

Albiñana, José María, neurólogo, 33, 287, 377, 388

Alcalá de Guadaira, conquista de, 222-223

Alcalá de Henares, traslado de prisioneros a, 485

Alcalá de los Gazules (Cádiz), 198-199

Alcalá del Valle, alzamiento en, 204

Alcalá y Henke, Agustín, olivarero, 221

Alcalá Zamora, Niceto, presidente de la República, 34, 43, 64, 65, 73, 97, 109, 113, 126, 131, 148, 174

Alcaraz Alenda, José María, obispo de Badajoz, 429, 432

Alcázar de Velasco, Ángel, falangista, 277

Alcolea del Río (Sevilla), ocupación de, 221

Alcoy (Alicante), asesinatos en, 354

Alemania nazi, 105
    Antikomintern, 81
    antisemitismo en, 87
    véase también Gestapo; Himmler

Alfaro, Antonio, cacique, 179

Alfaro, conquista de, 262
    represión en, 263

Alfonso XIII, rey, 39, 82, 90

Alianza Obrera, 129

Alicante
    alzamiento en, 349
    ocupación de, 625-626
    represión en, 24, 624
    salida de barcos con exiliados desde, 624-625

Aliques Bermúdez, Santiago, 383-384, 387

Allen, Jay, periodista, 431, 433

Almacelles (Lérida), represión en, 601

Almendral, Pedro, médico de prisiones, 286

Almendralejo (Badajoz), ocupación y represión de, 419
    desempleo en, 101

Almería
    llegada de refugiados desde Málaga, 251-252
    ocupación y represión de, 623

Almirante Cervera, buque, 580

Alomar Poquet, Francesc, 303

Alomar Poquet, Jeroni, padre, 303

Alonso Mallol, José, director general de Seguridad, 139, 168, 176, 193, 373

Alonso Vega, Camilo, 565

Álvarez, Carlos Luis, periodista, 323

Álvarez, Magdalena, 678

Álvarez, Melquíades, 377, 389

Álvarez Buylla, Arturo, alto comisario de Tetuán, 196

Álvarez de Rementería, Eduardo, comandante, 224

Álvarez del Vayo, Julio
    embajador en México, 58-59
    ministro de Asuntos Exteriores, 401, 460, 493, 559, 563

Álvarez Mendizábal, José María, 176

Álvarez Miranda, José, obispo de León, 254, 285

Álvarez Santiago, Santiago, 489, 501, 512

Álvarez Valdés, Ramón, ministro de Lerroux, 388-389

Alza, Cristóbal, 201

Alza, Francisco, 201

Andalucía: anarquismo en, 94

Andrade, Juan, teórico del POUM, 347, 528, 546

Andrés y Manso, José, diputado socialista, 39, 270, 271, 273, 274, 277

Andreu i Abelló, Josep, 332

Annual, batalla de, 236

Ansaldo, Juan Antonio, aviador, 60, 109, 121

Ansó, Mariano, 511, 645
    ministro sin cartera, 561

Antequera, caída de, 250

anticlericalismo
    durante la Guerra Civil, 308, 320-321, 365